제6판

해상법
원론

송상현·김 현

공저

박영사

BASIC TEXT
ON
MARITIME LAW IN KOREA

Sixth Edition

BY

SANG-HYUN SONG

Emeritus Professor, Seoul National University School of Law
Former President, International Criminal Court

HYUN KIM

Senior Partner, Sechang & Co.
Former President, Korean Bar Association

SEOUL
PARKYOUNG PUBLISHING CO.
2022

제 6 판　머리말

　　7년 만에 제6개정판을 낸다. 공저자 김현이 개정증보작업 일체를 수행했다. 그동안 해상법에는 많은 변화가 있었다. 2009년에 어선원 및 어선재해보상보험법이 개정되었고, 세월호 사건 이후 선장의 의무를 강화하기 위해 2015년에 선원법이 대폭 개정되었다. 2021년에 국제사법이 전면 개정되어 외국에서의 행위에 대한 국제재판관할을 확대하였으며, 외국판결의 승인에 관해 우리 법원이 더욱 폭넓게 상호보증을 인정하고 있다. 2007년에 발생한 허베이 스피리트호 해양오염사고의 배상과 보상이 10여 년 만에 완료되었다. 영국에서는 피해자의 직접청구권을 두텁게 보호하기 위해 2010년 보험자에 대한 제3자의 권리에 대한 법이 2016년부터 시행되었다. 도선에 관한 법규도 대폭 개정되었다.

　　2017년의 한진해운의 파산을 계기로 국적선사 보호의 필요성이 대두되었고, 국제해사기구 2020년 황산화물 배출 규제에 따라 저유황유 사용과 스크러버 장착으로 해양환경 보호가 강조되고 있다. 2009년에 국제해사기구가 채택한 '안전하고 친환경적인 선박재활용을 위한 홍콩 국제협약'이 조만간 발효하면 해양환경을 감안한 선박재활용이 자리잡을 것이다. 또한 인공지능의 획기적인 발전과 아울러 자율운항선박이 대폭 도입되고 있다. 북극항로가 발전해 보다 효율적인 해상운송이 가능해지고 있다.

　　해상과 항공에서의 그간의 변화를 대폭 수용한 이 책이 해상법에 관심 있는 법조인과 실무가들에게 도움이 되기를 바란다. 제자를 잘 써준 김종훈 박사에게 감사드리고, 박영사 여러분의 도움에 정중히 감사드린다.

2022년 11월

송상현　드림
김　현

초 판 머 리 말

우리나라의 5천년 역사에는 3면이 바다인 지정학적 이점을 잘 활용하여 바이킹의 북유럽지배에 못지않게 찬란한 해상활동과 강대한 해상왕국을 건설했던 시대가 있었다. 청해진을 본거지로 삼아 동쪽으로는 일본, 서쪽으로는 당나라까지 통상항해권을 장악했던 장보고가 우리의 자랑스러운 조상이다. 또한 오늘날에 와서도 좁은 국토에 많은 인구가 몰려 사는 형편상 해외진출은 당연한 명제이고, 국제화·개방화의 물결에 발맞추어 점점 좁아지는 지구촌에서 해상무역을 통한 국부의 증진만이 우리의 살 길임은 우리 국민 모두가 수긍하는 바이다. 20세기 후반에 들어 장보고의 후예들은 수세기 동안의 침체를 떨치고 다시 한번 일어나서 해운선복량을 늘리고 조선공업을 일으켰을 뿐만 아니라, 무역량에서도 세계에서 손꼽히는 국가로 국제사회에 등장하게 되었다.

최근에 우리가 이룩한 이 같은 가시적 성과에도 불구하고 바다를 무대로 이루어지는 각종 해상기업활동을 뒷받침하는 소프트웨어라고 할 수 있는 해상법 분야는 별로 발전된 바 없다고 하여도 과언이 아니다. 현재 해상법은 방대한 상법전의 뒷방 구석을 차지하고 있고, 심지어는 각종 국가고시에도 출제가 안 되는 방치된 분야일 뿐이다. 각종 해상거래가 대부분 국제적 약관에 의하여 이루어지고 준거법도 외국법이며, 당사자의 forum shopping에서 한국법원은 인기 있는 선호대상이 아니므로 해상법의 발달을 위한 촉진제가 없었다. 정부나 업계도 해양과 해운의 중요성에 대한 인식이 없는 만큼 해상법의 필요성이나 효용성에 대한 인식도 없었고, 법조계나 학계도 마찬가지여서 해상법의 본원지의 법에 접근하지 못한 것이 우리의 형편이다.

연혁적으로 볼 때 인류의 역사는 도로도 없고 각종 육상위험도 제거되지 아니한 태초부터 물가에 모여 살던 인간들이 통나무를 이용하여 수운이나 해운을 통한 교역을 하면서 시작되었다고 추측된다. 그렇다면 해상법은 인류의

역사만큼이나 오래되고 우리의 경제생활과 밀접한 관계를 가지고 발달된 법
분야이다. 해상법은 이 때부터 수천년간 지중해를 무대로 생성된 해사교역분
쟁해결 사례와 각종 관습 등이 초국가적 · 보편적 성격을 갖는 법체계로 발전
하여(예컨대 중세의 Lex Mercatoria) 중세에 상인계급을 위한 상인법이 필요하게 되
었을 때 그 중요한 법리를 공급하는 원천이 되었고, 근대 시민사회가 성립되
어 그들을 위한 시민법이 제정될 때 그에 필요한 모든 법제도를 넘겨 주었던
것이다. 해상법은 이처럼 관습기원성 · 보편성 · 독자성 · 자주성 및 자족성을
지닌 채 오늘날까지 스스로 끊임없이 발달하여 왔으나, 근대 중앙집권국가가
등장하여 국내법령을 정비하는 과정에서 각 해운선진국의 국내법으로 정착되
는 바람에 그 보편성을 상실하였던 것이다. 그러나 국경을 넘을 때마다 달라
지는 해상법은 해상교통의 발달과 교역량의 증가로 인하여 요구되는 신속한
해상거래의 완결과 분쟁해결을 말할 수 없이 저해하게 되었다. 지난 세기 후
반기부터 국제거래를 위한 각종 약관이 마련되고 해상법의 통일운동이 일어나
서 많은 국제조약이 성립한 것은 이와 같은 필요 때문이다. 우리나라도 여러
가지 중요한 조약에 가입하였고, 업계도 국제적 약관을 광범위하게 이용하고
있음은 물론이다. 이 같은 상황에서는 각종 국제조약과 약관에 대한 정확한
이해와 해석이 대단히 중요하고 해상법의 독자성과 자족성에 따른 해석과 운
용이 절대적으로 필요함에도 불구하고, 우리의 현실은 대체로 해상법을 먼 나
라에서 유래한 독특한 법체계라고 생각하여 무조건 경원하거나, 아니면 법조
계마저 해상법의 특성을 이해하지 못하고 국제감각이 없이 민 · 상법의 법리를
해상사건에 억지로 끌어 대어 문제를 해결하려는 경우가 자주 일어나고 있다.

　이 책은 너무나 오랫동안 방치된 이 같은 공백을 조금이나마 메워 보려는
의도에서 저자 두 사람이 노력한 결과라고 할 수 있다. 송상현은 미국
Cornell Law School에서 William Tucker Dean 교수의 지도 하에 해상물건운
송법에 관한 박사논문을 집필하는 동안 세계최고의 해상법권위자인 Gustavus
Robinson 교수가 당시 고령임에도 불구하고 베풀어 주신 학은을 입었고, 미
국의 대표적 해상법전문법률회사인 Haight, Gardner, Poor & Havens에서 실
무경험을 쌓는 동안 권위 있는 해상법실무가인 Wharton Poor 변호사(*Poor on
Charter Parties and Ocean Bills of Lading*의 저자)의 꼼꼼하신 지도를 받는 행운을 가진
바 있다. 김현은 역시 Cornell Law School에서 Dean 교수의 지도로 석사학위를

취득한 다음 University of Washington Law School에서 해상법의 대가 Dan Fenno Henderson 교수의 지도 하에 선박소유자책임제한법에 관한 논문으로 박사학위를 취득하고 귀국하여 해상법실무를 하면서 강의도 담당하고 있는 변호사이다. 두 사람은 서울법대 사제간일 뿐만 아니라 해상법에 관한 연구와 실무의 같은 길을 걸으면서 그 동안의 경험을 바탕으로 이 책을 집필하게 되었다.

이 책은 대체로 송상현이 지난 20여 년 간 서울법대에서 강의한 우리나라 해상법의 내용과 대학원에서 사용했던 영미의 교재, 예컨대 Gilmore & Black의 *The Law of Admiralty*(2d ed., 1975), Thomas J. Schoenbaum의 *Admiralty and Maritime Law*(1987 with 1989 Supplement), Thomas Edward Scrutton의 *Charterparties and Bills of Lading*(19th ed., 1984), William Tetley의 *Marine Cargo Claims*(3d ed., 1988)와 *Maritime Liens and Claims*(1985) 등을 토대로 하여 주로 김현의 집필로 완성한 것이다.

이 책을 집필함에 있어서는 다음과 같은 점에 유의하였다.

첫째, 저자가 자주 각종 해상법국제회의에 참석할 때마다 항상 영미법계대표와 프랑스를 중심으로 한 대륙법계대표들이 서로 논쟁을 벌이다가 궁극적으로 영미법상의 법리가 우세하게 채택되는 현실을 목도하고, 이 책을 집필하는 경우에도 주로 영미해상법을 중심으로 한 해설을 통하여 우리 법의 해석에 참고가 되도록 연결시키는 방법을 취하였다. 그러한 접근방법은 우리의 해상실무와 해상보험실무가 주로 영미국가에서 통용되는 약관을 이용하고 있고, 준거법도 영국법이나 미국법으로 규정되어 있는 우리의 실무상 문제해결에 직접적으로 도움이 된다고 믿었기 때문이다. 그러나 다른 한편 선박은 해양을 무대로 어디든지 항행할 수 있으므로 순수한 국내관계법규의 근시안적 해석만으로는 세계무대에서 우리나라가 상대적으로 불리함을 자초할 가능성도 있음을 유념하여 항상 국제조약과 약관의 보편적 해석을 중요시하였다.

둘째, 여지껏 우리나라에서 각 전공법분야 간에 횡적인 교류나 협동연구가 부족하고 공사법의 구별이 엄격한 현실을 타파하기 위하여 해양을 무대로 일어나는 법률관계를 다룸에 있어서는 이 같은 벽을 뛰어 넘어 국제공법·국제사법·민사소송법 기타 실체사법 등 가능한 한 여러 각도에서 조명해 보고자 노력하였다.

셋째, 이 책은 대학교 저학년학생이 쉽게 읽을 수 있게 썼다기보다는 이 중요한 법분야에 대하여 진지한 관심을 가진 연구자·학자·법조실무가·해운정책담당자·해상기업인들에게 그들의 연구와 실무에 일차적 도움을 주고자 집필한 것이다. 따라서 외국의 학설과 실무례를 가능한 한 풍부하게 포함시키고, 선박소유자·적하이해관계인 기타 해상기업관여자의 그 어느 편에도 치우치지 않는 중립적 입장에서 서술하였다. 또한 국제회의에서 자주 봉착하는 선진국과 후진국 간의 상이한 입장도 있는 그대로 소개하는 태도를 견지하였다.

이 같은 저자들의 의도와 노력이 과연 얼마나 실현되었고, 연구와 능력이 부족한 저자들이 큰 과오 없이 제대로 집필하였으며, 독자에게 정확하게 의미를 전달하였는지 두려움이 앞선다. 앞으로 독자 여러분의 거리낌 없는 비판을 기대하고 저자들의 이 조그마한 시도가 우리나라 해운산업과 해상법의 발전에 보탬이 될 수 있기를 간절히 바란다.

끝으로 본서의 출간에 앞서 교정의 수고를 담당해 준 서울법대 상법 박사과정의 이제환 군에게 고마움을 표하고, 책의 제자를 멋지게 써서 책의 품격을 높여 준 주한 캐나다 대사관 상무관 김종훈 박사에게 감사드린다. 또한 어려운 여건에도 불구하고 본서의 출간을 맡아 준 박영사 여러분에게도 감사드린다.

1993년 9월
공저자 드림

차   례

제1장 서   론

제 2 장   국제해사관할권과 해양법

제 3 장　미국의 일반해상법과 해사관할

제 4 장 해상기업조직

제 6 장 해상운송계약

제 7 장　용 선 계 약

제 9 장 해 상 위 험

제10장　해 양 오 염

제11장 해 상 보 험

제12장 국제해상법

제13장 항 공 운 송

색 인

《약 어 표》

[민] ············ 민법

[민소] ·········· 민사소송법

[민소규] ······· 민사소송규칙

[민집] ········· 민사집행법

[민집규] ······ 민사집행규칙

[상] ············ 상법

[선] ············ 선박법

[책임제한] ··· 선박소유자 등의 책임제한절차에 관한 법률

[유] ············ 유류오염손해배상 보장법

[형] ············ 형법

[해] ············ 해양환경관리법

[환] ············ 환경오염피해 배상책임 및 구제에 관한 법률

《참고문헌》

1. 한 국 서   (인용약어)

고범준	국제물품매매계약에 관한 UN협약과 한국법	서울 : 대한상사중재원	1984
곽윤직	채권각론	서울 : 박영사	2009
_____	채권총론	서울 : 박영사	2009
구교훈	무역실무 길라잡이	서울 : 코리아쉬핑가제트	2017
구종순	해상보험(6판)	서울 : 유원북스	2016
국회 법제사법위원장	상법 일부개정안 심사보고서		2007
권창영	선원법해설(2판)	파주 : 법문사	2018
김광태·최동현	UR서비스협상 추진현황과 해운항만분야의 대응방향	서울 : 해운산업연구원	1990
김교창	선하증권에 관한 최신판례연구	서울 : 법률신문사	1990
김대래	해상보험의 이론과 실무(개정판)	서울 : 보험연수원	2017
김동인	선원법	서울 : 법률문화원	2007
김두환	국제·국내항공법과 개정상법(항공운송편)	파주 : 한국학술정보	2011
김만석 역	복합운송의 이론과 실제	서울 : 해운산업연구원	1991
김석균	해양안전 해양보안	서울 : 바다위의정원	2016
김성욱	해상보험	서울 : 박영사	1992
김용한·조명래	국제사법	서울 : 정일출판사	1992
김인현	선박건조·금융법연구(I)	서울 : 법문사	2016
_____	선박충돌법(2판)	서울 : 법문사	2016
_____	해상교통법(3판)	서울 : 삼우사	2011
_____	해상법(6판)	파주 : 법문사	2020
_____	해상법연구II	서울 : 삼우사	2008
_____	해상법연구III	서울 : 법문사	2015

_____	해상법 중요판례집 Ⅰ	파주 : 법문사	2018
김인현·권오정	해상보험법(2판)	서울 : 법문사	2021
김정수	해상보험론	서울 : 박영사	1992
김주년	해사법규해설	부산 : 제일문화사	1991
김준헌·조현정 김주동·이원근	신해상보험론	서울 : 법문사	1991
김형도	국제유탁배상기금협약의 수용방안	서울 : 해운산업연구원	1990
_____	폐기물투기에 의한 해양오염 방지협약에 관한 연구	서울 : 해운산업연구원	1991
남기정	실무강제집행	서울 : 법률문화원	1999
대전지방법원	대규모 해양오염사고 재판 실무	서울 : 사법발전재단	2017
도중권	해상보험론	서울 : 학문사	2012
류동근	해상운송의 이해	부산 : 다솜출판사	2007
박경신	해상사고 선주책임제한 주요 해외 판례집	서울 : 고려대학교출판부	2009
박대위	무역실무	서울 : 법문사	1999
_____	선하증권	서울 : 법문사	1991
박두환	신강제집행법	서울 : 고시계	1991
박상조·윤종진	현대국제사법	서울 : 한올출판사	1998
박세민	보험법(3판)	서울 : 박영사	2015
박영선	국제기구 연구	서울 : 해사문제연구소	2014
	선박안전법해설	서울 : 한국해사문제연구소	2008
박용섭	국제복합운송(선하증권)의 해설	서울 : 형설출판사	1992
_____	정기용선계약법론	부산 : 한국선원선박 문제연구소	1989
_____	해상교통법론	서울 : 형설출판사	1992
_____	해상법론	서울 : 형설출판사	1998 박용
_____	해상보험법	부산 : 효성출판사	1999
배병태	주석해상법	서울 : 한국사법행정학회	1987배
법무부	상법개정시안 대비표		1989
_____	상법개정 특별분과위원회회의록 (보험·해상편)		1990
_____	상법개정특별분과위원회회의록 (해상편)		2006

법원행정처	법원실무제요 강제집행(하)	서울 : 법원행정처	1993
서돈각 · 정완용	상법강의(하)	서울 : 법문사	1996 서 · 정
서동희	실무해상법 · 해상보험법	서울 : 법문사	2007
서헌제	국제거래법	서울 : 법문사	1996
＿＿＿＿	콘테이너복합운송인의 책임법리	서울 : 삼영사	1986
서희원	국제사법강의	서울 : 일조각	1999
석광현	국제사법 해설	서울 : 박영사	2013
＿＿＿＿	국제사법과 국제소송 제5권	서울 : 박영사	2012
＿＿＿＿	국제상사중재법연구 제1권	서울 : 박영사	2007
손주찬	상법(하)	서울 : 박영사	2005 손
송상현 · 박익환	민사소송법(개정 6판)	서울 : 박영사	2011
심재두	해상보험법	서울 : 길안사	1995
소안덕 · 김후회	공유수면매립사업과 어업피해 손실보상	서울 : 행법사	1993
손영태	선박안전범죄론	서울 : 지식인	2016
수산업협동조합 중앙회	대형 유류유출사고 발생과 수협의 대응방안	서울 : 수산업협동조합 중앙회	2009
＿＿＿＿	어장피해보상 사례집	서울 : 수산업협동조합 중앙회	1993
신창선 · 윤남순	신국제사법(2판)	서울 : fides	2016
양승규	개정상법사례연구	서울 : 삼영사	1984
＿＿＿＿	판례교재 보험법 · 해상법	서울 : 법문사	1984
양시권 · 김순갑	선박적화	부산 : 한국해양대학 해양도서출판부	1990
양영순 · 김동섭 외 27명	해양플랜트, 희망을 향해 다시 일어서다	서울 : 제작기획	2016
양창호	물류와 SCM의 이해(2판)	서울 : 박영사	2016
엄윤대	신체계 선하증권론	서울 : 한국해사문제 연구소	2006
여성구	1994년 요크−안트워프규칙의 해설	마산 : 경남대학교 출판부	1998
염정호	정기용선계약법	서울 : 법문사	2010
오원석	해상보험론	서울 : 삼영사	2002
오학균 · 김진권 · 류동근 · 김명재	용선론(개정판)	서울 : 두남	2016

유기준·송대원	해상 판례 연구(2판)	서울 : 박영사	2009
유영식	재보험의 이론 & 실무	서울 : 박영사	2013
유중원	국제무역의 법리연구	서울 : 법률문화원	2005
윤민현	P & I 보험과 실무	서울 : 도서출판 여울	1988
───	해운과 Risk Management	서울 : 한국선주상호 보험조합	2014
윤점동	국제해상충돌예방규칙 및 관련된 국내법규 해설	부산 : 아성출판사	1991
이균성	국제해상운송법연구	서울 : 삼영사	1981
───	신해상법대계	서울 : 한국해양수산 개발원	2010
───	해상법판례연구	서울 : 해운산업연구원	1989
이기수	상법학(하)	서울 : 박영사	1996
이기수·최병규·김인현	보험·해상법(9판)	서울 : 박영사	2015
이기태	해상보험	서울 : 법문사	1988
이기환·오학균·신주선·이재민	선박금융원론(개정판)	서울 : 두남	2016
이범찬·최준선	상법(하)	서울 : 삼영사	1997
이병조·이중범	국제법신강 제9개정보완수정판	서울 : 일조각	2007
이상돈	국제거래법	서울 : 중앙대학교 출판부	1992
이상선	공동해손규칙해설	서울 : 한국보험공사 보험 연수원	1983
이석용·이창위·김채형	국제해양법 판례연구	서울 : 세창출판사	2015
이영준 역	P & I 보험의 해설	서울 : 한국해사문제 연구소	1990
이완석	해상법·보험법	서울 : 세영사	1987
이은섭	해상보험론	서울 : 삼영사	1997
이재복·허연·박영섭·윤민현	해상보험과 리스크관리	서울 : 박영사	2009
이주흥	해상운송법	서울 : 박영사	1992
이중선	해상보험의 이론과 실무	서울 : 미래보험교육원	2016
이철환	항법상 선박의 진로우선권에 관한 연구(석사학위논문)	목포 : 목포해양대학교	2001
이태원	현대항공수송론	서울 : 서울컴퓨터프레스	1991

이한기	국제법강의	서울 : 박영사	1997
이호원	중재법연구	서울 : 박영사	2020
임동철	해상법·국제운송법연구	서울 : 진성사	1990
임용수	보험법	서울 : 법률정보센터	2006
장문철	국제사법총론	서울 : 홍문사	1996
정동윤	상법(하)(제4판)	서울 : 법문사	2011
정영석	선하증권론(3판)	파주 : 텍스트북스	2008
_____	해사법규 강의(6판)	파주 : 텍스트북스	2016
_____	해상운송론	파주 : 텍스트북스	2013
_____	해운실무	부산 : 해인출판사	2004
정우영·현용석·이승철	해양금융의 이해와 실무(3판)	서울 : 한국금융연수원 출판사업부	2016
정준식	해운항만론(3판)	서울 : 탑북스	2016
정찬형	백산 정찬형교수 화갑기념 백산 상사법논집	서울 : 박영사	2008
_____	상법강의(하)(22판)	서울 : 박영사	2020정찬
정해덕	국제소송·중재	서울 : 코리아쉬핑가제트	2021
_____	신해상법	서울 : 코리아쉬핑가제트	2020
정희철·정찬형	상법원론(하)	서울 : 박영사	1996
조동오	우리 나라 선주책임상호보험 조합의 설립방안 연구	서울 : 해운산업연구원	1989
채이식	독일 해상법	서울 : 세창출판사	2016
_____	상법강의(하)	서울 : 박영사	2003 채
_____	상법 중 해상편의 개정에 관한 착안점	미간행	2002
최공웅	국제소송	서울 : 육법사	1988
최기원	상법학신론(하)	서울 : 박영사	2008 최
_____	해상법	서울 : 박영사	1997
최병하·정태일	해사법과 실무이해	인천 : 진영사	2016
최종현	해상법상론(2판)	서울 : 박영사	2014
최준선	국제거래법	서울 : 삼영사	1997
한국해법학회 해상법 개정문제연구회	해상법(상법 제5편) 개정문제 연구보고서	미간행	2004
한국해사문제연구소	용선계약과 해상물건운송계약		1986
_____	배선의 이론과 실무		1987

한상현	국제운송ㆍ해상보험	서울 : 두남	2018
한창희	해상보험법	서울 : 국민대학교 출판부	2017
해양수산부	폐기물 해양배출제도 운영 참고 자료집		2006
해양수산부ㆍ해양 경찰청	런던협약 '72 및 '96의정서 해설		2006
해운산업연구원	국제유탁손해배상제도와 우리나 라의 정책방향(제3회 국제심 포지움)		1991
해운항만청ㆍ한국 해사위험물 검사소	국제해사기구 유해ㆍ위험물질 해 상운송책임협약과 1976년 해 사채권책임제한협약 개정의정 서의 채택을 위한 외교회의 결과		1996
홍순길ㆍ이강빈ㆍ김 선이ㆍ황호원ㆍ김 종복	신국제항공우주법	파주 : 동명사	2013
황산덕ㆍ김용한	신국제사법	서울 : 박영사	1979

2. 일 본 서

谷川 久	海事私法の構造と特異性	東京 : 有裴閣	1958
郭俸硴	海上保險代位の研究	서울 : 정흥문화사	1990
今西保彦	海難審判の實務	東京 : 成山堂書店	1977
今井薫ㆍ岩崎憲次ㆍ栗田 和彦ㆍ坂口光男ㆍ佐藤 幸夫ㆍ重田晴生	保險ㆍ海商法	東京 : 三省堂	1992
落合誠一	運送責任の基礎理論	東京 : 弘文堂	1979
稲葉威雄ㆍ寺田逸郎	船舶の所有者等の責任の制 限に關する法律の解說	東京 : 法曹會	1989
保險每日新聞社	貨物保險の査定實務	東京 : 保險每日新聞社	1986
――――	船舶保險の査定實務	東京 : 保險每日新聞社	1986
小島 孝	商法(保險ㆍ海商)判例百選	東京 : 有裴閣	1977
阿部士郎	海事判例百選	東京 : 有裴閣	1973
鈴木忠一ㆍ三ケ月章	注解民事執行法(4)	第一法規	1985
原茂太一	堪航能力擔保義務論	東京 : 千倉書房	1983

	曳船契約法論	東京：千倉書房	1971
張場正利	商法體係	東京：엄송당서점	
田中誠二	海商法詳論	東京：勁草書房	1985
田村諄之輔・平出慶道 編	保險法・海商法	東京：靑林書院	1992
中村眞澄	海商法	東京：成文堂	1990
	海上物品運送人責任論	東京：成文堂	1974
志律田氏治	堪航能力と海事法の研究	東京：酒井書店	1971
村田治美	體系海商法	東京：成山堂書店	1990
	海商法テキスト	東京：成山堂書店	1984
萩原正彦	定期傭船	東京：海文堂	1984
戸田修三	海商法	東京：文眞堂	1990

3. 서 양 서

Aikens, R., Bools, M., and Lord, R.	Bills of Lading	2006
Alba, E.	Maritime Codes 1：Panama	1987
Alderton, P. ed.	Port Management and Operations(2d ed.)	2005
Ambrose, C. and Maxwell, K.	London Maritime Arbitration(2d ed.)	
American Institute of Marine Underwriters	Guide to Cargo Insurance(3d ed.)	1984
American Law Institute	Restatement(Revised) of the Foreign Relations Law of the United States	1987
	Restatement of the Law：Torts(2d ed.)	1965
Anderson, Phil.	ISM Code-A Practical Guide to the Legal and Insurance Implications(2d ed.)	2005
Arnould, J.	Law of Marine Insurance and Average(16th ed.)	1981
Baatz, Y., Debattista, C., Lorenzon, F., Serdy, A., Staniland, H., and Tsimplis, M.	The Rotterdam Rules：A Practical Annotation	2009
Baughen, S.	Shipping Law(2d ed.)	2001 Baughen(2d)
Bell, M., Bichou, K.,	Risk Management in Port Operations,	2007

and Evans, A.	Logistics and Supply Chain Security	
Berlingieri, F.	Arrest of Ships(5th ed.)	2011
Boland, C.	Reinsurance London Market Practice	2000
Boyd, S., Burrows, A., and Foxton, D.	Scrutton on Charterparties(20th ed.)	1996
Braekhus, S. & Rein, A.	Handbook of P. & I. Insurance(2d ed.)	1979
Brice, G.	Maritime Law of Salvage(3d ed.)	1999 Brice(3d)
Brodie, P.	Commercial Shipping Handbook(2d ed.)	2006
_____	Dictionary of Shipping Terms(4th ed.)	2003
_____	Illustrated Dictionary of Cargo Handling(2d ed.)	1996
Brown, R.	Marine Insurance, Vol. 3(Hull Practice) (2d ed.)	1993 Brown(2d)
Bruce, G.	The Business of Shipbuilding	1999
Buglass, L.	Marine Insurance and General Average in the United States(3d ed.)	1991 Buglass(3d)
Bundock, M.	Shipping Law Handbook(4th ed.)	2007
Cato, D.	Arbitration Practice and Procedure : Interlocutory and Hearing Problems (3d ed.)	2002
Cheng, C.(ed.)	Basic Documents on International Trade Law(2d rev. ed.)	1990
Churchill, R., and Lowe, A.	The Law of the Sea	1983
Clarke, M.	The Law of Insurance Contracts(5th ed.)	2006
Clarke, M. and Yates, D.	Contracts of Carriage by Land and Air (2d ed.)	2008
Cockett, N.	Neil Cockett on Bunkers	1997
Coghlin, T., Baker, A., Kenny, J., and Kimball, J.	Time Charters(6th ed.)	2008 Coghlin(6th)
Coles, R. and Ready, N.	Ship Registration : Law & Practice	2002
Colinvaux, R.(ed.)	Carver's Carriage by Sea(13th ed.)	1982
Cooke, J., Young, T., Taylor, A., Kimball, J., Martowski, D., and Lambert, L.	Voyage Charters(3d ed.)	2007 Cooke(3d)

Cox, R., Merrett, L., and Smith, M.	Private International Law of Reinsurance and Insurance	2006
Curtis, S. and Garrard, C.	The Law of Shipbuilding Contracts(3d ed.)	
Darling, G., and Smith, C.	LOF 90 and the New Salvage Convention	1991 Darling
Davidson, R. and Snelson, A.	Law of Towage	1990
Davies, D.	Commencement of Laytime(4th ed.)	2006
Davis, M.	Bareboat Charters(2d ed.)	2005
De La Rue, C.	Liability for Damage to the Marine Environment	1993
De La Rue, C., Anderson, C., and Marion, M.	Shipping and the Environment(2d ed.)	2007
Douglas, R. P. A., and Geen, G. K.	Law of Harbours and Pilotage(4th ed.)	1993
Dover, V.	A Handbook to Marine Insurance(8th ed.)	1975
Fogarty, A.	Merchant Shipping Legislation(2d ed.)	2004
Force, R., Yiannopoulos, A.N., and Davies, M.	Admiralty and Maritime Law	2006
Galston, N., and Smit, H.(ed.)	International Sales : The United Nations Convention on Contracts for the International Sale of Goods	1984
Gilmore, G., and Black, C.	The Law of Admiralty(2d ed.)	1975
Glass, D.	Freight Forwarding and Multimodal Transport Contracts	2004
Glass, D., Todd, P., and Clarke, M.	Standard Form Contracts for the Carriage of Goods	2000
Goldrein, I., Turner, P., and Hannaford, M.	Ship Sale and Purchase(5th ed.)	2007
Goodacre, J. K.	Marine Insurance Claims(2d ed.)	1981
Gorton, L., Sandevarn, A., and Hillenius, P.	Shipbroking and Chartering Practice (6th ed.)	2004
Griggs, P., Williams, R., and J. Farr	Limitation of Liability for Maritime Claims(4th ed.)	2005
Hazelwood, S.	P & I Clubs : Law and Practice(3d ed.)	2000
Healy, N., and	Cases and Materials on Admiralty(2d ed.)	1986

Sharpe, D.		
Hill, C.	Maritime Law(3d ed.)	1989 Hill(3d)
Hill, C.	Maritime Law(6th ed.)	2004
Hill, C.,Soehring, K., Hosoi, T., and Helmer, C.	Arrest of Ships, 7 Vols.	1985
Hodges, S.	Law of Marine Insurance	2001
Holdsworth, W.	A History of English Law(2d ed.)	1937
Honnold, J.	Uniform Law for International Sales under the 1980 United Nations Convention	1982
Horn, B. and Hopkins, R.	Arbitration Law Handbook	2007
Hudson, N.	The Institute Clauses(2d ed.)	1995 Hudson(2d)
Hudson, N. and Allen, J.	Marine Claims Handbook(5th ed.)	1996
Hudson, N. and Harvey, M.	The York-Antwerp Rules : The Principles and Practice of General Average Adjustment(3d ed.)	2010
Hudson, N. and Madge, T.	Marine Insurance Clauses(4th ed.)	2005
Ihre, R., Gorton, L., and Sandevarn, A.	Shipping and Chartering Practice(2d ed.)	1984
Institute of Maritime Law	The Limitation of Shipowners' Liability : The New Law	1986
Institute of Maritime Law, University of Southamton	The Ratification of Maritime Conventions	2005
International Maritime Organization	Official Record of the International Conference on the Limitation of Liability for Maritime Claims	1976
International Tanker Owners Pollution Federation Limited and Cristal Limited	TOVALOP & CRISTAL(3d ed.)	1992
Ivamy, E. R. H.	Casebook on Shipping Law(4th ed.)	1987
_____	Marine Insurance(4th ed.)	1985 Ivamy(4th)
_____	Payne and Ivamy's Carriage of Goods by Sea(13th ed.)	1989

Jackson, D.	Enforcement of Maritime Claims(4th ed.)	2005
Knauth, A.	American Law of Ocean Bills of Lading(4th ed.)	1953
Lambeth, R.	Templeman on Marine Insurance(6th ed.)	1986
_____	Lloyd's Maritime Directory	1993
Lees, G. and Williamson, W.	Handbook for Marine Radio Communication(4th ed.)	2004
Lloyd's of London Press Ltd.	A Guide to the Hague and Hague-Visby Rules	1985
_____	Modern Liner Contracts	1984
Lowndes, R., and Rudolph, G.	Law of General Average and the York-Antwerp Rules(8th ed.)	1975
Lucas, L., McLean, J., and Green, P.	Reinsurance Management	2000
Lynden, C.	Forum Shopping in the Maritime Industry	1998
McGuffie, K.(ed.)	Kennedy's Law of Civil Salvage(5th ed.)	1987
Mankabady, S.(ed.)	The Hamburg Rules on the Carriage of Goods by Sea	1978
_____(ed.)	The International Maritime Organisation	1984
_____	International Shipping Law, 2 Vols.	1991
Marsden. R.	The Law of Collision at Sea(11th ed.)	1961
McDowell, C. & Gibbs, H.	Ocean Transportation	1999
Meeson, N.	Admiralty Jurisdiction and Practice(3d ed.)	2003
Merkin, R.	Arbitration Act 1996(3d ed.)	2005
_____	Marine Insurance Legislation(3d ed.)	2005
Michel, K.	War, Terror and Carriage by Sea	2004
Miller, M.	Marine War Risks(3d ed.)	2005
Norris, A.	The Law of Salvage	1958
O'May, D., & Hill, J.	Marine Insurance : Law and Policy	1993 O'May
Ozcayir, Z.	Liability for Oil Pollution and Collisions	1998
_____	Port State Control(2d ed.)	2004
Pardessus, I. J. M.	Collection de Lois Maritime	1828-45
Parks, A. and Cattell, E.	Tug, Tow, and Pilotage(3d ed.)	1994 Parks
Phillips, N. and Craig,	Merchant Shipping Act 1995 : An	2001

N.	Annotated Guide 1996(2d ed.)	
Poor	Charterparties and Ocean Bills of Lading (5th ed.)	1968
Rainey, S.	The Law of Tug and Tow(2d ed.)	
Richardson, J.	Combined Transport Documents : A Handbook of Contracts for the Combined Transport Industry	2000
Riley, K.	The Nuts and Bolts of Reinsurance	2000
Rodiere, R.	Droit Maritime(9th ed.)	1981
_____	Droit Maritime, Le Navire	1980
_____	Droit Maritime, Precis Dalloz(9th ed.)	1982
Rogers, P., Strange, J., and Studd, B.	Coal : Carriage by Sea	1991
Rose, F.	General Average : Law and Practice (2d ed.)	2005
_____	International Maritime and Commercial Law Yearbook	2002
_____	Lex Mercatoria : Essays on International Commercial Law in Honour of Francis Reynolds	2000
_____	Marine Insurance : Law and Practice	2004
Rushbrook, F.	Ship Fires and the Law throughout the Eyes of a Firefighter	1995
Sanborn, F.	Origins of the Early English Maritime and Commercial Law	1930
_____	The Rhodian Sea Law(Ashburner ed.)	1909
Schoenbaum, T.	Admiralty and Maritime Law	1987 Schoenbaum
_____	Admiralty and Maritime Law(4th ed.)	2004 Schoenbaum(4th)
_____	Admiralty and Maritime Law, Practitioner Treatise Series(4th ed.)	2004 SchoenbaumP(4th)
_____	Admiralty and Maritime Law(5th ed.)	2012 Schoenbaum(5th)
_____	Admiralty and Maritime Law(6th ed.)	2018
_____	Admiralty and Maritime Law, Practitioner Treatise Series(5th ed.)	2011 SchoenbaumP(5th)
Schoenbaum, T. and	Admiralty and Maritime Law	1984

Yiannopoulos, A. N.

Schofield, J.	Laytime and Demurrage(6th ed.)	2011
Sewell, T.	Grain : Carriage by Sea	1999
Smith, P.	Ship Arrest Handbook(2d ed.)	2005
Song, S.	A Comparative Study on Cargo Carrier's Liability in Anglo - American & French Laws	1970
Sparks, A., and Coppers	Steel Carriage by Sea(5th ed.)	2009
Steel, D., and Rose, F.(ed.)	Kennedy's Law of Salvage(5th ed.)	1985 Steel(5th)
Stokes, P.	Ship Finance : Credit Expansion and the Boon Bust Cycle(2d ed.)	1997
Sturley, M. F.	The Legislative History of the Carriage of Goods by Sea Act and the Travaux Preparatoires of the Hague Rules, 3 Vols.	1990
Sullivan, E.	Eric Sullivan's Marine Encyclopedic Dictionary(6th ed.)	1999
Summerskill, M.	Oil Rigs : Law and Insurance	1979
Temperley	Merchant Shipping Acts(7th ed.)	1976
Tester, R.	Air Cargo Claims	1998
Tetley, W.	Marine Cargo Claims(4th ed.)	2008 Tetley(4th)
_____	Maritime Liens and Claims(2d ed.)	1998 Tetley(2d)
Theut, C. P.(ed.)	Recreational Boating Law	1992
Thomas, D.(ed.)	The Carriage of Goods by Sea under The Rotterdam Rules	2010
_____	Legal Issues Relating to the Charterparties	2008
_____	Liability Regimes in Contemporary Maritime Law	2007
_____	Marine Insurance-The Law in Transition	2006
_____	Maritime Liens	1980
_____	Modern Law of Marine Insurance	2002
Todd, P.	Maritime Fraud	2003
Unmack, T.	Civil Aviation : Standards and Liabilities Practical Aviation Guides	1999
Vincenzini, E.	International Salvage Law	1992

Walden, I.(ed.)	EDI and the Law	1989
Wilford, M., Coghlin, T., and Kimball, J.	Time Charters(5th ed.)	2003 Wilford(5th)
Willingale, M.	Ship Management(4th ed.)	2005
Wilson, J.	Carriage of Goods by Sea(4th ed.)	2001

제 1 장
서   론

제 1 절   해상법의 개념 및 지위

1. 해상법의 개념

　해상법(海商法)(admiralty, maritime law)은 해상기업에 관한 사법으로서 기업법인 상법의 특수분야이며, 이와 같은 해석론이 우리나라의 통설적 견해이다.[1] 해상기업은 바다를 무대로 하고 선박이라는 항행도구를 수단으로 하여 전개되는 기업이다. 해상기업의 대표적인 것은 해상운송기업이고, 해난구조기업·예선기업·어업 등이 이에 포함된다.[2] 해상기업활동은 바다라는 고도의 위험한 장소에서 선박이라는 특수한 기술적 용구를 기반으로 기업활동을 전개하기 때문에 자본상의 위험과 책임상의 위험이 크며,[3] 이러한 해상기업의 특수성 때문에 해상법이라는 특수한 법영역이 오래전부터 발달하였다.

---

1) 김인현, 해상법(6판), 법문사, 2020, 3쪽; 배병태, 주석해상법, 한국사법행정학회, 1987, 29쪽; 손주찬, 상법(하), 박영사, 2005, 705-706쪽; 정찬형, 상법강의(하), 박영사, 2011, 788쪽; 정해덕, 신해상법, 코리아쉬핑가제트, 2020, 3쪽; 채이식, 상법강의(하), 박영사, 2003, 621쪽; 최기원, 상법학신론(하), 박영사, 2008, 821-822쪽; 최종현, 해상법상론(2판), 박영사, 2014, 3-4쪽.
2) 배, 29쪽; 최종, 3-4쪽.
3) H. Wütendörfer, Neuzeitliches Seehandelsrecht(JCB Mohr, Tübingen: 1950), 18쪽; 정동윤, 상법(하)(3판), 법문사, 2008, 731-732쪽.

해상(海商)(maritime commerce)이란 종래 무역업과 해운업이 분화되지 않았던 시대에는 자영선(自營船)에 의한 항해를 수단으로 상품을 운송·매매하는 것을 의미하였으나, 국제경제의 급속한 발전과 더불어 무역업과 해운업은 분리되게 되었다. 그러나 그 목적이 화물이든 여객이든 운송의 인수는 여전히 상행위로 인정되어 해상의 중요한 범위에 포함된다. 이러한 점에서 볼 때 해상법은 상행위를 목적으로 하는 상선에 한하여 적용된다고 할 수도 있으나, 각국의 입법례는 독일처럼 해운과 어업을 포함한 일반영리항해법으로 하는 경우가 있고, 일반항해법의 성격을 띠는 경우(네덜란드·중국·러시아), 상행위선에 한정하여 적용되는 경우(프랑스·일본) 등이 있어 일정하지 않다. 본래 해상법은 해상기업에 관한 사적 권리주체의 관계를 규율하는 사법이지만, 오늘날 해양기름오염규제를 위한 입법 등 공법적 성질의 규정을 점차 포괄함으로써 일반항해법으로 발전하는 경향이 있다.[1] 영미법계에서는 원래 공사법의 구별을 엄격히 하지 아니하였고, 이 같은 대륙법에서의 분류에 얽매어 해상법의 해석과 적용을 좁게 한정할 필요가 없다.

(1) 형식적 의의의 해상법

형식적 의의의 해상법은 상법전 제5편 해상에 관한 법규를 말한다. 원래 해상법은 해상기업에 관한 법이고, 해상기업활동은 해상운송이 그 중심이므로 상법 해상편은 주로 해상운송에 관하여 규정하고 있다. 그러나 해상기업이 선박에 의하여 전개되는 특성상 그 적용대상에 관하여 상법은 "상행위나 그 밖의 영리를 목적으로 항해에 사용하는 선박"이라고 규정하고 있으므로(상 제740조), 상행위 이외의 행위를 목적으로 하는 어선도 해상법적용대상에 포함하게 되었다. 상법은 "항해용 선박에 대하여는 상행위 그 밖의 영리를 목적으로 하지 아니하더라도 이 편의 규정을 적용한다"는 규정을 신설하여(상 제741조 본문) 항해하는 선박이 영리성이 없는 경우에도 해상편을 준용하도록 하였다. 이 규정은 선박법 제29조(상법의 준용)의 "상법 제5편 해상에 관한 규정은 상행위를 목적으로 하지 아니하더라도 항행용으로 사용되는 선박에 관하여 이를 준용한다"는 규정을 반영한 것이다. 이는 상행위성 없이 항해용으로 사용되는 선박에 대한 해상법준용규정을 선박의 등록 등 관리에 관한 법인 선박법에

---

1) 최, 821쪽; 정찬, 787쪽.

군이 따로 규정할 필요성이 적고, 오히려 상법 해상편에 규정하는 것이 논리적으로 일관성이 있기 때문이다.[1]

한편 상법 제741조 단서는 "다만, 국유 또는 공유의 선박에 대하여는 선박법 제29조 단서에도 불구하고 항해의 목적·성질 등을 고려하여 이 편의 규정을 준용하는 것이 적합하지 아니한 경우로서 대통령령이 정하는 경우에는 그러하지 아니하다"는 규정을 두어 국·공유 선박 중에서도 대통령령이 정하는 경우, 예컨대 군함에 대하여는 해상법을 준용하지 않는다는 단서를 두고 있다. 이는 선박법 제29조 단서의 "국유 또는 공유의 선박에 대하여는 해상편을 준용하지 아니한다"는 규정을 반영하되, 국·공유 선박을 완전히 배제하기보다는 항해의 목적·성질 등을 고려하여 해상편을 준용하는 것이 적합하지 아니한 경우에만 준용하지 아니하고 영리행위를 하는 등의 경우에는 국·공유 선박에 대하여도 해상편을 준용하려는 것이다. 해상편이 준용되지 않는 국·공유 선박의 범위에 대하여 선박법은 모든 국·공유 선박으로 규정하는 반면, 상법은 대통령령으로 정하는 경우로 한정하므로 양 법의 적용범위가 달라질 수 있다. 신법우선의 원칙에 따라 상법이 우선하겠지만 입법적으로는 선박법 제29조를 폐지하는 것이 바람직하다. 또 상법은 해상편이 준용되지 않는 국·공유선박의 범위를 대통령령에 위임하는바, 국·공유 선박 관련분쟁에서 해상편 준용 여부가 국민의 재산권에 영향을 미칠 수 있으므로 대통령령보다는 법률에서 규정하는 것이 바람직하다.[2]

(2) 실질적 의의의 해상법

실질적 의의의 해상법은 해상기업에 관한 법규의 전체이고, 해상기업생활질서를 규제대상으로 하며, 해상기업활동에 있어서의 사적 주체의 이익조정을 이념으로 하는 법영역이다.[3] 실질적 의의의 해상법에는 형식적 의의의 해상법 외에 선박법·선박안전법·선원법·선박직원법·도선법·해양사고의 조사 및 심판에 관한 법률·해운업법·수난구호법 등이 포함된다. 이 밖에 국제법이나 국제사법의 영역에서도 관련되는 부분이 있다.

---

1) 국회 법제사법위원장, 상법 일부개정안 심사보고서(2007. 7), 18쪽.
2) 국회 법제사법위원장, 앞의 보고서, 19-20쪽.
3) 배, 30쪽; 채, 621쪽; 최, 821-822쪽.

2. 해상법의 지위

(1) 해상법과 상법의 관계

해상법은 상법전의 일부분을 이룰 뿐 아니라 해양이라는 특수한 환경에서 운영되는 해상기업관계를 규율하는 법이기 때문에 상법에 대하여 특별법적 지위에 있다. 따라서 해상법에 뚜렷한 규정이 없는 경우 별다른 예외가 없는 한 해상기업의 조직에는 상법총칙의 규정이 적용되며, 해상기업활동에는 상행위에 관한 규정이 적용되어야 할 것이다. 그런데 역사적으로 볼 때 해상법은 일반상법제정 이전부터 해상운송의 발달에 따른 현실적 필요에 대처하기 위해 오랜 세월 동안 자연발생적으로 생성된 관습법적 형태로 존재하여 왔다. 따라서 해상법은 일반상법에 대하여 종속적인 지위에 있는 것은 아니며, 그 자체로서 독자성과 자족성을 간직한 상법의 특수한 부분으로 존재한다. 특히 해상법고유의 독자성을 가지는 분야를 살펴보면 ① 해상기업의 인적 조직으로서의 선장과 기업활동으로서의 해상운송에 관한 규정 등과 같이 상법상의 일반적 법률사실과 달리 해상기업의 특수성 때문에 독자성을 유지하고 있는 부분, ② 공동해손·해난구조·선박우선특권과 같이 해상기업의 특수한 수요에서 발생하는 새로운 기술적 제도에 관한 부분이 있다.[1]

따라서 해상기업에 관한 관계에 있어서는 해상법이 우선 적용되고, 관계규정이 없는 경우에 위의 ①에 관한 사항은 일반상법이 보충적용되는 경우가 있을 것이다. 한편 ②에 속하는 사항은 해상기업의 특수성에서 형성된 고유한 제도이므로 해상법이 적용됨으로써 충분하나 관계규정이 없다고 하여 곧 민·상법의 일반원칙에 의존하여서는 안 되고, 해상기업의 일반관습이나 국제관행 및 사회적 필요를 고려하여야 한다.

(2) 해상법과 민법의 관계

해상법도 민법과 마찬가지로 사적 생활관계를 규율하는 법률인 만큼 해상법의 민법에 대한 특별법적 지위를 인정할 수 있으며, 상법에 특별한 규정이 없는 한 민법의 일반원칙이 보충적으로 해상법에 유추적용 또는 준용될 수 있다. 해상법에는 해상기업의 특수성에 비추어 민법상의 법률사실과 다른

---

1) 채, 622쪽.

부분이 많은데, 선박·선박소유자·선박공유·선체용선(선박임대차)·선박우선특권·선박저당권·선박충돌 등에 관한 규정이 그 예이다.

제 2 절 해상법의 대상과 특성[1]

1. 해상법의 대상

광의의 해상법은 바다를 통한 항해와 상업에 관련된 생활관계를 규율하는 법규범을 의미한다. 이 법의 전통적인 초점은 선박과 이를 운항함으로부터 발생하는 법률관계에 관한 것이다. 미국에서는 해상법을 admiralty law 또는 maritime law라고 하는데, 두 용어는 오늘날 동의어로 사용되나 어원적으로는 다르다. "maritime"은 '해양의 또는 해양에 관한'을 의미하는 반면, "admiralty"는 중세부터 내려오는 영국의 특별법원의 관할권에서 기인하는 개념인바, maritime law의 범위가 admiralty law의 범위보다 포괄적이다.[2]

2. 해상법의 특성

해상기업은 바다를 무대로 하고 선박이라는 항행도구를 수단으로 하여 전개되는 기업이기 때문에 선박을 이용함에 따른 선박특유의 기술적 특이성, 해양특유의 고도의 위험이 전제된다는 특이성, 국제간의 빈번한 교류가 이루어지는 특이성 등을 갖는바, 이러한 해상기업관계를 규율하는 해상법 역시 같은 특색을 띠고 있다.

19세기 초에 프랑스의 상법학자 빨드슈(Pardessus)는 해상법의 특수성을 ① 보편성과 국제성, ② 어느 한 국가사회의 풍속·관습 등에 영향을 받지 않는 부동성, ③ 본질적으로 항해업자들의 관습에 의하여 성립되었다는 관습적 기원성이 있다고 지적하였다.[3] 이러한 해상법의 특성에 대하여는 19세기를 전후

---

1) 제2절부터 제4절까지는 T. Schoenbaum, Admiralty and Maritime Law, Practitioner Treatise Series, vol. 1(5th ed. 2011)("SchoenbaumP(5th)"), 1-21쪽의 내용을 요약소개한 것이다.

2) SchoenbaumP(5th), 1-2쪽.

3) Pardessus, Collection de Lois Maritime, 1828-45, 제1권, 2쪽; 谷川 久, 海事私法の構造と特異性, 176쪽 이하.

하여 각국의 해상법학자들에 의하여 여러 가지로 논의되었으나, 아래에서는 해상법의 대표적 특성인 독자성·자족성·국제성 및 보편성을 본다.

(1) 독자성과 자족성

해상법은 바다라는 독특한 환경을 무대로 영리활동을 전개하는 해상기업관계를 대상으로 하여 독특한 법률관계를 구성하고 있기 때문에 형식상 상법의 일부임에도 불구하고, 상법총칙 및 상행위에 관한 규정 및 민법의 규정을 적용하기보다는 해상법을 적용하여 해결이 가능하고, 가급적 해상법 자체에서 문제를 찾고 해결을 시도하려는 경향이 있다. 이를 해상법의 독자성 또는 자족성이라고 한다.[1]

해상기업활동은 서구에서 기원 전부터 지중해를 무대로 최초의 대규모 해상무역거래로서 출발했고, 해상법도 해상기업에 종사하는 자들의 실제적인 필요를 충족하기 위해 독자적으로 발전되어 왔다.[2] 그 후에도 끊임없이 기술진보와 경제발전에 따른 문제점들을 해결하기 위해 보편적 해사관습법의 형태로 형성되어 새로운 수요를 충족시켜 왔고, 해상법이 각국의 국내법으로 도입된 후에도 이러한 추세는 변함이 없어 각국의 해상기업발달 정도 및 문화적 배경에 따라 판이한 형태를 띤다.[3]

또 해상위험은 육상위험과 비교하여 볼 때 다른 성격을 가지므로 때때로 육상에서는 적용되지 아니하는 특수한 법리가 필요하게 되었다. 이 같이 해상법에 관한 고유한 법리로서는 해사재판관할·선박우선특권·해난구조·공동해손·해상보험·멸실 또는 훼손된 화물에 대한 책임·선원 및 하역근로자들의 권리 등을 들 수 있다.

(2) 국제성과 보편성

해상법의 또 다른 특성은 국제성이다. 해상법체계가 각국의 국내법질서의 일부분이고 어느 정도 국내법간의 차이는 있지만, 해상법의 기본개념과 제도는 그 근원이 고대해법과 중세의 상인법(lex mercatoria)에 있으므로 세계적으로 유사하며, 해상법률가들은 대륙법·영미법·사회주의법·이슬람법 중 어느 법체계에 속하는지를 불문하고 동일한 법률용어를 구사하는 경향이 있다.

---

1) 정찬, 788쪽.
2) 채, 624쪽.
3) 배, 51쪽.

해상법의 기본원칙에 관하여 국가간에 폭넓은 합의가 존재하지 않는다면 해상기업활동이 어렵기 때문이다.

해상기업은 바다라는 공통의 무대에서 선박을 사용하여 활동하고 있으므로, 이러한 기업활동을 규제하는 규범이 국가간에 공통성을 갖는 것은 당연하다. 더구나 국제무역거래가 해상기업을 토대로 하므로 각국은 해상법통일의 필요성을 절실하게 느끼고 있다. 그러나 해상법의 성립 자체가 각국특유의 해사관습법에서 유래하였고, 또한 영미법과 대륙법의 법구조상의 차이가 해상법통일에 장애가 되고 있다. 그러나 해상법통일의 필요성에 따라 각국의 해운정책에 직결되지 아니하는 상거래의 기술적 규정 내지 해상기업 자체의 기술적 규정은 활발하게 통일되고 있다.[1]

제 3 절 해상법의 발달

1. 고대의 해상법: 로오드해법(Rhodian Sea Code)

고대의 지중해지역에는 고도로 발달된 국제적인 해상법체계가 존재하였다. 미노아 크레테문명권 선박들이 지중해를 누볐으며, 크레테문명이 쇠망한 후에는 그리스의 미케네인들이 밀레투스와 사이프러스 등에 무역거점을 건설하면서 두드러진 활동을 보였다. 기원 전 1200년 이후에는 포에니인들의 중심도시인 Tyre와 시돈항이 중요해지면서 포에니인들이 각광받았는데, 포에니인들은 바빌로니아와 앗시리아에서 온 해상법체계를 가지고 있었다. 기원 전 800년 이후 그리스도시국가들이 두각을 나타내기 시작했다. 해상기업활동이 번성하였고, 무역중심지에서는 해상기업활동을 규율하기 위하여 설립된 특별법원이 국제해상법을 해석·적용하였다. 헬레니즘시대에는 로오드섬과 알렉산드리아시가 해상기업활동과 해상법의 중심지였다. 그리스해상법은 매도인·매수인·선박소유자·선원·금융기관간에 발생하는 상관행에 근거를 두고 있었다.[2]

---

1) 배, 50쪽.
2) SchoenbaumP(5th), 3-4쪽.

로마인들은 스스로의 해상법을 제정하는 대신 그리스인들의 해상법을 받아들여 더욱 발전시켰다. 로마인들은 독립적인 해상법원을 가지지 아니하였고, 해상법을 로마민법체계와 별개로 인식하지 아니하였다. 오늘날 우리가 볼 수 있는 로마해상법은 533년에 편찬된 유스티니아누스황제의 학설휘찬(Digest)에 포함되어 있는 해상법규정에서 기인한다. 학설휘찬은 해상기업당사자들(선박소유자 · 운항자 · 선장 · 선원 · 송하인 · 여객) · 선박소유권 · 해적과 선박충돌 · 공동해손 · 운임지급의무 · 용선계약 · 해난구조 등을 규율하였다.[1]

현존하는 가장 오래된 해상법전은 3편으로 구성된 로오드해법이다. 로오드해법은 8세기에 쓰여진 것으로 추측된다. 로오드는 거대한 해상중심지였고 로오드해법이 존재하였다. 심지어 8세기 경 비잔틴(동로마) 해상법을 편찬한 이들은 이 법에 권위를 부여하기 위하여 법에 로오드의 이름을 사용하였으며, 로오드해법을 수정하여 받아들였다. 비잔틴해상법은 해양이용권, 싸움과 절도, 선박과 적하에 대한 손상, 용선, 선박우선특권, 조난, 해난구조, 선박충돌, 공동해손분담금 등에 관하여 규정하고 있다. 동로마제국이 쇠퇴하였지만 비잔틴해상법은 계속 발전하였고, 이탈리아해법이 발전하기 이전인 베니스 · 제노아 · 피사 · 아말피 등의 이탈리아도시국가의 초창기에 비잔틴해상법이 적용되었다.[2]

2. 중세의 해법과 해사법원

9 · 10세기에 동로마제국의 쇠퇴와 함께 무역중심지는 이탈리아도시들로 이전되었고, 이탈리아도시들은 동로마제국으로부터 독립하여 활발한 해상기업활동을 전개하였다. 이탈리아도시들은 비잔틴해상법과 로오드해법을 수정하여 사용하였으며, 해사문제전문가인 특별재판관이나 공무원에게 분쟁해결을 맡기는 것이 일반화되었다. 11세기부터는 구전으로만 전수되어 오던 해법이 성문화되기 시작하였다. 중세 초기 이탈리아해법 중 중요한 것은 1063년경의 트라니해법과 1274년의 아말피해법이었다. 중세 해법 중 가장 중요한 올레론해법은 영국과 플랑드르지방간의 활발한 포도주교역에 자극받아 1266년경에 성립되었다. 올레론해법은 로마법과 이탈리아법에서 유래하여 북해와

---

1) SchoenbaumP(5th), 4-5쪽.
2) SchoenbaumP(5th), 5-8쪽.

대서양에 적용되는 해상법의 기초가 되었다. 올레론해법은 또한 비스비해법 (비스비는 발틱해 고틀랜드섬의 도시) 또는 한자동맹해법과 같은 중세 후기 해법의 기초가 되었는데, 한자동맹은 류벡·브룬스위크·단치히·퀼른시를 포함하고 런던으로부터 러시아 노브고로드에 이르기까지 50여 개 이상의 도시를 구성원으로 하는 상업적 연합체였다. 영국 해사법원도 올레론해법을 적용하였다.[1]

유럽각국은 올레론해법·담해법 및 비스비해법에 근거하여 해상법을 제정하였다. 프랑스는 1681년에 해사조례를 공포했고, 이것은 다른 유럽국가들의 모범이 되었다. 스칸디나비아국가들의 해법은 프랑스법과 비스비해법의 영향을 받았고, 1867년 독일상법전 해상편도 이들 해법과 한자동맹해법의 영향을 받았다. 중세에는 특별해사법원이 해사분쟁을 해결하는 것이 관행이었다. 1200년에 피사해사조합이 설립한 피사해사법원은 해상사건에 관한 광범위한 관할권을 행사하였다. 중세 해사법원 중 가장 유명한 것은 해사법관이 운영한 바르셀로나시 해사법원이었으며, 이 법원의 판결을 집대성한 것이 현존하는 콘솔라토 델 마레해법이다. 콘솔라토 델 마레해법은 스페인·프랑스·네덜란드·독일에서 널리 적용되었다. 바르셀로나해사법원의 기원은 피사해사법원에서 찾을 수 있으며, 바르셀로나영사법원(consular court)은 영국 해사법원과 대륙 해사법원의 모범이 되었다.[2]

제 4 절 각국의 해상법

1. 영국해사법원의 발전

중세 영국의 해상기업활동은 활발하지 않았고, 해상법의 발전도 유럽대륙보다 뒤떨어져 있었다. 13세기에 와서야 해상법의 필요성이 인식되어 항구도시에 해상사건 및 일반상사사건을 취급하는 법원이 설립되었다. 이들 법원은 관습법화된 올레론해법을 적용하였으므로, 이 점에 있어서 영국과 유럽대

---

1) SchoenbaumP(5th), 8-12쪽.
2) SchoenbaumP(5th), 12-13쪽.

류의 차이는 없었다. 정치적으로 영국이 대륙과 달랐던 것은 왕의 권한이 강하였다는 점인데, 해사법원(Admiralty Court)은 이러한 권위의 소산이었다. 해사법원을 창설한 목적은 지방법원이 행사하는 해상·외교사건에 관한 관할권을 감독하기 위해서였다. 필연적으로 관할권 다툼문제가 발생하였으며, 지방법원(local courts)과 의회는 해사법원과 대립적인 입장을 취하게 되었다. 그 결과 리차드 2세 시대의 1389년 법은 "제독들이 자신의 권한을 넘어 육상에 대하여도 재판관할권을 행사하는 것"을 비판하면서 "추후로는 제독들이 육상의 법률분쟁에 개입하지 말 것이며, 단지 해상에서 일어난 분쟁에만 관여하여야 한다"고 규정하였다.[1]

16세기 튜더왕조에 와서야 해사법원의 권한이 확립되어 민·형사 관할권이 해상사건에까지 확대되었다. 헨리 8세는 해사법원을 지원하면서 리차드 2세 시대의 법령이 부과한 관할권제한을 삭제하였다. 1541년에 해사법원은 용선계약, 과실로 인하여 발생한 화물에 대한 손해, 외국에서 체결된 계약, 환어음, 보험, 공동해손, 운임, 화물의 불인도, 항해과실, 감항능력담보의무위반에 관하여 명시적인 관할권을 부여받았다. 또 엘리자베스 1세는 관할권문제에 관하여 해사법원을 지지하여 런던시장과 경찰서장에게 해상에서 발생한 계약과 분쟁에 관한 해사법원의 관할권에 간섭하지 말 것을 지시하였다. 엘리자베스 1세 시대의 법령에 의하면 해사법원의 관할권이 주요 해양과 연안에서 행해진 모든 해상법위반행위에 미친다고 하였다.[2]

그런데 보통법상의 법원이 발전하자 해사법원의 관할권문제에 대하여 더욱 심각한 갈등이 파생되었다. 1606년 에드워드 코크 경은 민사소송법원(Court of Common Pleas)의 법원장이 되어 해사법원의 관할권을 흡수하려는 움직임을 주도하였다. 1632년에 보통법법률가들과 해사법원 사이에 타협이 이루어진 결과 다음의 사항들에 관하여 해사법원의 관할권이 인정되었다. 즉 ① 해상 또는 외국에서 체결된 계약 및 불법행위, ② 화물·운임·영국영해를 벗어나는 항해에 관한 용선계약 등에 관한 소송, ③ 선박건조·수리·선용품공급에 관한 대물소송, ④ 가항수로의 장애물에 관한 소송 등이다. 1660년 찰스 2세의 왕정복고 후 다시 보통법법률가들이 득세한 결과 해사법원의 관할권은 공

---

1) SchoenbaumP(5th), 13-15쪽.
2) SchoenbaumP(5th), 15-16쪽.

해에서 발생한 해상사건에 국한되었다. 이 같이 해사법원의 관할권이 대폭 축소되자 해사법원의 중요성이 크게 감소하였으며, 영국해상법은 국제성을 거의 상실하여 영국국내법의 일부가 되었다. 그 결과 18세기에 해사법원의 주심리대상은 선박포획·나포 사건에 불과하였으며, 해사법원은 일반법원과 전혀 별개인 것으로 간주되었다.[1]

그럼에도 불구하고 독립된 해사법원의 전통은 쉽게 허물어지지 않았으며, 1798년에 법관으로 임명된 스토월 경은 해사판례집을 간행하기 시작하였다. 19세기 중반에 영국에서 해운의 중요성이 증대되면서 해사법원의 관할권도 확대되었다. 빅토리아여왕시대에 제정된 법률은 해사법원에 대하여 선박소유권 및 저당권, 해난구조, 예선계약, 선박건조 및 수리, 선용품공급계약, 화물손해, 선원의 급료 기타 선박에 의한 손해배상청구소송 등에 대한 관할권을 부여하였다. 이 같은 소송의 원고는 보통법법원에 제소할 수도 있었고, 해사법원의 약식절차를 이용할 수도 있었다. 1873년의 법원조직법(Judicature Act)에 의하여 해사법원은 고등법원(High Court of Justice)에 흡수되어 폐지되었다. 고등법원 내에는 여러 부가 설치되었는데, 해상사건은 주로 검인·이혼·해상부에 배당되었다. 1970년의 사법행정법(Administration of Justice Act)에 의하여 고등법원(High Court: 제1심 합의법원에 해당)이 개편됨에 따라 해사법원은 고등법원의 여왕좌부(Queen's Bench Division)의 일부가 되었다. 현재 고등법원은 대부분의 해상사건을 담당하며, 해상사건에 특유한 절차법을 적용하고 있다. 따라서 해사법원이 명목상 존재하기는 하나, 이는 사법행정상의 편의를 도모하기 위한 것일 뿐 독자적으로 기능을 수행하는 것은 아니다.[2]

2. 미국에서의 해상법의 계수

17세기에 북미 영국식민지에서 발생한 해상사건들은 지방법원이 판결하였다. 적어도 대인소송에 있어서는 보통법법원들과 보조법원이 공히 관할권을 행사하였다. 절차적인 문제들은 그렇게 중요하지 않았지만, 식민지법원은 해사법원의 대물소송·간이절차·비배심원재판관행을 적용하였다. 또한 식민

---

1) SchoenbaumP(5th), 16-17쪽; Mathiason, "Some Problems of Admiralty Jurisdiction in the 17th Century," 2 Am.J.Leg.Hist. 215쪽(1958).

2) SchoenbaumP(5th), 17-18쪽; Jackson, "Admiralty Jurisdiction—the Supreme Court Act of 1981," 2 L.M.C.L.Q. 236쪽(1982).

지법관들은 당시의 영국법률서적을 통하여 해상법에 친숙하여 있었다. 17세기 말에 이르러 영국왕은 미국식민지에 대하여 강력한 왕권에 의한 통제정책을 실시하였다. 이의 일환으로서 식민지와의 상업활동을 규제하고, 식민지인들간의 불법적 거래를 통제하기 위하여 통상법이 제정되었다. 이러한 새로운 법률을 시행하기 위하여 새로운 사법제도를 확립할 필요가 발생하였는데, 이것은 이러한 문제들에 대하여 지방법원들이 기능을 다하지 못할 것으로 판단되었기 때문이었다. 이에 따라 영국의 무역위원회(Board of Trade)는 부해사법원(Vice-Admiralty Courts)을 설치할 것을 권고하였고, 1700년 경에는 영국왕의 명령에 의하여 부해사법원이 각 식민지에 설치되었다.[1]

부해사법원의 관할권은 대단히 광범위하였으나, 영국왕이 부해사법원에 부여한 관할권과 부해사법원이 실제로 행사한 관할권의 범위에는 상당한 차이가 있었다. 당시의 영국법원이 취급하지 않았던 해상사건을 부해사법원이 취급한 것은 사실이나, 부해사법원은 보통법법원이 발행한 금지명령(writs of prohibition)과 식민지의회에 의하여 여러 가지 정치적 제한을 받고 있었다. 이러한 관할권을 둘러싼 투쟁은 법률이론 혹은 이념에 근거한 것이 아니었던 것 같다. 즉 부해사법원판사들이 금지명령에 복종한 것은 스스로 해사법원의 한계를 자인하였기 때문이 아니라, 단지 금지명령이 상급법원의 명령이었기 때문이었다. 보통법법원의 판사들이 일반적으로 식민지의회에 의하여 선출되는 데 대하여, 부해사법원판사들은 이러한 선출과정 없이 임명되었으므로 부해사법원은 보통법법원보다 열등한 위치에 놓이게 되었다. 미국이 독립한 후 국가연합(Confederation) 시기에 있을 때 각 주는 주권을 행사하였다. 미합중국헌장(Articles of Confederation)에는 연방법원체계가 존재하지 아니하였으므로, 각 주는 해사법원을 포함한 주법원을 설립하였다. 이러한 개별 주해사법원의 통일성 없는 활동을 경험한 미합중국의 헌법초안작성자들은 연방해사법원체계의 필요성을 느끼게 되었다. 그 결과 미국헌법 제3조 제2항은 연방법원의 권한을 모든 해상사건(all cases of admiralty and maritime jurisdiction)에까지 확장하였다.[2]

---

1) SchoenbaumP(5th), 18-19쪽; D. Robertson, Admiralty and Federalism, 67-70쪽(1970).
2) SchoenbaumP(5th), 19-21쪽.

제 5 절   우리 해상법의 발달

우리나라는 1962년까지 독자적인 상법을 제정하지 못하였고 의용상법을 계속하여 사용하였으며, 5·16 이후 혁명정부가 법령정비사업을 실시할 때 제정된 상법 제5편에 해상편을 둠으로써 해상법이 본격적으로 제정되었다. 현행상법전은 1962년 1월 20일 법률 제1000호로서 공포되었고, 1963년 1월 1일부터 시행되었다. 의용상법 당시 해상법에 포함되었던 해상보험규정은 상법전의 보험편으로 편제를 달리하게 되었다.

제정 당시의 해상법은 1924년 선박소유자의 책임제한에 관한 브뤼셀조약, 1924년 선하증권에 관한 브뤼셀조약(헤이그규칙), 선박충돌에 관한 조약 등 여러 통일조약의 내용을 수용함으로써 의용상법보다 진취적인 입장을 취하고 있었다.[1] 그러나 해상운송계약에 대하여 용선계약을 중심으로 규정한 것과 정기용선계약 등에 관하여 전혀 규정이 없는 점, 그리고 최근의 국제조약이 반영되지 아니한 점에 대하여 비판을 받아 왔다.[2] 이 같은 문제점을 시정하기 위하여 법무부가 해상법개정안을 준비하였다. 중요 내용은 ① 선박소유자의 책임제한에 관하여 1976년 런던해사채권 책임제한조약을 수용하고, ② 해상물건운송에 관하여 1968년 헤이그-비스비규칙을 수용하며, ③ 해상운송관계인간의 이해관계를 합리적으로 조정하고, ④ 해상운송실무에 부적합한 규정을 정비하려는 것이었으며[3] 1991년에 개정되었다.

그 후 해운업계의 발전에 따라[4] 해운실무에 부합하지 않은 부분이 생기고 기존 법조문의 의미에 관하여 이견이 제기되는 등 개정의 필요성이 생겼

---

1) 서돈각·정완용, 상법강의(하)(서울: 법문사, 1996), 506-507쪽.
2) 서·정, 507쪽.
3) "상법개정안 입법예고," 관보(1989. 7. 8자), 3-7쪽. 상법개정안의 상세한 내용은 법무부, "상법개정시안 대비표(보험·해상편)"(1989. 5. 20); 법무부, "상법개정안 대비표(보험·해상편)"(1989. 10. 17); 법무부, "선박소유자 등의 책임제한절차에 관한 법률시안"(1989. 4).
4) 2014년 우리나라의 총 재화중량톤수(DWT)는 8억 3,534만 톤이고 전세계 수송량의 6.5%를 점유하며 보유선박은 3,207척이었다. 1위 그리스 2억 9,173만 톤(16.3%), 4,894척, 2위 일본 2억 4,264만 톤(13.5%), 8,357척, 3위 중국 1억 9,060만 톤(10.6%), 6,427척, 4위 독일 1억 2,635만 톤(7%), 4,197척의 순서이다. 쉬핑뉴스넷, 2014. 6. 5. 한편 2015년 현재 우리나라의 보유선박은 1,076척이고 총톤수는 4,449만 톤이다. 이 중 대한민국 선적은 542척 1,073만 톤(24%), 파나마 선적은 384척 2,348만 톤(52%), 마셜아일랜드 선적은 143척 925만 톤(21%), 아일 오브 만 선적은 5척 71만 톤(2%), 쿡 제도 선적은 2척 31만 톤(1%)이다. 한국선주협회, 2015. 5.

다. 그리하여 한국해법학회가 2004년 개정시안("2004년 한국해법학회 개정시안")을
작성하였다.[1] 이와는 별도로 법무부도 개정안을 마련하였다. 상법 해상편에
대한 개정법률("개정상법")은 2007년 공포되어 2008년부터 시행되었다.

개정상법의 주요 특징은 다음과 같다.

1) 종래의 해상운송계약을 운송과 용선으로 구분하고, 용선계약은 다시 항해용
   선·정기용선·선체용선으로 구분하였다.

2) 여객의 인적 손해에 대하여는 책임제한을 인정하지 않는 세계적 추세를 고
   려하여 여객손해에 대한 선박소유자책임한도를 46,666계산단위(약 7,500만
   원)에서 175,000계산단위(약 2억8천만 원)로 상향조정하였다. 단, 2008년 8월
   4일부터 2011년 8월 4일까지는 책임한도액이 87,500계산단위(약 1억 4천만
   원)이다.

3) 선주와 화주의 이해관계를 조정하여 운송인의 포장당 책임한도를 500계산
   단위(약 75만 원)에서 666.67계산단위(약 90만 원)로 상향조정하고, 총 중량 1
   킬로그램당 책임한도금액을 2계산단위로 하는 중량당 책임제한제도를 새로
   도입하며, 복합운송인의 책임에 관한 규정을 신설하였다. 단, 중량당 책임
   제한제도는 2010년 8월 4일부터 시행된다.

4) 전자선하증권에 관한 규정을 신설하고, 전자적 형식으로 해상화물운송장을
   발행할 수 있도록 하였다.

5) 해운실무관행을 수용하여 해상화물운송장제도를 도입하고, 공동해손시 갑
   판적 화물을 예외로 처리하였다.

6) 선박법과 관련하여 선박관련규정을 정비하였다.[2]

법무부 개정안이 국회에서 심의중 수정된 사항은 다음과 같다.

1) 복합운송계약에서 어느 운송구간에서 손해가 발생하였는지 불분명한 경우,
   당사자에게 예측가능성을 부여하기 위하여 운송거리가 가장 긴 구간에 적
   용되는 법에 따라 책임을 지도록 하는 등 법률에 그 기준을 명시적으로 규
   정하였다.

---

[1] (사)한국해법학회 해상법개정문제연구회, "해상법(상법 제5편) 개정문제연구보고서"(2004.
4), 1쪽; 채이식, "상법 중 해상편의 개정에 관한 착안점"(2002. 12. 31) 참조.

[2] 국회 법제사법위원장, 앞의 보고서, 8-11쪽; 김인현, "2007년 상법 해상편의 편제 및 복합
운송에 대한 제정경위와 그 내용," 한국해법학회지 제30권 제1호(2008. 4), 7쪽; 최종현,
"개정해상법 하에서의 해상운송인의 지위," 한국해법학회지 제30권 제1호(2008. 4), 49쪽.

2) "운송물의 수령지·선적지·양륙지 중 어느 한 곳이 대한민국인 경우에 운송인의 의무 또는 책임을 감경 또는 면제하는 특약은 개품운송계약의 준거법에 관계 없이 무효로" 변경하는 강행규정에 대하여 준거법규정은 당사자 간의 자치에 따라 결정하는 것이 바람직하고, 이를 법률로 강제하는 것은 국제관행에 맞지 않다는 이유로 삭제하였다.

3) 신설되는 전자선하증권도 종이선하증권의 법적 효력과 동일한 효력을 가진다는 규정을 신설하였다.

4) 선체만을 빌리는 의미인 '나용선'이 일본식 표현이라는 국립국어원의 자문에 따라 '선체용선'으로 수정하였다.

제 6 절 해상법의 통일운동

1. 통일운동의 배경

기원 전 2000년 경 페니키아인들은 도로가 개설되지 아니하고 위험이 많은 육상교통보다 뗏목 등의 수단으로 강과 연해에서 무역을 했다. 이들은 운송수단의 발달에 따라 오늘날의 레바논과 이스라엘의 해안에서 점차 지중해로 진출하기 시작하여 15세기 말 마젤란이나 콜럼버스가 신항로와 신대륙을 발견할 때까지 수천 년간 지중해를 무대로 하여 세계무역을 주도하였다. 그 당시 유럽대륙은 민족국가가 형성되기 훨씬 전이므로, 이들의 교역활동도 국경에 의한 제한이 없이 동업조합과 항구에 발전된 도시국가를 중심으로 뻗어 나갔다.

이들의 무역활동을 규제하는 자치적 규범은 관습과 실무를 토대로 점차 발전되었고, 분쟁이 발생한 경우에는 consulatus maris와 같은 재판기관에서 신속하고 합리적인 중재·조정·알선·화해 등의 방법으로 이를 해결함으로써 이 같은 결정들이 쌓여 일종의 판례법으로 형성되었다. 이 관습법과 판례법은 어느 항구도시에서 형성된 것이든, 당시 국제무역의 중심지였던 지중해 연안의 모든 도시국가에 보편적으로 적용되는 통일국제법체계였다. 이처럼 관습기원적이고, 보편적이고, 국제적이고, 자주적이고, 합리적인 법체계는 인

위적인 판덱텐식 분류에 따른 해상법의 범위를 초월하여 상사법상의 규범인
계약·상행위·회사·유가증권·보험·해상뿐 아니라 오늘날 민법에 해당하
는 대리, 각종 인적·물적 담보, 등기, 불법행위, 부당이득은 물론 공증·회
계·재정·금융·투자·운송·창고·소송·중재·국제공법·국제사법·행
정규제·형사법·노동법 등 거의 모든 분야의 공법과 사법, 실체법과 절차법
규범을 망라하였다. 또한 영미법과 대륙법의 구분이 없이 끊임없이 새로운 법
기술적 제도나 원리를 고안하여 새로운 사태에 대처하는 범세계적이고도 총
체적인 법체계였다. 이것이 이른바 상인법(lex mercatoria)이다.[1] 이처럼 융통성
있고 혁신적이고 자족적인 법체계는 후일 상인계급에게 적용되는 계급법으로
서 상법이 탄생 할 때 그 기본원리를 제공하였고, 후일 부르주아계급(시민계급)
이 등장하여 그들을 위한 시민법인 민법이 필요하게 되었을 때 그 모든 법기
술적 원리를 넘겨 주었으므로, 오늘날의 민·상법전의 대부분의 기초가 바로
상인법이었던 것이다.

  14·5세기 중 무역이 활발한 항구도시들이 제1차적 법전편찬작업을 한
결과 상인법은 오늘날 올레론해법·콘솔라토 델 마레해법·비스비해법·베
니스해법·아말피해법·나폴리해법·한자동맹해법 등의 형태로 남아 있다.
이들 해법의 이름은 중세의 국제무역이 지중해연안을 따라 서쪽으로 진출을
계속한 항구도시의 지명을 따라 차례로 붙여졌는데, 이 같은 지역적 법전편찬
사업이 이루어졌다고 하여 상인법의 보편적 적용성이 훼손된 것은 아니었
다.[2] 상인법은 로오드해법 등의 영향을 받으면서 영국이나 북유럽에서 자생
적으로 성립된 법체계와 만나 상인들의 합리적 적응노력을 통하여 더욱 풍부
한 내용으로 발전하였다.[3]

  이처럼 유럽대륙에 존재하던 보편적 법체계인 상인법은 근대 중앙집권국
가가 탄생한 17세기부터 각국의 국내법으로 정착하는 제2차 법전편찬사업을
통하여 유구한 세월 동안 유지해 온 보편성을 상실하였다. 절대군주들은 건국
초기에 통치기반을 확고하게 하는 방법으로서 법령을 정비하여 권력기반을

---

 1) 송상현, "상사법의 과제와 전망," 상사법연구 제10집, 한국상사법학회, 1992, 2쪽; W.
    Bewes, The Romance of the Law Merchant, 12-19쪽(1923).
 2) 송상현, 위의 글, 3쪽; Berman & Kaufman, "The Law of International Commercial Trans-
    actions (Lex Mercatoria)," 19 Harv.Int'l L.J. 272쪽(1978).
 3) 송상현, 위의 글, 3쪽.

다지고 예산을 확보하여 재정적 기초를 다졌다. 이 같은 목적을 달성하기 위하여 각국은 상인법을 토대로 다투어 국내법을 제정하였는바, 프랑스 루이 14세의 상사조례는 그 효시이고, 나폴레옹민법전과 상법전이 그 절정을 이룬다.

그러나 해양을 활동무대로 하고 선박이라는 기술적 도구를 사용하여 전개되는 해상기업의 본질적인 요건은 국가에 따라 달라질 수 없는 것이므로, 해상법의 규정내용이 공통성을 갖게 되는 것은 당연한 일이다. 더구나 국제무역거래가 해상기업을 토대로 하고 있으므로, 세계경제의 발전에 따라 각국은 해상법의 통일의 필요성을 절실하게 느끼게 되었다. 특히 현대에 들어와서는 선하증권의 유통, 교통·통신의 발달 등 경제적·사회적 발전으로 국제간의 무역거래는 더욱 촉진되고 있기 때문에 해상법통일이 활발하게 추진되고 있다.

2. 통일운동의 전개

해상법의 국제적 통일화의 노력을 선도한 기관으로는 국제법협회(International Law Association)와 국제해법회(International Maritime Committee, Comité Maritime International, 약칭 CMI)를 들 수 있는데, 이 양 기구에 의하여 다음과 같은 많은 통일조약이 성립되게 되었다.

국제해법회는 1910년에 브뤼셀해사법외교회의(Diplomatic Conference on Maritime Law)에서 선박충돌 및 해난구조에 관한 통일조약을 성립시킨 이후 지금에 이르기까지 많은 다국간 통일조약의 초안을 작성하였다. 이들 국제해법회의 조약초안은 브뤼셀에서 소집된 해상법외교회의에서 채택됨으로써 해상법통일에 많은 공헌을 하였다. 국제해법회의 활동으로 성립한 통일조약에는 1924년 선박소유자의 책임제한조약, 1924년 선하증권통일조약, 1926년 선박우선특권 및 저당권통일조약, 1926년 국유선박면책조약, 1952년 선박가압류조약, 1961년 해상여객운송조약, 1967년 해상여객수하물의 운송에 관한 통일조약, 건조중의 선박등기조약 등이 있다.

국제해법회는 해상법에 관한 국제통일조약의 성립에 공헌하였으나 동 회는 각국의 해법학회를 회원으로 하는 민간학술단체로서 직접 국제조약을 제정할 지위에 있지 아니하므로, 최근에는 해상법의 국제적 통일에 관심을 갖기 시작한 국제연합의 전문기구에 그 역할을 이양하고 있는 경향이다. 이러한 국제연합의 전문기관인 국제해사기구(International Maritime Organization: IMO)가 주체가 되어 1969년 유류오염손해에 대한 민사책임조약(약칭 CLC 조약)을 성립시켰고, 이를 보충하기 위한 유탁손해배상을 위한 국제기금설립을 위한 조약(International Convention on the Establishment of an International Fund for Compensation for Oil Pollution Damages, 약칭 Fund Convention 또는 기금조약)을 1971년에 채택하였으며, 1976년에는 해사채권에 대한 책임제한조약을 성립시켰다. 1971년에는 핵물질운송에 관한 민사책임조약이 성립하였으며, 유엔국제복합물건운송조약(UN Convention on International Multimodal Transport of Goods)이 1980년에 성립되었는데, 이 조약에서는 화주의 보호를 위하여 복합운송의 전구간에 대한 운송인의 책임을 강화하였다. 또 1952년 선박가압류조약을 수정한 1999년 선박가압류조약이 성립하였다. 이 같은 움직임을 종합해 보면 비록 느린 속도로나마 다시 한번 해상법분야에서 전세계를 통하여 보편적으로 적용될 수 있는 제2의 상인법이 다시 탄생하고 있는 중이라고 할 수 있다.

제 2 장

국제해사관할권과 해양법[1)]

제 1 절 서   론

1. 해양법의 법원(法源)

오늘날 일반적으로 해양법과 해상법을 구별하고 있다. 해양법은 "해양과 해양자원의 사용 및 통제에 관한 국가간의 관계를 규율하는 규범"이라고 정의할 수 있다. 고대 로오드나 카르타고와 같은 해양국가들은 자국의 근해에 대한 영유권을 주장하였으며, 로마인들은 지중해가 로마제국의 통제 하에 있는 것을 당연시하였다. 이러한 전통과 중세의 관행에 따라 15세기 양대 해상세력이었던 스페인과 포르투갈은 교황 알렉산더 6세로 하여금 1493년에 해양에 대한 주권을 양국에 부여하는 교서를 발하도록 하였다. 해양자유의 법원칙의 기초가 확립된 것은 네덜란드학자 그로티우스가 1608년 자유해론을 출간하면서부터였다. 그로티우스는 자연법에 근거하여 해양은 인류의 공동재산이며, 모든 국가의 선박은 항해의 자유를 가진다고 주장하였다. 이에 대하여 영국의 Selden은 저서 폐쇄해론을 통하여 해양경계가 확립되어야 하며, 외국선박은 권리에 의하여서가 아니라 특권에 기하여서만 주권해역 내의 항해가 허

---

1) 이 장은 T. Schoenbaum, Admiralty and Maritime Law, Practitioner Treatise Series, vol. 1 (5th ed. 2011)("SchoenbaumP(5th)"), 24-78쪽의 내용을 요약소개한 것이다.

용된다고 주장하였다. 18세기부터 19세기 초에 통상자유주의가 강화되면서 해양의 자유가 자본주의제국에 유익하다고 판단되어 공해자유의 원칙이 확립되었다. 그런데 최근에 이르러 해양의 자유원칙은 중대한 변화를 겪게 되었다. 해양과 자원에 대한 지식이 급진전하고, 이의 개발에 필요한 기술진보가 이루어짐에 따라 해양과 인간의 관계가 근본적으로 변경되었기 때문이다.[1]

해양법은 국제법이다. 국제사회에서 입법자는 존재하지 않으므로 국제법은 단 하나의 진정한 법원(法源)인 제국(諸國)의 공통의사에 근거하고 있다. 한 나라가 국제법을 수용하는 방법에는 외교각서 등의 적극적 행위를 통하여 이루어질 수도 있으나, 국제사회에서 일반적으로 인정되는 법원칙을 타국이 주장하였을 때 이에 항의하지 아니하고 용인하는 소극적 행위에 의하기도 한다. 예를 들어 1945년에 트루먼대통령은 대륙붕의 광물과 기타 자원에 관한 미국의 주권을 선언하였다. 이러한 일방적인 행위는 대체로 다른 국가들도 유사한 주장을 하였거나, 또는 미국의 선언에 반대하지 않았다는 이유로 승인되었을 뿐 아니라 1958년 대륙붕에 관한 조약에 의하여 확인되었다. 조약과 국제관습법은 해양법의 법원이지만, 이들의 구별이 명확한 것은 아니다. 조약은 한편으로는 현존하는 관습법을 성문법화한 것인 동시에, 한편으로는 새로운 관습법의 형성을 촉진하기 때문이다.[2]

1958년에 유엔은 제네바에서 해양법회의를 개최하고, 제네바 4조약을 채택하였다. 이들은 영해 및 접속수역에 관한 조약(Convention on the Territorial Sea and the Contiguous Zone), 공해에 관한 조약(Convention on the High Seas), 대륙붕에 관한 조약(Convention on the Continental Shelf), 어업 및 공해생물자원의 보존에 관한 조약(Convention on Fishing and the Conservation of the Living Resources of the High Seas)이었다. 이어 유엔은 1960년에 제2차 해양법회의를 개최하였으나 아무런 결론을 얻지 못하였다. 그 후 국제사회에 배타적·경쟁적인 해양민족주의가 대두되면서 유엔총회는 1973년에 제3차 해양법회의를 개최하였으며, 제3차 해양법회의는 1982년 유엔해양법협약(United Nations Convention on the Law of the Sea, 1982)을 채택하였다. 1982년 4월 30일에 유엔해양법협약은 찬성 130국, 반

---

1) SchoenbaumP(5th), 25-26쪽.
2) SchoenbaumP(5th), 26-27쪽; Sohn, "The Law of the Sea: Customary International Law Developments," 34 Am.U.L.Rev. 271쪽(1985).

대 4국, 기권 17국으로써 승인되었다. 이 협약은 1994년 11월 16일에 발효하였으며, 2020년 현재 168개 국이 비준하였다. 앞으로 연안국의 관할해역자원에 대한 기득권주장과 공해상에 부존되어 있는 막대한 해양자원개발권을 둘러싸고 각국의 경쟁이 심화될 것이 예상된다. 우리나라와 일본, 중국은 1996년에 동 협약을 비준하였다.[1]

2. 미국법상 해양법의 지위

미국은 1958년의 제네바 4조약을 승인하였으며, 해양법의 법원으로서 조약뿐 아니라 관습법의 역할을 인정한다. 그런데 미국은 1982년 유엔해양법협약에 대하여 반대하였으므로 유엔해양법협약이 국제관습법으로서 미국법의 일부를 형성하는가 하는 문제가 발생한다. 1983년 3월 10일 레이건대통령은 200해리 배타적 경제수역의 자연자원에 대하여 국제법이 허락하는 한에서 주권적 권리를 행사할 것을 내용으로 하는 포고 제5030호를 공포하면서 유엔해양법협약이 "국제법과 관행에 합치하는 해양의 전통적 사용을 규정하고 있으며, 제국의 이익에 대한 적절한 균형을 유지하고 있다"고 천명하였다. 동시에 미국은 해양의 전통적 사용에 합치되게 행동할 것이며, 제국의 이익을 해치지 않는 범위 내에서 항해권과 수역상공비행권을 행사할 것과 미국과 여타 국가의 국제법상의 권리를 연안국들이 인정하는 한 연안수역에서의 타국의 권리를 존중할 의사를 표명하였다. 그러므로 해양의 전통적 사용에 관하여 미국은 유엔해양법협약을 미국에 구속력을 가지는 국제관습법으로 인정한 것이다. 한편 유엔은 1994년 7월 28일에 유엔해양법협약 중 심해저개발에 관해(제11부) 새로운 협정을 체결했다. 미국은 1994년 10월 7일 이 협정에 서명했으나 미국 상원은 아직 비준하지 않고 있다.[2]

3. 분쟁의 해결

1958년 제네바해양법회의에서는 분쟁해결절차에 관한 아무런 합의도 이루어지지 아니하였으므로, 유엔해양법협약 이전에는 해양의 사용과 통제에

---

1) 미국은 아직 비준하지 않았고, 북한은 1982년에 이 협약에 서명하고 관련회의에 참석하여 왔으나, 최근에는 참여하지 않고 있다. 해사프레스(1994. 11. 10), 22쪽; 김찬규, "UN해양법조약의 발효와 영해법의 정비," 법률신문 제2413호(1995. 6. 12), 29쪽.

2) SchoenbaumP(5th), 28-30쪽.

관한 국제분쟁해결의 일반적인 절차가 존재하지 않았다. 유엔해양법협약은
분쟁해결에 관한 강제조항을 포함하고 있는데, 이 조항은 국제관습법이 아니
며 동 협약을 수락하지 않은 국가들에 대하여는 구속력을 가지지 아니한다.
협약가입국은 구속적인 분쟁해결절차를 수락하여야 하나 ① 국제사법재판소,
② 국제해양법재판소, ③ 국제중재심판소, ④ 특별중재심판소 중 하나를 선택
할 수 있다. 분쟁당사국들이 동일한 분쟁해결절차를 선택하지 않은 경우는 중
재에 회부할 것이 강제된다.[1]

　　협약상 특별절차가 존재하는 세 가지 유형의 분쟁이 있다. 첫째, 배타적
경제수역 내에서의 어업이나 해양탐사에 관한 분쟁들은 전적으로 분쟁해결제
도로부터 제외되거나 구속력을 갖지 않는 조정절차에 회부된다. 둘째, 특별한
선언을 채택함으로써 가입국은 해양의 경계획정분쟁과 군사활동에 관한 분쟁
및 유엔 안전보장이사회에 제출된 분쟁 등을 협약상의 분쟁해결제도로부터
제외시킬 수 있다. 셋째, 심해저채굴에 관한 대부분의 분쟁은 국제해양법재판
소 내의 특별심해저심판부에 회부된다. 미국과 같은 협약비가입국들은 협약
의 분쟁해결절차를 이용할 수 없다. 왜냐하면 "어떠한 국가도 동의가 없는 한
타국과의 분쟁을 중개 또는 중재에 회부하거나 여타의 평화적 해결절차에 회
부할 것이 강제되지 아니한다"는 것이 국제법의 원칙이기 때문이다. 협약의
분쟁해결조항이 가입국에만 적용되므로, 비가입국은 협약의 분쟁해결절차에
분쟁을 회부할 의무가 없다. 동시에 비가입국은 가입국 또는 협약에 의하여
만들어진 법적 주체에 대하여 협약상의 분쟁해결절차에 분쟁을 회부할 것을
강제하지 못한다.[2]

---

1) SchoenbaumP(5th), 30-31쪽.
2) Adede, "The Basic Structure of the Disputes Settlement Part of the Law of the Sea
  Convention," 11 Ocean Dev. & Int'l.L.J. 125쪽(1982); SchoenbaumP(5th), 31-32쪽.

제 2 절 기선획정(baseline delimitation)

1. 통상기선(normal baselines)

영해와 다른 연안국가의 해상관할권영역의 범위측정을 위하여 기선을 긋는 것이 필요하다. 기선의 획정은 때때로 일방적인 행위이지만, 그 유효성은 국제법에 근거하고 있다. 영해와 접속수역에 관한 조약 및 유엔해양법협약에 따르면 통상기선은 "연안국에 의하여 공인된 대축척해도(large-scale charts)에 기재된 해안선에 연한 저조선"(low water mark)을 말한다.[1]

2. 직선기선(straight baselines)

영해조약과 유엔해양법협약에 따르면, 해안선의 굴곡이 심하거나 해안에 암초나 도서가 많이 있는 경우에는 적절한 지점을 연결한 직선기선방법이 사용될 수 있다. 직선기선방법은 영국·노르웨이 어업사건[2]에서 유래되었으며, 이 방법의 유효성은 국제법에 의하여 승인되었다. 이 사건에서 노르웨이는 깊은 피요르드해안과 도서·암초·산호로 이루어진 해안을 유지하고 있으므로, 자국해안의 어장으로부터 외국선박을 축출하기 위하여 해안의 외측점을 연결한 일련의 직선기선을 사용하였다. 그러나 영국은 이 방법이 노르웨이에 대하여 저조선원칙에 따를 때보다 훨씬 넓은 영해를 인정하게 된다는 이유에서 직선기선사용에 반대하였다. 영해 및 접속수역에 관한 조약과 유엔해양법협약은 직선기선방법을 적용하는 연안국의 재량권에 대하여 일정한 제한을 가하고 있다. 첫째, 기선은 해안의 일반적 방향으로부터 현저히 벗어나서는 안되며, 기선 내의 수역이 내수로 생각될 만큼 육지와 밀접하게 관련되어 있어야 한다. 둘째, 연안지역의 주민이 그 생계를 어업으로써 이어 왔다는 그 지역에 고유한 경제적 이익 및 장기적 관행을 고려하여야 한다. 셋째, 직선기선은 영구적으로 해면보다 높은 부표(혹은 유사시설)가 설치되지 아니하는 한 저조선간에 설정되어서는 아니 된다. 넷째, 직선기선제도는 공해 혹은 배타적 경제수역으로부터 타국의 영해를 차단시키도록 사용되어서는 아니 된다.[3]

---

1) SchoenbaumP(5th), 36-37쪽.
2) [1951] I.C.J.Rep. 116쪽.
3) SchoenbaumP(5th), 37-38쪽.

3. 강 구(江口)(mouths of rivers)

강이 직접적으로 바다와 연결되면 기선은 저조선상의 지점 사이의 강구를 가로지르는 직선기선이어야 한다.[1] 이 폐쇄선의 길이에 관한 제한은 없다. 대개의 강은 직접적으로 바다로 흘러 들어가지 아니하고 때때로 매우 넓은 강의 하구를 형성한다. 이 점에 관하여 협약은 명시하지 않고 있으나, 미국법 및 국제관습법에 의하면 강이 하구로 흐른다면 만에 관한 법리가 적용된다. 유엔해양법협약은 강구에 대하여 새로운 규정을 하고 있는데, 삼각주나 다른 자연적 조건에 의하여 매우 불안전한 해안선상의 지점을 연결하여 직선기선이 그어진 경우, 저조선이 복귀한다 하더라도 기존의 기선은 연안국에 의하여 변경될 때까지 유효하다는 것이다.[2]

4. 만(bays)

만은 3면이 육지에 접하고, 1면의 입구에 의하여 해양에 접속한 수역이다. 만이 되기 위하여는 그 만구(灣口)를 직경으로 한 반원의 면적보다 만 내의 면적이 같거나 더 커야 한다.[3] 또한 만구의 폭이 24해리를 초과하지 않아야 하며, 만구가 24해리를 초과하는 경우는 최대수역을 포함하기 위하여 24해리 직선기선을 만 내에 설정할 수 있다.[4] 유엔해양법협약은 2개국 이상의 대안국(對岸國, 바다를 사이에 두고 서로 마주보는 관계)을 가진 만에 대하여는 언급하지 않고 있으며, 이 경우 협약이 적용되는가는 불분명하다. 이 경우에 세 가지 규칙이 적용된다. ① 만구를 횡단하는 기선에 의해 폐쇄될 수 없다. 기선으로 적절한 것은 만안(灣岸) 주위의 저조선이다. ② 폐쇄기선작성도 가능하며, 이 경우 만 기슭의 국가들은 폐쇄수역을 공유할 수 있다. ③ 만은 일반적으로 인정된 경계획정원칙에 따라 수개 국에 의해 분할될 수 있다.[5]

---

1) 영해 및 접속수역에 관한 조약 제13조; 유엔해양법협약 제9조.
2) 유엔해양법협약 제7(2)조. SchoenbaumP(5th), 39쪽.
3) 영해 및 접속수역에 관한 조약 제7조; 유엔해양법협약 제10(2)조.
4) 영해 및 접속수역에 관한 조약 제7(3)조; 유엔해양법협약 제10(3)·(5)조.
5) SchoenbaumP(5th), 39-40쪽.

5. 간출지(low-tide elevations)

간출지는 간조시에만 수면에 출현하고, 만조시에는 수중에 침몰하며, 수면에 둘러싸인 자연적으로 형성된 육지를 말한다.[1] 간출지가 육지 또는 도서로부터 영해의 폭을 벗어나지 않는 거리에 있는 경우에는 간출지의 저조선은 영해의 폭을 측정하기 위한 기선으로 사용될 수 있다. 반면에 간출지가 본토나 도서로부터 영해의 폭을 초과하는 거리에 위치한 경우는 독자적인 영해를 가지지 아니한다.[2]

6. 항과 정박지(roadsteads)

연안시설 혹은 인공섬이 아닌 영구적인 항은 기선획정을 위한 연안선의 일부이며, 영해의 경계를 획정하기 위해서는 항만제도의 불가분의 일체를 이루면서 가장 외측에 있는 항구적인 항만시설은 연안의 일부를 구성하는 것으로 간주된다.[3] 선적·하역·선박·정박에 사용되며, 연안으로부터 일정한 거리에 있는 장소인 정박지는 영해에 포함되나, 기선획정을 위한 해안선의 일부는 아니다.[4]

7. 도 서(islands)

도서는 만조시에 수면 위에 출현하고, 수면에 둘러싸여 있는 자연적으로 형성된 육지이다.[5] 유효한 점유가 어려울 정도의 작은 도서도 영해와 접속수역을 가진다. 다만, 사람이 거주하거나 경제적 생활을 영위하기에 적합하지 않은 암도(岩島)는 배타적 경제수역이나 대륙붕을 가지지 못한다.[6] 인공도서는 국제조약상의 도서가 아니므로 영해 기타 해상관할권이 미치는 지역을 가지지 아니한다. 또 도서가 환초(atolls)로 둘러싸여 있거나 암초를 가지고 있는

---

1) 영해 및 접속수역에 관한 조약 제11(1)조; 유엔해양법협약 제13(1)조.
2) 영해 및 접속수역에 관한 조약 제11(2)조; 유엔해양법협약 제13(2)조. SchoenbaumP(5th), 40~41쪽.
3) 영해 및 접속수역에 관한 조약 제8조; 유엔해양법협약 제11조.
4) 영해 및 접속수역에 관한 조약 제9조; 유엔해양법협약 제12조. SchoenbaumP(5th), 41쪽.
5) 영해 및 접속수역에 관한 조약 제10(1)조; 유엔해양법협약 제121(1)조.
6) 유엔해양법협약 제121(2)·(3)조.

경우에는 영해측정기선은 당해 환초 또는 암초의 외측저조선이 된다.[1]

8. 군 도(archipelagos)

군도에 관하여는 오랫동안 국제법상의 논쟁이 되어 왔다. 필리핀과 같이 군도로써 성립된 군도국가는 군도의 외측에 있는 섬의 외측점을 연결하는 직선의 군도기선(archipelagic baselines)을 그어 그 내측을 군도수역으로 할 수 있다. 이에 대하여는 군도국가의 주권이 미친다. 다만, 많은 해양국가들은 직선기선을 군도국가들에 대하여 적용하는 것은 해로통항에 지장을 초래하므로 부적합하다는 견해를 취하여 왔다. 반면에 군도국가들은 치안유지 및 밀수방지를 위하여 직선기선사용을 선호하였다.[2]

유엔해양법협약 제4부는 군도기선의 조건을 엄격하게 규정한다. ① 군도직선기선은 '1개 또는 다수의 군도로 구성된 국가', 즉 군도국가들만 사용할 수 있다. 따라서 해중군도(mid-ocean archipelagos)를 영토 내에 일부 포함하고 있는 국가는 직선기선을 사용할 수 없다. ② 군도기선의 내측에 있는 수역의 면적과 육지면적과의 비율은 1 : 1에서 9 : 1 사이여야 한다. ③ 군도기선의 길이는 100해리를 초과하지 못하나, 총 기선수의 3% 내에서 최대 125해리 직선을 설정할 수 있다.[3] 군도기선은 군도의 일반적 윤곽으로부터 멀리 떨어져서 설정할 수 없다. 또 군도국가는 타국과의 기존 협정, 인접국의 전통적인 어업권, 타국의 기존 해저전선을 존중하여야 하며,[4] 군도수역에서의 외국선박의 무해통항권을 보장하여야 한다. 또한 타국의 영해를 공해 또는 배타적 경제수역으로부터 차단하는 방법으로 기선을 그을 수 없다.[5]

9. 역사적 만(historic waters)

만구의 폭이 국제법상의 기준을 초과한 만이라 할지라도 연안국이 평온하게 장기에 걸쳐 주권을 행사해 왔고, 타국의 반대도 없는 경우에는 이를 역사적 만이라 칭하며, 국제관습법상 내수(internal waters)로 인정된다.[6] 협약의

---

1) 유엔해양법협약 제6조. SchoenbaumP(5th), 41쪽.
2) SchoenbaumP(5th), 42쪽.
3) 유엔해양법협약 제46(a)조, 제47(1)조, 제47(2)조.
4) 유엔해양법협약 제51조.
5) 유엔해양법협약 제47(5)조. SchoenbaumP(5th), 42쪽.
6) 영국·노르웨이 어업사건, [1951] I.C.J.Rep. 116쪽, 130쪽; 이한기, 국제법강의(서울: 박영

만에 관한 규정은 역사적 만에 대하여는 적용되지 아니한다. 그럼에도 불구하고 역사적 만은 대개 협약에서 의미하는 만보다 넓기 때문에 많은 국가들은 역사적 만에 대한 주권을 주장하고 있다. 역사적 만의 법적 지위를 인정하기 위하여는 세 가지의 요소가 있어야 한다. 즉 ① 주장하는 국가가 역사적 만에 대하여 주권을 행사하여 왔어야 하고, ② 그러한 주권행사는 상당기간 계속적으로 이루어졌어야 하며, ③ 다른 국가들이 이러한 주권행사를 승인 내지 묵인하였어야 한다. 어업과 야생생물보호 등의 목적으로 주권을 주장하는 것과 같은 제한적 권리주장은 역사적 만에 대한 주권주장으로 받아들이기에 불충분하다.[1]

제 3 절 해사관할권지역(zone of maritime jurisdiction)

1. 내수와 항(internal waters and ports)

영해의 측정기준이 되는 기선의 육지측수역을 내수라 한다.[2] 연안국은 내수에 대하여 완전한 주권을 행사하며, 내수 내에서는 무해통항권이 인정되지 아니한다. 직선군도기선제도에 의하여 폐쇄된 군도수역은 특별한 법적 지위를 가지며, 군도의 각 도서는 각기 일반원칙에 따른 기선을 가질 수 있다. 이 기선의 육지측은 내수가 된다.[3] 항구는 내수에 존재하므로 외국선박에 대하여 일반적인 접근권이 인정되지 아니하며, 연안국은 완전한 형사적·민사적·행정적 관할권을 항구나 내수로 들어온 외국선박에 대하여 행사할 수 있다. 다수의 양자·다자 협약은 상호주의에 의한 입출항원칙을 확립하고 있다. 이러한 협약에는 1923년 해항(海港)의 국제법제도에 관한 협약(Convention and Statute on the International Regime of Maritime Ports of 1923)과 다수의 우호통상항해조약(Treaties of Friendship, Commerce and Navigation)이 있다.[4]

사, 1997), 331쪽.
1) SchoenbaumP(5th), 42-43쪽.
2) 영해 및 접속수역에 관한 조약 제5(1)조; 유엔해양법협약 제8(1)조.
3) 유엔해양법협약 제50조.
4) Lowe, "The Right of Entry into Maritime Ports in International Law," 14 San Diego L.Rev.

2. 영 해(territorial sea)

영해는 연안국기선과 직접 연하고 있는 국가관할권지역이다. 국제법상 연안국은 해양과 상공·해저 및 해상에 관하여 완전한 주권을 가진다.[1] 이러한 주권행사의 예외로서 외국선박의 무해통항권이 인정되지만, 영해의 상공에 대한 무해통항권은 별도의 합의나 연안국의 허가가 없으면 인정되지 아니한다. 영해를 통과하는 외국선박에 대하여 연안국은 승선중인 사람을 체포하기 위하여 또는 선박에서 발생한 범죄에 대하여 수사를 행할 목적으로 자국의 형사재판권을 행사하여서는 아니 된다. 다만, ① 범죄의 결과가 연안국에 미칠 경우, ② 범죄가 연안국의 질서를 교란하는 경우, ③ 선박소속국의 영사 또는 선장으로부터 연안국당국에 원조요청이 있는 경우, ④ 마약의 불법유통을 진압하기 위한 조치일 경우에는 예외가 인정된다.[2]

연안국은 영해를 항행중인 외국선박 내의 사람에 대하여 민사관할권을 행사하기 위해 선박을 정지시키거나 항로를 변경하게 할 수 없다. 또한 민사소송을 위해 선박을 강제집행 또는 보전처분할 수도 없다. 그러나 ① 선박이 연안국수역을 항행중 또는 항행하기 위해 스스로 부담한 채무 또는 책임에 대하여, 그리고 ② 외국선이 내수에서 나와 영해를 항행하는 경우에는 일반적으로 자국법령에 따라 강제집행 또는 보전처분할 수 있다.[3] 유엔 제1·2차 해양법회의에서 영해의 폭이 결정되지 않았고, 3해리에서 200해리까지의 다양한 주장이 행하여졌다. 유엔해양법협약에서는 기선으로부터 12해리 원칙이 수립되었으며, 미국은 1998년에 12해리 원칙을 받아들였다.[4]

3. 접속수역(contiguous zone)

접속수역은 공해 중 영해에 접속한 일정범위의 수역으로서 관세·재정·출입국관리·위생상 규칙의 위반을 방지하고 처벌하기 위하여 연안국의 관할권행사가 인정된다.[5] 이 제도는 미국이 1920년대의 금주법시대에 공해로부터

597쪽(1977); SchoenbaumP(5th), 43-44쪽.
1) 영해 및 접속수역에 관한 조약 제1-2조; 유엔해양법협약 제2조.
2) 유엔해양법협약 제27(1)조. SchoenbaumP(5th), 44-45쪽.
3) 영해 및 접속수역에 관한 조약 제20조; 유엔해양법협약 제28조.
4) 유엔해양법협약 제3조. 이한기, 앞의 책, 339-340쪽; SchoenbaumP(5th), 45쪽.
5) 영해 및 접속수역에 관한 조약 제24(1)조; 유엔해양법협약 제33(1)조.

접근해 오는 밀수를 방지하기 위하여 다수국가와 각각의 쌍방조약을 체결한
데서 비롯되었다.[1] 유엔해양법협약 제33(2)조에 의하면 접속수역의 범위는
기선으로부터 24해리를 초과하지 못한다. 1999년에 미국은 기선으로부터 24
해리까지 접속수역을 연장한다는 것을 공식 선언하였다.[2]

4. 배타적 경제수역(Exclusive Economic Zone: EEZ)

제3차 유엔해양법회의에서 합의된 가장 중요한 개념 중의 하나가 배타적
경제수역이다. 이 수역은 영해의 외측한계에서 시작하여 연안국의 기선으로
부터 200해리까지를 말한다.[3] 이 수역 내에서 연안국은 해저와 상부수역에
있는 광물·어류 및 생물자원에 대하여 주권적 권리를 가지며, 이러한 주권적
권리는 수력·조력·풍력을 이용한 에너지생산과 같은 다른 경제활동에도 미
친다.[4] 더불어 연안국은 ① 인공섬·시설물 기타 해양구조물의 설치와 사용,
② 해양의 과학적 조사, ③ 해양환경보호에 대하여 관할권을 가진다.[5]

한편 모든 국가는 이 수역에서 항행의 자유, 상공비행의 자유, 해저전선
과 파이프라인부설의 자유 및 이러한 자유에 부수되는 기타 해양의 합리적
사용에 관한 자유를 가진다. 동시에 배타적 경제수역제도와 저촉되지 않는 한
공해제도에 관한 국제법이 이 수역에서도 적용된다. 따라서 배타적 경제수역
은 조약상 영해와 다르고 공해와도 다른 특별한 지위를 가진다.[6] 연안국은
배타적 경제수역 내의 각 어종에 관하여 허용어획량을 결정할 수 있다. 그러
나 이 경우에 입수가능한 최량의 과학적 증거를 고려하여 생물자원이 최대지
속적 생산량을 유지할 수 있도록 적당한 보존·관리 조치를 취할 의무를 진
다.[7] 이것은 어족이 멸종되지 아니하면서 최대어획이 가능한 정도를 말한다.
이 보존의무는 영해 또는 과거의 어업수역에는 없었으며, 배타적 경제수역을
인정하는 대가로서 연안국의 주권적 권리에 부과된 제한이다. 허용어획량의
결정 자체가 연안국의 권능인 이상 보존·관리의 구체적 내용도 연안국의 판

---

1) 이한기, 앞의 책, 372쪽.
2) SchoenbaumP(5th), 46쪽.
3) 유엔해양법협약 제55조, 제57조.
4) 유엔해양법협약 제56(1)(a)조.
5) 유엔해양법협약 제56(1)(b)조. SchoenbaumP(5th), 46쪽.
6) 유엔해양법협약 제55조, 제86조. 이한기, 앞의 책, 349-350쪽.
7) 유엔해양법협약 제61(1)조.

단에 속한다.[1]

또 연안국은 이 수역에서의 생물자원의 보존과 최적이용을 촉진할 의무
를 진다. 이를 위하여 연안국은 자국의 어획가능량을 결정하고, 이를 초과하
는 허용어획량의 잉여분에 대하여는 협정 기타의 합의에 의하여 타국에 할당
함으로써 입어의 기회를 주어야 한다.[2] 연안국의 이러한 의무에 관하여 협약
가입국간에 분쟁이 발생하였을 때, 비구속적인 강제조정절차가 개시된다. 즉
① 연안국이 배타적 경제수역 내에서 생물자원을 적절히 보존 및 관리할 의
무를 명백히 이행하지 아니한 경우, ② 연안국이 허용어획량과 자국의 어획량
에 관한 결정을 이해관계 있는 타국의 요청에도 불구하고 자의적으로 거절한
경우, ③ 연안국이 자의적으로 허용어획량의 잉여분을 타국에 대하여 할당할
것을 거절한 경우 등이다.[3] 2개국 이상의 배타적 경제수역 내에 또는 공해에
접속된 수역에 동일한 어족이 존재하는 경우, 관계국들은 직접적으로 또는 적
절한 지역적 기구나 국제기구를 통하여 협력하여야 한다.[4]

미국은 대통령포고에 의하여 200해리 배타적 경제수역을 선포하였으며,
이를 뒷받침하기 위하여 어족과 해양포유동물의 보존과 관리, 석유·가스 기
타 광물자원개발, 영해 이원(以遠)의 심해항구, 해양열에너지 전환, 해양보호구
역 설정, 해양투기통제, 해양환경에 대한 유출 및 배출에 관한 법률을 제정하
였다. 이 법률들은 모든 200해리 지역에 대하여 적용된다. 연안선이 짧은 국가
(지리적 불리국)와 내륙국은 형평의 원칙에 기초하여 연안국의 배타적 경제수역
내의 잉여어획량의 어획에 참여할 특별한 권리를 가지며, 이러한 권리의 세부
사항은 협의에 의하여 결정한다.[5] 2014년 3월 현재 152개 국이 200해리 배타
적 경제수역을 선포했고, 이러한 추세로 192개 연안국이 모두 배타적 경제수역
을 선포할 경우 전해양의 36%가 연안국의 관할권에 귀속되며, 전세계 주요 어
장의 90%, 해저석유매장량의 89%에 대한 이들 연안국의 소유권이 인정됨으로
써 우리나라의 원양어업 및 해외대륙붕유전개발이 큰 타격을 받을 것이 예상된
다.[6] 특히 유엔해양법협약은 개발권에 대한 선행투자원칙을 규정함으로써 우

---

1) 이한기, 앞의 책, 350쪽.
2) 유엔해양법협약 제62조.
3) 유엔해양법협약 제297(3)(b)조.
4) 유엔해양법협약 제63조. SchoenbaumP(5th), 46-48쪽.
5) 유엔해양법협약 제69조, 제70조. SchoenbaumP(5th), 48-49쪽.

리나라가 동 협약 발효 전 3천만 달러 정도를 투자하지 아니할 경우, 남한면적 크기의 심해저 망간단괴광구를 설정할 수 없을 정도로 해양개발에 치명적인 영향을 받을 가능성이 있다는 주장도 있다.[1]

우리 공유수면관리법은 배타적 경제수역이 그 법의 규율 대상이 되는 공유수면인 '바다'임을 전제로 하여, 관리청인 해양수산부장관은 배타적 경제수역에 방치된 물건이 공유수면의 효율적 이용을 저해하는 것으로 인정하는 경우에 물건의 소유자나 점유자에게 제거를 명할 수 있도록 한다(공유수면관리법 제2조 제1호 가목, 제4조 제1호, 제13조 제1항 제1호). 외국선박이 배타적 경제수역을 항해 중 황천을 만나 선적된 원목 2천개가 해상으로 유출되었다. 선박소유자에게 난파물 수거명령을 발하였으나 불응하였으므로 한국정부는 6억 4천만원을 들여 원목을 수거한 후 선박점유자인 선체용선자에 대하여 수거비용 변상을 요구하여 승소하였다. 법원은 배타적 경제수역에서 발생한 난파물에 대하여 한국 정부가 관할권을 가진다고 규정하는 공유수면관리법이 유엔해양법협약에 위반되지 않는다고 판시하였다.[2]

5. 대륙붕(continental shelf)

(1) 의   의

대륙붕은 "연안국의 영해를 넘은 해면하(海面下) 지역의 해저와 그 지하로서 연안국의 영토의 자연적 연장에 따라 대륙연변부(大陸緣邊部)(continental margin)의 외연까지로 하며, 또 그 외연이 영해기선으로부터 200해리의 거리에 도달하지 않을 경우에는 영해기선으로부터 200해리까지의 영역"을 뜻한다.[3]

(2) 연   혁

대륙붕이 국제법상 문제된 것은 1945년 9월 28일 미국 트루먼대통령이 캘리포니아 해저유전의 개발과 관련하여 공해였던 캘리포니아연안 대륙붕에

---

6) 한국해양과학기술원, www.kordi.re.kr/.
1) 1991년 8월 29일 한국해양연구소의 "해양개발기본계획 수립에 관한 워크숍"에서 홍승용 박사는 전량 해외수입에 의존하고 있는 희귀금속의 공급원을 마련하기 위해 유엔해양법협약에 따른 선행투자를 함으로써 남한면적 크기의 단독광구를 확보하여야 한다고 주장하였다. 중앙경제신문(1991. 8. 30), 16쪽.
2) 서울중앙지판 2007. 1. 18. 2006가합36580(본소), 2006가합73893(반소)(미간행, 원고 승소).
3) 유엔해양법협약 제76(1)조.

대한 미국의 관할권을 주장한 것이 계기가 되었다. 이는 전통국제법에 위반된 것이었으나, 오히려 다수국가가 이와 유사한 대륙붕에 관한 관할권선언을 발표하였다. 이에 자극받아 1958년 제1차 해양법회의에서 대륙붕에 관한 조약을 채택하여 대륙붕의 지하자원의 개발에 관한 새로운 국제제도를 설정하였다. 나아가 1982년 제3차 해양법회의에서는 유엔해양법협약에 대륙붕의 범위를 확장하는 규정을 채택하였다.

(3) 범   위

1958년 대륙붕에 관한 조약은 ① 상부지역의 수심이 200미터 이하이거나, ② 수심이 200미터 이상인 경우에는 상부지역의 수심이 해저구역의 천연자원의 개발을 가능하게 하는 곳까지로 대륙붕의 범위를 제한함으로써 수심 200미터와 개발가능성이라는 두 개의 기준을 채용하였다.[1]

한편 유엔해양법협약은 대륙붕에 관한 조약의 기준을 폐기하고, 영토의 자연연장이라는 기준과 200해리라는 절대거리기준에 의해 이원적으로 규정하고 있다. 대륙붕의 외적 한계를 설정함에 있어서 유엔해양법협약은 200해리 이원까지 대륙연변이 계속되는 경우에는 퇴적암의 두께가 대륙사면의 하단까지의 최단거리의 최소 1%가 되는 가장 외해측(外海側)의 각 지점을 60해리를 초과하지 않는 일련의 직선으로 연결하여 그은 선으로 하고, 영해기선으로부터 350해리 또는 2,500미터 등심선으로부터 100해리를 넘을 수 없다고 한다.[2] 그러나 이 한계는 해양고원과 같은 대륙연변의 자연적 구성요소인 해저고지(海底高地)에는 적용되지 아니한다.[3] 그리고 영해기선으로부터 200해리를 초과하는 대륙붕의 한계의 설정에 관하여 연안국은 대륙붕한계위원회에 정보를 제출하여야 하며, 동 위원회의 권고에 따라 연안국이 설정한 대륙붕의 한계는 최종적이며 구속력이 있다.[4]

(4) 연안국의 권리

연안국이 대륙붕에 대하여 가지는 권리는 다음과 같다.

㈎ **천연자원의 탐사·개발권**　　해저와 하층토에서 광물과 비생물자원을

---

1) 대륙붕에 관한 조약 제1조.
2) 유엔해양법협약 제76(4)·(5)조.
3) 유엔해양법협약 제76(6)조.
4) 유엔해양법협약 제76(7)·(8)조. SchoenbaumP(5th), 49-51쪽.

탐사·개발하고, 전복·게·해삼 같은 정착성어족에 속하는 생물을 채취할 수 있다.[1] 단 천연자원에는 수중의 어족은 포함되지 않는다.[2] 대륙붕에 대한 연안국의 이 같은 권리는 주권적 권리이기 때문에 제한된 지역과 목적의 범위 내에서는 배타성을 가진다. 이 점은 배타적 경제수역에 대한 연안국의 권리와 같은 성질이다. 따라서 대륙붕에서 타국이 자원개발활동을 하려면 연안국의 명시적 동의를 얻어야만 한다.[3]

㈏ **인공섬·시설의 관리와 안전수역설정권** 천연자원의 탐사·개발을 위해 필요한 인공섬·시설 및 구조물을 대륙붕 위에 설치하고, 이를 보호하기 위하여 500미터 이내의 안전수역을 설정할 수 있다.[4]

㈐ **해양환경의 보호·보존권** 대륙붕에서의 해양환경의 보호와 보존에 대한 관할권을 가진다.[5] 연안국은 대륙붕에서의 외국선박의 위반행위에 대하여 벌금형만을 과할 수 있다.[6]

㈑ **해양과학조사권** 연안국은 대륙붕에서의 해양과학조사에 대한 관할권을 가지므로,[7] 타국은 연안국의 동의 없이는 해양과학조사를 행할 수 없다.[8] 그러나 연안국은 통상적인 상황에서의 합법적인 해양과학조사에 대한 동의를 부당하게 거부할 수 없다.[9] 또 200해리 이원의 대륙붕에 관한 해양과학조사에 대하여는 연안국은 탐사·개발을 위하여 지정하는 구역을 제외하고는 이에 대한 동의를 거부할 수 없다.[10]

(5) 연안국의 의무

연안국은 대륙붕에 대하여 다음의 의무를 부담한다.

㈎ **상부수역의 항행자유 보장의무** 외국선 및 항공기의 대륙붕의 상부수역항행 및 상공비행을 부당하게 방해하여서는 아니 된다.[11]

---

1) 유엔해양법협약 제77(1)·(4)조.
2) 이병조·이중범, 국제법신강(서울: 일조각, 2007), 518쪽.
3) 이한기, 앞의 책, 358쪽.
4) 유엔해양법협약 제80조.
5) 유엔해양법협약 제210(5)조.
6) 유엔해양법협약 제230(1)조.
7) 유엔해양법협약 제246(1)조.
8) 유엔해양법협약 제246(2)조.
9) 유엔해양법협약 제246(3)조.
10) 유엔해양법협약 제246(6)조.
11) 유엔해양법협약 제78조.

(나) 해저전선·관선(管線) 부설자유보장의무　　외국이 대륙붕에 해저전선·관선을 부설할 자유를 보장하여야 한다.[1] 그러나 연안국은 대륙붕탐사, 천연자원개발 및 管線으로부터의 오염방지를 위해 합리적 조치를 취할 권리를 가진다.[2]

(다) 200해리이원 대륙붕개발기여금 납부의무　　대륙붕의 200해리 초과부분에서의 비생물자원의 개발에 대하여 생산개시 5년 후부터 매년 기여금을 금전 또는 현물로 납부하여야 한다.[3]

(6) 대륙붕의 경계획정

1958년 대륙붕에 관한 조약은 제국이 동일한 대륙붕에 접해 있는 경우에 대륙붕의 경계획정은 먼저 관계국간의 합의에 의하되, 합의가 성립되지 아니하는 경우에는 대안국(對岸國)간에서는 중간선(median line)을 경계선으로 하고, 인접국(바다에 대하여 나란히 인접한 관계)간에는 등거리선(equidistant line)을 경계선으로 한다고 규정한다.[4]

대륙붕의 경계획정분쟁에 관한 국제사법재판소의 최초의 판례는 1969년의 북해대륙붕 사건이다. 이 사건에서 관계국 중 덴마크와 네덜란드의 연안은 돌출형인 데 비하여, 그 사이에 끼어 있는 독일의 연안은 오목형이었기 때문에 등거리원칙을 기계적으로 적용하면 덴마크와 네덜란드는 바다를 향하여 무한한 대륙붕을 가지게 되는 반면, 독일의 대륙붕은 협소하게 된다. 국제사법재판소는 독일에 유리한 판결을 내리면서 ① 등거리원칙은 대륙붕경계획정원칙이 아니고 국제관습법화하지도 않았고, ② 대륙붕경계획정에는 연안형태·지형학적 구조·천연자원 등을 고려한 형평의 원칙이 적용되어야 하며, 1국의 대륙붕은 육지영토의 자연적 연장으로서 타국영토의 자연적 연장을 침해할 수 없고, ③ 이 같은 원칙을 적용한 결과 대륙붕경계가 중복되면 첫째 합의된 비율에 따라 중복지역을 분할하고, 둘째 합의되지 아니한 경우에는 중

---

1) 유엔해양법협약 제79(1)조.
2) 유엔해양법협약 제79(2)조.
3) 유엔해양법협약 제82(1)조. 기여금은 생산개시 5년 후(제6차 연도)부터 납부하여야 하며, 제6차 연도 납부액은 생산액 또는 생산량의 1%로 한다. 제12차 연도까지 매년 1%씩 납부율이 증가되고, 제12차 연도부터는 7%로 고정된다(협약 제82(2)조). 기여금은 국제해저기구에 납부하며, 국제해저기구는 이를 형평에 입각하여 협약당사국에 배분하고, 특히 저개발국과 내륙국의 이익을 고려하여야 한다(협약 제82(4)조).
4) 대륙붕에 관한 조약 제6조.

복지역의 공동관할·공동사용·공동개발제도를 고려하고, 셋째 이것도 안 될 경우에는 합리적 비율에 따라 분할하여야 한다고 판시하였다. 이 판결의 의의는 경계획정원칙으로서 1958년 대륙붕에 관한 조약상의 등거리원칙의 국제관습법화를 부인하면서 대륙붕이 영토의 자연연장임을 강조하고, 경계가 중복된 경우에 공동관리를 제시한 점이다.[1]

   1977년의 영국·프랑스 대륙붕 사건(Anglo-French Continental Shelf Arbitration)[2]은 섬의 존재가 대륙붕경계획정에 미치는 영향에 관한 것이었다. 이 사건에서 프랑스연안 근처에 영국령 채널제도가 있어서 대륙붕에 관한 조약 제1(b)조에 따라 이 섬들이 대륙붕을 가진다면, 영국 남해안에서 남쪽으로 뻗는 대륙붕과 결합하여 프랑스의 대륙붕이 동서로 분할되는 불합리한 결과가 발생하게 되었다. 이에 영국·프랑스 중재법원은 영국과 프랑스가 거의 동등한 對岸해안선을 가지므로 양국 대륙붕의 경계는 원칙적으로 중간선이라고 판시하였다. 또 동 법원은 ① 채널제도의 존재를 무시하고 12해리의 영해만 인정하는 한편, ② 등거리원칙은 형평의 원칙과 동일한 목적을 가지는 법적 원리라고 판시하였다. 즉 이 사건에서 대륙붕에 관한 조약은 인정하지 아니하였고, 국제관습법에 입각한 결정이 내려졌다.[3]

   1982년의 튀니지·리비아 대륙붕 사건은 국제사법재판소가 대륙붕경계획정에 관해 두 번째로 판결한 사건이다. 튀니지와 리비아는 등거리선을 배척하고, 대륙붕의 경계는 여러 상황을 고려하여 형평의 원리에 따라 획정하여야 한다고 주장하면서 형평의 원리를 자연적 연장론과 관련지어 전개하였다. 그러나 국제사법재판소는 대륙붕을 지형학적 측면에서만 파악하는 것은 적절하지 않다고 지적하면서, 자연적 연장론은 형평에 맞는 해결을 할 때 고려할 상황 중의 하나에 불과하다고 판시하였다. 또 국제사법재판소는 특정 법리가 형평에 맞는지 여부는 그 법리를 적용한 결과가 형평에 맞는지 여하에 의해 결정된다고 선언하였다. 국제사법재판소는 등거리선방식이 절대적 원리가 아니며, 타방식보다 우월한 것도 아니므로, 이 사건에서 등거리선방식보다는 양국이 사실상 존중해 온 해안선의 일반적 방향에 대한 수직선이 보다 형평의 원

---

1) 이병조·이중범, 앞의 책, 520-521쪽.
2) 18 Int'l Arb. Awards 3쪽, 18 I.L.M. 397쪽(1979).
3) 이한기, 앞의 책, 360쪽.

리에 맞는다고 하였다. 즉 해안선의 형태가 결정적 요소임을 확인하고, 어떤 방식을 채택하든 해안선의 굴곡을 반영하고, 그 길이에 비례하여 경계를 획정하는 것이 형평에 맞는다고 판시한 것이다.[1]

유엔해양법협약은 대륙붕과 배타적 경제수역에 적용될 경계획정의 원칙을 구별하지 아니하였다. 즉 제3차 해양법회의에서는 각국의 이해대립으로 대륙붕에 대한 경계획정원칙을 결정하지 못하였던 것이다. 그 결과 유엔해양법협약은 대륙붕경계획정의 형평에 맞는 해결을 위하여는 국제사법재판소규정 제38조에 규정된 국제법에 입각하여 합의에 의해서 행한다고 규정하고 있다.[2] 그러나 무엇이 형평인지는 구체적인 사정에 의하여 결정하여야 할 것이며, 일정한 원칙을 확립하는 것은 어렵다.

유엔해양법협약이 채택된 이후 국제사법재판소의 대륙붕경계에 관한 첫 번째 판결로서는 1984년의 캐나다와 미국 간의 메인만경계 사건(Canada-U. S. Maritime Boundary Delimitation Case)을 들 수 있다. 미국의 어업수역과 캐나다의 경제어업수역의 선포로 양국 간에 메인만의 대륙붕경계획정에 관한 분쟁이 발생하여 양국은 국제사법재판소에 경계를 획정해 줄 것을 청구하였다. 양국은 모두 대륙붕에 관한 조약의 당사자인바, 미국은 형평의 원칙을 주장하면서 육지권원(陸地權原)의 해양지배원칙과 지리적·지리외적 요인을 강조한 반면, 캐나다는 등거리원칙을 강조하면서 역사적·인적 요인을 강조하였다. 국제사법재판소는 분쟁수역을 세 부분으로 나누어 경계선을 획정하였으며, 구체적 상황에서 모든 요인을 고려하여 형평의 원칙에 따라 판결하였는데, 다소 캐나다에 유리한 내용이었다. 이 판결에 대하여는 "형평에 기초한 분쟁해결이란 이미 법규범에 의한 판단이라기보다는 결과의 편의에 따르는 조정과 화해에 불과하므로 관련당사국의 어느 일방에게도 만족을 주지 못한다"는 비판이 가하여진다.[3]

유엔해양법협약채택 후 국제사법재판소가 판시한 두 번째 대륙붕경계판결인 1985년의 리비아·몰타 대륙붕 사건에서, 이탈리아령 시실리섬과 몰타섬, 리비아 간의 대륙붕분쟁이 발생하였는데, 몰타는 중간선원칙을 주장하고

---

1) 이병조·이중범, 앞의 책, 521-522쪽.

2) 유엔해양법협약 제83조.

3) ICJ Reports, 1984, 246-398쪽; 이상면, "미국·캐나다간의 메인만 해양경계획정 사건," 법학 제26권 제1호(1985), 224-231쪽; 이병조·이중범, 앞의 책, 522쪽.

200해리 이내의 대륙붕에 대한 자연적 연장원칙을 배제할 것을 주장하였다. 반면 리비아는 경계획정은 형평원칙에 따라야 하며 對岸 해안선의 장단은 중대요소라고 지적하고, 해저의 지질학적·지형학적 특성을 고려하여 육지의 자연연장원칙에 따라 몰타근처의 해구를 경계로 해야 한다고 주장했다. 이에 국제사법재판소는 연안 200해리 이내의 대륙붕에 대하여 자연적 연장원칙과 지질학적·지형학적 기준은 배제되고 등거리원칙이 중시되어야 한다고 판시하면서, 대안해안선의 길이는 고려되어야 할 요인이나 반드시 산술적으로 비례되어야 하는 것은 아니라고 지적하여 중간선원칙을 채택하였다. 즉 시실리섬·리비아 간의 중간선(북위 34도 36분)과 몰타·리비아 간의 중간선(북위 34도 12분) 사이의 범위를 4등분하여 몰타에서 4분의 1 떨어진 중간선(북위 34도 30분)을 경계선으로 확정하였다. 이 판결에 대하여는 몰타에서 4분의 1 떨어진 지점을 중간선으로 인정한 이론적 근거가 불명확하며, 자연적 연장원칙을 배제하고 지질학적·지형학적 요소를 무시한 최초의 판결이라는 비판이 있다.[1]

6. 공   해

(1) 의   의

공해는 국가의 내수·군도수역·영해 및 배타적 경제수역에 포함되지 않으며, 국가의 주권이 배타적으로 행사되지 아니하는 해양의 모든 부분을 말한다.[2]

(2) 공해자유의 원칙

(가) **귀속으로부터의 자유**   공해는 국제관습법상 만인공유물로서 모든 국가의 국민에게 개방되며, 어떤 국가도 공해를 주권 하에 둘 수 없다(영유금지의 원칙).[3]

(나) **사용의 자유**   모든 국가는 타국의 간섭을 받지 않고 공해를 자유로이 사용할 수 있다.[4] 유엔해양법협약이 열거하는 사용자유의 내용은 다음과 같다.

---

1) ICJ Reports, 1985, 22쪽 이하; 이병조·이중범, 앞의 책, 522-523쪽.
2) 유엔해양법협약 제86조.
3) 유엔해양법협약 제89조.
4) 유엔해양법협약 제87(1)조.

1) 항행의 자유　　모든 국가의 선박은 자유로이 공해를 항행할 수 있다.[1) 어느 국가도 항행세를 부과할 수 없고, 강제로 해상에서 의식을 행할 수 없다.[2)

2) 상공비행의 자유　　모든 국가의 항공기는 공해상공을 자유롭게 비행할 수 있다.[3) 또 모든 국가의 항공기는 타국의 배타적 경제수역이나 대륙붕상부 수역의 상공을 비행할 수 있다.[4)

3) 해저전선·관선 부설의 자유　　모든 국가는 자유로이 공해상에 해저전 선 또는 관선을 부설할 수 있다.[5) 그러나 대륙붕탐사·자원개발 및 해수오염 방지를 위한 연안국의 적절한 조치에 따라야 하고, 부설노선은 연안국의 동의 를 얻어야 한다.[6) 또한 부설시 기존 전선·관선에 대하여 적절한 고려를 하 여야 한다.[7)

4) 인공섬 및 기타 시설설치의 자유　　모든 국가는 공해상에 자유로이 인 공섬 및 기타 시설을 설치할 수 있다.[8) 그러나 이를 타국의 대륙붕상에 설치 할 경우에는 연안국의 허가를 받아야 한다.[9)

5) 어업의 자유　　모든 국가의 선박은 공해상에서 자유로이 어업에 종사 할 수 있다.[10) 단, 모든 국가는 자국민으로 하여금 공해상에서 어업에 종사하 게 할 경우, 조약상의 의무, 연안국의 특수어족[11)에 대한 권리의무, 유엔해양 법협약의 관계규정을 준수하여야 한다.[12)

6) 과학적 조사의 자유　　모든 국가는 공해상에서 자유로이 과학조사를 할 수 있다.[13)

---

1) 유엔해양법협약 제87(1)(a)조.
2) 이병조·이중범, 앞의 책, 476쪽.
3) 유엔해양법협약 제87(1)(b)조.
4) 유엔해양법협약 제58(1)조, 제78조.
5) 유엔해양법협약 제87(1)(c)조, 제112(1)조.
6) 유엔해양법협약 제79(2)·(3)조.
7) 유엔해양법협약 제79(5)조.
8) 유엔해양법협약 제87(1)(d)조.
9) 유엔해양법협약 제80조.
10) 유엔해양법협약 제87(1)(e)조.
11) 유엔해양법협약 제63~67조.
12) 유엔해양법협약 제116조. 이명규, "공해어선에 대한 항만국통제," 한국해법학회지 제27권 제2호(2005), 205쪽.
13) 유엔해양법협약 제87(1)(f)조.

(3) 공해의 법질서

⑺ **자국선박에 대한 관할권**　국가는 공해상에서 자국국기를 계양한 선박에 대하여 전속적 관할권을 가진다.[1] 선 내의 인원과 화물은 국적 여하를 불문하고 선적국(기국)의 배타적 관할권에 복종한다. 기국은 자국적 선박의 행정상·기술상·사회상 문제에 대하여 유효하게 관리할 책임을 진다.[2] 따라서 기국과 선박 사이에는 "진정한 연대"(genuine link)가 존재하여야 한다.[3]

⑷ **외국선박에 대한 관할권**　공해상의 선박은 원칙적으로 기국의 관할권하에 놓이나, 국가는 공해의 질서유지를 위하여 예외적으로 타국선박에 간섭할 수 있다.

1) 임 검 권　군함은 공해상에서 군함이나 비상업용 공선(公船)을 제외한 외국선이 해적행위, 노예수송, 무허가방송, 무국적선의 혐의, 타국국기를 게양하거나 국기표시를 거부하는 행위를 행하고 있다고 판단할 상당한 이유가 있을 때에는 이에 승선하여 임검할 수 있다.[4] 그러나 그러한 혐의가 없는 것이 판명된 경우에는 임검으로 인하여 생긴 손해를 배상하여야 한다.[5]

2) 해적행위　모든 사선(私船) 및 사항공기(私航空機)는 공해상에서 해적행위를 할 수 없으며, 모든 국가는 해적행위를 하는 선박이나 항공기를 임검·수색·나포할 수 있다.[6] 확실히 해적선으로 판명된 선박은 나포하여 처벌할 수 있다.[7] 해적행위란 사선 또는 사항공기가 공해 또는 국가의 관할권에 속하지 아니하는 장소에서 사적 목적을 위하여 다른 선박·항공기 및 인명·재산에 대하여 행하는 불법적인 폭력·억류 또는 강탈행위이다.[8] 따라서 이러한 행위를 군함이나 정부기관이 행하거나 사선이 정치적 목적을 가지고 행한 경우에는 해적행위가 아니다.[9] 또 해적행위가 성립하려면 가해선과 피해선의 양자가 존재하여야 한다. 따라서 한 선박 내에서 선원이 반란을 일으켜 선박

---

1) 유엔해양법협약 제92(1)조.
2) 유엔해양법협약 제94조.
3) 유엔해양법협약 제91조; 이한기, 앞의 책, 366쪽.
4) 유엔해양법협약 제110(1)조.
5) 유엔해양법협약 제110(3)조.
6) 유엔해양법협약 제107조.
7) 유엔해양법협약 제105조.
8) 유엔해양법협약 제101조.
9) 1961년 산타 마리아호 사건. 이한기, 앞의 책, 369쪽.

화물을 탈취하거나 인명을 살상하는 것만으로는 기국의 국내법상의 범죄에 불과하나, 실제로는 해적과 같이 취급된다.[1]

3) 선박충돌 1952년 선박충돌에 관한 민사재판관할권에 관한 국제조약 (1955년 발효)에 의하면 선박충돌의 피해자는 가해선의 기국 또는 가해선을 억류한 국가 중 선택하여 제소할 수 있다(동 조약 제1조). 그러나 당사자간에 합의가 있으면 특정 국가의 법원에 제소하거나 국제중재법원에 부탁할 수 있다(동 조약 제2조). 공해에서 국적이 서로 다른 선박이 충돌하여 형사책임이 발생한 경우, 일반관행에 의하면 가해선의 기국이 형사재판권을 가져왔다. 그런데 1926년에 국제사법재판소는 로터스(Lotus)호 사건의 판결에서 가해선과 피해선을 다같이 범죄의 장소로 인정하여 쌍방의 선적국이 모두 형사재판권을 가진다고 판시하였다.

그러나 이 판결에 의하면 피해선의 선적국이 가해선에 가혹한 판결을 내릴 가능성 때문에 국제통상이 위축될 염려가 있었다. 따라서 1952년 선박충돌 및 기타 항해사고로 인한 형사재판관할권에 관한 국제조약(1955년 발효)은 형사재판권이 가해선의 기국에 있다고 규정하였다.

유엔해양법협약 제97(1)조는 "공해에서 발생한 선박충돌이나 선박 관련 항행사고로 인해 선장이나 그 선박에서 근무하는 사람의 형사책임이 발생한 경우, 관련자에 대한 형사절차는 기국이나 관련자의 국적국 외에서는 제기될 수 없다"고 규정한다. 라이베리아 선적 컨테이너선의 필리핀 국적 2등 항해사와 조타수가 주의의무를 소홀히 해 어선을 들이받아 어선 선원 2인을 해상에 추락시키고 구조하지 않아 실종되게 하고 어선을 매몰시켰다. 검사는 ① 유엔해양법협약은 고의범에는 적용되지 않고 과실범에만 적용되며, ② 라이베리아는 편의치적국이어서 형사재판관할권을 행사할 의지가 없고, 필리핀이 재판권 행사를 하지 않았으므로 대한민국이 피고인들에 대한 형사재판관할권을 가진다고 주장했다. 그러나 부산고법은 '공해상 선박에 관하여는 기국주의가 적용되고, 도주선박죄를 협약 규정에서 제외하면 피해국의 보복성 재판으로부터 자국민을 보호하고 항해의 안전을 확보하려는 협약의 입법 취지에 맞지 않는다'는 이유로 형사재판관할을 인정하지 않았다.[2]

---

1) 이한기, 앞의 책, 369쪽.
2) 부산고판 2015. 12. 16. 2015노384(피고인 O, 항소인 검사, 항소기각). 박준환, "공해 상에

㈐ **무허가방송**   모든 사선 및 사항공기는 공해상에서 무허가방송을 할 수 없으며, 모든 국가는 그와 같은 무허가방송의 억제를 위하여 협력하여야 한다.[1] 무허가방송이란 공해상의 선박 또는 설비로부터 행해지는 방송으로서 일반공중의 수신을 의도한 것을 말한다.[2] 무허가방송의 종사자는 방송선박소속국, 방송시설등록국, 방송자의 국적국, 당해 방송을 수신할 수 있는 국가, 무선방송으로 방해를 받는 국가의 관할법원에 기소할 수 있다. 또 이들 국가는 공해에서 무허가방송자 및 선박을 체포·나포할 수 있고, 방송기재를 압류할 수 있다.[3]

㈑ **추 적 권**   연안국은 자국의 내수·군도수역·영해 또는 접속수역에서 외국선이 그 법령을 위반하였다고 믿을 만한 충분한 이유가 있는 경우에 외국선을 나포하기 위하여 공해에까지 추적할 수 있다. 이를 추적권(right of hot pursuit)이라 한다. 추적권을 행사하기 위하여는 ① 피추적선이 추적국의 내수·군도수역·영해·접속수역·배타적 경제수역 또는 대륙붕상부수역 내에 있을 때 추적을 개시하여야 하고, ② 추적은 중단되어서는 안 되고 계속적 추적이어야 하며,[4] ③ 추적할 수 있는 선박은 군함·군용항공기 또는 추적권이 부여된 공선(公船)이나 공항공기(公航空機)에 한하고,[5] ④ 추적은 정지명령을 내린 후가 아니면 개시할 수 없으며, ⑤ 추적선은 영해 또는 접속수역에 있지 않아도 좋다.[6] 추적권은 공해에서만 행사할 수 있으며, 피추적선이 기국 또는 제3국의 영해 내로 도주해 들어가면 소멸한다. 연안국이 정당한 이유 없이 영해 밖에서 추적권을 행사하여 외국선을 정선 또는 나포한 것은 위법이므로,

---

서 발생한 선박충돌사고에 대한 대한민국의 형사재판관할권 고찰," 한국해법학회지 제42권 제1호(2020. 5), 169쪽.

1) 유엔해양법협약 제109(1)조.
2) 이한기, 앞의 책, 370쪽.
3) 유엔해양법협약 제109(3)·(4)조.
4) 유엔해양법협약 제111(1)조. 아임 얼론호 사건(The I'm Alone, Great Britain-U.S. Joint Commission)(Canada v. U.S., 1935)에서 미국연안경비정 월코트호가 캐나다 밀무역선에 대하여 연안으로부터 1시간 정도 떨어진 거리에서 추적을 개시하였고, 월코트호가 다른 경비정에 인계하여 공해에까지 추적하여 격침시켰다. 캐나다는 밀무역선을 격침시킨 경비정은 추적을 시작한 선박이 아니기 때문에 추적의 계속성이 없다고 주장했으나, 추적선인 월코트호는 다른 경비정에게 추적임무를 인계하였지만 계속 현장에 있었으므로 계속성이 유지되었다는 미국의 주장이 인정되었다. 이병조·이중범, 앞의 책, 480-482쪽.
5) 유엔해양법협약 제111(5)조.
6) 유엔해양법협약 제111(1)·(4)조.

이로 인하여 생긴 손해를 배상하여야 한다.[1]

제 4 절 해양법상 항해

1. 선박국적제도

(1) 선박국적제도

국제법상 항해의 자유가 존재하기 위한 전제조건은 선박이 국가에 의하여 부여된 국적을 보유하여야 한다는 것이다. 모든 국가는 영해 또는 공해상에서 무국적선에 승선할 수 있고, 동 선박에 대하여 관할권을 행사할 수 있다.[2] 기국은 자국국기를 게양하는 선박에 승선한 선원과 승객을 보호하고, 치안유지에 필요한 법률을 제정·시행할 의무가 있다. 기국은 또한 행정적·기술적으로 자국선박을 규율하여야 한다. 유엔해양법협약은 선박의 건조, 장비, 감항능력, 선박의 인원배치, 근무조건, 선원훈련, 선박부호 및 통신수단사용 기타 선박충돌방지수단 사용 등에 대하여 기국의 관할권이 확장된다고 규정한다(동 협약 제94조). 모든 국가는 선박이 자국국기를 게양하는 것을 허가할 권한을 가지고(동 협약 제90조), 선박에 대한 국적부여조건을 결정할 수 있다.[3] 그러나 타국에 등록되어 있는 선박에 대하여는 등록을 이전하기 전에는 자국국적을 부여할 수 없다.[4] 국가는 국가와 선박 간에 진정한 연대가 있는 경우에 한하여 자국국기를 게양할 것을 허락하고 선박등록을 행할 수 있다.[5] 이것은 기국이 자국국기를 게양하는 선박을 확실하게 통제할 수 있도록 하기 위한 것이다.[6]

---

1) 유엔해양법협약 제111(3)·(8)조.
2) 유엔해양법협약 제110(1)(d)조. Anderson, "Jurisdiction over Stateless Vessels on the High Seas," 13 J.Mar.L. & Comm. 323쪽(1982).
3) 공해에 관한 조약 제6(1)조; 유엔해양법협약 제91(1)조.
4) 공해에 관한 조약 제6조; 유엔해양법협약 제92(1)조.
5) 공해에 관한 조약 제5(1)조; 유엔해양법협약 제91(1)조.
6) Nottebohm 사건(리히텐슈타인 대 과테말라), [1955] I.C.J. 4쪽에서 국제사법재판소는 리히텐슈타인국적을 가지고 있다고 주장하는 원고와 리히텐슈타인 간에 진정한 연대가 결여되어 있으므로, 과테말라는 원고에 대하여 리히텐슈타인 국적을 인정할 의무가 없다고 판시하였다. 이 판결에 의하여 진정한 연대의 개념이 탄생하였으며, 공해에 관한 조약 제5(1)조

20세기 초부터 저렴한 조세 및 등록세, 그리고 외국인선원을 자유롭게 승선시킬 수 있다는 장점 때문에 편의치적제도가 널리 활용되었다.[1] 그러나 편의치적선은 개발도상국의 선원에게 고용기회를 증대시킨 대신 선박 및 설비의 기준이 국제수준에 미달하고 근로환경이 열악하였으므로, 국제운수노동연맹(ITF)과 유럽공동체(EC)는 편의치적선을 규제하기 시작하였다. 또한 편의치적선인 대형 유조선이 해상기름오염을 자주 일으키게 되었으므로,[2] 1986년에 유엔 선박등록에 관한 협약이 체결되어 기국의 선박등록요건을 강화하였다. 협약에 따르면 체약국은 선박과 탑승인원의 안전과 해양환경오염방지에 관한 국제법준수 여부를 감독하는 해상행정기구를 확보하여야 한다. 기국은 또한 자국기를 게양하는 선박들에 대한 정기검사를 실시하여야 하고, 선박서류를 선 내에 비치하도록 하여야 한다(유엔 선박등록에 관한 협약 제5조). 기국은 선박소유자 및 운항자의 신원의 식별과 책임을 위한 정보체계를 정비하여야 하고(제6조), 선박소유권(제8조) 또는 선원배승권(제9조) 중 하나를 선택적으로 행사하여야 하며(제7조), 선박소유회사 또는 자회사를 자국영토에 설치토록 하고, 이들로 하여금 제3자의 손해 및 선원에 대하여 배상책임을 지도록 감독하여야 한다(제10조).

(2) 미 국 법

미국선박서류법(United States Vessel Documentation Act)에 의하면 외국법에 의하여 등록되지 아니한 순톤수 5톤 이상의 모든 선박은 ① 미국시민, ② 모든 구성원이 미국시민인 사단(association), ③ 무한책임을 지는 조합원이 미국시민이고, 미국시민이 지분의 대부분을 소유하는 조합, ④ 경영진 및 대표이사가 미국시민이고, 비시민인 이사의 수가 이사회정족수를 초과하지 아니하는 회사, ⑤ 주정부 또는 연방정부가 소유하는 경우에 한하여 미국에 등록할 수 있다. 일단 미국정부가 선박국적증서를 발급하면, 이는 당해 선박이 국제적으로 미국국적을 가지고 있음을 증명하는 증거가 된다. 미국의 선적을 가진 모든 선박은 반드시 미국시민의 지휘 하에 있어야 하며, 항해사 전원과 일반선원의

는 이 개념을 선박에 도입하였다. SchoenbaumP(5th), 68-69쪽.
1) 세계 선대의 16%가 등록되어 있는 세계 1위 편의치적국 파나마 등록 선대는 8516척 총톤수 2억3058만 톤이다. 한국해운신문(2021. 1. 20).
2) 박용섭, 해상법론(서울: 형설출판사, 1998), 105쪽.

75% 이상이 미국시민이어야 한다.[1]

(3) 우 리 법

우리나라 선박국적을 취득할 수 있는 선박은 다음과 같다(선 제2조).

① 국유 또는 공유의 선박

② 대한민국 국민이 소유하는 선박

③ 대한민국의 법률에 의하여 설립된 상사법인이 소유하는 선박

④ 대한민국에 주된 사무소를 둔 제3호 이외의 법인으로서 그 대표자(공동대표
   인 경우에는 그 전원)가 대한민국 국민인 경우에 그 법인이 소유하는 선박

편의치적의 방법으로 외국선적을 취득한 다음 국내에 반입하여 사용하면서 단순한 하역이나 선적 또는 수리목적으로 입항한 것처럼 허위로 신고한 경우, 그 선박이 우리 국적을 취득하지 않았더라도 실질적으로는 선박이 수입된 것으로 인정할 수 있으므로 관세부과의 대상이 된다고 헌법재판소가 판시한 예가 있다.[2]

2. 무해통항(innocent passage)

(1) 무해통항권

영해에 대한 연안국의 권능은 평상시 외국선박에 대하여 인정되는 국제관습법상의 무해통항권에 의하여 제한을 받는다. 즉 연안국은 무해통항권을 방해해서는 안 될 뿐 아니라 이를 적절히 보장하여야 한다. 최근에 국제법상 연안국의 관할권이 확대되어 왔음에도 불구하고 선진해운국들은 항해자유를 유지하는 데에 부심하여 왔으며, 1982년 유엔해양법협약은 이 문제에 대하여 연안국과 선진해운국의 이익을 절충하고 있다.[3] 모든 국가의 선박들이 영해를 통과하여 항해할 수 있는 법적 권리는 무해통항원칙에 의하여 보장된다.[4]

---

1) SchoenbaumP(5th), 69~71쪽.

2) 헌재 1998. 2. 5. 96헌바96, 헌재공보(1998. 4. 1), 28쪽. 같은 취지의 대판 1998. 4. 10. 97도
   58(판례공보(1998. 5. 15), 1395쪽) 및 대판 1994. 4. 12. 93도2324(법원공보(1994. 6. 1),
   1546쪽).

3) Wainwright, "Navigation Through Straits in the Middle East: Effects on the United States
   of Being a Nonparty to the 1982 Convention on the Law of the Sea," 18 Case Western
   J.Int'l L. 361쪽(1986); SchoenbaumP(5th), 71쪽.

4) 영해와 접속수역에 관한 조약 제14조; 유엔해양법협약 제17조.

무해통항의 구성요소 중 '무해'라 함은 연안국의 평화·질서·안전을 해하지 않는 것을 말한다(유엔해양법협약 제19조). '통항'이란 ① 내수에 들어가지 않고 또는 내수 밖에 위치한 정박지나 항의 시설에 들어가지 않고 영해를 횡단하는 목적, 및 ② 내수 또는 정박지나 항의 시설에 들어가거나, 그로부터 나오기 위해 진행하는 목적으로 영해를 통과하는 항행을 말한다(동 협약 제18(1)조). 통항은 연속적이고 신속해야 하며, 정박과 투묘행위는 통상 항행과정에서 발생하거나, 불가항력 또는 해난으로 부득이하거나 재난을 당하고 있는 사람이나 선박 등을 구조하기 위한 목적 이외에는 허용되지 않는다.[1]

1958년 영해와 접속수역에 관한 조약 역시 무해통항의 원칙을 인정하고 선언하였다. 그러나 '무해'의 정의는 매우 애매하게 규정되었고, 단지 "연안국의 평화·공서·안전을 해하지 않을 것"이라고만 되어 있었다(영해 및 접속수역에 관한 조약 제14조). 이를 명확히 하기 위하여 유엔해양법협약은 '무해'로 인정되지 아니하는 다음의 12가지 활동을 열거하고 있다. ① 연안국의 주권·영토보전과 정치적 독립을 침해하거나 유엔헌장에 구체화된 국제법원칙에 위반하는 무력의 위협이나 사용, ② 군사연습 또는 훈련, ③ 연안국의 방위를 침해하는 정보수집행위, ④ 연안국의 방위 또는 안전을 침해하는 선전행위, ⑤ 항공기의 발진·착륙 또는 탑재, ⑥ 군사장비의 발사·착륙 또는 탑재, ⑦ 연안국의 관세·재정·출입국관리 또는 위생에 관한 법령을 위반하는 물품·통화·사람의 적재 또는 양륙, ⑧ 유엔해양법협약을 위반하는 고의적이고 중대한 오염행위, ⑨ 어로행위, ⑩ 조사·수로측량활동, ⑪ 연안국의 통신망 또는 시설을 방해하는 행위, ⑫ 기타 통항에 관련되지 않는 행위 등이다(유엔해양법협약 제19조). 이렇게 비무해행위의 유형을 자세히 열거한 것은 무해통항에 관한 국제법을 명확히 함으로써 국가들이 동 원칙을 적용할 때 가지는 재량의 여지를 축소하기 위한 것이다.[2]

(2) 유엔해양법협약

유엔해양법협약은 무해통항에 관하여 연안국이 규제법령을 제정할 수 있는 범위를 분명히 하였다. 즉 연안국은 무해통항권을 행사하고 있는 외국선이

---

1) 영해와 접속수역에 관한 조약 제14(3)조; 유엔해양법협약 제18(2)조. SchoenbaumP(5th), 71-72쪽.
2) SchoenbaumP(5th), 72-73쪽.

준수해야 할 다음에 관한 법령을 제정·공포할 수 있다. ① 항행안전과 해상통행규제, ② 항행안전시설과 부표의 보호, ③ 전선·관선의 보호, ④ 해양생물자원의 보존, ⑤ 연안국어로법령의 침해방지, ⑥ 연안국의 환경보전 및 오염의 방지, ⑦ 해양과학조사 및 수로측량, ⑧ 연안국의 관세·재정·출입국관리 또는 위생법령의 침해방지(유엔해양법협약 제21(1)조).

연안국은 무해통항권을 행사하고 있는 외국선박의 설계·건조·승무원배치 또는 장비에 관하여는 법령을 제정할 수 없다(동 협약 제21(2)조). 연안국은 항행의 안전상 필요한 경우에는 항로대를 지정하거나 분리통항방식을 설정하여 이를 이용하도록 요구할 수 있으나, 국제해사기구 등이 설정한 국제적 기준을 고려하여야 한다(동 협약 제22조). 원자력추진선이나 핵물질 기타 위험한 유해물질운반선이 영해 내 무해통항을 할 때는 국제협정이 정하는 문서를 휴대하여야 하며, 동협정이 규정한 특별한 예방조치를 준수하여야 한다(동 협약 제23조). 연안국은 단순히 영해를 통과하는 외국선에 대하여 부과금을 징수할 수 없으나, 영해통항중 선박에 특정 역무를 제공한 경우에 한하여 부과금(도선료·예인료 등)을 징수할 수 있다.[1]

연안국은 군함을 제외한 영해 내의 외국선박에 대하여 자국법을 적용할 수 있는 형사 및 민사 관할권을 가진다(동 협약 제27조, 제28조, 제32조). 상선뿐 아니라 외국군함들도 영해 내에서 무해통항권을 가진다.[2] 군함은 "일국의 군에 속하여 동 국가의 국적을 구별할 외부표지를 가지고 동 국가의 정부에 의하여 정당히 임명된 장교의 지휘 하에 있으며, 정규군규율에 따르는 승무원이 배치된 선박"을 의미한다(동 협약 제27조). 많은 국가들은 외국군함이 자국영해를 통과하려면 사전통고를 하거나 사전허가를 받을 것을 요구하고 있고, 유엔해양법협약 초안도 이 같은 내용을 규정하고 있었으나 최종협약안은 이 조항을 삭제하였다. 유엔해양법협약의 군함에 대한 특별조항은 다음과 같다. ① 잠수함은 해면 위에 부상하여 자국기를 게양한 채 항해하여야 하고, ② 군함이 통항에 관한 연안국의 법령을 준수하지 않으면 연안국은 즉시 영해를 떠나도록 요구할 수 있으며, ③ 기국은 자국군함이 연안국의 법령을 준수하지 않은

---

1) 유엔해양법협약 제26조. SchoenbaumP(5th), 73쪽.
2) Froman, "Uncharted Waters: Non-innocent Passage of Warships in the Territorial Sea," 21 San Diego L.Rev. 625쪽(1984).

결과 야기된 모든 손해에 대하여 책임을 진다(동 협약 제20조, 제31조, 제32조). 비록 연안국이 영해에서의 무해통항권을 방해할 수는 없으나(동 협약 제24조), 무해통항인지를 확인하기 위한 조치를 취할 수 있고, 비무해통항을 방지하기 위한 필요한 조치를 취할 수 있다(동 협약 제25조). 또한 연안국의 안보를 위하여 필요하다면, 특정 수역에서의 통항을 차별 없이 임시로 정지시킬 수 있다. 단, 이 같은 통항정지는 적절히 공표한 후에만 효력을 가진다.[1]

3. 통과통항(transit passage)

유엔해양법협약이 새로 설정한 국제해협제도에 의하면 국제해협이란 "공해 또는 배타적 경제수역의 일부와 공해 또는 배타적 경제수역의 다른 부분을 결합하여 국제항행에 사용하는 해협"이다. 이 같은 국제해협에서 모든 선박 및 항공기는 방해받지 않는 통과통항의 권리를 가진다(동 협약 제37조, 제38조). 통과통항은 군함에게도 인정되며, 잠수함은 잠수항행, 즉 잠수함의 통상 항행형태로 통항하는 것이 허용된다(동 협약 제38(1)(c)조). 연안국은 통과통항에 관하여 항해의 안전·해양오염규제·어로작업·관세·이민·재정·위생사항만을 목적으로 한 법령을 채택할 수 있다(동 협약 제39조). 외국선박은 통과통항 중에 조사 또는 측량활동을 수행할 수 없으며(동 협약 제40조), 기국은 주권면제를 향유하는 통항중의 선박들에 의해 야기된 손해에 대하여 책임을 부담한다(동 협약 제42(5)조). 또 연안국은 통과통항을 정지시킬 수 없다(동 협약 제44조).[2]

4. 군도항로통항(archipelagic sea lanes passage)

군도는 직선기선에 의하여 둘러싸여 있으므로 유엔해양법협약은 군도수역(archipelagic waters)을 통과하는 군도수로대에서의 항해와 상공비행에 대하여 규정하고 있다. 모든 외국의 선박 및 항공기는 군도수역 내에서 신속하고 계속적으로 통항하기 위하여 군도항로통항권을 가진다(동 협약 제53(2)조). 군도국가는 정당한 군도항로통항을 정지시킬 수 없으며, 군도국가의 권리와 의무는 통과통항에 있어서의 연안국의 권리의무와 동일하다(동 협약 제54조). 공식적인 내수를 제외한 군도수로대 외부의 군도수역에 대하여도 무해통항권이 적용

---

1) 유엔해양법협약 제25(3)조. SchoenbaumP(5th), 73-75쪽.
2) SchoenbaumP(5th), 75-76쪽.

된다.[1]

5. 접속수역·배타적 경제수역·대륙붕수역에 있어서의 항해와 해양 및 과학조사

국제관습법과 유엔해양법협약은 영해를 넘어서는 접속수역·배타적 경제수역·대륙붕수역에 대하여도 연안국의 관할권을 인정한다. 이러한 수역에서 원칙적으로 모든 국가의 선박은 항해의 자유를 가지나, 각 수역마다 그러한 자유에 대한 일정한 제한이 있다. 접속수역 내에서 연안국은 관세·출입국관리·재정·위생에 관한 법률을 시행할 권한을 가진다.[2] 배타적 경제수역에서 연안국은 생물자원의 보존조치 및 어족과 해양오염방지조치를 취할 수 있으며, 이에 따라 항해의 자유가 제한될 수 있다. 배타적 경제수역과 대륙붕수역에서 항해의 권리를 행사하는 선박은 연안국이 설정한 인공섬과 다른 구조물 주위의 안전수역을 존중하여야 한다.[3]

유엔해양법협약은 배타적 경제수역 내에서 연안국이 해양과학조사를 규제·허가·수행할 수 있는 권리를 부여한다. 따라서 타국은 연안국의 동의 없이는 해양과학조사를 할 수 없다. 통상의 경우 타국이 해양과학조사신청을 하였을 때 연안국은 동의를 거부할 수 없으나, 다음의 해양과학조사계획에 대하여는 동의를 거부할 수 있다. 즉 ① 당해 조사계획이 생물 또는 자연자원의 탐사 및 개발에 직접적 중요성이 있는 경우, ② 조사계획이 대륙붕의 굴착, 폭발물의 사용 또는 해양환경에 대한 유해한 물질의 도입과 관련된 경우, ③ 조사계획이 유엔해양법협약 제66조 및 제80조에 규정된 인공섬·시설 및 구조물의 건조·운용 또는 사용과 관련된 경우, ④ 조사계획의 성질 및 목적에 관한 정보가 부정확하거나 조사국이나 국제조직이 연안국에 대하여 이전의 조사계획으로 인한 채무를 지고 있는 경우 등이다.[4]

해양과학조사계획 수행의 허가를 취득한 국가나 국제조직은 연안국에게 그 계획에 참여할 권리를 주어야 하고, 반대급부 없이 연안국과 조사결과를 공유하여야 하며(동 협약 제248조, 제249조), 국가나 국제조직이 이를 이행하지 아

---

1) 유엔해양법협약 제50조, 제52조, 제54조. SchoenbaumP(5th), 76-77쪽.
2) 유엔해양법협약 제33조; 영해 및 접속수역에 관한 조약 제24조.
3) SchoenbaumP(5th), 77쪽.
4) 유엔해양법협약 제246조. SchoenbaumP(5th), 77-78쪽.

니하는 경우 연안국은 조사계획을 중지시킬 수 있다(동 협약 제253조). 대륙붕에서의 해양과학조사에 대하여도 마찬가지이다. 그러나 200마일 以遠에서 연안국은 스스로 개발 또는 탐사작업을 개시하려 하거나 이미 수행하여 온 특별수역을 제외하고는 타국의 해양과학조사에 대한 동의를 유보할 수 없다.[1]

　　허가를 받지 않고 대한민국 해역에서 외국선박에 설치된 어군탐지기를 이용해 해저를 조사 후 침몰 선박을 인양해 고철로 판매한 것은 영해 및 접속수역법 위반이어서 허용되지 않는다는 2021년 대법원 판례가 있다.[2] 이 사건에서 대법원은 외국선박이 영해에서의 조사를 통해 정보를 수집하면 이 정보가 향후 대한민국의 평화와 안전을 해하는데 활용될 수 있음을 중시했다.

---

1) 유엔해양법협약 제246(6)조. SchoenbaumP(5th), 78쪽.
2) 대판 2021. 5. 7. 2017도9982(피고인 O, 상고기각).

제 3 장

미국의 일반해상법과 해사관할[1)]

제 1 절 총 설

미국법상 일반해상법(General maritime law)이란 연방법원이 해사사건에 관하여 판시한 판례의 전체를 말한다. 일반해상법은 계약법과 불법행위법을 망라하는데, 해상계약법은 용선계약·해난구조계약·예선계약·선박수리계약·해상보험계약을 포괄한다. 기본적으로 해상계약에 대하여도 계약자유의 원칙이 적용되나, 보통법상 계약법원리와 공동해손과 같이 해상법에 독특한 법원리도 해상계약법에 적용된다. 일반해상법은 과실책임과 고의적 권리침해, 무과실책임을 포함한다. 승선한 여객이나 방문객은 선박소유자나 그 피용자의 과실로 인하여 상해를 입은 경우, 손해배상청구를 할 수 있다. 선박이 과실로 오염물질을 배출함으로 인하여 손해를 입은 자는 선박소유자에 대하여 손해배상청구를 할 수 있으며, 정부가 과실로 의무이행을 하지 않은 경우 국민은 정부에 대하여 손해배상청구를 할 수 있다. 또 계약관계의 침해, 부당해고, 횡령, 폭행, 불법감금 등 고의적 불법행위로 인하여 손해를 입은 자는 가해자에 대하여 손해배상청구권을 가진다. 선원은 선박소유자에 대하여 무과실책임의 일종인 감항능력주의의무 위반으로 인한 손해배상청구를 할 수 있으며, 누구

---

1) 이 장은 T. Schoenbaum, Admiralty and Maritime Law(5th ed. 2012)("Schoenbaum(5th)") 제1장과 제3장의 내용을 요약소개한 것이다.

든지 무과실책임의 일종인 제조물책임에 기초하여 손해배상청구를 할 수 있다. 불법행위의 결과 피해자가 사망한 때에는 유족이 사망자의 청구권을 승계하여 불법사망소송(wrongful death action)을 제기할 수 있다.[1]

제 2 절   선   박

선박은 '수상운송수단으로 사용되거나 사용될 수 있는 모든 배(watercraft) 기타 인공장치'이다.[2] 특정 구조물이 선박인지 여부를 판별하는 근본적인 기준은 구조물의 건조목적과 구조물이 사용되는 용도이다. 즉 선박의 크기·형태·적재능력·종류보다 선박이 어떤 용도에 이용되느냐 하는 것이 더욱 중요하다. 따라서 바지선 등 무동력선, 뗏목, 바지선에 고인 물을 퍼내는 펌프선(pump-boat) 등 특이한 구조물들도 선박이다. 반면에 비행기·헬리콥터·수상비행기는 그 용도가 수상을 항행하는 것이 아니라 상공을 비행하는 것이기 때문에 선박이 아니다. 한편 선박이 반드시 상업활동에 종사할 필요는 없다. 선박의 용도를 판단함에 있어서 미국법원은 ① 구조물이 이동성과 수상운송능력을 가지는지, ② 해상위험에 노출되는지, ③ 한 지점에 고정되었는지, ④ 구조물을 선박으로 인정하는 것이 법령이나 정책적 필요에 합치되는지 여부를 고려한다. 그리고 선박의 정의는 법령에 따라 달라질 수 있다. 예컨대 존스법과 관련하여서는 선박의 정의를 넓게 해석해야 하지만, 다른 법과 관련하여서는 그렇지 아니하다.[3]

항구에서 특별한 기능을 하는 플랫폼이나 부유구조물(floating structure)이 선박인지가 문제된다. 예컨대 선박의 수리·건조를 위해 이용되는 부유건선거(floating drydock)는 사용하는 동안에는 항해하지 않으며, 계속적으로 해안에 고정되어 있게 된다. 이 같은 부유건선거는 항해용이 아니므로 선박이 아니다. 그러나 최근에는 건선거도 이동성을 가지게 되었고, 장거리에 걸쳐 예인되기도 한다. 따라서 이동성이 있고 항해에 제공되는 건선거는 항해도중에 일

---

1) Schoenbaum(5th), 116-119쪽.
2) 1 U.S.C. 제3조.
3) Sohyde Drilling and Marine Co. v. Coastal States Gas Producing Co., 644 F.2d 1132(5th Cir. 1981), rehearing denied 651 F.2d 776(5th Cir. 1981). Schoenbaum(5th), 37-39쪽.

시적으로 특정 장소에 정박하더라도 선박으로 볼 수 있다. 한편 부두·도크·교각·파이프라인 등을 수리하는 데 사용되는 뗏목은 선박이 아니다. 밧줄로 도크에 고정되어 공사판으로 이용되는 부유플랫폼이 수상(水上)에서 제한적으로 이동할 수 있더라도 선박이 아니다. 원칙적으로 이동성부유구조물은 선박이 아니나, 그러한 구조물이 실질적으로 운송기능을 가진다면 선박으로 인정받을 수 있다. 더 이상 항해에 제공되지 않거나 육상의 용도에만 사용되는 사선(死船)의 경우, 완전히 항해기능을 상실하였다면 더 이상 선박으로 볼 수 없다. 반면에 고정되어 있기는 하지만 여전히 항해능력을 가지고 있거나, 수리를 하기 위하여 일시적으로 항해를 중지한 선박은 선박으로 본다.[1]

   내수나 대륙붕에서 석유나 천연가스 생산을 위해 사용되는 특수구조물(oil rig)은 선박인가? 1959년의 Offshore Co. v. Robison 사건[2]에서는 떠다니는 석유시추선이 해저에 다리를 고정시키고 있더라도 본래 예인되어 이동할 수 있다면 선박이라고 보았다. 이 사건 이후 규칙적으로 이동하도록 설계된 구조물은 선박으로 인정되었다. 예컨대 시추장비를 유정(油井)에 운반하고, 시추를 위해 잠항하며, 새로운 유정으로 가기 위해 다시 떠오를 수 있도록 제작된 굴착용 바지선은 선박이다. 여섯 개의 석유저장탱크가 붙어 있으며 잠항할 수 있는 둥근 바지선과 같은 석유저장시설물도 선박으로 볼 수 있고, 고정된 해안플랫폼에 장기간 정박한 시추보조선은 선원과 장비를 운반하는 데 이용되고 때때로 악천후를 피하기 위해 이동하기 때문에 선박이다. 반면에 영구히 해저에 고착된 석유나 천연가스의 시추·생산용 플랫폼은 선박이 아니다. 해상구조물이 고정되어 있는지, 혹은 이동가능한지는 구체적 상황에 달려 있다. 고정된 플랫폼은 그 구조물의 지지대를 통해서 해저에 말뚝이 박힌 것을 말하며, 통상 부유나 항해를 할 수 없다. 구조물의 구조와 정박상태를 검토한 결과 그 구조물이 특정한 장소에 고정되어 있으며, 이동하도록 고안되지 않았다면 그 구조물은 선박이 아니다.[3]

---

1) Schoenbaum(5th), 39-40쪽.
2) 266 F.2d 769(5th Cir. 1959).
3) Schoenbaum(5th), 41쪽.

제 3 절   선원 · 여객 및 방문객

1. 선   원

해사불법행위소송은 불법행위가 가항수역에서 발생하였음을 요건으로 하나, 예외적으로 선원은 육상에서 부상당한 경우에도 연방법원에 사용자에 대한 소를 제기할 수 있다. '선원'은 항해중인 선박의 직원인 자를 말한다. 따라서 하역근로자 등 육상근로자는 선원이 아니며, 하역근로자가 부상당할 때 전통적으로 선원이 행하는 작업을 행하고 있었더라도 하역근로자의 부상사고는 해사관할에 속하지 않는다. 선원은 육상휴가중에 부상을 입었더라도 존스법에 따라 해사소송을 제기할 수 있다. 부상자가 선박에 고용되어 있고, 부상당시 업무중이어야만 그 사건이 해사관할에 속하고 존스법이 적용된다. 나아가 선박에 근무하던 중 부상당한 선원은 일반해상법 하에서 미지급임금과 상병보상(maintenance and cure)을 추가로 청구할 수 있다. 상병보상청구소송은 존스법에 의한 소송과 동일한 해사관할기준에 따르므로 육상에서 입은 부상에 대하여도 치료비 및 생계비를 청구할 수 있다. 선원을 보호하기 위하여 선박소유자는 선박의 감항능력을 담보하여야 한다. 다만, 존스법에 의한 소송 및 치료비 · 생계비 청구소송과는 달리 감항능력주의의무 위반소송은 해사불법행위관할이 존재하거나 해사관할확장법에 의거하여 해사관할이 인정된 후에야 제기할 수 있다. 선원을 부당하게 해고한 경우에는 해사불법행위관할이 성립한다. 제3자가 선원의 고용관계를 불법으로 간섭하였다면, 이 역시 불법행위지원칙에 대한 예외로서 해사관할에 속한다. 선원은 제3자에 대하여 전통적인 해사불법행위책임 및 제조물책임을 청구할 수 있다.[1]

2. 여객과 방문객

여객운송은 물건운송과 다른 법적 배경을 가진다. 첫째, 여객선에 대하여는 선박검사증명서를 요구하는 등 공적 규제가 광범하게 이루어져 왔다. 둘째, 물건운송과 여객운송의 책임구조는 다르다. 보통법상 물건운송인이 감항능력담보의무를 부담한 반면, 여객운송인은 상당한 주의의무만을 부담하는

---

[1] Schoenbaum(5th), 44-46쪽.

등 선박소유자는 여객보다 물건에 대하여 보다 높은 주의의무를 부담하였다. 오늘날에도 감항능력담보의무는 여객에게 적용되지 아니한다. 선장·선박소유자 또는 운항자의 과실로 인하여 선박상에서 사망하거나, 상해를 입었거나, 수하물이 멸실되거나 훼손된 여객과 방문객은 손해배상청구를 할 수 있다. 여객은 운송인에게 승선료를 지급하기로 하는 명시적 또는 묵시적 계약에 의하여 공공교통수단을 이용하여 여행하는 사람이다. 방문객은 선박소유자나 운항자의 명시적 또는 묵시적 승낙 하에 선박에 승선한 여객이나 선원을 제외한 사람을 말한다. 1959년의 Kermarec v. Compagnie Generale Transatlantique 판결[1] 이후 미국법원은 여객인지 여부에 무관하게 적법하게 승선한 모든 자에 대하여 선박소유자가 당시 상황에서 할 수 있는 합리적인 주의를 다하여야 한다는 입장을 취한다.[2]

선박소유자가 여객에게 부담하는 주의의무의 범위를 결정할 때에는 당해 여객에게 특별한 주의를 할 필요성이 있는지, 여객이 장애자인지, 해상여객운송의 특성 등을 고려하여야 한다. 선박소유자는 여객이 선박에 안전하게 출입할 것을 보장하여야 하나, 선박의 위험상태를 여객에게 충분히 사전에 경고했다면 이 의무를 이행한 것으로 볼 수 있다. 또 선원의 고의적 행위로 인하여 여객이 상해를 입은 경우에 선박소유자는 무과실책임을 부담한다. 선박소유자나 운항자는 밀항자와 같이 적법하게 승선하지 아니한 자에 대하여는 주의의무를 부담하지 않으며, 선박소유자나 운항자 자신의 악의 또는 미필적 고의에 의한 불법행위(wilful or wanton misconduct)가 있는 경우에만 손해배상책임을 진다. 어린이가 상해를 입은 경우에는 유혹적 위험물(attractive nuisance)의 법리에 기초하여 선박소유자가 책임을 질 수 있다. 반면에 선박소유자는 독립계약자의 대리점이나 피용자의 과실에 대하여는 책임을 지지 아니한다. 여객이 손해배상청구를 하기 위하여는 ① 선박소유자나 운항자가 여객에 대한 의무를 부담하고, ② 선박소유자나 운항자가 그 의무를 위반하였으며, ③ 그 의무위반으로 인하여 여객에게 손해가 생겼음을 여객이 입증하여야 한다. 여객은 상해의 원인이 된 조건을 운항자가 실제로 알았거나 알았어야 함도 입증할 책임이 있으며, 선박소유자나 운항자는 외견상 명백하지 않은 위험을 여객에게

---

1) 358 U.S. 625(1959).
2) Schoenbaum(5th), 133~136쪽.

경고할 의무를 진다. 여객의 상해사건 중에는 해상운송에 고유하지 않은 미끄러진 후 추락, 계단에서 헛디딤, 식중독 같은 사건도 있으며, 항해를 잘못하였거나 악천후를 경고하지 않은 과실로 인한 경우처럼 해상운송에 고유한 사고도 있다.[1]

　　선원의 폭행 등 고의적인 위법행위에 대하여는 선박소유자가 무조건적인 책임을 진다는 일부 판례도 있으나, 이 같은 경우에도 선박소유자에게 과실이 있었는지 여부에 의하여 책임을 지우는 것이 타당하다. 선원은 선박소유자의 사기, 불실의사표시뿐 아니라 선원을 채용하거나 감독함에 있어서의 과실을 이유로 손해배상을 청구할 수 있다. 여객선사는 다른 여객이나 테러리스트가 저지른 범행으로부터 여객을 보호하기 위하여 합리적인 주의의무를 다하지 않았다면 손해배상책임을 진다. 여객선사는 선상의 하자 있는 상태에 대하여 배상책임을 지나, 육상의 위험한 조건에 대하여는 이로부터 극심한 해악이 발생할 위험성을 여객선사가 알았거나 알 수 있었을 경우, 또는 선박소유자의 대리점이나 피용자가 깊이 간여한 경우에만 책임을 진다. 여객선사가 독립계약자의 과실에 대하여 면책된다는 조항은 유효하다. 여객손해사건에서 피고적격을 가지는 것은 선박소유자나 운항자이고, 단순히 승선권을 발매하거나 선박을 관리하는 중개인이나 대리점은 피고적격을 가지지 않는다. 만약 피고의 행위 때문에 누가 피고인지 알 수 없었다면, 금반언칙에 의하여 제척기간이 연장될 수 있다. 여객은 자신의 안전을 위하여 합리적인 주의의무를 행사할 의무를 진다. 비교과실원칙이 여객손해사건에도 적용되므로 비교과실을 범한 여객의 손해배상청구는 감액된다.[2]

　　여객손해사건의 재판관할이 문제된다. 여객의 입장에서는 자신의 거주지에서 제소하는 것이 유리하나, 거주지와 사건 간에 최소한의 연관성이 있어야만 제소할 수 있다. 여객의 승선권에 재판관할조항이 기재되어 있는 경우가 많은데, 미국법원은 재판관할조항을 합리적으로 여객에게 설명하였고, 그 조항의 내용이 합리적이라면 유효하다고 폭넓게 해석하는 경향이다. 법원은 재판관할조항이 근본적으로 공정한지를 조사할 수 있는 반면, 외국재판관할조항이 유효하다고 판시한 사례도 있다. 해사불법행위소송의 제척기간은 일반

---

1) Schoenbaum(5th), 136-138쪽.
2) Schoenbaum(5th), 138-139쪽.

적으로 3년인데, 여객운송에 대하여는 특칙으로 통지기간은 6개월 이상으로 하여야 하고, 제척기간은 사망이나 상해가 발생한 날로부터 1년 이상으로 하여야 한다고 규정되어 있다(46 U.S.C.A. App. 제183b(a)조). 이 조항은 원래 여객을 보호하기 위한 취지였지만, 반대의 의미로 활용되고 있다. 즉 승선권의 1년 제척기간조항은 유효한 것으로 받아들여진다. 사망이나 상해가 발생한 지 6개월 이내에 운송인에게 통지하지 않으면 손해배상청구권을 상실할 수 있으며, 예외적으로 구제되는 경우는 제척기간조항이 명료하지 않거나 선박소유자가 조항을 합리적으로 설명하지 않은 경우뿐이다.[1]

　여객선사는 자신의 과실로 여객의 수하물이 멸실되거나 훼손된 경우에 책임을 진다. 여객의 손해배상청구권에 합리적인 제한을 부과할 수 있으므로 손해배상액을 제한하고, 10일 이내에 손해의 발생사실을 운송인에게 통지할 것을 요구하며, 제척기간을 6개월로 제한하는 것은 유효하다. 미국법은 선박소유자가 자신이나 피용자의 과실로 인한 책임을 면제시킬 수 없다고 규정한다(46 U.S.C.A. 제30509조).[2]

　그러나 이 규정에도 불구하고 인쇄된 항해일정에서 항로이탈할 수 있다는 조항이나 육상관광업자의 과실에 대하여 여객선사가 면책된다는 조항은 유효하다. 제30509조는 외국에서 운항하는 외국선박에 대하여는 적용되지 않는다. 나아가 제30509(b)조는 상해가 실제로 발생하지 않았거나 발생할 실제 위험이 없는 경우에는 정신적 손해배상을 제한할 수 있다고 규정한다. 다만, 선박소유자·운항자·대리점·선장·선원의 성폭행이나 성희롱에 대한 책임은 제한할 수 없다. 원칙적으로 선박소유자가 선상에서 의료서비스나 병원시설을 제공할 의무는 없다. 그러나 선박의 의료시설이 여객의 질병을 치료하는데 부족하다면, 선박소유자는 여객이 치료를 받을 수 있도록 합리적인 조치를 취할 의무가 있다. 즉 선장으로 하여금 가장 가까운 항구에 기항하거나 여객을 긴급후송하여야 한다. 여객선이 제공한 의사가 과실을 범하였더라도 선박소유자가 합리적으로 유능한 의사를 제공할 의무를 위반하지 않은 한 선박소유자는 면책된다. 반면 선박에 상주하는 의사가 과실을 범한 경우에는 선박소

---

1) Carnival Cruise Lines, Inc. v. Shute, 499 U.S. 585(1991), on remand 934 F.2d 1091(9th Cir. 1991). Schoenbaum(5th), 139~142쪽.

2) Schoenbaum(5th), 142쪽.

유자가 이에 대한 책임을 진다. 선박소유자의 직원이 소개한 육상의사가 범한 과실에 대하여 선박소유자는 책임을 지지 않는다.[1]

제 4 절　과 실 책 임

일반해상법상 과실이 인정되려면 ① 타인을 불합리한 위험으로부터 보호하기 위하여 법률상 피고가 일정한 행동기준을 따를 주의의무가 존재하고, ② 피고가 그 행동기준에 미치지 못하는 행위를 함으로써 주의의무에 위반하였으며, ③ 피고의 행위와 그로 인하여 발생한 손해 간에 상당인과관계가 있고, ④ 원고가 실제로 손해를 입었어야 한다. 원고는 이들 요건이 존재함을 입증할 책임을 부담한다.[2]

1. 주의의무의 존재

해상법에서 피고의 주의의무는 법령이나 관습 또는 합리성과 신중성의 요구에서 비롯된다. 선박소유자는 적법하게 선상에 있는 모든 자들에 대하여 당시 상황이 요구하는 합리적인 주의의무를 행사하여야 한다. 주의의무를 이행하지 아니하면 손해가 발생할 것이 예상되거나 당사자간의 계약관계상 일방이 주의의무를 부담하는 경우는 명백히 주의의무가 존재하는 전형적인 예이다. 선박소유자에게 주의의무가 있는지를 판단함에 있어서 법원은 사고의 가능성, 예상되는 손해의 정도, 손해방지비용을 고려하여야 한다. 예컨대 강의 부두에 정박하여 다른 바지선의 연결다리 역할을 하던 예인선의 밧줄이 풀려 예인선이 댐 하류로 떠내려간 사건에서, 법원은 "모든 선박은 정박지에서 떠내려갈 가능성이 있고, 일단 떠내려가면 다른 선박에게 위협이 될 수 있으므로, 선박소유자는 ① 선박이 떠내려갈 개연성, ② 예상되는 손해의 정도, ③ 손해방지비용 등을 고려하여 적절한 주의의무를 취해야 한다"고 판시하였다.[3] 이 사건에서 예인선을 한 줄로만 묶어 두는 경우 선박이 떠내려갈 개연

---

1) Schoenbaum(5th), 143-144쪽.

2) Schoenbaum(5th), 120-121쪽.

3) Complaint of Paducah Towing Co., 692 F.2d 412(6th Cir. 1982).

성은 매우 높았고, 정박지와 댐이 인접하였으므로 일단 선박이 떠내려가면 예상되는 손해의 정도도 대규모였던 반면, 예인선을 정박지에 두 줄로 묶어 놓음으로써 손해방지조치를 취하는 데 소요되는 비용은 소액에 불과하였으므로 법원은 선박소유자가 주의의무를 가진다고 보았다. 합리적인 주의의무를 행사할 의무는 합리적으로 예상되는 위험을 경고할 의무를 포함한다. 부두의 권양기(winch) 위에서 작업하던 항만노동자가 선박에 의하여 부상당한 사건에서, 선박이 움직이면 원고가 위험하게 된다는 것을 선장이 몰랐고 알 수도 없었다면 선장은 선박의 움직임을 원고에게 사전경고할 주의의무를 지지 않는다.[1]

2. 과   실

과실은 타인에게 위해를 끼칠 위험성을 내포하는 행위이며, 불합리한 위해의 위험으로부터 타인을 보호하지 아니한 것을 의미한다. 또 과실은 주어진 상황 하에서 합리적인 사람이 할 수 있는 통상의 주의의무를 다하지 않은 것을 뜻한다. 과실이 있었는지를 판단하기 위하여 추측에 의존하여서는 안 되며, 직접증거나 정황증거에 입각하여 판단하여야 한다. 피고가 법률이나 규칙을 위반하였다면 일응 과실이 있었다고 볼 수 있지만, 원고가 그 법률의 보호대상에 포함되어야 하고, 실제로 발생한 손해는 그 법률이 예상하는 종류여야 한다. 피고가 면책되기 위하여는 자신의 과실이 사고발생의 원인 중의 하나가 아님을 입증하여야 한다(펜실베니아호규칙). 펜실베니아호규칙은 선박충돌뿐 아니라 상해사건에도 적용된다. 보통법상 과실추정원칙(res ipsa loquitur)은 해상법상 과실에 그대로 적용되므로 정황증거에 의하여 과실을 인정할 수 있다. 통상적으로 과실이 없었다면 발생하지 않았을 원인불명의 사고가 발생하였다면 과실을 추정할 수 있다. 단, 이 같은 추정을 하기 이전에 법원은 ① 사고를 야기한 조건이 피고의 전적인 통제 하에 있었는지, ② 피고가 주의의무를 행사하였더라면 통상적으로 손해가 발생하지 않았을 것인지, ③ 원고측의 과실이 손해발생에 전혀 기여하지 않았는지를 고려하여야 한다. 예컨대 유람선의 연료창고가 무너져 여객이 상해를 입은 사건에서, 법원은 "과실 없는 피해자가 손해를 입었을 때 피고가 사고의 원인을 전적으로 지배하고 있었고, 피고가

---

1) Schoenbaum(5th), 121-123쪽.

통상적인 주의를 했더라면 손해가 발생하지 않았을 것이라고 인정되는 경우에는 그 손해가 피고의 주의부족으로 인하여 발생하였다고 볼 수 있다"고 판시하였다.[1]

3. 인과관계

피고의 불법행위와 손해·사고 간에는 인과관계가 있어야 한다. 당해 사건의 증거에 입각하여 판단할 때 ① 원고의 작위 또는 부작위가 실제로 손해나 사고를 야기시키는 데 중요한 역할을 하였으며, ② 그 손해나 사고가 피고의 작위나 부작위의 직접적 결과이거나 합리적으로 예측할 수 있는 결과라면, 피고의 작위나 부작위는 손해나 사고와 상당인과관계가 있다. 인과관계는 다시 사실적 인과관계(작위나 부작위가 없었더라도 특정한 사고나 손해가 발생하였을 것인지)와 법률적 인과관계(인과관계중단원인(superseding cause)이나 정책적 고려 때문에 피고를 면책시킬 것인지)로 나누어진다.[2]

(1) 사실적 인과관계(cause-in-fact)

피고의 과실 있는 행위가 없었더라면 손해가 발생하지 않았을 것인지가 하나의 판단기준이 되고(but for test), 피고의 작위나 부작위가 손해를 발생시키는 데 있어 중요한 요인이었는지(substantial factor test)가 더욱 중요한 기준이 된다. 두 판단기준은 매우 유사한데, 피고의 행위가 없었어도 원고의 손해가 발생하였을 것이라면 피고의 행위는 중요한 요인이 될 수 없기 때문이다. 나아가 '중요한 요인' 판단기준을 적용하면, 피고가 다수일 때 어느 피고에게 책임을 지울지를 결정할 수 있다. 원고는 사실적 인과관계를 입증할 책임을 지므로 법원이 인과관계를 합리적으로 결정할 수 있을 정도의 증거를 제출하여야 한다. 사실적 인과관계는 추측이나 개연성에만 의거하여 판단하여서는 아니 된다. 예컨대 헬리콥터가 바다에 비상착륙을 해야 하였는데 헬리콥터탑승자가 그로부터 몇 달 간 아무런 신체이상을 보이지 않았다면, 탑승자는 자신의 등과 목이 헬리콥터의 비상착륙 때문에 다쳤음을 입증하지 못하였다고 본다.[3]

---

1) United States v. Baycon Indus., Inc., 804 F.2d 630(11th Cir. 1986). Schoenbaum(5th), 123-125쪽.

2) Schoenbaum(5th), 126쪽.

3) Schoenbaum(5th), 127쪽.

(2) 법률적 인과관계(proximate cause)

법률적 인과관계 또는 상당인과관계의 기초가 되는 것은 예측가능성이
다. 상해나 손해는 피고의 작위나 부작위의 합리적 개연성 있는 결과여야 한
다. 사실적 인과관계가 존재한다 하더라도 인과관계가 희박한 경우에는 정책
적으로 피고의 책임을 면제하여야 하는 경우가 있다. 예컨대 강의 정박지에
묶여 있던 선박의 견인삭이 풀려 하류로 떠내려가 다른 선박과 교각에 충돌
한 경우, 선박소유자는 책임제한을 할 수 없다. 왜냐하면 선박소유자가 과실
로 견인삭 고박을 느슨하게 한 것의 결과(선박이 떠내려가 다른 선박이나 교각과 충
돌)가 예측가능하고, 실제로 발생한 결과(충돌)가 원래 발생가능한 위험과 같은
종류이기 때문이다. 한편 선박과 충돌한 교각이 붕괴하였기 때문에 의사가 늦
게 도착하여 환자가 사망하였더라도 선박소유자의 과실과 사망 간에는 인과
관계가 없다. 마찬가지로 강에서 ㄱ선과 ㄴ선이 충돌한 결과 강에 누출된 기
름이 ㄷ선 갑판에 튀어 선박충돌 이틀 후 ㄷ선상에서 원고가 미끄러져 다친
다는 것은 예측가능성이 없다. 독자개입원인(intervening cause)이나 인과관계중
단원인이 있는 경우, 즉 피고가 과실을 범하기는 하였으나 예측할 수 없었던
원고나 제3자의 행위가 피고의 과실을 대체하여 인과관계를 절단하는 때에는
피고가 면책될 수 있다. 면책의 요건은 ① 원고나 제3자의 행위가 피고의 과
실로부터 야기될 수 있는 손해와 다른 종류의 손해를 발생시켜야 하고, ② 원
고나 제3자의 행위가 피고의 과실의 통상적인 결과가 아니어야 한다.[1]

우리나라에서는 피고의 불법행위책임의 범위를 결정할 때 개개 사건에
관하여 구체적으로 원인과 결과를 고찰하는 데에 그치지 않고, 이를 일반적으
로 고찰하여 동일한 조건이 존재하는 경우에는 동일한 결과가 발생하는 것이
보통인 경우에만 인과관계를 인정하는 상당인과관계설이 통설·판례이다.[2]
이에 의하면 우연한 사정 내지 당해 불법행위에 따르는 특수한 사정은 행위
의 결과에서 제외하며, 이는 미국 일반해상법상의 인과관계기준과 유사하다.

---

[1] Lone Star Industries, Inc. v. Mays Towing Co., Inc., 927 F.2d 1453(8th Cir. 1991). Schoen-baum(5th), 128–130쪽.
[2] 곽윤직, 채권총론(서울: 박영사, 2009), 118쪽; 곽윤직, 채권각론(서울: 박영사, 2009), 409쪽.

제5절 담보의무

1. 감항능력담보의무

선박소유자나 운항자는 자신이 제공한 선박이 안전하게 항해를 감당할
수 있다는 묵시적 담보를 한 것으로 간주된다. 이같이 감항능력 있는 선박을
제공할 의무는 절대적이며 위임할 수 없는데, 선박소유자나 운항자가 이를 위
반하면 일종의 무과실책임을 진다. 선박소유자는 선원, 화물소유자, 하역근로
자손해배상법의 적용을 받지 않는 해사근로자, 용선자에 대하여 감항능력담
보의무를 진다. 단, 선박에 승선한 여객·방문객, 그리고 하역근로자손해배상
법의 적용을 받는 해사근로자는 선박소유자의 감항능력담보의무 위반에 대한
손해배상청구권이 없다. 과거에는 일반해상법상 과실 또는 감항능력담보의무
위반에 기인한 불법사망에 대하여 피해자가 아무런 구제를 받을 수 없었으나,
1971년의 Moragne v. States Marine Lines, Inc. 판결[1]에서, 연방대법원이 기
존 판례를 파기하고 감항능력담보의무 위반으로 인한 불법사망에 대하여 새
로운 구제방법을 확립하였다.[2]

2. 성실이행담보의무(warranty of workmanlike performance)

성실이행담보의무는 타인에게 용역을 제공하기로 계약한 자가 합리적인
주의를 다하여 유능하고도 숙련되게 업무를 수행할 의무를 의미한다. 일반해
상법에 성실이행담보의무가 도입된 계기는 1956년의 Ryan Stevedoring Co.
v. Pan-Atlantic Steamship Corp. 사건[3]이다. 이 사건에서 화물의 적부가 잘
못되었기 때문에 부상당한 하역회사소속 하역근로자가 선박소유자에 대하여
손해배상을 청구하였고, 선박소유자는 하역회사에게 구상하였다. 연방대법원
은 하역근로자손해배상법상 하역근로자는 선박소유자에 대하여만 손해배상을
청구할 수 있을 뿐 그의 사용자인 하역회사에 대하여는 손해배상청구를 할
수 없지만, 이 규정에도 불구하고 하역회사는 적부를 적절하고 안전하게 할

---

1) 398 U.S. 375(1970), on remand 446 F.2d 906(5th Cir. 1971).

2) Schoenbaum(5th), 170-171쪽.

3) 350 U.S. 124(1956).

묵시적 성실이행담보의무를 부담하므로, 하역회사가 이를 위반한 경우 선박소유자는 하역회사에 대하여 구상할 수 있다고 판시하였다. 선박소유자를 위하여 작업하는 도급업자가 사고를 예방할 수 있는 전문기술과 감독능력을 가지는 경우에는 도급업자가 사고예방조치를 하기에 가장 적합한 위치에 있었으므로 선박소유자에 대한 책임을 지우는 것이 합리적이기 때문이다. 성실이행담보의무는 예컨대 하역회사가 화물의 선적·양륙작업관련 장비를 사용함에 있어서 과실이 있는 경우에도 적용된다. 하역회사와 용선자가 하역계약을 체결하였기 때문에 하역회사와 선박소유자 간에 직접적 계약관계가 없는 경우에도 하역회사에게 성실이행담보의무가 부과된다. 성실이행담보의무는 사고발생을 예방할 수 있는 자에게 책임을 지우는 것이 목적이므로, 설사 그 자에게 과실이 없더라도 성실이행담보의무가 부과된다. 성실이행담보의무는 당사자간에 혹은 제3자를 수익자로 하는 계약상 담보의무라는 성격이 있는 한편, 묵시적 구상(implied indemnity)의 성격도 가진다.[1]

(1) 계약상 담보의무

원칙적으로 해상용역계약당사자들 간에 반대의 별도약정이 없는 한 묵시적인 성실이행담보의무가 적용된다. 성실이행담보의무는 선박소유자가 감독하거나 통제할 수 없는 선박수리계약·육상용역계약·예선제공계약·진수용역계약·하역계약 등의 다양한 계약에 적용된다. 다만, 과실 있는 행위에 대하여만 책임을 지우는 것을 원칙으로 하는 예선계약에 대하여 동 의무가 전적으로 적용되는 것은 아니다. 또 피고는 성실이행담보의무 위반을 주장하는 자를 위하여 용역을 제공하였어야 한다. 따라서 제3자는 계약의 수혜자인 경우에만 피고의 성실이행담보의무의 존재를 주장할 수 있다. 성실이행담보의무를 위반한 경우에 피고는 선의의 원고가 입은 예측가능하고 상당인과관계 있는 모든 손해, 예컨대 멸실된 화물가액, 선박의 이용불능으로 인한 손해, 재산적 손해를 배상하여야 한다.[2]

---

1) Italia Societa per Azioni di Navigazione v. Oregon Stevedoring Co., 376 U.S. 315(1964), on remand 336 F.2d 124(9th Cir. 1964). Schoenbaum(5th), 160-163쪽.
2) Schoenbaum(5th), 163-165쪽.

(2) 묵시적 구상

1972년에 하역근로자손해배상법이 개정되어 하역근로자가 관련되는 한 선박소유자는 더 이상 감항능력담보의무를 부담하지 않고 과실책임만 부담하게 되었다. 따라서 선박소유자가 하역회사에게 구상할 필요성도 감소하게 되었다. 한편 하역근로자손해배상법이 적용되지 않는 선원, 개별 고용하역근로자와 항만근로자에 대하여는 선박소유자가 감항능력담보의무를 부담하므로 선박소유자가 선원 등의 손해를 배상한 후 성실이행담보의무를 부담하는 하역회사에게 구상할 수 있다. 이 경우 선박소유자는 무과실이어야 하며, 과실로 하역회사의 적법한 업무수행을 방해한 선박소유자는 하역회사에게 구상할 수 없다. 구상에 실패한 선박소유자는 과실에 비례하여 하역회사와 손해를 분담한다. 반면에 화물이나 선박의 손해에 대하여는 하역업자 등이 성실이행담보의무를 부담하지 아니하며, 과실에 비례하여 귀책자가 책임을 부담한다. 성실이행담보의무 위반을 주장하는 원고의 청구를 방어하기 위한 변호사보수는 상대방에게 청구할 수 있으나, 성실이행담보의무 위반을 주장하는 원고의 제소에 소요된 변호사보수는 상대방에게 청구할 수 없다.[1]

제 6 절 제조물책임

제조물책임법의 기본원리는 위험한 물건이나 장비로부터 소비자를 보호할 수 있는 위치에 있는 자에게 엄격책임을 부과한다는 것이다. 제조물책임(products liability)이 발전하게 된 것은 하자담보법만으로는 위험물이나 위험장비로부터 소비자를 충분히 보호할 수 없었기 때문이었는데, 오늘날 제조물책임법은 그 기원이라고 할 수 있는 하자담보법으로부터 완전히 분리되어 불법행위의 한 소인(訴因)이 되었다. 미국의 해사제조물책임 법리는 Restatement(Second) of Torts(1965)에 요약되어 있다. 이에 의하면 원고는 ① 피고가 제조물을 판매하거나 제조한 사실, ② 그 제조물이 피고의 지배를 벗어났을 때 불합리하게 위험하거나 하자 있는 상태에 있었던 사실, ③ 그 하자로 인하여 원고에게 피해

---

1) Schoenbaum(5th), 165~170쪽.

가 발생하였음을 입증하여야 한다(제402a조).[1]

　불합리하게 위험한 제조물이란 첫째, 부주의하거나 하자 있게 설계된 경우, 둘째, 부주의하게 설계되지 아니하였더라도 그 제조물에 내재하는 위험이 합리적인 구매자가 예상하는 수준을 초과하거나, 제조물이 손해를 발생시킬 개연성이 제조물의 잠재적 효용을 초과하는 경우를 뜻한다. 예컨대 바지선갑판에 크레인이 추락하여 원고가 부상당한 경우 크레인의 볼트에 하자가 있었다는 것만으로는 피고에게 제조물책임을 지울 수 없으며, 원고는 피고의 작위 또는 부작위가 사고를 발생시킨 유일한 근인임을 우월한 증거에 의하여(by preponderance of the evidence) 입증하여야 한다. 즉 원고는 제조물의 제조과정이나 설계에 하자가 있음을 입증하거나, 사고가 발생한 것에 대하여 피고가 합리적인 설명을 할 수 없으므로 결국 하자 때문에 사고가 발생하였다고 볼 수밖에 없음을 입증하여야 한다. 셋째, 제조물의 하자를 알면서도 부주의하게 이를 소비자에게 경고하지 아니하였으며, 계약상 과실책임에 대한 면책을 규정하지 아니한 제조물의 제조자・판매자는 제조물책임을 진다. 제조물이 이미 유통단계에 들어간 후에 하자가 발견된 경우에도 이 같은 경고의무가 적용되나, 제조물의 제조자・판매자가 소비자에게 제조물에 예견가능한 위험이 있음을 사전에 충분히 알려서 소비자가 그 위험을 피할 수 있게 한 때에는 제조물 책임을 면할 수 있다. 이 같은 법리는 통상적으로 사용한다 하더라도 불가피하게 위험이 수반되는 제조물에 대하여도 적용된다. 제조자・판매자가 소비자에게 한 경고가 충분하였는지 여부는 하자 있는 제조물로 인하여 발생한 위험의 정도에 의하여 판단하므로, 그러한 점에서 제조자・판매자는 과실책임을 부담한다. 제조물의 제조자・판매자는 제조물이 위험하다는 것을 이미 알고 있는 자에 대하여는 별도로 경고를 할 의무가 없다. 제조물책임사건의 원고는 하자 있거나 위험한 제조물 때문에 사고가 발생하였음을 입증하여야 한다. 하자나 위험한 상태가 사고를 발생시키는 데 있어 충분한 요인이 되었는지에 의해 상당인과관계가 있었는지가 결정된다. 직접증거나 정황증거에 의하여 인과관계를 판단할 수 있으나, 사고발생의 가능성이 있다는 것만으로는 부족하고 충분한 개연성이 있음을 입증할 수 있어야 한다.[2]

---

1) Schoenbaum(5th), 146쪽.
2) Schoenbaum(5th), 147-149쪽.

해사제조물책임을 부담하는 자의 범위는 매우 광범하여 공급자, 제조자, 매도인, 선박건조·수리·재건조에 종사하는 자, 선박부품제조자를 망라한다. 반면에 선박설계자는 제조물책임의 대상이 아니다. 제조물책임을 부담하는 자의 범위는 예측가능성이론에 의하여 결정되며, 적법하게 선상에 있는 모든 자를 보호하기 위하여 海産에 관련된 자 전부를 포함한다. 그런데 미국대법원은 1986년에 해사제조물책임을 엄격히 제한하여 제조자가 제조물책임을 지려면 제조물의 하자로 인하여 원래 상사거래의 대상인 사람이나 재산에 대한 손해 이외에 별도의 사람이나 재산에 손해를 입혔어야 한다고 보았다. 예컨대 설계에 하자가 있는 유조선 터빈부품이 터빈만을 훼손시킨 경우, 터빈을 한 단위로 공급하였다면 제조물책임은 성립하지 않는다. 나아가 제조물의 제조와 관련하여 전문적 용역이 제공된 경우, 전문적 용역공급계약을 이행함에 있어서 과실이 있었더라도 그로 인한 순수한 경제적 손실을 제조물책임으로 청구할 수는 없다. 즉 전문용역공급자는 계약상 의무와 별도로 해사제조물책임을 부담하지 않는다. 제조물책임에도 기여과실이론이 적용되므로, 원고가 예측할 수 없는 잘못된 방법으로 제조물을 사용하였음을 피고가 입증하면 손해배상액을 감액할 수 있다.[1]

제 7 절 불법행위책임

제 1 관 고의적 권리침해(intentional wrongs)

보통법상의 불법행위책임과 마찬가지로 일반해상법에서도 횡령·폭행·불법감금·불법노동쟁의 등의 고의적 권리침해를 한 자는 손해배상책임을 진다. 해상계약에 대한 고의적 간섭은 해사권리침해에 속하지만, 과실에 의한 해상계약에 대한 간섭은 해사권리침해에 속하지 않으므로 피해자는 손해배상을 청구할 수 없다. 선원 등 해사근로자는 사용자가 블랙리스트를 작성하는 행위, 고용관계에 대한 부당한 간섭뿐 아니라 보복적 해고에 대하여도 일반해

---

1) East River S.S. Corp. v. Transamerica Delaval, Inc., 476 U.S. 858(1986). Schoenbaum(5th), 149-152쪽.

상법에 의해 제소할 수 있다. 특히 사용자의 보복적 해고는 고의적 불법행위이므로 해고된 선원은 그로 인한 경제적·비경제적 손실을 모두 청구할 수 있다. 이 같은 권리침해가 육상에서 발생하였더라도 이는 항해에 영향을 미치므로 해사관할에 속한다. 하역근로자는 하역근로자손해배상법에 의하여 사용자의 보복적 해고로부터 보호받는다.[1)]

제 2 관 과실상계

제1 비교과실(comparative fault): 과실상계

해사불법행위 사건에서 다수당사자가 사고에 대하여 책임이 있는 경우, 다수당사자는 그 과실의 비율에 따라 손해에 대한 책임을 분담한다. 원고에게 스스로의 손해발생에 기여한 과실이 있더라도(기여과실, contributory negligence) 원고는 여전히 손해배상을 청구할 수 있다. 비교과실원칙에 의하면 과실로써 스스로 손해를 야기한 원고의 손해배상청구 가능금액은 과실의 비율만큼 감소된다. 그러나 손해분담비율을 정확히 할 필요는 없으며, 구체적 상황에 따라 개략적으로 결정하여도 무방하다. 선박에 승선한 선원이 상급자의 지시에 따랐다는 것만으로는 기여과실을 범하였다고 할 수 없다.[2)]

비교과실은 우리 법의 과실상계이론과 동일하다. 원래 영미법에서는 기여과실이론이 기본원칙이었으나 해상법에서만은 비교과실의 법리가 유지되어 왔고, 이것이 보통법에도 판례나 입법을 통하여 채택된 것이다. 단, 1%의 기여과실만 있더라도 피해자는 배상을 받지 못한다는 기여과실의 법리보다는 가해자와 피해자의 과실을 비교·참작하여 배상액을 산정함이 합리적일 것이다.

제2 위험인수(assumption of risk)

위험인수는 기여과실과 구별된다. 위험인수란 원고가 손해발생위험의 존재를 알면서도 스스로 그 위험을 임의로 인수하는 것이다. 반면에 기여과실은 원고가 위험의 존재를 알았는지 여부와 상관없이 원고가 동일하거나 유사한

---

1) Schoenbaum(5th), 171-172쪽.
2) Earl v. Bouchard Transp. Co., 917 F.2d 1320(2d Cir. 1990). Schoenbaum(5th), 172-173쪽.

상황에서 합리적인 사람이 취할 수 있는 조치를 취하지 못한 것을 말한다. 원고가 위험인수를 하였다고 하여 피고의 책임이 면제되는 것은 아니며, 비교과실원칙에 의하여 원·피고간에 손해가 분담될 뿐이다.[1]

<h2 style="text-align:center">제 3 관 손해배상의 범위</h2>

제1 일반원칙

해사불법행위가 발생한 경우 피해자는 그의 손해에 비례한 배상을 받으며, 손해배상액을 결정할 때에는 일실수익(장래가동능력의 상실), 정신적 고통·치료비·영구장해의 정도 등을 고려하여야 한다.

1. 일실수익

불법행위로 상해를 입은 원고는 과거와 미래의 상실가동능력에 대한 배상을 청구할 수 있다. 원칙적으로 원고는 상해로 인하여 노동능력을 상실하여 더 이상 가득하지 못하게 된 상해 당시의 임금과 복지후생비를 청구할 수 있다. 한편 원고가 실업 또는 불완전고용상태였다면, 실제로 상실한 수입 이상으로 가동능력상실에 대한 배상을 받을 수 있다. 상해에 대한 손해배상금에 대하여는 조세가 부과되지 아니하므로 일실수익의 계산은 세후금액을 기준으로 하며, 임금에서 공제하는 원천징수액은 손해배상에서 공제한다. 원고가 상해로 인하여 장래에 수입을 가득할 능력을 상실하였음을 입증한 경우에도 미래의 일실수익을 청구할 수 있다. 미래의 일실수익을 정확히 산정하는 것은 어려우므로 전문가경제학자의 도움을 받아 개략적으로 산정하는 경우가 많다. 미래의 일실수익을 산정하는 절차는 다음과 같다. ① 사망이나 상해로 인하여 근로가능연한이 얼마나 단축되었는지 판단한다. ② 장래에 피해자가 얼마나 가득할 수 있었을지를 계산할 때 현재 수령하는 임금 외에 긍정적 요인(개인적인 장점과 생산성향상가능성)과 부정적 요인(예컨대 당해 산업에서 고용과 임금이 하향추세인 점)을 고려한다. ③ (피해자의 평소 수입−피해자의 사고 후 수입)×근로가능연한＝미래일실수익이다. ④ 손해배상액을 일시금으로 수령하면 장래

1) 위험인수개념을 폐지하자는 견해로는 Owen, "Assumption of Risk vs. Comparative Fault," 16 J.Mar.L. & Comm. 113쪽(1985). Schoenbaum(5th), 172쪽.

장기간 받는 것보다 가치가 높으므로 일시금을 투자하면 얻을 수 있는 수익률(시장이자율)로 감액하여야 하고, 시장이자율에서 다시 인플레이션을 감안하여 물가상승률을 공제하여야 한다.[1]

해양조난사고의 경우 그 위험성이 다른 사고에 비하여 훨씬 중대하므로 해양경찰은 일반경찰보다 더욱 엄격한 주의의무를 부담하며, 해양경찰의 업무상 주의의무위반과 이로 인한 손해발생 간의 상당인과관계는 매우 폭넓게 해석된다는 우리 대법원판례가 있다.[2]

2. 치 료 비

피해자는 이미 발생하였거나 장래에 발생할 치료비 및 합리적으로 필요한 비용을 손해배상으로 청구할 수 있다. 피해자가 아닌 보험회사가 치료비를 지급한 경우에 보험회사는 피해자를 대위하여 피고에 대한 청구권을 가진다. 장래에 발생한 치료비는 의학전문가의 증언에 의하여 추정하며, 일시금으로 지급할 경우에는 현가정산절차를 거친다.[3]

3. 정신적 고통에 대한 위자료

피해자는 현재의 정신적 고통과 장래에 발생할 정신적 고통에 대한 위자료를 청구할 수 있고, 위자료의 금액은 개별 사건의 내용에 따라 달라진다. 정신적 고통에 대한 위자료와 '인생의 즐거움 상실'(loss of life's pleasures)에 대한 손해배상이 성격도 다르고 입증도 별도로 하여야 하지만, 정신적 손해라는 면에서 유사한 면이 있고, 두 가지 손해에 대하여 이중으로 배상을 하는 것을

---

1) Schoenbaum(5th), 174-179쪽.
2) 대판 2007. 11. 15. 2007다38618(미간행, 원고/피상고인 구OO, 피고/상고인 대한민국, 상고기각). 2005. 5. 15. 09:40 원고의 가족들은 인천해경에 신고 후 레저보트를 타고 화성시 전곡항을 출발하였다. 16:20 전곡항에 귀항 예정이었으나 귀항 중 로프에 걸려 선박이 전복되었다. 모두 구명조끼를 착용하였지만 다음 날 06:20 한 사람만 구조되고 나머지는 저체온증으로 사망하였다. 해양경찰관은 신고를 받았지만, 귀항한 것으로 잘못 판단하고 출동이 늦는 등 초동조치에 실패하였다. 피고 해양경찰관은 피고가 신속하고 적절한 초동조치를 취했더라도 이미 피해자들은 사망하였을 것이므로 피고의 업무상 주의의무위반과 원고들의 손해 간에 인과관계가 없다고 항변하였으나, 법원은 이를 배척하였다. 원심 서울고판 2007. 5. 8. 2006나79256. 평석으로 김인현, "2007년 해상법 등 중요 판례 평석," 한국해법학회지 제30권 제2호(2008. 11), 285쪽.
3) Schoenbaum(5th), 179쪽.

피하기 위하여 한 항목으로 배상하는 것이 보통이다. 장래의 정신적 고통에 대한 위자료는 현가정산을 하지 않는다.[1]

제2 가족공동체·배우자권의 상실(loss of society and consortium)

선원이나 하역근로자가 상해를 입은 경우, 그 가족은 선원 등의 손해배상청구와는 별도로 선원 등의 상해에 의하여 자신의 가족공동체가 침해된 것(loss of society)에 대한 손해배상을 청구할 수 있다. 가족공동체란 가족간에 가지는 사랑·반려관계·위안·보호 등을 포함하는 광범위한 상호이익이다. 유사한 개념으로서 피해자의 배우자는 자신의 배우자권이 상실된 것에 대한 손해배상(loss of consortium)을 청구할 수 있다. 가족공동체·배우자권의 상실은 금전적인 손해는 아니다. 종래 미국법원은 광범하게 가족공동체·배우자권의 상실에 대한 손해배상을 인정하였으나, 1990년 Miles v. Apex Marine Corp. 사건[2]을 계기로 하여 가족공동체침해에 대한 손해배상을 축소하게 되었다. 이 사건에서 사망한 선원의 어머니가 불법사망소송을 제기하였는데, 법원은 선원의 유족이 연방법인 존스법에 의해 불법행위소송을 제기할 수 있을 뿐 아니라 일반해상법에 의거하여 감항능력담보의무 위반에 대한 손해배상을 청구할 수 있음을 인정하였다. 그러나 법원은 불법사망소송의 근거인 존스법이 가족공동체침해에 대한 손해배상을 인정하지 않기 때문에 일반해상법에서도 가족공동체침해에 대한 손해배상을 별도로 인정할 수 없다는 입장을 취하였다. 즉 사망하거나 상해를 입은 선원이 선박소유자의 불감항성담보의무 위반을 주장하면서 동시에 존스법에 따른 손해배상을 청구하는 경우에는 가족공동체·배우자권 상실에 대한 별도 손해배상을 인정하지 않게 된 것이다. 그러나 이것이 지나치게 가혹하다는 비판이 있었으므로, 1996년에 미국대법원은 주법에 따라 미국영해 또는 주수역(州水域)에서 발생한 선원이 아닌 자의 사망이나 상해사건에 대하여는 가족공동체·배우자권 상실에 대한 손해배상을 인정하기로 입장을 완화하였다.[3]

---

1) Earl v. Bouchard Transp. Co., 917 F.2d 1320(2d Cir. 1990). Schoenbaum(5th), 179-181쪽.
2) 498 U.S. 19(1990).
3) Yamaha Motor Corp. v. Calhoun, 516 U.S. 199(1996). Schoenbaum(5th), 183-185쪽.

제3 징벌적 손해배상(punitive damages)

일반해상법상 징벌적 손해배상은 상해사건뿐 아니라 재산적 손해사건에도 적용된다. 징벌적 손해배상을 청구하려면 원고는 피고가 고의, 중대한 과실 또는 비양심적인 행위를 하여 타인의 권리를 냉담하게 무시하였으며, 형사법상의 고의에 준하는 의도적인 불법행위를 하였음을 입증하여야 한다. 즉 민사법상의 범죄에 해당할 만큼 중대한 위법행위여야 하며, 징벌적 손해배상을 부과하는 목적은 당해 행위를 징벌하는 동시에 일반인들이 유사한 행위를 하지 않도록 하는 것이다. 이를 부과하려면 세 가지 사항을 고려하여야 한다. ① 위법행위의 비난가능성의 정도가 충분히 높아야 하고, ② 통상의 실손전보적 손해배상(compensatory damages)과 징벌적 손해배상액 간에 지나친 불균형이 없어야 하며, ③ 유사한 사건에서 법원이 벌금이나 과태료를 부과한 금액과 징벌적 손해배상액 간에 큰 차이가 없어야 한다. 징벌적 손해배상에 대하여는 몇 가지 제한이 가하여진다. 첫째, 존스법이나 감항능력담보의무 위반에 기한 선원의 사망이나 상해사건에서는 징벌적 손해배상을 청구할 수 없다. 이는 존스법이 비금전적 손해배상의 성격을 가지는 징벌적 손해배상을 인정하지 않기 때문인데, 마찬가지 이유로 일부 하급심법원은 상해를 입은 선원이 청구하는 상병보상을 선박소유자가 고의로 지급하지 않은 경우에도 징벌적 손해배상을 청구할 수 없다고 하기도 한다. 반면에 다수법원은 선원이 아닌 자가 원고이거나 연방법과 일반해상법 간에 중복되지 않는 한도에서는 징벌적 손해배상을 허용할 수 있다고 본다. 그리고 주법상 보충적으로 선원이 아닌 자가 州水域에서 사망하거나 상해를 입은 경우에 징벌적 손해배상을 허용한다. 둘째, 공해에서의 사망사건과 화물손해사건에서는 징벌적 손해배상이 인정되지 않는다. 셋째, 당사자간에 특별관계가 있기 때문에 일방의 과실을 타방의 과실로 보아 후자에게 책임을 지우는 전가과실(imputed fault) 사건에서도 징벌적 손해배상은 인정되지 않는다. 왜냐하면 선박소유자나 선장이 대리점이나 피용자의 고의적 불법행위에 참여하였거나 용인하지 않은 경우에도 대리점이나 피용자의 고의적 불법행위에 대하여 책임지게 하는 것은 부당하기 때문이다. 보험자가 악의로 보험금지급을 거절하는 경우에도 징벌적 손해배상청구의 대상이 된다. 징벌적 손해배상을 해상보험으로 담보할 수 있는지에 대하여는 일

반해상법상 정설이 없으며 개별 주법이 규정하고 있다.[1]

제 4 관   분담금청구 및 구상(contribution and indemnity)

분담금청구 및 구상의 법리는 해상법에도 적용된다. 주된 청구원인이 해사관할에 속하는 경우에는 주청구에 대한 분담금청구 및 구상에 대하여도 해사관할이 미치며, 연방해상법이 적용된다.[2]

제1 분담금청구권

공동채무자나 공동불법행위자의 각자가 부담하는 채무액 또는 손해배상액을 분담금(contribution)이라고 한다. 비교과실의 법리상 자신의 과실비율보다 많은 금액을 피해자에게 지급한 공동불법행위자는 자신의 과실비율보다 적게 지급한 다른 공동불법행위자에 대하여 분담금청구권을 가진다. 미국해상법상 분담금청구권이 최초로 인정된 것은 선박충돌 사건에서였지만, 1974년에 연방대법원은 충돌사건 외의 경우에도 분담금청구권이 인정된다고 판시했다.[3] 공동불법행위자의 책임은 과실의 정도에 비례하는데, 과실의 비율을 수학적으로 정확히 할 필요는 없으며 사실심법원이 재량으로써 결정할 수 있다. 상급심은 명백한 오류가 없는 한 사실심법원이 결정한 과실비율을 파기하지 못하며, 변호사보수에 대하여는 분담금청구를 할 수 없다. 비교과실법리는 감항능력담보의무 위반을 이유로 한 상해소송, 존스법에 의한 과실책임소송, 공해에서의 사망에 관한 법률에 의거한 소송, 하역근로자가 선박소유자를 상대로 제기한 소송, 해사제조물책임소송에 광범하게 적용된다. 따라서 분담금청구권도 모든 해상사건에 넓게 인정된다.[4]

1) Schoenbaum(5th), 186-191쪽.
2) Schoenbaum(5th), 191쪽.
3) Cooper Stvedoring Co. v. Fritz Kopke, Inc., 417 U.S. 106(1974).
4) Schoenbaum(5th), 191-193쪽.

제2 면책되는 자에 대한 분담금청구 및 구상

해상법상 분담금청구권이 인정되지 않은 예로서는 Halcyon Lines v. Haenn Ship Ceiling & Refitting Corp. 사건[1]을 들 수 있는데, 선상에서 작업하다가 부상당한 선박수리공이 일반해상법상 감항능력담보의무와 과실을 이유로 하여 선박소유자를 제소하였다. 선박소유자는 수리공의 사용자를 새로운 피고로 참가시켜 그에 대하여 분담금을 청구하려 하였으나 수리공은 하역근로자손해배상법의 적용을 받으며, 동법상 수리공은 그 사용자를 제소할 수 없다는 이유로 법원은 선박소유자가 수리공의 사용자에 대하여 분담금청구를 할 수 없다고 판시하였다. 즉 피해자가 공동불법행위자를 제소할 수 없다면, 그러한 공동불법행위자에 대하여는 다른 공동불법행위자도 분담금청구를 할 수 없다는 것이다. 1979년의 Edmonds v. Compagnie Generale 사건[2]에서, 연방대법원은 Halcyon Lines 판결을 재확인하였으며, 하역근로자손해배상법 역시 소송으로부터 면제되는 사용자에 대하여는 직접적이든 간접적이든 구상할 수 없다고 규정한다.[3]

연방공무원손해배상법(Federal Employees' Compensation Act)은 미국정부에 대한 불법행위소송을 금지하지만, 연방대법원은 연방공무원이 제3자에 대하여 불법행위책임을 청구하는 경우 제3자가 미국정부에 대하여 분담금청구 및 구상소송을 제기하는 것을 허용한다. 왜냐하면 동법의 취지는 연방공무원이 직접 미국정부를 제소하는 것을 금지할 뿐 제3자가 미국정부를 제소하는 것은 무방하기 때문이다. 연방해상법상 소송은 주법에 의하여 침해되거나 영향받지 아니하므로, 단지 州공무원손해배상법에 의하여 면책되는 사용자에 대하여는 분담금청구나 구상을 할 수 있다.[4]

제3 구상청구

분담금청구와는 달리 구상의 법리는 변호사보수를 포함한 손해의 총액을

---

1) 342 U.S. 282(1952).
2) 443 U.S. 256(1979), rehearing denied 444 U.S. 889(1979).
3) Schoenbaum(5th), 196~197쪽.
4) Schoenbaum(5th), 198쪽.

한 당사자로부터 다른 당사자에게 전가시킨다. 해상법상 가능한 구상에는 불법행위에 기한 구상, 당사자간 특별관계에 기한 묵시적 구상, 계약에 기한 구상의 세 가지가 있다.[1]

1. 불법행위에 기한 구상청구

원래 불법행위에 기한 구상청구는 한 공동불법행위자의 과실이 다른 공동불법행위자의 과실보다 훨씬 큰 경우에 가능하다. 예컨대 선박충돌의 경우 경미한 과실을 범한 선박은 주된 과실을 범한 선박에 대하여 자신의 손해를 구상할 수 있다. 마찬가지로 한 공동불법행위자는 적극적 과실을 범하고 다른 공동불법행위자는 소극적 과실만을 범한 경우, 모든 책임은 적극적 과실을 범한 자가 부담한다. 그러나 이 같은 전통적 이론은 일방에게 가혹하기 때문에 1975년의 Reliable Transfer 사건 이후 미국법원은 불법행위에 기한 구상청구의 적용을 점차 제한하였다. 그리하여 오늘날은 과실이 없는 불법행위자 또는 대리책임을 부담한 불법행위자가 실제로 과실 있는 귀책자에게 구상하는 경우에만 불법행위에 기한 구상청구가 가능하게 되었다. 대표적인 예로서 1969년 Federal Marine Terminals, Inc. v. Burnside Shipping Co. 사건[2]에서, 미국 대법원은 선박소유자가 하역업자에게 주의의무를 부담하며, 이 의무를 위반하면 하역근로자의 손해를 배상한 하역업자는 선박소유자에게 불법행위에 기한 구상청구를 할 수 있다고 하였다. 즉 하역업자는 하역근로자손해배상법상 하역근로자가 선박소유자에 대하여 가지는 청구권을 대위행사할 수 있는 것 외에 불법행위에 기한 구상청구권을 별도로 가진다. 결과적으로 하역근로자가 선박소유자에게 법적으로 청구할 수 있는 금액을 하역업자가 청구할 수 있음은 물론이고, 하역업자가 이를 초과하는 금액을 하역근로자에게 지급했더라도 하역업자는 초과금액을 선박소유자에게 청구할 수 있다. 물론 하역업자가 이같이 구상청구를 할 수 있는 것은 하역업자가 무과실인 데도 손해배상의무를 지게 된 경우에 한하며, 하역업자나 하역근로자에게 과실이 있는 때에는 과실의 비율에 비례하여 구상금액이 감액된다.[3]

---

1) Schoenbaum(5th), 193쪽.
2) 394 U.S. 404(1969).
3) Schoenbaum(5th), 193–196쪽.

2. 당사자간의 특별관계에 기한 구상청구

당사자간에 특별관계가 있는 때에는 구상권이 발생한다. 예컨대 피해자에 대하여 과실 없이 감항능력담보의무 위반책임을 부담한 선박소유자는 성실이 행담보의무를 위반한 하역업자에 대하여 구상할 수 있다. 그런데 당사자들 간에 불법행위의 결과를 분담시키는 분담금청구권과 달리 구상은 일방당사자에게 모든 책임을 부담시키는 다소 일방적인 법리이므로, 정책적 필요가 있는 경우에 한하여 최소한으로 적용할 필요가 있다. 해상기업거래당사자들은 각자 최선의 주의를 다할 의무를 부담하고 있으므로, 당사자간에 특별한 약정이 없는 한 일방당사자를 면책시키고 다른 당사자에게만 주의의무를 부담시키는 것은 불공평하다. 그리고 많은 경우 공동불법행위자들 간에 구상의 문제가 발생하는 바, 이들 간에는 기존의 계약관계가 있는 경우가 많다. 그렇다면 계약을 체결할 때 적절히 협상하여 예상되는 위험을 사전에 분산시키는 것이 바람직하다.[1]

3. 구상계약

당사자들은 계약에 의하여 일방당사자에게 구상권을 부여할 수 있으며, 이러한 구상계약은 일반적으로 유효하다. 단, 구상계약은 명확하여 의심의 여지가 없어야 하며, 원칙적으로 계약작성자에게 불리하게 해석하여야 하기 때문에 모호한 구상계약은 무효이다. 해상구상계약의 해석은 연방해상법의 적용을 받으며, 구상권자는 피해자에게 손해배상금을 실제로 지급하거나 화해한 후에야 구상소송을 제기할 수 있다. 구상권자가 자신의 과실의 결과에 대하여도 구상청구를 할 수 있다는 구상조항은 허용되나, 그러한 의도를 명백하게 기재하여야만 유효하다. 구상조항이 있다고 하더라도 구상권자 자신의 과실에 대하여도 당연히 구상할 수 있다고 해석하여서는 아니 된다. 또한 구상의 범위도 잘 규정하여야 한다. "…으로부터 발생한"(arising out of) 또는 "…과 관련된"(in connection with) 같은 문구가 있으면 광범하게 구상이 허용된다. 일반적으로 구상계약은 구상권자가 제3자에게 부담하는 변호사보수 등 비용을 구상할 수 있도록 허용한다.[2]

---

1) Schoenbaum(5th), 196쪽.
2) Schoenbaum(5th), 202-204쪽.

구상계약을 체결할 수 없는 두 가지 예외가 있다. 첫째, 바지선을 부주의하게 예인한 예인업자의 책임을 면제하는 계약은 공서양속에 반하므로 허용되지 않는데, 이는 예인계약에서만 인정되는 좁은 범위의 예외이다. 그러나 실무에서는 예인계약에서 예인업자를 피보험자로 추가함으로써 이 같은 예외를 회피하고 있다. 두 번째 예외는 하역근로자손해배상법에서 선박소유자가 동법의 적용을 받는 해사근로자의 사용자에 대하여는 구상할 수 없다는 규정이다.[1] 이 규정은 선박소유자의 경제적 지위가 해사근로자의 사용자에 비하여 현저하게 우위에 있다고 간주되기 때문이나, 이 규정은 좁게 해석되어야 한다. 즉 구상권자가 선박소유자가 아니거나 원고인 해사근로자가 하역근로자손해배상법의 적용을 받지 아니하는 경우에 선박소유자는 사용자에 대한 구상계약을 체결할 수 있다. 선박소유자가 구상권자인 경우에도 선박소유자를 추가적 피보험자로 지정하는 계약을 체결함으로써 선박소유자는 구상계약을 체결한 것과 같은 효과를 거둘 수 있다. 특히 대륙붕에서 작업하는 선박소유자는 수급인과의 사이에 양 당사자의 과실을 불문하고 각자의 피용자 및 재산의 손해에 대하여 스스로 책임지기로 하는 계약을 체결함으로써 사실상 수급인에 대하여 구상하는 것과 같은 효과를 얻을 수 있다.[2]

제 8 절   미국법상 해사관할(admiralty jurisdiction)

제 1 관   해사관할의 발전과 중요성

제1 해사관할의 발전

미국연방헌법 제3조 제2항은 "사법권은 모든 해상사건에 미친다"고 규정하고 있는데, 이같이 특정 법영역의 전부에 대하여 연방법원이 관할권을 가지는 것은 이례적이다. 그 이유는 건국 당시 해상과 선박에 관하여 연방정부가 중요한 이해관계를 가지고 있기 때문이었다. 연방대법원은 ① 동 조항에 의하

---

1) 33 U.S.C. 제905(b)조는 "해사근로자의 사용자는 선박소유자에 대하여 직접·간접적으로 손해배상책임을 지지 아니하며, 이에 반하는 협정·담보는 무효"라고 규정한다.
2) Schoenbaum(5th), 204-205쪽.

여 의회가 하급법원에 해사관할권을 부여할 수 있고, ② 동 조항에 의거하여 연방법원이 해상법을 형성하고 헌법 안에서 해상법을 발전시킬 권한을 가지며, ③ 동 조항에 의하여 미국의회가 헌법 안에서 해상법을 수정·보완할 수 있다고 해석한다. 건국 초기에 연방법원은 해상법이 미국 전역에서 통일적일 필요성을 느끼고 동 조항을 넓게 해석하였다. 동 조항에 따라 의회는 1789년에 법원조직법(Judiciary Act)을 제정하여 연방지방법원에 10톤 이상의 선박에 대한 1차적 재판관할권을 부여하였다.[1] 특히 스토리대법관은 1815년의 De Lovio v. Boit 사건[2]에서 해사관할을 넓게 해석하여야 한다고 주장하였다. 이 사건에서 스토리대법관은 해상보험계약이 육지에서 체결되었더라도 해사관할에 속한다고 보았다. 항해 또는 해운에 관한 계약은 체결장소나 계약형태에 상관없이 해사관할에 속하며, 해사불법행위도 해사관할에 속한다는 것이다. 이 때부터 해사관할의 결정기준이 계약과 불법행위에 따라 달라지게 되었는데, 계약은 그 내용이 해상에 관한 것이어야 하고, 불법행위는 발생장소에 따라 해사관할에 속하는지 여부가 결정되었다. 이 같은 이분법은 스토리대법관이 주창하였으며, 연방대법원도 이를 채택하였다.[3]

　5대호 주변 항구도시들의 영향력이 커짐에 따라 1845년에 의회는 5대호와 그 연결하천에서 주간(州間) 무역을 영위하는 선박들에 대하여 해사관할을 확장하는 법률을 제정하였다. 그 후 1851년에 대법원은 조수가 밀려드는 곳보다 상류에 위치한 미시시피강 및 서부의 강에서 발생한 선박충돌에 대하여 연방법원이 해사관할권을 가진다고 판시하였다.[4] 그 근거는 헌법이 미시시피강에 대하여도 해사관할권을 부여하였다는 것이었으며, 이 판결의 결과 해사관할권은 호수와 항해가능한 하천에까지 확장되었다. 연방지방법원은 해사에 관한 모든 민사사건에 관하여 1차적인 관할권을 가진다.[5]

---

1) Schoenbaum(5th), 1-2쪽.
2) 7 Fed.Cas. 418(C.C.D.Mass. 1815)(No. 3776).
3) Schoenbaum(5th), 2-3쪽.
4) Fretz v. Bull, 53 U.S.(12 How.) 466(1851).
5) Schoenbaum(5th), 4-5쪽.

제2 해사관할의 절차적 특수성

사건이 해사관할에 속하면 연방법원은 당사자의 시민권 및 소송가액에 상관없이 사물관할을 가진다. 또 해상사건에서만 인정되는 선박우선특권은 법정채권에 관하여 채권자가 선박, 운임, 속구와 부속물로부터 다른 채권자보다 우선하여 변제받을 수 있게 하는 담보권인데, 선박우선특권은 대물소송으로 진행되며, 일방당사자의 신청에 따라 법원의 변론 없이 판결 전에 선박을 압류하는 것이 허용된다.[1] 대물소송은 선박 기타 해산을 상대로 소송을 제기하는 것을 말하며, 원고의 청구에 대한 담보를 확보하는 수단이 된다. 해사소송의 피고가 당해 연방지방법원의 관할 내에 없을 때에는 피고의 특정 자산을 상대로 해사규칙에 의하여 준대물소송절차를 진행할 수 있다.[2]

해사사건에는 연방해상법이 적용되는데, 연방해상법은 의회가 제정한 성문법과 판례법으로 구성된다. 1966년 이전까지 연방지방법원은 해사소송과 보통법·형평법상 소송에 대하여 각기 다른 절차법을 적용하였으나, 1966년에 해상법규칙이 연방민사소송규칙에 흡수됨으로써 해사사건에도 일반민사사건과 동일한 절차법이 적용되게 되었다. 그럼에도 불구하고 해사사건에 적용되는 특별한 규칙이 남아 있는데, 예컨대 연방민사소송규칙 제9(e)조는 "해사관할 하에서의 소송이 다른 이유로 연방지방법원의 관할에 속하는 경우에는 해사소송이라는 취지를 밝혀야 한다. 만약 그 청구가 해상법에 의해서만 인정된다면, 그 청구는 해사소송임을 밝혔는지 여부와 상관없이 해사소송이다"라고 규정한다. 해사소송을 제기하면 해사소송에 관한 보칙(Supplemental Rules for Certain Admiralty and Maritime Claims)에 의한 특별절차가 적용된다. 나아가 연방민사소송규칙 제14(c)조는 해사소송에 대하여 비교적 자유로운 제3당사자소송(third party action)을 규정하고 있으며, 해사소송에는 배심제도를 강요할 수 없다.[3]

이외에도 해사소송의 특징은 다음과 같다. 첫째, 해사사건은 통상 배심원 없이 진행되기 때문에 해상법상 청구 이외의 청구를 포함하는 경우, 청구의

---

1) 연방민사소송규칙 Rules C and E; 해사소송에 관한 보칙.
2) Schoenbaum(5th), 9쪽.
3) Schoenbaum(5th), 10쪽.

병합에 관한 문제가 발생한다. 둘째, 해사관할이 전세계에 걸치고 해사사건에 적용되는 재판적 규정이 까다롭지 않기 때문에 이송, 불편한 법정(forum non conveniens), 준거법, 법정선택에 관한 특별법이 적용되며, 항소에 관한 특별규정이 적용된다. 셋째, 주권면책에 관하여 특별한 법규정이 적용된다. 넷째, 해사사건에 대하여는 형평법상의 구제수단이 허용되지 않는다. 다섯째, 주법원에 제기된 해사소송을 이송하기 위한 특별규칙이 적용된다. 여섯째, 해사소송에 일반적으로 적용되는 제척기간은 없으나, 권리행사를 해태하여 실기한 청구권자는 추후에 자신의 권리를 행사할 수 없다는 형평법상의 해태에 의한 권리실효법리(doctrine of laches)가 적용된다. 이 같은 실효법리는 청구권자가 정당한 이유 없이 권리행사를 게을리하였는지와 그 게을리함으로 말미암아 피고(피청구권자)가 손해를 입었는지 여부에 의하여 판단한다. 1980년에 연방의회는 해사불법행위로 인한 상해나 사망에 대하여 3년의 제척기간을 정하였다. 그러나 인명사고 이외의 해사사건에 대하여는 다른 제척기간이 적용된다. 일곱째, 해사소송에서도 판결 전의 이자지급의무가 일반적으로 인정되는데, 이는 피고에 대한 벌금이라기보다는 청구권자가 청구할 권리가 있는 금액을 사용하지 못하는 것에 대한 보상으로서 인정된다. 보통법법원은 판결 전 이자지급을 명할 재량권이 있지만, 해사소송에서는 거의 자동적으로 판결 전 이자지급을 명한다. 다만, 패소자가 판결 전 이자를 부담하는 것이 형평에 어긋나는 경우에만 법원은 판결 전 이자지급을 명하지 아니한다.[1]

제 2 관 가항수역(navigable waters)

해사관할의 전통적인 무대는 바다인데, 이는 간조선 내의 수역을 포함한다. 19세기에는 모든 공공가항수역으로 관할이 확대되었으며, 오늘날은 호수 등이 해사관할에 속하려면 가항수역이기만 하면 된다. 가항성 여부는 사실문제이고, 그 입증책임은 해사관할임을 주장하는 당사자가 부담한다. 1871년에 연방대법원은 가항성에 관하여 Daniel Ball호 사건에서, "특정한 강이 통상적으로 교역과 교통의 통로로서 사용되고 있거나 사용이 가능할 때는 항행가능한 강으로 간주된다. 또 그 강이 주간(州間) 교역이나 국제무역의 통로로 사용

---

1) Schoenbaum(5th), 10-12쪽.

될 때는 각 주의 가항수역과 다른 헌법상 미국의 가항수역이 된다"는 기준을
확립하였다.[1]

　　가항성의 첫 번째 요건은 강이 주들을 연결하는 통로여야 한다는 것이다.
따라서 강이 한 주 내에 위치하는 경우에는 가항수역이 아니다. 여러 주에 걸
친 해상상업활동을 하지 않는다면, 굳이 연방해상법을 적용할 필요가 없기 때
문이다. 반면에 전적으로 한 주에 소재한 수역이 주간 수상운송통로의 일부라
면 해사관할에 속할 수도 있다. 연중 어느 시기에 특정 수로의 항행이 금지
된다고 하더라도 해사관할에 속할 수 있으며, 운하·저수지 기타 인공수로도
해사관할에 속할 수 있다. 수로가 주의 소유인지, 사유인지는 중요하지 아니
하다.[2]

　　가항성의 두 번째 요건은 실제로 항해가 가능해야 한다는 것이다. 즉 현
재 해상상업운송에 제공되고 있거나 앞으로 그러할 가능성이 있어야 한다. 이
같은 상업활동을 하였다면 항해형태나 선박의 종류는 중요하지 않다. 최근 미
국대법원은 상업활동에 제공되지 않는 유람선이라 할지라도 항해중이거나 해
상기업활동을 저해하는 위험을 발생시킨 경우에는 해사관할에 속한다고 하여
해사관할을 확장하였다.[3] 현재 판례의 태도는 원칙적으로 유람선에 대하여도
해사관할을 인정하되 유람선이 상업적으로 가항성 있는 수역에서 운항하는
경우에만 인정한다는 것이다.[4]

제 3 관　해사불법행위관할

제1 해사관할확장법

　　불법행위지주의에 의하면 불법행위로 인하여 인명사고가 발생한 경우 해
사관할에 속하는지 여부는 사고발생지, 즉 불법행위지가 어디이냐에 달려 있
으므로 육상과 가항수역의 경계선에서 발생한 사고에 관한 해사관할이 자주

---

1) 77 U.S. (10 Wall.) 557(1871). Schoenbaum(5th), 12-15쪽.
2) Southern Natural Gas Co. v. Gulf Oil Corp., 320 So.2d 917(La. App. 1975). Schoenbaum
  (5th), 15-16쪽.
3) Sisson v. Ruby, 497 U.S. 358(1990).
4) Weaver v. Hollywood Casino-Aurora, Inc., 255 F.3d 379(7th Cir. 2001). Schoenbaum
  (5th), 16-19쪽.

문제된다. 부두·다리·방파제·램프 등 육지의 연장인 시설은 가항수역 위에 설치되었더라도 해사관할에 속하지 아니하므로, 이 같은 시설에서 일어나는 인명사고는 해사관할에 속하지 않는다. 불법행위지에는 ① 손해가 발생한 장소, ② 불법행위를 행한 장소, ③ 부당한 힘이 부상당한 사람이나 재산에 가하여진 장소 등이 있다.[1]

　해사관할을 보다 넓게 인정하기 위하여 미국의회는 1948년에 해사관할확장법을 제정하였다. 이 법은 "인명사고나 재산피해가 육상에서 발생하거나 기수가 된 경우에도 항해수역에서 선박에 의하여 그 인명사고나 재산피해가 생겼다면, 이에 대하여 해사관할권이 확장된다"고 규정한다. 오늘날 선박의 교량·제방 기타 해안구조물과의 충돌 및 선박이 수중가스관 등에 가한 손해도 해사관할에 속한다. 육상에서 발생한 인명사고 또는 해안구조물에 대한 피해가 사실상 선박·선장 또는 선원의 행위 때문에 발생하였다면, 선박이 반드시 해안에 물리적으로 충돌하지 않았다 하더라도 해사관할확장법의 적용을 받는다. 따라서 준설선의 작업으로 인한 격벽의 침강, 계류중인 선박이 배기가스를 분출하여 부두 위의 자동차에 가한 손해, 선박에서 날려 온 먼지가 해안에 입힌 손해, 선박의 기름유출에 의한 해안의 오염손해, 강풍이 부는 데도 선장이 작업을 중지시키지 않아 육상의 기중기에 생긴 손해, 선박이 도선장에 충돌함으로 인하여 인근 식당이 입은 경제적 손실은 해사관할에 속한다. 선박이 여객에게 안전한 출구를 제공하지 못한 결과 여객이 부두에 인접한 도로에서 자동차에 친 사고도 해사관할의 대상이다. 한편 피해자가 육지에서 부상한 경우, 그 부상이 선박에 의한 것이 아니면 해사관할확장법은 적용되지 아니한다. 예컨대 선박에 화물을 선적하기 위하여 부두에 있었던 피해자가 구멍에 떨어진 경우는 해사관할에 속하지 아니한다. 또 선박이 통과할 수 있도록 교량을 올리고 있는 동안 가설되어 있는 바리케이드에 오토바이운전사가 충돌하여 부상한 경우, 바리케이드를 설치한 자가 선박이 아닌 교량관리인이었다면 오토바이운전사의 손해배상청구는 해사관할에 속하지 아니한다.[2]

　해사관할확장법에 의하더라도 선박에 화물을 선적하거나 양륙하는 과정에서 손해가 생긴 경우, 해사관할 해당 여부를 판단하기가 쉽지 않다. 1963년

---

1) Schoenbaum(5th), 19-20쪽.
2) Schoenbaum(5th), 21-22쪽.

의 Gutierrez v. Waterman Steamship Corp. 사건[1]에서 콩이 선박에 잘못 선
적되었기 때문에 부두하역중에 흘러나왔는데, 하역을 하던 하역근로자가 콩
위에 넘어져 부상한 사고에 대하여 해사관할권이 인정되었다. 연방대법원은
이 사건에서 화물을 양륙하기 전에 이미 선박소유자는 과실을 범하였고, 이
같은 불법행위와 육상에서의 손해 간에 상당인과관계가 있다고 판시하였다.
반면에 Victory Carriers, Inc. v. Law 사건[2]에서는 하역업자가 소유·운영하
는 장비에 의해 하역근로자가 부두에서 부상당한 사고에 대하여 해사관할권
이 인정되지 아니하였다. Gutierrez 사건에서는 선박의 속구인 컨테이너의 하
자 때문에 하역근로자가 부상당하였으므로 해사관할의 대상인 반면, Victory
Carriers 사건에서는 하역업자의 장비 때문에 부상하였으므로 해사관할의 적
용을 받지 않은 것이다. 사고가 육상에서 발생하였더라도 화물의 포장·보
관·양륙에 관한 과실 때문에 발생하였을 때는 해사관할에 속한다. 따라서
선박에 설치된 펌프에서 기름이 유출하여 육지의 오일탱크가 폭발한 경우
및 선박의 장비로 인하여 육상에서 사고가 발생한 경우는 해사관할에 속한다.
반면 육상에 설치된 장비에 의하거나 과실의 원인이 육상과 관련된 경우에
는 피해자가 선박 위나 바다에 추락하였다 하더라도 해사관할에 속하지 아니
한다.[3]

제2 해사불법행위관할

　종래 미국법원은 불법행위소송에 대하여 불법행위지원칙을 적용하여 가
항수역에서 발생한 사고에 대하여만 해사관할을 적용하였다. 그러나 1972년
의 Executive Jet Aviation, Inc. v. Cleveland 사건[4]에서, 연방대법원은 전통적
인 해상활동과 무관한 불법행위(예컨대 수영중의 사고)에 해사관할이 확장되는 것
은 불합리하다는 이유로 불법행위지원칙에 반대하였다. Executive Jet 사건에

---

1) 373 U.S. 206(1963), rehearing denied 374 U.S. 858(1963).
2) 404 U.S. 202(1971), rehearing denied 404 U.S. 1064(1972).
3) Whittington v. Sewer Constr. Co., Inc., 541 F.2d 427(4th Cir. 1976) 사건에서는 교각에 연
   결된 전선에 매달려 원고가 선박에 내려지다가 선박에 추락한 경우 해사관할이 인정되지
   않았다. Schoenbaum(5th), 22-24쪽.
4) 409 U.S. 249(1972).

서 비행기가 클리블랜드공항을 이륙하던 중 갈매기 떼와 충돌하여 이리호에 추락하였는데, 법원은 이 사건이 전통적 해상활동과 무관하며 미대륙을 비행하는 항공기에 기인하는 불법행위소송에 대하여 해사관할권이 적용되지 않는다고 판시하였다. Executive Jet 사건 이후 불법행위소송이 해사관할에 속하려면 사고가 ① 가항수역에서 발생하고, ② 전통적 해상활동과 중요한 관련성이 있으며, ③ 잠재적으로 해상기업활동에 부정적인 영향을 주어야 한다. 그러나 항공불법행위소송이 해사관할로부터 완전히 배제되는 것은 아니다. 첫째, 공해에서의 사망에 관한 법률에 의하면, 미국해안에서 약 5킬로미터 이상 떨어진 공해에서의 항공기추락으로 인한 손해배상청구는 해상활동과 관련이 없더라도 해사관할에 속한다. 둘째, Executive Jet 판결은 "뉴욕에서 런던으로 비행하는 비행기가 대서양에서 추락한다면, 그 비행기는 전통적으로 선박이 하던 임무를 수행하고 있었으므로 해사관할에 속한다"고 판시하였다. 따라서 해상시추구조물에 승객이나 화물을 운반하는 데 쓰이는 헬리콥터가 해상(외국의 영해 포함)에 추락하였다면, 이는 해사관할에 속한다. 이러한 경우에 불법행위가 육지에서 발생하였다는 것은 중요하지 않으나, 사고만은 가항수역에서 발생하였어야 한다. 왜냐하면 불법행위가 해상활동과 관련이 있다는 것만으로는 해사관할이 성립하지 않기 때문이다. 하급심은 미대륙 내를 비행하다가 가항수역에서 발생한 사고에 대하여 해사관할이 적용되지 않는다는 Executive Jet 판례를 충실히 따르고 있다.[1]

　해상법이 전통적으로 해상기업활동에 관한 것이기 때문에 비영리유람선의 불법행위는 해사관할의 대상이 아니라는 견해가 유력하였으나,[2] 연방대법원은 Foremost Insurance Co. v. Richardson 사건에서 다음과 같은 결론을 내렸다. ① 해사관할의 구성요건인 해상활동이 전적으로 상업적일 필요는 없다. ② 항해수역에서 선박(유람선을 포함)을 부주의하게 운항한 사실은 전통적 해상활동과 충분한 관련을 가진다.[3] 결국 Foremost 판결로 인하여 유람선간의 충돌사건 및 유람선의 과실로 인하여 잠수부나 수영객이 부상당한 사건도 해사관할에 속하게 되었다. 이 판결의 근거는 유람선도 선박이고, 선박항행에 관

1) Schoenbaum(5th), 24-29쪽.
2) Stolz, "Pleasure Boating and Admiralty: Erie at Sea," 51 Calif.L.Rev. 661쪽(1963).
3) 457 U.S. 668(1982), rehearing denied 459 U.S. 899(1982).

하여 연방차원에서 통일적으로 규제할 필요가 있다는 것이다. 따라서 선박항행과 관련되지 않은 단순한 수영이나 다이빙 같은 해상활동만으로는 해사관련성요건이 충족되지 않아 해사관할에 속하지 아니한다. 그러나 Foremost 판결이 상업적 항해와 해상법 간의 관련을 완전히 부정하는 것은 아니다. 동 판결에 의하더라도 여전히 불법행위는 가항수역에서 발생하여야 하고, 그 가항수역에서는 상업적 항해를 할 수 있어야 한다. 따라서 상업적인 항해를 할 수 없는 가항수역에서 발생한 유람선사고는 해사관할에 속하지 않으며, 단지 부두에 계류되어 휴양장소로서만 사용되는 유람선에서 생긴 사고에 대하여는 해사관할이 적용되지 않는다.[1]

연방대법원은 1990년 Sisson v. Ruby 사건[2]에서, 미시간호 도크에 계류되어 있던 소형 유람선에서 발생한 화재에 대하여 해사관할을 적용하였다. 이로 인하여 유람선은 전소되었고, 도크도 크게 훼손되었다. 법원은 첫째, 유람선에서 화재가 발생하였다면 근처의 상업용 선박 및 그 선박들이 사용하는 도크에 손해를 끼칠 가능성이 있으므로, 비록 비상업용 유람선이 정박중에 일어난 화재도 해상활동에 영향을 줄 수 있다고 보았다. 즉 화재가 실제로 해상활동에 미친 영향뿐만 아니라 그 화재가 잠재적으로 다른 선박에 대하여 손해를 끼칠 가능성이 있는지까지 고려하였다. 둘째, 법원은 도크에 유람선을 정박시킨 후 이를 관리하는 것이 전통적 해상활동이라고 보았다. 즉 유람선을 정박시킨 후 연료 및 선용품을 구하기 위하여 상당기간 유람선을 도크에 놓아 두는 것은 흔한 일이며, 유람선의 항행은 도크에서 유람선을 운전하여 나가고 다시 도크에 정박하는 것으로 종결된다는 것이다. 즉 연방대법원은 해사관할의 범위를 너무 좁게 해석하는 것은 해상법의 취지에 어긋나며, 선박이 영업용이든 비영업용이든 해상에서 일어나는 모든 활동에 해사관할이 확장되어야 한다는 입장이다.[3] 1995년 Grubart 사건에서 연방대법원은 가항수역에서 운항하는 선박이 육상에 끼친 손해에 대하여도 해사관할을 확장하였다.[4]

---

1) Schoenbaum(5th), 30-31쪽.
2) 867 F.2d 341(7th Cir. 1989), cert. granted 497 U.S. 358(1990). 김현, "소형요트도 해상법의 적용대상이 된다는 미국대법원의 1990년 판례," 해양한국(1990. 9), 88-89쪽; Harrington, "Almost Full Circle: Admiralty Jurisdiction Over Pleasure Craft," 24 J.Mar.L. & Comm. 453쪽 (1993); C. Peter Theut(ed.), Recreational Boating Law(New York: Matthew Bender, 1992).
3) Schoenbaum(5th), 25쪽, 31-33쪽.
4) Jerome B. Grubart, Inc. v. Great Lakes Dredge and Dock Co., 513 U.S. 527(1995).

이 사건에서 시카고강에서 바지선이 말뚝박기 작업을 한 지 몇 달 후 강 밑의
화물터널의 관리를 소홀히 한 결과 물이 스며들어 시카고시내의 건물들이 범
람하였다. 법원은 Sisson 판례와 마찬가지로 ① 해상기업활동에 해로운 영향
이 있었는지와 ② 사고를 일으킨 활동이 전통적 해상활동과 중대한 관련이
있는지를 중시하여 이 사건에 대하여 해사관할을 적용하였다. 또 불법행위에
선박이 관련되어야 하는데, 사고의 주체가 바지선이었으므로 이 요건도 충족
되었다.[1]

　　해사관할이 확장된 결과 해사관할과 비해사관할의 경계선상에 놓인 사건
의 대부분이 해사관할에 속하게 되었다. 예컨대 Kelley v. Smith 사건[2]에서는
미시시피강의 사유섬에서 사슴을 밀렵해 배를 타고 도주하던 원고를 피고가
해안에서 사격하여 부상시켰다. 법원은 원고가 가항수역에 있는 동안 부상당
한 것만으로는 해사관할을 인정할 수 없다고 하면서, 실질적 해사관련성이 있
는지를 판단하기 위하여 ① 당사자의 기능과 역할, ② 선박 등 운송수단의 유
형, ③ 부상의 원인과 유형, ④ 해상법의 역할에 대한 전통적 관념 등 네 가지
요소를 고려하였다. Kelly 사건에서 법원은 주요 상업항로인 미시시피강에서
선박이 사건에 관련되었고, 문제의 사고가 미시시피강에서의 해상기업활동을
위협하였으므로 이 사건은 해사관할에 속한다고 판시하였다. 불법행위가 가
항수역에서 발생하였더라도 법원이 위 네 요소를 적용하여 해사관할을 부인
한 예는 많다. 예컨대 가항수역 위의 선박에 연결된 램프 위를 걷던 트럭 운
전수가 부상을 당한 사건, 페인트공이 하자 있는 발판에서 강에 추락하여 사
망한 사건에서 해사관할이 인정되지 아니하였으며, 굴양식은 해상활동이 아
니라는 이유로 굴양식장의 손해도 해사관할에서 제외되었다. 그러나 어장과
가항수역에 손해를 끼치는 공해사건은 해사관할에 속한다.[3]

　　해사관할확장법에 의한 소송도 해사관련성원칙의 적용을 받는다. 따라서
피고가 시추선을 타고 원고의 천연가스정 위에서 작업하던 중 가스정이 폭발
하여 손해가 발생한 경우, 손해가 해사관할확장법이 규정하는 바와 같이 선박
에 의하여 발생하였지만 피고가 수행중이던 가스정으로부터의 가스추출이 전

---

1) Schoenbaum(5th), 33-34쪽.
2) 485 F.2d 520(5th Cir. 1973), rehearing denied 486 F.2d 1403(5th Cir. 1973).
3) Schoenbaum(5th), 35-36쪽.

통적 해상활동이 아니었기 때문에 해사관할이 인정되지 않았다. 마찬가지로
원고가 트럭에서 공기압축기를 내리다가 부상당하였는데, 손해가 선상에서
생겼음에도 불구하고 원고가 육상에서 일하는 건설노동자라는 이유로 해사관
련성이 없어 해사관할이 부정되었다. 해사관련성을 요구한다고 하여 해사불
법행위관할의 범위가 축소된 것은 아니며, 여전히 불법행위지는 가항수역이
어야 한다. 오히려 법원은 해사관련성요건을 활용함으로써 가항수역에서 우
연히 발생하기는 하였지만, 성격상 해상사건이 아닌 경우를 해사관할에서 제
외시키고 있다.[1]

제 4 관   근해해사관할권(admiralty jurisdiction offshore)

근해개발에 관한 주요 법률은 외부대륙붕법으로서, 내무장관에게 석유와
가스의 탐사를 위해 외부대륙붕지면을 임대할 수 있는 권한을 부여한다. 많은
근로자와 회사가 근해개발에 종사하고 있고, 다양한 구조물·석유시추장비·
플랫폼·선박 등이 사용된다. 근해개발에 종사하는 근로자에 대한 해사관할
의 적용 여부는 ① 관련된 선박 또는 구조물이 선박의 요건을 구비하였는지,
② 피해자가 선원인지 혹은 기타 해사근로자인지, ③ 사고발생 당시 플랫폼이
주관할 내에 있었는지에 의하여 결정된다. 예컨대 고정플랫폼에서 발생한 사
건은 해사관할이 아니므로 외부대륙붕법 대신 주법이 적용된다. 한편 존스법
과 관련하여 떠다니는 시추플랫폼도 선박으로 볼 수 있고, 따라서 부유시추장
비에 상시 고용되어 있는 근로자는 선원으로 볼 수 있다는 획기적인 Offshore
Co. v. Robison 판결[2]이 내려졌다. Robison 판결 이후에는 거의 모든 형태의
이동가능한 시추장비나 구조물이 선박으로 간주되는 결과, 떠다니거나 이동
가능한 근해구조물에서 일하는 근로자는 선원과 동일한 권리를 가진다. 반면
에 고정플랫폼에서 일하는 근로자는 선박과 별도의 관련이 없는 한 선원과
동일한 권리를 가지지 못한다.[3]

하역근로자손해배상법이 외부대륙붕에 적용되는 경우에는 두 가지가 있

---

1) Schoenbaum(5th), 36-37쪽.
2) 266 F.2d 769(5th Cir. 1959).
3) Schoenbaum(5th), 50-53쪽.

다. 첫째, 하역근로자손해배상법의 지위·장소 요건에 부합하는 하역근로자
는 외부대륙붕법과 무관하게 하역근로자손해배상법에 따른 배상을 받을 수
있다. 둘째, 하역근로자는 외부대륙붕법에 따라 하역근로자손해배상법의 적용
을 받을 수도 있다. 외부대륙붕법 제1333(b)조는 외부대륙붕의 하층토나 해저
의 자원을 답사하거나 개발할 목적으로 외부대륙붕상에서 작업한 결과로 사
망하거나 불구가 된 근로자에게도 하역근로자손해배상법을 적용한다. 예컨대
해안에서 160킬로미터 떨어진 해상의 반잠수성 석유채굴장치(semi-submersible
drilling rig) 위에서 용접작업을 하다가 부상당한 근로자는 하역근로자손해배상
법의 적용대상이다.[1]

제 5 관　해사계약관할(maritime contract jurisdiction)

해사관할에 속하는 해사계약은 '선박사용, 가항수역에서의 통상이나 항
행, 해상운송, 해상고용에 관한 계약'을 의미하며,[2] 계약의 내용이 선박운항
및 항해와 직접적이고 밀접한 관련이 있어야 한다. 계약이 선박운항 및 항해
와 예비적인 관련이 있다는 것만으로는 부족하므로 해사문제 및 선박운항과
직접적 관련이 없는 계약에 대하여는 각 주의 계약법이 적용된다. 해사계약의
장점은 해상실체법과 절차법의 적용을 받을 뿐 아니라 선박우선특권을 행사
할 수 있다는 것이다. 원칙적으로 선박건조계약은 해사관할에 속하지 않는다.
왜냐하면 첫째, 선박건조계약이 통상 육지에서 체결되고 육지에서 이행되며,
둘째, 선박건조계약은 항행의 예비행위에 불과하기 때문이다. 그러나 이러한
원칙은 해사제조물책임의 발전에 따라 부분적으로 수정되었다. 한편 선박수
리계약이나 광범위한 선박재건조계약은 해사관할의 적용을 받는다. 선박건조
가 완료되기 전에 진수된 선박에 용역과 자재를 공급하는 계약은 육상에서
체결되고, 육상에서 이행되어야 하므로 해사관할에 속하지 않는다.[3]

해사계약에는 선박에 대한 용역이나 선용품 또는 부속품 공급계약, 용선
계약, 부두사용계약, 선박보관계약, 물품운송계약, 하역계약, 해상여객운송계

1) Diamond Offshore Co. v. A&B Builders, Inc., 302 F.3d 531(5th Cir. 2002). Schoenbaum
(5th), 59-60쪽.
2) CTI-Container Leasing Corp. v. Oceanic Operations Corp., 682 F.2d 377(2d Cir. 1982).
3) Schoenbaum(5th), 63-65쪽.

약, 해상보험계약, 도선계약, 선원고용계약, 해난구조계약, 예선계약, 선박저
당계약 등이 있다. 해사에 관련된 부당이득반환청구권은 해사관할의 적용을
받으며, 해양과학조사나 근해 석유·가스시추작업을 위한 선박이용계약도 해
사계약이다. 해사계약을 양도한 경우, 그 양도 자체가 해상의 성격을 가지지
않는다 하더라도 양수인은 해상법상의 계약이행청구권을 가진다. 외부대륙붕
에 있는 고정플랫폼에서의 건설이나 석유시추작업에 관한 계약은 해사계약이
아니지만, 근해 석유시추장비까지 사람과 공급품을 운송하는 계약은 해사계
약이다. 화물의 선적·양륙에 관한 계약은 해사관할에 속하는 반면, 화물보관
계약은 해사관할에 속하지 않는다. 해상운송에 사용되는 컨테이너의 매매·
임대차계약은 해사계약인 반면, 컨테이너를 터미널에서 다른 터미널까지 트
럭운송하는 계약은 해사계약이 아니다. 보증계약상의 의무는 그 기초가 되는
계약에 따라 책임이 발생하는 경우에 보증인이 배상을 하는 것이므로 해사계
약이 아니나, 해사계약의 완전한 이행을 보증하는 계약은 해사계약에 속한다.
운임징수나 재정보고서제출 등의 육상업무를 위한 선박대리점계약은 일반적
으로 해사계약이 아니지만, 선박대리점이 입거(入渠)·도선·적하의 양륙·선
용품공급·청소 등 항해와 관련된 광범위한 용역을 수행하는 경우는 해사계
약이다. 결국 해사계약 여부를 판단함에 있어서 중요한 것은 계약의 대상이
항해와 관련이 있는지와 그 계약에 의하여 수행되는 용역의 성질이다. 선박매
매계약은 항해에 예비적인 것에 불과하여 해사관할범위 밖이지만, 선박의 점
유에 관한 소는 해사관할에 속한다. 점유의 소를 제기하기 위하여는 선박에
대하여 법적 권원을 가지고 있어야 하며, 형평법상의 소유권에 근거하여 제기
한 이행청구의 소는 해사관할에 속하지 않는다.[1]

　　해사계약적 요소와 비해사계약적 요소를 모두 가지는 계약도 있는데, 비
해사계약적 요소가 해사계약적 요소에 부수적인 것에 불과하거나 비해사계약
적 요소를 해사계약적 요소로부터 구분할 수 있는 때에 한하여 당해 계약이
해사관할에 속한다. 반면에 해사계약적 요소와 비해사계약적 요소를 구분할
수 없는 경우에는 해사계약적 요소에 대하여도 해사관할이 인정되지 않는다.
이 같은 결과를 피하기 위하여 법원은 부대적 재판권을 인정하여 당해 계약
전체를 해사관할에 속하게 할 수 있다. 해사계약관할이 해사불법행위관할보

---

　1) Schoenbaum(5th), 65-71쪽.

다 광범하므로 채무불이행책임과 불법행위책임의 요소를 모두 가지는 청구의 경우에는 해사관할을 인정하기 위하여 채무불이행책임으로 이론구성하는 방법이 있고, 계약상 청구권과 불법행위로 인한 청구권이 동일한 사실관계로부터 나온 경우에 법원은 관련재판적을 인정할 수 있다.[1]

제 6 관 해사형사관할권

미국의 해사관할권은 공해상 및 州관할권에 속하지 않는 수역에서 행해진 범죄에까지 확장되는데, 이는 선박·항공기·비행중인 우주선에서의 범죄와 외국재판관할 밖에서의 미국인에 대한 범죄를 포함한다. 이 관할권은 5대호에까지 확장되며, 주관할권은 연안으로부터 3해리까지에 미치므로 이 수역에서 발생한 범죄에 대하여는 연방정부와 주정부가 경합적 관할권을 가진다. 범죄가 미국영해 내에 있는 외국선박에서 발생하였을 경우, 선박 자체에 대하여 미국법이 적용되기 때문에 그 범죄는 미국해사관할에 속한다. 그러나 1887년의 Wildenhus 사건에서 연방대법원은 선박에만 영향을 주고 미국의 평화와 직접 관련 없는 외국선박에서의 범죄에 대하여는 국제예양에 따라 형사관할권을 행사하지 않는 것이 적절하다고 판시했는데,[2] 이 같은 범죄는 선적국에 맡기는 것이 타당할 것이다. 반대로 외국영해 내에 있는 미국선박에서 발생한 범죄에 대하여 당해 국이 관할권을 행사하지 않는 한 미국 형사관할권이 미치며, 이는 유엔해양법협약에서 성문화되었다.[3]

미국의 관세수역 내에서 해안경비대는 선박에 승선하여 조사·수색할 수 있으며, 이는 선박이 미국행이었는지 여부에 관계 없이 미국선박 및 외국선박에 모두 적용된다. 미국법을 위반한 선박은 억류할 수 있고, 그 선박상의 사람은 미국법원에 기소할 수 있다. 관세수역이란 미국해안으로부터 4리그 내의 수역(영해 및 접속수역)을 의미하는데, 개별 조약이 관세수역을 지정할 수도 있다. 관세수역 내의 정선 및 승선은 상당한 이유나 범죄의 혐의 없이도 법적으로 허용되는데, 이는 항해의 특성상 신속히 선박을 조사하지 아니하면 증거

---

1) Omaha Indem. Co. v. Whaleneck Harbor Marina, Inc., 610 F. Supp. 154(E.D.N.Y. 1985). Schoenbaum(5th), 71-72쪽.
2) Mali v. Keeper of the Common Jail, 120 U.S. 1(1887).
3) 유엔해양법협약 제27조(1982). Schoenbaum(5th), 80-82쪽.

의 인멸이 쉽고, 이 같은 수색·억류가 미국건국 이래 허용되어 왔기 때문이
다. 공해에서 선박을 조사·억류하며 선박에 대한 관할권을 가지는 미국공무
원의 권한은 매우 광범위한데, 대부분의 사건은 마약에 관련된 것이다. 해안
경비대는 미국의 관할에 속하는 선박을 조사·억류할 수 있으며, 공해에서 미
국선박이 미국법을 위반하고 있거나 위반하였다고 믿을 만한 상당한 이유가
있을 때에는 선박을 조사·수색하기 위해 승선할 수 있다. 미국의회는 마약거
래에 대한 관할권을 확장하기 위하여 1980년에 공해에서의 마리화나에 관한
법률을 제정했다.[1]

　　1986년에 미국은 해사마약집행법(Maritime Drug Law Enforcement Act)을 제정
해 해안경비대가 불법마약의 미국 내 반입을 막는 것을 지원하고 있다. 동법
제1902조는 "마약거래는 국제적으로 중대한 범죄이며, 전세계적으로 비난받
아야 한다"고 규정한다. 해안경비대는 공해상에서 승선할 권한을 가지며, 기
국이 승인하거나 항변권을 포기한 경우에 미국은 공해상의 외국선박에 대하
여도 형사관할권을 가진다. 나아가 2008년에는 마약 부정거래 선박 금지법(Drug
Trafficking Vessel Interdiction Act)[2]을 제정해 무국적 잠수정(submersible, 선체 전부가
잠수할 수 있는 선박)이나 준잠수정(semi-submersible, 선체 대부분이 잠수할 수 있는 선박)
을 이용해 국제 항해를 하는 것은 마약 불법거래나 테러의 위험이 있기 때문
에 미국에 위해가 된다고 규정한다.[3] 이 같은 잠수정을 미국이나 외국에서
운항하는 것은 불법이므로 형사 처벌의 대상이 된다. 실제로 운항한 것 뿐 아
니라 운항의 미수범과 음모행위도 처벌한다.[4] 미국국적선박에 대하여 해안경
비대와 관세공무원은 공해상에서 정선시키고 승선할 수 있는 전권을 가지며,
선박증서와 안전검사의 목적상 필요한 때에는 외국영토 내에서도 이 같은 권
한을 행사할 수 있다. 공무원은 승선한 동안 선박을 검사할 수 있으며, 범죄
행위의 단서가 발견되면 선박의 비밀영역까지 조사할 수 있다. 미국민이 승선
한 경우 미국은 당연히 미국인에 대하여 형사관할권을 가지며, 관할권을 행사

1) Schoenbaum(5th), 83-84쪽.
2) 18 U.S.C. 제2285조.
3) 무국적 선박이란 선장이 주장하는 선적을 당해 선적국이 부인하거나, 적법한 권한을 가진
　 미국 공무원이 요청했는데도 선장이 선적을 입증하지 못한 선박을 뜻한다. 46 U.S.C. 제
　 70502(d)(1)조.
4) Schoenbaum(5th), 85-86쪽.

하기 위하여 범죄행위가 미국에 영향을 미친다는 것을 입증할 필요는 없다.[1)]

미국은 공해상의 외국선박에 대하여도 권한을 가지며, 미국 형사법규의 입법취지상 허락되는 한 당해 법규를 외국선박에도 적용할 수 있다. 외국인이 미국 내에 영향을 미치는 행위를 한 경우에는 그에게도 미국의 관할권이 확장된다. 공해상의 외국선박은 미국법의 적용을 받으므로 미국공무원은 동 선박을 조사할 수 있으나, 동 선박을 억류하기 위하여는 헌법상의 상당한 이유가 있어야 한다. 다만, 상당한 이유가 없더라도 범죄행위의 합리적 혐의가 있는 한 공해상의 외국선박을 정지시키고 승선할 수 있다는 판례가 있다.[2)] 미국은 공해에 관한 조약의 체약국인데, 동 조약은 예외적 경우를 제외하고는 선적국이 공해상의 자국선박에 대해 배타적 관할권을 가진다고 규정한다(제6조). 이에는 두 가지 예외가 있는바, 첫째 추적권이 인정되고(제24조), 둘째 공해에서 군함이 외국상선을 만났을 때 그 외국상선이 ① 해적선이거나, ② 노예무역에 종사하고 있거나, ③ 외국기를 게양하고 있지만 사실상 군함과 같은 국적을 가진 선박이라고 의심할 합리적인 근거가 있으면, 그 외국상선에 승선하여 조사할 수 있다(제22조). 원칙적으로 피고는 자신을 체포·억류한 것이 불법이라고 주장함으로써 자신에 대한 관할권의 적용을 회피할 수 없으나, 그 체포·억류가 국제조약에 위반한 경우에는 피고에 대한 관할권이 인정되지 않는다. 다만, 억류된 선박의 선적국이 공해에 관한 조약을 비준하지 않았다면, 억류된 선박의 소유자는 동 조약 위반임을 항변할 수 없다.[3)]

공해에서 무국적선박이 불법행위를 하였다는 혐의가 있는 경우에는 그 선박을 정지시켜 조사할 수 있으며, 선상의 사람이 미국과 아무런 관련이 없더라도 그에 대하여 형사관할권을 가진다. 무국적선박은 일종의 국제적 부랑자이고 공해를 자유로이 항해할 권리를 가지지 않으므로 각국은 이에 대한 관할권을 가지는데, 무국적선박인지를 판단하기 전에 관련기록을 신중히 검토하여야 한다. 공해에서 공무원이 승선하는 것을 회피하기 위해 여러 국가의 국기를 게양하는 선박은 무국적선박으로 볼 수 있다.[4)]

---

1) United States v. Julio-Diaz, 678 F.2d 1031(11th Cir. 1982). Schoenbaum(5th), 86-87쪽.
2) United States v. Williams, 617 F.2d 1063(5th Cir. 1980)(en banc).
3) Schoenbaum(5th), 87-89쪽.
4) United States v. Cuevas-Esquivel, 905 F.2d 510(1st Cir. 1990). Schoenbaum(5th), 89-91쪽.

제 4 장
해상기업조직

제 1 절 물적 조직(선박)

1. 선박의 개념

상법상 선박이란 "상행위나 그 밖의 영리를 목적으로 항해에 사용하는 선박"이다(상 제740조). 즉 선박의 요건은 다음과 같다.

(1) 상행위나 그 밖의 영리의 목적(영리선요건)

이 요건은 상법이 상행위나 그 밖의 영리행위중심주의를 취하는 것에 대응하는 것이다. 따라서 포경선 등 원양어선은 영리선이므로 해상법상의 선박이지만, 학술탐험선·스포츠선·개인용 요트 등은 이에 속하지 않는다. 상행위 기타 영리의 목적이란 선박운항에 의하여 해상기업을 영위함을 말하며, 영업으로서 하는 해상운송, 예선업자의 예선, 도선업자의 도선, 구조인양, 전선부설 등을 포함한다.[1] 그런데 상법 제741조는 "항해용 선박에 대하여는 상행위 기타 영리를 목적으로 하지 아니하더라도 해상법을 준용한다"고 규정하므로(상 제741조 제1항 본문), 해상법은 국유 또는 공유의 공용선을 제외한(동항 단서) 모든 항행선에 적용된다. 또한 국유 또는 공유선이라도 영리를 목적으로 사용할 때는 해상법이 적용된다.[2] 이에 대하여는 공용에 제공된 선박, 예컨대 측

---

1) 채, 626-627쪽.
2) 최, 834쪽; 김, 105쪽.

량선·감시선에 한하여 해상법적용을 배제하여야 하며, 공용선이라 할지라도 해난구조·선박충돌에 관하여는 해상법을 적용하여야 한다는 견해도 있다.[1]

(2) 항해에 사용할 것(항해선요건)

항해는 호천·항만을 제외한 해상에서의 항행을 말한다. 호천·항만은 평수구역, 즉 "호소·하천 및 항 내의 수역(항만법에 따른 항만구역이 지정된 항만의 경우 항만구역과 어촌·어항법에 따른 어항구역이 지정된 어항의 경우 어항구역)과 국토해양부령이 정하는 수역"을 의미한다(상법의 일부규정의 시행에 관한 규정 제3조, 선박안전법 시행령 제2조 제1항 3호 가목). 따라서 영리선이라도 내수만을 항행하는 선박에는 해상법 대신 육상운송에 관한 규정이 적용된다. 그러나 해상법이 적용 또는 준용되는 항해선박과 내수선이 충돌한 경우에는 통일조약과 같이 해상법을 적용한다(상 제876조 제1항). 또 항해선과 내수선 간의 해난구조에 대하여도 해상법이 적용된다(상 제882조). 미국법상 개인용 모터보트 기타 유람선(pleasure craft), 요트 등을 포함시킬 것인가 하는 논의가 있으나, 우리 법상으로는 항해선요건을 충족하지 못하므로 해상법의 적용을 받지 못하는 것으로 보인다.

(3) 사회통념상 선박으로 인정될 것

선박은 수상항행에 사용되기 위하여 제공된 구조물이므로 항행용구가 아닌 부표, 부선거(浮船渠), 해상호텔, 인양할 수 없는 침몰선 등은 선박이 아니다.[2] 단정 또는 주로 노나 상앗대로써 운전하는 선박은 그 규모가 영세하기 때문에 해상법을 적용하지 않는다(상 제741조 제2항). 수륙양용정도 사회통념상 선박으로 보아야 할 것이다. 선박의 개념을 따지는 실익은 해상법이 적용되는 여부를 가려 내는 데에 있다. 해상법을 적용하면 선박우선특권 기타 해상법에 고유한 법제도의 적용을 통하여 일반 민·상법의 적용과 다른 결론을 얻게 되기 때문이다. 미국의 경우에는 해상기업에 고유한 실체법과 각종 정책입법 등 적용법을 가려 내는 실익 이외에도 관할법원을 특정하여 민사소송절차와 다른 절차법규를 적용하게 되는 차이가 있다. 조세심판원은 선박건조용 고정식 플로팅 도크는 설치된 위치에 고정되어 진수 시에도 전후좌우 이동 없이

---

1) 정, 502쪽.
2) 최, 835쪽; 대판 1975. 11. 11. 74다112(항진하거나 항진추진기가 없이 다른 선박에 의하여 예인되는 부선은 그 톤수 여하에 불구하고, 또 상앗위 기타 영리를 목적으로 항해에 사용된다고 하더라도 이를 등기할 선박이 아니라고 해석함이 상당하다).

일부 바닥면이 반잠수하여 선박만 바다로 진수해 나가는 방식이어서 항행용으로 사용할 필요가 없으므로, 지방세법상 선박이 아닌 건축물로 본다.[1]

2. 선박의 성질

(1) 합 성 물

선박은 선체·갑판·기관·선창·선실·객실 등으로 구성된 합성물이다. 이에 반하여 속구는 선박의 일부분이 아니라 별개의 독립한 물건으로서 선박의 통상 용도에 제공되며, 선박에 부속된 물건이다. 예컨대 나침반·측정기·해도·닻·닻줄·구명대·보트·신호기 등이 이에 속하는 한편, 일시적 소모품인 식량·석탄·탄약·저하 등은 속구에 속하지 않는다. 속구는 민법상 종물과는 다르지만, 선박의 속구목록에 기재된 물건은 선박의 종물로 추정한다(상 제742조). 컨테이너운반선의 컨테이너는 속구로 보아야 할 것이다.

관세법은 '선용품'을 선박에서 소비하거나 사용하는 경우에는 수입으로 보지 않고 관세를 면제한다. 선주가 선박 '보일러용 안전밸브 8세트'를 외국으로부터 매수해 선박에 적재하고 있다가 싱가포르 조선소에서 보일러용 안전밸브를 이 사건 물품으로 교체했다. 대법원은 ① 안전밸브는 대형 LNG 선내 보일러에 사용되며 보일러의 압력 조절 불가시 보일러 보호를 위해 압력을 배출하는 중요한 기능을 하고, ② 안전밸브 교체시 전문성을 요하는 복잡한 작업 과정을 거쳤고 작업기일도 상당 시일이 소요되었으며, ③ 이 사건 선박에 초음파 검사기가 구비되어 있지 않아 초음파 검사기를 별도로 대여해 검사할 정도였고, ④ 안전밸브 교체주기는 5년에 2회 정도로 길고, 안전밸브 1세트가 134kg에 이르며 가격이 1억 1천만 원으로 고가여서 안전밸브가 단순한 선용품이 아니라 관세 대상이라고 보았다.[2]

(2) 부동산유사성

선박은 동산이지만 가격이 비싸고 등기부에 의하여 동일성의 인식이 용이하므로 부동산과 유사하다. 즉 총톤수 20톤 이상의 선박은 등기를 하여야 하고, 이에 대하여는 부동산등기법이 준용된다. 또 등기에 의하여 임차권과

---

1) 조세심판원 2015. 12. 24. 2015지873 결정(신청인 승소).
2) 대판 2016. 10. 27. 2016두42081(판례공보(2016. 12. 1), 1841쪽)(원고/피상고인 딘텍, 피고/상고인 경남남부세관장, 파기환송).

저당권을 설정할 수 있고, 선박의 강제집행과 경매는 부동산과 같이 취급한다. 형법에서는 선박에의 침입을 주거침입과 동일시한다(형 제319조).

3. 선박의 등기 · 등록

(1) 총   설

우리 법은 선박의 공시에 관하여 등기 및 등록의 이원주의를 취한다. 등기는 선박의 사법적 권리관계의 공시를 위한 제도인 반면, 등록은 선박의 공법상 규제를 위하여 해운관청에 한다.[1]

(2) 등   기

선박의 등기는 선박등기부에 소유권 · 저당권 · 임차권을 기재하는 것으로서 선적항을 관할하는 지방법원 · 지원 또는 등기소에서 한다(선박등기법 제4조). 등기의 효력은 등기사항에 따라 다르다. 즉 소유권이전등기에서는 대항요건(상 제743조), 저당권등기에서는 효력요건이 되고(상 제187조 제3항, 민 제186조), 선체용선등기는 권리관계를 그 선박에 관한 물권취득자에 대하여 창설한다(상 제849조 제2항). 등기에 보정적 효력, 사실상의 추정력, 완화된 공신력이 인정됨은 상업등기와 같다.

선박등기가 부동산등기와 다른 점은 ① 선박소유권은 등기할 의무가 있는 점(선 제8조), ② 지배인등기와 같은 선박관리인의 등기가 있는 점(상 제764조 제2항), ③ 선박등기는 선박국적증서의 기재와 같을 때에만 선박소유권이전의 대항요건이 된다는 점, ④ 총톤수 20톤 미만의 선박은 선박등기를 할 수 없다는 점이다.[2] 총톤수 20톤 이상인 부선 중 선박계류용 · 저장용으로 사용하기 위해 수상에 고정해 설치하는 부선은 선박등록과 등기를 하지 않아도 된다(선 제26조 제4호). 반면 공유수면 또는 하천 점용허가를 받은 수상호텔, 수상식당, 수상공연장 등 부유식 수상구조물형 부선은 선박등록과 등기의 대상이 된다(동호 단서). 수상레저의 수요가 증가하여 수상구조물의 설치가 활성화될 것이므로 수상호텔 등을 선박등록 대상에 포함시키고 등기가 가능하게 하였다.[3]

---

1) 최, 836-837쪽; 정찬, 798-799쪽.

2) 최, 836-837쪽.

3) 대판 2020. 9. 3. 2018다273608(판례공보, 제597호(2020. 11. 1), 1931쪽)(원고/상고인 청풍마리나수상레저, 피고/피상고인 O, 상고기각). 갑이 144톤 부선을 매수해 소유권이전등기를 한 후 수상레저사업을 했다. 을이 유체동산 강제경매로 부선을 매수해 인도받았으나 이

판례에 의하면 그 자체 항해능력이 없는 부선(예인부선을 포함)은 원칙적으로 등기를 할 수 없고, 다만 압항부선과 해저조망부선만은 예외적으로 등기를 할 수 있다고 한다.[1] 또 부선에 관하여 관할해운관청에 훈령에 의하여 작성·비치되어 있는 부선등록원부는 부선소유자의 의뢰를 받아 부선소유권을 등록받아 놓은 것에 불과하다고 본다. 따라서 부선등록만으로는 권리의 변동이 생길 수 없어서 선박등기와 동일하지 않으며, 유체동산인 부선은 인도하여야만 물권양도의 효력이 생긴다는 판례가 있다.[2]

(3) 등 록

한국선박 소유자는 선박을 취득한 날로부터 60일 이내에 선적항을 관할하는 지방해양수산청장에게 선박 등록을 신청하여야 한다(선 제8조 제1항 1문). 총톤수 20톤 이상의 기선과 범선 및 100톤 이상의 부선은 선박 등기를 한 후에 선박 등록을 신청하여야 한다(동항 2문, 선박등기법 제2조). 지방해양수산청장은 등록신청을 받으면 선박원부에 등록하고 신청인에게 선박국적증서를 발급한다(동조 제2항).

4. 선박의 개성

(1) 선 명

해양수산부 지방청장은 선박의 등록신청을 받으면 선박원부에 선박의 명칭 등을 등록하여야 한다(선박법 시행규칙 제11조 제1항).

전등기하지 않은 상태에서 병이 을로부터 부선을 매수해 수상레저사업을 했다. 그 후 갑이 정에게 부선 근저당권설정등기를 해주었고, 정의 신청에 따라 임의경매가 개시되자 병이 선박소유자란 이유로 임의경매 불허를 구했다. 을이 유체동산 강제경매에서 부선을 매수한 것은 민사집행법 제172조(등기할 수 있는 선박의 강제집행은 부동산 강제경매 규정에 따라야 한다)에 반해 무효이다. 을로부터 부선을 매수한 원고 병도 적법하게 소유권을 취득하지 못했다.

1) 대결 1998. 5. 18. 97마1788(판례공보(1998. 7. 15), 1843쪽)(재항고인 정우상호신용금고). 대법원은 선박법 제8조, 선박등기법 제2조, 선박법 시행규칙을 종합하여 부선은 톤수에 상관없이 등기할 수 없다고 보았다. 재항고인은 ① 압항부선과 예인부선은 그 자체 항진능력이 없어 압선이나 예선의 추진력을 제공받아 항행하는 공통성이 있고, 그 규모와 기능도 유사하며, ② 해운산업에서 부선의 역할이 크고, 부선건조에 대자본이 투입되고 있는 현실을 고려하여 예인부선을 포함한 부선 전체를 선박에 포함시켜 등기할 수 있도록 하여야 한다고 주장하였으나, 입법론에 불과하다는 이유로 받아들여지지 않았다.
2) 대판 1999. 6. 22. 99다7602(판례공보(1999. 8. 1), 1478쪽)(원고 보훈기업, 피고 남한표).

(2) 국 적

선박의 국적은 기국법에 의하여 공해상에서 기국의 영토로 보게 되며, 포획·해적·중립·항세부담의 기준이 된다. 한국선박의 국적취득의 요건에 관하여는 선박법 제2조가 규정한다. 선박의 국적취득에 관한 최초의 입법인 17세기의 영국항해조례는 국적취득의 요건으로서 건조지·소유자·해원이 자국소속일 것을 요구하였으나, 각국은 그 요건을 완화하는 경향이다. 영국은 소유요건을 요구하고, 미국은 등록만을 요구하는 반면, 우리나라는 선박의 국적취득에 관하여 소유요건만을 요구한다. 한국선박의 특권은 ① 대한민국 국기를 게양할 수 있으며(선 제5조), ② 등기 및 선박국적증서를 받을 수 있고, 불개항장에의 기항과 여객·물건의 운송을 할 수 있는 것이다(선 제6조).

(3) 선 적 항

선적항에는 선박의 등기·등록을 하는 등록항의 의미와 해상기업의 본거지항이라는 두 가지 의미가 있다. 등록항은 선박의 감독이라는 점에서 의의가 있고, 민사소송의 관할의 기준이 되며(민소 제11조), 본거항은 선박이 상시 발항 또는 귀항하는 항해기지로서 해상기업경영의 중심지라는 의미가 있다. 상법에서 선적항이라 할 때에는 본거항의 뜻으로 사용되는 경우가 많다(상 제749조, 제753조).

(4) 톤 수

선박의 톤수에는 총톤수와 순톤수 및 재화중량톤수가 있는데, 총톤수는 선박내부의 총 용적을 말하고, 순톤수는 화물과 여객의 적재·승선에 이용할 수 있는 순용적으로서 총톤수로부터 선원실·해도실·기관실 등을 공제한 톤수를 말하며, 재화중량톤수는 화물의 적재능력을 표시한다.

총톤수에는 1969년 선박톤수측정에 관한 국제협약과 그 부속서에 따라 주로 국제항해에 종사하는 선박에 대하여 사용되는 국제총톤수와, 우리나라의 해사에 관한 법령을 적용할 때 선박의 크기를 나타내기 위하여 사용되는 총톤수의 두 가지가 있다(선 제3조 제1항 1호·2호).[1] 길이 24미터 이상으로서 국제항해에 종사하는 한국선박은 국제총톤수 및 순톤수를 기재한 국제톤수증서

---

[1] 대판 1972. 6. 13. 70다213(선박등기부상 범선으로 등재되어 있으나, 실제로는 기관을 사용하는 동력선은 상법 제751조에 의하여 적량톤수를 계산하여야 한다).

를 선박에 비치하여야 한다(선 제13조). 상법은 국제항해에 종사하는 선박에 대하여는 국제총톤수, 연안항해에 종사하는 선박에 대하여는 총톤수를 사용한다(상 제772조).

5. 선박소유권

(1) 선박소유권의 취득과 상실

선박소유권의 취득원인은 일반동산과 마찬가지로 조선계약·양도·합병·상속 등과 해상법상에 특유한 보험위부(상 제710조)·선박공유자 지분의 강제매수(상 제761조 제1항), 국적상실로 인한 지분의 매수 또는 경매처분(상 제760조), 해임선장의 매수청구(상 제762조 제1항)·선장의 경매처분(상 제753조) 등이 있으며, 공법상으로는 포획·몰수·수용에 의한 경우가 있다. 등기선은 부동산유사성이 강하므로 선의취득에 관한 규정(민 제249조)은 적용되지 않는다. 상실원인은 취득원인의 반면행위 외에 구조불능의 침몰·선박해체·포획·몰수 등이 있다.

(2) 선박소유권의 양도

선박소유권의 양도 및 양도방식에 대하여 사법상의 제한은 없으며, 등기 및 등록할 수 있는 선박의 양도는 당사자간의 합의만으로 그 효력이 생긴다고 하여 의사주의를 취한다(상 제743조 본문). 그러나 선박양도를 제3자에 대하여 대항하기 위하여는 이전등기를 갖추고, 선박국적증서에 기재를 마쳐야 한다(상 제743조 단서). 이와 같이 등기선의 경우에 민법상의 물권변동의 일반원칙인 형식주의의 예외를 인정한 목적은 항해중이거나 외국에 정박중인 선박의 양도를 용이하게 하려는 것이다.[1] 항해중인 선박을 양도한 경우, 당사자간에 다른 특약이 없으면 양수인이 그 항해로부터 생긴 이익을 얻고 손실을 부담한다(상 제763조). 비등기선의 양도에 있어서는 일반동산의 경우와 마찬가지로 인도를 하여야 한다(민 제188조 제1항).

(3) 선박점유

선박은 규모, 선체의 구조와 기능 등을 종합하여 선박점유자가 누구인지를 판단하여야 한다. 선박이 소재하는 장소 또는 건선거를 점유함으로써 선체

---

1) 최, 838쪽; 정찬, 802쪽; 최종, 57쪽.

전부를 점유하는 것으로 볼 수 있는 경우가 있는 반면, 선박의 소재와는 무관하게 선박의 점유관계가 성립하는 경우도 있다. 선박소유자가 수리작업을 주도적으로 수행하였다면, 조선소의 건선거에 선박이 수리목적으로 상가되었더라도 여전히 선박소유자가 선박을 계속 점유했다고 본 대법원판례가 있다.[1]

6. 선박의 압류 · 가압류

(1) 상   법

항해의 준비를 완료한 선박과 그 속구는 압류 또는 가압류를 하지 못한다(상 제744조 제1항 본문). 항해준비 완료란 사실상 및 법률상 선박이 출발항에서 선박의장, 선원의 승선, 적하의 선적, 여객의 승선, 법정서류의 비치를 종료함으로써 발항준비를 완료한 것을 말한다. 항해준비를 완료한 선박에 대해 압류 및 경매를 허용하면 해상운송인 · 화주 등에게 손해를 줄 염려가 있고, 발항전에 압류할 수 있는 데도 이를 하지 아니한 채권자를 보호하는 것보다 선의의 다수이해관계인을 보호하는 것이 형평에 맞기 때문이다. 그러나 이러한 압류 및 경매금지는 선박의 수리비 · 연료 · 식료품대금과 같이 항해를 준비하기 위하여 생긴 채무에 대하여는 적용되지 아니한다(동항 단서). 또 채권자가 그 시기까지 압류하지 못하였다면 채권자의 과실이 있거나 준비를 게을리한 경

---

1) 대판 2003. 2. 11. 2000다66454(판례공보(2003. 4. 1), 770쪽)(원고 신동아화재, 피고 대선조선). 동원산업은 소유한 이 사건 선박을 수리할 필요가 있어 피고의 조선소 건선거에 상가하여 수리했다. 공사는 동원산업 및 피고가 각각 하도급업체들을 동원하여 수행하였는데, 하도급업체직원들은 피고로부터 안전교육을 받고 허가를 받아 조선소에 출입하였다. 동원산업은 공무감독을 임명해 선박수리 전반을 처리했고, 이와 별도로 소속 선장과 선원들도 승선하여 수리공사를 보조하면서 선장이 선원 및 작업인부들의 선박출입을 통제하였다. 수리 중 기관실에서 원인불명 화재가 발생하여 동원산업의 보험자인 원고가 보험금을 지급했다. 서울지판 2000. 10. 26. 99나18687은 피고가 자신의 지배 · 관리 하에 있는 건선거에 선박을 상가시킴으로써 선박을 인도받아 점유 · 지배하고 있었으므로, 화재가 동원산업의 과실이나 선박의 결함으로 인한 것이 아닌 이상 피고는 동원산업에게 목적물반환의무를 진다고 보았다. 다만, 동원산업이 이 사건 선박의 공동관리자로서 화재의 예방과 조기진화를 못한 잘못을 인정해 피고의 손해배상을 40%로 제한했다. 한편 대법원은 수리작업 중 동원산업과 피고의 시공비율, 수리 중에도 선장과 선원이 계속 근무했고, 동원산업의 공무감독이 수리공사 전반을 관리 · 감독했음을 중시했다. 즉 수리를 동원산업의 의뢰에 따라 피고가 주도한 것이 아니라, 동원산업이 주도적으로 수행하면서 피고의 건선거를 빌리되 수리의 일정부분을 피고에게 의뢰함으로써 수리 전후를 통해 동원산업이 선박을 계속 점유했다고 보았다. 서울지법은 선박이 피고의 건선거에 완전히 상가된 사실과 외부인이 선박에 출입하려면 일단 조선소에 들어가야 하고, 그 과정에서 피고의 통제에 따라야 했던 점을 중시한 반면, 대법원은 이러한 사정만으로는 피고가 선박을 점유했다고 단정할 수 없다고 보았다.

우가 많기 때문에, 그러한 채권자를 보호할 필요가 없다는 것도 다른 이유가 된다.[1] 상법 제744조 제1항은 총톤수 20톤 미만의 선박에는 적용되지 아니한다(동조 제2항).

(2) 국제조약

오늘날 이탈리아 등 일부 대륙법국가에서만 항해의 준비를 완료한 선박에 대한 가압류를 금지하고 있으며, 세계적으로 이 같은 제한을 철폐하는 추세이다. 그리하여 1952년 선박가압류조약(International Convention for the Unification of Certain Rules Relating to the Arrest of Sea-going Ships, 1952) 제3(1)조는 "청구권자는 해사청구권과 관련된 특정 선박 또는 그 해사채권이 발생할 당시 특정 선박의 소유자였던 자가 소유하는 다른 선박을 가압류할 수 있다. 이는 가압류할 선박이 항해의 준비를 완료하였는지를 불문한다. 단, 발생한 청구권과 관련되지 아니한 다른 선박은 가압류할 수 없다"고 규정한다.[2]

종래 1952년 선박가압류조약이 항해의 준비를 완료한 선박을 가압류할 수 있도록 한 것은 항해중인 선박도 가압류할 수 있다는 의미로 해석되어 왔다. 그리하여 1999년 선박가압류조약(International Convention on Arrest of Ships, 1999) 초안에는 항해의 준비를 완료한 선박 및 항해중인 선박을 가압류할 수 있는 것으로 하였다. 항해중인 선박을 가압류할 수 없도록 하자는 반대론도 있었지만, 체약국의 영해 안에 있는 선박을 가압류할 권한을 부인하는 것은 유엔해양법협약 위반이라는 것이 대다수국가들의 입장이었다. 결국 항해의 준비를 완료한 선박 및 항해중인 선박을 가압류할 수 있는지는 개별 체약국이 국내법으로 정할 수 있도록 이에 관한 명시적인 규정을 하지 않기로 하였다.[3] 결국 1952년 선박가압류조약과 같은 입장을 취한 것으로 볼 수 있다.

---

1) 이상원, "선박에 대한 강제집행에 관한 실무상 문제점," 재판자료 제36집(서울: 법원행정처, 1987), 500쪽.
2) F. Berlingieri, Arrest of Ships, 4th ed.(London: Informa, 2006), 119쪽.
3) Berlingieri, 앞의 책, 120-121쪽.

제 2 절　인적 조직

해상기업의 인적 조직은 기업주체인 해상기업자와 기업보조자로 구분할 수 있는데, 해상기업주체로는 선박소유자·선박공유자·정기용선자·항해용선자·선체용선자가 있고, 해상기업보조자로는 선장·해원이 있다.

제 1 관　해상기업의 주체

제1 선박소유자

선박소유자는 넓은 의미로는 선박의 물권법상의 소유자이고, 좁은 의미로는 자신의 소유선박을 상행위 기타 영리의 목적으로 해상기업에 이용하는 자를 뜻한다. 해상법에서 선박소유자는 보통 좁은 의미의 선박소유자를 의미한다.

제2 선박공유자

1. 의의 및 성질

해상법상 선박공유자란 수인이 선박을 공유하여 영리를 목적으로 공동으로 항해에 사용하는 조직을 말한다. 즉 선박공유는 해상법상의 독자적인 기업조직으로서 단순히 물권적 의미에서의 선박의 공유를 의미하는 것이 아니다.

이러한 선박공유제도의 성질에 대한 우리 학설은 조합관계라고 보는 것이 통설이나,[1] 이 제도에 관하여 상법에 ① 지분가액에 의한 다수결주의(상 제756조), ② 지분의 자유양도(상 제759조), ③ 지분가액의 비율에 따른 책임 및 비용의 분담·손익분배(상 제757조, 제758조), ④ 다수결주의와 결합된 소수지분권자의 보호(상 제761조) 등의 규정이 있는 것을 보면, 투자가액에 비례한 권리의무와 손익부담을 줄거리로 하는 자본단체적 기업형태이다. 이 점이 민법의 조합이 두수주의를 취하는 것과 다르다. 이같이 선박공유제도에 민법상의 조합제도에 대한 특칙을 인정하는 이유는 해상기업의 위험성과 대자본성에 기인한다.[2]

---

1) 최, 840쪽; 배, 116쪽; 정찬, 804쪽.
2) 배, 116쪽.

2. 선박공유의 내부관계

(1) 업무집행

선박공유에 있어서 선박의 이용에 관한 사항은 각 공유자의 지분의 가액에 따라 그 과반수로써 결정한다(상 제756조 제1항). 이 점에 있어서 조합원수에 의하여 업무집행을 결정하는 민법상의 조합과(민 제706조) 현저한 차이가 있고, 오히려 물적회사의 자본단체적 성질을 나타낸다. 또한 선박공유에 관한 계약을 변경하는 사항에 대하여는 공유자 전원의 일치에 의한 결정이 필요하다(상 제756조 제2항). 따라서 선박공유계약은 선박공유자 1인의 반대로도 변경할 수 없기 때문에, 이러한 문제점을 해결하기 위하여 반대자의 지분매수청구권(상 제761조)과 지분양도자유(상 제759조) 등 선박공유관계에서의 탈퇴의 길을 터놓고 있다.

선박공유에 있어서는 선박의 관리·경영에 관한 사무를 집행할 업무집행기관으로서 선박관리인을 선임하여야 하는바, 선박공유자 중에서 선임할 때에는 다수결, 그 외의 자에서 선임하는 경우에는 전체공유자의 동의가 있어야 한다(상 제764조 제1항). 이 선박관리인은 상법 제766조에 제한적으로 열거된 특정 행위를 제외하고, 선박의 이용에 관한 재판상·재판 외의 모든 행위를 할 권한이 있는 선박공유자의 임의대리인이다.[1] 선박관리인의 선임과 그 대리권의 소멸은 등기사항이다(동조 제2항). 선박관리인은 업무집행에 관한 장부를 비치하고 그 선박의 이용에 관한 사항을 기재하여야 하며(상 제767조), 매 항해의 종료 후에는 항해의 경과상황과 계산에 관한 서면을 작성하여 선박공유자에게 보고하고 그 승인을 얻어야 한다(상 제768조).

(2) 지분의 양도자유 및 예외

선박공유에 있어서 공유자는 내부관계가 조합관계에 있는 경우에도 그 자본단체성에 비추어 민법상 조합원의 임의탈퇴(민 제716조, 제719조)와 달리 다른 공유자의 동의를 얻지 아니하고 자유로이 그 지분의 전부 또는 일부를 자유로이 양도할 수 있다(상 제759조 본문). 다만, 선박관리인인 공유자는 그 지위의 중요성에 비추어 자유로이 지분을 양도할 수 없다(동조 단서).

---

1) 배, 128쪽.

선박공유자가 신항해를 개시하거나 선박을 대수선할 것을 결의한 경우, 그 결의에 이의가 있는 공유자는 다른 공유자에 대하여 상당한 가액으로 자기의 지분을 매수할 것을 청구할 수 있다(상 제761조 제1항). 새로운 항해의 개시나 다음 항해를 위한 수리는 새로운 경영공동체를 구성하는 새로운 출자이므로, 그것에 동의하지 아니하는 공유자의 이익보호를 위해 공동체로부터의 탈퇴를 인정한 것이다.[1] 지분매수청구권을 행사함에 있어서는 그 결의가 있은 날로부터 3일 내에, 결의에 참가하지 아니한 경우에는 결의통지를 받은 날로부터 3일 내에 다른 공유자 또는 선박관리인에 대하여 통지를 발송하여야 한다(동조 제2항). 지분양도에 의하여 선박이 대한민국국적을 상실하게 될 때에는 타공유자에게 지분매수권 또는 경매청구권이 있다(상 제760조).

3. 선박공유의 외부관계

(1) 선박관리인의 대표권

선박관리인은 내부에서 업무집행권을 가지는 동시에 외부에 대하여 대표권한을 가진다. 선박관리인은 선박의 이용에 관한 재판상 또는 재판 외의 모든 행위를 할 권한이 있지만(상 제765조 제1항), ① 선박을 양도·임대 또는 담보에 제공하는 일, ② 신항해를 개시하는 일, ③ 선박을 보험에 붙이는 일, ④ 선박을 대수선하는 일, ⑤ 차재(借財)하는 일은 선박공유자의 서면에 의한 위임이 없으면 할 수 없다(상 제766조). 선박관리인의 대리권에 대한 제한은 선의의 제3자에게 대항하지 못한다(상 제765조 제2항).

(2) 선박공유자의 책임

선박공유자는 그 지분의 가격에 따라 선박의 이용에 관한 비용과 이용에 관하여 생긴 채무를 부담한다(상 제757조). 즉 공유자는 그 지분의 가격에 따라 분할채무를 부담한다. 이것은 상행위로 인한 채무에 대한 다수채무자의 연대책임에 관한 상법규정(제57조 제1항)에 대한 특칙으로서 해상기업의 특수성을 고려하여 해상기업의 보호를 목적으로 공유자의 책임을 제한한 것이다.[2]

---

1) 배, 124쪽.
2) 최, 842쪽.

제 2 관 선박소유자의 책임제한

제1 총 설

1. 선박소유자책임제한의 의의

우리 상법은 해상기업활동과 관련하여 일정한 원인에 의하여 제3자에게
손해가 발생한 경우에 선박소유자가 자신의 배상책임을 일정액으로 제한할
수 있도록 하는데, 이를 선박소유자의 책임제한제도라 한다. 이를 해상물건운
송계약에만 적용되는 개별적 책임제한(package limitation)과 구별하여 총체적 책
임제한(global limitation)이라고도 한다.

2. 1976년 런던 해사채권에 대한 책임제한조약(Convention on Limitation of Liability for Maritime Claims)의 성립

국제해법회가 1972년에 1957년의 브뤼셀 선박소유자책임제한조약을 대
체할 새로운 조약의 기초작업을 시작하였고, 1974년 국제해사기구에게 이 조
약초안을 인계하였으며, 국제해사기구는 이를 약간 수정하여 1976년 런던회
의에서 채택하였다. 2021년 현재 그리스(선복량 세계 1위)·사이프러스·프랑
스·라이베리아·폴란드·스위스·바하마·중국 등 56개 국이 1976년조약을
승인했다.[1]

---

1) www.imo.org. 1976년조약에 관하여는 International Maritime Organization, Official
Records of the International Conference on the Limitation of Liability for Maritime Claims,
1976(1983)(이하 "Official Records"); Patrick Griggs & Richard Williams, Limitation of
Liability for Maritime Claims, 2d ed.(London: Lloyd's of London Press Ltd., 1991); Institute
of Maritime Law, The Limitation of Shipowners' Liability: The New Law(London: Sweet &
Maxwell, 1986); 이균성, "개정해상법 개관," 1992년도 한국해법회 학술발표회 발표자료
(1992. 2. 14), 3-48쪽; 김현, "Limitation of Shipowners' Liability in Korea: Comparisons
with the 1976 Convention and Japanese and United States Laws," 미국 워싱턴대 박사학위
논문(1990); 홍승인, "해상기업주체의 책임제한에 관한 연구," 한국외국어대 박사학위논문
(1991); 김이수, "선박소유자의 책임제한," 보험·해상법에 관한 제문제(상), 재판자료 제52
집(서울: 법원행정처, 1991), 69-100쪽.
　　미국에서도 1979년에 미국해법회가 1976년조약과 유사한 내용의 "1851년의 선박소유자
책임제한법 개정안"을 작성하였으나 의회가 받아들이지 않았다. The Maritime Law
Association of the United States, "Report of the Joint Committee of the Comite Maritime
International and Limitation of Liability," Doc. No. 619(1979), 7075쪽. 미국하원 해운소위
원회에서도 1851년의 책임제한법을 1976년조약을 대폭 수용하는 방향으로 개정하고자
1985년과 1987년 두 차례에 걸쳐 개정안을 제출하였으나 하원 본회의를 통과하지 못하였

3. 1976년조약의 적용범위

1976년조약은 원칙적으로 항해선(seagoing ship)에 대하여 적용되며(제1조 제
2항), 내수선과 300톤 미만의 소형선박에 대하여는 체약국이 국내법으로 특별
한 책임제한규정을 둘 수 있다(1976년조약 제15조 제2항 (a)호·(b)호). 이는 내수선
및 소형선의 소유자는 영세한 것이 보통이며, 이 같은 선박은 통상 해상항해
를 하지 않으므로 이들의 책임을 특별히 경감하려는 취지이다.[1] 원래의 조약
초안은 20톤 미만의 유람선 및 20톤 미만의 어선에 대하여 국내법으로 특별
한 규정을 할 수 있다고 규정하였으나,[2] 1976년조약의 채택을 위한 런던국제
회의에서 대다수의 국가가 소형선의 책임제한에 대하여는 체약국에게 가능한
한 광범위한 재량권을 부여하자는 입장을 취함으로써 체약국이 독자적으로
규제할 수 있는 소형선의 범위가 20톤 미만에서 300톤 미만으로 확대되었다.
또 작업중인 해저시굴선(drilling ships)에 대하여도 동 조약이 적용되지만, 예외
적으로 체약국이 국내법이나 특별조약에 의하여 1976년조약보다 더 고액의
책임한도액을 해저시굴선에 대하여 부과하는 경우에는 1976년조약이 적용되
지 않는다(동 조약 제15조 제4항 (a)호·(b)호). 시굴작업중인 해저시굴선에 대하여
만 책임제한이 허용되므로 해저시굴선이 시굴작업지까지 항해중에 사고가 발
생하더라도 책임제한의 대상이 되지 않는다. 그리고 공기쿠션선박(air-cushion
vehicle)과 해저자원탐사개발용 부유플랫폼(floating platform)에는 동 조약이 적용

다. 이는 미국에 전반적으로 깔려 있는 선박소유자책임제한제도 자체에 대한 반감 때문인
것으로 보인다. 제100회 미국하원 제1회기 법안 H. R. 3135호(1987) 제3조 및 제99회 미국
하원 제1회기 법안 H. R. 277호(1985) 제2(a)·(e)조.

1) 1976년조약의 채택을 위한 런던회의에서 스웨덴대표는 1976년조약을 모든 선박에 적용하기
위하여 책임제한선박의 항해선요건을 삭제할 것을 주장하였다. 스웨덴대표는 항해선이 내
수에서 사용되는 중 사고가 발생하면 항해선의 소유자가 책임제한을 할 수 없게 될 것을
염려했던 것이다. 그러나 첫째 1976년조약은 해상운송에 관한 조약이므로 그 적용범위를
내수운송까지 확대하는 것은 부당하고, 둘째 일단 항해선이기만 하면 해상에 있든, 내수에
있든 항상 1976년조약의 적용을 받는다는 이유로 스웨덴대표의 제안은 부결되었다. Official
Records, 221-225쪽. 반면에 미국법은 내수선에 대하여도 책임제한권을 부여한다(미국 선
박소유자책임제한법 제188조).

2) 1976년 런던회의에서 소형선의 기준에 대하여 서독 등 4개 국은 500톤을 기준으로 할 것을
제안하였고, 프랑스·러시아 등 17개 국은 300톤 기준을 지지하였으며, 노르웨이 등 8개 국
은 200톤 기준을 지지하였고, 이탈리아·라이베리아 등 5개 국은 100톤 기준을 지지하였으
며, 3개 국은 조약초안의 20톤 기준을 선호하였다. Official Records, 101쪽, 357쪽.

되지 않으므로, 이들의 소유자는 책임제한을 할 수 없다.

반면에 상법은 이 같은 다양한 형태의 선박에 대하여 특별한 규정을 두지 아니하고, 선박소유자책임제한 및 해상법의 적용대상인 '선박'을 "상행위나 그 밖의 영리를 목적으로 항해에 사용하는 선박"이라고 종전과 같이 정의하고 있다(상 제740조). 다만, 300톤 미만의 선박에 대하여 그 소유자의 책임한도액을 경감할 뿐이다(상 제770조 제1항 2호 단서·3호 단서).

1976년조약은 외국국민의 이해관계가 관련되어 있지 않은 사고에 대하여는 체약국이 국내법으로써 특별한 규정을 할 수 있다고 규정한다(제15조 제3항). 예컨대 국내연안만을 항해하는 여객선에 대하여는 우리 법이 특별한 규정을 할 수 있다. 이에 관하여 상법은 작은 배 또는 주로 노나 상앗대로 운전하는 선박에 대하여는 해상편(및 책임제한규정)이 적용되지 않는다고 규정하고 있을 뿐이다(상 제741조 제2항).

4. 1976년조약에 관한 1996년 개정의정서

1976년조약이 성립된 이후 20년간 물가상승률이 200%에 달했으므로 1996년 5월 국제해사기구는 1976년조약에 관한 개정의정서를 채택했고 2004년 5월 13일 발효되었다. 2021년 2월 현재 1996년 개정의정서 승인국은 그리스·일본(선복량 세계 2위)·독일(세계 4위)·노르웨이(세계 6위)·영국(세계 13위)·프랑스·러시아·스페인·오스트레일리아·덴마크·핀란드·벨기에·캐나다·중국·사이프러스·인도·라이베리아·싱가폴 등 61개 국(세계선복량의 69.45%)이며, 1996년 개정의정사가 대세가 되었다. 개정의정서의 특징은 다음과 같다.

첫째, 책임한도액을 2 내지 4배 인상하였다. 특히 조약의 최저한도적용선박의 범위를 종전의 500톤에서 2,000톤으로 상향조정하였으므로(이는 1996년 유해·위험 물질 해상운송책임조약(HNS조약)의 최저적용선박톤수 2,000톤과 통일을 기하려는 의도임), 2,000톤 이하의 소형선박의 소유자는 인적손해의 경우 2,000,000계산단위, 물적손해의 경우 1,000,000계산단위까지 손해를 배상하여야 한다. 이는 소형선박의 책임을 강화하자는 유럽국가들의 주장이 반영된 결과이다.

둘째, 여객의 사망이나 손해에 대한 책임한도액을 여객정원에 175,000계산단위를 곱한 금액으로 4배 정도 증액하였고, 1976년조약 하에서 선박사고당 2,500만 계산단위를 초과하지 않도록 하던 포괄적 책임한도를 폐지함으로써 여객이 경우에 따라 무제한적으로 손해배상을 청구할 수 있도록 하였다.
나아가 개정의정서는 여객에 대한 1976년조약의 책임한도액보다 국내법상 규
정된 손해배상액이 더 많은 경우에는 1976년조약 대신 국내법을 적용할 수
있도록 유보조항을 신설하여 여객구제를 강화하였다.[1]

셋째, 인적손해와 물적손해에 따라 서로 다르던 책임한도액의 단계를 4단
계로 통일하였다.

넷째, 앞으로 1976년조약의 책임한도액을 쉽게 증액할 수 있도록 조약개
정절차규정을 새로 마련하였다.

다섯째, 1996년 유해·위험 물질 해상운송책임조약이 새로 제정됨에 따
라 종래 1976년조약의 적용을 받던 유해·위험 물질 해상운송책임에 기한 손
해배상청구권을 1976년조약에서 배제할 수 있도록 하는 유보조항을 신설하
였다.[2]

제2 책임제한을 할 수 있는 자

1. 운송인중심주의

상법은 선박소유자·선박공유자·정기용선자·항해용선자·선체용선자·
선박관리인·선박운항자 및 법인인 이들의 무한책임사원과 선장·해원·도
선사 및 책임제한권자의 사용인·해난구조자가 책임제한을 할 수 있게 한
다.[3] 즉 상법은 선박을 이용·관리하여 채무를 부담하는 자에게 널리 책임
제한의 주체성을 인정하는 운송인중심주의를 취한다. 그리고 1957년조약 하
에서의 해석론과는 달리 해난구조자가 구조선상에서만 구조작업을 한 경우
는 물론 구조선 밖에서 또는 피구조선상에서 구조작업을 한 경우에도 책임
제한권을 인정한다. 또 상법은 1976년조약 제1조 4호의 해석상 '선박소유자

---

1) 이 조항은 일본이 강력히 주장하였는데, 특히 인적손해에 대하여는 책임제한을 인정하지 말
   자는 국제여론을 반영한 결과이다. Gaskell, "New Limits for Passengers and Others in the
   United Kingdom," [1998] LMCLQ 312쪽, 324쪽.

2) www.imo.org; 해운항만청·한국해사위험물검사소, 국제해사기구 유해·위험 물질 해상운
   송책임(HNS) 협약과 1976년 해사채권책임제한협약 개정의정서의 채택을 위한 외교회의 결
   과(1996. 6); 코리아쉬핑가제트(1996. 6. 10), 124-126쪽.

3) 선복용선자(slot/space charterer)가 책임제한을 할 수 있는지에 대하여는 정준식, "선주책임
   제한협약상 선복용선자의 범위에 관한 연구," 해운물류연구 제31권 제1호(2015. 3), 119쪽.

가 책임을 져야 할 사람' 중의 하나인 도선사에게 명문으로 책임제한을 허용
한다(상 제774조 제1항 3호). 상법은 선장·해원들에게도 책임제한을 허용하고
있는바, 이것은 선박소유자에게도 유리한 규정이다. 왜냐하면 선장·해원들
에게 무한책임을 지운다면, 이들이 다시 선박소유자에게 구상할 것이기 때문
이다.

　서울고법은 서해훼리호 사건에서 내항여객선의 운항을 지휘·감독한 한
국해운조합이 선박관리인에 포함되지 않으며, 따라서 책임제한을 할 수 없다
고 판시하였다. 그 이유는 한국해운조합이 선박을 관리하는 것은 국가의 입장
에서 안전관리를 하는 것이므로, 해운기업이 영업으로서 선박관리를 하는 것
과 다르기 때문인 것 같다.[1] 해운기업의 선박관리는 선원의 공급과 감독, 선
박운항, 선용품공급이므로 해운조합의 기능과 다른 것이 사실이나, 피해자에
대한 해운조합의 사용자책임은 인정하면서 굳이 책임제한을 부인하는 것이
타당한지는 의문이다.

2. 책임보험자

　1976년조약의 특징은 책임제한의 주체로서 구조자와 책임보험자(또는 선주
책임상호보험조합, Protection and Indemnity Club, 약칭 P & I Club)를 추가한 것이다. 즉
동 조약상 책임제한을 할 수 있는 자가 책임보험에 가입한 경우에는 책임보
험자도 피보험자가 누리는 것과 똑같은 정도로 책임제한의 이익을 누릴 수
있다(제1조 제6항). 책임보험자에게 책임제한을 인정하는 이유는 피해자가 책임
보험자를 직접 제소하더라도 책임보험자가 피보험자보다 불리한 입장에 놓이
지 않게 하려는 것이다. 그러므로 피보험자인 선박소유자가 책임제한을 주장
하지 못할 경우에도 책임보험자가 책임제한을 주장할 수 있는 것은 아니다.[2]
그런데 1976년 런던회의에서 발트국제해운동맹은 피보험자가 책임제한을 할
수 없는 경우에도 책임보험자로 하여금 책임제한을 할 수 있도록 할 것을 제
안하였다. 이 제안은 1969년의 유류오염손해에 대한 민사책임조약이 "피보험
자인 선박소유자의 고의의 악행(wilful misconduct)으로 인하여 손해가 발생하였

---

1) 서울고판 1997. 2. 4. 96다13486(원고 조영자, 피고 한국해운조합). 김인현, "1998년 해사법
　관련 주요 판례소개," 한국해법학회 1999년도 춘계학술발표회 초록집(1999. 4. 23), L-24쪽.
2) Griggs & Williams, 앞의 책, 9쪽.

더라도 보험자는 자신의 책임을 제한할 수 있다"고 규정한(제7(5)조) 것에 기초하는 것으로 보인다. 그러나 책임보험자는 피보험자가 책임제한을 할 수 없는 경우의 자신의 책임을 책임보험약관에 일정액으로 제한할 수 있기 때문에 굳이 발트국제해운동맹이 제안한 조항을 신설할 필요가 없다는 이유로 동 제안은 부결되었다.[1] 즉 런던회의의 대다수참가국들은 선박소유자가 책임제한을 할 수 있는 상황인 데도 청구권자가 선박소유자의 피보험자에게 무한책임을 물을 수 있도록 하는 것은 책임제한제도의 취지에 위배된다고 본 것 같다.

상법은 "제3자는 피보험자가 책임을 질 사고로 입은 손해에 대하여 보험금액의 한도 내에서 보험자에게 직접 보상을 청구할 수 있다. 그러나, 보험자는 피보험자가 그 사고에 관하여 가지는 항변으로써 제3자에게 대항할 수 있다"고 규정함으로써 책임보험에 한하여 제3자에게 보험자에 대한 직접적인 보험금청구권을 인정하고 있다(상 제724조 제2항). 이를 직접청구권규정(direct action statute)이라 한다. 이것은 책임보험이 피해자인 제3자를 위한 보험이므로 제3자에게 직접 보험금청구권을 인정하는 것이 타당하다는 논리에 입각한 것이며, 프랑스보험법 제124-3조를 참조한 것이다.[2] 상법 제724조에 의하여 책임보험자도 피보험자의 책임제한을 원용하여 책임제한을 할 수 있으므로 상법 제750조에 굳이 책임보험자를 책임제한권자로서 열거하지 않은 것이다. 대법원이 책임보험자인 수협중앙회에게 책임제한권을 인정한 사례가 있다.[3]

3. 선박의 대물책임

1976년조약은 선박 자체가 책임제한을 할 수 있다고 규정함으로써(제1조 제5항) 영미법상의 선박에 대한 대물소송개념을 반영하였으나, 우리 법에서는 대물소송을 인정하지 않으므로 상법은 선박을 책임제한의 주체에서 제외하였다.

---

1) Official Records, 118쪽, 229쪽.
2) 구재군, "책임보험에 있어서 피해자의 직접청구권에 관한 연구," 서울대 석사학위논문(1985); 법무부, 상법개정안 대비표(보험·해상편)(1989. 10. 17), 45쪽.
3) 대판 2009. 11. 26. 2009다58470(판례공보, 제337호(2010. 1. 1), 31쪽)(원고/상고인 OO, 피고/피상고인 수협중앙회, 상고기각).

제3 책임제한채권

1. 책임제한을 할 수 있는 채권

상법은 1976년조약을 따라 동 조약상의 책임제한채권(제2조 제1항) 중 (d) 호(침몰선 등 난파물제거채권)와 (e)호(그 난파선의 화물제거채권)를 제외한 나머지 채권만을 수용하였다. 외국선박이 우리 영해 내에서 침몰한 경우, 이를 국고부담으로 제거한 후 당해 외국선박의 소유자로부터 우리 정부가 충분한 손해배상을 받을 수 있도록 하기 위하여 침몰선 등의 제거채권을 책임제한채권에서 제외한 것이다.

(1) 청구원인의 여하에 불구하고

상법은 선박소유자가 청구원인의 여하에 불구하고 책임제한채권에 대하여 책임을 제한할 수 있다고 규정한다(상 제769조). 이는 1976년조약의 "whatever the basis of liability may be"(동 조약 제2조 제1항)를 받아들인 것이다. 따라서 그 원인이 불법행위이든, 채무불이행이든 가리지 아니한다. 나아가 동 조약은 제한채권이 상환청구에 의하거나(by way of recourse), 계약 등에 의한 보상청구(for indemnity under a contract)에 의한 것이거나를 불구하고 책임제한채권으로 한다(동 조약 제2조 제2항). 예컨대 피예인선을 예인하던 예인선이 과실로 인하여 A선과 충돌하여 A선에 손해를 입혔다고 가정하자. 만약 예인계약상 예인선의 A선에 대한 손해배상책임을 피예인선이 보상하여야 한다 하더라도 피예인선의 소유자는 자신의 책임을 제한할 수 있다.[1] 상법은 1976년조약 제2조 제2항과 같은 규정을 두지 않고 있으나 동일하게 해석하여야 할 것이다.

상법과 1976년조약은 책임제한채권이 선박소유자의 과실 또는 채무불이행으로 인하여 발생했을 것을 요구하지 않으므로, 선박소유자는 자신의 무과실책임에 대하여도 책임제한을 할 수 있다.[2] 최근에 대법원은 선박충돌사고로 인한 손해배상채권이 불법행위를 원인으로 하고 있지만, 책임제한의 대상이 된다는 것을 분명히 하였다.[3]

---

1) Griggs & Williams, 앞의 책, 14쪽, 19쪽.
2) Brice, "The Scope of the Limitation Action," The Limitation of Shipowners' Liability: The New Law, 1986, 22쪽.
3) 대결 1995. 6. 5. 95마325 책임제한절차개시(법원공보, 제997호(1995. 8. 1), 2492쪽).

(2) 선박에서 발생하거나 선박의 운항과 관련한 인적·물적 채권

동 조약은 항구의 축조물·정박시설·수로 또는 항해원조시설(등대와 부표 등)의 손해를 별도로 규정하였으나(동 조약 제2조 제1항 (a)호), 이 손해는 물적 손해에 포함되므로 상법은 별도로 규정하지 않았다. 1976년 런던회의에서 해운업계측은 항구의 축조물 등(harbor works, basins, waterways, aids to navigation)에 대한 손해가 책임제한의 대상이 되지 않는다면, 선박소유자는 항구의 축조물 등에 대하여 무한책임보험에 부보하여야 하므로 그 반대급부로서 선박소유자가 부담하여야 하는 책임한도액은 낮아져야 한다고 주장하였다. 이에 대하여 항만시설관리자측은 항구의 축조물 등은 항해에 필수적인 시설이므로 선박소유자가 이들에 대하여 손해를 가하였을 때에는 무한책임을 져야 한다고 주장하였다.[1] 이 같은 대립에 대한 타협안으로서 프랑스대표는 항구의 축조물 등에 대한 손해채권이 다른 물적 손해에 관한 채권보다 우선순위를 가지게 할 것을 제의하였으나, 다른 물적 손해에 관한 채권자가 불이익을 받게 된다는 이유로 이 제의는 받아들여지지 않았다.[2] 결국 1976년조약은 항구의 축조물 등에 대한 손해채권에 대하여 책임제한을 인정하되, 체약국으로 하여금 이 같은 채권이 다른 물적 손해채권에 우선한다고 국내법으로써 규정할 수 있도록 하였다(동 조약 제6조 제3항).[3]

선박소유자는 '선박에서 또는 선박의 운항에 직접 관련하여 발생한' 인적·물적 손해에 대하여 책임제한을 할 수 있다(상 제769조 1호). 이는 1976년조약 제2조 제1항 (a)호의 "occurring on board or in direct connection with the operation of the ship"의 문언을 옮겨 놓은 것이다. 따라서 선박이 건선거에 있던 중 선박소유자의 육상직원에 의하여 손해가 야기되었더라도 그 육상직원의 행위가 선박의 운항과 직접 관련된 것이라면, 선박소유자는 책임을 제

---

1) Official Records, 147쪽, 235쪽.
2) 이 같은 기타 물적 손해채권자의 불이익을 해소하기 위하여 동독대표는 물적 손해에 관한 책임제한기금을 2분하여 한 기금은 항구의 축조물 등에 대한 손해채권에 충당하고, 다른 기금은 기타 물적 손해채권에 충당하자고 주장하였다. 한편 서독대표는 공익적 성격을 가지는 항구축조물에 대한 손해에 관하여 별도의 국제조약을 체결할 것을 주장하였다. Official Records, 75-76쪽, 215쪽, 234쪽.
3) 그러나 1976년조약의 체약국은 항구의 축조물에 대한 손해채권이 인적 손해로 인한 채권에 우선하게 할 수는 없다. 참고로 뉴질랜드법은 항구의 축조물 등에 대한 손해에 대하여 무한책임을 지운다. Official Records, 108쪽.

한할 수 있다.[1] 그러나 선박소유자의 단순한 채무불이행은 선박의 운항에 직
접 관련된 것이라 할 수 없다. 예컨대 유조선소유자가 터미널소유자와 체결한
기항계약을 위반하여 유조선이 위 터미널에 기항하지 않았기 때문에 터미널
소유자가 입은 경제적 손해에 대하여 유조선소유자는 책임제한을 할 수 없다.
선박의 운항은 '항해 또는 선박관리'(navigation or management)와 유사한 개념이
며, 선박의 순수한 상업적 사용보다는 실질적인 사용에 보다 가까운 개념이
다. 예컨대 A선이 침몰한 후 B선이 A선의 잔해와 충돌하였다고 가정하자. 일
단 A선이 침몰하였다면 A선의 운항은 종료되었으므로 B선이 A선에 대하여
손해배상을 청구한 경우에 A선 소유자는 책임제한을 할 수 없다. 이 같은 경
우에 대비하기 위하여 발트국제해운동맹은 1976년조약 제2조 제1항 (a)호를
수정하여 '선박상에서 또는 선박의 운항 또는 처분에 직접 관련하여'(operation
or dispo sition of the ship)로 할 것을 제안하였으나, 이 제안은 받아들여지지 않
았다.[2]

　　인적 손해는 선원 또는 상대방의 선원과 여객이 입은 손해 등을 말한다.
일본 선박소유자책임제한법에서는 내항선의 여객의 인적 손해에 대해서는 책
임제한을 배제한다(동법 제3조 제4항). 그러므로 내항선의 소유자는 자선의 여객
에 대하여 책임제한을 할 수 없는 반면, 내항선의 소유자가 상대선에 대하여
여객의 인적 손해배상을 구상할 때에 상대선은 책임제한을 행사할 수 있다.
물론 여객이 상대선에 대하여 손해배상을 청구할 때에는 상대선은 책임제한
을 할 수 있다. 반면에 우리 상법상 내항선의 종류에 관계 없이 내항여객선의
소유자는 책임제한을 주장할 수 있는데, 상법이 일본법보다 합리적인 태도를
취하고 있다고 본다.

　　물적 손해란 충돌시에 상대선의 멸실과 손상 또는 자선 및 상대선에 실린
운송물의 멸실 또는 손상, 부두·항로표지 등의 항만시설 또는 어선의 어획물
의 손해 등을 의미한다.

(3) 운송물·여객 또는 수하물의 운송지연손해

　　지연손해는 헤이그-비스비규칙에서는 운송인의 책임원인이 아니지만
1978년 함부르크규칙(제5조 제1항·제2항)에서는 책임원인으로 하고 있고, 우리

---

[1] Griggs & Williams, 앞의 책, 15쪽.
[2] Brice, 앞의 글, 23쪽; Official Records, 118쪽.

상법 제794조, 제795조에 의하여서도 책임원인이 된다. 지연손해란 물리적인 손해는 아니지만, 운송물·여객·수하물이 목적항에 연착함으로써 입는 이익의 감소 또는 판매이익의 감소 등 희망이익의 손해를 뜻한다.[1] 지연손해에 대하여도 책임제한이 가능하게 된 것은 1976년 런던회의에서 만약 지연손해에 대하여 선박소유자에게 무한책임을 부과한다면, 멸실된 화물소유자보다 운송이 지연된 화물의 소유자가 이득을 얻는 모순이 있다고 해운업계가 주장했기 때문이다.[2] 선박소유자는 환적항에서 발생한 사고 등과 같이 운송지연의 원인이 자신의 선박 외에서 발생한 경우에도 책임을 제한할 수 있다.

(4) 비계약상의 권리침해

선박소유자는 선박의 운항에 직접 관련하여 발생한 계약상 권리 외의 타인의 권리침해로 인하여 생긴 손해에 대하여 책임을 제한할 수 있다(상 제769조 3호, 1976년조 약 제2조 제1항 (c)호). 이는 위 (1)호·(2)호 이외에 선박운항이나 구조작업에 직접 관련하여 발생하는 계약상 권리 이외의 권리침해로부터 발생하는 기타의 손해에 관한 채권이므로, 결국 선박운항에 직접 관련하여 발생한 불법행위로 인한 채권을 말한다. 예컨대 선박충돌시 상대선의 휴항손해, 선박이 항구의 입구를 막고 있기 때문에 다른 선박이 항구에 출입하지 못하여 입은 손해, 기름이 유출되어 어로작업을 하지 못한 기간의 손해 등이 있다.[3]

반면에 선박소유자는 제3자의 계약상 권리가 침해된 경우에는 책임을 제한할 수 없다. 예컨대 선박소유자가 레이더장비나 컨테이너를 제3자로부터 매입하거나 임차하였을 때 선박소유자는 제3자의 대금채권이나 사용채권에 대하여 책임제한을 할 수 없다. 1976년조약의 위 조항은 국제컨테이너임대인협회가 제안하여 삽입하게 되었다. 동 협회는 나아가 1976년조약 제3조(책임제한을 할 수 없는 채권)에 '컨테이너 또는 레이더장비 등의 매도인 또는 임대인이 가지는 대금·사용료채권, 선박소유자가 컨테이너 등의 매도인·임대인에게 보상하기로 약정한 제3자에 대한 배상책임, 컨테이너 등의 파손으로 인한 손해에 관한 채권'을 추가하려고 시도하였으나, 이는 해운업계가 불필요한 조항

---

1) 박용, 241쪽.
2) Official Records, 113쪽.
3) Brice, 앞의 글, 24-25쪽; Watson, "The 1976 IMCO Convention: A Comparative View," 15 Houston L. Rev. 249쪽(1978).

이란 이유로 반대하였기 때문에 받아들여지지 않았다. 이와 같이 1976년조약의 곳곳에서 선박소유자측과 적하이해관계인(청구권자)측의 이해관계가 대립한 흔적을 찾아볼 수 있다.

(5) 위 세 가지 손해를 방지·경감하기 위한 조치에 관한 채권

이는 1976년조약 제2조 제1항 (f)호를 수용한 것이다. 예컨대 A선이 닻을 끌고 다니기 때문에 B선 소유자가 A선으로부터 자신의 선박을 보호하기 위하여 비용을 지출하였다면, A선 소유자는 B선의 비용상환청구에 대하여 책임제한을 주장할 수 있다.[1]

국제해법회가 작성한 조약초안 제12조 제5항은 선박소유자가 지출한 합리적인 손해방지비용은 제3자가 선박소유자에 대하여 가지는 채권과 동일순위의 효력을 가진다고 규정하였다. 해운업계 및 보험업계는 이로써 선박소유자가 손해방지조치를 취하는 것을 장려할 수 있다고 주장하였다. 그러나 청구권자측은 ① 선박소유자는 스스로 손해를 방지할 법적 의무를 가지고 있으므로 설혹 선박소유자가 손해방지조치를 취했다고 하더라도 그에게 반대급부를 지급할 이유가 없고, ② 선박소유자가 이미 청구권자에게 입힌 손해를 경감시키기 위하여 어떠한 조치를 취하였다고 하더라도 이로 인하여 피해자인 청구권자가 받는 보상액이 감소되어서는 아니 되며, ③ 선박소유자가 손해방지조치를 자신의 이익을 위하여 취할지도 모르며, 손해방지를 위하여 지출한 비용이 방지된 손해금액을 초과할 가능성이 있고, ④ 선박소유자가 지출한 손해방지비용 중 어느 것이 합리적인 비용인지 법원이 판단하기 어렵다는 이유로 이 같은 조항에 반대하여 결국 위 초안은 삭제되었다.[2]

2. 책임제한을 할 수 없는 채권(상 제773조)

(1) 선장·해원 등의 보수채권

1976년조약 제3조 (e)호를 수용하여 경제적 지위가 낮은 선장·해원 등 선박소유자의 사용인이 선박소유자에 대하여 가지는 임금채권 등에 대하여

---

1) Brice, 앞의 글, 27쪽.
2) 1969년 민사책임조약 제5(8)조가 1976년조약 초안 제12조 제5항과 유사하지만, 1969년조약은 오로지 유류오염손해에 관한 조약인 반면, 1976년조약은 모든 손해에 관한 일반조약이라는 차이점이 있다. Official Records, 186-187쪽, 327-331쪽; 해운산업연구원, "국제유탁손해배상제도와 우리나라의 정책방향," 제3회 국제심포지움(1991. 9. 13).

책임제한을 배제함으로써 이들을 정책적으로 보호하려는 취지이다.

(2) 해난사고로 인한 구조료채권 및 공동해손분담금채권

동 조약 제3조 (a)호에 따른 것으로서, 해난구조자 또는 공동해손분담채무자가 선박소유자에게 직접 청구한 구조료 또는 공동해손분담금에 대하여 선박소유자는 책임제한을 할 수 없다. 그 이유는 이러한 채권은 선박소유자의 이익에 기여하는 것이므로, 이러한 채권을 책임제한기금으로부터 배당받게 함은 불합리하기 때문이다.

(3) 기름오염손해채권

기름오염손해에 대하여는 우리나라가 1969년 민사책임조약에 가입하여 특별한 규제를 받고 있으므로 1976년조약 제3조 (b)호에 따라 책임제한배제사유로 추가한 것이다.

(4) 침몰선 등의 제거·무해처리비용

1976년조약에서는 이를 제한채권으로 규정하였으나(1976년조약 제2조 제1항 (d)호·(e)호) 동 조약 제18조 제1항의 유보조항에 따라 일본의 경우와 같이 비책임제한채권으로 하였다. 선박의 입항 및 출항 등에 관한 법률(제40조), 행정대집행법(제3조, 제5조, 제6조), 해사안전법(제28조) 등에 의하여 난파선 등의 제거명령을 국가기관이 내릴 수 있고, 이에 위반하면 형사처벌과 함께 국가가 행정대집행절차를 취하게 된다. 또 대집행비용은 국세체납처분의 예에 따라 선박소유자 등에게 구상하게 되어 있어서 이 같은 채권은 제한채권으로 할 수 없도록 하였다.

침몰선 등을 제거하고 무해처리하는 것은 공익적 성격을 가지며, 해상교통안전에도 중요한 작업이기 때문에 이 같은 비용의 청구권에 대하여 선박소유자에게 책임제한을 허용한다면 민간업자가 자신의 비용을 회수하지 못할 우려 때문에 이 같은 작업을 꺼려 할 가능성이 있다. 따라서 이 같은 채권에 대하여 무한책임을 지운 것은 타당하다.[1] 1976년조약 하에서도 선박소유자와 침몰선제거계약을 체결한 자의 보수청구권에 대하여는 선박소유자가 책임을

---

[1] 유기준, "침몰선 등의 제거비용이 책임제한을 할 수 있는 채권인지(특히 일본 최고재판소 소화 60. 4. 26. 선고 소화 57년 1210호 판결과 관련하여)," 부산법조 제16호(부산지방변호사회, 1998), 23쪽도 같은 취지임.

제한할 수 없다(동 조약 제2조 제2항). 따라서 동 조약 하에서 선박소유자가 책임을 제한할 수 있는 것은 항만당국 등 제3자가 침몰선을 제거한 후 제거비용을 청구할 때에 한한다.

1976년 런던회의에서 국제해운회의소, 라이베리아 등 해운국들은 난파선제거비용에 대하여 무한책임을 부과한다면, 선주가 감당할 수 없을 정도로 보험료가 지나치게 높아지게 된다는 이유로 난파선제거채권에 대하여 책임제한을 허용하자고 주장하였다. 이들에 의하면 선박이 항구에 입항하던 중 충돌하는 등 도선사의 과실로 선박이 훼손되더라도 항만당국이 선박의 손해를 전부 전보하여 주는 경우는 드물고, 선박소유자가 선박보험금을 지급받음으로써 해결하는 것이 보통이라고 한다. 반면에 항구입구의 난파선을 제거하면 1차적인 수혜자는 항만당국이므로 항만당국이 선주에 대하여 난파선제거비용을 전부 청구하는 것은 불공평하다는 것이다.[1] 반면에 미국·캐나다·프랑스·싱가포르·인도 등은 항해의 안전이나 공중보건을 위하여 난파선제거채권에 대하여 선박소유자에게 무한책임을 지울 것을 주장하였다.[2] 한편 프랑스대표는 설사 난파선제거채권이 비제한채권이 되지 않는다 하더라도 난파선제거채권에 일반 물적 손해채권보다 우선적 지위를 부여하여야 한다고 주장하였다. 이 같은 대립의 절충안으로서 1976년조약은 제2조 제1항 (d)호에서 원칙적으로 이를 제한채권으로 하되, 개별 국가가 국내법으로써 난파선제거채권을 제한채권으로 할지 여부를 결정하게 하였다.

대법원은 책임제한을 주장하지 못하는 선박소유자는 침몰 등 해난을 당한 선박소유자에 한정하여야 하고, 선박소유자가 난파물제거의무를 이행함으로써 입은 손해에 대하여 가해선박소유자에게 구상하는 채권은 제한채권에 해당한다고 본다.[3] 그러나 상법 제773조 4호는 "침몰·난파·좌초·유기 그

---

1) Official Records, 113쪽, 233쪽.

2) Official Records, 232쪽.

3) 대판 2000. 8. 22. 99다9646(판례공보(2000. 10. 15), 1993쪽)(원고 파르텐리데라이 엠에스 알렉산드리아, 피고 차이나 쉬핑 디벨롭먼트 캄파니). 원고소유 알렉산드리아호와 피고소유 신화 7호가 3 : 7의 과실비율로 충돌하여 알렉산드리아호가 침몰한 결과, 알렉산드리아호에 있던 기름이 유출되어 부산 앞바다를 오염시키고 적재되었던 컨테이너가 떠다니면서 타선박의 항해에 지장을 초래하였다. 부산해경은 기름을 제거하고 컨테이너를 수거하라는 방제명령을 원고에게 하였고, 원고는 제3자에게 16억 원을 지출하여 이를 이행하였다. 원고는 이를 가해선박인 피고에게 구상하였으나, 법원은 이 같은 구상채권은 제한채권에 속한다고 보았다. 이에 찬성하는 견해로는 이태종, "판례평석: 난파물제거로 인한 구상채권의 제한채

밖의 해양사고를 당한 선박 및 그 선박 안에 있거나 있었던 적하 그 밖의 물
건의 인양·제거·파괴 또는 무해조치에 관한 채권"을 비제한채권으로 할 뿐
대법원과 같이 채권의 성질에 따라 제한채권인지 여부를 달리 하지 않으므로
가해선박에 대한 구상채권도 비제한채권으로 보아야 할 것이다.[1]

(5) 원자력손해에 관한 채권

1976년조약 제3조 (c)호는 원자력손해에 관한 국제조약의 적용을 받는
채권을 비책임제한채권으로 하고 있고, 동조 (d)호는 원자력선의 소유자에 대
한 원자력손해에 관한 채권을 비책임제한채권으로 하고 있다. 원자력손해는
그 금액이 천문학적으로 커질 수 있으므로 상법은 별도의 국제조약으로 원자
력선소유자 등의 책임제한액을 규정하려는 취지이다.

제4 책임한도액

1. 여객의 손해에 대한 책임한도액

여객의 사망 또는 신체의 상해로 인한 손해에 관한 채권에 대한 책임의
한도액은 그 선박의 선박검사증서에 기재된 여객의 정원에 17만5천 계산단위
(국제통화기금의 1특별인출권에 상당하는 금액)를 곱하여 얻은 금액으로 한다(상 제770
조 제1항 1호).

2. 여객 외의 사람의 손해에 대한 책임한도액

여객 외의 사람의 사망 또는 신체의 상해로 인한 손해에 관한 채권에 대
한 책임의 한도액은 500톤 이하의 선박은 33만3천 계산단위에 상당하는 금액
(약 5억 3천만 원), 500톤을 초과하는 선박은 위 금액에 500톤을 초과하여 3천톤
까지의 부분에 대하여는 매 톤당 500계산단위(약 80만 원), 3천톤을 초과하여 3
만톤까지의 부분에 대하여는 매 톤당 333계산단위(약 53만 원), 3만톤을 초과하
여 7만톤까지의 부분에 대하여는 매 톤당 250계산단위(약 40만 원) 및 7만톤을
초과한 부분에 대하여는 매 톤당 167계산단위(약 27만 원)를 각 곱하여 얻은 금
액을 순차로 가산한 금액으로 한다(상 제770조 제1항 2호). 이는 1976년조약 제6

권성," 저스티스 제59호(2001. 2), 242쪽.
1) 김현, "판례평석: 난파물제거채권과 책임제한," 법률신문 제2947호(2001. 1. 15), 13쪽.

조 제1항 (a)호의 규정을 수용한 것이다. 동 조약 제15조 제2항 (b)호는 300
톤 이하 소형선박에 대하여 체약국이 국내법으로써 특별한 규정을 할 수 있
다는 유보조항을 두고 있는데, 상법은 이에 따라 300톤 미만 선박의 책임한도
액을 16만7천 계산단위에 상당하는 금액으로 완화하였다. 이는 영세한 선박
소유자를 보호하려는 취지이나, 선원 등 피해자의 보호에 미흡하다는 문제가
있다.

3. 물적 손해에 대한 책임한도액

  물적 손해만 발생한 경우 책임의 한도액은 500톤 이하 선박은 16만7천
계산단위에 상당하는 금액, 500톤을 초과하는 선박은 위 금액에 500톤을 초
과하여 3만톤까지의 부분에 대하여는 매 톤당 167계산단위, 3만톤을 초과하
여 7만톤까지의 부분에 대하여는 매 톤당 125계산단위, 7만톤을 초과한 부분
에 대하여는 매 톤당 83계산단위를 각 곱하여 얻은 금액을 순차로 가산한 금
액으로 한다(상 제770조 제1항 3호). 이는 1976년조약 제6조 제1항 (b)호를 수용
한 것이다. 인적 손해와 마찬가지로 상법은 단서규정으로써 300톤 미만 선박
의 책임한도액을 8만3천 계산단위에 상당하는 금액으로 완화한다(동호 단서).
  인적 손해와 물적 손해에 대한 책임한도액을 비교하면 다음과 같다. ① 인
적 손해와 물적 손해에 대한 책임한도액의 비율은 대략 2 : 1이다. 이는 인
적·물적 손해가 경합할 때 책임한도액을 톤당 3,100프랑으로 하고, 이 중
2,100프랑은 인적 손해에, 그리고 나머지 1,000프랑은 인적·물적 손해에 배
분토록 한 1957년조약 및 이와 유사하게 규정한 1924년조약의 전통을 따른
것이며, 인명보호가 재산보호에 우선한다는 전제에 입각한 것이다. ② 선박톤
수에 따라 단계를 정할 때 인적 손해에 대하여는 500톤 이하, 500톤부터
3,000톤, 3,000톤에서 30,000톤, 30,000톤에서 70,000톤, 70,000톤 초과의 5개
단계로 나누고 있는 반면, 물적 손해에 대하여는 500톤에서 30,000톤까지를
한 단계로 묶어 4단계로 나누고 있다. 이는 500톤에서 3,000톤까지의 소형선
박으로 인하여 발생한 인적 손해가 대규모일 수 있으므로, 이 경우에 인적 손
해를 입은 선원 등을 보호하려는 인도적인 취지에 기인한다. ③ 300톤 이하의
영세선박소유자들은 부담능력이 적은 것이 보통이므로, 각국의 국내법에 이
를 유보함으로써 이들에 대하여는 특별히 부담을 경감시킬 수 있도록 하고

있다.

4. 1976년 런던회의

1976년조약 및 상법은 선박의 톤수가 커질수록 톤당 책임한도액이 작아지는 비례체감방식에 의하여 책임한도액을 산정하는데, 근거는 대형선박에 대하여 지나치게 고액의 책임한도액이 부과되면 책임보험시장의 인수한도를 초과하게 되어 대형선을 보험에 부보할 수 없게 된다는 것이다. 특히 20만 톤 이상 초대형 선박은 몇몇 국가에 집중되어 있으므로, 이들 국가들은 초대형 선박 책임한도액을 낮추는 데 관심이 많았다. 따라서 초대형 유조선의 비중이 높은 영국·노르웨이·라이베리아 등이 비례체감방식을 지지한 반면, 유조선의 비중이 비교적 낮은 그리스는 이 방식에 반대했다.[1] 또 해운국과 화주국은 책임한도액에 관하여 심한 견해차를 보였다. 예컨대 240,000톤의 대형 유조선에 대하여 해운국과 개도국들은 4,800만 달러 내지 7,800만 달러 정도의 낮은 책임한도액을 선호한 반면, 화주국들은 1억 800만 달러 내지 1억 9,200만 달러 수준을 선호했는데, 중간수준인 8,740만 달러로 타결되는 식이었다.[2]

아울러 문제가 된 것은 ① 물적·인적 손해에 대하여 하나의 책임한도액을 설정하되 인적 손해채권이 모두 변제된 후 물적 손해채권을 변제할 것인지, 혹은 ② 인적 손해와 물적 손해에 대하여 별개의 책임한도액을 설정하고, 인적 손해에 대한 책임한도액이 인적 손해를 보상하기에 부족한 경우에 한하여 보상받지 못한 나머지 인적 손해채권과 물적 손해채권을 물적 손해의 책임한도액으로부터 청구액에 비례하여 보상받게 할지 여부였다. 제1방식에 의

---

1) Official Records, 161쪽, 216-217쪽, 265쪽; Institute of Shipping Economics and Logistics, Shipping Statistics Yearbook 1987, 214-255쪽(1987).

2) 런던회의에서는 30,000톤 정도의 중형선, 70,000톤 정도의 대형선, 240,000톤 정도의 초대형 유조선의 세 유형으로 나누어 책임한도액을 결정하였다. Selvig에 의하면 런던회의의참가국의 입장은 세 그룹으로 구분된다고 한다. 첫째 그룹인 미국·일본·프랑스·캐나다·스칸디나비아제국·호주 등은 모든 선박에 대하여 책임한도액을 대폭 인상하는 것을 지지하며, 특히 소형선에 대하여 1957년조약보다 책임한도액을 크게 인상하려고 하였다. 둘째 그룹인 영국·독일·네덜란드 등 유럽제국은 소형선·중형선에 대하여 어느 정도 책임한도액을 인상하는 것은 감수할 생각이었다. 그리고 셋째 그룹인 동유럽제국 및 대부분의 개도국들은 책임한도액이 가능한 한 낮게 결정되기를 희망하였다. 그런데 둘째 그룹이 수적으로 많은 셋째 그룹의 지원을 받아 1976년조약의 책임제한액을 결정하게 되었다. Selvig, "An Introduction to the 1976 Convention," The Limitation of Shipowners' Liability: The New Law, 1986, 12-13쪽.

하면 선원 등 인적 손해를 입은 자가 책임제한기금을 모두 차지하고, 물적 손해채권자는 전혀 변제받지 못할 가능성이 있어서 선원 등에 유리하다. 한편 제2방식에 의하면 인적 손해가 경미하여 인적 손해에 대한 책임제한기금이 남더라도 이 잉여기금이 물적 손해채권자에게 배분될 가능성이 없기 때문에 선박소유자에 유리하다. 절충안으로서 화주국인 호주는 인적 손해에 대한 책임제한기금이 남았을 때 이를 물적 손해채권자가 배당받을 수 있게 할 것을 제의했으나, 해운국들은 호주의 제안을 받아들인다면 1976년조약의 책임한도액을 더 낮추어야 한다는 이유로 이를 거부했다.[1] 결국 선박소유자에 유리한 제2방식이 채택되었다.

5. 인적 손해와 물적 손해의 경합

여객 외의 사람의 인적 손해만 발생한 경우에 피해자는 인적 손해에 대한 책임한도액에서 먼저 변제받으며, 이것으로 부족한 경우에는 물적 손해에 대한 책임한도액으로부터 변제받는다(상 제770조 제4항 1문). 즉 인적 손해만 발생하였더라도 인적 손해책임제한기금이 부족하면 선박소유자는 물적 손해에 대한 책임제한기금을 형성해야 한다. 이는 인적 손해를 입은 자를 보호하기 위함이다. 반면에 물적 손해만이 발생한 경우에 피해자는 물적 손해에 대한 책임한도액으로부터만 변제받을 수 있다. 인적·물적 손해가 같이 발생한 경우에 인적 손해의 피해자는 먼저 인적 손해에 대한 책임한도액으로부터 변제받은 후 이것으로 부족한 경우에는 물적 손해에 대한 책임한도액에 대하여 물적 손해를 입은 피해자와 각 채권액의 비율로 경합한다(동항 2문). 여객의 인적 손해, 여객 외의 사람의 인적 손해·물적 손해에 대하여 각각 산출한 책임한도액은 선박마다 동일한 사고에서 생긴 모든 책임제한채권에 미친다(동조 제2항). 선박소유자가 책임의 제한을 받는 채권자에 대하여 동일한 사고로 인하여 생긴 손해에 관한 채권을 가지는 경우에는 그 채권액을 공제한 잔액에 한하여 책임의 제한을 받는 채권으로 한다(상 제771조).

6. 해난구조자의 책임한도액

구조자 또는 그 피용자의 구조활동과 직접 관련하여 발생한 사람의 사

---

1) Official Records, 135쪽, 168쪽, 179쪽, 366쪽.

망·신체의 상해 또는 재산의 멸실이나 훼손, 또는 계약상 권리 이외의 타인의 권리의 침해로 인하여 생긴 손해에 관한 채권 및 그러한 손해를 방지 혹은 경감하기 위한 조치에 관한 채권 또는 그 조치의 결과로 인하여 생긴 손해에 관한 채권에 대하여 구조자가 책임을 제한할 수 있다(상 제775조 제1항). 구조자란 구조활동에 직접 관련된 용역을 제공한 자를 말하며, 구조활동은 해난구조시의 구조활동은 물론 침몰·난파·좌초 또는 유기 그 밖의 해양사고를 당한 선박 및 그 선박 안에 있거나 있었던 적하 그 밖의 물건의 인양·제거·파괴 또는 무해조치 및 이와 관련된 손해를 방지 또는 경감하기 위한 모든 조치를 말한다(동조 제4항). 구조선을 사용하여 해난구조작업을 하는 해난구조자의 책임한도액은 구조선의 선박톤수에 따른 일반적 기준(상 제770조 제1항)에 의하여 산출된다(상 제775조 제1항). 1976년조약은 구조선을 전혀 사용하지 아니하고 헬리콥터 등을 사용하여 구조작업을 하거나, 피구조선상에서만 해난구조작업을 하는 해난구조자에 대하여는 1,500톤의 구조선을 사용한 해난구조자로 보고 책임한도액을 산출하였다(동 조약 제6조 제4항). 이것은 1957년조약이 유효하던 당시 영국법원의 Tojo Maru호 판결[1]에서 구조선 외에서 구조작업을 하던 해난구조자가 책임제한의 혜택을 받지 못한 것을 시정하기 위하여 1976년조약이 새로 도입한 규정이다. 우리법도 이를 받아들여 "구조활동을 선박으로부터 행하지 아니한 구조자 또는 구조를 받는 선박에서만 행한 구조자는 1천500톤의 선박에 의한 구조자로 본다"고 규정한다(상 제775조 제2항). 구조자의 책임한도액은 ① 구조선을 사용한 경우에는 구조선마다, ② 구조선을 사용하지 아니한 경우에는 구조자마다 동일한 사고로 인하여 발생한 모든 채권에 미친다(동조 제3항).

7. 선박의 톤수 및 책임한도액 계산단위

상법에서 책임한도액 산출을 위한 선박톤수는 국제총톤수로 한다(상 제772조). 국제총톤수는 1969년 선박톤수측정에 관한 국제협약(International Convention on Tonnage Measurements of Ships, 1969) 및 부속서의 규정에 따라 주로 국제항해에 종사하는 선박의 크기를 나타낸다(1976년조약 제6조 제5항, 선 제3조 제1항 1호). 우리나라는 1969년조약을 1980년에 수락하여 1982년 12월 31일에 국내발효되었

---

1) [1971] 1 Ll.Rep. 341.

다. 한편 국내항 사이만을 운항하는 선박소유자의 책임한도액은 총톤수에 의하여 산출한다.

1976년조약과 상법은 책임한도액을 계산하는 단위로서 국제통화기금(IMF)의 특별인출권(Special Drawing Right)을 채택하였다(1976년조약 제8조 제1항, 상 제770조 제1항 1호). 특별인출권의 가치는 미국·독일·영국·프랑스·일본화폐의 교환율에 기초하여 결정된다. 1976년조약은 특별인출권을 체약국의 국내통화로 환산하는 시기로서 ① 책임제한기금을 형성한 날, ② 책임제한권자가 채권자에게 채무를 변제한 날, 또는 ③ 책임제한권자가 채권자에게 보증을 제공한 날을 열거하고 있다(동 조약 제8조 제1항). 반면에 상법은 이에 관하여 언급을 하지 않는바, 조만간 1976년 조약과 같은 규정을 둠으로써 환산시기를 명확히 하는 것이 바람직하다.

제5 책임제한배제사유

상법 및 1976년조약은 책임한도액을 높인 대신 청구권자가 선박소유자의 책임제한권을 배제하는 것을 어렵게 하였다. 상법은 "선박소유자의 고의 또는 손해발생의 염려가 있음을 인식하면서 무모하게 작위 또는 부작위를 한 때에는" 책임제한을 할 수 없다고 규정한다(상 제769조). 이는 1976년조약(제4조)의 "personal act or omission, committed with the intent to cause such loss, or recklessly and with knowledge that such loss would probably result"를 그대로 수용한 것이다. 1929년 바르샤바항공협약 및 동 협약의 1955년 헤이그개정의정서(제25조), 1968년 헤이그-비스비규칙, 1974년 아테네해상여객운송조약(제13조), 1978년 함부르크규칙(제8조 제1항), 1980년 유엔국제복합물건운송조약(제21조 제1항)에서도 동일한 책임제한배제사유를 규정하고 있으므로, 이 같은 문언이 해상법체계에서 보편적으로 사용되는 책임제한배제사유로서 정착되었다.

이 책임제한배제사유는 영국법개념에서 나온 것이기 때문에 대륙법계국가에서는 고의성과 무모성(intent and recklessness)에 상응하는 법적 개념이 없어서 해석상의 어려움이 있다. 1976년조약이 이같이 엄격한 배제사유를 규정하게 된 것은 선박소유자의 책임한도액을 해상보험시장이 인수할 수 있는 최대한도까지 인상하는 대신 해운업계에 대한 반대급부로서 선박소유자의 책임제한이 배제되는 것을 예외적인 경우에만 한정하자는 선진국 해운업계 및 해상보험업계의 주장이 반영되었기 때문이다. 1957년조약이 유효하던 때에는 선박의 항해설비에 결함이 있거나 자격이 부족한 선원을 승선시킨 결과 선박이 불감항상태에 빠지면, 이를 선박소유자의 고의 또는 과실로 보아 책임제한을 부인하는 경향이 있었다.[1] 그러나 1976년조약에서는 위와 같은 감항능력주의의무 위반은 책임제한권의 상실이유가 되기 힘들다. 상법상의 책임제한배제사유를 살펴본다.

1. 손해가 선박소유자 자신의 작위 또는 부작위로 인하여 생길 것

1976년조약은 '책임 있는 자'(a person liable)의 작위 또는 부작위에 대하여 책임제한을 부인하므로, 선박이 용선된 경우 선박소유자와 용선자 중 누가 책임 있는 자인지에 관하여 다툼이 있을 수 있다. 그러나 상법은 선박소유자의 작위 또는 부작위를 기준으로 하므로, 이 같은 문제가 발생할 여지가 없다는 장점이 있다. 1976년조약은(제1조 제2항) '선박소유자'라 함은 항해선의 소유자·용선자·선박관리인·운항자를 의미한다고 규정한다. 이 중 예컨대 선박운항자의 작위 또는 부작위가 책임제한배제사유에 해당한다 하더라도 그 선박운항자만 책임제한권을 상실할 뿐 선박소유자·용선자·선박관리인은 여전히 책임제한을 할 수 있다.[2] 그리고 피보험자가 책임제한을 할 수 있을 때에만 책임보험자도 책임제한을 할 수 있으므로, 책임보험자의 책임제한권은 자신의 고의 또는 무모함뿐 아니라 피보험자의 고의 또는 무모함에 의하여도 상실될 수 있다. 또 동일한 선박의 소유자·선체용선자·선박관리인이 동시에 책임보험에 가입할 수도 있으므로, 이 중 한 피보험자가 책임제한을 할 수 있는 반면, 다른 피보험자는 책임제한을 할 수 없는 경우도 많다. 이 경우에 책임보험자가 책임제한을 할 수 있는지 여부는 청구권자가 어느 피보험자를 제소했는가에 달려 있다.[3]

또 상법은 선박소유자의 작위 또는 부작위만을 책임제한배제사유로 인정

---

1) 예컨대 The Lady Gwendolen [1965] Ll.Rep. 335; The Dayspring, [1968] 2 Ll.Rep. 204 참조.
2) 박용, 256-257쪽.
3) Griggs & Williams, 앞의 책, 30쪽.

하므로, 선박소유자의 피용자의 작위 또는 부작위에 의하여 손해가 발생하더라도 선박소유자는 책임제한권을 상실하지 않는다. 판례도 같은 태도이다.[1] 또한 대법원은 용선자가 책임제한의 주체인 경우, 용선자에게 고의 또는 무모한 행위가 없는 한 용선자의 피용자에게 고의 또는 무모한 행위가 있다는 이유만으로 책임제한이 조각되지 않는다고 판시한 바 있다.[2] 선박소유자의 부작위가 책임제한배제사유로 되는 것은 선박소유자가 필요한 특정 행위를 할 법적 권한을 가지거나 그러한 특정 행위를 할 것이 합리적으로 기대되는 경우에 한한다. 만약 그러한 법적 권한이 없는 경우에는 선박소유자가 고의로 또는 무모하게 그러한 부작위를 했다는 것이 아울러 입증되어야 한다.[3]

2. 선박소유자가 고의 또는 손해발생의 염려가 있음을 인식하면서 무모하게 한 행위

고의는 선박소유자가 결과의 발생을 희망하거나 결과의 발생을 목적으로 하는 동시에, 작위 또는 부작위의 결과로써 손해가 발생할 것을 주관적으로 인식하는 것을 말한다. 이를 소극적(또는 미필적) 고의라고 할 수 있다.[4] 선박소유자가 손해를 발생시키려는 주관적 고의를 가지고 있어야 하므로, '합리적이고 유능한 사람이라면 자신의 작위·부작위가 손해를 발생시키리라는 것을 알았을' 것만으로는 부족하다. 그리고 '무모함'이란 고의에 준하는 고도의 태만한 상태이므로 중과실보다 무거운 정도의 잘못이다. 따라서 위험의 존재 여부를 불합리하게 인식하지 못한 것만으로는 책임제한권을 상실하지 않는다.[5]

---

1) 대판 1996. 12. 6. 96다31611(판례공보(1997. 1. 15), 197쪽)(원고 강영수, 피고 양밍 마린 트랜스포트 코퍼레이션). 이창희, "선주책임제한 조각사유의 판단기준에 관한 연구: 선박소유자 자신의 범위를 중심으로," 해사법연구 제20권 제2호(2008. 7), 77쪽.
2) 대결 1995. 6. 5. 95마325(법원공보 제997호(1995. 8. 1), 2492쪽).
3) Grime, "The Loss of the Right to Limit," The Limitation of Shipowners' Liability: The New Law, 1986, 109쪽.
4) Reg. v. Hancock, [1985] 3 WLR 1014(C.A.); 서돈각, "1976년 선박소유자책임제한조약과 해상법개정," 대한민국 학술원 인문·사회과학 제4분과 학술세미나(1991. 10. 25), 5쪽.
5) Grime, 앞의 글, 110쪽. 영국법원은 다음의 두 형사판결에서 '무모함'을 정의하고 있다. Reg. v. Caldwell 사건, [1982] A.C. 341(House of Lords)에서 피고인은 자신이 일하는 호텔 주인에게 복수하기 위하여 호텔에 방화하였는바, 피고인은 취한 상태였기 때문에 호텔 내에 사람이 있는지를 인식하지 못했다. 이 사건에서 영국법원은 "무모함이란 자신의 행위로 인하여 손해발생의 염려가 있음을 개의치 않거나 주의하지 않는 것이다. 이는 손해발생의 염려가 있는지 여부를 개의치 않는 것뿐 아니라, 손해발생의 염려가 있음을 인식하고도 이

국제해법회에 의하면 무모함은 피보험자에 대한 보험금지급거절사유인 '고의
의 악행'(wilful misconduct)에 가까운 개념이라고 한다.1)

　　선박소유자가 법인인 경우에는 적어도 이사 이하의 지위에 있는 자의 고
의 또는 무모함에 의하여 선박소유자의 책임제한권을 상실시킬 수는 없다. 만
약 선박소유자가 그 의무를 위임하였다면 그 위임행위 자체가 고의로 또는
무모하게 이루어졌는지를 살펴보아야 하며, 수임자의 고의 또는 무모함은 문
제가 되지 않는다. 즉 선박관리가 관리회사에 위임되어 있다면, 관리회사의
행위를 선박소유자의 행위로 볼 수는 없다. 따라서 선박의 관리를 명백히 유
능한 관리인에게 위임한 선박소유자는 책임제한권을 상실하지 않는다.2)

　　선박소유자가 손해발생의 염려를 주관적으로 인식하였어야 하므로, 제3
자가 선박소유자와 같은 상황에 있었더라면 인식할 수 있었다는 것만으로는
부족하다. 예컨대 1983년에 영국법원이 판시한 Goldman v. Thai Airways
International Ltd. 사건에서는 비행기기장이 운항지침에 있는 바와 같이 '안전
벨트착용' 표시를 작동시키지 않았기 때문에 안전벨트를 매지 않은 승객이 부
상당하였다. 이 경우에 기장의 부작위가 무모함에 해당하려면 안전한 운항을
하기 위하여 안전벨트착용표시를 작동시키는 것이 필요할 뿐 아니라, 이 같은
표시를 작동시키지 않음으로 인하여 승객이 부상당할지도 모른다는 사실을
기장이 인식하였어야 한다는 것이다.3)

3. 입증책임

　　1976년조약(제4조)은 "책임 있는 자가 고의 또는 손해발생의 염려가 있음
을 인식하면서 무모하게 한 작위 또는 부작위로 인하여 손해가 생겼음이 입
증된 경우에는 책임 있는 자의 책임제한권이 박탈된다"(A person liable shall not
be entitled to limit his liability if it is proved that the loss resulted from his personal act or
omission….)고 규정함으로써 책임제한배제사유의 입증책임을 청구권자에게 부

　　를 무시한 것을 포함한다"고 판시함으로써 피고인에게 유죄를 선고하였다. 그 외에 Reg. v.
　　Lawrence 사건, [1982] A.C. 510(House of Lords)이 있다.
　1) Coghlin, "The Convention on Limitation of Liability for Maritime Claims 1976," The
　　International Maritime Organisation, S. Mankabady 편, 1984, 249쪽.
　2) Grime, 앞의 글, 108쪽.
　3) [1983] 3 All.E.R. 693(C. A.).

담시킨다. 상법은 입증책임에 관하여 규정하지 않고 있으나, 1976년조약에서와 같이 청구권자가 입증책임을 부담한다고 해석하여야 할 것이다.

이같이 책임제한배제사유를 엄격히 하는 동시에 입증책임까지 청구권자에게 부담시켰으므로, 책임제한이 부인되는 것은 쉽지 않을 것이다. 이 점은 선진국 해운업계 및 보험업계의 영향력이 1976년조약 성립과정에 미친 대표적인 예이다. 그러나 피해자를 충분히 보호하기 위하여는 선박소유자 등의 귀책사유로 인하여 손해가 발생한 경우에 한하여 책임제한을 부인하는 것이 공평할 것이다. 따라서 선박소유자의 고의 또는 과실(actual fault or privity)이 있으면 책임제한을 상실하게 하여야 하며, 책임제한배제사유의 입증책임도 1957년조약에서와 같이 선박소유자 등 책임제한권자에게 부담시키는 것이 실제에 더 맞을 것이다.[1]

제6 책임제한절차

1. 상   법

상법은 책임을 제한하고자 하는 자는 채권자로부터 책임한도액을 초과하는 청구금액을 명시한 서면에 의한 청구를 받은 날부터 1년 내에 법원에 책임제한절차개시의 신청을 하여야 한다고 규정한 다음(상 제776조 제1항), 책임제한절차개시의 신청, 책임제한기금의 형성, 공고, 참가, 배당 기타 필요한 사항은 따로 법률로 정한다고 규정한다(동조 제2항).

2. 선박소유자 등의 책임제한절차에 관한 법률

1976년조약에서는 책임제한에 관한 실체법과 절차법을 모두 규정하고 있는 반면, 우리 법체계는 실체법인 상법과 절차법인 선박소유자 등의 책임제한절차에 관한 법률을 따로 두고 있다. 선박소유자 책임제한절차의 목적은 선박소유자 등의 총체적 책임제한의 항변을 허용하는 전제조건으로 법정책임제한기금을 먼저 관할법원에 공탁·형성하게 함으로써 재산적 손해를 입은 채권

---

1) 다른 견해로는 김동훈, "개정해상법상 선주책임제한권의 상실사유," 한국해법회지 제15권 제1호(1993. 2), 103쪽; 김창준, "운송인의 책임제한 배제사유," 한국해법학회지 제29권 제2호(2007. 11), 25쪽.

자와 책임제한주체인 채무자 간의 형평을 기하고, 특정 법원에서 이를 일괄배
당하게 함으로써 채권자마다 서로 다른 법원에 소송을 제기함에 따른 비용과
시간의 낭비를 방지하여 소송경제를 도모하고자 하는 것이다.[1]

　책임제한절차법에 의하여 선박소유자가 책임제한을 주장하려면 관할법원
에 책임제한의 사유와 그 금액 등을 기재한 서면을 제출하여 책임제한절차개
시신청을 하고, 법원은 그 신청이 타당하다고 판단되면 책임제한기금을 법원
에 공탁하도록 명령한 후 관리인을 선임함과 동시에 신문 등에 이를 공고한
다. 아울러 조사기일을 정하여 신고된 채권이 책임제한채권인지 여부와 그 내
용을 조사하고 관리인·선박소유자·수익채무자 등의 이의가 없으면 제한채
권을 확정하여 배당표를 작성하여 이를 공고한다. 이에 대하여 불복이 있는 자
는 법원에 배당표에 대한 이의신청을 하여 판결로써 이를 확정하여야 하며, 관
리인은 이의기간이 지나면 지체 없이 배당을 하여 책임제한절차를 종료한다.

　책임제한절차법에서는 책임제한절차개시신청이 있는 경우, 법원이 신청
인이나 수익채무자의 신청에 의하여 책임제한절차개시결정이 있을 때까지 제
한채권에 의하여 신청인 또는 수익채무자의 재산에 대하여 진행 중인 강제집
행·가압류·가처분·경매절차의 정지를 명할 수 있을 뿐 소송절차는 중단되
지 않는다(책임제한절차법 제16조 제1항). 이 점이 회생절차개시결정이 있은 때에
는 채무자의 재산에 대한 강제집행 절차가 중지되며(채무자 회생 및 파산에 관한 법
률 제58조 제2항 2호)될 뿐 아니라 채무자의 재산에 대한 소송절차도 중단되는(동
법 제59조 제1항) 것과 다르다(회사정리법 제67조, 제68조). 이해관계인은 책임제한절
차개시결정에 대해 즉시항고를 할 수 있다(책임제한절차법 제6조 제1항, 제23조 제1
항). 이해관계인은 개시결정으로 인해 직접적이고 구체적인 법률상 이해관계
를 갖게 되는 자이다. 법률상 이해관계란 결정의 효력이 직접 미치거나 또는
결정의 효력이 직접 미치지 않더라도 적어도 그 결정을 전제로 하여 항고인
의 법률상 지위가 결정되는 경우를 말한다. 사실상이나 간접적 이해관계를 가
지는 데 불과한 경우는 이해관계인이 아니다. '허베이 스피리트호 유류오염사

---

1) 장수길, "해상운송인의 책임제한," 영국 Clyde & Co. 법률사무소 주최 영국 및 한국해상법
의 최근 동향에 관한 세미나 발표자료(1991. 10. 18), 13-15쪽; 최종현, "선박소유자 등의
책임제한절차에 관한 법률에 관한 소고," 변호사 제24집(1994), 209쪽; 송영철, "선박소유자
등의 책임제한절차의 실무에 관한 소고," 사법논집 제25집(1994), 409쪽; 양경승, "개정상법
상 선박소유자 등의 책임제한의 법리와 그 절차," 사법연구자료 제21집(1994), 207쪽.

고 피해주민의 지원 및 해양환경의 복원 등에 관한 특별법'에 따라 조직된 피해대책위원회는 피해 어업인의 권익보호를 위해 조직된 단체이기는 하나, 구성원들에게서 유류오염사고로 인한 손해배상채권을 양도받은 것이 아니라 단지 손해배상을 청구하거나 손해배상액 수령권만을 위임받은 것에 불과하여 즉시항고를 제기할 수 있는 이해관계인이 아니다.[1]

책임제한사건은 선박의 선적지, 신청인의 보통재판적 소재지, 사고 발생지, 사고 후 사고선박의 최초 도달지 또는 제한채권에 의해 신청인의 재산에 대한 압류나 가압류가 집행된 곳의 지방법원의 전속관할에 속한다(동법 제2조). 국제사법(제89조 6호)은 '선박소유자등에 대하여 제한채권에 근거한 소가 제기된 곳'을 전속관할에 추가했다.[2] 책임제한절차법은 법원이 직권으로 책임제한사건에 관하여 필요한 조사를 할 수 있다고 규정하고 있으므로(동법 제5조) 직권탐지주의에 입각하고 있다. 한편 대법원은 책임제한절차개시 신청사건은 "재산권상의 신청으로서 신청목적의 가액을 산출할 수 없는 경우"에 해당한다고 본다.[3]

제7 1976년조약 및 상법의 문제점

1. 국제적 통일성의 미흡

원래 1976년조약의 성립목적은 선박소유자책임제한제도에 관한 각국의 법체계를 통일하고자 하는 것이었다. 그러나 체약국마다 국내법으로 다른 규정을 할 수 있는 유보조항이 지나치게 많고, 동 조약의 해석이 나라마다 달라질 수 있으므로 국제적 통일성의 목적이 완전히 달성되었다고 할 수 없다. 앞으로 개정조약이 성립된다면 가능한 한 유보조항을 줄이고, 조약해석집이나

---

1) 대결 2012. 4. 17. 2010마222(판례공보(2012. 6. 1), 827쪽(재항고인/피신청인 피해자 9,107인, 상대방/신청인 삼성중공업, 재항고기각).

2) 석광현, "2018년 국제사법 전부개정법률안에 따른 해사사건의 국제재판관할규칙," 한국해법학회지 제40권 제2호(2018. 11), 40쪽.

3) 대결 1998. 4. 9. 97마832(판례공보(1998. 6. 1), 1431쪽)(재항고인 카르보핀 에스피에이). 민사소송법과 민사소송등인지법은 재산권상의 소로서 소가를 산출할 수 없는 소송의 소가를 20,000,100원으로 본다. 그런데 책임제한신청시에는 제한채권자들의 총 채권을 확정할 수 없고, 신청인이 받을 경제적 이익을 객관적으로 평가할 수 없으므로 소가를 산출할 수 없는 경우에 해당한다는 것이다.

사례집을 발간하는 등 통일적 해석의 노력을 하여야 할 것이다.

2. 피해자보호의 불완전

동 조약 성립과정이 선진해운국에 지나치게 좌우된 나머지 피해자보호에
미흡한 점이 있다. 예컨대 동 조약에 의하면 선박소유자가 침몰된 선박의 인
양비용채권 등 지나치게 많은 종류의 채권에 대하여 책임제한을 할 수 있으
나, 해상교통에 지장을 주는 침몰선 등의 인양·제거작업을 장려하기 위하여
이 같은 채권에 대하여는 선박소유자가 책임제한을 하지 못하도록 하여야
한다.

3. 책임제한배제사유의 엄격성

1976년조약에 의하면 책임제한배제사유가 지나치게 엄격하여 손해배상청
구권자가 선박소유자책임제한을 부인하기가 극히 힘들다. 특히 '고의'(intent)
또는 '무모하게'(recklessness)의 의미가 분명하지 않으며, 책임제한배제사유의
입증책임을 청구권자에게 부담시키는 것은 지나치게 청구권자에게 가혹하다.
항해와 사고에 관한 정보를 거의 독점하고 있는 선박소유자에게 입증책임을
부담시키는 것이 타당할 것이다. 또 동 조약은 청구권자가 실제로 입은 손실
이 선박소유자가 의도한 손실 그 자체일 것을 요구하고 있으나, 이들간의 견
련관계를 요구하지 않는 것이 바람직하다.

4. 한도액결정시 체감기준의 불합리성

동 조약상 책임한도액은 체감기준(sliding scale)에 따라 비례체감된다. 즉
선박의 톤수가 커질수록 톤당 책임한도액이 적어지는데, 톤당 추가되는 책임
한도액의 결정이 자의적인 것으로 보인다. 이 체계에 의하면 대형선소유자가
부당한 이득을 보게 되는 측면이 있으므로 톤당 동일한 책임한도액을 정한다
면 간단하고도 용이하게 책임한도액을 결정할 수 있을 것이다. 또 대형선은
소형선보다 더 큰 손해를 야기할 수 있으며, 소형선보다 가액도 비싸고 대형
선소유자는 소형선소유자보다 자금부담능력이 큰 것이 보통이므로 대형선에
보다 큰 책임한도액을 부과하는 것이 타당할 것이다.

제8 미 국 법

1. 선박소유자책임제한법

미국은 1851년에 선박소유자책임제한법(Limitation of Shipowner's Act)[1]을 제정하였다. 동법은 선박소유자에 대한 모든 소송을 금지하고 선박소유자에 대한 채권을 특별한 책임제한절차에 신고하도록 함으로써 선박소유자의 책임을 확정하고, 이를 선박가액과 운임액으로 제한하는 책임제한절차를 규정하였다. 동법의 목적은 선박의 건조를 촉진시키고 해운산업에의 투자를 유인하는 것이었다.[2] 동법은 현재까지도 유효하나 그 동안 책임제한제도의 유용성과 필요성에 대하여 많은 의문이 제기되었다. 해운산업을 진흥시킨다는 원래의 목적은 해상보험의 이용과 적하의 손실에 대한 책임을 실질적으로 제한하는 선하증권관계법 및 계약에 의한 책임제한이 가능하게 됨에 따라 그 의미가 많이 상실되었기 때문이다.[3] 그리하여 국제 해운관행과 보험실무를 반영해 책임제한법을 현대적으로 개정해야 한다는 견해가 강력하게 대두하고 있다.[4]

2. 책임을 제한할 수 있는 자

선박소유자책임제한법은 국적을 불문하고 선박소유자가 책임을 제한할 수 있다고 규정한다(제183조). 책임을 제한할 수 있는 선박소유자는 선박에 대해 법적 권리를 가진 자를 의미하나, 단순히 선박의 매매가격을 확보하기 위한 법적 권리를 가지는 자는 포함되지 않는다.[5] 선박소유자라는 용어는 실제로 선원을 배치하고 식량을 공급하며 선박을 운항하는 용선자를 포함한다고 정의되는데,[6] 이에는 선체용선자는 포함되나 정기용선자와 항해용선자는 포함되지 않는다.[7] 선박소유자인 미국정부는 동법에 의하여 개인선박소유자와

---

1) 46 U.S.C. 제181-189조.
2) Hartford Accident & Indemnity Co. v. Southern Pacific Co., 273 U.S. 207(1927).
3) O'Donnell, "Disaster off the Coast of Belgium: Capsized Ferry Renews Concerns over Limitation of Shipowner Liability," 10 Suff. Trans.L.J. 377쪽(1986).
4) Schoenbaum(5th), 810-811쪽.
5) American Car & Foundry Co. v. Brassert, 289 U.S. 261(1933).
6) 46 U.S.C. 제186조.
7) In re Barracuda Tanker Corp.(The Torrey Canyon), 281 F. Supp. 228(S.D.N.Y. 1968), reversed on other grounds 409 F.2d 1013(2d Cir. 1969).

동일한 기준에 따라 자신의 책임을 제한할 수 있다.[1]

동법에서 '선박'은 상당히 넓게 정의되어 있다. 항해선(seagoing vessels)은 물론 운하보트·바지선·거룻배를 포함한 호수나 강 또는 내수운송에 이용되는 모든 선박[2]을 포함한다. 그리고 선박은 합리적인 정도로 운송의 목적을 가져야 한다.[3] 대부분 판례는 선박소유자책임제한법이 상업적 목적을 위해 이용되는 선박뿐만 아니라 유람선에까지 적용된다고 본다.[4]

3. 준 거 법

외국의 선박소유자가 책임제한을 신청하는 경우의 책임제한법의 적용에 관하여 상당한 혼란이 수반되었다. 하급법원과 연방대법원에서 판례의 통일을 기하기 어려웠고, 책임제한에 적용할 준거법선택원칙을 결정하지 못했기 때문이다.[5]

외국의 선박소유자도 미국법원에서 책임제한을 신청할 권리가 있음은 분명하다.[6] Scotland호 사건에서[7] 연방대법원은 외국의 선박소유자도 책임제한을 할 수 있음을 확인하였고, Titanic호 사건[8]에서는 책임을 제한하려는 외국의 선박소유자는 책임을 발생시키는 법이 무엇인가를 불문하고 미국법에 의한 책임한도액에 구속된다고 판시하였다. Titanic호 사건에서 선언한 미국법 우선적용의 원칙은 벨기에의 하천에서 미국선박과 영국선박이 충돌한 Black Diamond S. S. Corp. v. Stewart & Sons(the Norwalk Victory) 판결[9]에서 흔들렸다. 이 사건에서 연방지방법원은 미국의 선박소유자가 책임을 제한할 권리를 부인하였는데, 그 이유는 그가 미국법이 아니라 벨기에의 책임제한법에 따라

---

1) Empresa Linea Maritimas Argentinas S. A. v. United States, 730 F.2d 153(4th Cir. 1984). Schoenbaum(4th), 811-812쪽.
2) 46 U.S.C. 제188조.
3) In re United States Air Force Texas Tower No. 4, 203 F. Supp. 215(S.D.N.Y. 1962).
4) "Pleasure Boats and the Limitation of Liability Act," 24 J.Mar.L & Comm. 519쪽(1993); Herman, "Limitation of Liability for Pleasure Craft," 14 J.Mar.L & Comm. 417쪽(1983). Schoenbaum(5th), 812-813쪽.
5) Schoenbaum(5th), 813쪽.
6) 46 U.S.C. 제183조.
7) 105 U.S.(15 Otto) 24(1881).
8) Steam Navigation Co. v. Mellor, 233 U.S. 718(1914).
9) 336 U.S. 386(1949).

충분한 담보를 제공했기 때문이라고 하였다. 대법원은 이 문제를 심리함에 있어서 실체법과 절차법상의 권리를 구별하면서 벨기에의 책임한도액이 실체법의 문제라면 적용된다고 판시하였다. 즉 만약 벨기에의 책임제한법이 실체법이라면 동법이 적용되고, Titanic호 원칙은 벨기에법의 적용을 방해할 수 없다는 것이다.[1]

　　Norwalk Victory호 사건에서 연방대법원은 벨기에의 책임한도액 문제가 실체법적인지 절차법적인지에 대한 판단을 하라고 파기환송하였는바, 이 실체법·절차법 2분법(substance/procedure dichotomy)에는 두 가지 문제점이 있다.

　　첫째, 법원은 선박소유자책임제한법의 성격을 잘못 파악하였다. 즉 책임제한법은 어느 나라에서도 불법행위나 기타 책임을 발생시키지 않으며, 선박소유자의 책임을 발생시키는 것은 다른 성문법 또는 보통법상의 권리로부터 나온다. 다시 말하면 책임제한법은 미국법에서든 외국법에서든 책임을 지우는 것이 아니라, 단지 이를 제한하는 절차법에 불과하다. 따라서 '권리 자체에 대한 책임제한'(limitation attaches to the right)인 사건을 상상하기가 어렵다.[2] 외국선박이나 외국선박소유자는 책임제한이 법정지법에 의해 결정되는 절차법권리이므로 Titanic호 원칙에 따라 책임제한을 주장할 수 있다. 그리고 미국법원이 책임제한의 결정을 내리더라도 이는 영토 외 적용의 효력은 없으므로 청구인은 외국의 법원에 소를 제기할 수 있다.[3]

　　둘째, Norwalk Victory호 사건에서 연방대법원은 현대 준거법선택원칙의 이점을 이용하지 못하였다. 법원은 단지 불법행위에 대한 손해배상청구권은 불법행위지의 법에 의한다고 하였으나, 오늘날 법원은 원고의 손해배상청구권을 적절하게 분석하여 불편한 법정(forum non conveniens)이라는 이유로 사건을 각하할 것인지를 결정해야 하며, 이는 2단계의 결정을 필요로 한다. 첫째는 Lauritzen v. Larsen 사건[4]과 Hellenic Lines, Ltd. v. Rhoditis 사건[5]에서 제시한 요건에 따라 분쟁의 실체에 미국법이 적용되어야 하는지 외국법이 적

---

1) Schoenbaum(5th), 813-814쪽.
2) Rickard, "A New Role for Interest Analysis in Admiralty Limitation of Liability Conflicts," 21 Tex.Int'l.L.J. 495쪽(1986).
3) Complaint of Compania Gijonesa de Navegacion, S. A.(The Cimadervilla), 590 F. Supp. 241(S.D.N.Y. 1984). Schoenbaum(5th), 814-815쪽.
4) 345 U.S. 571(1953).
5) 398 U.S. 306(1970), rehearing denied 400 U.S. 856(1970).

용되어야 하는지를 결정해야 한다. 이 때 법원이 고려해야 할 관련요소는 ① 불법행위지, ② 기국법, ③ 피해자(선원 등)의 국적 또는 주거지, ④ 선박소유자의 국적, ⑤ 계약체결지, ⑥ 외국법정에의 접근가능성(제소의 용이성), ⑦ 법정지법, ⑧ 선박소유자의 본거지 또는 선박운영의 근거지 등이다.[1] 둘째는 이같은 요소들을 고려한 결과 미국법을 적용해야 한다는 결론이 난 경우에 미국법원은 그 사건을 심리하게 된다. 반면에 준거법이 외국법으로 결정된 경우, 미국법원은 불편한 법정이론을 적용함으로써 외국법원이 당해 사건에 대하여 미국법원보다 편리한 법정이라면 당해 사건을 외국법원에 이송할 수 있다.[2] 미국법원이 불편한 법정인지 여부를 결정하려면 당해 사건을 미국법원에서 판결하는 것이 당사자 및 미국법원에 편리한지를 고려하게 된다. 당사자에게 편리한지 여부는 ① 미국에서 증거수집을 용이하게 할 수 있는지, ② 증인이 법정에 출석하는 데 소요되는 비용이 소액이고 출석을 거부하는 증인을 구인할 수 있는지, ③ 사고현장을 검증할 수 있는지, ④ 판결을 강제집행할 수 있는지, ⑤ 재판진행을 신속하고 경제적으로 할 수 있는지를 참작한다. 법원에게 편리한지 여부는 ① 외국선원의 제소가 과다하면 법원의 업무가 과중하고, ② 법원이 외국법을 적용하는 것은 내국법을 적용하는 것보다 훨씬 힘들며, ③ 자국에 고유한 내용의 사안을 자국에서 해결하는 것이 국민의 법감정과 일치하고, ④ 당해 지역과 관련 있는 사건에 대하여만 배심원으로서의 의무이행을 요구할 수 있다는 점을 고려하여 결정한다.[3]

4. 보 험 자

선박소유자의 책임보험자(P & I insurer)에게는 책임제한을 주장할 권리가 법에 의해 부여되어 있지는 않음에도 불구하고, 통상의 보험계약에서 보험자는 피보험자가 지급한 금액을 초과하여 지급하지 않는다고 규정되어 있기 때문에 책임보험자는 선박소유자가 성공적으로 책임제한을 하는 데 따르는 간접적 이익을 받는다. 따라서 보험자는 실손전보이론(indemnity theory)에 따라 책임을 진다.[4]

---

1) Nunez-Lozano v. Rederi, 634 F.2d 135(5th Cir. 1980).
2) Ali v. Offshore Co., 753 F.2d 1327(5th Cir. 1985).
3) Gulf Oil Corp. v. Gilbert, 330 U.S. 501(1947). Schoenbaum(5th), 815-816쪽.
4) Schoenbaum(5th), 816쪽.

보통 제3자가 보험자에게 직접적으로 청구할 권리는 존재하지 않는다.[1]
그러나 루이지애나주와 푸에르토리코[2]에서는 피보험자뿐 아니라 보험자에게
도 직접적으로 배상청구를 할 수 있다. Maryland Casualty Co. v. Cushing[3]
사건에서, 연방대법원은 루이지애나주법의 직접청구규정은 해상보험법의 통
일성을 저해하는 것임에도 불구하고 보험에 대한 주법으로서 유효하다고 판
시하였다. 그리고 Crown Zellerbach Corp. v. Ingram Industries 사건[4]에서,
연방제5항소법원은 책임보험자가 선박소유자의 책임제한을 주장할 수 있고,
피보험자의 책임제한기금을 초과하여 손해배상책임을 지지 않음을 확인하였
다. 이는 바람직한 결론으로서 보험자에 대한 직접청구를 허용하는 주법의 효
력을 인정하면서도 해상보험책임의 통일성을 기하는 것이다.[5]

5. 책임제한절차

미국의 선박소유자책임제한법은 일정한 청구에 대한 선박소유자의 책임
을 선박에 대한 소유자의 이익, 즉 해상항해종료시의 선박가액과 지급될 운임
(freight then pending), 즉 그 항해기간 동안 선박소유자가 취득한 운임액으로 한
정하는 절차를 규정한다. 법원은 ① 선박과 그 소유자가 책임이 있는가, ②
선박소유자가 사실상 선박가액과 지급될 운임액으로 책임을 제한할 수 있는
가, ③ 정당한 채권액, ④ 기금이 채권자간에 어떻게 분배되어야 할 것인가
등을 심리하여야 한다. 책임제한은 대물적으로 뿐만 아니라 선박소유자에 대
해 대인적으로도 확장되어 적용된다.[6] 그 절차는 책임제한법 자체와 민사소
송규칙에 부속된 해사규칙(Admiralty Rules)의 Rule F에 의해 규율된다.[7]

책임제한절차의 신청은 해사관할권 있는 연방지방법원에 제기하여야 한
다. 선박이 압류 또는 억류된 지방법원이나 선박소유자가 제소당한 지방법원
의 재판적(venue)은 적법하다. 선박소유자에 대한 소송이 아직 개시되지 않았

---

1) Complaint of Harbor Towing Corp., 335 F. Supp. 1150(D.Md. 1971).
2) La.R.S. 22:655; P.R. Laws Ann. 제26장 제2003(1)조.
3) 347 U.S. 409(1954).
4) 783 F.2d 1296(5th Cir. 1986).
5) 이는 책임보험자에게 피보험자와 마찬가지로 책임을 제한할 수 있는 동등한 지위를 인정하
   는 1976년조약의 제1조 제6항과도 일치한다. Schoenbaum(5th), 816-817쪽.
6) 위의 Hartford Accident & Indemnity Co. v. Southern Pacific Co.
7) 연방민사소송규칙 보칙 F조. Schoenbaum(5th), 817-818쪽.

다면 책임제한절차의 신청은 선박소재지의 관할지방법원에, 만일 선박이 어느 지방법원관할 내에도 존재하지 않는 경우에는(선박이 멸실되었거나 외국에 있기 때문에) 어느 법원에서나 제기할 수 있다.[1] 책임제한은 손해배상청구소송에서의 항변으로도 주장할 수 있고, 해사사건에서의 독립된 신청으로도 제기할 수 있다.[2] 책임제한절차의 신청은 선박소유자가 소장송달을 받은 후 6개월 이내에 제기하여야 한다.[3] 6개월의 요건은 엄격하게 해석되고, 상대방의 답변기간은 위 기간을 연장시키거나 종료시키지 않는다. 선박소유자는 채권액이 선박가액을 초과할 가능성을 예측하여 적어도 최초의 소송의 통지가 있으면 책임제한신청을 제기해야 한다.[4] 책임제한신청의 제기요건으로서, 선박소유자는 채권자의 이익을 위하여 선박의 가액과 지급운임의 합계액이나 그에 대신한 담보 또한 그러한 가액이나 담보에 부가하여 법원이 필요하다고 결정하는 금액을 법원에 공탁하여야 한다. 담보의 제공에는 연 6%의 이자가 포함되어야 하며, 채권자는 담보액이 불충분하다고 생각하는 경우 증액신청과 함께 선박가액 및 지급될 운임액의 평가를 신청할 수 있다.[5]

  이러한 요건을 충족시키면 법원은 사건과 관련된 선박소유자의 재산에 대한 모든 다른 절차를 정지시키는 유지명령(留止命令)을 내린다. 법원은 또한 모든 채권자가 각자의 채권액을 신고해야 하고, 이를 이행하지 않으면 불이익을 당하는 최고기간을 설정해야 하나, 법원은 기간을 도과하는 채권자를 구제하기 위해 최고기간을 연장할 수 있다. 이러한 유지명령에 의하여 사고로부터 발생하는 모든 채권을 하나의 절차에서 해결하도록 강제하게 된다. 그러나 이러한 유지명령은 미국의 영토 외에까지 효력을 미치는 것이 아니므로, 채권자는 외국법원에 손해배상을 청구할 수 있다.[6] 책임제한절차 내의 입증책임은

---

1) Rule F(9). Matter of Bowoon Sangsa Co., 720 F.2d 595(9th Cir. 1983)에서 법원은 선박이 한국에 있었고, 어느 미국법원에도 소송이 계속되어 있지 않으므로 연방괌지방법원의 관할권은 적법하다고 판시하였다.

2) Deep Sea Tankers v. The Long Branch, 258 F.2d 757(2d Cir. 1958). Schoenbaum(5th), 818-819쪽.

3) 46 U.S.C. 제185조 및 Rule F(1).

4) 책임제한절차의 신청이 한 채권자의 청구에 대하여 기간을 도과하여 제기되었다면, 다른 모든 채권자에 대해서도 각하된다. Complaint of United States Lines, Inc., 616 F. Supp 315(S.D.N.Y. 1985).

5) Rule F (7). Complaint of Caribbean Sea Transport, Ltd., 748 F.2d 622(11th Cir. 1984). Schoenbaum(5th), 819-821쪽.

6) In re Bloomfield Steamship Co., 422 F.2d 728(2d Cir. 1970). Schoenbaum(5th), 821-823쪽.

당사자간에 분담된다. 채권자는 피해자의 손해발생이 선박의 과실로 인해 야기되었음을 입증해야 하며,[1] 그 후의 입증책임은 선박소유자에게 넘어가므로 선박소유자가 법정책임제한요건이 존재함을 입증해야 한다. 즉 선박소유자는 자신에게 고의(design)·과실(neglect)·악의(privity or knowledge)가 없음을 입증해야 한다.[2] 책임제한이 부정되는 경우에도 법원은 관련청구에 대해 판결을 할 수 있다.[3]

6. 책임제한배제사유: 선박소유자의 악의(privity or knowledge)

선박소유자책임제한법은 선박소유자가 손실을 발생시킨 과실에 대해 악의가 없는 경우에만 책임을 제한할 수 있다고 규정한다. 따라서 선박소유자가 책임을 제한할 수 있으려면 ① 어떠한 과실행위나 불감항성이 사고를 야기시켰는지와 ② 선박소유자가 그러한 행위에 대해 악의가 있었는가를 판단하여야 한다.[4] 회사의 악의는 항구현장인원(shoreside personnel)을 포함한 관리자(managing agent)·임원·감독자(supervising employee)의 악의를 의미한다. 개인이 선박을 공동소유하는 경우, 악의 여부는 각 개인마다 별도로 조사하여야 한다.[5]

선박소유자의 악의는 채권자들이 선박소유자의 책임제한혜택을 부정하기 위해 자주 사용하는 항변이다. 최근 법원에서는 책임제한법에 따른 책임제한을 허용하는 경향을 보이고 있으나, 악의의 기준은 적하의 손해와 오염손해의 경우에 보다 엄격하게 적용된다. 선박소유자가 ① 실제로 알고 있었거나, ② 합리적인 조사를 했더라면 알 수 있었거나, 알았어야 했을 경우에 악의는 존재한다. 이것은 모든 상황을 고려하여 각 사건마다 적용되는 '합리적인 인간'의 기준이다. 문제는 선박소유자나 선박소유자를 위해 행위하는 사람이 그 상

---

1) Bankers Trust Co. v. Bethlehem Steel Corp., 761 F.2d 943(3d Cir. 1985).

2) In re M/V Sunshine, Ⅱ, 808 F.2d 762(11th Cir. 1987).

3) 위의 Hartford Accident and Indemnity Co. v. Southern Pacfic Co. Schoenbaum(5th), 825쪽.

4) 선박소유자가 적절한 선장과 선원을 배치하지 못하였기 때문에 발생한 손해는 소유자의 악의범위 내이다. Complaint of Cameron Boat Rentals, Inc., 683 F. Supp. 577(W.D.La. 1988). 선박의 불감항성이나 과실행위에 대한 악의의 추정으로 인하여 책임제한이 부정된 사건으로는 Joia v. Jo-Ja Serv. Corp., 817 F.2d 908(1st Cir. 1987); In re Villers Seafood Co., Inc. v. Vest, 813 F.2d 339(11th Cir. 1987); Complaint of Patton-Tully Transp. Co., 797 F.2d 206(5th Cir. 1986), rehearing denied 800 F.2d 262(1986); Hernandez v. M/V Rajaan, 848 F.2d 498(5th Cir. 1988).

5) Cusumano v. Curlew, 105 F. Supp. 428(D. Mass. 1952). Schoenbaum(5th), 826-827쪽.

황 하에서 합리적으로 행동했는가이다. 책임제한을 부정하는 주된 이유는 관리자가 장비의 유지, 선원의 훈련에 필요한 적절한 검사를 하지 못한 것이며,[1] 선박소유자나 감독자가 합리적으로 행동했다면 책임제한이 허용된다.[2] 인적 손해의 채권자에 대한 책임제한에 있어서 선장의 악의는 확정적으로 선박소유자의 악의로 간주되나, 재산상 손해의 채권자에 대해서는 그러하지 아니하다.[3] 최근 판례의 추세는 악의를 넓게 해석함으로써 선박소유자나 운항자가 선박운항에 관하여 고도의 통제와 감독을 하고 해상사고를 방지하도록 하는 것이다. 특히 선원의 과실이나 감항능력이 관련된 경우에는 책임제한을 거의 허용하지 않는다.[4]

7. 책임제한기금

선박소유자가 면책되지는 않으나 책임이 제한되는 경우에 채권자에 대하여는 법원에 공탁된 책임제한기금으로부터 비율에 따라 지급한다. 책임제한기금은 선박가액과 지급될 운임의 합계이며, 선박의 가액은 충돌이나 사고발생 후 항해의 종료시에 결정된다. 선박소유자가 수령하였거나 그에 귀속하는 보험금은 책임제한기금에 포함되지 않는다. 책임제한기금설정에 있어서 지급될 운임(freight pending)은 여객 또는 물품의 운송인지를 불문하고 그 항해에서 얻는 선박의 총 수익을 의미한다. 선박소유자와 송하인 간의 약정에 따라 항해가 완수되지 못한 경우에도 운임을 반환하지 않기로 한 경우에는 선급된 운임도 포함된다. 이러한 원칙을 적용한 결과 간혹 사고에 비해 비합리적으로 적은 책임제한기금이 설립되었고, 이로 인하여 책임제한에 대한 비판론이 대두되었다.[5]

---

1) In re Marine Sulphur Queen, 460 F.2d 89(2d Cir. 1972). 선박소유자는 사고가 항해의 개시 당시 선박이 감항능력을 가지지 못하게 만든 하자에 기인하여 발생하였다면 책임을 제한할 수 없다. 그리고 무선전화통신의 등장으로 회사의 고위임직원이 용이하게 선장과 직접 통화할 수 있게 된 것이 악의의 판단에 대한 영향을 미치게 되었다.

2) Complaint of Bankers Trust Co., 651 F.2d 160(3d Cir. 1981), further proceedings after remand 761 F.2d 943(3d Cir. 1985).

3) 46 U.S.C. 제183(e)조. 위의 Moore-McCormack Lines, Inc. v. Armco Steel Corp.(The Mormackite). Schoenbaum(5th), 827-830쪽.

4) Matter of Oil Spill by Amoco Cadiz, 954 F.2d 1279(7th Cir. 1992), on remand 789 F. Supp. 268(N.D.Ill. 1992). Schoenbaum(5th), 830쪽.

5) In re Barracuda Tanker Corp.(S/T Torrey Canyon), 281 F. Supp. 228(S.D.N.Y. 1968),

사고 당시 한 선박이 다른 선박이나 선단을 예인하는 경우가 문제된다. 일반적으로 한 선박이 항해의 능동적인 수단이고, 다른 선박은 수동적인 경우에 책임제한기금에 포함되는 선박은 손해에 적극적으로 관련된 선박뿐이다.[1] 피예인선이나 다른 수동적인 선박은 적극적인 선박의 지배 하에 있기 때문에 책임제한기금에 포함되지 않는다.[2] 반대로 선박들이 동일인의 소유이고 동일한 항해에 종사하고 있었으며 사고 당시 공동의 지배 하에 있었다면, 이들은 하나의 선대로 취급되어 책임제한기금에 포함된다.[3]

책임제한의 대상이 되는 해상사고가 인적 손해로 인한 배상청구와 관련되는 경우, 책임제한을 할 수 있는 선박소유자는 제1기금이 인적 손해를 배상하기에 부족한 경우에는 선박의 톤당 420달러까지의 제2기금을 조성해야 한다. 이러한 부가적인 기금은 상해와 사망으로 인한 배상청구에만 적용될 수 있고, 항해선의 경우에만 적용된다. 부가적인 기금으로 책임을 져야 하는 항해선에 유람선·예인선·피예인선·유조선·어선·자가추진의 거룻배·평저선·거룻배 등은 포함되지 아니한다.[4] 즉 이러한 선박들은 인적 손해에 대하여 톤당 420달러의 책임제한기금을 조성할 필요가 없다.[5] 이러한 면책규정은 불가피하게 항해선의 정의에 관한 소송을 촉발시켰으며, 그 결과 항해선에 대한 예외는 점차 좁게 해석되어 예외대상은 유람선, 항구와 강에서 운항하는 선박 정도로 축소되었다.[6] 또 인적 손해에 대한 톤당 420달러의 책임은 각각의 사고마다 발생하므로, 하나의 해상사고에서 2건 이상의 인적 손해가 발생하면 선박소유자는 상황에 따라 별도의 기금을 조성해야 한다.[7]

---

modified 409 F.2d 1013(2d Cir. 1969). Schoenbaum(5th), 831–832쪽.

1) Liverpool, Brazil, and River Plate Steam Navigation Co. v. Brooklyn Eastern District Terminal, 251 U.S. 48(1919).

2) The Valley Line Co. v. Ryan, 771 F.2d 366(8th Cir. 1985).

3) Schoenbaum(5th), 832쪽.

4) 46 U.S.C. 제183(f)조.

5) Schoenbaum(5th), 833–834쪽.

6) In re Diesel Tanker A.C.Dodge Inc., 133 F. Supp. 510(E.D.N.Y. 1955), affirmed 234 F.2d 374(2d Cir. 1956).

7) In re Alva Steamship Co., 262 F. Supp. 328(S.D.N.Y. 1966). Schoenbaum(5th), 834쪽.

8. 책임제한을 할 수 있는 채권

선박이나 선박소유자에 대한 손해배상채권은 충돌로 인한 손해,[1] 인적
손해,[2] 적하의 손해[3]를 포함하여 모두 책임제한의 적용을 받으며, 구조료채
권도 책임제한을 받는다.[4] 책임제한을 할 수 있는 채권의 범위를 넓게 인정
하는 미국판례의 태도는 책임제한채권의 범위를 광범위하게 규정하는 선박소
유자책임제한법 제30505조와 일치한다.[5] 1884년에 선박소유자책임제한법은
책임제한권을 선박소유자의 모든 채무와 책임에까지 확장시켰다.[6] 단, 몇 가
지 채권은 책임제한의 대상이 되지 않는다. 예컨대 선박소유자의 피용자에게
지급될 임금은 법에 의해 책임제한의 적용을 받지 않으며,[7] 선원의 상병보상
채권도 책임제한을 받지 않는다.[8] 적하손해배상채권에 대한 책임제한권은 허
용될 수 없는 항로이탈로 인하여 손해가 발생한 경우에는 부인된다.[9] 형평의
관점에서 선급된 운임의 반환청구권은 책임제한을 받지 않지만,[10] 물품운송계
약(contract of affreightment)에서 적하가 선적되면 운임을 취득한 것으로 본다고
규정하고 있으면 책임을 제한할 수 있다.[11]

책임제한의 예외는 선박소유자와의 개인적 계약에 의해서도 인정된
다.[12] 이는 선박소유자가 그의 개인적 통제 하에 있는 작업이나 이행을 약속
하였다면, 그 이행에 과실이 있을 때 책임을 제한할 수 없게 한다는 형평법
상의 원칙이다. 따라서 선박소유자가 용선계약을 체결하고, 명시적 또는 묵
시적으로 선박의 감항능력을 담보한 경우에는 선박이 항해를 개시할 때 감
항능력이 없었기 때문에 선박이 침몰함으로 인한 용선자의 청구에 대해 책

---

1) 위의 Norwich & N. Y. Transp. Co. v. Wright.
2) In re Woods Petition, 230 F.2d 197(2d Cir. 1956).
3) Earle & Stoddart v. Ellerman's Wilson Line, 287 U.S. 420(1932).
4) Metropolitan Redwood Lumber Co. v. Doe, 223 U.S. 365(1912).
5) 46 U.S.C. 제30505조.
6) 46 U.S.C. 제30505(a)조. Schoenbaum(5th), 834쪽.
7) 46 U.S.C. 제30505조.
8) Hugney v. Consolidation Coal Co., 345 F. Supp. 1079(W.D.Pa. 1971).
9) Hoskyn & Co. v. Silverline, Ltd., 63 F. Supp. 452(S.D.N.Y. 1943), affirmed 143 F.2d 462(2d Cir. 1944).
10) In re Liverpool & Great Western Steam Co., 3 Fed. 168(S.D.N.Y. 1880).
11) Schoenbaum(5th), 834-835쪽.
12) Richardson v. Harmon, 222 U.S. 96(1911).

임제한을 할 수 없다.[1] 마찬가지로 선박소유자는 자신을 위하여 체결된 구조계약이나 예인계약에 따른 구조료채권 또는 예인료채권에 대해서는 책임을 제한할 수 없다. 그러한 경우의 의무는 선박의 의무가 아니라 선박소유자 개인의 계약에 의한 것이기 때문이다.[2] 그러나 '개인적 계약'은 단순히 선박소유자가 개인적으로 계약을 체결하였다는 것이 아니라, 의무의 이행이 대리인이나 피용자에게 위임할 수 있는 것이 아니어서 선박소유자가 개인적으로 이행해야 하는 계약이다. 따라서 선박소유자가 예인선소유자와 개인적으로 예선계약을 체결하였으나, 예인료지급채무의 이행이 선박의 선장이나 선원에게 위임되었다고 볼 수 있는 경우에는 자신의 책임을 제한할 수 있다.[3] 수리계약·공급계약·노무제공계약은 책임제한을 받지 않는 개인적 계약이고, 선박저당계약도 마찬가지이다.[4]

하터법과 미국 해상물건운송법(U.S. Carriage of Goods by Sea Act, 약칭 U.S. Cogsa)은 적하의 손해에 대한 면책과 책임에 관하여 규정하면서 운송인의 책임제한권을 특별히 규정한다.[5] 따라서 선박소유자가 이 법들이나 화재조항(Fire Statute)[6]에 규정된 완전한 면책을 받지 못한다 하더라도 책임제한은 주장할 수 있다.[7]

그러나 난파법에 의하여 미국정부가 청구하는 난파물제거비용은 책임제한을 받지 않는다. 왜냐하면 책임제한권리는 난파법의 취지와 양립되지 않기 때문이다.[8] 연방법이나 주법에 의거한 오염손해배상청구에 대하여도 선박소유자책임제한법이 적용되지 아니한다.[9]

9. 책임제한기금의 분배

선박소유자책임제한법에 의하면 선박소유자의 악의 없이 손해가 발생한

---

1) Cullen Fuel Co. v. W. E. Hedger, Inc., 290 U.S. 82(1933).
2) Great Lakes Towing Co. v. Mill Transportation Co., 155 Fed. 11(6th Cir. 1907).
3) Signal Oil & Gas Co. v. The Barge W-701, 654 F.2d 1164(5th Cir. 1981).
4) Petition of Zebroid Trawling Corp., 428 F.2d 226(1st Cir. 1970). Schoenbaum(5th), 835쪽.
5) 46 U.S.C. 제196조(하터법); 46 U.S.C. 제1308조(미국해상물건운송법).
6) 46 U.S.C. 제182조.
7) Heinz v. Butler, 278 F.2d 877(4th Cir. 1921).
8) In re University of Texas Medical Branch(The Ida Green), 557 F.2d 438(5th Cir. 1977).
9) Schoenbaum(5th), 835-836쪽.

경우 법원은 선박소유자의 책임을 선박의 가액과 운임합계액, 즉 책임제한기
금범위 내로 제한해야 한다. 그리고 연방민사소송규칙 중 보칙 Rule F에 의해
요구되는 권리의 충돌 때문에 선박에 대한 채권을 가지는 모든 당사자들은
법원이 선박소유자의 책임제한권을 보호하고 경합하는 이해관계를 조정할 수
있도록 하기 위해 자신의 채권을 신고하여야 한다. 채권액의 총액이 제한기금
을 초과하는 경우, 법원은 채권자들에게 적정하게 입증된 각자의 채권액에 비
례하여 기금의 분배를 하여야 한다. 그러나 법적으로 우선권을 가지는 당사자
는 그러하지 아니하다.[1]

책임제한의 적용을 받는 인적 손해와 물적 손해 양자에 대한 모든 채권은
기금으로부터 비례적 분배를 받을 수 있다.[2] 법원의 비례적인 기금분배에 대
하여는 선박우선특권 우선원칙과 형평원칙이 적용된다. 법원은 채권을 선박
우선특권의 후순위로 정할 수 있고, 특정한 채권은 다른 채권자들에게 비례
배분된 나머지 기금으로부터 우선적으로 지급할 수 있다. 예컨대 해난구조자
나 공급채권자는 우선권이 주어질 수 있다. 그러나 일부 사건에서 법원이 형
평의 원칙을 적용하여 선박우선특권의 존재 여부를 불문하고 단순한 기금의
비례배분을 명한 예도 있다.[3] 1899년의 Catskill 사건[4]에서, 법원은 형평의
원칙(doctrine of equitable subordination)을 채택하여 과실 있는 선박소유자와 이를
대위하는 보험자는 무과실의 인적 손해채권자와 적하의 손해에 대한 채권자
가 지급받고 난 후에야 기금에 참가할 수 있다고 판시하였다. 사실심법관은
형평법원의 판사로서 상황에 맞는 기금의 분배를 위하여 광범위한 재량을 가
진다.[5]

책임제한절차는 먼저 존재하던 선박우선특권이나 당해 항해에 따른 유치
권자가 존재하는 경우 복잡해질 수 있다. 그러나 기존의 유치권자가 있다고
하여 선박소유자가 책임제한을 할 수 없는 것은 아니며, 선박소유자는 책임제
한절차에 채권을 신고하는 조건으로서 다른 유치권자에게 채무를 변제하거나

1) Supplemental Rules, Rule F (8). Schoenbaum(5th), 836–837쪽.
2) Butler v. Boston & S.S.S. Co., 130 U.S. 527(1889).
3) Oliver J. Olson & Co. v. American S.S. Marine Leopard, 356 F.2d 728(9th Cir. 1966). Schoenbaum(5th), 837쪽.
4) 95 Fed. 700(S.D.N.Y. 1899).
5) Schoenbaum(5th), 837쪽.

보증할 필요가 없다.[1] 사실심법관은 유치권자의 존재 여부와 그들이 책임제
한절차에 포함되는지 여부를 결정할 재량이 있고, 필요하다면 우선권에 기한
지급을 위한 적절한 대비를 할 수 있다.[2]

쌍방과실선박충돌 사건에 대하여는 별도로 고찰할 필요가 있다. North
Star 원칙[3]에 의하면, 책임제한 전에 손해의 분할이 행해진다. 지급된 채권액
은 지급한 선박의 충돌손해의 일부로 포함되며, 책임을 제한하는 선박이 손해
배상으로서 수령한 금액은 책임제한기금에 포함된다.[4] 양 선박이 모두 책임
제한을 하는 경우는 각 선박이 제3자에 대하여 책임을 지지만, 손해 중 자신
의 과실부분만을 지급한다.[5] 한 선박만이 책임을 제한하는 경우 다른 선박은
제3자의 채권에 대해 전적으로 책임을 져야 하고, 그 지급에 대하여는 다른
선박의 책임제한기금에 참가한다.[6] 채권자 중 일부가 책임제한기금 외로부터
채권을 만족시킬 수 있다면, 법원은 기금의 비율적 배분을 하지 않고 그러한
채권자로 하여금 기금 외에서 배상을 받도록 하여 기금이 유일한 구제수단인
채권자들을 위해 기금을 보존할 수 있다.[7]

제 3 관 해상기업보조자

제1 총   설

해상기업의 보조자에는 해상보조자와 육상보조자가 있다. 해상보조자에
는 선장·해원 등의 선원·예선업자·도선사·적하감독인 또는 검수인 등이
있다. 육상보조자로서는 지배인 기타 상업사용인·운송주선인·선박중개인·
선박대리점 등을 들 수 있다. 해상법은 해상보조자 중 선장에 관하여만 규정

---

1) Rodco Marine Services, Inc. v. Migliaccio, 651 F.2d 1101(5th Cir. 1981).
2) Schoenbaum(5th), 837-838쪽.
3) 106 U.S.(16 Otto) 17(1882).
4) O'Brien v. Miller, 168 U.S. 287(1897). 반면에 제3의 불법행위자에 대한 손해배상청구권 또
   는 인적 손해배상청구권은 기금에 포함되지 않는다. Guillot v. Cenac Towing Co., 366
   F.2d 898(5th Cir. 1966).
5) The Albert Dumois, 177 U.S. 240(1900). 제3자의 채권이 각 선박에 의해 재판 전에 지급되
   었다면, 그 금액은 선박소유자간의 과실비율판단에 있어서 이를 지급한 선박의 충돌손해로
   포함된다. 위의 The North Star.
6) In re Oskar Tiedemann & Co., 367 F.2d 498(3d Cir. 1966).
7) Moore-McCormack Lines, Inc. v. Richardson, 295 F.2d 583(2d Cir. 1961). Schoenbaum
   (5th), 838쪽.

하고, 선원에 관하여는 선원법에서 노동법적 규정을 두고 있다. 육상보조자에 대하여는 상법총칙과 상행위편이 적용된다.

제2 미국법상 선원보호

1. 서 론

미국법상 선원은 여타 근로자에 비하여 특별한 구제수단을 가지는데, 이 것은 역사적 전통 및[1] 선원이 특별한 위험에 노출되어 있기 때문이다. 선원 은 부상당한 경우에 그의 사용자에게 존스법에 의하거나[2] 선박의 불감항성을 이유로 한 손해배상을 청구하거나 상병보상을 청구할 수 있다. 그리고 일반해 사불법행위법상 선원은 불법행위자에 대하여 과실책임 또는 엄격책임을 물을 수 있고, 임금체불 및 부당해고에 대하여 사용자를 제소할 수 있다.[3]

2. 상병보상(maintenance and cure)

(1) 의 의

상병보상에 대한 권리는 일반해상법 하에서 발생하였는데,[4] "maintenance" 는 선원이 고용계약 중 질병에 걸리거나 상해를 입은 경우에 부양료를 청구 할 권리이며,[5] "cure"는 필요한 의료서비스를 받을 권리이다. 선원은 질병이 나 상해가 최대한으로 회복할 때까지 상병보상을 받을 수 있으며, 질병이나 상해발생시점부터 항해종료시까지에 대한 임금을 청구할 수 있다.[6] 상병보상 을 청구할 수 있는 선원의 범위는 존스법에 의해 손해배상을 청구할 수 있는 선원의 범위와 동일하며, 상병보상의 지급의무자는 선박소유자이다. 선원은 상병보상을 선박소유자뿐 아니라 선박에 대하여도 대물적으로 청구할 수 있 으며, 상병보상에 대하여는 선박우선특권이 발생한다.[7] 상병보상청구권은 선

---

1) Sims, "The American Law of Maritime Personal Injury and Death: An Historical Review," 55 Tul.L.Rev. 973쪽(1981).

2) 46 U.S.C. 제688조.

3) Schoenbaum(5th), 220쪽.

4) Harden v. Gordon, 11 Fed.Cas. 480(No. 6047)(C.C.D.Me. 1823).

5) Calmar S. S. Corp. v. Taylor, 303 U.S. 525(1938), motion denied 59 S.Ct. 56(1938).

6) Gardiner v. Sea-Land Service, Inc., 786 F.2d 943(9th Cir. 1986).

7) Fredelos v. Merritt-Chapman & Scott Corp., 447 F.2d 435(5th Cir. 1971).

박소유자의 귀책사유와 무관하게 발생하므로, 선원은 선박소유자의 과실이나 과실과 상해 간의 인과관계를 입증할 필요가 없다.1)

일반해상법에 의한 상병보상소송은 부상이나 질병이 육지에서 발생한 경우에도 제기할 수 있으며, 이는 해사불법행위관할에서의 불법행위지원칙의 예외이다. 또 상병보상소송은 연방법원에 제기하는 동시에 '원고에 대한 유보' 조항에 의하여 주법원에 별개의 소송을 제기할 수도 있다.2) 상병보상소송은 존스법에 의한 손해배상청구소송과 병합하여 제기할 수도 있고, 상병보상, 존스법에 의한 손해배상, 불감항성에 의거한 소송을 병합하여 제기할 수도 있다. 이들 세 가지 손해배상 중 한 가지 이상을 청구할 수 있는 경우에는 선원이 이중배상을 받는 것을 방지하기 위하여 법원이 손해배상액을 조정하게 된다.3) 그러나 선원이 존스법에 의한 손해배상을 이미 받았다고 하여 그 후에 상병보상을 청구할 수 없는 것은 아니다. 과실 있는 선원이라 할지라도 상병보상을 청구할 수 있으며, 상병보상을 청구하기 위하여는 고용계약 중 질병이나 상해가 발생하였으면 된다.4) 선원이 육상에서 휴가중에 질병·상해가 발생한 경우에는 상병보상을 청구할 수 있으나, 전적으로 선원의 고의의 악행(wilful misconduct)으로 인하여 상해를 입은 경우에는 상병보상을 청구할 수 없다.5)

(2) 범 위

㈎ **부양료**(maintenance) 부양료의 취지는 선원이 최대한 회복될 때까지 필요한 숙식비를 보전하려는 것이다. 즉 특정한 상해에 대한 손해배상이 아니고, 선원이 선상에 있을 때 수령하던 수준에 상응하는 합리적인 숙식비를 지급하는 것이 목적이다.6) 부양료금액은 선원이 숙식비로 실제로 지출한 금액에 입각하여 결정하며, 선원은 자신이 지출한 숙식비금액을 입증할 책임을 진

---

1) Calmar S.S. Corp. v. Taylor, 303 U.S. 525(1938), motion denied 59 S.Ct. 56(1938). Schoenbaum(5th), 334-335쪽.
2) Garrett v. Moore-McCormack Co., 317 U.S. 239(1942).
3) Schoenbaum(5th), 335-336쪽.
4) Aguilar v. Standard Oil Co. of New Jersey, 318 U.S. 724(1943).
5) Aguilar 사건에서 법원은 선원이 고의적 악행을 범하였거나 고의로 무분별한 행위를 한 경우(예컨대 성병에 감염됐거나 만취상태에서 입은 상해)에는 상병보상을 청구할 수 없다고 판시하였다. Schoenbaum(5th), 336쪽.
6) Vella v. Ford Motor Co., 421 U.S. 1(1975).

다.[1] 실제로 숙식비를 지출하지 않은 선원은 부양료를 청구할 수 없으나, 불명확할 경우에는 선원에게 유리한 방향으로 해석한다.[2] 선원이 회복기간중 부모의 집에서 무료로 기거한 경우에는 선원이 실제로 지출한 숙식비가 없으므로 부양료를 청구할 수 없다는 것이 대법원의 태도였으나,[3] 최근 하급심판례는 실제로 부모에게 숙식비를 지급하지 않았더라도 선원이 부모에게 숙식비를 갚을 의무를 진다면 선원에게 부양료를 지급해야 한다는 실용적인 입장을 취한다.[4] 선원이 제출한 증거가 완벽하지 못한 경우에도 일부 부양료를 지급하는 것은 가능하다.[5]

(나) **치료비**(cure)　　고용주는 선원이 질병에 걸리거나 상해를 입은 경우, 치료비를 지급할 의무를 진다. 통상 선원들은 의료보험이나 노조를 통해 의료서비스를 받는데, 선원노조는 선원에게 치료비를 지급한 후 선원연금복지기금에 청구한다. 의료보험이나 노조가 지급하지 않은 치료비는 고용주가 지급하여야 한다. 법원은 치료비가 선의로 합리적으로 지출되었는지를 면밀하게 심사하며, 선원은 치료비를 최소한으로 지출할 의무를 진다.[6] 선원은 의사를 선택하여 치료받을 권리를 가지나, 지나치게 고액이거나 불필요하게 지출한 치료비는 보상받지 못한다. 고용주는 과잉치료에 대한 입증책임을 진다. 고용주가 무료로 제공한 양질의 의료서비스를 선원이 거절하고 개별 의사의 치료를 받은 경우에는 치료비청구권을 상실할 수 있다.[7]

3. 불감항성으로 인한 손해배상

(1) 선박소유자의 감항능력주의의무

(가) **의　　의**　　선박소유자는 선박의 불감항성이나 선박부속장비의 하자로 말미암아 선원이 상해를 입은 경우에 이에 대한 배상책임이 있다. 상해를 입은 선원이 선박소유자의 감항능력주의의무 위반책임을 청구하려면 자신의 상

---

1) Ritchie v. Grimm, 724 F. Supp. 59(E.D.N.Y. 1989).
2) Vaughan v. Atkinson, 369 U.S. 527(1962).
3) United States v. Johnson, 160 F.2d 789(9th Cir. 1947), affirmed in part, reversed in part 333 U.S. 46(1948).
4) Flower v. Nordsee, Inc., 657 F. Supp. 235(D.Me. 1987).
5) Complaint of Robbins, 575 F. Supp. 584(D.Wash. 1983). Schoenbaum(5th), 345~348쪽.
6) Dowdle v. Offshore Express, Inc., 809 F.2d 259(5th Cir. 1987).
7) Schoenbaum(5th), 349쪽.

해가 선박이나 선박장비 또는 그 부속물의 하자로 인하여 발생하였음을 주장
하여야 한다. 선박소유자의 감항능력주의의무는 선체, 화물선적장비, 선상에
있는 연장, 로프 및 색구 기타 선박에 속하거나 하역업자가 선상에 반입한 장
비에 대하여 적용되며, 선박의 비품인 식량·식수·가구·의복 및 비품의 포
장용기에까지 확장된다.[1] 화물 그 자체는 감항능력주의의무의 대상이 아니나
화물적부방법, 화물컨테이너의 상태, 화물포장에 대하여는 감항능력주의의무
가 적용된다.[2] 또 선박소유자는 항해에 적합한 선원을 승선시킬 의무가 있으
므로, 선원이 피해자를 폭행하거나 잘못된 지시를 내리거나 미숙련선원을 고
용한 데 대하여 책임을 져야 한다. 선박에 특정 장비가 구비되지 아니한 경우
에 불감항상태라고 볼 수도 있으나, 이것은 사안별로 결정할 사실문제이다.[3]

　(나) 판단기준　　　감항능력주의의무가 절대적 의무이고 과실책임과는 무관
하지만, 단지 사고가 발생한 것만으로 선박이 불감항으로 되는 것은 아니며,
감항능력의 판단기준은 당해 선박·기관·설비가 항해에 적합한지 여부이다.
반드시 완벽한 선박을 제공하여야 하는 것은 아니므로 선박소유자는 최신·
최고의 장비를 갖출 의무는 없으며, 선박이 반드시 무사고선일 필요도 없다.[4]
선박소유자가 안전에 관한 법령이나 규칙을 위반한 것은 그 자체로서 감항능
력주의의무 위반으로 간주되나, 선원이 단 한번 과실행위를 하였다고 하여 곧
선박이 불감항으로 되는 것은 아니다. 예컨대 윈치운전자가 과실로써 슬링(달
아올리는 기계)을 너무 빨리 내렸기 때문에 선원이 슬링에 부딪혀 부상당한 경
우에, 이 같은 개인의 과실행위가 선상에서 발생하였다 하더라도 곧 선박이
불감항상태가 되는 것은 아니다.[5] 감항성 있는 장비를 위험한 방법으로 사용
함으로써 그 장비가 불감항상태가 될 수도 있다. 그러나 선박소유자가 작업방
법을 달리 할 수 있었다거나 다른 장비를 사용할 수 있었다는 것만으로는 불
감항성을 입증하기에 부족하며, 원고는 선박소유자가 당해 장비를 사용한 방
법 자체가 불안전하였음을 입증하여야 한다.[6] 원고가 선박소유자의 감항능력

---

1) Italia Societa per Azioni di Navigazione v. Oregon Stevedoring Co., 376 U.S. 315(1964),
　 on remand 336 F.2d 124(9th Cir. 1964).
2) Smith v. American Mail Line, Ltd., 525 F.2d 1148(9th Cir. 1975).
3) Jordan v. United States Lines, Inc., 738 F.2d 48(1st Cir. 1984). Schoenbaum(5th), 318~320쪽.
4) Thornton v. Deep Sea Boats, Inc., 399 F. Supp. 933(S.D.Ala. 1975).
5) Usner v. Luckenbach Overseas, Corp., 400 U.S. 494(1971), rehearing denied 401 U.S.
　 1015(1971).
6) Rogers v. Eagle Offshore Drilling Services, Inc., 764 F.2d 300(5th Cir. 1985), rehearing

주의의무 위반책임을 청구하기 위하여는 당해 불감항상태로 인하여 자신이 상해를 입었음을 입증하여야 하는데, 존스법에 의한 과실책임을 청구할 때보다 고도의 인과관계가 있어야 한다. 즉 원고는 ① 자신의 상해가 발생한 데 대하여 불감항성이 중요한 역할을 하였고, ② 자신의 상해가 불감항성의 직접적 결과 또는 합리적으로 가능한 결과라는 것을 입증하여야 한다.[1]

감항능력주의의무 위반사건에서는 선박에 하자 있는 상태가 발생하거나 사고가 발생한 시점에 선박을 운항하고 있던 자가 피고적격을 가지므로, 일반적으로 선박소유자가 피고가 되나 선체용선자가 피고가 되기도 한다. 선박소유자는 일단 선체용선자에게 선박을 인도한 후에 불감항상태가 발생한 것에 대하여는 책임을 지지 않으나, 선체용선자에게 인도하기 전에 이미 존재한 불감항성에 대하여는 책임을 진다.[2] 감항능력주의의무 위반에 대하여 선박은 대물적 책임을 지며 선박소유자와 선박운항자는 대인적 책임을 지는데, 선박의 불감항성에 대하여 다수의 불법행위자가 있는 경우에는 구상 및 분담금청구원칙이 적용된다.[3]

(2) 선원에 대한 감항능력주의의무

선박소유자는 선원에 대하여만 감항능력주의의무를 부담하므로, 승선하여 있는 여객·방문객이나 해양탐사선의 과학자들은 감항능력주의의무 위반을 주장할 수 없다.[4] 원고가 감항능력주의의무 위반을 주장할 수 있는 선원이 되기 위하여는 ① 원고가 승선중인 선박이 항해중이어야 하고, ② 원고가 어느 정도 선박과 영구적 관련을 가져야 하며, ③ 원고가 항해를 보조하기 위한 목적으로 승선하고 있어야 한다. 따라서 선박에 승선하여 있던 선원이 선상에서 상해를 입은 후 그 선박소유자나 운항자를 제소하는 것이 전형적인 불감항성 사건의 예이다.[5]

그런데 연방대법원은 1946년의 Seas Shipping Co. v. Sieracki 판결에서, 선상에서 상해를 입은 하역근로자가 선박소유자의 피용자가 아니라 하더라도

---

denied 770 F.2d 549(5th Cir. 1985).

1) Alverez v. J. Ray McDermott & Co., Inc., 674 F.2d 1037(5th Cir. 1982). Schoenbaum(5th), 320-322쪽.
2) Rodriguez v. McAllister Bros. Inc., 736 F.2d 813(1st Cir. 1984).
3) Schoenbaum(5th), 323-324쪽.
4) Rutledge v. A & P Boat Rentals, Inc., 633 F. Supp. 654(W.D.La. 1986).
5) Schoenbaum(5th), 331쪽.

선박소유자의 감항능력주의의무 위반에 대한 손해배상청구권을 가진다고 판
시하였다. 즉 원고와 선박소유자 간에 직접 계약관계가 없어도 무방하며, 하
역근로자가 선원과 동일한 위험에 직면하여 있으면서 선상에서 선박소유자에
게 필수적인 기능을 수행한다는 사실을 중시하였던 것이다.1) 나아가 연방대
법원은 1953년에 감항능력주의의무 인정 여부는 원고가 하는 작업의 종류 및
원고와 선박과의 관계에 달려 있다고 하면서, 승선하여 있던 독립계약자인 선
박수리공에게까지 선박소유자의 감항능력주의의무를 확장하였다. 즉 선박소
유자가 직접 고용한 선원과 동일한 위험에 처하여 있는 모든 해상근로자에
대하여 선박소유자가 감항능력주의의무를 부담한다는 것이다.2)

그러나 1972년에 미국의회는 하역근로자손해배상법을 개정함으로써 동법
의 적용을 받는 피용자가 감항능력주의의무 위반에 관하여 제소할 수 없도록
하였으며,3) 아울러 동법의 적용을 받는 근로자의 범위를 대폭 확장하였다.
그 결과 대부분의 해상근로자들은 선원과 하역근로자로 크게 나뉘어지고, 하
역근로자는 더 이상 선박소유자의 감항능력주의의무 위반책임을 청구할 수 없
게 되었다. 또한 하역근로자손해배상법의 적용을 받지 않는 하역근로자(예컨대
미국영토 외에서 사고가 발생하였거나, 하역근로자가 연방정부의 피용자인 경우)가 선상에서
작업중 상해를 입었다면 감항능력주의의무 위반을 주장할 수 있느냐가 문제
되는데, 대다수 미국판례는 하역근로자는 동법의 적용을 받는지를 불문하고
감항능력주의의무 위반을 주장할 수 없다는 입장이나4) 반대견해도 있다.5)

4. 존스법에 의한 손해배상청구

(1) 고용중의 상해

미국법상 고용중에 사망하거나 상해를 입은 선원은 존스법6)에 의한 손해
배상청구를 할 수 있다. 이 같은 손해배상청구를 하려면 고용주의 과실을 입
증하여야 하는데, 선박이 위험한 상태에 있는 경우, 선원에게 합리적으로 안
전한 작업장소를 제공하기 위하여 합리적인 주의의무를 행사하지 않은 경우,

---

1) 328 U.S. 85(1946), rehearing denied 328 U.S. 878(1946).
2) Pope & Talbot, Inc. v. Hawn, 346 U.S. 406(1953). Schoenbaum(5th), 331-332쪽.
3) 33 U.S.C. 제905(b)조.
4) Normile v. Maritime Co. of the Philippines, 643 F.2d 1380(9th Cir. 1981).
5) Aparicio v. Swan Lake, 643 F.2d 1109(5th Cir. 1981). Schoenbaum(5th), 332-333쪽.
6) 46 U.S.C. 제688조.

선박에 있는 위험물을 제대로 점검하지 못한 경우, 기타 선주의 주의의무위반의 경우에는 고용주의 과실이 있다고 본다.[1] 고용주는 자신의 임원, 대리점이나 피용자의 과실에 대하여도 책임을 부담한다.[2] 기여과실이나 위험인수가 있더라도 선원은 손해배상을 청구할 수 있으며, 기여과실이 있는 경우 선원의 청구가 과실에 비례하여 감액될 뿐이다.[3] 고용주의 기본적 의무는 선원에게 안전한 작업장소를 제공하는 것이며, 이 의무는 절대적이고 위임할 수 없다. 선원이 승선하고 있던 선박의 소유자가 아닌 고용주도 이 같은 배상책임을 진다.[4] 고용주는 선원이 안전하게 선박에 승선하고 퇴선하는 수단을 제공할 의무도 진다.[5]

선원은 '고용중' 발생한 상해에 대하여만 손해배상을 청구할 수 있다. 예컨대 선원노조가 고용한 선원이 고용주가 지정한 택시를 타고 배정된 선박에 가던 중 상해를 입었다면, 선원은 이미 선박업무에 고용중인 것으로 본다.[6] 한편 선원이 해고되어 고용관계가 종료되었다면 그는 고용중이라고 할 수 없고, 선박으로부터 집으로 돌아가는 길에 상해를 입더라도 청구를 할 수 없다.[7] 고용주의 요청에 의해 선원이 육상에서 임시 작업을 하다가 상해를 입은 경우는 고용중이고,[8] 선원이 육상휴가를 나와 있는 기간도 고용중이다.[9] 항상 선상에 근무하는 선원(blue water seaman)에 대하여는 법원이 관대한 입장을 취하여 육상에서의 휴가나 오락 또는 선박에 승하선하는 동안도 고용중이라고 본다. 반면에 주간에만 선박에서 근무하고 야간에는 귀가하는 선원(brown water seaman)이 출퇴근하는 동안은 고용중이라고 보지 않는다.[10] 고용주는 선

---

1) Davis v. Hill Engineering, Inc., 549 F.2d 314(5th Cir. 1977).
2) Socony-Vacuum Oil Co. v. Smith, 305 U.S. 424(1939).
3) Schoenbaum(5th), 296-297쪽.
4) Bertrand v. International Mooring and Marine, 710 F.2d 837(5th Cir. 1983).
5) Meyers v. M/V EUGENIO C, 842 F.2d 815(5th Cir. 1988), rehearing granted 852 F.2d 806(1988), on motion for reconsideration 876 F.2d 38(5th Cir. 1989). Schoenbaum(5th), 297-298쪽.
6) Mounteer v. Marine Transport Lines, Inc., 463 F. Supp. 715(S.D.N.Y. 1979).
7) McCall v. Overseas Tankship Corp., 222 F.2d 441(2d Cir. 1955).
8) Rannals v. Diamond Jo Casino, 265 F.3d 442(6th Cir. 2001).
9) Daughenbaugh v. Bethlehem Steel Corp., 891 F.2d 1199(6th Cir. 1989). Schoenbaum(5th), 299쪽.
10) Lee v. Mississippi River Grain Elevator, Inc., 591 So. 2d 1371(La. App. 1991). Schoenbaum (5th), 299쪽.

원이 통상 승하선하는 장소까지만 통제할 수 있으므로, 고용주가 안전한 작업
장소를 제공할 의무는 선박과 선원이 통상 기거하는 장소를 넘어서지 아니한
다. 단, 예외도 있는바, 선원이 육상휴가에서 돌아오다가 트랩(건널판)의 부두
쪽 끝에서 1.5미터 이내에서 떨어진 사건에서, 법원은 ① 위험성이 선박의 승
선점으로부터 불과 1.5미터 이내에 있었으므로 승선수단 자체가 불안전하였
고, ② 다른 선원들이 과실로 놓아 둔 물건 때문에 원고 선원이 미끄러졌으
며, ③ 다른 선원들이 위험상태에 관하여 알고 있었고, ④ 다른 선원들이 위
험물을 치우거나 사고방지조치를 취하지 않았다는 이유로 원고 선원이 고용
중이었다고 보았다.[1]

　　고용주는 자신이 알고 있어야 하는 위험한 상태를 선원에게 경고할 의무
를 진다. 야간에 선원이 보트를 타고 도선을 하다가 불을 켜지 않은 불감항바
지선과 충돌하여 상해를 입었는데 고용주의 피용자가 바지선을 부적당한 위
치에 놓아 두었다면, 고용주는 이 같은 위험상태를 알았거나 알았어야 했으므
로 손해배상책임을 진다.[2] 육상에 있거나 선박외부에 있는 위험물에 대하여
도 선박소유자·고용주는 상당한 의무를 진다. 선박요리사가 식품을 구입하
기 위해 가다가 선박으로부터 90미터 떨어진 부두계단에서 미끄러져 떨어져
상해를 입었다. 법원은 선박소유자가 통제할 수 없는 제3자의 영역에 선원이
들어가야 하는 경우에도 선박소유자는 선원에게 안전한 작업장소를 제공할
의무를 지며, 선원들을 예측가능한 위험으로부터 보호하기 위해 인근지역을
검사하고 합리적인 주의를 다하여야 한다고 보았다. 즉 요리사가 자신의 의무
를 이행하기 위해 선박에서 불과 90미터 떨어진 계단을 통과할 것이 예상된
다면, 선박소유자는 그 계단을 검사했어야 한다는 것이다.[3] 존스법이 적용되
는 상해는 상상할 수 있는 모든 형태의 상해와 사고를 포함한다. '상해'는 신
체의 상해와 동시에 발생한 정신적 손해 및[4] 선천성면역결핍증(AIDS)도 포함
한다.[5] 선원이 유독성화학물질에 떨어져 신체에 상해를 입었다면, 이로 인하

---

1) Marceau v. Great Lakes Transit Corp., 146 F.2d 416(2d Cir. 1945). Schoenbaum(5th),
299-300쪽.
2) Verrett v. McDonough Marine Service, 705 F.2d 1437(5th Cir. 1983).
3) Salamon v. Motor Vessel Poling Bros. No. 11 Inc., 751 F. Supp. 343(E.D.N.Y. 1990).
Schoenbaum(5th), 300-301쪽.
4) Lipari v. Maritime Overseas Corp., 493 F.2d 207(3d Cir. 1974).
5) Mellman, "AIDS, The American Seaman, and the Law of Personal Injury," 13 Tul.L.J. 101쪽

여 암에 걸리지 않을까 하는 정신적 손해도 청구할 수 있다.[1] 신체의 상해가
수반되지 않은 성희롱 등에 대한 정신적 손해배상은 청구할 수 없다.[2]

(2) 인과관계

선박소유자·고용주가 선원에게 안전한 작업장소를 제공할 의무는 절대
적인 것이 아니고 상황에 따라 합리적인 주의의무를 다할 상대적인 의무이
다.[3] 상해를 입은 선원은 선박소유자나 그의 피용자·대리점에게 과실이 있
었음을 입증하여야 한다.[4] 과실이란 당시의 상황에서 통상적인 주의의무를
이행하지 아니한 것, 합리적이고 신중한 사람이라면 하지 않았을 행위를 한
것, 동일하거나 유사한 상황에서 합리적이고 신중한 사람이라면 하였을 행위
를 하지 않은 것을 의미한다. 선박소유자가 과실로 유능한 선장과 선원을 채
용하지 못하였다면 손해배상책임을 지며, 고용주는 자신의 피용자나 대리점
의 과실에 대하여 대리책임을 진다.[5] 그러나 동료선원이 선원을 고의로 폭행
한 경우, 가해자가 위험한 성향을 가졌음을 고용주가 알고 있었거나 폭행이
선박소유자의 이익을 위하여 행해진 경우를 제외하고는 고용주는 피해자선원
에 대하여 책임을 지지 않는다.[6] 선원의 발병이나 심장마비에 대하여 고용주
가 책임을 지는 것은 아니나, 불합리한 작업환경 또는 적절한 치료를 해주지
않았기 때문에 발병하였다면 손해배상책임을 진다.[7] 또 고용주는 선원을 구
조하기 위하여 합리적인 조치를 취할 의무가 있다.[8] 고용주가 과실책임에 대
하여 면책된다는 조항은 공서양속에 반하므로 무효이다.[9]

원고는 자신의 사망이나 상해에 대하여 피고의 과실이 조금이라도 기여
했다면 손해를 청구할 수 있으므로, 원고의 입증책임은 매우 가볍다. 선박이

(1988).

[1] Hagerty v. L & L Marine Services, Inc., 788 F.2d 315(5th Cir. 1986), modified 797 F.2d 256(1986).
[2] Martinez v. Bally's Louisiana, Inc., 244 F.3d 474(5th Cir. 2001). Schoenbaum(5th), 301쪽.
[3] Perkins v. American Elec. Power Fuel Supply, Inc., 246 F.3d 593(6th Cir. 2001).
[4] Carlton v. M/G Transport Services, Inc., 698 F.2d 846(6th Cir. 1983).
[5] Ives v. United States, 58 F.2d 201(2d Cir. 1932).
[6] Stechcon v. United States, 439 F.2d 792(9th Cir. 1971). Schoenbaum(5th), 302-305쪽.
[7] Gorman v. Prudential Lines, Inc., 637 F. Supp. 879(S.D.N.Y. 1986).
[8] Reyes v. Vantage S.S. Co., 609 F.2d 140(5th Cir. 1980), appeal after remand 672 F.2d 556(1982).
[9] Boyd v. Grand Trunk Western R. Co., 338 U.S. 263(1949). Schoenbaum(5th), 305-306쪽.

미시시피강을 항행중 선원이 실종되었다가 9개월 후 사체로 발견되었는데, 부검결과 익사한 것으로 판명되었다. 선원은 평소 간질발작증세가 있었고, 실종되기 1달 전 선원이 선박에서 떨어져 머리를 부딪혔는데, 의사는 발작이 일어나지 않았다고 판단하고 다시 근무하도록 허용했다. 원고는 이것이 오진이며, 선원을 성급하게 근무복귀시킨 과실이 있다고 주장하였다. 법원은 최근에 선원이 발작을 일으켜 선박에서 떨어졌다는 병력이 없는 이상 발작 때문에 선원이 선상에서 떨어졌다고 추측할 수 없다고 하여 원고의 청구를 기각하였다.[1] 반면에 Kline v. Maritrans CP, Inc. 사건에서는 선원이 실종되기 직전에 선장에게 소변보러 갑판에 다녀오겠다고 말하였다. 갑판에는 얼음이 덮혀 있었고 선원이 평소 소변보던 선측 갑판에는 가드레일이 없었다. 법원은 이 같은 상황에서 피고 선박소유자의 과실을 인정하였다.[2]

제3 우리법상 선원의 지위

1. 의   의

우리 상법은 선원 등 해상기업인의 이행보조자의 개념을 정의하지 아니하고 있다. 상법상 선원은 좁은 의미로는 '선박소유자가 최저기준의 법정근로조건으로 고용하여 특정한 선박에 승선근무하도록 하며, 계속적으로 선박의 항해와 관련한 업무에 종사하는 사람'이다. 또 넓은 의미로는 '선박소유자와 근로관계를 맺을 것을 요건으로 하지 않고, 선박소유자가 지정한 선박에 승선하여 계속적으로 선박의 항해와 관련한 선무에 종사하는 사람'이다.[3] 이는 선원법에서 규정한 선원의 개념과 다르다. 선원법 제2조 1호는 선원을 "선박에서 근로를 제공하기 위하여 고용된 사람"이라고 정의한다. 선원은 선장과 해원을 포함하는데, 선장은 '해원을 지휘·감독하며 선박의 운항관리에 관하여 책임을 지는 선원'이며(선원법 제2조 3호), 해원은 '선박에서 근무하는 선장이 아닌 선원'을 말한다(동조 4호). 또한 선원법은 해원을 직원과 부원으로 나누는데, 직원은 항해사, 기관장, 기관사, 전자기관사, 통신장, 통신사, 운항장, 운

---

1) Martin v. John W. Stone Distributor, Inc., 819 F.2d 547(5th Cir. 1987).
2) 791 F. Supp. 455(D.Del. 1992). Schoenbaum(5th), 307-308쪽.
3) 박용, 170쪽.

항사, 어로사, 사무장, 의사를 의미하고(동법 제2조 5호, 동법 시행령 제3조), 부원은 직원이 아닌 해원을 의미한다(동법 제2조 6호).

2. 선   장

(1) 의   의

선장은 넓은 의미로는 선박소유자인 동시에 선장인 동시선장을 포함하지만, 좁은 의미로는 선박소유자의 피용자로서 특정 선박의 항해를 지휘·감독하고 선박소유자의 대리인으로서 항해에 관한 포괄적인 법정권한을 가지는 자이다.[1]

(2) 선장의 지위

선장은 선박소유자에 대하여 고용관계에 있으므로 고용계약 및 민법의 고용에 관한 규정의 적용을 받는다. 또 선장은 선박소유자를 대리할 권한을 가지는바, 선적항 내에서 선장은 특히 위임받은 경우 외에는 해원을 고용하고 해고할 권한만을 가진다(상 제749조 제2항). 반면에 선적항 외에서 선장은 특정 선박의 항해를 위하여 필요한 재판상 또는 재판 외의 모든 행위를 할 광범한 권한을 가진다(동조 제1항).

(3) 선장의 의무

선장은 항해에 관한 중요한 사항을 지체 없이 선박소유자에게 보고하여야 하고(상 제755조 제1항), 선장은 매 항해를 종료한 때에는 그 항해에 관한 계산서를 지체 없이 선박소유자에게 제출하여 그 승인을 얻어야 하며(동조 제2항), 선장은 선박소유자의 청구가 있을 때에는 언제든지 항해에 관한 사항과 계산의 보고를 하여야 한다(동조 제3항).

선장은 출항 전에 선박이 항해를 견딜 수 있는가와 화물이 실려 있는 상태 및 항해에 적합한 장비·인원·식료품·연료가 갖추어져 있는지를 검사할 의무를 진다(선원법 제7조). 선장은 항해의 준비가 끝난 때에는 지체 없이 출항하여야 하며, 부득이한 사유가 있는 경우를 제외하고는 예정항로를 따라 도착항까지 항해하여야 한다(직항의무)(동법 제8조). 선장은 ① 항구를 출입할 때, ② 좁은 수로를 지나갈 때, ③ 선박의 충돌·침몰 등 해양사고가 빈발하는 해역

---

1) 서·정, 567쪽.

을 통과할 때, ④ 선박에 위험이 발생할 우려가 있는 때, 선박의 조종을 직접 지휘해야 한다(동법 제9조 제1항). 선장은 화물을 싣거나 여객이 타기 시작할 때부터 화물을 모두 부리거나 여객이 다 내릴 때까지 선박을 떠나서는 아니 된다(동법 제10조). 다만, 기상 이상 등 특히 선박을 떠나서는 아니 되는 사유가 있는 경우를 제외하고는 선장이 자신의 직무를 대행할 사람을 직원 중에서 지정한 경우에는 그러하지 아니하다(동조 단서).

선장은 선박에 급박한 위험이 있을 때 인명, 선박 및 화물을 구조하는데 필요한 조치를 다하여야 하고(동법 제11조 제1항), 인명구조 조치를 다하기 전에 선박을 떠나서는 아니 된다(동조 제2항). 선박이 충돌했을 때 각 선박의 선장은 서로 인명과 선박을 구조해야 하고, 선박 명칭·소유자·선적항·출항항·도착항을 상대방에게 통보해야 한다(동법 제12조). 다만 자기 선박에 급박한 위험이 있을 때에는 예외이다(동조 단서). 선장은 다른 선박이나 항공기의 조난을 알았을 때 인명구조 조치를 취해야 한다(동법 제13조). 폭풍우 등 기상 이상이 있거나 떠돌아다니는 얼음덩이, 떠다니거나 가라앉은 물건 등 항해에 위험을 줄 우려가 있는 것과 마주쳤을 때에는 그 사실을 가까운 선박의 선장과 해양경찰에 통보해야 한다(동법 제14조).

총톤수 500톤 이상 선박이나 13인 이상을 운송할 수 있는 여객선 선장은 비상시 해원의 임무를 정한 비상배치표를 선내 보기 쉬운 곳에 걸어두고 소방훈련, 구명정훈련 등 비상시에 대비한 훈련을 실시해야 한다(동법 제15조 제1항). 여객선 선장은 모든 여객이 비상시에 대비할 수 있도록 비상신호와 집합장소 위치, 구명기구 비치 장소를 선내에 명시하고, 피난요령을 쉽게 보기 쉬운 곳에 걸어두며, 구명기구 사용법, 피난절차, 비상시 여객이 알아야 할 사항을 주지시켜야 한다(동조 제2항). 선장은 선박국적증서·선원명부·항해일지·화물에 관한 서류 등을 선내에 갖추어 두어야 한다(동법 제20조 제1항).

(4) 선장의 권한

선장은 해원을 지휘·감독하며, 선내에 있는 사람에게 필요한 명령을 할 수 있다(동법 제6조). 해원이 ① 상급자의 직무상 명령에 따르지 아니하거나, ② 선장의 허가 없이 선박을 떠나거나, ③ 선장의 허가 없이 흉기나 마약류를 선박에 들여오거나, ④ 선내에서 싸움, 폭행, 음주, 소란행위를 하거나 고의로 시설물을 파손하거나, ⑤ 직무를 게을리하거나 다른 해원의 직무수행을 방해하거나, ⑥ 정당한 사유 없이 선장이 지정한 시간까지 선박에 승선하지 않거나, ⑦ 선내 질서를 어지럽히는 행위로서 단체협약, 취업규칙이나 선원근로계약이 금지하는 행위를 할 경우 선장은 해원을 징계할 수 있다(동법 제22조 제1항). 징계는 훈계, 상륙금지 및 하선으로 하며 상륙금지는 정박 중 10일 이내로 한다(동조 제2항). 하선은 해원이 폭력행위 등으로 선내 질서를 어지럽게 하거나 고의로 선박 운항에 현저한 지장을 준 것이 명백한 경우에 한한다(동조 제3항). 징계는 5명 이상의 해원으로 구성되는 징계위원회 의결을 거쳐야 한다(동조 제4항).

선장은 해원이나 선박에 있는 사람이 인명이나 선박에 위해를 줄 우려가 있는 행위를 하려 할 때 위해방지조치를 할 수 있다(동법 제23조). 해원이나 선박에 있는 사람이 위해를 끼치거나 선내 질서를 매우 어지럽게 한 때, 선장은 관계 행정기관장에게 원조를 요청할 수 있다(동법 제24조 제1항). 열악한 근로여건과 선장의 가혹행위에 못이겨 해상탈출을 하다 사망한 선원에 대해 선장과 선박소유자가 손해배상책임을 진다는 판례가 있다.[1]

3. 선   원

(1) 선원근로계약

선박소유자는 선원근로계약을 체결하거나 변경할 때 선원에게 임금, 근로시간 등 근로조건을 구체적으로 밝혀야 한다(선원법 제27조 제1항). 근로조건이 사실과 다른 경우 선원은 선원근로계약을 해지하고 손해배상을 선박소유자에게 청구할 수 있다(동법 제28조 제1항). 선박소유자는 선원근로계약의 불이행에

---

1) 부산지판 1999. 8. 20. 99가합2464, 법률신문 제2815호(1999. 8. 26), 12쪽(원고 김정권, 피고 양인호). 선원 김홍득은 무허가선원소개소를 통해 피고의 보양호에 승선하여 투망작업 및 고기상자운반일을 하다가 누적되는 수면부족, 열악한 근로여건, 억압적인 선상분위기를 견디지 못하고 탈출을 결심하였다. 김홍득은 당시 해역이 육지와 멀지 않은 것으로 알고 구명의만 입은 채 바다로 뛰어들었다가 사망하였다. 법원은 "선상생활은 공간의 협소성·폐쇄성, 각종 위험발생으로 인하여 선장 등 책임자들의 절대적 지배 하의 장이므로 선장은 선상상황을 선원들이 적응할 수 있도록 적절하게 형성하고 유지할 의무가 있다"고 밝혔다. 나아가 선장이 어획고에 집착하여 선원들에게 폭언과 폭력을 가하고, 계속 강도높은 근로를 요구했으며, 하선을 요구하는 선원에게 폭력을 행사하여 정상적 절차로서는 하선할 수 없다고 생각하게 했다면, 이는 사회통념상 현저히 부적절한 상황이라고 보았다. 이 같은 상황에서 선원이 탈출을 시도하다 사망하였다면, 선장과 선박소유자는 선원유족의 손해를 배상할 책임이 있다고 판시하였다.

대한 위약금이나 손해배상액을 미리 정할 수 없고(동법 제29조), 선원근로계약에 부수해 강제저축을 약정할 수 없다(동법 제30조). 선박소유자는 선원에 대한 전차금과 임금을 상계하지 못한다(동법 제31조). 선박소유자는 정당한 사유 없이 선원근로계약을 해지하거나 휴직, 정직, 감봉, 징벌을 하지 못한다(동법 제32조 제1항). 선박소유자는 ① 선원이 직무상 부상의 치료나 질병 요양을 위해 직무에 종사하지 않은 기간과 그 후 30일, ② 여성선원의 출산전휴휴가와 그 후 30일간 선원근로계약을 해지하지 못한다(동조 제2항). 선박소유자가 선원근로계약을 해지하려면 30일 이상 예고기간을 두고 서면으로 선원에게 알려야 한다(동법 제33조 제1항). 선원근로계약이 항해 중 종료할 경우 그 계약은 선박이 다음 항구에 입항해 부릴 화물을 모두 부리거나 내릴 여객이 다 내릴 때까지 존속한다(동법 제35조 제1항). 선박소유자가 변경되면 옛 선박소유자와 체결한 선원근로계약은 종료하며, 그때부터 새 선박소유자와 선원 간에 종전의 선원근로계약과 같은 조건의 새 선원근로계약이 체결된 것으로 본다(동법 제36조).

① 선원에게 책임을 돌릴 사유가 없는데 선박소유자가 선원근로계약을 해지했거나, ② 선원근로계약에서 정한 근로조건이 사실과 달라 선원이 선원근로계약을 해지했거나, ③ 선박 침몰·멸실 등 부득이한 사유로 사업을 계속할 수 없어 선원근로계약을 해지한 경우, 선박소유자는 선원에게 통상임금 2개월분을 실업수당으로 지급해야 한다(동법 제37조). 선박소유자는 선원이 거주지나 선원근로계약 체결지 아닌 항구에서 하선하는 경우 선박소유자의 비용과 책임으로 선원의 거주지나 선원근로계약 체결지 중 선원이 원하는 곳까지 송환해야 한다(동법 제38조 제1항). ① 선원이 정당한 사유 없이 임의로 하선했거나, ② 선원이 하선 징계를 받고 하선한 경우, 선박소유자는 송환비용을 선원에게 청구할 수 있다(동조 제2항). 선박소유자는 하선한 선원에게 송환에 걸린 일수에 따라 통상임금에 해당하는 금액을 송환수당으로 지급해야 한다(동법 제39조). 선박소유자가 송환의무를 이행하지 않아 선원이 송환을 요청하는 경우 해양수산부장관은 선원을 송환한 후 비용을 선박소유자에게 구상할 수 있다(동법 제42조 제1항).

(2) 임금

임금은 매월 1회 이상 일정한 날짜에 지급해야 한다(동법 제52조 제2항). 선박소유자는 선원이 부상이나 질병으로 직무에 종사하지 못하는 경우에도 선원이 승무하는 기간에는 어선원 외의 선원에게는 직무에 종사하는 경우의 임금을, 어선원에게는 통상임금을 지급해야 한다(동법 제54조). 선박소유자는 계속근로기간이 1년 이상인 선원이 퇴직하는 경우 계속근로기간 1년에 대해 승선평균임금의 30일분을 퇴직금으로 지급해야 한다(동법 제55조 제1항). 어선원의 임금에 대하여는 특례가 적용되며, 월 고정급 및 생산수당으로 하거나 비율급으로 할 수 있다(동법 제57조 제1항). 실업수당, 퇴직금, 송환비용, 재해보상을 받을 권리는 양도하거나 압류할 수 없다(동법 제152조). 임금, 퇴직금, 요양보상, 상병보상, 장해보상, 유족보상, 장제비, 행방불명보상, 소지품 유실보상, 그 밖에 선원의 근로관계로 인한 채권은 선박소유자의 총재산에 대해 질권·저당권 또는 『동산·채권 등의 담보에 관한 법률』에 따라 담보된 채권 외에는 조세·공과금 및 다른 채권에 우선해 변제된다(동법 제152조의2 제1항). 나아가 최종 4개월분 임금, 최종 4년분 퇴직금, 요양보상, 상병보상, 장해보상, 유족보상, 장제비, 행방불명보상, 소지품 유실보상은 선박소유자의 총재산에 대해 질권·저당권 또는 『동산·채권 등의 담보에 관한 법률』에 따라 담보된 채권, 조세·공과금 및 다른 채권에 우선해 변제된다(동조 제2항).

근로시간은 1일 8시간, 1주간 40시간으로 한다(동법 제60조 제1항). 시간외근로나 휴일 근로를 한 선원에게는 통상임금의 1.5배 이상을 시간외근로수당으로 지급해야 한다(동법 제62조 제1항). 선박소유자는 선원이 8개월간 계속해 승무한 경우 그때부터 4개월 이내에 선원에게 유급휴가를 주어야 하고(동법 제69조 제1항), 유급휴가는 계속 승무한 기간 1개월에 대해 6일로 한다(동법 제70조 제1항).

(3) 재해보상

선박소유자는 선원이 직무상 부상을 당하거나 질병에 걸린 경우 치유될 때까지 선박소유자의 비용으로 요양을 시키거나 요양에 필요한 비용을 지급해야 한다(동법 제94조 제1항). 요양은 진찰, 약품이나 보철구의 지급, 수술, 병원에의 수용, 간병, 이송, 통원치료시 교통비지급을 포함한다(동법 제95조). 선박소유자는 요양 중인 선원의 부상이나 질병이 치유될 때까지 4개월 동안 매월 통상임금에 상당하는 상병보상을 해야 하며, 4개월이 지나도 치유되지 않는 경우에는 치유될 때까지 매월 통상임금의 70%에 상당하는 상병보상을 해야 한다(동법 제96조 제1항). 부상이나 질병이 치유된 후에도 신체에 장해가 남는 경우 선박소유자는 산업재해보상보험법이 정하는 장해등급에 따른 일수에 승선평균임금을 곱한 금액의 장해보상을 해야 한다(동법 제97조). 선박소유자는 선원이 승무 중 직무 외 원인에 의해 부상이나 질병이 발생한 경우 요양에 필요한 3개월 범위의 비용을 지급해야 하고(동법 제94조 제2항), 요양기간 중 매월 통상임금의 70%에 상당하는 상병보상을 해야 한다(동법 제96조 제2항).

선박소유자는 선원이 직무상 사망한 경우(직무상 부상이나 질병으로 인한 요양 중 사망을 포함) 유족에게 승선평균임금의 1,300일분에 상당하는 유족보상을 해야 한다(동법 제99조 제1항). 그리고 선원이 승무 중 고의가 아닌 직무 외 원인으로 사망한 경우에는 유족에게 승선평균임금 1,000일분에 상당하는 유족보상을 해야 한다(동조 제2항). 고의 또는 중대한 과실의 입증책임은 선박소유자가 부담한다. 선박소유자는 선원이 사망한 경우 유족에게 승선평균임금의 120일분을 장제비로 지급해야 하고(동법 제100조), 선원이 해상에서 행방불명이 된 경우에는 피부양자에게 1개월분의 통상임금과 승선평균임금 3개월분에 상당하는 행방불명보상을 해야 한다(동법 제92조 제1항). 선원이 승선하고 있는 동안 해양사고로 소지품을 잃어버린 경우에는 통상임금 2개월분의 범위에서 소지품의 가액을 보상해야 한다(동법 제102조). 다만, 선원이 민법이나 다른 법령에 따라 선원법상 재해보상에 상당하는 급여를 받았다면, 선박소유자는 그 지급받은 금액만큼 선원법상의 보상책임을 면한다(동법 제103조 제1항).

보상을 받고 있는 선원이 2년이 지나도 치유되지 않는 경우에는 산업재해보상보험법(제57조 제2항)에 따른 제1급의 장해보상에 상당하는 승선평균임금 1,474일분을 선원에게 한꺼번에 지급함으로써 요양보상, 상병보상, 장해보상 책임을 면할 수 있다(선원법 제98조). 승선평균임금은 최근 3개월 동안 지급된 임금 총액을 총일수로 나눈 금액이다. 재해일 후 노사합의나 새로운 취업규칙 시행으로 승선평균임금 산정기간 내 임금을 소급 인상했더라도 인상된 임금액은 승선평균임금 산정에 포함할 수 없다.[1]

판례는 불감항성을 이유로 하는 손해배상청구소송은 선원법상 재해보상 청구소송과 별도로 청구할 수 있다고 본다. 그리고 선원법의 재해보상기준은

---

[1] 대판 2020. 7. 29. 2018다268811, 268828(판례공보(2020. 9. 15), 1685쪽)(원고/피상고인 에스케이해운, 피고/상고인 O, 파기환송).

최소기준을 정한 것에 불과하므로 선원법 소정의 재해보상금 외에 별도의 재해보상금을 지급하기로 약정하였다면, 재해발생시 사용자는 선원에게 별도의 재해보상금을 지급할 의무가 있다.[1] 선원법상 재해보상에 이의가 있는 자는 해양항만관청에 심사나 조정을 청구할 수 있으며(동법 제104조 제1항), 해양항만관청은 청구를 받은 지 1월 내에 심사나 조정을 하여야 한다(동조 제2항). 해양항만관청이 이 기간 내에 심사나 조정을 하지 아니하거나 그 결과에 불복하는 자는 선원노동위원회에 심사나 중재를 청구할 수 있다(동법 제105조 제1항).

선원법은 '승무 중'이란 기항지에서의 상륙기간과 승·하선에 수반되는 기간을 포함한다고 규정하고 있다(동법 제94조 제2항). 나아가 판례는 승무 중이란 업무수행 여부를 떠나서 선원이 승선하고 있는 일체의 기간을 포함하며, 휴무기간중이더라도 계속 승선하고 있는 일체의 기간, 휴무를 마치고 배로 복귀하는 여행기간은 물론 휴무기간이 만료되기 전이더라도 배로 복귀하는 기간도 이에 해당한다고 넓게 해석한다.[2] 기관사인 선원이 선박회사의 귀선명

---

1) 대판 2002. 6. 14. 2001다2112(판례공보(2002. 8. 1), 1641쪽(원고 장순덕, 피고 오에스지 쉽매니지먼트사). 피고는 라이베리아선적 아틀란타호 소유자이다. 원고의 아들 이용환은 피고를 위하여 선원관리업무를 대행하는 공동피고 해외선박과 근로계약을 체결하고, 아틀란타호에 3등기관사로 승무하였다. 베네수엘라에서 원유를 적재 후 미국 루이지애나주로 항해 중 이용환은 1996. 1. 31. 22 : 00 경 조타실에서 커피를 마시고 C갑판의 침실로 돌아간 후 다음 날 06 : 15 10미터 아래의 D갑판에서 시체로 발견되었다. 이용환은 두개골과 양쪽 광대뼈가 골절되어 있었고, 목에 넓게 찰과상이 있었으며, 왼쪽 손이 칼로 깊게 베었다. C갑판의 다른 빈 방에 이용환의 안경과 슬리퍼, 물에 적셔진 수건이 있었으며, 그 곳 바닥과 침대, D갑판으로 통하는 통로와 계단에 많은 피가 흘려져 있었다. 시체 옆에서 피묻은 칼이 발견되었으며, 그 칼은 선원들이 과일깎을 때 사용하던 것이었다. 피고는 ① 원고가 피고를 상대로 미국 루이지애나주 연방지방법원에 불감항성을 이유로 한 손해배상청구소송을 제기하였으므로 중복제소라고 항변하였으나, 대법원은 선원법상 재해보상청구권과 민법상 불법행위로 인한 손해배상청구권은 청구권경합관계로서 소송물을 달리하며, 불감항성을 이유로 한 청구 역시 선원법상 청구권과 소송물을 달리 하므로 중복제소가 아니라고 보았다. ② 피고는 이용환의 고의 또는 중과실에 해당하므로 면책된다고 항변하였으나, 대법원은 고의나 중과실의 입증책임은 선박소유자가 부담하나, 이 사건에서 이용환이 자살하였다거나 중과실로 사망하였다고 볼 수 없다고 판시하였다. 원심 서울고판 2000. 11. 24. 2000나28645는 이용환사망 당시 해운관청의 해외취업선원 재해보상에 관한 규정이 "선박소유자는 선원이 승무중 직무 외 원인으로 사망한 경우에는 유족에게 특별보상금 3만 불을 지급하여야 한다"라고 규정하나, 위 특별보상금과 같이 선박소유자에게 재산상 의무를 과하는 것은 입법사항이므로 이 규정은 위임입법의 한계를 넘은 위법한 것이라고 하여 원고의 특별보상금청구를 기각하였다. 반면 대법원은 근로기준법 및 선원법 소정의 근로조건은 최저기준에 불과하고, 근로계약 당사자는 근로기준법이나 선원법상 재해보상금 외에 별도의 재해보상금을 얼마든지 약정할 수 있다고 보아 사용자가 위 특별보상금을 지급하여야 한다고 판시하였다.
2) 대판 1999. 9. 17. 99다24836(판례공보(1999. 11. 1), 2194쪽)(원고 하주형, 피고 김영진). 망

령을 받고 복귀한 다음 선장의 명령에 따라 출항에 필요한 물품을 선박에 실은 후 하선해 다른 선원과 반주를 곁들여 저녁식사를 하고, 다음날 있을 출항에 대비해 취침하고자 선박으로 돌아와 기관실로 내려가던 중 발이 미끄러져 추락하여 상해를 입은 것은 직무상 재해이다.[1] 기항지에서 기관장이 고급선원 전원 참석한 공식 저녁회식을 마치고 선장과 함께 택시로 귀선하다가 교통사고로 사망한 것도 직무상 재해이다. 회식의 처음부터 끝까지 선장의 지배·관리를 받았기 때문이다.[2] 반면에 선원이 항해를 마친 후 선원 숙소 건물 내에 있는 자신의 방에서 쉬고 있던 중 같은 숙소에 거주하는 사람 부탁으로 건물 옆 컨테이너 위에서 사다리를 잡아주다가 부상당했다면, 선원이 숙소에서 휴식을 취하던 중 발생한 사고에 불과하여 선원법 제94조 제1항의 '직무상 부상'이 아니다.[3] 선원이 개인별 어획량에서 비용을 공제한 후 선주와 일정한 비율로 수익을 나누는 방식으로 보수를 지급받았더라도 여전히 근로기준법상의 근로자라고 볼 수 있고, 산재보험의 대상이 된다는 하급심판례가 있다. 법원은 이 사건에서 ① 선주가 선원들의 조업을 지휘·감독한 사실, ② 어

하상천은 피고 소유선박 태영호의 조리장이었는데, 부산항정박중 다른 선원들은 귀가하였으나 하상천은 갈 곳이 없어 선박에서 기거하였다. 선원들이 돌아왔으나 운송물량이 없어 선박은 이틀간 휴무하기로 하였다. 휴무기간중 하상천은 하선하여 식당에서 술을 마시고 선박에서 잠자기 위하여 승선하다가 술기운으로 발을 헛디뎌 익사하였다. 원심(부산고판 1999. 4. 14. 98나12195)은 휴무기간중 잠자기 위하여 임의로 승선한 것을 승무중이라고 할 수 없다고 보았다. 그러나 대법원은 "휴무기간중 갈 곳이 없어서 승선하고 있었더라도 그 승선기간은 사무가 아닌 승무중이라고 보아야 하고, 휴무기간중 하선하였다가 휴무기간이 끝나기 전에 배로 복귀하던 중 사망하였다면 이는 승무중 직무 외의 원인으로 사망한 것"이라고 보았다.

1) 인천지판 2011. 4. 13. 2009가합22910(각급법원(제1,2심) 판결공보(2011. 8. 10), 877쪽)(원고 선원, 피고 삼한강, 원고 승소 확정). 나아가 인천지법은 ① 선박회사 직원으로부터 사고가 음주사고여서 해운조합의 보상처리가 안되는데 회사가 배려차원에서 치료비를 주는 것이라는 설명을 듣고 치료와 관련하여 민형사상 이의를 제기하지 않겠다는 각서에 선원이 서명했더라도, 선원이 정신장애와 법률지식 부족으로 각서의 법적 의미를 정확히 인식하지 못하였다면 각서에 따른 의사표시는 선원의 궁박·경솔·무경험으로 인해 현저하게 공정을 잃은 법률행위로서 무효이고, ② 음주상태에서 재해가 발생했더라도, 음주가 직무와 전혀 무관하게 이루어졌고 직무수행능력을 현저히 약화시킬 정도가 아니라면 음주 사실만으로 직무수행성을 배제할 수 없으며, ③ 선원법상 재해보상은 재해에 대한 손해보상 뿐 아니라 생활보장적 성격도 가지므로 업무상 부상에 선원의 과실이 있더라도 과실상계를 할 수 없다고 판시하였다.

2) 대판 2008. 2. 1. 2006다63990(원고/피상고인 O, 피고/상고인 이스트윈드 마리타임, 상고기각).

3) 대판 2011. 5. 26. 2011다14282(판례공보(2011. 7. 1), 1299쪽)(원고/상고인 선원, 피고/피상고인 해광운수, 상고기각).

획량에 따른 선원의 월보수액이 단체협약상 월최저임금에 미달하는 경우에 최저임금을 월보수액으로 지급받은 사실을 중시했다.[1] 나아가 선원을 두텁게 보호하기 위해 선원의 승선 중 자살도 직무상 사망으로 보자는 견해가 있다.[2]

한편 헌법재판소는 원양어업이나 해상운송에 종사하는 선원들이 선장의 엄정한 감독 아래 투표권 행사를 효과적이고 기술적으로 할 수 있으므로, 공직선거법이 해상에 장기 기거하는 선원들에 대하여 부재자투표를 허용하지 않는 것은 선원들의 선거권을 침해하여 헌법에 불합치한다고 보았다.[3]

(4) 어선원 및 어선 재해보상보험법

근로기준법의 특별법이며 근로기준법보다 선원을 두텁게 보호하는 선원법은 총톤수 20톤 미만 어선에는 적용되지 아니한다(선원법 제3조 제1항 3호). 20톤 미만 어선에 종사하는 어선원은 근로기준법과 산업재해보상보험법('산재법')의 적용을 받는다. 그런데 5명 미만이 승선하는 어선에 대하여는 산재법이 적용되지 아니한다(산재법 시행령 제2조 제1항 6호). 그래서 5명 미만이 승선하는 소형어선의 어선원을 보호하기 위해 2003년에 어선원 및 어선 재해보상보험법('어선원법')을 제정했다.[4]

'어선원'은 임금을 받을 목적으로 어선에서 근로를 제공하기 위해 고용된 사람이다(어선원법 제2조 제1항 2호). 어선원법에 따른 재해보상보험사업은 해양수산부장관이 관장한다(동법 제3조 제1항). 해양수산부장관은 재해보상보험사업을 수산업협동조합중앙회에 위탁한다(동법 제9조). 어선원법의 적용대상인 어선의 소유자는 당연히 재해보상보험의 가입자가 된다(동법 제16조 제1항). 재해보상에는 요양급여, 상병급여, 장해급여, 일시보상급여, 유족급여, 장례비, 행방불명급여, 소지품 유실급여가 있다(동법 제21조 제1항).

어선원이 승무 중 직무 외의 원인으로 사망한 경우(제23조 제1항 및 제2항에 따

---

1) 서울행판 1999. 8. 10. 98구21836 요양신청서반려처분취소(법률신문 제2813호(1999. 8. 19), 12쪽)(원고 권혁동, 피고 근로복지공단). 원고는 오징어채낚기선의 선원으로 출어준비작업 중 나무조각이 눈에 박혀 부상을 입자 업무상 재해라며 요양신청을 했다가 반려당하자 피고를 제소하였다. 한편 법원은 이 판결에 따라 모든 선원들이 근로기준법상 근로자로 인정되는 것은 아니며, 사실관계에 따라 근로자인정 여부가 결정된다고 보았다.
2) 신동호・지승현, "승선 중인 선원의 자살에 관한 법적 고찰," 한국해법학회지 제41권 제2호(2019. 11), 193쪽.
3) 헌재 2007. 6. 28. 2005헌마772(헌법재판소공보(2007. 7. 20), 97쪽)(청구인 진O국).
4) 권창영, 선원법해설(제2판), 2018, 689쪽.

른 승무 중 직무 외의 원인으로 인한 부상 또는 질병으로 '요양하는 중 사망한 경우'를 포함)에 유족급여를 지급한다(동법 제27조 제2항 본문). 어선원이 승무 중 직무 외의 원인으로 부상을 당하거나 질병에 걸린 경우 요양기간의 최초 3개월 이내 비용만을 요양급여로 지급한다(동법 제23조 제1항, 제2항). '요양하는 중 사망한 경우'는 어선원이 승무 중 직무 외의 원인으로 발생한 부상이나 질병으로 요양하다가 요양개시일로부터 3개월 내에 사망한 경우를 뜻한다. 직무 외 원인으로 인한 부상이나 질병이 사망에 일부라도 기여한 경우 기간 제한 없이 유족급여를 인정하면 보험재정에 과도한 부담이 되고, 요양기간이 장기화되는 경우 승무 중 부상이나 질병 외에 다른 사망원인이 개재될 가능성이 높기 때문이다.[1]

제4 하역근로자

1. 하역근로자손해배상법

1927년에 제정된 미국 하역근로자손해배상법(Longshoremen's and Harbor Workers' Compensation Act)은 하역근로자의 고용중에 발생하는 사망이나 상해에 대하여 고용주에게 무과실책임을 지운다. 그 대신 고용주에게 불법행위책임보다 가벼운 책임을 지우며, 과실이 중한 경우에도 불법행위책임으로부터 면책시킨다. 동법의 취지는 공식적인 판정 없이도 고용주가 하역근로자에게 직접 신속하게 손해배상을 하도록 하는 것이다.[2]

2. 하역근로자손해배상법의 적용범위

(1) 피용자의 범위

하역근로자손해배상법은 미국의 가항수역(navigable waters, 인접부두 · 건선거 · 터미널 · 도로 · 해상철로 또는 선적 · 양륙 · 선박수리 · 선박해체 · 선박건조에 통상적으로 사용되는 기타 영역을 포함함)에서 피용자가 사망하거나 상해를 입은 경우에만 적용된다(동법 제903조). '피용자'는 선박수리 · 건조 · 해체에 종사하는 근로자를 포함한 항만근로자 및 하역근로자를 의미한다(동법 제902(3)조). 단, 다음의 근로자가

---

1) 대판 2018. 8. 30. 2018두43774(판례공보(2018. 10. 15), 1936쪽)(원고/상고인 O, 피고/피상고인 수산업협동조합중앙회, 상고기각).
2) Schoenbaum(5th), 358-359쪽.

각 주의 근로자재해보상법의 적용을 받는 경우에 이들에 대하여는 하역근로
자손해배상법이 적용되지 아니한다.

① 사무·비서·경비·정보처리업무만을 수행하는 자
② 클럽·오락시설·식당·박물관·상점에 고용된 자
③ 요트계선장에 고용된 자로서 요트계선장의 건조·수리·확장에 종사하지
   않는 자
④ 물품보급업자·운송인의 피용자이거나 임시로 고용된 피용자
⑤ 양식업 종사자
⑥ 길이 약 20미터 이하인 오락용 선박의 건조·수리·해체에 종사하는 자(동
   법 제902(3)조)

또한 선장·선원 및 18톤 이하의 소형선에 화물을 선적 또는 양륙하기
위하여 선장이 고용한 자, 미국정부·주정부·외국정부의 피용자에 대하여도
하역근로자손해배상법이 적용되지 아니한다(동법 제903(G)조, 제902(3)(H)조, 제903
(b)조).[1]

(2) 상해발생지요건

하역근로자손해배상법의 적용을 받으려면 상해가 미국의 가항수역에서
발생하였어야 한다. 하역근로자손해배상법이 1972년에 개정되면서 가항수역
을 넓게 해석하여 부두·건선거·터미널·도로·해상철로 기타 선적·양
륙·수리·해체·조선에 통상 사용되는 인접구역을 포함하게 되었다. 또 특
정 시설의 일부가 화물의 선적·양륙 작업에 사용되는 경우에는 그 전체시설
이 가항수역에 포함된다.[2] 부두·건선거·터미널·도로·해상철로는 실제로
어떻게 사용되는지를 자세히 묻지 않고 가항수역으로 본다.[3] 반면에 '기타
인접구역'은 해상활동과 관련이 있어야만 발생지요건을 충족시킨다. 공해상
에서 발생한 상해에 대하여도 하역근로자손해배상법이 적용되는지 여부가 문
제가 된다. 만약 이에 대하여 동법이 적용되지 않는다면, 한 미국항에서 다른
미국항에 항해하기 위하여 미국영해를 잠깐 벗어난 동안 발생한 사고에 대하

---

1) Schoenbaum(5th), 360-362쪽.
2) Northeast Marine Terminal Co. v. Caputo, 432 U.S. 249(1977).
3) Hurston v. Director, OWCP, 989 F.2d 1547(9th Cir. 1993).

여는 법적 보호를 받지 못한다는 결과가 되어 부당하다. 따라서 외국영해에 진입하지 아니한 채 미국영해를 드나드는 선박에 승선한 근로자에 대하여는 동법을 적용하는 것이 타당하나, 외국영해상에서 상해를 입은 근로자는 동법의 혜택을 받을 수 없다.[1]

(3) 해사업무요건

또한 동법의 적용을 받고자 하는 해사근로자는 해사업무(maritime employ-ment)에 종사하였어야 하는데, 이는 하역근로자·선박수리공·조선공·선박 브로커 같은 항만근로자를 의미한다. 연방대법원은 판례를 통하여 가항수역에서 화물의 운송에 기여하기만 하면, 어떤 근로자든 해사업무에 종사하는 것이라고 넓게 해석한다. 예컨대 1977년에 연방대법원은 컨테이너에서 꺼낸 화물을 검사하는 자 및 선박에서 하역된 화물을 트럭에 적재하는 작업을 하는 터미널근로자를 해사업무에 종사하는 자로 보았다. 즉 이 같은 검사작업이나 트럭적재작업은 선박으로부터 화물을 하역하는 작업의 일부분이므로, 설사 그 작업을 육상에서 하였더라도 해사업무에 속한다는 것이다. 또한 종래에는 이른바 휴식지점의 법리(point of rest doctrine)에 의하여 선박으로부터 화물을 하역하는 것을 해사업무로 보는 반면, 그 화물이 휴식지점인 운송터미널에 일단 도착한 후 내륙운송을 하기 위하여 다시 내륙운송수단에 환적하는 것은 해사업무로 보지 않았으나 연방대법원은 이 같은 법리를 배척하였다. 왜냐하면 동일한 해사근로자가 특정 휴식지점의 양쪽에서 작업할 수 있고, 특히 컨테이너 화물의 선적·양륙 작업의 대부분이 육상에서 행하여지는데, 이를 모두 하역근로자손해배상법의 적용범위에서 제외하는 것은 가혹하기 때문이다.[2]

1979년에 연방대법원은 화물자동차에서 화물을 하역하여 부두의 임시창고에 반입하는 작업을 하던 근로자와 화물열차에 화물을 고정시키는 작업을 하던 창고직원에게 하역근로자손해배상법이 적용된다고 판시함으로써 동법의 적용대상을 넓게 해석하는 종래의 입장을 견지하였다. 즉 선박으로부터 육상 운송수단에 화물을 직접 하역하거나 육상운송수단으로부터 선박에 직접 선적

---

1) Cove Tankers Corp. v. United Ship Repair, Inc., 683 F.2d 38(2d Cir. 1982). Schoenbaum (5th), 362-365쪽.
2) Northeast Marine Terminal Co. v. Caputo, 432 U.S. 249(1977). Schoenbaum(5th), 365-366쪽.

하는 작업은 해사업무라고 전제한 후, 이 같은 작업의 일부분만을 수행하는
자 역시 그 선적·하역 작업을 수행하는 것으로 본 것이다.[1] 따라서 동법이
규정하는 화물의 선적·양륙·선박건조·선박수리·선박해체 작업의 일부분
만을 수행하는 모든 해사근로자가 동법의 적용을 받게 된다.[2] 나아가 철도차
량으로부터 부두에 정박된 석탄선까지 석탄을 운송하는 컨베이어 벨트를 청
소하고 관리하는 업무를 일부 담당하는 근로자도 동법의 적용을 받는다. 즉
육상근로자라 하더라도 그의 업무가 화물 선적·양륙 작업의 필수적인 일부
인 경우에는 해사업무에 종사한다고 본다.[3]

　　한편 단순히 선박근처에서 업무를 수행하는 근로자에까지 동법이 적용되
는 것은 아니다. 예컨대 육상에서의 석유굴착은 해상활동이 아니므로, 대륙붕
에 있는 석유·가스 굴착용 고정육상플랫폼에서 작업하던 용접공은 동법의
적용대상이 아니다.[4] 연방항소법원 역시 선적·양륙·조선과 긴밀한 관련이
있는 작업에 종사하는 조선소의 벽돌공, 화물선적작업에 사용되는 장비에 페
인트칠하는 근로자, 부두건축용 발판을 세우는 목수, 선적장비수리공에게 동
법을 적용한다. 반면에 청소만 하는 미숙련근로자 및 컨테이너를 트럭에 싣고
와 선석에 하역하는 트럭기사는 해사업무에 종사하지 않는 것으로 보아 이들
에 대하여는 동법이 적용되지 않는다.[5]

　　해사근로자가 작업시간중 어느 정도 선적·양륙 등 업무에 종사하여야
동법의 적용을 받을 수 있는지에 관하여 연방대법원은 Pfeiffer 사건에서, 해
사근로자가 근무시간의 일부분 동안만 위 업무에 종사하면 충분하다고 판시
한 반면, Northeast Marine Terminal 사건에서는 근무시간중 최소한 어느 정
도는 위 업무에 종사하여야 한다고 판시하는 등 혼선을 보이고 있다. 그리고
연방항소법원은 해사근로자가 위 업무에 반드시 상당기간을 할애하지 않아도
무방하며, 해사근로자의 작업 자체가 해사업무에 해당하거나 해사근로자가
상해를 입을 당시에 해사업무에 종사하고 있었다면 동법의 적용을 받을 수
있다고 한다.[6] 근로자가 상해를 입을 당시 반드시 해상활동에 종사하고 있어

---

1) P.C. Pfeiffer Co. v. Ford, 444 U.S. 69(1979).

2) Schoenbaum(5th), 367쪽.

3) Chesapeake and Ohio Railway Co. Schwalb, 493 U.S. 40(1989). Schoenbaum(5th), 368쪽.

4) Herb's Welding, Inc. v. Gray, 470 U.S. 414(1985), on remand 766 F.2d 898(5th Cir. 1985).

5) Dorris v. Director, 808 F. 2d 1362(9th Cir. 1987). Schoenbaum(5th), 369-370쪽.

6) Gilliam v. Wiley N. Jackson Co., 659 F.2d 54(5th Cir. 1981).

야 하느냐가 문제된다. 이를 엄격하게 요구한하면 하루중에도 동법의 대상이 되기도 하고 되지 않기도 하므로, 너무 엄격하게 요구하지 말고 근로자의 업무를 전체적으로 관찰하여 동법의 적용여부를 결정하는 것이 타당하다.[1]

3. 근해해사근로자(offshore workers)

미국 외부대륙붕법(Outer Continental Shelf Lands Act)[2] 제1333(b)조는 외부대륙붕해저에 있는 자연자원을 탐사·개발·운송하기 위하여 외부대륙붕상에서 작업중 사망하거나 불구가 된 해사근로자에 대하여 하역근로자손해배상법이 적용된다고 규정한다. 단, 선장·선원이나 미국·외국 정부의 공무원에 대하여는 동법이 적용되지 않는다. 외부대륙붕법은 주수역(州水域, 연안으로부터 3해리) 밖의 외부대륙붕상에 있는 인공도서 및 정착구조물에 대하여 적용된다. 외부대륙붕법의 적용을 받으려면 ① 외부대륙붕에서 사망하였거나 상해를 입었고, ② 외부대륙붕에서 작업을 하였기 때문에 당해 상해가 발생하였다는 것을 입증하여야 한다.[3] 외부대륙붕상에서 상해입은 근로자는 동법에 의한 손해배상을 청구할 수 있을 뿐 주법에 의한 재해보상은 받을 수 없다.[4]

이와 대조적으로 주수역(州水域)상의 고정플랫폼에서 채굴작업을 하는 해사근로자는 외부대륙붕법의 적용을 받지 않기 때문에[5] 하역근로자손해배상법에 의한 손해배상을 받으려면, 동법이 정한 바에 따라 가항수역상에서 해사업무에 종사하던 중 상해를 입었어야 한다. 그런데 연방대법원은 근해에서의 시추활동을 해사업무로 보지 않기 때문에 이 같은 시추활동에 종사하다가 상해를 입은 근로자는 통상 주법상의 재해보상을 받는 것에 그치게 된다.[6] 시추플랫폼에는 고정플랫폼과 떠다니는 플랫폼의 두 종류가 있는데, 떠다니는 플랫폼에서 작업하는 근로자 중 선박과 영구적 견련관계가 있는 자는 선원으로 간주되므로 동법의 적용범위에서 배제된다. 반면에 선박과 영구적 견련관계가 없는 근로자의 경우에 그 상해가 가항수역에서 발생하였다면 하역근로

---

1) Schoenbaum(5th), 370-372쪽.

2) 43 U.S.C. 제1331조 이하.

3) Mills v. Director, OWCP, 877 F.2d 356(5th Cir. 1989)(en banc).

4) LeSassier v. Chevron USA, Inc., 776 F.2d 506(5th Cir. 1985). Schoenbaum(5th), 374-375쪽.

5) Miles v. Delta Well Surveying Corp., 777 F.2d 1069(5th Cir. 1985).

6) 앞의 Herb's Welding, Inc. v. Gray.

자손해배상법의 적용을 받는다.[1]

4. 구제수단의 경합

하역근로자 등이 연방법인 하역근로자손해배상법 또는 존스법에 의하여
가지는 손해배상청구권과 각 주법에 의하여 가지는 손해배상청구권이 경합하
는 경우에 하역근로자 등은 한 가지 구제수단만을 선택하든가, 혹은 여러 가
지 구제수단을 동시에 가질 수 있다.

(1) 하역근로자손해배상법과 주법의 경합

연방대법원은 하역근로자 등이 하역근로자손해배상법에 의한 손해배상과
주법상의 손해배상을 경합적으로 청구할 수 있다는 입장을 취한다.[2] 따라서
두 가지 법규의 요건을 모두 충족시킨 하역근로자 등은 두 가지 손해배상을
동시에 또는 순차적으로 청구할 수 있는데, 주법상의 손해배상을 지급받은 하
역근로자 등은 동 금액을 공제한 금액만을 하역근로자손해배상법에 의한 손
해배상으로서 지급받을 수 있다.[3] 또 하역근로자 등은 주법에 의한 손해배상
을 청구함으로써 하역근로자손해배상법에 규정된 1년의 제척기간을 중단시킬
수 있다.[4]

미국의 주법도 일반적으로 하역근로자 등이 주법과 하역근로자손해배상
법에 의한 손해배상을 경합적 또는 순차적으로 청구하는 것을 허용하므로, 주
법원이 하역근로자 등에 대한 손해배상지급판결을 내린 후에도 연방법원은
하역근로자손해배상법에 의한 손해배상지급을 명할 수 있다.[5] 그러나 일부 주
에서는 하역근로자 등이 하역근로자손해배상법에 의한 손해배상을 지급받은
후에는 또다시 주법에 의한 손해배상을 청구할 수 없다고 규정하기도 한다.[6]

---

1) Director, Office of Workers' Compensation Programs v. Perini North River Associates, 459
   U.S. 297(1983). Schoenbaum(5th), 375–376쪽.
2) Sun Ship, Inc. v. Pennsylvania, 447 U.S. 715(1980), rehearing denied 448 U.S. 916(1980).
3) Landry v. Carlson Mooring Service, 543 F.2d 1080(5th Cir. 1981), rehearing denied 647
   F.2d 1121(5th Cir. 1981); 33 U.S.C. 제903(e)조.
4) Ingalls Shipbuilding Division, Litton Systems, Inc. v. Hollinhead, 571 F.2d 272(5th Cir.
   1978). Schoenbaum(5th), 376–379쪽.
5) 예컨대 루이지애나주 근로자손해배상법(루이지애나주 법령집 제23권, 제1225조); 앞의 Sun
   Ship, Inc. v. Pennsylvania.
6) 루이지애나주 근로자손해배상법 제1225조. Schoenbaum(5th), 379–380쪽.

(2) 하역근로자손해배상법과 존스법의 경합

하역근로자손해배상법과 존스법의 적용범위가 중복되는 경우가 있다. 예컨대 상해를 입은 해사근로자가 하역근로자손해배상법의 적용을 받는 하역근로자인지 혹은 존스법의 적용을 받는 선원인지 판단하기 힘들거나, 해사근로자가 하역근로자인 동시에 선원인 경우 법원은 두 법률 중 하나를 선택하여 손해배상지급을 명할 수 있다. 또한 위와 같은 해사근로자는 하역근로자손해배상법에 의한 손해배상과 존스법에 의한 손해배상을 경합적 또는 순차적으로 청구할 수 있다. 만약 해사근로자가 선원이라는 이유로 하역근로자손해배상법에 의한 손해배상을 받지 못하였다면 다시 존스법에 의한 손해배상을 청구할 수 있고, 해사근로자의 존스법에 의한 손해배상청구가 기각된 경우에는 다시 하역근로자손해배상법에 의한 손해배상청구를 할 수 있다.[1]

해사근로자가 하역근로자손해배상법과 존스법 중 택일하여 손해배상을 청구하여 이를 지급받은 후 다시 다른 법률에 의한 손해배상을 청구하는 것이 금반언의 법리나 기판력(res judicata) 때문에 불가능할 것인가가 문제된다. 이에 관한 판례는 많지 않으나, 존스법에 의한 선원임에도 불구하고 자신의 상해사실을 입증하지 못한 결과 손해배상을 지급받지 못한 해사근로자는 금반언의 법리에도 불구하고 다시 선박소유자 등에 대하여 하역근로자손해배상법에 의한 손해배상을 청구할 수 있다는 판례가 있다.[2] 확정판결 없이 피고가 하역근로자손해배상법에 따른 손해배상을 자발적으로 하였다고 해도 원고는 존스법에 의한 손해배상청구를 할 수 있다. 그러나 화해약정을 체결하였거나 확정판결을 받은 경우에는 동일한 상해에 대하여 존스법에 의한 중복청구를 할 수 없다.[3] 해사근로자가 하역근로자손해배상법과 존스법에 의한 손해배상 중 어느 것을 청구하여야 할지 확신이 서지 않는 경우에도 그가 최대한의 손해배상을 지급받을 수 있어야 한다. 이 같은 취지에서 하역근로자손해배상법은 하역근로자 등이 존스법에 의한 손해배상을 받은 때에는 동액을 그가 하역근로자손해배상법에 의하여 받을 수 있는 손해배상액으로부터 공제한 후

---

1) McDermott, Inc. v. Boudreaux, 679 F.2d 452(5th Cir. 1982). Schoenbaum(5th), 380쪽.
2) Young & Co. v. Shea, 397 F.2d 185(5th Cir. 1968), rehearing denied 404 F.2d 1059(5th Cir. 1968).
3) Sharp v. Johnson Bros. Corp., 973 F.2d 423(5th Cir. 1992).

다시 동법에 의한 손해배상을 받을 수 있다고 규정하고 있으며,[1] 하역근로자 등이 동법에 의한 손해배상을 지급받은 후 다시 존스법에 의한 손해배상을 청구하는 경우에도 마찬가지이다.[2]

5. 하역근로자손해배상법의 운영

미국에서 하역근로자손해배상법을 실제 운영하는 부서는 노동부 근로자재해보상계획국인데, 하역근로자 등은 동 부서의 관할지방관서에 동법에 의한 손해배상청구를 할 수 있다.[3] 고용중 상해를 입은 하역근로자 등은 사망·상해 발생 후 30일 이내 또는 하역근로자 등의 작업과 관련하여 사망 또는 상해 사고가 발생하였음을 하역근로자 등이나 그 유족이 알게 된 지 30일 이내에 사용자에게 통지하여야 한다. 단, 직업병인 경우에는 직업병발생 후 또는 직업병임을 알게 된 후 1년 이내에 사용자에게 통지하여야 한다.[4] 하역근로자 등은 사망·상해가 발생한 장소를 관할하는 손해배상계획관서에도 통지하여야 하며, 이와는 별도로 사용자도 관할관서에 사망·상해 발생 후 10일 이내에 보고하여야 한다.[5]

하역근로자 등은 사용자에 대한 사망·상해를 통지하지 않았더라도 손해배상청구를 할 수 있으며, 하역근로자손해배상법은 명문으로 반대의 유력한 증거가 없는 한 하역근로자 등이 사용자에게 사망·상해의 통지를 한 것으로 추정한다(동법 제920조). 나아가 ① 하역근로자 등이 사망하였거나 상해를 입은 사실을 사용자가 이미 알고 있거나, ② 하역근로자 등이 통지하지 않는 것으로 인하여 사용자나 사용자의 보험자에게 손해가 발생하지 않았거나, ③ 하역근로자 등이 통지하지 않은 것을 관할관서가 유서한 경우에는 사용자에게 통지를 하지 않은 하역근로자라 하더라도 사용자에 대하여 손해배상청구를 할 수 있다.[6]

하역근로자 등은 하역근로자손해배상법에 의한 손해배상청구를 서면으로

---

1) 33 U.S.C. 제903(e)조.
2) Schoenbaum(5th), 380-381쪽.
3) 33 U.S.C. 제939(b)조; 20 C.F.R. 제702.101조.
4) 33 U.S.C. 제912(a)조; 20 C.F.R. 제702.212(a)조.
5) 33 U.S.C. 제912(a)조, 930(a)조; 20 C.F.R. 제702.201-702.203조, 제702.211-702.215조. Schoenbaum(5th), 385쪽.
6) 33 U.S.C. 제912(d)조. Schoenbaum(5th), 385-386쪽.

관할관서에 대하여 신청하여야 한다. 이 같은 손해배상청구는 사망·상해가 발생한 후 1년 내에 하여야 하나, 하역근로자 등 또는 그 유족이 하역근로자 등의 작업으로 인하여 사망·상해가 발생하였음을 알지 못한 경우에는 이 같은 소멸시효가 진행하지 않는다.[1] 직업병으로 인한 사망·장애에 대한 손해배상청구는 사망·장애 발생 후 2년 내 또는 사용자로부터 마지막으로 손해배상을 받은 날부터 1년 내에 제기하여야 한다.[2] 하역근로자 등은 관할관서에 손해배상청구를 제기한 후 10일 이내에 인편이나 등기우편에 의하여 사용자에 대한 서면통지를 하여야 하며, 사용자나 보험자는 면책을 주장하지 않는 한 위 서면통지를 받은 후 14일 이내에 하역근로자손해배상법 소정의 손해배상지급을 개시하여야 한다.[3] 사용자가 하역근로자 등의 손해배상청구에 관하여 다투고자 하는 경우에는 하역근로자 등이 상해를 입은 것을 안 지 14일 이내에 이의를 제기하여야 하며, 하역근로자 등이 손해배상을 청구하였다고 하여 보복적 해고를 하거나 차별대우할 수 없다.[4]

하역근로자 등과 사용자가 손해배상액에 관하여 합의하지 못한 경우에 관할관서는 화해를 시키기 위하여 당사자들과 비공식회의를 할 수 있으며, 관할관서는 소환장을 발부하고 증인선서를 시키며, 증인에 대하여 증언 및 서증 제출을 요구할 권한을 가진다.[5] 비공식회의를 종료하였는 데도 분쟁이 해결되지 않으면 관할관서는 보고서를 작성하는데, 그 후에 당사자가 계속 심리를 할 것을 요청하는 경우에 관할관서는 당해 사건을 행정심판소(Office of the Chief Administrative Law Judge)에 이송할 수 있다.[6] 행정심판소는 행정절차법에 의하여 사건을 심리하며, 심판의 정본을 관할관서 및 당사자에게 송달하여야 한다.[7] 당사자는 행정심판소의 결정문이 송달된 후 30일 이내에 손해배상재심위원회에 재심을 신청할 수 있으나, 사용자는 행정심판소가 결정한 날부터 하역근로자 등에 대한 손해배상지급을 개시하여야 한다. 단, 손해배상을 지급한다면

---

1) 33 U.S.C. 제913(a)조.
2) 33 U.S.C. 제913(b)(2)조.
3) 33 U.S.C. 제919(b)조, 제914(b)조; 20 C.F.R. 제702.224조, 제702.231-702.232조.
4) 33 U.S.C. 제914(d)조, 제948(a)조; 20 C.F.R. 제702.231-702.232조, 제702.271조. Schoenbaum(5th), 386-387쪽.
5) 33 U.S.C. 제923-927조; 20 C.F.R. 제702.301조, 제702.311조.
6) 20 C.F.R. 제702.316조.
7) 5 U.S.C. 제554조 이하; 33 U.S.C. 제919(d)·(e)조; 20 C.F.R. 제702.331-702.351조.

사용자나 그 보험자에게 회복할 수 없는 손해가 발생할 우려가 있는 경우에 한하여 손해배상재심위원회는 손해배상지급중지를 명할 수 있다. 손해배상재심위원회는 행정심판소의 심리기록만을 심사할 수 있을 뿐이며, 행정심판소 판사가 실체적 증거에 입각하여 판시한 내용에 대하여는 심리할 수 없다. 당사자는 손해배상재심위원회가 결정을 내린 후 60일 이내에 상해발생지를 관할하는 연방항소법원에 항소할 수 있으나, 연방항소법원은 손해배상재심위원회가 실체적 증거에 입각하여 결정하였는지 여부만을 심리할 수 있을 뿐이다.[1]

하역근로자손해배상 관할관서는 손해배상판정을 내린 후에 사정변경이 있거나 사실관계에 대하여 오판한 것을 발견하였을 때에는 직권 또는 당사자의 신청에 의하여 재심하여 손해배상액을 변경할 수 있다. 예컨대 손해배상액 결정을 한 후 하역근로자 등의 신체상태가 악화한 경우에 재심을 할 수 있으며, 하역근로자 등의 신체상태에는 변화가 없으나 임금가득능력에 변동이 생겼다면 역시 재심을 할 수 있다.[2] 관할관서가 손해배상액을 변경한다고 하더라도 당사자간에 화해하였거나 이미 손해배상금을 지급한 것에 대하여는 아무런 영향을 미치지 않는다.[3]

6. 손해배상의 내용

하역근로자손해배상법의 입법취지는 하역근로자 등이 작업중 상해를 입은 경우에 치료비 및 장애보상을 지급하고, 그들이 사망한 경우에 유족에게 손해배상을 지급하려는 것이다. 하역근로자 등의 사용자는 이 같은 손해배상을 지급할 무과실책임을 지며, 이 같은 손해배상을 지급한 후에는 더 이상의 불법행위책임을 지지 않는다. 하역근로자손해배상법상 사용자가 지급하여야 하는 손해배상의 내용은 다음과 같다.[4]

(1) 치 료 비

사용자는 하역근로자 등이 완치될 때까지 치료를 해주어야 한다. 하역근로자 등은 치료할 의사를 스스로 선택할 수 있으나, 자신의 신체상태에 관하

1) 33 U.S.C. 제921(a)・(b)(3)・(c)조; 20 C.F.R. 제702.350조. Schoenbaum(5th), 387-391쪽.
2) Metropolitan Stevedore Co. v. Rambo, 515 U.S. 291(1995).
3) 33 U.S.C. 제922조. Schoenbaum(5th), 392-393쪽.
4) Schoenbaum(5th), 397-398쪽.

여 분쟁이 발생한 경우에는 중립적인 제3의 의사로부터 신체검사를 받아야
한다.[1]

(2) 장애보상(disability compensation)

하역근로자 등이 장애보상을 청구하려면 자신이 상해를 입은 결과 장애
자가 되었으며, 더 이상 일상적 업무를 수행할 수 없게 되었음을 입증하여야
한다. 장애의 정도를 판정할 때는 장애자의 연령·학력·경력·재활가능성·
전직가능성 등 모든 요인을 고려하여야 한다.[2] 장애를 입은 하역근로자 등은
치료비 외에 자신의 평균임금의 일정비율을 장애보상으로서 받을 수 있으며,
장애가 14일 이상 계속되는 경우에 사용자는 장애발생일로부터 장애보상을
지급해야 한다. 장애보상액은 노동부가 매년 발표하는 전국 평균임금액의 절
반 이상인 동시에 2배 이하여야 한다.[3]

(가) **영구적 전신장애**   영구적으로 신체의 전부에 장애를 입은 결과 임금
가득능력을 완전히 상실한 자는 그러한 상태에 있는 동안 자신의 평균임금의
3분의 2를 장애보상으로서 지급받는다.[4]

(나) **임시적 전신장애**   임시적으로 신체의 전부에 장애를 입은 하역근로
자 등은 장애기간 동안 자신의 평균임금의 3분의 2를 장애보상으로서 지급받
는다.[5]

(다) **영구적 일부장애**   신체의 일부를 영구적으로 상실한 하역근로자 등은
하역근로자손해배상법의 장애등급기준에 따른 장애보상을 받는다. 장애등급
기준이 동법에 명시된 경우에는 피용자가 그로 인하여 경제적 손실을 입었다
는 것을 구태여 입증할 필요가 없으나, 동법에 명시되어 있지 않은 일부장애
에 대하여는 하역근로자 등이 이로 인하여 경제적 손실을 입었음을 입증하여
야 한다. 또한 영구적 일부장애를 입은 자는 자신의 임금가득능력이 상실되었
음을 입증하여 추가로 손해배상을 청구할 수 있다.[6]

(라) **임시적 일부장애**   상해를 입은 하역근로자 등이 작업은 할 수 있지만,

---

1) 33 U.S.C. 제907(a)·(b)·(e)·(f)조. Schoenbaum(5th), 399쪽.
2) American Mutual Ins. Co. of Boston v. Jones, 426 F.2d 1263(D.C.Cir. 1970).
3) 33 U.S.C. 제906(a)·(b)(1)·(b)(2)조. Schoenbaum(5th), 400-402쪽.
4) 33 U.S.C. 제908(a)조; SGS Control Servs. v. Director, OWCP, 86 F.3d 438(5th Cir. 1996).
    Schoenbaum(5th), 402-403쪽.
5) 33 U.S.C. 제908(b)조. Schoenbaum(5th), 403쪽.
6) 33 U.S.C. 제908(c)(1)-(21)조. Schoenbaum(5th), 403-404쪽.

상해발생 이전에 종사하던 작업보다 낮은 임금만을 받게 된 경우에 하역근로자 등은 종전에 받던 임금과 현재임금 간의 차액의 3분의 2를 장애보상으로서 받을 수 있다. 하역근로자 등이 이 같은 장애보상을 받을 수 있는 기간은 아무리 치료를 하더라도 더 이상 신체장애가 호전될 수 없을 때까지이며 5년을 넘을 수 없다.[1)]

(3) 유족급여

근무중 사망한 피용자의 유족은 3천 달러 이하의 장례비를 포함한 유족급여를 청구할 수 있다. 유족급여를 청구할 수 있는 자는 피용자의 미망인·자녀, 피용인이 부양하던 친척 및 비친척을 포함한다.[2)]

(4) 재활급여

영구적 장애를 입은 피용자는 하역근로자손해배상법에 의한 재활급여를 청구할 수 있다. 즉 노동부장관은 공공기관 또는 민간기관에 대하여 영구장애자에 대한 재활교육을 위탁할 수 있으며, 이 같은 재활교육을 받는 동안 영구장애자는 주 25달러의 재활급여를 받는데, 이 같은 재활급여는 특별기금에서 지출된다.[3)]

7. 화해 및 변호사보수

(1) 화   해

손해배상청구당사자들은 유족급여를 비롯하여 모든 종류의 손해배상금액에 관하여 화해할 수 있는데, 양 당사자는 다음 사항을 기재한 화해신청서를 작성하여야 한다.[4)] ① 사고의 개요, 상해의 성격, 장애의 정도 및 등급, 화해기일 이전에 치료받은 내역, 이미 지급받은 손해배상금액, 상해입은 피용자의 평균임금, ② 앞으로 지급할 손해배상액·치료비·유족급여 등 화해의 내용, ③ 화해를 하는 이유 및 당사자간에 아직 합의하지 못한 내용, ④ 상해입은 피용자 또는 유족의 생년월일, ⑤ 손해배상청구자의 학력·경력 등 장래 취업할 능력이 있는지 또는 현재 취업중인지 여부, ⑥ 화해의 내용에 치료비가 포

---

1) 33 U.S.C. 제908(e)조. Schoenbaum(5th), 404쪽.
2) 33 U.S.C. 제909조. Schoenbaum(5th), 405쪽.
3) 33 U.S.C. 제908(g)조, 제939(c)(2)조, 제944조. Schoenbaum(5th), 405쪽.
4) 33 U.S.C. 제908(i)(1)조; 20 C.F.R. 제702.242조.

함되어 있는 경우에는 과거 3년간 상해입은 피용자가 매년 지출한 치료비의
명세 및 장래 소요될 치료비의 추정액, ⑦ 사용자 외의 제3자로부터 치료비를
지급받을 수 있는지 여부, ⑧ 상해로 인하여 장애자가 된 경우에는 더 이상
치료를 계속할 필요가 있는지 여부가 기록되어 있는 의사의 보고서, ⑨ 변호
사보수 등이다. 당사자는 화해신청서를 하역근로자손해배상법 관할관서나 행
정심판소 판사에게 제출하며, 제출된 지 30일 이내에 화해의 승인 여부가 결
정된다.[1]

(2) 변호사보수

피용자가 상해내용을 사용자에게 통지한 후 사용자가 손해배상지급을 거
부하였기 때문에 피용자가 변호사를 선임하여 손해배상청구를 하였다면, 사
용자로 하여금 합리적인 변호사보수를 지급하도록 할 수 있다. 피용자가 손해
배상을 지급받은 후에 추가로 손해배상을 청구한다면, 추가손해배상청구에
소요된 변호사보수만을 청구할 수 있다.[2] 또 사용자나 그 보험자가 책임을
다투는 경우에만 변호사보수를 청구할 수 있으며,[3] 변호사보수를 지급받고자
하는 변호사는 하역근로자손해배상 관할관서 · 행정심판소 판사 · 손해배상재
심위원회에 청구하여야 한다.[4]

8. 하역근로자의 손해배상청구

(1) 선박에 대한 청구

㈎ **선박소유자의 해사불법행위책임**   하역업자가 무한책임을 지는 것을 방
지하기 위하여 미국의회는 1972년에 하역근로자손해배상법을 개정함으로써
하역근로자가 선박소유자의 감항능력주의의무 위반책임을 청구할 수 없게 하
는 한편, 선박소유자도 하역업자에게 구상할 수 없도록 하였다.[5] 따라서 하
역근로자손해배상법상의 손해배상청구권은 선박소유자 등의 해사불법행위로
인한 과실책임을 묻는 것이며, 하역근로자가 손해배상을 청구할 수 있는 '선
박소유자'는 선체용선자 · 선박대리점 · 선박운항자 · 용선자 · 선장 · 선원을 포

1) Schoenbaum(5th), 427-428쪽.
2) 33 U.S.C. 제928(a) · (b)조.
3) Holliday v. Todd Shipyards Corp., 654 F.2d 415(5th Cir. 1981).
4) Schoenbaum(5th), 429-430쪽.
5) 33 U.S.C. 제905(b) · (c)조.

함한다.[1]

하역근로자손해배상법에 의한 손해배상청구는 보통법이 아닌 연방해상법에 의한 것이므로 해사관할에 속한다. 즉 당해 사고가 가항수역상에서 발생하였어야 하고, 전통적 해사활동과 관련된 것이어야 하며, 원고는 당해 사고가 선박에 관련된 것임을 입증하여야 한다. 또 원고가 손해배상을 받기 위하여는 ① 선박소유자가 원고를 위험으로부터 보호할 의무가 있었으며, ② 선박소유자가 이 의무를 불이행한 결과로, ③ 원고가 상해를 입었음을 입증하여야 한다. 일반해상법 하에서 원고는 ① 치료비 및 재활비용, ② 정신적 고통에 대한 위자료, ③ 영구적 장애에 대한 보상, ④ 인생을 즐길 수 있는 능력의 감소에 대한 보상, ⑤ 일실수익, ⑥ 배우자권침해에 대한 손해배상, ⑦ 징벌적 손해배상, ⑧ 판결 전 이자 등을 청구할 수 있다.[2]

(나) **선박소유자의 하역근로자에 대한 책임**   연방대법원은 1981년에 Scindia 판결에서 하역업자 및 기타 독립계약자의 피용자에 대하여 선박소유자가 부담하는 의무를 명백히 규정하였다.[3] 일반적으로 하역근로자의 업무는 선박에 화물을 선적·양륙하는 것이며, 하역근로자는 독립계약자인 하역회사에 고용되어 있는 것이 보통이다. 하역근로자들이 선상에서 작업할 때는 십장의 지시를 받아 작업하고 선원의 지시를 받지 않으나, 대개 갑판장이 하역근로자의 작업을 감독하게 된다. 상황에 따라 선박소유자는 하역근로자의 작업을 어느 정도 통제하기도 하는데, 하역근로자에 대한 선박소유자의 의무는 다음과 같다.[4]

1) 안전조건제공의무   선박소유자는 선박의 상태를 가장 잘 알고 있으므로 하역근로자가 하역작업을 개시할 때 상당한 주의를 다함으로써 상당히 유능한 하역근로자가 안전하게 하역작업을 할 수 있도록 안전한 선박·색구·작업공간을 제공하여야 한다. 완벽하게 안전한 선박을 제공할 의무는 아니며, 선박소유자가 상당한 주의의무만 행사하면 되고 하역근로자가 전문가이며 숙련되었을 것을 전제로 한다.[5] 위험상태가 명백하다고 하여 이 의무가 면제되

---

1) 33 U.S.C. 제902(21)조. Schoenbaum(5th), 431-434쪽.

2) Schoenbaum(5th), 437-440쪽.

3) Scindia Steam Navigation Co., Ltd. v. De Los Santos, 451 U.S. 156(1981).

4) Schoenbaum(5th), 441쪽.

5) Jupitz, National Shipping Co. of Saudi Arabia, 730 F. Supp. 1358(D.Md. 1990).

는 것은 아니며, 명백하게 위험한 작업조건을 제공하는 것은 주의의무위반이
다. 선박소유자가 위험상태를 몰랐더라도 주의의무위반에 해당할 수 있고, 선
박소유자는 선박과 색구의 안전뿐 아니라 적하와 적부상태의 위험성에 대하
여도 책임을 부담한다.[1]

   2) 경고의무   선박소유자는 하역근로자가 모르거나 쉽게 발견할 수 없
는 위험성이나 숨은 하자에 관하여 하역근로자에게 경고할 의무가 있다.[2] 갑
판에 나무조각이 떨어져 있다든가, 하자 있는 기관이나 색구 같은 화물의 적
부나 깔개에 대한 과실도 위험성에 해당한다. 경고의무는 넓게 해석되어야 하
고, 하역근로자가 선상의 하자를 알고 있을지라도 현실적으로 하역작업을 포
기하지 않는 한 하역작업을 강행할 수밖에 없으므로 하역근로자가 하자를 알
았거나 하자가 명백하였더라도 선박소유자는 여전히 안전한 선박을 제공할
의무를 진다.[3] 결국 선상의 하자를 수선할 책임이 독립계약자에게 있는 경우
를 제외하고는 선박소유자는 하자를 수선하기 위하여 상당한 주의를 행사하
여야 하나, 선박소유자가 이 같은 주의를 행사하지 않았음은 하역근로자가 입
증하여야 한다.[4]

   3) 적극적 관여의무   선박소유자가 화물작업에 적극적으로 관여하였고
과실로 하역근로자의 상해를 야기하였다면, 그에 대한 책임을 부담한다. 선박
을 수리하였는데 수리가 부실하여 사고를 방지하지 못한 선박소유자도 과실
이 있다. 하역근로자가 사용할 것을 알면서 하자 있는 사다리를 제공하였거
나, 위험상태를 시정할 책임이 있는 선박소유자가 이를 불이행한 경우에도 과
실이 인정된다.[5]

   4) 적극통제의무   자신의 적극적 통제 하에 있는 구역이나 색구에서 하
역근로자가 노출될 수 있는 위험물을 제거할 주의의무를 다하지 못한 선박소
유자는 손해배상책임을 진다. 통제의무는 선박, 색구, 독립계약자의 작업방법
과 작업내용에 대한 것이다.[6]

---

1) Schoenbaum(5th), 442-443쪽.
2) Derr v. Kawasaki Kisen K.K., 835 F.2d 490(3d Cir. 1987).
3) Harris v. Flota Mercante Grancolombiana, S. A., 730 F.2d 296(5th Cir. 1984).
4) Barnett v. Howaldt, 757 F.2d 23(2d Cir. 1985). Schoenbaum(5th), 443-444쪽.
5) Schoenbaum(5th), 445쪽.
6) Schoenbaum(5th), 445쪽.

5) **개입의무**　하역근로자가 선상에서 작업을 개시한 후에 상해를 입었다면, 선박소유자는 ① 실제로 그 위험을 알고 있었고, ② 하역업자가 그 위험한 상태를 수선하지 않으리라는 것을 실제로 알고 있었던 경우에 한하여 손해배상책임을 진다.[1] 그러나 반대의 법령이나 계약이 없는 한 선박소유자는 장래에 발생할지도 모르는 위험상태를 발견하기 위하여 스스로 하역작업을 감독할 의무는 없다.[2] 위험한 상태가 존재한다는 것과 하역근로자가 부주의하게 이를 시정하지 않는다는 사실을 선박소유자가 알 경우에만 선박소유자에게 개입의무가 부과된다. 즉 일단 하역작업이나 수리작업이 개시되면 선박소유자의 의무는 획기적으로 달라지며, 하역근로자의 안전에 대한 책임은 선박소유자로부터 하역업자에게 이전된다.[3] 선박소유자의 개입의무는 예외적으로만 발생한다. 첫째, 선박소유자가 위험이 존재한다는 것을 실제로 알고 있었어야 하며, 선박소유자가 위험의 존재사실을 알았어야 한다는 것만으로는 부족하다. 예컨대 보호난간 없이 발판(scaffold)을 세우는 것이 위험하다는 일반적인 통념만으로는 선박소유자에게 책임을 지울 수 없고, 하역근로자들이 보호난간 없이 발판을 사용한다는 것을 선박소유자가 실제로 알고 있어야 한다.[4] 둘째, 하역업자가 하역근로자를 보호하지 않고 있음을 선박소유자가 실제로 알고 있는 경우에만 개입의무가 발생한다. 특히 하자 있는 장비가 선박의 일부분이 아니고 하역업자의 통제 하에 있는 경우에 선박소유자는 하역업자가 그 위험상태를 시정할 것을 기대할 수 있다.[5]

6) **감독·검사 의무**　계약·법률·관습상 요구되지 않는 한 선박소유자는 하역업자가 담당하고 있는 선적·양륙 작업중에 나타나는 위험한 상태를 발견하기 위하여 하역업자를 감독하고 검사할 의무를 지지 않는다. 외국하역업자가 초래한 위험한 화물 적부 및 상태에 대하여 선박소유자가 책임을 진다고 1981년에 연방항소법원이 판시한 예가 있다. 그 배경은 불법행위를 범한 외국하역업자가 부상한 하역근로자의 고용주가 아니었으므로, 선박소유자에게 궁극적 책임을 지우지 않으면 하역근로자가 배상을 받을 수 없기 때문이

---

1) Helaire v. Mobil Oil Co., 709 F.2d 1031(5th Cir. 1983).
2) 앞의 Scindia Steam Navigation Co., Ltd. v. De Los Santos.
3) Schoenbaum(5th), 445-446쪽.
4) Futo v. Lykes Bros. S.S. Co., Inc., 742 F.2d 209(5th Cir. 1984).
5) Schoenbaum(5th), 446-447쪽.

었다. 그러나 이는 선박소유자에게 지나친 책임을 지우는 부당한 판례라는 비판이 있다.[1]

(2) 제3자에 대한 청구

선박이 용선된 때 선박소유자 외에 용선자도 하역근로자에 대하여 손해배상책임을 지는지가 문제된다. 선체용선자는 선박의 관리 및 운항을 지배하므로 하역근로자에 대한 책임을 지는 것이 분명하나, 정기용선자나 항해용선자에 관하여는 의문이 있다. 정기용선계약에는 통상 "화물의 선적·적부·양륙에 대하여 정기용선자가 책임을 진다"는 규정이 기재되어 있으므로, 정기용선자가 화물의 선적 등과 관련한 과실로 하역근로자를 부상하게 한 경우는 정기용선자가 이에 대한 책임을 지는 반면, 선박이나 장비의 하자로 말미암아 하역근로자가 상해를 입은 경우에는 선박소유자가 책임을 지게 된다.[2] 용선자가 선장의 감독 하에 화물을 선적·양륙해야 한다는 조항이 용선계약에 있더라도 선창이나 선원은 하역작업을 감독할 의무를 지지 않으며, 위험상태를 검사할 의무도 지지 않는다.[3]

하역근로자손해배상법 제905(b)조는 하역근로자가 선박소유자의 과실로 인하여 상해를 입은 경우에 한하여 선박소유자에 대하여 제3당사자소송을 제기할 수 있도록 하고 있으나, 선박소유자 아닌 터미널운영자 등의 과실에 의하여 상해를 입은 경우에는 제3당사자소송을 제기할 수 없다. 다만, 하역근로자는 이 같은 선박소유자 아닌 제3자에 대하여는 일반불법행위소송을 제기할 수 있을 것이다.[4]

하도급계약자의 피용자인 하역근로자가 원도급계약자인 하역업자에게 제3당사자 불법행위소송을 제기하는 경우에 원도급계약자가 면책을 주장할 수 있는지가 문제된다. 하역근로자손해배상법은 하도급계약자가 자신의 피용자에 대한 손해배상을 제대로 지급하지 못한 경우에 한하여 원도급계약자가 이들 피용자에 대하여 손해배상을 지급할 책임을 진다고 규정하고 있다(동법 제904(a)조). 그런데 1984년에 동법이 개정되어 "하도급계약자가 피용자에게 손

---

1) Turner v. Japan Lines, 651 F.2d 1300(9th Cir. 1981). Schoenbaum(5th), 447-448쪽.
2) 이 같은 조항은 뉴욕 프로듀스 익스체인지양식 제8조에 기재되어 있다.
3) Spence v. Mariehamns R/S, 766 F.2d 1504(11th Cir. 1985). Schoenbaum(5th), 448-449쪽.
4) Schoenbaum(5th), 452쪽.

해배상을 지급하지 못한 경우에만 원도급계약자를 하도급계약자의 피용자의 사용자로 볼 수 있다"고 규정하였는데(동법 제905(a)조), 이 같은 개정의 목적은 하도급계약자가 피용자에게 손해배상을 지급하지 못하였기 때문에 할 수 없이 원도급계약자가 손해배상을 지급하여야 하는 경우에 한하여 원도급계약자를 하역근로자의 제3당사자 불법행위소송으로부터 면책시키려는 것이다. 그러므로 원도급계약자가 하도급계약자의 손해배상지급의무를 보증하는 것만으로는 부족하고, 원도급계약자가 실제로 피용자에게 손해배상을 지급한 후에야 제3당사자소송으로부터 면책된다.[1]

(3) 하역업자의 불법행위자에 대한 청구권

하역근로자손해배상법 하에서 선박소유자나 제3자의 불법행위로 인하여 손해배상책임을 지게 된 하역업자는 일반해상법에 의거하여 불법행위자에 대한 손해배상청구권을 가진다. 1969년에 연방대법원은 Burnside 판결에서 선박소유자가 하역근로자에게 부담하는 의무 외에 선박소유자가 하역업자에게 부담하는 안전작업장소 제공의무를 위반한 결과 하역업자에게 손해가 발생한 경우에 하역업자는 자신이 하역근로자에게 지급한 손해배상금을 상환받기 위하여 선박소유자를 제소할 수 있다고 판시하였다.[2] 이 때 하역업자는 자신이 하역근로자에게 손해배상을 지급했다는 사실 및 선박소유자가 승선한 자에 대하여 부담하는 주의의무를 위반하였다는 사실을 입증해야 한다. 그리고 하역업자 또는 하역근로자에게 과실이 있을 때에는 하역업자가 선박소유자에 대하여 가지는 손해배상청구권은 과실비율만큼 감액된다.[3]

9. 우리법상 하역근로자의 보호

미국과는 달리 우리법에서는 하역근로자만을 보호하는 특별법이 있는 것은 아니며, 작업중 사망하거나 상해를 입은 하역근로자 또는 그 유족은 민법·근로기준법·산업재해보상보험법에 의하여 하역근로자의 사용자에 대하여 손해배상을 청구하거나 보상을 받을 수 있다. 특히 산업재해보상보험법은 동법 시행령(제2조)에 규정된 몇 가지 예외를 제외하고는 5인 이상의 근로자를

---

1) Schoenbaum(5th), 452-453쪽.
2) Federal Marine Terminals, Inc. v. Burnside Shipping Co., 394 U.S. 404(1969).
3) Schoenbaum(5th), 460-461쪽.

사용하는 사업장에 널리 적용되므로 하역회사에 고용되어 있는 하역근로자들이 대부분 그 적용을 받는다. 사망 또는 상해를 입은 하역근로자가 동법에 의하여 지급받을 수 있는 급여에는 요양급여·휴업급여·장해급여·간병급여·유족급여·상병보상연금·장례비·직업재활급여·장해특별급여·유족특별급여가 있다.

요양급여는 하역근로자가 업무상의 사유로 부상을 당하거나 질병에 걸린 경우에 지급한다(산업재해보상보험법 제40조 제1항). 원칙적으로 산재보험 의료기관에서 요양을 받게 하는데(동조 제2항 본문), 부득이한 경우에는 요양을 갈음하여 요양비를 지급할 수 있다(동항 단서). 휴업급여는 업무상 사유로 부상을 당하거나 질병에 걸린 하역근로자에게 요양으로 취업하지 못한 기간에 대하여 지급하는데, 1일당 지급액은 평균임금의 100분의 70에 상당하는 금액이다(동법 제52조). 장해급여는 하역근로자가 업무상 이유로 부상을 당하거나 질병에 걸려 치유된 후 신체 등에 장해가 있는 경우에 연금이나 일시금으로 지급한다(동법 제57조). 간병급여는 요양급여를 받은 하역근로자 중 치유 후 의학적으로 상시 또는 수시로 간병이 필요하여 실제로 간병을 받는 사람에게 지급한다(동법 제61조). 유족급여는 하역근로자가 업무상 사유로 사망한 경우에 유족에게 연금이나 일시금으로 지급한다(동법 제62조).

요양급여를 받는 하역근로자가 ① 요양을 시작한지 2년 후에도 부상이나 질병이 치유되지 아니하고, ② 중증요양상태의 정도가 일정 기준에 해당하며, ③ 요양으로 인해 취업하지 못했을 경우에는 휴업급여 대신 상병보상연금을 지급한다(동법 제66조 제1항). 사망한 하역근로자의 유족은 평균임금 120일 분을 장례비로 청구할 수 있다(동법 제71조 제1항 본문). 장해급여를 받았거나 받을 것이 명백한 하역근로자 중 취업을 위해 직업훈련이 필요한 사람에게는 직업재활급여(직업훈련비용 및 직업훈련수당)을 지급한다(동법 제72조). 사용자의 고의 또는 과실로 발생한 업무상 재해로 하역근로자가 장해를 입은 경우 민법에 따른 손해배상청구 대신 장해특별급여를 청구하면 장해급여 외에 장해특별급여를 지급할 수 있다(동법 제78조 제1항 본문). 또 사용자의 고의 또는 과실로 발생한 업무상 재해로 하역근로자가 사망한 경우 민법에 따른 손해배상청구 대신 유족특별급여를 청구하면 유족급여 외에 유족특별급여를 지급할 수 있다(동법 제79조 제1항).

하역근로자가 근로기준법에 의한 퇴직금 지급 대상에서 제외되어 있으므로, 1978년경 하역요금에 하역근로자의 퇴직충당금이 포함되도록 하고 (사)한국항만하역협회 산하에 항만근로자 퇴직충당금관리위원회를 설치하였다. 따라서 개별 항운노조는 하역근로자에 대해 퇴직금 지급의무를 지지 않는다는 판례가 있다.[1] 실무상 항운노동조합이 클로즈드샵(closed shop)제를 유지하면서 항만운송사업자(하역회사)에게 항운노조원인 하역근로자를 독점적으로 공급한다. 단체교섭과 관련한 집단적 노사관계에 관하여 우리 판례는 항운노조를 노동조합법상 단체교섭의무를 지는 사용자로 보면서 하역회사는 사용자로 인정하지 않는데, 이는 부당하며 하역회사를 사용자로 보아야 한다는 견해가 있다.[2]

---

1) 대판 2007. 3. 30. 2004다8333(판례공보(2007. 5. 1), 614쪽)(피고 경북항운노동조합, 피고 보조참가인 한국항만하역협회).
2) 이정원, "항만하역근로자의 법적지위에 관한 고찰," 한국해법학회지 제33권 제1호(2011), 291쪽.

제 5 장
선 박 담 보

제 1 절 총   설

해상기업은 선박건조와 운항에 막대한 자금이 소요되기 때문에 종래에 선박공유·모험대차 등이 이용되었다. 그런데 해상보험과 선박금융이 발달하고 선박대리점제도가 확립됨에 따라 19세기 후반에 새로운 해상기업금융제도로 대두한 것이 선박우선특권과 선박저당권이다. 선박우선특권은 법률규정에 의한 담보물권인 반면, 선박저당권은 계약상의 담보물권이다.

미국에서는 선박소유자의 인적 책임과는 별도로 선박 자체를 피고로 한 대물소송이 선박우선특권을 실행하기 위한 수단으로서 이용된다. 따라서 선박소유자가 결백하더라도 선박은 과실을 범한 주체로서 독자적으로 제소될 수 있으며, 선박소유자에 대한 대인소송과 선박에 대한 대물소송 간에는 중복제소나 기판력의 저촉문제가 발생하지 아니한다. 따라서 미국법의 경우 선박우선특권의 존재는 대물소송이 가능하다는 것과 동일한 개념이다. 반면에 영국에서는 선박우선특권의 절차법적 측면만이 강조된다. 즉 선박 자체를 상대로 한 대물절차는 한 법원의 관할구역 내에 있는 선박소유자의 재산을 그 법원의 관할권에 복종하도록 하여 선박소유자의 응소를 강제하기 위한 채권압류의 성질을 가진다.

제2절 선박우선특권의 의의

1. 선박우선특권의 개념

선박우선특권은 선박에 관한 특정한 법정채권에 관하여 선박관련채권자가 당해 선박과 부속물 등에 대하여 다른 채권자보다 우선특권을 받을 수 있도록 인정된 법정담보권이다(상 제777조 제1항).[1] 일정한 해사채권자에게 선박우선특권을 인정하는 이유는 해상기업에 수반되는 위험성으로 인하여 해사채권자에게 확실한 담보를 제공할 필요성과 아울러 선박소유자에게 책임제한을 인정하는 대신 해사채권자를 두터이 보호해야 한다는 형평의 필요성 때문이다. 즉 선박소유자책임제한제도에 의하여 선박소유자의 책임이 선박톤수를 기준으로 한 일정금액에 한정되기 때문에 해사채권자는 이 한도에서만 청구할 수 있는 데 비하여, 육상채권자는 선박소유자의 모든 재산에 대하여 청구할 수 있어서 불공평하므로 해사채권자에게 선박우선특권을 부여하여 별도로 보호하는 것이다. 선박우선특권은 각국의 특성에 맞게 발전된 해상법분야의 특수한 담보제도이기 때문에 나라마다 내용이 약간씩 다르다. 현대에 이르러서는 선박우선특권의 본래적 취지와는 달리 공공의 이익을 도모하기 위한 사회정책적 규정도 다수 추가하게 되었다.

2. 선박우선특권의 특성

상법은 선박우선특권에 관하여 그 성질에 반하지 않는 한 민법의 저당권 규정을 준용하는데(상 제777조 제2항), 선박우선특권의 특성은 다음과 같다.

(1) 법정담보물권성

선박우선특권은 계약이나 불법행위 등으로부터 생기는 일정한 해사채권의 담보를 위하여 법률상 당연히 발생하는 법정담보물권이다.[2] 따라서 당사자간의 약정으로 선박우선특권을 창설할 수 없는 점에서 질권·저당권 등의

---

1) G. Gilmore & C. Black, Law of Admiralty, 2d ed.(Mineola, New York: West Publishing Co., 1975), 제9장; W. Tetley, Maritime Liens and Claims, 2d ed.(Montreal: Les Editions Yvon Blais Inc., 1998)("Tetley(2d)"); D. Thomas, Maritime Liens, 14 British Shipping Laws(1980).
2) 송상현, "해상법 2 제," 변호사 제8집(서울제일변호사회, 1977), 221쪽.

약정담보물권과 다르다. 또한 피담보채권이 없으면 선박우선특권이 성립할
수 없고 채권이 소멸하면 선박우선특권도 소멸한다는 점에서 선박우선특권도
저당권과 마찬가지로 부종성이 있으나, 장래의 채권을 담보하기 위하여 성립
할 수 없는 점에 차이가 있다(민 제357조).

(2) 성립 및 피담보채권에 있어서의 특성

선박우선특권은 해사계약 또는 해사불법행위 등 해사거래관계에서 생기
며, 海産(maritime property)을 그 목적물로 한다. 또한 선박우선특권은 해산에
대하여 제공된 용역채권 또는 선박 등 해산에 의하여 생긴 손해로 인하여 발
생한 채권을 담보한다. 다만, 선박우선특권이 생기는 채권에는 법률상 제한이
있다.

(3) 공시방법의 결여

선박우선특권의 성립을 위하여는 유치권이나 저당권의 경우와 같은 점유
나 등기 등의 공시방법을 필요로 하지 않으며, 우선특권 있는 채권을 발생하
게 하는 사정이 생긴 그 시점에 선박우선특권이 성립한다.[1]

(4) 효력상의 특성

선박우선특권은 선박관련채권자를 특별히 보호하기 위해 인정된 법정담
보물권인 만큼 일정한 공시방법 없이도 약정담보권인 선박저당권이나 질권보
다 우선적 효력이 인정된다(상 제788조). 또 선박우선특권은 선박소유권의 이전
으로 인하여 영향을 받지 않는 추급권이 인정된다(상 제785조). 그러므로 소유
권이 선의의 제3자에게 이전한 경우에도 선박우선특권자는 그 선박에 대하여
경매권을 행사하고, 우선변제를 받을 권리가 있다.

(5) 우선순위상의 특성

민법상의 담보물권 상호간의 우선순위는 그 설정의 선후에 의한다(민 제
333조, 제370조). 그러나 상법상 선박우선특권의 우선순위는 대체로 1926년 선박
우선특권 및 저당권규칙의 통일을 위한 국제조약(International Convention for the
Unification of Certain Rules Relating to Maritime Liens and Mortgages)(이하 1926년 선박우선특
권 및 저당권조약 혹은 1926년조약)에 따라 특별한 원칙이 법정되어 있다(상 제782조

---

1) The Father Thames, (1979) 2 Ll.Rep. 346.

내지 제784조).

(6) 소멸원인상의 특성

선박우선특권은 저당권과 동일한 소멸원인으로서 목적물의 멸실·피담보 채권의 소멸·경매·포기·혼동 등에 의하여 소멸하는 외에 1년의 기간경과로 인하여 소멸하는 특징이 있다(상 제786조). 특별한 공시방법 없이 저당권이나 질권보다 강력한 효력이 인정되는 선박우선특권의 특성상 선박소유자나 일반채권자의 이익보호를 위해 단기간의 소멸기간을 인정한 것이다.

(7) 실행상의 특성

영미법상 선박우선특권의 제일 큰 특성은 통상적인 대인소송이 아니라 대물소송에 의하여 구체적으로 실행된다는 점이다. 즉 영국의 경우는 해사법원(admiralty court), 그리고 미국의 경우는 연방법원이 선박 등 목적물을 압류하고 경매하여 그 매각대금을 우선순위에 따라서 채권자에게 배당하게 된다. 우리나라에서 선박우선특권의 실행은 민사집행법 제2장 제3절 "선박 등에 대한 강제집행"에 따른다. 등기할 수 있는 선박에 대한 강제집행은 부동산 강제경매 규정에 따른다(민사집행법 제172조).

3. 국제적 통일경향

선박은 해상기업주체의 재산인 동시에 중요한 담보수단이다. 해상기업자가 선박을 사용하여 기업활동을 영위하는 과정에서 부담하는 각종의 채무를 담보하기 위하여 선박상에 담보권이 설정되는 경우 각국이 선박우선특권의 피담보채권의 인정범위 및 효과를 달리한다면, 기존의 선박우선특권자·선박저당권자 및 기타의 채권자는 불안정한 상태에 빠지게 된다. 선박우선특권은 선박저당권자에 우선할 뿐 아니라 아무런 공시방법도 없기 때문에 해사금융수단으로서 중요한 지위를 가지는 선박저당권제도에 대한 중대한 위협이 되고, 해사금융을 저해할 우려가 있다.

그리하여 선박우선특권의 국제적 통일화가 국제법협회(ILA)의 1885년 브뤼셀회의 및 1888년 함부르크 만국상법회의에서 중점적인 문제로 되었다. 그후 국제해법회는 1902년 브뤼셀회의 이후 선박우선특권 및 선박저당권에 관한 통일조약을 작성하는 데 노력하여 1910년 브뤼셀외교회의에서 조약안을 성립시켰다. 그러나 각국에서 이를 받아들이지 않았으므로 1922년 브뤼셀외교회의에서 이를 대폭 개정하여 선박소유자책임제한조약 및 선하증권조약과 함께 채택되기에 이르렀고, 1924년에 서명되어 선박우선특권 및 저당권통일조약으로 성립하였다. 이는 1910년 조약안을 크게 개정한 것으로서 대륙법주의를 많이 채택하고, 영미법주의를 채택한 부분이 적었기 때문에 영국은 서명하지 않았다.

그 후 영국의 제안에 의하여 1926년 브뤼셀외교회의에서 위 조약을 수정한 것이 1926년조약이다. 그리고 우리 상법 제5편 해상 제1장 선박 제5절 선박담보는 이 조약의 실체적 규정을 거의 수용하였다. 1926년조약은 프랑스를 제외하고 영국·미국 등 유력한 해운국가들이 자국법과 다르다는 이유로 비준하지 않았기 때문에 국제통일조약으로서의 실효성이 적었다. 그리하여 1965년 국제해법회 뉴욕회의에서 신조약을 채택하고 1967년 브뤼셀해사법외교회의에서 약간 수정하여 1967년 해상(海上)우선특권 및 저당권조약이 성립하였다. 그러나 선박우선특권제도가 각국에 고유한 물권법상의 원칙으로부터 벗어나기 어려울 뿐 아니라 강제집행제도와 깊이 관련되어 있어서 많은 국가는 1967년조약도 수용하지 않고 있다.

1967년조약이 실효성 있는 조약의 기능을 다하지 못하였으므로 국제해법회는 1967년조약의 개정작업을 진행했으며, 1985년에 "1967년 해상우선특권 및 저당권조약의 개정초안"('1985년 국제해법회 개정초안')을 채택하였다. 그리고 유엔무역개발회의(UNCTAD)와 국제해사기구는 제네바에서 개최한 외교회의에서 1993년 선박우선특권·저당권조약('1993년조약')을 채택하였다.[1]

선박우선특권과 관련된 조약으로서 1952년 선박가압류조약(International Convention Relating to the Arrest of Seagoing Ships)이 있는데, 우리나라와 미국은 이 조약을 수용하지 않았다. 1952년조약은 담보를 취득하기 위한 채권보전적 의미의 선박가압류에 대하여만 적용되며, 확정판결이나 중재판정을 강제집행하기 위한 조치에 대하여는 적용되지 아니한다(동 조약 제1조 제2항).[2] 최근에 유엔무역개발회의와 국제해사기구는 1952년조약을 개정하여 1999년 선박가압류

---

1) 정완용, "1993년 선박우선특권·저당권 조약의 성립과 우리 상법상의 선박담보제도," 개정해상법의 제문제, 한국해법회 학술발표회(1993. 7. 2), 83쪽.

2) Francesco Berlingieri, Arrest of Ships, 2d ed.(London: Lloyd's of London Press Limited, 1996), 29-31쪽.

조약을 성립시켰다. 1999년조약 성립과정에서 가압류를 할 수 있는 해사채권을 제한적 열거방식으로 규정할 것인지, 혹은 개방방식·예시적 방식으로 규정할 것인지에 관하여 다툼이 있었다. 전자는 세계적으로 통일적 기준을 마련하고 선박가압류의 남용을 방지하기 위하여 예외적 경우에만 가압류를 허용하자는 입장이고, 후자는 법적용상 융통성을 발휘할 수 있으며 기술발전에 따라 앞으로 발생하는 해사채권의 유형까지 포함할 수 있는 장점이 있다. 결국 1999년조약은 제한적 열거방식을 채택하였다. 동 조약은 10개 국이 비준·가입한 날로부터 6개월 후에 발효하며, 우리나라가 동 조약에 가입하였는지 여부에 관계 없이 우리 선박이 동 조약 체약국의 영해에 들어가면 동 조약의 적용을 받으므로(동 조약 제8조 제1항), 동 조약 발효 후에는 동 조약에 가입하는 것을 고려해야 할 것이다.[1]

4. 우리 상법

상법은 선박담보제도로 선박우선특권·선박저당권 및 선박질권을 두고 있는데, 주된 내용은 선박우선특권에 관한 것이다(상 제777조 내지 제786조, 제788조). 선박우선특권은 점유나 공시방법을 필요로 하지 않으면서도 선박저당권에 우선하는 강력한 권리로서 선박소유자와 일반채권자의 이익을 위협하고 있어 당사자간의 이해관계를 합리적으로 조정해야 한다는 주장이 계속되어 왔다. 또 상법은 1926년조약의 내용을 바탕으로 하여 규정되었는데, 동 조약의 내용이 1967년조약의 내용과 비교하여 선박저당권자의 이익보호에 소홀하였다는 평에 따라 1991년 상법개정에서는 1967년조약을 토대로 선박저당권자 및 선박소유자를 보호하기 위하여 선박우선특권의 피담보채권의 범위를 축소했다.

1967년조약은 선박우선특권이 발생하는 채무자로서 선박소유자·선박임차인 기타 용선자·선박관리인·선박운항자를 인정한다(1967년조약 제4조 제1항 단서). 한편 1985년 국제해법회 개정초안(제4조 제1항)과 1993년조약(제4조 제1항)은 용선자만이 선박우선특권 있는 채권의 채무자일 가능성이 적다는 이유로 용선자를 채무자의 범위에서 삭제하였다. 2014년에 대법원은 1993년조약 체

---

1) 정완용, "1999년 선박가압류에 관한 국제조약의 검토," 한국해법학회 1999년도 춘계학술발표회 초록집(1994. 4), L-3쪽.

약국인 러시아가 선적국인 경우, 선박대리점이 지출한 정기용선자에 대한 입·출항료, 정박료, 도선료, 예선료채권은 1993년조약에 따라 선박우선특권의 피담보채권이 아니라고 보았다.[1] 상법상 선박우선특권의 채무자의 범위를 1967년조약과 같이 선박소유자 외에 선체용선자·정기용선자·선박관리인 및 선박운항자를 포함시키는 것이 바람직하다. 왜냐하면 선박채권자로서는 채무자가 법률상 선박소유자인지 여부를 확인하기 곤란할 뿐 아니라, 선박소유자는 당해 선박의 임대 또는 용선에 의하여 선박우선특권 있는 채권이 발생할 수 있음을 예상할 수 있기 때문이다. 한편 정기용선자의 채무에 대해서는 선박우선특권을 인정하지 말자는 견해도 있다.[2]

제 3 절   선박우선특권의 피담보채권

어떤 해사채권에 선박우선특권을 인정할 것인가는 선박우선특권의 발전 과정과 각국의 입법정책에 따라 달라진다.

제 1 관   우 리 법

제1 피담보채권의 범위 및 내용

1. 채권자의 공동이익을 위한 비용채권(상 제777조 제1항 1호)

(1) 채권자의 공동이익을 위한 소송비용

이에 대해 제1순위 선박우선특권을 인정한 것은 이러한 소송으로 인해 다른 채권자들도 변제를 받을 수 있게 되기 때문이다.[3] 소송비용은 당사자가 특정한 소송수행을 위하여 소송계속 전이나 계속 중에 지출한 비용이며, 재판상 비용으로서 민사소송법이 규정하는 서류·도면작성료·번역료·집행관수수료 등이 포함된다.[4] 소송비용은 우선특권을 부여하지 아니하더라도 민사소

---

1) 대결 2014. 10. 2. 2013마1518 선박임의경매결정에대한즉시항고(판례공보(2014. 11. 1), 2117쪽)(재항고인 그로발스타해운, 재항고기각).
2) 권성원, "선박우선특권의 실행방식 변경 및 피담보채무자의 범위 제한에 관한 고찰," 한국해법학회지 제39권 제2호(2017. 11), 7쪽.
3) 최종, 197쪽.
4) 송상현·박익환, 민사소송법(개정 6판)(서울: 박영사, 2011), 409쪽.

송법상 비용확정절차에서 확보될 수 있는 것이 아닌가 하는 의문이 있으나, 이는 오직 채권자의 공동이익을 위하여 지출된 소송비용에 국한되는 것이다. 1993년조약은 채권자의 공동이익을 위한 소송비용, 선박과 속구의 경매에 관한 비용에 대하여 선박우선특권을 인정하지 아니한다. 이를 참작하여 상법은 '선박과 속구의 경매에 관한 비용'을 선박우선특권의 피담보채권에서 제외하였다.

(2) 항해에 관하여 선박에 과한 제세금

세금을 피담보채권으로 인정한 것은 국고의 세입을 중시한 공익적인 이유에 의한 것이다. 제세금은 등대세·항세·운하세 등을 말한다. 각국은 정도의 차이는 있으나 국세채권의 우선적 지위를 확보하는 국내법을 가지고 있으므로, 이 같은 세금에 우선특권을 부여할 필요가 없다고 할지 모르나 이것도 문제의 항해에 관하여 부과된 세금만을 의미한다.

(3) 도선료·예선료

⑺ 도 선 료   도선이란 도선구에서 도선사가 선박에 승선하여 그 선박을 안전한 수로로 안내하는 것을 말하며(도선법 제2조 1호), 이러한 도선업무에 대하여는 선박의 안전과 국가정책적 이유에서 국가적 통제를 과하는 것이 세계적인 경향이다. 우리나라에서도 국가의 면허를 받은 도선사가 아니면 도선업무를 행하지 못한다(도선법 제4조). 1926년조약도 도선료에 대하여 우리법과 같은 제1순위의 우선특권을 인정했으나, 1967년조약은 선원의 임금채권보다 후순위로 규정하였다. 1993년조약도 도선료에 선박우선특권을 인정한다(1993년조약 제4조 제1항 (d)호).

⑼ 예 선 료   예선료는 예선계약에 의하여 예선소유자가 피예선소유자에게 예선행위를 제공하고 받는 보수이다. 예선계약은 법률상 도급계약의 성질을 가지는 것, 단순한 고용계약의 성질을 가지는 것, 또는 독립한 해상운송계약의 성질을 가지는 것이 있다.

1926년조약에서는 예선료에 대하여 특별한 규정을 두고 있지 않다. 독일상법 및 영국상선법도 예선료에 대하여 우선특권을 인정하지 않는다. 반면에 미국에서는 연방선박우선특권법에 의하여 예선료에 대한 우선특권이 인정된다. 1967년조약·1985년 국제해법회 개정초안과 1993년조약은 선박우선특권

의 대상에서 예선료를 제외한다(1967년조약, 1985년 국제해법회 개정초안 각 제4조 제1
항 2호).

(4) 최후입항 후의 선박과 속구의 보존비·검사비

이는 선박이 최후항에 입항한 후 선박과 속구의 상태를 유지하기 위해 지
출하는 제비용을 말하며, 최후항은 항해를 종료한 항구, 예컨대 경매를 시행
하는 때 및 선박을 타인에게 양도한 때에 선박이 존재하는 항구이다.[1] 대법
원도 최후항은 목적하는 항해가 종료되어 돌아온 항구뿐 아니라, 선박의 경매
또는 양도처분으로 인하여 항해를 폐지한 시점에 선박이 존재하는 항구를 포
함한다고 해석한다.[2] 이러한 비용에 선박우선특권을 부여하는 이유는 이러한
채권이 선박의 가치를 보전하는 데 기여했기 때문이다. 선박이 경매절차를 위
하여 압류되어 보존되고 있는 동안의 감수·보존경비, 선박의 정박을 위한 정
박료·수선료·검사비 등이 이에 속한다. 대법원은 선박보존비를 넓게 해석
하여 연해구역에서 근해구역으로 항해구역변경에 따라 선박의 갑판·속구 등
의 수리공사를 한 경우, 그것이 항해를 위한 선박과 속구의 상태 및 기능을
유지·보전하기 위한 것이라고 인정함으로써 수리비와 검사비를 본호의 채권
으로 보았다.[3]

1926년조약은 이러한 비용을 선박우선특권의 피담보채권으로 인정했지만

---

1) 田中誠二, 海商法詳論(東京: 勁草書房, 1985), 569-579쪽.
2) 대판 1996. 5. 14. 96다3609(판례공보(1996. 7. 1), 1854쪽): 원고 부산시 수산업협동조합은
선박소유자에게 돈을 대출하여 선박에 대한 근저당권자이고, 피고는 선박수리대금채권자였
다. 선박소유자가 대출금을 변제하지 않자 원고의 신청에 의하여 임의경매절차가 개시된
후 피고도 자신의 채권을 선박우선채권이라고 주장하여 임의경매를 신청하였다. 이 사건
선박은 피고가 수리를 한 이후 조업을 위하여 출어하여 1개월 후 입항하였다. 대법원은 피
고의 채권은 이 사건 선박의 마지막 조업을 위한 출항 전의 선박수리비채권이므로 최후입
항 후의 선박보존비라고 할 수 없으며, 설사 선박이 연안조업어선으로서 항해기간이 단기
간이라도 마찬가지라고 판시하였다.
    마찬가지로 대결 1998. 2. 9. 97마2525·2526(판례공보(1998. 4. 1), 835쪽)(재항고인 우
양선기)에서는 연근해유류운송선이 울산항에 정박중 화재가 발생하였으므로 재항고인이 이
를 수리하였다. 수리 후 선박은 부산에 출항하였다가 울산으로 돌아왔다. 재항고인은 자신
의 수리비채권이 최후입항 후의 선박보존비라고 주장하였다. 대법원은 목적한 항해가 종료
한 항뿐 아니라 항해도중 경매나 양도로 항해가 중지된 경우의 선박보존비용도 '최후입항
후'에 포함한다는 것은 일단 인정하였다. 그러나 선박이 수리를 마친 후 다시 부산을 향하
여 항해하였으므로 수리비는 최후입항 후에 발생한 것이 아니고, 따라서 제777조 제1항 1
호의 선박보존비가 아니라고 보았다.
3) 대판 1980. 3. 25. 79다2032.

(동 조약 제2조 1호), 1967년조약 · 1985년 국제해법회 개정초안 · 1993년조약에서
는 배제되어 있다. 선박에 편리하고 유용하며 필요한 수선 · 보급 기타 용역에
관한 채권이면 우선특권이 인정된다고 넓게 해석하는 것이 바람직하다.

2. 선원 그 밖의 선박사용인의 고용계약으로 인한 채권(동항 2호)

위험한 항해에 종사해 생계를 유지하는 선장과 선원 및 가족의 생계를 보
호한다는 사회정책적인 견지에서 선원우선특권을 인정한 것이다. 선원은 선
박에서 근로를 제공하기 위하여 고용된 사람이며, 선장과 해원으로 나뉜다(선
원법 제2조). 기타 선박사용인은 선원을 제외하고 선박에 노무를 제공하는 경비
원 · 선박관리인 등이다.

이 같은 채권에는 선원의 임금(동법 제52조) · 실업수당(동법 제37조) · 송환수
당(동법 제39조) · 퇴직금(동법 제55조) · 유급휴가수당(동법 제67조) · 시간외근로수
당(동법 제62조) · 부상 또는 질병에 대한 요양보상금(동법 제85조) 등 선원법에서
규정하고 있는 각종 수당이 포함된다. 그러나 선원보험법상 인정되는 선원보
험료채권에는 선박우선특권이 부여되지 않는다(선원보험법 제15조). 부산지방법
원과 서울고등법원은 오징어잡이배에 승선한 선원과 선박소유자 사이에 어획
대금을 일정한 비율로 나누어 가지는 보합금 및 조업독려비도 근로의 대가로
지급받는 임금의 일종이므로 본호의 선박우선특권의 대상이 된다고 판시한
바 있다.[1] 사회적으로나 근로환경에서 열등한 위치에 있는 선박근로자의 이
익을 보호하기 위해 본호의 채권의 범위를 넓게 해석하는 것이 입법취지에
부합할 것이다.

국제사법상 선박우선특권의 준거법은 원칙적으로 선적국법이다(국제사법
제60조 제1호). 그러나 선적국법이 해당 법률관계와 근소한 관련이 있을 뿐이고
그 법률관계와 가장 밀접한 관련이 있는 다른 국가의 법이 존재하는 경우에
는 그 국가의 법에 의한다(동법 제8조 제1항). 선박이 파나마에 편의치적되어 있
을 뿐, 실질적 선박소유자나 선박 운영사의 국적과 주된 영업장소, 선박의 주
된 항해지와 근거지, 선원들의 국적, 선원 근로계약의 적용법, 선박저당권의
피담보채권을 성립시키는 법률행위가 이루어진 장소 및 그에 대해 적용되는

---

1) 부산지판 1984. 5. 25. 83가합3923(하급심판결집 제2집(1984), 297쪽); 서울고판 1986. 6. 9.
85다4234(하급심판결집 제2집(1986), 116쪽).

법률, 선박경매가 진행되는 법원이나 경매에 참가한 이해관계인이 모두 한국
과 관련 있다면 준거법을 한국법으로 보아야 한다는 대법원 판례가 있다. 대
법원은 상법 제788조를 적용해 선원 임금채권이 은행의 근저당권보다 선순위
라고 판시했다.[1]

3. 구조료채권과 공동해손분담채권(동항 3호)

이를 인정하는 이유는 해난구조나 공동해손이 선박의 가치를 보전한 데
에 주어진 특혜라고 할 수 있고, 이들 채권이 선박소유자와 채권자의 공동이
익을 위한 것이기 때문이다. 또한 구조료채권에 우선특권을 부여함으로써 해
난구조를 장려한다는 의미도 있다.

(1) 해난구조로 인한 선박에 대한 구조료채권

해난구조의 결과 구조자가 취득하는 구조료를 말한다. 이에는 상법이 규
정하는 협의의 해난구조, 즉 의무 없는 자발적 구조에 대한 구조료뿐 아니라
구조계약에 기하여 구조한 경우의 보수도 포함한다. 일반적으로 선박우선특
권의 객체가 되는 것은 선박·속구·운임, 그리고 선박과 운임의 부수채권이
지만, 상법은 구조에 종사한 자의 구조료채권은 구조된 적하에 대하여도 우선
특권이 있다고 한다(상 제893조 제1항 본문). 상법상 유일하게 인정되는 적하에 대
한 우선특권인데, 채무자가 구조된 적하를 제3취득자에게 인도한 후에는 그
적하에 대하여 이 권리를 행사하지 못하며(동항 단서), 이 우선특권에는 상법 제
777조(선박우선특권 있는 채권)의 규정을 준용한다(상 제893조 제2항). 1993년조약도
해난구조료채권에 대하여 선박우선특권을 인정한다(1993년조약 제4조 제1항 (c)호).

(2) 공동해손의 분담에 관한 채권

공동해손은 선박과 적하의 공동위험을 면하기 위하여 선장이 선박 또는
적하에 대하여 한 처분으로 말미암아 생긴 손해 또는 비용을 말한다(상 제865
조). 공동해손제도는 이 손해 또는 비용을 공동해손처분에 의하여 위험을 면
한 선박과 적하의 이해관계인에게 공평하게 분담시키는 것이고, 이에 따라 이

---

1) 대판 2014. 7. 24. 2013다34839(판례공보(2014. 9. 15), 1716쪽)(원고/피상고인 O, 피고/상고
인 하나은행, 상고기각). 김진권, "편의치적선의 준거법 결정에 관한 고찰," 한국해법학회지
제37권 제1호(2015. 4), 51쪽.

해관계인이 부담하는 금액을 공동해손분담금이라 한다. 따라서 원칙적으로 공동해손분담금채권은 선박의 손해를 위하여 적하에 설정될 수도 있고, 적하의 손해를 위하여 선박 위에 설정될 수도 있다.[1] 그러나 상법은 이에 관하여 특별한 규정을 두고 있지 않기 때문에 공동해손으로 선박이 손해를 입은 경우, 선박소유자의 적하에 대한 우선특권이 인정되지 않는다. 다만, 공동해손분담금채권에 기하여 적하에 대한 유치권이 인정될 뿐이다(상 제807조 제2항).

1926년조약(제2조 3호)과 1967년조약(제4조 제1항 5호), 1985년 국제해법회 개정초안(제4조 제1항 5호)은 모두 공동해손분담금채권에 선박우선특권을 인정한다.

4. 선박충돌 등으로 인한 손해배상채권(동항 4호)

(1) 인정근거

선박의 충돌 그 밖의 항해사고로 인한 손해, 항해시설·항만시설 및 항로에 대한 손해와 선원이나 여객의 생명·신체에 대한 손해배상채권에 선박우선특권이 인정된다(상 제777조 제1항 4호). 이 채권은 선박충돌 등 불법행위로 인한 배상채권으로서 선박소유자의 책임제한의 대항을 받으므로, 이들 채권자에게 우선특권을 인정하는 것이 형평에 맞기 때문이다.

(2) 운송물의 손해배상채권

상법은 선박우선특권의 피담보채권으로서 '적하 및 수하물에 대한 손해'를 삭제하였다. 그 결과 종래 선박우선특권에 의하여 강력한 권리를 가지던 화주의 선박소유자에 대한 운송물의 손해배상채권에 대하여 우선특권이 인정되지 않게 되었다. 대부분 소액인 적하의 손해를 배상받기 위하여 선박의 정상적 운항에 지장을 초래하는 것은 형평의 원칙에 어긋나기 때문이다.[2] 1967년조약 및 1993년조약도 마찬가지이다. 한편 선박우선특권이 인정되는 근본적인 이유가 선박소유자의 책임제한에 대응해 해사채권자의 이익을 보호하기 위한 것인 만큼 선박소유자의 책임제한의 적용을 받는 채권자에게는 되도록 선박우선특권을 인정해야 공평하므로, 화주의 채권을 선박우선특권의 대상에서 제외시키는 것은 불합리하다고 비판하는 견해가 있다.[3]

---

1) Gilmore & Black, 앞의 책, 630쪽.
2) 정해덕, "선박집행에 관한 연구," 경희대학교 박사학위논문(2000. 2), 145-146쪽.
3) 서헌제, "개정상법(보험·해상편)," 인권과 정의(1992. 7), 65쪽.

(3) 항해시설·항만시설 및 항로에 대한 손해

대부분의 국가들은 해운업의 발달에 따라 보다 깊고 안전한 항구·운하·수로 등을 제공해야 할 국가적 의무가 증가함에 따라 자국의 이익보호를 위하여 법령에 의한 특별권을 국가에게 부여하는바, 이러한 추세에 따라 상법은 항해시설·항만시설·항로에 대한 손해를 선박우선특권의 피담보채권으로 인정하였다. 항만시설에 대한 막대한 투자의 재원을 확보해야 하는 공익적 견지에서 특별히 인정된 정책적 규정이다.

(4) 선원이나 여객의 생명·신체에 대한 손해배상채권

선원이나 여객 등 인적 손해의 피해자를 정책적으로 보호하기 위한 규정이다.

제 2 관 미 국 법

미국법상 대부분의 선박우선특권은 일반해상법에 의거하여 발생하나 선박저당권법이나 연방선박우선특권법 등에 의거하여 인정되는 경우도 있으므로, 어느 나라보다도 광범위하게 선박우선특권을 인정한다. 이는 화주국으로서의 입장을 반영한다. 선박우선특권을 생기게 하는 채권에는 ① 선장·선원의 임금채권, ② 해난구조보수채권, ③ 공동해손분담금채권, ④ 용선계약불이행에 대한 손해배상청구권, ⑤ 우선선박저당권(preferred ship mortgages), ⑥ 선박과 속구의 수리비·식량·연료·도선료·예선료·선박의 세금에 관한 채권, ⑦ 선원이나 여객의 생명·신체에 대한 손해배상채권, 선박충돌 또는 해양오염으로 인한 손해배상채권, ⑧ 화물의 멸실 또는 훼손에 관한 손해배상채권, ⑨ 운송인이 화주에 대하여 가지는 미지급운임 및 체선료청구권 등이 있다.[1]
즉 해사관할에 속하는 대부분의 채권에 대하여 선박우선특권이 발생하는데, 이에 대한 예외로서 존스법에 의한 선원의 손해배상청구권은 선박에 대한 대물적 청구를 할 수 없으며, 선박소유자에 대한 대인적 청구만을 할 수 있으므로 선박우선특권을 발생시키지 못한다. 또 하역근로자손해배상법에 의거하여 하역근로자가 사용자에 대하여 손해배상을 청구하는 경우 및 국가주권에

---

1) SchoenbaumP(5th), 685-689쪽.

대한 채권에 대하여도 선박우선특권이 발생하지 않는다. 미국에서는 선박우선특권을 발생시키는 채권의 범위가 오랜 세월에 걸쳐 판례법으로 확립되어 있기 때문에 미국법원은 새로운 채권에 대하여는 좀처럼 선박우선특권을 창설하지 않는다. 그러나 상황이 변화하였을 때 미국법원이 기존의 선박우선특권제도를 재검토하여 종전에 선박우선특권을 발생시키지 않던 채권에 이를 발생하게 하는 것은 가능하다. 선박우선특권은 양도할 수 있으며, 선박우선특권채권자의 채권액을 변제한 자는 선박우선특권을 양수한다. 그러나 선박소유자·선박공유자·선박대리점·선박회사의 주주 등 선박에 대하여 이해관계를 가지는 자는 선박에게 금전을 대여해 주었더라도 선박에 대하여 선박우선특권을 가질 수 없다. 왜냐하면 일반채권자의 권리가 선박에 이해관계를 가지는 자의 권리에 우선하기 때문이다.[1]

제3관 선박우선특권의 피담보채권에 대한 비교법적 고찰

선박우선특권에 의한 피담보채권은 특별히 법에 의하여 인정되는 법정선박우선특권(난파물제거채권·해양오염손해배상채권), 전통적으로 인정되는 선박우선특권(소송비용·경매비용 채권, 선장·선원의 임금채권, 구조료채권, 선박충돌손해 및 불법행위손해배상청구권, 공동해손분담금), 계약관계에 의하여 발생하는 선박우선특권(재화 및 용역 등 필요한 비용, 선박수리업자의 채권, 하역업자의 채권, 화물손해배상청구권 및 용선자의 선박우선특권, 운임 및 용선료에 대한 운송인의 선박우선특권, 운송주선인의 선박우선특권, 해상보험료채권)의 세 가지로 대별된다.

제1 법정선박우선특권

1. 난파물제거채권

(1) 1926년조약

1926년조약은 선박우선특권의 피담보채권으로서 난파물제거채권을 특별히 열거하지는 않았다. 다만, 동 조약 서명의정서에서 체약국들이 국내법으로 난파물제거에 관한 특별한 권리를 부여할 수 있음을 규정하였으며, 대다수의

---

1) SchoenbaumP(5th), 689-693쪽.

체약국들은 실제로 이 같은 입법을 하였다. 1926년조약에 의하면 난파물을 제거한 항만당국은 난파물매각비용으로부터 다른 채권자에 우선하여 제거비용을 보상받기 때문에 난파물제거채권은 다른 선박우선특권보다 우선순위를 가진다.

(2) 1967년조약 및 1993년조약

1967년조약은 제4(1)(v)호에서 난파물제거채권에 대하여 선박우선특권을 인정한다. 그러나 난파물제거채권이 5순위의 효력만을 가지고 있으므로, 동 채권은 1967년조약에서 그 지위가 약화되었다. 1993년조약은 난파물제거채권에 대해 선박우선특권을 인정하지 않는다.

(3) 영 국 법

특별법에 의하여 항만당국이나 지방자치단체가 그 관할구역 내에서 난파된 선박에 대하여 특별한 권리를 가지는데, 이 같은 특별한 권리는 선박우선특권에 대하여 우월한 효력을 가진다. 즉 ① 1847년 항구·선착장 및 부두법은 난파물을 유치·매각할 수 있는 권한을 부여한다. ② 1865년 조선소 항구규제법은 조선소가 위치한 항구를 막고 있는 난파물을 조선소가 제거·매각하여 자신이 지출한 비용을 보상받도록 한다. ③ 1995년 상선법 제252조는 항만당국으로 하여금 난파물을 제거·파괴·매각하여 그 매각대금으로부터 제거비용을 보상받도록 한다.[1]

(4) 프랑스법

국가가 난파물을 제거 또는 파괴할 수 있고, 법령에 정해진 일정기간이 지난 후에는 난파물을 매각할 수 있다. 난파물을 제거한 국가 또는 개인은 난파물 위에 선박우선특권을 가지는바, 이는 선박보존비용에 대한 선박우선특권과 동일한 효력을 가진다. 1926년조약 제2(1)조를 따른 것이다.[2]

2. 해양오염손해배상채권

(1) 국제조약

선박은 기름방출로 인한 해양오염에 대하여 손해배상책임을 부담하며, 기름오염 피해자는 선박에 대하여 전통적인 선박우선특권을 가진다. 기름오

---

1) Tetley(2d), 114쪽.
2) Tetley(2d), 105쪽.

염손해배상청구권은 1926년조약 제2(4)조 '선박충돌 또는 기타 항해상의 사고에 대한 배상청구권, 항구·부두·가항수로의 손해에 대한 배상청구권, 화물의 멸실·훼손에 대한 손해배상청구권' 또는 1967년조약 제4(1)(iv)조 '선박운항과 직접 관련하여 육상 또는 해상에서 채무불이행 아닌 불법행위에 기인하여 발생한 재산의 멸실·훼손에 대한 손해배상청구권'에 해당하므로, 기름오염 피해자는 선박우선특권을 가진다. 반면에 1993년조약은 이에 대한 선박우선특권을 부인한다.

(2) 미 국 법

⑺ 1990년 기름오염법   미국 정부는 기름오염 제거비용, 기름방출 선박을 제거하거나 파괴하는데 소요된 비용에 대해 선박우선특권을 행사할 수 있다. 이 선박우선특권은 소송비용 채권보다 후순위이나, 다른 선박우선특권과 선박저당권보다 선순위이다.

⑻ 1980년 종합환경대응 보상 책임법(Comprehensive Environmental Response, Compensation and Liability Act, CERCLA)   미국 정부는 기름과 가스 외의 위험 물질이 배출된 경우 제거비용과 그로 인한 손해에 관해 위험 물질을 배출한 선박소유자나 선박운항자에 대한 선박우선특권을 가진다. 순위는 우선적 선박우선특권(preferred maritime lien)과 같다.

⑼ 1974년 심해항구법   미국에 반입할 목적으로 기름을 선적·양륙·취급하는 미국 영해 이외의 심해 기름취급 시설을 규율하는 이 법을 위반한 선박에 부과된 벌금이나 과태료에 대해 미국 정부는 선박우선특권을 가진다. 순위는 우선적 선박우선특권과 같다.

⑽ 1972년 해상투기 금지법   해상투기를 금지하는 이 법을 위반한 선박에 부과된 벌금이나 과태료에 대해 미국 정부는 선박우선특권을 가진다. 순위는 선취우선특권과 같으며, 소송비용 채권보다 후순위이나 다른 선박우선특권보다 선순위이다.[1]

---

1) Tetley(2d), 145-151쪽.

제2 전통적 선박우선특권

1. 소송비용 · 경매비용 채권

(1) 미 국 법

선박의 경매에 있어서 법원이 허용하는 일정한 비용 및 보수와 법원이 부과하는 일정한 비용은 선박저당권에 우선한다(46 U.S.C. 제953(b)(2)조). 이 같은 비용을 지출하기 전에 법원의 명령을 받았다면, 이 같은 비용이 다른 청구권에 대하여 우선하는 것은 명백하다. 또한 법원이 특정 행위를 허가하였다면, 이에 소요된 비용에 대해서도 묵시적으로 우선특권이 허용된 것으로 볼 수 있다. 즉 화물하역명령이 있으면 하역이 행하여지는 부두에서의 비용이 우선권을 가진다. 또 압류된 선박이 경매되기 전에 법원이 선박의 출어를 명령하였다면, 선박에 대하여 연료와 얼음을 공급한 자는 그 비용에 대해 저당권자에 우선한다. 선박이 경매되기 위하여는 화물을 하역하여야 하는데, 그 비용도 법원의 명령에 의한 우선권을 가진다.[1] 선박의 압류 후 일반의 공동이익을 위해 지출된 상당한 이유 있는 비용은 법원의 사전명령이 없더라도 법원보관비용(custodia legis)으로 인정된다. 특히 경매 시까지 선박관리자가 지출한 합법적인 비용은 선박이 이를 요청한 경우에는 유효한 비용이다. 일반의 공동이익을 위한 부두사용료뿐 아니라 선박이 해사법원집행관의 관리 하에 있는 동안 소요된 예인료, 그리고 경매가격을 초과하는 보관비(이 경우 저당권자에게 남는 것은 아무 것도 없다)까지도 우선특권을 가진다. 그러나 국가에 의한 압류 이후에 발생하는 비용은 선박우선특권의 대상이 되지 아니한다.[2]

(2) 영 국 법

법원보관비용에 관해 전반적으로 미국법과 유사하며, 영국법원은 대부분의 경우 법원보관비용을 인정한다. 그러나 미국법과 두 가지 차이가 있다. 첫째, 일반의 공동이익을 위해 발생한 법원보관비용이 우선특권에 의하여 담보되는 근거는 미국에서는 원상회복의 원리에 기초하지만, 영국에서는 편의라는 근거에 의하여 정당화되어 왔다. 둘째, 영국 및 홍콩 법원에 의하면 해사

---

1) Turner & Blanchard v. The Emilia, 322 F.2d 249(2d Cir. 1963).
2) City of Erie v. S. S. North American, 267 F. Supp. 875(W.D. Penn 1967). Tetley(2d), 225-230쪽.

법원집행관이 선박을 경매하기 위해 선박의 화물을 하역할 때 드는 비용은 법원보관비용이 아니다.[1]

변호사는 모든 선박우선특권에 우선하여 자신이 지출한 압류비용과 경매비용을 지급받을 권리가 있다. 변호사가 모든 채권자들의 이익에 부합하는 필요한 행위를 했기 때문이다. 즉 선박을 압류한 경우 변호사는 그 선박이 법원의 관할에서 벗어나는 것을 막은 것이므로 자신이 지출한 압류비용에 대해 우선특권을 가진다. 이는 해난구조자가 선박을 난파나 침몰로부터 구조한 경우에 가지는 우선특권과 유사하다. 마찬가지로 선박가액평가·경매명령·고지, 그리고 경매에 이르는 과정에서 필요한 노력을 한 변호사는 그 비용에 대하여 우선특권을 가진다. 이 때 선박을 압류한 변호사와 경매한 변호사가 동일할 필요는 없으며, 압류와 경매가 다른 변호사에 의해 행하여진 경우에 각 변호사는 자신이 지출한 비용에 대해 우선특권을 가진다.[2]

(3) 프랑스법

(개) **1967년법**   프랑스는 1967년 1월 3일 법률 제67-5호("1967년법")로써 1926년조약을 국내법화하였다. 1926년조약(제2조 제1항)이 선박압류와 경매에 관한 법원비용을 법원보관비용과 결합한 데 반하여, 1967년법에서는 양자를 분리시킨다. 즉 1967년법(제31조 제1항)은 '선박을 재판상 매각하고 그 대금을 분배하는 데 드는 법원비용'에 관하여 규정하고, 제2항에서는 '최종항 도착 후의 선박 유지 및 보존 비용'(법원보관비용)에 대하여 규정한다.[3]

(내) **법원비용**   법원비용에 우선적 효력을 부여하는 이유는 그것이 전체 채권자에 대하여 이익을 가져오기 때문이다. 그리고 1967년법 제31조 제2항의 우선특권은 선박의 압류와 재판상 매각에 소요된 비용에 적용되는데, 이는 주된 소송에 대한 법원비용뿐 아니라 다른 법적 절차에 소요된 비용을 널리 포함한다.[4]

(대) **법원보관비용**   1967년법(제31조 제2항)은 일정한 수수료나 요금뿐 아니라 법원보관비용에 대하여도 제2순위의 우선특권을 부여한다. 법원보관비용

---

1) Tetley(2d), 245쪽.
2) Tetley(2d), 253쪽.
3) Tetley(2d), 260쪽.
4) Tetley(2d), 260-261쪽.

은 선박이 압류항에 도착한 이후에 발생한 비용이어야 하며, 선박에 대한 관리자의 보수뿐 아니라 안전한 위치로의 예선료, 집행비용, 정박처 제공에 따른 비용, 입항료, 연료대금 등이 포함된다. 어떠한 비용이 법원보관비용에 속하는 것인가에 대하여 논란이 있다. Du Pontavice는 법원보관비용을 넓게 해석해 선박의 상업적 기능을 수행하기 위한 비용까지 포함시키는 반면, Rodière는 엄격히 해석하여 전체채권자의 이익을 위해 선박을 가치 있는 담보물로서 유지시키기 위해 요구되는 비용에 국한한다.[1]

2. 선장·선원의 임금채권

(1) 국제조약

1926년조약 제2조 제2항에 의하면 선원과 선장의 임금은 법률비용과 법원보관비용 바로 다음의 제2순위이다. 제2조 제2항은 포괄적이어서 선원이 연금기금에 대하여 부담하는 분담금도 임금으로서 우선특권의 대상이다. 임금우선특권은 당해 임금청구권이 발생한 항해에 관하여 발생한 임금 뿐 아니라, 선원의 고용계약기간 동안 발생한 모든 항해에 관한 운임에 미친다(동 조약 제4조). 한편 1967년조약은 선원임금의 우선특권에 대해 제한적인 입장을 취한다. 즉 동 조약 제4조 제1항 (i)호는 선장·선원 기타의 자는 선박에서의 고용과 관련하여 청구할 수 있는 임금 및 기타 금액에 대하여 선박우선특권을 가진다고 규정하면서, 선원의 고용주가 선원의 연금기금에 출연하는 분담금에 대하여는 선박우선특권이 미치지 아니한다고 규정한다.[2] 1993년조약은 사회보장분담금을 포함한 선원 등의 임금채권·송환비용에 대하여 선박우선특권을 인정한다.

(2) 미 국 법

1989년 연방선박우선특권법(상사증권 및 선박우선특권법)은 "우선적 선박우선특권은 … 선원의 임금에 대한 우선특권을 의미한다"고 규정함으로써(제 31301(5)(D)조) 선원의 임금은 선박우선특권의 대상이 된다. 선원의 임금은 선박저당권에 우선하며, 법원보관비용 청구권에 대하여만 후순위이다. 선원은

---

1) Du Pontavice, Le Statut des Navires, para. 146(Paris: 1976); R. Rodière, Le Navire, para. 143; Tetley(2d), 261쪽.

2) Tetley(2d), 268-269쪽.

선박소유자 또는 용선자가 고용하였는지 여부에 상관없이 선박우선특권을 가진다. Solet v. M/V Capt. H. V. Dufrene 사건[1]에서는 선체용선자가 고용한 선원이 선박의 불감항성 때문에 상해를 입은 경우, 부양료와 치료비에 대해 선박우선특권을 인정받았다. 하급심법원은 요리사와 음식조달용역회사가 고용한 주방보조인도 임금에 대한 우선적 선박우선특권을 가진다고 판시하였다.[2] 미국에서는 임금을 넓게 정의하기보다는 선원이 제공하는 모든 용역을 해사에 관한 것이라고 봄으로써 선원임금에 대한 선박우선특권을 광범위하게 인정한다. 즉 선원이 제공한 용역에 관한 직·간접적인 모든 보수를 임금으로 본다. 임금은 ① 임금을 지분방식으로 지급할 때의 지분, ② 휴가수당·연차수당·퇴직금, ③ 노동조합회비, 선박이 재판상 매각된 경우 선원의 본국송환 비용, 상여금, ④ 여객선선원의 해고수당을 포함한다. 연금계획을 관리하고 사회보장연금을 분배하기 위해 설립된 신탁기금은 선원의 분담금을 신탁기금에 지급하는 것을 강제하기 위해 선원의 분담금에 대하여 선박우선특권을 가진다. 선원의 분담금은 임금의 일부로 간주되어 선박우선특권이 있으나 그 청구는 선원이 아니라 선박우선특권의 양수인인 신탁기금만 할 수 있다.[3]

(3) 영 국 법

선원은 제1순위의 선박우선특권을 가진다. 이는 누가 선박소유자인지를 불문하고 선박에 따르는 우선특권이며, 선박의 매수인이 외국인인 경우에도 마찬가지이다. 외국선박에 승선한 선원들도 1981년 대법원법(Supreme Court Act)(제20(7)(a)조)에 의하여 선박우선특권을 가지나, 해사법원은 외국선박에 대한 청구에 관하여 관할권을 부인할 수 있다(동법 제24(2)(a)조). 선원의 선박우선특권은 진정하고도 전통적인 우선특권이며, 근거는 선원이 선박에 대해 용역을 제공하였다는 데 있다. 이 선박우선특권은 선원을 고용한 자가 소유주이든 용선자이든 불문하며, 심지어 선박을 훔친 자가 선원을 고용하였을 때에도 선원은 공범이 아니므로 선박우선특권을 가진다. 사기에 의해 선박소유자가 된 자가 고용한 선장도 선박우선특권을 가진다. 이는 1981년 대법원법(제21(3)조)에 성문화되었다. 영국에서는 임금과 선원, 그리고 선박우선특권의 목적물을

---

1) 303 F. Supp. 980(E.D. La. 1969).

2) International Paint Co. v. Mission Viking, 462 F. Supp. 899(D. Ala. 1978).

3) The President Arthur, 25 F.2d 999(S.D.N.Y. 1928). Tetley(2d), 293–295쪽, 301–302쪽.

넓게 해석함으로써 선박우선특권의 범위를 확장했다. 예컨대 임금은 고용관계에 의하여 선원이 지급받을 수 있는 모든 금액이며, 1995년 상선법 제313(1)조 및 판례법에 의하면 수당·상여금·유급휴가·질병휴가를 포함한다. 선원은 선상에 어떤 자격으로든 고용 또는 계약된 모든 자(선장과 도선사를 제외)를 의미한다.[1] 임금에 대한 선박우선특권은 선박의 모든 부분, 심지어 난파된 선박의 돛대·활대·의장·돛에까지 미친다. 선박우선특권이 운임에 대하여까지 미치는 것은 선박이 운임을 가득하고 있을 때로 한정된다.[2]

(4) 프랑스법

1967년법 제31(3)조는 1926년조약 제2(2)조를 그대로 수용하여 "선박에 고용된 선장·선원 기타 피용자는 고용계약에 기하여 가지는 청구권에 관하여 선박우선특권을 가진다"고 규정한다. 즉 선원뿐 아니라 선상에 고용된 선장과 기타 피용자도 임금에 대해 선박우선특권을 가진다. 선박우선특권은 임금뿐 아니라 고용계약에서 발생한 모든 청구권에 미치므로 부양료, 치료비, 부당해고 배상금, 사회보장을 위한 임금에서의 공제액에 대하여도 선박우선특권이 적용된다.[3]

3. 구조료채권

(1) 국제조약

1967년조약 제4조는 다섯 가지 선박우선특권을 인정한다.

① 선장·선원의 임금
② 항만세·운하세·수로세·도선료
③ 사망·상해에 대한 손해배상청구권
④ 선박충돌 등 불법행위로 인한 손해배상청구권(단, 선하증권에 의하여 운송된 적하에 대한 손해배상청구권 등 계약에 기한 청구권은 제외)
⑤ 구조료·난파물제거비용·공동해손분담금

즉 구조료채권은 제5순위에 해당하며, 선적항 외에서 선장이 지출한 비용

---

1) 1995년 상선법 제313(1)조.
2) The Beldis, [1936] P. 51. Tetley(2d), 270-276쪽.
3) Tetley(2d), 321-322쪽.

에 대하여는 선박우선특권이 인정되지 않는다. 난파물제거비용채권이 선박우선특권을 가지는 것이 특기할 만하다.[1]

(2) 미 국 법

(가) **선박우선특권의 범위**   46 U.S.C. 제31301(5)(F)조는 "우선적 선박우선특권은 계약에 의한 해난구조를 포함한 구조료채권에 기인한 선박우선특권을 의미한다"고 규정함으로써 구조료채권에 대해 선박우선특권을 인정한다. 해난구조작업을 성공적으로 수행한 구조자는 영장과 우선적 선박우선특권을 부여받는다. 그러나 해난구조를 요청하지도 않았고 구조된 재산을 인수하지 않은 자는 구조자에 대하여 대인적 책임을 지지 않는다. 예컨대 Lambros Seaplane Base v. M/S Batory 사건[2]에서는 비행기 조종사가 자발적으로 항해선에 의하여 구조된 후 비행기는 바다에 추락하였다. 그 후 항해선이 추락한 비행기를 인양했으므로 비행기에 대한 구조료채권에 관하여 선박우선특권을 인정받았으나, 조종사에 대하여 대인적 청구는 할 수 없다고 판시되었다. 선박우선특권은 등기되지 않기 때문에 외관상 쉽게 알 수 없어서 선박우선특권의 범위는 엄격하게 법문에 의하여만 인정해야 하며, 해석에 의하여 확장할 수 없다는 것이 미국법의 원칙이다.[3]

(나) **선박우선특권의 존속기간**   해난구조에 의한 선박우선특권은 구조료가 지급될 때까지 또는 그 재산이 특정되어 있는 동안 지속된다. 다른 선박우선특권과 마찬가지로 구조자는 자신의 선박우선특권을 확보하기 위해 피구조재산을 점유할 필요는 없다. 다만, 구조자가 구조료채권을 상당한 기간 내에 행사하지 아니한 결과 선박우선특권을 뒤늦게 인정한다면 채무자 및 제3자에게 손해가 발생할 가능성이 있는 때에는 해태로 인한 권리실효제도(1aches)에 의해 구조자는 선박우선특권을 상실한다. 해난구조법은 해난구조를 수행한 때로부터 2년의 권리소멸기간을 규정하고 있으므로, 구조자가 해난구조 후 2년 내에 피구조선박을 압류할 적절한 기회가 없었음을 법원이 인정하지 않는 한 구조료채권은 실효된다. 다만, 구조자가 제소를 지연한 것에 충분한 이유가 있고 지연으로 인해 구조료채무자 등이 별다른 손해를 입지 않은 경우, 법원

1) Tetley(2d), 342쪽.
2) 215 F.2d 228(2d Cir. 1954).
3) The Neptune, 277 F. 230(2d Cir. 1921). Tetley(2d), 347-349쪽.

은 권리소멸기간을 중단 또는 정지시킬 수 있다. 구조자는 선박우선특권을 포기할 수 있으나, 포기의 전제조건으로서 구조자가 선박 외 다른 자산으로부터 자신의 채권을 변제받으려 한다는 것이 명백하게 입증되어야 한다. 예컨대 Rainbow Line 사건에서는 구조자가 채무자인 선박회사의 주식을 담보로 확보하였음에도 불구하고 구조자가 선박우선특권을 상실한 것은 아니라고 보았다.[1]

(다) 선박우선특권의 목적물

1) 해난구조의 목적물   종래 연방대법원은 해난구조의 목적물의 범위에 관하여 엄격한 입장을 취했던바, 대표적인 사례로는 Cope v. Vallette Dry-Dock Co. 사건[2]을 들 수 있다. 이 사건에서는 20년간 동일 장소에 정박해 있다가 부서진 건선거는 해난구조의 목적물이 아니라고 판시되었다. 그러나 최근 해난구조의 목적물을 넓게 해석하는 경향이어서 목재, 물고기를 잡는 통발, 비행기, 미국선박 및 외국선박, 적하, 닻, 선박을 가볍게 하기 위해 바다에 투하한 투하물, 선박이 침몰한 후 발견된 표류물, 난파물 등이 해난구조의 목적물로 간주된다.[3]

2) 선박우선특권의 목적물   인명구조에 관한 규정인 46 U.S.C. 제729조는 구조자가 선박·속구·적하에 대하여 재산구조를 한 때에도 선박우선특권을 인정하는 것으로 보인다. 따라서 미국에서는 선박·속구·적하의 전부 또는 일부가 구조된 경우, 구조자의 선박우선특권은 선박·속구·적하에 미친다. 선박소유자에 대한 대인적 구조료청구액은 구조된 선박 및 적하의 가액을 초과할 수 없다. 구조될 가능성이 전혀 없이 바다에 버려진 해산(海産)일지라도 구조자의 소유가 되는 것은 아니다. 그러나 구조자는 구조료채권을 보전하기 위해 버려진 해산에 대해 유치권을 행사할 수 있다.[4]

(라) **인명구조**   해난구조법 제729조는 "해난구조를 야기한 해난의 경우 인명구조자는 선박·적하·속구의 구조자에 대한 보수를 공평하게 배분받을 권리가 있다"고 규정한다. 그러나 선원을 구조한 자가 피구조선박에 대하여

---

1) Rainbow Line Inc. v. M/V Tequila, 341 F. Supp. 459(S.D.N.Y. 1972), affirmed 480 F.2d 1024(2d Cir. 1973). Tetley(2d), 351-352쪽.
2) 119 U.S. 625(1887).
3) Norris, The Law of Salvage, 제35-43절(1958); Tetley(2d), 355-356쪽.
4) The Akaba, 54 F. 197(4th Cir. 1893). Tetley(2d), 358-359쪽.

선박우선특권을 가지는 것은 아니다. 인명구조료는 재산구조료와 마찬가지로
위험의 정도, 구조의 정도, 구조된 해산의 가액에 의하여 결정된다.[1]

(마) **선박우선특권의 순위**　구조료채권에 의한 선박우선특권은 법원보관비
용과 선원·선장(선박소유자가 직접 고용한 하역업자를 포함함)의 임금에 대하여만 후
순위가 된다. 따라서 구조료채권은 선박저당권이나 선박수리업자의 채권보다
선순위이며, 이는 해난구조 후에 선박을 수선한 경우에도 마찬가지이다.[2]

(3) 영 국 법

(가) **선박우선특권의 범위**　영국 일반해상법상 구조료채권에 대한 선박우
선특권은 구조자가 해난구조작업을 성공적으로 수행한 때에 즉시 발생한다. 영
국은 1989년조약을 1981년 대법원법 제20(1)조에 의해 국내법화하였다. 다만
1989년조약 제14조에 따라 구조자가 환경에 대한 손해를 예방하거나 최소화한
경우 구조한 재산이 없더라도 구조자에게 특별구조료를 지급할 수 있는 바, 이
같은 특별구조료에 대해 선박우선특권이 발생하는지에 관해 견해가 갈린다.[3]

(나) **선박우선특권의 존속기간**　1989년조약(영국법)은 "이 조약 하에서 발생
하는 지급청구권에 관한 소송"은 구조가 완료된 날부터 2년 이내에 재판상 청
구하지 않으면 소멸한다고 규정하는 반면(1989년조약 제23(1)조), 구조자의 선박
우선특권의 존속기간에 대하여는 명시적으로 규정하지 아니한다. 위 지급청
구권은 구조료 청구권(동 조약 제1(e)조) 뿐 아니라 관련된 선박우선특권(동 조약
제20조)도 포함하는 넓은 개념이다. 피고는 구조료 청구권자에 대해 제척기간
을 연장해 줄 수 있고(동 조약 제23(2)조), 제척기간은 소송과 중재절차에 모두
적용된다(동조 제1항). 만약 구조자가 구조료 청구를 지나치게 지연함으로써 피
고와 제3자에게 손해를 끼치는 경우에는 해태의 법리(doctrine of laches)에 의해
구조자의 선박우선특권의 순위가 낮아질 수 있다.[4]

(다) **인명구조**　1989년조약(영국법)은 선박이나 다른 재산을 구조한 자 또

1) Tetley(2d), 371쪽.
2) The Escapade, 173 F. Supp. 828(D.Fla. 1959), 280 F.2d 482(5th Cir. 1960). Tetley(2d), 375-376쪽.
3) 브라이스교수는 특별구조료에 대해 선박우선특권이 발생하지 않는다고 보는 반면, 테틀리교수는 선박우선특권이 발생한다는 견해이다. G. Brice, Maritime Law of Salvage, 2d ed.(London: Sweet & Maxell, 1993), 119쪽; Tetley(2d), 345쪽.
4) Tetley(2d), 353쪽.

는 환경에 대한 손해를 방지하거나 경감한 자가 지급받은 구조료에 대하여 인명구조자가 합리적인 지분을 청구할 수 있도록 하여 인명구조자의 구조료 청구권을 보장하였다(1989년조약 제16(2)조).

(라) **선박우선특권의 순위**   영국에서 구조료채권에 기인하는 선박우선특권의 순위는 미국에서보다 높으며, 경매비용 및 압류비용에 대하여만 후순위이다. 따라서 구조료채권은 선원의 임금에 우선한다.[1]

(4) 프랑스법

(가) **총   설**   프랑스에서는 구조료채권에 대한 선박우선특권에 관하여 아무런 법규정이 존재하지 않았으나, 1949년 2월 19일에 제정된 법 제49−226호(현재 1967년 7월 7일 제정법 제67−545호로써 대체됨)가 1926년조약을 수용하면서부터 구조료채권이 선박우선특권을 가지게 되었다. 그리고 1967년법은 구조료가 ① 재판비용, ② 법원보관비용, ③ 선장・선원의 임금 다음 순위의 선박우선특권을 가진다고 규정한다(동법 제31−4조). 프랑스에는 대물소송이 존재하지 않으며, 대인적 소송을 진행하는 동시에 집행을 담보하기 위하여 재산을 압류할 수 있을 뿐이다. 그리고 선박우선특권은 해산 자체에 대한 것이라기보다는 해산의 매각금액에 대한 것이므로, 구조자는 피구조선박의 소유권을 가질 수는 없으며 그 선박을 매각하여야만 한다. 반면에 선박저당권자는 제소하지 않더라도 고지에 의하여 저당권을 실행함으로써 선박의 점유자가 될 수 있다.[2]

(나) **선박우선특권의 존속기간**   1926년조약을 수용한 1967년법 제39(2)조는 구조자의 선박우선특권은 구조작업이 완료된 날로부터 1년 이내에 행사하여야 한다고 규정한다. 반면에 구조료채권 자체의 권리소멸기간은 2년이므로(1910년 해난구조조약 제10조, 1967년 7월 7일 법 제18조) 구조자가 피구조선박을 압류할 수 있는 권리는 구조 후 1년이 지나면 소멸하는 반면, 구조료청구권은 그로부터 1년간 행사할 수 있다.[3]

(다) **선박우선특권의 목적물**   1967년법에 의하면 구조료에 대한 선박우선특권은 선박, 속구, 선박우선특권이 발생한 항해에 관한 운임, 항해개시 이후의 운임을 그 목적물로 한다. 따라서 적하에 대하여는 선박우선특권이 적용되

---

1) Tetley(2d), 376쪽.
2) Tetley(2d), 344쪽, 350−351쪽.
3) 구조료채권에 대한 2년의 권리소멸기간은 피구조선을 프랑스법원 관할권 내에서 압류할 수 없는 경우에는 진행하지 아니한다. Tetley(2d), 354−355쪽.

지 않는다. 프랑스법은 선박 등의 구조와 난파물구조를 구별하는데, 난파물구
조자의 채권은 선박우선특권을 가지지는 않지만 일정한 보호를 받는다. 따라
서 선박이 난파된 후 구조된다면, 첫째 선박이 난파되기 이전에 발생한 구조
료채권이 선박우선특권을 가지므로 우선적으로 변제되고, 둘째 선박저당권자
가 그 다음 순위로서 변제받으며, 셋째 난파선의 구조자가 비용상환청구권을
가진다.[1]

   (라) **인명구조**   1910년 해난구조조약을 수용한 프랑스에서는 인명구조가
법으로 강제되어 있다(1967년 7월 7일 법 제19조). 1910년의 해난구조조약과 프랑
스법은 피구조자의 구조자에 대한 보수지급의무를 규정하고 있지 않지만, 인
명구조자는 선박의 재산구조자가 지급받은 구조료에 대하여 상당한 지분을
요구할 수 있다(1910년조약 제9조, 1967년법 제17조).[2]

   (마) **선박우선특권의 순위**   프랑스는 1926년조약을 수용한 반면, 1967년조
약은 서명·비준하지 않았다. 1926년조약에서는 다섯 가지의 선박우선특권의
순위를 규정하였는데, 프랑스법은 재판비용과 법원보관비용을 별도로 규정하
였으므로, 다음과 같이 여섯 가지 선박우선특권의 순위를 규정하고 있다.

   ① 재판비용
   ② 법원보관비용
   ③ 선장·선원의 임금
   ④ 해난구조료 및 공동해손분담금
   ⑤ 선박충돌로 인한 손해(여객·선원·적하·수하물에 대한 손해를 포함)
   ⑥ 선박보존 또는 항해계속을 위하여 선박이 선적항 외에서 체결한 계약

   위 선박우선특권 다음 순위에 선박저당권이 위치하므로, 구조료채권은
상당히 높은 순위를 가진다.[3]

4. 선박충돌손해 및 불법행위 손해배상청구권

(1) 1967년조약

1967년조약은 선박충돌로 인한 손해를 인적 손해와 물적 손해로 구분한

---

1) Du Pontavice, 앞의 책 제148절; Tetley(2d), 368-369쪽.
2) Tetley(2d), 374쪽.
3) Tetley(2d), 376-377쪽.

다. 인적 손해배상청구권은 임금·항만세·운하세·가항수로세·도선료 다음
의 순위를 가지며, 물적 손해는 인적 손해 바로 다음의 순위를 가진다. 인적
손해에 관한 1967년조약 제4(1)조는 '선박운항에 직접 관련하여 육상 또는 해
상에서 발생한 사망이나 상해'에 대한 청구권이 선박우선특권의 대상이 된다
고 규정한다. 즉 인적 손해는 육상 또는 해상에서 발생하든 불문하며, 인적
손해가 선박과 직접 충돌한 결과로 발생할 필요는 없으나 선박운항에 기인하
는 것이어야 한다. 물적 손해와는 달리 계약에 의하여 발생한 인적 손해도 선
박우선특권의 대상이 되므로, 승선권을 구입한 여객이 입은 신체상해는 선박
우선특권의 대상이 된다. 육상 또는 비선박(非船舶) 해상구조물 위에 있던 제3
자가 선박충돌로 인하여 상해를 입은 때에도 선박우선특권의 적용을 받는다.
1967년조약 제4(1)조는 물적 손해에 관하여 '선박운항에 직접 관련하여 육상
또는 해상에서 계약 아닌 불법행위에 기인하여 발생한 재산의 멸실·훼손'에
대한 손해배상청구권이 선박우선특권의 적용을 받는다고 규정한다. 즉 계약
에 기인한 손해배상청구권, 예컨대 적재선에 대한 적하소유자의 화물손해배
상청구권은 선박우선특권의 대상이 아니다. 단, 수하인이나 화물손해배상청구
권자가 운송인과 아무런 계약관계가 없기 때문에 불법행위로 인한 청구를 한
때에는 예외이다. 예컨대 해상화물운송장 하에서의 화물수령인 또는 기명식
선하증권 하에서 손해가 발생하기 전의 항해중에 수하인으로부터 화물을 매
수한 자는 선박우선특권을 가진다. 인적 손해와 마찬가지로 물적 손해도 선박
운항과 관련하여 발생한 것으로 충분하며, 반드시 선박과 직접 접촉하여 물적
손해가 발생하였을 필요는 없다.[1]

　　1993년조약은 불법행위로 인한 재산의 멸실·훼손채권(단, 선박의 적하는 제
외)에 대하여 선박우선특권을 인정한다(1993년조약 제4조 제1항 (e)호).

(2) 미 국 법

　　미국에서 선박충돌손해에 대하여 선박우선특권이 발생하기 위하여는 ①
선박소유자·선원·용선자·대리인 등 선박에 대하여 책임 있는 자의 과실에
의하여 선박이 충돌 또는 그와 관련된 행위에 의하여 타인에게 손해를 가하
고, ② 선박이 당해 사고발생의 직접 또는 간접적인 수단이 되었어야 한다.

---

1) Tetley(2d), 388-390쪽.

선박충돌손해에 의한 선박우선특권은 불법행위손해에 의한 선박우선특권의 일부이다. 선박충돌이 발생한 경우, 과실 있는 선박에 대하여 제기할 수 있는 청구에는 ① 상대선의 손해배상청구, ② 양 선박에 적재된 적하소유자의 손해배상청구, ③ 선원·여객·구경꾼의 신체상해배상청구, ④ 부두·선창·교량 등 육상구조물과 항해보조시설에 대한 손해배상청구, ⑤ 난파물제거·해양오염·수산자원의 파괴에 대한 정부기관의 배상청구 등이 있다.[1]

미국법원은 불법행위손해에 의한 선박우선특권을 광범위하게 인정한다. 즉 불법행위손해 중 전형적인 것은 선박충돌 및 신체상해배상청구이지만, 그 외에도 선박의 불법행위로 인하여 손해를 입은 자는 모두 선박우선특권을 가진다. 또한 선박충돌에 의한 선박우선특권은 선원의 임금 및 구조료채권보다는 후순위이지만, 선박저당권 및 선박충돌 이전에 선박에 공급된 재화 및 용역 등 필요품비용채권보다는 선순위이다. 동일선박에 관하여 선박충돌이 1회 이상 발생한 경우, 피해자의 손해배상청구액은 선박매각대금으로부터 선박충돌순서의 역순에 의하여 순차적으로 지급된다. 다만, 1일 동안 선박충돌이 2회 발생한 경우에 법원이 이를 동시에 발생한 것으로 본 사례가 있다.[2]

(3) 영 국 법

영국에서 선박충돌손해에 대한 선박우선특권은 임금·해난구조·모험대차계약(bottomry)에 기한 선박우선특권과 마찬가지로 전통적인 선박우선특권의 하나이다. 1981년법 제20(2)(d)조는 '선박이 입은 손해에 대한 모든 배상청구권'에 관하여, 그리고 동법 제20(2)(e)조는 '선박이 가한 손해에 대한 모든 배상청구권'에 관하여 선박우선특권이 부여된다고 규정한다. 오늘날 '선박이 가한 손해'는 상당히 넓게 해석된다. 예컨대 구조선의 승무원들이 피구조선을 아무런 방비 없이 해안에 내버려 둔 결과 바람과 파도가 내습하여 피구조선에서 기름오염 손해가 발생했다면, 이는 단순히 구조선의 승무원이 가한 손해가 아니라 구조선 자체가 가한 손해로 보아 선박우선특권의 대상이 된다. 과거에는 '선박이 가한 손해'를 선박충돌로 인하여 상대선에 가한 손해에 한정하였으나, 오늘날에는 선박이 출항단계에서 항구에 발생시킨 손해, 선박이 좌

---

1) Biele, "Maritime Liens Arising out of Collision," 51 Tul.L.Rev. 1134쪽(1977); Tetley(2d), 391쪽, 396-397쪽.
2) The America, 168 F. 424(D.N.J. 1909); Tetley(2d), 398-399쪽.

제 3 절   선박우선특권의 피담보채권   211

초하면서 굴양식장에 가한 손해, 방파제·부두·돌핀에 입힌 손해, 해양오염 손해, 외국영토에서 발생한 손해까지 널리 포함한다. 불법행위손해에 대하여 선박우선특권이 인정되려면 선박을 관리하는 자가 채무불이행 또는 과실을 범했어야 하나, 난파물제거나 해양오염의 경우에는 불법행위자의 과실이 없어도 무방하다. 예컨대 1847년 항구 및 부두법 제74조는 선박이 항구 또는 부두에 가한 손해에 대하여 그 선박소유자에게 절대책임을 지우는 동시에 피해자에게 선박유치권을 부여한다.[1]

(4) 프랑스법

1926년조약을 국내법화한 1967년법 제31(5)조는 선박충돌이나 기타 항해사고로 인한 손해배상청구권, 항구 및 가항수로에 대한 손해배상청구권, 여객이나 선원의 신체상해, 화물이나 수하물의 멸실·훼손에 대한 손해배상청구권은 선박우선특권을 가진다고 규정한다. 선박의 소유권이 제3자에게 이전하더라도 선박우선특권자는 추급권을 가진다. 선박우선특권의 제척기간은 1년이며, 이 기간은 불법행위손해가 발생한 날로부터 기산한다(1967년 10월 27일 시행령 제67-967호 제10(2)조). 프랑스법에서는 1926년조약과 마찬가지로 선박이 아닌 해상구조물(석유시추장비 등) 또는 부두에 있던 제3자가 선박충돌로 인하여 상해를 입었더라도 선박우선특권을 가지지 못하며, 수영객이 선박과 충돌한 경우에도 선박우선특권을 가지지 못한다. 반면 1967년조약은 이 같은 손해에 대하여 선박우선특권을 부여하므로, 이 점에 관하여는 1967년조약이 피해자구제에 효과적이며 1993년조약은 더욱 효과적이다. 프랑스법은 항구 및 가항수로의 시설에 대한 손해에 대하여만 선박우선특권을 부여하므로, 백사장 및 어장에 대한 해양오염손해에 대하여는 선박우선특권이 적용되지 않는다.[2]

5. 공동해손분담금

(1) 국제조약

1926년조약 제2(3)조는 공동해손분담청구권에 기한 선박우선특권에 소송비용·법원보관비용·임금 다음의 우선순위를 부여하고, 1967년조약 제

---

1) Tetley(2d), 399-404쪽.
2) Tetley(2d), 415-416쪽.

4(1)(v)조는 공동해손분담금청구권에 마지막 순위의 선박우선특권을 부여한다. 반면 1993년조약은 공동해손분담청구권에 선박우선특권을 부여하지 않는다. 참고로 1952년 선박가압류조약은 공동해손분담청구권자가 선박가압류를 할 권리를 인정한다(1952년 선박가압류조약 제1(1)(g)조, 제2조).[1]

(2) 미 국 법

미국법에서는 19세기 초부터 공동해손에 대한 선박우선특권이 인정되어 왔는데, 선박에 대한 적하소유자의 공동해손분담금청구권에 관한 선박우선특권은 적하에 대하여 선박소유자가 가지는 선박우선특권보다 훨씬 광범위하게 인정된다.[2]

(가) **선박에 대한 적하소유자의 선박우선특권**   공동해손을 수행한 적하소유자는 선박에 대하여 진정한 의미의 선박우선특권을 가진다. 적하소유자가 공동해손을 수행한 선박이 충돌하여 침몰하였더라도 적하소유자의 선박우선특권은 그 선박에 여전히 잔존하므로, 적하소유자는 침몰선소유자가 상대선으로부터 지급받은 선박충돌손해배상금에 대하여 선박우선특권을 가진다.[3]

(나) **적하에 대한 선박소유자의 선박우선특권**   적하소유자의 선박우선특권과는 달리 선박소유자가 적하에 대하여 공동해손에 의한 선박우선특권을 가지려면 적하를 점유하여야 한다. 즉 미국법상 선박우선특권에는 무조건적 선박우선특권과 제한적 선박우선특권이 있는바, 해난구조·모험대차·선원임금에 의한 선박우선특권은 무조건적 선박우선특권이므로 우선특권자가 적하를 반드시 점유할 것을 요하지 않는다. 반면에 공동해손에 의한 선박우선특권은 제한적 선박우선특권에 불과하므로, 공동해손분담금청구권자는 공동해손분담채무를 지는 적하를 점유하고 있는 때에만 그 적하에 대하여 선박우선특권을 가진다. 따라서 적하가 적하소유자 또는 수하인에게 인도되면 적하에 대한 선박우선특권은 상실되며, 적하의 매각금액 위에 선박우선특권이 미치지도 아니한다. 공동해손으로 인한 선박우선특권자가 선의로 적하를 점유하는 동안에는 적하의 매수인에 대하여도 선박우선특권으로써 대항할 수 있다. 적하소

---

1) Tetley(2d), 444쪽.
2) Tetley(2d), 448쪽.
3) The Andree, 47 F.2d 874(2d Cir. 1931), relying on The G. Stevens, 170 U.S. 113(1898); Tetley(2d), 448쪽.

유자로부터 공탁금을 수령한 후 선박우선특권자가 적하를 인도하였더라도 선
박우선특권의 효력은 유지되며, 적하를 무조건적으로 인도한 때에만 선박우
선특권이 상실된다. 선박소유자는 공동해손으로 인하여 희생당한 적하소유자
를 위하여 위험을 면한 적하소유자로부터 분담금을 청구하여야 한다. 예컨대
American Tobacco Co. v. Goulandris(Ioannis P. Goulandris) 사건[1]에서는 선박화
재를 진화하는 과정에서 적하가 침수되었는데, 선박소유자는 희생된 적하소
유자를 위하여 잔존적하의 소유자를 제소할 수 있을 뿐 아니라 반드시 제소
하여야 한다고 판시하였다. 선박소유자는 공동해손에 관하여 수탁자의 지위
에 있기 때문에 공동해손분담금채무자로부터 담보를 확보하여야 할 뿐 아니
라 공동해손을 정산할 의무를 지며, 이를 불이행한 때에는 그로 인하여 발생
한 손해를 배상하여야 한다. 즉 공동해손정산인이 추정한 공동해손분담가액
을 적하소유자가 지급하기 전에 적하소유자에게 적하를 인도한 선박소유자는
손해배상책임을 면치 못한다.[2]

(3) 영 국 법

영국법상 공동해손분담금청구권자는 선박우선특권을 가지지 아니한다.
따라서 공동해손분담금을 청구하기 위하여는 잔존하는 적하에 대하여 유치권
을 행사하거나 소송을 제기할 수밖에 없다. 선장을 통해 유치권을 행사하는
선박소유자는 자신뿐 아니라 적하소유자의 이익을 위하여 그 유치권을 행사
하여야 하며, 이에 위반하여 공동해손분담금청구권자의 채권확보조치를 하지
아니한 채 적하를 양륙한 선박소유자는 손해배상책임을 진다. 공동해손분담
채무의 존재 및 분담금액을 결정하는 데는 시간이 걸리므로, 실무상 적하소유
자는 공동해손공탁금을 예치하는 것이 보통이다. 다만, 적하소유자에게 지나
치게 과중한 공탁금을 요구할 수는 없으며, 합리적인 금액의 공탁만을 요구할
수 있다. 공동해손분담금청구권자는 유치권을 행사하는 외에 공동해손분담의
무자에 대하여 소송을 제기할 수 있으므로 선박소유자는 적하소유자를 제소
할 수 있으며, 적하소유자는 선박소유자 또는 다른 적하소유자를 제소할 수
있다. 선박충돌의 경우 적재선에 적재된 적하의 소유자는 자신이 적재선에 대
하여 부담하는 공동해손분담금을 지급할 것을 상대선에게 청구할 수 있으며,

---

1) 173 F. Supp. 140(S.D.N.Y. 1959) upheld in 281 F.2d 179(2d Cir. 1960).
2) Tetley(2d), 449-451쪽.

이 경우 적하소유자는 상대선에 대하여 불법행위손해에 기한 선박우선특권을 가진다.[1]

(4) 프랑스법

1967년법 제31(4)조에 의하면 공동해손분담금청구권을 가지는 적하소유자는 선박에 대해 선박우선특권을 가지며, 선박소유자는 적하에 대해 유치권을 가진다(1967년법 제41조, 제42조). 적하를 인도받기 위해 적하소유자는 공동해손분담가액을 임시로 선박소유자에게 지급하거나 보증서를 제공해야 한다. 적하를 적하소유자에게 인도한 후 15일(동법 제42조) 또는 제3자에게 인도한 날 중 먼저 도래한 날에 선박소유자는 유치권을 상실한다. 공동해손정산은 1967년법 제22조 내지 제42조에 따르나, 당사자간의 약정이 있는 경우에는 요크-앤트워프규칙에 의할 수도 있다.[2]

제3 계약에 기인한 선박우선특권

1. 재화 및 용역 등 필요품비용(necessaries)

계약에 의하여 발생하는 선박우선특권으로서는 필요한 재화 및 용역비용에 의한 선박우선특권, 수리업자의 선박우선특권, 하역업자의 선박우선특권, 예선료에 의한 선박우선특권, 화물손해배상채권에 의한 선박우선특권 및 용선자의 선박우선특권 등을 들 수 있다. 넓은 의미의 재화 및 용역 등 필요품비용은 선박에게 유익하며 선박이 주문한 선용품·수리작업·장비를 의미하나, 여기에서 말하는 좁은 의미의 재화 및 용역 등 필요품비용은 선박에 제공된 재화 및 용역만을 지칭한다.[3]

(1) 국제조약

1926년조약은 재화·용역공급자의 선박우선특권을 인정하는 반면, 1967년조약은 이를 삭제하였다. 다만, 1967년조약의 체약국은 재화·용역공급자에게 동 조약 제4조에 열거된 피담보채권보다 후순위이나, 등기된 선박저당

---

1) Morrison SS Co. v. Greystoke Castle [1947] A.C. 265, 2 All E.R. 696(H.L.); Tetley(2d), 445-447쪽.
2) Tetley(2d), 452-453쪽.
3) Tetley(2d), 551쪽.

권보다 선순위인 유치권을 부여할 수 있다(1967년조약 제6(1)조). 1993년조약은 체약국이 동 조약 제4조에 열거된 선박우선특권 외에 재화·용역공급자의 선박우선특권 등 새로운 선박우선특권을 창설할 수 있도록 한다(1993년조약 제6조). 이 선박우선특권은 선박이 선의의 제3자에게 양도된 경우에도 추급력이 있고(동 조약 제8조), 공급자의 채권을 양도하거나 대위하면 선박우선특권도 양도하거나 대위하게 된다(동 조약 제10조). 선박을 압류 및 경매한 경우 압류·경매비용을 먼저 지급하고 잔액이 남으면 공급자 등 채권자들에게 배분한다(동 조약 제12(2)조). 이 선박우선특권은 1) 선박이 압류되어 경매되지 않는 한 공급자의 채권이 발생한 후 6개월, 또는 2) 선박이 선의의 매수인에게 매각된 지 60일 중 먼저 도래한 날에 소멸된다(동 조약 제6(b)(i),(ii)조). 공급자의 선박우선특권은 동 조약 제4조에 열거된 다른 선박우선특권 및 선박저당권보다 후순위의 효력을 가진다.[1]

(2) 미 국 법

선박에 필요한 재화와 용역을 제공한 자는 그 선박에 대하여 선박우선특권을 가지며(46 U.S.C. 제31301(4)조, 31307조, 31341조, 31342조), 필요한 재화와 용역의 범위는 해석상 계속 확장되어 왔다. 필요한 재화와 용역이 되기 위하여는 선박을 계속 운항하게 하는데 당해 재화와 용역이 필요하거나 유익한 것으로 충분하며, 그 재화와 용역이 선박운항에 필수불가결할 필요는 없다. 또 선박우선특권이 발생하려면 그 재화·용역이 실제로 선박에 제공되어야 한다. 따라서 수척의 선박의 소유자가 소유하고 있는 해안의 창고에 공급자가 석탄을 인도하였다면, 그 석탄을 후에 수척의 선박에 배급할 예정이고 실제로 석탄의 일부가 당해 선박에 선적되었다 하더라도 그 석탄은 당해 선박에 제공된 것이 아니라 선박소유자에게 제공된 것에 불과하기 때문에 석탄공급자는 선박우선특권을 가지지 못한다. 미국법상 필요한 재화·용역에 의한 선박우선특권은 전통적인 영국법상의 선박우선특권과 같이 재화·용역 공급시에 발생하며, 소멸하지 아니하는 특성을 가진다. 종래 일반해상법은 외국항에서 재화·용역을 선박에 제공한 경우에만 선박우선특권을 인정하였으나, 오늘날에는 외국항뿐 아니라 선적항에서 필요한 재화·용역을 공급한 경우에도 선박우선

---

1) Tetley(2d), 552-553쪽.

특권이 발생한다. 또 미국선박뿐 아니라 외국선박에 대하여 재화·용역을 공급한 경우에도 선박우선특권이 발생한다. 선박소유자·용선자 등 선박소유자로부터 수권받은 자, 선장 등 선박관리를 담당함으로 인하여 선박소유자로부터 재화·용역 구매권한을 수권받은 것으로 간주되는 자가 체결한 재화·용역 공급계약은 선박을 구속한다. 용선자가 임명한 선원 및 대리인도 재화·용역 공급계약을 체결할 권한이 있는 것으로 본다. 재화·용역 공급자가 공급 당시 용선자에게 재화·용역 주문권한이 없다는 것을 알았음을 선박소유자가 항변하기 위하여는 당해 용선계약서에 재화·용역 공급에 의한 선박우선특권 설정 금지조항이 기재되어 있어야 한다. 만약 용선계약서에 동 조항이 없었다면 재화·용역 공급자는 용선자에게 재화·용역 구매권이 있다고 보는 것이 당연하므로, 재화·용역 공급자는 선박에 대하여 선박우선특권을 가진다.[1]

(3) 영국법

영국에서 재화 및 용역 등 필요품비용 채권은 선박을 가압류할 수 있는 대물적 권리(right in rem)만을 발생시킬 뿐 선박우선특권을 발생시키지 않으며, 선박저당권보다 후순위이다. 선박에 필요한 재화 및 용역을 제공한 자는 그 선박에 대한 대물영장(writ in rem)을 발부할 때까지는 일반채권자와 동일한 지위를 가진다. 예컨대 재화 및 용역공급자가 대물영장을 발급받아 선박을 가압류하기 전에 집행채권자(execution creditor)가 이미 선박에 담보권을 설정해 두었다면, 집행채권자의 채권은 재화 및 용역 공급자의 채권에 우선한다. A사가 같은 그룹 소속인 B사에게 선박의 소유권을 양도하더라도, A사가 선박을 소유한 기간 중에 선박에 재화 및 용역을 제공한 자는 그 선박에 대해 대물적 권리를 행사할 수 있다. 공급자가 선박에 대해 대물적 권리를 가지려면 두 가지 조건이 충족되어야 한다. 첫째, 재화 및 용역 공급계약 체결시 선박소유자, 용선자 또는 선박을 점유하거나 지배하는 자가 공급계약에 따른 법적 책임을 부담해야 한다(1981년 대법원법 제21(4)(b)조). 둘째, 재화 및 용역을 공급받은 선박이 선박소유자나 용선자의 소유여야 한다(동법 제21(4)(b)(i),(ii)조). 공급자는 재화 및 용역을 주문한 자가 선박소유자 등으로부터 적법하게 수권받았음을 입증할 책임이 있다. 선박소유자나 선체용선자가 고용한 선장은 선박소유자나

---

1) Universal Shipping v. Panamanian Flag Barge, 563 F.2d 483(1st Cir. 1983); Tetley(2d), 587-606쪽.

선체용선자의 대리인이므로, 선장이 자신의 권한 범위 내에서 제3자와 체결한 재화 및 용역 공급계약은 선박소유자나 선체용선자에게 효력을 미친다. 선장이 주문한 공급품은 선박에 필요한 재화 및 용역으로 일응 추정된다. 선박소유자나 선체용선자는 선장의 재화 및 용역을 주문할 권한에 제한이 있었음을 공급자가 알았거나 알 수 있었다는 것을 입증함으로써 책임에서 벗어날 수 있다.[1]

정기용선자나 항해용선자가 자신의 이름으로만 재화 및 용역공급계약을 체결한 경우, 공급자는 선박에 대해 대물적 권리를 행사할 수 없다. 다만 선박소유자가 '자신의 개인적 신용으로' 정기용선자나 항해용선자에게 재화 및 용역 공급계약 체결권을 위임했다면, 정기용선자나 항해용선자는 선박소유자의 대리인으로서 선박소유자에게 공급계약에 대한 개인적 책임을 부담시킬 수 있다. 나아가 선박소유자가 '선박의 신용으로' 정기용선자나 항해용선자에게 공급계약 체결권을 위임했다면 공급자는 선박을 가압류할 수 있다.[2]

(4) 프랑스법

1926년조약을 국내법화한 1967년법은 선박에 공급한 재화·용역 채권에 대하여 선박우선특권을 인정한다(1967년법 제31(6)조). 그 이유는 선박에 재화·용역을 공급하는 자가 일일이 선박에 저당권이 설정되어 있는지를 확인하거나 공급자 스스로 선박저당권을 설정하는 것이 번거롭기 때문이다. 다만, 프랑스에서는 선박의 선적항에서 재화·용역을 공급한 자는 선박우선특권을 가지지 못하는 바(home port doctrine), 이것은 선적항에서는 재화·용역 공급자가 공급대상선박의 저당권설정 여부를 확인하기가 용이하기 때문이다. 선박우선특권이 성립하기 위하여는 선장이 자신의 권한 내에서 재화·용역을 주문했어야 한다. 선박대리점이 선장의 지위에서 재화·용역을 주문한 경우에도 선박우선특권이 성립한다. 그리고 선박보존 또는 항해계속을 위하여 당해 재화·용역이 필요하였어야 한다. 이 선박우선특권의 제척기간은 6개월이며(동법 제39조), 그 기간은 재화·용역 채권이 발생한 때로부터 기산한다.[3]

---

1) Tetley(2d), 555-557쪽, 562-566쪽.

2) Tetley(2d), 568-569쪽.

3) Tetley(2d), 607-609쪽.

(5) 파나마법

2008년 개정 파나마 해상법이 선박우선특권을 인정하는 '선박의 필수품 및 공급품에 관하여 체결된 계약에 기인한 채권'은 선박운항에 있어 필수불가결한 물품, 노무 기타 용역의 제공에 관하여 체결된 계약으로 인하여 발생한 채권을 의미한다. 선체용선자의 요청에 의하여 발생한 선박수리비용과 압력 게이지, 휠기어 등 기계류 공급채권이 이에 포함되어 파나마법상 선박우선특권에 의해 담보된다고 본 우리 판례가 있다.[1]

(6) 라이베리아법

라이베리아국 해상법 제30조는 라이베리아국 해상법의 다른 규정과 충돌하지 아니하는 한 성문화되지 않은 미국 일반해상법(general maritime law)을 준용한다. 선박의 운항에 필요한 물품 기타 용역의 공급자는 용선자에게 선박의 용선 여부 및 선박을 기속할 권한이 있는지를 질문하고 조사할 의무가 있다. 공급자가 이러한 의무를 이행하지 않았으면 선박우선특권을 주장할 수 없다.[2]

2. 선박수리업자의 채권

대부분의 국가에서 선박수리업자는 선박우선특권과 선박저당권보다 하위의 효력을 가지는 대물적 권리만을 가지는 반면, 미국법에서는 선박수리업자에게 선박우선특권을 부여한다.[3]

(1) 국제조약

1926년조약은 선박에 필요한 재화·용역을 공급한 자가 가지는 것과 동일한 선박우선특권을 선박수리업자에게 부여한다(1926년조약 제2(5)조). 다만, 동 조약 제3조 제2문에 의해 동 조약의 체약국은 선박우선특권·선박저당권보다 후순위인 유치권만을 선박수리업자에게 부여할 수도 있다.

반면에 1967년조약은 선박수리업자에게 선박우선특권을 인정하지 않는

---

1) 부산지판 2009. 11. 4. 2009가합7536(제3자이의, 원고패소 확정)(각급법원(제1, 2심) 판결공보(2010. 2. 10), 191쪽)(원고 선박소유자, 피고들 선박수리업자/선용품 공급업자).
2) 대판 2016. 5. 12. 2015다49811(판례공보(2016. 6. 15), 748쪽)(원고/피상고인 아시안 이글쉽핑 리미티드, 피고/상고인 홍해, 상고기각).
3) Tetley(2d), 623쪽.

다. 그러나 동 조약의 체약국은 선박수리업자에게 선박우선특권·선박저당권보다 후순위인 권리(예컨대 대물적 권리)를 국내법으로 부여할 수 있다(1967년조약 제6(1)조). 한편 선박수리업자나 조선업자가 선박을 점유하는 기간 중 이들의 유치권은 선박우선특권보다 후순위이나 선박저당권보다 선순위이다(동 조약 제6(2)조). 선박이 경매되는 경우 선박수리업자와 조선업자는 선박 매각대금에 대해 동일한 순위의 청구권을 가진다(동 조약 제11(2)조).

1993년조약은 선박수리업자의 선박우선특권을 인정하지 않는다. 그러나 동 조약은 체약국이 선박수리업자의 선박우선특권 등 새로운 선박우선특권을 창설할 수 있도록 한다(1993년조약 제6조). 이 선박우선특권은 1) 선박이 압류되어 경매되지 않는 한 선박수리업자의 채권이 발생한 후 6개월, 또는 2) 선박이 선의의 매수인에게 매각된 지 60일 중 먼저 도래한 날에 소멸된다(동 조약 제6(b)(i),(ii)조). 동 조약의 체약국은 선박수리업자나 조선업자에게 유치권(right of retention)을 부여할 수 있는데(동 조약 제7조), 선박이 경매되는 경우 선박수리업자나 조선업자의 유치권은 선박 매각대금에 대해 동 조약 제4조에 열거된 선박우선특권자들 바로 다음 순위의 효력을 가진다.[1]

(2) 미 국 법

선박수리업자는 선박에 대하여 선박우선특권을 가지나, 적하에 대하여는 선박우선특권을 가지지 아니한다. 또 선박수리업자는 선박수리를 행한 특정 항해에서 선박이 얻을 것으로 예상되는 운임에 대하여도 선박우선특권을 가진다. 용선자가 선박수리업자에게 수리를 요청한 경우, 용선자에게 선박수리 요청권이 없음을 선박수리업자가 알거나 알았어야 하는 때를 제외하고 용선자의 행위는 선박을 구속하므로 선박수리업자는 선박에 대하여 선박우선특권을 가진다. 즉 선박수리업자는 선박수리를 하기 전에 용선자가 용선계약상 선박수리계약체결권이 있는지를 반드시 확인할 필요는 없다. 용선계약상 용선자가 선박수리권한을 가지지 않는다는 것을 선박수리업자가 알았기 때문에 선박우선특권을 가지지 않는 경우에도 선박수리업자는 선박소유자에 대하여 부당이득반환청구권을 가진다. 선박수리업자의 선박우선특권은 진정한 선박우선특권이므로, 선박수리업자는 자신의 선박우선특권을 행사하기 위하여 반

---

1) Tetley(2d), 623–624쪽.

드시 선박을 점유할 필요는 없다. 예컨대 The Lime Rock(Moore & Sons Co. v. The Lime Rock) 사건에서는 선박소유자가 제3자로 하여금 선박을 점유하게 하였는데, 선박점유자가 선박수리업자에게 선박수리를 요청하였다. 이에 선박수리를 완료한 후 수리대금을 수령하기 전에 선박을 선박소유자에게 인도한 선박수리업자는 선박에 대하여 선박우선특권을 가진다고 판시되었다.[1]

미국법상 선박수리는 '선박에 필요한 재화 및 용역'이라고 정의된다. 우선선박저당권이 등기되기 전에 발생한 선박수리업자의 선박우선특권은 선박저당권에 우선한다(46 U.S.C. 제31301(4)조, 31342(a)(1)조, 31301(5)(A)조, 31326(b)(1)조). 우선선박저당권을 등기하기 전에 선박수리작업을 개시하여 저당권등기 후에 수리작업이 완료된 경우에도 선박수리업자의 선박우선특권은 저당권에 우선한다. 법원은 ① 선원임금채권, ② 구조료채권, ③ 선원의 신체상해배상청구권 및 상병보상청구권, ④ 선박수리채권의 순서로 선박우선특권의 순위가 결정된다고 판시한 바 있다. 선박수리업자의 채권 상호간에서는 후에 발생한 채권이 우선하므로, 선박이 여러 항구에서 수리를 하였다면 최후의 항구에서 행한 수리채권이 최우선순위를 가진다. 그러나 동일한 항해를 위하여 동일항구에서 행한 수리작업에 대하여는 그 선후를 불문하고 동일한 순위의 선박우선특권을 가지는 것으로 본다.[2] Halcyon Isle호 사건에서는 영국선박을 미국 선박수리업자가 수리한 후 수리비를 지급받지 못하였다. 선박이 싱가포르에서 경매에 붙여졌는데, 선박수리업자의 채권과 저당권과의 우선순위가 문제되었다. 수리채권이 발생한 미국법상 선박수리업자는 우선특권을 가지나, 법정지법인 싱가포르법에서는 선박수리업자에게 우선특권을 인정하지 않기 때문이다. 싱가포르대법원은 선박수리업자의 선박우선특권을 부인하고 저당권자가 우선한다고 판시하였다.[3]

(3) 영 국 법

영국법상 선박수리업자는 선박우선특권을 가지지 않으며, 대물적 권리와

---

1) 49 F. 383(D.N.J. 1892). Tetley(2d), 624-627쪽, 641-642쪽.

2) The Belize(Rubin Iron Works v. Johnson), 100 F.2d 871(5th Cir. 1939). Tetley(2d), 643-645쪽.

3) Bankers Trust Ltd. v. Todd Shipyards Corporation(The Halcyon Isle)[1981] AC 221 (P.C.). Iain Goldrein(ed.), Ship Sale and Purchase, 2d ed.(London : Lloyd's of London Press Ltd., 1993), 214-215쪽.

유치권을 가질 뿐이다. 선박수리업자는 선박에 대하여 필요한 재화·용역을 공급하는 자와 동일시된다. 선박수리업자는 수리대금을 지급받을 때까지 선박을 유치할 수 있으나, 선박을 실제로 점유하고 있는 동안에는 유치권을 행사할 수 있을 뿐이며, 점유를 상실하면 유치권도 상실된다. 또한 선박수리업자는 선박소유자에 대하여 가지는 계약상 손해배상청구권에 관하여는 유치권을 가지지 아니하므로, 선박이 선박수리업자의 부두를 점유하는 동안 발생한 일실수익 및 부두사용료에 관하여는 선박에 대한 유치권을 행사할 수 없다. 영국법원은 선박수리업자와 선박수리계약을 체결한 엔지니어를 독립된 하도급계약자라기보다는 선박수리업자의 대리인으로 보고, 엔지니어는 선박수리업자에 대하여 대인적 책임을 지므로 엔지니어 자신이 점유하고 있는 선박장비에 대하여 유치권을 가진다고 보았다. 선박수리업자의 유치권은 선박압류·경매비용·구조료채권 및 선박수리업자가 선박을 점유하기 전에 발생한 선원의 임금 및 본국송환비용채권보다는 후순위이지만, 선박수리업자의 선박점유 이후에 발생한 선원임금채권보다는 선순위의 효력을 가진다. 원칙적으로 선박저당권은 선박수리업자의 채권보다 우선하지만, 선박수리업자의 채권이 선박저당권에 우선한다는 판례도 있다.[1]

(4) 프랑스법

1967년법 제31(6)조에 의하면 선장이 선박보존 및 항해계속을 위하여 선적항 외에서 지시한 수리작업에 관한 채권에 선박우선특권이 부여된다. 나아가 1969년 1월 3일 법 제69-8호(제6조)는 선박우선특권이 발생하기 위한 선박보존 및 항해계속요건을 다소 완화하여 선박소유자의 본점 또는 지점 소재지 외의 장소에서 선장은 선박 및 당해 항해에 통상적으로 필요한 수리를 지시할 수 있다고 규정함으로써 선장의 권한을 강화하였다. 또 선박대리점이 체결한 선박수리계약에 관하여도 선박우선특권이 발생한다(1969년법 제12조). 다만, 통신기술이 고도로 발달한 현대에 이르러 선장 또는 선박대리점이 선박소유자의 승낙을 받지 않은 채 중대한 선박수리를 한 경우에도 굳이 선박우선특권을 인정할 것인지는 의문이다.[2]

---

1) The Pickaninny [1960] 1 Ll.Rep. 533. Tetley(2d), 645-652쪽.
2) Tetley(2d), 658-659쪽.

3. 하역업자의 채권

대부분의 입법례와는 달리 미국법에서만은 하역업자의 채권에 선박우선특권이 부여된다.

(1) 국제조약

1926년조약은 하역업자의 채권에 대하여 명시적 규정을 두고 있지 않으나, '선적항 외에서 선장이 그 권한 내에서 체결한 계약 또는 거래행위로 인한 채권'에 대하여 선박우선특권을 인정하고 있으므로(동 조약 제2(5)조), 하역업자의 채권도 이에 포함되는 것으로 보인다. 한편 1967년조약은 선장의 지출비용 또는 하역업자에 대하여 언급하지 않으므로 하역업자의 채권은 선박우선특권을 가지지 않으며, 동 조약 제6(1)조에 의해 선박우선특권·선박저당권보다 후순위인 권리(liens of rights of retention)를 가질 뿐이다. 1993년조약은 체약국이 하역업자의 선박우선특권 등 새로운 선박우선특권을 창설할 수 있도록 한다(1993년조약 제6조). 이 선박우선특권은 1) 선박이 압류되어 경매되지 않는 한 하역업자의 채권이 발생한 후 6개월, 또는 2) 선박이 선의의 매수인에게 매각된 지 60일 중 먼저 도래한 날에 소멸된다(동 조약 제6(b)(i),(ii)조). 이 선박우선특권은 동 조약 제4조에 열거된 선박우선특권 및 선박저당권보다 후순위이다.[1]

(2) 미 국 법

미국법상 하역업자의 채권에 선박우선특권이 부여된 것은 1910년 선박우선특권법이 1920년에 개정되면서부터이므로, 하역업자의 선박우선특권은 비교적 최근에 이르러 인정되었다. 하역업자는 선박에 대하여만 선박우선특권을 가질 뿐이고, 적하에 대하여는 선박우선특권을 가지지 않는다. 미국법원은 운임채권을 위하여도 선박우선특권을 인정하나, 하역작업을 수행한 항해에서 선박이 얻을 것으로 예상되는 운임에 한한다. 이것은 하역작업이 당해 항해를 수행하는 데 도움을 주었기 때문이므로, 그 후의 항해에서 발생한 운임에 대하여는 하역업자의 선박우선특권이 미치지 않는다. 선박장비가 고장나서 선창에 암모니아 가스가 찼기 때문에 하역업자가 3일간 작업을 하지 못하였다면 하역업자는 이로 인한 손해를 하역작업에 소요된 비용으로서 청구할 수

---

1) Tetley(2d), 663-664쪽.

있다는 판례가 있다.[1] 1989년 연방선박우선특권법(상사증권 및 선박우선특권법)은 선박을 위해 필요한 재화 및 용역을 구입할 수 있는 자를 선박소유자, 선장, 보급항에서의 선박관리인, 선박소유자·용선자가 임명한 직원이나 대리인이라고 특정한다(1989년 연방선박우선특권법 제31341(a)조). 따라서 선박을 불법으로 점유하는 자가 하역작업을 지시한 경우에는 선박우선특권이 발생하지 않는다(동법 제31341(b)조). 용선자가 하역작업을 요청한 경우 당해 선박이 용선되었다는 것을 하역업자가 몰랐거나 알 수 없었고, 용선계약상 용선자가 하역작업을 지시할 수 없다는 사실을 하역업자가 몰랐다면 하역업자는 선박에 대하여 선박우선특권을 가진다. 이 같은 하역업자의 악의를 입증할 책임은 선박소유자가 부담한다. 용선계약에 선박우선특권설정 금지약관이 기재되어 있는 경우, 하역업자가 용선자와 하역계약을 체결한 후 용선자로부터 하역대금의 일부를 지급받았다 하더라도 하역업자가 선박우선특권을 포기한 것으로 보지는 않는다. 미국에서 하역작업을 수행하는 자는 하역회사와 하역근로자로 분류할 수 있는데, 하역회사가 가지는 선박우선특권은 선박에 필요한 재화·용역을 공급한 자의 선박우선특권과 동일한 효력을 가진다. 하역회사의 선박우선특권이 우선선박저당권의 등기 전에 발생하였다면 우선선박저당권에 우선하고, 우선선박저당권등기 후에 발생하였다면 그보다 후순위가 된다. 한편 선박소유자·운항자·선장·선박대리점이 직접 고용한 하역근로자가 가지는 임금채권은 우선적 선박우선특권을 가지며, 이는 우선선박저당권등기 전후에 발생하였는지와 무관하게 우선선박저당권에 우선한다.[2]

(3) 영 국 법

영국법은 미국법과 같이 하역업자를 두텁게 보호하지 않으며, 하역업자의 채권에 선박우선특권을 부여하지 않는다. 하역업자는 자신이 하역작업을 수행한 화물에 대하여 유치권을 행사할 수 있을 뿐이다. 선박에 필요한 재화·용역을 제공한 자는 선박에 대하여 대물적 권리를 가지는데, 하역업자의 채권도 '필요한 용역'으로 본다. 따라서 선박소유자가 하역작업을 지시한 경우에 하역업자는 당해 선박에 유치권 등 대물적 권리를 가진다.[3]

---

1) Atlantic & Gulf v. M/V Grand Loyalty, 608 F.2d 197(5th Cir. 1979).

2) Tetley(2d), 666-676쪽.

3) Hanneman v. Hay's Wharf, Ltd.(1923) 14 Ll.L.Rep. 230. Tetley(2d), 676-680쪽.

(4) 프랑스법

1926년조약을 입법화한 1967년법 제31(6)조에 의하면 하역업자는 항해계속을 위하여 선장이 선적항 외에서 체결한 하역계약에 기한 채권을 선박·속구·적하에 대하여 행사할 수 있다. 선박대리점이 선장을 대리하여 선적항 외에서 하역작업을 지시한 경우에도 마찬가지이다(1969년 1월 3일 법 제12조). 그런데 실제로 이같은 상황이 발생하는 것은 드물다. 왜냐하면 통신기술이 발달하여 선적항 외에서도 선장이나 선박대리점보다는 선박소유자가 직접 하역작업을 지시하기 때문이다. 프랑스법에서는 원칙적으로 하역업자가 선박우선특권을 가지지 않는데, 1992년에 파기원(Cour de Cassation)은 선박이 매각된 후에도 하역업자가 1952년 가압류조약(제3(1)조)에 따라 그 선박을 가압류할 수 있다고 판시했다. 즉 하역업자의 채권이 추급력을 가지며 1967년법(제31(6)조) 하에서 묵시적으로 선박우선특권을 가진다고 본 것이다.[1]

4. 화물손해배상청구권 및 용선자의 선박우선특권

선박충돌로 인하여 적하가 멸실·훼손된 경우, 전세계적으로 적하소유자는 상대선에 대하여 가지는 불법행위손해배상청구권에 대하여 선박우선특권을 가진다. 또 적하소유자는 적재선의 운송계약불이행에 대하여 대물적 권리를 가지나, 선박우선특권 및 선박저당권에 비하여 후순위인 것이 보통이다. 예외적으로 미국에서는 적하소유자가 적재선 및 상대선에 대하여 선박우선특권을 가지는 바, 이는 적하소유자가 운송계약에 기인하여 적재선에 대하여 가지는 후순위의 계약상 선박우선특권(선박우선특권보다 후순위임)과는 별도로 인정된다.[2]

(1) 국제조약

㈎ 1926년조약 1926년조약은 화물손해배상청구권에 대하여 제4순위의 선박우선특권을 부여하는데, 이는 선박저당권에 우선한다. 이 선박우선특권은 화물손해가 선박충돌로 인한 것인지 여부를 불문하고, 손해배상청구의 대상이 적재선이든 상대선이든 불문한다. 이에 관한 동 조약 제2(4)조는 '선박충

---

1) Cour de Cassation, March 31, 1992, DMF 1992, 435. Tetley(2d), 688-689쪽.
2) Tetley(2d), 713쪽.

돌 또는 기타 항해중의 사고에 대한 청구권, 항구·부두·가항수로 시설에 대한 손해배상청구권, 여객이나 선원의 신체상해배상청구권, 적하 또는 여객의 수하물의 멸실 또는 훼손에 대한 배상청구권'이 선박우선특권을 가진다고 규정한다.

(나) 1967년조약   1967년조약 제4(1)(iv)조는 선박운항과 직접 관련하여 육상 또는 해상에서 발생한 재산의 멸실 또는 훼손에 대한 손해배상청구를 선박소유자에 대하여 계약상으로는 청구할 수 없고 불법행위손해로서만 청구할 수 있을 때, 화물소유자가 선박우선특권을 가진다고 규정한다. 즉 화물소유자는 적재선에 대하여는 선박우선특권을 가지지 못하나 상대선에 대하여는 선박우선특권을 가진다. 그 결과 해상운송계약의 당사자가 아니거나 운송인과 아무런 계약관계를 가지지 않는 수하인이 적재선에 대하여 불법행위에 의한 선박우선특권을 가지는 결과가 된다.[1] 그런데 운송인의 사기 또는 횡령과 같은 고의적 불법행위는 동시에 운송인의 중대한 채무불이행에 해당하는바, 이 같은 경우에도 화물소유자의 선박우선특권이 배제되는지 여부에 관하여 동 조약은 명확하게 규정하고 있지 않다.[2]

(다) 1993년조약   1993년조약은 화물손해배상청구권에 대하여 선박우선특권을 인정하지 않는다. 즉 동 조약은 선박의 운항으로 인한 멸실이나 훼손에 기인하는 불법행위 손해배상청구권은 선박우선특권을 가지는 반면, 선박에 적재된 화물, 컨테이너, 여객 수하물의 멸실이나 훼손에 기인하는 손해배상청구권은 선박우선특권의 대상이 아니라고 규정한다(1993년조약 제4조 제1항 (e)호).

(2) 미 국 법

다른 나라와 마찬가지로 미국에서도 화물소유자는 선박충돌의 상대선에 대해 불법행위로 인한 손해배상청구권을 가진다. 1989년 상사증권 및 선박우선특권법(제31301(5)(B)조)은 우선적 선박우선특권(preferred maritime lien)은 '해사불법행위에서 기인하는 손해에 대해 선박에 부과되는 선박우선특권'이라고 규정한다. 적재선의 화물소유자는 채무불이행책임과 불법행위책임을 청구할 수

1) Tetley, "Waybills, The Modern Contract of Carriage of Goods by Sea," 14 J.Mar.L. & Comm. 465쪽(1983), 15 J.Mar.L. & Comm. 41쪽(1984).
2) Tetley(2d), 714쪽.

있는데, 양자 모두에 선박우선특권이 부여된다. 화물손해 불법행위에 대하여
는 우선적 선박우선특권이 부여되는 반면, 채무불이행책임에 대하여는 계약
상 선박우선특권(contractual lien)만이 부여된다. 계약상 선박우선특권은 우선적
선박저당권이 등기되기 전에 발생한 경우에만 우선적 선박저당권보다 선순위
인 반면, 우선적 선박우선특권은 항상 선박저당권보다 선순위이다. 즉 계약적
선박우선특권은 우선적 선박저당권이 등기되기 전에 발생해야만 우선적 선박
우선특권이 된다. 따라서 화물소유자가 적재선에 대해 손해배상을 청구하려
면 불법행위로 인한 손해배상 청구를 해야 항상 선박저당권에 우선하는 선박
우선특권을 가질 수 있다.[1]

   헤이그규칙 또는 헤이그-비스비규칙이 적용되는 경우에는 동 규칙 제
4(2)(a)조에 의하여 운송인이 항해과실 또는 선박관리상의 과실에 대하여 면
책되므로, 화물소유자는 적재선을 상대로 불법행위 손해배상청구를 할 수 없
다. 반면에 미국은 1910년 선박충돌조약의 체약국이 아니므로, 미국법상 화물
소유자는 상대선에 대하여 자신의 손해 전액을 배상청구할 수 있다. 화물소유
자의 손해를 배상한 상대선은 충돌과실비율에 따라 적재선으로부터 일정액을
보상받을 수 있으나, 쌍방과실충돌약관이 무효이므로 적재선은 자신이 상대
선에 지급한 금액을 화물소유자에게 구상할 수 없다. 화물소유자가 불법행위
청구권을 가지게 되는 대표적인 예로서는 화물소유자가 운임을 선급하였는데
도 운송인의 재정난 때문에 화물을 인도받지 못했고 화물 인수시 운송인이
자신의 재정상태를 알고 있었던 경우, 운송인이 자신의 재정난을 알면서 운송
계약을 체결한 후 재정난 때문에 항해를 중단한 경우를 들 수 있다. 나아가
선박소유자의 재정상태가 부실한 것 자체가 그가 소유하는 선박을 불감항상
태로 만들며, 이로 인하여 선박소유자는 화물소유자에게 불법행위책임을 진
다는 견해도 있다. 운송인이 고의로 화물을 횡령한 경우에도 화물소유자는 불
법행위청구권을 취득한다. 예컨대 원단회사가 원단과 제복을 여객선에 대여
하였다가 반환받지 못한 경우, 원단회사는 여객선에 대하여 불법행위청구권
을 위한 선박우선특권을 가진다. 선원·선박소유자의 피용자 및 대리인이 선
박소유자나 용선자를 위하여 행위한 경우, 선원 등의 불법행위는 선박 자체의
불법행위로 볼 수 있다. 운송중의 화물이 훼손된 경우 화물소유자는 불법행위

---

1) Tetley(2d), 714-716쪽.

청구권과 계약상 청구권을 선택적으로 행사할 수도 있고, 양 권리를 모두 동시에 행사할 수도 있다.[1]

화물소유자가 용선자와 운송계약을 체결한 경우에도 화물소유자는 적재선에 대하여 불법행위에 의한 선박우선특권을 가진다. 운송인은 선하증권 또는 용선계약서에 선박우선특권설정 금지조항을 기재함으로써 화물소유자의 계약상 선박우선특권을 사전에 포기시킬 수 없다. 왜냐하면 미국 해상물건운송법(제1303(8)조)은 운송인이 자신의 과실에 대하여 면책되는 것을 금지하기 때문이며, 판례의 태도도 이와 같다. 한편 동법은 용선계약에는 적용되지 않으므로 용선자는 선하증권이나 재용선계약서에 선박우선특권포기조항을 기재함으로써 화물소유자가 적재선에 대하여 가질 수 있는 계약상 선박우선특권을 사전에 박탈할 수 있다. 그러나 당해 선하증권이나 재용선계약서가 헤이그규칙의 적용을 받는다면, 동 규칙 제3(8)조가 과실약관을 금지하므로 선박우선특권포기조항은 무효이다. 용선자는 화물소유자가 적재선에 대하여 가지는 불법행위에 의한 선박우선특권을 사전에 포기시킬 수 없다. 용선자는 선박소유자 또는 선체용선자가 용선계약을 불이행한 경우 선박에 대하여 선박우선특권을 가지는바, 이는 화물소유자가 선박에 대하여 가지는 계약상 선박우선특권과 유사하며 동일한 효력순위를 가진다. 용선자의 선박우선특권이 발생하려면 화물이 선적되었거나 용선계약이 이행되었어야 하며, 용선계약이 이행되지 않은 경우에는 선박우선특권이 발생하지 않는다(미이행계약의 원칙, doctrine of the executory contract). 용선자가 선박우선특권을 가지는 경우로서는 선박이 용선계약상 규정된 속도를 내지 못할 때, 선박소유자가 용선료를 용선자에게 환급하지 아니한 때, 용선자가 선박소유자의 계산으로 선용품대금을 선급하였는데 선박소유자가 이를 용선자에게 지급하지 아니한 때, 선박소유자가 선박을 회수하여 발생한 화물소유자의 손해를 용선자가 일단 배상한 후 선박소유자가 용선자의 손해를 보상하지 아니한 때 등을 들 수 있다.[2]

(3) 영 국 법

㈎ **화물소유자의 선박우선특권**   화물소유자의 선박에 대한 우선특권에 관

---

1) Oriente Commercial, Inc. v. M/V Floridian, 529 F.2d 221(4th Cir. 1975) reversing 374 F. Supp. 27(E.D. Va. 1974). Tetley(2d), 717–723쪽.
2) Rainbow Line Inc. v. M/V Tequila, 480 F.2d 1025(2d Cir. 1973). Tetley(2d), 724–727쪽.

한 영국법은 미국법에 비하여 대단히 제한적인데, 그 이유는 미국이 전통적인 화주국인 반면, 영국은 전통적으로 선박소유자의 이익을 중시하는 선주국이기 때문이다. 오늘날 영국법은 불법행위로 인한 선박우선특권 자체를 인정하지 아니하고, 선박이 화물에 가한 손해에 대하여 우선특권(damage lien)을 인정할 뿐이다. 1925년 최고법원법(Supreme Court of Judicature(Consolidation) Act) 제22(1)(a)(xii)(3)조는 '선박이 운송한 화물에 대한 불법행위로 인한 모든 손해배상청구권'에 관하여 해사관할을 인정하였다. 그러나 1956년 사법행정법(Administration of Justice Act)은 화물에 대한 불법행위손해배상청구권에 대하여 언급하지 않으며, 1981년 대법원법 제20(2)(g)조도 '선박이 운송한 화물의 멸실 또는 훼손에 대한 배상청구권'이라고 규정할 뿐 화물소유자의 불법행위 손해배상청구권에 대한 규정은 없다. 이것으로 미루어 보아 화물손해배상청구권은 불법행위에 의한 선박우선특권의 대상이 아니라고 할 수 있다.[1]

영국에서 불법행위에 의한 선박우선특권은 선박충돌이나 간접충돌의 결과 선박이 입은 손해 또는 선박이 가한 손해에 관하여만 인정된다. 따라서 선박충돌로 인하여 손해를 입은 화물소유자는 적재선과 공동청구권자로서 상대선에 대하여 청구권을 행사한 때에만 선박우선특권을 가지며, 그 외의 경우에 화물소유자는 적재선에 대하여 선박우선특권 아닌 대물적 권리를 가질 뿐이다. 전통적으로 화물의 손해에 의한 선박우선특권은 선박이 가한 손해에 대하여만 적용되므로, 부두에 접안해 있는 선박의 계류용 밧줄을 선장이 절단하여 선박이 떠내려간 결과 화물에 손해가 발생하였다면, 이는 항해중인 선박이 직접 화물에 가한 손해가 아니므로 적하소유자는 선박우선특권을 가지지 않는다. 그러나 선박에 의하여 결과적으로 야기된 손해이면 족하며, 반드시 당해 손해가 선박과 직접적·물리적으로 접촉한 결과로 발생하였을 필요는 없다. 예컨대 흡인력·파도·오염에 의하여 간접적으로 화물에 생긴 손해도 선박우선특권의 대상이 된다. '선박이 가한 손해'는 선박을 책임지고 있는 자가 그 의무에 위반하여 선박을 수단으로 하여 가한 손해이다. 따라서 선박과는 독립하여 승선한 자가 선박을 수단으로 하지 아니하고 화물에 손해를 가한 경우에는 선박우선특권이 발생하지 않는다.[2]

---

1) Tetley(2d), 728-729쪽.
2) Currie v. M'Knight [1897] A.C. 97. Tetley(2d), 729-732쪽.

(나) **용선자의 선박에 대한 권리**   선박소유자에 대하여 채권을 가지는 용선
자에게 선박우선특권을 부여하는 미국법과는 달리 영국법상 용선자는 선박우
선특권을 가지지 않는다. 즉 선박을 점유하고 있는 선체용선자는 선박에 대한
유치권만을 가지고, 그 외의 선체용선자 및 정기용선자·항해용선자는 1981
년 대법원법 제20(2)(h)조에 의하여 선박에 대하여 대물적 권리를 가질 뿐이
며 유치권은 가지지 않는다. 따라서 정기용선자나 항해용선자가 용선료를 선
급하였는데 선박소유자가 용선계약을 불이행하였거나 용선계약 종료시 선박
의 연료가 잔존한 경우, 정기용선자나 항해용선자는 선박소유자를 제소하는
수밖에 없다. 또한 영국항소법원의 다수의견은 선박소유자에 대하여 채권을
가진 정기용선자나 항해용선자가 멸실된 선박의 보험금에 대하여 형평법상
권리를 가진다고 보는 반면, 소수의견 및 유력설은 정기용선자나 항해용선자
의 형평법상 권리를 부인한다.[1]

(4) 프랑스법

1967년법 제31조는 여섯 가지의 선박우선특권만을 인정하는데, 마지막
항해에서 또는 목적항에 선박이 정박하던 중 발생한 청구권에 대하여만 선박
우선특권을 인정한다. 이 같은 기간 외에 발생한 청구권은 1967년법 제33조
에 따라 선박저당권보다 후순위인 제2순위의 우선특권을 가질 뿐이다. 프랑
스는 1910년 선박충돌조약을 1915년에 수용하고 해난구조조약을 1916년에 국
내법화하는 등 전통적으로 브뤼셀에서 성립된 해사조약들을 적극적으로 수용
해 왔는바, 선박우선특권에 관하여 프랑스가 1926년조약을 약간만 변형하여
국내법화한 것도 이 같은 전통에 따른 것이다. 1967년법 제31(5)조는 화물 또
는 여객의 수하물이 멸실 또는 훼손된 경우, 화물소유자가 선박우선특권을 가
진다고 규정한다. 화물소유자의 계약상 청구권이든 불법행위손해배상청구권
이든 불문하며, 선박충돌에 관한 화물소유자의 청구권이 적재선 또는 상대선
에 대한 것인지를 불문하고 선박우선특권이 발생한다. 다만, 화물소유자가 적
재선에 대하여 선박우선특권을 가지려면 선박소유자·선박운항자 또는 용선
자가 법률상 과실을 범하였어야 한다(1967년법 제42조).[2]

---

1) The Panglobal Friendship [1978] 1 Ll.Rep. 368 사건에서 제1심 법원판결과 항소법원의 다
   수의견은 용선자의 형평법상 권리를 인정한 반면, 항소법원의 소수의견 및 Tetley 교수는
   이를 부인한다. Tetley(2d), 732-734쪽.
2) Tribunal de Commerce de Paris, March 18, 1981, D.M.F. 1982, 175. Tetley(2d), 739-740쪽.

(5) 파나마법

파나마법상 용선자는 선박우선특권을 가지지 아니한다. 파나마상법 제 1507조가 선박우선특권에 관하여 규정하고 있는데, 동조 5호 '부주의 또는 과실에 의한 손해에 대한 배상금'이 용선자의 청구권을 포함하는지가 문제된다. 이에 관하여 우리 대법원은 5호는 불법행위에 기한 손해배상청구권만 포함할 뿐 용선계약불이행으로 인한 손해배상청구권은 포함하지 아니한다고 해석하였다.[1] 이에 관한 파나마법원의 판례가 있기는 하나 우리 대법원은 그 의미를 축소해석하였다. 파나마해사법원이 5호의 '과실 또는 부주의에 의한 손해에 대한 배상금'은 계약 외의 과실로 인한 우선채권만을 가리키는 것이고, 선박가압류신청자의 채권은 용선계약에 기한 것이라는 이유로 가압류를 해제하는 결정을 한 데 대해 가압류신청자가 상소하였다. 파나마최고법원인 Corte Supreme de Justicia는 1994년 5월 25일 Panama Air Safety Marine Supply Inc.(PAMAR) v. MV Haiti Express 사건("Haiti 사건")에서 5호의 '과실 또는 부주의에 의한 손해에 대한 배상금'에 대한 선박우선특권은 '계약상의 책임 및 계약 외의 책임'으로부터 발생하는 것이고, 선박우선특권은 용선계약의 불이행

---

1) 대판 2004. 7. 9. 2003다23168 배당이의(원고 콘티그룹, 피고 디엔비노르뱅크). 원고는 미국 무역회사인데, SK와 가스를 구입하는 계약을 체결하고 월드레인보우호 소유자와 가스를 아랍에서 극동까지 운송하는 용선계약을 체결하였다. 그런데 가스선적이 지연되어 원고는 SK에게 추가구입대금을 지급하여야 하는 손해를 입었다. 원고는 자신의 손해가 선박의 하자로 인하여 발생한 것이므로 채무불이행 및 불법행위에 근거한 손해배상채권을 가지는데, 이 채권은 선적국법인 파나마상법 제1507조 5호의 선박우선특권에 해당하며, 피고 영국은행의 저당권부채권보다 우선한다고 주장하였다. 그러나 제1심 순천지원은(광주지판 2001. 4. 27. 2000가합1649) ① 채무불이행이 있었다고 하여 곧바로 불법행위를 구성한다고 볼 수 없고, ② 제1507조의 입법취지는 선박저당권을 선순위로 올려 선박금융을 원활하게 하려는 것이며, ③ 5호가 계약적 청구권을 포함한다면 11호에 규정된 선박우선특권인 최후에 발생한 계약적 청구권보다 이전에 발생한 계약적 청구권이 우선한다는 결과가 되어 부당하고, ④ 제1507조는 대부분 계약적 청구권을 규정하고 있고 채권의 발생시기에 관하여도 제한을 두는데, 5호가 아무런 제한도 없이 계약적 청구권을 포함한다면 다른 계약적 청구권에 관한 규정은 부주의나 과실 없이 발생한 것을 의미하는 것으로 해석하여야 하거나 불필요한 규정으로 볼 수밖에 없어 부당하며, ⑤ 5호에 계약적 청구권을 포함한다면 저당권에 우선하는 선박우선특권이 지나치게 확대되고, 계약적 청구권을 제한 없이 저당권에 우선시키는 입법례도 없다는 이유로 5호는 불법행위에 기한 손해배상청구권만 포함할 뿐 계약불이행에 기한 손해배상채권을 포함하지 아니한다고 판시하였다. 항소심 광주고판 2003. 4. 2. 2001 나4285와 대법원도 이를 인용하였으며, 이는 타당한 것으로 보인다. 평석으로 석광현, 국제사법과 국제소송 제4권(박영사, 2007), 660-664쪽; 김현, "판례평석: 파나마법상 선박우선특권," 법률신문 제3297호(2004. 9. 9), 15쪽.

에 기인할 수 있다고 판시하며, 해사법원의 결정을 취소하였다.

　　이에 대해 광주고법은 ① 파나마는 성문법국가로서 판례를 法源으로 인정하지 않고, ② 파나마법원법 제1147조는 "동일한 법률상 쟁점에 대하여 파기심으로서 내린 3개의 일치된 대법원판결은 같은 법률상 쟁점에 대하여 유망한 원칙(doctrina probable)을 구성하며, 판사들은 유사한 사건에서 이를 적용할 수 있다. 그러나 잘못되었다고 판단될 때 이를 변경하는 것이 금지되는 것은 아니다"라고 규정하는데, Haiti 사건에서의 파나마대법원결정은 '유망한 원칙'을 구성하지 아니하며, ③ Haiti 사건은 본안에 관한 대법원판결이 아니라 선박가압류의 정당성을 형식적으로 심사하는 파나마 해상사건절차법의 "Apremio" 사건절차에서 내린 해사법원의 결정에 대한 항고심으로서 내린 결정에 불과한데, Apremio 사건에 대한 결정은 본안은 판단하지 않고 가압류의 정당성 여부만 판단할 뿐 당해 사안의 본안에서 법원을 구속하지 않으며, 이 사건 본안에서도 선박을 가압류한 용선자가 선주에 대하여 패소하였고, ④ 파나마해상사건 최종심을 담당하던 파나마항소법원이 1985년 8월 6일 Augusto Eneas Jimenez Torres v. M/V American Trader 사건에서 제1507조 5호의 부주의 또는 과실에 대한 배상의무는 오직 비계약적 민사책임에 대해서만 발생한다고 판시한 점 등을 이유로 파나마대법원의 Haiti 판례에도 불구하고 용선계약위반으로 인한 손해배상채권은 5호의 해상우선특권의 피담보채권에 해당하지 않는다고 판시하였다.

　　한편 대법원은 광주고법이 5호를 Haiti 사건과 다르게 해석한 것은 잘못이라고 하면서도 Haiti 사건만으로는 용선자의 손해배상채권이 선박우선특권을 가지는지가 불명하므로 일반적 법해석기준을 적용하여야 한다고 보았다. 나아가 대법원은 ① 5호의 '과실 또는 부주의에 의한 손해에 대한 배상금'에 대한 선박우선특권이 모든 계약상 원인에 기해 발생할 수 있다면 범위가 지나치게 넓으며, 선박우선특권의 대상은 계약책임이든 불법행위책임이든 제한적으로 해석하여야 하고, ② 국제조약과 주요 해운국 입법례는 화물손해에 대해 선박우선특권을 인정하지 않거나, 인정하더라도 화물의 인도불능 및 손상으로 인한 손해배상채권에 대하여만 인정하고, 운송지연으로 인한 손해배상채권에 대하여는 선박저당권에 우선하는 선박우선특권을 인정하지 않는 경향이고, ③ 제1507조 11호가 12종류의 선박우선특권 중 11순위로 '화물의 인도

불능 또는 화물에 발생한 손해'에 대해 별도 선박우선특권을 인정하므로 화물
에 관한 세 가지 유형손해 중 인도불능 및 손상에 관하여만 선박우선특권을
부여하되 선박저당권은 물론 여타 선박우선특권에 대해 아주 낮은 순위를 부
여하고 있다는 이유로, 운송지연으로 인한 손해배상채권은 그것이 계약위반
을 원인으로 하든 불법행위를 원인으로 하든 선박우선특권이 인정되지 않는
다고 판시하여 광주고법판결을 인용하였다.

5. 운임 및 용선료에 관한 운송인의 선박우선특권

(1) 미 국 법

영국법과 마찬가지로 미국법상 운송인은 운임을 지급받을 때까지 적하를
유치할 권리를 가진다. 종래 이 같은 권리를 선박우선특권이라고 지칭하였지
만, 이 권리는 적하에 대한 영속적인 담보권이 아니므로 엄격한 의미의 선박
우선특권이라고 할 수 없다. 운송인의 유치권은 적하를 점유하는 동안에만 유
효하므로 운송인이 수하인에게 적하를 무조건적으로 인도하면 유치권은 소멸
한다. 적하를 인도한 후에 운임을 지급한다는 약정이 있는 경우 운송인은 적
하에 대한 유치권을 가지지 못하나, 수하인이 적하의 인도 전에 운임지급을
하여야 하는 경우에는 운송인이 유치권을 가진다. 운송인은 선하증권상의 운
임에 대하여 유치권을 가질 뿐 아니라, 항해용선자가 적하소유자인 경우 체선
료에 관하여도 유치권을 가진다. 영국법에서는 용선계약에 체선료에 관한 유
치권조항이 기재되어 있는 경우에 한하여 선박소유자가 체선료에 관하여 적
하를 유치할 수 있는 반면, 미국법상 선박소유자는 용선계약 내용을 불문하고
선적 또는 양륙시 발생한 체선료에 관하여 적하를 유치할 수 있다. 체선료에
관한 유치권 역시 적하를 점유하는 동안에만 발생하므로 선박소유자가 적하
를 무조건적으로 수하인에게 인도한 경우에는 유치권이 상실된다. 또 선박소
유자는 적하소유자와의 운송계약으로 인하여 발생한 기타 청구권에 관하여도
적하를 유치할 수 있다.[1]

선박소유자는 자신이 운임 및 용선료에 관하여 적하에 대한 유치권을 가
진다는 것을 선하증권 및 용선계약서에 사전약정할 수 있다. 용선계약에 이
같은 유치권조항이 기재된 경우에는 용선자가 발행한 선하증권이 용선계약의

---

1) The Saturnus, 250 F.2d 407(2d Cir. 1918). Tetley(2d), 767~771쪽.

유치권조항을 편입하여야만 선박소유자가 제3의 적하소유자에 대하여 유치권
을 행사할 수 있다. 운송계약에 적하인도의 시간·장소와 운임지급의 시간·
장소를 달리 규정하였다면, 유치권이 계속 존속하는 것으로 양 당사자가 합의
하지 않는 한 운송인은 적하에 대한 유치권을 포기한 것으로 본다. 선박소유
자의 운임을 위한 유치권조항(lien clause)은 용선계약의 책임종료조항(cesser
clause)과 상치될 가능성이 있다. 책임종료조항의 내용은 적하의 선적완료 후
운임·체선료·공적운임·공동해손분담금에 대하여 용선자가 선박소유자에
게 부담하는 대인적 책임을 면제하는 대신 선하증권소지인이 그 책임을 지도
록 하는 것이다. 이 때 선박소유자는 자신의 채권담보를 위하여 적하에 유치
권을 행사할 수 있다는 유치권조항을 기재하는 것이 보통이다. Crossman v.
Burrill 사건[1]에서는 책임종료조항에 의하여 운임 및 체선료에 관한 용선자의
책임이 면제된 반면, 유치권조항에 의하여 운임 및 체선료에 대하여 용선자가
선박소유자에게 책임을 지게 되었다. 법원은 문제의 책임종료조항은 운임 및
공동해손분담금채무에 한하여 용선자를 면책시키므로 용선자는 체선료지급채
무를 부담한다고 판시하였다. 또 법원은 책임종료조항은 용선자로서의 책임만
을 면제하는 것이므로, 선하증권소지인인 용선자는 선하증권소지인으로서의 책
임을 지므로 책임종료조항의 적용을 받을 수 없다고 보았다. 수하인이 운임의
일부만을 지급거부한 경우, 선박소유자는 적하의 일부만을 유치할 수 있다.[2]

(2) 영 국 법

보통법상 운송인은 운임에 관하여 유치권을 가지므로 운임을 지급받을
때까지 적하를 유치할 수 있으나, 법률에 특별한 규정이 없는 한 운송인은 적
하를 매각할 수는 없다. 이 유치권은 운송인이 적하를 점유하고 있는 동안에
만 효력이 있으며, 운송인이 적하를 무조건적으로 인도한 경우에는 유치권을
상실한다. 보통법상 유치권 외에 운송인은 일반해상법 하에서 운임에 관하여
적하에 대한 유치권을 가진다.[3] 유치권행사에 대하여는 엄격한 제한이 가해
지므로, 선박소유자는 용선계약이나 선하증권에 우선특권조항을 기재하는 경

---

1) 179 U.S. 100(1900).
2) Gilbert Hardwoods v. 245 Pkgs Squares, 508 F.2d 1116(5th Cir. 1975). Tetley(2d), 772~776쪽.
3) A. Browne, A Compendious View of the Civil Law and of the Law of the Admiralty(1802),
   82쪽.

우가 많다. 이 같은 우선특권조항은 보통법 또는 일반해상법에서 인정하는 유치권보다 광범한 권리를 선박소유자에게 부여하는 것이 보통이다. 예컨대 공적운임·체선료·선급운임에 관하여는 보통법이나 일반해상법상 유치권이 인정되지 않는 반면, 계약에 의하여 얼마든지 이 같은 채권에 우선특권을 부여할 수 있다.[1]

용선계약은 선박소유자와 용선자 간의 계약이므로 제3자인 선하증권소지인이 용선계약의 적용을 받으려면, 용선계약의 내용이 선하증권에 편입되어 있어야 한다. 예컨대 선하증권소지인이 용선계약의 내용을 모르고 있는 경우, 선박소유자는 선하증권에 기재된 운임액 이상에 대하여 우선특권을 가질 수는 없다. 선하증권이 용선계약의 일부만을 편입하는 경우에는 용선계약의 우선특권조항은 선하증권에 편입되지 않는 반면, 선하증권에 '용선계약에 따라'라는 문언이 기재된 결과 선하증권이 용선계약 전부를 포괄적으로 편입하는 경우에는 용선계약의 우선특권조항도 편입된다. 선하증권을 발행할 때에는 용선계약에 영향을 주어서는 아니 된다고(without prejudice) 용선계약에 기재되어 있는 경우, 선하증권기재내용을 결정할 권한은 선박소유자가 아니라 용선자가 가진다. 따라서 선박소유자는 임의로 선하증권에 우선특권조항을 기재할 수 없다. 운임에 관하여 운송인이 가지는 유치권은 당해 운임에 관련된 적하에 대하여만 적용된다. 따라서 적하 전체에 대하여 운송인이 우선특권을 가진다는 명시적 합의가 없는 한 당해 운임과 무관한 적하에 대하여는 유치권을 행사할 수 없다. 운송인과 적하소유자가 수년간 거래를 해왔다는 사실만으로는 운송인이 적하 전체에 대하여 우선특권을 가지는 근거가 될 수 없으며, 우선특권의 존재를 입증할 책임은 이를 주장하는 자가 부담한다. 선박소유자는 운임 전액을 지급받을 때까지 적하의 특정 선적분을 점유함으로써 우선특권을 행사할 수 있으며, 운임을 일부 지급받은 후 적하를 일부 인도할 수도 있다. 선박소유자가 적하를 일부 인도하였는 데도 수하인이 운임을 지급하지 않는다면, 선박소유자는 나머지 적하에 대하여 미지급운임 전액을 위한 우선특권을 행사할 수 있다.[2]

---

1) Phillips v. Rodie(1812) 15 East 547, 104 E.R. 950. Tetley(2d), 751쪽, 754-755쪽.
2) Sodergren v. Flight and Jennings(1796), cited in Hanson v. Meyer(1809) 6 East 614, 102 E.R. 1425. Tetley(2d), 757-760쪽.

(3) 프랑스법

1966년 6월 18일 법 제66-420호는 운송인에게 운임 및 용선료에 관하여 적하에 대한 특권(privilege)을 부여한다. 운임을 위한 이 특권은 적하를 제3자에게 인도하면 소멸되므로 보통법상의 유치권과 유사하나, 적하를 수하인에게 인도한 후에도 15일 동안 존속하는 점에서 진정한 특권이다. 선박소유자는 적하를 운송한 당해 항해에서 발생한 미수용선료뿐 아니라 용선자가 과거에 미지급한 용선료 전부를 피담보채권으로 하여 적하를 압류할 수 있다. 이 특권은 적하압류비용·법원보관비용 다음의 순위를 가지나, 매도인의 적하대금 채권보다는 우선한다. 용선자가 용선료를 지급하지 않는 경우, 선박소유자는 용선자가 담보를 제공하지 않는 한 적하를 제3자에게 보관 및 매각하도록 할 수 있다(1966년 12월 31일 시행령 제66-1078호 제3조). 1966년 6월 18일 법(제23조)은 선박소유자가 운임을 지급받지 못한 경우, 적하가 제3자에게 인도되지 않았다면 당해 적하를 인도한 후에도 선장은 15일간 당해 적하에 대하여 특권을 가진다고 규정한다. 용선료를 위한 일반적 특권과 달리 운임을 위한 특권은 당해 항해에 관한 운임에 한하여만 행사할 수 있을 뿐이고, 이전 항해에서 발생한 운임을 위하여는 행사할 수 없다. 선박소유자의 이 같은 특권은 최우선적 권리는 아니며, 이에 우선하는 권리들은 다음과 같다: ① 적하에 대한 양도담보권, ② 수리업자와 같이 적하를 현재 점유하고 있는 유치권자의 권리, ③ 선박소유자가 악의인 경우 적하매도인의 적하대금채권, ④ 순차운송의 경우 전운송인(前運送人)이 후운송인에게 적하를 인도했을 때 전운송인은 적하에 대한 특권을 상실하기 때문에 후운송인의 특권이 전운송인의 특권에 우선한다.[1]

수하인이 담보를 제공하지 않는다면 1966년법 제23조에 의한 특권 외에 선박소유자는 적하를 매각할 수 있으며, 매각대금이 운임에 충당하기에 부족하다면 선박소유자는 송하인에게 잔액지급을 청구할 수 있다(1966년 12월 31일 시행령 제53조). 용선료의 경우와는 달리 선박소유자는 미지급운임을 받기 위하여 적하를 제3자에게 보관시킬 수 없으며(동 시행령 제48조), 선박소유자가 적하를 제3자에게 보관시키기 위하여는 법원에 이를 신청하여야 하며, 법원이 정한 기간 내에 수하인이 운임을 지급하지 않는 경우 선박소유자는 법원에 적

---

1) Tetley(2d), 777-781쪽.

하매각을 신청할 수 있다. 용선자에 대하여 용선료채권을 가지는 선박소유자는 용선자에게 재용선료를 부담하는 재용선자에 대하여 직접 제소할 수 있다(1966년법 제14조). Rodière에 의하면 선박소유자의 이 같은 특권은 다른 채권자의 용선자에 대한 채권에 우선하며, 선박소유자가 적하운송계약의 당사자가 아닌 경우에도 선박소유자는 재용선자의 적하에 위 특권을 행사할 수 있다. 이것은 선박소유자의 위 특권이 선박소유자를 위한 것이라기보다는 선박에 유익한 것이기 때문이다.[1] 반면에 판례는 1966년법 제2조에 의하여 선박소유자가 용선료에 관하여 적하에 대한 특권을 가지는 것은 그 적하가 용선자의 소유일 때에 한하며, 재용선자소유의 적하에 대하여는 위 특권이 미치지 않는다는 입장이다.[2] 선박소유자가 운임 또는 용선료에 관하여 가지는 특권은 선박소유자가 1년 이내에 제소하지 아니하면 소멸된다(1966년법 제26조). 항해용선의 경우 이 제척기간은 적하를 양륙한 때 또는 항해가 종료한 때로부터 기산하고, 정기용선 및 선체용선의 경우에는 용선기간만료 또는 용선정지사유 발생시부터 기산한다(1966년 12월 31일 시행령 제4조). 선하증권에 의한 운송계약의 경우 선박소유자의 송하인 또는 수하인에 대한 제소기간은 선하증권상의 적하인도 예정일로부터 기산한다(동 시행령 제55조).[3]

6. 운송주선인의 선박우선특권

(1) 1980년 유엔국제복합물건운송조약

1980년 5월 24일에 채택된 유엔국제복합물건운송조약은 계약당사자인 운송주선인에게 적용되는 국제적 입법이다. 동 조약은 계약당사자인 운송주선인을 복합운송인(Multimodal Transport Operator: MTO)이라고 호칭하는데, 복합운송인은 스스로 또는 제3자를 통하여 복합운송계약을 체결하며, 복합운송계약의 이행에 관한 책임을 지는 자이다. 즉 복합운송인은 실제 운송을 수행하는 운송인이나 수하인을 대리하여서가 아니라 스스로 계약당사자로서 행위한다(동 조약 제1(2)조). 동 조약상 복합운송인이 명시적으로 우선특권이나 유치권을 가지는 것은 아니다. 그런데 복합운송계약은 동 조약 규정에 상치되지 않는 한

---

1) R. Rodière, Traite, Affretement, Tome 1, para. 297, 298(1967).
2) Cour d'Appel d'Aix, March 18, 1977, D.M.F. 1979, 709.
3) Tetley(2d), 781~785쪽.

유효하므로(동 조약 제28조), 계약당사자간의 약정 또는 체약국의 국내법에 의하여 복합운송인에게 우선특권을 부여하는 것은 무방하다.[1]

(2) 영미보통법상 운송주선인의 유치권

⑺ **대리인인 운송주선인**　보통법상 대리인인 운송주선인은 운송물에 대한 유치권(possessory lien)만을 가질 뿐 수치인 또는 운송인으로서의 우선특권은 가지지 않는다. 즉 운송주선인은 보수를 지급받을 때까지 송하인이나 수하인의 물건·서류·금전을 유치할 수 있다. 이 같은 운송주선인의 유치권은 당해 운송주선에 관련된 물건·서류·금전에 대하여만 미치나, 운송주선인과 송하인·수하인 간에 별도의 약정이 있는 때에는 당해 운송주선과 무관한 송하인이나 수하인의 일반물품에 대하여도 유치권이 미친다. 대리인인 운송주선인이 유치권을 가지기 위하여는 첫째 운송주선인이 송하인이나 수하인의 대리인으로서 적법하게 당해 물건이나 서류를 점유하였어야 하고, 둘째 운송주선인이 자신의 보수에 관하여 유치권을 가지지 못한다는 내용의 약정을 송하인이나 수하인과 체결하지 않았어야 한다. 해상보험중개인과 같은 대리인은 본인과의 특별한 약정이 없는 경우에도 유치권을 발생시킨 당해 거래의 목적물뿐 아니라 본인의 재산일반에 대하여 유치권을 가지는 반면, 운송주선인은 본인과의 특별한 약정이 있는 경우에만 본인의 재산 일반에 대하여 유치권을 가지는 점이 다르다.[2]

⑼ **운송인으로서의 운송주선인**　운송주선인이 송하인이나 수하인의 대리인이 아니라 사실상 운송인의 기능을 수행한다면, 운송주선인은 보통법 및 일반해상법 하에서 운송인이 가지는 우선특권을 가진다.[3]

⒟ **운송주선인의 의무**　대리인인 운송주선인의 의무는 그다지 무겁지 않으며 상당한 주의를 다하여 본인인 송하인이나 수하인의 지시에 따르기만 하면 되는데, 이 같은 운송주선인의 의무에는 운송물을 운송하기 위하여 신용 있는 운송인을 지정할 의무도 포함된다. 운송주선계약에는 대리인인 운송주선인을 면책시키는 조항이 기재되어 있는 것이 보통이며, 이 같은 면책약관은 중대한 계약위반에 해당하지 않는 한 유효하다. 반면에 운송인인 운송주선인

---

1) Tetley(2d), 818-819쪽.
2) Langley, Beldon & Gaunt v. Morley [1965] 1 Ll.Rep. 297. Tetley(2d), 802-803쪽.
3) Tetley(2d), 803쪽.

은 운송주선계약과 법률에 의하여 그 책임을 제한할 수 있는 경우를 제외하고는 운송을 이행할 무거운 책임을 진다. 유엔국제복합물건운송조약은 운송주선인에게 복합운송인으로서의 책임을 지우고 있다.[1]

(3) 미 국 법

미국에서는 일찍부터 대리인으로서의 운송주선인과 실제로 운송물을 운송하는 운송인으로서의 운송주선인을 구별하였고, 이는 연방대법원에 의하여 확인되어 왔다. 타국과 마찬가지로 미국에서도 운송주선인과 송하인·수하인 간의 계약관계가 다양하기 때문에 특정 사안에서의 운송주선인의 책임은 그 사건의 구체적 사실관계 및 운송주선인과 송하인·수하인 간의 계약조건에 따라 결정된다. 미국법원은 운송주선인의 일반우선특권을 인정하나 당해 운송주선 이전에 운송주선인이 제3자와 체결한 계약에 관하여는 우선특권이 발생하지 않는다.[2]

(4) 영 국 법

영국에서 운송주선인은 종래 대리인의 역할만을 수행했으나 점차 계약당사자의 역할을 수행하게 되었고, 스스로 운송인임을 자칭하는 운송주선인도 없지 않다. 1984년에는 운송주선계약에 관하여 해운 및 운송주선인협회에서 새로운 표준운송주선거래조건(Standard Trading Conditions, STC 1984)이 채택되어 운송주선인이 송하인이나 수하인의 대리인의 역할을 할 뿐 아니라 기타 용역도 제공하며 어떤 경우에는 운송인의 역할도 수행한다는 사실을 인정하였다. 현재 사용되는 1989년 영국 국제운송주선업협회 표준운송주선거래조건도 운송주선인이 운송인의 역할을 할 수 있음을 인정한다.[3]

(가) 대리인으로서의 운송주선인   초기의 운송주선인은 원칙적으로 대리인으로 간주되었기 때문에 대리인의 유치권만을 가졌다. 이러한 대리인의 유치권은 기껏해야 제한적 우선특권(particular lien)에 불과했고, 일반적 우선특권(general lien)은 아니었다. 따라서 이 유치권은 대리인으로 활동하는 운송주선인이 보수를 지급받지 못한 당해 운송물을 점유하는 동안에만 실행할 수 있었

---

1) Tetley(2d), 803-805쪽.
2) Ramsay Scarlett v. Koh Eun, 462 F. Supp. 277(E.D. Va. 1978). Tetley(2d), 816-817쪽.
3) Tetley(2d), 814쪽.

다. 운송주선인이 운송물을 점유하고 있는지 여부의 판단은 운송주선인의 본인과 제3자에 대한 관계에 달려 있다. 만약 운송주선인의 고객인 송하인이 운송물을 제3자에게 매도하였다면, 운송주선인이 제3자와의 계약에 의하여 유치권을 가지지 않는 한 운송주선인은 당해 운송물에 대하여 유치권을 가지지 못한다. 또 운송물을 일단 선적하면 운송물의 소유권이 수하인에게 이전되므로 송하인은 운송물에 대하여 아무런 이해관계를 가지지 않게 된다. 따라서 운송주선인은 선적된 운송물에 대하여 유치권을 행사할 수도 없고, 선박소유자에게 수하인에 대한 운송물 인도거부를 지시할 수도 없다. 반면에 운송주선인이 운송인의 역할을 하는 경우에는 송하인이 운송물에 대하여 가지는 소유권을 제3자에게 양도하더라도 운송주선인은 제한적 우선특권(particular lien)을 가진다. 대리인인 운송주선인이 선하증권의 소지자라면, 그는 자신의 보수를 지급받기 위해 선하증권에 대하여 우선특권을 행사할 수 있다. 즉 운송물이 목적지에 도달하기 전에 보수를 지급받지 못한 운송주선인은 자신의 우선특권을 보전하기 위해 운송물을 선적지로 반송할 것을 요구할 수 있다. 왜냐하면 선하증권을 담보로 소지하는 자는 운송물소지자와 동일한 지위에 있기 때문이다.[1]

　⒜ **계약당사자로서의 운송주선인**　오늘날 영국에서 대부분의 운송주선인은 운송주선계약의 당사자로 활동하고 있고, 운송주선인의 권리와 의무는 표준거래양식에 규정되어 있다. 법원은 운송주선인의 일반적 우선특권에 관하여 "운송주선인은 특정 운송물에 관하여 발생한 보수청구권 및 송하인이나 수하인에 대하여 가지는 모든 청구권에 관하여 특정 운송물에 대한 우선특권을 가진다"고 규정한 1952년 표준계약조건(제20조)가 유효하다고 판시했다. 운송주선인의 일반적 우선특권은 판례에 의하여 인정되고 있고, 제3자에 대하여도 대항할 수 있다고 판시되었다. 그러나 수하인이 적절한 지급보증을 운송주선인에게 제공하였다면, 이로써 운송주선인의 보수청구권은 어느 정도 확보되었다고 할 수 있으므로 운송주선인은 수하인에 대하여 선하증권의 인도를 거절할 수 없다. 운송인으로 활동하는 운송주선인은 운송물이 목적지에 도착하거나, 물품대금을 지급받지 못한 매도인이 운송물 반환청구를 할 때까지는 자신의 일반적 우선특권을 행사할 수 없다.[2] 영국귀족원은 대금을 지급받

1) Somerset International Finance v. Freightex [1973] 1 Ll.Rep. 227. Tetley(2d), 814-815쪽.
2) Palmer, Bailment, 1979, 578쪽.

지 못한 매도인의 운송물반환청구권이 운송인의 특별한 우선특권보다는 후순위이나 일반적 우선특권보다는 선순위라고 판시하였다.[1]

(5) 프랑스법

프랑스에서는 운송주선인에 관하여 민법과 상법을 적용한다.

㈎ **대리인으로서의 운송주선인**(consignataire)   프랑스민법 제1984조 내지 제2010조는 대리인에 관하여 규정한다. 송하인이나 수하인을 위해 운송물을 수령한 운송주선인은 대리인(consignataire de la cargaison)으로서의 책임을 진다. 프랑스민법에 운송주선인에게 유치권(right of retention)이나 특권을 인정하는 특별한 조항은 없으나, 판례는 오랫동안 대리인인 운송주선인이 유치권을 가진다는 것을 인정해 왔다. 대리인인 운송주선인이 프랑스민법 제2102(3)조에 의하여 운송물을 보존하기 위해 비용을 지출한 경우, 운송주선인은 자신이 점유하고 있는 운송물뿐 아니라 이미 수하인에게 인도한 운송물에 대하여도 특권을 가진다.[2]

㈏ **계약당사자로서의 운송주선인**   프랑스에서는 자신의 이름으로 본인(송하인)의 계산으로 활동하는 운송주선인(commissionnaires)은 상법의 규율을 받고 상법 제96조 내지 제99조에 따른 책임을 진다(프랑스상법에 그 기원을 두고 있는 우리 상법 제114조의 운송주선인도 자기의 명의로 물건운송의 주선을 영업으로 하는 자이다). 반면에 본인(송하인)의 이름으로 활동하는 운송주선인은 민법의 규율을 받는다(프랑스상법 제94조). 프랑스에서 운송주선인은 일반적으로 계약당사자로서의 권리와 책임을 지므로 상법 제95조에 규정된 우선특권을 가진다. 프랑스법상 이른바 transitaire는 제한된 업무만을 수행하는 중개인으로서 스스로 개인적 과실을 범한 경우에만 책임을 지는 반면, 운송주선인(commissionnaire de transport)은 운송물을 목적지까지 운송할 책임을 지며 운송방법을 자신의 재량으로 결정할 수 있다. 운송계약이 불이행된 경우에 운송주선인은 자신의 개인적 과실이 있었는지 여부를 불문하고 책임을 진다. 나아가 프랑스법원은 운송주선인과 운송인(voiturier)을 구별한다. 즉 운송주선인은 육상·항공·해상 운송 전체에 대하여 책임을 지고 일반적인 우선특권을 가지는 반면, 운송인은 운송물의 실제 이동 자체에 대하여만 책임을 지며 제한적인 우선특권만을 가진다. 운송주

---

1) U.S. Steel Products v. G. W. Railway [1916] 1 A.C. 189. Tetley(2d), 815~816쪽.
2) R. Rodière, Traitè, Affrètements & Transports, tome 3, 제903절; Tetley(2d), 805~806쪽.

선인은 상법 제92조, 제95조에 의해 자신이 운송물을 수령하기 전 또는 점유하는 동안 발생한 선급금·비용·이자 및 보수에 관하여 자신이 점유하고 있는 운송물을 유치할 특권을 가진다. 또 그 운송물이 매각된 경우 운송주선인은 운송물매각대금으로부터 송하인의 다른 채권자에 우선하여 변제받을 권리를 가진다(프랑스상법 제95조).[1]

운송주선인은 보수청구권을 포함한 다양한 청구권에 관하여 우선특권을 가진다. 특히 프랑스법원은 운송주선인이 점유하고 있는 운송물뿐 아니라 과거에 운송주선인이 송하인에게 제공한 용역대금에 관하여도 운송주선인이 우선특권을 가진다고 본다. 이 같은 운송주선인의 우선특권은 보통법상의 일반적 유치권(general possessory lien)과 유사하며, 운송인이 자신의 청구권과 직접적 견련관계가 있는 운송물에 대하여만 유치권 및 우선특권을 가지는 점에서 대조적이다. 그러나 운송인의 유치권은 제3자에게 대항할 수 있는 반면, 운송주선인의 우선특권은 제3자에게 대항할 수 없다.[2] 운송주선인의 우선특권은 저당권 개념에 기초를 두고 있으며, 매도인의 물품대금청구권 및 운송인의 우선특권에 우선한다. 따라서 운송물의 매수인인 수하인이 파산한 경우 선의의 운송주선인은 매도인(송하인) 및 운송인보다 우선하여 변제받는다.[3]

7. 해상보험료채권

(1) 국제조약

1926년조약·1967년조약·1993년조약은 모두 보험료에 대한 우선특권을 규정하지 않고 있다. 만약 해상보험이 모든 채권자의 이익을 위한 것이라면 이는 법원보관비용으로 볼 수 있으므로, 보험자는 미지급보험료에 대하여 우선특권을 가진다고 할 수 있다.[4]

(2) 미국법

1986년까지 미국법원은 보험료에 대해 선박우선특권을 인정하지 않았다. 그러나 1986년 Equilease Corp. v. M/V Sampson 사건[5]에서 연방 제5항소법

---

1) Tetley(2d), 806-807쪽.
2) Trib. Comm. Seine, February 17, 1964, Bulletin de Transport 1964, 82.
3) Tetley(2d), 808쪽.
4) Moon Engineering Co. v. The Valiant Power, 193 F. Supp. 460(E.D. Va. 1960). Tetley(2d), 828쪽.
5) 793 F.2d 598(5th Cir. en banc), cert. denied 479 U.S. 984(1986).

원은 해상보험료가 선박에 제공된 재화 및 용역 등 필요품비용이므로 선박우
선특권을 가진다고 판시했다. 그 후 여러 판결이 이를 지지했고, P&I 보험료
에도 선박우선특권이 부여되었다. 과거에는 주법으로 보험료에 대해 우선특
권을 인정해 왔으나, 연방법인 1988년 상업증권 및 선박우선특권법이 제정되
면서 보험료의 우선특권에 관한 주법은 중요성을 잃게 되었다.[1]

(3) 영 국 법

영국에서 일단 해상보험증권이 발행되면, 보험료가 지급된 것으로 상관
습 및 법적으로 의제된다. 이 같은 로이드의 관행은 점차 영국의 모든 보험에
받아들여졌으며, 1906년 해상보험법 제54조에 수용되었다. 동법은 반대의 특
약이 없으면 보험중개인만이 보험료에 대해 보험자에게 책임이 있다고 규정
하고 있으므로, 보험자에 대하여도 보험중개인만이 제소할 수 있다. 동법은
보험중개인에게 보험중개료 및 보험료에 관하여 제한적 우선특권(particular lien)
을 부여하고 있다(1906년 해상보험법 제53(2)조). 이는 보험중개인이 보험증권의 교
부를 유보할 수 있음을 의미한다. 보험중개인은 특약이 없는 한 보험료 미지
급을 이유로 보험계약을 해제할 수 없다. 따라서 보험계약해제권이 없는 보
험중개인이 우선특권을 유지하려면 보험자에게 보험료를 계속 지급하여야
한다.[2]

(4) 프랑스법

해상보험에 대한 프랑스법은 1681년의 해사칙령을 대폭 정비한 것이다.
1807년의 프랑스상법전은 해사칙령에 상당히 근거하였지만, 오늘날 해상보험
에 관한 규정은 1967년 7월 3일 법 제67-522호와 1968년 1월 19일 시행령 제
68-64호에서 발견할 수 있다. 1967년 7월 3일 법은 1976년 7월 16일 시행령
제76-666호에 의해 보험법전(Code des assurances) 제1권 제7편(제L.171-1조 내지 제
L.173-26조)로 개편되었고, 1968년 1월 19일 시행령은 1976년 7월 16일 시행령
제76-667호에 의해 보험법전 제R.171-1조 내지 제R.173-7조로 개편되었다.
피보험자가 보험료를 보험자에게 지급할 의무가 있는 데도 이를 이행하지 않
는 경우, 보험자는 피보험자에게 서면통지를 한 후 보험계약을 해제할 수 있

---

1) Tetley(2d), 830-831쪽.
2) Ruby S. S. Co. v. Johnson & Higgins, 18 F.2d 948(2d Cir. 1927). Tetley(2d), 832-835쪽.

다. 계약해제는 그 통지를 발송한 후 8일 뒤에 효력을 발생한다. 현재 프랑스에서 미지급보험료에 관한 선박에 대한 우선특권은 1949년 2월 19일 법에 의해 폐지되었으므로 더 이상 존재하지 않는다. 1949년 2월 19일 법은 1926년 조약을 국내법화한 것이다.[1]

제 4 절   선박우선특권의 목적물

1. 우 리 법

상법은 선박우선특권의 목적물의 범위를 해산(maritime res)으로 제한하고 있다(상 제777조 제1항, 제778조 내지 제781조 등). 즉 선박우선특권의 목적물은 선박, 속구, 그 채권이 생긴 항해의 운임, 선박과 운임에 부수한 채권이다(상 제777조 제1항 주문).

(1) 선박과 속구

선박우선특권의 목적물은 선박우선특권을 발생시킨 선박과 그 속구이다. 선박은 등기·등록 유무를 불문하고,[2] 선박이 난파된 경우에는 난파물 위에 선박우선특권이 미치며, 건조중인 선박도 포함된다(상 제790조). 선박우선특권의 목적이 되는 선박이라 함은 상법(제740조)에 정해진 상행위나 그 밖의 영리를 목적으로 항해에 사용되는 선박을 뜻하는데, 원양어선은 상행위선은 아닐지라도 상행위 이외의 기타 영리선에 포함된다.[3] 그리고 속구는 속구목록에 기재한 물건에 한하여 선박의 종물로 추정된다(상 제742조). 선박우선특권의 피담보채권 중 선박소유자 책임제한의 대상이 되는 채권을 가진 채권자는 책임제한절차가 개시되면 선박에 대해 우선특권을 행사할 수 없고(책임제한 제27조 제2항), 책임제한기금으로부터 배당만을 받을 수 있다(동조 제1항).

(2) 선박과 운임의 부수채권

---

1) Tetley(2d), 846쪽.
2) 村田治美, 海商法テキスト(東京: 成山堂書店, 1984), 240쪽.
3) 부산지판 1984. 5. 25. 83가합3923, 하급심판결집(1984. 2), 297쪽.

선박과 운임에 부수한 채권은 ① 선박 또는 운임의 손실로 인하여 선박소유자에게 지급할 손해배상, ② 공동해손으로 인한 선박 또는 운임의 손실에 대하여 선박소유자에게 지급할 상금, ③ 해난구조로 인하여 선박소유자에게 지급할 구조료이다(상 제778조). 이 중 선박소유자가 가지는 손해배상청구권은 선박의 변형물로 볼 수 있고, 선박이 선박우선특권의 목적물로 되는 이상 그 멸실 등으로 인한 손해배상청구권도 당연히 포함된다. 그리고 공동해손분담금청구권 및 해난구조료청구권은 선박의 이용에 의하여 발생한 것이므로 운임과 같은 성질을 가진다.[1] 그러나 선박소유자 등이 수령한 보험금 기타의 장려금이나 보조금에 대하여는 선박우선특권을 행사하지 못한다(상 제780조). 이는 1926년조약 제4조 제3항의 취지를 따른 것이다.

(3) 운 임

해상운송인이 운송계약에 의하여 물건의 운송을 인수한 보수로서 받는 것이 운임이며, 미수운임 즉 운임청구권과 지급받은 운임이라도 선박소유자나 그 대리인이 소지하고 있는 금액은 선박우선특권의 목적물이 된다(상 제779조). 또한 운임은 그 우선특권이 생긴 항해에 있어서의 운임에 한하나, 선원 그 밖의 선박사용인의 고용계약으로 인한 채권은 고용계약 존속 중의 모든 항해로 인한 운임의 전부에 대하여 우선특권이 미친다(상 제781조). 운임을 선박우선특권의 목적물로 하는 이유는 운임이 선박의 이용에 의하여 통상 발생하는 이익 중 대표적인 것이기 때문이다.

(4) 입 법 론

상법의 선박우선특권제도는 1926년조약에 따른 것인데, 동 조약은 선박우선특권의 목적물인 해산의 범위에 관하여 1924년 선박소유자책임제한조약을 기초로 한다. 그 후 1957년조약과 1976년 해사채권책임제한조약이 성립되어 금액책임주의로 단일화되었으므로, 선박우선특권의 목적물도 1926년조약의 입장을 벗어나 선박우선특권의 목적물로서 선박만을 인정하는 1967년조약에 따라 개정함이 타당하다. 그러나 이같이 선박우선특권의 목적물로서 선박만을 인정한다 하더라도 우리 상법상의 선박우선특권에는 담보물권에 관한 규정이 준용되는 결과 선박의 부수채권에도 담보물권의 부종성에 의하여 우

---

1) 田中誠二, 앞의 책, 574쪽; 최종, 209-210쪽.

선특권의 효력이 미칠 것이며, 결국 제외되는 것은 운임 및 운임에 대한 부수
채권뿐일 것이다. 해운업의 발달에 따라 선박은 대형화하는 반면, 당해 채권
이 발생된 항해의 운임액수는 경미하고 가변적이며, 당사자의 의사에 의하여
존재가 좌우되기 때문에 선박우선특권의 목적물로서 부적절하다. 선박우선
특권의 목적물로서 운임을 삭제해도 큰 문제는 없으며, 실무상 선박우선특권
을 행사하는 채권자가 운임을 목적물로 기재하는 경우는 많지 않다.

2. 미 국 법

미국법상 선박우선특권은 선박·속구·화물·운임만을 목적으로 할 수
있다. 선박은 "수상교통수단으로 사용되고 있거나 사용될 수 있는 모든 배 또
는 인공적 장치"라고 넓게 정의할 수 있으며,[1] 더 이상 항해에 사용되지 않는
死船은 선박우선특권의 목적물이 될 수 없다. 선박은 선체·기관·속구·부
속물·장비 등으로 구성되는데, 선박에 대한 선박우선특권은 이들 구성요소에
모두 적용된다. 선박의 부속물로서는 어선에 설치된 윈치와 받침대(gallows),
포경선에 설치된 어획물창고, 쇠고기운반선에 설치된 냉장고, 진주채취에 사
용되는 잠수용 방울 및 공기펌프, 유조선의 유류운반용 탱크 등을 들 수 있
다. 따라서 선박우선특권이 발생한 후에 선박소유자가 이 같은 부속물을 선박
으로부터 분리하였다면, 법원은 이를 선박에 반환할 것을 명할 수 있다. 나아
가 선박에 설치된 장비가 선박의 운항에 필수적이라면, 선박과 장비의 소유자
가 상이한 경우에도 그 장비는 선박에 대한 선박우선특권의 목적물이 된다.
예컨대 선박에 대한 선박우선특권의 효력은 선박소유자가 제3자로부터 임대
한 음향측심기(fathometer)와 레이더장치에 미친다. 단, 선박소유자가 특별한 목
적을 위하여 임대하였기 때문에 선박의 일반장비로 볼 수 없는 장비에 대하
여는 선박에 대한 선박우선특권이 미치지 않는다. 또 선급한 운임은 선박의
부속물이 아니므로 선박우선특권의 대상이 아니다.[2]

선박소유자나 운항자(용선자)가 화주에 대하여 가지는 운임청구권에 관하
여는 화물을 선박우선특권의 대상으로 할 수 있다. 즉 선박소유자나 선박운항
자는 화주가 운임 또는 용선료를 지급할 때까지 화물을 유치할 수 있으며, 만

---

1) 1 U.S.C. 제3조; M/V Marifax v. McCrory, 391 F.2d 909(5th Cir. 1986).
2) SchoenbaumP(5th), 693-696쪽.

약 선박소유자나 운항자가 운임을 지급받기 전에 화주에게 화물을 무조건적
으로 인도하였다면 선박우선특권을 포기한 것으로 본다. 그러나 선박소유자
나 운항자가 화물을 창고에 보관하였다면, 이는 화물을 무조건적으로 인도한
것이 아니기 때문에 선박우선특권을 상실하지 않는다. 또 화물운송계약당사
자들은 용선계약이나 선하증권에 선박우선특권에 관한 특별한 규정을 둘 수
있다. 선박우선특권은 용역제공시점 또는 사고발생시점에 발생하며, 당사자간
의 합의에 의하여 창설할 수 없고 공부에 기록될 필요도 없다. 또 선박이 선
의의 제3자에게 양도된 경우에도 선박우선특권은 추급력이 있으며, 선박우선
특권을 가지는 채권자는 선박을 경매하여 우선변제받을 권리를 가진다. 보통
법상의 우선특권은 선박소유자에 대한 대인적 권리인 데 반하여, 선박우선특
권은 선박 등에 대한 대물적 권리이다.[1]

제 5 절   선박우선특권의 순위와 효력

1. 영미법 및 국제조약

선박우선특권의 우선순위문제는 선박담보권의 실행으로 선박을 경매하여
얻은 매각대금으로 채권을 변제하기에 부족할 때, 선박우선특권자·저당권
자·일반채권자 중 누구에게 위 대금을 우선적으로 지급할 것인가 하는 문제
이다. 영미법상 선박우선특권의 순위는 대체로 피담보채권의 종류와 발생시
기에 의하여 결정된다. 즉 예외가 있기는 하지만 선원의 임금채권과 해난구조
료채권을 제외하고는 불법행위에 의한 우선특권이 계약에 의한 우선특권보다
우선하고, 같은 종류의 우선특권 간에는 뒤에 생긴 것이 먼저 생긴 것보다 우
선한다(후발우선주의).[2]

1967년조약은 3종류의 우선특권을 인정한다. 즉 우리 상법상 선박우선특
권에 해당하는 해상(海上)우선특권(동 조약 제5조 제1항), 해상우선특권보다는 열
후하지만 선박의 점유를 조건으로 선박저당권에 우선하는 점유우선특권(동 조

---

1) United States v. Z.P. Chandon, 889 F.2d 233(9th Cir. 1989). SchoenbaumP(5th), 696-698쪽.
2) Gilmore & Black, 앞의 책, 588쪽, 733쪽 이하.

약 제6조 제2항)(우리법의 유치권에 해당) 및 이들보다는 열후하지만 다른 채권에 우선하는 것으로서 체약국이 동 조약 제4조 소정의 해상우선특권의 피담보채권이외의 채권을 담보하기 위하여 자유로이 정할 수 있는 허용우선특권(동 조약 제6조 제1항) 등이다.[1] 우리나라의 선박우선특권에 해당하는 해상우선특권의 순위를 살펴보면 다음과 같다.

첫째, 동 조약 제4조에 규정된 해상우선특권은 기재된 순서에 따라서 우선순위를 가진다(기재순위주의)(동 조약 제5조 제2항 본문). 그러나 해난구조·난파물제거·공동해손분담에 관한 채권을 담보하는 해상우선특권은 이러한 우선특권을 생기게 한 작업이 이루어지기 이전에 선박에 성립되어 있던 다른 모든 우선채권에 우선한다(동항 단서).

둘째, 동 조약 제4조 제1항 1호 내지 4호에 규정된 채권에 관한 우선특권은 그들 상호간에는 동순위가 된다(동 조약 제5조 제3항). 단, 해난구조·난파물제거 및 공동해손분담금에 관한 채권을 담보하는 해상우선특권은 그 피담보채권이 발생한 시기의 역순에 따라서 우선순위를 가진다(후발우선주의)(동 조약 제5조 제4항 본문). 공동해손분담금에 관한 채권은 공동해손이 이루어진 날에 발생한 것으로 보며, 해난구조에 관한 채권은 구조작업이 종료한 날에 발생한 것으로 본다(동 조약 제5조 제4항 단서).

1993년조약상 선박우선특권과 다른 담보권과의 우선순위는 ① 선박우선특권(1993년조약 제4조), ② 유치권(점유우선특권)(동 조약 제7조), ③ 선박저당권(동 조약 제1조, 제2조), ④ 기타 선박우선특권(허용우선특권)(동 조약 제6조)의 순서이므로 1967년조약과 유사하다.

2. 우 리 법

(1) 선박우선특권의 순위

상법은 제782조 내지 제784조 및 제788조에서 선박우선특권 상호간의 순위 및 다른 담보물권과의 순위를 규정한다.

㈎ 동일항해로 인한 선박우선특권이 경합하는 때에는 상법 제777조 제1항 각 호의 순서에 따르므로(기재순위주의)(상 제782조 제1항), 동 순위기재의 선박

---

1) 따라서 1967년조약에 있어서 선박우선특권의 순위는 ① 해상우선특권, ② 점유우선특권, ③ 선박저당권, ④ 허용우선특권의 순서가 된다.

우선특권은 동일순위가 된다. 그러나 해난구조료채권 및 공동해손분담금채권
이 경합하는 때에는 후에 발생한 채권이 전에 발생한 채권에 우선하며, 동일
한 사고로 인한 채권은 동시에 생긴 것으로 본다(동조 제2항). 동일항해라 함은
정기선의 경우는 선적항을 출항하여 선적항에 도착할 때까지를 말하며, 부정
기선의 경우는 하나의 용선계약에 의한 항해가 개시된 때로부터 목적항에서
양하작업이 완료한 때까지를 말한다.[1]

(ㄴ) 수회의 항해에 관한 채권의 우선특권이 경합하는 때에는 후의 항해에
관한 채권이 전의 항해에 관한 채권에 우선한다(상 제783조 제1항). 그 이유는 후
의 항해에 관하여 발생한 채권으로 인하여 전의 항해에 관한 채권이 보존되
어 변제 받을 수 있게 되었기 때문이다. 선박사용인의 고용계약으로 인한 채
권에 기한 우선특권은 최후의 항해에 관한 다른 채권과 동일한 순위로 한다
(동조 제2항).

(ㄷ) 동일순위의 우선특권이 경합하는 때에는 각 채권액의 비율에 따라 변
제한다(채권액비율주의)(상 제784조).

(ㄹ) **선박우선특권과 유치권의 순위**: 선박을 목적으로 하는 유치권이 성립하
여 선박우선특권과 경합하는 경우 유치권자는 목적물에 대하여 우선변제를
받을 권리가 인정되지 않기 때문에 선박우선특권자가 우선한다. 그러나 유치
권자는 자기의 채권의 변제를 받을 때까지 목적물의 점유를 계속하고, 그 반
환을 거부할 수 있다. 따라서 선박우선특권자 또는 선박의 매수인은 유치권자
에게 변제하여야만 유치권을 소멸시킬 수 있으므로, 유치권은 사실상 선박우
선특권에 우선하게 된다.[2] 우리 상법도 1967년조약이나 1993년조약과 같이
선박우선특권과 유치권과의 관계를 명확히 규정할 필요가 있다.

(2) 상법상 선박우선특권의 순위의 조정

상법은 선박우선특권의 순위를 정함에 있어서 1926년조약에 따라 항해단
위로 구분한다(상 제782조, 제783조). 그런데 19세기 말 내지 20세기 초의 항해개
념에 입각한 항해주의(Voyage Rule)는 무엇을 하나의 항해로 정할 것인지 불명
확할 뿐 아니라, 오랜 항해기간 동안에 신용을 부여함으로써 선박소유자와 선
박우선특권자 쌍방을 보호하였던 항해주의가 항해기간의 단축으로 합리적 근

---

1) 배, 402쪽; 최종, 211쪽.
2) 손, 913쪽; 정찬, 979쪽; 최, 971–972쪽; 채, 784쪽.

거를 찾기 힘들게 되었다. 1967년조약·1985년 국제해법회개정초안·1993년 조약도 항해주의를 채택하고 있지 않으므로, 우리 상법도 선박우선특권의 순위에 관해 항해주의를 버리고 1967년조약(제5조)에 따르는 것이 바람직하다.[1]

각국은 전통적으로 선원 등의 임금채권과 공동해손, 해난구조료채권에 높은 순위의 우선특권을 부여한다. 그런데 상법(제777조 제1항)은 이들 채권보다 높은 제1순위로서 채권자의 공동이익을 위한 소송비용, 항해에 관하여 선박에 과한 제세금, 도선료와 예선료, 최후입항 후의 선박과 속구의 보존비와 검사비를 인정한다. 이는 지나치게 많은 채권에 제1순위를 부여하는 것이므로 제1순위로서 선원 등의 임금채권을 규정하고, 제2순위로서 항해에 관하여 선박에 과한 제세금·도선료 및 항만시설에 대한 손해 등의 순서로 우선순위를 인정하는 것이 좋겠다.

(3) 선박우선특권의 효력

상법은 선박우선특권의 효력에 관하여 우선변제권 및 추급권만을 규정하고(상 제777조 제2항, 제785조), 그 외의 일반적 효력에 관하여는 민법의 저당권에 관한 규정을 준용한다.

⑺ **경매청구권**　선박우선특권자는 저당권자와 같이 변제를 받기 위해 선박우선특권의 목적물에 대한 경매를 청구할 수 있다(민 제363조 제1항).[2] 또한 기타 저당권의 효력에 관한 민법 제358조 이하의 규정이 선박우선특권에도 준용된다. 그리고 선박우선특권에 기한 경매절차는 민사집행법에 따른다.

⑻ **우선변제권**　선박우선특권자는 목적물의 매각대금으로부터 다른 채권자보다 자기채권의 우선변제를 받을 수 있다(상 제777조 제2항 전문). 선박저당권자나 질권자보다 우선적 권리이며, 선박우선특권자 상호간에는 선박우선특

1) 정완용, "선박저당권에 관한 연구," 경희대학교 박사학위논문(1988), 113쪽.
2) 실무상 선박수리업자들이 과다한 비용을 선박우선특권채권으로 신고해 경매신청을 하고, 일단 선박을 정박하게 해 운항권을 뺏음으로써 선박소유자를 운항이익이 상실되는 불리한 지위로 떨어뜨리는 예가 많다. 선박우선특권에 의한 경매사건은 일반경매사건과 같이 매각과 배당절차에 따라 채권의 만족을 얻는 경우가 드물고, 채무자의 일방적인 패배로서 합의에 의해 종결되는 것이 대부분이다. 민사집행법상 정박의무로부터의 해방을 통하여 집행법원이 일정한 요건 하에 채무자에 대하여 압류중 선박의 항행을 허가할 수 있는 길은 있으나, 항행허가에는 압류채권자의 동의를 얻게 함으로써 항행허가제도가 유명무실해지고 있다. 이를 해결하기 위해 담보제공을 요건으로 항행을 허가하도록 하고, 불귀항의 경우 손해배상을 명하도록 하자는 의견이 있다. 문종술, "선박우선특권에 있어서의 몇 가지 문제," 부산지방변호사회지(1991), 24-27쪽.

권의 순위에 관한 상법 제782조 내지 제784조에 규정된 우선순위에 의하여 변제를 받는다.

㈐ **추 급 권**   선박우선특권은 선박소유권의 이전으로 인하여 영향을 받지 아니하는바(상 제785조), 이를 선박우선특권의 추급권이라 한다. 영미법상 선박우선특권은 떨쳐 버릴 수 없는 성질을 가지고 있다는 것과 같은 의미이다. 이는 선박우선특권이 해사법원의 대물소송에 의하지 않고는 소멸될 수 없음을 의미하는 것으로서 우선특권의 존재를 몰랐던 선의의 제3자에 대하여도 추급권이 있으며, 파산이나 회사정리에도 영향을 받지 않는다.[1]

제 6 절   선박우선특권의 소멸

선박우선특권은 피담보채권의 소멸, 목적물의 멸실과 같은 민법상 저당권의 일반적 소멸원인에 의하여 소멸하는 외에 상법상의 특별한 소멸원인에 의하여도 소멸된다.

1. 단기소멸기간

선박채권자의 우선특권은 그 채권이 생긴 날부터 1년 내에 실행하지 아니하면 소멸한다(상 제786조). 공시방법도 없이 선박저당권이나 질권에 우선하는 선박우선특권을 오랫동안 존속시키면 선박소유자나 다른 채권자에게 불이익할 뿐 아니라 선박의 담보력을 떨어뜨리며, 선박매매 기타 거래활동을 저해하므로 선박우선특권에 관한 법률관계를 신속히 종결시키기 위함이다. 그 성질은 제척기간이다.[2] 판례는, 선박우선특권이 우리나라에서 실행되는 경우에 실행기간(단기소멸기간)을 포함한 실행방법은 우리 절차법에 의해야 한다고 한다.[3]

---

[1] 파산법 제84조, 회사정리법 제123조 제1항.

[2] 송상현, "선박우선특권의 소멸에 관하여," 민사판례연구 Ⅳ, 1982, 158쪽 이하; 법무부, 상법개정안대비표(보험-해상편)(1989. 10. 17), 137쪽.

[3] 대판 2011. 10. 13. 2009다96625(판례공보(2011. 11. 15), 2323쪽)(원고/피상고인 프론티어쉬핑, 피고/상고인 시브리지 벙커링, 상고기각). 원심 부산고판 2009. 11. 4. 2009나10577: 1) 우리나라의 경우 선박우선특권을 행사하여 우선변제를 받으려면 채권자 스스로 경매신청 하거나 다른 채권자에 의해 개시된 경매절차에서 배당요구를 하는 방법이 있고, 2) 채권

2. 경 매

선박우선특권에 기한 경매가 종료하면 선박 위에 설정되어 있던 모든 선박우선특권이 소멸하는가에 관하여 우리 상법에는 규정이 없다. 그런데 영미법상 선박에 대한 압류·경매는 선박소유자에 대한 대인소송절차 또는 대물소송절차에 의해 실행할 수 있다. 그러나 선박우선특권은 대물소송절차를 수행하는 해사법원에 의해서만 집행될 수 있기 때문에 대물소송절차에 의한 선박경매에 의하여만 선박우선특권이 소멸된다. 이 경우 일단 선박경매를 수반하는 해사법원의 대물소송판결이 내려지면, 모든 선박우선특권에 대한 집행이 이루어져 어느 선박우선특권자가 그 절차에 관여하였는지 여부 또는 그 절차를 알았는지 여부를 불문하고 당해 선박 위에 존재했던 모든 담보물권은 소멸된다. 1967년조약·1985년 국제해법회개정초안·1993년조약도 선박의 경매로 인하여 선박우선특권이 소멸한다고 규정한다(1967년조약, 1985년 국제해법회개정초안 각 제11조 제1항, 1993년조약 제12조 제1항).

상법은 직접적으로 규정을 두지 않았지만, 저당목적물에 관하여 경매가 이루어지면 목적물 위의 저당권은 소멸한다. 즉 저당권자가 직접 그 저당권을 실행하지 않고 목적물에 대한 일반채권자 기타 담보권자가 경매를 신청해 실행된 경우에도 저당권자는 자신의 우선순위에 따라 매각대금으로부터 변제를 받을 수 있을 뿐이고 저당권은 소멸한다(민집 제91조 제2항, 제269조). 상법은 선박우선특권에 대해 민법의 저당권에 관한 규정을 준용하므로 경매가 선박우선특권의 소멸사유에 해당한다고 볼 수 있다. 부산지방법원(1988. 2. 8. 선고 87라253 결정)도 "우선특권 있는 선박채권자가 경매청구권을 행사해 경매절차가 종료된 경우 소유권이전시기인 매각대금 완납시까지 선박 위에 존재했던 모든 우선특권은 소멸한다"고 판시해 이 같은 입장을 취한다.

3. 선박의 멸실

선박우선특권의 목적물인 선박이 완전히 소멸되면 선박우선특권도 멸실

자의 경매신청권은 경매절차개시의 요건으로서 제척기간을 도과한 경매신청은 각하해야 하고, 제척기간을 도과한 배당요구에는 우선변제의 효력이 미치지 않으며, 3) 경매신청권이나 배당요구권한의 행사시기는 집행절차에 관련된 사항으로서 법정지법에 따라야 한다는 점에 비추어, 선박우선특권의 실행기간은 선박우선특권의 실행방법 등 절차에 관한 것이다.

된다. 그러나 선박이 아무런 흔적이나 잔존물을 남기지 않고 완전히 파괴되거나 멸실되는 경우는 드물고 난파물, 보험금청구권, 선박 멸실에 책임 있는 제3자에 대한 손해배상청구권 등이 남는 경우가 대부분이다. 난파물 등 잔존물이 있는 경우에는 잔존물 위에 선박우선특권이 존속하는 반면, 선박에 관하여 발생한 보험금청구권은 상법 제780조가 선박우선특권의 대상으로 하지 않는다. 선박소유자가 과실 있는 제3자에 대해 가지는 손해배상청구권은 선박의 부수채권에 포함되므로 그 위에 선박우선특권이 존속한다.

4. 피담보채권의 소멸

담보물권의 소멸에 관한 부종성에 따라 피담보채권이 시효 · 변제 기타 사유로 소멸하면, 그 위의 선박우선특권도 소멸된다.

5. 선박우선특권의 포기

선박우선특권은 법정담보물권이므로 선박우선특권만의 포기는 인정되지 않고, 피담보채권의 면제 또는 포기에 의하여만 소멸된다. 참고로 영미법에서는 선박우선특권의 포기가 광범위하게 인정된다.

제 7 절   건조 중의 선박에 대한 우선특권

상법 제5편 해상 제1장 해상기업 제5절 선박담보에 관한 규정은 건조 중의 선박에 준용한다(상 제790조). 건조 중의 선박은 법률상 선박이라고 할 수 없지만 등기를 할 수 있고 선박우선특권의 목적물도 될 수 있다. 선박으로서의 경제적 가치도 없고 건조물로서의 물리적 구성도 갖추지 못한 장래물에 불과한 건조 중인 선박에 선박담보권을 인정하는 이유는 선박건조에 막대한 자금과 시일이 소요되므로 선박건조 중 금융의 원활을 기하여 조선을 장려하려는 취지이다. 건조 중의 선박에 상법 제5절의 규정을 준용한다 하더라도 상법 제777조에 제한적으로 열거되어 있는 선박우선특권이 인정되는 피담보채권의 대부분이 완성된 선박을 전제로 하므로, 건조 중의 선박에 대하여서는 선원 그 밖의 선박사용인의 고용계약으로 인한 채권(상 제777조 제1항 2호)에 관하여만 등기할 수 있을 뿐 다른 채권은 사실상 발생할 여지가 없다. 그러므로 본조의 규정은 선박저당권에 관하여 중요한 의의를 가질 뿐 선박우선특권에 관하여 는 큰 실익이 없다.[1]

제 8 절   선박저당권

1. 총   설

(1) 선박저당권의 개념

선박저당권은 채권을 담보하기 위해 등기된 선박을 목적으로 당사자간의 합의에 따라 설정되는 해상법상 특수한 저당권이다. 민법상 저당권은 부동산만을 목적으로 설정되나, 선박은 동산이지만 성질이 부동산과 유사하고 선박 등기부에 의하여 공시가 가능하므로 상법은 등기선박에 한해 저당권을 인정한다. 선박저당권은 ① 채권담보를 위해 당사자의 약정에 의해 성립하는 담보물권인 점, ② 저당권의 목적물인 선박의 점유이전 없이 설정되고, ③ 목적인 선박과 속구에 대하여 우선변제권을 행사할 수 있다는 점에서 민법상 부동산 저당권과 성질이 유사하다.[2] 그러므로 선박저당권의 순위·효력·소멸 등에 관해 민법의 저당권에 관한 규정을 준용한다(상 제787조 제3항).

(2) 성립배경

기원 전 4세기의 그리스법에는 선박소유자가 선박을 담보로 자금을 차용할 경우 항해가 안전하게 완료되었을 경우에만 고리로 채무를 상환하고, 선박 사고로 선박이 난파되는 경우에는 채무가 면제되며, 항해가 안전하게 완료되었음에도 불구하고 채무를 상환하지 않을 경우에는 채권자가 당해 선박을 매각해 우선변제를 받을 수 있는 모험대차가 존재했다. 그 후 대부분의 해운국이 이 제도를 인정하게 되었으나, 선박의 안전한 항해를 조건으로 하였으므로 채권자에게 상당히 불리하였다. 그리하여 선박에 투자한 자의 채권을 좀더 확실하게 담보하기 위하여 선박저당권이 성립하였다.

---

1) 배, 416쪽.
2) 배, 409쪽.

선박은 법률상 동산이므로 본래 저당권의 목적이 될 수는 없고, 질권의 목적이 될 수 있을 뿐이다. 그런데 질권을 설정하면 선박의 점유를 채권자에게 이전하여야 하므로, 선박을 운항할 수 없게 되어 해상기업의 원활한 운영을 위해 부적당할 뿐 아니라 국민경제적 입장에서도 바람직하지 않다. 따라서 선박에 대하여도 점유의 이전을 요하지 않고 계속적으로 선박을 사용·수익하여 기업활동을 할 수 있는 담보방법이 요구되고, 또한 해상기업에 금융을 제공하는 자의 입장에서는 선박을 점유할 필요 없이 투자자금을 안전하게 확보할 수 있는 수단으로서 선박저당권이 고안되었다. 선박저당의 경우 한 곳에 고정되어 있지 아니한 선박을 목적물로 하면서도 그 소유는 채무자에게 남겨 두어 사용·수익하게 함을 본질로 하므로, 등기·등록과 같은 확실한 공시방법을 요구한다. 따라서 우리 상법을 포함한 각국의 해상법은 등기된 선박만이 저당권의 목적으로 될 수 있다고 규정한다.

(3) 각국법의 개요

선박저당권의 생성 및 발전은 19세기 중반에 이르러 선박등기제도의 출현에 의하여 본격화되었다. 선박저당권제도는 각국고유의 물권법제도와 재판절차에 의하여 성립하였으므로 영미법계·독일법계·프랑스법계가 각각 특색을 가진다.

㈎ **미 국 법** 　미국의 선박저당권은 해사법(lex maritima)보다는 영국 보통법과 형평법에 뿌리를 두고 있다. 미국에서는 선박저당권이 해사관할에 속하지 않았으므로 저당권자는 저당권을 실행하기 위해 대물소송이나 대인소송을 활용할 수 없었다. 뿐만 아니라 저당권자의 채권이 해사법원의 관할이 아니었으므로 선박 경매의 경우 저당권자는 모든 해사채권자보다 후순위였고, 선박저당권은 인기 없는 담보수단이었다. 1920년 선박저당권법은 이를 시정하기 위해 선박저당권에 엄격한 형식을 거쳐 우선적 선박저당권(preferred mortgage)으로 등록하게 하고 선박에 대해 우선특권을 설정하게 하였다. 선박저당권은 선박우선특권보다 열후하지만 다른 모든 해사채권에 우선한다. 1920년법은 외국선박에 대한 선박저당권에 대하여는 적용되지 않았으나 1954년에 외국선박도 외국법에 따라 선박저당권이 성립하고 등록되도록 개정했다. 또 1954년 개정법은 선박에 필요한 재화 및 용역 공급자의 선박우선특권이 선박저당권에 우선한다고 규정했다. 1920년법은 1988년 상사증권 및 선박우선특권법으로

개정되어 현대적인 선박금융 실무를 반영했다.[1]

　(내) **영국법**　　영국에서의 선박저당권은 해사법이나 상관습법(lex merca-toria)이 아닌 보통법으로부터 기인하였다. 해사법이나 상관습법에는 모험대차가 존재하였는데, 이는 선박이 멸실된 경우 채무도 소멸하는 점에서 19세기의 대형선박금융의 필요를 충족하기에는 부적절하였으므로 동산에 사용되던 선박저당권이 선박에 대한 담보의 한 형태로 나타났다. 그러나 해사법원은 선박저당권에 대한 관할권이 없었으므로 해사법원의 대물영장(Admiralty writ in rem)과 해사 대인영장(Admiralty writ in personam)은 선박저당권을 실행하는 데 사용될 수 없었다. 선박저당권에 대한 관할은 형평법 법원과 보통법 법원에만 있었기 때문이다. 그런데 1840년 해사법원법(제3조)에 의해 선박저당권에 대한 제한적 관할권이 해사법원에 주어졌고, 이는 1861년 해사법원법에 의해 확장되어 등기된 선박저당권에 관한 모든 채권을 포함하게 되었다. 1981년 대법원법(제20(2)(c)조)은 선박이나 선박의 지분에 대한 저당권이나 청구권에 대하여 해사법원에 완전한 관할권을 부여한다. 따라서 등기된 선박저당권 뿐 아니라 미등기 선박저당권과 외국의 선박저당권에 대하여도 해사법원의 관할이 미친다. 1995년 상선법은 선박저당권에 관한 실체법을 규정하고 있다.[2]

　(다) **프랑스법**　　프랑스에서는 올레론해법 시대부터 모험대차가 존재했으며, 이를 규율하는 규정들은 1681년의 해사칙령 제2편 제5장에서 찾을 수 있는데, 이것은 후에 1807년 상법전 제2편 제9장(제311조 내지 제331조)이 되었다. 상법전 제191조는 선장의 보증을 받고 금전을 대여한 채권자는 제5순위이고 선박소유자에게 직접 대여한 채권자는 제7순위의 지위를 가진다고 규정하며, 선박이 멸실되면 채무와 담보도 소멸된다. 모험대차는 근대적 상업목적에는 불충분한 담보형태였으므로 1874년 12월 10일 법은 선박저당권(maritime hypo-thec)을 창설했고, 1885년 7월 10일 법의 개정을 통해 현대적 선박저당권이 탄생했다. 현재는 1967년 1월 3일 법 제67-5호(제43조 내지 제57조) 및 1967년 10월 27일 법 제67-967호가 선박저당권에 관하여 규정한다.[3]

---

1) Tetley(2d), 495-497쪽.
2) Tetley(2d), 477-479쪽.
3) Tetley(2d), 517쪽.

2. 선박저당권의 목적물

(1) 우 리 법

등기한 선박은 저당권의 목적으로 할 수 있고(상 제787조 제1항), 선박저당권은 그 속구에 미친다(동조 제2항).

㈎ 선   박   상법 제740조는 선박을 "상행위 그 밖의 영리를 목적으로 항해에 사용하는 선박"이라고 정의하기 때문에 선박저당권의 목적물로서의 선박은 상행위 그 밖의 영리를 목적으로 항해에 사용하는 선박으로서 등기된 선박이어야 한다. 따라서 상행위 그 밖의 영리를 목적으로 운항하는 선박이 아니거나 등기할 수 없는 선박, 등기하지 않은 선박은 저당권의 목적이 될 수 없다. 또 선박법 제8조에 의거한 선박등기법 제2조는 "이 법은 총톤수 20톤 이상의 기선과 범선 및 총톤수 100톤 이상의 부선에 대하여 이를 적용한다. 다만, 총톤수 20톤 이상의 부선 중 선박계류용·저장용 등으로 사용하기 위하여 수상에 고정하여 설치하는 부선에 대하여는 적용하지 아니한다"고 규정하므로, 등기할 수 없는 20톤 미만의 소형선박과 총톤수 100톤 미만의 부선 등은 민법의 동산질권 규정에 따라 질권을 설정하거나 선박유치권에 의해 채권의 변제를 확보해야 한다. 등기선박은 질권의 목적으로 하지 못한다(상 제789조). 질권의 목적으로 할 수 있다면 선박의 점유가 질권자에게 이전되어 선박을 이용할 수 없게 되므로, 선박저당제도의 의의를 상실하기 때문이다.

선박저당권에 대하여도 물상대위에 관한 민법규정이 준용되므로 선박저당권자는 선박의 경매 또는 공매대금 위에 물상대위권을 가진다. 선박의 멸실 또는 훼손으로 인해 발생한 채권도 선박의 변형물이므로 물상대위가 인정된다. 물상대위의 범위는 통상 ① 선박이 입은 물적 손해에 의해 선박소유자가 보유하는 손해배상청구권, ② 공동해손분담금 중 선박소유자가 받을 금액, ③ 구조료 중 선박소유자가 받을 금액, ④ 선박보험금 또는 그 청구권이다. 그러나 선박이용의 보수인 운임·용선료·체선료 등에 대하여는 선박저당권의 효력이 미치지 않는다. 선박저당권은 설정자의 선박이용권을 박탈하지 않기 때문이다.[1] 선박관리인인 경우를 제외하고 각 선박공유자는 공유자간에 조합관계가 있는 경우에도 다른 공유자의 승낙 없이 그 지분을 타인에게 양도할 수

---

1) 배, 411쪽.

있으므로(상 제759조), 선박공유지분은 선박관리인의 지분이 아닌 한 각각 저당
권의 목적으로 할 수 있다.[1]

(내) 속   구   선박저당권은 선박의 속구에 미친다(상 제787조 제2항). 속구
란 컴퍼스·해도·닻·닻줄·구명정·레이더 등과 같이 단독물로서도 경제
적 가치가 큰 선박설비에 속하는 물건이다. 속구목록에 기재된 속구는 물론
선박의 종물 아닌 속구에도 저당권의 효력이 미친다. 저당권설정 당시의 속구
는 물론 그 후에 추가된 물건이더라도 저당권실행 당시의 속구에 대하여는
저당권의 효력이 미친다.[2] 다만, 선박소유자의 소유가 아닌 속구는 저당권의
목적이 될 수 없다.

(다) 건조 중의 선박에 대한 저당권   상법상 건조 중의 선박에 대하여도 선
박저당권의 설정이 인정된다(상 제790조).[3] 원래 건조 중의 선박은 아직 미완성
이므로 선박의 소유권보존등기를 할 수 없다. 그리고 선박저당권은 소유자의
존재를 전제로 하는 제한물권이므로 선박저당권을 설정하려면 선박 소유권등
기가 되어 있어야 한다. 이러한 원칙을 따른다면 건조 중의 선박에 대해 선박
저당권을 설정할 수 없다. 그러나 선박건조에는 장기간에 걸쳐 막대한 자금이
소요되므로 각국은 건조 중의 선박을 담보로 금융의 원활화를 위한 법제도를
마련하고 있다. 건조예정의 선박 또는 건조 중의 선박에 대한 소유권 및 저당
권의 등기에 관한 국제적 법률문제를 해결하기 위해 1967년에 '건조 중의 선
박에 대한 제권리의 등기에 관한 조약'[4]이 성립되었다.

(2) 미 국 법

1920년 선박저당권법은 25톤 미만의 소형선박에 대하여는 선박저당권을
설정할 수 없다고 제한했으나 1988년법은 이러한 제한을 두지 않는다. 건조
중의 선박에 대하여는 선박저당권을 설정할 수 없다. 외국선박에 대하여 설정
된 선박저당권도 그 선적국법에 따라 유효하게 설정되고 등기되었다면 미국

---

1) 이영욱, 신해상법(서울: 법문사, 1975), 392쪽; 이완석, 해상·보험법(서울: 세영사, 1987),
   251쪽.
2) 이완석, 앞의 책, 250쪽; 배, 411쪽; 이한무, "건조중인 선박에 관한 몇 가지 법률쟁점의 검
   토," 한국해법학회지 제33권 제2호(2011), 100-101쪽; 홍광식, "선박채권의 담보와 실행,"
   보험·상법에 관한 제문제(상), 재판자료 제52집, 법원행정처, 1991, 706쪽.
3) 김인유, "건조중인 선박에 관한 법률관계," 한국해법학회지 제32권 제1호(2010), 27쪽.
4) Convention Relating to Registration of Rights in Respect of Vessels under Construction,
   Brussels, May 27th, 1967.

법의 적용을 받는다.[1] 미국 내에서 선박에 제공된 필요품비용에 관한 선박우
선특권은 외국선박에 대해 설정된 선박저당권에 우선한다. 우선적 효력을 가
지려면 선박저당권이 선박 전체에 설정되어야 하므로(1988년법 제31322(a)(1)조),
선박의 장비에만 설정된 선박저당권은 우선적 효력을 가지지 못한다. 선박저
당권은 운임에도 미치나 저당권설정 이후 선박에 설치된 장비가 선박의 중요
한 부분이 아니라면, 이에 대하여 우선적 선박저당권이 미치지 않는다. 한편
당해 장비가 선박의 중요한 부분이거나, 당사자들이 저당권설정 이후에 취득
한 재산에 대하여도 선박저당권이 미친다는 것에 합의한 경우에는 장비의 소
유권이 저당권설정자에게 이전된 때에 우선적 선박저당권이 발생한다. 저당
권 설정계약에 규정되어 있는 경우 연료유는 선박저당권의 목적물이 될 수
있으며, 법원의 보관(custodia legis) 기간 동안에 연료유가 공급되었다 하더라도
마찬가지다. 1920년법은 두 척 이상의 선박에 선박저당권을 설정할 수 있도록
허용했으며, 저당권 설정계약이 각 선박에 별도의 피담보채권액을 특정하도
록 했다. 한편 강제집행되는 선박에 대해 저당권 설정계약이 피담보채권액을
특정하지 않은 경우, 법원은 총 채무액을 선박들에 배분할 권한이 있었다. 그
결과 저당권자는 경매 선박의 경매대금 전액을 받지 못하게 되고, 저당권자는
채권을 마저 받기 위해 다른 선박에 대해 경매신청을 해야 했다. 이를 시정하
기 위해 1988년법은 저당권자가 채권의 만족을 얻을 때까지 경매된 선박대금
전액에 대해 권리를 행사할 수 있게 했다.[2]

(3) 영 국 법

선박저당권에는 법률적 선박저당권과 형평법상의 선박저당권이 있다. 법
률적 선박저당권은 1995년 상선법의 다음 요건을 충족해야 한다. 1) 등기된
선박은 채권이나 다른 지급의무를 상환하기 위한 담보가 될 수 있다. 2) 선박
저당권 증서는 등록 요건에 규정된 형식을 구비해야 한다. 3) 등록관청은 선
박저당권을 일정한 형식에 따라 등록해야 한다. 4) 선박저당권은 등록관청에
접수된 순서로 등록해야 한다. 저당권 설정계약에 반대의 약정이 없는 한, 연
료유는 선박저당권의 목적물이 될 수 없다. 연료유는 통상 용선자의 소유이기
때문이다. 용선자가 선박가압류 채권자에 대해 지급의무를 지는 경우에 연료

---

1) 46 U.S.C. 제31301(6)조.
2) Tetley(2d), 498-502쪽.

유도 선박가압류의 대상이 된다.[1]

(4) 프랑스법

1967년법 제43조 내지 제57조가 규정하는 선박저당권은 보통법상 선박저당권과 거의 유사하며 대륙법상 저당권(hypothec)과는 다르다. 예컨대 1967년법(제43조)의 대상이 되는 것은 계약에 의해 성립하는 선박저당권 뿐이다. 따라서 법률 자체에 기인하거나 법원이 부과한 저당권은 선박에 설정할 수 없다. 대륙법에서는 부동산만 저당권의 대상이 된다. 왜냐하면 동산은 없어질 수 있고, 저당권이 설정되었음을 제3자에게 공시하기 힘들기 때문이다. 선박저당권은 건조중의 선박, 선박의 일부, 속구에 대하여도 설정할 수 있다.[2]

3. 선박저당권의 효력 및 순위

(1) 선박저당권의 효력

㈎ **우 리 법**   상법상 선박저당권의 효력에 관하여는 민법이 준용되므로 (상 제787조 제3항), 선박저당권은 경매권 및 우선변제권을 가진다. 즉 선박저당권에 의하여 담보되는 채권의 변제기가 도래하였음에도 채무자가 변제하지 않는 경우, 선박저당권자는 저당목적물인 선박과 속구를 일정한 절차에 따라서 경매·환가하고 그 대금으로부터 다른 채권자에 우선하여 채권의 변제를 받을 수 있다.

㈏ **미 국 법**   저당채무자가 변제의무를 불이행할 경우, 선박저당권자는 대물소송에 의하여 선박에 대한 선박저당권실행의 소(ship mortgage foreclosure action)를 제기할 수 있다. 저당권자가 승소하면 연방지방법원은 저당권이 설정된 선박의 경매를 명하게 된다. 이러한 경매처분은 선박에 대하여 이전에 존재하던 모든 채권을 소멸시키고, 이러한 채권들은 그 우선순위에 따라서 경매대금으로부터 변제받는다. 또한 저당권자는 자신의 손실을 보상받기 위해 선박저당권설정자를 상대로 대인소송을 제기할 수도 있다.[3]

㈐ **영 국 법**   저당권자가 선박의 점유를 취득하기 전에는 저당권설정자는 소유권을 행사할 수 있으며 저당권자의 담보권을 위협하지 않는 범위 내

---

1) Tetley(2d), 479쪽, 487쪽.

3) SchoenbaumP(5th), 718~719쪽.

에서 선박에 관한 모든 계약을 체결할 수 있다. 저당권증서와는 별도로 보통
법상 저당권자는 두 가지 경우에 선박을 점유할 수 있다. 첫 번째는 저당권설
정자가 채권의 원금이나 이자를 상환하지 않는 경우이고, 두 번째는 저당권설
정자가 선박에 선박우선특권을 부여함으로써 저당권을 해치는 경우이다. 선
박의 점유를 취득하려는 저당권자가 제3자의 선박우선특권이나 유치권 행사
를 저지하기 위해 제3자의 채권을 상환하거나 비용을 지출했다면, 저당권자
는 이 금액을 저당권설정자로부터 상환받을 수 있다. 저당권자는 자신이 제3
자의 지위에 설 수 있도록 법원의 허가를 받아야 하며, 법원의 허가를 받은
후 저당권자는 저당권설정자에 대해 제3자의 권리에 대위한다. 선박을 점유
한 선박저당권자는 점유취득 전에 변제기가 도래한 미수운임을 제외한 모든
운임에 대한 권리를 가진다. 또한 등기된 선박저당권자가 선박의 점유권을 취
득하였다면, 선박을 매각할 권리를 가진다. 선박 매각금액이 피담보채권액을
넘을 경우, 저당권자는 후순위권리자와 저당채무자를 위한 법정수탁자(con-
structive trustee)로서 그 잉여금을 보관한다.[1]

(라) **프랑스법**   선박저당권은 서면으로 작성해야 하며, 선적항 또는 건조
중인 장소에 공식적으로 등록되어야 한다. 선박저당권 등록은 10년마다 갱신
되어야 한다. 선박이 멸실되거나 훼손된 경우 선박저당권자는 다음에 대위한
다. ① 선박에 발생한 손해에 관한 선박소유자의 손해배상 청구권, ② 선박소
유자에게 지급해야 할 공동해손분담금 청구권, ③ 저당권 등기이후에 발생한
선박소유자의 해난구조료 청구권, ④ 선박보험금 청구권.[2] 선박소유자 또는
선박소유자가 특별위임한 대리인만이 선박에 저당권을 설정할 수 있다. 건조
중의 선박에 대하여는 원칙적으로 조선업자만 저당권을 설정할 수 있으나, 조
선업자가 특별위임을 한 경우에는 선박소유권 취득 예정자도 저당권을 설정
할 수 있다. 그럼으로써 선박소유권 취득 예정자가 선박금융을 용이하게 할
수 있게 한다. 외국에서 매입했거나 건조한 선박은 저당권이 정식 등록되기
전이라도 명부에 기재(inscribe)만 하면 프랑스에서 저당권 설정을 할 수 있다.
한편 프랑스법에 따른 저당권이 설정된 선박은 외국에서 매각할 수 없다.[3]

---

1) Tetley(2d), 482-486쪽.
2) 1967년법, 제47조.
3) Tetley(2d), 519-520쪽.

(2) 선박저당권의 순위

㈎ **우 리 법**   선박저당권 상호간에는 등기의 전후에 의하여 그 순위를 결정한다(상 제787조 제3항, 민 제370조, 제333조). 선박저당권과 선박우선특권이 경합하는 때에는 선박우선특권이 선박저당권에 우선하며(상 제788조), 선박저당권과 유치권이 경합하는 때에는 선박저당권이 우선한다. 그러나 유치권자는 자신의 피담보채권을 변제받을 때까지 선박을 유치할 수 있으므로 사실상 선박저당권보다 강력한 효력을 가진다. 또한 선박저당권과 선체용선자의 권리 사이에는 등기의 전후에 의하여 순위가 결정된다(상 제849조 제2항).

㈏ **미 국 법**   1988년법에 의하면 우선적 선박저당권은 법원에 의해 허용된 비용 및 수수료, 우선적 선박우선특권보다는 후순위이지만 다른 모든 채권에 우선한다(1988년법 제31326(b)조). 우선적 선박저당권은 주법이 인정한 우선특권 즉 비해사 담보채권에 우선한다. 1936년 상선법 제11편에 따라 보장된 외국선박에 대한 우선적 선박저당권도 비해사 담보채권에 우선한다. 이같이 보장되지 않은 외국선박에 대한 우선적 선박저당권은 미국 내에서 공급된 필요품에 관한 선박우선특권보다 후순위이다. 동일한 선박에 대하여 적법하게 설정된 우선적 선박저당권이 여럿인 경우, 우선적 선박저당권간의 우선순위는 설정순서에 의한다. 1988년법은 선박저당권 증서는 등기 시점이 아니라 법률의 요건에 맞는 접수 시점에 효력이 발생한다고 규정한다(동법 제31321(a)(2)조). 선박저당권이 갱신된 경우 갱신된 선박저당권은 원래의 선박저당권과 동일한 순위를 가진다. 이는 원래의 선박저당권 설정일과 갱신된 선박저당권 설정일 사이에 다른 선박저당권이 설정·등기되거나 미국 필요품 공급자의 선박우선특권이 발생했더라도 마찬가지이다. 단, 갱신된 선박저당권은 갱신 당시의 원래의 선박저당채무 잔액에 대하여만 원래의 선박저당권과 동일한 순위를 가진다. 외국선박에 대한 저당권설정자는 저당권 설정계약서에 선박우선특권 설정금지조항을 기재함으로써 미국 필요품 공급자의 선박우선특권보다 선박저당권이 우선하도록 할 수 없다. 외국선박에 대한 우선적 선박저당권은 다른 해사채권에 우선하며, 비해사저당권과 보통법상의 우선특권은 가장 후순위가 된다.[1]

---

1) Tetley(2d), 513~515쪽.

(다) **영 국 법**   선박저당권은 선박우선특권보다 후순위의 효력을 가진다. 그러나 선박우선특권자가 선박의 자매선에 대해 대물소송을 제기한 경우 선박우선특권자는 대물적 권리만을 가지며 자매선의 저당권자보다 후순위이다. 유치권(possessory lien)도 선박저당권에 우선하므로, 만약 선박수리업자가 선박을 점유하고 있다면 저당권자는 선박수리업자의 채권을 먼저 상환해야만 선박의 점유를 취득할 수 있다. 선박저당권자들 사이에서는 선박저당권의 설정순서가 아니라 등기순서에 의해 우선순위가 정해진다(1995년 상선법, Schedule 1, para. 8(1)). 1순위 선박저당권이 미래에 발생할 대출금을 포함한다고 해도 2순위 선박저당권이 등기된 후에 대출금 채무가 발생한다면, 그 대출금에 대하여는 1순위 선박저당권이 2순위 선박저당권보다 우선하지 않는다. 비록 등기된 선박저당권자가 등기 당시에 형평법상의 저당권이 존재함을 알고 있었다 하더라도 등기되지 않은 선박저당권을 포함한 형평법상의 선박저당권은 등기된 선박저당권보다 후순위이다. 한편 형평법상의 선박저당권자는 선박저당권이 등기된 후 대물소송을 제기한 필요품 공급자에 우선한다. 예컨대 The Zigurds 사건[1]에서 하역업자는 1) 자신이 하역작업을 하지 않았더라면 선박은 운임을 얻지 못했고 따라서 운임이 선박저당권의 목적물이 되지 않았을 것이고, 2) 형평법상 선박소유자가 받을 금액보다 저당권자가 더 많이 받아서는 안 되므로 저당권자는 하역업자가 지출한 비용을 지급해야 한다고 주장하면서 하역업자의 채권이 선박저당권자보다 우선한다고 주장했다. 그러나 법원은 이를 부인하고 저당권자의 우선권을 인정했다. 또 The Pickaninny사건[2]에서 선박대리점과 필요품 공급자는 선박수리비용을 지급하겠다는 보증서를 수리업자에게 교부하고 선박을 수리했다. 그 후 선박저당권자는 선박을 가압류했다. 선박대리점과 필요품 공급자는 선박수리비용을 지출한 것이 저당권자에게 직접 이익이 되었으므로 선박수리비용에 관해 자신들의 채권이 선박저당권에 우선한다고 주장했다. 그러나 법원은 선박대리점과 필요품 공급자가 보증서를 제공한 사실을 저당권자가 알았음이 입증되지 않았다고 하면서 선박저당권자에게 우선권을 부여했다.[3]

(라) **프랑스법**   1967년법상 선박저당권의 순위는 1926년조약(제3조)와 동일

---

1) (1932) 43 Ll.L.Rep. 387.
2) (1960) 1 Lloyd's Rep. 533.
3) Tetley(2d), 487-489쪽.

하다. 1967년법 제32조는 동법 제31조에 열거된 선박우선특권이 선박저당권
명부 기재일에 관계 없이 모든 선박저당권에 우선한다고 규정한다. 동일한 선
박에 대한 선박저당권 상호간에는 명부 기재 순서에 따르며(1967년법 제51조),[1]
국내법에 의한 다른 특권들은 선박저당권보다 후순위이다(동법 제33조). 선박저
당권이 등기되면 저당권자가 저당권설정자에게 대여한 원금과 그 해 및 최근
2년간 발생한 이자를 담보한다.[2]

4. 선박저당권제도의 과제

선박저당권제도는 해사채권자의 이익을 특별히 보호하고자 민법상의 일
반 담보권자에 비하여 강력한 효력을 부여함에도 불구하고 해사채권자의 입
장에서는 민법상의 부동산저당권제도에 비해 유리하지 않다. 왜냐하면 선박
저당권은 담보의 목적물인 선박이 해상위험으로 인하여 멸실할 위험이 높고,
항해를 거듭할수록 감가상각에 따른 재산가격의 감소가 따르기 때문에 채권
자의 이익보호에 충분하지 않기 때문이다. 따라서 현재 선박저당권제도는 충
분히 이용되지 못하고 있으므로, 해상기업에 대한 투자를 촉진함으로써 해상
기업의 발전을 도모하려면 선박우선특권의 범위를 합리적으로 축소하여 선박
저당권을 강화할 필요가 있다.

제 9 절 선박담보권의 실행

1. 총   설

(1) 적 용 법

선박담보권의 실행이란 채권자가 담보목적물인 선박을 환가한 대가로부
터 피담보채권의 변제를 받는 것이다. 선박강제집행과 선박담보권의 실행은
민사집행법의 절차에 따른다.

---

1) 그러나 만약 동일한 선박에 대한 여러 선박저당권이 같은 날 명부에 기재되었으면 우선순
   위를 같이 한다(1967년법 제51(2)조).
2) Tetley(2d), 520-521쪽.

(2) 선박담보권 실행절차

민사집행법은 선박강제집행절차는 제2편 제2장 제3절에, 선박담보권 실행절차는 제3편에 규정한다. 다만, 선박담보권 실행절차는 선박강제집행절차를 대부분 준용하고 있어(민집 제296조, 제172조 내지 제186조) 절차에 큰 차이는 없다. 민사집행법은 담보권 실행개시의 요건으로서 집행명의를 요구하고, 그 이후의 절차도 가능한 한 강제집행절차와 동일하게 하였다. 또 담보권이 있다는 것을 증명하는 서류를 내야 경매를 개시하도록 하여(민집 제264조) 무권리자 또는 흠이 있는 담보권에 기한 경매를 방지하고, 채무자 및 소유자에게 실체상의 이유에 기한 이의를 할 수 있도록 한다(민집 제265조). 그리고 동법은 경매절차의 정지 및 집행처분의 취소제도를 정비하여 경매에 의하여 소유권을 상실하게 되는 자를 위한 경매절차상의 보장을 하고, 그럼에도 불구하고 경매에 의하여 권리를 상실한 자가 불복을 신청하지 않은 경우 매수인을 보호할 수 있도록 경매에 공신적 효과를 부여하였다.

(3) 선박경매 집행대상으로서의 선박

(가) **등기할 수 있는 선박**　　　민사집행법의 선박에 대한 강제집행규정은 등기할 수 있는 선박에 적용된다(민집 제172조 본문). 선박법은 한국선박의 소유자는 선박의 등기를 한 후 선적항을 관할하는 지방해양수산청장에게 당해 선박의 등록 신청을 하도록 한다(선 제8조 제1항). 다만 군함, 경찰용 선박(선 제26조 1호), 총톤수 5톤 미만인 범선 중 기관을 설치하지 아니한 범선(동조 2호), 총톤수 20톤 미만인 부선(동조 3호), 총톤수 20톤 이상인 부선 중 선박계류용·저장용 등으로 사용하기 위하여 수상에 고정하여 설치하는 부선(동조 4호), 노와 상앗대만으로 운전하는 선박(동조 5호)에 대하여는 위 제8조의 규정을 적용하지 아니한다. 등기할 수 있는 선박은 등기가 되어 있지 않더라도 선박집행의 대상이 된다. 이러한 경우에는 미등기부동산에 대하여 처분제한의 등기를 하는 경우와 같이 미등기선박소유권의 경매개시결정의 등기의 촉탁에 의하여 등기 공무원이 선박소유권보존등기를 하는 방법이 있으므로, 집행법원은 등기의 촉탁을 하여야 할 것이다. 실무에서는 채권자대위에 의하여 등기를 하고, 경매신청을 하는 것이 보통이다.[1]

---

1) 이상원, "선박에 대한 강제집행에 관한 실무상 문제점," 재판자료 제36집(서울: 법원행정처,

(나) **외국선박**　　민사집행법은 외국선박에 대한 강제집행에는 등기부에 기입할 절차에 관한 규정을 적용하지 아니한다고 규정하여(민집 제186조) 외국선박에 대하여 당연히 강제집행을 할 수 있는 것으로 한다. 그런데 국내선박의 경우, 등기할 수 있는 선박인지 여부에 따라 민사집행법의 적용 여부가 결정되는 것에 비추어 외국선박도 그 선적국에서 등기할 수 있는지 여부에 따라 그 취급을 달리하여야 한다는 견해가 있을 수 있다. 그러나 등기할 수 있는지 여부는 절차법적 문제일 뿐 아니라 국내에서 외국선박의 등기 여부를 조사할 방법이 없기 때문에 외국선박에 대하여도 한국선박의 경우와 같이 군함, 경찰용 선박 등에 대하여는 민사집행법상의 선박집행 규정을 적용하지 않는 것이 타당하다.[1]

(다) **건조 중의 선박**　　건조 중의 선박에 대해 특별히 등기를 인정하고 선박우선특권과 선박저당권 규정을 준용한다(상 제790조). 민사집행법상 강제집행의 대상인 선박은 등기할 수 있는 선박인데, 건조 중의 선박은 선박이 아니므로 동산집행의 방법에 따라야 한다는 견해[2]와 건조 중의 선박도 선박과 같이 저당권의 목적으로 되고 저당권은 등기에 의해 공시되어 선박과 마찬가지로 권리관계가 복잡하게 되므로 선박집행의 특칙을 적용하여야 한다는 견해[3]가 대립한다. 선박집행의 대상을 등기할 수 있는 선박으로 한정하고 선박집행의 기본적 절차로서 선박국적증서 등의 제출을 규정한 취지 등에 비추어 소유권보존등기 및 압류의 등기를 할 수 없으며 선박국적증서도 발행되지 아니한(선 제8조) 건조 중의 선박은 유체동산집행절차에 의한다는 제1설에 찬성한다.

(4) 관할법원

선박에 대한 강제집행은 압류 당시에 그 선박이 있는 곳을 관할하는 지방법원을 집행법원으로 한다(민집 제173조). '압류 당시'를 언제로 보느냐에 관하여는 ① 경매신청시에 선박이 법원의 관할에 소재하면 된다는 경매신청시설, ② 경매개시결정시에 선박이 법원의 관할 내에 소재하여야 한다는 경매개시결정시설, ③ 경매개시결정이 송달된 시점과 선박의 감수·보존처분이 집행

1987. 7), 199쪽.
1) 권오곤, "외국선박집행상의 몇 가지 문제점," 재판자료 제34집(서울: 법원행정처, 1986. 12), 628쪽.
2) 박두환, 신강제집행법(서울: 고시계, 1991), 375-376쪽.
3) 권오곤, 앞의 글, 628쪽.

된 시점 중 빠른 때가 기준시가 된다는 압류의 효력발생시설 등이 있다.[1] 이중 경매개시결정시설이 통설이다.[2]

통설에 의하면 집행법원의 관할의 항정이란 면에서 보면 제1설도 일리가 있으나 선박은 집행절차 중에는 압류한 장소에 정박시켜야 하는 점에 비추어 볼 때 제1설에 의하면 경매신청 당시에는 선박이 있었으나, 그 후 출항한 경우에도 관할권이 있는 것으로 되어 경매절차의 취소를 할 수 없다는 불합리한 결과가 된다는 것이다. 또 제3설에 의하면 압류의 효력발생 여부는 절차개시 이후의 문제로서 효력발생시를 기준하여 관할권을 논하는 것은 신청인과 집행법원에게 불안정하여 불합리하다고 한다.[3] 한편 제3설인 압류의 효력발생시설에 의하면 민사집행법 제180조는 압류 당시 선박이 그 법원의 관할안에 없었음이 판명된 때에는 그 절차를 취소하여야 한다고 규정하는바, 위 조문의 '압류 당시'는 법원이 선박소재 여부를 판단하기 곤란한 경매개시결정시라고 하기 보다는 압류의 효력발생시라고 함이 합리적이고, 제180조의 '압류 당시'와 제173조의 '압류 당시'를 다르게 해석할 이유가 없으며, 더구나 극히 단시간 정박하는 선박의 경우에는 그 선박이 입항하기 전까지 경매신청이나 개시결정을 할 수 없어 채권자에게 지나치게 불리하다.[4] 제3설에 찬성한다.

압류된 선박이 관할구역 밖으로 떠난 때에는 집행법원은 선박이 있는 곳을 관할하는 법원으로 사건을 이송할 수 있다(민집 제182조 제1항). 이 이송결정에는 불복할 수 없다(동조 제2항).

2. 선박경매신청 전의 보전처분

선박에 대한 집행의 신청전에 선박국적증서 등을 받지 아니하면 집행이 매우 곤란하게 될 염려가 있는 경우에는 선적이 있는 곳을 관할하는 지방법원(선적이 없는 때에는 대법원규칙이 정하는 법원)은 신청에 따라 채무자에게 선박국적증서등을 집행관에게 인도하도록 명할 수 있고, 급박한 경우에는 선박이 있는 곳을 관할하는 지방법원도 이 명령을 할 수 있다(민집 제175조 제1항). 선박의

---

1) 박두환, 앞의 책, 377쪽; 권오곤, 앞의 글, 635-636쪽; 배병일, "선박의 강제집행," 한국해법회지 제16권 제1호(1994), 216쪽.

2) 이상원, 앞의 글, 503쪽.

3) 이상원, 앞의 글, 503쪽.

4) 권오곤, 앞의 글, 635-636쪽.

선적·양륙 작업이 입항 후 극히 단시일 내에 이루어져 선박이 즉시 출항하는 경우가 많고, 그러한 기간 동안 경매신청을 하여 경매개시결정을 얻은 후 선박국적증서등을 인도받는 것이 곤란한 경우가 많으므로 선박에 대한 집행의 신청 전이라도 채무자로부터 선박국적증서등을 인도받을 수 있는 보전처분을 규정한 것이다.

집행관은 선박국적증서등을 인도받은 날로부터 5일 이내에 채권자로부터 선박집행을 신청하였음을 증명하는 문서를 제출받지 못한 때에는 그 선박국적증서등을 돌려 주어야 한다(동조 제2항). 선박국적증서 인도명령에 대하여는 즉시항고할 수 있고(동조 제3항), 동 명령신청을 배척한 재판에 대하여는 항고할 수 있다(민소 제439조). 위 인도명령은 그 선고나 송달일부터 2주를 넘긴 때에는 집행하지 못한다(민집 제175조 제4항, 제292조 제2항). 동 명령은 이를 채무자에게 송달하기 전에도 집행할 수 있다(민집 제175조 제4항, 제292조 제3항).

3. 선박경매의 신청과 선박경매개시결정

(1) 선박경매의 신청

⑺ **경매개시문서의 제출**　　선박경매는 신청채권자가 담보권이 있다는 것을 증명하는 서류를 내야 개시된다(민집 제264조 제1항, 제269조). 강제경매신청을 할 때에는 ① 채무자가 소유자인 경우에는 소유자로서 선박을 점유하고 있다는 것을, 선장인 경우에는 선장으로서 선박을 지휘하고 있다는 것을 소명할 수 있는 증서, ② 선박에 관한 등기사항을 포함한 등기부의 등본 또는 초본을 내야 한다(민집 제177조 제1항). 채권자는 공적 장부를 주관하는 공공기관이 멀리 떨어진 곳에 있는 때에는 등기부 초본 또는 등본을 보내주도록 법원에 신청할 수 있다(동조 제2항). 신청채권자가 담보권을 승계한 경우에는 승계를 증명하는 서류를 내야 한다(민집 제264조 제2항). 승계를 증명하는 서류는 승계가 상속 기타 일반승계인 경우는 사문서도 가능하나, 특정 승계인 경우는 판결의 등본이나 기타 공문서에 의하여야 할 것이다.[1]

집행법원은 서류가 제출되면 실체적 권리의 유무를 심사하지 않고 경매개시결정을 하여야 한다. 그러므로 선박우선특권에 기하여 선박경매를 신청한 경우에도 신청채권자가 그 우선특권을 증명하는 문서를 제출한 경우에는

---

1) 홍광식, 앞의 글, 716쪽.

경매를 개시하여야 한다. 신청채권자는 계약서·납품서·관계자의 보고서 등
담보권이 있음을 추정할 수 있는 서류를 제출하면 족하지만, 집행법원은 일정
한 공시방법 없이 경매권이 인정되는 선박우선특권의 특성상 담보권이 있는
지 실질적으로 판단하는 것이 바람직하다.[1]

　　(나) 경매신청서의 기재사항　　강제경매신청서에는 ① 채권자·채무자와 법
원의 표시, ② 선박의 표시, ③ 경매의 이유가 된 일정한 채권과 집행할 수 있
는 일정한 집행권원(민집 제80조), 선박의 정박항 및 선장의 이름과 현재지를 적
어야 한다(민집규 제95조 제1항).

(2) 선박경매개시결정

　　요건을 충족한 적법한 경매신청이 있으면 집행법원이 선박경매 개시결정
을 함으로써 선박경매절차가 개시된다. 선박경매개시결정은 원칙적으로 부동
산강제경매개시 결정에 준한다(민집 제172조 본문). 압류는 선박에 대한 채무자
의 관리·이용에 영향을 미치지 아니한다(민집 제83조 제2항). 경매절차를 개시
하는 결정을 한 뒤에는 법원은 직권으로 또는 이해관계인의 신청에 따라 선
박에 대한 침해행위를 방지하기 위하여 필요한 조치를 할 수 있다(동조 제3항).
압류는 채무자에게 경매개시결정이 송달된 때 또는 민사집행법 제94조에 따
른 경매개시결정의 등기가 된 때에 효력이 생긴다(동조 제4항). 강제경매신청을
기각하거나 각하하는 재판에 대하여는 즉시항고를 할 수 있다(동조 제5항).

　　압류의 효력은 경매개시결정의 송달, 압류의 기입등기시에 생기고, 집행
관이 선박국적증서등을 받은 때에는 경매개시결정의 송달 또는 그 등기 전에
생기며(민집규 제96조), 감수·보존처분이 있는 경우에는 경매개시결정이 송달
되기 전에도 효력이 생긴다(민집 제178조 제2항). 선적항 외에서는 채무자의 법정
대리인인 선장에게 경매개시결정을 송달해도 무방하다(상 제749조 제1항).

4. 경매개시결정의 부수절차

(1) 정박명령

　　선박은 집행절차 중 압류 당시의 장소에 계속 머무르도록 하여야 하므로
(민집 제176조 제1항), 법원은 경매개시결정과 동시에 또는 그 후에 정박명령을
하여야 한다. 압류된 선박이 출항하면 집행이 불가능해질 우려가 있으므로 압

---

1) 홍광식, 앞의 글, 716쪽.

류된 선박을 확보하고, 항행으로 인한 손상을 방지하며, 경매신청인에게 실물을 볼 기회를 주기 위해 압류된 선박의 정박을 명하는 것이다. 정박명령의 성질에 관하여, 정박명령은 선박의 정박의무를 확인적으로 선언하는 것에 불과하고 정박명령이 독립한 채무명의가 될 수 없다는 설[1]과 정박명령을 집행관에 대한 직무명령으로 보아 채권자는 정박명령정본을 발부받아 집행관에 대해 정박을 위한 집행의 신청을 할 수 있다는 설이 있다.[2] 적극적인 집행처분으로서의 감수보존명령이 있으므로, 정박명령은 그러한 집행까지는 예정하지 않는 것으로 보인다. 따라서 정박명령을 채무명의나 집행처분으로 보기는 어려울 것이므로 제1설에 찬동한다.

정박명령의 효력은 채무자에 대한 압류의 효력이 발생한 때부터 소멸에 이르기까지, 즉 매수인이 대금을 완납하고 법원이 압류의 등기를 말소하는 등 환가절차가 종료할 때까지 존속한다. 그러나 정박명령은 채무자가 선박을 출항시키는 것을 금하는 데 그치므로 채무자나 가족들이 선박을 점유하는 것은 무방하다.[3] 채무자가 정박의무에 위반하여 출항하고 귀항하지 않으면, 목적물 멸실의 경우에 준해 경매절차를 취소하게 된다(민집 제172조, 제96조).

(2) 선박국적증서등의 제출

법원은 경매개시결정을 한 때에는 집행관에게 선박국적증서 그 밖에 선박운행에 필요한 문서를 선장으로부터 받아 법원에 제출하도록 명하여야 한다(민집 제174조 제1항). 경매개시결정이 있은 날부터 2월이 지나기까지 집행관이 선박국적증서등을 넘겨받지 못하고, 선박이 있는 곳이 분명하지 아니한 때에는 법원은 강제경매절차를 취소할 수 있다(민집 제183조). 선박운행에 필요한 문서는 선박이 항행하기 위하여 법률상 구비하여 선내에 비치 또는 제시해야 하는 문서이다. ① 임시선박국적증서(선 제9조), ② 선원명부, 항해일지, 화물에 관한 서류(선원법 제20조 제1항), ③ 선박검사증서(선박안전법 제8조 제2항), 임시항해검사증서(동법 제11조 제2항) 등을 의미한다.

---

1) 남기정, 실무강제집행(서울: 법률문화원, 1999), 367쪽.
2) 법원행정처, 법원실무제요 강제집행(하)(서울: 법원행정처, 1993), 26쪽.
3) 이상원, 앞의 글, 511쪽.

(3) 감수·보존 처분

선박압류 또는 정박명령의 효력은 선박을 압류항에 머무르게 할 의무를 확인할 뿐 강제력이 없고 선박국적증서등을 제출받았다 하더라도 여전히 선체는 채무자가 점유하므로, 선박의 감수(선체·속구의 장소적 변동을 감시·방지) 또는 보존(선체·속구의 가치변동을 방지)을 할 필요가 있다.

법원은 채권자의 신청에 따라 선박을 감수하고 보존하기 위하여 필요한 처분을 할 수 있는데(민집 제178조 제1항), 이를 감수·보존 처분이라 한다. 감수·보존 처분 신청은 경매개시결정 전에도 할 수 있고(민집규 제102조), 매각결정 확정시까지 할 수 있다.[1] 법원이 감수 또는 보존처분을 하는 때에는 집행관, 그 밖에 적당하다고 인정되는 사람을 감수인 또는 보존인으로 정하고, 감수 또는 보존을 명하여야 한다(민집규 제103조 제1항). 감수처분과 보존처분은 따로 할 수도 있고 중복하여 할 수도 있다(동조 제4항). 감수인은 선박을 점유하고, 선박이나 그 속구의 이동을 방지하기 위하여 필요한 조치를 취할 수 있다(동조 제2항). 보존인은 선박이나 그 속구의 효용 또는 가치의 변동을 방지하기 위하여 필요한 조치를 취할 수 있다(동조 제3항). 감수·보존 처분을 한 때에는 경매개시결정이 송달되기 전에도 압류의 효력이 생긴다(민집 제178조 제2항).

5. 선박압류의 해제

(1) 서   설

민사집행법은 선박경매의 특수성을 감안하여 일반적인 집행처분의 취소 외에 압류의 해제방법으로서 보증의 제공에 의한 경매절차의 취소 및 항행허가제도를 두고 있다. 민사집행법은 무효인 담보권에 기한 경매개시결정이 되지 않도록 배려한다(민집 제264조). 그러나 경매개시결정은 채무자에게 변명할 기회를 주지 않고 채권자의 신청에 의하여 내려지므로, 경매개시의 원인인 채권의 존재와 효력에 관하여 다툼이 있는 경우가 많다. 특히 선박우선특권은 공시방법이 없기 때문에 채권의 존재 및 범위가 불분명하여 채권자들의 횡포가 심한바, 허위의 채권이나 실제보다 많은 액수의 채권으로 경매를 신청하여 선박소유자의 운항권을 빼앗아 선박소유자를 불리한 지위로 전락시키는 경우

---

1) 남기정, 앞의 책, 369쪽.

가 있다. 선박은 항행함으로써 수익을 얻는데, 압류되어 선박의 출항이 금지
되면 채무자 또는 소유자의 손실은 치명적이므로 일정한 요건 하에 선박의
압류를 해제하여 선박소유자의 항행권을 회복시키는 제도가 필요하다.

(2) 운행허가

법원은 영업상의 필요, 그 밖에 상당한 이유가 있다고 인정할 경우에는
채무자의 신청에 따라 선박의 운행을 허가할 수 있다(민집 제176조 제2항 전문).
이 경우 채권자·최고가매수신고인·차순위매수신고인 및 매수인의 동의가
있어야 한다(동항 후문). 법원은 운행허가 결정을 하면서 운행의 목적·기간 및
수역 등에 관하여 적당한 제한을 붙일 수 있다(민집규 제100조 제1항). 운행허가
결정은 채권자·채무자·최고가매수신고인·차순위매수신고인 및 매수인에
게도 고지하여야 한다(동조 제2항). 선박운행허가결정에 대하여는 즉시항고할
수 있고(민집 제176조 제3항), 선박운행허가결정은 확정되어야 효력이 생긴다(동조
제4항).

(3) 보증의 제공에 의한 경매절차의 취소

㈎ 개   요   채무자가 선박집행의 일시정지에 관한 문서(민집 제49조 제2호
또는 제4호)를 제출하고 압류채권자 및 배당을 요구한 채권자의 채권과 집행비
용에 해당하는 보증을 매수신고전에 제공한 때에는 법원은 배당절차 외의 절
차를 취소하여야 한다(민집 제181조 제1항). 보증의 제공에 의한 압류의 취소에
의하여 집행의 목적을 선박으로부터 채무자가 제공한 보증으로 이행함으로써
압류채권자 및 배당요구채권자는 배당받을 권리를 유지하고, 채무자는 압류
를 해제하여 선박을 출항시킬 수 있다.

㈏ 요   건

1) 채무자가 민사집행법 제49조 제2호 또는 제4호의 서류를 제출할 것   강
제집행의 일시정지를 명한 취지를 적은 재판의 정본(민집 제49조 제2호) 또는 집
행할 판결이 있은 뒤에 채권자가 변제를 받았거나 의무이행을 미루도록 승낙
한 취지를 적은 증서(동조 제4호)가 제출된 경우에 강제집행은 정지하거나 제한
하여야 한다(동조 본문). 강제집행의 일시정지를 명하는 재판은 종국적인 정지
를 얻기까지의 응급처분으로서 민사소송법 제448조, 제500조, 제501조, 민사
집행법 제34조 제2항, 제46조 제2항, 제47조, 제48조, 제196조 제3항 등의 가

처분이 이에 해당된다. 실무상으로는 선박우선특권 있는 채무부존재확인의 소를 제기하여 민사집행법 제46조의 가처분을 받거나, 경매개시결정에 대한 이의신청에 부가하여 동법 제34조 제2항의 가처분(민집 제83조 제3항)을 신청하여 경매절차의 일시정지를 명하는 가처분을 받게 된다. 동조 제4호의 서류는 채무명의가 성립한 이후에 변제 또는 변제의 유예가 있는 경우, 그것에 의하여 채권자가 강제집행을 취하할 것이 예상되므로 채무자를 보호하기 위하여 집행을 정지하는 것이다.[1]

2) 보증의 제공　　채무자가 압류채권자 및 배당을 요구한 채권자의 채권과 집행비용에 상당한 금액을 공탁하여야 한다. 배당을 요구한 채권자는 보증의 제공시까지 배당요구를 한 채권자를 말한다. 압류된 선박에 대한 경매절차가 개시되어 경매기일이 열려 매수신청을 하는 경우, 매수신청인의 권리 내지 기대적 이익을 무시하고 경매절차를 취소할 수 없으므로 위 보증은 매수신고 이전에 법원에 제출되어야 한다.

㈐ 경매절차취소결정　　민사집행법 제49조 제2호 내지 제4호의 서류를 제출하고 일정한 금액을 공탁한 때에는 법원은 신청에 따라 배당절차 외의 절차를 취소하여야 한다(민집 제181조 제1항). 재판의 형식은 결정이며, 위 신청을 기각한 재판에 대하여는 즉시항고할 수 있다(동조 제3항). 위 경매취소결정은 즉시항고에도 불구하고 확정을 기다리지 않고 당사자에게 고지함으로써 즉시 효력이 생긴다(동조 제4항). 따라서 압류채권자와 배당을 요구한 채권자가 불복하더라도 선박은 출항할 수 있다.

㈑ 경매절차취소 이후의 조치

1) 배당 등의 실시　　집행정지가 효력을 잃은 때에는 법원은 공탁한 보증금을 배당하여야 한다(동조 제2항). 보증은 압류채권자 및 배당을 요구한 채권자를 위하여 제공된 것이므로, 배당을 요구할 수 있는 채권자도 압류채권자 및 배당을 요구한 채권자에 한정된다.

2) 보증의 취소　　채무자가 보증의 제공에 의하여 경매절차취소의 결정을 얻은 후 채무부존재확인의 소, 경매개시결정에 대한 이의, 청구이의의 소 등에서 승소하여 선박집행의 전부 또는 일부의 집행불허의 판결을 얻은 때에는 보증은 효력을 상실하고, 보증을 제공한 채무자는 보증의 전부 또는 일부

---

1) 정병석, "선박경매와 관련된 제문제," 인권과 정의 제196호(1992. 12), 75쪽.

의 취소결정을 받아 반환을 청구할 수 있다.[1]

6. 환가준비절차

(1) 준   용

현황조사(민집 제85조), 경매개시결정의 등기(민집 제94조, 제95조), 배당요구의 종기결정 및 공고(민집 제84조), 최저매각가격의 결정(민집 제97조), 매각기일과 매각결정기일 등의 지정(민집 제104조), 매각물건명세서(민집 제105조) 등은 부동 산강제경매의 경우에 준한다(민집 제172조 본문).

(2) 특   칙

매각기일의 공고에는 선박의 표시와 그 정박한 장소를 적어야 한다(민집 제184조). 법원은 매각기일(기간입찰의 방법으로 진행하는 경우에는 입찰기간의 개시일)의 2주 전까지 민사집행법 제106조에 규정된 사항과 민사집행규칙에서 정한 일 정한 사항을 공고하여야 한다(민집 제106조, 제172조, 민집규 제56조).

7. 환가절차

다음의 절차 이외에는 모두 부동산강제경매에 있어서의 환가절차에 준한 다(민집 제172조 본문).

(1) 선박지분에 대한 강제집행

채권자가 선박지분에 대한 강제집행을 하려면 그 밖의 재산권에 대한 집 행신청의 예에 의하되(민집 제251조), 채무자가 선박의 지분을 소유하고 있다는 사실을 증명할 수 있는 선박등기부의 등본이나 그 밖의 증명서를 내야 한다 (민집 제185조 제2항). 압류명령은 채무자 외에 선박관리인에게도 송달하여야 한 다(동조 제3항). 압류명령을 선박관리자에게 송달하면 채무자에게 송달된 것과 같은 효력을 가진다(동조 제4항).

(2) 선장에 대한 판결의 집행

선장에 대한 판결로 선박채권자를 위하여 선박을 압류하면 그 압류는 소 유자에 대하여도 효력이 미친다(민집 제179조 제1항 전문). 이 경우 선박소유자도

---

1) 정병석, 앞의 글, 77쪽.

이해관계인으로 본다(동항 후문). 압류한 뒤에 소유자나 선장이 바뀌더라도 집행절차에는 영향을 미치지 아니한다(동조 제2항). 압류한 뒤에 선장이 바뀐 때에는 바뀐 선장만이 이해관계인이 된다(동조 제3항).

8. 배당 · 이전등기 · 선박인도

배당절차, 대금지급 후 이전등기, 선박인도 등은 부동산강제경매의 경우에 준한다(민집 제172조 본문). 매각대금이 지급되면 법원은 배당절차를 밟아야 한다(민집 제145조 제1항). 매각대금으로 배당에 참가한 모든 채권자를 만족하게 할 수 없는 때에는 법원은 민법 · 상법, 그 밖의 법률에 의한 우선순위에 따라 배당하여야 한다(동조 제2항). 경매개시결정에 따른 압류의 효력이 생긴 때에는 집행법원은 절차에 필요한 기간을 감안하여 배당요구를 할 수 있는 종기를 첫 매각기일 이전으로 정한다(민집 제84조 제1항). 집행력 있는 정본을 가진 채권자, 경매개시결정이 등기된 뒤에 가압류를 한 채권자, 민법 · 상법, 그 밖의 법률에 의하여 우선변제청구권이 있는 채권자는 배당요구를 할 수 있다(민집 제88조 제1항). 매각허가결정이 확정되면 법원은 대금의 지급기한을 정하고, 이를 매수인과 차순위매수신고인에게 통지하여야 한다(민집 제142조 제1항). 매수인이 매각대금을 지급하면 법원은 배당에 관한 진술 및 배당을 실시할 기일을 정하고 이해관계인과 배당을 요구한 채권자에게 이를 통지하여야 한다(민집 제146조 본문). 법원은 채권자와 채무자에게 보여 주기 위하여 배당기일의 3일전에 배당표원안을 작성하여 법원에 비치하여야 한다(민집 제149조 제1항). 채무자 또는 채권자는 채권 또는 채권의 순위에 대하여 이의할 수 있다(민집 제151조). 법원은 매수인이 대금을 낸 뒤 6월 이내에 신청하면 채무자 · 소유자 또는 선박점유자에 대하여 선박을 매수인에게 인도하도록 명할 수 있다(민집 제136조 제1항 본문). 다만 점유자가 매수인에게 대항할 수 있는 권원에 의하여 점유하고 있는 것으로 인정되는 경우에는 그러하지 아니하다(동항 단서).

플로팅 데크 위에서 유조선을 건조하고 있었는데, 플로팅 데크는 경매에 의해 A에게 소유권이 이전되었고 건조 중인 유조선은 별도의 경매에 의해 B에게 소유권이 이전되었다. B는 A에게 플로팅 데크를 침수시켜 유조선을 바다에 진수하는 방법(침수식)으로 인도해줄 것을 요청했다. A는 이를 거부하며 유조선을 해상크레인으로 인양하는 방식(선체인양식)으로 가져갈 것을 요구하면서, B가 이에 응하지 않은 결과 유조선이 데크에 남아있는 동안의 도크사용료를 지급할 것을 요구했다. 부산고법은 1) 건조 중인 유조선이 적재된 상태에서 도크를 바다에 침수하는 방법으로 선박과 도크를 분리하는 것이 플로팅 데크 본래의 기능이고, 2) 선체인양식으로 유조선을 분리하는데 3억 5천만원(유조선 대금의 40%에 해당)이 드는데 비해, 침수식은 2,500만원 밖에 들지 않으며, 3) 유조선을 크레인으로 인양하려면 선체 모서리에 구멍을 내어 체인으로 끌어올려야 하는데 이 과정에서 사고가 발생하면 침수식으로 인해 발생할 수 있는 손해보다 더 클 수 있고, 4) B가 도크 매매대금 금액 상당 지급보증서를 A에게 제공하고 추가로 발생하는 손해도 부담하겠다고 했는데도 A가 이를 거부한 점을 고려해, A는 침수식으로 유조선을 인도했어야 했다고 보았다.[1]

---

1) 부산고판 2013. 7. 18. 2012나853(본소), 860(반소)(원고 페어월드마린, 피고 동림탱커, 피고 승소, 대판 2014. 6. 26. 2013다59845, 59852 상고기각으로 확정됨).

제 6 장
해상운송계약

제 1 절 총   설

해상운송은 해상에서의 선박에 의한 물건 또는 여객의 운송을 말한다. 해상은 호천과 같은 내수 및 항만을 제외한 수면을 의미하며, 호천·항만에서 하는 내수운송은 상법상 육상운송에 속한다(상 제125조). 해상운송은 고도의 위험이 전제된 바다에서 선박에 의한 항해활동을 통하여 실현되는 점에서 육상운송과는 구별되므로 육상운송에 관한 상행위 편의 규정은 해상운송에 관한 일반법이 될 수 없고, 해상법고유의 여러 가지 특칙이 필요하다. 또한 해상운송은 운송의 객체에 따라 물건운송(개품운송)과 여객운송으로 대별된다.

해상운송계약이란 해상에서의 선박에 의한 물건 또는 여객의 운송을 인수하는 해상운송기업자와 운송을 위탁하는 자 사이의 계약이다. 해상운송계약의 법적 성질에 대하여는 도급계약이라는 것이 우리나라·독일·일본의 통설이다.[1] 그러므로 해상운송의 성질에 반하지 않는 한 민법의 도급계약에 관한 원칙이 적용되어 운송인은 계약의 내용에 따라 목적지까지 운송을 완료할 의무가 있고, 송하인이나 용선자는 그 결과에 대하여 일정한 보수를 지급할 의무가 있다(민 제664조). 해상운송계약의 당사자에는 해상운송기업의 주체인

---

1) 손, 794쪽; 최, 882쪽; 채, 673쪽; 정찬, 846쪽; 최종, 230쪽; 김, 225쪽; 田中誠二, 海商法詳論(東京: 勁草書房, 1985), 225쪽.

운송인수자로서 선박소유자·항해용선자·정기용선자·선체용선자·운송주선인 등이 있으며, 운송을 위탁하는 자에는 용선계약의 경우 용선자와 개품운송의 경우 송하인이 있다. 2008년 유엔해상운송조약(로테르담규칙, United Nations Convention on Contracts for the International Carriage of Goods Wholly or Partly by Sea)은 이행당사자(performing party)라는 개념을 신설하여 터미널운영자와 하역업자 같은 독립계약자에게까지 당사자의 범위를 확장한다.[1]

제 2 절 개품운송계약

제 1 관 총   설

제1 개품운송계약의 의의

개품운송계약이란 운송인이 개개의 물건을 해상에서 선박으로 운송할 것을 약정하고 송하인이 이에 대하여 운임을 지급하기로 약정하는 계약인데(상 제791조), 운송의 목적물은 유체동산에 한한다. 개품운송계약의 체결에 관하여는 계약자유의 원칙이 지배하며, 그 방식에 있어서도 아무런 제한이 없다. 개품운송계약에서는 특정 운송물의 운송에 계약의 초점이 맞추어지므로 선박의 일정한 공간을 이용하는 데 중점이 주어지는 용선계약과 다르다.

제2 개품운송계약의 성립

1. 계약의 당사자

개품운송계약의 당사자에는 물건운송을 인수하는 해상운송인과 운송을 의뢰하는 용선자와 송하인이 있다. 해상운송인에는 선박소유자·정기용선자·선체용선자 등이 있으며, 재운송계약의 경우는 용선자도 이에 포함된다.

---

1) 양정호·박길상, "로테르담 규칙상 이행당사자와 히말라야 조항," 해운물류연구 제26권 제3호(2010. 9), 411쪽.

2. 계약의 체결방식

개품운송계약은 원칙적으로 그 내용과 방식을 자유로이 정하여 체결할 수 있으며, 계약의 일반원칙에 따라 청약과 승낙의 합치로써 성립하는 낙성계약이다. 그러나 실제에 있어서는 증서방식이 이용된다. 즉 운송인은 운송물을 수령한 후 송하인의 청구가 있으면 1통 또는 수통의 선하증권을 교부하여야 한다(상 제852조 제1항). 대법원은 운송인 본인뿐 아니라 대리인도 선하증권을 발행할 수 있다고 본다. 따라서 선하증권에 직접 서명하여 송하인에게 교부한 선박대리점을 운송인으로 인정하지 않고 본인만을 운송인으로 인정한 판례가 있다.[1]

제3 개품운송계약의 효력

개품운송계약의 효력에 관하여 상법은 소수의 규정만을 두고 있으므로 부족한 부분에 대하여는 국제적으로 확립된 해사관습과 약관을 이용하여 보충하고 있다.

1. 개품운송계약당사자의 주된 의무

(1) 선적에 관한 의무

(가) 선박제공의무　해상운송인은 운송계약에서 정한 바에 따라 특정 선박을 송하인에게 제공할 의무가 있다. 즉 개품운송계약의 당사자들은 계약상 명문으로 선명, 선박의 국적, 체약 당시의 선박의 소재, 선급, 톤수 등을 정하고, 이 취지에 적합한 선박을 송하인에게 제공하여야 한다. 그러므로 계약에서 선박을 특정한 때는 송하인의 동의 없이 해상운송인은 이를 변경하거나 환적하지 못한다. 그러나 개품운송계약에 있어서는 선박의 개성이 중요하지 않으므로 선하증권에 대선약관(代船約款)·환적약관을 두는 것이 보통이다.

---

1) 대판 1997. 6. 27. 95다7215(판례공보(1997. 8. 15), 2292쪽)(원고 대광, 피고 해영해운항공). 대법원은 상행위의 대리에 있어서는 반드시 본인을 위한 것임을 표시하지 아니하여도 본인에 대하여 효력이 있으므로(상 제48조), 피고가 에이오에스사를 대리하여 선하증권을 발행한다는 것을 명시하지 않은 채 선하증권에 서명하였더라도 피고가 동사를 대리하여 선하증권을 발행할 수 있다고 보았다.

(나) **감항능력주의의무**   감항능력은 선박이 특정한 운송계약을 이행함에 있어서 그 항해를 안전하게 감당할 수 있는 능력을 말하고, 일반적으로 ① 선체의 물리적 감항성, ② 선박의 항해능력, ③ 선박의 적재적합성이 확보되어 있는 상태를 말한다.

상법은 해상운송인이 해상운송계약에 의하여 송하인에 대하여 선박을 제공함에 있어서 ① 선박이 안전하게 항해를 할 수 있게 할 것(좁은 의미의 감항능력주의의무), ② 필요한 선원의 승선, 선박의장과 필요품의 보급, ③ 선창·냉장실 기타 운송물을 적재할 선박의 부분을 운송물의 수령·운송과 보존을 위하여 적합한 상태에 둘 것 등의 감항능력상태를 규정하고, 이러한 사항에 대한 주의를 해태하지 아니하였음을 입증하지 아니하면 운송물의 멸실·훼손·연착으로 인한 손해를 배상할 책임이 있다고 한다(상 제794조). 이것을 감항능력주의의무라 한다. 과거에는 감항능력을 좁은 의미로 해석하여 선박 자체의 항해능력만을 말하였으나, 이 개념은 점차 확장되어 현재에는 본조와 같은 화물의 적재적합성까지를 포함하게 되었다.[1]

감항능력에 관한 주의의무의 시기는 선적항발항 당시이고, 주의의무의 정도는 선박 및 항해에 따라 상대적으로 결정된다. 또한 동조는 선하증권에 관한 통일조약에 따라 운송인에게 무과실의 입증책임을 부담시키고 있다. 해사전문가인 동시에 입증자료의 수집이 용이한 운송인으로 하여금 자신의 무과실을 입증하도록 함이 형평의 원칙에 부합하기 때문이다. 감항능력주의의무의 위반으로 인한 책임은 당사자간의 특약으로도 경감할 수 없다(상 제799조 제1항). 해상보험자는 감항능력주의의무 위반으로 인한 손해에 대하여는 보상책임을 지지 않는다(상 제706조 1호).

(다) **운송물의 수령·적부의무**   해상운송인은 계약에 따라 적법한 운송물을 수령할 의무가 있다. 그러나 법령 또는 계약에 위반하거나 위해를 미칠 염려가 있는 운송물은 포기할 수 있다(상 제800조 제1항). 또한 해상운송인은 수령한 운송물을 선창 내의 적당한 장소에 배치하여야 할 적부의무가 있다.

(라) **선하증권교부의무**   해상운송인은 운송물의 수령 또는 선적 후 송하인의 청구에 의하여 1통 또는 수통의 수령선하증권 또는 선적선하증권을 교부하여야 한다. 그러나 선적선하증권을 교부하는 대신 수령선하증권에 선적의

---

1) 배, 188-189쪽.

뜻을 표시하여 교부할 수 있다(상 제852조 제1항·제2항). 반면에 선하증권의 교부를 받은 송하인은 발행자의 청구가 있는 때에는 선하증권의 등본에 기명날인 또는 서명하여 교부하여야 한다(상 제856조).

(2) 항해에 관한 의무

㈎ **출항의무 및 직항의무** 선장은 항해의 준비가 끝나면 지체 없이 출항하여야 한다(선원법 제8조 전단). 송하인이 일정한 시간과 장소에서 운송인에게 운송물의 제공을 게을리 한 때에는 선장은 즉시 출항할 수 있다. 선장은 부득이한 사유가 있는 경우를 제외하고는 미리 정하여진 항로를 따라 도착항까지 항해하여야 한다(동조 후단).

㈏ **운송물에 관한 의무** 해상운송인은 특정한 선박에 선적한 운송물을 환적함이 없이 도착항까지 운송할 의무가 있다. 왜냐하면 환적은 운송물의 멸실·훼손·연착 등의 원인이 되는 경우가 많기 때문이다. 또한 해상운송인은 운송계약에 의해 운송을 인수한 자이므로 화물을 운송하는 기능을 수행함은 물론, 운송하는 동안 화물을 안전하게 보관할 의무를 부담한다. 어떤 의미에서는 선박은 화물의 창고이고 선박소유자는 운송인인 동시에 창고업자라고 할 수 있으므로, 운송인은 수치인의 일종으로서 공중접객업자와 함께 다른 수치인들보다 고도의 주의의무를 부담한다고 보아 운송물을 수령한 때로부터 인도할 때까지 선량한 관리자의 주의로써 운송물을 보관하여야 한다.[1]

(3) 운송물의 양륙·인도에 관한 의무

㈎ **운송인의 양륙의무** 해상운송인은 특약이 없는 한 운송물을 양륙항에서 자기의 위험과 비용으로 인도할 의무가 있다. 반면에 FIOST(Free In and Out, Stowage, Trimming) 조건인 경우에는 송하인이 운송물의 선적·양륙·적부를 자신의 위험부담으로 수행한다.

㈏ **운송물인도의무** 해상운송인은 양륙항에서 수하인 또는 선하증권의 소지인에게 운송물을 인도하여야 한다.[2] 선하증권이 발행된 경우, 운송물의

---

1) 최, 899쪽; 정찬, 865쪽.
2) 대판 1981. 1. 12. 81다카665: 특단의 사정이 없는 한 운송인은 인도장소에서 송하인 또는 선하증권소지인에게 물품을 인도함으로써 운송인의 책임이 종료되는 것이고, 그 인도를 위하여 법령 또는 약정에 의한 상당기간 물품을 인도장소에서 보관하는 일은 운송인의 책임 중에 포함된다.

인도를 청구할 수 있는 자는 선하증권의 정당한 소지인이다(상 제861조). 운송인은 형식상 정당한 증권소지인에게 운송물을 인도한 이상 악의 또는 중대한 과실이 없는 한 그 책임을 면한다(상 제65조, 민 제518조).

(다) **수하인의 수령의무**　　운송물의 도착통지를 받은 수하인은 당사자간의 합의 또는 양륙항의 관습에 의한 때와 곳에서 지체 없이 운송물을 수령하여야 한다(상 제802조). 정기선해운의 실무에 있어서는 해상운송인이 직접 운송물을 선적하고 양륙하며, 개품운송의 운임도 선적비와 양륙비를 포함하여 징수하는 것이 보통이다. 그 이유는 다수의 개품운송물을 다수의 송하인이나 수하인이 개별적으로 선적·양륙하도록 하면 예정된 운항일정을 맞출 수 없고 혼란이 일어나므로, 해상운송인이 직접 계약한 전문적 하역업자에게 일괄하여 선적 또는 양륙하도록 하는 것이 운송물의 안전과 능률을 확보할 수 있기 때문이다.[1] 상법이 개품운송에 있어서 운송인에게 양륙의무를 부담시키고 수하인에게는 단지 운송물의 수령의무만을 규정한 것은 이러한 정기선해운의 실무를 반영한 것이다.

(라) **수하인의 통지의무**　　수하인이 운송물의 일부 멸실 또는 훼손을 발견한 때에는 수령 후 지체 없이 그 개요에 관하여 운송인에게 서면에 의한 통지를 발송하여야 한다(상 제804조 제1항 본문). 그 멸실 또는 훼손이 즉시 발견할 수 없는 것인 때에는 수령한 날로부터 3일 내에 그 통지를 발송하여야 한다(동항 단서). 이 통지가 없는 경우에는 운송물이 멸실 또는 훼손 없이 수하인에게 인도된 것으로 추정된다(동조 제2항). 그러나 수하인의 통지의무에 관한 이 같은 규정은 운송인이나 사용인이 악의인 경우에는 적용되지 않는다(동조 제3항). 운송물에 멸실 또는 훼손이 발생하였거나 그 의심이 있는 경우에는 운송인과 수하인은 서로 운송물의 검사를 위하여 필요한 편의를 제공하여야 한다(동조 제4항). 수하인의 통지의무에 관한 위 규정에 반하여 수하인에게 불리한 당사자간의 특약은 효력이 없다(동조 제5항).

---

1) 배, 246쪽; 윤배경, "수하인의 지위 확정과 운송물 수령의무에 관한 고찰," 법조 제457호 (1994).

2. 해상운송인의 권리

(1) 운임청구권

운송인은 운송계약에 의하여 물건의 운송을 인수한 보수로서 운임을 청구할 권리가 있다. 운임지급의무자는 운송계약의 상대방인 송하인인바, 운송물수령 후에는 수하인도 운송계약이나 선하증권의 취지에 따라 운임·부수비용·체당금의 지급의무자가 된다(상 제807조 제1항).

운송계약은 도급계약이라는 통설에 따르면, 운임은 운송을 완료한 때에 청구할 수 있다. 그러므로 운송물의 전부 또는 일부가 불가항력에 의하여 멸실한 경우 해상운송인은 운임을 청구하지 못하며, 운임의 선급을 받은 때에는 이를 반환하여야 한다(상 제815조, 제134조 제1항). 그러나 운송물이 그 성질이나 하자 또는 송하인이나 용선자의 과실로 인하여 멸실한 경우(상 제815조, 제134조 제2항)와 항해의 계속을 위하여 필요한 비용의 지급을 위하여 혹은 공동해손을 위하여 운송물을 처분한 경우, 해상운송인은 운임의 전액을 청구할 수 있다(상 제813조). 또한 선박의 항해중에 침몰·멸실·수선불능·포획 등의 사고가 생긴 때에는 해상운송인은 운송의 비율에 따라 현존하는 운송물의 가액의 한도 내에서 비율운임을 청구할 수 있다(상 제810조 제2항). 법령 또는 계약에 위반하여 선적한 운송물을 선장이 운송하는 때에는 선적한 시간과 장소에서의 동종운송물의 최고운임의 지급을 청구할 수 있다(상 제800조 제2항).

운임액은 계약 또는 관행에 의하지만, 상법은 해상운송의 기술적 성격을 고려하여 보충적 규정을 두고 있다. 즉 운송물의 중량 또는 용적으로 운임을 정한 때에는 운송물을 인도하는 때의 중량 또는 용적에 의하여 운임액을 정하며(상 제805조), 기간으로 운임을 정한 때에는 운송물의 선적을 개시한 날로부터 그 양륙을 종료한 날까지의 기간에 의하여 그 액을 정한다(상 제806조 제1항). 이 기간에는 불가항력으로 인하여 선박이 선적항이나 항해도중에서 정박한 기간 또는 항해도중에서 선박을 수선한 기간을 산입하지 아니한다(동조 제2항).

(2) 운송물경매권

㈎ 취 지   수하인이 운송물을 수령하는 때에는 운송계약 또는 선하증

권의 취지에 따라 운임·부수비용·체당금·정박료·운송물의 가액에 따른
공동해손 또는 해난구조로 인한 부담액을 지급하여야 하며, 해상운송인은 이
에 대한 청구권을 확보하기 위하여 운송물에 대하여 유치권을 행사할 수 있
다(상 제807조 제2항). 그러나 유치권은 본래 목적물의 인도를 거절하여 채무자
의 변제를 간접적으로 강제하는 것이기 때문에 수하인의 인도청구를 거절하
고 운송인이 운송물을 계속 점유하여야 한다는 불편이 있고, 채무자인 수하인
이 운송물을 인도받아 적극적으로 이것을 채무변제에 활용할 수도 없기 때문
에 해상운송인의 보호에 충분하지 않을 뿐 아니라 해상운송계약관계의 신속
한 해결을 위하여도 불편하다. 그러므로 상법은 제807조 제1항에 열거된 운임
채권 등을 지급받기 위하여 해상운송인은 법원의 허가를 얻어 운송물을 경매
할 수 있다고 규정하고(상 제808조 제1항), 운송물인도 후에도 경매권을 행사하
게 함으로써(동조 제2항 본문) 해상운송인의 유치권의 단점을 보충하고 있다.

(나) 요   건

1) 운송물경매권행사의 주체   운송물경매권 행사주체로서 상법 제808조
는 제목을 "운송인의 운송물경매권"으로 하는 한편, 운송물경매권의 행사주
체로서 '운송인'이라는 표현을 쓰고 있는데, 운송인이 선박소유자 외에 선체
용선자·정기용선자 등의 해상기업주체를 포함하는지가 문제된다. 상법상 선
체용선자가 상행위 그 밖의 영리를 목적으로 선박을 항해에 사용하는 경우
그 이용에 관한 사항에는 제3자에 대하여 선박소유자와 동일한 권리의무가
있고(상 제850조 제1항), 본조의 운송채권은 해상기업활동과 관련하여 발생했으
므로 선체용선자는 선박소유자와 동일하게 운송물경매권을 행사할 수 있다.
정기용선자도 자신의 명의로 해상기업활동을 하므로, 선체용선자와 동일한
지위에서 운송물경매권을 행사할 수 있다.[1]

2) 운송채권   선박소유자가 운송물경매권을 행사할 수 있는 운송채권으
로는 상법 제807조 제1항의 규정에 의한 금액, 즉 운임·부수비용·체당금·
정박료·운송물의 가액에 따른 공동해손 또는 해난구조로 인한 부담액 등이
다. 부수비용이란 운송물의 취급과정에서 발생하는 비용으로서 창고의 보관
료·환적비·검수료 기타 던니지(dunnage, 적하를 안전하게 유지하기 위하여 적하 사이
에 끼우거나 적하 밑에 까는 재료) 비용 등을 말한다. 선적과 양륙비용은 포함되지

---

1) 정병석, "선박소유자의 운송물경매권," 한국해법회지 제14권 제1호(1992), 196쪽.

않는다는 설1)이 있으나, 선적과 양륙비용을 본조의 운송채권에서 제외시킬 이유는 없다. 체당금이란 해상운송인이 운송물취급과정에서 체당지급한 관세 또는 법령위반 등으로 지급한 과태료·수수료·검사비 등을 말한다.2) 운송물 경매권을 행사하려면 운송채권의 이행기가 도래하였어야 한다. 그렇지 않으면 변제기 전에 상대방의 채무이행을 간접적으로 강제하는 결과가 되기 때문이다. 다만, 기간을 정하지 아니한 채권에 관하여는 채권발생과 동시에 유치권이 성립하므로, 위 금액의 지급과 상환하지 아니하면 운송물을 인도할 의무가 없고 본조의 운송물경매권을 행사할 수 있다.3)

(대) **실행절차**

1) 경매허가신청　경매를 하기 위하여는 법원의 허가를 얻어야 하는데, 이는 비송사건절차법에 따른다. 경매허가신청에 관한 사건은 경매할 물건소재지의 지방법원의 관할로 한다(비송사건절차법 제2조 제3항). 경매허가신청서에는 ① 신청인의 성명과 주소, ② 대리인에 의하여 신청할 때에는 대리인의 성명과 주소, ③ 신청의 취지와 그 원인이 되는 사실, ④ 신청 연월일, ⑤ 법원의 표시를 기재하고 신청인이나 대리인이 이에 기명날인하거나 서명하여야 하고, 증거서류가 있을 때에는 그 원본 또는 등본을 신청서에 첨부하여야 한다(동법 제9조).

2) 경매허가결정　경매허가결정에 있어서 법원은 소송사건과는 달리 직권으로 사실의 탐지와 필요하다고 인정하는 증거의 조사를 하여야 한다(동법 제11조). 재판은 결정으로써 하고(동법 제17조 제1항), 법원이 적당하다고 인정하는 방법으로 재판을 받을 자에게 고지함으로써 효력이 생긴다(동법 제18조). 재판으로 인하여 권리를 침해당한 자는 그 재판에 대하여 항고할 수 있다(동법 제20조 제1항). 다만, 운송물경매허가신청은 신청에 의하여만 재판을 하여야 할 경우이므로, 신청을 각하한 재판에 대하여는 신청인만 항고할 수 있다(동조 제2항). 항고는 특별한 규정이 있는 경우를 제외하고는 집행정지의 효력이 없다(동법 제21조).

3) 경매허가 후의 절차　경매허가를 받은 당사자는 민사집행법 제274조

1) 배, 237쪽.
2) 배, 237쪽, 248쪽.
3) 정병석, 앞의 글, 200쪽.

'유치권 등에 의한 경매'에서 정하는 바에 따라 경매를 행한다. 유치권에 의한 경매와 민법·상법, 그 밖의 법률이 규정하는 바에 따른 경매는 담보권 실행을 위한 경매의 예에 따라 실시한다(민집 제274조 제1항). 그리고 유체동산을 목적으로 하는 담보권 실행을 위한 경매에는 채권자가 그 목적물을 제출하거나 그 목적물의 점유자가 압류를 승낙한 때에 개시한다는 규정인 동법 제271조를 제외하고는 민사집행법 제2편 제2장 제4절 제2관 '유체동산에 대한 강제집행' 규정을 준용한다(민집 제272조).

(라) 효 과 운송인은 경매대금으로부터 우선변제를 받을 권리가 있다(상 제808조 제1항). 해상운송인이 경매권을 행사하여도 부족액이 있을 때에는 그 부족액을 송하인에게도 청구할 수 있다. 이 경우에 송하인은 여전히 운송계약의 당사자로서 수하인이 지급하지 않음으로써 발생한 부족액지급채무에 대하여 수하인과 함께 부진정연대채무관계에 있기 때문이다.[1]

(마) **운송물경매권의 추급효와 그 소멸** 운송물경매권을 점유중인 운송물에 대하여서만 행사할 수 있도록 하면 해상운송인이 운송물의 인도를 기피할 것이므로, 해상운송계약관계를 신속히 종결시킴으로써 거래당사자의 이익을 보호하려는 본조의 목적을 충분히 달성할 수 없다. 따라서 선장이 수하인에게 운송물을 인도한 후에도 운송인이 그 운송물에 대하여 경매권을 행사할 수 있게 하여 경매권의 추급효를 인정한다(상 제808조 제2항 본문). 이러한 점에서 채권자의 목적물점유가 권리의 성립 및 존속요건인 일반적인 유치권과 성질이 다르므로, 해상운송인의 운송물경매권은 상법상 인정된 특별한 경매권이다.[2]

그러나 이러한 경매권을 언제까지나 인정한다면 운송물의 양도처분에 지장이 있고, 운송물의 양수인의 이익을 위협함으로써 거래의 안전을 해하게 된다. 따라서 운송물을 인도한 날로부터 30일을 경과하거나 제3자가 운송물의 점유를 취득하면 경매권이 소멸하게 하여 거래의 안전을 도모한다(동항 단서). 제3자의 운송물의 점유취득으로 경매권을 소멸하게 한 것은 거래안전을 목적으로 한 것이므로 제3자의 점유취득은 선의이어야 한다는 견해[3]가 있으나,

---

1) 배, 248쪽; 정병석, 앞의 글, 204-205쪽.
2) 배, 257쪽.
3) 배, 257쪽.

제3자가 운송인의 운송물경매권행사를 해할 의도를 가지고 운송물을 취득한 경우에만 경매권행사를 할 수 있도록 해야 한다는 유력설도 있다.[1]

제4 개품운송계약의 종료

1. 총   설

개품운송계약도 계약의 일반종료사유에 의하여 종료하지만, 상법은 해상위험의 특수성을 감안하여 육상운송과는 달리 특별규정을 두고 있다.

2. 법정원인에 의한 해제

발항의 전후를 불문하고 항해 또는 운송이 법령을 위반하게 되거나 그 밖에 불가항력으로 인하여 계약의 목적을 달할 수 없게 된 때에는 각 당사자는 계약을 해제할 수 있다(상 제811조 제1항). 법정원인이 운송물의 일부에 대하여 생긴 때에는 송하인은 운송인의 책임이 가중되지 아니하는 범위 안에서 다른 운송물을 선적할 수 있다(상 제812조 제1항). 이 경우 송하인은 지체 없이 운송물의 양륙 또는 선적을 하여야 하며, 이를 게을리한 때에는 운임의 전액을 지급하여야 한다(동조 제2항). 송하인이 일정한 시간과 장소에서 운송인에게 운송물을 제공하지 아니한 경우에는 계약을 해제한 것으로 본다(상 제792조 제2항 1문). 이 경우 선장은 즉시 발항할 수 있고, 송하인은 운임의 전액을 지급하여야 한다(동항 2문). 법정원인이 항해 도중에 발생한 경우 각 당사자가 계약을 해지할 수 있으나, 송하인은 운송의 비율에 따라 운임을 지급하여야 한다(상 제811조 제2항).

3. 법정원인에 의한 당연종료

해상운송계약은 ① 선박이 침몰 또는 멸실한 때, ② 선박이 수선할 수 없게 된 때, ③ 선박이 포획된 때, ④ 운송물이 불가항력으로 인하여 멸실된 때에는 당연히 종료된다(상 제810조 제1항).

---

1) 정병석, 앞의 글, 201쪽.

<h1 style="text-align:center">제 2 관　복합운송</h1>

제1 총　　설

1. 의　　의

오늘날 물건운송업은 항공 · 해상 · 육상 운송수단을 총 동원하여 송하인의 문전에서 수하인의 문전까지 운송물을 운송하는 복합운송시대에 접어 들었다. 복합운송(intermodal carriage of goods)이란 하나의 선하증권에 의하여 운송물을 항공 · 해상 · 육상 운송 등 적어도 두 가지 이상의 서로 다른 운송수단에 의해 운송하고, 전구간에 대한 단일운임을 대가로 받으며, 운송물에 생긴 손해에 대한 책임을 부담하는 운송체제를 말한다. 즉 그 본질적 요소는 ① 운송계약의 단일성, ② 복합운송인에 의한 전체운송의 인수, ③ 운송수단의 다양성, ④ 단일한 운임, ⑤ 복합운송증권발행의 필요성 등이다.[1] 이같이 다양한 형태의 운송서비스를 제공하기 위하여 운송업자의 규모는 점점 대형화하고 있으며, 무선박운송인과 복합운송업자들이 복합운송을 주선하고 있다. 따라서 종래와 같이 해상 · 항공 · 육상 운송을 명확히 구별하기는 힘들다.[2]

2. 발달원인

복합운송이 발달하게 된 주원인은 운송기술이 크게 발전하였기 때문이다. 즉 컨테이너 같은 균일한 포장용기가 널리 보급됨에 따라 운송물을 컨테이너에 넣은 채 장거리운송을 하면서도 컨테이너내부의 내용을 일일이 검사할 필요가 없게 되었다. 또 컨테이너는 트럭에서 선박 · 철도 · 비행기 등에 쉽게 옮겨 실을 수 있다는 장점이 있다. 그 외에 트레일러 전체를 실을 수 있는 로로선(roll-on/roll-off(Ro-Ro)선), 해상운송구간의 일부분을 육상운송으로 대체하는 랜드브리지(landbridge), 해안의 한 항구로부터 반대편 해안의 항구까지 육상운송으로 연결하는 미니브리지(minibridge), 목적항에서 운송물을 내륙목적지까지 육상운송하는 마이크로브리지(microbridge) 등의 다양한 복합운송수단이 사용된다.[3] 그리고 LASH(Lighter Aboard Ship) 시스템에 의하면 수심이 얕기 때

---

1) 서헌제, 콘테이너복합운송인의 책임법리, 삼영사, 1986, 23-24쪽.

2) Schoenbaum(5th), 513쪽.

3) Miller, "Land Bridge, Mini-Bridge and Micro-Bridge: A Question of Getting It All Together," 17 Transportation J. 64-66쪽(1977).

문에 항해선이 접근할 수 없는 내항수로상의 한 지점에서 바지선에 운송물을
선적한 후 바지선을 예인하여 수심 깊은 항구에서 대기하고 있던 항해선에
바지선 자체를 싣게 되며, 항해선이 항해를 마치고 목적항에 도착하면 바지선
을 항해선으로부터 양하하여 다시 예인선으로써 바지선을 내항수로상에 소재
한 최종목적지까지 예인하게 된다. LASH 시스템을 사용하면 운송물을 일일이
바지선으로부터 항해선에 양하할 필요가 없기 때문에 시간과 경비가 절약되
고 도난의 우려가 없다. 신속한 컨테이너선과 새로운 컴퓨터기술이 개발되고,
금전·서류·정보를 전자정보시스템에 의하여 신속하게 전달할 수 있게 된
것도 복합운송의 발전에 도움이 되었다.[1]

컨테이너수송이 보편화됨에 따라 과거에 매도인·매수인·운송인 간의
비용부담 및 위험부담에 관한 분기점이던 선측이 더 이상 중요하지 않으며,
오늘날에는 화주가 컨테이너에 운송물을 적부한 장소가 보다 중요하게 되었
다. 그리고 운송물이 컨테이너를 가득 채울 수 있는 경우(Full Container Load:
FCL)에는 송하인의 문전에서 수하인의 문전까지 컨테이너를 운송하는 데 별문
제가 없으나, 운송물의 수량이 컨테이너를 채우기에 부족한 소량인 경우(Less
than a full Container Load: LCL)에는 화주가 운송물을 컨테이너 터미널에 운반하여
운송인이 다른 운송물과 혼재하여 컨테이너에 적재한다. 이 같은 LCL 운송물
은 복합운송업자 및 무선박운송인이 취급하는 것이 보통이다.[2]

제2 국제적 규제

1. 연   혁

손해발생구간이 확인되지 않은 손해를 포함한 전운송구간에서 생긴 운송
물손해에 대하여 적하이해관계인이 배상을 받을 수 있도록 복합운송에 관한
국제규칙을 제정하자는 목소리가 높았다. 국제해법회가 동경규칙(Tokyo Rules)
을 채택함으로써 최초의 시도를 하였으며, 국제사법연구회(UNIDROIT)가 국제
해법회의 작업을 승계하여 국제조약초안(일명 TCM 조약안)을 작성하였으나[3] 이

---

1) Schoenbaum(5th), 514쪽.
2) Schoenbaum(5th), 514쪽.
3) Convention sur le Transport International Combine de Merchandise(TCM)이었으며, The Report of the CMI, "Documentation, 1970," Ⅱ, Tokyo, 80-97쪽.

작업은 중단되고 말았다. 그 후 1975년에 국제상업회의소는 TCM 조약안을
바탕으로 복합운송증권통일규칙(Uniform Rules for a Combined Transport Document)을
제정하였다. 현재 복합운송증권통일규칙에 바탕하였거나 동 규칙을 원용하
여 작성한 발트국제해운동맹(BIMCO)의 Combiconbill 및 Combidoc 양식, 그
리고 국제복합운송업자연맹(Federation Internationale des Associations de Transitaires et
Assimilés : FIATA)의 FIATA 선하증권(일명 FBL)이 널리 쓰인다. 1975년의 복합운
송증권통일규칙은 법규로서의 구속력을 가지지는 않으나, 이른바 네트워크책
임원칙(network liability system)을 채택함으로써 운송물의 손해가 발생한 구간의
책임원칙에 따라 복합운송인이 화주에 대하여 손해배상책임을 지도록 하였
다. 단, 복합운송인의 손해배상책임은 송하인이 고가물임을 신고하지 않은
한 운송물의 총 중량 1킬로그램당 30프랑으로 제한된다(복합운송증권통일규칙 제
11(c)조).[1]

2. 국제복합물건운송조약

1980년에 성립한 국제복합물건운송조약(Convention on International Multimodal
Transport of Goods, 약칭 유엔조약)은 복합운송에 관하여 새로운 접근방법을 취한
다. 유엔조약에 의하면 복합운송인은 운송물을 수령하였을 때부터 이를 수하
인에게 인도할 때까지 발생한 운송물의 멸실 또는 훼손에 대하여 손해배상책
임을 진다. 유엔조약에 의하여 1975년의 복합운송증권통일규칙이 채택했던
네트워크책임원칙은 원칙적으로 폐기되었으며, 복합운송인은 운송물의 손해
가 어느 운송구간에서 발생하였는지를 불문하고 동일한 책임을 지게 되었다.
유엔조약은 복합운송증권의 기재사항(제8조), 선의의 증권소지인에 대한 기재
사항의 효력(제10조), 지시식 또는 무기명식에 의한 증권의 양도성·환수증권
성(제6조) 등에 관하여 규정하고 있다.[2]

---

1) Schoenbaum(5th), 525쪽.
2) Mankabady, "The Multimodal Transport of Goods Convention: A Challenge to Unimodal
   Transport Conventions," 32 Int'l & Comp.L.Q. 120쪽(1983); 서헌제, "복합운송증권의 연구
   (Ⅱ)," 정희철선생 정년기념 상법논문집(1985), 325쪽.

제3 복합운송인의 책임원칙

1. 책임원칙

복합운송인의 책임원칙은 복합운송인의 책임을 각 운송구간에 적용되는 운송법상의 책임제도와 연결시키는 방법과 이를 아주 분리시켜 독자적인 책임원칙에 의하도록 하는 방법, 그리고 양자를 절충하는 방법의 세 가지로 분류할 수 있다.[1]

(1) 통일책임원칙(uniform liability system)

이 원칙에 의하면 운송물의 멸실·훼손·지연손해가 복합운송의 어느 구간에서 발생하였느냐를 묻지 않고, 복합운송인은 동일한 기준에 따라서 책임을 부담한다.

(2) 네트워크책임원칙(network liability system)

이 원칙은 손해발생구간이 확인된 경우와 그렇지 않은 경우를 구별하여 다른 책임법규를 적용한다. 즉 손해발생구간이 밝혀지지 않은 경우에는 그 손해가 해상구간에서 발생한 것으로 추정하여 헤이그규칙을 적용하든가 복합운송의 독자적인 책임규정을 적용하고, 손해발생구간이 확인된 경우에는 그 손해발생구간에 적용될 국내법이나 국제조약을 적용한다. 이 원칙은 복합운송인의 책임을 기존의 구간운송법의 책임에 합치시켜 운송법질서의 급격한 변혁을 방지하려는 것으로서 주로 선진해운국이 지지한다.

(3) 변형통일책임원칙(modified uniform liability system)

이는 네트워크책임원칙과 통일책임원칙의 타협안으로서 유엔조약이 채택하고 있는 원칙이다. 유엔조약은 손해발생구간의 확인 여부에 관계 없이 동일한 책임규정을 적용한다는 면에서는 통일책임원칙을 채택하였으나, 손해발생구간이 확인되고 그 구간에 적용될 법에 규정된 책임한도액이 유엔조약의 책임한도액보다 높은 경우에는 그 구간법의 책임한도액의 적용을 인정하여 네트워크책임원칙을 가미하였다.

---

1) 서헌제, 앞의 책, 39-41쪽.

2. 책임의 범위

복합운송인은 운송물의 수령시부터 최종수하인에의 인도시까지 자기 또는 사용인 등의 귀책사유로 인하여 운송물에 생긴 멸실·훼손·연착 손해에 대한 책임을 부담한다.[1] 따라서 복합운송인의 책임의 범위는 첫째 운송물에 생긴 멸실·훼손·연착 손해에 한정되고, 둘째 운송물의 수령시부터 최종수하인에게 인도하기까지의 전기간에 미치며, 셋째 자신의 행위뿐 아니라 그 사용인·대리인 기타 보조자의 행위에 대하여도 미친다.

3. 책임의 내용

(1) 손해발생구간이 확인되지 아니한 경우

발생구간이 확인되지 아니한 손해에 대한 복합운송인의 책임의 내용에 관하여는 전체운송구간 중 가장 긴 구간의 법을 적용해야 한다는 견해, 최종구간의 법을 적용해야 한다는 견해, 전구간 중 가장 엄격한 구간의 법을 적용하여야 한다는 견해, 입증책임분배에 의한 형식적 해결방식을 주장하는 견해, 그리고 복합운송계약의 독자성이론을 근거로 하여 독자적인 책임원칙의 확립을 주장하는 견해 등이 있다. 복합운송에 관한 모든 조약은 추정과실책임에 입각하고 있으나, 이들 조약이 취하는 복합운송인의 주의의무의 정도는 각기 다르다. 예컨대 네트워크책임원칙을 취하는 TCM 조약안은 "손해발생구간을 확인할 수 없는 경우, 복합운송인이 피할 수 없었던 원인 또는 사실 및 복합운송인이 상당한 주의를 다하였어도 방지할 수 없었던 결과로 인하여 운송물에 생긴 멸실·훼손에 대하여는 책임을 면한다"고 한다(TCM 조약안 제9조 제2항).

(2) 손해발생구간이 확인된 경우

네트워크책임원칙에서는 발생구간이 확인된 손해와 발생구간이 확인되지 아니한 손해를 구별하기 때문에 발생구간이 확인된 손해에 관한 위의 이론이 그대로 적용된다. 즉 네트워크책임원칙을 취하고 있는 TCM 조약안(제12조)과 통일규칙(제13조)에 따르면, 복합운송인은 발생구간이 확인된 손해에 대하여 복합운송인과 송하인이 그 구간만에 대하여 운송계약을 체결하였더라면 적용

---

[1] TCM 조약안 제2조, 제9조; 통일규칙 제5조; 유엔조약 제14조, 제15조.

될 강행법에 따라 책임을 지게 된다. 따라서 복합운송인의 책임은 각 구간운송인의 책임과 일치한다. 이러한 구간운송법은 손해발생구간이 확인된 손해에 대하여 언제나 적용되며, 당사자의 의사에 좌우되지 아니한다.[1]

4. 책임의 제한

다른 운송법에 있어서와 마찬가지로 복합운송인의 책임도 제한되는데, 복합운송은 여러 운송구간의 결합에 의하여 성립되기 때문에 어떠한 방법으로 어느 정도 책임을 제한할 것인지가 문제된다. 네트워크책임원칙·통일책임원칙·변형통일책임원칙 중 어느 원칙을 취하느냐에 따라서 책임제한의 내용이 달라진다.

네트워크책임원칙은 발생구간이 확인되지 않은 손해와 발생구간이 확인된 손해를 구별하여 손해발생구간이 확인된 경우에는 그 손해가 발생한 구간의 법이 정하고 있는 책임제한규정을 적용하고, 손해발생구간이 확인되지 않은 경우에는 복합운송법 또는 해상구간의 책임제한규정을 적용한다. 변형통일책임원칙을 취하는 유엔조약은 손해발생구간이 확인된 손해와 발생구간이 확인되지 않은 손해에 동일한 책임제한규정을 적용하고, 다만 손해가 발생된 구간의 법에 정하여진 책임한도액이 유엔조약의 한도액보다 높은 경우에만 그 법의 규정에 따르도록 한다(유엔조약 제19조). 이론적으로는 복합운송인의 책임한도액을 그 복합운송구간에 적용될 구간운송법 중 가장 높은 한도액으로 하여야 한다는 견해와 복합운송구간 중 주된 운송구간의 책임한도액에 의하도록 하자는 견해가 있다.

제4 우 리 법

2007년에 상법은 복합운송에 관한 규정을 신설하였다. 운송인이 인수한 운송에 해상 외의 운송구간이 포함된 경우 운송인은 손해가 발생한 운송구간에 적용될 법에 따라 책임을 진다(상 제816조 제1항). 어느 운송구간에서 손해가 발생하였는지 불분명한 경우 또는 손해의 발생이 성질상 특정한 지역으로 한정되지 아니하는 경우에는 운송인은 운송거리가 가장 긴 구간에 적용되는 법

---

[1] 서헌제, 앞의 책, 126쪽.

에 따라 책임을 진다(동조 제2항 본문). 다만, 운송거리가 같거나 가장 긴 구간을
정할 수 없는 경우에는 운임이 가장 비싼 구간에 적용되는 법에 따라 책임을
진다(동항 단서). 2019년 판례에서 제주도가 생산한 제품을 인천항을 통해 강원
도와 수도권에 운송하게 되어 있었다. 제주도가 발주한 물량을 운송인 A가 제
대로 운송하지 못하자 운송인 B에 대체운송을 의뢰해 추가비용 손해가 발생
했다. 법원은 이를 '손해 발생 운송구간이 불분명한 경우'로 보았다.[1]

제 3 관   운 송 증 서

제1 선하증권에 관한 국제조약

1. 헤이그규칙

19세기에 운송인은 강대한 경제적 힘을 이용하여 송하인과 해상물건운송
계약을 체결할 때 면책약관을 남용하였으며, 운송인 자신의 과실책임에 대하
여까지 운송인을 면책시키는 것이 관행이었다. 이 같은 과실약관(negligence
clause)은 송하인에게 지나치게 가혹하였으므로 각국은 과실약관의 유효성을
전면적으로 재검토하였고, 각국법원이 과실약관에 대하여 다른 해석을 하였
기 때문에 각국의 해상법의 통일성이 결여되었다. 이를 시정하기 위하여 국제
법협회(International Law Association)와 국제해법회가 해상운송에 관한 국제적인
통일규칙 제정작업을 추진한 결과 1924년 선하증권에 관한 규정을 통일하기
위한 국제조약(International Convention for the Unification of Certain Rules of Law relating
to Bills of Lading), 이른바 헤이그규칙을 채택하였다. 영국·미국·유럽제국·일
본은 헤이그규칙을 비준하고, 동 규칙의 취지에 따라 국내법을 제정하였으며,
우리 상법도 헤이그규칙에 따른 규정을 많이 두고 있다.[2]

헤이그규칙의 제정목적은 해상물건운송에 관하여 완벽한 법체계를 수립
하는 것이라기보다는 갑판적화물과 생동물을 제외한 운송물이 선적되었을 때
부터 양륙될 때까지 멸실·훼손된 경우의 운송인의 책임에 관한 규칙을 통일
하기 위한 것이었다. 헤이그규칙의 적용을 받는 선하증권에는 운송인의 최소

---

1) 대판 2019. 7. 10. 2019다213009(판례공보(2019. 9. 1), 1541쪽)(원고/상고인 겸 피상고인 제
   주특별자치도개발공사, 피고/피상고인 동방, 피고/상고인 삼진해운, 상고기각).
2) Schoenbaum(5th), 562–563쪽.

한의 의무가 규정되어 있으며, 당사자의 합의에 의하여 이 의무를 변경시킬
수 없다. 또 선하증권에는 계약당사자들이 별도로 합의하지 않는 한 운송인이
면책되는 사유가 기재되어 있다. 원칙적으로 운송물의 선적·취급·적부·보
관·운송·양륙에 대한 운송인의 과실책임을 면제하는 조항이나 운송인이 감
항능력 있는 선박을 제공하여야 할 의무를 경감하는 조항은 무효이다(상 제795
조 제1항, 제794조). 반면에 운송인은 항해 또는 선박의 관리에 대한 과실책임으
로부터는 면책된다(상 제795조 제2항). 또 헤이그규칙은 동 규칙의 체약국에서
발행한 모든 선하증권에 대하여 적용된다.[1]

2. 헤이그-비스비규칙

헤이그규칙채택 당시 각국은 동 규칙을 제정함으로써 해운국간의 이해대
립과 운송인·송하인 간의 이해관계대립이 해소되고, 국제적으로 운송인의
책임에 관한 법리가 통일될 것으로 믿었다. 나아가 각국은 헤이그규칙이 적용
되는 문제에 대하여는 소송이 어느 체약국의 법원에 제기되든 동일한 결과가
나올 것이라고 예상하였으나, 이 같은 낙관론은 실제로는 실현되지 않았다.
왜냐하면 대부분의 해운국이 헤이그규칙을 비준 또는 수용한 것은 사실이지
만, 많은 국가들이 동 규칙을 정식으로 수용하지 않은 채 동 규칙의 일부조항
만을 받아들여 특별법을 제정하였기 때문이다. 그 결과 각국의 해상법이 원칙
적으로 통일되기는 했지만, 운송인의 책임과 선하증권상의 과실약관의 효력
에 대하여 각국법원이 견해차를 가지고 있는 것은 여전하며, 각국의 입법이
조금씩 상이하기 때문에 그 해석이 다양하다.[2]

1968년에 국제해법회의 요청에 의하여 벨기에정부가 외교회의를 소집함
으로써 헤이그규칙에 대한 브뤼셀개정의정서(헤이그-비스비규칙(Hague-Visby Rules))
가 채택되었다. 헤이그-비스비규칙이 성립한 가장 중요한 이유는 헤이그규칙
이후 44년이 경과하여 헤이그규칙상의 포장당 영국화 100파운드로 운송인의
책임을 제한하는 개별적 책임제한 조항 및 다른 조항들을 보다 현실적으로
개정할 필요가 있었기 때문이었다. 헤이그-비스비규칙에서는 운송인의 개별
적 책임제한액을 운송물의 총 중량 1킬로그램당 30포왕카레 프랑(약 2 SDR) 또

---

1) Schoenbaum(5th), 563쪽.
2) Schoenbaum(5th), 563쪽.

는 운송물 1포장당 10,000포앙카레 프랑(약 666.67 SDR)으로 대폭 인상하였다. 1 포앙카레 프랑은 표준순도 1,000분의 900인 금 65.6밀리그램에 상당하는 화폐단위이다. 헤이그-비스비규칙은 1977년에 발효하였는데, 영국 등 다수해운국이 동 규칙을 수용하였다. 헤이그-비스비규칙은 ① 체약국에서 발행된 선하증권, ② 체약국에 소재한 항구로부터의 해상운송 및 선박·운송인·송하인·수하인 기타 이해관계자의 국적을 불문하고 헤이그-비스비규칙을 원용하는 선하증권에 적용된다(비스비규칙 제10조).[1] 미국은 아직 헤이그-비스비규칙을 비준하지 않았으나, 우리 상법은 헤이그-비스비규칙의 중요 규정을 대폭 수용하였다.

그런데 1971년에 금본위제도가 폐기됨으로써 이 제도에 기초한 포앙카레 프랑을 더 이상 화폐단위로서 사용할 수 없게 되었으므로, 1979년에 국제통화기금이 사용하는 특별인출권(Special Drawing Right: SDR)을 계산단위로 사용한다는 내용의 비스비규칙에 대한 개정의정서가 채택되었다. 특별인출권의 가치는 미국·영국·독일·일본 등 주요국의 통화가치에 바탕하여 결정되며 매일 공표된다. 이같이 특별인출권의 가치가 매일 변동하므로 헤이그-비스비규칙을 비준한 국가 중 다수는 금약관협정(gold clause agreement)을 채택하여 운송인의 개별적 책임제한액을 자국통화로 표시하고 있다. 그 결과 헤이그-비스비규칙을 비준한 국가들간에서도 구체적인 개별적 책임제한액이 다른 경우가 많다.[2]

3. 함부르크규칙

1970년대 후반 경 발언권이 강화된 개발도상국들은 국제해법회가 자신들의 이익을 충분히 보호할 수 없으며, 기존 해상법체계는 선진해운국에 의하여 주도되었기 때문에 선박소유자 및 운송인에게 부당한 특혜를 부여하였다고 생각하게 되었다. 이 같은 개발도상국의 입장이 가장 분명하게 나타난 것은 개발도상국들이 수적으로 우세한 유엔이었으며, 특히 유엔무역개발위원회(UNCTAD) 및 유엔국제거래법위원회(UNCITRAL)는 개발도상국들의 주장을 받아

---

1) Diamond, "The Hague-Visby Rules," [1974] L.M.C.L.Q. 225쪽; Schoenbaum(5th), 563-564쪽.
2) Schoenbaum(5th), 564쪽; Tetley(4th), 38쪽.

들여 해상운송에 관한 모든 국제조약을 전면재검토하기 위한 상설해운위원회를 설립하였다. 그런데 헤이그–비스비규칙의 수호자를 자임하는 국제해법회와 국제해사기구 같은 전통적 해사기구들은 유엔의 이 같은 새로운 움직임에 반발하였으므로 양자간에 긴장관계가 생겼다. 그럼에도 불구하고 1978년에 유엔무역개발위원회와 유엔국제거래법위원회는 해상운송인의 책임에 관하여 종래의 헤이그–비스비규칙체계를 대체하기 위한 함부르크규칙(United Nations Convention on the Carriage of Goods by Sea, 1978, 약칭 Hamburg Rules)[1]을 성립시켰으며, 동 규칙은 1992년에 발효하였다. 2022년 현재 동 규칙을 비준한 국가는 알바니아·오스트리아·칠레·체코·이집트·라이베리아·나이지리아·루마니아 등 35개 국인데, 브라질·덴마크·프랑스·독일·노르웨이·파나마·포르투갈·싱가포르·스웨덴·미국 등 21개 주요 해운국은 동 규칙을 서명만 하고 비준은 아직 하지 않았다.[2] 헤이그–비스비규칙이 운송인과 화주 간에 복잡한 위험배분방식을 취하는 데 반하여, 함부르크규칙에서는 운송인에게 보다 무거운 책임을 부과하기 위하여 일단 운송인에게 운송물의 멸실 또는 훼손에 대한 책임이 있는 것으로 추정한 다음 운송인의 반증에 의하여 이 같은 추정을 번복할 수 있다. 이 때문에 중요 해운국들이 아직 동 규칙을 수용하지 않고 있다.[3]

4. 로테르담규칙

2008년 로테르담규칙은 항해과실면책폐지와 화주의 강화된 의무, 계약자유 원칙을 도입하였는데, 2009년 9월 23일 미국, 그리스, 프랑스, 노르웨이, 네덜란드, 덴마크, 스위스, 스페인, 폴란드, 가봉, 가나, 기니, 콩고, 세네갈, 토고, 나이지리아 등 16개 국이 서명하였다. 중국, 영국, 독일 등이 추후 가입할 의사를 밝히고 있어서 실직적인 가입국은 20여개 국이다. 20개 국이 비준문서를 기탁한 날로부터 1년이 지난 다음 달 초일에, 서명국 내에서는 헤이그

---

1) Selvig, "The Hamburg Rules, The Hague Rules and Marine Insurance Practice," 12 J.Mar.L. & Comm. 299쪽(1981); S. Mankabady(ed.), The Hamburg Rules on the Carriage of Goods by Sea(Leyden/Boston: A. W. Sijthoff, 1978); 임동철, "함부르크규칙의 발효에 즈음하여," 한국해법회지 제14권 제1호(1992), 43쪽.

2) http://uncitral.un.org.

3) Schoenbaum(5th), 564–565쪽.

규칙, 헤이그-비스비규칙과 함부르크규칙을 대체해 국제적 효력을 가지게 된다. 이같은 발효요건은 헤이그-비스비규칙(5개국 비준 3월 후 발효)보다는 엄격하나 함부르크규칙과는 동일하다.[1] 동 규칙의 내용은 다음과 같다.

(1) 적용 범위

로테르담규칙은 유통운송증권이든 비유통운송증권이 발행되었는지를 불문하고 대량운송계약(volume contracts)을 포함한 모든 운송계약에 적용된다. 단용선계약이나 선복이용계약(contracts for use of space)에는 적용되지 아니한다(동 규칙 제5조, 제6조). 동 규칙은 운송물의 수령시부터 인도시까지 적용된다.

(2) 운송물에 대한 권한

송하인 또는 유통/비유통 운송증권의 소유자는 운송물에 대한 권한을 가지며 운송인에 대하여 운송물의 처분에 관한 지시를 할 수 있다(동 규칙 제10조). 한편 송하인이나 증권소유자는 운송인의 실질적인 업무수행에 영향을 주어서는 아니되며, 송하인 등의 지시로 인하여 다른 운송물이 멸실되거나 훼손된 경우 송하인 등은 운송인의 손해를 배상하여야 한다(동 규칙 제50조, 제51조). 나아가 운송인은 송하인 등에 대하여 지급보증을 요구할 수 있다(동 규칙 제52조).

(3) 운송인의 책임원칙

운송인의 면책이나 항변사유에 해당한다 할지라도 운송인의 귀책사유 또는 과실이 있었음을 원고가 입증하면 운송인은 손해배상책임을 진다(동 규칙 제17조). 특정한 상황에서 운송인은 면책사유가 있더라도 이를 원용할 수 없다. 다만 운송인에게 책임이 있는 사유로 인하여 발생한 운송물의 멸실, 훼손, 지연에 대하여만 운송인은 손해배상책임을 진다. 즉 동 규칙은 운송인에게 귀책사유나 과실이 있었는지를 중시한다.[2]

(4) 항해과실면책폐지와 선상화재

로테르담규칙은 항해과실에 대하여 운송인을 면책시키지 아니한다. 항해과실로 인하여 발생한 손해에 대하여 운송인은 손해배상책임을 진다.

---

1) 김인현, "2007년 개정 상법 해상편의 개정 내용과 의의," 한국해법학회지 제31권 제1호 (2009), 155쪽; 한국해운신문(2009. 9. 30).

2) Lane Powell, "The United States Signs the Rotterdam Rules: Changes in Cargo Liability," London Market News(Sep. 24, 2009), 2쪽.

우리법상 운송인은 자기의 고의 또는 과실로 인한 경우가 아니면 선상화재로 인한 손해에 대하여 면책되었는데, 로테르담규칙은 이 같은 제한을 두고 있지 않으므로 운송인은 선상화재에 대하여 보다 용이하게 면책된다. 그럼에도 불구하고 운송인에게 고의 또는 과실이 있음을 원고가 입증한 경우에, 운송인은 운송물의 멸실이나 훼손의 전부 또는 일부에 대하여 손해배상책임을 진다.[1]

(5) 감항능력주의의무

동 규칙하에서 운송인은 항해를 개시할 때 뿐 아니라 항해기간 내내 선박의 감항능력을 유지하기 위하여 상당한 주의를 다할 의무를 진다(동 규칙 제14조).

(6) 지   연

동 규칙은 운송물의 지연에 대하여 명시적인 규정을 두고 있다. 운송물이 약정된 기간 내에 인도되지 않는 것을 운송물의 지연이라 한다(동 규칙 제21조). 따라서 인도시점을 약정하지 않은 경우에는 지연으로 인한 손해를 청구할 수 없다.

(7) 해사의무이행자와 히말라야약관

동 규칙하에서 해사의무이행자(maritime performing party)는 운송인의 면책사유와 항변사유를 원용할 수 있다(동 규칙 제7조). 운송물이 선적항에 도착한 시점과 양륙항을 떠난 시점까지 운송인의 의무의 일부를 이행한 해사의무이행자는 의무이행자(performing party)로 본다. 육상운송인은 항구 내에 국한하여 의무를 이행하였을 때에만 해사의무이행자이다. 따라서 철도운송인 등 육상운송인이 항구 외에서도 용역을 제공한다면 해사의무이행자가 아니며 운송인의 면책사유와 항변사유를 원용할 수 없다. 이는 헤이그규칙 하에서 선하증권에 히말라야약관이 기재되어 있는지 여부에 따라 육상운송인 등의 책임이 결정되었던 것과 다르다.[2]

(8) 포장당 책임제한

동 규칙하에서 포장은 헤이그규칙에서보다 작은 포장단위를 의미한다(동

---

1) Lane Powell, 앞의 글, 2쪽.
2) Lane Powell, 앞의 글, 3쪽.

규칙 제59조). 따라서 운송인의 책임제한 금액은 보다 고액일 것이 예상된다. 나아가 1포장당 책임제한금액은 875특별계산단위이므로 헤이그-비스비규칙보다 약 30% 증액되었다.

(9) 관할과 중재

동 규칙에서 가장 논란이 많았던 것이 관할과 중재에 관한 조항이었다. 동 규칙 제14장과 제15장은 관할권선택조항을 규정하고 있고 중재조항의 구속력에 대하여 규정하는 한편, 체약국이 이 조항을 배제할 수 있도록 허용한다.[1]

제2 선하증권의 기능

1. 선하증권의 기능

(1) 선적선하증권과 수령선하증권

선하증권(bills of lading)은 해상운송인이나 그 대리인이 해상물건운송계약에 따라 운송물을 수령하여 특정 목적지로 항해할 특정 선박에 선적하였음을 증명하고, 그 운송물의 인도청구권을 표창하는 유가증권이다. 공공운송의 경우 운송물을 선적한 송하인은 운송인에 대하여 선적선하증권(shipped bill of lading)을 발행하여 줄 것을 요구할 수 있다. 선적선하증권은 운송물의 선적 이전에 운송인이 운송물을 수령하였다는 뜻을 기재한 여타 임시영수증과는 구별된다. 이 같은 임시영수증으로서는 하역업자 또는 운송인이 운송물을 수령하였다는 것을 증명하기 위하여 송하인에게 교부하는 본선수취증(mate's receipt) 또는 부두수취증(dock receipt) 등을 들 수 있다. 부두수취증은 운송인이 운송물을 부두에서 수취한 후에 발행한다. 또 선적선하증권과 구별되어야 하는 수령선하증권(received bill of lading)은 보통운송물을 선적하는 데에 상당한 시간이 소요되므로, 그 이전에 운송물의 유통을 가능하게 하기 위하여 운송인이 송하인으로부터 운송물을 부두에서 수령하였다는 것을 기재한 선하증권이다. 그리고 일단 운송인이 운송물의 수량·포장상태 등에 관한 사항을 기재하지 않은 무유보선하증권(clean on board bill of lading)을 발행하였다면, 그 이전에 발행된 본선수취증에 어떠한 유보조항이나 예외조항이 있더라도 운송인은 발

---

1) Lane Powell, 앞의 글, 4쪽.

항시 양호한 상태의 운송물을 수령한 것으로 본다.[1] 선하증권에 물품이나 포장의 하자상태를 명시적으로 선언하는 조항이나 부기가 없고 물품이 본선에 적재되었다는 기재가 있으면, 비록 무유보(clean)라는 기재가 없더라도 '무유보선적'의 요건은 충족된다. 반면에 신용장에서 별도로 용선계약선하증권의 제시를 요구하지 않았는데 용선계약선하증권을 제시했다면 신용장 조건과 불일치하는 것으로 본다.[2]

선적선하증권과 수령선하증권·부두수취증 등을 구별하는 실익은 수령선하증권이나 부두수취증이 발행된 경우에는 운송물이 실제로 선적되었는지를 확인할 수 없으므로 상거래에서 선적서류로서 인정되지 않는다는 점이다. 즉 통상의 신용장에 의한 무역거래에서는 무유보·지시식·백지식 배서 선적선하증권일 것을 요구하므로, 신용장개설은행 및 물건의 매수인은 위 조건에 부합하지 않는 수령선하증권 등은 인수하지 않는다. 그런데 운송인이 수령선하증권을 발행한 후 운송물이 실제로 선적되었다면 운송인은 수령선하증권에 선적의 표시를 하여야 하며(상 제852조 제2항, 미국 해상물건운송법 제1303(7)조), 이 때에는 수령선하증권이 선적선하증권으로 된다. 통선하증권이나 복합운송선하증권 중에는 선적선하증권이 아니며, 단지 운송물을 선적하기 위하여 수령하였다는 뜻만을 기재한 것이 많이 있다. 이 같은 선하증권의 효력은 일반적으로 인정되고 있고, 은행도 이 같은 선하증권에 선적의 표시가 되어 있지 않더라도 이를 인수한다(1983년 신용장통일규칙 제23(b)조). 다만, 매수인 또는 신용장개설의뢰인은 선하증권에 선적의 표시가 없어도 좋다는 뜻을 밝혀야 한다.[3]

(2) 선하증권의 기재사항

각 선박회사는 각자의 고유한 선하증권양식을 사용하는데, 통상 선하증권은 3 내지 4부의 원본을 한 세트로서 발행하며, 선하증권의 사본 1부를 선상에 보관하게 된다. 그런데 오늘날 구태여 선하증권원본을 3 내지 4부나 발행할 필요가 있는지는 의문이다. 선하증권에는 다음의 사항을 기재하고, 운송

---

1) Woodhouse, Drake & Carey, Inc. v. M/V Righteous, 710 F.2d 1523(11th Cir. 1983). Schoenbaum(5th), 544-545쪽.

2) 대판 2014. 5. 29. 2012다113438(판례공보(2014. 7. 1), 1309쪽)(원고/상고인 중소기업은행, 피고/피상고인 한일스틸, 파기환송). 이 사건 선하증권에는 "용선계약과 함께 사용됨(to be used with charterparties)"라고 기재되어 있었다.

3) Schoenbaum(5th), 545쪽.

인이 기명날인 또는 서명하여야 한다(상 제853조 제1항).

① 선박의 명칭·국적 및 톤수(동항 1호)

② 송하인이 서면으로 통지한 운송물의 종류, 중량 또는 용적, 포장의 종별, 개수와 기호(동항 2호).

　　송하인은 서면으로 통지한 사항이 정확함을 운송인에게 담보한 것으로 본다(동조 제3항). 그런데 위 기재사항 중 운송물의 중량·용적·개수, 또는 기호가 운송인이 실제로 수령한 운송물을 정확하게 표시하고 있지 아니하다고 의심할 만한 상당한 이유가 있는 때 또는 이를 확인할 적당한 방법이 없는 때에는 그 기재를 생략할 수 있다(동조 제2항).

③ 운송물의 외관상태(동항 3호)

④ 용선자 또는 송하인의 성명·상호(동항 4호).

　　우리 대법원은 "선하증권의 송하인 란을 기재함에 있어서 반드시 운송계약의 당사자만을 송하인으로 기재해야 하는 것은 아니고 넓은 의미의 하주를 송하인으로 기재할 수도 있으므로, 선하증권에 송하인으로 기재되어 있다고 하여 운송계약의 당사자로 단정할 수 없다"고 한다.[1]

⑤ 수하인 또는 통지수령인의 성명·상호(동항 5호).

　　운송인이 선하증권에 기재된 통지수령인에게 운송물에 관한 통지를 한 때에는 송하인 및 선하증권소지인과 그 밖의 수하인에게 통지한 것으로 본다(동조 제4항).

⑥ 선적항(동항 6호)

⑦ 양륙항(동항 7호)

⑧ 운 임(동항 8호)

⑨ 발행지와 그 발행연월일(동항 9호)

⑩ 수통의 선하증권을 발행한 때에는 그 수(동항 10호)

---

1) 대판 2000. 3. 10. 99다55052(판례공보(2000. 5. 1), 230쪽)(원고 엘지화재, 피고 씨랜드서비스). 엘지상사가 원심 공동피고 태평양해운항공("태평양")에게 운송을 의뢰하였고, 태평양은 다시 피고에게 운송을 의뢰하였다. 피고는 태평양에게 "송하인 : 엘지상사를 대리한 태평양"으로 된 마스터선하증권을 발행하였고, 태평양은 엘지상사에게 송하인을 엘지상사로 하는 하우스선하증권을 발행하였다. 법원은 엘지상사와 운송계약을 체결한 자는 태평양이고, 피고는 태평양의 이행보조자 또는 이행대행자일 뿐이므로 엘지상사를 대위한 원고는 피고에게 채무불이행책임을 물을 수 없다고 판시하였다. 원래 피고는 송하인을 운송주선인인 태평양으로 하여 선하증권을 발행하였어야 하며, "엘지상사를 대리한 태평양"을 송하인으로 기재한 것 자체가 잘못된 것이므로, 엘지상사를 운송계약의 상대방으로 인정하지 아니한 판지는 타당하다.

⑪ 운송인의 성명 또는 상호(동항 11호)

⑫ 운송인의 주된 영업소소재지(동항 12호)

(3) 선하증권의 효력

선하증권은 운송물의 영수증으로서의 효력을 가질 뿐 아니라 운송인과 송하인 사이에 운송계약이 체결되었다는 것을 증명하는 증거증권 및 유통증권으로서의 효력을 가진다. 해상물건운송계약은 운송인이 제시하는 운송약관을 송하인이 교섭하여 변경시킬 여지가 거의 없는 부합계약이므로 선하증권의 기재사항의 해석에 관하여 다툼이 있을 때에는 발행자인 운송인에게 불리하게 엄격히 해석되어야 하며, 당사자가 합의하여 별도로 추가한 조항은 인쇄된 선하증권기재내용에 우선한다. 그러나 당사자가 사전에 물건운송에 관한 약정을 하였더라도 그 후에 발행된 선하증권이 이에 배치되는 내용을 규정하고 있다면, 선하증권의 기재내용이 우선적으로 적용된다.[1]

수통의 선하증권이 발행된 경우에는 2인 이상의 선하증권소지인이 각자 운송물의 인도를 청구하는 일이 있을 수 있다. 이 경우 상법은 양륙항에서 인도를 청구한 경우와 양륙항 외에서 인도를 청구한 경우를 구별한다. 즉 양륙항에서 수통의 선하증권 중 1통을 소지한 자가 운송물의 인도를 청구하는 경우에도 선장은 그 인도를 거부하지 못한다(상 제857조 제1항). 수통의 선하증권 중 1통의 소지인이 운송물의 인도를 받은 때에는 그 자가 정당한 권리자가 아니더라도 운송인은 책임을 면하므로, 다른 선하증권은 그 효력을 잃는다(동조 제2항). 그러나 양륙항 외에서는 인도 청구자가 운송물의 진정한 권리자인지를 운송인이 판단하기 힘들기 때문에, 운송인은 수통의 선하증권 전부를 반환받지 아니하면 운송물을 인도하지 못한다(상 제858조).

양륙항에서 2인 이상의 선하증권소지인이 운송물의 인도를 청구한 때에는 누가 정당한 권리자인지 알 수 없으므로, 불필요한 장기간의 정박을 피하기 위해 선장은 지체 없이 운송물을 공탁하고 각 청구자에게 통지를 발송하여야 한다(상 제859조 제1항). 이미 운송물의 일부를 인도한 후 다른 소지인이 인도를 청구한 때에도 같다(동조 제2항). 운송물이 공탁된 경우 수인의 선하증권소지인에게 공통되는 전 소지인으로부터 먼저 교부를 받은 선하증권 소지인

---

1) Schoenbaum(5th), 546-547쪽.

의 권리가 다른 소지인의 권리에 우선한다(상 제860조 제1항). 왜냐하면 이 자가 제일 먼저 운송물의 점유권을 취득하였기 때문이다. 격지자에 대하여 선하증권을 발송한 때에는 그 발송한 때를 교부받은 때로 본다(동조 제2항).

2. 선하증권의 종류

선하증권에는 기명식 선하증권(straight bill of lading)과 지시식 선하증권(order bill of lading)이 있다. 기명식 선하증권에는 수하인이 특정되어 있는 반면, 지시식 선하증권은 수하인 또는 수하인이 지시한 자에게 운송물에 대한 권리를 인정한다. 수하인은 지시식 선하증권을 배서하여 교부함으로써 제3자에게 양도할 수 있는데, 배서는 백지식 또는 기명식으로 할 수 있다. 지시식 선하증권을 양도할 수 없다는 약정은 원칙적으로 무효이나, 그러한 약정이 선하증권에 기재되어 있고, 송하인이 서면으로 이에 동의한 경우에는 유효하다. 지시식 선하증권이 양도가능한 것은 운송물에 대한 권리가 권원증권인 선하증권에 화체되어 선하증권소지인이 운송물의 소유권을 가지기 때문이다. 물건의 매도인은 선하증권이 매수인에게 교부되기 전에 물건매도대금을 지급청구함으로써 운송중의 운송물에 대한 권리를 행사할 수 있다. 또 신용장개설은행은 스스로 수하인이 되거나 선하증권의 점유를 취득함으로써 자신의 위험을 담보한다. 그리고 선하증권을 양도함으로써 운송물을 전전유통시킬 수 있다. 운송인은 선하증권과 상환하여 운송물을 인도할 의무가 있으며, 운송인이 지시식 선하증권을 회수하여 취소시키지 않은 상태에서 운송물을 송하인에게 양도하였다면, 운송물인도 전후 시점에 선의로 선하증권을 매입한 제3자에 대하여 손해배상책임을 진다.[1] 선하증권발행자인 운송인은 선하증권원본을 제시한 자에 대하여만 운송물을 인도할 수 있으며, 운송인이 정당한 선하증권소지인이 아닌 자에게 운송물을 인도하였다면 운송인은 이로 인하여 발생한 손해에 대하여 배상책임을 진다.[2]

기명식 선하증권은 양도할 수 없으며, 선하증권에 양도불능이라는 문구를 기재하여야 한다. 기명식 선하증권을 제시받은 운송인은 선하증권에 수하

---

1) 49 U.S.C. 제80111조. Schoenbaum(5th), 548쪽.
2) McCune, "Delivery of Cargo Carried under Straight Bills of Lading: The Ocean Carrier's Rights and Obligations," 17 Uniform Commercial Code L.J. 344쪽(1985). Schoenbaum (5th), 548-549쪽.

인으로 기재된 자에게 운송물을 인도하여야 하나, ① 달리 운송물에 대한 권리를 가지는 자가 운송인에게 인도청구를 하거나, ② 선하증권의 수하인이 운송물을 점유할 정당한 권리를 가지고 있지 않다는 것을 운송인이 알고 있는 경우에는 수하인에게 인도하지 않아도 무방하다. 운송인은 운송물을 인도할 때 반드시 기명식 선하증권을 회수하여 취소시킬 의무가 있는 것은 아니지만, 사후의 불필요한 분쟁을 예방하기 위하여는 이같이 하는 것이 좋다.[1]

3. 손해배상청구권자

해상운송계약은 송하인과 운송인 간에 체결된 계약이지만, 해상운송중 운송물이 멸실 또는 훼손되었거나 운송인이 운송계약을 위반하였을 때 수하인, 선하증권의 양수인 또는 구상권자로서의 적하보험자도 운송인에 대하여 손해배상을 청구할 수 있다. 그러나 해상운송계약당사자 또는 수하인이 아니면서 단지 운송물에 대하여 경제적인 이해관계를 가지는 것에 불과한 자는 운송인에 대하여 손해배상을 청구할 수 없다.[2] 운송물이 훼손되기는 하였지만 운송물의 가액이 0(零)에 이르지 않은 경우 수하인은 운송인으로부터 운송물을 인도받아야 하며, 운송물이 훼손되었음을 이유로 하여 그 인수를 거부하면 운송인에게 체선료를 지급하여야 한다.[3] 이것은 운송인에 비하여 수하인이 훼손된 운송물을 보다 용이하게 합리적인 가격으로써 처분할 수 있는 위치에 있기 때문이다.[4]

제3 선하증권의 기재의 흠결

1. 미 국 법

(1) 금반언의 원칙

선하증권의 문언증권성 때문에 선하증권의 기재에 흠결이 있는 경우에도

---

1) Schoenbaum(5th), 549쪽. 이성웅, "'라파엘라' 사건과 기명식 선하증권의 유통성," 한국해법학회지 제30권 제2호(2008. 11), 153쪽.
2) Tetley, "Who May Claim or Sue for Cargo Loss or Damage? Part Ⅰ," 17 J.Mar.L. & Comm. 153쪽, 407쪽(1986).
3) Amstar Corp. v. M/V Alexandros T, 472 F. Supp. 1289(D.Md. 1979), affirmed 664 F.2d 904(4th Cir. 1981).
4) Schoenbaum(5th), 543-544쪽.

수하인과 선하증권양수인은 보호를 받는다. 운송인 또는 선하증권발행인은 운송물의 내역·선적일·적부방법 등에 관한 선하증권의 기재가 잘못된 경우, 금반언의 원칙에 따라 수하인에 대하여 손해배상책임을 진다. 운송인에게 이 같은 책임을 지우기 위하여는 운송인이 고의로 선하증권에 허위사실을 기재하였을 필요는 없으며, 운송인이 선의로 선하증권에 오기한 것으로 충분하다.[1] 따라서 운송물 자체 또는 그 포장에 하자가 있다는 취지의 문언을 기재하지 않은 무유보선하증권을 발행한 운송인은 금반언의 원칙상 운송물의 수령시에 운송물에 하자가 있었음을 주장할 수 없다.[2]

이에 관하여 연방선하증권법은 "양도불능선하증권 하에서 운송된 운송물의 소유자나 양도가능선하증권의 소지인이 운송물에 관한 선하증권기재사항이나 선적일기재를 선의로 믿은 것에 대해 운송인은 책임을 져야 한다"고 규정한다(동법 제80113(a)조). 연방선하증권법은 미국에서 외국으로 수출되는 운송물 및 주간(州間) 운송되는 운송물에만 적용되는 반면, 금반언의 원칙은 외국에서 미국으로 수입되는 운송물에 대하여도 적용되며, 수하인 또는 선하증권 소지인은 개별운송계약(private carriage)에 대하여도 금반언의 원칙을 원용할 수 있다. 수하인이 금반언의 원칙을 원용하려면 선의여야 하고, 선하증권의 기재사항이 정확하다고 믿었어야 하며, 만약 수하인이 선하증권의 기재사항에 흠결이 있음을 알고 있었다면 이로 인하여 손해가 발생하였더라도 운송인에 대하여 배상책임을 물을 수 없다.[3]

(2) 운송인의 선하증권기재의무

운송인은 선하증권에 발행 당시의 운송물의 외관상태를 기재하여야 하며, 운송물이 훼손되어 있거나 수량이 부족하다는 것을 운송인이 알거나 알았어야 하는 경우에 운송인은 그 사실을 선하증권에 기재할 의무가 있다.[4] 선하증권은 운송인이 선하증권을 발행할 당시의 인식상태를 반영하여야 한다. 선하증권에 '송하인이 선적 및 검수하였음' 또는 '송하인에 따르면 운송물의

---

1) 엄윤대, "선하증권의 기재와 효력에 관한 연구," 한국외국어대학교 무역대학원 석사학위논문(1988. 12).
2) Schoenbaum(5th), 555-556쪽.
3) Condor Industries International, Inc. v. M/V "American Express," 667 F. Supp. 99(S.D.N.Y. 1987). Schoenbaum(5th), 556-557쪽.
4) Yeramex International v. S.S. Tendo, 595 F.2d 943(4th Cir. 1979).

내용은 다음과 같음'(said to contain: STC)과 같은 기재를 하더라도 운송인은 면책되지 아니한다.[1]

운송인이 실제로는 선하증권기재보다 소량의 운송물을 수령하였다고 주장하려면, 송하인이 실제로 운송물을 선적한 동시에 이 사실이 선하증권에 기재되어 있어야 한다. 운송인이 선적시 포장된 화물을 수령하였다면, 운송인은 포장의 개수를 세야 한다. 일단 운송인이 운송물의 중량을 선하증권에 기재하였다면 운송물의 실제중량이 기재된 중량과 일치하며, 운송인이 합리적인 방법에 의하여 운송물의 중량을 측정한 것으로 본다. 또 설혹 운송인이 '운송물의 중량은 제3자가 측정한 것이며, 운송인이 선하증권을 발행하기는 하였지만 운송물의 중량에 관한 기재사항이 정확하다는 것을 담보하는 것은 아님'이란 문언을 선하증권에 기재하였더라도 그러한 문언은 당해 운송물의 운송인들이 통상 사용하는 문언이 아닌 한 무효이다.[2]

운송인이 밀봉된 컨테이너나 운송물의 포장을 개봉하여 운송물의 내부상태를 검사할 의무를 부담하는 것은 아니다. 그러나 운송물의 중량과 개수는 통상 용이하게 확인할 수 있으므로, 운송인이 이를 확인할 적당한 방법이 없거나 송하인이 통지한 운송물의 중량과 개수가 운송인이 실제로 수령한 운송물을 정확하게 표시하고 있지 아니하다고 의심할 만한 상당한 이유가 있을 때에는 이 같은 사실을 선하증권에 명시하여야 한다. 다만, 특정 운송물운송업계의 관행에 따라 선하증권의 기재사항이 달라질 수 있다. 운송인이 운송물을 수령하기 전에 발생한 운송물의 멸실 또는 훼손에 대하여 책임을 지지 않으려면, 운송물을 수령할 때까지 선하증권발행을 유보하거나 '선하증권이 발행된 후에 운송물을 창고에 보관하였거나 내륙운송하였지만 이것은 운송인이 운송물을 수령하기 이전이었음'을 선하증권에 명기하여야 한다. 나아가 운송인이 운송물의 상태에 관하여 의심이 들 때에는 선하증권에 그러한 사실을 기재함으로써 책임을 면할 수 있으며, 이 같은 선하증권기재사항은 선의의 선

---

[1] 49 U.S.C. 제80113(d)(2)조는 "운송인은 운송물을 선적할 때 개품운송의 경우에는 포장의 개수를, 그리고 대량운송화물의 경우에는 운송물의 종류와 수량을 검수하여야 한다. 운송인은 이러한 경우에 마치 송하인이 운송물을 선적한 것처럼 '송하인이 계량·선적·검수하였음' 등의 문언을 선하증권·영수증·운송계약서 등에 기재할 수 없으며, 이 같은 문언을 기재하였더라도 무효"라고 규정한다. Schoenbaum(5th), 557~558쪽.

[2] Spencer Kellogg, Division of Textron, Inc. v. S.S. Mormacsea, 703 F.2d 44(2d Cir. 1983). Schoenbaum(5th), 558~559쪽.

하증권소지인에 대하여도 효력을 가진다.[1]

운송인은 잘못된 선하증권기재사항을 신뢰한 수하인 및 선의의 선하증권소지인에 대하여 금반언의 원칙에 따른 손해배상책임을 진다. 따라서 수하인이 설사 선하증권기재사항이 부정확한 것을 알았더라도 수하인은 송하인에 대한 물품대금지급을 거절함으로써 손해를 경감시킬 의무를 지지 아니한다. 즉 수하인은 송하인에게 물품대금을 일단 지급한 다음 운송인에게 손해배상을 청구하게 되며, 이 경우에 운송인은 개별적 책임제한을 원용할 수 없다.[2] 그리고 운송인은 수하인이나 선의의 선하증권소지인에게 손해배상을 지급한 후 운송물에 관하여 운송인에게 부정확한 내용을 통보한 송하인에 대하여 구상할 수 있다.[3]

2. 우 리 법

상법은 선하증권의 경우에 화물상환증의 문언증권성에 관한 규정의 준용규정을 삭제하고, 헤이그-비스비규칙(제3조 제4항)을 수용하였다. 따라서 선하증권이 상법 제853조 제1항의 규정에 따라 적법하게 발행된 경우에는 운송인과 송하인 사이에 선하증권에 기재된 대로 개품운송계약이 체결되고 운송물을 수령 또는 선적한 것으로 추정한다(상 제854조 제1항). 따라서 실제 수령 또는 선적한 운송물이 선하증권의 기재내용과 상이하거나 운송물을 수령하지도 않고 선하증권을 발행한 경우, 운송인은 반증이 없는 한 송하인에 대하여 불법행위책임이 아닌 채무불이행책임을 진다.[4] 또 선하증권을 선의로 취득한 소지인에 대하여 운송인은 선하증권에 기재된 대로 운송물을 수령 또는 선적한 것으로 보고 선하증권에 기재된 바에 따라 운송인으로서 책임을 진다(동조 제2항). 그러므로 선하증권에 기재된 운송물의 수량보다 더 많은 수량이 선적되었음을 소지인이 주장하는 경우 이에 대한 입증책임은 소지인이 지고, 반대로 운송인이 선하증권에 기재된 운송물보다 실제로는 적게 선적하였음을 입증한

---

1) Woodhouse, Drake & Carey, Inc. v. M/V Righteous, 710 F.2d 1523(11th Cir. 1983). Schoenbaum(5th), 559-560쪽.

2) Elgie & Co. v. S.S. "S.A. Nederburg," 599 F.2d 1177(2d Cir. 1979).

3) 미국 해상물건운송법, 제3(5)조. Schoenbaum(5th), 562쪽.

4) 대판 2008. 2. 14. 2006다47585(원고 한국수출보험공사, 피고 제이엔케이로지스틱스)(판례공보(2008. 4. 15), 567쪽).

때에는 이로써 소지인에게 대항할 수 있다.

이같이 운송인은 선의의 선하증권소지인에 대하여 증권상 기재에 따른 책임을 지므로 대량의 운송물을 취급하며 운송물의 내용을 일일이 확인하기 힘든 운송인에게 가혹할 수도 있다. 실무상 이 같은 경우는 부지약관(unknown clause)에 의하여 운송인을 면책시키고 있다.[1]

하급심판례 중에 선적도 하지 않고 선하증권을 발행하여 수입상에게 손해를 끼친 운송인에 대하여 불법행위에 기한 손해배상책임을 인정하는 한편, 선하증권상 선적일부터 50여 일이 지나도록 운송물이 도착하지 않았는 데도 확인하지 않은 수입상의 과실을 25% 과실상계한 예가 있다.[2] 한편 대법원은 은행의 부주의를 이용하여 허위선하증권을 사용하여 은행으로부터 환어음매입대금을 편취한 행위에 적극가담하여 허위선하증권을 발행한 자는 은행의 부주의를 이유로 손해배상책임을 경감하여 달라고 주장할 수 없다고 판시하였다.[3] 허위선하증권이 발행된 경우, 은행이 선하증권소지인으로서 입은 손

---

1) 최, 930쪽.

2) 서울민지판 1995. 12. 15. 94가합32189(법률신문 제2469호(1996. 1. 11), 13쪽). 원고는 미국 회사로부터 무기를 수입하는 계약을 체결하였고, 미국회사의 대리인인 J는 과거에 S사의 선박을 이용하여 무기를 운송하여 왔다. 그런데 J는 이 사건 무기의 운송계약을 S사와 체결하지도 않았고, 무기를 선적하지도 않으면서 S사의 국내대리점인 피고 Y사의 직원인 피고 K에게 2천만 원을 주고, 이 사건 무기가 선적되었다는 내용의 S사 선하증권을 발행해 줄 것을 부탁했다. 이에 피고 K는 보관하고 있던 S사의 선하증권양식을 이용하여 허위선하증권을 발행하여 J에게 교부하였다. 법원은 피고 K에 대하여는 원고에 대한 불법행위책임을, S사의 선박대리점인 피고 Y사에 대하여는 피고 K의 사용자로서의 불법행위책임을 인정하였다. 피고 Y사는 피고 K의 학력·경력·가정사정이 정상적이고 전과가 없었으므로 이 같은 자를 부장으로 고용한 것은 잘못이 아니고, 부장으로 근무하던 피고 K가 스스로 보관하던 선하증권양식을 사용하여 단순히 소정 기재사항을 타이핑하고 서명함으로써 선하증권을 위조함을 방지하는 것은 불가능에 가깝다고 항변하였으나 받아들여지지 않았다. 한편 법원은 ① 선하증권에 기재된 신용장번호가 신용장과 다르고, 하역항이 신용장상의 부산이 아닌 진해로, 신용장상 요구되는 '무유보선적됨' 문구 대신 '선적됨' 문구가, 신용장상 요구되는 '운임선불'이 아닌 '운임후불약정' 문구가 기재되어 있는 등 선하증권과 신용장이 일치하지 아니하였고, ② 선하증권상 선적일로부터 50일이 지나 신용장대금이 지급될 때까지 이 사건 무기가 한국에 도착하지 않았으며, ③ 원고는 이 사건 무기가 제대로 선적되어 계약이 정상이행될 수 있는지를 의심하고 확인하였어야 했는데 이를 제대로 하지 않았고, ④ 지급을 거절할 수 있는 신용장대금을 지급되게 하는 등의 원고의 과실을 25%로 인정하였다.

3) 대판 1997. 9. 5. 97다17452(판례공보(1997. 10. 15), 3011쪽). 원고 평화은행은 공동피고 일신피혁으로부터 피고 은산해운이 발행한 선하증권 등 선적서류를 매입하였다. 이 선하증권은 일신피혁이 자금난을 타개하기 위하여 은산해운과 공모하여 물품이 선적되지 않았는 데도 선적된 것처럼 발행된 허위선하증권이었다. 법원은 이로 인하여 원고가 입은 손해에 대하여 은산해운과 그 대표이사의 손해배상책임을 인정한 반면, 피고들의 과실상계항변을 배

해는 반드시 수출환어음의 지급거절로 인하여 발생하는 것이 아니라 경우에
따라서는 선하증권의 담보가치가 없어짐으로써 발생할 수도 있다.¹⁾ 운송인은
통상적이고 합리적인 방법으로 운송물의 외관을 확인하여 그 상태를 선하증
권에 기재하면 족하고, 모든 운송물의 개별적 상태를 세세하게 검사할 필요는
없다는 서울고법판례도 있다.²⁾

제4 선하증권과 용선계약

1. 용선계약 하의 선하증권

(1) 용선계약에 대한 미국 해상물건운송법의 적용

정기용선 또는 항해용선한 선박에 선적된 운송물에 관하여 운송인이 선
하증권을 발행한 경우에는 선하증권과 용선계약 중 어느 것이 당사자간의 운

척하였다.

 1) 대판 2005. 3. 24. 2003다5535(판례공보(2005. 5. 1), 633쪽)(원고 한국수출보험공사, 피고
 대일해운항공). 선하증권이 2000. 6. 9. 발행되었으나 실제 선적일은 2000. 6. 24.였다. 서울
 고법은 2002. 12. 13. 선고 2002나25053 판결에서 피고가 선하증권을 발행한 데에 아무런
 과실이 없고, 원고의 손해는 계약관계부존재를 이유로 한 수출환어음지급거절로 인한 것이
 고, 그 손해는 선적일자와 선박명이 실제와 달리 선하증권에 기재된 것과 인과관계가 없다
 는 이유로 원고의 청구를 기각하였다. 그러나 대법원은 은행이 수출환어음과 함께 선하증
 권을 매입한 경우 선하증권이 운송물을 수령하지 않고 발행되어 무효라면, 은행이 선하증
 권소지인으로서 입은 손해는 반드시 수출환어음의 지급거절로 인하여 발생하는 것이 아니
 라 경우에 따라서는 선하증권의 담보가치가 없어짐으로써 발생할 수도 있다고 하면서 2심
 판결을 파기하였다. 평석으로는 최종현, "공선하증권의 효력," 한국해법학회지 제29권 제1
 호(2007), 129쪽.
 2) 서울고판 1998. 4. 14. 97나35445(원고 월드후르츠, 피고 한국특수선). 수입상인 원고(용선
 자)는 운송인인 피고와 피고의 리퍼 1호가 에쿠아도르에서 부산까지 바나나를 운송하되
 "선적·하역·적부 및 짐고르는 작업은 피고가 책임지는" 조건(FIOST)으로 용선계약을 체
 결하였다. 수출상은 검정인 에스지에스를 시켜 무작위로 화물 2%를 추출하여 품질을 검사
 후 선적하였으며, 선장은 무유보선하증권을 발행하였다. 1등항해사는 본선수취증에 "수확
 후 해안에 장기간 적치하여 품질이 손상되었음. 선주는 목적항에서 화물품질에 대하여 책
 임지지 않는다"고 기재하였으며, 송하인도 이를 확인하였다. 부산에서 바나나의 상당부분
 이 과숙된 것이 발견되어 통관할 수 없었으므로, 원고는 선장이 선적중 바나나가 손상되거
 나 과숙되어 있음을 알면서도 고의 또는 중과실로 무유보선하증권을 발행한 것에 대해 피
 고의 사용자책임을 물었다. 이에 대하여 법원은 ① 화물 품질 및 수량에 대하여는 무유보선
 하증권 여부보다 에스지에스가 발행한 품질 및 수량증명서가 더욱 중요하고, ② 운송물외
 관기재를 위해 필요한 운송인의 의무는 통상적이고 합리적 방법으로 운송물외관을 확인하
 여 그 상태를 기재하면 족하고 모든 운송물의 개별상태를 세세하게 검사할 필요는 없으며,
 ③ 선장이 통상적 표본추출방식을 통해 선하증권을 발행했다면 과실이 없다고 피고승소판
 결을 내렸다.

송계약인지가 문제된다. 선하증권소지인이 용선자인 경우와 수하인이나 피배서인 등 용선자가 아닌 경우를 구별할 수 있다. 특히 미국법에서는 위와 같은 경우에도 미국 해상물건운송법이 적용되는지가 문제된다. 동법은 "본법은 용선계약에 적용되지 않으나, 용선된 선박에 관하여 선하증권이 발행된 경우에는 본법의 적용을 받는다"고 규정하고 있고(제5조), 나아가 선하증권이 운송인과 선하증권소지인 간의 관계를 규율하는 시점부터 용선계약 하에서 발행된 선하증권에 대하여 동법 전체가 적용된다고 규정한다(제1(b)조).[1]

    이 같은 성문법규정에도 불구하고 미국법원은 용선계약을 개별운송계약으로 보아 공공운송과 구별하고, 용선계약에 대하여는 미국 해상물건운송법이 적용되지 않는다는 입장을 취한다. 즉 용선계약 하에서 발행된 선하증권은 운송물의 영수증인 동시에 운송물에 대한 권리를 표창하는 권원증권이기는 하지만, 선박소유자와 용선자 간의 계약에 영향을 미치지는 않는다는 것이다.[2] 따라서 송하인이 선박 전체를 용선할 경우에 당사자 간의 특별한 약정이 없는 한 선하증권이 아닌 용선계약이 운송계약이다. 다만, 계약당사자들은 용선계약에 대하여도 미국 해상물건운송법을 적용할 것에 합의할 수 있다.[3]

    그러나 위와 같은 판례법원칙을 엄격하게 해석할 필요는 없으며, 용선계약당사자들의 의사가 선하증권을 발행함으로써 선하증권이 운송계약의 일부를 구성하도록 하는 것이라면 용선계약 하에서 발행된 선하증권을 운송계약으로 볼 수 있고, 따라서 미국 해상물건운송법이 선하증권에 적용된다. 그런데 선하증권이 운송계약의 일부를 구성하도록 당사자들이 의도하였는지 여부는 용선계약에 선하증권편입조항(incorporation clause)이 기재되었거나 선하증권에 용선계약편입조항이 기재되어 있는지 여부에 의하여 판단할 수 있다.[4] 따라서 당사자들은 이 같은 조항을 용선계약이나 선하증권에 기재하는 것이 바람직하며, 만약 당해 계약관계에 대하여 용선계약만이 적용되도록 하고자 한다면, 선하증권에 "이 선하증권을 발행하더라도 용선계약에는 아무런 영향을

---

1) Schoenbaum(5th), 682쪽.
2) Associated Metals & Minerals Corp. v. S/S Jasmine, 983 F.2d 410(2d Cir. 1993).
3) Schoenbaum(5th), 682-683쪽.
4) 주기동, "용선계약하에서 발행된 선하증권에 관한 법적 고찰," 서울대 법학석사학위논문(1985. 8); 서영화, "용선계약의 선하증권에의 편입," 한국해법회지 제14권 제1호(1992), 353쪽.

주지 않는다"(without prejudice to the charterparty)라는 문언을 기재하여야 한다.[1]

(2) 중재조항의 수하인에 대한 적용

용선계약 하에서 발행된 선하증권이 제3자에게 양도된 경우에는 원칙적으로 선하증권에 의하여 당사자간의 법률관계를 규율한다.[2] 그러나 선하증권에 용선계약을 편입한다는 조항이 기재되어 있는 경우에는 용선계약이 곧 운송계약으로 되어 당사자간의 법률관계를 결정한다. 단, 이같이 용선계약이 운송계약으로 되기 위하여는 첫째 선하증권에 용선계약의 내용을 편입한다는 조항이 기재되어 있어야 하고, 둘째 선하증권소지인이 이 같은 조항이 선하증권에 기재되어 있다는 것을 실제로 알고 있거나 알았어야 한다.[3]

용선계약내용을 편입한다는 조항이 기재된 선하증권이 제3자에게 양도된 경우에 대한 연방지법 판례가 있다. 즉 1968년 Production Steel Co. of Illinois v. SS Francois, L.D. 사건에서, 동 법원은 영국으로부터 미국으로 해상운송한 철강의 수하인이 선박소유자 및 용선자를 제소한 사안에 대하여 선하증권이 운송계약이라고 판시하였다. 즉 동 법원은 용선계약과 선하증권을 별개의 계약이라고 전제하고, 설사 선하증권에 "용선계약조건의 적용을 받는다"는 문언이 기재되어 있더라도 수하인과 해상운송인 간의 법률관계가 선하증권에 자세히 규정되어 있었다면, 용선계약의 직접당사자가 아닌 수하인에 대하여는 용선계약이 적용되지 않는다고 보았다.[4] 한편 동 법원은 1973년 Midland Tar Distillers, Inc. v. M/T Lotos 사건에서 선하증권에 편입된 용선계약 중의 중재조항이 "용선계약당사자들이 중재인을 임명한다"는 내용에 불과한 경우에 이 같은 조항이 운송물의 수하인에게 적용된다고 판시하였다. 이 사건에서 동 법원은 용선계약과 선하증권이 결합하여 하나의 완전한 계약이 된다고 하면서, Production Steel 사건에서의 선하증권은 그 자체로서 당사자의 의무를

---

1) Schoenbaum(5th), 683-684쪽; Tetley(4th), 1448-1449쪽.
2) CIA. Platamon de Navegacion, S. A. v. Empress Colombiana de Petroleos, 478 F. Supp. 66(S.D.N.Y. 1979) 사건에서, 제3자가 정기용선자와의 사이에 선하증권으로써 기름화물운송계약을 체결하였는데, 미국법원은 용선계약에 중재조항이 기재되어 있었더라도 그 중재조항은 제3자에 대하여 적용되지 않는다고 판시하였다. 만약 선하증권에 용선계약 또는 용선계약 중 중재조항을 편입한다는 조항이 기재되어 있었더라면, 제3자에 대하여도 중재조항이 적용되었을 것이다.
3) Schoenbaum(5th), 684쪽.
4) 294 F. Supp. 200(S.D.N.Y. 1968).

매우 자세히 규정하였기 때문에 굳이 용선계약의 내용을 편입할 필요가 없었다는 점에서 Midland 사건과 상이하다고 보았다. 반면에 Midland 사건에서의 선하증권의 내용은 너무나 간단하였기 때문에 용선계약을 선하증권에 편입할 필요가 있다는 것이다. 결국 이 사건에서 수하인은 운송물의 훼손에 대한 손해배상을 중재절차에 의하여 청구하였다.[1]

선하증권에 대한 용선계약편입문제는 대개 해상운송인이 용선계약상의 중재조항을 용선계약당사자가 아닌 운송물의 수하인에게 적용시키려는 경우에 발생한다. 그런데 해상운송인이 이같이 용선계약상의 중재조항을 수하인에게 적용시키려고 노력하는 이유는 반드시 중재절차 자체가 자신에게 유리하기 때문이 아니라 수하인이 선하증권에 터잡아 해상운송인을 제소한 경우에 해상운송인의 당해 사건은 중재절차에 의하여 해결되어야 한다는 주장이 받아들여져 수하인의 청구가 기각된다면 많은 경우에 중재절차의 제소기간이 이미 도과되어 수하인의 손해배상청구를 원천적으로 봉쇄할 수 있기 때문이다.[2] 선하증권은 부합계약이므로 선하증권의 해석에 관하여 의문이 있을 때는 그 발행인인 운송인에게 불리하게 해석하여야 한다. 따라서 용선계약내용을 선하증권에 편입함으로써 수하인의 손해배상청구가 각하되거나 용선계약과 선하증권의 내용이 크게 상치되는 경우에 법원은 용선계약내용을 선하증권에 편입하는 것을 허용해서는 아니 된다. 신용장거래에 있어서 신용장에 달리 규정된 경우를 제외하고는 송하인이 용선계약 하에서 발행된 선하증권을 은행에 제시한 경우에는 정당한 선적서류를 제시한 것으로 간주되지 아니하므로 은행이 이를 받아들이지 않는 것이 실무관행이다.[3]

우리 판례는 용선계약의 선하증권에의 편입을 엄격하게 제한한다. 용선계약의 모든 조항이 선하증권에 편입된다는 규정이 있더라도 용선계약이 특정되지 아니하고 편입문구가 일반적이어서 중재조항이 편입되는지 제3자에게 불명확하다면, 용선계약상 중재조항이 선하증권에 편입되었다고 볼 수 없다는 대법원판례가 있다.[4] A사가 B중국법인으로부터 수입한 화물이 운송 중

1) 362 F. Supp. 1311(S.D.N.Y. 1973). Schoenbaum(5th), 684-685쪽.
2) Note, "Incorporation of Charter Party Terms," [1984] L.M.C.L.Q. 194-195쪽.
3) 1983년 신용장통일규칙 제25c조. Schoenbaum(5th), 685-686쪽.
4) 대판 2003. 1. 10. 2000다70064(판례공보(2003. 3. 1), 588쪽(원고 엘지화재, 피고 한진해운). 1993. 2. 포철은 미국에 수출하는 열연강판의 해상운송을 위하여 피고와 제1차 용선계

훼손되었다고 주장하면서, B와 용선계약을 체결해 화물을 운송한 C러시아법인을 상대로 채무불이행 또는 불법행위에 따른 손해배상을 구하는 소를 한국법원에 제기했다. 용선계약에는 영국법에 따라 홍콩에서 중재한다는 조항이 있었다. 울산지법은 1) 선하증권에 중재조항이 선하증권에 편입된다거나 용선계약상 일반 조항이 모두 선하증권에 편입된다는 규정이 없고, 2) 선하증권 기재상 용선계약 자체가 특정되어 있지 않아 중재조항이 선하증권에 편입된다고 볼 수 없으며, 3) 설사 C사가 선하증권 이면약관으로 '선적국 또는 운송인과 상인 간에 합의된 곳'을 관할로 정했더라도 이 합의는 법정관할에 부가해 선적국인 러시아나 당사자가 합의한 곳의 관할권을 창설하는 부가적 합의에 불과하므로 한국 법원이 관할권을 가진다고 보았다.[1]

2. 용선계약 하에서 선하증권이 발행된 경우의 운송인

(1) 선박소유자 또는 용선자

용선된 선박에 운송물을 선적한 송하인에게 선하증권이 발행되었을 때, 송하인은 선박소유자와 용선자 중 누구와 운송계약을 체결한 것인지가 문제된다. 미국 해상물건운송법에 의하면 '운송인'은 송하인과 운송계약을 체결한 선박소유자 또는 용선자를 포함한다고 규정되어 있는데, 동법에 의한 운송물

약을 체결하였는데, 용선계약서 제22조는 "포철과 피고 간에 분쟁발생시 대한상사중재원의 규정과 한국법에 따라 서울에서 중재로 해결하고, 중재원의 판정은 최종적이며 당사자쌍방을 구속한다"고 규정하였다. 1995. 11. 포철의 자회사인 포철아메리카는 아연도금의 운송을 위하여 피고와 제2차 용선계약을 체결하면서 이에 규정되지 않은 사항은 제1차 용선계약을 준용하기로 하였으며, 피고의 미국대리점이 포철아메리카에게 선하증권을 발행하였다. 선하증권표면에는 "용선계약과 함께 사용됨"이라고 기재되어 있고, 이면약관 제1조는 "용선계약의 모든 조건과 내용은 선하증권의 내용으로 편입된다"고 규정하였으며, 제2조(지상약관)는 "이 계약에는 헤이그규칙 또는 헤이그-비스비규칙이 적용된다"고 규정하였다. 대법원은 "① 용선계약의 중재조항이 선하증권에 편입되는지 여부는 선하증권의 준거법에 의하여 판단한다. ② 이 사건 선하증권에는 헤이그규칙 또는 헤이그-비스비규칙이 적용되고, 나머지 사항에 대하여는 선하증권발행장소인 미국법이 적용된다. ③ 이 선하증권기재상 용선계약 자체가 특정되어 있지 아니하고, 편입문구가 일반적이어서 편입대상인 용선계약 중 중재조항이 포함되는지도 선하증권소지인 등 제3자에게 분명하지 아니하다. ④ 제1차 용선계약상 중재조항은 그 인적 효력의 범위를 용선계약당사자들로 한정하고 있어 이 같은 용선계약 편입문구만으로는 이 사건 용선계약상 중재조항이 선하증권에 편입되었다고 볼 수 없다"고 판시하였다. 이형욱·이제현, "항해용선계약상 선하증권의 편입문구에 관한 법리적 해석에 관한 연구," 해운물류연구 제65호(2010. 6), 273쪽 참조.

1) 울산지판 2014. 2. 6. 2012가합3810(각급법원(제1,2심) 판결공보(2014. 5. 10), 323쪽)(원고 후쿠, 피고 캄차카 골드 씨오, 원고 승소, 항소됨).

의 멸실 또는 훼손에 관한 손해배상청구 또는 운송계약불이행으로 인한 손해
배상청구는 동법 하의 운송인에 대하여만 청구할 수 있다. 선하증권의 발행인
이 선박소유자와 용선자 중 누구인지를 판단하는 데는 대리의 법리를 유추적
용할 수 있으며, 용선계약의 유형, 선하증권에 서명한 자, 선박소유자와 용선
자 중 누구의 선하증권양식을 사용하였는지, 선박소유자와 용선자 중 누구의
권한으로써 선하증권을 발행하였는지를 고려한다. 그러나 대리의 법리를 엄
격하게 적용할 필요는 없으며, 해상운송주체인 선박소유자 및 용선자 모두에
게 운송인의 지위를 인정하는 것이 최근의 추세이다.[1]

특정 운송계약에서 운송인이 누구인가를 결정하는 데 있어서 우선적으로
고려하여야 할 것은 용선계약의 유형과 선장 및 선원들이 선박소유자와 용선
자 중 누구의 피용자였는지 여부이다. 선체용선의 경우에는 선체용선자가 선
박의 점유 및 항해에 관한 지휘를 독점하므로 선체용선자를 미국 해상물건운
송법상의 운송인으로 보는 반면, 정기용선이나 항해용선계약의 경우에는 선
박소유자가 선박을 점유하고 통제하기 때문에 일반적으로 선박소유자를 운송
인으로 본다. 그러나 용선자가 자신의 권한으로써 선하증권을 발행한 경우에
는 용선자를 운송인으로 볼 수도 있으며, 이 경우에 선박소유자는 면책될 수
있다.[2]

(2) 용선자가 선하증권에 서명한 경우

용선자가 선장을 대신하여 선하증권에 서명한 경우에는 용선자가 선장을
대신하여 서명할 권한이 있는지와 선장이 자신의 행위에 의하여 선박소유자
를 구속할 권한이 있는지를 살펴보아야 한다. 선박소유자가 송하인과의 사이
에 해상운송계약을 체결할 때는 양자가 직접 계약을 체결할 수도 있고, 용선
자가 선장을 대신하여 선하증권에 서명함으로써 선박소유자가 선하증권의 내
용에 구속받도록 할 수도 있다. 원칙적으로 용선자 또는 용선자의 대리인이
선장을 대신하여 선하증권에 서명한 경우에는 선박소유자가 운송인으로서의
책임을 진다.[3] 그러나 용선자가 선박소유자로부터 수권을 받지 아니한 채

---

1) Schoenbaum(5th), 686-687쪽.
2) Yeramex International v. S.S. Tendo, 595 F. 2d 943(4th Cir. 1979) 사건에서는 용선계약의
   문언상 용신자가 운송물취급 및 선하증권발행에 관하여 전적인 책임을 지도록 되어 있었으므
   로 용선자가 미국 해상물건운송법에 의한 운송인으로 간주되었다. Schoenbaum(5th), 687쪽.
3) Pacific Employers Ins. Co. v. M/V Gloria, 767 F.2d 229(5th Cir. 1985).

'선장을 대신하여' 선하증권에 서명한 경우에 선박소유자는 그 선하증권에 관하여 운송인으로서의 책임을 지지 않는다.[1] 선박이 정기용선되고 다시 항해용선된 경우에 정기용선자의 대리인만이 선하증권에 서명하였다면, 정기용선자는 운송인으로 간주되나 항해용선자는 운송인으로 간주되지 않는다. 또 미국법상 선하증권에 운송인이 누구인지를 특정하는 이른바 demise clause는 미국 해상물건운송법에 위반하는 면책조항이기 때문에 송하인을 구속하지 못한다. 마찬가지로 용선계약에 기재된 운송인특정조항 역시 확정적인 효력을 가지는 것은 아니다.[2]

　　미국법상 선박소유자가 미국 해상물건운송법상의 운송인에 해당하지 않는 경우에도 운송물이 멸실 또는 훼손된 경우에 원칙적으로 선박은 대물적 책임을 진다. 즉 선장이 선하증권을 직접 발행하거나 발행에 관한 권한을 위임하지 않았다 할지라도 일단 선박이 운송물을 선적한 후 발항하였다면, 그 선박은 선하증권의 발행을 추인한 것으로 본다. 반면에 무선박운송인이 선하증권을 발행한 때에는 선박이 대물적 책임을 지지 않는다.[3] 미국법원은 통상 미국 해상물건운송법상의 운송인은 선박소유자 또는 용선자 중 한 사람이며, 양자가 동시에 운송인이 될 수는 없다고 본다.[4] 그런데 일부 법원은 운송인을 반드시 한 사람으로 국한시킬 필요가 없으며, 송하인이 선하증권에 서명하지 않은 자를 운송인이라고 믿는 경우에는 그러한 자도 선하증권에 의한 책임을 진다는 입장을 취한다.[5] Schoenbaum 교수는 후자의 견해에 찬동하여 운송인이 누구인지는 송하인 또는 수하인이 선하증권에 근거하여 누구에게 손해배상을 청구할 수 있는가 하는 문제와 직결되는바, 이를 대리의 법리로써 해결하는 것은 부적절하다고 한다. 운송계약당사자간의 관계는 복잡하여 송하인과 선박소유자·용선자와의 관계와 무관하게 선하증권이 발행되는 일이 많기 때문이다. 또 해상운송에 관련된 모든 당사자들을 운송인으로 보게 되면, 당해 운송계약에서의 운송인이 누구인지에 관하여 불필요하게 논쟁할 필

1) Associated Metal and Minerals Corp. v. S.S. Portoria, 484 F.2d 460(5th Cir. 1973).
2) Joseph L. Wilmotte & Co. Inc. v. Cobelfret Lines, S.P.R.L., 289 F. Supp. 601(M.D. Fla. 1968). Schoenbaum(5th), 688-689쪽.
3) Dow Chemical Pacific Ltd. v. Rascator Maritime S.A., 594 F. Supp. 1490(S.D.N.Y. 1984), opinion amended 609 F. Supp. 451(S.D.N.Y. 1984).
4) Zock, "Charter Parties in Relation to Cargo," 45 Tul.L.Rev. 731쪽(1971).
5) Joo Seng Hong Kong Co., Ltd. v. S.S. Unibulkfir, 483 F. Supp. 43(S.D.N.Y. 1979).

요 없이 모든 당사자를 일단 법정에 세운 후 멸실 또는 훼손된 운송물에 관한
당사자간의 책임배분문제를 법원이 일거에 판단할 수 있는 장점이 있다.[1]

(3) 운송인간의 손해배상책임

운송인에게 운송물의 멸실 또는 훼손에 대한 손해배상책임이 있다고 판
정된 경우에 복수의 운송인에게 책임을 분담시키는 데는 몇 가지 고려사항이
있다. 첫째, 복수의 운송인의 행위와 역할을 검토하여야 하는데, 선박소유자
와 용선자 간의 관계를 규명할 입증책임은 선박소유자와 용선자에게 있다. 둘
째, 선박소유자와 용선자 사이에서는 용선계약에 따른 구상이 가능하다. 예컨
대 용선자는 선박의 불감항성에 대하여 책임이 없으므로 선박의 불감항성으
로 인한 운송물의 멸실 또는 훼손에 대하여 용선자가 손해배상책임을 부담하
였다면, 그 용선자는 선박소유자에 대하여 구상할 수 있다. 용선계약에 운송
인을 특정하거나 제3자에게 발생한 손해를 선박소유자와 용선자 사이에 배분
하는 조항이 기재되어 있는 경우에 그러한 조항은 제3자에 대하여는 구속력
을 가지지 않으나, 선박소유자와 용선자를 구속한다. 이같이 해석함으로써 송
하인을 보호하는 동시에 운송물의 멸실 또는 훼손에 대하여 책임 있는 당사
자에게 공평하게 책임을 분담시킬 수 있다.[2]

제5 미국 해상물건운송법과 하터법의 적용범위

1. 장소적 적용범위

(1) 미국 해상물건운송법

미국은 헤이그규칙을 국내법화하여 1936년에 미국 해상물건운송법을 제
정하였는데, 동법은 국제거래에 있어서 미국항구를 출발항 또는 목적항으로
하는 모든 해상운송계약에 적용된다. 동법의 제정목적은 운송계약당사자간의
합의에 의하여도 경감할 수 없는 최소한의 운송인의 책임과 의무를 규정함으
로써 종래 운송인이 화주에 대하여 우월한 지위를 가지는 현상을 시정하고
해상법의 국제적 통일성을 기하려는 것이다.[3] 미국 해상물건운송법은 운송계

---

1) Schoenbaum(5th), 689-690쪽.
2) Schoenbaum(5th), 690-691쪽.
3) 미국 해상물건운송법, 제3(8)조.

약으로서의 선하증권이 발행된 경우에 운송계약당사자간의 관계를 규율하며, 동법에 저촉되는 선하증권조항은 무효이므로 동법에 의하여 계약자유의 원칙은 일정한 제한을 받는다. 선하증권에는 통상 동법의 적용을 받는다는 내용의 지상약관이 기재되어 있는데, 이 같은 지상약관이 기재되지 않은 경우에도 동법의 강행규정은 선하증권에 적용된다.[1]

　　반면에 용선계약이 운송계약에 해당한다 할지라도 용선계약에 대하여는 미국 해상물건운송법이 적용되지 않으므로,[2] 용선계약당사자들은 용선계약의 내용을 자유롭게 결정할 수 있다. 그런데 용선계약 하에서 선하증권이 발행된 경우에 미국 해상물건운송법이 적용되는지 여부는 당사자들이 선하증권을 단순한 운송물의 영수증 또는 운송계약으로 보았는지 여하에 달려 있다. 만약 계약당사자들이 선하증권을 운송계약으로 보고 선하증권으로써 당사자들 사이의 법률관계를 규율할 것을 의도하였다면 미국 해상물건운송법이 적용되며, 이와 저촉되는 용선계약의 규정은 무효이다. 반면에 당사자들이 선하증권을 단순히 운송물의 영수증으로 본 경우에는 미국 해상물건운송법은 적용되지 않으나, 그러한 경우에도 운송물의 종류·품질·중량·부피에 관한 선하증권의 기재내용은 일응 정확한 것으로 추정된다. 또 선하증권을 제3자에게 양도함으로써 선하증권이 운송계약으로 될 수도 있다.[3]

(2) 하 터 법

　　미국항구간의 연안운송계약 및 내수운송계약에 관하여 발행된 선하증권에 대하여는 하터법이 적용된다. 단, 이 같은 선하증권에 대하여도 미국 해상물건운송법이 적용된다는 당사자간의 합의(이른바 연안항해옵션(coastwise option))는 유효하며, 동법이 이 같은 국내용 선하증권에 적용되는 일도 자주 있다. 이 같은 합의가 있는 경우에 하터법의 적용범위는 선적 전 및 양륙 후의 기간에 국한된다.[4]

　　미국 해상물건운송법과 하터법의 적용범위가 위와 같이 다르다 하더라도 두 법률의 입법취지 및 책임원칙이 동일하기 때문에 사실상 문제가 발생할

---

1) Schoenbaum(5th), 575-576쪽.
2) 미국 해상물건운송법, 제5조.
3) Instituto Cubano de Estabilizacion del Azucar v. T/V Golden West, 246 F.2d 802(2d Cir. 1957). Schoenbaum(5th), 576쪽.
4) Schoenbaum(5th), 577쪽.

여지는 거의 없다. 즉 하터법은 운송인이 과실에 의하여 운송물의 선적·적부·보관·인도를 적절히 하지 않았거나, 적절한 장비를 갖추고 있으며 감항능력을 가진 선박을 제공하지 아니한 것에 대하여 운송인을 면책시키는 선하증권조항을 무효로 한다. 또 하터법은 미국 해상물건운송법과 마찬가지로 선박소유자가 선박에 대한 감항능력에 관하여 상당한 주의를 다한 경우에는 선박소유자·용선자·대리인을 ① 항해과실 또는 선박관리에 대한 과실로 인하여 발생한 손해에 대하여 면책시키고, ② 바다에 고유한 위험, 불가항력, 공적(公敵)의 행위, 운송물의 숨은 하자, 운송물의 특성, 포장불충분, 사법절차에 의한 압류, 송하인 또는 그 대리인의 작위 또는 부작위로 인한 손해, 해난구조 또는 해난구조를 하기 위한 항로이탈로 인하여 발생한 손해에 대하여 면책시킨다(하터법 제3조). 따라서 하터법과 미국 해상물건운송법은 다음의 세 가지 점을 제외하고는 동일한 기능을 가진다. 즉 첫째, 하터법에 의하면 선박소유자가 감항성 있는 선박을 제공하는 데 대하여 상당한 주의를 행사하지 아니하였다면, 설사 선박의 불감항성이 사고발생의 원인이 아니라 할지라도 운송인은 항해과실 또는 선박관리에 대한 과실로부터 면책되지 않는다. 둘째, 하터법은 소멸시효에 관한 규정을 두고 있지 않다. 셋째, 하터법에는 운송물의 멸실 또는 훼손에 대한 운송인의 개별적 책임제한에 관한 규정이 없는 점이 미국 해상물건운송법과 다르다.[1]

2. 시간적 적용범위

미국 해상물건운송법은 운송물이 선박에 선적된 때로부터 운송물이 선박으로부터 양륙될 때까지, 즉 색구에서 색구까지(tackle to tackle)의 기간에만 적용된다. 한편 운송인이 운송물을 수령한 때로부터 운송물이 선박에 선적되기 전 및 운송물이 선박으로부터 양륙된 때로부터 수하인에게 운송물을 인도한 때까지의 운송인의 책임은 하터법의 적용을 받는다.[2] 그러나 미국 해상물건운송법은 운송물의 선적 전 또는 선박으로부터의 양륙 후의 기간에 대하여 운송인과 송하인이 특별한 약정을 할 수 있다고 규정하고 있으므로, 운송인과 송하인은 이 같은 기간에 대하여도 미국 해상물건운송법을 적용시킬 수 있

1) Schoenbaum(5th), 578-579쪽.
2) Tapco Nigeria, Ltd. v. M/V Westwind, 702 F.2d 1252(5th Cir. 1983).

다.[1] 그러나 이 같은 특별한 약정은 하터법의 적용을 받으며, 하터법은 운송인이 과실로써 또는 운송을 위탁받은 운송물을 적절히 선적·적부·보관·취급·인도하지 않은 것으로 인하여 운송물이 멸실 또는 훼손된 것에 대한 운송인의 책임을 면제시키는 선하증권조항을 무효로 한다.[2]

미국법(미국 해상물건운송법·하터법)·우리법·헤이그-비스비규칙의 적용범위를 도해하면 다음과 같다.

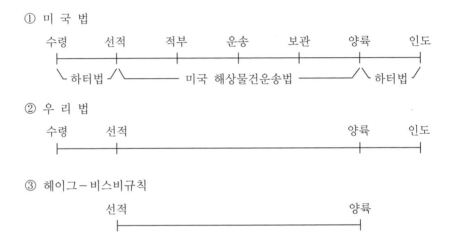

① 미 국 법

② 우 리 법

③ 헤이그-비스비규칙

제6 운송물의 인도

1. 미 국 법

하터법 및 미국 해상물건운송법상 운송인은 운송물을 적절히 인도할 의무를 진다. 운송물을 인도하는 방법에는 운송인이 송하인 또는 그 대리인에게 운송물의 점유를 이전함으로써 실제로 운송물을 인도하는 방법과 운송물을 선박으로부터 부두 또는 터미널에 양륙하여 운송인이 적당한 장소에서 보관함으로써 송하인이 인도받을 수 있도록 하는 추정적 인도방법이 있다.[3] 운송

1) Mori Seiki U.S.A., Inc. v. M/V Alligator Triumph, 990 F.2d 444(9th Cir. 1993).
2) Leather's Best, Inc. v. S.S. Mormaclynx, 451 F.2d 800(2d Cir. 1971), on remand 346 F. Supp. 962(E.D.N.Y. 1972). Schoenbaum(5th), 580-581쪽.
3) Brocsonic Co., Ltd. v. M/V "Mathilde Maersk," 120 F. Supp. 2d 372(S.D.N.Y. 2000). 운송인에게 운송물인도의무가 있다고 하여 운송인이 송하인의 트럭에 운송물을 실어 줄 의무까지 지는 것은 아니다. Crisis Transp. Co. v. M/V Erlangen Express, 794 F.2d 185(5th Cir. 1986); 최대용, "해상운송물의 인도와 해상운송인의 책임—보세운송을 중심으로," 한국외국

인이 송하인에게 운송물을 인도한 것으로 추정하기 위하여는 운송인이 운송물이 도착하였음을 적절히 통지하여야 하며, 수하인에게 운송물을 수령할 만한 충분한 시간을 주어야 한다. 또 운송인이 자신의 피용자인 하역업자에게 운송물의 보관을 위탁한 경우에도 운송인은 여전히 수탁자의 지위에 있으므로 운송물을 수하인에게 안전하게 인도할 책임을 진다.[1] 운송인의 운송물인도의무는 위임할 수 없으며, 세관공무원에게 운송물을 인도함으로써 운송인이 운송물인도의무로부터 면제된다는 등의 선하증권조항은 무효이다. 운송인은 자신의 과실로 인하여 운송물에 발생한 손해는 물론 자신의 대리인인 하역업자의 과실에 대하여도 손해배상책임을 진다.[2]

운송인의 운송물인도의무는 특정 항구의 관습 및 규칙에 의한 제한을 받는다. 예컨대 일부 항구의 규칙은 운송물의 외부상태를 주의 깊게 검사한 시점에 운송물이 인도된 것으로 보고 있고, 이 같은 규칙은 일반적으로 유효하다. 또 법령상 또는 관습상 운송인이 반드시 관인하역업자에게 운송물을 인도하여야 하는 경우도 있는데, 이 때에는 운송인이 그러한 인도를 한 때에 적절한 인도를 한 것으로 본다.[3] 선하증권을 제시하지 않았는데 운송물을 인도하는 것은 불법행위에 해당하고, 위조된 선하증권과 상환으로 운송물을 인도한 운송인은 손해배상책임을 진다.[4]

운송계약당사자들은 언제를 운송물의 인도시점으로 볼 것인지를 합의에 의하여 결정할 수 있다. 예컨대 선하증권에 운송인이 운송물을 부두에서 부두까지 운송하여야 한다고 기재되어 있는 경우에 운송인은 컨테이너로부터 운송물을 꺼내어 내륙운송용 트럭에 운송물을 적재할 의무가 있다.[5] 대량액체

어대 무역대학원 석사학위 논문(1987. 11).

1) Insurance Co. of North America v. S/S Italica, 567 F. Supp. 59(S.D.N.Y. 1983) 사건에서 운송인이 혹한 속의 부두에 포도주를 양륙하였으므로 포도주가 얼어서 훼손되었다. 법원은 운송인이 선박이 도착한 사실을 수하인에게 통지하고, 수하인에게 운송물을 수령할 때까지의 합리적인 기간 동안 운송물을 보호할 의무를 이행하지 않았다고 판시하였다.

2) 선하증권소지인이 아닌 자에게 운송물을 인도한 운송인은 적절한 인도를 하지 않은 것이다. Barretto Peat, Inc. v. Luis Ayala Colon Sucrs., Inc., 896 F.2d 656(1st Cir. 1990). Schoenbaum(5th), 581-583쪽.

3) International Harvester Co. v. TFL Jefferson, 695 F. Supp. 735(S.D.N.Y. 1988).

4) Hual As v. Expert Concrete, Inc., 45 UCC Rep. Serv. 2d 882(N.Y.Sup.Ct. 2001); Motis Exports Ltd. v. Dampskibsselskabet AF 1912, [1999] 1 E.R.(Comm.) 57. Schoenbaum(5th), 584-585쪽.

5) Koppers Co., Inc. v. S/S Defiance, 704 F.2d 1309(4th Cir. 1983).

운송물인 경우에는 운송물이 선박의 호스연결부를 통과하여 수하인의 호스에 진입할 때 인도된 것으로 본다. 또 선박으로 해상운송한 운송물을 부선으로써 선박으로부터 육지까지 운송하는 때에는 운송물이 선박의 색구를 벗어나 부선에 선적될 때 인도된 것으로 본다.[1] 수하인은 운송물이 훼손된 경우에도 운송인이 인도한 운송물을 수령하여야 하나, 운송물이 훼손된 결과 전혀 무가치하게 된 경우에는 예외적으로 운송물의 수령을 거부할 수 있다. 예컨대 운송물인 파이프의 대부분이 훼손된 경우에 이 파이프를 수하인의 작업장에 운반하여 수리하는 비용이 과다한 경우에는 그 파이프를 무가치한 것으로 볼 수 있으므로, 수하인은 파이프의 수령을 거절할 수 있다.[2]

2. 우 리 법

(1) 운송물의 인도

운송인은 양륙항에서 수하인 또는 선하증권소지인에게 운송물을 인도하여야 한다.[3] 운송물의 도착통지를 받은 수하인은 당사자 사이의 합의 또는 양륙항의 관습에 의한 때와 곳에서 지체 없이 운송물을 수령하여야 한다(상 제802조). 개품운송계약에서는 운송물을 먼저 양륙한 다음 운송인이 이행보조자인 운송주선인·창고업자·부두경영자를 사용하여 인도하는 것이 보통이다. 운송인은 운송물의 인도에 대하여 이해관계를 가지므로 상법은 수령해태·수령거부·수하인불명의 경우에 운송물공탁을 할 수 있도록 한다. 즉 수하인이 운송물의 수령을 게을리 한 때에는 선장은 이를 공탁하거나 세관이나 그 밖에 법령으로 정한 관청의 허가를 받은 곳에 인도할 수 있다(상 제803조 제1항 1문). 이 경우 지체 없이 수하인에게 그 통지를 발송하여야 한다(동조 제1항). 수하인을 확실히 알 수 없거나 수하인이 수령을 거부한 때에는 선장은 이를 공탁하거나 세관이나 그 밖에 법령으로 정한 관청의 허가를 받은 곳에 인도하고 지체 없이 용선자 또는 송하인 및 알고 있는 수하인에게 그 통지를 발송하

---

1) A/S Dampskibsselskabet Torm v. McDermott, Inc., 788 F.2d 1103(5th Cir. 1986).
2) Bosung Industrial Co. v. M/V Aegis Sonic, 590 F. Supp. 908(S.D.N.Y. 1984). Schoenbaum (5th), 585쪽.
3) 대판 1981. 1. 12. 81다카665(특단의 사정이 없는 한 운송인은 인도장소에서 송하인 또는 선하증권소지인에게 물품을 인도함으로써 운송인의 책임이 종료되는 것이고, 그 인도를 위하여 법령 또는 약정에 의한 상당기간 물품을 인도장소에서 보관하는 일은 운송인의 책임 중에 포함된다).

여야 한다(동조 제2항). 운송물을 공탁하거나 세관이나 그 밖에 법령으로 정한 관청의 허가를 받은 곳에 인도한 때에는 선하증권소지인이나 그 밖의 수하인 에게 운송물을 인도한 것으로 본다(동조 제3항).

  대법원은 항공운송인 또는 항공운송주선인이 공항에 도착한 수입항공화 물을 통관을 위하여 세관이 지정한 보세창고업자에게 인도한 것만으로는 항 공화물이 항공운송인이나 항공운송주선인의 지배를 떠나 수하인에게 인도되 지 않았다고 본다.[1] 또 선하증권소지인이 아닌 선하증권상 통지처의 의뢰를 받은 하역회사가 하역작업을 완료하고, 운송물을 하역회사의 보세창고에 입 고시킨 것만으로는 운송물을 수하인에게 인도하지 않은 것이라고 본다.[2] 한

---

1) 대판 1996. 9. 6. 94다46404(판례공보(1996. 10. 15), 2957쪽). 피고 동우국제는 운송주선인 의 국내대리점이었는데, 항공화물운송의 경우 보세창고에 보관되어 있는 수입화물에 대하 여 통관절차 이외에 별도의 인도지시 없이 화물이 인도되는 것이 보통이다. 피고는 항공화 물운송장에 수하인으로 기재된 신용장발행운행이나 통지처로 기재된 수입업자인 원고 세일 무역에게 화물도착사실을 알리지 아니한 채 실수입업자 J에게 통관에 필요한 운송장원본 또는 인증사본과 송장, 포장명세서를 교부하였다.
  대법원은 피고의 행위는 보세창고업자에 대한 화물반환청구권을 J에게 양도할 의사 내지 J가 통관절차를 마치고 화물을 보세창고에서 반출해 가는 것에 협력할 의사로 한 것이라고 보았다. 나아가 피고가 J에게 운송장을 교부하였다면 J가 이를 이용하여 통관절차를 마치고 수하인인 은행의 승낙 없이 화물을 보세창고에서 반출하여 감으로써 은행의 화물인도청구 권을 침해하는 결과가 발생할 수 있음을 알 수 있었고, 만약 이를 알지 못하였다면 알지 못 한 것에 대하여 운송취급인으로서의 주의의무를 결여한 과실이 있다고 보았다. 또한 J가 운 송장을 이용하여 통관절차를 마치고 화물을 반출한 이상, 운송장원본이나 인증사본을 교부 함으로써 피고가 J에게 화물을 인도한 법적 효력이 발생하였는지 여부와는 무관하게 불법 행위책임이 성립한다고 판시하였다. 피고는 통관절차에는 운송장뿐 아니라 수입승인서가 필요한데, J가 수입승인서를 위조하여 통관절차를 마쳤으므로 피고가 운송장을 교부한 것과 수하인의 손해 간에는 인과관계가 없다고 항변하였다. 그러나 법원은 운송장원본이나 인증 사본을 운송취급인인 피고 외의 다른 곳에서 쉽게 구할 수는 없으며, J가 통관에 필요한 서 류로서 피고로부터 교부받은 운송장과 스스로 위조한 수입승인서를 이용하여 통관을 마쳤 다면, 피고가 운송장을 수하인 아닌 J에게 교부한 과실행위가 수하인이 입은 손해의 원인이 되었다는 이유로 인과관계를 인정하였다. 이와 관련하여 채동헌, "국제항공화물운송에 있 어 화물의 불법반출과 그 책임," 인권과 정의 제296호(2001. 4), 26쪽.
2) 대판 2000. 11. 14. 2000다30950(판례공보(2001. 1. 1), 31쪽)(원고 제일은행, 피고/상고인 천양항운). 피고는 선하증권상 통지처인 우성철강으로부터 하역의뢰를 받고, 이 사건 운송 물을 양하하였다. 그런데 양하는 운송물인도를 위한 준비작업으로서 운송인인 파라코피쉬 핑의 운송실행행위의 일부에 불과하다. 피고의 보세장치장에 보관된 운송물은 여전히 운송 인인 파라코피쉬핑의 지배 하에 있으므로, 피고는 파라코피쉬핑을 위하여 이를 보관하는 지위에 있다. 즉 운송물이 양하된 시점이나 피고의 부두야적장에 이동되어 야적된 시점에 우성철강에게 인도되었다고 할 수 없다. 상고기각. 대판 2004. 10. 15. 2004다2137(판례공보 (2004. 11. 15), 1821쪽(원고 범양상선, 피고 포항항 8부두운영(주)), 대판 2007. 6. 28. 2005 다22404(미간행, 원고/피상고인 국민은행, 피고/상고인 대한통운국제물류, 상고기각)도 같

편 운송인의 선박대리점이 실수입업자의 요청에 의하여 그가 지정하는 영업
용 보세창고에 운송물을 입고시킨 경우에는 보세창고업자를 통하여 운송물에
대한 지배를 계속하고 있는 것이므로, 보세창고업자가 실수입업자와 공모하
여 보세창고에 입고된 운송물을 무단반출하였더라도 선박대리점의 중대한 과
실에 의하여 선하증권소지인의 운송물에 대한 소유권이 침해되었다고 할 수
없다.[1] 수하인이 보세장치장설영자에게 운송물 전체에 대한 화물인도지시서
를 제시하여 그 운송물 중 일부만을 출고하고 나머지는 자신의 사정으로 후
에 출고할 의사로 그대로 둔 경우, 출고시점에서 운송인은 운송물 전체의 인
도의무를 다한 것으로 본다.[2] 운송주선인과 보세창고업자 사이에 마스터 화
물인도지시서(Master D/O)만으로 화물을 인도하는 전례가 있었더라도 이는 운
송주선인과 보세창고업자의 공동 위험부담 하에 행해지는 것이다. 따라서 마
스터 화물인도지시서만으로 화물을 인도함으로써 하우스 선하증권 소지인의
권리가 침해되는 경우 보세창고업자는 손해배상책임을 진다.[3] 출발지에서 선
하증권 원본을 이미 회수한 것으로 처리함으로써 선하증권의 상환증권성을
소멸시켜 수하인이 양륙항에서 선하증권 원본 없이 운송물을 인도받게 할 수
있다. 이 경우 송하인은 운송인으로부터 선하증권 원본을 발행받은 후 운송인
에게 선하증권에 의한 상환청구 포기(서렌더)를 요청하고, 운송인은 선하증권

은 취지이다.

1) 대판 2005. 1. 27. 2004다12394 파기환송(판례공보(2005. 3. 1), 305쪽)(원고 우리은행, 피고/상고인 두우해운). 원심 서울고판 2004. 1. 20. 2003나31079는 선박대리점인 피고들이 실수입업자인 골드텍의 요청에 따라 운송물을 금천이 운영하는 보세창고에 입고하였다가 골드텍이 위 보세창고에서 이를 무단반출하여 운송물이 멸실되었다면, 이는 피고들의 중대한 과실로 말미암아 선하증권소지인의 운송물에 대한 소유권을 침해한 것이 되어 선하증권소지인에 대하여 불법행위가 성립된다고 판단하였다. 그러나 대법원은 달리 판단하여 ① 영업용 보세창고업자는 독립된 사업자로서 자신의 책임과 판단에 따라 운송물을 보관하고 인도하는 업무를 수행하고, 운송인의 지휘·감독을 받아 수입화물의 보관 및 인도업무를 수행한다고 할 수 없다. ② 특별한 사정이 없는 한 운송인 및 선박대리점은 보세창고업자에 대하여 민법상 사용자가 아니다. ③ 피고들이 운송물의 무단반출을 방지하기 위해 금천으로부터 피고 발행의 화물인도지시서가 없이 운송물을 출고하지 않겠다는 각서를 받았더라도 이는 보세창고업자에 대하여 화물인도지시서 없이 운송물인도시 불법행위책임이 있다는 주의를 촉구한 것일 뿐, 이로써 보세창고업자가 피고들의 지시·감독을 받으며, 운송물 보관 및 인도업무를 수행하게 된 것은 아니라고 판시하였다.
2) 대판 2005. 2. 18. 2002다2256(판례공보(2005. 4. 1), 461쪽)(원고 동부화재, 피고 세창리파크).
3) 대판 2009. 10. 15. 2009다39820(판례공보(2009. 11. 15), 1837쪽)(원고/상고인 수출상, 피고/피상고인 보세창고업자, 파기환송 원고승소).

원본을 회수해 surrendered 스탬프를 찍고 선박대리점에게 전신으로 선하증권 원본 회수 없이 운송물을 인도하라는 서렌더 통지를 보낸다. 이처럼 서렌더 선하증권이 발행된 경우 선박대리점은 선하증권 원본 회수 없이 운송인의 지시에 따라 수하인에게 화물인도지시서를 발행하고 수하인이 이를 이용해 운송물을 반출하게 할 수 있다.[1]

대법원은 유류화물에 관하여 특별한 태도를 취한다. 즉 유류화물은 유조선이 도착항에 도착한 후 유조선의 파이프 라인과 육상 저장탱크의 파이프 라인을 연결하는 유조선 갑판 위의 영구호스 연결점(vessel's permanent hose connections)에서 유류화물을 인도하는 것이 일반적이다. 운송인이 수입업자와 별도로 육상 저장탱크를 관리하는 창고업자에게 수입된 유류화물을 임치하였다고 볼 수 있는 사정이 없는 한 창고업자는 운송인의 유류화물 운송 내지 보관을 위한 이행보조자가 아니므로, 유류화물이 영구호스 연결점을 지나는 때에 운송인의 점유를 떠나 창고업자를 통하여 수입업자에게 인도된 것으로 본다. 따라서 운송인이 선하증권과 상환 없이 수입업자로부터 위임받은 창고업자에게 유류화물을 인도한 때에 선하증권 소지인에 대한 불법행위가 성립하며, 그 이후 창고업자가 임치물인 유류화물을 수입업자에게 출고하면서 선하증권을 교부받지 않았더라도 선하증권 소지인에 대한 새로운 불법행위가 성립하는 것은 아니라고 한다.[2]

선하증권이 발행되지 않은 경우 운송물을 인도받을 상대방은 운송계약에 의하여 수하인으로 지정된 자이다. 운송물이 도착지에 도착한 때에는 수하인은 송하인과 동일한 권리를 취득한다(상 제815조, 제140조 제1항). 수하인이 운송물을 수령하는 때에는 운송계약 또는 선하증권의 취지에 따라 운임·부수비용·체당금·체선료, 운송물의 가액에 따른 공동해손 또는 해난구조로 인한 부담액을 지급하여야 한다(상 제807조 제1항). 운송물이 도착지에 도착한 후 수하인이 그 인도를 청구한 때에는 수하인의 권리가 송하인에 우선하므로(상 제

1) 대판 2019. 4. 11. 2016다276719(판례공보(2019. 6. 1), 1045쪽)(원고/상고인 우리은행, 피고/피상고인 지아이에프해운, 상고기각).
2) 대판 2009. 10. 15. 2008다33818(원고 O은행, 피고 O창고업자)(미간행, 원심 서울고판 2008. 3. 27. 2007나11837, 서울중앙지판 2006. 12. 15. 2004가합74274, 1심 원고 승소, 2심/3심 원고 패소). 평석으로 서동희, "해상 유류화물의 인도시기," 법률신문 제3789호(2009. 10. 29), 15쪽; 윤기창, "해상화물의 인도시기에 관한 고찰," 한국해법학회지 제32권 제1호(2010), 79쪽.

815조, 제140조 제2항), 수하인이 도착한 화물에 대하여 운송인에게 인도청구를 한 다음에는 비록 그 운송계약에 기한 선하증권이 뒤늦게 발행되었더라도 그 선하증권소지인이 운송인에 대하여 새로이 운송물에 대한 인도청구권을 가지지 아니한다는 판례가 있다.[1]

당초에는 유효하게 성립할 수 있었던 동산양도담보를 신뢰하여 금원을 대출하였다가 후에 양도담보를 설정한 동산을 타인에게 인도당하게 됨으로써 양도담보권자가 입은 통상의 손해는, 동산양도담보가 유효하여 담보권을 취득할 수 있는 것으로 믿고 출연한 금액이다. 즉 양도담보물의 가액 범위 내에서 채무자에게 대출한 금액 상당이며, 양도담보물의 가액은 동산양도담보가 유효하였더라면 그 실행이 예상되는 시기 또는 손해배상 청구소송의 사실심 변론종결시를 기준으로 한다.[2]

운송인이 운송물 양륙을 완료했는데 수하인의 수령지체·거절로 컨테이너 47개를 1년 이상 회수하지 못했다. 운송인은 공시한 지체료율에 따라 컨테이너 1대당 양륙 후 5일까지 무료, 6일부터 12일까지 일당 26달러, 13일부터 19일까지 36달러, 20일부터 26일까지 45달러, 27일 이후 97달러로 계산한 컨테이너 지체료 160만 달러를 송하인에게 청구했다. 법원은 송하인의 책임을 인정하면서도 ① 운송인이 손해의 증가를 방지하기 위한 사적 매매나 공매조치를 취하지 않았고, ② 수령거절의 경우 운송인이 운송물을 공탁할 의무가 있는데 이행하지 않았으며, ③ 지체료율을 운송인이 일방적으로 홈페이지 공고했고, ④ 장기간일수록 지체료율이 급격히 높아져, 보관이 장기화되면 컨테이너 차임상실을 넘어 운송인이 이익을 얻게 되고, ⑤ 운송인이 컨테이너 수령지체로 인한 실손해를 입증하지 못한 점을 고려해 1심 법원은 50만 달러, 2심 법원과 대법원은 30만 달러만을 인정했다.[3]

상법 제803조가 운송물의 공탁에 관하여 규정하고 있으나 운송물을 공탁

---

1) 대판 2003. 10. 24. 2001다72296(판례공보(2003. 12. 1), 2239쪽)(원고 디더블류 인터내셔날, 피고 한진해운).
2) 대판 2010. 9. 30. 2010다41386(판례공보(2010. 11. 1), 2004쪽)(원고/피상고인 이촌새마을금고, 피고/상고인 에이티이유니버살해운항공, 파기환송).
3) 대판 2016. 5. 27. 2016다208129(원고/상고인 겸 피상고인 골드스타 라인, 피고/상고인 겸 피상고인 세진중공업, 심리불속행기각). 2심 부산고판 2016. 1. 13. 2015나52893(원고 일부 승소), 1심 울산지판 2015. 5. 13. 2014가합16650. 박영재, "컨테이너 초과사용료(container demurrage)의 제척기간 및 인정범위," 한국해법학회지 제41권 제1호(2019. 5), 7쪽.

하는 현실적인 방법이 없다. 이를 개선하기 위해 2004년 한국해법학회 개정시
안은 동조 제1항 : "수하인이 운송물의 수령을 해태한 때에는 운송인 또는 선
장은 이를 공탁하거나 보세장치장 기타 이를 보관하기 위한 적당한 장소를 선
택하여 이를 보관시킬 수 있다. 이 경우에는 지체 없이 수하인에게 그 통지를
발송하여야 한다." 제2항 : "수하인을 확지할 수 없거나 수하인이 운송물의 수
령을 거부한 때에는 운송인 또는 선장은 이를 공탁하거나 보세장치장 기타 이
를 보관하기 위한 적당한 장소를 선택하여 이를 보관시킬 수 있다. 이 경우에
는 지체 없이 용선자 또는 송하인 및 알고 있는 수하인에게 그 통지를 발송하
여야 한다." 제3항 : "제1항과 제2항의 규정에 의하여 운송물을 공탁하거나 보
관한 후 그 사실을 통지한 때에는 선하증권소지인 기타 수하인에게 운송물을
인도한 것으로 본다"라고 개정할 것을 제안했다.[1]

(2) 보 증 도

선하증권이 발행된 경우에 운송인은 이와 상환하지 아니하면 운송물을
인도할 필요가 없다(상 제861조, 제129조).[2] 선하증권과 상환하지 아니하고 운송
물을 인도한 운송인에 대하여 운송물대금의 70%를 배상하라고 판시한 하급
심판례가 있다.[3] 그러나 운송물의 도착보다 선하증권이 늦게 도착되는 경우

---

1) 한국해법학회 해상법개정문제연구회, 앞의 책, 17-19쪽. 이를 지지하는 권창영, "운송물의
   공탁과 보세창고 입고로 인한 운송인의 인도의무 완료," 한국해법학회지 제40권 제1호
   (2018. 5), 73쪽.
2) 이진홍, "선하증권이 회수되지 않은 운송물의 인도에 관한 법률관계," 한국해법학회지 제28
   권 제2호(2006. 11), 135쪽.
3) 서울지판 1996. 8. 22. 93가합91686(피고가 서울고법에 항소중 합의되어 종결됨). 한주상사
   는 중국 차이나 노스에 대하여 텔레비젼부품을 수출하는 계약을 체결하였고, 차이나 노스
   의 의뢰를 받은 광동은행은 수익자를 한주상사로 하는 신용장을 개설하였다. 한주상사는
   원고 롯데상사와 수출대행계약을 체결한 후 신용장상 수익자의 지위를 원고에게 양도하였
   으나, 수출업무는 한주상사가 모두 처리하였다. 차이나 노스를 대리한 성진은 이 사건 화물
   을 수입하여 텔레비젼을 생산하고 이를 제3국에 수출하려는 계획이었고, 한주상사는 텔레
   비젼을 수입할 구매자를 확보하여 차이나 노스나 성진이 지정하는 자를 수익자로 하는 신
   용장을 개설하여 주기로 약정하였다. 원고는 피고 흥아해운과 이 사건 화물을 부산에서 쟌
   지앙항까지 운송키로 하는 운송계약을 체결하였으며, 선적서류를 조흥은행에 매입의뢰하여
   화물대금을 지급받았으나 광동은행이 선적서류불일치를 이유로 신용장대금지급을 거절하
   자 조흥은행에 매입대금을 반환하고 선적서류를 반환받았다. 그 후 피고의 홍콩대리점은
   제3자로부터 화물선취보증서만을 제출받고 화물을 인도하였다. 서울지법은 피고가 운송계
   약상 의무에 위반하여 선하증권과 상환하지 아니한 채 제3자에게 화물을 인도하였으므로
   이로 인하여 원고가 입은 손해(화물이 불법인도될 당시의 시가상당액, 즉 송장가액)를 배상
   할 책임이 있다고 판시하였다. 한편 법원은 ① 한주상사가 텔레비젼을 수입할 구매자를 제

328 제 6 장 해상운송계약

가 있는바, 실무상 이 같은 경우에 운송물매수인과 운송인의 편의를 위하여 선하증권과 상환하지 않고 운송물을 매수인에게 인도하는데, 이를 공도 또는 가도라 한다. 또한 매수인이 은행을 연대보증인으로 하여 후일 선하증권을 입수하는 즉시 이를 운송인에게 인도할 것 및 선하증권과 상환하지 않은 운송물의 인도의 결과에 대하여 책임을 지겠다는 보증서(Letter of Guarantee: L/G)를 제출하여 선하증권과 상환하지 않고 운송물의 인도를 받는 것을 보증도라 한다.

운송물매수인이 그 후 선하증권을 취득하여 이를 제3자에게 양도한 경우 선의의 선하증권취득자는 운송인에게 운송물의 인도 또는 손해배상을 청구할 수 있고, 운송인은 보증도가 있었다는 것으로 이에 대항하지 못한다. 선하증권이 발행된 경우에는 선하증권소지인만이 운송물의 소유권자가 되므로, 선하증권소지인의 지시에 따르지 않거나 선하증권과 상환하지 않고 운송물을 제3자에게 인도한 경우에는 그 자체로서 선하증권소지인에 대한 불법행위법상 주의의무위반이 있게 되어 보증도의 상관습이 이러한 운송인의 일반적 법적 의무를 면제 또는 경감하지 않는다는 것이 우리 판례의 태도이다.[1] 그러나 보증도는 국제적 상관행이고, 해상운송인이 보증도로 인한 책임을 지는 한 이를 불법행위로 볼 필요는 없다고 보는 설도 유력하다.[2] 보증도는 횡령죄를 구성하지 않으며, 당연히 배임죄를 성립시키지도 않는다. 가도의 경우에는 운송인의 의도·자력 등을 고려하여 배임의 목적이 있었는지 여부를 결정하여야 한다. 보증도의 경우 매수인과 보증은행은 연대하여 보증도로 인하여 생긴

때에 확보하여 주지 못하였고, ② 제3국 수입자들이 한주상사의 중개로 텔레비젼을 수입하기로 하고 개설한 신용장의 유효기일이 너무 짧았고, 성진은 신용장유효기일의 수정요구가 이행되지 않자 이 사건 화물의 신용장대금도 지급거절되도록 한 것이며, ③ 이 사건 화물이 목적지에서 1개월 동안 인도되지 아니하고 보관되어 있는 동안 한주상사는 성진과 신용장대금지급 관련 협의를 하면서 성진으로부터 계약상 의무이행을 촉구받았으면서도 화물인도에 관하여 분명한 태도를 취하지 않았으며, ④ 성진이 선하증권상 수하인변경요구를 하였으므로 조만간 화물의 불법인도가 행해질 가능성이 있음을 알게 되었으면서도 대책을 취하지 아니한 원고 및 원고를 대리한 한주상사의 과실을 30% 상계하였다.

1) 대판 1989. 3. 14. 87다카1791. 김교창, "보증도의 관행과 운송인 등의 책임," 판례월보 제 226호, 40쪽; 이주흥, "선박대리점의 인도 잘못에 따른 불법행위책임과 선하증권상 단기소멸시효약관의 적용배제," 판례월보 제231호, 39쪽도 같은 취지이다.
2) 최, 904쪽; 이균성, "보증도와 선박대리점의 책임," 민사판례연구 제12집, 300쪽; 서헌제, "보증도와 해상운송인(대리인)의 책임," 대한변호사회지(1989. 12), 88쪽; 박호건, "우리나라 수입화물의 보증도와 화물선취보증서에 관한 연구," 한국외국어대학교 무역대학원 석사학위논문(1994. 7), 48쪽.

모든 손해를 운송인에게 배상하여야 한다.

선하증권이 발행된 운송물에 대하여 다시 그 증권소지인 또는 운송인이 운송물의 분할양도를 위하여 하도지시서를 발행하기도 한다. 이것에는 선하증권소지인이 운송인에게 운송물의 인도를 지시하여 발행하는 경우와 운송인이 선장 또는 창고업자에게 운송물의 인도를 지시하여 발행하는 경우가 있다. 후자의 하도지시서는 운송물인도청구권을 표창하는 지시증권이며, 운송물채권을 표시하는 것이 아니므로 이에는 물권적 효력을 인정할 수 없다.

대법원판례[1]는 화주가 자가보세장치장에 있는 화물을 무단반출한 것에 대한 선박대리점의 불법행위책임을 인정한다. 이에 대하여는 일단 화물이 화주의 자가보세장치장에 입고된 후에는 현실적으로 운송인이 이를 통제할 수단이 없으며, 선하증권보다 화물이 먼저 도착하는 경우에 선하증권과 상환한 인도를 기계적으로 요구하는 것이 무리라는 비판이 있다. 또한 신용장개설은행이 신용장개설시 90일 이상 동안 수입업체의 외상거래를 허용함으로써 사실상 보세창고 거래방식을 묵인해 온 경우에는 통지처의 무단반출사고에 대한 은행의 과실을 30% 정도 인정하는 판례도 있다. 그리고 항공화물운송장상의 통지처는 수하인을 대신하여 화물도착의 통지를 받을 권한이 있을 뿐 항공화물운송장의 교부나 화물의 인도를 받을 권한은 없으므로, 운송인이 수하인의 지시 없이 통지처에게 화물을 인도하면 수하인에 대하여 불법행위가 성립한다고 한다.[2]

한편 서울지법은 선박대리점이 화물수취증과 상환하지 아니하고 수하인에게 운송물을 인도하였더라도 선박대리점은 선하증권수령, 하도지시서발행, 하역업자선정 등 화물의 교부와 관련된 일체의 영업행위를 하는 독립한 상인이므로, 운송인과의 특별한 지시·감독 관계가 없는 한 운송인은 선박대리점에 대하여 사용자책임을 부담하지 아니한다고 판시한 바 있다.[3] 나아가 볼리

---

1) 대판 1996. 3. 12. 94다55057(판례공보(1996. 5. 1), 1225쪽). 원심판결 서울고판 1994. 9. 30. 92나66901.

2) 대판 1999. 7. 13. 99다8711(판례공보(1999. 8. 15), 1615쪽)(원고 국민은행, 피고 대한통운 국제물류).

3) 서울지판 1997. 4. 25. 95가합66417(서울고법에 항소중 취하되어 확정됨: 원고 태일정밀, 피고 고려해운). 이 사건에서는 수출물품운송과 관련하여 한국 내에서의 업무를 피고에게 맡기고자 하는 선박대리점 에제트라의 의사에 따라 피고가 에제트라로부터 위임을 받아 화물수취증(복합운송선하증권이기도 함) 발행, 운송선박의 수배·선적 등 업무를 수행함으로써

비아와 칠레가 독특한 세관법에 의거하여 화물을 운송인이 아닌 세관이 인도
하도록 하여 세관인도 후 운송인이 운송물의 운송 및 인도과정에 개입할 수
없다 할지라도 선박대리점은 송하인에게 이 같은 사정을 알려 줄 신의칙상
의무를 부담하지 아니한다고 한다.[1] 또 운송물목적지의 보세창고업자가 복합
운송증권과 상환하지 아니하고 운송물을 제3자에게 인도한 경우에 대법원이
운송인의 사용자책임을 부정한 사례가 있다.[2] 한편 대법원은 항만당국이 운
송인으로부터 화물의 보관을 위탁받아 보관하였더라도 그 보관에 관하여 위
탁자의 직접적 지휘·감독을 받지 아니하고 독립하여 보관업무를 수행하였다
고 판시하기도 하였다.[3] 선하증권소지인의 지시 내지 승낙에 따라 운송물을
제3자에게 인도하였다면, 그 제3자가 선하증권을 제시하지 않았더라도 운송
인이 선하증권소지인에게 운송물인도의무불이행이나 불법행위로 인한 손해배

결과적으로 운송인의 지위에 놓이게 된 사정이 참작되었다.

1) 서울지판 2000. 9. 7. 99가합95451(원고 이카무역, 피고 동우해운). 원고는 해상운송계약을
일본 카와사키 키센과 체결하고, 피고가 카와사키 키센의 대리인으로서 선하증권을 발행하
였다. 그런데 운송물의 목적지인 볼리비아와 칠레에서는 운송물을 선사가 인도하지 아니하
고 세관이 인도하도록 하므로 볼리비아행 운송물은 칠레항에 하역 후 세관협정에 의거하여
즉시 칠레세관에서 볼리비아 관할세관으로 인계된다. 그 후 선사는 운송물의 운송 및 인도
과정에 개입할 수 없다. 원고는 운송계약체결시 피고가 원고에게 볼리비아의 독특한 세관
시스템과 이로 인한 운송물불법반출의 위험성을 알려 줄 신의칙상 의무가 있음에도 이를
알려 주지 아니하여 원고의 운송물이 볼리비아에서 멸실되었다고 주장하였다. 그러나 법원
은 ① 이 같은 세관인도제도에 의하여 운송물의 불법반출의 위험성이 현저히 높아진다고
할 수 없고, ② 설사 위험성이 높아지더라도 카와사키 키센의 대리인에 불과한 피고가 송하
인에게 이 같은 사정을 알려 줄 신의칙상 의무를 부담하는 것은 아니라고 판시하여 원고의
청구를 기각하였다.

2) 대판 1997. 9. 9. 96다20093(판례공보(1997. 10. 15), 3037쪽). 피고 삼영익스프레스는 원고
고려무역으로부터 직물운송을 의뢰받고 인도지를 텍사스로 하는 복합운송증권을 발행하였
다. 현대상선이 직물을 부산에서 로스앤젤레스까지 해상운송하고, 피고의 미국 내 대리점인
베니슨이 로스앤젤레스로부터 텍사스까지 육상운송하였으며, 베니슨은 보세창고업자인 안
젤로에게 직물을 보관시켰다. 안젤로는 복합운송증권을 소지하지 않은 제3자에게 직물을
인도하여 직물이 멸실되었다. 베니슨은 미국 연방해사위원회에 무선박운송인으로 등록된
독립된 기업자였고, 피고와 베니슨은 상호 협조관계였다. 달리 피고가 베니슨에 대하여 지
시·감독권이 있다거나 피고가 베니슨을 통하여 안젤로를 간접적으로 지시·감독하였다는
증거는 없다. 법원은 안젤로가 운송물인도업무에 관하여 피고의 이행보조자라고는 할 수
있으나, 피고의 지시·감독을 받는 피용자적 지위에 있지 않다는 이유로 피고에게 사용자
책임을 인정한 서울고판 1996. 4. 18. 95나37447을 파기하였다.

3) 대판 2000. 3. 10. 99다55052(판례공보(2000. 5. 1), 230쪽)(원고 엘지화재, 피고 씨랜드서비
스). 태국항만당국이 운영하는 컨테이너야드에 화물이 보관되어 있던 기간 동안에 발생한
화물손상사고에 대하여 법원은 피고 운송인의 사용자책임을 부정하였다.

상책임을 지지 아니한다.[1] 운송인이 선하증권소지인이 아닌 자에게 운송물을 인도함으로써 선하증권소지인의 권리행사가 어렵게 되었으면 곧바로 불법행위가 성립하며, 운송물인수자가 운송물을 선의취득하는 등 선하증권소지인이 반드시 운송물소유권을 상실할 필요는 없다.[2]

　화물선취보증서 발행은행이 상업송장 금액 내에서만 보증하려는 의사로 상업송장 금액을 그 금액으로 기재한 화물선취보증서를 발행했더라도, 이는 내심의 의사에 불과하여 그러한 사정을 알지 못한 운송인에 대하여는 효력이 없고 발행은행은 송장금액과 지연손해금까지 보증한 것으로 본다.[3]

---

1) 대판 1997. 6. 24. 95다40953(판례공보(1997. 8. 15), 2258쪽). B는 경인실업의 의뢰를 받고 중국회사로부터 시멘트를 수입하고자 원고 서울은행에서 신용장을 개설하였고, 경인실업은 B의 신용장대금지급을 보증하였다. B는 피고 삼선해운과 운송계약을 체결하였고, 시멘트는 인천에 도착하였으며, 원고는 중국 신용장매입은행으로부터 선적서류를 송부받아 소지하게 되었다. 원고·B·경인실업은 경인실업이 B의 채무를 보증하였음을 고려하여 원고가 피고에 대하여 시멘트를 경인실업에게 인도할 것을 지시 내지 승낙하여 경인실업이 시멘트를 인도받게 해주면 신용장대금 169,000,000원 중 경인실업이 89,000,000원을, 그리고 B가 80,000,000원을 원고에게 지급하기로 약정하였다. 이에 따라 원고는 선적서류사본에 점검인(checked)을 날인하여 B에게 교부하였고, B는 시멘트를 피고로부터 인도받아 경인실업에게 인도하였다. 경인실업은 원고에게 111,000,000원만을 지급하였으므로, 원고는 시멘트가 선하증권소지인이 아닌 경인실업에게 인도되었음을 이유로 운송인에게 손해배상을 구하였으나 서울고법 및 대법원은 원고의 청구를 기각하였다.

2) 대판 2001. 4. 10. 2000다46795(판례공보(2001. 6. 1), 1102쪽)(원고 옥방화섬, 피고 제일항역). 원고는 란즈크룬에게 합성섬유를 수출하기로 하고, 피고와 운송계약을 체결하였다. 피고는 화물을 로테르담에 양륙 후 피고의 선박대리점인 콤파스에게 화물을 보관시켰다. 피고는 콤파스를 통하여 화물통관을 마치고 선하증권과 상환 없이 화물을 란즈크룬에게 인도하였다. 란즈크룬은 원고와의 종전 거래채권이 있다고 주장하면서 자신이 보관하던 화물을 가압류하였다. 원고는 피고에게 화물반송을 요청하였으나, 피고는 가압류로 인하여 반송이 불가능하다고 답변하였다. 란즈크룬은 네덜란드법원에서 원고를 제소하여 승소한 후 화물을 환가처분하였다. 대법원은 화물을 선하증권상환 없이 인도함으로써 불법행위가 성립하였으며, 그 후 가압류가 있었다고 하여 피고가 원고에게 화물을 반환하지 못하는 책임을 물을 수 없게 된 것은 아니라고 보았다. 즉 인도시 선하증권소지인인 원고가 화물에 대한 권리를 침해당하는 손해가 확정적으로 발생하였고, 그 후 네덜란드법원의 가압류결정과 강제집행결과 화물이 처분되었을 때 원고의 손해가 비로소 발생한 것은 아니다.

3) 대판 2009. 5. 28. 2007다24008(판례공보(2009. 7. 1), 991쪽)(원고/상고인 진천국제객화항운, 피고/피상고인 중소기업은행, 파기환송). 송하인 하북성윤수출입(주)는 가액 12,500달러인 상업송장을 발행하여 원고에게 교부하며 화물운송을 의뢰하였다. 수입상 태일무역은 피고에게 수입화물 대도(T/R)신청을 하였으며, 피고는 원고에게 송장가액이 12,500달러로 기재된 화물선취보증서를 교부하였다. 화물선취보증서에는 "피고의 요청으로 원고가 화물을 인도함으로써 입게 된 손해 등에 관하여 면책을 보증한다"라고 기재되었으며, 피고의 보증책임을 송장가액으로 제한하는 명시적 기재는 없다. 피고는 태일무역으로부터 신용장 담보금으로 교부받은 금액이며 상업송장과 선하증권에 화물가액으로 기재된 12,500달러 범위 내에서 보증책임을 부담하려는 의사였다고 주장하였으나, 법원은 이는 내심의 의사에 불과

제7 갑 판 적

1. 미 국 법

(1) 갑판적자유약관

갑판적으로 운송되는 운송물과 산 동물은 미국 해상물건운송법 또는 하터법의 적용을 받지 않는다.[1] 이는 고도의 위험이 수반되는 갑판적운송물 또는 산 동물에 대하여 해상운송인에게 손해배상책임을 부담시키는 것은 가혹하므로, 운송인을 과실책임으로부터 면제시킴으로써 이 같은 운송물을 송하인의 위험부담으로 해상운송하여야 한다는 전통적 논리에 의한 것이었다. 그러나 운송기술이 발달한 오늘날에는 이 같은 논리가 타당성을 상실하였으며, 대부분의 선하증권에는 갑판적운송물과 산 동물에 대하여도 미국 해상물건운송법이 적용된다는 조항이 기재되어 있다.[2]

운송물의 갑판적을 송하인이 승인하지 않은 경우에는 문제가 된다. 송하인과 운송인 간에 갑판적운송에 관한 특별한 약정(갑판적자유약관, liberty clause)이 있거나 확립된 상관습에 의하여 송하인이 갑판적운송을 승인한 것으로 추정할 수 있는 경우를 제외하고, 운송인은 원칙적으로 선창 내에 운송물을 적부하여야 한다. 따라서 송하인이 갑판적운송을 승인하지 않았고 운송인이 무유보선하증권을 발행하였다면, 운송인은 선창 내 운송을 할 것을 송하인에게 약속한 것으로 본다. 선창 내 운송을 하여야 하는 데도 운송인이 갑판적운송을 하였다면 중대한 운송계약불이행에 해당하며, 운송인은 운송물의 보험자로서의 책임을 지게 되므로 포장당 책임제한을 주장할 수 없다.[3] 따라서 운송인이 갑판적운송에 따르는 손해배상책임으로부터 면제되기 위하여는 선하증권에 갑판적조항을 기재함으로써 송하인으로부터 갑판적운송에 대한 동의를 얻거나, 당해 항로 또는 항구에서 갑판적운송을 하는 것이 상관습임을 입증하여

하여 그러한 사정을 알고 있었다고 볼 수 없는 원고에 대하여는 아무런 효력이 없다고 보았다.
1) 46 U.S.C. 제195조, 제1301(c)조. 갑판적운송물이더라도 그 운송물이 갑판에 적재되어 있지 아니하고 선적 또는 양륙작업중일 때는 미국 해상물건운송법이 적용된다. 또한 갑판적운송물을 운송인이 수령하여 선박에 선적하기까지의 기간 및 갑판적운송물을 선박에서 양륙하여 수하인에게 인도하기까지의 기간에 대하여는 하터법이 적용된다. Wooder, "Deck Cargo: Old Vices and New Law," 22 J.Mar.L. & Comm. 131쪽(1991).
2) Schoenbaum(5th), 585-586쪽.
3) Great American Ins. Cos. V. M/V Romeral, 962 F. Supp. 86(E.D. La. 1997).

야 한다. 그런데 운송인이 면책되기 위하여는 선하증권에 "운송물을 갑판적운송한다"고 기재되어야 하고, 선하증권에 "운송물을 갑판적운송할 수 있다"거나 "운송인이 갑판적운송을 할 수 있는 선택권을 가진다"는 정도로 기재한 것만으로는 불충분하다.[1]

(2) 갑판적의 상관습

미국법원은 특정 항로 또는 항구에 갑판적운송을 하는 상관습이 있다는 것을 좀처럼 인정하지 않는 경향이며, 이것은 당해 운송물이 특정 항로 또는 항구에서 대부분의 경우에 갑판적운송되고 있다는 것이 입증된 경우에도 마찬가지이다. 즉 미국법원은 운송인이 습관적으로 갑판적을 한다고 하여 그것이 곧 상관습이 되는 것은 아니라고 본다. 그리고 갑판적의 상관습이 존재하는지 여부는 당해 선박의 종류에 크게 좌우되며, 로로선이나 컨테이너선이 컨테이너화물을 적재하는 경우에는 갑판적을 하는 것이 상관습이라고 본다.[2] 오늘날 정기선분야에서는 컨테이너선을 사용하는 것이 대세이고 대부분의 운송물이 컨테이너화되어 있기 때문에 이 같은 운송물은 갑판적하더라도 특별히 위험이 증가하는 것은 아니다. 따라서 미국 해상물건운송법이 갑판적운송물을 적용대상에서 제외하는 것은 불합리하다는 견해도 있다. 아울러 미국 해상물건운송법(제6조)은 통상적인 상업적 운송물이 아닌 특수운송물(원목 등)에 관한 운송인의 권리의무에 대하여는 운송인과 송하인이 특별한 약정을 할 수 있다고 규정한다.[3]

함부르크규칙은 운송인과 송하인의 합의에 의하여 운송물을 갑판적으로 운송할 수 있고, 그 취지를 선하증권에 기재하여야 한다고 규정하고, 선창 내 운송에 관한 명시적 합의를 위반한 갑판적운송은 손해발생을 인식하면서 무모하게 하는 작위 또는 부작위로 본다(제9조).[4]

---

1) Hojgaard & Schultz A/S v. Transamerican S.S. Corp., 590 F. Supp. 916(S.D.N.Y. 1984), judgment affirmed 762 F.2d 990((2d Cir. 1985). 한편 English Electric Vaule Co., Ltd. v. M/V Hoegh Mallard, 637 F. Supp. 1448(S.D.N.Y. 1986), reversed on other grounds, 814 F.2d 84(2d Cir. 1987) 사건에서는 운송인이 갑판적운송을 할 수 있는 선택권만을 가지는 경우에도 운송물이 갑판적될 수 있음을 송하인의 대리인이 실제로 알고 있었다면, 운송인은 갑판적운송에 대한 손해배상책임을 지지 않는다고 한다. Schoenbaum(5th), 586-587쪽.

2) Chester v. Maritima del Litoral S.A., 586 F. Supp. 192(E.D. Wis. 1983).

3) Schoenbaum(5th), 588쪽.

4) Tetley(4th), 1616쪽.

2. 우 리 법

우리 상법도 미국법과 입장을 같이 하여 운송인은 송하인과의 특약에 의하여 상사과실에 대한 자신의 책임을 경감 또는 면제할 수 없으나, 산 동물의 운송 및 갑판적으로 운송할 취지를 선하증권에 기재하여 갑판적으로 행하는 운송에 대하여는 운송인의 책임의 경감 또는 면제가 가능하다(상 제799조 제2 항). 그러나 갑판적이 허용되지 않는 경우, 운송인은 갑판적을 함으로 인하여 발생한 손해에 대하여 책임을 진다. 선창 내에 운송물을 운송한다는 명시적 약정에 위반하여 갑판적운송을 한 경우에는 고의로 손해를 유발한 것으로 보아 운송인은 면책약관이나 책임제한을 주장하지 못한다. 갑판적한 운송물이 손실된 경우에는 그 가액을 공동해손액에 산입하지 않으므로 공동해손분담청구권자에게 불리하다(상 제872조 제2항 본문). 단, 갑판적이 관습상 허용되는 경우에는 그 손실된 갑판적 운송물의 가액을 공동해손액에 산입한다(동항 단서).

2017년에 대법원은 갑판적 자유약관이 유효하다고 인정하면서 운송인의 책임을 부인했다.[1] 통상의 갑판적재약관(on-deck clause)은 갑판유실(washing overboard)을 포함하는데, 갑판유실은 해수의 직접적 작용으로 갑판 위에 적재된 화물이 휩쓸려 배 밖으로 유실되는 것이다. 반면에 악천후로 인한 배의 흔들림이나 기울어짐으로 인해 갑판 위에 적재된 화물이 멸실되는 갑판멸실(loss overboard)는 갑판적재약관의 담보범위에 포함되지 않는다.[2]

제8 선하증권의 이면약관

1. 면책약관(Exoneration clauses)

(1) 미 국 법

운송인이 자신의 과실책임으로부터 면제된다는 내용의 면책약관을 선하증권에 기재하는 경우가 자주 있는데, 미국 해상물건운송법(제3(8)조)은 이에 관하여 "본조에 규정된 운송인의 의무불이행 또는 운송인의 과실로 인하여

---

1) 대판 2017. 10. 26. 2016다227663(원고/상고인 손해보험협회, 피고/피상고인 에이피 뮐러 머스크 에이에스, 상고기각).
2) 대판 2016. 6. 23. 2015다5194(판례공보(2016. 8. 1), 991쪽)(원고/상고인 두베스트, 피고/피상고인 에이스아메리칸화재해상보험, 상고기각).

발생한 손해배상책임으로부터 운송인을 면제하거나 본법에 규정된 운송인의 손해배상책임을 경감하는 운송계약조항은 무효"라고 규정한다. 이 조항이 입법된 배경은 미국 해상물건운송법 및 하터법이 제정되기 이전에 운송인이 자신의 우월한 경제적 지위를 남용하여 자신의 과실로 인하여 운송물이 멸실 또는 훼손된 경우에도 자신을 면책시키는 부당한 면책약관을 선하증권에 삽입하였기 때문에 이를 시정하기 위한 것이었다. 즉 미국 해상물건운송법 제 3(8)조 및 하터법(46 U.S.C. 제190조)은 운송인이 삽입한 과실약관을 무효로 함으로써 송하인을 보호한다.1)

미국법원은 미국 해상물건운송법 제3(8)조를 엄격하게 적용하며, 운송인의 책임을 면제 또는 경감시키는 선하증권조항은 동조가 허용하는 범위 내에서만 가능하다. 선하증권에 의하여 운송인의 책임을 가중시키는 것은 허용되는 반면, 운송인의 책임을 경감시키는 것은 불가능하다는 점에서 계약자유의 원칙이 제한을 받는다. 또 운송인의 책임을 경감시키는 상관습이 있더라도 그 상관습이 미국 해상물건운송법에 저촉되는 한 그러한 상관습의 효력은 인정되지 않는다.2) 송하인이 외국법원에서만 운송물에 관한 손해배상청구소송을 제기할 수 있다는 내용의 법정지선택조항은 무효이며, 송하인이 운송인에게 별도로 통지하지 않는 한 운송인은 운송물을 갑판적할 수 있다는 조항도 무효이다.3) 연방대법원은 선박충돌시 운송물소유자가 운송물비적재선에 대하여 손해배상청구를 할 수 없다는 내용의 쌍방과실충돌약관은 무효라고 판시하였으며, 운송인은 해상운송에서 허용되는 면책사유를 내륙운송상의 책임에까지 확장하여 주장할 수 없다.4) 운송인은 운송물을 적절히 선적·적부·관리하고 선박의 감항능력을 유지할 의무를 부담하므로, 선적과 선박의 감항능력 여부 판단은 송하인의 책임이라고 규정하는 개별운송계약(contract of affreightment) 규정은 무효이다.5)

반면에 미국 해상물건운송법이 강행규정으로서 적용되는 것이 아니고 개

---

1) Schoenbaum(5th), 588-589쪽.
2) Sun Oil Co. of Pa. v. M/T Carlisle, 771 F.2d 805(3d Cir. 1985): 원유화물의 0.5퍼센트까지 멸실되더라도 운송인에게 책임을 묻지 않는 상관습은 미국 해상물건운송법상 인정될 수 없다.
3) Encyclopaedia Britannica, Inc. v. SS Hong Kong Producer, 422 F.2d 7(2d Cir. 1969).
4) Vistar, S.A. v. M/V Sea Land Express, 792 F.2d 469(5th Cir. 1986).
5) Schoenbaum(5th), 589-590쪽.

별운송(private carriage)의 경우에 당사자들의 합의에 의하여 동법을 적용하는 때에는 동법의 내용과 상치되는 조항을 기재하여도 무방하다. 예컨대 송하인이 운송물을 적하보험에 부보함으로써 운송인이 운송물의 멸실 또는 훼손에 대한 손해배상책임을 지지 아니하도록 하여야 한다는 보험이익약관(benefit of insurance clause)은 미국 해상물건운송법상 무효이나 용선계약에서는 허용된다.[1] 또 운송인은 운송물을 수령하기 전에 발생한 손해에 대하여는 책임을 지지 아니한다.[2]

(2) 우 리 법

우리 상법은 운송인의 과실을 운송물의 수령·선적·적부·운송·보관·양륙·인도에 관한 과실인 상사과실과 항해 또는 선박관리에 관한 과실인 항해과실로 구분하고, 운송인은 상사과실에 대하여만 책임을 지고(상 제795조 제1항) 이 같은 책임을 경감 또는 면제하는 당사자 사이의 특약을 무효로 한다(상 제799조 제1항 1문). 또 상법은 운송물에 관한 보험의 이익을 운송인에게 양도하는 약정을 무효로 하는 점에서(동항 2문) 미국법과 동일하다.

2. 준거법 및 법정지선택약관·중재약관

(1) 준거법 및 법정지선택약관(관할의 합의)

⑺ **법정지결정원칙**　첫째, 법원은 자국법상 해당 사건에 대하여 관할권이 있는지를 결정하여야 한다. 관할권이 있는 경우에만 당해 사건을 계속하여 심리할 수 있으며, 관할권이 없는 경우에는 사건을 각하하여야 한다.

둘째, 법원은 당해 사건에 적용되는 법률을 검토하여 그 법률이 특정한 법정지를 지정하는지를 결정하여야 한다.[3]

셋째, 법원은 외국법원이 관할권을 가지는 것이 적절하며, 당사자의 편의상 외국법원이 당해 사건을 심리하도록 하는 것이 합리적인지를 결정하여야 한다.

---

1) 미국 해상물건운송법, 제3(8)조; Horizon Petroleum Co. v. Barges Dixie 162, 234, and 236, 753 F.2d 382(5th Cir. 1985).

2) Tokio Marine & Fire Ins. Co. v. Retla Steamship Co., 426 F.2d 1372(9th Cir. 1970). Schoenbaum(5th), 590~591쪽.

3) 예컨대 1991년 호주 해상물건운송법은 호주법원의 관할을 배제하는 선하증권조항은 무효라고 규정한다.

넷째, 선하증권에 법정지선택약관이 기재되어 있다면, 약관조항을 주의깊게 검토하여야 한다. 만약 법정지선택약관이 선하증권 아닌 문서, 예컨대 용선계약에 기재되었다면 ① 용선계약이 선하증권에 편입되는지, ② 편입된다는 사실을 송하인에게 고지함으로써 편입이 완전하고도 유효한지를 검토하여야 한다.

다섯째, 선박가압류를 함으로써 당해 소송이 개시되었는지를 고려하여야 한다. 통상 선박가압류를 한 법원에 관할권이 부여되기 때문이다.

여섯째, 외국법원의 관할이 당해 사건에서 보다 편리하고 적절하다면, 법원은 소송을 중지함으로써 당사자의 권리를 보호하여야 한다. 그렇지 않은 경우에 법원은 당해 사건에 대하여 관할권이 있음을 선언하고, 관할권이 없다는 피고의 소송 전 항변 및 이송신청을 각하하게 된다.[1]

㈏ 미 국 법 　 미국 해상물건운송법은 미국항구를 출발항 또는 목적항으로 하는 모든 국제해상물건운송계약에 적용되며, 당사자들이 선하증권에 의하여 약정하는 경우에는 미국항구간의 물건운송계약에도 적용된다. 일단 미국 해상물건운송법이 적용되는 경우에는 동법 제3(8)조에 의하여 동법에 규정된 운송인의 의무와 책임을 면제 또는 경감하는 조항을 운송계약에 삽입하는 것이 금지되며, 동법에 저촉되는 선하증권조항은 무효이다.[2]

그럼에도 불구하고 1995년에 연방대법원은 외국법정선택약관이 유효하다고 판시하였다. 일본운송인이 파나마선적선을 용선하여 모로코로부터 매사추세츠까지 운송한 과일이 운송도중 훼손되었으므로 과일상이 제소하였다. 선하증권에는 외국중재약관이 기재되어 있었는데, 법원은 중재에 회부되면 피해구제비용이 증가하여 미국 해상물건운송법상 운송인의 책임을 경감하는 결과가 된다는 원고의 주장을 기각하고, 외국중재약관이 유효하다고 보았다. 이유는 ① 운송인의 책임경감이란 운송인이 법률상 의무를 이행하지 아니하여야 비로소 발생하며, 특정 법정에 회부된다고 하여 운송인의 책임이 경감되는 것은 아니고, ② 헤이그규칙에 뿌리를 둔 미국 해상물건운송법이 외국법정의 능력을 무시해서는 안 되기 때문이다.[3] 이 사건 이후 선하증권의 법정지선택

---

1) Tetley(4th), 1911-1912쪽.
2) Schoenbaum(5th), 591쪽.
3) Vimar Segurosy Reaseguros v. M/V Sky Reefer, 515 U.S. 528(1995). 한낙현, "선하증권 중의 재판관할조항의 효력에 관한 연구," 한국해법학회지 제31권 제1호(2009), 236쪽.

약관의 효력은 일관되게 인정되고 있으나, 미국법원이 외국판결을 검토할 기회가 없는 경우에는 외국법정선택약관의 효력은 부인된다.[1] 법정지선택약관이 불공정하다고 주장하는 자는 진술서 등 증거를 제출하여야 한다.[2]

외국법이 준거법인 경우에도 준거법약관은 일반적으로 인정된다. 헤이그-비스비규칙이나 함부르크규칙은 일반적으로 미국법보다 송하인에게 유리한 법체계인데, 헤이그-비스비규칙이나 함부르크규칙의 비준국을 법정지로 하고 그 비준국법을 준거법으로 하는 조항이 미국 해상물건운송법의 적용을 받는 선하증권에 기재된 경우가 문제된다. 미국 해상물건운송법 제3(8)조는 동법에 규정된 운송인의 최소한의 의무보다 무거운 책임을 운송인에게 부과하는 것을 금지하지 않으므로, 미국법원은 이 같은 조항을 유효한 것으로 볼 것이다.[3] 법정지선택약관의 유효 여부를 결정할 때, 형평법의 이념을 고려하여야 한다는 견해도 있다.[4]

미국 해상물건운송법이 적용되지 않는 선하증권상에 기재된 준거법약관과 법정지선택약관은 유효하다. 그 대표적인 예로는 연방대법원이 1972년에 판시한 M/S Bremen v. Zapata Off-Shore Co. 사건을 들 수 있다. 이 사건에서 법원은 당사자들이 동등한 입장에서 예인계약을 체결했고, 선택된 법정지가 합리적이며, 분쟁해결에 관하여 당사자들이 합의에 의하여 법정지를 선택하는 것이 바람직하기 때문에 런던을 법정지로 하는 약관이 유효하다고 판시하였다. Bremen 사건 이후 미국법원은 법정지선택조항이 사기에 의해 삽입되었거나 법정지선택조항의 이행을 강제하는 것이 부당한 경우를 제외하고는 운송물손해에 관련되지 않은 일반해상사건에서도 법정지선택조항의 유효성을 폭넓게 인정한다.[5] 미국 해상물건운송법이 강행규정으로서가 아니라 당사자 간의 합의에 의하여 적용되는 경우에도 선하증권에 기재된 준거법약관 및 법

---

1) Central National-Gottesman, Inc. v. M/V "Gertrude Oldendorff," 204 F. Supp. 2d 675 (S.D.N.Y. 2002).

2) Schoenbaum(5th), 591-593쪽.

3) Acciai Speciali Terni USA v. M/V Berane, 182 F. Supp. 2d 503(D. Md. 2002). Schoenbaum (5th), 593쪽.

4) Staring, "Forgotten Equity: The Enforcement of Forum Clauses," 30 J.Mar.L. & Comm. 405 쪽(1999).

5) Teyseer Cement Co. v. Halla Maritime Corp., 583 F. Supp. 1268(W.D. Wash. 1984), appeal dismissed 794 F.2d 472(9th Cir. 1986).

정지선택약관은 유효하다. 왜냐하면 이 같은 경우에는 미국 해상물건운송법
이 당사자간의 운송계약조건과 동일한 효력을 가질 뿐이므로, 당사자들이 합
의에 의하여 얼마든지 준거법 및 법정지를 결정할 수 있기 때문이다.[1]

⑷ 우 리 법

1) 관   할   우리 판례는 대한민국법원의 관할을 배제하고 외국법원을
관할법원으로 하는 전속적 관할합의가 유효하려면, ① 당해 사건이 대한민국
법원의 전속관할에 속하지 아니하고, ② 지정된 외국법원이 그 외국법상 당해
사건에 대하여 관할권을 가져야 하며, ③ 당해 사건이 그 외국법원에 대하여
합리적인 관련성을 가져야 한다고 본다. 전속적인 관할합의가 현저하게 불합
리하고 불공정한 경우에 그 관할합의는 공서양속에 반하는 법률행위에 해당
하여 무효이다.[2] 대법원은 원고와 수입자가 한국인이고 목적지가 울산항이며
증거방법이 모두 한국 내에 있는 경우, 동경지법에 대한 전속적 국제관할합의
가 무효라고 보았다.[3] 그리고 한국 회사가 일본 회사에게 러시아에서 선적한

---

1) Schoenbaum(5th), 593–594쪽.
2) 대판 1997. 9. 9. 96다20093(판례공보(1997. 10. 15), 3037쪽). 피고 삼영익스프레스는 원고
   고려무역으로부터 직물운송을 의뢰받고, 인도지를 텍사스로 하는 복합운송증권을 발행하였
   다. 현대상선이 직물을 부산에서 로스앤젤레스까지 해상운송하고, 피고의 미국 내 대리점인
   베니슨이 로스앤젤레스로부터 텍사스까지 육상운송하였으며, 베니슨은 보세창고업자인 안
   젤로에게 직물을 보관시켰다. 안젤로는 복합운송증권을 소지하지 않은 제3자에게 직물을
   인도하여 직물이 멸실되었는데, 복합운송증권에는 "이 증권에 기한 소는 모두 뉴욕주법원
   에 제기하여야 한다"고 기재되어 있었다. 원고는 복합운송증권의 소지인으로서 피고의 불
   법행위책임을 구하였다. 이 사건이 뉴욕주와 관련 있는 점은 피고가 뉴욕주에 영업소를 가
   지고 있었고, 피고를 위하여 운송물인도를 담당하였다가 멸실시킨 보세창고업자가 미국인
   이라는 정도였다. 한편 ① 원·피고는 대한민국에 주사무소를 두고 대표자 및 사원들이 한
   국인들로 구성된 한국법인이었고, ② 운송물목적지는 텍사스주로서 뉴욕주와 관련이 없으
   며, ③ 운송물의 멸실경위에 대하여 다툼이 없어 중요한 증거방법은 모두 한국 내에 있는
   한국인증인이거나 문서이고, ④ 운송인의 책임범위나 면책요건에 관한 미국법이 한국법보
   다 피고에게 더 유리하지도 않으며, ⑤ 소가가 극히 소액이었다. 법원은 뉴욕주에서 소송을
   수행하는 것이 피고에게도 불편하므로 전속적 관할합의는 지정된 외국법원에 대하여 합리
   적 관련성을 결여하여 무효라고 보았다. 이 판결로 인하여 당사자들 간의 국제소송의 재판
   관할합의 규정이 유명무실해질 가능성이 크다고 비판하는 견해로는 이성철, "섭외사건에
   있어서 재판관할 합의의 효력," 해사법연구 제12권 제1호(2000), 390쪽.
3) 대판 2004. 3. 25. 2001다53349 손해배상(판례공보(2004. 5. 1), 683쪽)(원고 한국외환은행,
   피고 가와사키기센). 이 사건이 일본 동경지법과 관련성을 가지는 것은 수출자(홍콩 한화주
   식회사)가 일본에 본점을 둔 피고와 운송계약을 체결하고, 피고소유 선박으로 화물을 운송
   하였다는 점뿐이다. 반면 신용장개설은행인 원고와 수입자인 동해펄프는 한국에 주사무소
   를 두고, 대표자 및 사원이 한국인인 한국법인이고, 운송물멸실경위에 대하여는 원·피고
   간에 다툼이 없고, 중요 증거방법이 모두 한국 내에 있으며, 운송인의 책임범위나 면책요건

냉동청어를 중국에서 인도하기로 하고 대금은 선적 당시의 검품 결과에 따라 임시로 지급하되 인도지에서 최종 검품을 하여 정산하기로 한 매매계약에서, 차액 정산 분쟁에 관하여는 인도지인 중국 법원이 가장 실질적 관련이 있으나, 한국 법원도 당사자 또는 사안과 실질적 관련이 있다면 재판관할권을 가진다.[1] 일본에 주소를 둔 재외동포 A가 일본에 주소를 둔 재외동포 B를 상대로 3건의 대여금 채무 소송을 제기했다. 이 중 2건은 사안과 한국 간에 실질적 관련성이 있다는 이유로, 그리고 나머지 1건은 실질적 관련성은 없지만 변론관할에 의해 한국 법원의 관할권이 인정되었다.[2]

에 관한 일본법이 한국법보다 운송인인 피고에게 유리하다고 볼 자료도 없으므로 동경지법에 대한 전속적 관할합의는 합리적 관련성이 없어 무효이다.

1) 대판 2008. 5. 29. 2006다71908, 71915(미간행)(원고/피상고인 성우엔타프라이스, 피고/상고인 미호오재팬, 상고기각). 한국 회사인 원고가 일본 회사인 피고에게 2003년도 러시아산 냉동청어 1,000톤을 판매하여 중국에서 인도하기로 하였다. 일본에 있던 일본인 소외 1이 피고와 계약 내용을 절충하여 계약서를 작성하고 팩스로 피고에게 계약서를 전송하여 피고가 날인하게 한 다음 자신도 계약서에 서명날인하고, 이를 한국의 원고에게 전송하여 원고의 서명을 받았다. 냉동청어 판매대금은 러시아에서 선적 당시 검품 결과에 따라 임시로 지급하고 하역항인 중국 청도항에서 청어 더미 일정 수량을 해동시켜 청어 1톤에 포함된 성자(청어알 중 완전한 형태를 갖춘 것)의 비율에 따라 최종 가격을 정해 차액을 정산하기로 하였다. 피고는 2003. 7. 13. 청어를 청도에서 인도받은 후 임시 가격 63만 달러를 지급하였다. 계약서에 의하면 정산차액은 피고의 검품 종료 후 10일 이내에 지급하도록 되어 있었는데, 2003. 8. 피고는 청어를 가공하여 모두 처분하였다. 피고는 2004. 이 사건과 관련하여 중국 법원에 원고를 제소하였으나 각하되었다. 원고가 이 사건 본소로 정산금 지급을 구하자, 피고는 2004. 11. 6. 반소로써 청어의 적정 매매대금이 33만 달러에 불과하다고 주장하면서 30만 달러의 부당이득 반환청구를 하는 동시에, 원고가 소외 1과 공모하여 러시아에서 허위 검품을 하게 하는 등 청어의 성자 비율에 대해 피고를 기망하여 피고가 30만 달러의 손해를 입었다고 주장하면서 불법행위 손해배상을 청구했다. 대법원은 1) 정산금 분쟁에 관하여 중국에서 최종 검품이 이루어졌는지와 그 결과가 문제되므로 최종 검품예정지인 중국 법원이 가장 실질적 관련을 가진다. 2) 피고가 원고를 상대로 중국 법원에 제기한 소가 각하되었고, 청어에 포함된 성자의 비율을 확인할 수 있는 청어가 현존하지 않으며, 피고가 청어를 처분한 때로부터 5년이 경과한 지금 한국 법원의 관할권을 부정한다면 당사자의 권리구제를 도외시하게 된다. 3) 피고가 반소를 제기하고 있으므로 원피고간의 분쟁을 일거에 해결할 필요성이 있다. 4) 원고가 한국에서 계약서류를 팩스로 전송받아 계약을 체결하였고, 정산금을 송금받기로 한 곳이 한국이므로 한국도 당사자나 사안과 실질적 관련이 있다고 보았다. 평석은 석광현, "계약사건의 국제재판관할에서 의무이행자와 실질적 관련," 법률신문 제3792호(2009. 11. 12), 15쪽.

2) 대판 2014. 4. 10. 2012다7571(판례공보(2014. 5. 15), 1018쪽)(원고/상고인 이제희, 피고/피상고인 김신중, 파기환송). 대여금 중 5백만 엔은 피고가 대표이사인 한국 회사가 추진하는 순천시 개발사업과 관련해 지급된 돈으로 채권발생이 한국 내 사업과 관련이 있다. 대여금 2천만 원은 원고가 한국 거주자 소외인 명의 계좌로 2천만 원에 해당하는 일본화 1,938,699 엔을 송금 후 한국 수표로 인출했으므로 돈의 수령 및 사용 장소가 한국이고 수령인도 한국 거주자여서 2천만 원도 한국과 실질적 관련이 있다. 대여금 4천만 엔은 한국과 실질적

2) 준 거 법　한편 대법원은 당사자가 준거법으로 정한 외국법의 규정이 우리법의 강행규정에 위반되더라도 그것이 국제사법 제10조의 '선량한 풍속 그 밖의 사회질서'에 관한 것이 아닌 한 이를 이유로 곧바로 당사자 사이의 국제적 법률관계에 대한 그 외국법의 적용을 거부할 수는 없다고 판시하였다.[1] 그리하여 대법원은 운송인의 손해배상책임에 관하여 멕시코 국내법을 적용하는 것이 '선량한 풍속 그 밖의 사회질서'에 반하지 않는다고 보았다. 이 사건에서 선하증권의 지상약관은 "선하증권상의 분쟁에 관하여 관할권을 가지고 재판을 할 법원소재국에서 효력을 가지는 헤이그규칙"을 준거법으로 지정하였다. 이에 대하여 대법원은 "우리나라가 헤이그규칙 당사자로 가입하지 않았으므로, 헤이그규칙은 우리나라에서 법규범으로서의 효력을 가지지는 못한다. 상법이 헤이그규칙의 대부분을 수용하였지만, 그것만으로 상법이 위 지상약관에 의하여 준거법이 된다고 할 수 없다"고 보았다. 국내에 영업소가 있는 선박대리점이 외국 선박소유자와 선박대리점계약을 체결하면서 준거법을 따로 선택하지 않은 경우, 다른 특별한 사정이 없는 한 국제사법에 의해 계약과 가장 밀접한 관련이 있는 것으로 추정되는 선박대리점의 영업소가 있는 우리나라의 법이 준거법이 된다.[2] 미국의 경우 여러 주가 있는데 주를 특정하지 않고 선박연료유 공급계약에서 '미국법'을 준거법으로 약정했더라도 당연히 무효라고 할 수 없고, 계약 문언, 계약 전후 사정, 거래 관행 등을 고려해 당사자가 미국의 어느 주법을 지정한 것인지 살펴보아야 한다. 나아가 특정 법률관계에 대해 미국에 통일적으로 적용되는 연방법인 미국 해사법이 존

관련이 없으나, 피고가 제1심에서 관할위반 항변을 하지 않고 2심에서야 항변을 했으므로 1심법원에 관할권이 생겼다.

1) 대판 1999. 12. 10. 98다9038(판례공보(2000. 1. 15), 154쪽)(원고 삼성화재, 피고 아메리칸 프레지던트 라인즈). 원고는 문제된 이면약관(멕시코책임조항)이 불공정약관이므로 약관의 규제에관한법률 제6조에 의하여 무효라고 주장하였다. 그러나 대법원은 동법 제15조에 의하여 "국제적으로 통용되는 약관 기타 특별한 사정이 있는 약관으로서 대통령령이 정하는 경우"에는 제7조 내지 제14조의 규정을 조항별·업종별로 제한할 수 있는데, 제6조 역시 대통령령으로 정하는 특정 업종약관에는 적용되지 않는다고 판시함으로써 멕시코책임조항이 유효하다고 보았다.

2) 대결 2012. 7. 16. 2009마461 선박임의경매결정에대한즉시항고(채권자/재항고인 그로발스타 해운, 소유자/상대방 알카이드 쉽핑)(판례공보(2012. 8. 15), 1425쪽). 국제사법 제26조 ① 당사자가 준거법을 선택하지 아니한 경우에 계약은 그 계약과 가장 밀접한 관련이 있는 국가의 법에 의한다. ②항 단서: 계약이 당사자의 영업활동으로 체결된 경우에는 당사자의 영업소가 있는 국가의 법이 가장 밀접한 관련이 있는 것으로 추정한다.

재한다면 적어도 그 법률관계에 대하여는 미국 해사법이 적용된다. 즉 당사자가 미국법을 준거법으로 선택한 약정은 유효하다. 소송촉진 등에 관한 특례법의 법정이율에 관한 규정은 절차법적 성격만을 가진다고 할 수 없고 그 실질은 손해배상의 범위를 정하기 위한 것이므로, 본래의 채권채무관계의 준거법이 외국법인 경우에는 소송촉진 등에 관한 특례법을 적용할 수 없다.[1] 또 외국법을 준거법으로 하여 체결된 모든 계약에 관하여 약관의 규제에 관한 법률을 적용할 수 있는 것은 아니다.[2] 선하증권 전문(前文)에서 일반적 준거법이 영국법일지라도, 선하증권 후문(後文)에서 '운송인의 책임범위를 미국 해상화물운송법에 의한다'고 규정한다면, 운송인의 책임제한은 미국 해상화물운송법의 적용을 받는다.[3]

부산에서 양륙 과정 중 컨테이너의 봉인이 탈락된 것이 발견되었다. 피고 운송인(중국 회사)은 자신이 발행한 해상화물운송장의 이면약관에 준거법이 중국법으로 되어 있다고 항변했고, 2심 법원은 이를 받아들여 중국법을 적용했다. 그러나 대법원은 ① 해상화물운송장 전면에 이면약관의 존재를 존재로 하는 기술이 다수 있다거나, ② 운송인의 독일지사에서 해상화물운송장 원본이 발행된 것으로 조회된다는 것만으로는 이면약관의 존재를 인정하기 어렵다고 보았다. 나아가 대법원은 봉인의 탈락이 확인된 곳이 대한민국이고 이로 인해 침해된 화주(한진)의 법익 소재지도 대한민국이라는 이유로 한국법을 적용했다.[4]

출발지나 도착지가 우리나라인데도 특별한 고려 없이 외국법을 준거법으로 하는 문제점을 시정하기 위해 2007년 개정상법초안이 "제817조(적용범위) 운송물의 수령지·선적지·양륙지 중 어느 한 곳이 대한민국인 경우에 있어서 운송인의 의무 또는 책임을 감경 또는 면제하는 것을 내용으로 하는 특약

---

1) 대판 2012. 10. 25. 2009다77754(판례공보(2012. 12. 1), 1886쪽)(원고 에스티엑스팬오션, 피고 오션 콘넥트 닷컴, 파기자판).
2) 대판 2010. 8. 26. 2010다28185(판례공보(2010. 10. 1), 1813쪽)(원고/상고인 동양전자상사, 피고/피상고인 자링크 세미컨덕터, 상고기각).
3) 대판 2018. 3. 29. 2014다41469(판례공보(2018. 5. 1), 798쪽)(원고/상고인 겸 피상고인 디비손해보험, 피고/피상고인 겸 상고인 에이트젠 케미칼 싱가폴 피티이, 상고기각).
4) 대판 2019. 4. 23. 2015다60689(원고/상고인 O손해보험, 피고/피상고인 O해운회사, 파기환송). 2심 판결 서울중앙지판 2015. 8. 19. 2014나41390, 소 각하, 피고 승소. 김인현·이상협, "2019년 중요 해상판례소개," 한국해법학회지 제42권 제1호(2020. 5), 222쪽.

은 개품운송계약의 준거법에 관계 없이 이 절의 규정에 의하여 허용되지 아니하는 범위 안에서는 무효이다"라는 규정을 신설하였으나, 국회심의과정에서 삭제되었다. 찬성론의 근거는 ① 미국·캐나다·호주 등 선진국이 유사 규정을 두고 있으므로 상호주의원칙에 따라 우리법이 강제적용되도록 하여야 하고, ② 자국법을 강제적용하는 것이 국제적 추세인데 우리나라만 강제적용 근거가 없는 것은 외국 선주와 화주에게 우리 법체계를 경시당하는 결과를 가져올 수 있으며, ③ 우리 해상법이 많이 활용되도록 함으로써 우리 해상법의 위상을 높일 수 있고, ④ 해운과 무역에서 세계적으로 큰 비중을 차지하는 우리나라의 지위에서 볼 때 우리 국적의 선주와 화주도 자국법을 적용할 수 있어야 한다는 것이다. 반대론의 근거는 ① 광범위하게 상법조항을 강제 적용하기에는 상거래가 빠르게 변화하고, 약관도 많이 생성되고 있으므로 필요한 부분만 규율하면 되지 강제적용을 일반화하는 것은 문제 있고, ② 상법은 사법이고, 사법은 개인의 자유가 존중되므로 어떤 법이 적용될 것인지는 법 자체의 우월성으로 결정될 사항이며, ③ 우리 해상법을 모르는 외국 선주와 화주에게 강제적용하는 것은 해상법의 국제성과 상충된다는 것이다.[1] 찬성론에 동의한다.

(2) 중재약관

㈎ 미 국 법   연방중재법상 모든 해상운송계약에 중재조항을 기재하는 것이 허용되기 때문에 미국 해상물건운송법이 적용되는 선하증권이 독립적으로 발행되었든 용선계약에 따라 발행되었든 불문하고 선하증권상의 중재조항은 유효하며, 외국에서의 중재조항도 유효하다.[2] 나아가 일부 미국법원은 미국 해상물건운송법상 제척기간은 1년이지만, 중재는 소송과 다르기 때문에 1년 미만의 제척기간을 규정하는 중재조항도 당사자들의 의사에 반하지 않는 한 유효하다고 본다.[3] 그러나 중재절차가 사실상 소송과 동일한 기능을 수행하며, 중재절차에 의하여 미국 해상물건운송법상의 운송인의 의무를 경감시킬 수 없으므로 이 같은 판결에는 문제가 있다.[4]

---

1) 국회 법제사법위원장, 상법 일부개정안 심사보고서(2007. 7), 39~42쪽.

2) Mid South Feeds, Inc. v. M/V Aqua Marine, 1988 AMC 437(S.D.Ga. 1986).

3) Empresa Publica v. S. S. Yukon Mart, 1976 AMC 2235(S.D.N.Y. 1976).

4) Schoenbaum(5th), 594쪽; Comment, "Arbitration Clause: Potential Conflicts with the Carriage of Goods by Sea Act," 21 Col.J.Trans.L. 157쪽(1984).

(나) **우 리 법**　우리 판례도 중재조항이 유효하다고 본다. 운송인이 송하인에게 중재조항이 기재된 선하증권을 발행하였다면 운송인과 송하인은 합의로서 재판청구권을 포기한 것이고, 선하증권을 매수한 선하증권 소지인은 분쟁해결방법이 중재절차로 제한된 채권을 인수한 것이기 때문이다.[1]

중재판정에는 그 판정의 근거가 되는 이유를 기재하여야 한다(중재법 제32조 제2항 본문). 다만, 당사자 간에 합의가 있는 경우에는 그러하지 아니하다(동항 단서). 따라서 당사자 간에 이유의 기재를 요하지 않는다는 합의가 없는데도 중재판정에 이유를 기재하지 아니한 때에는 중재판정의 취소사유가 된다. '중재판정에 이유를 기재하지 아니한 때'는 중재판정서에 전혀 이유의 기재가 없거나, 이유의 기재가 있더라도 불명료하여 중재판정이 어떠한 사실상 또는 법률상 판단에 기인하는지를 판명할 수 없는 경우와 이유가 모순인 경우를 말한다. 이유의 설시가 있는 한 그 판단이 실정법을 떠나 공평을 근거로 삼는 것도 정당하다. 중재판정의 이유는 당해 사건의 권리관계에 대해 명확하고 상세한 판단을 나타낼 것까지는 요구되지 않고, 중재인이 어떻게 판단에 이르렀는지를 알 수 있으면 충분하다. 판단이 명백하게 비상식적이고 모순인 경우가 아닌 한, 그 판단에 부당하거나 불완전한 점이 있다는 것은 이유를 기재하지 아니한 때에 해당하지 않는다. 그리고 중재사건이 동종 사건에 대한 대법원판례들과 해석을 달리하여 결론이 다르다는 것만으로는 '중재판정의 집행이 대한민국의 선량한 풍속 기타 사회질서에 위배되는 때'에 해당되지 않는다.[2]

3. 터미널운영자 · 하역업자의 책임 및 히말라야약관(Himalaya Clause)

(1) 터미널운영자 등의 책임

(가) **미 국 법**　해상터미널에는 벌크화물터미널과 컨테이너 터미널이 있다. 터미널에서 가장 중요한 기능을 하는 자는 하역근로자인데, 이들은 대부분 하역회사에 고용되어 있으며, 선박회사는 하역회사와 계약을 체결하여 운송물을 선적·양륙한다. 운송물의 멸실이나 훼손은 선상에서 발생하기도 하지만, 선적 전이나 양륙 후에 발생하기도 한다. 운송인은 이 기간 동안 운송

---

1) 부산지판 2008. 10. 8. 2007가합20559(각급법원(제1,2심) 판결공보(2008. 12. 10), 1859쪽)(원고 동국제강, 피고 윤스마린, 원고 청구각하).
2) 대판 2010. 6. 24. 2007다73918(판례공보(2010. 8. 1), 1417쪽)(원고/상고인 한국국제협력단, 피고/피상고인 하이네트통상, 상고기각).

물을 직접 취급하지 않고 자신의 대리인역할을 하는 터미널운영자・하역업자・창고업자로 하여금 업무를 처리하게 하므로, ① 송하인・수하인이 터미널운영자 등에게 채무불이행책임을 청구할 수 없고 과실로 인한 불법행위책임만을 청구할 수 있는지, ② 손해가 육상에서 발생한 경우 해사관할이 적용되지 않으므로 주법의 적용을 받는지가 문제된다. 이 같은 경우 ① 송하인・수하인은 운송인에 대하여 주법상 불법행위책임뿐 아니라 채무불이행책임도 청구할 수 있고, ② 법원은 주법상 불법행위책임에 대하여도 관할권을 가진다.[1]

1) 터미널운영자　　터미널운영자는 운송인의 독립계약자이며, 주법상 수치인의 지위를 가진다. 운송물이 멸실되거나 훼손된 경우, 터미널운영자는 과실책임이나 주의의무위반에 대한 손해배상책임을 진다. 터미널운영자가 창고업자의 역할까지 수행하는 경우에는 과실에 의한 운송물의 잘못 인도나 미인도에 대하여도 책임을 진다.[2]

2) 하역업자　　하역업자는 운송물의 선적과 양륙에 대하여 주의의무를 행사할 의무가 있다. 하역업자는 합리적인 실력과 전문성을 가져야 하며, 과실이나 주의의무위반으로 인하여 운송물이 멸실되거나 훼손된 경우 손해배상책임을 진다. 하역업자의 책임근거는 ① 운송인에 대한 채무불이행책임, ② 과실책임, ③ 작업을 성실하게 이행할 묵시적 담보책임위반이다. 하역업자는 자신의 묵시적 담보책임위반으로 인한 운송인의 손해를 보상하여야 하며, 제3자에 대하여 직접 책임을 부담할 수도 있다. 운송물의 손해에 대하여 운송인과 하역업자가 공동책임을 지는 경우에는 과실의 비율에 비례하여 배상한다.[3]

⒁ **우 리 법**　　우리 판례는 선하증권상 통지처에 불과한 화주의 의뢰를 받은 하역회사가 화물을 양하하여 통관을 위해 지정장치장에 입고시켰다면, 화물이 운송인의 지배를 떠나 화주에게 인도된 것이 아니며 운송인이 지정장치장 화물관리인을 통해 화물에 대한 지배를 계속하고 있다고 본다. 지정장치장 화물관리인입장에서도 운송인으로부터 점유를 이전받았으므로 운송인과

---

1) Schoenbaum(5th), 535-536쪽.
2) David Crystal, Inc. v. Cunard S.S. Co., 339 F.2d 295(2d Cir. 1964). Schoenbaum(5th), 537-538쪽.
3) Sake Int'l, Inc. v. M/V Export Champion, 817 F.2d 1011(2d Cir. 1987). Schoenbaum(5th), 538쪽.

지정장치장 화물관리인 사이에 화물에 관해 묵시적 임치계약이 성립하였다고
보는 것이다.[1]

(2) 히말라야약관

터미널운영자는 약정이나 터미널운임표에 의하여 자신의 책임을 면제시
킬 수 없다. 그러나 터미널운영자와 하역업자는 자신이 운송인의 대리인역할
을 하는 경우에는 운송인의 미국 해상물건운송법상 항변과 책임제한을 원용
할 수 있다. 이는 복합운송의 시대에 법적용을 통일하기 위한 것이다.[2] 터미
널운영자와 하역업자의 책임을 제한하려면, 운송인이 발행한 선하증권에 다
음 세 조항이 기재되어야 한다.

1) 히말라야약관　　　해상운송인에게 적용되는 책임제한의 혜택을 터미널
운영자·하역업자·선박대리점·선장·선원 기타 운송물취급자에게 확장하
여 적용하도록 하는 선하증권조항을 히말라야약관이라고 하는데, 통상 사용
되는 히말라야약관의 문언은 다음과 같다. "운송인이 이 선하증권상의 의무를
이행하기 위하여 사용하거나 고용한 모든 피용자·대리인·독립계약자(선장·
선원·터미널운영자·창고업자·하역업자·경비원을 포함하나, 이에 국한되지 않음)는 운송
인이 이 선하증권 하에서 향유하는 모든 권리·면책사유 및 항변사유를 원용
할 수 있다. 따라서 운송인의 피용자·대리인·독립계약자의 채무불이행책임

---

1) 대판 2006. 12. 21. 2003다47362(판례공보(2007. 2. 1), 177쪽)(원고/상고인 겸 피상고인 부
산은행, 피고/상고인 새한선박, 피고/피상고인 한국항만하역협회, 원심 부산고판 2003. 8.
1. 2002나9509 파기환송). 화물이 마산항에 도착 후 선하증권과 상환됨이 없이 화주인 우림
의 의뢰를 받은 하역회사에 의해 하역되어 관세법상 지정장치장인 마산항 월영부두야적장
에 반입되었다. 지정장치장의 화물관리인인 한국항만하역협회("하역협회")는 선하증권소지
인인 원고나 운송인의 마산항선박대리점인 피고 삼화해운에게 알리지 않은 채 화물통관절
차만 마치고 선하증권은 아직 회수하지 못한 우림에게 화물을 반출하였다. 대법원은 ① 피
고 하역협회는 운송인 샤마르쉬핑을 위해 화물을 보관하는 지위에 있으므로 선하증권이나
화물인도지시서와 상환하지 않고 통지처에 불과한 우림에게 화물을 인도하여 원고에게 손
해를 입혔으므로 불법행위에 기한 손해배상책임을 져야 하는 반면, ② 피고 새한선박이나
피고 삼화해운은 선박대리점으로서 지정장치장에 화물이 반입된 후에도 피고 하역협회를
통하여 화물을 계속 지배하는 것이므로, 화물이 지정장치장에 반입되는 것을 용인·방치하
였다는 것만으로는 피고 새한선박/삼화해운에게 선박대리점으로서의 주의의무위반이 있다
고 볼 수 없다고 판시하였다.

2) Palmer and DeGiulio, "Terminal Operations and Multimodal Carriage: History and
Prognosis," 64 Tul.L.Rev. 281쪽(1989); Zawitoski, "Federal, State, and International
Regulation of Marine Terminal Operators in the United States," 64 Tul.L.Rev. 439쪽(1989);
Schoenbaum(5th), 538-539쪽.

또는 불법행위책임은 운송인의 책임을 초과하지 아니한다. 또 이 조항과 관련
하여 운송인이 이 선하증권 하의 의무를 이행하고 있는 동안에는 운송인이
그 피용자·대리인·독립계약자의 대리인 또는 수탁자인 것으로 간주하며, 운
송인의 피용자·대리인·독립계약자를 이 해상운송계약의 당사자로 본다.”1)

　　2) **책임약관**(Responsibility Clause)　　미국 해상물건운송법의 적용범위를 선
적 전과 양륙 후에까지 연장한다는 조항이다.2)

　　3) **지상약관**(Clause Paramount)　　선하증권에 미국 해상물건운송법을 적용
한다는 내용의 조항이다.3)

　　히말라야약관에 의하여 터미널운영자·하역업자·선박대리점·선원·선
장 등은 자신의 책임한도를 운송물의 매 포장당 미화 500달러로 제한할 수 있
고, 수하인에게 운송물을 인도한 날로부터 1년 내에 재판상 청구가 없으면 책
임이 소멸된다. 미국법상 미국 해상물건운송법이 선하증권에 적용되는 경우
에 히말라야약관은 유효하다. 그러나 미국 해상물건운송법의 적용범위 밖인
운송물이 수하인에게 인도된 이후에 운송물을 취급한 자, 또는 운송인에 의하
여 선임되었으나 송하인으로부터 보수를 받고 송하인을 위하여 용역을 제공
한 터미널운영자에 대하여는 히말라야약관이 적용되지 않는다.4) 또 미국 해
상물건운송법은 당사자간의 합의에 의해서만 적용될 뿐 강행법규가 아니기
때문에, 주법(州法)상의 공서양속에 반하는 내용의 히말라야약관은 인정되지
않는다. 히말라야약관은 엄격하게 해석하여야 하며, 동 약관에 명시된 자에게
만 적용된다.5) 히말라야약관은 명확하게 작성하여야 하고, 적용대상인 독립

1) 히말라야약관은 영국의 Adler v. Dickson 사건에서 비롯되었는데, 지중해여객선 히말라야호
　의 여객인 애들러부인이 발급받은 승선권에 면책약관이 기재되어 있었다. 여객선이 기착항
　에 기항하여 있는 동안 원고 애들러부인이 여객선트랩에서 발을 헛디뎌 부두에 추락하여
　상해를 입었으므로 여객선 선장 및 갑판장의 과실책임을 청구한 것에 대하여 피고들은 원
　고의 상해가 피고들의 업무수행중에 발생하였고, 피고들은 선박회사의 피용자였으므로 피
　고들도 승선권에 기재된 운송인의 면책약관을 원용할 수 있다고 항변하였다. 그러나 영국
　법원은 승선권에 선박회사의 사용인 또는 대리인에게도 운송인의 면책약관이 적용된다는
　사실이 명시되어 있지 않다는 이유로 피고들의 항변을 배척하였다. Note, "Carriage of
　Goods by Sea: Application of the Himalaya Clause to Subdelegees of the Carrier," 2 Mar.
　Law. 91쪽(1977); Schoenbaum(5th), 539-540쪽.
2) Schoenbaum(5th), 539-540쪽.
3) Schoenbaum(5th), 540쪽. 지상약관의 법적 성질에 대하여는 석광현, "해사국제사법의 몇
　가지 문제점—준거법을 중심으로," 한국해법학회지 제31권 제2호(2009), 101-102쪽.
4) La Salle Machine Tool, Inc. v. Maher Terminals, Inc., 611 F.2d 56(4th Cir. 1979).
5) Ram Metals & Building Industries, Ltd. v. Zim Israel Nav. Co., Ltd., 732 F. Supp. 106(S.D.

계약자와 대리인의 범위를 자세히 기재하여야 하며, 구체적으로 운송인의 어떠한 면책사유를 원용할 수 있는지도 특정하여야 한다.[1]

제9 전자선하증권

1. 전자식 자료교환방식(EDI)

1980년대에 들어와 세계무역량이 격증함에 따라 늘어나는 무역서류를 줄이기 위하여 대다수무역국들이 문서 없는 무역을 지향함으로써 전자식 자료교환방식(Electronic Data Interchange: EDI) 제도를 도입하기 시작하였다. 또한 선하증권위조를 방지하고 전자기술의 발달로 말미암아 전통적인 유통증권인 선하증권이 해상화물운송장이라는 비유통운송문서로 대체됨에 따라 이 같은 문서를 전자식 자료교환방식으로 전달할 필요성이 생겼다. 국제상업회의소(ICC)도 이를 수용하여 "무역거래조건의 해석에 관한 국제규칙 1990"(International Rules for the Interpretation of Trade Terms, 'Incoterms 1990')을 제정하여 1990년 6월 1일부터 시행하고 있으며, 특히 국제해법회는 1990년 6월 25일부터 1주일간 개최된 국제해법회 제34차 국제회의에서 전자식 선하증권에 관한 국제해법회규칙을 채택하였다.[2]

전자식 선하증권에 의한 권리이전방식은 다음과 같다. 즉 송하인 또는 해상운송주선인의 컴퓨터에서 운송인의 컴퓨터로 데이터를 전송하는 방법으로 예약을 한다. 화물수령 후 운송인은 송하인에게 그 수령의 통지를 전자적 방식으로 전송한다. 이 통지에는 그 이후 사용되어야 할 개인암호가 포함되어 있다. 송하인은 이 통지를 받았다는 내용확인을 전송함으로써 전자적 방식에 따라 운송인에 대하여 운송물인도청구권을 행사할 권리자로서 확정된다. 송하인은 운송인에 대하여 자신의 운송계약상의 화물의 지배 및 처분권을 제3

Fla. 1989).

1) Schoenbaum(5th), 540-542쪽.
2) 박대위, 무역실무(서울: 법문사, 1999), 104-105쪽; 송상현, "전자식 선하증권에 관한 국제적 동향: CMI의 1990년 초안을 중심으로," 서울대 법학 제32권 제1·2호(1991. 8); 이진우, "전자교환문서에 관한 법적 문제," 변호사 제24집(1994), 7쪽; 오세영·박원수, "EDI에 의한 선하증권의 무서류화에 관한 연구," 한국해법회지 제15권 제1호(1993. 12), 173쪽; 정진섭, "전자문서출현과 EDI의 법적 문제," 법조 제456호(1994. 9), 98쪽; Ian Walden(ed.), EDI and the Law(London: Blenheim Online Publications, 1989).

자에게 이전하는 취지를 개인암호를 사용하여 전송하면 운송인은 송하인에 대하여 그 내용을 확인한 후 당해 제3자에게 운송계약의 내용을 구성하는 정보를 전송한다. 이에 응하여 제3자가 권리를 양수하는 취지를 운송인에게 응답하면, 운송인은 그 제3자에게 새로운 개인암호를 발급하고, 이에 의하여 권리이전이 완성된다. 이 같은 과정을 반복하여 권리가 전전유통된다. 즉 기술적으로 권리이전은 송하인에게 선하증권 대신에 개인암호를 발행함으로써 가능한데, 이 암호는 이후의 권리이전시마다 실효되고, 그 다음 권리양수인에게 새로 개인암호를 발행한다. 이러한 방식의 권리이전시마다 운송인은 양도인으로부터 내용확인을 받음으로써 권리이전이 위와 같이 실제로 이루어졌음을 확인한다. 권리이전에 필요한 새로운 개인암호를 발행한 운송인은 화물과 관련하여 그러한 개인암호를 가지는 사람으로부터만 지시를 받을 권리가 있고, 그러한 사람만이 최종수하인에 대한 화물의 인도에 관하여 지시사항을 발할 권한이 있다.[1]

이 제도는 결국 서면(선하증권 등)을 사용하여 이루어지는 거래를 전자적 방식으로 대체하려고 하는 것이다. 다만, 전자적 자금이체와 비교해 볼 때 은행간의 단순한 자족적 거래인 자금이체와 달리 선하증권에 담겨진 다양한 정보를 여러 다양한 거래당사자간에 이전하는 기술적으로 복잡한 거래이고, 선하증권의 물권적 효력(화물의 점유이전)이 전자식 이전의 영향을 받는 문제가 있다. 이에 관하여는 선하증권소지인은 운송인에 대한 화물인도청구권에 기하여 화물에 관한 간접점유를 가지고 있으며, 선하증권의 점유이전에 의하여 화물에 대한 간접점유도 이전하는 것으로 설명하고 있으므로 국제해법회규칙에 기한 화물인도청구권의 이전에 의하여 화물에 관한 물권(간접점유)도 이전되는 것으로 본다.[2]

2. 전자선하증권

종이선하증권은 위조·변조·분실의 위험이 있고, 이를 제조·보관·관리 및 유통하는 데 상당한 비용이 든다. 그리하여 상법은 종이선하증권 대신 법무부장관이 지정하는 관리기관의 정보통신망에서 전자문서로 발행·등록·

1) 송상현, 앞의 글, 2-3쪽.
2) 송상현, 앞의 글, 3쪽.

배서·지급제시되는 전자선하증권을 도입하였다. 이로써 선하증권의 위조·변조·분실의 위험이 방지되고, 선하증권의 제조·보관·관리 및 유통비용이 절감될 것이다.[1]

운송인은 상법 제852조 또는 제855조의 선하증권을 발행하는 대신에 송하인 또는 용선자의 동의를 얻어 법무부장관이 지정하는 등록기관에 등록을 하는 방식으로 전자선하증권을 발행할 수 있다. 이 경우 전자선하증권은 선하증권과 동일한 법적 효력을 갖는다(상 제862조 제1항). 전자선하증권에는 ① 선박의 명칭·국적 및 톤수 ② 송하인이 서면으로 통지한 운송물의 종류, 중량 또는 용적, 포장의 종별, 개수와 기호 ③ 운송물의 외관상태 ④ 용선자 또는 수하인의 성명·상호 ⑤ 수하인 또는 통지수령인의 성명·상호 ⑥ 선적항 ⑦ 양륙항 ⑧ 운임 ⑨ 발행지와 그 발행연월일 ⑩ 수통의 선하증권을 발행한 때에는 그 수 ⑪ 운송인의 성명 또는 상호 ⑫ 운송인의 주된 영업소 소재지가 기재되어 있어야 한다(동조 제2항 전단). 전자선하증권은 운송인이 전자서명을 하여 송신하고, 용선자 또는 송하인이 이를 수신하여야 그 효력이 생긴다(동항 후단).

전자선하증권의 권리자는 배서의 뜻을 기재한 전자문서를 작성한 다음 전자선하증권을 첨부하여 지정된 등록기관을 통하여 상대방에게 송신하는 방식으로 그 권리를 양도할 수 있다(동조 제3항). 이같이 배서의 뜻을 기재한 전자문서를 상대방이 수신하면 선하증권을 배서하여 교부한 것과 동일한 효력이 있고, 이 같은 전자문서를 수신한 권리자는 선하증권을 교부받은 소지인과 동일한 권리를 취득한다(동조 제4항). 전자선하증권의 등록기관의 지정요건, 발행 및 배서의 전자적인 방식, 운송물의 구체적인 수령절차 그 밖에 필요한 사항은 대통령령으로 정한다(동조 제5항).

제10 해상화물운송장

1. 의   의

현행 선하증권은 유가증권으로서 전전유통이 가능하기 때문에 화물의 도착보다 최종소지인의 권리행사가 늦어짐으로써 화물인도가 지연되는 경우가

---

1) 국회 법제사법위원장, 상법 일부개정안 심사보고서(2007. 7), 5쪽; 정완용, "개정 해상법상 전자선하증권 규정에 관한 고찰," 한국해법학회지 제30권 제1호(2008. 4), 85쪽.

많다. 그리하여 상법은 그 효력이 선하증권과 유사하나 유통성이 없기 때문에 화물인도지연의 우려가 적어 단기 국제운송분야에서 많이 사용되는 해상화물운송장(sea waybill 또는 liner waybill)을 도입하였다. 해상화물운송장을 발행한 운송인은 해상운송장에 명시된 수하인에게 운송물을 인도하여야 하며, 운송물의 선적 및 인도도 운송인이 직접 하게 된다. 전통적 선하증권과는 대조적으로 해상화물운송장은 비양도성을 특징으로 하며, 운송인은 스스로 수하인임을 입증한 자에게만 운송물을 인도한다. 양도성이 없으므로 도난이나 멸실의 염려 없이 용이하게 취급할 수 있다. 해상화물운송장은 권원증권이 아니며, 운송물에 관한 사항만을 전달하는 것에 불과하다. 따라서 해상화물운송장 자체가 매매거래상 반드시 필요한 것은 아니므로 매매계약당사자는 이메일이나 텔렉스로 해상화물운송장을 전송할 수 있으며, 전자선하증권과 달리 담보의 문제도 생기지 않는다.[1] 통상 해상화물운송장에는 헤이그규칙이나 헤이그-비스비규칙을 원용한다는 조항이 명시적으로 기재되어 있다. 미국에서는 해상화물운송장을 양도불능한 선하증권으로 보고, 이에 대하여 연방선하증권법과 하터법을 적용하는 반면, 미국 해상물건운송법은 권원증권에만 적용되기 때문에 당연히 해상화물운송장에 적용되는 것은 아니며, 당사자들이 합의한 경우에만 동법이 적용된다.[2]

2. 해상화물운송장의 기재사항

운송인은 용선자 또는 송하인의 청구가 있으면, 선하증권을 발행하는 대신 해상화물운송장을 발행할 수 있다(상 제863조 제1항 1문). 해상화물운송장은 당사자 사이의 합의에 따라 전자식으로도 발행할 수 있다(동항 2문). 해상화물운송장에는 해상화물운송장임을 표시하는 외에 선하증권의 기재사항인 선박의 명칭·국적 및 톤수, 송하인이 서면으로 통지한 운송물의 종류, 중량 또는 용적, 포장의 종별, 개수와 기호, 운송물의 외관상태, 용선자 또는 송하인의

1) Tetley(4th), 2291쪽.
2) Tetley, "Way bills: The Modern Contract of Carriage of Goods by Sea," 14 J.Mar.L. & Comm. 465쪽(1983) 및 15 J.Mar.L. & Comm. 41쪽(1984); 류중원, "해상화물운송장(Sea Waybill)에 관한 고찰," 인권과 정의 제207호(1993. 11), 36쪽; 오원석, "해상화물운송장의 문제점에 관한 소고," 중재 제265호(1994. 3), 14쪽; 박원수, "해상화물운송장의 사용방안," 하주 제63호(1994. 가을), 32쪽; 정영석·차진찬, "해상화물운송장에 대한 개정상법 규정의 재검토," 해사법연구 제20권 제1호(2008. 3), 333쪽; Schoenbaum(5th), 549–550쪽.

성명, 상호, 수하인 또는 통지수령인의 성명·상호, 선적항, 양륙항, 운임, 발행지와 발행연월일, 수통의 해상화물운송장을 발행한 때에는 그 수, 운송인의 성명 또는 상호, 운송인의 주된 영업소소재지를 기재하고, 운송인이 기명날인 또는 서명하여야 한다(동조 제2항).

위 기재사항 중 운송물의 중량·용적·개수 또는 기호가 운송인이 실제로 수령한 운송물을 정확하게 표시하고 있지 아니하다고 의심할 만한 상당한 이유가 있는 때 또는 이를 확인할 적당한 방법이 없는 때에는 그 기재를 생략할 수 있다(동조 제3항, 제853조 제2항). 운송인이 해상화물운송장에 기재된 통지수령인에게 운송물에 관한 통지를 한 때에는 송하인 및 해상화물운송장 소지인과 그 밖의 수하인에게 통지한 것으로 본다(상 제863조 제3항, 제853조 제4항).

3. 해상화물운송장의 효력

해상화물운송장이 발행된 경우, 운송인이 해상화물운송장에 기재된 대로 운송물을 수령 또는 선적한 것으로 추정한다(상 제864조 제1항). 운송인이 운송물을 인도함에 있어서 수령인이 해상화물운송장에 기재된 수하인 또는 그 대리인이라고 믿을 만한 정당한 사유가 있는 때에는 수령인이 권리자가 아니라고 하더라도 운송인은 그 책임을 면한다(동조 제2항).

제 4 관   운송인의 손해배상책임

제1 운송인의 손해배상책임

1. 송하인의 손해배상청구

(1) 일응의 증거인 선하증권기재내용

(가) 미 국 법   송하인 또는 수하인이 운송물의 멸실 또는 훼손에 대하여 운송인의 손해배상책임을 청구하려면, 운송물을 양호한 상태로 운송인에게 인도하였으나 수하인이 운송물을 수령하였을 때 운송물이 멸실되거나 훼손되었으므로 운송인의 점유 하에서 손해가 발생하였음을 입증하여야 한다. 왜냐하면 수하인은 송하인이 선적한 운송물을 운송인으로부터 수령할 권리가 있으며, 운송인은 송하인으로부터 인수한 운송물을 안전하게 운송하여 수하인에게 인도할 의무가 있기 때문이다. 따라서 송하인이 운송인에게 손해배상을

청구하기 위하여는 운송인에게 인도할 당시의 운송물의 수량과 상태를 입증하는 것이 필수적이다. 미국 해상물건운송법 및 하터법은 운송인이 수령한 운송물의 내용에 대하여 선하증권에 기재된 운송물의 내역이 일응의 증거가 된다고 규정한다. 따라서 운송인이 운송물의 하자표시가 없는 무유보선하증권을 발행하였다면, 이것은 운송인이 송하인으로부터 하자 없는 운송물을 수령하였다는 일응의 증거가 된다. 다만, 금반언의 원칙 내에서 운송인은 자신이 수령한 운송물과 선하증권기재내용에 차이가 있다는 사실을 별도의 증거에 의하여 입증할 수 있다.[1]

운송물의 멸실 또는 훼손이 운송물 자체의 하자 때문이거나 운송물이 컨테이너에 의하여 운송되었기 때문에 운송인이 운송물의 외부상태를 확인할 수 없었던 경우에 무유보선하증권의 기재내용은 운송물의 외부상태에 대하여만 일응의 증거가 될 뿐이며, 송하인은 운송물의 하자의 내용 또는 부족분의 내역을 별도로 입증하여야 한다.[2] 즉 손해의 내용을 외관상 용이하게 발견할 수 없는 경우에 송하인은 ① 운송물의 실제 상태에 관한 검사증명서 또는 증인을 제출하든지, ② 발생한 손해가 운송물이 운송인의 점유·보관 하에 있는 동안에만 발생할 수 있는 성질의 손해라는 것을 입증하여야 한다.[3] 그런데 미국 해상물건운송법은 선하증권에 운송물이 양호한 상태라는 것과 운송물의 수량 또는 중량을 기재하여야 한다고 규정한다. 따라서 운송물의 선적 전에 이미 손해가 발생되어 있는 사실을 운송인이 선하증권에 기재하였는 데도 송하인이 이에 대한 이의를 제기하지 아니하였다면, 송하인은 운송인에 대하여 손해배상책임을 청구할 수 없다.[4] 운송물의 수량 또는 중량은 송하인이 운송인에게 고지한 바에 의한다는 조항 또는 "송하인이 운송물을 계량·선적 및

1) Internatio, Inc. v. M/V Yinka Folawiyo, 480 F. Supp. 1245(E.D. Pa. 1979). Schoenbaum (5th), 594-596쪽.
2) Caemint Food, Inc. v. Brasileiro, 647 F.2d 347(2d Cir. 1981): 상자 속에 포장된 통조림에 곰팡이가 생겼다면, 운송인에게 인도될 당시의 통조림의 상태에 관하여는 송하인이 보다 잘 알고 있으므로 송하인이 이를 입증하여야 한다.
3) Sanyo Electric, Inc. v. M/V Hanjin Incheon, 578 F. Supp. 75(W.D. Wash. 1983): 해상운송된 문제의 운송물과 유사한 타운송물(해상운송되지 않음)에는 바닷물침수로 인한 손해가 발생하지 않은 반면, 문제의 운송물에는 바닷물침수로 인한 손해가 발생하였다면 운송물의 손해는 운송인의 점유중에 발생한 것이다.
4) Tokio Marine & Fire Insurance Company v. Retla Steamship Co., 426 F.2d 1372(9th Cir. 1970).

검수하였다"(shipper's weight load and count)는 조항이 선하증권에 기재된 경우에 운송물을 컨테이너에 적재하여 밀봉하는 등의 방법에 의하여 송하인이 실제로 운송물을 선적하였다면 이 같은 조항이 유효한 반면, 운송인이 운송물을 선적 또는 포장하였다면 이 같은 조항은 무효이다. 선하증권에 위와 같은 조항이 기재된 경우에 송하인은 스스로 선적을 적절히 하였음을 입증하여야 한다.[1] 운송물의 중량 또는 금액을 운송인 아닌 제3자가 측정하였다는 조항을 선하증권에 기재한 경우에는 송하인이 운송인에게 손해배상청구를 하는 것이 쉽지 않을 것이다.[2]

(나) 우 리 법   대법원은 선하증권에 부지약관이 기재되어 있다면, 이와 별도로 외관상 양호한 상태로 선적되었다는 취지의 기재가 있더라도 컨테이너 안의 내용물의 상태에 관하여까지 양호한 상태로 수령 또는 선적된 것으로 추정할 수 없다고 판시하였다.[3] 또 판례는 통상적인 방법으로 컨테이너를 선적·적부하였다면, 운송인이 컨테이너를 열고 운송물이 적절하게 포장·적입되었는지를 살필 의무는 없다고 본다.[4]

---

1) Mitsui & Co. v. M/V Eastern Treasure Barge MV 6769, 466 F. Supp. 391(E.D. La. 1979).
2) 미국 해상물건운송법, 제11조. Schoenbaum(5th), 596-599쪽.
3) 대판 2001. 2. 9. 98다49074(판례공보(2001. 4. 1), 589쪽)(원고 삼성화재, 피고 장금유한공사). 컨테이너 24개 중 2·3개에 약간의 못·자갈·나무조각 등 이물질이 발견되었고, 운송물을 부산에서 양륙시 강우량이 100밀리미터였으며, 양륙시 컨테이너 1개의 상부가 50센티미터×100센티미터 움푹 파였고, 좌측 상부레일 1곳이 30센티미터 정도 휘어 있었다. 한편 운송물이 젖은 것은 해수가 아닌 담수에 의한 것이었고, 중국 대련에서 송하인이 운송인에게 운송물을 인도할 때 소나기가 내렸으며, 해상운송중 특별한 기상이변이나 해상사고가 없었고, 컨테이너에 비가 스며들 만한 구멍이 발견되지 아니하였다. 컨테이너는 방수처리가 되어 있었고, 정기검사를 받았으며, 컨테이너가 물에 잠기는 사고는 없었다. 대법원은 ① 컨테이너에 이물질이 있는 경우 송하인이 적입시 이물질을 제거하는 것이 관행이고, ② 운송물의 손상형태로 보아 이물질로 인한 손상이거나 롤과 롤 간의 접촉이라기보다는 지게차 등 날카로운 물체에 찍힌 상태이며, ③ 수하인이 보세장치장에서 운송물을 컨테이너로부터 꺼낼 때 종이롤이 손상되지 아니하도록 통상 사용하는 롤페이퍼 크램퍼를 사용하지 않고 지게차를 사용한 사실을 종합하여 송하인이 운송인에게 하자 없는 운송물을 인도하였다고 보기 힘들다고 판시하였다. 대판 2017. 9. 7. 2017다234217(구상금, 미간행)도 같은 취지이다.
4) 대판 2001. 7. 10. 99다58327(판례공보(2001. 9. 1), 1819쪽)(원고 대한화재, 피고 데에스에르·세나토르 라인스). 피고 운송인은 도쿄 세나토르호에 이 사건 화학물질을 선적운송하였는데, 미국 노퍽항에 도착하여 보니 운송물이 연기에 오염되고 열반응에 의하여 변형되어 모두 폐기하였다. 사고의 원인은 이 사건 화학물질이 습기와 고온에 약하고 금속과 반응하면 위험하므로 유리용기로 밀봉하여 포장하여야 하는 데도 아무런 차단장치 없이 적입하고, 컨테이너내부에 드럼들을 버팀대도 없이 엉성하게 쌓은 결과 화학물질이 드럼내부에서 서서히 분해되다가 운송중 드럼들이 컨테이너내부 빈 공간으로 쓰러져 드럼 밖으로 쏟아져

(2) 송하인이 입증할 사항

㈎ **미 국 법**   송하인이 운송인에게 손해배상을 청구하기 위하여는 운송물 인도시 또는 양륙시에 운송물이 훼손되어 있었다는 사실을 입증하여야 한다. 송하인은 신뢰할 만한 증거를 제시하여야 하며, 운송물의 손해가 양륙 이전이 아니라 양륙 이후에 발생한 것으로 보이는 경우에 운송인은 면책된다.[1] 대량액체운송물의 부족분은 운송물양륙 전후의 선창의 공적(空積, ullage)을 비교함으로써 측정하여야 하며(공적비교원칙), 양륙이 종료된 이후에 육상의 탱크에서 운송물의 부족분을 측량한 것만으로는 충분한 증거가 되지 못한다.[2] 그러나 운송인이 검측관(sounding tube)을 밀봉하였기 때문에 선창의 공적을 측량할 수 없어 공적비교원칙을 적용할 수 없는 때에는 예외적으로 운송물양륙 후에 육상의 탱크에서 운송물의 부족분을 측정하는 것이 가능하다.[3]

운송물의 성질, 운송의 방법, 측량기술의 부정확성으로 인하여 운송물에 부족분이 발생할 수 있는데, 이 같은 부족분에 대하여 운송인을 면책시키는 것이 상관습일 때에도 송하인이 운송인에 대하여 부족분에 관한 손해배상청구를 할 수 있는지가 문제된다. 미국 해상물건운송법상 운송인에게 일응 손해배상책임이 있음을 송하인이 입증하였는지 여부를 판정함에 있어서 운송물부족분에 관한 상관습을 고려할 필요는 없으며, 이 같은 상관습은 '잠재적 하자'라는 운송인의 항변사유가 될 수 있을 뿐이다.[4] 이와 관련하여 미국 해상물

나와 공기중 습기와 결합하면서 폭발한 것이다. 피고 운송인이 부산항에서 이 사건 화학물질이 든 컨테이너를 환적받을 때 화학물질은 송하인이 컨테이너에 적입하여 봉인한 하주적입(Shipper's Load and Count)의 상태였다. 피고는 송하인으로부터 컨테이너 안에 중국에서 제조된 300드럼의 화학물질이 적입되어 있다는 것을 통지받았을 뿐이었다. 선장과 선원들도 이 사건 컨테이너를 환적받을 때 이 사건 선박에 선적할 다른 운송물들이 포함된 적하배치도만을 제공받았을 뿐 이 사건 화학물질이 든 컨테이너내용물의 상태 및 명세에 관하여 아무런 통지를 받지 못하였다. 대법원은 피고나 선장·선원들이 컨테이너를 개봉하는 등의 방법으로 이 사건 화학물질의 부적절한 포장 및 적입을 확인할 의무를 지지는 않는다고 판시하였다.

1) Internatio, Inc. v. M/V Yinka Folawiyo, 480 F. Supp. 1245(E.D. Pa. 1979).
2) Unilever/Lever Brothers(PTY) Ltd. v. M/V Stolt Spur, 583 F. Supp. 139(S.D. Tex. 1984). ullage란 액체운송물탱크에서 액체운송물이 적재되지 않은 공적인데, 유조선의 해치 커버에 있는 ullage hole로부터의 수심측량으로써 측정한다.
3) Spencer Kellogg, Div. of Textron, Inc. v. S.S. Mormacsea, 703 F.2d 44(2d Cir. 1983). Schoenbaum(5th), 599-600쪽.
4) Sun Oil Co. of Pa. v. M/V Carlisle, 771 F.2d 805(3d Cir. 1985).

건운송법은 "수하인이 양륙항에서 운송물이 멸실 또는 훼손되었다는 사실과 그 내역을 서면으로 운송인에게 통지하지 아니하고 운송물을 수령하였다면, 이는 운송인이 수하인에게 선하증권에 기재된 바와 같은 운송물을 인도하였다는 일응의 증거가 된다. 운송물의 멸실 또는 훼손이 외관상 명백하지 아니한 경우에는 운송물의 멸실 또는 훼손의 통지를 운송물인도 후 3일 이내에 하여야 한다. 수하인이 운송물을 수령할 때 운송인측과 수하인측이 운송물을 공동으로 검사한 경우에 수하인은 운송물의 멸실 또는 훼손에 관한 서면통지를 하지 않아도 무방하다"고 규정한다(제3(6)조). 이 규정을 유추하여 내륙운송인이 해상운송인으로부터 운송물을 수령할 때 운송물의 상태에 관하여 아무런 유보를 하지 않았다면, 내륙운송인이 해상운송인으로부터 양호한 상태의 운송물을 수령하였다는 것이 일응 추정되므로 운송물이 환적된 경우에 송하인 또는 수하인은 유리한 입장에 놓이게 된다.[1]

(내) 우 리 법   2004년 한국해법학회 개정시안은 상법 제788조 제2항을 신설하여 "개개의 물건의 운송을 목적으로 하는 경우에 운송물이 인도할 날로부터 90일 이상 연착하는 때에는 제1항의 멸실이 있는 것으로 추정한다"고 규정하였다. 이는 개품운송계약에서 물건의 연착이 60일 이상 계속되는 경우에는 물건의 멸실과 동일하게 처리한다는 함부르크규칙 제5조를 참작하여 멸실추정규정을 상법에 수용하되, 다만 60일이라는 기간이 너무 짧다는 지적이 있으므로 항공운송의 경우를 참작하여 90일로 연장한 것이다.[2] 그러나 2007년 개정상법은 이를 반영하지 않았다.

2. 입증책임

(1) 미 국 법

영미보통법에서는 원고가 손해발생사실 및 원인을 입증하는 것이 원칙이지만, 운송물의 멸실 또는 훼손에 관한 정보를 운송인이 독점하는 경우에까지 이 같은 일반원칙을 적용하는 것은 화주에게 지나치게 가혹하기 때문에 미국 해상물건운송법과 하터법은 입증책임원칙을 상당히 수정하였다. 첫째 양 법은 운송인이 운송계약 하에서 부담하여야 하는 최소한의 의무인 ① 발항 당

---

1) 앞의 Mitsui & Co. v. M/V Eastern Treasure Barge MV 6769. Schoenbaum(5th), 600~601쪽.
2) 한국해법학회 해상법개정문제연구회, 앞의 책, 14~15쪽.

시 감항능력 있는 선박을 제공하기 위하여 상당한 주의를 행사하여야 할 의무와 ② 운송물을 적절히 선적·취급·적부·운송·보관·양륙하여야 할 의무를 규정할 뿐이며, 둘째 양 법은 운송인의 면책사유에 관하여 새로운 규정을 하고 있다. 미국 해상물건운송법(제4(2)조)에 열거된 면책사유가 하터법(제3조)에 열거된 면책사유보다 광범위하기는 하지만, 미국 해상물건운송법상의 면책사유가 하터법 하에서 발행된 선하증권에 대부분 포함되어 있기 때문에 양 법 하에서의 운송인의 면책사유는 사실상 동일하다.[1]

(가) 원고 화주는 운송물이 양호한 상태로 운송인에게 인도되었으나, 훼손된 상태로 인도되었음을 입증해야 한다. 통상 무유보선적선하증권을 제출하면 충분하나, 송하인이 운송물을 포장하였거나 컨테이너에 적부하였기 때문에 손해의 성격이 외관상 쉽게 드러날 수 없는 경우에는 운송물의 선적 전 상태에 대하여 추가적으로 입증해야 한다. 예컨대 검사보고서를 제출하거나, 손해의 성격상 운송물이 운송인의 점유 하에 있을 때 훼손하였거나, 운송인의 과실 때문에 훼손되었음이 분명하다는 것을 입증할 필요가 있다.[2]

(나) 화주의 주장에 대하여 운송인은 손해의 원인을 입증함으로써 반박한다. 미국 해상물건운송법 제4(2)조의 면책사유에 의해 면책되려면, 운송인은 손해가 면책사유 중 하나에 의해 발생했으며, 자신이 손해를 예방하기 위해 상당한 주의를 다하였음을 입증해야 한다. 만약 원고가 선박의 감항능력이나 운송물의 적부상태를 문제로 삼는다면, 운송인은 이에 대하여 상당한 주의를 다하였음을 입증해야 한다.[3]

(다) 화주는 운송인의 과실이 적어도 손해발생에 대하여 병존적 원인이었음을 (즉 운송인의 귀책사유와 면책사유가 경합하여 손해를 발생시킴) 입증하여야 한다.[4]

(라) 자신의 과실이 손해발생의 병존적 원인임이 판명된 경우 운송인은 자신의 과실이 손해발생에 기여한 비율을 입증해야 하며, 이를 입증하지 못하는 경우 운송인은 전체손해배상책임을 진다.[5]

---

1) Schoenbaum(5th), 603쪽.
2) Trade Arbed, Inc. v. M/V Swallow, 688 F. Supp. 1095(E.D. La. 1988). Schoenbaum(5th), 604쪽.
3) Steel Coils, Inc. v. M/V Lake Marion, 331 F.3d 422(5th Cir. 2003). Schoenbaum(5th), 605~606쪽.
4) Sun Co., Inc. v. S.S. Overseas Arctic, 27 F.3d 1104(5th Cir. 1994).
5) C. Itoh & Co.(America) v. M/V Hans Leonhardt, 719 F. Supp. 479(E.D. La. 1989).

(2) 우 리 법

우리법상 입증책임은 미국법과 유사하다. 상법은 운송인의 면책사유로
① 해상 그 밖에 항행할 수 있는 수면에서의 위험 또는 사고 ② 불가항력 ③
전쟁・폭동 또는 내란 ④ 해적행위 그 밖에 이에 준한 행위 ⑤ 재판상의 압
류, 검역상의 제한 기타 공권에 의한 제한 ⑥ 송하인 또는 운송물의 소유자나
그 사용인의 행위 ⑦ 동맹파업이나 그 밖의 쟁의행위 또는 선박폐쇄 ⑧ 해상
에서의 인명이나 재산의 구조행위 또는 이로 인한 항로이탈이나 그 밖의 정
당한 사유로 인한 항로이탈 ⑨ 운송물의 포장의 불충분 또는 기호의 표시의
불완전 ⑩ 운송물의 특수한 성질 또는 숨은 하자 ⑪ 선박의 숨은 하자를 든
다. 운송인은 이 같은 사실이 있었다는 것과 운송물에 관한 손해가 그 사실로
인하여 보통 생길 수 있는 것임을 증명한 때에는 이를 배상할 책임을 면한다
(상 제796조 본문). 다만, 제794조(감항능력주의의무) 및 제795조 제1항(운송물에 관한
주의의무)에 따른 주의를 다하였더라면 그 손해를 피할 수 있었음에도 불구하
고 그 주의를 다하지 아니하였음을 송하인이 증명한 때에는 손해배상책임을
진다(상 제796조 단서).

3. 운송인의 감항능력주의의무

(1) 상대적 주의의무

영미보통법에서는 모든 해상운송계약에 발항 당시 감항능력 있는 선박을
운송인이 제공할 의무가 묵시적으로 내포되어 있었는데, 이 감항능력담보의
무는 일종의 무과실책임이었다. 그런데 이는 운송인에게 지나치게 가혹하였
으므로 하터법 제정시 운송인이 선박의 감항능력에 대해 상당한 주의를 행사
하면 되는 상대적 주의의무로 규정하였다.[1] 헤이그규칙을 도입하여 제정된
미국 해상물건운송법상 감항능력주의의무는 하터법과 흡사한데, 미국 해상물
건운송법(제3(1)조)은 우리 상법(제794조)과 동일하게 규정한다. 그리고 미국 해
상물건운송법(제4(1)조)은 감항능력에 관하여 상당한 주의를 행사하였음을 입
증할 책임을 운송인 또는 면책을 주장하는 자에게 부담시킨다.[2]

Schoenbaum(5th), 606쪽.
1) 임동철, "해상물건운송조약과 감항능력주의의무," 한국해법회지 제16권 제1호(1994), 60쪽.
2) Schoenbaum(5th), 608-609쪽.

(2) 인과관계

㈎ 미 국 법　　미국 해상물건운송법과 하터법은 감항능력주의의무 위반과 손해와의 인과관계에 대하여 입장을 달리한다. 즉 하터법과 관련하여 연방대법원이 1933년에 판시한 Isis호 사건에서의 논점은 선박이 발항 당시 불감항상태였는데, 하터법상의 운송인의 면책사유인 항해과실로 말미암아 선박이 좌초되어 손해가 발생되었다면 운송인은 면책되는지 여부였다. 이 사건에서 연방대법원은 운송인이 하터법 하에서 면책되기 위하여는 먼저 감항능력 있는 선박을 제공하였어야 한다고 함으로써 운송인의 손해배상책임을 인정하였다.1) 반면에 미국 해상물건운송법 하에서는 감항능력주의의무 위반과 손해의 발생 간에 인과관계가 있어야 하므로, 손해가 운송인의 면책사유로 인하여 발생하였다면 운송인은 면책되고, 따라서 Isis호 판결은 파기되었다.2)

미국 해상물건운송법 하에서는 송하인이 운송물을 운송인에게 양호한 상태로 인도하였는데 수령하여 보니 멸실·훼손되었다는 사실 및 선박이 불감항상태라는 사실이 입증된 경우에, 운송인은 ① 운송인의 귀책사유와 발생한 손해 간에 인과관계가 없음을 입증하거나, ② 자신이 감항능력에 대하여 상당한 주의를 행사하였음을 입증하여야만 면책된다.3) 그런데 이 점에 관한 미국 법원의 입장은 통일되어 있지 않으며, 일부 법원은 항해과실 등 면책사유로 인하여 손해가 발생하였음을 운송인이 입증한 경우에는 송하인이 선박의 불감항성 및 그 불감항성으로 인하여 운송물의 손해가 발생하였음을 입증하여야 한다고 본다.4) 이 경우에 운송인은 선박을 감항성 있도록 할 것에 대하여 상당한 주의를 행사하였음을 입증하면 면책될 수 있다.5) 운송인의 과실과 선박의 불감항성이 경합하여 운송물에 손해를 발생시킨 경우에 운송인이 손해 발생원인에 따른 각 손해액을 입증하지 않는 한 운송인은 발생한 모든 손해

---

1) May v. Hamburg-Amerikanische Packetfahrt Aktiengesellschaft(The Isis), 290 U.S. 333 (1933).
2) Greenwood, "Problems of Negligence in Loading, Stowage, Custody, Care and Delivery of Cargo: Errors in Management and Navigation: Due Diligence to Make Seaworthy," 45 Tul.L.Rev. 790쪽(1971); Schoenbaum(5th), 609-610쪽.
3) 앞의 Sanyo Electric Inc. v. M/V Hanjin Incheon.
4) Firestone Synthetic Fibers Co. v. M/S Black Heron, 324 F.2d 835(2d Cir. 1963).
5) In the Matter of Ta Chi Navigation, 513 F. Supp. 148(E.D. La. 1981), judgment affirmed 728 F.2d 699(5th Cir. 1984).

에 대하여 배상책임을 진다. 운송인의 감항능력주의의무는 위임할 수 없으며, 운송인은 자신이 사용한 대리인 또는 선박수리업자의 행위에 대하여 책임을 진다. 이 같은 감항능력위임불가원칙은 미국법뿐 아니라 영국법에서도 확립되어 있다.[1]

(나) 우 리 법   대법원은 보험계약이 "선박이 발항 당시 감항능력을 가지고 있을 것을 조건으로 하여 보험계약의 청약을 승낙하여 보상책임을 부담한다"라고 규정한 경우에 보험자는 발항 당시의 불감항사실만 입증하면 면책되고, 불감항과 보험사고 간의 인과관계를 입증할 필요가 없다고 판시하였다.[2]

(3) 주의의무의 행사시기

운송인은 발항 전, 발항 당시 및 운송물선적시의 선박의 감항능력에 대하여 주의의무를 지며, 선박이 일단 발항하면 감항능력주의의무는 종료된다. 예컨대 선박이 부두에서 떠나던 중에 선체의 철판이 부러졌다면, 선박이 부두를 떠날 때 이미 항해는 개시되었으며, 육상직원이 아닌 선원들이 선박을 관리하고 있었으므로 선박소유자는 감항능력주의의무에 따른 손해배상책임을 지지 않는다.[3] 단계별 감항능력주의의무의 원칙에 의하면, 선박이 항해도중 기착항에 기항하였을 때 선박소유자 또는 그 대리인이 선박상태에 관하여 실질적으로 깊이 간여한 경우에는 선박이 출발항을 발항하였을 때 종료된 감항능력주의의무가 부활하므로 당해 선박은 기착항을 발항할 당시에 감항능력을 갖추어야 한다.[4]

(4) 판정기준

감항능력주의의무의 판정기준은 '운송하기로 약정한 운송물을 운송하는 데 있어서 선박이 합리적으로 적합한 상태에 있는지' 여부이나, 사실상 미국법원은 이 기준을 상당히 엄격하게 해석함으로써 선박의 불감항성을 광범위하게 인정한다. 예컨대 선박건조상의 하자나 선박의장의 하자가 있을 때 또는

---

1) Riverstone Meat Co. v. Lancashire Shipping Co.(The Muncaster Castle), [1961] A.C. 807, [1961] 1 Ll.Rep. 57(H.L. 1960). Schoenbaum(5th), 610-611쪽.
2) 대판 1995. 9. 29. 93다53078(법원공보 제1004호(1995. 11. 15), 3582쪽).
3) Mississippi Shipping Co. v. Zander & Co. (The Del Sud), 270 F.2d 345(5th Cir. 1959), vacated as moot 361 U.S. 115(1959).
4) United States v. American Trading Co. (The Glymont), 66 F.2d 617(2d Cir. 1933). Schoenbaum(5th), 611-612쪽; Tetley(4th), 895쪽.

자격미달 또는 훈련부족의 선원이 항해중에 과실을 범한 경우,[1] 발항 전에 운송물선적이나 적부를 부적절하게 하였거나 갑판의 배관이 취약하여 폭풍우를 만났을 때 갑판이 파손되었다면 당해 선박은 불감항상태였다고 본다.[2] 또 항해도구가 제대로 작동되지 않거나, 해도가 부정확하거나, 탱크 또는 인풋라인을 적절히 청소하지 아니한 경우에도 선박이 불감항상태로 된다.[3] 일단 선박이 불감항상태인 것이 발견된 경우에 운송인이 감항능력에 대하여 주어진 상황 하에서 합리적으로 할 수 있었던 상당한 주의를 행사하였는지 여부는 증거에 의하여 입증할 사실문제이다. 통상 운송인이 대리인·선장·선원에게 감항능력주의의무를 위임하는 경우가 많으나, 감항능력에 대하여 상당한 주의를 행사하여야 할 의무는 위임이 불가능하므로 운송인이 아무리 충분한 자격을 가진 전문가를 선임하였더라도 운송인은 그 자의 모든 행위에 대하여 책임을 진다.[4]

우리 대법원은 한성호 사건에서 ① 항만당국으로부터 취직공인을 받지 못한 선장이 승선하지 아니하였다는 사실을 선박소유자가 알지 못하였고, ② 어로장으로서의 취직공인을 받지 못한 어로장이 항해를 지휘하다가 항해상 과실로 사고를 일으켰다면, 어로장이 선장과 동종의 해기면장을 보유하였더라도 선박은 발항 당시 인적 감항능력을 갖추지 못한 것으로 보았다.[5]

---

1) Siderius, Inc. v. M/V "Amilla," 880 F.2d 662(2d Cir 1989): 환기장치가 부실하고 선창내 습도측정장치가 없었음.

2) Complaint of Thebes Shipping Inc., 486 F. Supp. 436(S.D.N.Y. 1980): 회전의가 제대로 작동되지 않았음.

3) Complaint of Delphinus Maritima, S.A., 523 F. Supp. 583(S.D.N.Y. 1981).

4) Schoenbaum(5th), 612-613쪽.

5) 대판 1989. 11. 24. 88다카16294(법원공보 864.110(3))(원고 동원어업, 피고 럭키화재). 제53 한성호의 선주는 출어에 앞서 이종순을 선장으로, 김영수를 어로장으로 임명하였다. 이종순은 항만당국으로부터 선장취직공인을 받았으나, 김영수는 보수교육미필로 어로장취직공인을 받지 못하였다. 이종순은 자신의 결혼식관계로 선주에게 알리지 아니한 채 임의로 어로장에게 선장직무대행을 요청하였다. 어로장은 선장이 출항하지 않은 상태로 출항하여 항해를 지휘하던 중 항해과실로 사고를 일으켰다. 원심(서울고판 1988. 5. 10. 87나3071)은 ① 선주에게 매 항차마다 선장 및 선원들의 전원승선 여부를 확인할 의무가 없고, ② 어로장이 선장과 동종의 해기면장(어선 을종 1등항해사)을 4년 앞서 취득보유하였고, 승선경력도 5년 더 오래되었으므로 인적 감항능력이 결여되었다고 단정할 수 없다고 판시하였으나 대법원은 이를 파기환송하였다.

4. 운송인의 운송물 선적·취급·보관의무

(1) 미 국 법

미국 해상물건운송법은 운송인이 적절하고 조심스럽게 운송물을 선적·취급·적부·운송·보관·양륙하여야 한다고 규정하고(동법 제1303(2)조), 이를 위반하면 상사과실이라고 한다. 이 같은 운송인의 운송물취급에 관한 의무와 감항능력주의의무는 모두 운송인의 고의 또는 과실을 그 요건으로 한다는 점에서 유사하지만, 양 의무는 다른 개념이다. 감항능력주의의무와 마찬가지로 운송인의 운송물취급에 관한 주의의무도 위임이 불가능하며,[1] 따라서 운송인은 자신의 대리인·선장·선원·하역근로자 등의 행위에 대하여 책임을 진다. 그러나 감항능력주의의무가 발항 전 및 발항 당시에만 적용되는 반면, 운송물취급에 관한 의무는 항해의 모든 기간에 걸쳐 적용되는 점이 다르다. 운송인의 운송물취급에 관한 의무는 미국 해상물건운송법상의 면책사유인 파업·화재·바다의 위험과는 구별되어야 한다. 빈번히 발생하는 문제는 운송인이 운송물취급에 관한 주의를 해태함으로써 선박의 항해중에 통상 예상되는 위험이 증가했는지 여부에 관한 것이다. 운송인의 운송물취급의무에는 운송물이 운송인의 점유·보관 하에 있는 기간 동안 발생할지도 모르는 해충 등을 발견하기 위하여 운송물을 합리적으로 검사할 의무가 포함된다.[2]

(2) 우 리 법

하급심판례 중에는 운송계약을 F.I.O.(Free In and Out) 조건(화주가 선적과 양륙을 자신의 책임으로 수행한다는 내용)으로 약정한 경우, 선적과정에서 발생한 손해에 대하여 운송인을 면책시킨 예가 있다.[3] 열연강판 등 철강제품은 대개 포

---

1) Nichimen Company v. M/V. Farland, 462 F.2d 319(2d Cir. 1972).
2) United States v. Lykes Brothers Steamship Co., Inc., 511 F.2d 218(5th Cir. 1975). Schoenbaum(5th), 613-616쪽.
3) 서울지판 1996. 9. 24. 93가단10222: 삼성홍콩은 동양시멘트에게 중국산 시멘트를 수출하기 위하여 피고 유공해운과의 사이에 유공해운이 피고 대림해운으로부터 정기용선한 마린하트호로 중국 얀타이항에서 군산항까지 시멘트를 운송한다는 운송계약을 체결하였다. 유공해운은 삼성홍콩에게 선하증권을 발행하고, 동양시멘트는 거래은행을 통하여 선하증권을 양도받았다. 얀타이항에서 1991. 7. 17.부터 20.까지 선적중 7. 18. 갑자기 소나기가 쏟아져 선원들이 선창뚜껑을 닫는 사이에 시멘트가 비에 젖어 손상되었다. 선창뚜껑은 폰툰형의 대형 강철로 된 해치로서 닫는데 30-40분이 소요된다. 원고 삼성화재는 피보험자 동양시멘트에게 적하보험금을 지급하고, 동양시멘트의 권리를 대위취득하였다. 원고는 사고 당시는 여

장하지 않은 상태로 운송을 하게 되고, 선적 전이나 양륙 후 노천에 야적하는 경우가 많으며, 선적·양륙중 비를 맞는 경우도 빈번하다. 이 경우 비를 맞은 강판화물과 비를 맞지 않은 다른 화물이 접촉한 결과 다른 화물이 훼손될 가능성이 있으며, 접촉하지 않더라도 비를 맞은 강판화물에 내포된 습기가 선창을 다습하게 만들어 다른 화물을 훼손시킬 수도 있다. 강판화물을 우중에 선적하려면 비가 약간만 올 때 선적하여야 한다. 그렇지 아니하면 선창에 물이 차서 강판화물이 일부 물에 잠길 수 있기 때문이다. 이 경우 과거의 항차 동안 선체에 남은 바닷물로 인하여 생긴 염화물, 과거에 선적하였던 운송물 찌꺼기나 운송물에 포함된 불순물 때문에 빗물이 오염될 수 있고, 이로 인하여 강판화물이 훼손될 수 있다.[1] 적부가 독립된 하역업자나 송하인의 지시에 의하여 이루어졌더라도 운송인은 그러한 적부가 운송에 적합한지 살펴보아야 하고, 운송물의 성질을 알아야 하며, 운송물의 성질이 요구하는 바에 따라 적부를 하는 등 손해를 방지하기 위한 적절한 예방조치를 강구할 주의의무를 진다.[2] 운송인의 이행보조자가 코일의 고박을 잘못해 컨테이너 안에서 코일

름철로서 소나기가 올 가능성이 높고 선창뚜껑을 닫는 데 많은 시간이 걸리므로 비올 경우에 대비하여 방수포를 준비하는 등 화물손상방지를 위한 충분한 예방조치를 취하지 않아 화물이 손상되었으므로, 유공해운은 운송인으로서 그리고 대림해운은 선원들의 사용자로서 불법행위책임이 있다고 주장하였다.

    그러나 법원은 ① 이 사건 운송계약은 F.I.O. 조건에 따르기로 약정하였는데, ② 이 조건에서 운송인은 화물의 선적·적부·양륙에 대해 책임을 지지 아니하고, 송·수하인이 자신의 비용과 책임으로 하역회사를 선정하여 선적·적부·양륙을 하고, ③ 특히 광석·시멘트·비료를 대량운송할 때는 화물에 관하여 특별한 지식과 설비를 가진 화주가 선적·적부·양륙하는 것이 비용과 시간을 줄이면서 안전하게 선창에 적부할 수 있고, 운임도 그만큼 감액되어 운송인과 하주 모두에게 유리하여 해운업계에서 널리 이용되고 있으며, ④ 소나기에 대비한 방수포준비 등 예방조치는 송하인인 삼성홍콩의 비용과 책임으로 할 성질이어서 운송인에게 그러한 의무가 없고, ⑤ 선하증권에도 "선적이나 양륙을 도운 선장이나 선원은 화주의 대리인이나 고용인으로 보며, 선적·양륙 중 화물에 발생한 손해에 대하여 운송인이 면책된다"고 규정하였다는 이유로 피고 승소판결을 내렸다. 원고는 화물손상이 하역인부 아닌 선원들의 과실로 인한 것이므로 사용자인 피고들에게 책임이 있다고 주장하였으나, 법원은 ① 선원들이 선적작업의 일부를 담당하였더라도 선적작업에 관하여 선원들은 화주의 피용자이고, ② 선창에 적재된 시멘트가 소나기에 젖지 않도록 선창뚜껑을 닫는 것이 선원들의 임무일지라도 선창뚜껑을 닫는 데 30~40분이 소요되므로, 선원들이 선창뚜껑을 닫는 사이에 화물이 비에 젖었더라도 선원들의 과실이 없다고 판시하였다.

1) A. Sparks, Steel Carriage by Sea, 2d ed.(London: Lloyd's of London Press Ltd., 1995), 73쪽.

2) 대판 2003. 1. 10. 2000다70064(판례공보(2003. 3. 1), 588쪽)(원고 엘지화재, 피고 한진해운). 미국을 출발하여 광양항으로 항해도중 악천후를 만나 선박이 심하게 흔들려 2번 선창에 적재된 화물 3줄과 4번 선창에 적재된 화물 2줄이 무너져 선창바닥으로 떨어진 코일들

이 움직여 손상된 경우 운송인은 책임을 진다.[1)]

　　대법원은 F.I.O.S.(Free In and Out, and Stowed) 조건(화주가 운송물의 선적·양륙비용뿐만 아니라 적부비용까지 부담)은 단순한 F.I.O. 조건과는 구별되며, 선적작업의 범위에 적부가 당연히 포함된다고 할 수 없다고 본다. 즉 화주에게 적부작업에 관한 비용과 책임을 부담시키려면 원칙적으로 F.I.O.S.라는 문언이 필요하다는 것이다.[2)]

제2 운송인이 면책되는 경우

　　운송인은 항해과실, 선박관리상의 과실, 화재, 해상위험 및 불가항력, 전쟁, 쟁의행위, 송하인의 행위 또는 운송물의 숨은 하자, 항로이탈 등으로 인한 운송물의 손해에 대하여 면책된다.

1. 항해과실 또는 선박관리상의 과실(neglect in navigation or management of the ship)

(1) 항해과실면책원칙

　　운송인은 선장·해원·도선사, 그 밖의 선박사용인의 항해 또는 선박의 관리에 관한 행위로 인하여 생긴 운송물에 관한 손해를 배상할 책임을 면한다(상법 제795조 제2항 본문). 항해에 관한 과실, 즉 항해과실에 대하여 운송인을 면책시키는 입법취지는 일단 선박이 발항하면 운송인이 더 이상 선박을 통제할 수 없다는 것이었는데, 항해과실면책원칙은 운송인과 송하인 간의 이해관계를 타협한 대표적인 예이다.[3)] 해도에 하자가 있을 때 운송인 및 해도작성

　　이 서로 부딪혀 손상되었다. 송하인이 선정한 하역업자가 화물을 선적하고 강철밴드와 클립을 사용하여 고박하였으나, 불완전하게 함으로써 코일들이 무너지고 코일들 사이에 틈이 생겨 상호 충돌한 것이다. 해상운송계약서는 "선적·양하작업은 송하인의 부담으로 한다. 본선은 선적·양하작업을 하여야 한다"고 규정하였다. 대법원은 송하인이 선적·양하비용만을 부담할 뿐 선적·양하작업 주체는 운송인이고, 운송인이 자신의 위험부담으로 행하는 것이라고 해석함으로써 운송인의 손해배상책임을 인정하였다.

　1) 대판 2017. 6. 8. 2016다13109(원고/상고인 흥국화재, 피고/피상고인 영코트란스, 파기환송, 미간행).

　2) 대판 2010. 4. 15. 2007다50649(판례공보(2010. 5. 15), 869쪽)(원고/상고인 니폰코아손해보험, 피고/피상고인 금양상선, 상고기각).

　3) Schoenbaum(5th), 616-618쪽.

자의 책임에 관하여 대법원은 "국가산하 수로국소속 공무원은 기왕의 수로조사 성과를 공표하고 이를 수록한 해도를 발간할 직무상 의무는 있으나, 해도 발간에 앞서 반드시 수로측량업무지침시행기준에 따른 측량을 실시하여 그 결과를 해도에 반영할 의무는 없다"고 판시하였다.[1]

미국 해상물건운송법 및 하터법 하에서도 운송인은 항해과실 또는 선박관리상의 과실로 인한 운송물의 손해에 대해 책임지지 않으며, 운송인의 대리인이나 피용자(선장·선원)에게 과실이 있는 경우에도 마찬가지이다. 다만, 미국 해상물건운송법은 항해과실이나 선박관리상의 과실에 대해 무조건적으로 운송인을 면책시키는 반면, 하터법은 운송인이 감항능력주의의무를 이행한 경우에 한하여 항해과실이나 선박관리상의 과실에 대하여 운송인을 면책시키는 점이 다르다.

(2) 상사과실과의 구별

선박이 충돌하거나 좌초한 경우에 운송인이 항해과실임을 항변하는 데에는 별다른 어려움이 없으나, 운송인이 손해배상책임을 지는 운송물 선적·적부·보관·취급·양륙상의 과실(상사과실)과 선박관리상의 과실의 구별은 쉽지 않다. 예컨대 태풍이 불어 오는 계절에 선박의 균형을 잡기 위하여 선장이 선박의 저하탱크를 바닷물로 채우는 과정에서 저하탱크상부의 열려 있는 맨홀을 통하여 바닷물이 넘쳐 저하탱크와 동일한 선창에 선적되어 있던 운송물을 훼손시킨 경우를 들 수 있다.[2] 저하탱크가 가득 찼는지를 용이하게 식별하기 위하여 맨홀 뚜껑을 열어 두었는데 선원이 과실로 맨홀 뚜껑을 닫는 것을 잊은 것이다. 이 사건에서 미국법원은 "운송인이 태풍이 오기 전에 선박의 균형

---

1) 대판 1997. 8. 26. 96다33143(판례공보(1997. 10. 1), 2814쪽)(원고 삼성화재, 피고 대한민국). 선박이 대산항 묘지(錨地)에 도착하였고, 선석에 접안시키기 위하여 강제도선사가 승선 후 묘지를 출발하여 선석으로 운항하였다. 그런데 항로상에 타선박이 정박중이었으므로, 이를 피하기 위하여 항로를 이탈하였다가 수중암초에 접촉하여 선저에 구멍이 났다. 대산항은 1991년에 개항하였고, 피고 산하 수로국은 이즈음 이 사건 해도를 발간하였다. 이 사건 해도는 1986년에 측량한 자료에 근거하여 새로운 측량을 하지 않은 채 발간하여 이 사건 암초가 표시되지 않았다. 대법원은 ① 수로측량업무지침 시행기준은 수로국내부의 업무처리지침에 불과할 뿐, 해도작성에 앞서 대상지의 측량의무를 부과하는 규정이라고 볼 수 없고, ② 전국항만의 수로측량에는 막대한 비용이 소요되므로 수로업무법도 장기계획에 따라 연차적으로 측량을 하도록 되어 있고, 대산항은 1994년에 정비측량을 하도록 되어 있으므로 대산항개항 전후 또는 해도발간 전후에 측량을 하지 않았어도 적법하다고 보았다.

2) Leon Bernstein Co. v. Wilhelmsen. (The Titania), 232 F.2d 771(5th Cir. 1956).

을 잡기 위하여 저하를 유입한 행위는 선박의 안전을 위한 것이며, 이 같은
행위가 운송물의 손해를 직접적으로 야기하였다면 이는 운송물취급상의 과실
이 아니라 선박관리상의 과실"이라고 보았다.[1)

    반면에 Knott v. Botany Worsted Mills 사건[2)에서는 양모를 뱃머리쪽 및
격벽의 앞쪽에 적부한 후 원당을 격벽의 뒤쪽에 적부하였다. 그런데 선박이
선미쪽의 균형을 잡을 때는 아무런 문제가 없었으나, 뱃머리쪽의 균형을 잡을
때 원당이 앞으로 쏠려 양모화물을 훼손시켰다. 이 사건에서 미국법원은 운송
물훼손의 직접적인 원인은 운송물의 적부를 불량하게 한 때문이고, 선박을 균
형잡는 것 자체에는 하자가 없었다는 이유로 사고는 선박관리상의 과실이 아
니라 운송인의 운송물취급상의 과실로 인한 것이라고 보았다. 즉 운송물취급
에 관한 과실과 선박관리상의 과실의 구별기준은 손해를 발생시킨 행위가 운
송물에 관련된 것인지, 혹은 선박에 관련된 것인지 여부이다.[3) 이같이 선박
관리상의 과실과 운송물취급상의 과실을 구별하는 것이 어렵기 때문에 국제
해법회는 선박관리상의 과실을 운송인의 면책사유에서 제외하자는 입장을 취
한다.[4)

(3) 불감항성과의 구별

    선박이 충돌하거나 좌초한 경우에는 항해과실과 선박의 불감항성을 구별
해야 한다. 즉 해도나 전조등을 사용하지 않았거나 잘못 사용하였기 때문에
선박이 좌초하였다면 이는 항해과실에 해당하나, 하자 있는 해도 기타 항해도
구를 사용하였다면 그 선박은 불감항상태인 것으로 된다.[5) 반면에 선박충돌
이나 좌초가 해도의 하자 때문이 아니라 선장이 육안으로 관찰을 잘못하였기
때문에 발생하였다면, 이는 항해과실에 해당한다. 또 운송인이 항해과실 또

---

1) 선박관리상의 과실의 예로 선박의 프로펠러를 검사하지 않은 것, 폭풍우경보가 발효되었는
   데도 선박을 대피시키지 않고 부두에 정박시켜 둔 것, 선저의 오수를 퍼내지 않은 것, 도선
   사를 승선시키지 않고 항구를 출항한 것, 화재가 발생한 것으로 오인하고 물을 선창에 뿌린
   것 등을 들 수 있다. Schoenbaum(5th), 618-619쪽.
2) 179 U.S. 69(1900).
3) 상사과실의 예로 운송물에 대한 환기부적절, 운송물을 적절한 장소에 양륙하지 아니한 것,
   인풋 라인을 제대로 청소하지 않은 바지선에 운송물을 선적하여 운송물이 오염된 것, 선창
   내 환풍기를 잠그지 않은 것, 냉동장치의 취급소홀, 지나치게 다량의 운송물을 양륙하여 선
   박이 균형을 잃은 것을 들 수 있다.
4) C.M.I. Documentation(Hamburg, 1974); Schoenbaum(5th), 619쪽.
5) The Maria, 91 F.2d 819(4th Cir. 1937).

는 선박관리상의 과실이 있었음을 입증하였다면, 당해 선박이 불감항상태였고, 불감항성으로 인하여 운송물의 손해가 발생하였음을 송하인이 입증하여야 한다.[1]

(4) 항해과실 면책폐지론

국제적인 추세는 항해과실면책을 폐지하는 방향이며, 2008년 로테르담규칙[2]도 항해과실면책을 폐지하였다. 우리나라에서도 항해과실을 엄격하게 해석하여야 한다는 견해가 유력하며, 항해과실폐지론도 대두되고 있다. 이 견해에 따르면 첫째 항해과실면책은 과실책임주의에 대한 예외이기 때문에 가능한 한 엄격하게 해석하여야 하고, 둘째 항해과실면책은 손해가 항해과실과 직접적 인과관계가 있는 때에만 인정하여야 하며, 셋째 항해과실과 상사과실이 경합하는 경우에 운송인의 면책을 인정해서는 안 된다고 한다.[3]

2. 선상화재

(1) 미 국 법

(가) 운송인의 고의 또는 과실이 없을 것   미국법상 1851년 화재법은 선박소유자의 고의 또는 과실(design or neglect)로 인한 것이 아닌 한 선상에서 발생한 화재로 인하여 발생한 운송물의 멸실 또는 훼손에 대하여 선박소유자를 면책시킨다. 하터법은 화재에 관하여 특별한 규정을 두지 않은 반면, 미국 해상물건운송법은 운송인의 면책사유로서 운송인의 고의 또는 과실(actual fault or privity) 없이 발생한 화재를 들고 있다. 나아가 미국 해상물건운송법 제8조는 동법에 의하여 화재법에 규정된 운송인의 권리의무에 영향을 미칠 수 없다고 규정한다. 화재법에 비하여 미국 해상물건운송법은 화재면책사유의 적용대상을 선박소유자뿐 아니라 정기용선자・항해용선자에까지 확장한다. 그러나 미

---

1) Director General of the India Supply Mission for and on Behalf of the President of the Union of India v. S.S. Maru, 459 F.2d 1370(2d Cir. 1972). Schoenbaum(5th), 619쪽; Tetley(4th), 1052-1054쪽.

2) 김영주, "국제해상운송과 항해과실면책," 한국해법학회지 제33권 제1호(2011), 375쪽. 1993년 시행된 중국 해상법의 최근 개정논의에서도 해기과실면책규정 폐지가 유력하게 주장되고 있다. 김만홍, "해기과실 면책의 존폐에 관한 고찰 — 중국 해상법의 개정과 논의를 중심으로," 해사법연구 제18권 제2호(2006), 89쪽.

3) 김선옥・이은섭, "항해과실과 상사과실에 대한 해상운송인의 법적 책임," 한국해운학회지 제27호(1998. 12), 173쪽; 김영주, 앞의 글, 137쪽.

국 해상물건운송법은 운송물이 선박의 색구에 걸린 시점부터 색구를 떠난 시점까지에만 적용되기 때문에 운송물이 본선에서 양하되어 부선으로 운반되는 도중 또는 부두에 적재되어 있을 때 발생한 화재에 대하여까지 운송인이 면책되는 것은 아니며, 이러한 경우에까지 운송인을 면책시킨다는 선하증권조항은 하터법 하에서 무효이다.[1]

(나) **입증책임**   그런데 운송인에게 일응 운송물의 멸실 또는 손해에 대한 손해배상책임이 있음을 송하인이 입증한 경우 화재면책사유에 관한 운송인의 입증책임에 대하여 연방항소법원들은 상이한 견해를 보인다. 예컨대 제9항소법원은 운송인의 감항능력주의의무는 화재면책사유보다 우월하기 때문에 운송인은 선박의 감항능력에 관하여 상당한 주의를 다하였음을 입증하기 전에는 화재면책사유를 항변할 수 없다고 판시하였다. 따라서 선박기기의 하자 또는 선원의 과실로 인하여 화재가 발생한 경우에 운송인이 이에 대하여 면책되기는 어렵다.[2] 한편 제2항소법원과 제5항소법원은 제9항소법원의 견해에 반대하여 화재법이 미국 해상물건운송법에 편입되었기 때문에 양 법 하에서의 운송인의 입증책임은 동일하다고 본다. 따라서 운송인에게 일응의 손해배상책임이 있음을 송하인이 입증한 경우에 운송인이 면책되려면 운송물의 멸실·훼손이 화재로 인하여 발생하였음을 입증하면 되며, 화재가 운송인의 고의 또는 과실로 인하여 발생하였음은 송하인이 입증하여야 한다. 즉 화재법상의 고의 또는 과실(design or neglect)은 미국 해상물건운송법상의 고의 또는 과실(actual fault or privity)과 동일하다는 것이다.[3]

1990년에 제9항소법원은 다수법원의 의견을 일부 수용하여 손해가 선박의 불감항성 때문에 발생하지 않은 경우에는 운송인이 과실로 화재를 야기하였음을 송하인이 입증해야 하고, 이를 입증하지 못하면 운송인은 화재면책된다고 판시하였다.[4] 결국 화재로 인하여 운송물이 멸실 또는 훼손된 경우에

1) Remington Rand, Inc. v. American Export Lines, 132 F. Supp. 129(S.D.N.Y. 1955). Schoen-baum(5th), 620쪽.
2) Hasbro Industries, Inc. v. M/S 'St. Constantine,' 705 F.2d 339(9th Cir. 1983): 관리자급직원들이 기관을 검사하지 않았고, 선원에게 화재진화방법을 훈련시키지 않았으므로 화재가 발생하여 운송물을 훼손시켰다. 선박소유자는 상당한 주의를 행사하지 않았으므로 손해배상책임을 지게 되었다.
3) Westinghouse Elec. Corp. v. M/V Leslie Lykes, 734 F.2d 199(5th Cir. 1984), rehearing denied 739 F.2d 633(5th Cir. 1984). Schoenbaum(5th), 620~622쪽.
4) Complaint of Damodar Bulk Carriers Ltd., 903 F.2d 675(9th Cir. 1990).

가장 중요한 것은 화재가 운송인의 고의 또는 과실로 인하여 발생하였는지이며, 송하인이 이를 입증하지 못하면 운송인은 면책된다. 그런데 연방대법원은 원칙적으로 화재의 위험은 송하인이 자신의 부담으로써 운송물을 적하보험에 부보함으로써 해결하여야 할 문제이므로, 운송인의 고의 또는 과실을 좁게 해석하여 가능한 한 운송인을 화재로 인한 손해에 대하여 면책시켜야 한다는 입장이다.[1]

(대) **선박소유자의 개인적 과실**　　운송인의 고의 또는 과실을 입증하기 위하여 송하인은 선박소유자의 개인적 과실, 그리고 법인인 선박소유자의 이사 또는 대리인의 고의 또는 과실을 입증하여야 하며, 선장·일반직원·독립계약자의 과실을 입증한 것만으로는 충분하지 않다. 따라서 감항능력주의의무를 위임할 수 없는 것과 대조적으로 운송인은 화재방지의무를 위임할 수 있으나, 이를 위임받은 선박관리회사 등의 과실(예컨대 무능한 자를 고용한 것)로 인하여 화재가 발생한 경우에 운송인은 책임을 진다. 또 당초에는 운송인의 고의 또는 과실 없이 화재가 발생하였으나, 진화장비부족, 선원의 훈련부족, 관리자급직원이 진화기회를 놓친 것 등의 운송인의 고의 또는 과실로 인하여 화재를 진화하지 못하였다면, 운송인은 이에 대한 손해배상책임을 진다.[2]

(2) 우 리 법

상법상 운송인은 자기의 고의 또는 과실로 인한 경우가 아니면 선박에서의 화재로 인하여 생긴 손해에 대하여 배상책임을 지지 아니하므로(상 제795조 제2항) 미국법과 동일하다. 운송인이 회사인 경우에는 이사·고급사용인·관리자급사용인의 고의·과실을 선박소유자 자신의 고의·과실로 본다.[3] 운송인이 자신의 고의 또는 과실로 인한 화재가 아님을 입증하여야 할 것인지 혹은 송하인이 운송인의 고의·과실로 인한 화재임을 입증하여야 할 것인지에 관하여 다툼이 있으나, 화재로 인한 손해에 대한 면책은 법률적으로 예외에 속하는 사항이고, 예외적 사항은 이를 주장하는 데 이해관계를 가지는 사람이 입증하여야 하므로 운송인이 입증하여야 한다.

---

1) Consumers Import Co. v. Kabushiki K.K. Zosenjo, 320 U.S. 249(1943). Schoenbaum(5th), 622-623쪽.
2) Cerro Sales Corp. v. Atlantic Marine Enterprises, Inc., 403 F. Supp. 562(S.D.N.Y. 1975). Schoenbaum(5th), 623-624쪽; Tetley(4th), 1005-1006쪽.
3) 최, 907쪽.

종래 우리 판례는 사실상 선박화재에 대한 운송인의 면책을 거의 인정하지 않으며, 선박화재에 대한 선박소유자 자신의 과실을 인정하거나 감항능력주의의무 위반책임을 묻거나 운송인의 불법행위책임을 인정함으로써 송하인을 보호하려는 입장을 취했다.[1] 예컨대 골든 138호 사건에서 인천지법은 항해 중 발생한 선박 고장으로 조선소에 정박해 수리 중 자연발화로 화물이 손상된 사건에서 운송인의 고의 또는 과실로 화물의 관리의무를 다하지 못했다는 이유로 화재면책을 부인하였다. 논거는 ① 선주는 선박 수리기간 동안 화물을 양하해 놓았다가 다른 선박으로 옮겨 싣는 등 화물에 대한 적절한 관리를 해야 하고, ② 화물 선적시 화물의 높이를 통풍구보다 낮게 하거나 화물이 통풍구를 막지 않도록 분리판을 대는 등 통풍구 주변에 공기 유출입이 가능하도록 공간을 확보했다면 사고가 발생할 가능성이 감소했을 것이며, ③ 화재가 정상적 항해기간 중이 아니라 수리를 위해 정박 중 화물이 고온다습한 환경에 장기간 노출되어 발생했고, ④ 1등항해사는 화물이 통풍용 팬을 막고 있으면 주기적으로 화물의 균형 유지를 위해 트리밍 작업을 해 평평하게 만들어 주어야 하며, ⑤ 설령 화주가 자신의 책임과 비용으로 화물을 적재했더라도 운송인은 적부가 운송에 적합한지를 살펴보고 화물의 성질에 따른 적부를 함으로써 손해를 방지하기 위한 적절한 예방조치를 강구할 주의의무가 있다는 것이다.[2]

한편 라거트레이드호 사건에서 대법원은 선박화재를 면책시켰다. 이 사건에서 대법원은 ① 화재란 선박 안에 발화원인이 있는 화재나 직접 그 선박 안에서 발생한 화재에 한정되지 않고, 육상이나 인접한 다른 선박 등 외부에서 발화하여 당해 선박으로 옮겨 붙은 화재도 포함하며, ② 면책의 주체인 운송인은 운송인 자신 또는 이에 준하는 정도의 직책을 가진 자만을 의미하며, 선원이나 선박사용인 등의 고의 또는 과실은 면책제외사유에 해당하지 않는다고 판시하였다.[3] 2019년에 대법원은 ① 당직항해사가 화재를 인지하고 즉

---

1) 대판 1973. 8. 31. 73다977에서는 선박안전법 · 선박설비규정이 선박에 난로를 설치할 경우에 이동하지 않도록 고정할 것을 소방시설로서 요구하고 있는데, 난방용 난로를 고정시키지 않고 피워 놓았다가 화재가 발생한 경우에 선박소유자에게 과실이 있다고 판시하였다. 또 서울민지판 1984. 2. 23. 82가합6826 및 대판 1977. 12. 13. 75다107.

2) 인천지판 2012. 8. 8. 2011가합19740(원고 한화손해보험, 피고 에버그린 글로리)(각급법원(제1,2심) 판결공보(2012. 10. 10), 1033쪽)(원고 승소).

3) 대판 2002. 12. 10. 2002다39364 구상금(원고 그린화재, 피고 세계물류, 피고보조참가인 남

시 선장에게 보고했고, ② 선장이 화재발생지점 파악을 시도했으나 폭발이 발생했다는 보고들 듣고 인명구조를 우선하여 퇴선명령을 내렸다면, ③ 설사 화물창 내 연기와 유독가스로 기관실에 접근하지 못해 스프링클러를 작동시키지 못했고, ④ 선박에 적재된 활어운반차량의 시동을 켜둔 것이 발화원인이 되었더라도 운송인의 고의 또는 과실로 볼 수 없다고 보았다.[1]

선박화재의 특징은 다음과 같다. 첫째, 선박화재가 가장 발생하는 곳은 기관실인데, 사고 후 항해일지를 검토해 보면 갑판에서 물을 갑판 양쪽에 끼얹는 실효성 없는 훈련만을 한다. 기관사들이 기관실에서 화재를 진압하는 훈련을 집중적으로 할 필요가 있다. 둘째, 화재가 일단 선박에서 발생하면 외부의 도움 없이 선박 스스로 화재에 대처하여야 하므로, 선장 등 고위선원일수록 효율적으로 진화작업을 지휘 하는 훈련을 평소에 받아야 한다. 셋째, 비상소화전이 통상 선박 깊숙이 위치하고 있기 때문에 선원들이 그 존재를 잊어버리는 경향이 있는데, 이를 막기 위하여 평소에 갑판을 청소할 때 소화전을 사용하는 방법이 유용하다. 넷째, 해사인명안전국제조약(SOLAS)이 규정하는 여객선안전증명서와 화물선안전장비증명서를 취득하기 위하여는 2년마다 검사인이 선박의 안전 여부를 확인하여야 하는데, 검사작업량이 과도하므로 검사를 충실하게 수행하는 것이 곤란하다. 이를 해결하기 위하여 화재예방장비의 제조자 또는 그 대리점이 선박의 방화장비를 검사하였으며, 양호한 상태에 있다는 것을 확인하는 증명서를 발행하고, 선박소유자는 이를 제출하여 선급검사를 받는 것이 바람직하다. 이같이 하면 선박을 검사한 선급협회가 선박화

주운수)(판례공보(2003. 2. 1), 340쪽; 법률신문 제3142호(2003. 1. 27), 9쪽). 오비맥주의 의뢰에 따라 운송인인 피고가 라거트레이드호에 화물을 싣고 2000. 2. 20. 성산포항에 입항하여 정박하였는데, 우현에 어선 오상호, 그 우현에 강동호가 밧줄로 연결되어 정박중이었다. 폭풍주의보가 발효되어 바람이 강하게 불고 추워 강동호선원들이 전기장판에 전기를 공급하기 위해 선박 내 발전기를 계속 가동한 결과 전기합선이 되면서 강동호의 기관실상부 및 식당부근에서 화재가 발생하였고, 화재는 강한 바람에 의해 좌현의 오상호로 옮겨 붙었으며, 다시 오상호의 좌현에 있던 라거트레이드호의 조타실과 선창 사이에 옮겨 붙어 이 사건 화물이 손상되었다. 제1심 법원(서울지판 2001. 1. 8. 2001가단21043)은 피고의 화재면책주장을 기각하였으나, 제2심 법원(서울고판 2002. 6. 14. 2002나9501)과 대법원은 이를 파기하여 화재면책을 인정함으로써 원고가 패소하였다. 김현, "판례평석: 해상운송인의 화재면책," 법률신문 제3147호(2003. 2. 17), 14쪽.

1) 대판 2019. 8. 29. 2015다220627 사정재판에 대한 이의(1심 서울중앙지판 2015. 1. 30. 2013가합543499(피고 승소), 2심 서울고판 2015. 5. 27. 2015나2014523)(원고/상고인 153인, 피고/피상고인 O주식회사, 상고기각).

재와 관련하여 소송에 휘말리는 것을 방지할 수 있다. 다섯째, 해상인명안전
국제조약을 준수하였다고 하여 당해 선박의 감항성이 입증되는 것은 아니고,
동 조약의 기준은 최소한의 화재안전기준에 불과할 뿐이다.[1]

3. 해상위험 및 불가항력(perils of the sea and act of God)

해상운송에는 육상운송과는 달리 특별한 위험이 수반되기 때문에 전통적
으로 해상운송인은 해상위험 및 불가항력으로 인한 운송물의 멸실 또는 훼손
에 대하여 면책되어 왔으나, 해상운송 및 운송물취급기술이 진보함에 따라 이
같은 면책사유의 중요성이 현저하게 감소되었다. 미국 해상물건운송법은 '해
상 기타 항행할 수 있는 수면에서의 위험 또는 사고' 및 불가항력을 운송인의
면책사유로 열거하는데(동법 제4(2)(c) · (d)조), 운송인은 이들 면책사유로 인하여
운송물에 손해가 발생하였음을 입증해야만 면책된다.[2]

(1) 해상위험

해상위험은 바다에 고유한 위험으로서 인간의 힘으로써는 대항할 수 없
는 자연력을 의미하며, 폭풍·파도·선박충돌·좌초 등을 포함한다. 바다에
서 발생하였더라도 바다에 고유한 위험이 아닌 화재·벼락·폭발 등은 해상
위험이 아니다.[3] 선박상의 쥐가 운송물을 갉아 먹은 것은 해상위험이 아니지
만, 쥐가 파이프에 구멍을 냈기 때문에 이를 통하여 바닷물이 선박에 침수하
였다면 이는 해상위험에 해당한다. 해상위험은 비정상적이며 재난에 가까운
것으로서 아무리 유능한 선원이라 할지라도 극복할 수 없을 정도인 동시에
예측불가능하였어야 한다. 예컨대 특정 계절에 황천을 빈번히 만나는 것이 보
통이라면, 폭풍우 때문에 운송물에 손해가 발생하였더라도 이를 해상위험이
라고 할 수 없다. 또 선체가 크게 훼손되었다면, 이는 해상위험이 실재하였는
지를 판단하는 자료가 된다.[4]

---

1) F. Rushbrook, Ship Fires and the Law(London: Lloyd's of London Press Ltd., 1995), 18-20쪽, 75-76쪽.
2) Schoenbaum(5th), 624쪽.
3) R.T. Jones Lumber Co. v. Roen Steamship Co., 270 F.2d 456(2d Cir. 1959), cited with approval in New Rotterdam Ins. Co. v. S.S. Loppersum, 215 F. Supp. 563(S.D.N.Y. 1963).
4) Kane International Corp. v. MV Hellenic Wave, 468 F. Supp. 1282(S.D.N.Y. 1979), affirmed 614 F.2d 1287(2d Cir. 1979). Schoenbaum(5th), 624-625쪽; Tetley(4th), 1051쪽.

해상위험이 존재하였더라도 운송인이 운송물을 취급함에 있어 상당한 주의를 행사하지 않았다면 면책될 수 없다. 예컨대 발한 때문에 운송물이 훼손되었다면, 운송인은 이 같은 결과를 방지하기 위하여 가능한 모든 조치를 취한 경우에만 해상위험면책사유를 항변할 수 있다.[1] 운송인이 항해에 관한 과실을 범하였기 때문에 선박이 충돌 또는 좌초하거나, 운송물의 적부를 부적절하게 하였기 때문에 선박이 폭풍우를 만났을 때 운송물이 흐트러져 멸실된 것은 해상위험에 해당하지 않는다.[2] 또한 감항능력 있는 선박을 제공하기 위하여 상당한 주의를 행사하지 아니한 운송인은 해상위험면책사유를 항변할 수 없다.[3] 운송인은 해상사고가 예측불가능한 재난이었음을 입증하면 해상위험면책사유에 의하여 면책되며, 이 경우에 운송인이 불합리한 행위 또는 과실을 범하였음을 송하인이 입증하는 것은 상당히 어렵다.[4]

(2) 불가항력

㈎ 미 국 법 미국판례법은 해상위험과 불가항력을 명확하게 구별하지 않으나, 불가항력은 사람의 행위가 개재되어 있지 않은 운송물 멸실·훼손의 원인으로서 운송인이 이를 예견할 수 없었거나 예견하였더라도 방지할 수 없었던 일체의 자연적 원인을 포함하므로 해상위험보다 포괄적인 개념이다. 예컨대 벼락·결빙은 해상위험이 아니지만 불가항력에 속한다.[5] 운송인에게 고의 또는 과실이 있는 경우에 운송인은 불가항력이라는 이유로 면책될 수 없다.[6]

㈏ 우 리 법 상법의 해석도 미국법과 흡사하다. 운송인은 ① 해상이나 그 밖에 항행할 수 있는 수면에서의 위험 또는 사고(상법 제796조 1호) 또는 ② 불가항력(동조 2호)이 있었음과, 운송물에 관한 손해가 그 사실로 인하여 보통 생길 수 있음을 입증하면 이를 배상할 책임을 면한다(동조 본문). 서해훼리호가 최대승선인원인 221명을 훨씬 초과한 362명의 여객을 승선시키고 과중한 화물을 실음으로써 안전한 복원력을 갖추지 못한 채 출항하였고, 항해 중 선박

1) Wessels v. The Asturias, 126 F.2d 999(2d Cir. 1940). Tetley(4th), 2236쪽.
2) Continental Ins. Co. v. Hersent Offshore, Inc., 567 F.2d 533(2d Cir. 1977).
3) Hartford Fire Ins. Co. v. Calmar S.S. Corp., 404 F. Supp. 442(W.D. Wash. 1975).
4) Schoenbaum(5th), 625-626쪽.
5) Nugent v. Smith, [1876] 1 C.P.D. 423.
6) Skandia Ins. Co. v. Star Shipping, 173 F. Supp. 2d 1228(S.D. Ala. 2001). Schoenbaum (5th), 626쪽.

의 기관의 이상 유무를 확인하여 적절한 조치를 취하지 않은 과실로 침몰하였다. 이 사건에서 대법원은 "항해 중 그물이 추진축에 감겨 선체가 우경사될 때 선미좌현에서 덮치는 큰 파도에 부딪혀 완전히 복원력을 상실하여 침몰하였더라도 이를 예측불가능한 자연재해나 불가항력적 사고로 보기 어렵다"고 판시하였다.[1]

4. 전쟁·쟁의행위에 대한 면책

(1) 인위적 불가항력

미국 해상물건운송법은 송하인과 운송인이 통제할 수 없는 인위적 불가항력(overwhelming human forces)으로 인하여 발생한 손해에 대하여 운송인을 면책시킨다. 즉 운송인은 전쟁, 공적(公敵)의 행위, 공권에 의한 억류 또는 제한, 재판상의 압류, 검역상의 제한, 이유 여하를 불문하고 전반적 또는 부분적인 동맹파업, 선박폐쇄, 작업중단 기타 쟁의행위(단, 운송인은 자신의 행위에 대하여는 책임을 면하지 못함), 폭동, 내란으로 인하여 발생한 운송물의 멸실 또는 훼손에 대하여 책임을 면한다(동법 제4(2)(e)·(f)·(g)·(j)조).

'전쟁'은 반드시 선전포고를 하여야 하는 것은 아니며, '공적의 행위'는 선박소유자의 소속국가의 적국의 행위를 의미한다. 운송인은 전쟁과 공적의 행위의 중간적 위치에 있는 테러리즘을 포함한 모든 도발행위에 대하여 면책된다.[2] 1976년 앙골라내전중 멸실된 운송물에 대하여 운송인이 면책된 프랑스판례가 있다.[3] 공권에 의한 억류 또는 제한은 당해 선박소속국가의 적국인지 여부를 불문하고 공권력이 선박의 항해에 무력으로 간섭하는 것을 말한다.[4] 재판상의 압류는 특정 운송물을 억류하는 것뿐 아니라 통상의 적법절차

---

1) 대판 1998. 8. 21. 97다13702(판례공보(1998. 9. 15), 2276쪽)(원고 조영자, 피고 한국해운조합). 해운법 제24조 제1항은 한국해운조합이 선임한 선박운항관리자가 여객운송사업자를 지휘·감독하도록 하고 있다. 또 여객선운항관리요강에 의하면 선박운항관리자는 출항 전 기상통보확인, 정원초과 및 과적 여부, 해도확인의 의무가 있다. 법원은 한국해운조합이 사실상 여객선선장을 지휘·감독하였다는 이유로 한국해운조합의 사용자책임을 인정하였다. 또 법원은 국토해양부 공무원들이 여러 차례 최대인원초과사실을 적발하여 선박전복을 예견하고도 이를 방치하였다는 이유로 국가의 사용자책임도 인정하였다.

2) A. Mocatta, M. Mustill and S. Boyd, Scrutton on Charterparties and Bills of Lading, 9th ed.(London: Sweet & Maxwell, 1984), 222-223쪽.

3) Tribunal de Commerce de Paris, June 13, 1979, DMF 1980, 483. Tetley(4th), 1089쪽.

4) M & Z Trading Corp. v. Hecny Group, 41 Fed. Appx. 141(9th Cir. 2002).

이외의 수단에 의한 선박의 압류 또는 억류를 포함한다.[1] 동맹파업·선박폐쇄 기타의 쟁의행위는 폭넓게 인정되며, 폭동·내란은 정부가 아닌 사인에 의한 저항할 수 없는 무력행사를 의미한다.[2]

(2) 운송인의 합리적 조치의무

(가) **미 국 법**　이 같은 면책사유가 존재하는 경우에 문제가 되는 것은 첫째 운송인이 특정 상황에서 합리적인 조치를 취하였는지, 둘째 운송인의 행위가 불합리하였거나 운송인에게 과실이 있었음을 누가 입증해야 하는지이다. 즉 위와 같은 면책사유가 존재한다고 하여 운송인이 무조건적으로 면책되는 것은 아니며, 운송인은 여전히 운송물의 멸실 또는 훼손을 방지 또는 경감시키기 위하여 합리적인 조치를 취해야 하고, 이것은 자연적 불가항력상황에서보다는 인위적 불가항력상황에서 더욱 중요하다. 인위적 불가항력상황에 의하여 운송물이 훼손되는 일은 많지 않으며 운송물이 지연 또는 억류되는 것이 통상적인데, 이 같은 상황에서 운송인은 여전히 운송물을 보관할 의무를 진다. 미국 해상물건운송법은 동맹파업에 대하여만 이 같은 취지를 명시하고 있으나, 여타 면책사유에 대하여도 이 같은 운송인의 의무가 묵시적으로 적용된다.[3] 운송인의 과실로 인하여 인위적 불가항력사유가 발생한 경우, 예컨대 운송인에게 검역을 받을 의무가 있거나 운송인이 동맹파업을 회피하지 못하거나 지연시킨 경우에는 운송인이 자신에게 과실 없음을 입증하여야 한다.[4] 반면에 인위적 불가항력상황에 직면하여 운송인이 운송물을 합리적으로 보관·검사·취급하였는지 여부가 문제되는 경우에 입증책임의 일반원칙에 따라 운송인이 합리적인 조치를 취하지 않았음을 송하인이 입증하여야 한다.[5]

(나) **우 리 법**　① 전쟁·폭동 또는 내란(상법 제796조 3호) ② 해적행위나 이에 준한 행위(동조 4호) ③ 재판상의 압류, 검역상의 제한, 공권에 의한 제한(동조 5호) 또는 ④ 동맹파업이나 쟁의행위 또는 선박폐쇄(동조 7호)가 있었음과, 이로 인해 운송물 손해가 보통 생길 수 있음을 입증하면 운송인은 면책된다

1) Benjamin v. M.V. Balder Eems, 639 F. Supp. 1497(S.D.N.Y. 1986).
2) Schoenbaum(5th), 627-628쪽.
3) Sedco, Inc. v. S.S. Strathewe, 800 F.2d 27(2d Cir. 1986).
4) United States v. Lykes Bros. S.S. Co., 511 F.2d 218(5th Cir. 1975).
5) Lekas & Drivas, Inc. v. Goulandris, 306 F.2d 426(2d Cir 1962). Schoenbaum(5th), 628-629쪽.

(동조 본문). 판례는 "해상운송에서 해상강도로 인한 운송물의 멸실이 면책사유인 것과는 달리 육상에서의 강도로 인한 운송물의 멸실은 불가항력으로 인한 면책사유가 아니"라고 한다. 나아가 운송도중에 화물이 멸실되었다면 이것과 손해의 발생 사이에는 상당인과관계가 있으며, 화물멸실이 제3자의 강도행위에 의하여 야기되었더라도 이로써 운송행위와 손해발생 간의 인과관계가 단절되지 않는다는 입장이다.[1]

5. 송하인의 행위(faults of the shipper) 또는 운송물의 숨은 하자(latent defects)로 인한 면책

운송인이 송하인의 행위 또는 운송물의 상태를 모두 다 알 수는 없으므로, 미국 해상물건운송법은 ① 송하인의 작위 또는 부작위(동법 제4(2)(i)조), ② 운송물의 숨은 하자, 특수한 성질로 인하여 발생한 부피, 중량의 부족 기타 멸실 또는 훼손(동법 제4(2)(m)조), ③ 포장의 불충분(동법 제4(2)(n)조), ④ 기호표시의 불충분 또는 불완전(동법 제4(2)(o)조), ⑤ 상당한 주의로도 발견할 수 없는 숨은 하자로 인하여 발생한 운송물의 멸실 또는 훼손(동법 제4(2)(p)조)에 대하여 운송인을 면책시킨다. 이들 면책사유는 운송인이 운송물을 적절하게 취급할 의무와 상치될 가능성이 높으므로 좁게 해석되는 경향이다.[2]

(1) 송하인의 작위 또는 부작위

송하인의 작위 또는 부작위(act or omission of the shipper)는 운송인이 적절한 주의를 다하였음에도 불구하고 송하인이 알고 있는 사유 또는 송하인이 운송인에게 지시한 운송방법 때문에 운송물이 멸실·훼손된 것을 의미한다. 예컨대 송하인이 부패하기 쉬운 양배추의 운송을 위탁하면서 비용을 절감하기 위해 운송인에게 운송물을 냉동할 것을 지시하지 않았다면, 운송인은 이로 인한 손해에 대하여 책임을 면한다.[3] 따라서 송하인은 운송물에 관련된 위험을 알

---

1) 대판 1999. 12. 10. 98다9038(판례공보(2000. 1. 15), 154쪽)(원고 삼성화재, 피고 아메리칸 프레지던트 라인즈).

2) Schoenbaum(5th), 629-630쪽.

3) Aunt Mid, Inc. v. Fjell-Orange Lines, 458 F.2d 712(7th Cir. 1972). 또 Jefferson Chemical Co. v. M/T Grena, 413 F.2d 864(5th Cir. 1969) 사건에서는 송하인이 화공약품운송을 위탁하면서 이를 스테인레스 강철탱크에 의하여 운송할 것을 운송인에게 지시하지 않음으로써 화공약품이 납에 오염되는 것을 자초하였다. 운송인은 화공약품운송을 위하여 탱크를 깨끗이 청소하였음이 입증되어 면책되었다.

아야 하거나 알고 있는 것으로 간주된다. 한편 운송인은 운송물에 대하여 상당한 주의를 다한 경우에만 면책되며, 운송물의 멸실·훼손이 송하인의 행위 또는 운송물의 숨은 하자 때문임을 입증할 책임은 운송인에게 있다.[1]

함부르크규칙은 이에 관하여 명백한 규정을 두고 있지 않다. 동 규칙 제5(1)조는 운송인과 그 사용인이 손해를 방지하기 위하여 모든 합리적인 조치를 취했음을 입증하지 않은 한 운송인은 자신의 보관 하에 있는 운송물의 멸실·훼손에 대하여 책임을 지도록 할 뿐이다. 따라서 송하인의 과실로 인하여 운송물이 멸실·훼손되었더라도 운송인이 그 멸실·훼손에 대하여 불합리하게 기여하지 않았다면, 운송인은 책임을 지지 않는다. 송하인의 과실과 운송인의 과실이 경합하여 운송물이 멸실·훼손된 경우, 송하인이 멸실·훼손에 어느 정도 기여했는지를 운송인이 입증할 수 있다면 운송인은 자신의 과실비율에 대하여만 책임을 진다.[2]

(2) 포장의 불충분

운송물의 포장이 불충분하였음은 운송인이 입증하여야 하며, 포장의 불충분 여부는 ① 송하인이 운송물이 위험한 것을 알았으며, 다른 포장방법을 지시할 수 있었는지, ② 운송인이 운송물의 적부에 대하여 합리적인 주의를 하였는지, ③ 컨테이너운송물이었는지, ④ 컨테이너운송물이었다면 누가 컨테이너에 적입하였으며, 컨테이너의 소유자는 누구였는지에 의하여 판단한다.[3] 송하인이 운송물의 포장에 관하여 최대한의 보호조치를 할 필요는 없으며, 운송물의 포장상태가 항해중의 통상적인 위험을 견디기에 부적합함을 운송인이 입증한 경우에 한하여 운송인은 책임을 면한다.[4] 송하인이 매매조건 또는 거래관행에 따라 적절하게 포장한 것으로 충분한 것이 보통이나, 운송인이 무유보선하증권을 발행할 때 운송물의 포장이 불충분함을 알면서 운송물을 수령하였다면, 운송인은 운송물의 성질에 따른 특별한 주의를 하지 않은 책임을 수하인에 대하여 부담한다.[5] 운송물이 자동차인 경우에는 특별한 주

---

1) Schoenbaum(5th), 630쪽.
2) Tetley(4th), 1101쪽.
3) Puerto Rican-American Ins. Co. v. Sea-Land Serv., 653 F. Supp. 396(D.P.R. 1986). Tetley (4th), 1203쪽.
4) Bache v. Silver Line, 110 F.2d 60(2d Cir. 1940).
5) Mobil Sales and Supply Corp. v. M/V Banglar Kakoli, 588 F. Supp. 1134(S.D.N.Y. 1984).

의를 요한다. 법원은 이 면책사유에 관하여 판단할 때, 송하인이 운송물의 적
부에 대하여 최선의 주의를 다한 것과 운송물의 안전에 대하여 전혀 무관심
한 것과의 두 극단 사이에서 적절한 균형을 찾아야 한다.[1]

(3) 기호표시의 불충분

미국 해상물건운송법(제3(3)조)은 운송인이 선하증권을 발행할 때 운송물
을 구별하는 데 필요한 표시를 선하증권에 기재하여야 한다고 규정한다. 그런
데 송하인이 운송물에 이 같은 표시를 하게 되므로, 송하인이 운송물에 표시
를 적절히 하지 않았기 때문에 운송물을 식별할 수 없어 운송물이 멸실된 것
에 대하여는 운송인이 책임을 면한다.[2] 이는 헤이그규칙 및 헤이그-비스비
규칙 제4(2)(o)조, 제3(3)조에서 유래한 조항이다. 기호표시가 부적절하였
고, 이로 인하여 운송물이 멸실·훼손되었음을 입증할 책임은 운송인이 부담
한다.[3]

(4) 운송물의 특수한 성질

운송물의 특수한 성질(inherent vice)은 운송물에 내재하는 특성·하자 때문
에 운송물이 멸실 또는 훼손된 것을 의미하며, 보이지 않는 해충의 알에 의하
여 운송물이 감염되거나, 스스로 발열하거나, 금속이 녹슬거나, 화공약품이
변색한 경우 등이다. 이 같은 경우에 운송인을 면책시키는 이유는 운송물에
내재하는 특성을 보다 잘 아는 것은 운송인이 아니라 송하인이기 때문에, 이
로 인한 손해를 송하인에게 부담시키는 것이 공평하기 때문이다.[4]

운송물의 특수한 성질의 입증책임에 대하여는 미국법원들이 견해차를 보
인다. 예컨대 제2항소법원은 송하인에게 입증책임이 있다고 하면서, 이 같은
입증책임은 운송인에게 운송물의 멸실·훼손에 대한 일응의 손해배상책임이
있음을 입증해야 할 송하인의 책임과 불가분의 관계라는 입장을 취한다. 즉

Schoenbaum(5th), 630-631쪽.

1) Tetley(4th), 1203쪽.

2) Schoenbaum(5th), 631쪽.

3) Tetley(4th), 1102쪽.

4) United States Steel International, Inc. v. Granheim, 540 F. Supp. 1326(S.D.N.Y. 1982). 원
유는 특성상 운송과정에서 부족분이 생기게 마련이고, 이를 측정하기도 힘들기 때문에 거
래관행상 일정한 부족분을 허용하는바, 운송인은 이에 대하여도 '운송물의 숨은 하자' 면책
사유를 원용할 수 있다. Sun Oil Co. of Pa. v. M/T Carlisle, 771 F.2d 805(3d Cir. 1985).

운송인은 운송물의 멸실·훼손이 운송물의 내부상태에 기인한다는 것만을 입증하면 되며, 선적 당시 운송물이 양호한 상태였다는 것은 송하인이 입증해야 한다는 것이다.[1] 반면에 제5항소법원은 보다 보편적인 입장을 취하고 있으며, 운송물의 특수한 성질과 여타 면책사유를 달리 취급해서는 안 된다고 본다. 즉 당해 운송물에 특수한 성질이 있음을 운송인이 확정적으로 입증하여야 하며,[2] 이 때 송하인은 운송인에게 고의 또는 과실이 있음을 입증할 책임을 진다. 운송인에게 일응의 손해배상책임이 있음을 송하인이 입증하는 것과 운송물의 특수한 성질은 별개이고, 운송물에 특수한 성질이 있었음은 어디까지나 운송인의 항변사유이므로 운송인에게 입증책임을 부담시키는 것이 타당하다.[3]

(5) 운송물의 숨은 하자

미국 해상물건운송법상(제4(2)(p)조)의 운송물의 숨은 하자(latent defect)는 송하인의 과실이나 운송물의 하자와는 무관하게 운송물을 선적·적부·양륙하는 데 사용되는 기계에 대하여 상당한 주의를 하더라도 발견할 수 없는 하자가 있는 것을 의미한다. 또 기계의 금속 자체에 하자가 있어야 하며, 장기간 기계를 사용함으로 인한 자연소모로 인한 것이어서는 아니 된다. 운송인은 기계의 숨은 하자를 발견할 수 없었음을 입증하여야 하며, 기계에 숨은 하자가 있었는지 여부가 의심스러운 경우에도 운송인이 손해배상책임을 진다.[4]

(6) 우 리 법

상법(제796조)은 송하인 또는 운송물의 소유자나 그 사용인의 행위(동조 6호), 운송물의 포장의 불충분 또는 기호의 표시의 불완전(동조 9호), 운송물의 특수한 성질 또는 숨은 하자(동조 10호)를 운송인의 면책사유로 규정함으로써 미국법과 동일한 입장을 취한다.

포장불출분에 관해 서울고법은 송하인이 대게 화물을 상자당 32 내지

---

1) Horn v. CIA de Navigacion Fruco, S.A., 404 F.2d 422(2d Cir. 1968).
2) Shell Oil Co. v. M/T Gilda, 790 F.2d 1209(5th Cir. 1986).
3) Schoenbaum(5th), 631-633쪽; 경익수, "위험물의 해상운송법리에 관한 연구," 한국해법회지 제16권 제1호(1994), 99쪽; Tetley(4th), 1154쪽.
4) Bubble Up International, Ltd. v. Transpacific Carriers Corp., 458 F. Supp. 1100(S.D.N.Y. 1978). Schoenbaum(5th), 633쪽; Tetley(4th), 1144쪽.

36kg으로 포장하여 사람이 들기에 다소 무거운 정도로 마분지상자에 포장하였고, 상자 겉면에 취급주의표시를 하지 않은 경우, 포장불충분을 이유로 운송인이 면책되기에는 부족하나 송하인의 과실을 20% 정도로 볼 수 있다고 판시하였다.[1] 또 운송물인 페놀의 변색이 그 자체의 특수한 성질이나 제조과정에서 생성된 부산물의 존재 등 숨은 하자로 인하여 생긴 것이고, 그와 같은 변색은 그 특수한 성질이나 숨은 하자로 인하여 보통 생길 수 있는 것이라는 이유로 운송인을 면책시킨 대법원판례가 있다.[2] 갑판적 화물의 타폴린 포장

---

1) 서울고판 1998. 1. 16. 97나16796(상고하지 않아 확정되었음). 원심판결 서울지판 1997. 3. 27. 95가합109000: 송하인 오카야사는 피고 동부고속에게 대개 화물을 부산항에서 오사카항까지 운송해 줄 것을 의뢰하였는데, 오사카항에서 조사해 보니 대게의 다리가 부서진 것이 발견되었다. 원고 일본화재는 오카야사에게 적하보험금을 지급한 후 피고를 제소하였다. 피고는 송하인이 화물을 너무 무겁게 포장하였고, 상자 안에 스치로폴 같은 완충제를 넣지 않았으며, 상자 겉에 내부포장물이 잘 부숴질 수 있음과 취급시 세심한 주의를 해야 한다는 표시를 하지 않아 사고가 발생하였으므로 피고가 면책된다고 항변하였다. 법원은 상자에 완충제를 넣지 않은 것과 상자 겉에 취급주의를 표시하는 양주잔이 깨어지는 그림이나 취급주의라는 영문표시가 없었던 사실은 인정하였다. 그러나 이것만으로는 송하인이 행한 포장이 운송으로부터 발생하는 통상적 위험을 견디기에 부적절하여 운송인을 면책시키기에는 부족하다고 하면서, 화물의 포장이 무거운 것 등을 고려하여 송하인의 과실을 20% 인정하였다.

2) 대판 2006. 5. 12. 2005다21593(판례공보(2006. 6. 15), 1027쪽)(원고 삼성화재, 피고 사우스코스트 마리타임, 피고 승소, 상고기각). 페놀선적 직후 2001. 2. 9. 송하인측 검정인 인스펙토리트가 선박 내 탱크에서 3개의 샘플을 채취하여 측정하였는데, 색상수치가 모두 5로서 정상이었다. 운송계약상 정상으로 간주되는 최대수치는 20이다. 양하직전 2001. 4. 2. 선박 내 탱크에서 채취한 샘플의 색상수치는 26으로서 허용최대치를 벗어났다. 수하인 삼성물산은 페놀을 본래 용도대로 사용할 수 없어 저렴한 가격에 매각하였고, 원고는 적하보험자로서 삼성물산의 손해액을 보험금으로 지급하였다. 페놀은 육상탱크에서 파이프라인을 거쳐 선박 내 14번 탱크로 유입되었다. 선박 내 14번 탱크는 다른 탱크와 분리된 파이프라인을 가지고 있고, 파이프라인의 구조상 파이프라인에 다른 물질이 남기 어렵게 되어 있었다. 페놀운송중 보관조건은 페놀의 온도를 55도 내지 60도로 유지하되 가열시에는 하루 3도 이상을 가열하지 않는 것이었다. 페놀은 운송중 8일간 55도 이하에 있었으나, 5도 이상 온도가 저하된 적은 없었다. 가열시에는 하루 3도 이상 가열된 적은 없었다. 페놀은 휴스턴을 출발하여 열대인 파나마운하를 거쳐 2개월 항해하여 부산항에 도착하였다. 선적 당시 채취한 샘플로는 인스펙토리트가 채취한 것 외에 피고가 선박 내 탱크에서 1개, 선박 내 탱크와 연결되는 육상파이프라인 끝부분에서 1개를 채취하였다. 이 샘플들에 대해 양하시 2001. 4. 2. 측정한 색상수치는 모두 허용치를 벗어났다. 며칠 후 2001. 4. 9. 인스펙토리트가 보관해 온 샘플 3개에 대해 측정한 색상수치는 여전히 5였으나, 2001. 8. 21. 다시 측정한 색상수치는 10·20·30으로 변색이 진행되었다. 인스펙토리트 샘플들은 채취 후 2001. 4. 9.까지는 동결점(40도) 이하 저온에서 보관되었다. 페놀은 과산화반응방식으로 제조되었는데, 이 방식으로 제조된 페놀에는 불순물이 극소량 포함될 수 있고, 이 경우 온도상승 없이도 자체반응으로 예측불가능한 불순물이 추가로 생성될 수 있다. 이러한 불순물로 인해 페놀이 변색될 수 있고, 변색과정은 시간의 경과에 따라 가속된다. 이러한 부수적 반응은 온도상승에 따라 촉진된다. 페놀을 선적하기 전에 14번 탱크로 운송한 화물은 황산이었다. 페놀의 순도

이 찢어져 벗겨지고 그로 인하여 화물이 해수를 맞아 녹손이 발생한 경우에도 운송인이 면책되었다.[1]

6. 선박의 숨은 하자

상법은 선박의 숨은 하자, 즉 운송인이 감항능력주의의무를 다하여도 발견할 수 없는 잠재적 하자를 새로이 면책사유로 추가했다(상법 제796조 11호). 밸러스트 탱크 주입 밸브 케이싱 플랜지가 파손되었고, 해수가 파손된 플랜지를 통해 화물창으로 유입해 컨테이너가 침수되었다. 부산지법은 ① 회색 주철로 제조된 플랜지의 금속 성분 중 과도한 흑연 비율 때문에 플랜지가 국소적으로 부식되어 파손되었다. ② 해수 환경에서 플랜지의 흑연화 속도가 비정상적으로 빨리 진행되었으며 흑연화는 보통의 시각적 검사로 밝혀낼 수 없다. ③ 파손된 플랜지의 외관에 특이한 하자가 없었다. ④ 이 사건 플랜지를 제외한 나머지 플랜지 17개는 잘 작동되었다. ⑤ 회색 주철의 통상 수명에 비추어 이 사건 플랜지의 잔여 수명은 충분했다. ⑥ 이 사건 플랜지의 위치상 손상을 입는다면 해수가 화물창을 침수시킬 수 있는 곳에 있었다고 보았다. 즉 선박의 구성 부분인 플랜지가 제조 당시 흑연 비율 과다로 조기 부식해 파손된 결과 사고가 발생했으며, 운송인이 상당한 주의를 기울여도 발견할 수 없는 '선박의 숨은 하자'이고, 침수 사고는 이로 인해 보통 생길 수 있다는 이유로 운송인을 면책시켰다.[2]

가 99% 이상인 경우 황산을 첨가하는 것만으로는 변색되지 않는데, 이 사건 페놀은 순도가 99.9%였다. 페놀은 섭씨 55도를 기준으로 하여 상하 5도의 온도변화를 주더라도 변색되지 않는다.

　　대법원은 ① 페놀은 제조과정에서 생성되는 부산물로 인해 변색될 수 있고, ② 이 사건 페놀이 육상탱크에서 파이프라인을 통해 선박 내 탱크로 곧바로 선적되는 과정에서 이물질이 유입될 가능성은 없으며, ③ 이 사건 페놀은 직접운송물인 황산의 잔존이나 운송용기인 14번 탱크의 재질로 인해 변색된 것이 아니다. 선적 당시 육상파이프라인의 끝부분에서 채취해 따로 운송한 샘플도 탱크 내 보관되어 운송된 페놀과 같은 정도의 변색을 보였다. ④ 인스펙토리트가 채취한 샘플들은 양하 당시까지 변색되지 않았지만, 그 후 변색이 진행된 것으로 보아 그 전에 변색이 진행되지 않은 것은 동결점 이하 온도에서 보관된 때문이다. ⑤ 운송중 일시적으로 발생한 섭씨 5도 범위 내에서의 온도하락은 페놀변색과 무관하다는 이유로 이 사건 페놀이 그 자체의 특수한 성질이나 제조과정에서 생긴 부산물의 존재 등 숨은 하자로 인하여 변색되었다고 판단하였다.

1) 서울고판 2021. 11. 25. 2021나2010140(각급법원(제1,2심) 판결공보(2022. 3. 10), 153쪽)(원고/항소인 곽트라인터내셔널, 피고/피항소인 엠에스씨 메디터레이니언 쉬핑, 상고).
2) 부산지판 2016. 3. 25. 2014가단246949(원고 O, 피고 고려해운, 피고 소송). 2심판결 부산지판 2017. 5. 12. 2016나43473(항소기각, 상고하지 않아 확정되었음). 김찬영, "선박의 숨은

7. 기타의 법정면책사유

(1) 운송인의 입증책임

미국 해상물건운송법 제4(2)(q)조(헤이그규칙 및 헤이그-비스비규칙 제4(2)(q)조에 상응함)는 (a)호에서 (p)호까지에 열거된 면책사유 외에 기타의 법정면책사유로서 "운송인과 선박은 운송인의 고의 또는 과실 및 운송인의 대리인·사용인의 고의 또는 과실 없이 발생한 운송물의 멸실 또는 훼손에 대하여 책임을 면한다. 그러나 운송인의 고의 또는 과실 및 운송인의 대리인·사용인의 고의 또는 과실이 운송물의 멸실 또는 훼손의 원인이 되지 않았음을 입증할 책임은 면책을 주장하는 자가 부담한다"고 규정한다. 이 같은 기타 면책사유의 범위가 광범한 것은 사실이지만, 이에 대하여는 운송인이 입증책임을 부담하여야 하기 때문에 실제로 운송인은 가능한 한 특정 면책사유를 주장하게 되고 해당하는 면책사유가 없는 경우의 최후수단으로서 (q)호의 기타 면책사유를 원용하게 된다.[1]

(q)호의 기타 면책사유의 입증책임은 미국 해상물건운송법 하의 일반입증책임원칙과 크게 다르다. 즉 통상의 경우에는 운송인에게 운송물의 멸실·훼손에 대한 일응의 손해배상책임이 있음을 송하인이 입증하였다면, 운송인은 자신이 운송물의 보관·취급에 대하여 상당한 주의를 하였다는 사실 또는 운송물의 멸실·훼손이 법정면책사유에 의하여 발생하였음을 입증하여야 한다. 만약 운송물의 멸실·훼손이 동법 제4(2)조 (a)호 내지 (p)호의 법정면책사유에 의하여 발생하였음을 운송인이 입증한다면, 운송인의 고의 또는 과실이 운송물을 멸실·훼손시키는 데 기여했다는 것을 입증할 책임은 송하인에게 돌아간다.[2] 반면에 운송인이 (q)호의 기타 면책사유를 적용받기 위하여는 운송인 자신에게 고의 또는 과실이 없음은 물론이고, 자신의 대리인·사용인에게도 고의 또는 과실이 없음을 입증하여야 하는 무거운 부담을 지므로, 송하인에게는 아무런 입증책임이 돌아가지 않는다.[3] 기타 면책사유에 관하여

하자에 관한 연구," 한국해법학회지 제39권 제2호(2017. 11), 165쪽.

1) Schoenbaum(5th), 634쪽; Tetley(4th), 1225쪽.
2) Blasser Brothers, Inc. v. Northern Pan American Line, 628 F.2d 376(5th Cir. 1980).
3) Quaker Oats Co. v. M/V Torvanger, 734 F.2d 238(5th Cir. 1984), rehearing denied 739 F.2d 633(5th Cir. 1984).

운송인에게 이같이 무거운 입증책임을 부담시키는 것은 이렇게 하지 않는다면 운송인이 개별 법정면책사유보다 (q)호의 기타 면책사유만을 원용할 것이기 때문이다.[1]

(2) 운송인의 대리인·사용인의 고의·과실이 없을 것

운송물의 멸실·훼손의 원인이 규명된 경우에 기타 법정면책사유를 원용하려는 운송인은 자신이 당해 사고에 대하여 아무런 관련이 없음을 입증하여야 하며, 운송인의 피용자·독립계약자에게 귀책사유가 있는 경우에 운송인은 그러한 자에 대한 책임이 없음을 입증하여야 한다. 특히 (q)호의 기타 면책사유는 운송인의 피용자의 범위를 제한하고 있지 않기 때문에 운송인의 대리인·피용자의 업무행위뿐 아니라 비업무행위에 대하여도 운송인은 책임을 진다. 그러나 1966년에 영국법원은 기타 면책사유와 관련된 사건에서 운송인이 책임을 지는 피용자의 범위를 제한하여 운송인이 고용한 하역근로자가 선체에서 놋쇠판을 몰래 뜯어 갔기 때문에 생긴 구멍으로 바닷물이 침수하여 운송물을 훼손시킨 것에 대하여 운송인은 책임을 면한다고 판시한 예가 있다.[2]

Matter of Intercontinental Properties Management 사건[3]에서 미국법원은 운송인에게 그 사용인의 행위에 대한 책임을 지우기 위하여는 그 사용인의 행위가 업무수행과 관련된 것이어야 하며, 당해 사고가 사용인이 업무를 수행하는 시간과 장소에서 발생하였어야 한다고 판시하였다. 따라서 선장 또는 선원이 운송인 몰래 선박에 구멍을 뚫어 침몰시키거나, 밀수·불법거래를 하거나, 추가운임을 받기 위하여 운송물양륙을 방해하거나, 고의로 항로이탈하는 등의 악행(barratry)을 범한 것에 대하여 운송인은 책임을 면한다. 이같이 운송인이 피용자의 범위를 제한함이 가능한 것은 사실이나, (q)호 법정면책사유를 문언 그대로 해석하여 운송인에게 그 피용자·대리인의 모든 행위에 대한 책임을 부담시키는 것이 바람직하다.[4]

---

1) Schoenbaum(5th), 634-635쪽.
2) Leesh River Tea Co. v. British India Steam-Navigation Co., [1966] 2 Q.B.(C.A.). Schoenbaum(5th), 635쪽.
3) 604 F.2d 254(4th Cir. 1979).
4) Schoenbaum(5th), 636쪽.

(3) 손해원인불명의 경우

한편 운송물이 오염된 경우와 같이 그 멸실·훼손의 원인이 규명되지 않은 때에 운송인은 운송물에 관하여 상당한 주의를 하였음을 입증하는 것만으로는 책임을 면할 수 없으며, 운송인 자신의 과실로 인하여 운송물의 멸실·훼손이 발생하지 않았다는 사실뿐 아니라 멸실·훼손의 원인까지 밝혀야 한다. 예컨대 송하인의 증언에 의하면 송하인이 화공약품을 선적할 당시에는 화공약품이 양호한 상태였던 반면, 운송인의 증언에 의하면 운송인이 화공약품을 운송하던 중 상당한 주의를 다하여 안전하게 운송하였는데 목적지에 도착후 화공약품이 오염되어 있는 경우를 생각할 수 있다. 이 경우에 첫째, 화공약품 자체에 하자가 있었거나 선적준비중에 화공약품이 오염되었을 가능성이 있는데, 이에 대하여는 운송인이 책임을 지지 않는다. 둘째, 운송중 운송인의 과실로 인하여 화공약품이 오염되었을 가능성이 있다. 이 두 가능성이 모두 입증되지 않았다면, (q)호의 법정면책사유를 원용하려는 운송인은 자신이 운송에 관하여 상당한 주의를 다한 것만으로는 면책되지 않으며, 화공약품오염의 정확한 원인을 입증하여야만 면책된다.[1]

(4) 우 리 법

상법은 미국 해상물건운송법과는 상이하게 기타의 법정면책사유를 두고 있지 않으므로, 운송인은 11가지의 특정한 면책사유만을 원용할 수 있을 뿐이다. 미국법 하에서도 기타 법정면책사유의 효용이 그다지 크지 않은 것을 생각할 때, 우리법이 보다 간명하다.

8. 항로이탈

(1) 의   의

항로이탈(개정 전 상법에서는 이로라고 호칭, deviation)은 선박이 운송계약에 특정된 항로를 자발적으로 이탈하는 것이다. 미국법에서는 해상물건운송법이 제정되기 이전에는 항로이탈을 한 운송인에 대하여 채무불이행책임이나 불법행위책임을 청구하거나 항로이탈로 인하여 송하인이 적하보험금청구를 할 수

---

1) Quaker Oats Co. v. M/V Torvanger, 734 F.2d 238(5th Cir. 1984), rehearing denied 739 F.2d 633(1984). Schoenbaum(5th), 636-637쪽.

없게 되었음을 이유로 하여 손해배상책임을 추궁하는 수밖에 없었으며, 선하
증권에 자유약관(liberty clause)을 기재함으로써 운송인을 항로이탈로 인한 책임
으로부터 면제시키는 일도 빈번하였다.1) 미국 해상물건운송법은 항로이탈에
관하여 두 가지 규정을 두고 있는데, 제4(4)조는 "해상에서의 인명이나 재산
의 구조행위 또는 이를 위한 항로이탈 기타 정당한 이유로 인한 항로이탈은
동법 또는 운송계약을 위반한 것으로 보지 않으며, 운송인은 이로 인하여 발
생한 멸실 또는 훼손에 대하여 책임을 면한다. 그러나 운송물 또는 여객의 선
적·승선이나 양륙·하선을 위한 항로이탈은 정당한 이유로 인한 것으로 보
지 않는다"고 규정한다. 또 동법 제4(2)(l)조는 "운송인 또는 선박은 해상에서
의 인명이나 재산의 구조행위 또는 이로 인하여 발생한 운송물의 멸실 또는
손해에 대하여 책임을 면한다"고 규정함으로써 이 같은 항로이탈을 운송인의
면책사유의 하나로서 열거한다.2)

　　오늘날 통용되는 적하보험증권에 의하면 운송인이 추가보험료를 납입하
는 조건으로 선박이 항로이탈하는 경우에도 운송물을 부보하므로 적하보험에
부보할 수 없다는 것은 더 이상 항로이탈을 금지하는 이유가 될 수 없다. 오
히려 오늘날 항로이탈을 금지하는 실제 이유는 선박이 항로이탈을 하게 되면,
운송물이 운송계약에 예정된 위험보다 고도의 위험에 직면하게 되기 때문이
다.3) 따라서 선하증권에 항로이탈에 대한 운송인의 책임을 면제한다는 자유
약관을 기재한다 하더라도 '해상에서의 인명이나 재산의 구조행위 또는 이로
인한 항로이탈 기타 정당한 이유로 인한 항로이탈'에 대한 운송인의 책임을

1) Friedell, 32 Hastings L.J. 1535쪽(1981). 전형적인 자유약관의 내용은 다음과 같다. "이 운송
　계약에서 약정된 항해의 범위는 이 계약에서 특정하였는지 여부를 불문하고, 통상적인 또
　는 광고한 기착항 및 통상적이며 광고한 항로에 있는 항구를 포함한다. 그러나 선박은 항
　해중에 양륙항을 초과하거나 양륙항 반대방향으로 항해할 수 있으며, 직항로 또는 통상의
　항로에서 이탈할 수 있다. 선박은 현재의 항해 또는 직전·직후의 항해상의 목적을 위하여
　어느 항구에나 기항할 수 있다. 선박은 기항예정항인지 여부를 불문하고 특정 항구에 기
　항하지 않을 수 있으며, 동일항구에 1회 이상 기항할 수 있다. 선박은 운송물을 적재하였
　는지 여부와 양륙항을 향하여 발항하였는지 여부에 무관하게 나침반을 조정하고, 건선거
　나 조선소를 방문하고, 선석을 변경하며, 연료를 보급받고, 항구에 정박하며, 도선사 없이
　발항하고, 예인하거나 예인될 수 있으며, 인명·재산을 구조하거나 구조의 시도를 할 수 있
　다." Schoenbaum(5th), 637쪽; Dockray, "Deviation: A Doctrine All At Sea?," [2000]
　L.M.C.L.Q. 76.
2) Schoenbaum(5th), 637-638쪽.
3) Birdsall, Inc. v. Tramore Trading Co., Inc., 771 F. Supp. 1193(S.D. Fla. 1991).

면하게 할 뿐이며, 이 한도를 초과하여 정당하지 않은 항로이탈에 대하여 운송인을 면책시키는 선하증권조항은 무효이다.[1]

(2) 정당한 이유로 인한 항로이탈

운송인이 면책되는 항로이탈인지는 특정 항로를 변경한 것이 정상적인 항로의 이탈인지에 의하여 판단하는데, 거래관행, 계약당사자간의 과거의 항해기록, 선하증권에 예정항로를 어떻게 기재하였는지, 항해 전에 운송인이 항로를 어떻게 공지하고 선전하였는지, 선적예약증(booking-note)에 송하인에게 특별한 약정을 하였는지를 고려한다.[2] 중요한 것은 송하인이 운송계약을 체결할 때 당해 선박이 항로이탈하리라는 것을 알았거나 알았어야 하였는지 여부인데, 문제가 된 항로이탈이 해운업계에서 통상적인 것이라면 항로이탈 자체가 성립하지 않는다.[3] 운송인의 면책사유인 정당한 이유로 인한 항로이탈에 관하여 '정당한 이유'는 좁게 해석되며, 정당한 이유가 있었음을 입증할 책임은 운송인이 부담한다.[4] 항로이탈을 한 결과 운송물을 피할 수 있었던 예측가능한 위험에 노출시켰다면, 특별한 사정이 없는 한 정당한 이유로 인한 항로이탈이라고 할 수 없다. 운송물을 선적·양륙하거나 값싼 연료유를 보급받기 위하여 기항하는 것 또는 선박의 기존의 불감항상태를 수리하기 위하여 귀항하는 것은 정당한 이유에 의한 항로이탈이라고 할 수 없는 반면,[5] 항구 적체·파업·검역 또는 전쟁에 징발되었기 때문에 할 수 없이 항로를 변경한 것은 정당한 이유에 의한 항로이탈이다.[6]

운송인이 해상에서 인명이나 재산의 구조행위를 하였다면 운송인은 항로이탈에 대한 책임을 면할 뿐 아니라 이 같은 구조행위는 일반적인 면책사유가 되는데, 구조행위에 대한 입증책임은 운송인이 부담한다. 그러나 운송인이 인명이나 재산을 구조하는 데 필요한 것 이상의 항로이탈을 한 경우에 운송인은 책임을 부담한다.[7] 고가의 운송물이 위험에 처해 있을 때 해난구조료를

---

1) Berkshire Fashions Inc. v. M/V Hakusan II, 954 F.2d 874(3d Cir. 1992). Schoenbaum(5th), 638쪽.
2) Tetley(4th), 1816쪽.
3) Amdahl Corp. v. Profit Freight Systems, Inc., 65 F.3d 144(9th Cir. 1995).
4) Ross Industries, Inc. v. M/V Gretke Oldendorff, 483 F. Supp. 195(E.D. Tex. 1980).
5) General Electric Co. Intern. Sales Div. v. S.S. Nancy Lykes, 706 F.2d 80(2d Cir. 1983).
6) SNC S.L.B. v. M/V Newark Bay, 111 F.3d 243(2d Cir. 1997). Schoenbaum(5th), 638-640쪽.
7) In re Meyer, 74 Fed. 881(N.D. Cal. 1896).

받을 목적으로 저가의 재산을 구조하기 위하여 항로이탈한 것이 면책되는지
는 그러한 구조행위에 정당한 이유가 있었는지에 의하여 판단하여야 한다. 해
상에서 인명이나 재산을 구조하기 위하여 항로이탈하였음을 운송인이 입증한
경우 운송인은 일단 미국 해상물건운송법 제4(4)조의 항로이탈에 대한 책임
을 면하지만, 동법 제4(2)(l)조의 운송인의 면책사유와 관련하여서는 동법의
입증책임일반원칙에 따라 운송인에게 과실이 있었음을 입증할 책임이 송하인
에게 전가된다.[1]

(3) 운송계약의 중대한 위반

미국법의 다수설에 의하면 운송인이 정당한 이유 없이 항로이탈한 것은
운송계약의 중대한 위반에 해당하므로 운송인은 운송계약 및 미국 해상물건
운송법이 규정하는 면책사유 및 책임제한의 혜택을 박탈당하며, 운송인은 송
하인이 입증한 실제 손해액을 배상하여야 한다.[2] 반면에 소수설을 취하는 연
방 제7항소법원은 항로이탈을 다른 해상물건운송법위반과 달리 볼 필요가 없
으며, 항로이탈을 한 운송인도 동법에 의한 개별적 책임제한의 혜택을 원용할
수 있다고 한다.[3] 그런데 다수설이 이같이 항로이탈에 대하여 엄격한 책임을
부과하는 것은 항로이탈이 고의적으로 행하여지는 반면, 여타 미국 해상물건
운송법 위반행위는 과실에 의한 것이기 때문이다.[4] 정당한 이유 없이 항로이
탈한 경우에도 운송인은 항로이탈로 인하여 손해가 발생한 것이 아님을 항변
할 수 있다. 즉 운송인은 자신이 항로이탈을 하지 않았더라도 손해가 어차피
발생하였을 것이며, 따라서 항로이탈과 손해발생 간에 인과관계가 없음을 입
증하면 책임을 면할 수 있다. 그러나 항로이탈로 인하여 발생하지 않은 것이
분명한 손해의 정도를 운송인이 입증하지 못한 경우에 운송인은 발생한 손해
전체에 대한 책임을 진다.[5]

---

1) Schoenbaum(5th), 640쪽.
2) Sedoc, Inc. v. S.S. Strathewe, 800 F.2d 27(2d Cir. 1986).
3) Peacock, "Deviation and the Package Limitaiton in the Hague Rules and the Carriage of Goods by Sea Act: An Alternative Approach to the Interpretation of the Uniform Acts," 68 Tex.L.Rev. 977쪽(1990).
4) Atlantic Mut. Ins. Co. v. Poseidon Schiffahrt, G.m.b.H., 313 F.2d 872(7th Cir. 1963).
5) Mobil Sales & Supply Corp. v. M/V Banglar Kakoli, 588 F. Supp. 1134(S.D.N.Y. 1984). Schoenbaum(5th), 640-641쪽.

운송인이 무유보선하증권을 발행함으로써 운송물을 선창내적할 것을 묵시적으로 약정하였음에도 불구하고 임의로 갑판적한 경우에도 항로이탈 및 중대한 계약위반의 이론이 확장적용된다.[1] 또 항해중 운송물을 다른 선박에 환적하는 것, 선하증권에 착오나 사기로 인한 오기, 운송물을 특별하게 적부한다는 약정을 위반한 것 등은 항로이탈에 준한 것(quasi-deviation)으로 보아 중대한 계약위반이 된다.[2] 반면에 불감항상태인 선박을 제공한 것, 운송물을 미인도 또는 잘못 인도한 것은 중대한 계약위반에 해당하지 않는다.[3] 미국법원은 중대한 계약위반과 미국 해상물건운송법에 따른 통상의 운송인의 책임의 구별기준을 명확히 하고 있지 않다. 운송인이 고의로(wilful) 의무를 불이행하여 운송물이 멸실·훼손될 위험을 크게 증가시킨 경우만을 중대한 계약위반으로 보아야 하며, quasi-deviation은 가능한 인정하지 않아야 한다는 견해가 유력하다.[4]

(4) 우 리 법

상법(제796조 8호)에 의하면 운송인은 ① 해상에서의 인명이나 재산의 구조행위 또는 이로 인한 항로이탈이나 그 밖의 정당한 사유로 인한 항로이탈이 있었다는 것과 ② 운송물에 관한 손해가 그 사실로 인하여 보통 생길 수 있는 것임을 증명한 때에 손해배상책임을 면하므로 미국법과 거의 동일하다. 선원법도 "선장은 부득이한 사유가 있는 경우를 제외하고는 미리 정하여진 항로를 따라 도착항까지 항해하여야 한다"고 규정하며(선원법 제8조), 이를 위반한 때에는 1년 이하의 징역 또는 1천만원 이하의 벌금에 처함으로써(동법 제164조 2호) 선박의 연착과 사고의 발생 원인이 되는 항로이탈을 금지한다.

출항 당시 선박에 설치된 레이더의 성능과 고장 여부를 점검하여 감항능력을 확보하여야 하는 데도 이를 게을리하여 출항한 후 하루도 지나지 않은 상태에서 레이더에 고장이 발생하였기 때문에, 이에 대한 수리점검 및 선용품

---

1) Great American Ins. Cos. v. M/V Romeral, 962 F. Supp. 86(E.D. La. 1997).

2) Berisford Metals Corp. v. S/S Salvador, 779 F.2d 841(2d Cir. 1986); 권기훈, "이로와 개별적 책임제한," 한국해법회지 제14권 제1호(1992), 155쪽.

3) Note(Brien D. Ward), "Admiralty-Failure to Deliver Cargo Does not Constitute Unreasonable Deviation under COGSA," 60 Tul.L.Rev. 849쪽(1986); B.M.A.Industries, Ltd. v. Nigerian Star Line, Ltd., 786 F.2d 90(2d Cir. 1986).

4) Norwich Union Fire Ins. Society, Ltd. v. Lykes Bros. S.S. Co., Inc., 741 F. Supp. 1051(S.D.N.Y. 1990). Schoenbaum(5th), 641-642쪽.

공급을 위하여 예정된 항로를 변경한 것은 정당한 이유로 인한 항로이탈이
아니라는 대법원판례가 있다.[1]

제3 손해배상책임의 범위

1. 손해배상의 범위

(1) 미 국 법

㈎ 손해액산정원칙　　운송물이 운송중 훼손된 경우에 도착항에서의 운송
물의 시가와 훼손된 운송물의 시가와의 차액을 손해액으로 보는 것이 원칙이
며, 송하인이 이 같은 운송물의 시가를 입증하여야 한다.[2] 운송물이 멸실된
경우에는 도착항에서의 운송물의 시가를 손해액으로 하며, 운송인의 귀책사
유로 인하여 운송물의 도착이 지연된 경우에는 운송물이 실제로 도착한 때의
시가와 운송물도착예정 장소·시각의 시가와의 차액이 손해액이다.[3] 운송물
의 시가는 공시된 가격표나 유사한 운송물의 판매가격을 참고로 하여 산정하

1) 대판 1998. 2. 10. 96다45054(법률신문 제2675호(1998. 3. 5), 10쪽)(원고 쌍용화재해상보험,
   피고 정윤식). 피고는 자신의 남광호로써 쌍용양회의 시멘트를 묵호항에서 제주항까지 운
   송하기로 하였다. 남광호는 1994. 3. 20. 묵호항을 출항하였는데 레이더가 고장났으므로 3.
   21. 부산에 기항하였다가 3. 23. 15 : 30 부산항을 출발하였다. 그런데 3. 24. 10 : 00 폭
   풍주의보가 발효하였고, 돌풍이 발생하여 삼각파도가 선박을 강타하였기 때문에 화물창구
   덮개가 파손되면서 화물창에 해수가 들어와 시멘트가 훼손되었다. 원심 서울지판 1996. 8.
   30. 95나27706은 이 사고를 선장이 항해지휘를 함에 있어 폭풍주의보를 듣고 이에 대응하
   는 과정에서의 항해과실로 보고 피고를 면책시켰다. 그러나 대법원은 다음과 같은 이유로
   피고의 손해배상책임을 인정하였다. ① 선박은 약정된 항해에서 통상 예견되는 기상이변에
   대응할 준비가 되어 있어야 한다. 돌풍과 삼각파도에 의하여 선체나 인명피해는 없이 화물
   창구 덮개의 일부만이 파손되었고, 근처에서 항해하던 타선박은 손상되지 않은 점으로 보
   아 돌풍이나 삼각파도는 3월 하순 경 부산에서 제주로 항해하는 선박이 통상 예견할 수 있
   는 위험범위 내였다. ② 남광호는 선령 19년의 낡은 배였고, 사고 후 남아 있는 화물창 목
   재창구 덮개들도 고정못이나 철재 테두리가 부식되거나 떨어져 나간 상태였고, 파손된 화
   물창구 덮개도 전부 파손된 것이 아니라 특정 부분만 파손되었다. 즉 남광호의 화물창구 덮
   개는 발항 전부터 부산과 제주 간에서 통상 예견되는 돌풍과 파도를 견디지 못할 정도로
   노후되어 있었다. ③ 부산항에서의 수리도 레이더장비의 수리나 교체가 아니라 장비의 노
   후에 따른 성능유지를 위하여 필요한 일상적 점검에 불과하였다. ④ 결론적으로 피고는 묵
   호항발항 당시 레이더장비의 성능과 고장 여부를 점검하여 감항능력을 유지확보하여야 하
   는데, 이를 게을리하였다. 출항 후 하루도 지나지 않은 상태에서 레이더수리점검 및 선용품
   공급을 위하여 항로이탈한 것은 정당한 이유로 인한 것이 아니다.
2) 운송물의 가액이 선하증권에 기재된 경우, 운송인은 이에 구속될 수 있다. United States v.
   Ocean Bulk Ships, Inc., 248 F.3d. 331(5th Cir. 2001).
3) Bosung Industrial Co. v. M/V Aegis Sonic, 590 F. Supp. 908(S.D.N.Y. 1984).

며, 이 같은 자료가 없는 경우에는 당해 운송물을 취급하는 상인이나 해사검
정인 등 전문가의 의견을 참고할 수 있으나, 전문가는 당해 운송물의 특성 및
발생한 멸실·훼손의 내용을 잘 알고 있는 자이어야 한다.[1] 법원은 운송물이
훼손되기 전의 시가가 불명확한 경우에는 송장가격을 시가로 보는 것이 보통
이며, 도착지에서 운송물의 거래가 형성되어 있지 않은 때에는 도착지로부터
가장 가까운 장소에서 형성된 운송물의 시가에 운임 기타 필요한 비용을 가
감하여 시가를 산출한다.[2]

운송물의 손해를 산정할 때 운송물의 도매가격 대신 시가를 사용하는 이
유는 수하인의 손해를 완전하게 배상하기 위함이다. 그런데 운송물의 시가만
을 수하인에게 지급하는 것만으로는 수하인의 피해를 배상하기에 부족한 경
우에는 수하인이 훼손된 운송물을 대체할 수 있도록 하여야 한다. 예컨대 파
이프가 심하게 훼손되어 수리가 불가능한 경우에 설혹 대체파이프가 훼손된
파이프보다 고품질이며 고가이더라도 그 대체파이프의 가액으로 수하인의 피
해를 변상하여야 한다.[3] 훼손된 운송물을 수리하는 것이 가능한 경우에 운송
인은 수리비가 운송물의 시가를 초과하지 않는 범위 내에서 수하인의 수리비
를 배상하여야 하며, 운송인의 귀책사유 때문에 수하인이 공급계약을 이행하
지 못하였든가 하여 수하인에게 일실수익이 발생한 때에도 이를 배상하여야
한다.[4] 한편 운송물의 시가를 수하인에게 배상한다면 수하인이 부당이득을
얻게 되는 경우에, 손해배상액은 수하인의 실제 손해액 또는 운송물의 계약금
액을 초과하지 못한다. 또 수하인은 훼손된 운송물의 잔존물을 가능한 한 고
가로 매각하여 피해를 경감시킬 의무가 있으며, 거래관행상 필연적으로 생기
는 통상적인 규모의 운송물의 멸실·훼손에 대하여는 운송인에 대하여 손해
배상을 청구할 수 없다.[5]

1) Amstar Corp. v. M/V Alexandros T., 472 F. Supp. 1289(D. Md. 1979), affirmed 664 F.2d
   904(4th Cir. 1981).
2) Insurance Co. of North America v. M/V Frio Brazil, 729 F. Supp. 826(M.D. Fla. 1990).
   Schoenbaum(5th), 655-657쪽.
3) 앞의 Bosung Industrial Co. v. M/V Aegis Sonic.
4) Minerais U.S., Inc., Exalmet Div. v. M/V Moslavina, 46 F.3d 501(5th Cir. 1995).
5) Internatio, Inc. v. M.S. Taimyr, 602 F.2d 49(2d Cir. 1979). National Distillers Prods. Corp.
   v. Companhia Nacional de Navagacao, 107 F. Supp. 65(E.D. Pa. 1952) 사건에서는 포르투
   갈에서 뉴욕까지 포도주를 운송하는 중에 포도주가 20%까지 자연감소할 수 있음을 인정하
   였고, Instituto Cubano de Estabilizacion del Azucar v. Star Line Shipping Co., 1958 AMC
   166(Arb.N.Y. 1957) 사건에서는 당밀을 운송할 때 선창에 당밀의 일부가 남아 있는 것이 보

㈏ **부수비용**   송하인 또는 수하인은 운송물이 멸실·훼손되었기 때문에 발생한 운임·관세·잔존물매각비용 및 기타 정당하게 발생한 비용을 운송인에게 청구할 수 있다.[1] 사실심법원은 재량으로써 판결선고 전에 발생한 이자의 지급을 운송인에게 명할 것인지 여부를 결정할 수 있으며, 송하인이나 수하인에게 과실이 있거나 제소를 지체한 경우가 아닌 한 판결선고 전 이자를 지급하도록 하는 것이 보통이다. 환율변경으로 인한 위험은 운송인이 부담하며, 운송인이 외국에서 지급의무를 부담하는 경우 원고의 선택에 따라 외국화폐로 지급할 수도 있다.[2]

㈐ **징벌적 손해배상**   징벌적 손해배상은 고의적 불법행위 사건에서 피고의 행위가 도덕적으로 비난가능성이 있기 때문에 민사책임 외에 형사책임의 성격이 가미된 손해배상책임이다. 운송인이 송하인을 해할 의도로써 계약위반을 하였더라도 송하인은 징벌적 손해배상을 청구할 수 없는 것이 보통인데, 이것은 미국 해상물건운송법(제1304(5)조)이 어떠한 경우에도 운송인은 실제로 발생한 손해액 이상으로 책임을 지지 않는다고 규정하기 때문이다. 징벌적 손해배상부과를 검토한 사례 중 징벌적 손해배상이 실제로 부과된 사건은 별로 없다.[3] 그러나 운송인이 운송물을 오염시켰을 뿐 아니라 운송물을 가지고 도주한 후 이를 담보로 하여 송하인에게 금전을 요구한 것이 별개의 고의적 불법행위를 구성하였으므로 징벌적 손해배상을 부과한 사례가 있다.[4] 헤이그-비스비규칙 제4(5)(b)조는 징벌적 손해배상을 배제한다는 것을 명시하는 반면, 함부르크규칙은 이를 배제하지 않는다.[5]

㈑ **변호사보수**   법원은 적하사건에서 패소자가 악의로 소송을 남용하고 오로지 상대방에게 고통을 주기 위한 의도로 행위를 한 경우에 승소자가 지출한 변호사보수를 패소자로부터 지급받도록 할 재량권을 가진다.[6]

통이므로 10% 자연멸실은 허용된다고 보았다. Schoenbaum(5th), 657-659쪽.

1) Dixie Plywood Co. v. S.S. Federal Lakes, 404 F. Supp. 461(S.D. Ga. 1975), affirmed 525 F.2d 691(5th Cir. 1975).

2) Black Sea & Baltic Gen. Ins. Co. v. S.S. Hellenic Destiny, 575 F. Supp. 685(S.D.N.Y. 1983). Schoenbaum(5th), 660-661쪽.

3) Leather's Best Int'l, Inc. v. MV Lloyd Sergipe, 760 F. Supp. 301(S.D.N.Y. 1991).

4) Armada Supply, Inc. v. S/T Agios Nikolas, 639 F. Supp. 1161(S.D.N.Y. 1986). Schoenbaum(5th), 661쪽.

5) Tetley(4th), 803쪽.

6) Text Oil Co. v. M/V Amolyntos, 816 F. Supp. 825(E.D.N.Y. 1993), affirmed in part, reversed in part 11 F.3d 361(2d Cir. 1993). Schoenbaum(5th), 662쪽.

(마) **지연손해**   운송물이 훼손되지 않았더라도 지연도착하면 송하인이 경제적 손해를 입을 수 있다. 운송물의 시가가 하락할 수도 있고, 운송물의 매각기회를 상실할 수 있기 때문이다. 헤이그규칙과 헤이그-비스비규칙은 지연손해에 대하여 규정하지 않는다. 그러나 헤이그규칙 제3(8)조에 상응하는 미국 해상물건운송법 제4(2)조에 규정된 운송물의 '멸실이나 훼손'은 물리적인 멸실이나 훼손뿐 아니라 지연손해도 포함한다.[1] 지연손해판례가 많지 않은 이유는 헤이그규칙(제4(4)조)이 인명이나 재산을 구조하기 위한 항로이탈 또는 합리적인 항로이탈을 허용하기 때문이다. 대조적으로 미국 해상물건운송법은 항로이탈이 전적으로 운송물이나 여객을 선적·양륙하거나 승하선시키기 위해 행하여진 경우는 불합리한 항로이탈이라고 보아 항로이탈을 제한한다.[2] 즉 선하증권에 항로이탈자유약관이 기재되어 있더라도 합리적인 항로이탈만이 허용되는 것이다. 그럼에도 불구하고 운송인은 미국 해상물건운송법 제4(2)조에 의한 면책사유를 원용하게 된다. 지연손해에 대비하여 송하인은 운송인에게 정해진 기간 내에 도착하게 해줄 것을 약정하는 방법도 있으나, 아주 급한 운송물은 항공편으로 운송하는 것이 나을 것이다. 운송물의 도착이 지연된 경우 손해는 운송물이 도착하였어야 할 시각의 시가와 실제로 도착한 시각의 시가의 차액이다. 만약 시가방식으로 송하인의 손해를 산정하는 것이 부적합하다면 송하인은 다른 방식을 이용할 수도 있으나, 이 경우에는 간접적 손해가 발생했음을 입증하여야 한다.[3]

(바) **간접적 손해**(consequential damages)   원고가 수하인인 경우에는 운송인이 계약을 이행하였더라면 수하인이 운송물을 재매도함으로써 얻을 수 있었던 이익 기타 간접적 손해의 배상도 운송인에게 청구할 수 있다. 이 같은 간접적 손해를 배상받기 위하여 수하인은 계약체결 당시 자신이 운송인에게 특별한 사정을 고지하였으므로 운송인이 계약위반의 결과 수하인에게 간접적 손해가 발생하리라는 것을 알고 있었음을 입증하여야 하나,[4] 이것은 쉽지 않으므로 통상적인 운송계약의 경우에 간접적 손해를 배상받는 것은 예외적인 일이다.[5] 헤이그규칙과 미국 해상물건운송법은 간접적 손해를 인정하지도 부

---

1) Pioko Fashions, Inc. v. American President Lines, Ltd., 1993 AMC 2615(W.D. Wash. 1993).
2) 미국 해상물건운송법, 제4(4)조.
3) Schoenbaum(5th), 662-663쪽.
4) Hoogwegt U.S., Inc. v. Schenker Int'l, Inc., 121 F. Supp. 2d 1228(N.D.Ill. 2000).
5) Page Communications Eng., Inc. v. Hellenic Lines, Ltd., 356 F. Supp. 456(D.D.C. 1973),

정하지도 않고 있다. 간접적 손해를 인정받으려면 원고는 운송인이 손해를 야기한 특별한 상황을 알았음을 입증하여야 한다. 철도운송이나 트럭운송에서는 송하인이 이 같은 입증을 성공적으로 하고 있으나, 해상운송에서는 아직 그렇게 되지 못하고 있다.[1]

(2) 우 리 법

운송물이 전부멸실 또는 연착된 경우의 손해배상액은 인도할 날의 도착지의 가격에 따른다(상 제815조, 제137조 제1항). 운송물이 일부멸실 또는 훼손된 경우의 손해배상액은 인도한 날의 도착지의 가격에 의한다(동조 제2항). 운송물의 인도지연으로 인한 손해에 대하여 함부르크규칙 제6조 제1항 (b)호는 운송물의 운임의 2.5배와 당해 운송계약에 의한 운임총액 중 적은 금액을 배상하도록 규정하고 있으나, 우리법은 운송인의 책임을 경감하기 위하여 운송인이 운송물의 수령·선적·적부·운송·보관·양륙·인도에 관하여 주의를 해태하지 않았음을 증명하지 못한 경우에 한하여 운송물의 연착으로 인한 손해를 배상할 책임이 있도록 한다(상 제795조 제1항). 함부르크규칙 하에서의 인도지연은 운송물이 운송계약에 정해진 양륙항에 명시적으로 약정된 기간 내에 인도되지 않거나, 그러한 합의가 없는 경우 당해 사안의 상황을 고려하여 성실한 운송인에게 요구되는 합리적인 기간 내에 인도되지 아니한 때에 발생한다(함부르크규칙 제5조 제2항).

운송물의 도착기일을 지키는 것은 매우 중요하며, 수출상이 운송물납품기일을 준수하지 않았을 경우 수입상은 운송물 수령을 거부하거나 운송물대금감액을 요구하는 경우가 많다. 특히 크리스마스 상품과 같이 일정한 기간 내에 도착하지 않으면 유행이 지나가거나 상품의 효용이 크게 떨어지는 경우, 운송인의 지연운송으로 인한 송하인의 피해가 크다. 따라서 입법론으로 함부르크규칙과 같은 지연손해를 인정하는 것이 바람직하다.

대법원은 운송인이 선하증권과 상환하지 아니하고 운송물을 인도한 것이 불법행위를 구성하는 경우, 이로 인하여 손해를 입은 신용장개설은행의 손해

affirmed 497 F.2d 684(D.C.Cir. 1974): 운송인이 운송물을 선적하지 않고 출발항에 남겨 둔 채 출항하였으므로 지연도착하리라는 것을 송하인이 통지받지 못한 경우에 불법행위에 기한 간접적 손해를 인정하였다.

1) Bergerco, U.S.A. v. Shipping Corp. of India, 896 F.2d 1210(9th Cir. 1990). Schoenbaum (5th), 663-664쪽.

액은 운송물이 불법인도되어 멸실된 당시의 시가상당액이라고 판시하였다.
그리고 신용장개설은행이 통지은행들에게 외국화폐로 운송물대금을 지급하였
다면, 멸실 당시의 외국환시세를 기준환율(전신환매도율이 아닌)에 의하여 환산한
금액이 시가상당액이라고 보았다.1) 한편 대법원은 ① 선하증권에 관한 손해
배상청구권과 신용장거래로 인한 채권은 법률상 별개권리이므로 신용장대금
채무의 일부가 일부변제 등으로 소멸되었더라도 운송인을 상대로 한 선하증
권에 기한 손해배상청구에서 이를 공제할 수 없고, ② 채무자의 변제가 채권
자에 대한 모든 채무를 소멸시키기에 부족한 경우 채권자가 적당하다고 인정
하는 순서와 방법에 의해 변제충당하기로 채권자와 채무자가 사전약정하였다
면, 채무자가 약정과 달리 특정 채무변제에 우선충당한다고 지정하여도 그에
대해 채권자가 명시적·묵시적으로 동의하지 않는 한 그 지정은 효력이 없으
며, ③ 신용장개설은행이 신용장대금지급과 관련하여 별도담보를 제공받지
않았거나 수입보증금을 징수하지 않았더라도 그것이 손해발생이나 확대의 원
인이 되었다고 할 수 없고, ④ 신용장개설은행이 선적서류를 송부받고도 화물
의 행방을 알아보지 아니하였다는 사실만으로는 신용장개설은행에게 사회통
념상 또는 신의성실원칙상 주의의무를 게을리한 잘못이 없으며, ⑤ 신용장개
설은행이 기한부신용장을 발행하였다는 사유만으로 화물에 관하여 일반신용
장을 발행한 경우와 다른 주의의무가 있다고 할 수 없다고 판시함으로써 신
용장과 관련하여 운송인에게 엄격한 책임을 지웠다.2)

운송인이 1,500톤의 비료 중 476톤을 79일 지연운송한 경우에 배상책임
을 인정한 하급심판례가 있다.3) 반면에 수출용 선적서류를 해외로 발송하는

---

1) 대판 1995. 9. 15. 94다61120(법원공보 제1002호(1995. 10. 15), 3385쪽). 한편 대법원은 신
   용장개설은행이 개설의뢰인의 신용상태를 제대로 파악하지 못한 과실이 과실상계되어야 한
   다고 판시하였다.
2) 대판 2004. 3. 25. 2001다53349(판례공보(2004. 5. 1), 683쪽)(원고 한국외환은행, 피고 가와
   사키기센).
3) 서울지판 1996. 9. 4. 95가단163601. 원고 우림유비는 대만에 비료를 수출하는 비료입찰공
   급계약을 체결한 후 1995. 2. 17. 피고 델마스성우와 비료 1,500톤을 부산에서 대만까지 운
   송키로 하는 용선계약을 체결하였다. 1995. 2. 28. 피고는 웬션호에 비료를 선적하였으나
   1,024톤밖에 선적할 수 없자 이를 먼저 운송하고, 나머지 476톤은 1995. 5. 18.에야 운송하
   였다. 법원은 ① 피고가 476톤의 비료를 선적하지 못하였으면서도 원고에게 1,500톤에 관
   한 운임 전액지급을 요구하면서 이미 선적한 1,024톤의 인도까지 거부하여 원고가 부득이
   운임 전액을 지급하고, 그 후 476톤에 대하여 추가지급한 운임, ② 지연운송된 476톤을 부
   산항부두야적장에 야적한 대가로 원고가 부산지방해양항만청에 지급한 시설사용료, 부산항

배달회사의 과실로 서류가 3일 지연되어 특혜관세를 적용받지 못한 손해가
발생하였어도 배달회사가 사전에 배달지연시 손해발생사정을 알고 있지 않은
한 배상책임이 없다는 판례도 있다.[1]

2. 운송인의 개별적 책임제한(package limitation)

(1) 포장의 의의

㈎ **미국 해상물건운송법**　　미국 해상물건운송법(제4(5)조)은 ① 송하인이 운
송인에게 선적 전에 운송물의 성질과 가액을 고지하고 선하증권에 이를 기재
하지 않는 한 운송인 또는 선박의 운송물의 멸실·훼손에 대한 손해배상책임
은 운송물의 매 포장 또는 선적단위당 미화 500달러의 금액을 한도로 이를 제
한할 수 있다. ② 선하증권에 기재한 송하인의 고지내용은 일응 정확한 것으

부두관리협회에 지급한 부두장치경비료, 대한손해보험협회에 지급한 보세화물보험료, ③
야적시 우천에 대비한 시트 및 깔판 대여료, ④ 웬선호가 대만에 도착한 후 피고가 1,500톤
에 관한 운임 전액지급을 요구하면서 먼저 도착한 1,024톤을 수하인에게 인도하지 않고 보
세창고에 입고시킨 채 출항하였기 때문에 원고가 대만항만청에 지급한 보세창고료 및 작업
경비를 피고가 배상하라고 판시하였다.
　피고는 화물의 연착이 운송인의 고의나 중대한 과실로 인한 경우에만 배상책임이 있고,
그 밖의 경우에는 연착으로 인한 시가차액만을 배상할 책임이 있으므로 원고의 손해에 대
하여는 피고가 책임이 없고, 그렇지 않더라도 원고의 손해는 특별사정으로 인한 손해로서
피고가 이를 알았거나 알 수 있었다고 볼 수 없으므로 면책된다고 주장하였다. 그러나 법원
은 ① 운송물의 1/3에 상당하는 476톤이나 선적되지 않은 상황에서 원고에게 선적에 관한
과실이 없었다면 피고의 선박주선 등에 있어서의 중대한 과실이 있었음이 추정되고, ② 피
고는 미선적된 476톤을 1995. 3. 31.까지 운송키로 하고 이를 불이행한 경우, 이로 인하여
발생하는 보관료 등 손해를 배상하기로 하는 각서를 원고에게 작성하여 주었으므로, 운송
이 지연되면 원고가 손해를 입을 것을 알았거나 알 수 있었다는 이유로 피고의 항변을 기
각하였다.
1) 서울지판 1999. 4. 15. 98나44948(법률신문 제2783호(1999. 4. 26), 13쪽). 피고 해우국제특
송은 수출입서류와 견본을 항공기로 송달하는 사업자이다. 피고는 원고 진로인더스트리즈
로부터 선적서류를 동경 진로재팬에 배달해 줄 것을 의뢰받고, 2. 16. 원고로부터 서류를
수령하였다. 피고직원은 서류를 분류하면서 분류함 위에 있는 위 서류를 발견치 못하고 이
틀간 방치하였으므로 서류가 2. 19. 발송되어 2. 20. 진로재팬에 도착하였다. 이 때문에 진
로재팬은 2. 19.까지 선적서류를 제출하지 못하여 일반특혜관세혜택을 받지 못하고 추가관
세액 1,100만 원을 부담한 후 원고로부터 보상받았다. 서울에서 동경까지는 항공편으로 하
루가 소요된다. 원고는 피고의 고의나 중과실로 서류가 3일이나 지연배달되었다는 이유로
불법행위책임을 물었다. 법원은 불법행위책임을 인정하면서도 선적서류가 3일 지연되었더
라도 일반특혜관세 적용을 받지 못하는 손해가 통상 발생하는 것은 아니며, 이 같은 손해를
입으리라는 사정을 알았거나 알 수 있었을 경우에만 인정되는 특별손해로 보았다. 즉 법원
은 원고가 의뢰하는 서류의 종류와 언제까지 도착하지 않으면 원고에 어떤 손해가 발생한
다는 것을 미리 피고에게 고지했어야만 손해배상을 청구할 수 있다고 판시하였다.

로 간주되나, 운송인에게 대하여 확정적인 효력을 가지는 것은 아니다. ③ 운송인은 어떠한 경우에도 운송물의 실제 손해액 이상에 대한 책임을 지지 않으며, 송하인이 운송물의 성질 또는 가액을 고의로 현저하게 부실고지한 때에는 운송인 또는 선박은 운송물의 손해에 대하여 책임을 면한다는 내용의 운송인의 개별적 책임제한규정을 두고 있다. 따라서 운송인과 송하인은 약정에 의하여 포장당 책임제한금액을 미화 500달러 이상으로 인상할 수는 있으나, 500달러 이하로 인하할 수는 없다.[1] 미국 해상물건운송법과는 달리 하터법은 운송인의 개별적 책임제한에 관하여 명시적으로 규정하지 않지만, 하터법 하에서도 운송인의 책임을 포장당 미화 500달러로 제한하는 선하증권조항은 유효하다.[2]

　　(나) **포장의 판정기준**　　오늘날 대부분의 운송물이 컨테이너나 팔레트(pallet)에 넣어져 운송되며, 많은 경우에 송하인이나 그 대리인이 선적항에서 멀리 떨어진 장소에서 운송물을 컨테이너에 적재하기 때문에 포장의 정의를 내리기가 힘들어졌다. 운송계약을 체결할 때의 당사자들의 기대와 바람직한 국제운송실무를 고려하여 미국법원이 수립한 원칙은 다음과 같다. 첫째, 선하증권에 기재된 당사자간의 합의내용이 가장 중요한 판단기준이다.[3] 둘째, 포장의 의미는 융통성 있게 해석하여야 하며, 반드시 운송물을 밀폐하거나 운송물 전부를 내포하지 않더라도 운송상 취급을 용이하게 하기 위하여 만들어 놓은 운송물 다발이면 포장이다. 포장은 상자에 넣은 운송물로부터 서로 묶은 운송물 뭉치 또는 활재받침대나 팔레트에 묶은 운송물을 망라하며, 파워플랜트·소방차·요트도 이동대(cradle)·활재(滑材) 받침대(skid)에 올려져 있으면 포장이다.[4] 반면에 둘러싸이지 않고 전부 노출된 운송물[5]·액체운송물·벌크화물·생선은 포장이 아니다. 셋째, 컨테이너 속에 적재된 포장 또는 선적단위

1) 미국 해상물건운송법이 당연히 적용되지 아니하고 당사자간의 계약에 의하여 적용되는 경우에는 미화 500달러 미만의 포장당 책임한도액을 약정하는 것도 가능하다는 판례가 있으나(Norwich Pharmacal Corp. v. S.S. Bayamon, 474 F. Supp. 240(S.D.N.Y. 1979), affirmed 622 F.2d 572(2d Cir. 1980)), Hanover Ins. Co. v. Shulman Transp. Enterprises, Inc., 581 F.2d 268(1st Cir. 1978) 사건에서는 당사자간의 계약에 의하여 미국 해상물건운송법을 적용하는 경우에도 포장당 책임한도액을 미화 500달러 미만으로 할 수는 없다고 한다.
2) Schoenbaum(5th), 643-644쪽.
3) Granite State Ins. Co. v. M/V Caraibe, 825 F. Supp. 1113(D.P.R. 1993). Tetley(4th), 2169쪽.
4) Z. K. Marine, Inc. v. M/V Archigetis, 776 F. Supp. 1549(S.D. Fla. 1991); Comment, 21 Golden Gate L.Rev. 19쪽(1991).
5) Aggreko, Inc. v. LEP Int'l, Ltd., 780 F. Supp. 429(S.D. Tex. 1991).

의 내용 및 수량이 공표되어 있는 경우에는 기능상 선박의 일부를 구성하는
컨테이너를 포장으로 볼 수 없다. 단, 당사자가 명시적으로 컨테이너를 포장
으로 본다는 의사표시를 한 경우에는 컨테이너도 포장이다.[1]

선하증권의 '포장의 수'란에 미국 해상물건운송법상 포장으로 간주되는
품목이 기재되어 있는 경우에는 이를 포장의 수로 본다. 그러나 주석괴같이
포장되지 않은 운송물의 경우에 법원은 당사자의 의사를 추측하여 선하증권
에 포장의 개수가 기재되어 있는지 확인해야 한다. 포장의 수를 입증할 책임
은 송하인에게 있다.[2] 해상운송상의 위험은 당사자간의 약정에 의하여 배분
되어야 하며, 따라서 선하증권의 기재내용을 최우선적으로 고려하여야 한다.
또 운송물을 끈으로 다발지우지 않았는 데도 마치 다발로 묶은 것처럼 선하
증권에 오기한 경우에도 이로 인하여 선하증권을 발행할 때 운송인이 예상한
책임보다 무거운 책임을 운송인이 지지 않는 이상 선하증권기재내용을 기준
으로 하여야 한다. 즉 ① 컨테이너 속에 적재된 운송물의 포장개수를 선하증
권에 기재한 때에는 그 포장수를 기준으로 하고, ② 선하증권에 컨테이너의
수만을 포장의 개수로 기재하고, 컨테이너 안에 적재한 운송물포장개수를 기
재하지 않은 경우에는 컨테이너의 개수를 선적단위로 한다.[3]

그러나 컨테이너 자체를 포장으로 보는 선하증권약관이나 선하증권기재
내용을 법원이 인정하지 않는 경우도 많다. 선하증권은 부합계약이므로, 그
내용이 모호한 때에는 작성자인 운송인에게 불리하게 해석되어야 하기 때문
이다.[4] 운송인과 송하인 간에 약정이나 공동이해사항이 없는 것이 선하증권
문면상 분명한 경우에도 선하증권기재는 존중되지 않으며, 이 같은 경우 송하
인이 사용한 실제 포장단위의 수를 기준으로 한다.[5] 미국이 아직 헤이그-비
스비규칙을 채택하지 않았지만, "헤이그-비스비규칙을 적용한다"는 선하증권
조항은 미국법원에서 유효하다.[6]

1) Universal Leaf Tobacco Co., Inc. v. Companhia De Navegacao, 993 F.2d 414(4th Cir. 1993). Schoenbaum(5th), 644-646쪽.
2) Servicios-Expoarma v. Industrial Maritime Carriers, Inc., 135 F.3d 984(5th Cir. 1998).
3) Groupe Chegaray v. P & O Containers, 251 F.3d 1359(11th Cir. 2001). Schoenbaum(5th), 648-649쪽.
4) All Pacific Trading, Inc. v. Vessel M/V Hanjin Yosu, 7 F.3d 1427(9th Cir. 1993).
5) Smythgreyhound v. M/V Eurygenes, 666 F.2d 746(2d Cir. 1981).
6) Complaint of Tacomar, S. A., 765 F. Supp. 1150(S.D.N.Y. 1991). Tetley, "Acceptance of Higher Visby Liability Limits by U.S. Courts," 23 J.Mar.L. & Com. 55쪽(1992). Schoenbaum

(2) 선적단위(customary freight unit)

포장되어 있지 않은 운송물, 즉 대량화물 및 비포장상태로 운송하는 기계·장비 등에 대하여는 그 선적단위당 미화 500달러를 운송인의 개별적 책임한도액으로 하는데, 선적단위는 운임계산단위를 의미한다.[1] 선적단위는 운송물의 가액과 관련이 있을 필요는 없으며, 운송물의 중량·부피·부품의 수에 의하여 결정된다. 예컨대 운송물인 자동차대수를 기준으로 하여 일정액의 운임을 부과한다면 운송인의 개별적 책임제한액은 자동차 1대당 미화 500달러이며, 예컨대 미국에서 브라질까지 발전소시설을 운송하는 운임이 24,750달러일 때 발전소시설이 운송도중 멸실되었더라도 운송인의 개별적 책임제한금액은 500달러에 그친다. 즉 운송물의 중량·부피와 상관없이 운송물 전체에 대하여 일정액의 운임을 약정했을 때에는 운송물 전체가 하나의 선적단위로 된다.[2]

(3) 송하인의 운송물가액고지

운송인이 포장당 책임제한의 혜택을 원용하려면 ① 선하증권에 미국 해상물건운송법을 적용한다는 내용의 지상약관이 기재되어 있어서 송하인이 포장당 책임제한에 관하여 충분한 통지를 받아야 하고, ② 운송인이 송하인으로 하여금 운송물의 가액을 고지하고 높은 운임을 운송인에게 지급하는 대신 운송인에게 미국 해상물건운송법 하의 책임보다 중한 책임을 부과시킬 수 있는 공정한 기회를 주었어야 한다. 송하인에게 다양한 운임을 제시하여 공정한 기회를 주었음은 운송인이 입증하여야 하고, 운송인이 이를 성공적으로 입증한 경우 실제로는 공정한 기회가 없었다는 것을 송하인이 반증하게 된다.[3] 공정한 기회를 준다는 것은 송하인이 가액에 따른 운임을 선택하지 않는 경우의 법적 결과를 알려 주는 의미가 있으며, 운송물에 대하여 경제적 이해관계를 가지고 있는 다른 당사자들에게까지 이 같은 공정한 기회를 줄 필요는 없다.[4]

(5th), 649-651쪽.

1) Tamini v. Salen Dry Cargo AB, 866 F.2d 741(5th Cir. 1989).
2) General Motors Corp. v. Moore-McCormack Lines, Inc., 451 F.2d 24(2d Cir. 1971). Schoenbaum(5th), 651-652쪽.
3) Kukje Hwajae Ins. Co. v. M/V Hyundai Liberty, 294 F.3d 1171(9th Cir. 2002).
4) Schoenbaum(5th), 653쪽. 한편 2006년의 Ferrostaal, Inc. v. M/V Sea Phoenix, 447 F.3d

선하증권에 미국 해상물건운송법 제4(5)조와 동일한 문언이 기재되어 있고, 송하인이 운송물의 진정한 가액을 고지할 만한 공란이 마련되어 있다면 운송인은 송하인에게 공정한 기회를 주었다고 할 수 있다. 이를 이행하지 않은 경우, 운송인은 책임제한의 권리를 상실할 가능성이 높다. 선하증권의 문언은 적절하고도 분명히 기재되어야 하고, 선적 전에 송하인에게 선하증권을 발행하여야 한다. 육안으로 읽을 수 없거나 단순히 미국 해상물건운송법을 언급한 선하증권만으로는 공정한 기회를 주었다고 할 수 없다.[1]

(4) 영 국 법

영국은 헤이그-비스비규칙을 국내법화하여 1971년의 영국 해상물건운송법을 제정하였는데, 동법은 "(a) 송하인이 선적 전에 운송물의 성질과 가액을 고지하지 않는 한 운송물의 멸실 또는 훼손으로 인한 운송인 또는 선박의 손해배상책임은 운송물 매 포장 또는 선적단위당 10,000프랑과 그 운송물의 총중량에 매 킬로그램당 80프랑을 곱한 금액 중 많은 금액을 한도로 한다. (b) 운송인의 손해배상금액은 운송계약에 따라 운송물이 선박에서 양륙되거나 양륙되었어야 할 시간·장소에서의 운송물의 가액을 초과하지 못한다. 운송물의 가액은 상품교환소 가격이 존재하는 경우에는 그에 의하고, 그와 같은 교환가격이 존재하지 않은 경우에는 당해 운송물의 현재시가로 하며, 교환가격과 시가를 모두 알 수 없는 경우에는 당해 운송물과 유사한 종류와 품질의 물건의 통상가격으로 한다. (c) 운송품을 혼재하기 위하여 컨테이너·팔레트 기타 유사한 운송수단을 사용하는 때에는 선하증권에 기재된 포장 또는 선적단위의 개수를 포장의 개수로 본다. (d) 프랑은 1000분의 900의 순도를 가진 금 65.6밀리그램에 해당하는 화폐가치를 의미한다. 프랑을 각국화폐로 환산하는 일자는 소송이 계속된 법원의 법정지법에 따른다"고 규정한다(1971년 영국 해상물건운송법 제4(5)조). 영국법에서는 선하증권의 기재내용을 절대적인 것으로 보고 있을 뿐 아니라, 중량·포장병용방식을 취하고 있기 때문에 포장의 의미에 관한 논란이 거의 없다.

212(3d Cir. 2006) 사건에서 제3항소법원은 '공정한 기회' 원칙에 타당한 논리적 근거가 없으므로 폐기되어야 한다고 비판하였으며, Tetley 교수는 이에 동의한다. Tetley(4th), 2190-2191쪽.

1) Couthino, Caro and Co., Inc. v. M/V Sava, 849 F.2d 166(5th Cir. 1988). Schoenbaum(5th), 654-655쪽.

(5) 우 리 법

(가) **책임한도액**　　상법은 헤이그-비스비규칙을 참고하여 포장당 또는 선적단위당 책임한도금액을 666.67계산단위(약 90만 원)로 상향조정하고, 총 중량 1킬로그램당 책임한도 금액을 2계산단위로 하는 중량당 책임제한제도를 도입하였다. 즉 운송인의 손해배상책임은 운송물의 매 포장당 또는 선적단위당 666.67계산단위를 곱한 금액과 중량 1킬로그램당 2계산단위의 금액 중 큰 금액을 한도로 제한할 수 있다(상 제797조 제1항 본문).

서울고판 1991. 7. 5. 90나56825는 "배상액제한약관에서 정한 책임한도액이 배상책임을 면제한 것과 다름 없는 소액인지 여부는 국제해상운송관행인 책임한도액 및 운송인이 받은 운임과 이 사건 선하증권상의 책임한도액을 비교하여 결정해야 한다"고 하면서 영화 100파운드의 책임한도액은 국제해상운송의 거래관행이 아니라고 하였다. 또 운송인이 받은 운임이 약 1억 7천만 원인데, 선하증권상의 책임한도액은 약 1억 9천만 원에 불과하다면 이는 명목상 금액에 불과하여 이 같은 배상액제한약관은 상법 제790조에 저촉되어 무효라고 하였다. 즉 헤이그-비스비규칙에 정한 책임한도액 이하의 책임한도액을 규정하는 배상액제한약관의 효력이 의심스럽다는 것이다.

서울고판 1998. 1. 16. 97나16796[1]은 선하증권 이면약관에 "배상액은 멸실되거나 손상된 화물의 총 중량 1kg당 2 SDR을 초과하지 않는다"고 규정하였으므로 이에 따른 책임한도액은 17,818 SDR이었는데, 상법에 따른 책임한도액은 467,500 SDR(935상자 × 500 SDR = 467,500 SDR)이었으므로, 이보다 적은 금액을 한도로 운송인의 책임을 제한하는 배상액제한약관은 무효라고 판시했다. 이 사건에서 법원은 상법 제799조(개정 전 상법 제790조)의 "제794조 내지 제798조(개정 전 상법 제787조 내지 제789조의3)의 규정에 반하여 운송인의 책임을 경감하는 당사자간의 특약은 효력이 없다"는 규정을 근거로 하였다. 이와는 대조적으로 멸실된 화물의 총 중량 1킬로그램당 2 SDR을 곱한 금액을 책임제한액으로 하는 선하증권약관이 유효하다는 서울고법판례도 있다.[2] 2014년에 대법원은 헤이그규칙의 포장당 책임제한액인 100파운드는 영국화 100파운드가

---

1) 당사자가 상고하지 않아 확정되었음. 원심판결 서울지판 1997. 3. 27. 95가합109000(원고 일본화재, 피고 동부고속).
2) 서울고판 1994. 8. 18. 94나2222.

아니라 금화 100파운드의 가치를 의미한다는 획기적인 판결을 하였다.[1]

(나) **포장의 의미**　　상법은 헤이그-비스비규칙 제4조 제5항 (c)호를 수용하여 컨테이너나 그 밖에 이와 유사한 운송용기가 운송물을 통합하기 위하여 사용되는 경우에 그러한 운송용기에 내장된 운송물의 포장 또는 선적단위의 수를 선하증권이나 그 밖에 운송계약을 증명하는 문서에 기재한 때에는 그 각 포장 또는 선적단위를 하나의 포장 또는 선적단위로 본다(동조 제2항 1호 1문). 그 기재가 없는 때에는 운송용기 내의 운송물 전부를 하나의 포장 또는 선적단위로 본다(동호 2문). 운송인이 아닌 자가 공급한 운송용기 자체가 멸실 또는 훼손된 경우에는 그 용기를 별개의 포장 또는 선적단위로 본다(동항 2호).

포장은 운송물의 보호 내지 취급을 용이하게 하기 위한 것으로서 반드시 운송물을 완전히 감싸고 있어야 하는 것은 아니며, 무엇이 포장인지는 운송업계의 관습과 사회통념에 비추어 판단한다. 선하증권에 표시된 당사자의 의사를 우선적인 기준으로 하며, 선하증권에 대포장과 그 속의 소포장이 모두 기재된 경우에는 특별한 사정이 없는 한 최소포장단위에 해당하는 소포장을 포장으로 본다. '포장의 수'란에 최소포장단위가 기재되어 있지 아니한 경우라도 거기에 기재된 숫자를 결정적인 것으로 본다는 명시적 의사표시가 없는 한 선하증권의 다른 란의 기재까지 모두 살펴 그 중 최소포장단위에 해당하는 것을 당사자가 합의한 책임제한계산단위로 보아야 한다. 선하증권에 부지약관이 기재되어 있더라도 책임제한조항의 해석에 영향이 없다.[2]

---

1) 대판 2014. 6. 12. 2012다106058(판례공보(2014. 7. 15), 1379쪽)(원고/상고인 피티 아수란시 인드라푸라, 피고/피상고인 지엘머천트마린, 원고 승소). 이 사건에서 4포장의 화물이 손상되었다. 대법원은 1) 헤이그규칙은 책임제한액을 규정할 때 영국 통화 파운드를 사용하면서 이를 금가치에 연결시켰으므로 파운드(pound sterling)는 금화 파운드(gold value pound)를 의미했고, 2) 금 태환이 정지된 후에도 헤이그규칙의 pound sterling의 계산은 영국 1870년 주화법에서 금화에 요구하는 금의 함량과 순도를 기준으로 가치가 정해졌으며, 3) 1988년 영국 법원도 'The Rosa S' 사건에서 헤이그규칙의 100파운드는 금화 100파운드의 가치를 의미한다고 해석했다고 판시했다. 반면에 원심판결(서울중앙지판 2012. 10. 19. 2012나20825)은 1) 헤이그규칙 제9조가 "이 협약에서의 통화단위는 금화로 한다"고 규정하더라도 이는 헤이그규칙 체결 당시 금본위제도하에서 통화단위가 금화라는 당연한 사항을 규정한 것에 불과하므로 헤이그규칙의 '100파운드'는 금화가 아닌 영국화 100파운드이고, 2) 이는 상법상 운송인의 책임제한액보다 적어 상법에 따라 무효이나 책임제한약정자체로는 유효하므로 운송인의 책임은 상법에 따라 포장당 666.67계산단위로 제한된다고 보아 청구액 7,200만 원 중 480만 원을 인용했다. 한편 대법원 판결에 따르면 포장당 책임제한액이 미화 21,000달러가 넘게 된다. 허창하, "판례평석: 헤이그 규칙상 금화조항의 해석," 법률신문 제4240호(2014. 7. 21), 11쪽.

2) 대판 2004. 7. 22. 2002다44267 구상금, 파기환송(판례공보(2004. 9. 1), 1429쪽(원고/상고인

대법원은 '계산단위'를 국내통화로 환산하는 시점을 사실심변론종결일로
본다.1) 또 대법원은 ① 항공운송업자가 항공운송을 종료한 후 운송물을 인도
하는 과정에서 손해를 발생케 한 경우 국제항공운송에있어서의일부규칙의통
일에관한협약상의 책임제한조항이 적용되지 않고 상업서류송달업운송약관에
따라 손해배상액이 제한되며, ② 이 같은 책임제한규정은 약관의규제에관한
법률 소정의 "상당한 이유 없이 사업자의 손해배상범위를 제한하거나 사업자
가 부담할 위험을 고객에게 이전시키는 조항"이 아니어서 적법하다고 판시하
였다.2)

(다) 개별적 책임제한 배제사유   운송물에 관한 손해가 운송인 자신의 고의

동부화재, 피고/피상고인 흥아해운, 원고 승소). 운송인인 피고는 삼보컴퓨터와 개인용 컴
퓨터 2,496대를 삼보컴퓨터가 직접 적입·적재·계량하는 조건으로 부산에서 요코하마까지
운송하기로 하였다. 피고는 선하증권작성시 삼보컴퓨터가 제시한 선적의뢰서에 따라 '컨테
이너 또는 포장의 수'란에 '40'×4(104팰릿)', '포장의 종류 및 화물의 내역'란에 "Shipper
Load Stowage & Count, Said to be(…이 들어 있다고 함) : 컴퓨터 104팰릿(2,496유니트)"
라고 기재하였다. 삼보컴퓨터는 컴퓨터 1세트마다 1개의 종이상자(unit/carton)로 포장한 다
음 운송의 편의를 위하여 1개의 팰리트 위에 24개의 종이상자를 올려 놓은 후(한 층에 네
상자씩 여섯 층을 쌓았다) 사방에 모서리 보호용 섬유판을 대고 투명한 비닐로 감싼 다음
1개의 컨테이너당 26개의 팰리트씩 4개의 컨테이너에 나누어 적재하였다. 운송중 1개의 컨
테이너 안에 든 화물 전체(26팰리트=624상자)가 침수되었다. 서울지판 2002. 7. 4. 2001나
16110은 포장의 의미상 가장 중요한 자료는 선하증권에 나타난 포장의 수라고 전제하고,
포장의 수에 기재된 팰리트를 포장단위로 보아 26팰리트×500계산단위로 책임이 제한된다
고 판시하였다. 그러나 대법원은 '포장의 수'란 옆에 기재된 봉인번호란에 '104팰리트,
2,496카톤'이라고 기재되어 있다면, 종이상자의 숫자가 최소포장단위 숫자로서 책임제한의
계산단위가 되어야 한다고 보았다. 대법원의 해석이 영미법상 해석론과 일치하며, 정당하다.
1) 대판 2001. 4. 27. 99다71528(판례공보(2001. 6. 15), 1232쪽(원고 국민은행, 피고 동남아
   해운).
2) 대판 2003. 1. 10. 2000다31045(판례공보(2003. 3. 1), 565쪽(원고 대동은행, 피고 효성물산/
   일양익스프레스). 피고 효성물산이 수출화물을 선적한 후 원고가 선적서류를 매입하였다.
   원고는 피고 일양에게 선적서류를 DHL로 송달하여 줄 것을 의뢰하였는데, 피고 일양은 이
   를 항공편으로 중국소재 DHL업자인 시노트랜스에게 같은 날 보냈다. 중국 수입사직원이
   DHL항공운송장사본을 가지고 시노트랜스에 와서 운송물인도를 요구하자, 시노트랜스직원
   은 피고 효성물산 중국지점직원에게 문의 후 항공운송장상 수하인인 중국은행의 승낙을 받
   지 아니한 채 선적서류를 수입사에게 인도하였으며, 수입사는 이를 이용하여 운송물을 통
   관 후 물품대금을 지급하지 않았다. 원고와 일양 간의 운송약관에는 수탁물가액신고가 없
   는 한 수탁물건당 미화 100불을 책임한도액으로 정하였다. 원고가 피고 효성물산에 대하여
   환어음환매채무이행을 구하자 법원은 이를 인정하였고, 피고 일양에 대하여 운송계약불이
   행책임도 인정하였다. 다만, 피고 일양의 이행보조자인 시노트랜스가 고의로 손해발생을 시
   킨 것은 아니라는 이유로 일양의 손해배상책임을 제한하였다. 또한 신용장매입은행이 운송
   업자를 통하여 개설은행에 서류를 보내면서 고가물로 신고하지 아니하고 보험에 들지 않았
   다고 하여 고의나 중과실이 있다고 할 수는 없다고 보았다.

또는 손해발생의 염려가 있음을 인식하면서 무모하게 한 작위 또는 부작위로 인하여 생겼을 때에는 운송인의 개별적 책임제한의 혜택이 박탈된다(상 제797조 제1항 단서). 개별적 책임제한에 관한 규정은 선박소유자책임제한에 관한 규정(상 제769조부터 제774조 및 제776조)의 적용에 영향을 미치지 않는다(상 제797조 제4항). 개별적 책임제한과 선박소유자책임제한(총체적 책임제한)은 별개의 제도이기 때문이다. 송하인이 운송인에게 운송물을 인도할 때에 그 종류와 가액을 고지하고 선하증권 그 밖에 운송계약을 증명하는 문서에 이를 기재한 경우에는 개별적 책임제한이 적용되지 아니하므로, 운송인은 손해의 전액을 배상한다(동조 제3항 본문). 다만, 송하인이 운송물의 종류 또는 가액을 고의로 현저하게 부실의 고지를 한 때에는 운송인은 자기 또는 그 사용인이 악의인 경우를 제외하고 운송물의 손해에 대하여 책임을 면한다(동항 단서). 상법 해상편 제2장(운송과 용선) 제1절(개품운송)의 운송인의 책임에 관한 규정은 운송인의 불법행위로 인한 손해배상책임에도 적용된다(상 제798조 제1항).

⒝ 운송인의 사용인 또는 대리인　운송물에 관한 손해배상청구가 운송인의 사용인 또는 대리인에 대하여 제기된 경우에 그 손해가 그 사용인 또는 대리인의 직무집행에 관하여 생긴 것인 때에는 그 사용인 또는 대리인은 운송인이 주장할 수 있는 항변과 책임제한을 원용할 수 있다(동조 제2항). 그러나 그 손해가 그 사용인 또는 대리인의 고의 또는 운송물의 멸실·훼손 또는 연착이 생길 염려가 있음을 인식하면서 무모하게 한 작위 또는 부작위로 인하여 생긴 것일 때에는 그러하지 아니하다(동항 단서). 이 규정은 운송물에 관한 손해배상청구가 운송인 이외의 실제운송인 또는 그 사용인이나 대리인에 대하여 제기된 경우에도 적용한다(동조 제4항). 이는 히말라야약관을 상법에 명시한 것이므로, 선하증권에 히말라야약관이 기재되어 있지 않더라도 운송인의 사용인·대리인·실제운송인이 운송인의 항변과 책임제한을 원용할 수 있다.[1] '사용인'은 선장이나 선원 등 운송인의 이행보조자이며, '대리인'은 선박대리점 등을 의미한다. 다만, 하역업자는 영미법상의 독립계약자 내지 우리법의 수급인에 해당하므로 '사용인이나 대리인'의 범주에 들어가지 않는다. 한편 대법원은 하역업자가 운송인의 책임제한을 원용할 수 있다고 보았다.[2] 또 컨

---

[1] 운송인의 개별적 책임제한에 관한 1993년 개정상법의 입법배경에 관하여는 법무부, 상법개정 특별 분과위원회 회의록(Ⅱ)(1990. 12), 645-684쪽.

테이너 화물집화소(container freight station)를 독립계약자로 보아 책임제한 항변권을 부인한 판례가 있다.[1] 판례는 해상에서의 피용자뿐 아니라 보세창고와 같은 육상에서의 피용자에게 고의 또는 무모한 행위가 있었다 하더라도 운송인의 책임제한을 인정한다.[2] 그리고 운송인과 그 사용인 또는 대리인의 운송물에 대한 책임제한금액의 총액은 상법상의 개별적 책임제한금액(상 제797조 제1항)을 초과하지 못한다(상 제798조 제3항). 히말라야약관을 적용한 결과 터미널운영업자의 책임이 포장당 500계산단위로 제한된다 하더라도 이것이 상법에 반하여 운송인의 의무 또는 책임을 경감 또는 면제하는 것이 아니어서 유효하다고 한 부산지법판례가 있다.[3]

3. 수하인의 통지의무 및 제척기간

(1) 수하인의 통지의무

㈎ 미 국 법   미국 해상물건운송법은 "운송계약 하에서 운송물을 인도받을 자격이 있는 자가 양륙항에서 운송물을 인도받기 전 또는 인도받을 때 운송인 또는 운송인의 대리인에게 운송물의 멸실·훼손 사실과 그 전반적인 내

---

2) 대판 2016. 9. 28. 2016다213237(판례공보(2016. 11. 1), 1592쪽)(원고/상고인 현대해상화재보험, 피고/피상고인 평택항만, 상고기각).

1) 대판 2009. 8. 20. 2007다82530(원고 A보험, 피고 B보험)(법률신문 제3775호(2009. 9. 7), 11쪽). 화물 수입상으로부터 해상운송을 의뢰받은 C가 이스라엘 선사인 D에게 실제 해상운송을 의뢰하는 한편, 선적항인 부산항에서 E 컨테이너 화물집화소와 화물의 선적을 위한 컨테이너 적입작업 등 용역공급계약을 체결하였다. E는 컨테이너 적입작업을 다시 F에게 의뢰하였고 F 소속 운전기사 G가 컨테이너 적입작업을 하던 중 화물이 손상되었다. 대법원은, E의 화물집화소는 E가 자기 고유 사업을 영위하기 위하여 관리 운영하는 곳이고, E의 컨테이너 적입작업은 C와 E사이의 용역공급계약에 따라 E가 전체 작업에 대한 일회성의 대가를 지급받는 것일 뿐 그들 사이에 고용계약이나 위임계약이 체결된 바 없으므로 E는 자신의 책임 아래 스스로의 판단에 따라 C로부터 의뢰받은 일을 완성하는 지위에 있는 독립계약자라고 판시하였다.

2) 대판 2001. 4. 27. 99다71528(판례공보(2001. 6. 15), 1232쪽)(원고 국민은행, 피고 동남아해운).

3) 부산지판 2006. 3. 27. 2005가단42886(법률신문 제3448호(2006. 4. 6), 14쪽)(원고 나이스무역, 피고 유피에스/한국허치슨터미널/고려해운). 원고는 책임제한액을 500계산단위로 규정하는 히말라야약관은 상법의 책임제한규정에 반하여 피고 허치슨터미널의 책임을 경감하므로 상법 제799조 제1항에 따라 무효라고 주장하였다. 그러나 부산지법은 당사자 사이에서 그 외 제3자에 대한 책임제한약정을 하는 것이 해상운송인의 책임을 경감하는 결과를 가져오지 않는다는 이유로 문제의 히말라야약관이 유효하다고 보았다. 제2심 부산지판 2006. 12. 21. 2006나4936과 대판 2007. 4. 27. 2007다4943도 이를 인용하였다.

용을 서면통지하지 않은 경우에는 선하증권에 기재한 바와 같은 운송물을 수하인이 운송인으로부터 인도받았음을 일응 추정할 수 있다. 그러나 그 멸실 또는 훼손이 즉시 발견할 수 없는 것인 때에는 운송물을 수령한 날부터 3일 내에 그 통지를 하여야 한다. 수하인이 운송물을 수령할 때 운송인과 수하인이 공동으로 운송물을 검사한 때에는 운송인에게 멸실·훼손의 통지를 할 필요가 없다"고 규정함으로써 수하인에게 운송물 멸실·훼손의 통지의무를 부과한다(미국 해상물건운송법 제3(6)조).

　이같이 수하인에게 일정기간 내의 통지의무를 요구하는 것은 수하인이 신속하게 운송물손해의 내용을 조사함으로써 조속히 운송물에 관한 분쟁을 종결시키기 위함이다. 그러나 수하인이 정해진 기간 내에 멸실·훼손의 통지를 하지 않았다 하여 그의 제소권이 상실되는 것은 아니며, 입증책임의 문제로서 수하인이 하자 없는 운송물을 수령한 것으로 추정될 뿐이다. 이 같은 추정을 번복하려면 수하인은 운송물이 양륙 전에 이미 훼손되어 있었음을 입증할 만한 충분한 증거를 제시하면 되고, 이것이 성공하면 통지의무불이행은 큰 의미가 없다.[1] 미국 해상물건운송법과는 달리 하터법은 수하인의 통지의무에 관한 규정은 두고 있지 않으며, 선하증권에 수하인의 통지의무에 관한 합리적인 내용의 조항을 두는 것은 무방하다는 정도이다.[2]

　(나) 우 리 법　　수하인이 운송물의 일부 멸실 또는 훼손을 발견한 때에는 수령 후 지체 없이 그 개요에 관하여 운송인에게 서면에 의한 통지를 발송하여야 한다(상 제804조 제1항 본문). 다만, 그 멸실 또는 훼손이 즉시 발견할 수 없는 것인 때에는 수령한 날부터 3일 이내에 그 통지를 발송하여야 한다(동항 단서). 이러한 통지가 없는 경우에는 운송물이 멸실 또는 훼손 없이 수하인에게 인도된 것으로 추정한다(동조 제2항). 나아가 상법은 ① 운송인 또는 그 사용인이 악의인 경우에는 수하인의 통지의무가 면제되고(동조 제3항), ② 운송물에 멸실 또는 훼손이 발생하였거나 그 의심이 있는 경우에는 운송인과 수하인은 서로 운송물의 검사를 위하여 필요한 편의를 제공하여야 하며(동조 제4항), ③ 위 규정(동조 제1항 내지 제4항)에 반하여 수하인에게 불리한 당사자 사이의 특약은 효력이 없다고(동조 제5항) 규정함으로써 수하인의 이익보호에 만전을 기한다. 이

---

1) Rothfos Corp. v. M/V Nuevo Leon, 123 F. Supp. 2d 362(S.D. Tex. 2000).
2) Schoenbaum(5th), 666-667쪽.

는 미국법이 미처 규정하지 못한 내용으로서 운송인과 수하인의 합리적인 위험배분의 측면에서 바람직하다.

(2) 제척기간

⒜ 미 국 법   미국 해상물건운송법은 운송물을 인도한 날 또는 인도할 날로부터 1년 내에 재판상 청구가 없으면 운송인 및 선박의 채무는 소멸한다고 규정함으로써 단기제척기간을 규정하고 있다(제3(6)조). 이는 헤이그규칙 및 헤이그-비스비규칙 제3(6)조에 상응한 규정이다. 운송물에 부족분이 발생할 경우에는 운송물 최종 선적분을 인도한 날로부터 기간을 기산하며, 운송물 인도가 지연된 때에는 운송물을 실제로 인도한 날로부터 기산한다.[1] 또 운송물이 미인도된 경우에는 운송물을 인도하였어야 할 합리적인 기간이 경과된 후부터 기산한다.[2] 만약 1년의 제척기간이 경과한 후에 운송인이 송하인에게 운임지급을 청구하였다면, 송하인은 제척기간이 경과한 것에 상관없이 반소로써 운송인에게 운송물 멸실·훼손에 대한 손해배상청구를 할 수 있다.[3]

미국 해상물건운송법과는 대조적으로 하터법은 제척기간에 관한 규정을 두고 있지 않으며, 그 대신 하터법이 적용되는 때에는 해태의 법리(doctrine of laches)가 적용된다. 예컨대 운송인은 자신의 과실책임을 청구하는 소송에 관하여 송하인과의 사이에서 소멸시효를 약정할 수 있으며, 이러한 약정은 합리적이라고 인정되는 범위 내에서 유효하다.[4] 또 해태의 법리는 중재에 대하여서는 적용되지 않으므로 운송계약당사자들은 중재에 대하여 자유롭게 기간을 정할 수 있다.[5] 하터법이 적용되는 경우에 당사자들이 약정에 의하여 미국 해상물건운송법을 적용하기로 하였다면, 1년의 제척기간이 적용된다.[6] 미국 해상물건운송법 하에서 운송인이 제3자에게 구상하는 경우는 1년의 제척기

---

1) Leo Hess Int'l. Corp. v. Isthmian S.S. Co., 170 N.Y.S.2d 705(1st Dep't 1958), reargument and appeal denied 173 N.Y.S.2d 985(1958). Tetley(4th), 1630-1631쪽.

2) Underwood Cotton Co. v. Hyundai Merchant Marine(American), Inc., 288 F.3d 405(9th Cir. 2002).

3) The Shipping Corp. of India v. Pan American Seafood, Inc., 583 F. Supp. 1555(S.D.N.Y. 1984). Schoenbaum(5th), 667-668쪽.

4) Insurance Co. of North America v. Puerto Rico Marine Management, Inc., 768 F.2d 470(1st Cir. 1985).

5) Thiti Lert Watana Co. v. Minagratex Corp., 105 F. Supp. 2d 1077(N.D. Cal. 2000).

6) Modern Office System, Inc. v. AIM Caribbean Express, Inc., 802 F. Supp. 617(D.P.R. 1992).

간의 적용을 받지 않으며, 오히려 형평법상의 소멸시효의 법리의 적용을 받는다.[1]

(나) **우 리 법**   운송인의 송하인 또는 수하인에 대한 채권 및 채무는 그 청구원인의 여하에 불구하고 운송인이 수하인에게 운송물을 인도한 날 또는 인도할 날부터 1년 내에 재판상 청구가 없으면 소멸한다(상 제814조 제1항 본문). '인도할 날'이란 통상 운송계약이 그 내용에 좇아 이행되었으면 인도가 행하여져야 했던 날이다.[2] 다만, 위 제척기간은 당사자의 합의에 의하여 연장할 수 있다(동항 단서).

운송물이 물리적으로 멸실된 경우 뿐 아니라, 운송인이 운송물의 인도를 거절하거나 운송인 사정으로 운송이 중단되어 인도되지 않은 경우에도 '운송물을 인도할 날'을 기준으로 한다.[3] A 복합운송업자가 송하인을 위해 B 복합운송업자에 운송물을 양륙항인 터키 항구까지 운송할 것을 위탁했다. 송하인과 수하인 간에는 운송물을 양륙항에서 하역한 다음 최종 목적지 시리아로 운송할 것이 예정되었다. 운송물이 양륙항에 입항했으나 터키가 자국을 경유해 시리아로 들어가는 것을 허용하지 않아 운송물이 시리아로 운송되지 못했다. B의 인도의무는 운송계약에서 정한 양륙항에 입항한 시점에 종료하지 않으며 정당한 수하인에게 인도되어야 완료된다. 이같이 운송물 인도가 불가능하게 된 경우에는 운송물을 인도할 날을 기준으로 제척기간을 계산한다.[4]

판례는 선하증권에 1년 제척기간이 규정된 경우 당사자들이 제소기간을 6개월 연장하기로 합의하였고, 원고가 연장된 제소기간 내에 제소하였다면 적법하다고 본다.[5] 대법원도 "보험자와 운송인 간에 손해배상 협상을 하면서

1) Hercules, Inc. v. Stevens Shipping Co., Inc., 629 F.2d 726(5th Cir. 1983). Schoenbaum (5th), 668–669쪽.
2) 대판 1997. 11. 28. 97다28490(판례공보(1998. 1. 1), 68쪽)(원고 범한쉬핑, 피고 조선해운).
3) 대판 2019. 7. 10. 2019다213009(판례공보(2019. 9. 1), 1541쪽)(원고/상고인 겸 피상고인 제주특별자치도개발공사, 피고/피상고인 동방, 피고/상고인 삼진해운, 상고기각).
4) 대판 2019. 6. 13. 2019다205947(판례공보(2019. 8. 1), 1384쪽)(원고/상고인 자이온쉬핑, 피고/피상고인 스피드라인, 파기환송).
5) 서울지판 1996. 9. 24. 93가단10222(원고 삼성화재, 피고 유공해운/대림해운): 원고의 대리인인 영국의 돌핀 마리타임과 피고들 사이에 제소기간이 연장되었다. 피고는 제소기간의 약정은 소멸시효기간에 대한 약정을 포함하는 것이므로, 제소기간연장합의는 당사자간의 약정에 의하여 소멸시효를 연장할 수 없도록 규정한 민법 제184조 제2항에 의하여 무효라고 항변하였다. 그러나 법원은 ① 선하증권이면약관상의 제소기간규정은 소멸시효와는 성질을 달리 하는 별개의 제도로서 제소기간의 약정이 당연히 소멸시효기간에 대한 합의를

화물의 인도시점부터 합의서 일자까지 경과된 시간에 대한 프리스크립션 (prescription)의 이익을 포기하고 추가 6개월간 프리스크립션 기간이 시작되기로 하는 합의를 한 경우, 위 합의는 소멸시효이익의 포기와 제소기간 연장 모두를 포함한다"고 해석했다.[1]

세계적으로 사용되는 복합운송선하증권(FIATA 선하증권)에는 복합운송인의 책임의 제척기간이 9개월로 되어 있으나, 대법원은 이 같은 특약이 상법 제814조의 제척기간보다 해상운송인의 책임소멸기간을 단축한다는 이유로 무효로 본다.[2] 대법원은 계약운송인과 실제운송인이 선하증권소지인에 대하여 연대하여 손해배상책임을 부담하는 경우, 일방이 선하증권소지인에 대하여 손해를 배상한 후 다른 일방에 대하여 배상금액을 구상하는 경우에는 1년의 단기제척기간이 적용되지 않는다고 한다.[3] 법원은 제척기간의 준수 여부에 대하여 의심이 있는 경우에는 필요한 정도에 따라 직권으로 증거조사를 할 수

내포한다고 볼 수 없고, ② 당사자의 합의에 의한 제소기간약정의 유효성을 인정하는 이상 제소기간에 대한 연장합의도 특별한 사정이 없는 한 유효하다고 보아 피고의 항변을 배척하였다.

1) 대판 2000. 6. 13. 98다35389(판례공보(2000. 8. 1), 1643쪽)(원고 제일화재, 피고 동남아해운). 대법원은 프리스크립션을 소멸시효나 제소기간의 어느 하나로만 해석한다면 결국 프리스크립션의 합의는 무의미해진다는 점을 중시하였다. 즉 당사자 사이의 프리스크립션 이익포기합의는 연장된 기간까지 운송계약과 관련한 원고의 피고에 대한 청구를 허용하겠다는 취지라고 해석하였다.

2) 앞의 대판 1997. 11. 28. 97다28490.

3) 대판 2001. 10. 30. 2000다62490(판례공보(2001. 12. 15), 2557쪽)(원고 범진상운, 피고 이글쉬핑). 1997. 6. 원고는 중국 수출업자로부터 운송물을 칭다오에서 부산까지 운송해 줄 것을 의뢰받고 제1선하증권(house B/L)을 발행하였다. 1997. 6. 20. 원고는 다시 실제운송인에게 운송물운송을 의뢰하여 실제운송인으로부터 제2선하증권(master B/L)을 발행받았다. 실제운송인의 국내대리점인 피고는 운송물이 부산항에 도착한 후 1997. 6. 25. 이를 창고업자의 창고에 입고하였으나, 창고업자는 1997. 6. 26. 제1선하증권이나 피고가 발행한 화물인도지시서와 상환하지 아니하고 임의로 수입업자에게 운송물을 인도함으로써 이를 멸실하였다. 신용장개설은행으로서 제1선하증권의 소지인인 조흥은행은 원고를 상대로 손해배상청구소송을 제기하여 1999. 2. 5. 서울지법에서 승소판결을 받아 확정되었으며, 이 소송이 계속중인 1998. 1. 원고는 피고에게 소송고지를 하였다. 원고는 조흥은행에게 합의금 9,500만 원을 지급한 후 피고를 제소하였다. 원심판결 서울고판 2000. 10. 24. 2000나11975는 원고의 소를 불법행위로 인한 손해배상을 구하는 취지로만 보고, 1년의 제소기간이 경과하여 부적법하다고 보았다. 그러나 대법원은 원고의 주장 속에는 불법행위 손해배상책임뿐 아니라, 원고가 제1선하증권의 발행인으로서 운송물의 권리자에게 운송물멸실로 인한 손해를 먼저 배상한 후 실질적으로 책임 있는 실제운송인의 대리인인 피고를 상대로 배상금액을 구상하는 취지도 포함한다고 보았으며, 이 같은 경우에는 상법 제814조 소정의 단기제척기간이 적용되지 아니한다고 판시하였다.

있으나, 법원에 제출된 모든 소송자료를 통하여 살펴보았는 데도 그 기간이 도과하였다고 의심할 만한 사정이 발견되지 않는 경우까지 법원이 직권으로 추가적인 증거조사를 할 확인의무는 없다.[1]

제척기간 1년은 운송인과 송하인 또는 수하인 간의 1차 계약관계에 적용하는 때에는 별다른 문제가 없으나, 운송인과 제3자(운송을 수탁받은 자) 간의 제2차 계약관계까지 1년의 제척기간을 적용하는 것은 그 기간이 너무 짧다는 지적이 있어 왔다. 그리하여 상법은 운송인이 인수한 운송을 다시 제3자에게 위탁한 경우에 송하인 또는 수하인이 1년의 기간 이내에 운송인과 배상 합의를 하거나 운송인에게 재판상 청구를 하였다면, 그 합의 또는 청구가 있은 날부터 3개월이 경과하기 이전에는 제3자에 대한 운송인의 채권·채무가 소멸하지 아니한다고 규정하여(상 제814조 제2항) 운송인의 구상채권을 보호한다. 위 '1년의 기간'은 운송물을 인도한 날부터 1년은 물론이고 당사자의 합의에 의해 연장된 기간도 포함한다.[2] 재판상 청구를 받은 운송인이 그로부터 3개월 이내에 제3자에 대하여 소송고지를 하면 3개월의 기간은 그 재판이 확정되거나 그 밖에 종료된 때부터 기산한다(동조 제3항). 이는 제3자에게 장차 영향을 미치게 될 재판에 참여할 기회를 부여하여 참가적 효력이 미치게 하려는 것으로, 운송인이 제3자에 대해 별도 소송을 제기하지 않아도 제척기간을 실질적으로 보장받는 이점이 있다.[3]

---

1) 대판 2007. 6. 28. 2007다16113(판례공보 제279호(2007. 8. 1), 1164쪽)(원고/상고인 한국자산관리공사, 피고/피상고인 인터해운, 원고 승소). 원고는 2004. 9. 23. 제소하면서 소장에서 수하인 부산은행이 운송인인 피고에 대해 가지는 손해배상채권을 원고가 부산은행으로부터 2004. 6. 29. 양수했다고 주장했다. 한편 부산은행이 2004. 7. 5. 피고에게 보낸 통지서에는 "원본 선하증권 전통이 당행에 보관되어 있는 상황에서 어떻게 당해 물품 반출이 가능한지 납득되지 않는다"고 기재되어 있다. 법원은 1) 이 기재는 부산은행이 선하증권 원본을 2004. 7. 5. 당시 소지하고 있었다는 취지가 아니라 화물 반출 당시 소지하고 있었다는 취지이고, 2) 이 기재만으로 원고가 부산은행으로부터 선하증권을 양수하지 않은 채 제소했다고 단정할 증거가 없으며, 달리 피고가 화물을 이스트아시아에 인도한 2003. 12. 31.부터 1년이 경과되는 2004. 12. 31.까지 원고가 부산은행으로부터 선하증권을 양수하지 못했다고 의심할 자료가 없다고 판시하였다.

2) 대판 2018. 12. 13. 2018다244761(판례공보(2019. 2. 1), 283쪽)(원고/피상고인 현대해상화재보험, 피고/상고인 제일산업기계, 상고기각). 2013. 5. 21. 운송물이 양륙항에 도착 후 합의로 손해배상 청구기간이 2016. 2. 20.까지 연장되었다. 2015. 9. 11. 손해배상 합의가 있었고 이로부터 3개월 이내에 피고에 대해 손해배상을 청구한 이 사건 소는 적법하다.

3) 국회 법제사법위원회, 상법 일부개정안 심사보고서(2007. 7), 33-35쪽; 정영석, "운송인에 대한 청구권의 존속 및 소멸기간에 관한 고찰," 한국해법학회지 제30권 제2호(2008. 11), 151쪽.

제 3 절   여 객 운 송

1. 총   설

(1) 여객운송의 의의

해상여객운송계약은 운송인이 특정한 여객을 출발지에서 도착지까지 해상에서 선박으로 운송할 것을 인수하고, 이에 대하여 상대방이 운임을 지급하기로 약정하는 계약이다(상 제817조). 그 법률적 성질은 물건운송의 경우와 마찬가지로 도급계약이다.[1] 여객운송계약은 그 목적물이 여객인 점에서 물건을 목적으로 하는 물건운송계약과 구분되고, 운송의 공간이 해상인 점에서 육상여객운송과 구분되나, 그 기본적 성격은 동일하므로 해상물건운송 및 육상여객운송에 관한 다수의 규정을 준용한다(상 제826조). 선박에 의한 여객운송이 활발하게 행하여진 것은 군사적인 목적에 의한 것과 신대륙발견 후의 대규모 이민운송을 대표적인 예로 들 수 있다. 또 동력선의 발달에 따라 선박에 의한 여객운송이 증가하기 시작하여 수만 톤에 이르는 초호화여객선까지 등장하였으므로 해상여객운송은 새로운 발전기를 맞이하고 있다. 특히 우리나라의 경우 여객선을 이용한 북한방문이 활발해짐으로써 해상여객운송이 남북간 교섭의 중요한 수단이 되고 있다.

(2) 여객운송계약에 관한 국제조약

해상여객운송에 따른 여객운송인의 책임에 대하여 각국의 법규가 상이하기 때문에 불편한 점이 많았다. 이러한 불편을 해소하기 위하여 1961년 4월 29일 브뤼셀에서의 해사법외교회의에서 "해상여객운송에 관한 규칙의 통일을 위한 국제조약"(International Convention for the Unification of Certain Rules relating to the Carriage of Passengers by Sea)이 성립되었고, 1967년 5월 27일에는 "해상여객수하물운송에 관한 규칙의 통일을 위한 국제조약"(International Convention for the Unification of Certain Rules relating to Carriage of Passenger Luggage by Sea)이 성립되었다. 그런데 해상여객운송계약은 대체로 여객과 수하물의 두 가지 운송을 하나의 계약으로 약정하는 것이 보통이므로, 위의 두 가지 조약을 하나로 통일하면서 양 조약 간에 모순되는 부분을 조정할 필요성이 생기게 되었다. 정부간

---

1) 정찬, 905쪽; 최, 944쪽; 손, 862쪽; 채, 741쪽.

해사협의기구(IMCO, 현재의 국제해사기구)는 이러한 요청에 기하여 1974년 12월 해사법외교회의를 주관하여 "여객 및 그 수하물의 해상운송에 관한 아테네조약"(Athens Convention relating to the Carriage of Passengers and their Luggage by Sea)을 성립시켰다. 상법은 위 아테네조약을 상당부분 참작하여 개정하였으나, 동 조약상의 개별적 책임제한제도는 채택하지 아니하였다.

아테네조약을 개관하여 보면, 제1조는 정의규정으로서 '운송인'·'실제운송인'(performing carrier)·'운송계약'·'선박'·'여객'·'수하물'·'선실휴대화물'·'수하물에 생긴 멸실 또는 훼손' 및 '운송의 기간'·'국제운송' 등 위 조약에 쓰이는 용어에 관한 정의를 하였다. 제2조는 위 조약의 적용관계를 정하였고, 제3조는 운송인의 책임원칙을 정하고 있다. 특히 제3조는 종래의 선박소유자중심주의를 운송인중심주의로 변경한 점에 큰 의의가 있다. 제4조는 운송인이 실행운송인에게 운송의 전부 또는 일부를 위임한 경우에 실행운송인의 책임 등에 대하여 규정하였고, 제5조는 고가물에 관한 규정이며, 제6조에 기여과실에 관한 규정을 두었다. 제7조는 사람의 사망·상해에 있어서의 책임한도액을 정한 규정인데, 이 규정이 아테네조약의 가장 중요한 규정이라 할 수 있다. 수하물의 멸실·훼손에 있어서의 책임한도액을 정한 제8조도 제7조에 준하는 중요한 의미를 가진다. 제9조는 위 2개 조와 관련하여 통화단위를 환산하는 규정이다.

제10조는 책임제한에 관한 보충적 규정이고, 제11조는 운송인의 사용인의 항변사유와 책임제한을 규정하였으며, 제12조는 책임한도액은 청구권의 총액에 대한 것임을 명백히 하였고, 제13조는 책임제한권의 상실사유를 정하였으며, 제14조는 "청구권의 기초"라는 제목 하에 조약에 따르지 않은 책임을 묻는 것을 부정하였고, 제15조는 수하물의 멸실·훼손의 경우 통지의무를 규정하였으며, 제16조는 손해배상청구권에 대하여 원칙적으로 2년의 제척기간을 두었고, 제17조는 재판관할을 정하였으며, 제18조는 조약에서 정한 규정과 다른 규정은 무효임을 명백히 하였다. 제19조는 위 조약이 책임제한에 관한 타조약에 영향을 미치지 아니한다고 규정하였으나 다소 문제점이 있다. 제20조는 원자력손해에 있어서 위 조약이 적용되지 않는 경우를 정하였고, 제21조는 공권력에 따른 상업운송에도 위 조약이 적용됨을 명백히 한다.[1]

---

1) 아테네조약의 자세한 내용에 대하여는 이균성, "해상여객운송인 책임법규에 관한 입법론적

2002년 아테네협약 개정의정서는 개별적 책임제한제도를 채택하여 여객 1인당 책임한도액을 400,000 SDR로 하면서 그 중 250,000 SDR까지는 여객운송인에게 무과실책임을 지우고 그 금액에 대한 보험가입을 강제하고 있다(동의정서 제4조 및 제5조).[1] 2002년 개정의정서는 2013년에 벨기에가 가입하여 2014년 4월 23일에 발효했다.[2]

(3) 여객의 손해배상청구에 관한 준거법

여객의 손해배상청구와 관련하여 국제사법상의 문제가 빈번히 발생하는데, 해상여객운송계약상의 법정지선택조항이나 준거법조항은 일응 유효하나 동 조항이 비합리적이거나 불공정한 경우에 여객은 동 조항의 효력을 다툴 수 있다.[3] 해상여객운송계약에 준거법조항이 기재되어 있지 않은 경우에 법원은 당사자의 이해관계를 형량하거나(이해관계분석방법), 어느 법정지가 당해 여객운송계약에 가장 밀접한 관련이 있는지를 고려함으로써 당해 사건에 대한 준거법을 결정할 수 있다.[4]

2. 계약의 성립

(1) 여객운송계약의 성립

여객운송을 위하여는 먼저 해상운송인이 선박의 출입항의 시간과 운임표를 광고하여 불특정다수의 여객에게 청약을 유인하는 것이 일반적인 관행이다. 이러한 광고나 게시에 따라 여객이 청약하여 운송인이 승낙하면, 여객운송계약은 성립한다. 그러므로 여객운송계약은 낙성·불요식의 계약인 점에서

고찰," 현대상사법의 제문제(설성 이윤영선생 정년기념논문집)(1988), 559쪽.

1) 최종현 변호사는 적절한 시기에 개별적 책임제한제도를 도입하면서 여객운송인의 무과실책임과 강제보험제도를 함께 도입할 것을 주장한다. 최종현, "한국 해상법의 발전 방향," 한국해법학회지 제31권 제1호(2009), 42쪽.

2) www.imo.org.

3) Jansson v. Swedish American Line, 185 F.2d 212(1st Cir. 1950) 사건에서, 미국법원은 미국인인 원고가 스웨덴에 있는 피고의 사무실에서 스웨덴으로부터 미국으로 가는 스웨덴선박의 승선권을 구입한 경우에 스웨덴법이 적용됨을 인정했다. 또 Siegelman v. Cunard White Star Ltd., 221 F.2d 189(2d Cir. 1955) 사건에서, 미국법원은 미국시민을 뉴욕에서 프랑스로 운송하는 내용의 해상여객운송계약에 대하여 영국법을 적용하였다.

4) Mulvihill v. Furness, Withy & Co., 136 F. Supp. 201(S.D.N.Y. 1955) 사건에서, 미국법원은 여객운송계약이 미국에서 체결되었고, 원고가 미국시민이며, 항해가 미국에서 개시된 경우에 미국법을 적용하였다. Schoenbaum(5th), 134-135쪽.

물건운송계약과 동일하다. 이 때 발행하는 선표는 기명이든 무기명이든 여객
의 특정을 위한 것일 뿐 여객운송계약의 성립을 위하여 반드시 발행하여야
하는 것은 아니다.

(2) 선표의 발행

㈎ **선표의 성질**   여객운송에서의 운임은 운송 후 지급하는 후지급이 원
칙이나, 운송인이 선급을 받고 선표를 교부하는 것이 관행이다. 따라서 선표
는 여객운송계약의 성립을 증명함에 불과하나, 무기명식 선표의 경우는 선표
의 소지인이 해상운송인에 대하여 운송을 청구할 권리를 표창하는 것이므로
양도성을 가지는 유가증권이다. 단, 승선하면서 개찰이 끝나면 여객이 특정되
므로 이 때부터 유가증권의 성격을 잃게 된다.

㈏ **기명식의 선표**   기명식의 선표는 타인에게 양도하지 못한다(상 제818
조). 이는 민법상의 기명채권이 일정요건 하에서 양도성을 가지는 데 대한 특
칙으로서, 지시식 선표의 경우에는 적용되지 않는다(실제 지시식으로 선표가 발행되
는 경우는 거의 없다). 따라서 기명식 선표는 유가증권이 아닌 단순한 증거증권에
불과하다. 이러한 규정을 둔 취지는 여객운송은 사람을 목적물로 한 것으로
장거리운송과 같은 경우에는 병약자 등이 선상에서 사망하는 등의 문제가 발
생할 수 있으므로, 계약당사자의 개성이 중요하여 일반민법상의 채무와는 달
리 보아야 하기 때문이다.

3. 계약의 효력

(1) 해상여객운송인의 의무

㈎ **식사제공의무**   여객의 항해 중의 식사는 다른 약정이 없으면 운송인
의 부담으로 한다(상 제819조 제1항). 해상여객운송은 선박의 속력상 장기간이
되는 것이 보통이다. 따라서 항해 중에 식사를 할 필요가 있는데, 이러한 경
우 운송인은 여객에게 식사를 제공할 의무를 지고, 당사자간 특별한 약정이
없으면 운송인이 그 비용을 부담한다. 식사비용은 미리 운임에 포함이 된 것
으로 보아 무료로 한 것이다. 한편 단거리항행의 경우나 갑판여객의 경우는
당사자간의 특약으로 식사를 제공하지 아니할 수도 있다.[1] 그러나 원양항해

---

1) 배, 303쪽.

를 제외한 한일・한중 사이의 카페리형 여객선에서는 여객 개인이 선 내의 식당에서 현금을 지급하고 사서 먹는 것이 상례이므로, 이러한 경우 해상운송인의 식사제공의무는 식사준비의무로 해석하는 것이 합리적이라는 견해가 있다.[1)]

(나) **선박수선 중의 거처・식사제공의무**　항해도중에 선박을 수선하는 경우에는 운송인은 그 수선 중 여객에게 상당한 거처와 식사를 제공하여야 한다(동조 제2항). 이는 해상여객운송인이 감항능력담보의무를 지는 당연한 결과이다(상 제826조 제1항, 제794조). 여객의 거처는 선박이나 육상을 불문한다. 상당한 거처와 식사인지는 일반인의 사회통념에 비추어 판단하되 선상에서 제공된 거처와 식사가 유력한 판단기준이 될 것이다. 운송인의 감항능력주의의무를 게을리 한 결과 수선하게 된 경우 운송인이 위와 같은 의무를 부담하는 데 이론이 없으나, 천재지변 등의 불가항력에 의할 경우도 책임을 부담하는지는 의문이다. 해상항행에 있어서 천재지변은 통상 예견되고 특히 장거리항행의 경우는 천재지변이 있을 개연성이 큰데 운송인에 전적으로 의지하는 여객의 항해위험을 여객에게 부담시키는 것은 부당하므로, 이 경우에도 운송인이 책임을 진다고 본다.[2)]

한편 수선에 장기간이 소요된다든지, 목적항 가까운 곳에서 수선한다든지 하는 경우에는 반드시 수선완료까지 여객을 그 선박에 의하여서만 운송하도록 할 필요는 없다. 따라서 운송인은 여객의 권리를 해하지 아니하는 범위 안에서 상륙항까지의 운송의 편의를 제공하여 거처 및 식사제공의무를 면할 수 있다(상 제819조 제2항 단서). 여객의 권리를 해하는지 여부는 여객의 여행목적・도착시간 등을 고려하여 합리적으로 판단하여야 한다. 또한 반드시 다른 선박에 의할 필요는 없고, 육상・항공 운송에 의하여도 무방하다. 여객이 자신의 권리를 해하지 아니하는 운송편의를 제공받고 이를 거절한 경우에 운송인은 거처 및 식사제공의무를 면한다.

운송인이 장기간에 걸쳐 여객에게 거처와 식사를 제공하면서 수선을 하는 것이 때로는 여객에게 불이익을 가져올 수 있다. 이 경우 장기간 수선을 위하여 체류할 수 없는 여객은 항해의 비율에 따른 운임을 지급하고 계약을

---

1) 박용, 740쪽.
2) 배, 304쪽.

해지할 수 있다(동조 제3항). 이 비율은 반드시 항해한 거리에 비례하는 것은 아
니고 항해준비와 항해의 난이성을 고려하여 결정할 수 있다. 여객운임은 선급
이 보통이므로, 이미 운임을 선급한 여객은 위 비율에 따른 환급을 받는다.

㈐ **수하물무임운송의무**　　여객이 계약에 의하여 선내에서 휴대할 수 있는
수하물에 대하여는 운송인은 다른 약정이 없으면 별도로 운임을 청구할 수
없다(상 제820조). 휴대물의 운임이 여객운임에 포함되어 있다고 보기 때문이다.
휴대물의 크기 및 중량에 대하여 일정한 제한을 둘 수 있으나 당사자의 합의
에 의하여야 한다. 아테네조약에서는 자동차도 휴대물에 포함시키고 있다.

㈑ **사망한 여객의 수하물처분의무**　　여객이 사망한 때에는 선장은 그 상속
인에게 가장 이익이 되는 방법으로 사망자가 휴대한 수하물을 처분하여야 한
다(상 제824조). 선원법상 선장은 선박에 있는 사람이 사망하거나 행방불명이
된 경우에는 해양수산부령으로 정하는 바에 따라 선박에 있는 유류품에 대하
여 보관이나 그 밖에 필요한 조치를 하여야 한다(선원법 제18조). 상법은 이러한
공법상 직무를 수행함에 있어서 여객의 수하물 처분방법을 규정한 것이다. 또
선장은 운송인의 대리인으로서 항해 중에 적하를 처분하는 경우에는 이해관
계인의 이익을 위하여 가장 적당한 방법으로 하여야 할(상 제752조 제1항) 의무
가 있으므로, 제824조도 물건운송에 있어서의 적하처분에 관한 규정과 같은
취지로서 주의적 규정에 불과하다.[1] 여객의 사망의 원인은 묻지 않는다. 상
속인에게 가장 이익이 되는 방법이란 상속인의 지시를 받을 수 있으면 그 지
시에 따르고, 그렇지 않을 경우에는 상속인에게 수하물의 성질을 유지한 상태
에서 인도하는 것으로 충분하다. 부패의 우려가 있는 등 예외적 경우를 제외
하고 적극적 환가를 할 필요는 없다.

(2) 해상여객운송인의 권리

㈎ **승선지체시 발항권**　　해상여객운송은 정기적 시간표에 따라 다수인을
상대로 행하여진다. 따라서 한 사람의 승선지체를 이유로 발항하지 않는다면
다수인에게 피해를 입히므로, 여객이 승선시기까지 승선하지 아니한 때에는
선장은 즉시 발항할 수 있다(상 제821조 제1항 1문). 항해 도중 정박항에서도 마찬
가지이다(동항 2문). 여객의 승선지체는 일종의 채권자지체로 볼 것이나, 해상

---

1) 배, 310쪽.

여객운송의 특질상 승선지체로 인하여 발항한 경우 여객운송계약은 당연 해지된 것으로 본다.[1)]

    (나) **여객의 해약운임지급의무**   여객의 승선지체로 인하여 선박이 발항한 경우 여객은 운임의 전액을 지급하여야 한다(동조 제2항). 통상 운임은 선급이므로 나머지 운임의 반환은 청구할 수 없다.

4. 계약의 종료

(1) 계약의 임의해제

    여객이 발항 전에 계약을 해제하는 경우에는 운임의 반액을 지급하고, 발항 후에 계약을 해제하는 경우에는 운임의 전액을 지급하여야 한다(상 제822조). 이는 여객의 임의해제에 대한 규정이므로 당사자의 특약으로 이와 다른 약정을 하는 것도 가능하다. 위 규정은 여객측의 일방적인 계약파기이므로 여객에 대하여 운송인에게 발생하는 손해의 일정한 부담을 지우는 것이다. 발항 전 해제의 경우는 추가로 여객운송계약을 맺을 여유가 있으나, 발항 후에는 이것이 불가능하므로 운송인이 받는 손해는 선박의 발항 전과 후에 따라 그 범위가 달라진다.

(2) 법정사유에 의한 해제

    여객이 발항 전에 사망·질병이나 그 밖의 불가항력으로 인하여 항해할 수 없게 된 때에는 운송인은 운임의 10분의 3을 청구할 수 있고, 발항 후에 그 사유가 생긴 때에는 운송인의 선택으로 운임의 10분의 3 또는 운송의 비율에 따른 운임을 청구할 수 있다(상 제823조). 항해를 하기 위하여 많은 비용이 소요되는 점을 고려하여 운송인의 이익을 보호하는 것이다. 여객 가족의 사망·질병, 여객의 여권취소 등은 불가항력으로 볼 수 있다. 단, 불가항력적 사유가 여객의 고의·과실이나 운송인이 선내상태를 불결하게 유지한 결과로 인하여 질병을 얻은 경우와 같이 운송인의 고의·과실로 인한 경우에는 위 규정의 적용이 없다. 승객은 불가항력 사유의 발생을 운송인에게 통지하지 아니하면 제821조의 승선지체가 될 것이나, 사후에 그 사유가 입증되면 승선지체가 아니다.[2)]

---

1) 배, 307쪽.
2) 배, 309쪽.

(3) 법정사유에 의한 당연종료

선박이 침몰 또는 멸실한 때, 선박이 수선할 수 없게 된 때, 선박이 포획된 때에는 항해를 계속할 수 없으므로 여객운송계약도 당연히 종료한다(상 제825조 1문, 제810조 제1항 1호 내지 3호). 이러한 경우 운송인은 더 이상 운송의무를 부담하지 않게 되어 여객에게 불이익하므로, 운송인이 대체선 등으로 여객운송을 완료하게 하는 것이 합리적이라는 견해가 있다.[1] 종료사유가 항해 도중에 생긴 때에는 여객은 운송의 비율에 따른 운임을 지급하여야 한다(상 제825조 2문). 이는 여객운송계약의 도급성에 비추어 불합리하나, 해상위험 하에서 운항하는 운송인을 위해 특별히 규정한 것이다.

5. 준용규정

(1) 상법 제826조의 취지

상법 제826조는 여객운송 중 운송인의 귀책사유로 인하여 여객의 생명·신체 및 그 수하물에 발생한 손해에 대한 운송인의 책임에 관하여 물건운송 및 육상여객운송의 규정을 준용한다.

(2) 여객의 생명·신체에 대한 운송인의 손해배상책임

(가) **상법규정**   여객운송인은 자기 또는 사용인이 운송에 관한 주의를 해태하지 아니하였음을 증명하지 아니하면 여객이 운송으로 인하여 받은 손해를 배상할 책임을 면하지 못한다(상 제148조 제1항). 손해배상의 액을 정함에는 법원은 피해자와 그 가족의 정상을 참작하여야 한다(동조 제2항). 단, 여객운송인이 감항능력주의의무를 해태한 경우는 무과실을 입증해도 면책될 수 없다(상 제794조). 위 규정들은 일반불법행위에 의할 경우 피해자가 가해자의 고의·과실을 입증할 책임을 전환하고 있는 것으로 해상여객운송의 특성을 고려한 것이다.

여객운송인은 상법 제794조 내지 제798조의 규정에 반하여 당사자 사이의 특약으로 운송인의 의무 또는 책임을 경감 또는 면제할 수 없고, 여객의 사고로 인한 보험의 이익을 여객운송인에게 양도하는 약정 또는 이와 유사한 약정을 체결할 수 없다(상 제799조). 따라서 여객운송인은 운송인의 감항능력주

---

1) 배, 311쪽.

의의무(상 제794조), 여객에 대한 주의의무(상 제795조)에 대하여 제796조에서 규정한 면책사유 외에 다른 면책사유를 추가하거나 의무를 경감할 수 없다. 제797조 책임의 한도(개별적 책임제한)는 운송물에 적용될 뿐 여객에게는 적용할 수 없다. 따라서 여객운송인은 제770조 제1항 1호에서 정한 선박소유자의 여객의 사망·상해에 대한 총체적 책임제한의 적용만을 받는다.

항해용선자 또는 정기용선자가 자기의 명의로 제3자와 여객운송계약을 체결한 경우에는 그 계약의 이행이 선장의 직무에 속한 범위 안에서 선박소유자도 그 제3자에 대하여 감항능력 주의의무 및 여객에 대한 주의의무를 진다(상 제809조). 재운송의 경우 책임관계가 불명해질 수도 있음을 고려한 것이다.

(나) **여객운송인의 주의의무**   법원은 운송인이 여객에게 부담하는 주의의무의 범위를 결정함에 있어서 당해 여객에게 특별한 주의를 할 필요성이 있는지, 여객이 장애자인지 여부, 해상여객운송의 일반적 특성 등을 고려하여야 한다. 운송인은 여객이 선박에 안전하게 출입할 것을 보장할 의무를 부담하나, 선박의 위험한 상태에 대하여 여객에게 충분한 사전경고를 했다면 이 의무를 이행한 것으로 볼 수 있다.[1] 또 선원의 고의적 행위에 의해 여객이 상해를 입은 경우에 운송인은 무과실책임을 부담한다.[2] 운송인은 밀항자와 같이 적법하게 승선하지 아니한 자에 대하여는 주의의무를 부담하지 않으며, 운송인 자신의 악의 또는 미필적 고의에 의한 불법행위(wilful or wanton misconduct)가 있는 경우에만 손해배상책임을 진다.[3] 어린이가 상해를 입은 경우에는 미국의 경우 이른바 유혹적 위험물(attractive nuisance)의 법리에 기초하여 운송인이 책임을 질 수도 있다.[4]

2014년 진도 부근에서 세월호가 침몰해 304명이 사망했다. 해양경찰관인 경비정 정장이 현장 도착 이전 세월호와 교신해 상황을 파악하지 않았고 현장 도착 후 승객 퇴선 유도조치를 하지 않은 직무상 과실에 대해 대한민국의 배상책임이 인정되었다. 그리고 운송인 청해진해운은 화물과적과 고박불량

---

1) Duluth Superior Excursions v. Makela, 623 F.2d 1251(8th Cir. 1980).
2) Morton v. De Oilveira, 984 F.2d 289(9th Cir. 1993).
3) 밀항자에 대하여는 인간다운 조치를 다하면 주의의무를 이행한 것으로 본다. Buchanan v. Stanships, Inc., 744 F.2d 1070(5th Cir. 1984).
4) Taylor v. Alaska Rivers Navigation Co., 391 P.2d 15(Alaska 1964). Schoenbaum(5th), 136-137쪽.

상태로 세월호를 출항시킨 업무상과실과 선장과 선원들이 승객들의 구호조치 없이 퇴선한 불법행위를 범했으므로, 대한민국과 운송인이 공동불법행위책임 을 부담했다. 국가적 대형사고였으므로 법원은 본인 2억원, 배우자 8천만원, 부모 4천만원, 자녀 2천만원의 높은 위자료를 인정했다.[1] 책임주체들의 내부 적 부담은 청해진해운 및 임직원 70%, 화물 적재 및 고박을 담당한 우련통운 5%, 국가 25%로 정해졌다.[2]

(3) 위탁수하물에 대한 책임

여객운송인이 여객으로부터 위탁을 받은 수하물에 대하여는 위탁을 받지 아니한 수하물보다 무거운 책임을 진다. 즉 위탁수하물의 전부 또는 일부가 여객의 책임 없는 사유로 인하여 멸실한 때에는 운송인은 운임을 청구하지 못한다(상 제134조 제1항 1문). 운송인이 이미 운임의 전부 또는 일부를 받은 때 에는 이를 반환하여야 한다(동항 2문). 운송물의 전부 또는 일부가 그 성질이나 하자 또는 여객의 과실로 인하여 멸실한 때에는 운송인은 운임의 전액을 청 구할 수 있다(동조 제2항). 화폐, 유가증권 기타의 고가물에 대하여는 여객이 운 송을 위탁할 때에 그 종류와 가액을 명시한 경우에 한하여 운송인이 손해를 배상할 책임이 있다(상 제136조). 수하물이 도착지에 도착한 날로부터 10일내에 여객이 그 인도를 청구하지 아니한 때에는 운송인은 수하물을 공탁하거나 상 당한 기간을 정하여 최고한 후 경매할 수 있다(상 제149조 제2항, 제67조). 위탁을 받은 수하물에 대하여는 운송인의 감항능력 주의의무, 운송물에 대한 주의의 무, 면책사유, 운송인의 책임한도, 책임경감금지 등의 물건운송에 관한 규정 들이 대부분 준용된다(상 제794조 내지 제801조).

여객은 위탁수하물의 가액에 따른 공동해손 또는 해난구조로 인한 부담 액을 지급하여야 한다(상 제807조 제1항). 여객이 위탁수하물의 일부 멸실 또는 훼손을 발견한 때에는 수령 후 지체 없이 그 개요에 관하여 운송인에게 서면 에 의한 통지를 발송하여야 한다(상 제804조 제1항 본문). 다만, 그 멸실 또는 훼손

---

1) 서울중앙지판 2018. 7. 19. 2015가합560627, 2016가합540934, 554339, 574418, 2017가합 522414(각급법원(제1,2심) 판결공보(2019. 3. 10), 207쪽)(원고 전명선, 피고 대한민국/청해 진해운, 원고 승소, 항소 서울고법 2018나2047920).
2) 서울중앙지판 2020. 1. 17. 2015가합579799, 2016가합526204(각급법원(제1,2심) 판결공보 (2020. 4. 10), 270쪽)(원고 대한민국, 피고 유혁기 등, 원고 일부승소, 항소 서울고법 2020 나2008898).

이 즉시 발견할 수 없는 것인 때에는 수령한 날부터 3일 이내에 그 통지를 발송하여야 한다(동항 단서). 위 통지가 없는 경우에는 위탁수하물이 멸실 또는 훼손 없이 여객에게 인도된 것으로 추정한다(동조 제2항). 운송인 또는 그 사용인이 악의인 경우에는 통지의무가 없다(동조 제3항). 위탁수하물에 멸실 또는 훼손이 발생하였거나 그 의심이 있는 경우에는 운송인과 여객은 서로 위탁수하물의 검사를 위하여 필요한 편의를 제공하여야 한다(동조 제4항). 위 규정에 반하여 여객에게 불리한 당사자 사이의 특약은 효력이 없다(동조 제5항).

항해용선자 또는 정기용선자가 자기의 명의로 제3자와 여객운송계약을 체결한 경우에는 그 계약의 이행이 선장의 직무에 속한 범위 안에서 선박소유자도 그 제3자에 대하여 감항능력 주의의무 및 위탁수하물에 대한 주의의무를 진다(상 제809조). 항해 또는 운송이 법령을 위반하게 되거나 그 밖에 불가항력으로 인하여 계약의 목적을 달할 수 없게 된 때에는 운송인과 여객은 계약을 해제할 수 있다(상 제811조 제1항). 해제사유가 항해 도중에 생긴 경우에 계약을 해지한 때에는 여객은 운송의 비율에 따라 운임을 지급하여야 한다(동조 제2항). 운송인의 여객에 대한 채권 및 채무는 그 청구원인의 여하에 불구하고 운송인이 여객에게 위탁수하물을 인도한 날 또는 인도할 날부터 1년 이내에 재판상 청구가 없으면 소멸한다(상 제814조 제1항 본문). 다만, 이 기간은 당사자의 합의에 의하여 연장할 수 있다(동항 단서).

(4) 비위탁수하물에 대한 책임

여객운송인은 여객으로부터 인도를 받지 아니한 수하물의 멸실 또는 훼손에 대하여는 자기 또는 사용인의 과실이 없으면 손해를 배상할 책임이 없다(상 제150조). 여객운송인의 손해배상의 책임은 당해 비위탁수하물의 매 포장당 또는 선적단위당 666.67 계산단위의 금액과 중량 1킬로그램당 2 계산단위의 금액 중 큰 금액을 한도로 제한할 수 있다(상 제797조 제1항 본문). 다만, 비위탁수하물에 관한 손해가 여객운송인 자신의 고의 또는 손해발생의 염려가 있음을 인식하면서 무모하게 한 작위 또는 부작위로 인하여 생긴 것인 때에는 그러하지 아니하다(동항 단서). 비위탁수하물에 대하여도 총체적 책임제한이 적용된다(동조 제4항). 비위탁수하물에 관한 손해배상청구가 여객운송인의 사용인 또는 대리인에 대하여 제기된 경우에 그 손해가 그 사용인 또는 대리인의 직무집행에 관하여 생긴 것인 때에는 그 사용인 또는 대리인은 여객운송인이 주장할 수 있는 항변과 책임제한을 원용할 수 있다(상 제798조 제2항 본문). 상법 규정에 반하여 비위탁수하물에 대한 여객운송인의 의무 또는 책임을 경감 또는 면제하는 당사자 사이의 특약은 효력이 없다(상 제799조 제1항 1문). 재운송계약과 여객운송인의 제척기간에 관하여는 위탁수하물과 같다(상 제809조, 제814조).

제 7 장

용 선 계 약

용선계약(charterparty)이란 해상운송인인 선박소유자가 선박의 전부 또는 일부를 운송을 위하여 제공하여 물건을 운송할 것을 약속하고, 상대방인 용선자는 용선료를 지급할 것을 약속하는 특별한 종류의 해사계약이다. 용선계약에는 항해용선계약·정기용선계약·선체용선계약의 세 유형이 있다.

제 1 절   항해용선계약(voyage charter)

제 1 관   의   의

항해용선계약은 특정한 항해를 할 목적으로 선박소유자가 용선자에게 선원이 승무하고 항해장비를 갖춘 선박의 전부 또는 일부를 물건의 운송에 제공하기로 약정하고, 용선자가 이에 대하여 운임을 지급하기로 약정함으로써 그 효력이 생기는 계약이다(상 제827조 제1항).[1] 선박소유자가 일정한 기간 동안

---

1) J. Cooke, T. Young, A. Taylor, J. Kimball, D. Martowski, and L. Lambert, Voyage Charters, 3d ed.(London: Informa, 2007); A. Mocatta, M. Mustill, and S. Boyd, Scrutton on Charter Parties and Bills of Lading, 19th ed.(London: Sweet & Maxwell, 1984); W. Poor, Charter Parties and Ocean Bills of Lading, 5th ed.(1968 & 1974 Supplement by

용선자에게 선박을 제공할 의무를 지지만 항해를 단위로 운임을 계산하여 지급하기로 약정한 경우에도 그 성질에 반하지 아니하는 한 항해용선에 관한 규정이 적용된다(동조 제3항). 항해용선에서는 선박소유자가 용선선박의 지휘·관리권과 선장 및 선원의 임명·감독권을 가지는 대신 운항비·연료비를 부담하며, 운송물의 선적·양륙 비용까지 부담함으로써 제3자에 대하여 권리의무의 주체가 된다. 용선계약의 당사자는 상대방의 청구에 의하여 용선계약서를 교부하여야 한다(상 제828조).

항해용선과 개품운송의 차이점은 다음과 같다. 첫째, 항해용선은 불특정 항로에서 부정기적으로 화물의 운송을 인수하는 반면, 개품운송은 특정 항로에서 정기적으로 운송물의 운송을 인수한다. 둘째, 항해용선의 대상은 석탄·철광석·비료·곡물기름 등 원자재이며, 항해용선선박은 대형화·전용화되는 경향이 있다. 반면에 개품운송에 사용되는 선박은 완제품이나 반제품을 수송하므로 컨테이너선을 주로 사용한다. 셋째, 항해용선은 용선자에게 재운송계약을 허용하나, 개품운송에서는 그렇지 아니하고 송하인이 운송주선인을 이용해 해상운송인에게 운송을 의뢰한다.[1]

항해용선계약의 보통거래약관으로 발트국제해운동맹의 젠콘(Baltic and International Maritime Conference Uniform General Charter: GENCON)이 있는데, 젠콘 1994년 개정본의 특징은 다음과 같다. 첫째, 용선자가 항구에서의 선적 및 양륙 비용을 부담하도록 하였다. 둘째, 쌍방과실충돌약관·신제이슨약관·제세공과금약관·준거법 및 중재약관을 신설하였다. 셋째, 운임지급방법, 정박기간의 계산, 공동해손의 정산규칙, 분쟁해결의 준거법 및 중재지에 관하여 당사자에게 선택권을 부여하였다.[2]

판례는 선복용선계약을 항해용선계약과 유사하다고 본다. 양밍과 한진해운이 공동운항을 위해 서로 선복을 할당한 후 선복사용료를 월말에 정산하는 경우, 정산금은 항해용선계약 용선료의 법적 성질을 가진다. 선복용선계약의 대상인 선박들의 항해가 시작된 후 한진해운 회생절차가 개시되고 그 후 항해가 종료되었다. 회생절차 전 운송과 회생절차 후 운송은 불가분이므로, 양

Bauer).

1) 박용섭, 정기용선계약법론(부산: 한국선원선박문제연구소, 1989), 350-351쪽.
2) 김정회, "1994년 Gencon 항해용선계약서에 관한 고찰," 한국해운학회지 제29호(1999. 12), 70쪽.

밍의 한진해운에 대한 정산금 채권은 한진해운의 업무에 관한 비용으로서
<채무자 회생 및 파산에 관한 법률>의 공익채권에 해당한다.[1]

제 2 관   당 사 자

제1 원칙: 항해용선계약을 전체적으로 해석하여야

원칙적으로 젠콘 등 항해용선계약서 표지에 선박소유자와 항해용선자로
기재된 자가 항해용선계약의 당사자이다. 그러나 여러 가지 이유로 그 외의
자가 항해용선계약의 당사자인 경우가 있다. 이 경우 법원은 항해용선계약의
성격 및 내용, 상업적 배경으로부터 도출되는 당사자의 의도에 근거하여 당사
자가 누구인지를 결정한다. 항해용선계약이 서면으로만 되어 있을 때에는 계
약의 성격과 관련된 상황을 고려하게 된다. 그리고 항해용선계약이 일부는 구
두로, 나머지 일부는 서면으로 작성되었을 때에는 계약의 성격과 구두 및 서
면 약정과 관련된 상황을 종합하여 당사자를 결정한다. 항해용선계약이 서면
으로 작성되었다면, 한 당사자가 대리인에 불과하고 그 사실을 상대방이 알고
있다는 사실만으로 대리인이 자신의 책임을 부정할 수는 없다. 반면에 항해용
선계약이 구두로 체결된 경우에는 대리인의 책임이 다소 완화되므로, 대리인
이라고 알려져 있는 자는 용선계약에 대하여 개인적인 책임을 부담하지 아니
하는 것이 보통이다.[2] 항해용선계약에 '대리인으로서'(as agents) 또는 '…를 위
하여'(on behalf of)라고 기재함으로써 자신이 대리인이라는 것을 분명히 한 자
는 항해용선계약의 당사자가 아니다. 예컨대 항해용선계약에 '용선자 : 제임
스 매켈비 앤드 컴퍼니'라고 기재되어 있는데, 개인인 제임스 매켈비가 '제임
스 매켈비 앤드 컴퍼니를 대리하여'(대리인으로서) 용선계약에 서명한 경우, '대
리인으로서'의 의미는 제임스 매켈비 앤드 컴퍼니가 제3의 용선자를 대리하
여 용선계약을 체결한 것이므로(제임스 매켈비가 제임스 매켈비 앤드 컴퍼니를 대리한
것이 아님) 제임스 매켈비 앤드 컴퍼니는 용선계약의 당사자가 아니다.[3]

한편 대리인임을 표시하기 위하여 이사·중개인·대리인 등의 호칭을 사

---

1) 서울중앙지판 2018. 4. 18. 2017가합17851(원고 양밍(유케이) 엘티디, 피고 한진해운의 파산
   관재인, 원고 일부승소, 확정).
2) Cooke(3d), 43-44쪽.
3) Universal Steam Navigation Co. v. McKelvie [1923] A.C. 492. Cooke(3d), 45쪽.

용하였다고 하여 반드시 자신의 용선계약상 책임을 부정할 수 있는 것은 아
니며, 주변상황을 고려하여 해석하여야 한다. 스완호 사건에서 J주식회사가
선박관리인이었고, 피고 J는 선박소유자인 동시에 J주식회사의 이사였다. J는
J주식회사의 양식에 '이사 J'라고 서명한 후 구두 및 서면으로써 선박의 수리
를 원고에게 위임하였다. 영국법원은 J가 단지 J주식회사의 이사라고 밝혔다
고 하여 J주식회사의 대리인에 불과하다고 볼 수는 없다고 판시하였다. J가 선
박소유자였고 선박을 수리하면 선박의 가치가 높아질 것이므로, 선박수리업
자인 원고로서는 J가 수리비에 대한 개인적 책임을 부담할 의도였다고 보는
것이 합리적이라는 것이다. J가 계약체결시 자신이 개인적 책임을 부담하지
않겠다는 것을 분명히 하지 않았으므로, J와 J주식회사는 공동당사자로서 계
약책임을 부담하게 되었다.[1]

　　영국법원은 대리인에 대하여 상당히 엄격한 책임을 지운다. 자신이 대리
인임을 밝히지 않고 항해용선계약에 서명한 A는 계약당사자로 인정되며, 설
사 A가 대리인에 불과함을 상대방당사자가 알고 있더라도 마찬가지이다. 용
선계약의 다른 규정에 의하여 용선계약의 당사자인 A의 본인이 별도로 있다
는 것을 알 수 있더라도 A와 본인은 공동계약당사자로 인정된다. 예컨대 젠콘
양식표지의 항해용선자란 및 송하인란에 B의 이름을 기재하였으며, B는 대리
인이라는 별도의 표시 없이 용선계약에 서명하였다. 용선계약의 특약으로서
"이 용선계약은 수하인 G를 대리하여 서명한다"라는 기재가 추가되었다. 영
국법원은 B가 용선계약상 책임을 지는 당사자라고 판시하였다. 특약이 있다
고 하여 B가 당사자에서 제외되는 것이 아니고, G가 추가적인 당사자로 됨에
불과하다는 것이다.[2]

　　용선계약각서(fixture note) 본문의 고객/계정(Account)란에는 D를 대리하는
B(B for and on behalf of D)라고 기재되어 있으나, 용선계약각서 말미 용선자 서
명 난에는 B 명의로 서명 날인이 된 경우, B가 당사자로서 용선자라는 대법
원 판례가 있다.[3]

---

1) The Swan [1968] 1 Ll.Rep. 5. Cooke(3d), 46쪽.
2) Et Biret v. Yukiteru Kaiun KK(The Sun Happiness) [1984] 1 Ll.Rep. 381. Cooke(3d), 46-47쪽.
3) 대판 2019. 11. 14. 2017다224807(원고/상고인 A회사, 피고/피상고인 B주식회사/C주식회사, 상고기각).

제2 본인은 당사자적격이 있다

대리인이 자신의 개인적 책임을 지지 않는 방향으로 항해용선계약을 체결하였는지 여부와 상관없이 본인은 용선계약의 진정한 당사자로서 원고 또는 피고가 될 수 있다. 설사 항해용선계약체결시 상대방이 본인이 누구인지를 모르거나 대리인 외의 본인이 별도로 존재한다는 사실 자체를 모른다고 하더라도 마찬가지이다. 이같이 용선계약의 당사자가 될 수 있는 본인은 대리인에게 자신을 위하여 용선계약을 체결하도록 사전에 수권하였거나, 이미 체결된 용선계약을 사후에 추인할 자격이 있으며, 실제로 추인한 자에 국한된다. A가 본인을 위하여 용선계약을 체결하는 것과 같이 일응 보이는 경우라 할지라도 A가 자신의 계산으로 용선계약을 체결할 의도였음을 입증하면, A는 용선계약의 당사자가 될 수 있다. 단, 상대방이 A 아닌 제3자와 용선계약을 체결하는 것이라고 믿지 않았어야 하며, 이는 상대방의 신뢰보호를 위한 것이다. 한편 본인의 성명이 용선계약에 명기되어 있고, 본인이 누구인지가 상대방에게 중요할 때에는 대리인은 사실상 자신의 계산으로 용선계약을 체결한 것이라고 주장할 수 없다. 예컨대 렘코호 사건에서는 원고인 중개인이 A의 대리인임을 밝히고, 피고 선박소유자와 용선계약협상을 하였다. 한편 원고는 피고의 선박을 용선한 후 A에게 재용선하여 차익을 남기기 위하여, 피고에게는 비밀리에 용선계약의 용선자가 될 것을 의도하고 A와 별도의 정기용선계약을 체결하였다. 피고는 이를 눈치채고 A와 직접 용선계약을 체결한 후 원고와의 용선계약을 해제하였다. 피고는 실수요자인 A와 용선계약을 체결하고 싶었으며, 중개인에 불과한 원고가 용선료지급을 보증하지 않는다면 원고를 당사자로 하는 용선계약을 체결할 의사가 없었던 것이다. 원고는 자신과 피고 간에 용선계약이 체결되었다고 주장하였다. 그러나 영국법원은 피고가 ① 용선계약의 당사자가 누구인지가 중요하며, ② 원고가 용선계약의 당사자라면 피고는 용선계약을 체결하지 않았을 것임을 입증하였다면, A의 대리인임을 피고에게 의사표시한 원고는 스스로 용선계약의 당사자라고 주장할 수 없다고 판시하였다.[1]

---

[1] Gewa Chartering BV v. Remco Shipping Lines Ltd.(The Remco) [1984] 2 Ll.Rep. 205. Cooke (3d), 47-50쪽.

제3 대리인의 권한

1. 대 리 권

항해용선계약의 대리인이 용선계약을 체결한 경우에 대리인이 실제로 본인을 대리할 권한을 가지거나 명백한 대리권을 가져야만 본인을 구속할 수 있다. 실제 대리권이란 대리인이 본인을 대리하여 용선계약을 체결하여도 좋다고 본인이 실제로 동의한 경우를 말한다. 동의는 명시적으로 할 수도 있고, 본인의 행위로부터 추정할 수도 있다. 예컨대 대리인을 용선관리인(chartering manager)으로 임명한 본인은 용선관리인이 통상적으로 수행할 수 있는 법률행위를 할 수 있는 권한을 대리인에게 묵시적으로 위임하는 데 동의한 것이다.[1]

명백한 대리권이란 본인이 제3자로 하여금 대리인이 본인을 대리할 권한을 가졌다고 믿도록 하는 것을 말한다. 예컨대 항해용선자의 부사장 겸 용선관리인인 A가 선박소유자와 3년 기간의 정기용선계약을 체결하였다. 선박소유자는 용선자의 특별승인이 없으면 A가 이같이 장기용선계약을 체결할 일반적 권한이 없음을 알고 있었으나, A는 용선자의 승인을 받았다고 선박소유자에게 거짓말하였다. 선박소유자는 A가 용선자의 승인을 받았다고 의사표시할 수 있는 명백한 대리권을 가지고 있었으므로 용선자가 용선계약에 구속된다고 주장하였다. 이에 대하여 영국귀족원은 "명백한 대리권은 대리인이 상대방과 법률행위를 수행하였고, 본인도 이를 묵인하고, 그 법률행위의 결과를 수용함으로써 성립한다. 그러나 대리인의 대리권이 제한적인 것이어서 당해 법률행위를 수행할 만한 대리권은 없음을 상대방이 알고 있는 경우에는 대리인이 명백한 대리권을 가지고 있다고 할 수 없다. 특정 법률행위를 수행할 수 있는 명백한 대리권이 존재하는 것은 매우 드문 일이다"라고 판시함으로써 일반적으로 명백한 대리권과 특정하고도 명백한 대리권을 구별하였다. 이 사건에서 용선자의 특별승인이 없으면 A가 용선계약을 체결할 수 없음을 선박소유자가 알고 있었으므로 A는 일반적으로 명백한 대리권을 가지지 못하였다. 또 A가 당해 용선계약을 체결하는 데 필요한 승인을 얻었다고 용선자의 경영층이 의사표시를 하지도 않았으므로 A가 특정하고도 명백한 대리권을 가진 것도 아니었다. 나아가 A를 부사장 겸 용선관리인으로 임명하였다고 하여

---

1) Cooke(3d), 51-52쪽.

A가 용선계약체결에 필요한 승인을 얻었다고 용선자가 의사표시한 것으로 볼 수는 없다. 따라서 용선자는 A가 체결한 용선계약에 구속되지 않는다고 판시되었다.[1]

1항차만을 운항하고 용선료는 시장가격에 따르는 정형적인 항해용선계약의 경우에는 대리인이 명백한 대리권을 가진다고 인정하는 것이 보다 용이하다. 이 경우에는 용선계약과 관련하여 대리인이 본인으로부터 아무런 지시를 받지 못하였든, 또는 본인이 대리인의 대리권에 가한 제한을 대리인이 위반하였다 하더라도 상대방이 그러한 제한에 관하여 알지 못하는 한 대리인이 체결한 용선계약은 본인을 구속한다. 선박소유자가 일반적 관리권한을 가진 선박관리인을 고용한 경우에도 선박관리인에게는 광범한 대리권이 인정된다. 예컨대 곡물상이 평소에 자신의 형으로 하여금 곡물사업을 경영하게 하고 형이 체결한 매매계약을 추인하여 왔다면, 그 용선계약과 관련하여 형이 곡물상으로부터 아무런 지시를 받지 아니하였더라도 형이 체결한 용선계약은 곡물상을 구속한다.[2] 그리고 선박소유자나 용선자가 중개인을 지명하여 오랜 기간 동안 자신의 용선사업의 대부분을 중개하도록 한 경우, 그 중개인은 용선관리인과 유사한 광범한 대리권을 본인으로부터 수권받았다고 볼 수 있다. 반면에 용선거래의 1회에 국한하여 중개인을 지명한 것에 불과하다면, 설사 과거에 그 중개인을 빈번하게 지명해 왔더라도 중개인이 당해 용선계약에 관하여 본인으로부터 실제로 수권받지 못하였다면 그 중개인은 명백한 대리권을 가지지 못한다.[3]

2. 대리인의 계산에 의한 용선계약

대리인이 자신의 계산으로 용선계약을 체결하는 것에 대하여 본인이 동의한 것만으로는 대리인에게 대리권이 있다고 할 수 없다. 예컨대 항해용선자가 선박을 재용선할 권리를 가지는 것에 선박소유자가 동의하였더라도 이는 용선자가 재용선방식으로 선박을 활용하는 것에 선박소유자가 동의하였음을 의미할 뿐 용선자에게 선박소유자의 대리인으로서 선박을 재용선할 대리권을

---

1) Armagas v. Mundogas(The Ocean Frost) [1986] A.C. 717. Cooke(3d), 53쪽.

2) Smith v. McGuire(1858) 3 H. & N. 554.

3) Cooke(3d), 54쪽.

준 것은 아니다. 아스티아낙스호 사건에서 사이프러스회사인 A선 소유자가 A
선을 아르헨티나행 항해에 제공할 계획이었다. 그런데 선박소유자가 그리스
국민인 경우에는 세제혜택이 있었으므로 선박소유자는 선박소유자측 중개인
의 직원인 B에게 용선을 해주고, B가 피고에게 재용선하는 방식을 취하기로
하였다. 그 후 분쟁이 발생하여 선박소유자는 피고를 직접 제소하면서 B가 선
박소유자의 대리인으로서 피고와 재용선계약을 체결한 것이라고 주장하였다.
영국법원은 선박소유자와 B와의 용선계약은 진정한 것이었고, 선박소유자와
B와의 관계는 선박소유자와 용선자의 관계이며 본인과 대리인의 관계가 아니
라고 판시하였다.[1]

3. 대리권의 담보

대리인이 본인을 위한 것임을 표시하여 용선계약을 체결한 경우, 대리인
은 자신이 적법하게 수권받았음을 상대방에 대하여 묵시적으로 담보한다. 만
약 대리인이 적법하게 수권받지 못한 결과 용선계약이 제대로 체결되지 않았
다면, 대리인은 이로 인하여 손해를 입은 상대방에 대하여 담보위반으로 인한
손해배상책임을 진다. 반대의 약정이 없는 한 이 담보의무는 절대적이며, 대
리인이 스스로 필요한 대리권을 가지고 있다고 진실하고도 합리적으로 믿었
다고 하여 이 같은 담보의무를 면할 수는 없다. 중개인이 용선계약에 서명하
면서 용선계약서에 "전신에 의하여 수권받았음"이라고 기재하였는데, 전신
송신의 착오로 인하여 중개인이 용선계약을 체결할 대리권이 있다고 잘못 믿
은 경우 중개인은 손해배상책임을 지지 아니한다. 한편 중개인이 받은 전신에
는 착오가 없었지만, 중개인을 임명할 권한이 없는 대리인이 중개인에게 대리
권을 부여하는 내용의 전신을 보낸 경우 중개인은 손해배상책임을 진다.[2]

제4 저당권자와 매수인

선박저당권자가 저당권설정자(선박소유자)로 하여금 선박을 계속 점유하게

---

1) Asty Maritime v. Rocco Guiseppe & Figli(The Astyanax) [1985] 2 Ll.Rep. 109, reversing
   [1984] 2 Ll.Rep. 459. Cooke(3d), 51-52쪽.
2) Cooke(3d), 56쪽.

하였다면, 저당권설정자는 저당권자의 권리를 해치지 아니하는 범위 내에서
당해 선박에 관하여 항해용선계약을 체결할 수 있다. 즉 저당권설정자가 통상
적인 용선을 하는 경우에, 저당권자는 선박에 대하여 강제집행을 함으로써 용
선계약의 정상적인 이행을 방해하여서는 아니 된다. 반면에 저당권설정자가
선박에 戰時 금제품을 선적하고 위험한 항로에 운항시켰다면 저당권자의 권
리가 침해되었으므로, 저당권자는 선박저당권을 실행할 수 있다. 용선선박의
매수인은 원칙적으로 용선계약의 당사자가 되지 아니한다. 그러나 선박매매
계약을 체결하였을 때 매수인이 용선계약이 존재한다는 것을 알고 있었다면,
매수인은 용선계약의 내용과 상치되는 방향으로 선박을 사용할 수 없다. 용선
계약을 체결한 후 선박에 저당권을 설정한 경우의 저당권자도 이와 마찬가지
이다.1)

제 3 관 선박소유자책임약관(Owners' Responsibility Clause)

젠콘항해용선계약 제2조 선박소유자책임약관은 다음과 같다.

"선박소유자는 ① 운송물을 부적절하거나 과실로 적부하였거나(improper
or negligent stowage, 용선자나 용선자의 하역업자나 피용자가 적부한 경우는 면책됨), ② 선
박소유자나 관리인이 선박의 감항성을 갖추고 적절한 선원·색구·보급품을
확보하기 위하여 개인적으로 상당한 주의의무를 다하지 않았거나, ③ 선박소
유자나 관리인의 개인적 작위 또는 부작위로 인하여 발생한 운송물의 멸실·
훼손·지연에 대하여 손해배상책임을 진다.

선박소유자는 그 이외의 원인으로 인하여 발생한 운송물의 멸실·훼손·
지연에 대하여는 면책되며, 이는 선장·선원·육상직원의 과실(neglect or de-
fault)로 인하여 멸실 등이 발생한 경우에도 마찬가지이다. …(생 략)….

① 다른 운송물과의 접촉·냄새·증발로 인한 손해, ② 다른 운송물의
인화성이나 폭발성, 불충분한 포장으로 인하여 발생한 손해는 부적절하거나
과실로 적부한 것으로 보지 않는다."

---

1) Cooke(3d), 56쪽.

제1 선박소유자의 책임(제2조 1문)

선박소유자책임약관은 엄격하게 해석되어야 하고, 불명확한 경우에는 선박소유자에게 불리하게 해석된다. 운송물의 멸실·훼손·지연은 물론이고, 운송물을 일부만 적재하였거나 용선선박이 선적항에 늦게 도착하여 추가창고비용이 발생한 경우에도 선박소유자는 책임이 있다. '적부'는 넓게 해석되며, 운송물이 선적된 시점부터 선상에서 운송물의 취급에 관한 모든 작업, 선창이나 갑판에 운송물을 배치하는 작업, 고박, 시멘트부대나 방수포로 충격방지작업, 통상 하역업자가 수행하며 매트나 깔개를 선창에 깔아 선적을 준비하는 작업을 모두 포함한다. 선상크레인에서 운송물을 떨어뜨려 발생한 손해는 적부에 해당하지 않는다. 선창에 운송물을 놓기 위해 갈고리를 사용하다가 발생한 손해는 적부에 해당하는 반면, 이미 적치되어 있는 운송물을 옮기기 위해 갈고리를 사용한 것은 적부에 해당하지 않는다.[1] 선박이 감항성 있으려면 항해에서 예측되는 위험을 견뎌 내고, 이 같은 위험으로부터 합리적으로 안전하게 운송물을 보호할 수 있어야 한다. 운송물을 적절하게 적부하였더라도 고박을 제대로 하지 않아 운송물이 항해중 움직여 선박의 안정성을 위협할 때에는 발항 당시 불감항상태라고 본다. 운송물을 제대로 적부하고 고박하였더라도 운송물 자체가 선박장비의 장애물이 되어 선박장비가 제대로 작동하지 않았다면 역시 불감항에 해당하며, 갑판적해야 할 위험물을 선창내적하여 선박의 안전을 위협한 경우도 불감항에 해당한다.[2]

제2 면책사유(제2조 2문)

선박소유자는 운송물의 인도지연으로 인한 경제적 손해에 대하여 면책되는 한편, 선박이 선적항이나 2차 선적항에 늦게 도착하여 지연손해가 발생한 경우에는 선박소유자가 책임을 진다. 선박소유자나 관리인의 개인적 고의 또는 과실과 무관한 불감항성 때문에 항해가 포기되어 용선자가 얻었을 재용선료를 상실한 경우, 이는 운송물의 멸실·훼손에 대한 청구가 아니라 순수한

---

1) Cooke(3d), 208-211쪽.
2) Cooke(3d), 213-219쪽.

경제적 손해이므로 선박소유자는 지급의무를 진다. 절도나 운송물의 잘못 인도와 같이 선장·선원이 고의로 불법행위를 범한 경우에까지 선박소유자가 면책되는 경우가 많은데, 절도의 경우는 선박소유자가 통제하기 힘든 자가 범하는 것이 통상적이기 때문이다. 선박소유자의 면책사유는 용선선박이 선적항에 도착하기 이전에 발생한 손해에는 적용되지 아니한다.[1]

　　항해용선자와 선주 간의 약정에 관한 우리 대법원판례가 있다.[2] 이 사건에서 해상운송인인 원고와 해상운송주선사업자인 피고가, 원고가 운항하는 선박 콘도아호에 국산승용차 43대를 선적하여 인천에서 산동항까지 운송키로 하는 항해용선계약을 체결하였다. 그런데 이 사건 화물이 중국에 밀수출하려던 것임이 드러나 중국당국은 콘도아호를 억류하였는바, 원고는 용선계약이 "양륙항에서의 입항절차는 용선자의 부담으로 용선자가 주선하여야 하고, 화물이 불법한 것으로 드러나 중국당국이 선박을 억류할 경우 이로 인한 모든 위험 및 결과는 용선자가 책임을 부담한다"고 규정한다는 이유로 억류에 따른 손해배상을 피고에게 청구하였다. 대법원은 '화물이 불법한 것으로 드러난 경우'란 화물 자체가 수입금지품목 등에 해당하는 경우뿐 아니라 화주나 수하인이 화물의 적법한 통관절차를 거치지 않고 밀수입하는 경우도 포함한다고 보아 원고 승소판결을 내렸다. 피고는 "이 사건 화물이 중국에서의 높은 관세를 회피하기 위하여 정상적 통관절차를 거치지 않는다는 사정을 원고가 알고 있었다. 따라서 밀수행위로 선박이 중국당국에 억류될 것을 대비하여 약정한 책임부담약정은 반사회적 법률행위에 해당하여 무효"라는 항변을 하였으나 받아들여지지 않았다. 다만, 대법원은 원고도 이 사건 화물이 정상적으로 통관되지 않을 것임을 알고 있었던 사실, 원고가 위 책임부담약정을 이유로 중국당국에 벌금납입을 미루어 선박의 억류기간을 장기화시킴으로써 손해를 더 크게 하였다는 이유로 원고의 과실을 25%로 인정하였다.

　　또 젠콘용선계약서 제2조의 "선박소유자는 어떠한 사유로든 설사 선박소유자에 의하여 고용되어 승선하였거나 육상의 선장·선원 기타의 자의 부주의나 과실행위의 경우에도 멸실·훼손·지연에 대하여 책임을 지지 아니한다"는 면책약관이 유효하다고 본 서울고법판례가 있다.[3] 한편 용선자가 마치

---

1) Cooke(3d), 232-233쪽.
2) 대판 1996. 6. 14. 95다46036(판례공보(1996. 8. 1), 2158쪽).
3) 서울고판 1998. 4. 14. 97나35445(원고 월드후르츠, 피고 한국특수선). 법원은 상법 제790조

선적항에 화물이 준비되어 있는 것처럼 선박소유자를 기망하여 항해용선계약을 체결한 후 선박이 선적항에 도착하여 보니 선적할 화물이 준비되어 있지 않아 할 수 없이 회항한 경우에 용선자에게 불법행위에 기한 손해배상책임을 인정하여 선박소유자가 지출한 운항비용을 배상하라고 명한 서울고법판례도 있다.[1]

제 4 관 체 선 료

제1 일단 체선상태이면 계속 체선상태

운송물을 선적 및 양륙하기 위하여 허용되는 기간을 정박기간 또는 대박기간(laytime)이라고 하는데, 약정된 정박기간을 초과하였다면 용선자는 용선계약을 위반하였으므로 약정한 요율에 의한 체선료(demurrage)를 선박소유자에게 지급하여야 한다. 반면에 정박기간만료 전에 운송물의 선적을 완료하고 선박이 출항한 경우에 선박소유자가 용선자에게 지급하는 금액을 조출료(dispatch)라 한다. 체선료는 손해배상액의 예정이며, 체선료지급의무는 절대적이므로 용선자의 과실이 있을 필요는 없다. 우리 판례는 체선료는 체선기간중 선박소

제1항(개정상법 제799조 제1항)에 의해 원칙적으로 운송인의 책임을 감경하거나 면제하는 특약은 효력이 없으나, 동조 제3항에 의해 용선계약당사자간에는 감항능력주의의무 규정에 반하지 아니하면 제1항을 적용하지 않는다는 이유로 용선계약상 면책약관의 효력을 인정하였다.

1) 서울고판 1997. 11. 21. 96나38782(원고 한라해운, 피고 정재준/정삼복/하우마치 트레이딩). 피고들은 고철을 수입하여 전매차익을 얻을 목적으로 탄자니아에 있는 고철 22,000톤을 현대재팬에 매도하기 위하여 신용장을 개설하도록 하였다. 그런데 위 고철은 탄자니아인소유로서 피고들이 아직 매수하지 못한 상태였다. 그리고 신용장상 선적기일까지 용선을 확정하지 못할 경우 신용장이 실효되므로 고철수입계약도 더 이상 추진할 수 없고, 미화 15만불의 전매이익도 얻을 수 없는 상황이었다. 그리하여 피고들은 자신들의 탄자니아 내 대리점으로 하여금 화물이 준비되어 있다는 내용의 텔렉스를 원고에게 보내게 하는 한편, 피고들 스스로 작성한 허위확인서를 원고에게 제출하였다. 원고는 이를 믿고 피고들과 용선계약을 체결한 후 아나스타샤호를 탄자니아에 파견하였는데, 뒤늦게 용선계약의 목적물이 준비되지 못한 것을 안 원고는 피고들의 방해에도 불구하고 간신히 아나스타샤호를 철수시켰다. 법원은 이로 인하여 원고가 입은 운항비용에 대한 피고들의 손해배상책임을 인정하였다. 다만, ① 피고들이 용선을 위하여 원고를 접촉하기 전에 접촉하였다가 실패한 대보해운에 대하여 원고가 확인해 보았다면 화물이 준비되어 있지 않다는 것을 알 수 있었고, ② 피고들의 탄자니아 내 대리점이 작성한 확인서와 피고들의 준비한 확인서의 내용이 약간 달랐으므로, 원고가 이를 자세히 확인하였으면 화물미준비사실을 알 수 있었는데도 이를 확인하지 아니한 원고의 과실을 30% 상계하였다.

유자가 입은 선원급료, 식비, 체선비용, 선박이용을 방해받아 상실한 이익 등의 손실을 전보하기 위한 법정 특별보수이고, 약정한 체선료를 선박소유자의 과실을 참작하여 감액하거나 과실상계할 수 없다고 본다.[1]

'일단 체선상태이면 계속 체선상태'(once on demurrage, always on demurrage)이므로 체선료가 일단 발생하기 시작하면 계속적으로 발생하며, 용선계약에 별도의 규정이 없는 한 공휴일·악천후·동맹파업 등에 의하여 체선상태가 중단되지 아니한다. 체선료를 감액하거나 면제시키려는 면책조항은 명확하여야 하며, 일반적인 면책사유로는 부족하다. 체선료가 발생하지 아니하는 예외는 선박소유자 또는 선박소유자가 책임지는 자의 과실로 선적·양륙이 지연된 경우이다. 선박소유자의 과실로 선적·양륙이 지연되었으나 용선자의 선적·양륙 작업진행은 가능하였다면, 용선자는 선박소유자의 과실로 인하여 선적·양륙이 얼마나 지연되었는지를 입증하여야 한다. 한편 선박소유자의 행위로 인하여 용선자의 선박사용권이 근본적으로 박탈된 경우에는 선박소유자가 선적·양륙의 지연에 대하여 자신의 귀책사유 없음을 입증하여야 한다. 나아가 선적·양륙과 무관하게 선박소유자가 선박을 자신의 용도에 사용하였다면, 선적·양륙이 지연되었더라도 체선료는 발생하지 아니한다.[2]

제2 정박기간의 개시

정박기간이 개시되기 위하여는 용선선박이 도착선(arrived ship)이 되어야 하는데, 이는 선박이 용선계약에 따라 항구·부두 또는 선석에 도착한 것을 의미한다. 선박은 청결하고 운송물을 수령할 준비가 되어 있어야 하며, 선박소유자는 운송물을 선적함에 필요한 준비가 완료된 때에는 지체 없이 용선자에게 그 통지를 발송하여야 한다(상 제829조 제1항). 운송물을 선적할 기간의 약정이 있는 경우에는 그 기간은 선적준비완료의 통지가 오전에 있은 때에는 그 날의 오후 1시부터 기산하고, 오후에 있은 때에는 다음 날 오전 6시부터 기산한다(동조 제2항 1문). 이 기간에는 불가항력으로 인하여 선적할 수 없는 날과 그 항의 관습상 선적작업을 하지 아니하는 날을 산입하지 아니한다(동항 2문). 선적기간을 경과한 후 운송물을 선적한 때에는 선박소유자는 상당한 보

---

1) 대판 1994. 6. 14. 93다58547(법원공보(1994. 7. 15), 1951쪽).
2) Cooke(3d), 414-416쪽.

수를 청구할 수 있다(동조 제3항). 용선자 외의 제3자가 운송물을 선적할 경우에 선장이 그 제3자를 확실히 알 수 없거나 그 제3자가 운송물을 선적하지 아니한 때에는 선장은 지체 없이 용선자에게 그 통지를 발송하여야 한다(상 제830조 1문). 이 경우 선적기간 이내에 한하여 용선자가 운송물을 선적할 수 있다(동조 2문).

항해용선계약에 "선석이 비기까지 대기한 시간은 정박기간으로 한다"는 조항이 기재되어 있는 경우에는 선석대기기간을 용선자의 부담으로 하는 한편, 용선계약에 "선박의 부담으로 한다"(the vessel shall take its turn)는 조항이 있는 경우에는 선박소유자가 선석대기기간에 따른 손실을 책임진다. 용선자는 선적준비를 완료하여야 하나, 용선계약에 반대의 규정이 없는 한 운송물을 선적·적부·양륙할 책임은 선박소유자에게 있다. 용선자는 용선계약에 규정된 수량의 운송물을 선적할 의무가 있으며, 이 의무를 위반하면 공적운임(dead freight)을 선박소유자에게 지급하여야 한다. 정박기간은 용선계약이 규정하는 바에 따라 진행을 개시하는데, 선박소유자가 용선자에게 선적준비완료를 통지(notice of readiness)한 때부터 실제로 정박기간이 개시되기까지에는 몇 시간의 유예기간이 허용된다. 정박기간을 계속일(running days)로써 규정하였다면 정박기간을 산정함에 있어서 평일은 물론 공휴일도 포함되며, 정박기간을 '기후가 양호한 계속일'(weather permitting)로써 규정하였다면, 악천후로 인하여 하역작업을 할 수 없는 날만을 정박기간에서 제외한다. 또 정박기간을 '작업일'(working days)로 정의하였다면, 일요일과 공휴일을 제외하고 실제작업을 하는 날만을 정박기간에 포함하며, '기후가 양호한 작업일'(weather working day)로 정의하였다면 운송물을 선적·양륙할 수 있을 만큼 기후가 양호한 작업일만을 정박기간으로 한다. 토요일 오후는 공휴일로 보아 정박기간에서 제외함이 보통이며, 선박소유자 또는 그 대리인의 귀책사유로 인하여 운송물의 선적 또는 양륙이 지연되는 때에는 정박기간이 진행하지 않는다. 또 동맹파업, 공권력에 의한 선박억류, 불가항력 등 용선계약상의 면책사유가 있는 경우에도 정박기간의 진행이 정지된다. 그러나 선박소유자가 연료유보급을 위해 선박을 철수하거나 용선자가 통제할 수 없는 불가항력적 상황인 때에는 체선료발생이 정지될 수 있다.[1]

---

1) Schoenbaum(5th), 704~706쪽; J. Schofield, Laytime and Demurrage, 3d ed.(London: LLP Limited, 1996), 63쪽.

제3 선박소유자의 손해경감의무

체선료는 매일 일정한 금액으로 부과되며, 선적·양륙의 지연으로 인한
선박소유자의 실제 손해금액과 무관하다. 그러나 선박소유자는 합리적으로
행동하지 않은 결과 체선기간이 불필요하게 연장되지 않도록 합리적인 조치
를 취하여야 한다. 영국판례도 선박소유자가 유치권을 행사함으로써 운송물
의 양륙이 지연된 경우에 제한적으로 선박소유자의 손해경감의무를 인정한
다. 선박소유자가 적법한 유치권을 행사하여 양륙이 지연된 경우에는 체선료
를 청구하는 데에 문제가 없다. 그러나 선박소유자가 극히 불합리하게 유치권
을 행사한 경우, 예컨대 비용도 절약하고 자신에게는 아무런 불편이 없도록
운송물을 양륙하여 자신의 청구권을 보전할 수 있었는 데도 그렇게 하지 않
은 선박소유자는 손해경감의무를 위반한 것이다. 예컨대 선박소유자가 운송
물에 대하여 유치권을 행사하여 선박이 양륙항에서 지체되었다. 선박소유자
와 용선자 간 분쟁금액이 확정되지 않았으므로 협상을 하는 동안 양륙이 4일
간 중지되었는데, 만약 선박소유자가 운송물을 양륙하여 창고에 보관시켰다
면 최소한 20일간의 창고보관료를 부담하여야 했다. 선박소유자는 양륙작업
이 중지된 기간의 정박손해금(detention)을 청구하였다. 법원은 운송물을 양륙
하는 것보다 선상에 보관하는 것이 더 저렴하였으므로 선박소유자는 합리적
으로 유치권을 행사한 것이고, 따라서 정박손해금을 청구할 수 있다고 보았
다.[1] 비용의 저렴 여부 외에 고려할 요인은 운송물을 육지에 양륙한 후에도
선박소유자가 유치권을 확보할 수 있는지와 선박소유자가 지출한 비용을 상
환받을 수 있는지이다. 선박소유자가 합리적으로 행동하였는지를 판단하는
기준은 선박소유자의 위치에 있는 자라면 어떻게 행동하였을지이지만, 손해
를 입은 선박소유자의 이익을 용선자의 이익보다 우선적으로 고려하여야 한
다. 체선기간을 단축시키기 위하여 선박소유자가 하역업자에게 초과근무수당
을 지급하는 등 합리적으로 지출한 비용은 용선자에게 청구할 수 있다. 선박
이 인도하는 운송물을 수하인은 가능한 신속하게 수령하여야 하고, 수하인이
이를 불이행하면 선박소유자는 수하인의 비용으로 운송물을 양륙하고 육상에
보관시킬 수 있다고 용선계약에 규정하는 경우가 있다. 이 같은 규정은 선박

---

1) Lyle Shipping Co. v. Cardiff Corporation(1899) 5 Com.Cas. 87.

소유자의 이익을 위한 것이므로, 이 같은 규정이 있더라도 선박소유자는 운송물을 선상에 둔 채 유치권을 행사하여 용선자에게 정박손해금을 청구할 권리를 상실하지 않는다. 단, 선박소유자의 이 같은 선택은 합리적이어야 한다.[1]

제4 체선료와 정박손해금

대부분의 용선계약은 체선기간에 제한을 두지 않는다. 지연기간 동안 동일한 체선료요율이 적용되며, 선박소유자는 상당한 체선기간이 경료한 뒤에도 실제 손해배상인 정박손해금을 청구할 수 없다. 예컨대 선박을 용선하여 갤베스톤에서 곡물을 선적하도록 하였는데, 선박이 갤베스톤에 도착하기 전에 해일을 만났으므로 용선자는 선박소유자와 협의하여 뉴포트에서 선적하도록 선장에게 지시하였다. 그런데 용선자가 뉴포트에서 대체운송물을 확보하지 못하고, 다른 원인도 겹쳐 정박기간을 초과하여 지체되었다. 선박소유자는 ① 약정된 체선료는 정박기간종료 후 합리적인 지체기간 동안에 적용되고, ② 체선료는 선적의 지연 자체에만 적용되며, 운송물제공의무와 같이 별도의무를 위반한 경우에는 적용되지 않는다는 이유로 용선자가 대체운송물을 확보하기 위해 지체한 기간에 대하여 정박손해금을 청구했다. 법원은 이를 모두 기각하고, 용선자가 약정한 체선료만 지급하면 된다고 판시하였다. 반대의 규정이 없는 한 약정된 체선료가 기간제한 없이 적용되며, 용선계약이 이행불능에 이를 정도로 지연된 경우에만 정박손해금을 청구할 수 있다는 것이다. 용선자가 대체운송물을 제공할 의무를 위반하였다는 사실은 중요하지 아니하다. 용선자가 정박기간 내에 선적하지 못한 결과이든 혹은 별도의 의무위반이든 선박소유자가 입은 손실의 원인은 선적지연이고, 지연기간 동안 약정한 체선료가 적용될 뿐이다.[2]

정박기간 동안 선적이나 양륙을 하지 못하여 선박이 지체된 경우에는 체선료규정만 적용되며, 용선자가 다른 의무를 위반한 사실은 주요하지 않다. 용선자가 위험물을 선적하거나 도착할 선석을 지정하지 않아 용선계약을 위반하였더라도 위반의 결과 정박기간 내 선적과 양륙을 하지 못한 것이 유일

---

1) Cooke(3d), 416-417쪽; Schofield, 앞의 책, 305쪽.
2) Inverkip Steamship Co. v. Bunge [1917] 2 K.B. 193.

한 손해라면, 정박기간을 초과한 기간에 대하여 체선료를 청구할 수 있을 뿐이다. 설사 용선자가 고의로 지연시켰더라도 용선자의 이행거절을 이유로 선박소유자가 계약을 해제하지 않는 한 선박소유자는 체선료청구권만을 가진다. 반면에 선적·양륙 지연 이외의 용선자의 계약위반으로 인하여 추가적 손실을 입은 선박소유자는 체선료 외에 실제 손해배상을 청구할 수 있다.[1]

제 5 관 용선자의 발항청구권과 해제권

제1 발항청구권

용선자는 운송물의 전부를 선적하지 아니한 경우에도 선장에게 발항을 청구할 수 있다(상 제831조 제1항). 선적기간의 경과 후에는 용선자가 운송물의 전부를 선적하지 아니한 경우에도 선장은 즉시 발항할 수 있다(동조 제2항). 이 같은 경우에 용선자는 운임의 전액과 운송물의 전부를 선적하지 아니함으로 인하여 생긴 비용을 지급하고, 또한 선박소유자의 청구가 있는 때에는 상당한 담보를 제공하여야 한다(동조 제3항).

제2 해 제 권

1. 전부용선자의 해제·해지권

발항 전에는 전부용선자는 운임의 반액을 지급하고 용선계약을 해제할 수 있다(상 제832조 제1항). 왕복항해의 용선계약인 경우에 전부용선자가 그 회항 전에 계약을 해지하는 때에는 운임의 3분의 2를 지급하여야 한다(동조 제2항). 선박이 다른 항에서 선적항에 항행하여야 할 경우에 전부용선자가 선적항에서 발항하기 전에 계약을 해지하는 때에도 운임의 3분의 2를 지급하여야 한다(동조 제3항).

2. 일부용선자의 해제·해지권

일부용선자나 송하인은 다른 용선자와 송하인 전원과 공동으로 하는 경우에 한하여 용선계약의 해제 또는 해지를 할 수 있다(상 제833조 제1항). 이 같

---

1) Cooke(3d), 417-418쪽.

은 경우 외에는 일부용선자나 송하인이 발항 전에 계약을 해제 또는 해지한 때에도 운임의 전액을 지급하여야 한다(동조 제2항). 발항 전이라도 일부용선자나 송하인이 운송물의 전부 또는 일부를 선적한 경우에는 다른 용선자와 송하인의 동의를 얻지 아니하면 계약을 해제 또는 해지하지 못한다(동조 제3항).

3. 부수비용 · 체당금 지급의무

용선자나 송하인이 상법 제832조(전부용선의 계약해제) 및 제833조 제1항(일부용선의 해제)의 규정에 따라 용선계약을 해제 또는 해지한 때에도 부수비용과 체당금을 지급할 책임을 면하지 못한다(상 제834조 제1항). 상법 제832조 제2항(왕복항해 회항 전 해지) 및 제3항(다른 항에서 선적항에 항행할 경우)의 경우에는 용선자나 송하인은 부수비용과 체당금 이외에도 운송물의 가액에 따라 공동해손 또는 해난구조로 인하여 부담할 금액을 지급하여야 한다(상 제834조 제2항).

4. 선적 · 양륙비용의 부담

상법 제833조(일부용선과 발항 전의 계약해제) 및 제834조(부수비용 · 체당금 지급의무)의 경우에 운송물의 전부 또는 일부를 선적한 때에는 그 선적과 양륙의 비용은 용선자 또는 송하인이 부담한다(상 제835조). 용선자가 선적기간 내에 운송물의 선적을 하지 아니한 때에는 계약을 해제 또는 해지한 것으로 본다(상 제836조).

5. 발항 후 계약해지의 제한

발항 후에는 용선자나 송하인은 운임의 전액, 체당금 · 체선료와 공동해손 또는 해난구조의 부담액을 지급하고, 그 양륙하기 위하여 생긴 손해를 배상하거나 이에 대한 상당한 담보를 제공하지 아니하면 계약을 해지하지 못한다(상 제837조).

6. 운송물의 양륙

운송물을 양륙함에 필요한 준비가 완료된 때에는 선장은 지체 없이 수하인에게 그 통지를 발송하여야 한다(상 제838조 제1항). 운송물을 양륙할 기간의 약정이 있는 경우에는 그 기간은 양륙준비완료의 통지가 오전에 있은 때에는 그 날의 오후 1시부터 기산하고, 오후에 있은 때에는 다음 날 오전 6시부터 기산한다. 이 기간에는 불가항력으로 인하여 양륙할 수 없는 날과 그 항의 관습상 양륙작업을 하지 아니하는 날을 산입하지 아니한다(동조 제2항, 제829조 제2항). 양륙기간을 경과한 후 운송물을 양륙한 때에는 선박소유자는 상당한 보수를 청구할 수 있다(상 제838조 제3항).

7. 선박소유자책임경감금지

상법 제794조(감항능력 주의의무)의 규정에 반하여 상법이 정한 선박소유자의 의무 또는 책임을 경감 또는 면제하는 당사자 사이의 특약은 효력이 없다(상 제839조 제1항 1문). 운송물에 관한 보험의 이익을 선박소유자에게 양도하는 약정 또는 이와 유사한 약정도 무효이다(동항 2문). 다만, 산 동물의 운송 및 선하증권이나 그 밖에 운송계약을 증명하는 문서의 표면에 갑판적으로 운송할 취지를 기재하여 갑판적으로 행하는 운송에 대하여는 선박소유자의 의무 또는 책임을 경감 또는 면제할 수 있다(동조 제2항, 제799조 제2항).

8. 제척기간

선박소유자의 용선자 또는 수하인에 대한 채권 및 채무는 그 청구원인의 여하에 불구하고 선박소유자가 운송물을 인도한 날 또는 인도할 날부터 2년 이내에 재판상 청구가 없으면 소멸한다(상 제840조 제1항 1문). 다만, 이 기간은 당사자의 합의에 의하여 연장할 수 있다(동항 2문, 제814조 제1항 단서). 제척기간을 2년 이내로 단축하는 선박소유자와 용선자의 약정은 이를 운송계약에 명시적으로 기재하지 아니하면 그 효력이 없다(상 제840조 제2항).

제 2 절 정기용선계약(time charter)

제 1 관 의   의

제1 의   의

정기용선자는 선박소유자와의 계약에 의하여 일정한 기간 인적 조직을 포함한 선박의 사용·수익권을 얻어 자신의 해상기업의 경영에 이용하는 자이다. 정기용선계약은 선박소유자가 용선자에게 선원이 승무하고 항해장비를 갖춘 선박을 일정한 기간동안 항해에 사용하게 할 것을 약정하고, 용선자가 이에 대하여 기간으로 정한 용선료를 지급하기로 약정함으로써 그 효력이 생기는 해상법상의 계약이다(상 제842조).[1] 선박을 일정기간 사용·수익한다는 점에서는 선체용선과 같으나 그 기간 중에도 선장을 점유보조자로 하여 선박소유자가 선박을 점유한다는 점에서 선체용선과 차이가 있고, 선장에 대한 지휘·명령권이 정기용선자에게 있으며, 선원부 선박을 정기용선자가 자기의 영리항해에 사용한다는 점에서 보통의 운송계약인 항해용선계약과도 다르다.

제2 법적 성질

정기용선계약의 법적 성질에 대하여는 ① 운송계약의 일종이라는 운송계약설, ② 선체용선계약(선박임대차)과 노무공급계약과의 혼합계약이라는 혼합계약설, ③ 유기적 일체관계를 이루는 선박과 선원을 임대하는 기업의 임대차라는 준임대차계약설, ④ 선체용선계약에 근접하면서 노무공급계약을 수반하는 특수계약이라는 특수계약설[2]이 있다. 다수설인 혼합계약설에 의하면 정기용선계약은 선체용선계약과 유사하므로 상법 제850조를 유추적용하여야 한다고 한다.[3] 판례는 정기용선자가 해상기업자로서 자신의 이름으로 용선선박을 이용하는 점을 고려하여 선체용선자와 유사한 지위를 인정한다.[4]

제3 보통거래약관

널리 쓰이는 정기용선계약 보통거래약관에는 발트국제해운동맹의 볼타임양식(Baltic and International Maritime Conference Uniform Time-Charter), 미국의 뉴

---

1) M. Wilford, T. Coghlin, and J. Kimball, Time Charters, 5th ed.(London: Lloyd's of London Press Ltd., 2003); 박홍대, "정기용선자의 지위," 보험·해상법에 관한 제문제(상), 재판자료 제25집(서울: 법원행정처, 1990), 69쪽.

2) 운송계약설(채, 642-44쪽; 정찬, 788-789쪽), 혼합계약설(손, 777쪽), 특수계약설(최종, 474쪽).

3) 최, 846-847쪽; 서울민지판 1990. 8. 23. 89가합48654.

4) 서울민지판 1990. 8. 23. 89가합48654.

욕 프로듀스 익스체인지양식(Time Charter Government Form Approved by the New York Produce Exchange), STB 유조선 정기용선양식(STB Form of Tanker Time Charter) 이 있다. 이들은 부합계약이므로 작성자에게 불리하게 해석하는 것이 원칙이 며, 중재조항이 기재되어 있는 경우가 많다.[1]

제 2 관   정기용선계약의 성립

제1 특별한 형식불요

용선계약을 체결하는 데에 특별한 형식이 필요한 것은 아니며, 일반 계약 법원리를 적용하여 당사자들이 구속력 있는 용선계약을 체결하였는지를 결정 하게 된다. 따라서 당사자들이 서명하지 않았거나 약정내용이 인쇄되어 있지 않더라도 용선계약은 성립한다. 구두로 용선계약을 체결하였더라도 입증만 하면 용선계약이 성립한다. ① 선박소유자와 용선자가 텔렉스나 팩스로 주요 한 계약내용을 합의하여 교환하였고, ② 정식 용선계약을 작성하여 서명하기 전에는 이 내용에 구속되지 않는다는 의사를 명시적으로 기재하지 않았다면, 용선계약이 성립하였다고 본다. 이를 용선계약각서라 한다.[2]

제2 중요 내용에 명백히 합의하였을 것

당사자가 용선계약의 중요 내용에 명백히 합의하여야만 용선계약이 성립 하므로, 용선료같이 중요한 사항이 아직 결정되지 않았다면 용선계약은 성립 하였다고 할 수 없다. 당사자들이 중요 사항에 관하여 합의는 하였으나 모호 하게 하였으므로 그 의미를 정확히 알 수 없을 때가 문제된다. 법원은 일차적 으로 당사자들간의 과거의 거래실적, 당해 업종에서의 관행을 고려하는데, 특 히 당사자들이 용선계약을 체결하였다고 믿을 때에는 가능한 용선계약이 체 결된 것으로 해석한다. 계약을 해석하는 데 아무런 영향을 미치지 않는 무의 미한 단어나 문장은 무시하여도 좋다.[3] 계약내용과 모순되는 문구가 있더라

---

1) 중재조항에 관하여는 박용, 477-488쪽; Healy, "An Introduction to the Federal Arbitration Act," 13 J.Mar.L. & Comm. 223쪽(1982).

2) Wilford(5th), 49쪽.

3) Nicolene v. Simmonds [1953] 1 Q.B. 543.

도 이를 제외하고 당사자들의 권리의무를 규정하는 데 문제가 없다면, 모순되
는 문구를 제외하고 해석한다. 원칙적으로 당사자들이 추후에 중요 조건에 관
하여 협상하여야 하는 약정은 실행가능한 계약이라고 할 수 없다. 그러나 당
사자들이 지명하는 자가 명시적·묵시적인 객관적 기준에 따라 중요 조건을
결정하도록 하는 약정은 유효하다.[1]

제3 subject to contract

　당사자들이 용선계약을 정식으로 작성할 의도인 경우, 정식 용선계약은
이미 합의된 계약조건을 단순히 기록한 것에 불과한 것인지 혹은 용선계약이
정식으로 작성되고 서명되기 전에는 유효한 용선약정이 성립하지 않는지가
문제된다. "용선계약의 내용에 따른다"(subject to contract)는 문구가 기재되어 있
다면, 용선계약을 정식으로 작성하기 이전의 협상내용만으로는 용선계약이
성립하였다고 할 수 없다.[2]

제4 상세한 사항은 추후에 정함(subject to details)

　당사자들이 용선계약각서를 작성할 때 "상세한 사항은 추후에 정함"이라
는 단서를 두었다면, 모든 중요한 용선조건에 합의하였더라도 상세한 사항에
합의할 때까지 유효한 용선계약이 성립하였다고 할 수 없다. 즉 이 같은 조항
이 있을 때 당사자들은 용선계약각서를 작성한 후에도 계속 용선조건의 협의
를 진행하다가 상세한 용선조건에 불만족할 때는 협상을 중지하고 정식 용선
계약을 체결하지 아니할 수 있다. 반면에 미국판례법은 당사자들이 용선계약
의 기본내용에 관하여 합의하고 보통거래약관을 사용하기로 하였다면 설사
당사자간의 교신내용 중에 "상세한 사항은 추후에 정함"이란 문구가 있더라
도 용선계약이 성립한 것으로 보는데, 이 같은 미국판례법의 태도는 해운실무
와 배치된다.[3]

---

1) Wilford(5th), 49-50쪽.
2) Wilford(5th), 53쪽.
3) Wilford(5th), 54-55쪽.

제 3 관   당사자의 권리의무

제1 선박소유자의 선박제공의무

1. 불실의사표시(misrepresentation)

용선조건협상중에 당사자가 모호하거나 지나친 과장, 순수한 의견이나 의도를 진술했더라도 아무런 효력이 없고 계약의 일부를 구성하지 아니한다. 그러나 의견을 말하면서 그러한 의견을 뒷받침하는 사실관계가 있다고 묵시적으로 의사표시하거나 그러한 의견을 진정으로 가지고 있는 것처럼 말하였는데, 사실은 그러한 사실관계가 존재하지 않거나 그러한 의견을 진정으로 가지지 않았다면 불실의사표시에 해당한다. 의사표시의 일부가 진실이더라도 나머지 진실을 감춘 경우, 의사표시를 한 시점에는 사실이었으나 그 후 계약체결 이전에 사실과 불일치하게 되었음을 의사표시자가 알면서 시정하지 않았다면 불실의사표시이다. 불실의사표시를 악의·과실·선의로 했는지를 불문하고, 불실의사표시 때문에 용선계약을 체결하게 된 당사자는 용선계약을 해제할 수 있다.

이 해제권은 ① 해제권자가 불실의사표시를 알면서 명시적이거나 묵시적으로 계약이행을 계속하겠다고 선언한 경우, ② 해제권자가 상대방을 계약 이전의 상태로 회복시킬 수 없는 경우, ③ 선의의 제3자가 용선계약의 목적물에 이해관계를 가지게 된 경우, ④ 해제권자가 오랫동안 해제를 하지 아니한 경우에는 상실될 수 있다.[1]

2. 용선계약조항의 종류

용선계약의 조항에는 세 가지가 있다.

(개) 조 건(condition)   일방이 조금이라도 위반하면 상대방은 계약을 해제할 수 있는 매우 중요한 계약조항을 조건이라 한다.

(내) 담 보(warranty)   이를 위반하더라도 상대방이 계약 전체를 해제할 수 없는 비교적 덜 중요한 계약조항이다. 담보를 위반한 당사자에 대하여 선의의 상대방은 손해배상청구를 할 수 있을 뿐이다.

(대) 중간조항(intermediate term)   조건도 아니고 담보도 아닌 계약조항은 중

---

1) Wilford(5th), 85~87쪽.

간조항이다. 일방이 중간조항을 위반한 경우, 상대방이 계약 전체를 해제할
수 있는지는 위반의 성격과 결과에 달려 있다. 일방의 중간조항위반으로 인하
여 상대방이 용선계약으로부터 얻을 수 있는 이익 전부를 상실하게 되었다면
상대방은 계약 전체를 해제할 수 있으며, 그렇지 아니한 경우에는 손해배상만
을 청구할 수 있다.[1]

3. 조건충족의 시기

일반적으로 용선계약에 특정된 선박의 사양은 용선계약을 체결할 때 정
확하여야 하나, 선박의 속도는 선박인도시에 용선계약의 기재내용과 일치하
면 충분하다. 선박소유자는 용선계약을 체결할 당시 용선계약에 기재된 특성
을 가진 선박을 제공할 의무가 있다. 선박소유자는 용선계약체결 이후에 선박
의 특성을 변경시킴으로써 용선자에게 약정한 것과 다르거나 열등한 서비스
를 제공하여서는 아니 된다.[2]

4. 조건에 맞지 않은 선박인도

선박소유자가 용선계약에 선박의 내용을 잘못 기재하였는데 용선자가 선
박인도시나 그 이전에 이를 발견한 경우, 용선자는 선박인도를 거절할 수 있
는지, 또는 선박인도를 수령하여야 하며 잘못 기재로 인한 손해배상만을 청구
할 수 있는지가 문제된다. 선박을 특정하는 데 필요한 중요한 구성요소를 잘
못 기재하였다면, 선박인도를 거절할 수 있다. 한편 중요한 구성요소가 아닌
부차적 구성요소를 잘못 기재하였다면, 용선자는 ① 잘못 기재의 정도가 중대
하여 계약으로부터 얻을 수 있는 이익의 전부를 상실하였거나, ② 선박소유자
가 선박기재사항에 부합하기 위한 조치를 취하지 않아 선박소유자가 용선계
약해제를 희망하는 것으로 간주되거나, ③ 잘못 기재의 정도가 심하여 선박소
유자가 해제일(cancelling date) 이전에 그 기재에 상응하는 선박의 제공을 할 수
없는 경우에 선박인도를 거절하고 계약을 해제할 수 있다.[3]

---

1) Wilford(5th), 92-93쪽.
2) Wilford(5th), 98쪽.
3) The Diana Prosperity [1976] 2 Lloyd's Rep. 72. Wilford(5th), 99쪽.

5. 선 박 명

선박소유자는 용선계약에 특정된 선박을 제공하여야 하며, 용선자는 설사 용선선박과 동일한 특성을 가지고 있다 하더라도 용선선박이 아닌 다른 선박을 인도받을 의무가 없다. 그러나 아직 건조중이어서 명명되지 않은 선박을 목적물로 하는 용선계약인 경우, 용선계약상 선박을 특정하기 위해 기재한 숫자나 단어에 의하여 선박의 동일성을 판단하면 된다.[1]

6. 대 체 선

당사자들은 용선선박을 다른 선박으로 대체하기로 합의할 수 있고, 선박을 2회 이상 대체할 수 있다고 합의할 수도 있다. 또 당사자들은 용선기간이 개시하기 이전이나 용선기간 동안 또는 용선선박이나 대체선의 멸실 이후에 대체할 수 있다고 합의할 수도 있다. 한편 선박의 멸실 이후에 선박을 대체할 권리를 허용하는 경우에는 용선계약에 명확한 규정을 두어야 한다. 왜냐하면 선박의 멸실로 인하여 용선계약이 이행불능에 빠져 해제되고, 선박대체권도 같이 상실될 수 있기 때문이다.[2]

7. 선박매도

용선계약기간 동안 선박소유자가 용선선박을 매도하는 것 자체가 용선계약위반은 아니지만, 선박매도인은 여전히 용선계약상 의무를 용선자에게 이행할 의무를 진다. 선박매수인이 용선계약이 존재함을 실제로 알고 선박을 매수한 경우, 용선자는 선박매수인이 용선계약이행 이외에는 선박을 사용하지 못하도록 가처분을 할 수 있다. 선박매수인이 용선계약의 존재를 실제로 알았어야 하고, 추정적으로 아는 것만으로는 부족하며, 매수인에게 적극적으로 용선계약을 이행하라는 가처분은 허용되지 아니한다.[3]

---

1) Wilford(5th), 99~100쪽.
2) Wilford(5th), 100쪽.
3) Swiss Bank v. Lloyds Bank [1979] Ch. 548. Wilford(5th), 101쪽.

8. 선 적(flag)

선적은 중간조항에 해당하는 것이 보통이다. 그러나 전시와 같이 선적이 선박의 안전이나 항행범위에 중요한 영향을 미치는 경우에는 선적이 조건으로 취급되므로, 선적조건을 위반한 경우 용선자는 계약을 해제할 수 있다. 원칙적으로 용선자가 동의하지 않는 한 선적을 변경할 수 없다.[1]

9. 감항성 있는 선박

용선계약을 체결할 당시 선박의 선체·기관·색구는 철저히 양호한 상태에 있어야 하고(절대적 감항능력담보의무), 인도시 선박은 방수상태이면서 견고하고(tight, staunch, strong) 모든 면에서 용선업무를 행할 수 있어야 한다(뉴욕프로듀스양식 제22줄). 이 같은 감항능력담보의무가 용선계약에 기재되지 않았더라도 감항능력담보의무는 묵시적으로 요구된다. 이 의무가 그 자체로 용선기간 동안 지속적으로 요구되는 것은 아니나, 용선계약에 헤이그규칙이 편입되면 인도시 감항능력담보의무는 용선계약에 따른 매 항해시작시 선박을 감항능력 있도록 하여야 할 의무로 대체된다. 감항능력담보의무는 조건이 아니라 중간조항이므로, 감항능력담보의무를 위반하였더라도 용선자가 계약을 해제할 수 있는지는 위반의 성격과 결과에 달려 있다. 감항능력담보의무는 매우 광범하여 사소한 점에서 쉽게 위반할 수 있는바, 용선자에게 사소한 감항능력담보의무 위반을 이유로 한 계약해제권을 주는 것은 불합리하기 때문이다.[2]

10. 선   급

용선선박이 선급에 가입해야 한다는 것은 통상 '조건'이므로, 용선계약발효일 당시 선박이 규정된 선급에 가입해 있지 않다면 용선자는 용선계약을 해제할 수 있다. 발효일에 선급에 가입해 있으면 되고 선급에 계속 가입해 있을 필요는 없으며, 선박소유자가 선급을 유지하기 위하여 상당한 주의의무를 행사할 의무도 없다. 그러나 Asbatankvoy 용선계약은 용선기간 동안 선박소유자가 선급을 계속 유지하여야 하고, 선급을 유지하기 위해 상당한 주의의무

---

1) Wilford(5th), 101-102쪽.
2) 볼타임양식 제1조; Wilford(5th), 102-103쪽.

를 다하여야 한다고 규정한다. 선적과 마찬가지로 선박소유자는 용선자의 동의를 받지 않고 임의로 선급을 탈퇴하여서는 아니 된다. 선급을 탈퇴하는 것이 정당하더라도 실무상 감항능력담보의무 위반에 해당할 가능성이 높다.[1]

11. 공적톤수 및 화물적재량(deadweight and bale capacity)

공적톤수와 화물적재량은 중간조항이므로, 선박의 화물적재량이 잘못 기재된 경우에 용선자는 약정한 화물적재량과 실제 제공된 선박의 화물적재량이 근본적으로 다른 경우에만 계약을 해제할 수 있다. 또 공적톤수의 차이가 계약상 결정적으로 중요한 경우에만 용선자는 선박인도를 거절할 수 있다. 공적톤수가 선박의 순수한 적재능력을 지칭하는 것인지, 혹은 적재예정인 화물을 염두에 둔 것인지가 문제된다. 통상 전자로 해석되는데, 설사 적재예정화물을 의식한 것이라 해도 운송물의 적부가 잘못된 경우에 선박소유자는 면책된다. 예컨대 용선계약에 선박이 2천 톤 이상을 적재하도록 선박소유자가 담보하도록 되어 있었다. 선박은 2천 톤을 적재할 수 있었는데, 용선자가 당초 계획하였던 것보다 대형화물을 적재하였기 때문에 선박은 실제로 2천 톤을 모두 적재할 수 없었으므로, 용선자는 용선료의 감액을 청구하였다. 법원은 선박소유자의 공적톤수담보는 일반적인 화물에 대한 것이며, 특정 화물에 대한 것이 아니라고 하여 용선자의 청구를 기각하였다.[2]

12. 속도와 연료소비량

속도와 연료소비량 규정은 대개 중간규정이므로 잘못 기재되었더라도 용선자는 손해배상을 청구할 수 있음에 그친다. 그러나 용선계약과 실제와의 차이가 심하여 용선계약의 목적을 달성할 수 없을 정도인 경우에는 용선자는 계약을 해제할 수 있다. 항해용선보다는 정기용선계약이 선박의 속도에 관한 규정을 많이 두는 편이다. 정기용선계약에서 선박이 낼 수 있는 최고속도는 용선계약일자뿐 아니라 인도일에도 요구된다. 반면에 항해용선계약에서는 인도일이 아니라 선박이 선적항으로 발항할 때 최고속도를 이행할 것이 요구된다. 선박이 특정한 속도를 낼 수 있다는 규정이 있다고 하여 선박소유자가 그

---

1) Cooke(3d), 78-79쪽.
2) MacKill v. Wright (1888) 14 App. Cas. 106. Cooke(3d), 76-77쪽.

러한 속도를 약속한 것은 아니다. 따라서 기관실을 제대로 관리하지 못한 결과 선박이 규정된 속도를 내지 못하였더라도 용선계약에서 용선기간 동안 선박의 속도를 담보하지 않은 이상 선박소유자가 용선계약을 위반한 것은 아니다. 속도는 '약 __노트'로 기재하고, 0.5노트의 오차는 허용되며, 속도는 양호한 기후임을 전제로 한다.[1]

13. 선박의 현재위치

용선계약에 "용선선박이 항해중인데 특정일 경에 선적준비완료할 것이 기대됨"이라고 기재하였다면, 이는 조건으로 본다. 선박소유자가 이것이 달성 불가능함을 알고 있었거나 가능하다고 믿을 만한 합리적 근거가 없으면서 이 같은 기재를 하였다면, 용선자는 계약을 해제할 수 있다. 선박소유자는 정직하고도 합리적인 판단에 근거하여서만 그러한 기재를 할 의무가 있다. 항해용선계약에 "선박이 현재 항해중이며 1965년 7월 1일 경 선적준비완료될 것"이라고 기재되어 있었는데, 용선계약체결일인 같은 해 5월 25일 현재 용선선박이 7월 1일에 선적준비를 완료할 가능성이 없었다. 영국법원은 이 규정을 조건으로 보고 선박소유자가 계약을 위반하였으므로, 용선자는 계약을 해제할 수 있다고 보았다.[2]

제2 선박소유자의 운송물유치권 및 경매권

1. 유치권 및 경매권

정기용선자가 선박소유자에게 용선료·체당금, 그 밖에 이와 유사한 정기용선계약에 의한 채무를 이행하지 아니하는 경우에 선장은 이 같은 금액의 지급과 상환하지 아니하면 운송물을 인도할 의무가 없다(상 제844조 제1항 본문, 제807조 제2항). 선박소유자는 이 같은 금액의 지급을 받기 위하여 법원의 허가를 받아 운송물을 경매하여 우선변제를 받을 권리가 있다(상 제808조 제1항). 다만, 선박소유자는 정기용선자가 발행한 선하증권을 선의로 취득한 제3자에게 대항하지 못한다(상 제844조 제1항 단서). 선박소유자의 이 같은 운송물에 대한 권

---

1) Cooke(3d), 80-81쪽; Wilford(5th), 109-112쪽.
2) The Mihalis Angelos [1970] 2 Lloyd's Rep. 43. Wilford(5th), 112-113쪽.

리는 정기용선자가 운송물에 관하여 약정한 용선료 또는 운임의 범위를 넘어서 행사하지 못한다(동조 제2항).

뉴욕 프로듀스 익스체인지 정기용선계약(제18조)은 "선박소유자는 공동해손분담금을 포함한 용선계약 하에서 발생한 모든 청구권과 관련하여 모든 운송물과 재운임에 대하여 유치권을 가진다. 정기용선자는 선박소유자에게 용선료를 선급하였는 데도 반대급부를 받지 못한 총액에 대하여 유치권을 가진다"고 규정한다. 제18조가 미국법에서 선박우선특권을 발생시키고 대물소송의 방법으로 집행할 수 있는 데 반하여, 영국법에서는 제18조에 의하여 선박우선특권이 발생하지 않고 계약에 의한 유치권이 성립할 뿐이다. 영국법상 선박소유자가 운송물에 대하여 가지는 유치권은 계약당사자간에서만 효력을 가지므로 선박소유자는 선하증권소지인에 대하여 운송물에 대한 유치권을 행사할 수 없다. 만약 용선자에 대하여 채권을 가지는 선박소유자가 유치권을 행사하여 선박으로부터 운송물을 양륙하지 못하도록 하는 경우에 용선자는 선박소유자가 뉴욕 프로듀스 제8조(선장은 가장 신속하게 항해를 수행하여야 한다)를 위반하였다는 주장을 할 수 없으며, 양륙이 지연되는 동안에도 용선료를 지급하여야 한다. 유치권은 점유적 효력(possessory lien)을 가지므로 용선자가 선박소유자에게 모든 부채를 변제할 때까지 선박소유자는 운송물을 점유할 수 있다.[1]

제3자의 운송물에 대한 유치권행사의 경우, 선하증권에 유치권조항이 편입되지 않은 한 선박소유자는 정기용선자 이외의 운송물소유자에 대하여 유치권을 행사할 수 없다. 그럼에도 불구하고 선박소유자가 정기용선자와의 관계에서 운송물을 유치할 수 있는지가 문제된다.

(1) 볼타임 정기용선계약

2001년 볼타임 정기용선계약 제220줄에 의하면 선박소유자는 정기용선자 소유 운송물에 대하여서만 유치권을 행사할 수 있다.

(2) 뉴욕 프로듀스 정기용선계약

볼타임과 달리 뉴욕 프로듀스 제110줄은 유치권을 행사할 수 있는 운송물을 용선자소유에 국한하지 않는다. 그리하여 선박소유자가 자신의 선박에

---

1) Wilford(5th), 531-532쪽.

선적된 용선자 아닌 자 소유의 운송물을 용선자에 대한 관계에서 유치할 수 있는지가 문제된다. 이에 대하여는 상반되는 판례가 있는데, 유치할 수 있다는 긍정설이 다수설이다. 긍정설의 근거는 제18조에 의하여 용선자는 선박소유자가 모든 운송물에 대하여 유치권을 가지는 것에 동의하였다는 것이다. 제3자가 소유하는 운송물에 대하여 용선자는 선박소유자가 계약상 유치권을 가질 수 있도록 노력할 의무가 있으며, 용선자가 이를 불이행하였는데 선박소유자가 제3자의 운송물에 유치권을 행사하면 제3자가 선박소유자를 제소할 것이다. 선박소유자가 제3자의 운송물을 유치하는 것은 용선자에 대하여는 적법하나 제3자에 대하여는 위법하므로, 위법한 유치권행사에 관하여 제3자에게 책임을 진 선박소유자가 용선자에게 구상할 수 있을지가 문제된다. 만약 선장이 운송물을 유치하였는데 선박소유자는 운송물의 소유권을 몰랐다면, 선박소유자는 구상권을 가진다. 그러나 선박소유자가 운송물의 소유권과 선하증권조건을 알면서도 불법유치를 하였다면, 선박소유자는 구상할 수 없다. 선하증권에 용선계약유치권조항이 기재되어 있다면 이 같은 문제가 생기지 않으며, 선박소유자는 용선자소유든 제3자 소유든 모든 운송물에 대하여 유치권을 행사한다.[1]

2. 계약해제권

정기용선자가 용선료를 약정기일에 지급하지 아니한 때에는 선박소유자는 용선계약을 해제 또는 해지할 수 있다(상 제845조 제1항). 정기용선자가 제3자와 운송계약을 체결하여 운송물을 선적한 후 선박의 항해 중에 선박소유자가 용선계약을 해제 또는 해지한 때에는 선박소유자는 적하이해관계인에 대하여 정기용선자와 동일한 운송의무가 있다(동조 제2항). 이같이 선박소유자가 용선계약의 해제 또는 해지 및 운송계속의 뜻을 적하이해관계인에게 서면으로 통지를 한 때에는 선박소유자의 정기용선자에 대한 용선료·체당금, 그 밖에 이와 유사한 정기용선계약상의 채권을 담보하기 위하여 정기용선자가 적하이해관계인에 대하여 가지는 용선료 또는 운임의 채권을 목적으로 질권을 설정한 것으로 본다(동조 제3항). 이 같은 규정은 선박소유자 또는 적하이해관계인의 정기용선자에 대한 손해배상청구에 영향을 미치지 아니한다(동조 제4항).

---

1) The Aegnoussiotis [1977] 1 Ll.Rep. 268. Wilford(5th), 532-533쪽.

제3 정기용선자의 권리의무

1. 운송물제공의무

(1) 적법한 운송물

용선자는 운송물이 적재되도록 준비하여야 하며, 운송물을 획득하기 위하여 합리적인 주의의무를 다한 것만으로는 부족하다. 용선자는 적법한 운송물만을 선박에 선적하여야 하고, 선박소유자는 위험하거나 선박에 해를 끼칠 가능성이 있는 운송물의 선적을 거부할 수 있다. 적법한 운송물은 군수품을 포함하지만, 선적항에서 선적을 금지하거나 양륙항에서 양륙이 금지된 운송물은 적법한 운송물이 아니다. 또 선적국법이나 운송계약의 준거법상 적법한 운송물이어야 한다.[1]

(2) 금지된 운송물의 선적

용선자가 용선계약상 금지된 운송물을 선적하는 것은 운송계약위반이므로 선장은 선적을 거부할 수 있고, 선박소유자는 용선계약을 해제할 수 있다. 그런데 운송물 중 일부만이 금지된 운송물이고, 선장이 이를 알고도 선적을 허용한 경우에는 선박소유자는 운송계약 전체를 해제할 수 없다. 운송물의 대부분이 금지된 운송물인 경우같이 중대한 계약위반인 경우에만 비로소 선박소유자가 용선계약을 해제할 수 있는 것이다. 용선자가 선장에게 금지된 운송물의 선적을 명령하였는데 선박소유자가 이를 몰랐거나 선장으로 하여금 이의를 제기한 후 이에 따르도록 한 경우, 선박소유자는 운송물의 시가에 근거하여 용선자에게 추가용선료를 청구할 수 있다. 그 이론적 근거는 손해배상 또는 용선자의 묵시적 약정이라고 본다.[2]

(3) 위 험 물

볼타임 정기용선계약 제21-22줄은 살아 있는 가축, 위험하거나 인화성 있는 운송물(산·폭약·약·카바이드·나프타·타르 등)은 선적할 수 없다고 규정한다. 뉴욕 프로듀스 정기용선계약 1993년 수정본도 특별위험물약관에서 살아 있는 가축·무기·탄약·폭약·핵물질의 선적을 금지한다. 운송물의 종류 자

---

1) Cooke(3d), 173쪽; Wilford(5th), 177쪽.
2) Wilford(5th), 177-178쪽.

체가 통상적으로는 위험물로 분류되지 않더라도 운송물의 특성이나 포장으로
인하여 선박이나 다른 운송물에 위해를 가할 수 있다면 위험물이다. 용선자는
자신이 선적하는 운송물의 적합성을 담보하고, 운송물의 위험한 성질을 경고
할 묵시적인 계약상 의무를 진다. 이 의무는 절대적이며, 용선자가 운송물의
위험성을 알거나 알았어야 할 때에만 발생하는 것이 아니다.[1]

2. 안전항지정의무

정기용선자는 용선선박이 안전하게 입출항할 수 있는(safely lie, always afloat)
안전항을 지정할 의무가 있다. 안전항지정에 관하여 용선자가 단지 상당한 주
의만을 다하면 되는 것으로 선박소유자와 용선자가 특별히 약정하지 않는 한
용선자가 일단 용선선박이 정박할 항구를 지정하였다면, 용선자는 그 선박이
위험에 노출되지 아니하고 안전하게 항구 또는 선석에 정박할 수 있음을 담
보한 것으로 본다. 안전항은 자연적 위험뿐 아니라 선박의 안전에 영향을 미
칠 수 있는 정치적 위험으로부터도 안전한 것을 의미하며, 이는 당해 용선선
박을 기준으로 판단한다. 예컨대 항구입구에 모래톱이 있기 때문에 선박이 통
과할 수 없었다면 안전항이라 할 수 없고, 뉴욕 브루클린다리 상류의 선석에
정박하기 위하여 용선선박이 위험하게 브루클린교 밑을 항행해야 하였다면
안전한 선석이라 할 수 없다.[2]

선박소유자는 용선자가 지정한 항구가 안전항이 아닌 경우에는 그 항구
에 용선선박을 정박시키지 않더라도 용선계약을 위반한 것으로 되지 않으며,
만일 용선선박이 용선자의 합리적인 지시에 따라 지정항에 입항한 결과 용선
선박이 훼손되었다면, 용선자는 이에 대하여 책임을 진다. 용선선박이 항구나
선석에 안전하게 입항할 수 없기 때문에 추가로 발행한 운송물의 선적·양륙
비용은 용선자가 부담한다. 특정 항구가 안전항인지 여부는 용선자가 정박항
을 지정한 시점을 기준으로 하여 판단하며, 용선선박이 항구에 도착한 후에
그 항구가 불안전항으로 된 경우에 용선자는 책임을 면한다. 그러나 용선자가
항구를 지정한 후에 그 항구가 불안전항이 된 경우, 용선자는 가능하다면 대

---

1) Wilford(5th), 178-181쪽.
2) Uni-Ocean Lines v. C-Trade(The Lucille), [1983], 2 Ll.Rep. 387, aff'd [1984] 1 Ll.Rep.
244(C.A.). Schoenbaum(5th), 696-697쪽.

체항을 지정하여야 한다. 항구의 일기상태가 불량한 것만으로는 불안전항이라고 할 수 없다.[1] 선박소유자 또는 선장이 지정항의 불안전상태를 알면서도 용선자의 항구지정을 무조건적으로 수락하였을 때 및 선장의 과실로 불안전항에 입항한 때에 용선자는 이로 인하여 발생한 손해에 대하여 책임을 면한다. 특정 항구에 용선선박을 정박시킬 것인지 여부는 선장이 결정하므로, 용선자의 과실과 선장의 판단착오가 경합하여 용선선박에 손해가 발생한 경우에는 과실비율에 따라 용선자와 선박소유자가 손해를 분담한다.[2]

영국법원은 1958년 이스턴 시티호 사건에서 안전항은 '용선기간 중 비정상적 사건(abnormal occurrence)이 없는 것을 전제로 하여, 양호한 항해술과 선원도 피할 수 없는 위험에 노출되지 아니하고 용선선박이 입항·정박·출항할 수 있는 항구'라는 원칙을 확립했다.[3] 영국 대법원은 1958년 에비아호 사건[4]과 2017년 오션 빅토리호 사건에서 '비정상적 사건' 원칙을 확인했다.[5] 오션 빅토리호는 폭풍우 속에서 일본 가시마항을 출항하다가 큰 놀(long-wave swell)과 강풍을 동시에 만나 좌초되었다. 사고 전 35년 동안 가시마항에서 큰 놀과 강풍이 동시에 발생한 일이 없었으므로, 영국 대법원은 선박이 비정상적 사건을 만났을 뿐이며 가시마항은 안전항이라고 보았다. '비정상적'이란 그 항구의 특성과 전혀 다른 종류의 사건을 말한다.[6]

3. 용선료(hire)지급의무 · 용선료지급정지권

정기용선자의 기본적인 의무는 선박의 이용에 대하여 용선료를 지급하는 것인데, 용선료의 지급시간 및 방법을 정기용선계약에 규정함이 보통이다. 통상 1개월 또는 일정기간단위로 용선료를 약정하는데, 용선료는 현금으로 선급하는 것이 원칙이다. 대부분의 정기용선계약보통거래약관은 용선자가 지급

---

1) The Stadt Schleswig, 1971 AMC 362(N.Y. Arb. 1970).
2) Board of Commissioners v. M/V Space King, 1978 AMC 856(E.D. La. 1978). Schoenbaum (5th), 697쪽.
3) Leeds Shipping v. Societe Francaise Bunge (The Eastern City), [1958] 2 Lloyd's Rep. 127.
4) Kodros Shipping Corp of Monrovia v. Empresa Cubana de Fletes (The "Evia") (No. 2), [1982] 2 Lloyd's Rep. 307.
5) UK Defence Club, "The Law relating to Unsafe Ports," https://ukdefence.com.
6) Gard Marine & Energy Ltd. v. China National Chartering Co. Ltd. (The "Ocean Victory"), [2017] 1 Lloyd's Rep. 521. 김인현, "안전항, 공동피보험자 및 용선자의 선주책임제한 여부," 한국해법학회지 제39권 제2호(2017. 11), 137쪽.

기일에 용선료를 지급하지 않는 경우에 선박소유자는 선박철수권을 가지며, 용선계약을 해제할 수 있다고 규정한다. 용선계약에 반대의 규정이 없는 한 선박소유자는 용선자에게 통지하지 아니하고 선박을 철수시킬 수 있으나, 용선자의 용선료지급지체에 대하여 오랜 기간 동안 이의를 제기하지 않은 선박소유자는 용선자에게 사전경고를 하지 않는 한 선박철수권을 행사할 수 없다. 또 용선계약에 선박소유자가 선박철수의 통지를 한 후 용선자에게 일정한 유예기간을 주도록 규정한 경우에는 선박소유자는 선박철수권을 행사하기 전에 이를 준수하여야 한다. 그리고 운송물이 이미 용선선박에 선적되었다면 선박소유자는 선박철수권을 행사하기 전에 그 운송물을 선적항에 양륙하여야 하고, 용선선박이 항해중이거나 목적항에 있을 때에도 선박철수 이전에 운송물을 양륙하여야 한다.[1]

볼타임 정기용선계약(제11조)과 뉴욕 프로듀스 정기용선계약(제15조)에서는 용선자의 용선료지급정지권을 규정한다. 이 같은 용선료지급정지약관(off-hire clause)은 용선료지급정지의 발생과 효력에 관하여 구체적으로 규정하기보다는 일반적 원칙을 제시한 원칙약관이며, 기타 약관은 보충적 약관의 성질을 가진다. 예컨대 볼타임 제11조는 원칙약관인바, 다시 선박소유자의 귀책사유에 관한 (A)항 및 정기용선자의 귀책사유에 관한 (B)항으로 구성된다. (A)항은 용선료지급정지에 관한 기본약관인 반면, (B)항은 부수약관이라 할 수 있다.[2]

(A)항은 "입거(drydocking), 용선선박을 양호한 상태로 유지시키기 위하여 취한 조치, 인원의 부족 또는 선박소유자가 부담하는 선용품의 부족, 기계의 파손, 선체의 손상 또는 기타의 사고에 의하여 용선선박의 업무가 방해받는 상태가 24시간 이상 계속된 경우에, 용선자는 선박이 요구된 용선서비스를 이행하지 못한 기간에 대하여는 용선료를 지급할 필요가 없다. 용선자가 이미 선급한 용선료는 이 조항에 따라 정산하여야 한다"고 규정함으로써 용선료지급정지의 발생원인을 명시한다. 즉 용선자가 용선료를 지급하는 것은 용선선박을 이용하는 대가이므로, 이를 이용할 수 없게 될 때에는 용선료를 지급할 의무를 면한다는 것이다. 위 (A)항에 열거된 사유가 발생하여 용선자가 용선선박을 사용할 수 없게 되면, 선박소유자의 과실 여부에 상관없이 용선자의

---

1) Cardinal Shipping Corp. v. M/S Seisho Maru, 744 F.2d 461(5th Cir. 1984). Schoenbaum (5th), 698쪽.
2) 박용, 333-334쪽.

용선료지급의무는 자동적으로 정지한다. 용선료지급정지사유 중 인원의 부족 (deficiency of men)이란 선원의 동맹파업 또는 태업을 의미한다. 용선료지급정지 약관에 의하여 용선자의 용선료지급의무가 정지될 뿐 연료유·선용품 제공의 무 등 용선자의 용선계약상의 나머지 의무는 용선료지급정지기간에도 계속된 다. 그러나 용선자의 귀책사유로 인하여 용선료지급정지사유가 발생한 경우, 예컨대 용선자가 노동쟁의의 발생이 예상되는 항구에 용선선박의 입항을 지 시한 때에는 용선료지급의무가 정지하지 않는다. 용선자가 상실한 시간에 상 당하는 용선료의 지급의무만이 정지되는 것이 원칙이나, 일부 용선계약은 선 박이 용선서비스를 제공할 수 있는 상태를 회복했을 때 용선료지급의무가 부 활한다고 규정하기도 한다.[1]

한편 볼타임 제11조 (B)항은 "용선선박이 악천후 때문에 항구나 정박지 에 입항한 경우, 수심이 얕은 항구나 모래톱이 있는 강·항구를 항행하는 경 우, 용선선박에 적재된 운송물에 사고가 발생한 경우에 용선선박의 대기정박 또는 그 대기정박으로 인하여 발생한 비용은 정기용선자가 부담한다. 이것은 그 대기정박 또는 정박비용 또는 그 발생원인이 선박소유자의 사용인의 과실 로 인한 것인 경우에도 동일하다"고 정기용선자에 책임 있는 경우를 규정함 으로써 선박소유자의 책임을 완화시키고 있다.

볼타임 제11조의 원칙약관 외에 용선자의 용선료지급정지를 규정하는 보 충약관으로서는 항해의 신속성취약관(볼타임 제9조) 및 보일러청소약관(볼타임 제 12조)이 있다. 항해의 신속성취약관은 선박소유자가 항해를 합리적으로 빨리 완성해야 하고, 정당하지 않거나 불합리한 항로이탈을 하여서는 아니 된다는 내용이다.[2] 용선선박의 항로를 특정하지 아니하였을 때에는 해운실무상 통상 적으로 사용되는 항로로 항해하여야 하며, 선박소유자는 용선선박이 불합리 하게 항로이탈을 한 결과 항해가 지연되어 발생한 용선자의 손해를 배상하여 야 한다. 그런데 대부분의 용선계약에는 인명 또는 재산을 구조하거나 동맹파 업·전쟁·금수 등 긴급사태를 회피하기 위하여 필요한 경우에는 항로이탈을 할 수 있다는 항로이탈 자유약관을 두고 있다. 보일러청소약관은 "보일러청소 는 가능하면 업무중에 실시해야 한다…. 만약 용선선박이 48시간 이상 대기정

---

1) Schoenbaum(5th), 698–699쪽.
2) Massari v. Forest Lumber Co., 290 Fed. 470(S.D. Fla. 1923).

박할 경우에는 용선선박이 출항준비를 완료할 때까지 용선료의 지급을 정지한다"고 규정한다.

4. 선장지휘권

정기용선자는 약정한 범위 안의 선박의 사용을 위하여 선장을 지휘할 권리가 있다(상 제843조 제1항). 선장·해원, 그 밖의 선박사용인이 정기용선자의 정당한 지시를 위반하여 정기용선자에게 손해가 발생한 경우에는 선박소유자가 이를 배상할 책임이 있다(동조 제2항).

5. 반선의무

용선자는 자신의 용선계약위반으로 인해 용선선박을 인도받은 것보다 불량한 상태로 반선하는 경우, 손해배상책임을 진다. 그러나 용선자는 선박의 통상적인 자연소모에 대하여는 책임을 면한다. 선박관리약관(maintenance clause)에 의하여 선박소유자는 용선기간 동안 발생하는 선박의 손상을 수리할 의무가 있으며, 용선자가 그 손상에 대하여 책임이 있음을 선박소유자가 입증하는 경우에 용선자에게 수리비를 청구할 수 있을 뿐이다. 그런데 용선기간만료 직전에 발생한 손상이나 용선선박의 효율적 운행에 별 지장이 없는 손상의 경우에는 선박소유자가 수리의무를 지지 않는다. 반선한 선박이 손상된 경우, 선박소유자는 그로 인하여 하락한 선박의 가치상당액 또는 합리적인 수리비용을 용선자에게 청구할 수 있다. 용선자는 용선계약이 특정한 장소에서 선박을 반선하여야 한다. 용선자가 이를 위반하여 다른 장소에서 반선하면 선박소유자는 손해배상을 청구할 수 있다.[1]

정기용선자가 반선기일을 위반하여 선박을 늦게 반선함으로써 이미 선박소유자가 제3자와 체결한 차기 정기용선계약이 취소된 경우에, 정기용선자는 취소된 차기 정기용선계약으로 인하여 발생한 수익손실에 대하여 책임을 진다.[2] 정기용선계약에서 ① 선박소유자가 반선시 선박에 남아 있는 연료유를 인수하고 정기용선자에게 대금을 정산해 지급하게 하며, ② 정기용선자가 사전에

---

1) Wilford(5th), 255-258쪽.
2) 염정호, "정기용선계약상 반선기일 위반으로 인한 손해배상책임문제," 해사법연구, 제20권 제2호(2008. 7), 97쪽.

선박소유자에게 반선 시점과 반선 지점을 수차례 통지하도록 하고, ③반선 시점에 남아 있는 연료유의 품질과 예상 최소수량을 정했다. 이 경우 정기용선자의 회생절차가 개시되어 정기용선계약을 중도해지했다면 '반선'에 해당하지 않고, 정기용선자는 선박소유자에게 잔존연료유 대금채권을 주장할 수 없다.[1]

제 4 관 정기용선자의 제3자에 대한 책임

정기용선자의 제3자에 대한 관계는 정기용선계약의 법적 성질을 어떻게 해석하느냐에 달려 있다. 우리 다수설은 선체용선계약과 노무공급계약과의 혼합계약이라고 보므로, 정기용선자의 제3자에 대한 외부관계에 대하여도 선체용선에 관한 상법 제850조의 규정이 적용된다고 본다. 그러므로 정기용선자가 선박을 항해에 사용하는 경우, 그 이용에 관한 사항에는 제3자에 대하여 선박소유자와 동일한 권리의무가 있다(상 제850조 제1항).[2] 정기용선자는 선박소유자의 책임제한도 주장할 수 있을 것이다. 대법원은 정기용선 선박의 선장이 항행상의 과실로 충돌사고를 일으켜 제3자에게 손해를 가한 경우 용선자가 아니라 선박소유자가 선장의 사용자로서 배상책임을 부담하고, 다만 정기용선자에게 민법상 불법행위책임이나 사용자책임을 부담시킬 만한 귀책사유가 인정되는 때에는 정기용선자가 배상책임을 별도로 부담한다고 보았다.[3]

1) 대판 2019. 12. 27. 2019다218462(판례공보(2020. 2. 15), 355쪽)(원고/피상고인 코모도 베이시핑, 피고/상고인 한진해운의 파산관재인, 상고기각).
2) 이에 관한 대판 1992. 2. 25. 91다14215에 관하여는 김창준, "Demise Clause와 정기용선자의 제3자에 대한 책임," 인권과 정의 제219호(1994. 11), 98쪽.
3) 대판 2003. 8. 22. 2001다65977(판례공보(2003. 10. 1), 1912쪽, 법률신문 제3205호(2003. 9. 25), 8쪽)(원고 문○○, 피고 김○○). 해상화물운송업체인 정기용선자 조양은 피고로부터 예인선 우정호를, 소외 양○○로부터 무동력부선 대원호를 1년간 정기용선하면서, 용선기간중 피고가 선장을 포함한 선원 3명을 고용하여 우정호에 승선시켜 선원의 급여 및 선박수리비 등을 부담하고, 우정호의 선원과실 및 선체결함으로 인한 사고발생시 피고가 전적으로 배상책임을 지기로 약정하였다. 우정호선장은 마산항에서 철구조물을 적재한 대원호를 예인밧줄로 우정호에 연결한 후 예인하면서 대산항으로 항해하던 중 신안군 해상에서 02 : 20 경 어선 경필호가 야간정박중이었는데, 이를 회항중인 어선으로 잘못 판단하여 충분한 안전거리를 확보하지 못한 채 항해하다가 뒤늦게 항로를 변경한 과실로 피예인선인 대원호가 경필호를 충돌케 하여 경필호가 전복되면서 그 선원들이 모두 사망하였다. 대법원은 피고가 우정호선장의 사용자로서 선장의 과실로 인하여 발생한 위 사고로 인하여 경필호선원들이 입은 손해를 배상할 책임이 있다고 판단하였다. 우정호가 조양에 정기용선되

화물운송에 관련된 상사적 사항은 '선박의 이용에 관한 사항'이므로 정기용선자가 제3자에 대하여 책임을 지는 반면, 선박의 항행에 관련된 해기사항은 선박의 이용에 관한 사항이 아니므로 이로 인한 손해에 대하여는 선박소유자가 책임을 부담한다는 해석이다.

정기용선계약에서는 원칙적으로 운송물의 멸실·훼손과 관련된 업무를 수행하기로 약정한 자가 운송물의 멸실·훼손에 대한 책임을 진다. 대부분의 정기용선계약에서는 선박소유자와 정기용선자 간에 제3자에 대한 책임을 배분하고 있는데, 예컨대 뉴욕 프로듀스 정기용선계약 제8조는 "선장은 선박소유자에 의하여 임명되었더라도 취항과 대리업무에 관하여 정기용선자의 명령과 지시에 따라야 한다. 정기용선자는 자신의 비용으로써 선장의 감독 하에서 운송물의 선적·적부 등을 하여야 한다. 그리고 선장은 수령한 운송물에 대하여 본선수취증 또는 검량서류에 따라 선하증권에 서명하여야 한다"고 규정한다. 즉 전통적 해상법에 의하면 운송물을 선적·적부·양륙할 책임은 선박 및 선박소유자에게 있으나, 뉴욕 프로듀스 정기용선계약 제8조는 운송물의 수령·인도에 관하여는 선장 및 선원이 정기용선자의 피용자인 것으로 보고, 운송물에 관한 책임을 정기용선자에게 부담시키는 것이다. 따라서 선장이 감항능력주의의무를 소홀히 하였거나 정기용선자가 운송물의 적부를 불량하게 하도록 강요하지 않는 한 운송물의 적부 및 취급에 관한 책임은 정기용선자에게 있다. 항해용선계약의 해석도 정기용선계약과 동일하다.[1]

정기용선계약에서 용선선박의 불감항성 또는 선박운항상의 과실로 인하여 선원이 상해를 입은 것에 대하여 정기용선자는 원칙적으로 책임을 지지 않는다. 그러나 정기용선자가 적극적으로 과실을 범하였거나 용선선박의 운항업무를 담당하였을 때는 자신의 행위로 인한 선원의 상해에 대한 책임을 진다. 실무상 빈번히 발생하는 사례는 선박소유자 또는 정기용선자의 과실로 인하여 하역근로자가 상해를 입은 경우인데, 이 때 선박소유자와 정기용선자 중 누구에게 책임을 지울지는 용선계약규정에 의하여 판단한다. 즉 정기용선계약에 정기용선자가 운송물 적부·취급에 대한 책임을 진다는 규정이 있다

었으므로 조양만이 대외적인 관계에서 제3자에 대한 불법행위책임을 부담하며 피고는 면책되어야 한다는 피고의 항변은 받아들여지지 않았다.
1) Schoenbaum(5th), 714-715쪽.

면, 운송물하역중 상해를 입은 하역근로자에 대하여 정기용선자가 책임을 진다. 한편 운송물의 취급과 무관한 선장의 작위 또는 부작위에 관련하여 하역근로자가 상해를 입었을 때는 정기용선자가 선박소유자에게 구상할 수 있다. 또 사안에 따라서는 법원이 선박소유자와 정기용선자 쌍방에게 그 과실비율에 따라 손해를 분담시킬 수도 있다.[1] Hodgen 사건에서 육상플랫폼근무자가 악천후 속에서 플랫폼간을 선박을 타고 이동하다가 부상당하였다. 악천후인데도 이동하도록 결정한 자는 정기용선자였으므로 정기용선자 85%, 선박소유자 15%의 비율로 부상자에 대하여 책임을 졌다.[2]

국제P&I그룹은 운송물의 멸실·훼손시 선박소유자와 정기용선자간의 분담에 관해 지침(Inter-Club Agreement, "ICA")을 작성하였다. 1996년 ICA가 최신의 것인데, ICA가 정기용선계약에 편입된 경우 ICA조항이라고 하며, 선박소유자와 정기용선자간의 분쟁은 이에 따라 기본적으로 해결되는데 내용은 다음과 같다.

① 선박의 불감항 및/또는 항행이나 선박관리에 관한 과실에 의해 발생한 운송물의 멸실·훼손은 선박소유자가 전부 부담한다.
② 운송물의 선적, 적부, 고박, 양륙, 보관 기타 운송물의 취급에 의해 발생한 운송물의 멸실·훼손에 대하여는 정기용선자가 전부 부담한다. 다만 운송물의 선적, 적부, 고박, 양륙, 운송물취급을 적절하게 할 수 없었던 원인이 선박의 불감항에 기인한 것임을 정기용선자가 증명한 경우에는 선박소유자가 전부 부담한다.
③ 운송물의 부족 또는 양륙상의 과실에 대하여는 선박소유자와 정기용선자가 50%씩 부담한다. 단 손해가 어느 당사자의 행위 또는 태만에 의해 발생했다는 증거가 있는 경우에는 그 당사자가 손해의 전부를 부담한다.
④ 기타 운송물의 모든 멸실·훼손·지연에 대하여는 선박소유자와 정기용선자가 50%씩 부담한다. 다만 손해가 어느 당사자의 행위 또는 태만에 의해 발생했다는 증거가 있는 경우에는 그 당사자가 손해의 전부를 부담한다.[3]

---

1) Schoenbaum(5th), 715-717쪽.
2) Hodgen v. Forest Oil Corp., 87 F.3d 1512(5th Cir. 1996). Wilford(5th), 329쪽.
3) 한낙현, "정기용선계약상 화물클레임에 대한 ICA의 적용에 관한 연구," 해운물류연구 제25권 제2호(2009), 452-454쪽.

ICA가 규정하는 손해는 실제로 화주에게 지급한 배상금 뿐 아니라 합리적인 이자, 변호사보수, P&I Club 대리점비용, 감정인 등 전문가비용을 포함한다.[1]

정기용선자가 용선한 선박이 출항하려 할 때 컨테이너 부두 운영자 소속 운전기사가 화물 양륙에 사용되는 크레인의 붐대를 선박 위에 떨어뜨려 선박이 훼손되고, 선박 수리기간 동안 정기용선자가 지출한 용선료는 낭비된 비용(wasted expenditure)이어서 기대이익의 상실로 볼 수 있고 부두 운영자에게 청구할 수 있다.[2] 예선업자가 정기용선된 선박의 이용에 관하여 우선특권 있는 예선료 채권을 가지는 경우 선박에 대해 경매를 청구할 수 있다. 예선업자는 특별한 사정이 없는 한 예선 사용 요청을 거절할 수 없고 정당한 이유 없이 예선 사용 요청을 거절하면 형사처벌을 받으며, 예선계약 체결 시 예선료 채무를 부담하는 자가 선박소유자인지 여부를 확인하기 힘들기 때문이다.[3]

제 5 관   정기용선계약의 이행불능(frustration)

정기용선계약의 이행불능에는 원시적 불능과 후발적 불능이 있는데, 후발적 불능은 다시 계약당사자의 귀책사유에 의한 이행불능과 당사자의 귀책사유 아닌 이행불능으로 구분된다. 용선선박의 멸실·행방불명 등 예측할 수 없는 사유가 발생하여 용선계약의 목적을 달성할 수 없는 경우에 그 용선계약은 소멸되며, 계약당사자는 계약이행의 채무를 면한다. 이 같은 이행불능 또는 상업적 계약목적의 달성불능(commercial impracticability)이 되기 위하여는 ① 이행불능사유를 예측할 수 없었고, ② 용선계약이나 상관습상 당해 이행불능에 관한 규정이 없으며, ③ 용선계약의 이행이 불가능하거나 상업적으로 실행 불가능해져야 한다.[4] 용선선박이 멸실되거나 행방불명된 경우에 용선계약상 선박소유자가 대체선을 제공하도록 되어 있다면, 용선선박이 멸실되더라도 용선계약은 이행불능상태에 빠지지 않는다.

---

1) 한낙현, 앞의 글, 454쪽.
2) 대판 2016. 5. 27. 2014다67614(판례공보(2016. 7. 1), 855쪽)(원고/피상고인 에이 피 묄러 머스크 에이에스, 피고/상고인 씨제이대한통운, 상고기각).
3) 대결 2019. 7. 24. 2017마1442(판례공보(2019. 9. 15), 1636쪽)(재항고인 선화, 파기환송).
4) Transatlantic Financing Corp. v. United States, 363 F.2d 312(D.C.Cir. 1966).

제1 예측할 수 없었을 것

5년 기간의 정기용선계약에서 용선료가 급등락하고 선복이 과잉공급된 것만으로는 당사자들이 예상할 수 없었던 이행불능사유가 되지 않는다. 9월에 용선계약을 체결할 당시 하바나항이 적체되고 있었고, 10월과 11월에도 여전히 항구가 적체되어 선박은 6주 동안 하바나항 외항에 정박하여야 했으므로 선박소유자는 운송물을 수하인에게 인도하지 못하였다. 수하인이 손해배상을 청구하자 선박소유자는 계약이 이행불능이었다고 주장하였으나, 9월에 적체상태였다면 10월·11월의 적체도 예상할 수 있었으므로 이행불능은 인정되지 않는다. 한편 독일 선박소유자가 금을 싣고 영국으로 향하다가 독일과 영국 간 전쟁이 발발하자 뉴욕으로 회항하였다면, 당사자들의 계약의도는 전쟁이 발발하여 선박이 나포될 위험까지 감수하지는 않을 것이므로 용선계약은 이행불능이 된다.[1]

제2 이행불능에 관한 규정이 없을 것

이행불능이 되려면 명시적으로나 관습상 선박소유자와 정기용선자 간에 위험이 배분되어 있지 않아야 한다. Reefer 사건에서 선박소유자가 용선자를 제소하였는데, 용선자는 이행불능을 주장하였다. 용선계약에는 ① 선박이 불감항상태가 되면 용선자가 계약을 해제할 수 있는 감항성조항이 기재되어 있었고, ② 계약체결 후 12개월 이내에 선박이나 기관이 고장나면 계약을 해제할 수 있는 용선료지급정지약관과 기관고장약관이 기재되어 있었다. 이 같은 약관이 기재되어 있다는 것은 선박소유자와 용선자가 예상치 못한 위험에 대한 위험을 배분하였다는 것을 의미하므로, 이행불능항변은 받아들여지지 않았다.[2] 오션코맨더호 사건에서는 선원의 과실로 인한 파이프라인누수를 수리하느라 항해가 지연되었다. 용선자는 ① 선박이 인도시 불감항상태였고, 선박소유자가 파이프라인에 대하여 상당한 주의를 행사하지 않았으며, ② 용선자가 매매계약의 목적을 충족시킬 수 있을 만큼 선박소유자가 운송물을 제때에

---

1) The Kronprinzessin Cecilie, 244 U.S. 12(1917). Wilford(5th), 457-458쪽.
2) Reefer and General Shipping Co. Inc. v. Great White Fleet, Ltd., 1996 AMC 1254(S.D.N.Y. 1995).

선적할 수 없으므로 이행불능이 된 용선계약을 해제한다고 주장하였다. 중재인은 용선자가 선박의 불감항성을 입증하지 못했다고 보았고, 용선자의 주장은 용선계약과 관계 없는 것이었으므로 이행불능항변도 기각되었다. 누수는 예상가능하였고, 선박장비가 고장나 선박이 지체될 위험은 용선계약상 당사자들간에 배분되었다. 즉 용선계약에는 선박소유자의 개인적 고의나 과실 없이 선원의 과실로 인한 손해에 대해 선박소유자를 면책시켰다. 그리고 용선계약에 운송물양륙일이 특정되어 있지 않았으므로 선박이 지체되더라도 계약이행이 불가능해지는 것은 아니었다.[1]

제3 용선계약의 이행이 불가능하거나 상업적으로 실행불가능할 것

'상업적으로 실행불가능' 기준은 '불가능'보다는 완화된 기준이지만, 이행불능을 주장하는 당사자에게는 여전히 입증하기 힘들다. 장애사유로 인하여 단순히 계약이행이 더 힘들어졌다거나 비용이 더 드는 것만으로는 상업적으로 실행불가능하다고 할 수 없다. 아메리칸 트레이딩 사건에서 텍사스에서 인도로 가던 선박이 대서양에서 항해 중 중동전이 발발하여 수에즈운하가 폐쇄되었다. 선박소유자는 선박이 희망봉을 돌아 항해를 마치게 한 후 용선계약이 이행불능이 되었다는 이유로 추가발생비용(원래 용선료보다 33% 인상)을 용선자에게 청구하였다. 그러나 법원은 이행불능이 되려면 추가비용이 엄청나고 불합리한(extreme and unreasonable) 정도라야 하는데, 33% 정도로서는 이를 충족하지 못한다고 보았다.[2] 선적항에서 선적이 3개월 정도 지체될 것이 예상되자 용선자가 계약의 이행불능을 주장했으나, 3개월 정도의 지체는 업계에서 통상 일어나므로 이행불능에 해당하지 않는다고 판단한 예도 있다. 머메이드호 사건에서는 용선자가 선박을 인수한 직후 선박이 선석을 기다리며 투묘중에 선박충돌이 발생하였다. 중재부는 ① 선박충돌은 충분히 예상할 수 있었고, ② 선박충돌로 지체가 발생할 위험은 당사자간에 정박기간을 규정함으로써 위험을 이미 배분하였으며, ③ 용선자는 비용이 좀더 들고 불편함을 야기하기는

---

1) The Ocean Commander, SMA 2930(Arb. at N.Y. 1992). Wilford(5th), 459~460쪽.

2) American Trading & Production Corp. v. Shell International Marine Ltd., 453 F.2d 939(2d Cir. 1972).

하였지만, 용선선박 외 다른 선박에 운송물을 선적하였으므로 용선계약이행이 상업적으로 실행불가능하지 않다는 이유로 이행불능을 인정하지 않았다.[1] Intermar호 사건에서 미국항구 및 유조선안전법과 선박에 의한 오염방지조약 (MARPOL)에 따라 선박소유자가 선박에 원유세척과 불활성가스시스템을 설치하여야 했는바, 선박소유자는 이 때문에 용선계약이 상업적으로 실행불가능하게 되었다고 주장하였다. 그러나 중재인은 선박소유자가 용선계약조건협상 중 위 시스템설치비용분담에 관하여 문제를 제기한 바 없으므로 시스템설치의무로 인하여 용선계약이 이행불능이 되지 않는다고 보았다.[2] 용선자가 신용장을 늦게 제공하여 운송물이 준비되지 않은 결과 정박기간이 하루 경과하여 체선료가 발생한 것만으로는 선박소유자가 이행불능을 주장할 수 없다.[3]

제4 이행불능의 효과

용선계약이 이행불능되면 양 당사자는 더 이상의 계약이행을 하지 않아도 되나, 이행불능이 발생한 시점까지 용선계약은 유효하다. 따라서 이행불능이 발생하기 전에 이미 용선계약상 발생한 채무나 계약위반으로 인한 손해배상금은 이행불능에도 불구하고 지급하여야 하나, 이행불능 이후에 발생한 채무나 손해배상금에 대하여는 지급의무가 없다. 이 같은 원칙에 몇 가지 예외가 있다. 첫째, 이행불능으로 인하여 당사자가 상대방에게 이미 지급한 금액의 대가성(consideration)이 완전히 없어진 경우 당사자는 그 금액을 반환할 것을 요구할 수 있고, 아직 지급하지 않았다면 지급할 의무를 면한다(용선료는 제외함). 둘째, 기존에 발생한 계약위반에 대한 손해배상청구는 유효하지만, 계약위반 이후에 이행불능이 발생함으로써 손해배상금액에 영향을 주고 명목적인 손해배상액만을 청구할 수 있는 경우도 있다. 물론 체선료와 같이 손해배상액을 일정하게 예정한 경우는 이행불능에 영향받지 아니한다. 셋째, 용선계약이 이행불능된 후 선박소유자는 묵시적 계약이나 준계약(quasi contract) 논리에 근거하여 자신이 제공한 용선업무에 대하여 합리적인 보상을 용선자에게

---

1) The Mermaid I, SMA 1836(Arb. at N.Y. 1983).
2) The Intermar Progress, SMA 2468(Arb. at N.Y. 1988).
3) Wilford(5th), 460-461쪽. Schofield 변호사는 이행불능의 예로서 용선선박이나 운송물의 멸실, 과도한 지연, 계약이행지의 법률위반을 든다. Schofield, 앞의 책, 385-393쪽.

청구할 수 있다.[1]

제 6 관 용선자에 의한 재운송계약과 선박소유자의 책임

제1 재운송계약

정기용선자 또는 항해용선자가 자기의 명의로 제3자와 운송계약을 체결한 경우에는 그 계약의 이행이 선장의 직무에 속한 범위 안에서 선박소유자도 그 제3자에 대하여 상법 제794조(감항능력 주의의무)와 제795조(운송물에 관한 주의의무)에 따른 책임을 진다(상 제809조). 재운송계약(sub-charter)은 용선자가 용선계약상 자신의 권리의 범위 내에서 타인과 그 선박의 이용에 관하여 체결하는 운송계약을 말한다. 그리고 선박소유자와 재운송인 간의 용선계약을 주운송계약 혹은 원운송계약(original charter)이라고 한다.

주운송계약과 재운송계약은 법적으로 독립된 효력을 가지는 별개의 운송계약으로서 주운송계약에 반대의 특약이 없는 한 용선자는 주운송인의 승낙 없이 제3자(재용선자)와 재운송계약을 유효하게 체결할 수 있다. 선박소유자는 재용선자와는 아무런 법률관계가 없으며, 재용선자는 재운송인에 대하여만 권리를 가지게 된다. 따라서 재운송인이 책임재산을 전혀 가지지 않는다든가 재판권이 미치는 범위 내에 재산이 전혀 없을 경우 재용선자는 권리를 실현할 방법이 없어지게 되고, 용선계약의 특성상 용선자가 재운송인의 지위에 있다 하더라도 선장에 대한 지휘·감독권을 가지지 않는다는 문제점이 있다. 이러한 경우의 구상관계를 간편하게 하기 위하여 재운송계약의 이행이 선장의 직무에 속한 범위 안에서는 선박소유자도 제3자에 대하여 책임을 지도록 한 것이다. 선박소유자는 재용선계약의 직접적 당사자가 아니기 때문에 본조에 의하여 인정된 책임을 지는 이외에 재용선자에게 운임을 청구하는 등 운송계약상의 권리를 직접 행사할 수는 없다. 그러나 주운송계약에 따른 용선료를 지급받지 못한 때에는 운송물을 유치할 수 있다(상 제807조 제2항).

---

1) Cooke(3d), 656-657쪽; S. Baughen, Shipping Law, 2d ed.(London: Cavendish Publishing Limited, 2002), 256-257쪽; 정영석·우보연, "정기용선계약상의 프러스트레이션 법리에 관한 연구," 국제거래법연구 제16집 제2호(2007), 326쪽.

제2 판   례

대법원은 선박소유자가 재용선자에게 체선료를 청구할 수 없음을 확인하
였다.[1] 그리고 순차정기용선계약에 따라 최종용선자가 수하인과 운송계약을
체결하였고, 선박소유자와 최초 용선자 간에 "선하증권제시 없이 화물을 인도
한 경우, 용선자는 선주를 면책시킨다"는 약정이 있더라도 선박소유자가 선장
에게 선하증권과 상환 없는 화물인도를 지시하였다면 선박소유자는 선하증권
소지인에게 불법행위책임을 진다고 판시하였다.[2]

제3 제척기간

정기용선계약에 관하여 발생한 당사자 사이의 채권은 선박이 선박소유자
에게 반환된 날부터 2년 이내에 재판상 청구가 없으면 소멸한다(상 제846조 제1
항 1문). 다만, 이 기간은 당사자의 합의에 의하여 연장할 수 있다(동항 2문, 제814

1) 대판 1998. 1. 23. 97다31441(판례공보(1998. 3. 1), 592쪽)(원고 유나이티드 쉬핑, 피고 현
대종합목재산업). 원고 선주는 용선자 이진우와 항해용선계약을 체결하였고, 이진우는 재용
선자인 피고와 재용선계약을 체결하여 피고가 수입하는 원목을 운송하기로 하였다. 원고소
유 에브포아그나호의 선장은 피고에게 선하증권을 발행하였고, 이진우도 별도의 선하증권
을 발행하였다. 원고는 원목에 대한 유치권을 행사하지 아니하고 피고에게 인도하였다. 원
고는 이진우와의 사이에 체선료가 발생하였는데, 피고는 선장이 발행한 선하증권의 소지인
으로서 수하인이므로 선하증권 및 용선계약의 규정대로 이진우와 연대하여 원고에게 체선
료를 지급하여야 한다고 주장하였다. 그러나 대법원은 주운송계약과 재운송계약은 별도이
므로 선주가 직접 재용선자에게 주운송계약상 체선료를 청구할 수는 없고, 수하인도 용선
자에 대하여만 체선료지급의무를 부담할 뿐이라고 판시하였다.
2) 대판 1999. 4. 23. 98다13211(판례공보(1999. 6. 1), 989쪽)(원고 한국외환은행, 피고 이슬라
믹 리퍼블릭 오브 이란 쉬핑 라인즈). 피고는 선주로서 스타쉬핑과 정기용선계약을 체결하
고, 스타쉬핑은 칵스와 정기용선계약을 체결하였다. 칵스는 정기용선자로서 동해철강에게
철근을 수출하는 계약을 체결한 후 선하증권을 발행하였고, 원고는 동해철강의 의뢰에 따
라 신용장을 발행하였다. 화물이 포항으로 운송되는 중에 칵스는 스타쉬핑에, 스타쉬핑은
피고에 화물을 선하증권과 상환 없이 인도해 줄 것을 요청하면서 이로 인하여 발생하는 손
해를 배상하겠다는 각서를 제공하였다. 동해철강도 피고에게 같은 각서를 제공하였으므로
피고는 선장에게 지시하여 화물을 동해철강에게 인도하였고, 동해철강은 이를 처분하였다.
대법원은 선주가 선하증권소지인 아닌 사람에게 인도할 것을 지시하여 화물이 멸실되었다
면, 선하증권발행인이 정기용선자인지 여부 및 선주와 용선자 중 누가 운송인인지에 관계
없이 선주는 불법행위책임을 지며, 선주의 인도지시가 수하인이나 정기용선자의 요청에 의
한 것인지도 물을 필요가 없다고 판시하였다. 평석으로는 정찬형, "선하증권과 상환하지 않
고 운송물을 인도한 해상물건운송인의 손해배상책임," 백산 정찬형교수 화갑기념 백산상사
법논집(2008), 1140쪽.

조 제1항 단서). 영국 해상물건운송법(COGSA)은 용선계약상 채권의 소멸시효기
간을 6년으로 한다.

제 3 절 선체용선계약(demise charter, bareboat charter)

제 1 관 의   의

선체용선계약(나용선계약)은 용선자의 관리·지배 하에 선박을 운항할 목
적으로 선박소유자가 용선자에게 선박을 제공할 것을 약정하고, 용선자가 이
에 따른 용선료를 지급하기로 약정하는 계약이다(상 제847조 제1항). 선박소유자
가 선장 그 밖의 해원을 공급할 의무를 지는 경우에도 용선자의 관리·지배
하에서 해원이 선박을 운항하는 것을 목적으로 하면 선체용선계약으로 본다
(동조 제2항). 선박소유자는 용선료를 받는 대가로 계약기간 동안 용선선박의
점유와 지배권을 선체용선자에게 이전시키고, 선체용선자는 용선선박을 운항
하며 필요한 선원 및 항해장비를 투입하고 운항비용을 부담한다.

제 2 관 법적 성질

선체용선계약은 그 성질에 반하지 아니하는 한 민법상 임대차에 관한 규
정을 준용한다(상 제848조 제1항). 용선기간이 종료된 후에 용선자가 선박을 매수
또는 인수할 권리를 가지는 경우 및 금융의 담보를 목적으로 채권자를 선박소
유자로 하여 선체용선계약을 체결한 경우에도 용선기간 중에는 당사자 사이에
서는 선체용선에 관한 상법 규정에 따라 권리와 의무가 있다(동조 제2항).

제 3 관 법률관계

선체용선자와 선박소유자 사이의 내부관계와 선체용선자·선박소유자와
제3자 사이의 외부관계를 나누어 본다.

제1 내부관계

선체용선자와 선박소유자 사이의 관계는 당사자간의 계약과 해사관습에 의하여 결정되고, 여기에 없는 것에 대하여는 민법상 임대차 규정이 적용된다.[1] 선체용선자는 선박소유자에 대하여 선체용선등기에 협력할 것을 청구할 수 있다(상 제849조 제1항). 해난구조업자인 용선자가 예선을 빌린 경우, 이를 항해용선이 아니라 선체용선과 유사한 특수계약관계로 본 우리 대법원판례가 있다. 이 사건에서 대법원은 선박이용계약이 선체용선계약, 항해용선계약 또는 제3의 특수한 계약인지는 계약의 내용, 이용기간의 장단, 사용료 금액, 점유 유무를 검토하여야 한다고 보았다.[2]

내국법인이 해외에 설립한 페이퍼컴퍼니가 외국 선주와 국적취득조건부 선체용선계약을 체결했는데 페이퍼컴퍼니의 자본금이 1달러에 불과하고 아무런 인적 조직과 물적 시설을 갖추지 않았으며 외국 선주에 용선료를 지급하는 업무를 내국법인이 관장해왔다면, 페이퍼컴퍼니는 선체용선계약의 명의상 당사자에 불과하고 내국법인이 실질적 당사자로서 선박 취득세 납부의무를

---

1) 대판 1966. 9. 27. 66다1448.
2) 대판 1999. 2. 5. 97다19090(판례공보(1999. 3. 15), 432쪽)(원고 신동아화재, 피고 전윤경). 좌초된 인경호의 소유자가 해난구조업체운영자인 A에게 구조요청을 하였다. A는 예선소유자 B로부터 선장과 선원 2명이 딸린 예선을 빌려 출항하면서 정원이 4명인 데도 자신과 자신의 직원 5명 및 인경호선원 6명 총 15명을 승선시켰다. A는 자신이 시의회의원으로서 책임지겠다며 출항신고 없이 서둘러 출항케 하고, 출항 당시부터 배가 왼편으로 기울어 불안해진 직원들이 도중에 회항을 건의했으나 무시하고 선장에게 항해계속을 지시하였다. 같은 날 우측에 들어친 파도를 맞고, 예선이 침몰하여 A와 인경호선원 3인이 익사하였다. 대법원은 ① 예선의 이용기간을 인경호를 구조할 때까지로 약정하였고, ② 이용료는 인천예선협회의 요금표에 따라 일당 66만 원으로 하되 구역 및 현장사정에 따라 조정하기로 하였으며, ③ 해난구조의 성격상 예선선장은 용선자가 지정하는 장소로 이동하여야 하고, 구조를 하려면 단순한 항해기술 외에 전문기술이 있어야 하고, ④ 작업중 발생한 사고는 용선자 A가 책임지기로 하였으며, ⑤ A가 정원을 초과하였고 출항신고도 하지 아니한 점을 고려하여 이 예선이용계약은 항해용선계약이 아니라 선박임대차와 유사하게 선박사용권 및 선장·선원에 대한 지휘·감독권을 가지는 특수한 계약관계라고 보았다. 그리하여 이 사고는 예선선주·선장의 과실과 경합하여 A가 정원을 초과하여 회항건의를 무시한 채 항해한 과실로 발생하였으므로 선장의 사용자 겸 불법행위자로서 사망한 인경호선원의 유족에 대하여 배상책임이 있다고 판시하였다. 그러나 A를 항해용선자로 보더라도 A에게 손해배상책임을 지울 수 있는데, 구태여 특수한 계약관계로 본 것에 대하여는 의문이 있다. 가능한 한 특수한 계약관계와 같은 예외를 인정하지 아니하고 선체용선·항해용선·정기용선 계약 중 하나로 보는 것이 보다 간명하며, 이 사건의 경우 특수한 항해용선계약으로 볼 수 있을 것이다.

부담한다.[1]

제2 외부관계

1. 선체용선자와 제3자와의 관계

선체용선자가 상행위나 그 밖의 영리를 목적으로 선박을 항해에 사용하는 경우에는 그 이용에 관한 사항에는 제3자에 대하여 선박소유자와 동일한 권리의무가 있다(상 제850조 제1항). 선체용선자는 자신의 이름으로 영리항해에 선박을 이용하는 해상기업의 주체이므로, 선체용선자가 그러한 사항에 관하여 선박소유자와 동일한 권리의무를 가지는 것은 당연하다. 그러나 이 같은 선체용선자의 권리의무는 선박의 이용에 관한 사항에 한한다. 선박소유자책임제한도 선체용선자에게 당연히 적용된다.[2] 선체용선은 등기할 수 있으며, 등기를 한 때에는 그 때부터 제3자에 대하여 효력이 생긴다(상 제849조 제2항). 대법원은 선박이 선체용선자로부터 재항해용선된 경우, 선체용선자는 자신의 지휘·감독 하에 있는 선박에 의해 운송계약을 실제로 이행한 자이므로, 화물이 자신의 관리 하에 있는 동안 자기 또는 선박사용인의 고의·과실로 인하여 손해가 발생하였다면 불법행위로 인한 손해배상책임을 진다고 한다.[3]

---

1) 대판 2011. 4. 14. 2008두10591 취득세등부과처분취소(판례공보(2011. 5. 15), 944쪽)(원고/피상고인 대한해운, 피고/상고인 인천광역시 중구청장, 파기환송).

2) 최, 845쪽; 정찬, 846쪽; 김인현, "국적취득조건부 선체용선의 법률관계," 한국해법학회지 제39권 제1호(2017. 5), 26쪽.

3) 대판 2004. 10. 27. 2004다7040(판례공보(2004. 12. 1), 1910쪽(원고/상고인 그린화재, 피고 자오림스코, 원고 승소). 선주 라트비안은 아카데미 호흘로브호를 클라우드에게 2년간 선체용선해 주고, 클라우드는 피고에게 위 선박을 같은 기간 선체용선하였다. 재선체용선자 피고는 다시 클라우드에게 항해용선을 해 주었고, 항해용선자 클라우드는 아르고와의 사이에 냉동어류 1,500톤을 쿠릴해에서 부산까지 운송하기로 하는 운송계약을 체결하였다. 아르고는 유알엠에게 위 선박의 일부를 용선하였으며, 유알엠은 서림수산이 쿠릴해에서 잡은 냉동꽁치 157톤을 위 선박에 환적하여 부산까지 운송하기로 하는 용선계약을 체결하였다. 피고는 선하증권을 서림수산에게 발행하였다. 부산고법(부산고판 2003. 12. 11. 2003나172) 및 대법원은 피고가 선하증권을 발행하기는 하였으나 용선계약서에 유알엠이 계약당사자이고 운임이 유알엠을 통하여 아르고에게 지급된 점을 고려하면, 피고는 유알엠의 대리인으로서 선하증권을 발행한 것에 불과하고 운송인은 유알엠이라고 보았다. 즉 원고는 피고에게 운송인의 책임을 물을 수 없다는 것이다. 한편 부산고법은 피고가 선박소유자로서 상법 제806조(개정상법 제809조)에 의해 손해배상책임을 진다는 원고의 주장에 대하여, 위 선박 소유자는 피고가 아니라 라트비안이므로 원고의 청구가 이유 없다고 배척하였다. 그러나 대법원은 ① 선박소유자가 선체용선계약에 의해 선박을 임대해 주고, 선체용선자는 다른

2. 선박소유자와 제3자와의 관계

선박소유자는 직접 제3자에 대하여 아무런 법률관계가 생기지 않으나, 선박의 이용에 관한 사항에 대하여 생긴 선박우선특권은 선박채권자를 보호하기 위하여 선박소유자에 대하여도 그 효력이 있다(상 제850조 제2항 본문). 회생절차가 개시된 한진해운이 선주인 파나마국 법인과 국적취득조건부 선체용선계약을 체결했고 계약기간 중 유류를 공급받았다면, 유류 공급자는 용선선박에 대해 선박우선특권에 기한 경매신청을 할 수 있다.[1] 선체용선자의 해상기업활동으로 인하여 발생한 채무가 있을 때 선체용선선박에 대해 선박우선특권을 인정하여 선박채권자를 보호할 것인가, 또는 그러한 채권발생을 모르는 선박소유자를 보호할 것인가는 입법정책의 문제이다. 상법은 선박채권자를 보호함으로써 해사금융의 원활화를 기한다.[2] 그러나 채권자가 채권의 발생원인이 되는 선박의 이용이 선체용선계약에 반하는 것을 알았을 때에는 선박에 대한 우선특권은 선박소유자에 대하여 효력이 없다고 규정함으로써(동항 단서) 양자간의 이해를 조정한다. 선체용선계약에서 선박소유자와 선체용선자 간에 체결한 우선특권배제특약의 효력은 어떠한가. 일응 상법 제850조 제2항에 어긋나므로 무효인 경우가 대부분이겠으나, 우선특권에 의하여 담보되는 채권이 사법상 계약에서 발생한 것이고 상대방이 그와 같은 특약의 존재를 아는 경우에는 구태여 이를 무효라고 할 필요가 없을 것이다.

통상의 선체용선계약은 선박을 운항함과 관련하여 선박소유자에게 제기되는 손해배상청구에 대하여 선체용선자가 선박소유자의 손해를 보상하여야 하며, 은행보증장이나 보증보험증권의 형태로 담보를 제공하여야 한다고 규정한다. 그럼에도 불구하고 선체용선자의 자력이 없거나 피해자의 청구액이

자와 항해용선계약을 체결하고, 항해용선자가 다시 재용선자에게 항해용선해 준 경우, 선장과 선원에 대한 임면지휘권을 가지고 선박을 점유·관리하는 자는 선박소유자가 아니라 선체용선자이며, ② "선체용선자가 상행위 기타 영리를 목적으로 선박을 항해에 사용하는 경우에는 그 이용에 관한 사항에는 제3자에 대하여 선박소유자와 동일한 권리의무가 있다"고 규정한 상법 제766조 제1항(개정상법 제850조 제1항)의 취지에 따라 선체용선자인 피고가 제3자에 대해 상법 제806조에 의한 책임을 진다고 보았다.

1) 창원지결 2016. 10. 17. 2016타기227 경매개시결정에 대한 이의(신청인 한진해운의 관리인, 피신청인 월드 퓨얼 서비시즈(싱가포르), 이의신청 기각). 2심 창원지결 2017. 2. 23. 2016 라308 항고기각.

2) 배, 137쪽.

선체용선자가 제공한 담보금액을 초과할 수 있는데, 주로 문제되는 것은 해양오염사고의 경우이다. 선체용선된 선박의 선장은 선체용선자의 사용인이며, 선박소유자의 사용인이 아니다. 따라서 선박의 과실로 선박충돌이나 다른 손해가 발생한 경우에 선박소유자는 아무런 책임이 없다. 그러나 선박의 과실로 선박충돌 또는 대물적 청구권이 발생하는 경우에 피해자는 선박을 상대로 청구할 수 있다. 이 경우 선박소유자는 선체용선자가 선박에 대한 채무를 변제하기를 기대하나 선체용선자가 파산하는 등 이를 변제하지 못하였다면, 선박소유자가 이를 대신 변제하지 않는 경우 선박은 강제경매의 대상이 될 수 있다.[1]

용선선박에 하자가 있고, ① 선박소유자가 선박을 용선자에게 인도할 때 하자를 알면서도 용선자에게 경고하지 않았거나, ② 선박소유자가 하자를 알지 못하였지만 합리적인 주의를 다하였다면 발견할 수 있었을 정도라면, 그 하자로 인하여 제3자가 손해를 입은 경우 선박소유자는 제3자의 손해를 배상할 책임이 있다. 한편 위의 경우라 할지라도 용선선박을 운항하기 전에 용선자가 용선선박을 검사하여 하자를 발견할 것이라고 믿을 만한 합리적 근거가 있음을 입증하면 선박소유자는 책임을 면한다. 금융목적의 선체용선인 경우 선박소유자는 은행 등 금융기관이며, 선박의 상태에 대하여 전문지식을 가지고 있지 못하다. 따라서 용선자가 용선선박을 운항하기 이전에 자세히 검사할 것을 기대하게 되며, 선박소유자가 제3자에 대하여 직접 책임을 지게 되는 경우는 드물다.[2]

제 4 관   제척기간

선체용선계약에 관하여 발생한 당사자 사이의 채권은 선박이 선박소유자에게 반환된 날부터 2년 이내에 재판상 청구가 없으면 소멸한다(상 제851조 제1항). 다만, 이 기간은 당사자의 합의에 의하여 연장할 수 있다(동항 단서). 제척기간을 단축하는 선박소유자와 선체용선자의 약정은 이를 선체용선계약에 명시적으로 기재하지 아니하면 그 효력이 없다(동조 제2항).

---

1) M. Davis, Bareboat Charters(London: LLP Professional Publishing, 2000), 5쪽.
2) Davis, 앞의 책, 5-6쪽.

제 8 장
예선계약 및 도선

제 1 절   예 선 계 약

1. 의   의

예선계약(towage contract)이란 예선(tug)이 피예선에 동력을 제공하거나 피예선의 운행에 조력하는 것을 내용으로 하는 용역계약이다. 예선은 대형 항해선에서부터 바지선을 견인하거나 미는 소형선에 이르기까지 다양하며, 피예선도 동력을 가지지 못한 부선에서부터 동력이 있으나 항구에 접안할 때 예선을 보조적으로 사용하는 대형외항선에 이르기까지 다양하다. 대형선이 예인되는 경우에는 피예선에도 인원이 승선하고 있는 경우가 많으나, 부선이 피예선일 때에는 무인인 것이 보통이다. 예선계약과 운송계약은 구별된다. 예컨대 당사자들이 운송물을 부선으로써 운송하기로 약정한 경우에 비록 당사자들이 당해 부선을 예선으로써 예인할 것을 염두에 두었다 하더라도 당사자들은 운송물운송계약을 체결하였을 뿐이며, 예선계약을 체결한 것은 아니다. 이같이 예선계약과 운송계약을 구별하는 실익은 운송계약에 의하여 운송인이 운송물의 보관자로서의 책임을 지는 반면, 예선소유자는 수급인(독립계약자)에 불과하다는 점에 있다. 즉 예선소유자는 피예선 및 피예선에 적재된 운송물의 보관자가 아니며, 예선계약에 의한 권리의무를 가질 뿐이다.[1]

---

1) Lugenbuhl and Sharpe, "The Law of Towage at the Millennium: What Changes Are

예선과 피예선의 소유자가 동일한 경우에는 특정 계약이 예선계약인지 운송계약인지를 구별하기 어렵다. 이 경우 당사자의 의도를 중시하여야 하며, 당사자들이 당해 계약을 체결한 주목적이 운송물을 운송하려는 데 있고, 이를 위하여 운송인이 예선과 피예선을 제공하여야 한다면 당해 계약은 운송계약이다. 예컨대 예선소유자와 피예선소유자가 예선에 관한 이익과 비용을 분담하고 있었다면, 이들이 송하인과의 사이에서 체결한 계약은 예선계약이 아니라 운송계약이다. 또 송하인이 예선회사 소유의 부선을 이용하여 운송물을 운송하기로 하는 계약을 체결한 후 예선회사가 다시 제3자의 예선을 이용하는 계약을 체결하였다면, 송하인과 예선회사 간의 계약은 운송계약인 반면, 예선회사와 제3자 간의 계약은 예선계약이다.[1] 한편 당사자가 계약을 체결한 주목적이 단순히 일방당사자가 소유 또는 용선하고 있는 부선을 이동시키는 데 있다면, 당해 계약은 예선계약이다. 그러나 동일계약이 운송계약과 예선계약의 성질을 모두 가지고 있을 경우도 있는데, 이 때에는 운송계약 또는 예선계약에 해당하는 부분을 분리하여 각각 운송계약과 예선계약의 법리를 별도로 적용한다.[2] 운송물을 적재한 부선을 다시 모선상에 적재하여 항해하는 LASH (Lighter Aboard Ship) 시스템은 예선계약보다는 운송계약에 가깝다. 부선을 적재한 모선과 이를 예인하는 예선은 해상운송목적상 하나의 선박으로 본다.[3] 예선이 해난구조에 사용되기도 하지만, 예선계약과 해난구조는 구별하여야 한다. 즉 해난구조가 성립하기 위하여는 선박 또는 운송물이 해난을 만났어야 하나, 예선계약은 해난의 존재와는 무관하게 언제든지 체결할 수 있다.[4]

피예선의 선장은 합리적으로 필요한 경우에 예선소유자와 예선계약을 체결할 권한을 가진다. 예선계약 당사자들은 자신이 알고 있는 사실 중에서 예선계약의 이행에 영향을 미칠 수 있는 모든 사항을 상대방에게 고지하여야 한다. 예컨대 피예선소유자는 피예선이 현재 좌초되어 있다는 사실을 예선계

Needed," 73 Tul.L.Rev. 1811쪽(1999); Schoenbaum(5th), 719-720쪽; A. Parks, The Law of Tug, Tow, and Pilotage, 3d ed.(1994), 18-19쪽.

1) Agrico Chemical Co. v. M/V Ben W. Martin, 664 F.2d 85(5th Cir. 1981), rehearing denied 669 F.2d 733(5th Cir. 1982).

2) Schoenbaum(5th), 720-721쪽.

3) In the Matter of Patton Tully Trans. Co., 1983 AMC 1288(E.D.La. 1982).

4) Schoenbaum(5th), 721-722쪽.

약 체결 전에 예선소유자에게 고지함으로써 예선소유자가 이를 고려하여 예
선료를 결정할 수 있도록 하여야 한다. 예선소유자는 피예선의 대리인이 아닌
독립계약자이다. 각국은 예선계약에 대하여 최소한의 법정기준을 규정하고
있는 반면, 미국에서는 예선계약의 조건 및 예선료를 오로지 당사자들이 결정
하도록 하고 있으므로 일단 예선료가 결정되면 예선소유자는 피예선소유자에
게 그 이상의 예선료를 청구할 수 없다. 다만, 예선의 책임 없는 사유로써 해
난이 발생하여 예선이 예선계약상의 의무를 초과하는 예선업무를 수행한 경
우에 한하여 예선소유자가 원래의 예선료 이상의 금액을 피예선소유자에게
청구할 수 있을 뿐이다. 피예선소유자가 예선료지급의무를 위반한 때에 예선
소유자는 피예선에 대하여 유치권을 가진다. 피예선소유자는 피예선의 감항
능력에 대하여 상당한 주의를 다하여야 하며, 예선소유자는 예선을 안전하게
운항할 책임이 있다.[1] 예인선의 과실 없이 피예선이 예선으로부터 이탈한 경
우 예선이 피예선에게 예선계약이 규정하는 이상의 서비스(침입자를 물리치고 계
약구조자를 돕는 등)를 제공하였다면, 예선은 합리적인 추가보수를 피예선에게
요구할 수 있다.[2]

2. 예선계약의 법률관계

(1) 예선의 피예선 및 운송물에 대한 의무

예선을 운송인으로 볼 수 없는 경우에 피예선 및 운송물에 대한 예선의
책임과 의무는 예선계약의 법리에 의하여 결정된다. 그리고 피예선이 제3자
인 송하인에 대하여 배상책임을 진 후 피예선이 예선에게 구상하는 경우에도
예선계약의 법리가 적용된다. Stevens v. The White City 사건[3]에서 피예선소
유자는 예선에 의하여 피예선을 뉴욕항으로부터 뉴워크항까지 예선하기로 하
는 계약을 체결하고, 피예선소유자의 피용자를 피예선에 승선시켰다. 예선 중
피예선소유자의 피용자가 피예선소유자의 묵인 하에 피예선을 항구에 정박시
킨 다음 임의로 육상에서 외박하였는데, 피예선이 목적항에 도착한 후 피예선
선체가 파손된 것이 발견되었으나 파손의 발생장소 및 원인은 규명되지 않았

---

1) Nat. G. Harrison Overseas Corp. v. American Tug Titan, 516 F.2d 89, modified 520 F.2d 1104(5th Cir. 1975). Schoenbaum(5th), 722-723쪽.
2) Parks(3d), 123쪽.
3) 285 U.S. 195(1932).

다. 미국법원은 예선의 피예선에 대한 책임은 계약법이 아닌 불법행위법원리
에 의하여 판단하여야 하며, 양호한 상태의 피예선을 예선소유자에게 인도하
였는데 예선작업종료 후 피예선이 손상되었음이 발견되었더라도 예선작업중
예선소유자에게 과실이 있었음을 추정할 수는 없다고 보았다. 예선이 피예선
에 대하여 부담하는 의무는 다음과 같다. ① 예선은 단지 피예선을 예인할 권
한만을 가지기 때문에 피예선의 선체 및 선원, 피예선에 적재된 운송물은 여
전히 피예선선장의 점유 하에 있는 것으로 본다. ② 예선작업중 피예선에 손
해가 발생한 경우에 피예선소유자는 예선계약에 의거하여 자동적으로 예선의
손해배상책임을 청구할 수 있는 것이 아니며, 예선의 과실이 있는 경우에만
손해배상을 청구할 수 있다. ③ 예선은 예선작업을 수행함에 있어서 신중한
항해자로서의 합리적인 주의의무를 다하여 항해기술을 발휘하여야 한다. ④
예선의 예선계약위반으로 인하여 피예선 등에 손해가 발생하였음을 입증할
책임은 피예선이 부담한다.[1)]

　　원칙적으로 예선계약에 의하여 예선소유자가 피예선을 수탁하는 관계가
형성되는 것은 아니지만, 예외적으로 예선소유자의 예선업무에 피예선의 수
탁업무가 포함되어 있는 경우에는 예선작업중 발생한 손해가 예선소유자의
과실 때문이라는 것을 추정할 수 있다. 예선소유자는 적절한 예선장비를 구비
하고 있고 감항능력 있는 예선을 제공하여야 하며, 예선의 동력이 약하거나
악천후시에 예선의 전자나침반 또는 윈치가 고장난 경우에는 당해 예선이 불
감항상태였던 것으로 본다. 또 예선소유자는 예선작업에 필요한 항해를 위하
여 유능한 선장 및 선원을 예선에 배치하여야 한다. 예선소유자가 도선사 2인
을 고용하였는데 그 중 1인의 도선사가 당해 수역의 지리에 어둡다는 사실을
예선소유자가 다른 도선사에게 통지하지 아니하였거나, 선장을 임명하지 않
았거나, 당직을 세우지 않은 예선소유자에게는 과실이 있는 것으로 본다. 예
선작업개시 전 또는 예선작업중에 예선소유자가 피예선을 자세히 검사할 의
무가 있는 것은 아니지만, 악천후시 또는 피예선에 특별한 사정이 있는 경우
에는 예선소유자가 피예선을 검사하여야 한다. 예컨대 평상시에는 예선소유
자가 피예선상에서 도보로 순시하는 것만으로 충분하였을지라도 피예선에 눈
과 얼음이 쌓여 있을 때에는 피예선을 보다 자세히 검사하여야 하며, 예선소

---

1) Schoenbaum(5th), 723-724쪽.

유자는 피예선을 예인하여 공해로 항해하기 전에 피예선의 맨홀뚜껑이 꼭 닫혀 있는지를 확인할 의무가 있다. 예선은 피예선이 정상적으로 예인되어 오는지를 세심하게 관찰하여야 하며, 피예선이 불감항상태인 것이 외관상 명확하거나 그러한 사실을 예선소유자가 안 때에는 피예선을 구조하기 위하여 합리적인 조치를 취할 의무가 있다. 예컨대 피예선에 해수가 침수하여 피예선이 기울어지는 것을 예선승무원이 목격하였다면, 예선은 피예선의 해수를 펌프로 퍼내거나 피예선을 해안에 정박시켜야 한다. 그리고 피예선선체에 균열이 생겼고 맨홀이 열려 있음을 예선이 알면서도 피예선에 대한 조명을 충분히 하지 않은 채 고속으로 심해로 항해하였거나, 충분한 펌프시설을 구비하지 않은 피예선에 해수가 침수하는 데도 피예선을 해안에 정박시키는 것을 지체하였다면 예선에게 과실이 있다고 할 수 있다. 또 피예선이 침몰하기 시작하였는 데도 해도를 이용하여 인근의 적절한 정박장소를 찾으려는 노력을 하지 않은 예선에게도 과실이 인정된다. 예선은 일정한 예선절차에 따라 예선작업을 수행해야 하며, 항해상의 과실에 대하여도 책임을 진다.[1]

악천후가 예보된 경우에 예선은 예상되는 위험을 피하기 위하여 사전예비조치를 취해야 하며, 일기가 극도로 불순할 때에는 피항하여야 한다. 목적항에 도착한 후에도 예선은 예상되는 위험에 상응하는 주의의무를 다하여 피예선을 안전하게 정박시켜야 한다. 예컨대 예선이 피예선을 목적항까지 예선하여 피예선을 나무에 묶어 놓음으로써 일단 안전한 선석에 정박시켰더라도 나무에 묶은 상태가 견고하지 못했기 때문에 정박한 지 사흘만에 피예선이 떠내려갔다면 예선은 이에 대한 책임을 진다.[2]

피예선이나 피예선상의 운송물이 예선작업종료 후 멸실·훼손된 사실만으로는 예선에게 과실 있음을 추정할 수 없으나, 피예선이나 운송물에 예선작업중 통상 발생하지 않는 사고나 손해가 발생하였다면 예선은 사고나 손해의 원인 및 예선이 이에 대한 책임이 없음을 설명하여야 한다. 그리고 예선의 이같은 설명의무는 피예선에 인원이 승선하지 아니한 경우에 더욱 요구된다. 반

---

1) F & S Offshore, Inc. v. K. O. Steel Castings, Inc., 662 F.2d 1104(5th Cir. 1981). Schoen-baum(5th), 724~725쪽.
2) Pasco Marketing, Inc. v. Taylor Towing Services, Inc., 411 F. Supp; 808(E.D. Mo. 1976) affirmed in part, reversed in part 554 F.2d 808(8th Cir. 1977). Schoenbaum(5th), 725~726쪽.

면에 예선에게 과실이 있었음을 입증할 책임은 피해자가 부담한다. 예선이 예선작업을 적절히 하였더라면 손해가 발생하지 않았으리라는 사실을 피해자가 입증하였는 데도 불구하고 예선이 사고의 발생원인 및 예선에게 책임이 없다는 사실을 충분히 설명하지 못하였다면, 예선은 손해배상책임을 진다. 피예선이나 운송물의 손해를 배상받으려는 원고는 그 손해와 예선의 과실 간에 인과관계가 있음을 입증하여야 한다. 예컨대 예선의 과실로 인하여 피예선이 좌초되었더라도 피예선의 내부구조 자체가 취약하였기 때문에 좌초 후 수일 후에 피예선이 스스로 침몰하였다면, 예선은 책임을 면한다. 예선이 피예선상의 운송물에 손해를 발생하게 했다는 사실만으로는 예선의 과실로 인하여 피예선이 파손되었음을 입증하였다고 할 수 없다. 또 예선의 과실로 인하여 피예선이 침몰하였더라도 피예선의 침몰 여부와 무관하게 해수의 침수 등으로 인하여 운송물의 상품가치가 하락된 것에 대하여는 예선이 책임을 지지 않는다. 법령에 규정된 의무를 위반한 예선은 자신의 법령위반사실이 피예선이나 운송물의 손해를 발생시키는 데 기여하지 않았음을 입증하여야 한다.[1]

운송물이 멸실된 경우에 운송물의 소유자는 멸실 당시 운송물의 가액에 부수적 손해를 합한 금액을 손해배상으로 청구할 수 있는 반면, 피예선이 멸실된 경우에 피예선소유자는 멸실 당시의 피예선 가액 · 이자 · 운임만을 청구할 수 있다. 파손된 피예선의 수리가 가능할 때 피예선소유자의 손해액은 피예선의 구조비 및 수리비이다. 그리고 피예선소유자가 합리적이고도 확실하게 입증할 수 있는 경우에 한하여 피예선소유자는 수리기간 동안 피예선이 운항하였더라면 얻었을 총 수입에서 피예선을 운항하지 않았기 때문에 지출하지 않은 비용을 공제한 금액을 정박손해금으로서 예선에게 청구할 수 있다.[2]

항만당국의 지시를 받고 악천후 속에서 급박하게 출동하여 좌초되어 있던 피예선선장의 동의를 받고 피예선의 이초 및 예인작업을 하다가 피예선이 침몰되었더라도 예선에게 과실이 없다는 이유로 예선의 손해배상책임을 부인한 판례가 있다.[3] 예선이 철골구조물을 실은 무동력 부선을 예인하던 중 강

---

1) Associated Dredging Co., Inc. v. Continental Marine Towing Co., 617 F. Supp. 961(E.D. La. 1985). Schoenbaum(5th), 726-727쪽.

2) Schoenbaum(5th), 727쪽.

3) 서울지판 1997. 8. 21. 96가합32961; 서울고판 1998. 7. 24. 97나44241도 인용함: 원고 엘지화재는 유조선 유일호에 관하여 선체보험계약을 체결하였다. 1995. 9. 21. 04 : 55 유일호는

한 조류에 떠밀리는 바람에 철골구조물이 다리 상판과 충돌한 후 해저로 추락하고 그 과정에서 부선이 파손되었다면, 예선 소유자는 예선 선장의 항행상 과실로 인한 부선의 손해를 배상하여야 한다는 대법원 판례도 있다.[1]

(2) 예선의 예선작업 성실이행담보의무

예선은 피예선에 대하여 예선작업을 성실하게 이행할 것을 담보하여야 한다(warranty of workmanlike service). 만약 예선의 과실로 인하여 용선중인 피예선이 파손된 경우에 피예선의 용선자는 일단 피예선소유자에게 피예선의 수리비를 지급하여야 하는데, 그 후 피예선의 용선자는 예선이 예선계약상의 성실이행담보의무를 위반하였음을 이유로 예선에게 구상할 수 있다. 예선이 피예선을 예인하던 중 예선의 과실로 피예선과 제3의 선박이 충돌하였다면, 제3

부산 앞바다 수중암초에 좌초하였고, 부산해운항만청에 구조해 줄 예선을 요청하였다. 부산해운항만청은 부산항에 대기중이던 피고 선진호종합소유 예선 선진호항해사에게 출동을 지시했고, 선진호선장이 부재중이어서 항해사가 操船하여 출동하였다. 한편 피고 대한민국해군 창원함장은 유일호 구난지원업무를 부여받고 현장에 도착하여 선진호에게 유일호를 수중암초로부터 이초시킬 것을 요청하였으므로, 선진호는 이를 수행하였다. 창원함은 유일호를 단독으로 20분간 예인하였으나 바람과 파도 때문에 단독예인이 불가능하게 되자 선진호에게 유일호를 공동예인할 것을 요청하였다. 공동예인중 유일호가 창원함과 충돌하면서 창원함의 선체가 손상되었으므로 창원함은 유일호로부터 이탈하였고, 그 후 선진호가 단독예인중 11 : 40 유일호가 침몰하였다. 원고는 ① 피고 대한민국 산하 부산해운항만청은 피예선이 유조선인 데도 고도의 기술과 장비를 갖추지 않은 예선을 출동시켰고, ② 창원함장은 좌초선예인에 지식과 경험이 없었으면서도 예선으로 하여금 피예선을 무리하게 예인케 하였으며, ③ 선진호는 항만 내 이접안용 선박으로서 유조선구조에 부적합하고, 선장이 승선하지 않은 상태에서 예인을 하였으며, 창원함장의 지시를 무조건 좇아 무리하게 피예선을 수중암초로부터 예인한 과실이 있다고 주장하면서 피고 대한민국과 선진종합의 공동불법행위책임을 물었다. 그러나 서울지법은 ① 피고 선진종합의 예선업허가상 부산해운항만청의 지시를 불이행하면 행정제재를 받도록 되어 있고, ② 부산해운항만청의 출동지시를 받고 선진호의 선장과 기관장이 귀가하여 없었으므로 기다려 줄 것을 요청했으나 부산해운항만청은 즉시 출동을 다시 지시하였으며, ③ 선진호와 창원함이 유일호를 수중암초로부터 이초시킬 무렵에는 기상악화 때문에 잠수부를 동원하는 방법으로 유일호의 손상정도를 확인할 수 없었고, ④ 유일호에 선적되어 있던 벙커씨유를 옮겨 실을 대형 바지선이 도착하더라도 유일호에 접안하기 힘든 상황이었으며, ⑤ 창원함장이 유일호선장에게 "유일호가 침몰중이니 유일호를 이초시킨 다음 청원함이 밧줄로 유일호를 예인하는 것이 어떠냐"고 묻자 유일호선장이 동의하였고, ⑥ 유일호는 수중암초에 고정되어 있었던 것이 아니라 서서히 침몰되고 있었으며, 기상상태의 악화로 유일호가 수중암초와 충돌하면서 선저파공이 확대될 경우 유류오염으로 막대한 피해가 예상되었고, ⑦ 창원함과 선진호가 유일호의 구조와 상태를 잘 아는 유일호 선장으로부터 동의를 받은 후 이초 및 예인작업을 하였으므로 피고들에게 과실이 있다고 보기 힘들다고 보았다. 최선의 주의의무를 다하여 예인작업을 수행한 예선을 면책시킨 타당한 판례이다.

1) 대판 2010. 4. 29. 2009다99754(판례공보(2010. 6. 1), 1004쪽)(상고기각).

의 선박의 손해를 보상한 피예선은 예선이 묵시적인 성실이행담보의무를 위반하였음을 근거로 예선에게 구상할 수 있다. 또 예선중 예선의 선원이 사망하거나 상해를 입은 것에 대한 책임을 지게 된 피예선소유자는 예선의 성실이행담보의무를 이유로 하여 예선에게 구상이 가능하다.[1]

예선의 성실이행담보의무에 관한 대표적인 판례는 미국법원의 1975년 Fairmont Shipping Corp. v. Chevron International Oil Co., Inc. 판결[2]이다. 이 사건에서 피고 예선업자는 네덜란드의 항구에서 원고의 유조선에 연료유를 공급하기로 하는 계약을 체결하였는데, 연료유공급가격에는 유조선예인비용도 포함되어 있었다. 그런데 피고가 예선을 유조선에 신속하게 연결시키지 않았기 때문에 유조선이 좌초하였는바, 유조선소유자는 네덜란드법원에서 예선의 과실책임을 청구하는 것보다 미국법원에서 예선의 성실이행담보의무 위반책임을 청구하는 것이 유리하다고 판단하여 후자를 선택하였다. 이 사건에서 미국법원은 선박소유자가 예선업자의 전문기술을 이용하는 경우에 예선업자의 업무에 대하여 선박소유자가 감독이나 통제를 할 수 없을 뿐 아니라, 예선업자가 업무수행을 불성실하게 수행하면 선박이 불감항상태에 빠지게 된다고 보았다. 이 같은 결과를 예방하기 위하여 미국법원은 예선업자의 불성실한 업무수행으로 인하여 피예선이 불감항상태로 된 결과 피예선소유자에게 발생한 책임은 별도의 약정이 없더라도 묵시적으로 예선업자가 이를 배상하여야 한다는 원칙을 확립하였다.[3]

그러나 1975년 이후부터 미국법원은 예선의 성실이행담보의무를 좁게 해석하여 예선에게 모든 책임을 지우기보다는 피예선에게도 과실이 있는 때에 예선과 피예선에게 책임을 분담시키려는 경향이다. 뿐만 아니라 원칙적으로 예선이 과실을 범한 경우에 한하여 피예선이나 운송물의 손해에 대한 배상책임을 지므로, 예선이 성실이행담보의무를 부담한다고 하더라도 무과실책임을 지는 것은 아니다. 오늘날 미국법원은 예선이 불감항상태였거나 예선에 승선하고 있던 선원들이 사망하거나 상해를 입은 경우에 한하여 예선의 성실이행담보의무를 인정한다. 그 외의 경우에 예선에게 성실이행담보의무에 기한 손

1) Rogers v. New Jersey Barging Corp., 567 F. Supp. 822(S.D.N.Y. 1983). Schoenbaum(5th), 728-729쪽.
2) 511 F.2d 1252(2d Cir. 1975).
3) Schoenbaum(5th), 729쪽.

해배상책임을 부담시키기 위하여는 예선에게 과실이 있어야 한다.[1]

(3) 예선의 견인삭(towlines)에 관한 의무

⑺ **견인삭검사의무**   예선은 견인삭을 합리적으로 검사하여야 하나, 피예선이 견인삭을 제공한 경우에 예선은 이를 검사할 의무를 지지 않는다. 낡은 견인삭을 철저히 검사하지 않고 사용한 결과 사고를 야기한 예선은 피예선의 손해를 배상하여야 하고, 예선소유자가 책임제한을 할 수 없게 되기도 한다. 견인삭의 끼우는 구멍(socket)에 잠재적 하자가 있어서 예선이 불감항상태였더라도 통상적인 주의로는 그 하자를 발견할 수 없었다면, 예선은 피예선의 멸실에 대해 면책된다.[2]

⑻ **견인삭의 길이가 적정할 것**   견인삭의 길이는 예인작업을 적절하게 하는 데 매우 중요하다. 예선의 책임이 인정된 사례로 ① 짧은 하천용 견인삭을 사용하였어야 하는데, 긴 호수용 견인삭을 사용하였기 때문에 피예선이 표류한 경우, ② 강풍이 부는 밤에 항 내에서 예선이 항해할 때 지나치게 긴 75 내지 90미터 견인삭을 사용한 경우, ③ 내수예선규칙이 견인삭을 135미터로 할 것을 요구하였는데 외항예선이 360미터 견인삭으로 피예선 3척을 예인하여 입항하면서 견인삭을 줄이지 않은 경우, ④ 안개가 심한 항구에 접근하면서 예선이 견인삭을 줄이지 않은 경우, ⑤ 악천후에 지나치게 짧은 계류삭(bridle)을 사용하여 유조선을 예인한 경우, ⑥ 견인삭이 규정보다 330미터나 긴 결과 피예선이 침로를 벗어나 유조선과 충돌한 경우를 들 수 있다. 예선 2척이 22미터로 규정된 길이를 초과한 견인삭을 사용하여 피예선 2척을 예인하다가 피예선끼리 충돌한 경우에 예선들은 쌍방과실책임을 부담한다. 단, 견인삭의 길이가 부적절한 것과 발생한 사고 간에 인과관계가 있는 경우에만 예선이 책임을 진다. 예선이 면책된 사례로는 ① 견인삭이 지나치게 길었지만 이와는 무관하게 피예선이 야간투묘준비중에 충돌하여 침몰한 경우, ② 직경 17센티미터의 마닐라견인삭이 시험결과 18톤의 무게를 지탱할 수 있었는 데도 40노트의 강풍과 험한 파도에 1시간 시달려 끊어진 경우를 들 수 있다.[3]

---

1) A & S Transportation Co., Inc. v. Tug Fajardo, 688 F.2d 1(1st Cir. 1982). Schoenbaum (5th), 730쪽.
2) Parks(3d), 136-137쪽.
3) Parks(3d), 138-140쪽.

㈒ **견인삭을 적절히 취급할 의무**   예선의 장비와 견인삭의 상태가 완벽하더라도 견인삭을 적절히 취급하지 않았거나 예선이 피예선에게 적절한 지시를 하지 않은 경우, 예선은 책임을 진다. 예선의 과실이 인정된 사례는 ① 피예선의 선미를 앞으로 하고 예인하면서 확실하게 묶지 않아 피예선이 앞뒤로 흔들린 결과 다리를 통과할 때 예선 중 한 척이 다리와 충돌한 경우, ② 예선이 도크에 들어가면서 피예선을 견인삭 두 줄로 고정시켜야 하는데 한 줄만 사용한 경우, ③ 관행적으로 사용하는 계류삭분리방법을 사용하지 않고 계류삭을 예선의 중앙에 배치한 결과 견인삭이 헝클어져서 선원이 상해를 입은 경우를 들 수 있다. 견인삭을 적절히 취급할 의무는 누가 견인삭을 취급하느냐에 따라 달라지지 아니하며, 예선의 선장이 하든 평선원이 하든 동일하다. 악천후에도 불구하고 피예선이 이동을 강행하였다면, 피예선이 침몰하기 이전에 예선이 비상조치로서 견인삭을 풀거나 절단하지 않았다고 해도 예선의 과실이 인정되지 않는다.[1]

(4) 피예선의 의무

피예선소유자의 기본적인 의무는 예선에 의하여 예인되어 항해를 하는 데 필요한 장비를 구비하고 있으며, 구조적으로 건전하여 감항성 있는 피예선을 예선에게 제공하는 것이다. 피예선의 선창은 방수가 되어야 하며, 선박장비는 항상 사용할 수 있는 상태여야 하고, 유인피예선의 경우에는 자격 있는 선원을 승선시켜야 한다. 사고발생원인의 주장책임(burden of persuasion)은 예선과 피예선이 각각 부담한다. 예컨대 예선에 의하여 예인되던 중 피예선이 잔잔한 바다에서 원인불명으로 침몰하였다면 피예선의 불감항성 때문에 침몰된 것으로 추정되며, 이 같은 추정을 번복하기 위하여 피예선은 예선에게 과실이 있었다는 등 손해발생의 다른 원인을 입증하여야 한다. 예인작업중 발생한 사고가 통상적으로 발생하는 종류가 아니라면, 예선이 그 손해원인을 주장·입증할 책임을 진다. 또 피예선이 불감항상태인 것을 예선이 알면서도 피예선에 대하여 적절한 주의의무를 다하지 아니한 경우에 예선은 책임을 면하지 못한다. 나아가 피예선소유자가 평소에 피예선을 적절하게 관리하지 않았기 때문에 예인되던 중 피예선에 사고가 발생하였더라도 피예선의 침몰을 방지할 만

---

[1] Mobile Towing v. Janita, 349 F. Supp. 662(S.D. Ala.). Parks(3d), 140~142쪽.

한 능력을 예선이 가지고 있었다면, 예선은 그러한 능력을 발휘하여야 한다. 예인되는 중의 피예선에 승선하여 있던 선원들이 예선의 지시에 복종하여야 함은 물론이나 피예선이 모든 책임을 예선에게 전가할 수는 없으며, 피예선은 손해를 방지하기 위하여 합리적인 예방조치를 취해야 한다. 또 피예선은 예인 작업개시 전에 운송물을 적절하게 선적·적부하여야 하며, 예인되는 중에도 그 기관을 합리적으로 조작할 의무가 있다.[1]

우리 판례도 피예선의 소유자 및 선장에게 피예선의 설치·관리에 관한 책임을 부담시키고 있다. 예컨대 예선인 경비함의 함장이 피예선을 예인하기로 결정한 후 피예선의 선장에게 예인당할 때의 주의사항을 구체적으로 지시하지 않았다. 피예선의 선장은 스스로 예인작업중 피예선에 남아 있겠다고 자청하여 그대로 남아 있었고, 피예선의 선장 및 기관장이 기관실에의 침수에 대비한 조치를 전혀 취하지 아니하였으며, 피예선의 추진기검사공을 통하여 바닷물이 들어차는 것을 뒤늦게 발견하고서도 이를 적절한 방법으로 예선에 알리지 않았다. 또한 피예선은 밀폐되지 않은 상태로 추진기검사공을 설치한 과실이 인정되었으며, 그 결과 피예선에 있던 원고들의 장비가 바다에 가라앉아 유실되었다. 법원은 피예선선장은 예선과 교신하고 피예선의 열린 문을 밀폐하며, 배수장치를 점검하고 기관을 가동시키며, 감시원을 배치할 의무가 있다고 판시하여 피예선의 선장에게 불법행위책임을 부담시키는 한편, 피예선 소유자에게는 피예선 선장 및 기관장의 사용자로서의 책임을 부담시켰다. 이 사건에서 피예선의 선장 및 기관장이 이 사건과 관련된 업무상 과실로 인한 선박매몰의 점에 관하여 무죄판결을 받았는 데도 민사책임은 면하지 못하였다.[2]

(5) 예선 및 피예선에 대한 제3자의 권리

예인작업중 피예선에 적재되어 있던 운송물이 멸실·훼손되거나, 예선이나 피예선에 승선하고 있던 선원이 상해를 입거나, 다른 선박이나 해안시설이 훼손된 경우에 피해자인 제3자는 예선과 피예선에게 대하여 손해배상청구를 할 수 있다. 항해규칙상 예선과 피예선은 원칙적으로 하나의 선박으로 간주되

---

1) Federal Barge Lines, Inc. v. Granite City Steel Division of Nat'l Steel Corp., 809 F.2d 497(8th Cir. 1987). Schoenbaum(5th), 731-732쪽.
2) 대판 1992. 9. 8. 92다23292(법원공보 제931호, 2849쪽).

는 반면, 제3자에 대하여는 예선과 피예선이 그 과실의 비율에 따라 각각 책임을 진다. 예선과 피예선의 예선열이 제3자의 손해를 야기하였을 때, 설사 물리적으로는 예선열이 사고를 발생시켰더라도 실제로 예인작업을 지휘한 것은 예선이므로, 예선에게만 제3자에 대한 책임을 지우고 피예선을 면책시키는 것이 보통이다. 이를 주행위자책임원칙(doctrine of the dominant mind)이라 한다. 다만, 이 원칙이 절대적인 것은 아니며, 피예선이 예선계약을 위반하거나 과실을 범하여 제3자의 손해를 발생시키는 데 기여하였다면 피예선도 제3자에 대하여 책임을 진다. A예선이 예인작업을 수행하는 중에 B예선이 A예선의 지시를 받고 A예선에 조력하였더라도 주된 행위자는 어디까지나 A예선이므로 B예선은 예인작업중 발생한 제3자의 손해에 대하여 책임을 면한다.[1]

    예선과 피예선의 소유자가 상이한 때에는 예선의 과실을 피예선의 과실로 볼 수 없다. 따라서 피예선에게 과실이 있음을 입증하거나 예선과 피예선 간에 대리관계가 있음을 입증하지 않는 한 피해자인 제3자는 피예선에 대하여 선박우선특권을 행사하지 못한다. 그런데 최근에는 주행위자책임원칙이 피해자에게 지나치게 가혹하다는 이유로 피예선을 무조건 면책시키는 종래의 태도에서 벗어나 과실 있는 피예선의 제3자에 대한 책임을 폭넓게 인정하는 추세이다. 나아가 피예선이 예인되던 중 제3의 선박과 충돌하여 피예선이 손상된 경우에 피예선은 예선이 주행위자임을 주장함으로써 제3자에 대한 책임을 면하는 한편, 충돌에 관하여 과실 있는 예선과 제3의 선박에 대하여 공동불법행위자로서의 손해배상책임을 청구할 수 있다.[2]

    대법원은 피예선이 부선이거나 그 승무원에게 예선의 항해를 지휘 감독할 권한이 없더라도 음향신호와 등화신호를 할 의무는 여전히 부담하며, 피예선인 부선이 다른 선박이나 물체와 충돌한 경우 피예선도 공동불법행위책임을 진다고 판시하였다.[3] 예선열 등 다른 선박의 진로를 피할 수 없는 조종제

---

1) In the Matter of the Complaint of Patton-Tully Transp. Co.(M/V Frank Phipps), 1983 AMC 1288(E.D. La. 1982). Schoenbaum(5th), 732-733쪽.

2) Schoenbaum(5th), 733쪽.

3) 대판 2010. 1. 28. 2008다65686, 65693(판례공보(2010. 3. 1), 388쪽)(원고/상고인 수협중앙회, 피고/피상고인 도울, 파기환송). 반면 원심(부산고판 2008. 8. 13. 2008나6373, 6380)은 1) 동력이 없는 피예선 소유자는 피예선을 점유하지 못하고 오히려 예선 소유자가 자신이 고용한 선장을 통하여 피예선을 점유하고, 2) 피예선은 동력이 없기 때문에 예선의 동작에 수동적으로 따르게 되어 예선과 피예선은 하나의 물체로 보아야 하므로, 3) 동력이 없는 피

한선이라 하더라도, 좁은 항로 항법을 지키는 선박에 대한 진로우선권이 보장되는 것은 아니다.[1]

3. 예선의 책임제한 및 면책약관

(1) 예선의 책임제한

예선이 피예선을 예인하는 중에 제3자에게 손해를 발생하게 한 후 선박소유자책임제한의 혜택을 받고자 할 때는 피예선을 제외하고 주행위자인 예선의 톤수 또는 가액만을 기준으로 하여 가해자의 책임한도액을 산정함이 원칙이다. 예컨대 A예선이 좌현에는 피예선을 묶어 연결하고, 우현에는 고장난 B예선을 묶어 연결하여 예인하던 중 제3의 선박과 충돌하였을 때, 가해자의 책임제한액은 A예선의 톤수 또는 가액을 기준으로 하여 산정한다.[2] 그런데 이 같은 원칙을 고수하면 예선이 소형선이고, 피예선이 대형선인 경우에 가해자의 책임한도액이 지나치게 소액으로 되어 피해자에게 가혹할 수 있으므로 사실상 이 원칙에 대하여 상당한 예외사유가 인정된다. 예컨대 예선과 피예선 간에 예선계약이 아닌 운송계약이 체결된 경우에는 예선과 피예선 전체를 하나의 선박으로 간주하여 예선열 전체의 톤수 또는 가액을 기준으로 가해자의 책임한도액을 산정한다. 또 예선과 피예선이 예선계약을 체결하고, 예인작업 중 제3자에게 불법행위책임을 지게 된 때에도 동일인이 예선과 피예선을 소유하고 있거나 선체용선하고 있는 때에는 예선과 피예선이 공동기업활동을 영위함을 중시하여 예선과 피예선 전체의 톤수 또는 가액을 책임한도액산정의 기준으로 한다.[3]

한편 대법원은 예선과 피예선이 예선열을 이루어 운항하던 중 타선박과 충돌한 경우, 예선선박소유자의 책임제한액은 예선에 대하여 산정한 책임제

예선이 다른 선박이나 물체와 충돌한 경우 예선이 전적인 책임을 진다고 보았다.
1) 대판 2005. 9. 28. 2004추65 재결처분취소(판례공보(2005. 11. 1), 1693쪽)(원고 O, 피고 중앙해양안전심판원장, 원고 패소). 임석원, "'예인선열'과의 충돌사고 발생 시의 항법적용에 관한 연구," 한국해법학회지 제41권 제2호(2019. 11), 278쪽.
2) Liverpool, Brazil & River Plate Steam Navigation Co. v. Brooklyn Eastern District Terminal, 251 U.S. 48(1919); 이춘원, "예부선 상황에서의 충돌에 관한 몇 가지 문제점," 한국해법학회지 제29권 제1호(2007), 35쪽.
3) Cenac Towing Co., Inc. v. Terra Resources, Inc., 734 F.2d 251(5th Cir. 1984). Schoenbaum(5th), 733-735쪽.

한액과 피예선에 대하여 산정한 책임제한액을 합한 금액이라고 보는 독특한
입장을 취한다.[1)]

(2) 예선계약상 면책약관(exculpation clauses)

미국판례법은 예선을 과실책임으로부터 면제한다는 내용의 예선계약상
면책약관은 공서양속에 저촉되므로 무효라는 입장이다. 그 이유는 첫째 과실
있는 예선에게 손해배상책임을 부과함으로써 예선이 사전에 고도의 주의의무
를 행사하게 할 수 있고, 둘째 예선계약조건 협상능력에 있어서 대규모의 예
선회사보다 열세에 있는 피예선소유자를 보호하기 위함이다.[2)] 마찬가지 이유
로 예선의 승무원을 피예선의 피용자로 본다는 예선계약조항도 예선승무원의
과실에 대한 책임을 피예선에게 전가하는 효과를 가지므로 무효이다. 또 예선
이 제3자에 대하여 손해배상금을 지급한 경우에 피예선이 예선의 손해를 보
상한다는 내용의 예선계약조항도 효력이 없다. 반면에 미국법원은 피예선이
제3자에 대하여 부담하는 손해배상책임을 예선이 보상한다는 내용의 예선계
약조항은 유효하다고 함으로써 상대적으로 경제적 약자인 피예선에 호의적인
태도를 보인다.[3)] 그러나 실무상 예선의 과실책임을 면책시키는 약관이 예선

---

1) 대결 1998. 3. 25. 97마2758(판례공보(1984. 5. 1), 1147쪽)(재항고인 대평해운). 예선 201
해성호는 재항고인(신청인) 소유로서 총톤수 99톤이었고, 피예선 202 해성호는 동남리스금
융 소유의 총톤수 1,195톤의 부선이었다. 재항고인은 동남리스금융으로부터 202 해성호를
대여받아 모래운송에 사용하여 왔다. 예선열이 운항하던 중 앞에 가던 스텔라호를 발견하
고 추월하려다가 해성 202호가 스텔라호를 충돌하여 스텔라호가 침몰하였다. 당시 안개 때
문에 가시거리가 500미터에 불과하였는 데도 해성 201호의 선장은 스텔라호의 항해방향·
시속·동태를 무선연락·레이더·무중신호로 확인하지 않고 스텔라호에 너무 근접하였다.
해성 202호에 승선하고 있던 재항고인 소속 선원 2명도 해성 201호 선장에게 충돌의 염려
가 있다는 연락을 하지 않았다. 대법원은 ① 충돌사고가 예선열을 이루어 항해하던 예인
선·피예인선에 승선한 재항고인의 피용인들의 과실이 경합하여 발생하였고, ② 재항고인
은 피예선을 임차하여 영리를 목적으로 사용하였으므로 상법 제766조 제1항에 따라 제3자
에 대하여 선박소유자와 동일한 권리의무가 있으며, ③ 예선과 피예선이 재항고인의 해상
기업조직에 편입되어 활동수행중 사고를 일으켰고, 예선선장의 과실은 예선의 항해에 국한
하지 않고 예인하는 대로 항해할 수밖에 없는 피예선의 항해에도 관련된 것이고, ④ 피예선
이 선박검사증서에 기재된 운항제한에 위반하여 출항한 것이 재항고인의 과실이라는 이유
로 예선의 책임한도액과 피예선의 책임한도액을 합하여 책임제한액을 산정하였다. 한편 원
심(부산고결 1997. 10. 2. 97라26)은 예선과 피예선이 일체가 되는 것으로 보아 예선열을
단일한 선박으로 간주하여 예선의 총톤수에 피예선의 총톤수를 합한 총톤수를 기준으로 책
임한도액을 정하였다. 아마도 대법원은 책임제한액을 가능한 한 높게 인정하기 위하여 이
같은 새로운 견해를 취한 것 같다. 원심결정에 찬동한다.
2) Bisso v. Inland Waterways Corp., 349 U.S. 85(1955).
3) Chevron U. S. A. v. Progress Marine, Inc., 1980 AMC 1637(E.D.La. 1979).

계약에 빈번히 삽입되고 있으므로 미국법원의 태도는 예선실무와 상충되고, 예선계약상의 과실약관을 인정하지 않음으로써 예선소유자에게 과도한 책임 보험료부담을 지게 한다는 비판이 따른다.[1]

예선의 과실로 인하여 피예선이 손상된 결과 운항하지 못하여 입은 휴항 손해에 대하여 예선이 책임을 제한할 수 있는지 여부가 문제되는데, 예선계약 체결 당시 피예선이 예선에게 보다 높은 예선료를 지급하는 대신 휴항손해에 대하여 예선이 무한책임을 지도록 약정할 수 있었다면, 당사자의 의사를 존중 하여 그러한 예선의 책임제한약관도 유효하다.[2] 그리고 정부가 피예선소유자 로서 예선과의 약정에 의하여 예선에게 낮은 예선료만을 지급할 때에는 피예 선의 경제적 지위가 예선보다 열등하다고 볼 수 없기 때문에 예선의 과실책 임을 면제하는 약관도 유효하다. 빙하지역에서 예선작업을 수행하는 경우와 같이 특정한 위험에 대한 예선의 책임만을 면제시키는 예선계약조항은 유효 하다.[3]

4. 보험계약(contracts to procure insurance)

예선이 자신의 과실책임을 면제하는 조항을 예선계약에 기재하는 것을 금지하면, 예선은 제3자에 대한 자신의 책임을 담보하기 위하여 배상책임보 험에 부보하게 된다. 이와는 별도로 피예선에 적재된 운송물의 소유자도 그 운송물을 적하보험에 부보하게 되므로, 동일한 예선활동에 대하여 보험을 이 중으로 부보하는 비경제적 결과의 방지방안을 강구하게 되었다. 즉 예선과 피 예선이 예선계약을 체결할 때 ① 운송물의 소유자로 하여금 운송물을 적하보 험에 부보하게 한 후, ② 운송물소유자와 적하보험자 사이의 별도약정에 의하 여 적하보험자가 과실 있는 예선에 대하여 가지는 구상권을 포기하게 하는 방법인데, 이 같은 예선계약조항은 일반적으로 유효하다. 왜냐하면 예선작업 중 피예선상의 운송물에 손해가 발생하였을 때 운송물소유자는 1차적으로 적 하보험자로부터 보험금을 지급받게 되고, 적하보험자가 보험금을 지급하지 않는 경우에도 운송물소유자는 예선 및 피예선의 소유자·용선자·운항자에

---

1) Schoenbaum(5th), 735-736쪽.
2) Canarctic Shipping Co. v. Great Lakes Towing Co., 670 F.2d 61(6th Cir. 1982).
3) Chile Steamship Co. v. The Justine McAllister, 168 F. Supp. 700(S.D.N.Y. 1958). Schoen-baum(5th), 736쪽.

대하여 손해배상청구를 할 수 있으므로, 위 예선계약조항에 의하여 운송물소유자가 어떠한 불이익을 입는 것은 아니기 때문이다.[1]

이같이 운송물소유자를 보험에 가입하게 하는 조항뿐 아니라 예선과 피예선소유자 쌍방으로 하여금 보험에 가입하게 하는 예선계약조항도 유효하다. 예컨대 "① 예선소유자는 예선계약기간중 예선에 대하여 예선소유자 및 피예선소유자를 피보험자로 하는 선박보험을 부보하여야 하며, 그 선박보험증권에는 보험자가 피예선소유자에 대한 구상권을 포기한다는 조항이 기재되어야 한다. ② 피예선소유자는 예선계약기간중 피예선에 대하여 예선소유자, 예선 선장 및 선원, 피예선소유자 모두를 피보험자로 하는 선박보험을 부보하여야 하며, 그 선박보험증권에는 보험자가 예선소유자, 예선 선장 및 선원에 대한 구상권을 포기한다는 조항이 기재되어 있어야 한다"는 내용의 조항은 유효하다.[2] 이같이 예선소유자와 피예선소유자가 상호 선박보험에 가입하면, 양자의 법적 책임이 경감되므로 결과적으로 예선료가 저렴하게 되는 장점이 있어 이 같은 조항은 실무상 널리 사용되고 있다. 그런데 반드시 예선과 피예선 쌍방이 보험에 가입하여야 하는 것은 아니며, 피예선소유자가 피예선의 가액에 상당하는 선박보험을 부보하고 예선소유자를 그 보험계약의 피보험자로 추가하는 한편, 보험자가 예선에 대하여 구상권을 포기한다는 약정으로 충분하다. 즉 피예선에 손해가 발생한 때에 피예선은 보험자로부터 보험금을 지급받으면 되므로 예선에 대하여 손해배상청구를 할 필요가 없다. 또 예선과 피예선이 각기 보험증권을 구입하는 대신 피예선만 보험에 부보함으로써 보다 경제적으로 예선과 피예선의 위험을 담보할 수 있다. 예선계약상 당사자가 보험에 가입하여야 한다고 규정되어 있는 데도 이를 이행하지 않은 일방당사자에게 손해가 발생하였다면, 그 당사자는 타방당사자에 대하여 손해배상을 청구할 수 없다. 예컨대 예선계약상 피예선소유자가 피예선의 가액에 상당하는 보험에 가입하기로 되어 있는데, 피예선소유자가 10억 원을 공제액으로 하는 보험에 가입하였다면, 피예선의 손해에 대하여 예선에게 과실책임이 있다 할지라도 피예선소유자는 그 10억 원에 대하여는 예선에게 손해배상을 청구할

---

1) Fluor Western, Inc. v. G & H Offshore Towing Co., 447 F.2d 35(5th Cir. 1971). Schoenbaum(5th), 736-737쪽.

2) Twenty Grand Offshore, Inc. v. West India Carriers, Inc., 492 F.2d 679(5th Cir. 1974).

수 없다.[1]

5. 외국법원관할의 합의(forum selection clauses) 및 외국법적용조항

예선계약당사자들이 예선계약으로 인하여 발생하는 분쟁을 외국법원의 전속관할로 하거나, 그러한 분쟁에 대하여 외국법을 적용한다고 약정할 수 있는지가 문제된다. 미국 연방대법원은 1972년에 해양석유시추선을 미국으로부터 이탈리아까지 예인하는 계약에 기재된 영국법원 전속관할조항이 유효하다는 근거로 ① 계약자유의 원칙과 ② 해외에 진출하는 기업은 국제실무관행을 따라야 한다는 점을 들었다. 물론 외국법전 전속관할조항 및 외국법을 준거법으로 하는 조항은 당시 상황 하에서 합리적이어야 하며, 예선계약당사자가 모두 미국인이고 피예선을 미국항구에서 다른 미국항구까지 예인하는 계약에 외국법원 전속관할조항이나 외국법적용조항을 기재하였다면, 이러한 조항은 불합리하므로 무효이다. 그런데 미국법원이 위 사건에서 예선계약의 외국법원 전속관할조항이 유효하다고 인정한 데에는 당해 예선계약이 미국 해상물건운송법의 적용을 받지 않는다는 점이 크게 작용하였다. 왜냐하면 동법의 적용을 받는 해상운송계약(선하증권)에는 반드시 동법만이 적용될 뿐이며, 외국법을 적용하는 것은 정책적으로 금지되어 있기 때문이다. 또한 예선계약상 외국법원 전속관할조항은 당해 국가의 법률이 미국법보다 운송인에게 불리한 경우에만 유효하다. 여러 국가의 이해관계가 상충되는 국제예선계약에 적용할 준거법을 결정할 때는 당사자의 의사와 관련당사자들의 이해관계를 종합적으로 고려하여야 한다.[2]

---

1) Dillingham Tug & Barge Corp. v. Collier Carbon & Chemical Corp., 707 F.2d 1086(9th Cir. 1983). Schoenbaum(5th), 737-739쪽.
2) M/S Bremen v. Zapata Off-Shore Co., 407 U.S. 1(1972), mandate conformed 464 F.2d 1395(5th Cir. 1972). Parks(3d), 81-83쪽.

제 2 절   도 선(pilotage)

1. 도선의 정의

도선은 도선구에서 도선사가 선박에 승선하여 그 선박을 안전한 수로로 안내하는 것이다(도선법 제2조 1호). 도선사는 일정한 도선구에서 도선업무를 할 수 있는 도선사면허를 받은 사람이다(동조 2호). 도선사가 아닌 사람은 선박을 도선하지 못한다(동법 제19조 제1항). 선장은 도선사가 아닌 사람에게 도선을 하게 하여서는 아니 된다(동조 제2항). 해양수산부장관은 매년 도선구별로 도선사 수급계획을 수립하여야 한다(동법 제14조 제1항).

2. 도선사면허

도선사가 되려는 사람은 해양수산부장관의 면허를 받아야 한다(동법 제4조 제1항). 해양수산부장관은 면허를 할 때 1급 도선사, 2급 도선사, 3급 도선사, 4급 도선사의 등급으로 구분하여 13개 도선구별로 한다(동조 제2항). 도선사면허를 얻으려면 ① 총톤수 6천톤 이상인 선박의 선장으로서 3년 이상 승무한 경력(도선수습생 전형시험일 전 5년 이내에 1년 이상 승무한 경력을 포함하여야 한다)이 있어야 하고 ② 도선수습생 전형시험에 합격하고 도선업무를 하려는 도선구에서 도선수습생으로서 실무수습을 하였으며 ③ 도선사 시험에 합격하고 ④ 신체검사에 합격하여야 한다(동법 제5조). 도선사는 65세까지 도선업무를 할 수 있다(동법 제7조 본문). 다만, 국가필수조선사로 지정된 도선사는 3년의 범위에서 정년을 연장할 수 있다(동조 단서).

① 외국인(동법 제6조 1호) ② 피성년후견인 또는 피한정후견인(동조 2호) ③ 도선법을 위반하여 징역 이상의 실형을 선고받고 그 집행이 끝나거나 집행을 받지 아니하기로 확정된 후 2년이 지나지 아니한 사람(동조 4호) ④ 해기사면허가 취소된 사람 또는 선장의 직무 수행과 관련하여 두 번 이상 업무정지처분을 받고 그 정지기간이 끝난 날부터 2년이 지나지 아니한 사람(동조 5호) ⑤ 도선사면허가 취소된 날부터 2년이 지나지 아니한 사람(동조 6호)은 도선사가 될 수 없다.

해양수산부장관은 비상사태(전시·사변 등으로 해운 및 항만 기능에 중대한 장애가

발생하였거나 이에 준하는 상황)에 대비하여 항만기능 유지를 위하여 도선구별로
국가필수도선사를 지정할 수 있다(동법 제6조의3 제1항). 해양수산부장관은 비상
사태 시 국가필수도선사에게 항만의 기능유지를 위하여 업무에 종사하도록
명령할 수 있고(동조 제2항), 국가필수도선사는 이에 따라야 한다(동조 제3항). 해
양수산부장관은 국가필수도선사가 업무종사 명령의 수행으로 인하여 손실이
발생한 경우에는 정당한 보상을 하여야 한다(동법 제6조의4 제1항).

　　해양수산부장관은 다음의 경우에 도선사의 면허를 취소하여야 한다(동법
제9조 제1항 단서). ① 거짓이나 그 밖의 부정한 방법으로 도선사면허를 받은 사
실이 밝혀진 경우(동항 1호) ② 다른 사람에게 도선사의 명의를 사용하게 하거
나 면허증을 대여한 경우(동항 2호의2) ③ 도선사 결격사유에 해당하게 된 경우
(동항 3호). 다음의 경우에는 면허를 취소하거나 6개월 이내의 기간을 정하여
업무정지를 명할 수 있다(동항 본문). ① 면허 등급별로 도선할 수 있는 선박 외
의 선박을 도선한 경우(동항 2호) ② 정기 신체검사를 받지 아니한 경우(동항 4
호) ③ 신체검사 합격기준에 미달하게 된 경우(동항 5호) ④ 정당한 사유 없이
도선 요청을 거절한 경우(동항 6호) ⑤ 차별 도선을 한 경우(동항 7호) ⑥ 도선
중 불가항력 아닌 해양사고를 낸 경우(동항 8호) ⑦ 업무정지기간에 도선을 한
경우(동항 9호) ⑧ 술에 취한 상태에서 도선한 경우 또는 해양경찰청 경찰공무
원의 음주측정 요구에 따르지 아니한 경우(동항 10호) ⑨ 약물·환각물질의 영
향으로 인하여 정상적으로 도선을 하지 못할 우려가 있는 상태에서 도선한
경우(동항 11호).

3. 도선사의 권리의무

(1) 주의의무

　　도선사에게는 고도의 주의의무가 부과된다. 도선사는 해도에 표시된 장
애물뿐 아니라 해도에 표시되어 있지 않고 외관상 쉽게 발견되지 않는 위험
물을 포함하여 도선구에 관한 지식을 가지고 있어야 하며, 이를 활용할 의무
를 가진다. 강에서 선박을 도선하는 도선사는 모래톱, 암초, 물 속에 잠겨 있
는 나무, 침몰선 등의 위치를 파악하고 있어야 하며, 그러한 장애물을 피하여
선박을 항행하게 하여야 한다. 강물의 흐름의 변화, 모래톱 등 선박에 위해를
끼칠 수 있는 장애물이 최근에 형성되었는지 여부도 잘 알고 있어야 한다. 강

제도선사는 전문지식이 있다고 판단하여 선임된 자이기 때문에 선박이 임의로 승선시킨 도선사보다 고도의 주의의무를 부담하며, 연안수역을 도선하는 도선사는 공해를 도선하는 도선사보다 고도의 주의의무를 부담한다. 도선사는 상당한 주의의무를 행사하지 않은 결과 선박 및 제3자에게 가한 손해를 배상하여야 한다.[1] 도선사의 과실로 인하여 선박이 입은 손해가 거액인 경우 도선사가 배상할 능력이 없으므로, 도선할 선박의 소유자는 사전에 그 선박을 선박보험 및 선주책임상호보험(P & I 보험)에 부보하는 것이 보통이다. 만약 도선사가 별도의 배상책임보험에 부보하여야 한다면 그 보험료는 결국 도선업무의 이용자인 선박에 전가될 것이므로, 선박과 도선사는 ① 선박이 도선사의 배상책임보험료를 부담하거나, ② 선박이 도선사에게 손해배상청구를 하지 않기로 약정하는 경우가 많다.[2]

도선사에게 도선업무에 관한 손해배상책임을 묻지 않는다는 조항을 도선계약에 기재하는 것은 통상적이며, 법원도 대체로 이를 유효하다고 본다. 이 같은 면책약관에 의해 도선사는 별도의 배상책임보험에 부보할 필요가 없으며, 그 결과 도선료를 인하할 수 있다. 항만당국·운하관리회사·사기업이 도선사를 고용하는 경우 이들 도선사의 사용자는 도선사의 과실행위에 대한 사용자책임을 진다. 그러나 항만당국이 도선료를 자신의 수익금으로 하지 아니하고, 단지 도선사에게 면허를 부여하거나 도선사를 규제하는 기능만을 수행하는 것에 불과한 경우에는 항만당국은 도선사의 과실행위에 대한 사용자책임을 지지 않는다.[3]

대법원은 도선사가 과실로 해난사고를 일으켜 해양안전심판에서 징계를 받은 후에 감독관청이 다시 징계처분을 하는 것은 이중처벌이어서 불가하다고 판시하였다.[4] 2인의 도선사가 공동도선하는 경우 도선을 지휘하는 주도선

---

1) Burgess v. M/V Tamano, 564 F.2d 964(1st Cir. 1977).

2) Schoenbaum(5th), 748-749쪽.

3) Kitanihon-Oi Steamship Co. v. General Construction Co., 678 F.2d 109(9th Cir. 1982). Schoenbaum(5th), 749-750쪽.

4) 대판 1998. 12. 8. 97누15562 도선사면허취소처분취소(판례공보(1997. 1. 15), 137쪽)(원고 김국상, 피고 여수지방해운항만청장). 원고는 1995. 11. 호남사파이어호를 도선하여 여천항에 접안하던 중 너무 빠른 속력으로 부두에 접근하다가 돌핀과 접촉하여 선체외판에 파공이 생겨 173톤의 원유가 유출되는 오염사고를 야기하였다. 중앙해양안전심판원이 원고에 대하여 업무정지 2개월의 징계재결을 내린 후 별도로 피고는 원고의 도선사면허를 취소하였다. 대법원은 동일한 비위행위에 대하여 동일한 성격과 목적을 가진 제재를 이중으로 한

사가 책임을 지며, 보조도선사는 주도선사에 대한 보조업무, 주도선사 유고
시 예비업무에 한해 책임을 부담한다. 주도선사가 14년의 경력이 있는 반면
보조도선사는 1년 경력에 불과한 경우, 보조도선사의 지식이나 경험에 맞지
않는 속력으로 도선이 이루어지더라도 보조도선사가 주도선사에게 강력하게
잘못을 지적하기는 어렵다고 본 판례가 있다.[1]

(2) 강제 도선

① 총톤수 500톤 이상 외국 선박 ② 국제항해에 취항하는 총톤수 500톤
이상 대한민국 선박 ③ 국제항해에 취항하지 않는 총톤수 2천톤 이상 대한민
국 선박(부선인 경우에는 예선에 결합된 부선으로 한정하되, 부선과 예선의 총톤수를 합해 계
산함)의 선장이 도선구에서 선박을 운항할 때에는 도선사를 승무하게 하여야
한다(동법 제20조 제1항).

강제 도선의 예외가 있다. 첫째, 선장이 강제 도선을 면제받으려는 선박
의 총톤수를 기준으로 30퍼센트의 범위에서 크거나 작은 선박에 승선하여 동
일한 도선구에 입항하거나 출항하여 강제 도선을 받은 횟수가 면제 신청일부
터 소급하여 1년 이내에 4회 이상 또는 3년 이내에 9회 이상인 때에는 해당
선장이 해당 도선구에서 도선사를 승무시키지 아니할 수 있다(동조 제2항 1호, 동
법 시행규칙 제18조 제2항 1호). 이 경우 강제 도선 면제대상 선박의 총톤수는 3만
톤 미만이어야 한다. 둘째, 항해사 자격 등 해양수산부령으로 정하는 승무자
격을 갖춘 자가 조선소에서 건조·수리한 선박을 시운전하기 위하여 해양수
산부령으로 정하는 횟수이상 해당 도선구에 입항·출항하는 경우에도 강제
도선이 면제된다(동법 제20조 제2항 2호).

(3) 도선사와 선장

강제 도선 대상 선박의 선장 또는 도선사의 승무를 희망하는 선장은 해당
도선구에 입항·출항하기 전에 미리 가능한 통신수단 등으로 도선사에게 도
선을 요청하여야 한다(동법 제18조 제1항). 도선사가 도선 요청을 받으면 ① 다른
법령에 따라 선박의 운항이 제한된 경우 ② 천재지변이나 그 밖의 불가항력

다면, 일사부재리의 원칙이나 과잉금지 또는 비례의 원칙에 위배된다는 이유로 원심 광주
고판 1997. 8. 7. 96구3783을 파기하고, 피고의 행정처분을 취소하였다.
 1) 대전고판 2018. 9. 5. 2018누10154(원고 O도선사, 피고 중앙해양안전심판원장, 원고 승소).

으로 인하여 도선업무의 수행이 현저히 곤란한 경우 ③ 해당 도선업무의 수행이 도선약관에 맞지 아니한 경우 외에는 이를 거절하여서는 아니 된다(동조 제2항). 도선 요청을 한 선장은 해양수산부령으로 정하는 승선·하선 구역에서 도선사를 승선·하선시켜야 하며, 도선사는 이에 따라야 한다(동조 제3항). 선장은 도선사가 선박에 승선한 경우 정당한 사유가 없으면 그에게 도선을 하게 하여야 한다(동조 제4항). 도선사가 선박을 도선하고 있는 경우에도 선장은 그 선박의 안전 운항에 대한 책임을 면제받지 아니하고 그 권한을 침해받지 아니한다(동조 제5항).

선장은 도선사가 도선할 선박에 승선한 경우에는 그 선박의 제원, 흘수, 기관의 상태, 그 밖에 도선에 필요한 자료를 도선사에게 제공하고 설명하여야 한다(동법 제13조 제1항). 도선사는 도선할 선박의 선장에게 항만의 특성, 도선시 해당 선박의 이동 경로와 속도, 접안 방법, 예선의 배치 등을 포함한 도선계획을 제공하고 설명하여야 한다(동조 제2항). 선장은 도선사가 안전하게 승선·하선할 수 있도록 승선·하선 설비를 제공하는 등 필요한 조치를 하여야 한다(동법 제25조 제1항). 해양수산부장관은 선박의 안전한 입항·출항을 위하여 도선운영협의회의 의견을 들어 도선안전절차를 도선구별로 정하여 고시할 수 있다(동조 제2항). 선장은 도선사가 도선훈련을 받고 있는 도선사 및 도선수습생 각 1명과 함께 승선하더라도 거부하여서는 아니 된다(동법 제23조). 선장은 해상에서 해당 선박을 도선한 도선사를 정당한 사유 없이 도선구 밖으로 동행하지 못한다(동법 제24조).

도선사의 책임을 부인하고 선장의 책임만을 인정한 판례가 있다. 화물선 올림프호는 울산항을 출항하던 중 남동쪽으로 향한 항로를 이탈해 남쪽으로 항해하다가 해상에 떠있던 원고 소유의 부이와 연결된 수상호스를 지나감으로써 수상호스에 남아 있던 원유를 유출시켰다. 올림프호에 탑승했던 도선사는 선장에게 부이와 수상호스의 위치와 조류방향을 알려주면서 울산항 방파제를 통과하는 즉시 162도로 변침하고 VHF 채널 14를 청취할 것을 당부한 후 선장의 동의를 받아 방파제 부근에서 하선하였다. 그런데 올림프호가 변침하지 않고 계속 진행하여 항로를 이탈하는 것을 발견하고는 올림프호를 뒤따라가면서 위 채널로 긴급호출 하다가, 올림프호가 아무런 응답을 하지 않자 관제실에 상황을 통보하였다. 올림프호는 관제실의 긴급호출에 응답하지 않은 채 항행하다가 사고 발생 후에야 호출에 응답하였다. 이로 인해 원고는 수상 호스 수리비와 기름방제비용을 지출하였다. 피고는 1) 올림프호가 울산항 항계를 벗어나기도 전에 진행방향만을 알려주고 도선사가 하선해 버렸고, 2) 선장은 도선사의 항행지시에 따라 올림프호를 운행하다가 사고에 이르렀으며, 사고는 도선사의 강제도선규정 위반과 잘못된 항행지시로 인한 것이므로 피고는 면책이라고 주장하였다. 그러나 법원은 1) 사고는 도선사가 하선한 후에 발생하였으므로 올림프호의 안전 운항에 대한 모든 책임은 선장에게 있고, 2) 도선법상 '도선사가 선박을 도선하고 있는 경우에도 선장은 선박의 안전 운항에 대한 책임을 면제받지 아니하고 그 권한을 침해받지 아니'하므로, 사고 발생에 도선사의 과실이 개입되었는지 여부와 상관없이 올림프호의 항행을 실제로 담당한 선장의 책임은 면제되지 않는다고 보아 원고 승소판결을 내렸다.[1]

(4) 선장의 긴급개입의무

도선 중 도선사가 대부분의 책임을 지기는 하지만 선장은 여전히 선박을 통제하고 있으므로 도선사가 술에 취해 있거나 명백히 도선업무를 수행할 수 없음을 알게 된 경우, 선장은 반드시 개입하여 도선사에게 경고하거나 도선사를 해임하여야 한다. 그리고 선장은 도선 중 갑판에 당직이 배치되어 있으며 선원들이 각자 자신의 임무를 수행하고 있는지를 확인하여야 한다. 강제도선사의 판단이 잘못되었다고 판단되는 경우, 선장은 이를 지적할 수 있음은 물론이고 급박한 위험을 회피하기 위하여 도선사의 항해지휘권을 박탈하여 자신이 직접 행사할 수 있다. 다만, 긴급개입을 하기 위하여는 정당한 이유가 있어야 하고, 개입권은 급박한 상황에서 극히 예외적으로만 인정된다. 지나치게 광범하게 선장의 개입권을 인정하면 항해지휘에 혼선이 초래되기 때문이다. 선장이 개입을 하여야 하는 데도 하지 않아 선장의 책임이 인정된 사례로는 ① 도선사가 선박의 속도에 관한 규칙을 위반하였는데도 선장이 위험성을 경고하지 않은 경우, ② 강제도선사의 지휘 하에서 선박이 도크를 출항할 때

1) 서울중앙지판 2007. 9. 14. 2006가합86004(원고 에스케이에너지, 피고 아방가드-5 쉬핑 컴퍼니/에스티 쉽매니지먼트). 1심에서 원고는 4억 5천만원의 승소판결을 얻었는데, 2심인 서울고법은 피고들이 원고에게 4억 4천만원을 지급하라는 강제조정으로 사건을 종결했다(서울고판 2008. 6. 12. 2007나106926 조정에 갈음하는 결정).

예선을 사용하지 않았으므로 선장이 예선의 사용을 주장하였어야 하는데 이를 하지 않아 선박이 정박 중인 선박과 충돌한 경우 등이다.[1]

선장이 개입권을 행사하는 경우에는 자신의 위험부담으로 하여야 한다. 도선사는 항구와 인근 수로사정을 잘 알고 있으므로, 선장이 도선사를 대체할 때에는 당시 상황에서 도선사에 못지 않은 항해지휘를 할 수 있다는 확신이 있어야 한다. 도선사가 항구의 신호체계를 무시하여 충돌이 발생한 사건에서 피고 선장(선박공유자이기도 함)은 책임제한을 주장하였고, 원고는 선장이 당해 항구의 규칙을 잘 모른 것이 사고발생에 기여하였다고 주장하였다. 법원은 선장의 책임제한권을 인정하면서 도선사가 승선해 있는 상황에서 선장에게 당해 항구신호체계 전부를 알 의무를 부과함은 통상적인 주의의무 이상을 행사할 것을 요구하는 것으로서 지나치며, 선장은 당해 항구에 고유한 문제는 그 지역의 도선사로부터 얻은 조언을 신뢰해도 충분하다고 보았다.[2]

(5) 차별 도선 금지

도선사는 도선 요청을 받은 선박의 출입 순서에 따르지 아니하는 차별 도선을 하여서는 아니된다(동법 제18조의2 본문). 다만 ① 긴급화물수송 등 공익을 위하여 필요하거나 항만을 효율적으로 운용하기 위하여 부득이 출입 순서에 따라 접안 또는 이안시키지 못하는 경우(동조 단서 1호) ② 태풍 등 천재지변으로 한꺼번에 많은 도선 수요가 발생한 경우(2호) ③ 그 밖에 항만의 효율적 운용 및 항내 질서 유지를 위하여 필요한 경우로서 대통령령으로 정하는 경우(3호)에는 예외이다.

(6) 도 선 료

도선사는 도선업무를 수행하기 위하여 도선선과 그 밖에 필요한 장비를 갖추어야 한다(동법 제27조 제1항). 도선사는 선장이나 선박소유자에게 도선료의 지급을 청구할 수 있다(동법 제21조 제3항). 지급을 청구받은 선장이나 선박소유자는 지체 없이 도선료를 지급하여야 한다(동조 제4항). 도선사는 도선료를 정하여 해양수산부장관에게 미리 신고하여야 한다(동조 제1항). 도선사는 신고한 도선료를 초과하여 받아서는 아니 된다(동조 제5항). 도선업무의 이용자가 지나

---

1) Parks(3d), 1008-1010쪽.
2) The Hans Hoth, [1952] 2 Ll.L.Rep. 341. Parks(3d), 1010쪽.

치게 높은 도선료 지급을 강요당하지 않기 위함이다. 도선사는 선장이나 선박소유자에게 도선료 외에 해양수산부장관에게 신고한 도선선료를 청구할 수 있다(동법 제27조 제5항).

4. 선박소유자의 제3자에 대한 책임

도선사의 도선 중 과실로 인하여 제3자가 상해를 입거나 재산적 손해를 입은 경우 제3자는 선박소유자에게 손해배상을 청구하는 것이 보통이다. 선박소유자가 자발적으로 도선사와 도선계약을 체결한 때에는 선박소유자가 도선사를 자신의 피용자로 차용한(borrowed servant) 것으로 볼 수 있으므로, 도선사의 과실에 대하여 선박소유자가 책임을 진다. 도선할 선박이 정기용선 또는 항해용선되어 있고, 용선계약에 의하면 용선자가 도선계약을 체결한 후 도선료지급의무를 부담하도록 되어 있더라도 도선사는 여전히 선박소유자가 차용한 선박소유자의 사용인이다. 단, 선체용선자가 도선사와 도선계약을 체결한 경우에 선체용선자는 선박소유자와 동일한 지위를 가지므로 도선사를 선체용선자의 사용인으로 본다.[1]

5. 도선사협회

해양수산부장관은 원활한 도선 운영을 위하여 도선사를 대표하는 사람과 이용자를 대표하는 사람이 참여하는 도선운영협의회를 설치·운영하게 할 수 있다(동법 제34조의2 제1항). 도선사는 법인 또는 비법인의 형태로서 비영리조직인 도선사협회에 가입한다. 도선사협회는 도선사명부를 비치하여 선박소유자의 도선 요청을 접수하며 순번을 정해 도선사를 파견한다. 도선사협회는 도선료를 징수하여 그 중 일정액을 회원 도선사에게 지급한다. 도선사협회는 회원 도선사의 사용자가 아니며, 도선사가 수행하는 도선을 감독할 권한이 없으므로 도선사의 불법행위에 대하여 사용자책임을 지지 아니한다. 도선사협회는 회원 도선사의 도선능력을 선박소유자에게 담보하지 아니하므로, 설사 도선사협회가 과실로 선박소유자에 대하여 회원 도선사가 유능하다고 추천했더라도 도선사협회는 책임을 면한다. 도선사가 도선을 마치고 도선점에서 하선하

---

1) State of California v. S/T Norfolk, 435 F. Supp. 1039(N.D. Cal. 1977). Schoenbaum(5th), 750-751쪽.

다가 상해를 입은 경우 도선점의 불감항성에 대한 책임은 도선사협회 아닌 개별 도선사가 부담하므로, 도선사의 손해를 배상한 선박소유자는 도선사협회에 손해배상을 청구할 수 없다.[1]

우리나라에서는 지방도선사회 소속 도선사들이 자본을 균등하게 출자해 도선선 운영회사를 만들고 운영회사가 도선선을 소유함이 일반적이다. 도선사들은 운영회사의 이사 등 임원을 맡는다. 도선선 운항중 도선선 선장이나 선원의 과실로 도선사가 사고를 당하는 경우, 도선사가 선장 등의 사용자인 도선선 운영회사에 손해배상을 청구하려면 이사회의 승인을 거쳐야 하고 이사의 충실의무 때문에 소송을 진행하기 어렵다. 그래서 사전에 이사회 협의를 거쳐 운영회사 정관이나 임원규정에 이를 규정할 필요가 있다.[2]

---

1) Walsh v. Kaiun, 606 F.2d 259(9th Cir. 1979). Schoenbaum(5th), 750쪽.
2) 이현균·강동화, "도선선의 법률관계에 관한 고찰," 한국해법학회지 제41권 제1호(2019. 5), 211, 223쪽.

제 9 장
해 상 위 험

제 1 절 총   설

　해상에서 행하여지는 기업활동은 각종의 해상위험에 직면한다.[1] 해상위험
으로부터 인명과 재산을 보호하고 관계인간의 이해관계를 적절히 조정하기 위
하여 해상법은 공동해손·선박충돌·해난구조에 관하여 규정을 둔다.

제 2 절 공 동 해 손

1. 공동해손의 의의

(1) 개   념

　선박의 항해중 선박 및 적하가 해상위험에 의하여 입은 손해를 해손
(average)이라 한다. 해손은 다시 선박의 자연소모·연료비 등 선박과 적하의
가치감소를 가져오는 소해손(petty average)과 해상항행에서의 사고, 즉 비정상
적 원인으로 발생하는 해손으로 분류된다.[2] 소해손은 선박소유자가 운임으로

---

1) 이옥용, "해난사고 예방을 위한 위험관리의 필요성에 대한 소고," 한국해운학회지 제17호
　　(1993), 263쪽.
2) 배, 316쪽.

-499-

이를 보상받으므로 상법상 특별한 문제가 없다.[1]

비정상적 원인으로 인하여 발생하는 손해는 해손의 피해자가 그 해손에 대하여 책임이 있는 해상보험자·채무불이행자·불법행위자 등으로부터 자신의 손해를 전보받을 수 있는 단독해손(particular average)과 공동해손(general average), 즉 선박과 적하의 공동 위험을 면하기 위한 선장의 선박 또는 적하에 대한 처분으로 인하여 생긴 손해 또는 비용(상법 제865조)으로 분류된다. 공동해손은 해상위험을 극복하기 위해 선박 또는 적하에 손해를 스스로 야기한 당사자는 해상기업관련자 모두에게 이익이 생기게 하였으므로, 이들 관련자들이 피해자의 손해를 분담하는 것이 공평하다는 이념에서 기원하였다.

(2) 연 혁

공동해손제도는 기원 전 4세기 경 로오드해법이 투하(jettison)에 관한 공동해손을 인정한 이래 로마 유스티니아누스법전 학설휘찬에 소개되었고, 올레론해법을 통해 영국 및 미국법에 채택되었다.[2] 1556-1584년에 나타난 성문법 Guidon de la Mer와 1681년 프랑스 루이 14세의 해사조례도 공동해손을 규정했다. 영국의 경우 성문법은 없었고 로이드관습법이 공동해손을 인정했다.[3]

공동해손 국제 규칙을 제정할 필요성이 생겨 1890년 요크-앤트워프규칙이 성립했고, 이를 수정하여 원칙적 정의규정인 문자규정(lettered rules)과 실무적 문제점을 취급한 숫자규정(numbered rules)을 포함한 1924년 요크-앤트워프규칙이 성립되었다. 그 후 해석규정을 맨 앞에 둔 1950년 요크-앤트워프규칙이 성립하였고, 1974년 요크-앤트워프규칙은 숫자규정을 22개 조로 축소하였다. 환경오염손해방지와 관련하여 구조자에게 지급한 보수를 공동해손으로 인정하기 위해 1974년 규칙이 1990년에 개정되었고, 국제해법회의 주도 하에 1994년 요크-앤트워프규칙이 성립하였다.[4] 2004년 개정규칙을 거쳐 국제해

---

1) 최, 950쪽.
2) N. Geoffrey Hudson, The York-Antwerp Rules, 1990; 허상수, "공동해손," 보험·해상법에 관한 제문제(상), 재판자료 제52집(서울: 법원행정처, 1991), 591쪽.
3) 허상수, 앞의 글, 601쪽.
4) 1994년 요크-앤트워프규칙에 대하여는 조현정·박성호, "요크-앤트워프규칙상의 규정적 문제점에 관한 연구," 한국해법회지 제21권 제1호(1999), 133쪽; 여성구, 1994년 요크-안트워프규칙의 해설(마산: 경남대학교 출판부, 1998); Fernandez, "Interpreting the Rule of Interpretation in the York-Antwerp Rules," 30 J.Mar.L. & Comm. 413쪽(1999); Hudson,

법회는 2016년 요크-앤트워프규칙을 채택했다. 요크-앤트워프규칙은 법적
구속력은 없으나 당사자 간 합의에 의해 적용된다.[1]

1994년 요크-앤트워프규칙의 특징은 다음과 같다.

㈎ **지상규정**　　문자규정과 숫자규정 앞에 "합리적으로 입은 손해와 합리
적으로 지출한 비용만이 공동해손이다"라고 선언하는 지상규정을 신설함으로
써 합리성을 강조하였다.

㈏ **환경오염손해**　　환경오염으로 인한 손해 자체는 공동해손에서 제외하
는 한편, 공동해손작업중 발생한 환경오염손해를 방지·경감하기 위한 비용
은 공동해손에 포함시켰다.

㈐ **예　　선**　　예선이 피예선을 상업적으로 예인중일 때에 한하여 두 척
을 항해단체로 보고, 이에 대한 공동해손을 인정하였다. 한편 구조자가 예선
을 이용하여 작업중일 때에는 예선이 파손되더라도 공동해손으로 처리할 수
없다.[2]

㈑ **통지기간**　　공동해손분담청구권자는 항해가 종료한 날로부터 1년 내
에 공동해손정산인에게 자신의 손해나 비용을 서면통지하도록 하였다. 만약
청구권자가 통지를 하지 아니하거나 충분한 증거를 제시하지 못하는 경우
에 공동해손정산인은 청구권자의 손해나 비용을 임의로 평가할 재량권을 가
진다.

㈒ **선박·적하의 불분리**　　피난항에서 선박을 수리하기 위하여 적하를 양
륙하여 목적항으로 보냈더라도 이는 선박과 적하를 일시적으로 분리한 것에
불과하므로, 위험공동단체는 분리되지 않는다. 따라서 적하에 여전히 공동해
손의 효과가 미친다.

㈓ **특정 채권의 제외**　　우편물과 여객이 휴대한 자가용 자동차를 공동해
손정산에서 제외하였다.[3]

"The York-Antwerp Rules: Background to the Changes of 1994," 27 J.Mar.L. & Comm.
469쪽(1996).

1) 양정호, "2016년 요크앤트워프규칙상 구조비의 공동해손 인정요건에 관한 연구," 무역상무
연구 제77권(2018. 2), 169-170쪽.

2) 조현정·박성호, 앞의 글, 141쪽, 주 18.

3) Hudson, 앞의 글, 476-477쪽.

(3) 현대적 기능

고대나 중세에는 선박이 항해중 폭풍우를 만나면 선박의 중량을 줄임으로써 선박이 전복되는 것을 막기 위하여 투하하는 것이 인정되었으며, 이로써 항해를 무사히 완료했을 때에는 투하된 화물소유자가 선박소유자 및 타 화물소유자에 대하여 분담금을 청구할 권리를 가졌다. 오늘날에도 이 같은 투하는 공동해손으로서 인정되나 항해기술이 발달함에 따라 투하를 하는 경우는 좀처럼 발생하지 않으며 공동해손의 형태가 다양해지고 있다. 즉 대피항에서 발생한 비용, 항해계속을 위하여 필요한 수리비·선박충돌관련비용·해난구조비 등이 공동해손의 주요 항목이 되었다. 따라서 공동해손의 현대적 의미는 선박소유자가 해난을 만나 지출한 비용을 화물소유자에 대하여 화물가액에 비례하여 청구할 수 있다는 점이다. 즉 공동해손의 원래의 목적은 일부 적하소유자의 손해를 이용하여 선박소유자와 타 적하소유자가 부당이득을 얻는 것을 회피하기 위한 것이지만, 근래에 와서는 선박소유자가 해난을 만났을 때 공동해손분담에 관하여 염려할 필요 없이 신속히 선박 또는 적하를 처분할 수 있게 함으로써 선박소유자의 위험부담을 줄이는 보험으로서의 역할이 더욱 강조된다.[1]

(4) 인정근거

공동해손제도가 인정되는 근거에 대하여는 형평설(영국)·위험공동단체설(독일) 등이 있으나, 그 근본관념은 형평과 위험공동단체로 이해함이 타당하다. 왜냐하면 선장의 처분은 선박 및 적하가 고립적인 위험공동체를 구성하는 점에 근거를 두고 있고, 이해관계인이 손해를 공평하게 분담하는 이유는 위험공동단체가 위험을 면한 대신 손해를 공평하게 분담하는 것이 형평에 맞기 때문이다.[2]

(5) 법적 성질

공동해손의 법적 성질에 대하여 사무관리·부당이득·공동대리 등의 민법상 개념으로 설명하는 입장이 있으나, 해상법상의 법률요건을 민법적 관점에서 파악하려는 태도는 바람직하지 않다. 따라서 상법상 공동해손은 해상법

1) SchoenbaumP(5th), 254-255쪽.
2) 같은 취지의 최기원, 해상법(서울: 박영사, 1997), 273쪽.

상의 특수한 법률요건으로 이해하는 것이 통설이다.

2. 공동해손의 요건

요크-앤트워프규칙 제A조 내지 제G조가 규정하는 일반원칙과 동 규칙 제1조 이하의 각칙이 모순되는 경우가 문제된다. 영국법원은 1929년의 Makis호 사건[1]에서, 동 규칙 제1조 이하의 각칙은 구체적인 공동해손의 모습을 열거한 것에 불과하기 때문에 제A조 내지 제G조의 일반원칙에 종속된다고 판시하였다. 그러나 당시 영국해운계는 이 판결에 불복하여 제1조 이하의 각칙이 제A조 내지 제G조의 일반원칙에 우선한다는 내용의 이른바 Makis 약정을 선하증권에 기재함으로써 영국법원의 판결에 반대되는 입장을 취하였다. 이를 반영하여 1940년 및 1974년 요크-앤트워프규칙은 Makis호 판례를 정식으로 배척함으로써 "22개 조문의 각칙이 규정하지 아니하는 사항에 한하여 제A조 내지 제G조의 일반원칙에 따라 공동해손을 정산한다"고 규정하였다. 즉 각칙이 일반원칙보다 우선하게 되었다. 요크-앤트워프규칙이 공동해손에 관한 모든 사항을 총 망라한 것은 아니므로, 동 규칙이 규정하지 아니한 사항에 대하여는 일반해상법이 적용된다. 그러나 동 규칙이 공동해손 및 해상보험실무에 대한 기준을 제시함으로써 해상법의 국제적 통일성을 이룩하는 데 기여한 것은 사실이다. 또한 동 규칙은 실용적이고도 자세하기 때문에 법원은 일반적으로 동 규칙의 내용을 유효한 것으로 받아들인다.[2]

공동해손이 성립하려면 ① 선박과 적하에 대한 절박한 공동의 위험을 면하기 위하여(위험요건), ② 선장이 자발적으로 비상처분을 함으로써(처분요건), ③ 선박 또는 적하에 손해 또는 비용이 발생하여야 하며(손해 및 비용요건), ④ 선박 또는 적하를 보존하였어야 한다(잔존요건).

(1) 위험요건(imminent common danger)

(가) 공동해손은 선박과 적하의 공동위험을 면하기 위한 것이어야 하므로 위험이 선박과 적하에 공동인 것이어야 한다. 따라서 적하에 부패의 위험이 있는 경우나 선박만의 나포의 위험이 있는 경우 등에는 위험의 공동성이 존재하지 않으므로 단독해손이 될 뿐이다. 요크-앤트워프규칙 제A조도 "공동해

---

1) Vlassopoulos v. British & Foreign Marine Ins. Co.(The Makis), 1928 AMC 1737.
2) SchoenbaumP(5th), 261-262쪽.

상기업의 재산을 공동의 위험으로부터 면하게 하기 위하여 고의·합리적으로 비상한 손해 또는 비용을 야기하는 것"이 공동해손이라고 규정한다. 위험의 정도가 동일하여야 하는가에 대하여는 견해가 나뉘어 있으나 부정함이 다수설이다. 그러나 단순히 공동이익이 존재하는 경우까지 위험의 공동성을 확대하는 것은 공동해손제도의 남용이므로 타당하지 않다.[1]

선박 및 적하와 무관한 인명 구호를 위한 처분행위에 관해 영국에서는 Montgomery v. Indemnity Mutual Marine Insurance Co.(1902) 사건에서, "인명손실의 염려가 있는 경우 적절히 시행된 선박 및 적하의 희생에 대하여도 공동위험자에게 분담책임이 있다"고 본다. 인명 위험이 있는 경우에는 선박 및 적하에 대하여도 위험이 따르는 경우가 대부분이므로 실제로 문제는 되지 않으나, 오로지 인명 위험만이 존재하는 경우에는 공동의 위험이 존재하지 않기 때문에 공동해손을 인정할 수 없을 것이다.[2] 예선과 피예선이 예선계약을 체결 후 피예선이 취득할 화물운임으로부터 예선료를 지급하기로 약정하고 피예선을 예인하던 중 폭풍의 위험 때문에 예선 선장이 비상조치로 예인줄을 절단하여 예선은 재난을 면하였지만 피예선이 침몰한 경우, 예선과 피예선은 하나의 위험공동체였으므로 피예선의 손해를 공동해손으로 인정함이 타당하다.[3]

(나) 위험은 현실적이어야 하나 반드시 객관적일 필요는 없다. 사고발생의 가능성이 있는 것만으로는 부족하며, 장래의 위험에 대비하기 위해 한 처분은 공동해손이 아니다. 그러나 위험이 있는 것으로 선장이 잘못 믿었고 그렇게 잘못 믿을 만한 상당한 이유가 있는 경우 선장이 한 처분은 공동해손으로 본다. 선장의 합리적 판단에 따라 위험이 있다고 생각하여 처분하면 족하다.[4]

(다) 공동해손의 발생원인은 묻지 않는다. 따라서 위험이 불가항력에 의한 경우는 물론 제3자 또는 이해관계인의 관리에 의한 경우에도 공동해손은 성립한다. 다만, 선박과 적하의 공동위험이 선박 또는 적하의 하자나 그 밖의 과실 있는 행위로 인하여 생긴 경우에는 공동해손의 분담자는 그 책임이 있는 자에 대하여 구상권을 행사할 수 있다(상 제870조).

---

1) 허상수, 앞의 글, 607쪽.
2) 허상수, 앞의 글, 608쪽.
3) 허상수, 앞의 글, 608쪽.
4) 배, 326쪽.

1898년의 Irrawaddy호 사건[1]에서, 미국 연방대법원은 선장의 항해상 과실로 인하여 선박이 좌초한 경우, 운송물에 발생한 손해에 대하여 선박소유자는 책임을 지지 않지만 운송물소유자 등에 대하여 공동해손분담청구를 할 수 없다고 보았다. 이에 대해 불만을 가진 선박소유자들이 선장의 과실에 의한 경우에도 선박소유자의 면책을 규정하였고, 1904년 Jason호 사건[2]에서 동 법원은 선박소유자가 항해상 과실을 범한 때에도 공동해손분담청구를 할 수 있다고 선하증권에 기재함으로써(제이슨약관) Irrawaddy호 판례를 번복할 수 있다고 판시하였다. 1936년 미국 해상물건운송법이 제정된 후 제이슨약관의 적용 범위는 더욱 확대되었으며, "선박의 항해개시 전 또는 개시 후 법률 또는 계약에 의하여 운송인의 과실 여부를 불문하고 운송인이 손해배상책임을 부담하지 아니하는 사고·위험·손해·해난이 발생한 경우 송하인·수하인·운송물소유자는 자신의 운송물과 관련하여 운송인이 장래에 지출하거나 이미 지출한 손해 또는 비용을 분담하여야 한다"는 내용의 신제이슨약관(New Jason Clause)이 선하증권과 용선계약에 널리 기재되게 되었다. 신제이슨약관은 선박소유자가 법률상 면책되는 한 선박소유자에게 과실이 있더라도 적하소유자에 대해 공동해손분담청구를 할 수 있도록 함을 목적으로 한다. 따라서 선박소유자가 면책되지 않는 과실을 범한 경우, 선박소유자의 공동해손분담청구권은 감축된다. 예컨대 선박소유자가 과실로 감항능력이 부족한 선박을 제공하였거나 항로이탈을 한 결과 해난이 발생하여 손해를 발생시켰다면, 선박소유자는 적하소유자에게 공동해손분담청구를 할 수 없다. 또 운송물에 숨은 하자가 있기 때문에 운송물이 멸실된 경우, 운송물소유자는 선박소유자에게 공동해손분담청구를 할 수 없다.[3]

(2) 처분요건(voluntary extraordinary disposition)

(가) 고 의 성   손해 및 비용이 공동해손으로 되려면 그 처분이 행위자의 고의에 의하여야 한다. 해안이나 암초에의 좌초가 불가피한 경우 그에 앞서 고의로 선박을 좌초시키는 것이 고의에 의한 처분으로 볼 수 있는지에 대하

---

1) Flint v. Christall, 171 U.S. 187(1898).
2) The Jason, 225 U.S. 32(1904).
3) Master Shipping Agency, Inc. v. The Farida, 571 F.2d 131(2d Cir. 1978). SchoenbaumP (5th), 262-264쪽.

여 요크-앤트워프규칙 제5조는 "공동의 안전을 위하여 선박을 고의로 해안에 좌초시킨 때에는 그러한 행위가 없었더라도 그 선박이 해안에 좌초되었을 것이라는 사정의 유무를 불문하고, 그 결과로 인한 멸실 또는 손상은 공동해손으로 인정한다"고 하여 이를 긍정한다.

(나) **비상수단**   처분은 항해상의 통상적 수단이 아닌 비상수단으로서 행해진 처분을 말한다. 따라서 선박 및 적하의 공동의 위험을 피하기 위해 선박소유자 또는 적하소유자가 해난구조자의 구조를 받았다면, 당해 구조가 계약에 의한 것인지 협의의 해난구조인지를 불문하고 그 구조료는 공동해손에 포함된다(요크-앤트워프규칙 제6조).

(다) **주   체**   공동해손행위자는 일반적으로 선장이다. 그러나 공동해손행위의 주체를 선장에 국한시킬 것인가에 관하여 견해가 대립된다. 긍정설은 누구에게나 처분권이 있다면 전문적인 식견이 없는 사람이 사태를 잘못 판단해 불필요한 처분을 할 염려가 있으므로 처분의 주체는 선장에 한정되어야 한다고 하고, 부정설은 상법 제865조에 규정된 선장은 예시에 불과하고 시기적절한 처분을 하려면 처분의 주체를 선장에 한정할 필요가 없다고 한다.[1] 요크-앤트워프규칙 제A조에도 공동해손행위자의 범위에 관하여 명백한 규정은 없다. 따라서 공동해손행위의 주체를 확장할 여지는 있으나, 우리법과 같이 선장이라고 규정하고 있는 상태에서는 긍정설이 타당하다.

(라) **소극적 목적**   공동해손은 선박과 적하의 공동의 위험을 면하기 위한 것이므로 그 목적은 소극적이어야 하고, 적극적으로 공동의 이익을 위한 공동해손은 있을 수 없다.

(3) 손해 및 비용 요건(sacrifice for the common benefit)

(가) **손해 및 비용**   손해는 선박 또는 적하의 어느 일방 또는 쌍방에 처분으로 인하여 생긴 것을 말하고, 비용은 피난항에 입항하기 위한 비용, 위험으로부터 구조하기 위한 구조료 또는 공동해손인 수리비 등이다. 처분으로 인해 생긴 손해 및 비용에 한정되므로 위험 그 자체에 의한 피해, 예컨대 강풍에 의한 돛대의 부러짐, 파도로 인한 적하의 유실 등은 공동해손이 될 수 없다.[2]

(나) **입법주의**   어떠한 손해 또는 비용을 공동해손으로 보는지에 관하여

---

1) 허상수, 앞의 글, 621쪽.
2) 허상수, 앞의 글, 622쪽.

상법은 ① 공동안전주의(선박 및 적하의 공동안전을 위하여 야기된 손해 또는 비용만을 공동해손으로 하는 영국법의 입장), ② 공동이익주의(선박 및 적하의 공동안전을 위한 것 외에 항해계속에 필요한 손해 또는 비용도 광범하게 공동해손으로 하는 입장), ③ 희생주의(선박 및 적하의 공동안전 또는 이익과 무관하게 공동해손행위와 상당인과관계에 있는 손해 또는 비용을 공동해손으로 하는 독일법의 입장) 중 희생주의를 택하였다.[1] 피난항에 피난하였을 경우 입항비가 공동해손비용이 됨은 세 입법주의가 모두 동일하다. 피난항에서의 정박비와 출항비는 공동안전주의에서는 공동해손으로 인정될지 명백하지 않으나, 희생주의에서는 이를 인정한다.[2]

(다) 예   시   선박소유자는 선박의 기계·기관 훼손으로 인한 손해, 선박의 항구 정박시 조명비용, 선박이 해난을 만나 연료로 소비한 선체·선용품·식량비용, 운송물이 훼손되었기 때문에 상실한 운임 등을 공동해손분담금으로 청구할 수 있다(요크-앤트워프규칙 제7조, 제9조, 제15조). 또 예선료·도선료와 같이 위험을 피하기 위해 피난항에 입항할 때 드는 비용, 피난항에서 운송물을 양륙 및 선적하는 비용, 예정보다 항해가 연장된 기간 중 발생한 선원의 임금·주식비·부식비·선박수리비도 공동해손에 포함된다(동 규칙 제10조, 제11조, 제14조). 단, 노후선의 경우에는 감가상각을 한 나머지 금액만을 공동해손으로 인정한다(동 규칙 제13조). 요크-앤트워프규칙은 선박과 적하의 공동의 안전을 위한 것이든 항해를 안전히 수행하기 위한 것이든 불문하고, 대피항에 대피하는 비용 및 수리비를 공동해손으로 인정한다(동 규칙 제10조, 제11조). 선박에 화재가 발생한 경우 화재를 진압하기 위하여 물이나 포말소화기를 사용하였거나, 선박을 해변에 끌어올리거나, 선박을 고의로 침몰시켜 선박이나 적하에 발생시킨 손해는 공동해손에 해당하지만(동 규칙 제3조), 열기나 연기 등 화재 자체로 인한 손해는 공동해손에 해당하지 않는다.

(4) 잔존요건(successful avoidance of the peril)

(가) 선박 또는 적하가 잔존하여야 한다(상 제866조). 공동해손행위와 잔존물 사이에 인과관계가 있어야 한다는 인과주의와, 양자 간에 인과관계는 필요 없고 선박 또는 적하가 잔존하여 있으면 된다는 잔존주의로 나뉜다. 상법은 잔존주의를 취한다.

---

1) 최, 953-954쪽.
2) 배, 329쪽.

(나) 공동해손처분 후에 보존되는 잔존물의 범위에 대하여는 ① 적어도 선박의 보존을 필요로 한다는 선박잔존주의, ② 선박과 함께 적하의 전부 또는 일부가 보존되어야 한다는 병존주의, ③ 선박 또는 적하의 전부 또는 일부의 보존으로 충분하다고 하는 종류불문주의로 나뉜다. 상법 및 요크-앤트워프규칙은 종류불문주의를 채택한다.

3. 공동해손의 효과

(1) 공동해손분담청구권

(가) **청구권자** 공동해손인 손해 또는 비용의 청구권자는 선박 또는 적하의 이해관계인에 한하고, 선박소유자·적하소유자·선체용선자·정기용선자 등을 포함한다. 적하가 공동해손인 손해를 입은 경우, 선박소유자가 그 손해에 대하여 책임이 있는 경우에만 적하소유자가 선박소유자에 대하여 공동해손분담청구권을 가진다. 따라서 헤이그규칙 및 우리 상법 하에서는 상사과실 및 선박의 불감항성으로 인한 공동해손손해에 대하여만 선박소유자가 책임을 진다. 한편 함부르크규칙 하에서는 항해과실면책이 폐지되었으므로 선박소유자는 항해과실로 인한 공동해손손해에 대하여도 공동해손분담을 하게 될 것이다.[1]

(나) **특정 채권의 제외** 상법은 다음 화물이 손실된 경우, 공동해손정산에서 제외한다. 그러나 이러한 것이 잔존한 경우에는 그 가액을 공동해손분담액에 산입한다(상 제872조). ① 속구목록에 기재하지 아니한 속구(동조 제1항) ② 선하증권이나 그 밖에 적하의 가액을 정할 수 있는 서류 없이 선적한 화물(동조 제1항) ③ 종류와 가액을 명시하지 아니한 화폐나 유가증권과 그 밖의 고가물(동조 제1항) ④ 갑판에 적재한 화물(동조 제2항 본문). 다만, 컨테이너나 원목과 같이 갑판에 선적하는 것이 관습상 허용되는 경우와 연안항행의 경우에는 공동해손정산에 포함시킨다(동항 단서).

(다) **이 자** 공동해손인 손해 발생일로부터 분담액확정시까지는 상당한 기간이 소요되는데 손해액에 대한 이자를 인정할 필요가 있다. 상법에는 명문

---

1) 곽봉환, "공동해손분담청구권과 해상운송인의 구상위험," 한국해운학회지 제31호(2000), 137쪽, 152쪽. 곽 교수는 함부르크규칙 하에서는 공동해손의 분담위험이 증대되어 선박소유자를 궁지에 빠뜨릴 뿐 아니라 공동해손선언 자체가 무의미하게 되어 공동해손제도에 중대한 영향을 미칠 것으로 본다.

규정이 없지만, 요크-앤트워프규칙(제21조)은 공동해손에 속하는 비용에 대하여 공동해손정산서 확정일까지 연 7%의 이자를 인정한다.

(라) **제척기간**   공동해손으로 인하여 생긴 채권 및 구상채권은 그 계산이 종료한 날부터 1년 이내에 재판상 청구가 없으면 소멸한다(상 제875조 본문). 다만, 이 기간은 당사자의 합의에 의하여 연장할 수 있다(동조 단서, 제814조 제1항 단서). 이 기간은 제척기간이며, 영국법[1]과 일본법도 우리법과 같다. 그러나 미국법에서는 우리법과 달리 제소기간이 공동해손분담청구권이 발생한 때, 예컨대 적하를 적하소유자에게 인도한 때로부터 진행하며 공동해손정산서가 발행되지 않았더라도 마찬가지이다. 적하보험자가 보증장을 발행했더라도 선박소유자는 공동해손약정서에 의거하여 적하소유자를 언제든 제소할 수 있다. 제척기간은 도착지법에 따르며, 당사자가 서면약정한 제소기간이 적용된다. 미국 대부분 주에서는 제척기간이 6년인데, 캘리포니아주와 텍사스주는 4년, 루이지애나주는 10년이다.[2]

(마) **청구권의 확보**   공동해손분담청구권을 가진 선박소유자는 적하에 대한 유치권을 가지고, 적하소유자가 선박소유자에 대한 공동해손분담청구권을 가지는 경우 적하소유자는 선박에 대해 우선특권을 가진다. 적하를 인도하기 전에 선박소유자나 선장은 적하소유자로부터 담보를 취득하며, 선박소유자가 임명한 공동해손정산인이 대행함이 보통이다. 적하소유자가 선박소유자에게 공동해손분담청구권을 가지는 경우 적하소유자가 선박소유자에게 담보를 요구한다. 이 때 선박소유자의 선박보험자가 적하소유자에게 보증장을 제공한 후 소손해공제액(deductible)을 담보하고 일부보험(under-insurance)에 대비하기 위해 선박보험자가 선박소유자에게 재보증(counter-guarantee)을 요청한다. 공동해손의 담보는 수하인이 서명한 공동해손약정서와 현금으로 구성된다. 현금 대신 보험회사가 발행한 보증장을 수령함이 관행이다.[3]

요크-앤트워프규칙 제22조(현금공탁금의 취급)는 "적하소유자가 현금공탁을 한 경우, 현금공탁금은 선박소유자의 대리인과 적하소유자의 공동명의로 양자가 승인한 은행에 예치한다. 공탁된 현금과 그로부터 발생한 이자는 공동해

1) Castle Ins. Co. v. Hong Kong Islands Shipping Co., Ltd.(The Potoi Chau), 1983 2 L.R. 376.
2) Buglass(3d), 302-304쪽.
3) Buglass(3d), 300-301쪽.

손분담청구권자를 위한 담보이며, 현금공탁금을 지급하려면 공동해손정산인의 서면확인을 거친다"고 규정한다. 그런데 공동명의계좌를 개설하면 번거로우므로 공동해손정산인 명의의 신탁계좌를 개설하여 현금공탁금을 예치한다. 공동해손정산인은 수탁자로서 적하소유자의 공동해손분담의무가 확실히 입증된 후에야 신탁계좌에서 지급할 수 있다. 공동해손기금에 대하여 정당하지 않은 청구를 방어하기 위해 공동해손정산인은 적절한 소송비용을 지출할 수 있다. 나아가 일부 공동해손분담청구권자가 더 많은 청구권이 있음을 주장하여 공동해손정산인을 제소하여 패소한 경우, 소송비용은 패소자뿐 아니라 공동해손관계자 전원이 분담한다.[1]

(2) 공동해손의 분담

(가) **분담원칙**　　공동해손은 그 위험을 면한 선박 또는 적하의 가액과 운임의 반액과 공동해손의 액과의 비율에 따라 각 이해관계인이 이를 분담한다(상 제866조). 운임의 반액으로 규정한 것은 계산의 번잡을 피하기 위함이다.

(나) **제외**　　선박에 비치한 무기, 선원의 급료, 선원과 여객의 식량·의류가 보존된 경우에는 그 가액을 공동해손의 분담에 삽입하지 아니하나, 손실된 경우에는 그 가액을 공동해손의 액에 삽입한다(상 제871조). 선하증권이나 그 밖에 적하의 가격을 정할 수 있는 서류에 적하의 실가보다 고액을 기재한 경우에 그 적하가 보존된 때에는 그 기재액에 의하여 공동해손의 분담액을 정하고, 적하의 실가보다 저액을 기재한 경우에 그 적하가 손실된 때에는 그 기재액을 공동해손의 액으로 한다(상 제873조 제1항). 적하의 가격에 영향을 미칠 사항에 관하여 거짓 기재를 한 때에도 같다(동조 제2항).

(다) **유한책임**　　공동해손분담의무자는 선박이 도달하거나 적하를 인도한 때에 현존하는 가액의 한도에서 책임을 진다(상 제868조).

(라) **손해의 회복**　　선박소유자·용선자·송하인 그 밖의 이해관계인이 공동해손의 액을 분담한 후 선박·속구 또는 적하의 전부나 일부가 소유자에게 복귀된 때에는 그 소유자는 공동해손의 상금(償金)으로 받은 금액에서 구조료와 일부손실로 인한 손해액을 공제하고 그 잔액을 반환하여야 한다(상 제874조). 선박 또는 적하소유자의 부당이득을 방지하기 위함이다.

---

1) The Sudbury, 1934 AMC 1096. Buglass(3d), 301-302쪽.

(3) 공동해손의 손해액산정

(개) 산정기준　공동해손의 액을 정함에 있어서는 선박의 가액은 도달의 때와 곳의 가액으로 하고, 적하의 가액은 양륙의 때와 곳의 가액으로 한다(상제869조 본문). 다만, 적하에 관하여는 그 손실로 인하여 지급을 면하게 된 운임 등 모든 비용을 공제하여야 한다(동조 단서).

(내) 선박손해액　요크-앤트워프규칙(제18조)은 ① 선박을 수리한 경우에는 신구교환차익을 공제한 수리비로서 합리적이고 현실적인 금액을, ② 선박을 수리하지 않은 경우에는 추정수리비용의 범위 내에서 상당한 선박의 감가액을, ③ 선박이 전손된 경우에는 선박이 손상을 입기 전 평가액에서 공동해손으로 인정할 수 없는 손해의 추정수리비용과 선박잔존물 매각대금을 공제한 금액을 선박손해액으로 한다.

(대) 운임손해액　요크-앤트워프규칙(제15조)은 "적하의 멸실 또는 손상에 의하여 생기는 운임의 손실이 공동해손행위로 인하여 발생한 때에는 그 손실은 공동해손으로서 배상한다"고 규정한다. 상법(제810조 제2항, 제811조 제2항)은 비례운임 청구권을 인정하므로, 선박의 항해불능으로 인하여 운임에 손실이 생기는 경우에는 운임청구권 상실에 대하여 공동해손손실이 인정된다.[1]

(4) 공동해손분담액의 산정

(개) 요크-앤트워프규칙(제G조)은 공동해손의 금액과 이해관계자의 공동해손분담금은 문제의 항해가 종료한 시간과 장소에서의 해산의 가액을 근거로 하여 산정한다고 규정한다.

(내) 동일항해 중에서 수회의 공동해손이 있는 경우의 분담액의 결정에 관하여는 특별규정이 없다. 따라서 제2의 공동해손을 먼저 정산하여 그 분담액을 확정하고, 그 분담액을 각 분담재산의 가액에서 공제한 것에 관하여 제1의 공동해손의 분담액을 결정하여야 한다.

(대) 공동해손분담금은 각 해산의 분담가액(contributory interest)에 공동해손총액/해산분담가액의 합계를 곱하여 산출한다. 예컨대 선박의 가액과 운송물의 가액이 각 1백만 달러이고, 운임이 10만 달러라고 가정하자. 선박이 폭풍우를 만나 운송물 10만 달러 상당을 투하하였다면, 운임도 10분의 1인 1만 달러 상

---

1) 허상수, 앞의 글, 647쪽.

당이 손실되었다. 뿐만 아니라 투하를 할 때 선체도 5천 달러 상당의 손해를 입었다. 이 때 선박소유자의 분담가액은 선박가액 1백만 달러에 운임 10만 달러를 합한 110만 달러이며, 선박소유자의 공동해손분담금은 110만 달러×공동해손총액 115,000달러/분담가액 합계 210만 달러＝60,238.10달러가 된다. 한편 운송물의 분담가액은 1백만 달러이며, 운송물소유자의 공동해손분담금은 1백만 달러×115,000/210만 달러＝54,761.90달러이다. 그런데 10만 달러의 손해를 입은 운송물소유자의 분담가액이 이같이 고액인 것은 비합리적이므로, 선박소유자는 운송물의 손해액 10만 달러와 운송물소유자의 공동해손분담금의 차액인 45,238.10달러를 운송물소유자에게 지급하여야 한다. 따라서 선박소유자의 실제 손해액은 60,238.10달러(상실운임 10,000달러＋선체손해 5,000달러＋운송물소유자에 지급액 45,238.10달러＝60,238.10달러)이며, 운송물소유자의 실제 손해액은 54,761.90달러이다.[1]

4. 공동해손의 정산 및 절차

(1) 의   의

공동해손인 손해 및 비용은 이해관계인에게 균등하게 발생하지 않으므로, 이를 각 이해관계인에게 균등하게 분담시키는 것이 공동해손의 기본이념이다. 즉 이해관계인이 보상받을 금액과 부담할 금액을 산정하는 절차를 공동해손의 정산(general average adjustment)이라 한다.

(2) 정산의무자

공동해손의 정산은 특약 또는 다른 관습이 없는 한 선장이 한다. 그러나 공동해손의 정산은 복잡하고 전문적 지식을 필요로 하기 때문에 공동해손정산인(adjuster)에게 위임하여 처리하는 것이 관례이다.

(3) 정 산 지

특약이 없는 한 항해가 종료한 곳, 즉 선박과 적하가 종국적으로 분리된 곳이며, 항해가 중단된 경우에는 중단지가 공동해손의 정산지이다.

---

1) G. Gilmore and C. Black, The Law of Admiralty, 2d ed.(Mineola, New York: Foundation Press, Inc., 1975), 247쪽; SchoenbaumP(5th), 265쪽.

(4) 공동해손정산서

선박보험자는 공동해손정산인의 조력을 받아 공동해손정산서를 작성하는데, 정산서에는 정확한 공동해손금액과 이해관계자들의 공동해손분담액을 기재한다. 복잡한 사안의 경우 정산서작성에 몇 년이 소요될 수도 있지만, 공동해손정산인의 정산작업은 고도의 전문성을 가지므로 정산서에 관해 법적 분쟁이 발생하는 경우는 많지 않다. 공동해손정산인이 정산서를 작성하기 이전에는 공동해손분담금을 부담할 것이 예상되는 자가 법원에 채무부존재확인의 소를 제기해도 기각되는 것이 보통이다. 공동해손정산인의 정산서는 중재판정과는 달리 독자적 법적 효력을 가지지 않는다. 그러나 적하보험자가 공동해손분담금 지급을 보장하는 보증장을 제출한 경우 적하보험자는 공동해손정산서에 기재된 채무를 부담하는 것으로 간주된다. 나아가 공동해손정산서는 공동해손금액, 이해관계자의 공동해손분담금 계산 등을 정확하게 반영하고 있다고 본다.[1]

(5) 입증책임

공동해손손실에 대한 입증책임에 관해 상법에는 규정이 없다. 그러나 요크－앤트워프규칙(제E조)에서는 "공동해손으로 주장된 손해 또는 비용이 공동해손으로 인정받기 위한 입증책임은 공동해손 청구자가 부담한다"고 규정한다. 원칙적으로 공동해손행위가 있었는지 여부는 사실문제가 아닌 법률문제이므로 법원이 결정할 사항이다. 그리고 공동해손행위를 하였다고 주장하는 자는 정산인이 작성한 공동해손정산서와는 별도로 공동해손행위의 존재를 입증하여야 한다. 공동해손행위가 있었다는 사실과 그 행위로 인하여 발생한 손해 또는 비용이 공동해손에 해당된다고 인정된 후에야 비로소 공동해손정산서의 내용이 타당한 것으로 간주된다. 공동해손분담금 청구문제는 선박의 목적항에서 판단하여야 하며, 공동해손정산서 작성지에서 판단할 성질은 아니다.[2]

---

1) Pacific Employers Ins. Co. v. M/V Capt. W.D. Cargill, 751 F.2d 801(5th Cir. 1985). SchoenbaumP(5th), 264-266쪽.

2) A. Bottacchi S. A. v. Philipp Bros. Latin America Corp., 410 F. Supp. 375(S.D.N.Y. 1976). SchoenbaumP(5th), 266쪽.

제 3 절 선 박 충 돌

1. 선박충돌의 의의

(1) 의   의

선박충돌(collision)은 2척 이상의 선박이 그 운용상 작위 또는 부작위로 선박 상호간에 다른 선박 또는 선박 내에 있는 물건에 손해를 생기게 하는 것이며, 직접적인 접촉의 유무를 묻지 아니한다(상 제876조 제2항).[1] 항해선 상호간 또는 항해선과 내수항행선 간의 충돌이 있은 경우에 선박 또는 선박 내에 있는 물건이나 사람에 관하여 생긴 손해의 배상에 대하여는 어떠한 수면에서 충돌한 때라도 상법 제3장 해상위험 제2절 선박충돌의 규정을 적용한다(동조 제1항). 선박과 부두 등의 항만시설이 접촉한 것 또는 선박이 접안중인 선박의 옆을 빠르게 지나감으로써 물결이 일어나 접안중인 선박에 손해가 발생한 것을 간접충돌(allision)이라 한다.

(2) 과실책임

선박충돌 관련당사자에게 책임을 지우려면 선박충돌로 인하여 발생한 손해에 대하여 관련당사자에게 과실이 있어야 한다. 선박충돌이 불가항력으로 인하여 발생하거나 충돌의 원인이 명백하지 아니한 때에는 피해자는 충돌로 인한 손해의 배상을 청구하지 못하며(상 제877조), 각 선박이 자신의 손해를 부담한다. 손해조사기술이 발달하고 선박충돌에 관한 규제가 완비됨으로써 선박충돌에 관한 쌍방선박의 과실에 관하여 비교적 정확한 판단을 내릴 수 있으므로 불가항력적 선박충돌은 거의 존재하지 않는다. 또 안개·폭풍우·시계불량 등 항해상 위험이 있었다고 하여 충돌선박의 과실책임이 면제되는 것은 아니다. 충돌선박의 과실정도는 ① 충돌선박이 상당한 주의를 다하여 신중

1) 윤점동, 국제해상충돌예방규칙 및 관련된 국내법규 해설(부산: 아성출판사, 1988); 채이식, "우리 상법상 선박충돌에 관한 규정의 제문제들," 대한변호사협회지 제102호; 문중호, "선박충돌," 보험·해상법에 관한 제문제(상), 재판자료 제52집(서울: 법원행정처, 1991), 531-589쪽; 채이식, "공동해손, 선박충돌, 해난구조에 관한 개정상법연구," 개정해상법의 제문제, 한국해법회 학술발표회(1993. 7. 2); R. Marsden, The Law of Collisions at Sea(11th ed., 1961 with 1973 Supplement), 76쪽. 공동해손·선박충돌·해난구조에 관한 프랑스 1967년 7월 7일 제정 법률 제67-545호 해상사고법에 관하여는 정완용, "프랑스 해상사고법," 한국해법회지 제14권 제1호(1992), 381쪽.

하게 항해하였는지, ② 선박 및 해상구조물의 항행 및 관리에 관한 법령을 준수하였는지, ③ 항해실무 관행에 적합하게 행위하였는지에 의하여 판단한다. 법령에 위반하지 않았더라도 당시 상황 하에서 합리적인 주의의무를 다하지 않았다면 과실책임을 진다. 즉 충돌선박이 신중하고 양호한 항해기술을 발휘하여 상당한 주의를 행사하였더라면 충돌을 예방할 수 있었을 경우 충돌선박에게 배상책임이 있다. 그러나 충돌선박이 반드시 최대한의 주의의무를 행사하여야 하는 것은 아니며, 충돌선박 직원이 판단착오를 하였더라도 통상적인 주의의무를 다하였다면 책임을 면한다. 반면에 선박의 감항능력에 대하여 상당한 주의를 행사하지 아니한 것이 충돌사고의 일부 원인이 된 경우 선박소유자는 손해배상책임을 진다.[1]

2. 해사안전법

해사안전법상 항법 또는 1972년 국제해상충돌예방규칙(International Regula-tions for Preventing Collisions at Sea, COLREG)을 위반한 경우 가해선박은 손해배상책임을 부담한다. 해사안전법은 선박항행과 관련된 선박충돌 등 위험을 제거하기 위한 항법을 규정한다.

(1) 모든 시계상태에서의 항법

⒜ 경   계   선박은 주위의 상황 및 다른 선박과 충돌할 수 있는 위험성을 충분히 파악할 수 있도록 시각·청각 및 당시의 상황에 맞게 이용할 수 있는 모든 수단을 이용하여 항상 적절한 경계를 하여야 한다(해사안전법 제63조).

⒝ 안전한 속력   선박은 다른 선박과의 충돌을 피하기 위하여 적절하고 효과적인 동작을 취하거나 당시의 상황에 알맞은 거리에서 선박을 멈출 수 있도록 항상 안전한 속력으로 항행하여야 한다(동법 제64조 제1항). 안전한 속력을 결정할 때에는 ① 시계의 상태 ② 해상교통량의 밀도 ③ 선박의 정지거리·선회성능, 그 밖의 조종성능 ④ 야간의 경우에는 항해에 지장을 주는 불빛의 유무 ⑤ 바람·해면 및 조류의 상태와 항행장애물의 근접상태 ⑥ 선박의 흘수와 수심과의 관계 ⑦ 레이더의 특성 및 성능 ⑧ 해면상태·기상, 그 밖의 장애요인이 레이더 탐지에 미치는 영향 ⑨ 레이더로 탐지한 선박의

---

1) Ottenheimer v. Whitaker, 198 F.2d 289(4th Cir. 1952). Schoenbaum(5th), 760-762쪽.

수·위치 및 동향을 고려하여야 한다(동조 제2항).

㈐ **충돌위험**　선박은 다른 선박과 충돌할 위험이 있는지를 판단하기 위하여 당시의 상황에 알맞은 모든 수단을 활용하여야 한다(동법 제65조 제1항). 레이더를 설치한 선박은 다른 선박과 충돌할 위험성 유무를 미리 파악하기 위하여 레이더를 이용하여 장거리 주사, 탐지된 물체에 대한 작도, 그 밖의 체계적인 관측을 하여야 한다(동조 제2항). 선박은 불충분한 레이더 정보나 그 밖의 불충분한 정보에 의존하여 다른 선박과의 충돌 위험 여부를 판단하여서는 아니된다(동조 제3항). 선박은 접근하여 오는 다른 선박의 나침방위에 뚜렷한 변화가 일어나지 아니하면 충돌할 위험성이 있다고 보고 필요한 조치를 하여야 한다(동조 제4항 1문). 접근하여 오는 다른 선박의 나침방위에 뚜렷한 변화가 있더라도 거대선 또는 예인작업에 종사하고 있는 선박에 접근하거나, 가까이 있는 다른 선박에 접근하는 경우에는 충돌을 방지하기 위하여 필요한 조치를 하여야 한다(동항 2문).

㈑ **충돌을 피하기 위한 동작**　선박은 해사안전법의 항법에 따르되, 동법에서 정하는 바가 없는 경우에는 될 수 있으면 충분한 시간적 여유를 두고 적극적으로 조치하여 선박을 적절하게 운용하는 관행에 따라야 한다(동법 제66조 제1항). 선박은 다른 선박과 충돌을 피하기 위하여 침로나 속력을 변경할 때에는 될 수 있으면 다른 선박이 그 변경을 쉽게 알아볼 수 있도록 충분히 크게 변경하여야 하며 침로나 속력을 소폭으로 연속적으로 변경하여서는 아니 된다(동조 제2항). 선박은 넓은 수로에서 충돌을 피하기 위하여 침로를 변경하는 경우에는 적절한 시기에 큰 각도로 침로를 변경하여야 하며, 그에 따라 다른 선박에 접근하지 아니하도록 하여야 한다(동조 제3항). 선박은 다른 선박과의 충돌을 피하기 위하여 동작을 취할 때에는 다른 선박과의 사이에 안전한 거리를 두고 통과할 수 있도록 그 동작을 취하여야 한다(동조 제4항 1문). 이 경우 그 동작의 효과를 다른 선박이 완전히 통과할 때까지 주의 깊게 확인하여야 한다(동항 2문). 선박은 다른 선박과의 충돌을 피하거나 상황을 판단하기 위한 시간적 여유를 얻기 위하여 필요하면 속력을 줄이거나 기관의 작동을 정지하거나 후진하여 선박의 진행을 완전히 멈추어야 한다(동조 제5항).

㈒ **좁은 수로**　좁은 수로나 항로("좁은 수로등")를 따라 항행하는 선박은 항해의 안전을 고려하여 될 수 있으면 좁은 수로등의 오른편 끝 쪽에서 항행

하여야 한다(동법 제67조 제1항 본문). 길이 20미터 미만의 선박이나 범선은 좁은 수로등의 안쪽에서만 안전하게 항행할 수 있는 다른 선박의 통행을 방해하여서는 아니 된다(동조 제2항). 어로에 종사하고 있는 선박은 좁은 수로등의 안쪽에서 항행하고 있는 다른 선박의 통항을 방해하여서는 아니 된다(동조 제3항). 선박이 좁은 수로등의 안쪽에서만 안전하게 항행할 수 있는 다른 선박의 통항을 방해하게 되는 경우에는 좁은 수로등을 횡단하여서는 아니 된다(동조 제4항). 추월선은 좁은 수로등에서 추월당하는 선박이 추월선을 안전하게 통과시키기 위한 동작을 취하지 아니하면 추월할 수 없는 경우에는 기적신호를 하여 추월하겠다는 의사를 나타내야 한다(동조 제5항 1문). 이 경우 추월당하는 선박은 그 의도에 동의하면 기적신호를 하여 그 의사를 표현하고, 추월선을 안전하게 통과시키기 위한 동작을 취하여야 한다(동항 2문).

(2) 선박이 서로 시계 안에 있는 때의 항법

⒜ 추 월 추월선은 추월당하고 있는 선박을 완전히 추월하거나 그 선박에서 충분히 멀어질 때까지 그 선박의 진로를 피하여야 한다(동법 제71조 제1항). 다른 선박의 양쪽 현의 정횡으로부터 22.5도를 넘는 뒤쪽에서 그 선박을 앞지르는 선박은 추월선으로 보고(동조 제2항), 선박이 스스로 다른 선박을 추월하고 있는지 분명하지 아니한 경우도 추월선으로 본다(동조 제3항).

⒝ 마주치는 상태 2척의 동력선이 마주치거나 거의 마주치게 되어 충돌의 위험이 있을 때에는 각 동력선은 서로 다른 선박의 좌현 쪽을 지나갈 수 있도록 침로를 우현 쪽으로 변경하여야 한다(동법 제72조 제1항).

⒞ 횡단하는 상태 2척의 동력선이 상대의 진로를 횡단하는 경우로서 충돌의 위험이 있을 때에는 다른 선박을 우현 쪽에 두고 있는 선박이 그 다른 선박의 진로를 피하여야 한다(동법 제73조 1문). 이 경우 다른 선박의 진로를 피하여야 하는 선박은 부득이한 경우 외에는 그 다른 선박의 선수 방향을 횡단하여서는 아니 된다(동조 2문).

(3) 등 화

선박은 해지는 시각부터 해뜨는 시각까지 해사안전법에서 정하는 등화를 표시하여야 하며, 이 시간 동안에는 동법에서 정하는 등화 외의 등화를 표시하여서는 아니 된다(동법 제78조 제1항 본문). 등화에는 마스트등, 현등, 선미등,

예선등, 전주등, 섬광등, 양색등, 삼색등이 있다(동법 제79조).

(4) 음향신호와 발광신호

㈎ 조종신호와 경고신호   항해중인 동력선이 서로 상대의 시계 안에 있는 경우에 ① 침로를 오른쪽으로 변경하고 있는 경우에는 단음 1회 ② 침로를 왼쪽으로 변경하고 있는 경우에는 단음 2회 ③ 기관을 후진하고 있는 경우에는 단음 3회 기적신호를 행하여야 한다(동법 제92조 제1항). 기적신호를 보충하기 위해 ① 침로를 오른쪽으로 변경하고 있는 경우 섬광 1회 ② 침로를 왼쪽으로 변경하고 있는 경우 섬광 2회 ③ 기관을 후진하고 있는 경우 섬광 3회 발광신호를 적절히 반복할 수 있다(동조 제2항).

㈏ 제한된 시계 안에서의 음향신호   시계가 제한된 수역이나 그 부근에 있는 모든 선박은 밤낮에 관계 없이 음향신호를 하여야 한다. ① 항행 중인 동력선은 대수속력이 있는 경우에는 2분을 넘지 아니하는 간격으로 장음을 1회 울려야 한다(동법 제93조 제1항 1호). ② 정지하여 대수속력이 없는 경우에는 장음 사이의 간격을 2초 정도로 연속하여 장음을 2회 울리되, 2분을 넘지 아니하는 간격으로 울려야 한다(동항 2호).

3. 입증책임

원칙적으로 선박충돌 피해자는 상대선의 과실 또는 불감항성으로 인하여 자신의 손해가 발생하였음을 입증하여야 한다. 다만, 이에 대한 예외로서 미국대법원이 1874년에 확립한 펜실베니아원칙은 "선박충돌 당사자 선박이 국제해상충돌예방규칙에 위반하였다면, 이는 당해 선박의 과실이 선박충돌의 한 원인이었음을 추정하게 한다. 이 경우 당해 선박이 손해배상책임을 면하려면 자신의 과실이 선박충돌의 원인이 아니었을 뿐 아니라 그러하였을 가능성도 없었음을 입증하여야 한다"는 것이다. 펜실베니아원칙은 선박간의 충돌뿐 아니라 간접충돌, 선박의 좌초에도 적용된다. 펜실베니아원칙을 적용하려면 첫째 충돌선박이 법령 또는 규칙을 위반하였어야 하고, 둘째 당해 법령이나 규칙이 해상안전 또는 항해에 관련된 것이어야 하며, 셋째 선박충돌로 인하여 당해 법령이나 규칙이 보호하려는 법익이 침해되었어야 한다.[1]

---

1) The Pennsylvania, 86 U.S. (19 Wall.) 125(1874). Schoenbaum(5th), 772-774쪽.

동력선이 투묘중인 선박 또는 해상구조물과 충돌하였다면, 동력선은 자신의 과실이 없었다는 사실 또는 불가항력적 사고였음을 입증해야 한다. 또 표류중의 선박이 투묘중의 선박 또는 해상구조물과 충돌한 경우에는 표류중의 선박이 이 같은 입증책임을 진다. 일방선박의 과실이 없었더라면 통상 선박충돌이 발생하지 않았을 경우에는 당해 선박의 과실이 추정된다. 선박충돌의 경우 인명피해·해양오염·해난구조·공동해손의 문제가 동시에 발생하며 증거가 멸실될 가능성이 있기 때문에 항해일지·기관일지 등 제반 선박서류를 신속히 수집하여야 하며, 해사검정인을 선임하여 손해의 내용을 확인하는 것이 중요하다.[1]

4. 책임의 배분

선박충돌이 일방의 선원의 과실로 인하여 발생한 때에는 그 일방의 선박소유자는 피해자에 대하여 충돌로 인한 손해를 배상할 책임이 있다(상법 제878조). 선박충돌이 쌍방의 선원의 과실로 인하여 발생한 때에는 쌍방의 과실의 경중에 따라 각 선박소유자가 손해배상의 책임을 분담한다(동법 제879조 제1항 1문). 과실의 경중을 판정할 수 없는 때에는 손해배상의 책임을 균분하여 부담한다(동항 2문). 쌍방과실의 경우 제3자의 사상에 대한 손해배상은 쌍방의 선박소유자가 연대하여 그 책임을 진다(동조 제2항).

우리법, 1910년 브뤼셀선박충돌책임조약, 영국법, 미국법은 비례배분원칙을 취한다. 즉 선박의 과실비율에 따라 손해배상책임을 지되 과실비율이 판정되지 않은 경우에는 손해배상책임을 균일하게 배분한다. 손해배상은 물리적 손해뿐 아니라 제3자에 대한 배상책임도 포함한다. 여러 척이 동시에 충돌하였을 때 각 선박이 부담할 금액은 별도로 산정하며, 충돌에 관련된 선박 몇 척을 임의로 하나의 그룹으로 보아 제3의 선박에 대한 배상책임을 결정해서는 아니 된다. M선과 A선이 충돌한 후 제3의 선박 G선이 M선·A선을 피하려다 좌초하였으며, 3척의 선박은 모두 과실을 범하였다. G선에 대한 책임의 비율을 정하면서 영국 제1심 법원은 최초의 충돌을 하나의 책임단위로서 G선의 좌초에 50%의 원인을 제공했다고 보았다. 즉 G선은 자신의 좌초에 50%

1) Rinard, Collision in Maritime Law and Practice, The Florida Bar Continuing Legal Education (1980), 239쪽; Schoenbaum(5th), 775-777쪽.

과실이 있었으며, 최초 충돌에 대하여 M선은 1/3(17%), A선은 2/3(33%)의 책임이 있다는 것이다. 귀족원은 이에 반대하였고, 각 선박의 좌초에 대한 과실비율을 개별적으로 정해야 한다고 보아 M선 20%, A선 40%, G선 40%를 부담하였다.[1] 귀족원의 접근방법이 보다 간명하다.

1차 사고에 대해 과실이 있었는데 다시 2차 사고가 발생한 경우, 1차 손해와 2차 손해에 대한 과실비율을 구분할 필요가 있다. Car선과 Cal선이 충돌 후 좌초했는데("1차 좌초"), 충돌과 1차 좌초에 대한 Car선의 과실이 45%, Cal선의 과실이 55%였다. 다음 날 해난구조 작업 중 다시 좌초가 발생했으며("2차 좌초"), 최초 선박충돌은 2차 좌초에 대하여 일부 원인을 제공하였다. 과실비율을 정확히 결정하기 힘들었으므로 과실을 균분배분한 결과 Car선은 2차 좌초손해의 절반인 22.5%의 책임을 지게 되었다.[2] 선박충돌에 대하여 책임을 지려면 선박이 반드시 충돌당사자가 아니어도 무방하며, 충돌선박의 항해에 관해 과실이 있기만 하면 충분하다. 예컨대 예선이 피예선을 예인하다가 피예선이 제3선과 충돌한 경우 예선에게 과실이 있다면, 예선은 제3자에게 책임을 진다. 3척이 충돌하였는데 2척은 과실이 있고 1척은 과실이 없는 경우, 과실 없는 선박은 자신의 손해를 공동불법행위자인 2척 중 선택하여 누구로부터도 손해를 배상받을 수 있다.[3]

충돌 관련 선박들 모두 어느 정도는 과실 있는 경우에 과실 없는 피해자가 귀책자들에게 어떻게 청구할 수 있는지가 문제된다. 예선이 피예선을 예인 중 예선과 상대선의 쌍방과실로 피예선과 상대선이 충돌하여 피예선이 침몰한 경우, 피예선은 손해 전액을 상대선에게 청구할 수 있다. 예선의 과실이 피예선의 과실로 간주되지 않기 때문이다. 선박충돌로 인하여 사망이나 상해를 입은 피해자도 마찬가지이며, 귀책자 중 선택하여 손해 전액을 배상받을 수 있다. 전액을 배상한 귀책자는 다른 공동불법행위자에게 그의 과실비율에 비례해 구상할 수 있다.[4]

어선 소유자 겸 선장이 잠수부를 승선시켰다가 선착장 인근에 방치된 바

1) The Miraflores v. The George Livanos(Owners) and Others [1967] 1 AC 86. Baughen(2d), 269쪽.
2) The Calliope [1970] 1 All ER 624.
3) Baughen(2d), 269-270쪽.
4) The Devonshire [1912] AC 634. Baughen(2d), 270-271쪽.

지선을 발견하지 못하고 충돌해 선장과 잠수부가 사망했다. 잠수부의 유족은 선장이 전방주시를 게을리 한 과실과 바지선을 방치한 바지선소유자의 과실이 경합해 사고가 발생했다고 주장하며 선장의 유족에게 손해배상을 청구했다. 유족은 잠수부가 선장과 해산물 채취를 동업하는 공동운행자였으므로 상법 제879조 제2항의 '제3자'가 아니라고 항변했다. 법원은 선장이 잠수부와 동업했지만 내부적으로 어선 운항을 전담했고 잠수부는 어선 운항에 관여하지 않았다는 이유로 선장의 책임을 인정했다.[1]

5. 손해의 범위

(1) 피해선의 손해배상청구권

선박충돌로 인하여 선박이 훼손되었을 때, 피해선이 가해선으로부터 지급받을 수 있는 금액은 선박이 전손상태인지 또는 분손상태여서 수리가 가능한지에 따라 달라진다. 선박이 전손상태라면 손해액은 충돌 이전의 선박가액에 이자 및 운임을 합한 금액에서 잔존가액을 공제한 금액이다. 충돌 이전의 선박가액을 결정할 때는 사고발생 당시 유사 선박의 실제 거래가격과 전문가 감정인의 증언을 참고한다. 유사 선박의 거래가격이 형성되어 있지 않은 경우 ① 피해선을 다른 선박으로 대체하는 비용, ② 피해선을 재건조하는 비용 및 감가상각을 고려해 충돌 이전 가액을 결정한다. 유사 선박의 시장가격이 형성되어 있다 하더라도 피해선 소유자가 대체선 아닌 피해선만 사용하여야 하는 특별한 사정이 있는 경우에는 유사 선박의 시장가격보다 피해선 대체비용이 기준이 된다. 피해선을 수리하는 것이 가능하나 수리비가 피해선의 충돌 전 가액을 초과하는 추정전손의 경우에도 전손과 동일한 산정방식이 적용된다. 피해자가 배상받을 수 있는 손해액은 피해선 시장가격을 초과할 수 없으며, 추정전손의 경우에도 사고선의 보험금액은 손해액산정에 직접적인 영향을 미치지 아니한다.[2]

피해선이 전손상태에 이르지 않은 경우 피해선소유자는 피해선을 충돌 이전 상태로 회복하기 위해 소요되는 합리적인 수리비를 청구할 수 있다. 피

---

1) 광주고판 2019. 8. 21. 2018나26030(각급법원(제1,2심) 판결공보(2019. 10. 10), 921쪽)(원고/피항소인겸 항소인 O, 피고/항소인겸 피항소인 O, 원고 일부승소, 확정).

2) Comment, "Vessel Valuation: Problems and a Proposal," 5 Maritime Lawyer 59쪽(1980); Schoenbaum(5th), 787-788쪽.

해선소유자가 선박을 수리하지 않는 경우에도 상대선에 대한 수리비청구권에는 영향이 없다. 분쟁이 발생할 여지가 많으므로 피해선의 손해액과 수리비를 결정할 때에는 상대선소유자와 공동 손해사정을 하는 것이 바람직하다. 피해선이 일방적으로 손해액을 사정하는 경우에도 상대선소유자에게 통지를 해야 손해액의 신빙성이 높아지며, 상대선에 대한 통지를 하지 않은 때에는 피해선은 손해사정비용을 상대선에게 청구할 수 없다. 피해선의 수리비를 보상하는 것은 충돌 후 선박가액의 감소분을 전보하기 위함이므로, 수리비가 과다하게 청구된 경우에는 선박충돌로 인해 선박가액이 실제로 감소한 부분만 손해로 인정한다. 피해자는 부수적으로 발생한 손해사정비용・침몰선제거비용・기름오염제거 및 방지비용・해난구조비・화물인양비용・계선료・건선거사용료・공동해손분담금・선원임금・충돌선에 대한 무해조치비용이 합리적으로 발생한 범위 내에서 청구할 수 있다. 선박과의 간접충돌로 손해를 입은 파이프라인 등 연안시설 소유자도 가해선에 손해배상을 청구할 수 있다. 간접충돌로 전손된 연안시설의 손해액은 간접충돌 직전 연안시설의 가액에서 잔존가치를 공제한 금액이며, 연안시설의 수리가 가능할 때에는 합리적인 수리비가 손해액이다. 연안시설이 훼손된 부분을 새 부품으로 교환해 연안시설의 가치가 증대되었다면 가치증대부분은 손해액에서 공제한다. 반면에 연안시설을 수리하였는데도 가치가 증대되지 않았다면 수리비 전액이 손해액이다.[1]

가해자의 과실로 훼손된 선박의 소유자는 선박수리기간 동안의 일실수익인 정박손해금(detention damage)을 가해선에게 청구할 수 있다. 단, 분손의 경우만 정박손해금을 청구할 수 있으며, 전손의 경우에는 청구할 수 없다. 피해선이 용선된 선박인 경우 정박손해금은 당해 선박의 용선료에 기초하여 산정하며, 용선되지 않은 선박의 정박손해금은 충돌 전 당해 선박의 수입과 충돌 후 수입의 차액으로 산정한다. 정박손해금 산정시 ① 선박수리기간 동안 상실한 순수익에 같은 기간 동안 지출한 비용을 합하는 방법과, ② 선박수리기간 상실한 총수입에서 선박을 운항하지 않아 지출하지 않은 비용을 공제하는 방법이 있는데, 큰 차이는 없다. 피해선 소유자는 피해선 대신 대체선을 투입함으로써 추가로 비용을 지출했음을 입증하면 추가비용을 배상받을 수 있다. 가해

---

1) Pritchett, "Ship to Shore Allision Damages: The Problem of Remedial Disuniformity in the Federal Courts," 11 J.Mar.L. & Comm. 333쪽(1980); Schoenbaum(5th), 788-791쪽.

선과의 간접충돌로 연안시설의 생산성이 저하되었다면, 연안시설 소유자는 그로 인해 상실한 이익을 배상받을 수 있다. 피해선 소유자가 일실수익이나 기타의 손해를 배상받으려면 자신의 손해를 경감하기 위해 합리적인 노력을 다했어야 한다. 선박수리를 정기 건선거 작업시 해도 무방한데 굳이 항해를 중단하고 건선거에 입거해 수리한 결과 불필요한 비용이 발생하였거나, 선박 충돌의 기회를 이용하여 선박충돌과 무관한 부분까지 수리한 경우에는 배상받을 수 없다. 피해선 소유자는 일실수익 및 수리비에 대한 선박충돌시부터 판결 선고일까지 이자를 가해선에게 청구할 수 있으며, 이자는 수리일부터가 아니라 사고일부터 발생한다. 단, 피해선 소유자의 악의, 청구의 고의적 지연, 청구액이 불분명한 경우 등 예외적 경우에는 이자를 청구할 수 없다.[1]

　광주고법은 태영썬호·대어 102호 충돌사건에서, 화물선 선장이 항로지정방식에 따라 항해하지 않고 경계를 소홀히 하여 멸치어선들이 어로작업중임을 발견하지 못하고 어선들 사이로 무리하게 통과하려다 어선을 충돌한 사건에서 화물선의 과실을 80%로 보았다. 또 어선의 통상수리기간을 40일로 보고(구난 및 해경의 사고조사 6일＋수리부위 조사 및 수리계획 2일＋선체 청소 및 오물제거 2일＋손상부위 철판작업 5일＋엔진제거·구입 및 설치 5일＋브릿지 및 선원거주구역 공사 9일＋항해계기 및 전기공사 4일＋설치기기 시운전 2일＋해상시운전 1일＋어구장비 적재 및 출어준비 4일), 멸치잡이를 위하여 임차한 가공운반선과 멸치를 육지로 옮기는 작업용 카고크레인 임차료 상당 휴업손해와 사망자장례식 때 지출된 유족숙박비를 통상손해로 인정하였다. 한편 선원전도금은 통상임금의 선급금에 불과하므로 선원전도금을 임금과 별도로 배상할 필요는 없고, 해양안전심판변론인 선임비용은 배상받을 수 없다고 보았다.[2]

---

1) Schoenbaum(5th), 791-795쪽.
2) 광주고판 2003. 7. 16. 2002나10553(확정)(법률신문 제3211호(2003. 10. 16), 12쪽)(원고 문장주, 피고 태영상선). 총톤수 2,483톤의 화물선 태영썬호는 파나마회사 썬오션사소유인데, 피고는 썬오션사와 국적취득부 선체용선계약을 체결하고 이를 이용하여 철강제품을 운송하였고, 총톤수 22톤인 멸치잡이 어선 대어 102호는 원고소유이다. 멸치잡이는 양쪽에서 어망을 투망하는 2척의 본선, 어군을 탐지하는 전파선 1척, 멸치를 가공하여 운반하는 가공운반선 2척이 선단을 이루어 하게 된다. 본선은 어망을 절반씩 싣고 진행하다가 멸치어군을 탐지 후 전파선의 지시에 따라 전파선을 축으로 하여 V자로 어망을 내린 후 이를 끄는데, 일단 조업이 시작되면 임의로 위치를 변경하거나 속도를 조절할 수 없다. 태영썬호는 1999. 10. 1. 07：25 광양항에서 강재를 싣고 출발하여 여수구역 교통안전 특정 해역에 접어들었다. 특정 해역에서는 항로지정방식에 따라 항행하여야 하는데 태영썬호는 항로를 벗어나

(2) 선박소유자책임제한과의 관계

선박충돌로 인한 손해배상채무는 선박소유자책임제한의 적용을 받는다. 양 선박의 상대선에 대한 손해배상청구권을 상계한 후에 선박소유자책임제한을 적용할지(단일책임설, single liability), 또는 양 채권에 대해 각각 책임제한을 적용 후 나머지 채권을 상계할지(교차책임설, cross liability)가 문제된다. A선·B선이 충돌해 A선은 5천만 원, B선은 6천만 원의 손해를 입었는데, A선의 과실비율은 75%이고 책임제한기금은 1천만 원이며, B선의 과실비율은 25%이고 책임제한기금은 2천만 원이라고 가정하자. A선은 B선의 손해 6천만 원 중 자신의 과실 75%에 상당하는 4,500만 원의 손해배상채무를 B선에게 지는 반면, B선은 A선이 입은 손해 5천만 원 중 자신의 과실 25%에 해당하는 1,250만 원의 손해배상채무를 A선에게 부담한다. ① 단일책임설에 따라 상계를 먼저 하면, A선의 채무 4,500만 원과 B선의 채무 1,250만 원을 대등액에서 상계하여 A선은 B선에 대하여 3,250만 원의 채무를 부담한다. 이에 대해 선박소유자책임제한을 적용하면 A선은 B선에게 1천만 원을 지급할 책임을 진다. ② 교차책임설에 따라 선박소유자책임제한을 먼저 적용하면, A선의 B선에 대한 채무는 4,500만 원이지만 선박소유자책임제한에 의해 1천만 원만 B선에게 부담하면 된다. 한편 B선의 A선에 대한 채무는 1,250만 원인데 선박소유자책임제한을 적용해도 B선의 책임은 불변이다. 대등액에 대해 상계하면, 과실이 적은 B선

제멋대로 항해하였고, 선장과 통신장이 함께 항해당직을 서야 하는데 선장 혼자 당직을 서고 있었다. 한편 전파선의 지시에 따라 본선 대어 102호와 대어 103호가 어로작업중, 특정 해역에 진입하여서는 아니 되는데 전파선어로장이 항로확인 및 전방주시를 소홀히 하여 본선이 특정 해역에 진입하였으며, 어선은 어로작업중임을 나타내는 형상물을 표시하여야 하는데 대어 102호는 형상물을 표시하지 않았다. 태영썬호는 08 : 50 4마일 전방에서 어선들을 발견하였는데 대어 102호 등이 끄는 어망의 상당부분이 수면 위로 드러나 있는 데도 이를 발견하지 못한 채 대어 102호와 전파선 사이로 빠져 나갈 수 있을 것으로 생각하고 직진하던 중 09 : 12 위험을 느낀 대어 102호 선원들이 깃발을 흔들고 경적을 울리자 뒤늦게 어선들의 어로작업을 알아차리고 태영썬호를 좌현 급선회하였으나 미치지 못하고, 대어 102호가 끌던 어망이 태영썬호의 선수부에 감기면서 대어 102호가 태영썬호로 끌려와 부딪혀 침몰하고, 대어 102호 선원 6명이 사망하였다. 법원은 태영썬호의 선체용선자인 피고가 선장의 사용자로서 손해배상책임을 진다고 판시하였고, 원고의 과실을 20%로 보았다. 원고는 피해선박수리기간이 45일이라고 주장하였는데, 법원은 이를 40일만 인정하였다. 그리고 원고가 이 사건 사고원인을 규명하기 위한 해양안전심판에서 심판변론인 선임비용을 지출하였더라도 법상 해양안전심판인 선임이 강제되어 있지 아니하므로 선임비용과 선박충돌 간에 상당인과관계가 없다고 보았다. 김현, "판례연구: 화물선과 어선의 충돌," 법률신문 제3216호(2003. 11. 6), 13쪽.

이 과실이 많은 A선에게 250만 원을 지급할 책임을 진다.[1]

영국법은 1890년 The London Steam Ship Owners' Mutual Insurance Association v. The Gramship Co. 사건[2]을 계기로 교차책임설을 취하고, 전세계 보험실무도 교차책임설을 채택한다. 일본 통설인 교차책임설의 논거는 다음과 같다. 첫째, 충돌이라는 사실이 하나이지만 이론상 과실 있는 쌍방에 불법행위가 각각 존재한다. 이는 자동차나 항공기 충돌의 경우, 충돌사실은 하나이나 쌍방에 별개 불법행위가 성립하는 것을 보면 명백하다. 둘째, 일본 상법 제797조(우리 상법 제879조)가 민법상 공동불법행위규정의 특칙이기는 하나, 이는 손해액 결정 및 부담의 특칙일 뿐 불법행위에 의한 손해배상의 실질 관계까지 변경하는 취지는 아니다. 셋째, 해상보험 충돌책임보험약관이 교차 책임설의 전제 하에 있다.[3] 우리나라도 교차책임설이 통설인데[4] 교차책임설에 찬동한다.

(3) 화물소유자의 손해배상청구권

선박충돌 때문에 선박에 적재된 화물이 멸실 또는 훼손되었을 때, 선박충돌이 일방선박의 과실에 의한 경우 과실선박의 소유자는 피해선박의 화물소 유자에 대하여 불법행위에 기한 손해배상책임을 진다. 그리고 선박충돌이 쌍방의 과실에 의한 경우에는 쌍방의 선박소유자가 연대하여 화물소유자에 대하여 배상책임을 진다(상 제879조 제2항).

(4) 도선사의 과실로 인한 충돌

선박의 충돌이 도선사의 과실로 인하여 발생한 경우에도 선박소유자는 손해를 배상할 책임이 있다(상 제880조). 부산항을 입항하던 선박과 출항하던 선박이 도선사의 과실로 충돌한 경우 과실비율을 50 대 50으로 본 판례가 있 다.[5] 이 사건에서 화물소유자는 자선(自船)으로부터는 항해과실면책을 이유로

---

1) 이진홍, "쌍방과실로 인한 선박충돌의 법률관계," 서울대 석사학위논문(1987), 23-46쪽; 박용섭, "선박의 쌍방과실 충돌에 관한 상법 제846조의 법리연구," 한국해법회지 제16권 제1호(1994), 33-43쪽; 한창희, "선박충돌과 보험처리," 인권과 정의 제259호(1998. 3), 38-39쪽.
2) (1890)24 Q.B.D. 663.
3) 戸田修三, 海商法(東京: 文眞堂, 1990), 246-248쪽; 村田治美, 海商法テキスト(東京: 成山堂書店, 1984), 216쪽; 小島 孝, 商法(保險, 海商)判例百選(東京: 有斐閣, 1977), 226-227쪽.
4) 최, 959쪽; 배, 356-357쪽; 채, 764쪽; 최종, 546쪽.
5) 서울지판 1998. 4. 9. 96가합27723(1999. 7. 23. 서울고판 98나29676 사건에서 조정으로 종

배상받지 못하고, 상대선으로부터 손해액의 50%만을 배상받았다. 화주가 지출한 검정비용은 사고와 상당인과관계 있는 손해로서 배상받은 반면, 보험자가 지출한 검정비용은 상법 제676조 제2항에 의하여 배상받지 못했다. 또 송장가액의 10%에 해당하는 희망이익도 보험자의 손해액으로 보지 않았다.

(5) 제척기간

선박의 충돌로 인하여 생긴 손해배상의 청구권은 그 충돌이 있은 날부터 2년 이내에 재판상 청구가 없으면 소멸한다. 다만, 이 기간은 당사자의 합의에 의하여 연장할 수 있다(상 제881조, 제814조 제1항 단서). 선박충돌 책임문제의 해결은 장시간을 요하므로 합의에 의한 제척기간연장이 많이 행해진다. 영국법상 선박충돌 사건의 제척기간은 2년이며(1995년 상선법 제190조), 선박충돌소송은 해사법원에서만 심리한다.[1]

6. 경제적 손실과 간접적 손해배상청구

기름의 누출, 선박과 교량의 충돌, 수로를 막는 충돌 등은 이해관계인들에게 시간적 손해와 불편함을 초래한다. 이 같은 간접적 손해에 대하여는, 과실 있는 불법행위자가 합리적으로 예견가능한 손해에 대해서만 책임을 진다는 근인의 원칙이 적용된다. 이는 하천에서의 교통방해에 의해 발생된 곡물업자의 추가적 비용과 같은 순수한 경제적 손실이나, 10킬로미터 떨어진 상류에서의 기름유출 때문에 원고가 미끄러져 넘어진 경우와 같은 간접적 상해에

결됨)(원고 동국무역/동양화재, 피고 디에스알 세나토). 사고장소인 부산항 제1항로 근처는 외항선이 이합집산할 뿐 아니라 연안선까지 교차하는 위험수역이었다. 피고 소유 아메리카호는 길이 216미터의 컨테이너선으로서 부산항에 진입하여 4-8노트의 속력으로 제5부두로 향하던 중 우측선수 30도 방향에서 출항하던 에메랄드호를 발견하였다. 양 선박의 도선사는 좌현 대 좌현으로 교행하기로 합의하였다. 이에 따라 아메리카호는 부산항 제8번 등부표를 벗어나자마자 조기에 적극적인 기관사용 및 대각도 우전타를 하여야 했는데, 뒤늦게 변침을 시도하고 과도한 속력으로 인하여 bow thruster의 효율이 저하되어 선체의 선회가 늦어졌다. 원고의 화물을 적재한 에메랄드호(길이 157미터의 컨테이너선)도 내항방파제 안쪽의 수역이 좁고 초속 14미터의 강풍의 영향으로 동쪽으로 편위될 것을 고려하여 자성대부두에 가능한 한 접근하여 항해하다가 양 선 간 교행수역이 충분하다고 인정될 때, 내항방파제입구를 향하여 변침하여야 함에도 교행하려는 해역의 중앙에서 좌측으로 치우쳐 항해함으로써 조기충돌예방조치를 취하지 못하였다. 법원은 양 선박의 과실을 동등한 것으로 보았다. 해양안전심판원은 양 선박이 모두 과실이 있는 것으로 보았으나, 과실의 비율에 관하여는 언급하지 아니하였다.

[1] Baughen(2d), 273-274쪽.

도 적용된다. 그러나 근인의 원칙은 100% 명백하지는 않으며, 손해가 얼마나 간접적인가, 손해의 유형, 불법행위자의 과실의 성질을 고려하여 어느 정도 합리적으로 예견가능한가를 고려하여야 한다. 순수한 경제적 손실만 관련된 경우, 예컨대 계약이나 영업적 이익을 불법적으로 방해한 경우에는 더욱 엄격한 제한이 적용된다. 재산이나 재산권에 직접적·물리적 손해가 없는 경제적 손실에 대해서는 배상이 인정되지 않는다.[1]

휘손된 부두나 철교를 이용할 수 있는 비배타적인 권리는 배상을 받을 수 없다. 반대로 파이프라인을 건설하는 건설업자가 임대된 바지선 하역설비에 과실로 손해를 발생시킨 경우, 하역설비의 소유자는 충분한 재산적 이익을 가지고 있으므로 이용의 상실에 대해 배상을 받을 수 있다. 손해를 입은 재산에 배타적 이익을 가져야 함은 이용상실에 대한 배상청구에서 필수적이다. 물리적 손해가 발생하지 않았더라도 상업적인 어민의 경제적 손실에 대해서는 예외적으로 배상을 인정하는 추세이다. 즉 선박충돌이나 기름오염으로 인해 어민의 생산활동이 방해된 경우 손해배상을 인정하는데, 이는 기름유출 등으로 어민에게 손해가 발생할 것을 충분히 예상할 수 있기 때문이다.[2] 준설선이 항만건설에 종사하던 중 상대선과 충돌하여 전손상태가 되었다. 준설선 소유자는 대체준설선을 구입할 자력이 없었으므로, 시간이 어느 정도 경과된 후 매우 고액의 임대료를 지급하고 준설선을 임대했다. 준설선 소유자가 상대선에게 손해배상을 청구했으나, 영국법원은 준설선을 대체하는 데 소요되는 금액만을 인정하고 임대료 전액 청구는 인정하지 않았다. 준설선 소유자가 자력이 부족해 어쩔 수 없이 고액의 임대료를 지급한 것과 선박충돌 간에 인과관계가 없기 때문이다.[3]

영국법에서도 선박충돌로 인한 물리적 손해 및 이로 인한 금전적 손실만

---

1) Mathiesen v. M/V Obelix, 817 F.2d 345(5th Cir. 1987), rehearing denied 823 F.2d 552 (1987)에서 콩의 매수인이 콩을 루이지애나에서 로테르담까지 운송하기 위해 바브로호를 항해용선하였는데, 바브로호가 곡물 엘리베이터 앞에서 적하를 선적하기 위해 순서를 대기하고 있는 동안 오벨릭스호가 이에 충돌하였다. 그 결과 콩의 매수인은 다른 콩을 매수해야 했고, 미국과 로테르담에서 체선료의 경제적 손실을 입었다. 법원은 적재선이 충돌로 휘손된 경우 적하가 물리적으로 휘손되지 않았더라도 적하소유자는 비적재선으로부터 손해배상을 받을 수 있으며, 이는 선박과 적하가 항해의 위험을 공유하는 공동사업이기 때문이라고 보았다. Schoenbaum(5th), 795-798쪽.
2) Schoenbaum(5th), 799-800쪽.
3) The (Liesbosch) Dredger v. SS Edison (Owners) [1933] A.C. 449. Baughen(2d), 271쪽.

배상받을 수 있으며, 순수한 경제적 손실은 청구할 수 없다. 따라서 충돌에 관련된 선박의 정기용선자는 선박에 대하여 소유권이나 점유권을 가지지 않으므로 상대선에 대해 불법행위책임을 청구할 수 없다. 선박소유자가 소유권자 아닌 자격으로 청구하는 것도 불가능하다. 선박소유자 A가 B에게 선박을 선체용선하였고 B는 다시 A에게 정기용선하였다면, 선박이 충돌하여 수리기간 중 일실수익에 대해 A는 배상청구를 할 수 없다. 선체용선계약에 의해 수리기간 중 용선료가 지급정지되었으므로 A가 선박소유자로서 손실을 입었으나 정기용선계약상 자신의 용선료 지급의무가 지급정지되었으므로, 결국 A는 아무런 손실을 입지 않았기 때문이다.[1] 한편 선체용선자, 침몰선을 점유하는 구조자, 공동해손분담의무를 부담하는 화물소유자와 같이 소유권이나 점유권을 가지는 자는 상대선에 대해 불법행위책임을 청구할 수 있다.[2]

7. 해양안전심판

해양안전심판원은 선박충돌 등 해양사고를 조사하고 심판하여 해양사고의 원인을 밝히는데, 선박충돌시 법원의 과실비율결정은 해양안전심판 재결과 유사하다. 다만 법원의 과실비율과 해양안전심판의 원인제공비율은 제도의 목적이 다르므로 반드시 동일할 수는 없다. 예컨대 항법위반이 사고와 인과관계가 없다면 법원은 과실비율 결정에서 고려하지 않으나, 해양안전심판의 목적은 사고의 재발방지이므로 항법위반은 반드시 재결에 포함되어야 하고 이것이 원인제공비율 결정에 영향을 미치는 경향이 있다.[3] 해양안전심판에서 조사관이 해양사고를 조사하고 심판을 청구하면 심판원이 해양사고원인에 대하여 재결을 하며, 해양사고관련자에 대한 징계에는 면허취소, 1개월 이상 1년 이하의 업무정지, 견책이 있다(동법 제6조 제1항·제2항). 조사관 또는 해양사고관련자는 지방해양안전심판원의 재결에 불복하는 경우 중앙해양안전심판원에 제2심을 청구할 수 있다(해양사고의 조사 및 심판에 관한 법률 제58조 제1항). 중앙해양안전심판원의 재결에 대한 행정소송은 중앙해양안전심판원의 소재지를 관할하는 대전고등법원에 전속한다(동법 제74조 제1항). 이 소송은 재결서 정

---

1) The Mineral Transporter (Candlewood Navigation v. Mitsui OSK Lines) [1985] 2 All E.R. 935.
2) Baughen(2d), 271-272쪽.
3) 김인현, "선박충돌 과실비율의 의의와 그 산정방안," 한국해법학회지 제33권 제2호(2011), 45쪽.

본을 송달받은 날부터 30일 이내에 제기하여야 하고(동조 제2항), 중앙해양안전심판원장을 피고로 한다(동법 제75조). 이에 불복하면 대법원에 상고할 수 있다.

대법원은 "조사관은 해양사고관련자와 대립하여 심판을 청구하고, 지방해양안전심판원의 재결에 불복할 때 중앙해양안전심판원에 제2심의 청구를 할 수 있는 등 공익의 대표자이다. 징계재결이 위법한 경우 당사자가 소로써 불복하지 아니하는 한 재결의 취소를 구할 수 없다면, 이는 공익에 대한 침해로서 부당하다. 이러한 경우 조사관이 공익대표자로서 대법원에 위법한 징계재결 취소를 구할 법률상 이익이 있다"고 보아 조사관에게 중앙해양안전심판원장을 제소할 수 있는 원고적격을 인정했다. 중앙해양안전심판원은 화물선 크리스호가 어선 만성호 옆으로 지나가다가 크리스호 선수가 만성호가 쳐 놓은 그물에 걸려 만성호를 끌고 가다가 만성호 우현과 크리스호 좌현이 충돌해 만성호가 전복되며 만성호 선원 4인이 익사한 사건에서, 크리스호가 여유 있는 거리에서 만성호를 발견하고도 초기에 예측한 최근접 통과거리만 믿고 감속하지 않고 경계를 소홀히 한 채 만성호에 지나치게 접근한 과실로 충돌이 발생하였다는 이유로 크리스호 선장 항해사업무를 1개월 정지 재결을 했다. 원고는 만성호가 쳐 놓은 그물줄은 야간에 관측되지 않으므로 크리스호 선장에게 과실이 있다고 할 수 없고, 오히려 만성호가 통항선박에 장애가 되는 그물을 설치해 놓고 야간에 적절한 등화조치를 하지 않았고, 경계근무 소홀로 통항선박들에 탐조등을 비추지 않았으며 쳐 놓은 그물이 끌려 갈 경우 위험이 따르는 데도 투묘를 하지 않고 그물에 매어 정박한 만성호의 과실로 사고가 발생하였으므로, 징계재결은 위법하다고 주장하였다. 대법원은 ① 원고가 중앙해양안전심판원 소속직원으로서 중앙해양안전심판원의 징계재결에 당사자적격이 없다는 피고의 본안전항변을 배척하는 한편, ② 어로작업중인 어선들이 산재해 있는 사고장소 해상을 처음 운항하는 크리스호 선장은 가능한 어선군을 우회함으로써 사고를 미연에 방지해야 하고, 그렇지 않더라도 정박하여 조종불능상태인 만성호 뒤를 통과하는 경우 만성호의 옆쪽에 그물이 있을 수도 있으므로 속력을 충분히 줄인 후 만성호와 안전 거리를 두고 통과하지 않은 과실이 있다고 보아 원고의 청구를 기각했다.[1]

---

[1] 대판 2002. 9. 6. 2002추54 중앙해양안전심판 재결취소(법률신문 제3112호(2002. 10. 7), 8쪽)(원고 중앙해양안전심판원 조사관 박○○, 피고 중앙해양안전심판원장); 김현, "해양안전심판원 조사관의 원고적격," 법률신문 제3119호(2002. 11. 4), 15쪽.

태안반도 유조선 기름누출사고에서 주예인선, 보조예인선, 기중기 부선, 닻 작업선으로 구성된 예인선단이 기상악화로 풍파에 밀리며 주예인선의 예인줄이 끊어진 후 기중기 부선이 정박 중인 유조선과 충돌해 12,000톤의 기름이 누출되었다. 주예인선 선장은 ① 기상정보를 충분히 확인하지 않은 채 출항했고, ② 기상악화에 제때 대피하지 못하여 예인선단이 풍파에 밀려가는 상황이 되었는데도 비상 투묘를 하지 않은 채 무리한 항해를 계속했으며, ③ 북서풍이 부는 상황에서 굳이 정박 중인 유조선의 서쪽으로 통과하려 시도하다가 사고를 일으킨 과실로 항해사 면허취소 처분을 받았다. 대법원은 해양이 회복되기 어려울 정도로 심각하게 손상되었고 그로 인한 주민들의 정신적 재산적 손해가 막대하므로 면허취소가 비례원칙에 위배되지 않는다고 보았다. 또 예인선단장은 기상상태를 수시로 면밀하게 파악하고 기상악화로 예인능력이 제한 또는 상실될 경우 예인선 선장들과 수시로 교신해 예상되는 위험요소를 미리 파악하고 필요한 조치를 적절한 시점에 시행할 주의의무가 있음에도 이를 게을리한 과실로 시정권고 처분을 받았다.[1]

상대방어선이 끌고 있는 어망이 상당부분 수면 위로 드러나 있었는데도 이를 발견하지 못하고 상대선과 그 후미를 따르는 다른 선박 사이로 빠져 나갈 수 있다고 판단하고, 그대로 직진한 태영썬호의 과실을 인정하여 선장에게 업무정지 6월을 명한 것이 타당하다는 판례도 있다.[2]

제 4 절 해 난 구 조

1. 해난구조의 의의

(1) 의의와 연혁

해난구조(salvage)란 해상기업에 수반되는 해상위험에 처한 선박 및 적하의

---

1) 대판 2011. 2. 24. 2009추15 재결취소(판례공보(2011. 4. 1), 647쪽)(원고 삼성중공업, 피고 중앙해양안전심판원장, 원고 청구기각).
2) 대판 2000. 11. 28. 2000추43(판례공보(2001. 1. 15), 181쪽)(원고 송인욱, 피고 중앙해양안전심판원장). 평석으로는 김인현, "통항불방해의무선박 관련 대법원 판결에 대한 평석," 한국항해학회지 제72호(2001. 3), 61쪽.

구조를 위하여 인정한 해상법상 특수한 법률요건이다.[1] 항해선 또는 그 적하 그 밖의 물건이 어떠한 수면에서 위난에 조우한 경우에 의무 없이 이를 구조한 자는 그 결과에 대하여 상당한 보수를 청구할 수 있다(상 제882조 1문). 항해선과 내수항행선 간의 구조의 경우에도 같다(동조 2문). 해난구조는 선박 또는 적하와 같은 재산구조에 중점을 두고 있으나, 인명구조 또는 보물구조(고대 난파선의 인양)도 있다. 해난구조는 사법상 의무 없이 구조하는 협의의 해난구조와 당사자 간의 구조계약에 의하여 구조하는 경우로 나뉜다.

비잔틴해법·중세도시해법 및 루이 14세의 해사칙령이 약탈금지의 원칙을 확립한 이후 조난물을 보호하고 구조자가 조난물을 횡령하지 못하게 하기 위해 해난구조를 장려했다. 해난구조규정을 국제적으로 통일하기 위하여 1910년 해난구조조약(Convention for the Unification of Certain Rules of Law Relating to Assistance and Salvage at Sea)이 성립했다. 1967년에는 군함에 대한 해난구조 또는 군함이 행한 해난구조에 대하여도 1910년조약을 적용한다는 개정의정서가 채택되었으나, 10개 국만 1967년 개정의정서를 채택하였다. 1989년에는 런던에서 국제해사기구가 해난구조에 관한 국제조약(International Convention on Salvage)을 성립시켰는데, 이는 1910년조약을 1980년 로이드표준양식(Lloyd's Open Form)에 따라 수정한 것이다.[2]

(2) 성립요건

해난구조가 성립하려면 ① 위난으로 인해 해산이 멸실 또는 훼손될 위험에 처하고, ② 구조자가 기존 구조계약에 의하거나 사법상의 의무이행으로서가 아니라 자발적으로 해난구조를 행하였으며, ③ 구조작업의 전부 또는 일부가 주효하였거나 환경오염손해를 방지하기 위하여 노력하였어야 한다. 위난은 실제로 발생하였거나 긴박한 것일 필요는 없으며, 위난 발생이 합리적으로 예상되는 것으로 충분하다. 그러나 당해 선박이 위난을 통제할 수 있는 상황이라면 해산이 멸실 또는 훼손될 위험에 처해 있다고 할 수 없다. 바다 속에 수백 년 가라앉아 있는 침몰선이라 할지라도 멸실될 위험에 직면하여 있는

---

1) 박용신, "해난구조," 보험·해상법에 관한 제문제(상), 재판자료 제52집(서울: 법원행정처, 1991), 485-530쪽; McGuffie(ed.), Kennedy's Law of Civil Salvage, 5th ed.(1987); G. Brice, Maritime Law of Salvage, 3d ed.(London: Sweet & Maxell, 1999).

2) Owen, "Some Legal Troubles with Treasure, Jurisdiction and Salvage," 16 J.Mar.L. & Comm. 139쪽(1985).

것은 사실이므로, 침몰선에 있는 재화를 구조하는 것도 해난구조이다. 구조자의 행위를 지배하는 제3자가 구조자에게 해난구조를 지시하였더라도 구조자의 구조의 자발성에는 영향이 없다. 구조자의 동기는 중요하지 않으므로, 인도적 견지에서 무보수로 피구조선을 구조하는 행위뿐 아니라 경제적 대가를 목적으로 해난구조를 직업으로 하는 구조자가 행한 해난구조도 자발적으로 행한 것으로 볼 수 있다. 구조료청구소송에서 피청구권자는 구조자의 구조가 비자발적으로 행하여졌음을 입증하여야 한다.[1]

좁은 의미의 해난구조에서는 구조자의 구조행위가 주효한 경우에 한하여 구조료청구권이 발생하기 때문에, 무성공 무보수의 원칙(no cure, no pay)에 따라 구조자가 구조를 했으나 선박 또는 적하를 구조하지 못한 경우에는 구조료를 청구하지 못한다. 해난구조료는 구조된 재산으로부터만 변제한다는 해난구조의 기본정신에서 유래한 것이다.[2] 구조자가 해난구조 작업 중에 위난을 만난 선박을 예인하는 경우가 있는데, 예선과 해난구조는 구별하여야 한다. 즉 해난구조는 피구조선 또는 적하가 예상하지 못한 위난을 만날 것을 기본요소로 하며, 다만 해난구조 작업중 예선작업이 필요하게 되거나 예선작업중 피예선이 위난을 만날 수 있을 뿐이다. 선박소유자 또는 대리인이 선박을 점유하고 있을 때, 구조자는 선박소유자의 명시적·묵시적인 동의 없이는 해난구조를 일방적으로 행할 수 없다. 그러나 선장 및 선원들이 선박을 포기한 때에는 구조자는 선박소유자의 동의를 얻지 않고도 선박에 대해 구조를 할 수 있다.[3]

2. 해난구조의 목적물과 구조자

(1) 목 적 물

(가) 상법은 '항해선 또는 그 적하 그 밖의 물건'을 해난구조의 목적물로 한다(상 제882조 1문). 미국법은 해난구조의 목적물인 '해산'을 넓게 해석해 표류중인 시체가 휴대하고 있는 금전, 표류중인 항해일지, 해상에서 충돌한 비행기를 모두 포함시킨다.[4] 1989년조약 제1(c)조도 "해난구조의 목적물은 육지에

---

1) Schoenbaum(5th), 841–843쪽.
2) 최, 962쪽; Schoenbaum(5th), 843쪽.
3) Schoenbaum(5th), 843–844쪽.
4) Schoenbaum(5th), 844쪽.

영속적이고도 의도적으로 부착된 물건 이외의 것을 의미하며 운임도 포함한다"
고 규정한다. 해상(海床, sea bed)에 부착된 물건, 부주(浮舟, gas float), 정박되어 있
는 부표(buoy)는 해난구조의 목적물인 반면, 교각이나 고정정박지(fixed moorings)
같은 시설에 의해 육지와 연결된 물건은 해난구조의 목적물이 아니다.[1]

(나) 예 외: 플랫폼과 시추시설(platforms and drilling units)   1989년조약 제3조는
'해상(海床) 광물자원의 탐사·개발·생산에 사용되는 고정·부유 플랫폼이나
이동성 해상시추시설'을 해난구조의 목적물에서 제외한다. '플랫폼'은 주로
원유채굴에 사용되며 해상(海床)에 다리가 고정된 유인시설물인데, 고정되었는
지, 떠다니는지, 항해가능한지를 불문한다. 플랫폼이나 시추시설이 해난구조
의 목적물에서 제외되는 것은 해상(海床) 광물자원의 탐사·개발·생산에 사
용될 때뿐이므로 대기하고 있거나, 수리를 하기 위해 이동중이거나, 건조자가
플랫폼이나 시추시설을 인도하는 중에는 해난구조의 대상이 된다.[2]

(2) 구 조 자

자발적으로 해난구조를 행한 자는 구조료청구권을 가진다. 구조자의 범
위에 대해 1910년조약과 1989년조약은 특별한 규정을 하지 않으나, 구조자는
전문적 구조업자이거나 구조선의 소유자·선장·선원인 경우가 많다.

(가) 구조선 소유자   구조작업을 하는 구조선이 위험에 처해질 수 있으므로
직접 구조작업에 참여하지 않은 구조선 소유자에게도 구조료청구권을 인정한
다. 특히 피구조선을 예인하거나 다시 뜨게 하는 데에는 강력한 추진력을 가
진 예인선이 필요하므로 구조선 소유자의 중요성이 강조된다.[3]

(나) 선장·선원   구조선의 선장과 선원은 구조료청구권을 가진다. 구조작
업 아닌 정상업무만 수행한 선원도 구조료를 청구할 수 있으며, 특별한 공을
세운 선원에게는 특별보상금을 지급할 수 있다. 영국법과 미국법은 선원이 가
지는 구조료청구권을 포기한다는 약정을 무효로 본다. 그러나 선원이 구조료
청구권을 상대방으로부터 기망당하지 않은 상태에서 정당한 대가로 선의로
양도하는 것은 가능하다.[4]

---

1) Brice(3d), 210-212쪽.
2) Brice(3d), 212-213쪽.
3) The Nathaniel Hooper, F.Cas. 10,032(1839). Brice(3d), 59-61쪽.
4) Brice(3d), 61-62쪽.

(다) 용 선 자   구조선의 선체용선자는 선박을 운항하고 선장·선원의 급여를 지급하며 구조작업 지휘권을 가지므로 구조료청구권이 있다. 반면에 구조작업이 이루어졌을 때 우연히 용선자였다는 이유로 구조료를 받는 것은 적절하지 않으므로, 정기용선자나 항해용선자는 구조료청구권을 가지지 않는다. 한편 정기용선자나 항해용선자가 해난구조에 투입할 목적으로 예선 등을 용선해 구조한 경우에는 구조료청구권이 있다. 구조선을 용선함으로써 용선자가 책임을 감수하였고 구조비용(용선료)이 발생했기 때문이다. 정기용선계약에 "선박소유자가 구조자로서 수령한 구조료에서 비용을 공제한 일정부분을 정기용선자에게 지급한다"는 표준조항이 기재되어 있는 경우가 많다. 그렇다고 하여 항상 정기용선자가 선박소유자에 대하여 직접 구조료를 청구할 수 있는 것은 아니다.[1]

(라) 구조자의 이익을 동시에 추구해도 무방   해난구조를 하는 동시에 자신의 이익을 추구하였더라도 자신의 이익이 유일한 목적이 아니라면 구조자는 구조료를 청구할 수 있다. 1920년 무르만스크항에서 원고 영국 군인들이 백러시아정부에 복무하기 위해 이동중이었는데, 볼세비키 혁명군이 무르만스크항을 장악했으므로 원고들이 무르만스크항에 그대로 남아 있으면 총살당할 운명이었다. 원고들은 썰매로 노르웨이로 탈출할 수도 있었지만, 그렇게 하지 않고 백러시아국적 상선인 피구조선에 승선했다. 일부 선원이 이탈했고 기관에는 증기도 부족하였으므로 원고들은 밧줄을 풀어 출항하면서 증기를 보강했으며 부두에서 혁명군이 발사한 사격에 응사했다. 피구조선은 탈출에 성공했고, 원고들은 피구조선을 운항해 선박소유자에게 반환했다. 피고 선박소유자는 원고가 해난구조 아닌 보다 안전한 탈출수단을 택할 수 있었다고 항변했지만, 법원은 구조자(원고)가 구조를 한 것이 동시에 자신을 구조하는 결과가 된다고 해도 구조료를 청구할 수 있다고 보았다.[2]

(마) 여   객   피구조선의 여객이 구조료를 청구하려면 ① 여객 자신의 이익만을 위한 목적이 아닌 구조작업을 수행하고, ② 피구조선의 위험으로부터 탈출할 수 있었는데도 하지 않고 피구조선에 남아 구조의 목적으로 작업을 수행하며, ③ 여객에게 통상 기대되는 작업(누구나 할 수 있는 펌프질이나 보조작

---

1) Brice(3d), 63-64쪽.
2) The Lomonosoff [1921] P. 97. Steel(5th), 189-190쪽.

업) 이상의 구조작업을 수행했어야 한다. 따라서 선원이 여객으로 여행 중인
경우에 항해의 경험이 없는 여객보다는 구조작업을 잘 수행할 가능성이 높다.
현대화된 선박에서 여객은 해난을 만났을 때 주어진 의무도 수행하기 힘든데,
전문적 구조작업을 수행하기는 더욱 힘들다. 처음부터 피구조선에 남아 구조
작업을 수행한 여객보다 해난을 피해 일단 피구조선을 떠났다가 귀환해 구조
작업을 수행한 여객이 구조료를 청구할 자격을 더 가진다. 여객이 승선한 선
박이 구조작업을 수행하느라 지체했다는 이유만으로 여객이 구조료를 청구할
수는 없다.[1]

　　㈐ 예 외: 기존 의무 있는 자   구조작업이 구조자가 구조목적물 소유자에
대해 부담하는 기존 계약상 또는 공적 의무의 이행에 불과하다면 구조료를
청구할 수 없다. 그러나 기존 의무 외 추가용역을 제공하거나, 해난 때문에
기존 의무이행이 불가능하게 된 후 별도용역을 제공한 경우에는 구조료를 청
구할 수 있다. 구조목적물의 일부에 대하여 의무 없이 자발적으로 해난구조를
하였다면, 구조목적물의 다른 부분에 대하여 구조자가 제3자에게 기존 의무
를 부담하고 있다는 것은 중요하지 않다. 예컨대 적하를 구조할 의무를 지는
자가 피구조선을 의무 없이 구조한 경우에도 선박소유자에게 구조료를 청구
할 수 있다. 그리고 구조목적물에 대하여 기존 의무를 부담하는 제3자와 공동
으로 구조한 구조자는 구조료를 청구할 수 있다.[2] 구조받은 선박에 종사하는
자도 구조료를 청구할 수 없다(상 제892조 1호).

(3) 구조자의 과실 또는 부정행위

　　고의 또는 과실로 인하여 해난사고를 야기한 자, 정당한 거부에도 불구하
고 구조를 강행한 자, 구조된 물건을 은닉하거나 정당한 이유 없이 처분한 구
조자는 구조료를 청구하지 못한다(상 제892조). 구조자가 과실로 구조목적물에
손해를 입힌 경우, 구조자는 자신 또는 자신의 피용자가 과실을 범하지 않았
더라면 받았을 구조료보다 손해액이 고액이라면 손해를 배상해야 한다. 구조
자는 일반인과 동일한 주의의무를 부담한다. 손해배상의 결정에 관하여는 ①
과실이 있는 경우 이를 참작하여 구조료를 낮게 결정하는 방법과, ② 구조자
에게 손해배상을 명하되 경우에 따라 구조료에서 손해배상액을 상계하는 방

---

1) Steel(5th), 232-233쪽.
2) Steel(5th), 184-185쪽.

법이 있다.[1]

1989년조약(제18조)은 "① 구조자의 과실(fault or neglect) 때문에 구조작업이 필요하게 되거나 더 어렵게 된 경우 또는 ② 구조자가 사기 또는 부정직한 행위를 한 경우, 구조자는 구조료의 전부 또는 일부를 상실할 수 있다"고 규정한다. 구조자가 과실을 범한 경우, 구조료는 그로 인하여 구조작업이 필요하게 되거나 구조작업이 더 어렵게 된 정도에 비례하여 감액된다. 1910년조약(제8조)이 적극적 의미의 과실(fault)만을 구조료 감액사유로 한 것에 비해, 1989년조약은 적극적 과실뿐 아니라 부주의로 인한 소극적 과실(negligence)의 경우에도 구조료를 감액한다. 구조자는 책임을 제한할 수 있는바, 구조료에서 손해배상액을 공제한다면 그 손해배상액은 책임제한을 하기 전 금액인지 혹은 책임제한 후 금액인지가 문제되는데, 1989년조약은 이를 명확히 하지 않았다.[2]

3. 구조료(salvage award)

(1) 구 조 료

선박소유자와 그 밖에 구조된 재산의 권리자는 그 구조된 선박 또는 재산의 가액에 비례하여 구조에 대한 보수를 지급하고 특별보상을 하는 등 구조료를 지급할 의무가 있다(상 제886조). 구조료에는 구조자가 지급한 비용이 포함된다. 구조료의 금액은 당사자사이에 약정이 있는 경우에는 이에 따르나, 그 금액이 현저하게 부당하거나 당사자 사이에 합의가 성립하지 아니한 때에는 법원은 당사자의 청구에 의하여 구조된 선박·재산의 가액, 위난의 정도, 구조자의 노력과 비용, 구조자나 그 장비가 조우했던 위험의 정도, 구조의 효과, 환경손해방지를 위한 노력 그 밖의 제반 사정을 참작하여 정한다(상 제883조). 구조료는 다른 약정이 없으면 구조된 목적물의 가액을 초과하지 못하며(상 제884조 제1항), 선순위의 우선특권이 있는 때에는 구조료는 그 우선특권자의 채권액을 공제한 잔액을 초과하지 못한다(동조 제2항).

수인이 공동으로 구조에 종사한 경우 수인 사이에 약정이 있는 경우에는 이에 따르고, 약정이 없는 경우에는 법원이 제반 사정을 참작하여 구조료를

---

1) Darling, 16-17쪽; Brice(3d), 458쪽.
2) Darling, 68쪽.

정한다(상 제888조 제1항). 재산구조와 동시에 인명구조가 행하여진 경우 인명구조자는 재산구조자와의 약정이 있을 때에는 이에 의하여, 그리고 약정이 없는 경우에는 법원이 구조료를 정한다(동조 제2항). 예선의 본선 또는 그 적하에 대한 구조에 관하여는 예선계약의 이행으로 볼 수 없는 특수한 노력을 제공한 경우가 아니면 구조료를 청구하지 못한다(상 제890조). 예선이 예선계약상 피예선을 구조할 의무를 부담하기 때문이다.

선박이 구조에 종사하여 구조료를 받은 경우에는 먼저 선박의 손해액과 구조에 들어간 비용을 선박소유자에게 지급하고 잔액을 절반하여 선장과 해원에게 지급하여야 한다(상 제889조 제1항). 해원에게 지급할 구조료의 분배는 선장이 각 해원의 노력, 그 효과와 사정을 참작하여 그 항해의 종료 전에 분배안을 작성하여 해원에게 고시하여야 한다(동조 제2항). 동일소유자에 속한 선박의 상호 간에 있어서도 구조에 종사한 자는 상당한 구조료를 청구할 수 있다(상 제891조). 구조에 종사한 자의 구조료채권은 구조된 적하에 대하여 우선특권이 있으나(상 제893조 제1항 본문), 구조료채무자가 그 적하를 제3취득자에게 인도한 후에는 그 적하에 대하여 우선특권을 행사하지 못한다(동항 단서). 구조료우선특권에는 선박채권자의 우선특권에 관한 규정(상 제777조)이 준용된다(동조 제2항). 선장은 구조료를 지급할 채무자에 갈음하여 그 지급에 관한 재판상 또는 재판 외의 모든 행위를 할 권한이 있다(상 제894조 제1항). 선장은 구조료에 관한 소송의 당사자가 될 수 있고, 그 확정판결은 구조료의 채무자에 대하여도 효력이 있다(동조 제2항). 제3자의 소송담당의 한 예이다. 구조료청구권은 구조가 완료된 날부터 2년 이내에 재판상 청구가 없으면 소멸하나, 이 기간은 당사자의 합의에 의하여 연장할 수 있다(상 제895조).

(2) 환경손해 특별보상

기름오염의 위험이 있는 경우 무성공 무보수의 원칙이 적용된다면 구조작업이 지연되므로, 구조를 장려하기 위해 1989년조약(제14조)의 특별보상제도를 수용했다. 선박 또는 그 적하로 인하여 환경손해가 발생할 우려가 있는 경우에 손해의 경감 또는 방지의 효과를 수반하는 구조작업에 종사한 구조자는 구조의 성공 여부 및 구조료의 한도규정(상 제884조)과 상관없이 구조에 소요된 비용을 특별보상으로 청구할 수 있다(상 제885조 제1항). '비용'이란 구조작업에 실제로 지출한 합리적인 비용 및 사용된 장비와 인원에 대한 정당한 보수를 말한다(동조 제2항). 구조자는 발생할 환경손해가 구조작업으로 인하여 실제로 감경 또는 방지된 때에는 보상의 증액을 청구할 수 있고, 법원은 상법 제883조의 제반 사정을 참작하여 증액 여부 및 그 금액을 정한다(상 제885조 제3항 1문). 이 경우 증액된다 하더라도 구조료는 구조에 소요된 비용의 배액을 초과할 수 없다(동항 2문). 구조자의 고의 또는 과실로 인하여 손해의 감경 또는 방지에 지장을 가져온 경우 법원은 특별보상을 감액 혹은 부인할 수 있다(동조 제4항). 하나의 구조작업을 시행한 구조자가 특별보상을 청구하는 것 외에 일반적인 구조료도 청구할 수 있는 경우, 그 중 큰 금액을 구조료로 청구할 수 있다(동조 제5항).

4. 계약에 의한 해난구조(contract salvage)

1989년조약 제6조(해난구조계약)는 "(1) 이 조약은 해난구조에 적용되나, 해난구조계약이 명시적 또는 묵시적으로 달리 규정하는 경우에는 적용되지 아니한다. (2) 선장은 선박소유자를 대리하여 해난구조계약을 체결할 권한을 가진다. 선장이나 선박소유자는 선박에 적재된 운송물소유자를 대리하여 해난구조계약을 체결할 권한을 가진다. (3) 이 조항에 의하여 제7조의 적용을 배제할 수 없으며, 환경에 대한 손해를 방지하거나 경감할 의무에 영향을 미칠 수 없다"고 규정하고, 제7조(해난구조계약의 취소 또는 변경)는 "(a) 해난구조계약이 부당한 영향이나 위험의 영향을 받고 체결되어 계약조건이 불공정하거나, (b) 해난구조계약에 의하여 지급되는 구조료가 실제로 제공된 구조용역에 비하여 지나치게 고액이거나 소액인 경우에 계약 전체 또는 계약의 일부 조항을 취소하거나 변경할 수 있다"고 규정한다.

해난구조당사자는 1989년조약과 상관없이 자유롭게 해난구조계약을 체결할 수 있으나, 계약의 내용이 불공정한 경우에는 법원이 계약을 취소하거나 변경할 수 있다. 동 조약 제6(3)조에 의하면 해난구조계약이 환경손해에 대한 구조자의 의무를 배제할 수 없는바, 구조자의 환경손해방지·경감에 대한 특별보상 지급청구권을 박탈하는 해난구조계약은 불공정하다고 판정될 것이다. 당사자가 자유의사로 신속하게 해난구조계약을 체결해야 하기 때문에 선장에게 선장소유자와 운송물소유자를 대리할 권한을 부여한 것이다. 한편 제7조

는 운송물소유자가 불공정한 내용의 해난구조계약을 강요당하지 않도록 보호한다.[1]

　선장이 선박소유자를 대리해 해난구조계약을 체결하려면 합리적 필요성이 있어야 한다. 급박한 해난이 없는 경우라면 선장은 해난구조계약보다 예선계약을 체결해야 한다. 크루세이더호 사건에서 좌초한 선박을 예인하기 위해 예선을 일당 60파운드로 고용하였는데, 예선이 도착하자 선장은 피구조선의 이초작업이 성공할 것 같지 않아 무성공 무보수조건이 아니면 예선계약을 해제하겠다고 하였다. 협상 끝에 선장과 예선소유자는 피구조선이 이초하면 4천 파운드를 지급하겠다는 내용의 해난구조계약을 체결하였는데, 선박은 다음 날 이초하였다. 예선소유자가 피구조선소유자에게 성공보수를 청구하자, 법원은 해난구조계약의 성립을 부인하고 예선은 지출한 비용과 선박소유자 대리인으로서의 약간의 보수만을 청구할 수 있다고 보았다.[2] 객관적으로 어렵지 않은 해난구조에 거액의 성공보수를 약정한 것은 불공정하기 때문이다.

　당사자가 미리 구조계약을 하고 그 계약에 따라 구조가 이루어진 경우에도 그 성질에 반하지 아니하는 한 구조계약에서 정하지 아니한 사항은 상법에서 정한 바에 따른다(상 제887조 제1항). 즉 계약구조에 대하여도 상법의 규정이 임의규정으로 적용될 수 있다.[3] 해난 당시에 구조료의 금액에 대하여 약정을 한 경우에도 그 금액이 현저하게 부당한 때에는 법원은 구조된 선박·재산의 가액, 위난의 정도, 구조자의 노력과 비용, 구조자나 그 장비가 조우했던 위험의 정도, 구조의 효과, 환경손해방지를 위한 노력, 그 밖의 제반 사정을 참작하여 그 금액을 증감할 수 있다(동조 제2항).

5. 보물구조(treasure salvage)

　침몰선으로부터 보물이나 문화재를 인양하는 보물구조가 활발하게 이루어지고 있는데, 우리나라에는 판례가 적다. 보물구조에 관하여 공익과 사익이 충돌하는 경우가 많다. 구조자는 보물을 구조하여 매각하기를 원하는 반면, 역사학자나 고고학자는 침몰선을 그대로 놓아 두거나 침몰선에서 인양한 보

1) Darling, 57-59쪽.
2) The Crusader [1907] P. 15. Steel(5th), 312쪽.
3) 김인현, 해상법(제5판), 2018, 432-433쪽.

물을 박물관에 소장하기를 희망한다. 탐사기술이 발달함에 따라 심해에도 구
조선을 투입해 침몰선의 정확한 위치를 확인할 수 있다.[1] 미국법에서는 보물
구조에 대해 원칙적으로 해난구조 법리를 적용하되, ① 소유자가 명시적이고
공연하게 소유권을 포기한 경우, ② 수백 년 된 침몰선에서 보물을 인양하였
는데 아무도 소유권을 주장하지 않는 경우에만 유실물법(law of finds)을 적용한
다. 보물구조를 해난구조로 보려면 해난구조의 요건을 충족해야 한다. 고대의
침몰선이 해난구조 요건인 '해난을 만났는지' 여부는 선박이 자연적 풍화작용
또는 도굴자들의 침입 때문에 훼손될 가능성이 있는지에 의해 판단한다. 보물
구조가 해난구조로 인정된다면, 구조자는 현물이 아닌 금전으로 구조료를 받
는다. 보물구조를 해난구조로 보지 않는 경우 보물소유권의 귀속이 문제되는
데, 정부가 수백 년 간 보물을 점유하였다고 추정할 수 있다는 이유로 정부가
소유권을 주장하는 경우가 많다. 보물 소유권자를 결정할 때 침몰선이 발견된
장소와 정부가 추정적 점유를 해왔는지가 중요하다. 구조자가 배타적 경제수
역, 즉 국가주권영역 외에 있는 침몰선의 보물을 구조한 경우 소유권은 구조
자에 속한다. 정부가 오랜 기간 동안 침몰선을 추정적으로 점유해 왔기 때문
에 침몰선 소유권을 가지게 된 경우, 개인인 구조자가 침몰선을 구조한 후 구
조료를 청구할 수 있는지가 문제된다. 정부는 구조행위를 허용하거나 금지할
재량권을 가지고 있으므로 정부가 구조자의 구조에 명시적·묵시적으로 동의
하지 않은 한 구조자는 구조료를 청구할 수 없다. 구조자가 정부의 허가 없이
구조를 하였다면, 정부는 ① 당해 피구조물이 해난을 만나지 않았거나, ② 당
해 구조가 불법적으로 행해졌다는 이유로 구조료 지급을 거절할 수 있다.[2]

　　1982년 유엔해양법협약(제149조)은 "국가주권영역 외에서 발견된 고고학적
또는 역사적 유적은 인류 전체의 이익을 위하여 보존 또는 처분되어야 하며,
유적이 역사적 또는 고고학적으로 기원한 국가가 유적에 대하여 우선권을 가
진다"고 규정함으로써 공해에서 발견된 보물이 인류의 재산임을 선언하였다.
동 협약 제303(1)조도 "체약국은 바다에서 발견된 고고학적 또는 역사적 유적

---

1) Brice(3d), 256쪽.
2) Schoenbaum(5th), 862-871쪽. 영국 1995년 상선법 제241(1)조는 "영국왕은 영국과 영국의
　 영해에서 발견된 침몰선에 대하여 소유권을 주장하는 자가 없을 때 침몰선에 대한 소유권
　 을 가진다. 단, 영국왕이 그 소유권을 제3자에게 부여한 경우는 예외로 한다"고 규정하여
　 정부가 침몰선에 대한 권리를 가짐을 명백히 하였다.

을 보호할 의무를 가지며, 이를 위하여 협조하여야 한다"고 하여 이를 뒷받침한다. 한편 동 협약 제303(3)조는 "이 조항에도 불구하고 유산의 소유자를 확인할 수 있을 때에는 그 소유권은 보호되고, 해난구조 등 해상법원칙도 존중된다"고 규정하여 해저문화유산에 대하여도 해난구조법이 적용됨을 명확히 한다. 1989년 해난구조조약(제30(1)(d)조) 역시 해저문화유산 발굴에 해난구조법이 적용되며, 예외적으로 체약국이 해난구조법 적용을 배제하는 것도 가능하다고 규정한다. 유네스코가 해저의 고고학적·역사적 유물을 보호하기 위하여 제안한 해저문화유산보호조약(Convention for the Protection of the Underwater Cultural Heritage)은 2009년에 발효했으며, 연안국은 자국의 배타적 경제수역과 대륙붕에 있는 해저문화유산을 보존할 권리와 의무를 가지고(동조약 제5조), 공해의 해저문화유산은 유엔해상공사(海床公社, UN Seabed Authority)가 관리한다(동조약 제7조). 침몰선은 있던 자리에 보존하는 것이 바람직하며, 연안국과 유엔해상공사는 침몰선에서 나온 보물의 처리방법을 결정할 권한을 가진다.[1]

6. 인명구조(life salvage)

인명의 구조를 받은 자는 원칙적으로 구조료지급의무가 없다. 다만, 재산구조와 함께 인명구조를 한 경우에 인명구조를 한 자는 구조된 사람으로부터가 아니라 구조된 물건의 소유자로부터 구조료를 받는다(상 제888조 제2항).[2] 상법상 해난구조는 재산구조가 중심이고 인명구조는 해난구조의 직접적인 대상이 아니다. 인명구조는 법률적 문제가 아니라 도덕에 의한 것으로서 보수의 대상이 될 수 없으며, 구조료의 부담자와 부담비율결정이 곤란하고, 피구조자의 지위라는 우연한 요소에 의하여 구조료가 다르게 되기 때문이다.[3] 이 때문에 인명구조를 기피할 수 있으므로 인명보호차원에서 국제조약과 각국법은 인명구조에 대하여 보수를 지급하는 추세이다.[4]

유엔국제법협약은 "1. 각국은 자국선박 및 선원·여객에 대하여 중대한 위험을 야기하지 않고 할 수 있는 범위 내에서 자국선박의 선장으로 하여금

---

1) Brice(3d), 261-264쪽; Schoenbaum(5th), 871쪽.
2) 정찬, 970-971쪽; 정동윤, 상법(하)(제3판), 955쪽.
3) 서·정, 668쪽; 박용, 865쪽.
4) Friedell, "Compensation and Reward for Saving Life at Sea," 77 Mich.L.Rev. 1218쪽(1979); Schoenbaum(5th), 872쪽.

① 해상에서 사망할 위험에 처해 있는 자를 구조하고, ② 해난을 만나 구조를 필요로 하는 자가 있음을 알았을 때에는 합리적인 범위 내에서 가능한 한 최대 속도로 피구조자를 구조하기 위하여 항해하며, ③ 선박충돌의 경우에는 상대선 및 선원·여객을 구조하고, 상대선에 대하여 자선명(自船名)·선적항 및 다음에 기항할 항구명을 가능한 한 통지해야 한다"고 규정한다(유엔국제법협약 제98조). 1989년조약(제16조)은 "(1) 인명구조를 한 자에게는 구조료를 지급하지 아니하나, 체약국은 이와 달리 규정할 수 있다. (2) 해난구조상황이 발생하였을 때 이에 참여하여 인명을 구조한 자는 선박이나 다른 재산을 구조한 자 또는 환경에 대한 손해를 방지하거나 경감한 자가 지급받은 구조료에 대하여 합리적인 지분을 청구할 수 있다"고 하여 인명구조자의 구조료청구권을 보장한다. 영국법은 재산구조가 성공한 경우에 한하여 인명구조자의 구조료청구권을 인정하며, 재산구조가 성공하지 않은 경우에도 인명구조자는 상선기금 (Mercantile Marine Fund)으로부터 구조료를 지급받을 수 있는데, 이는 1989년조약과 유사하다. 1995년 상선법(Schedule 11, Part 2 제5조)은 "(1) 피구조선의 국적을 불문하고 영국영해에서, 또는 구조장소를 불문하고 영국선박으로부터 인명을 구하였는데, (2) 선박 및 다른 재산이 파괴되었거나, 1989년조약 제16조에 의해 구조자가 받을 구조료가 인명구조에 투입된 구조작업에 비하여 합리적인 금액보다 적은 경우 국무장관은 적절하다고 판단하는 추가구조료를 구조자에게 지급할 수 있다"고 규정한다.[1]

미국의 구조자법(Standby Act)도 선박충돌 관련선박이 자선 및 선원·여객에 중대한 위험을 야기하지 않는 범위 내에서 상대선을 원조하여야 한다고 규정한다.[2] 해난구조법(Salvage Act)은 "선장은 자선 및 선원·여객에게 위험을 끼치지 아니하고 할 수 있는 범위 내에서 해상에서 조난될 위험에 처해 있는 자를 원조하여야 한다"고 규정한다.[3] 한 구조자가 재산구조를 하고 다른 구조자는 인명구조를 했을 때, 구조료를 받은 재산구조자는 구조료의 일부를 인명구조자에게 분배하여야 한다.[4] 인명만 구조한 구조자는 구조료를 청구하지 못하는 것이 원칙이나, 미국판례법은 ① 피구조선이 구조자에게 구조를 요청

---

1) Darling, 67쪽; Brice(3d), 187쪽.
2) 46 U.S.C. 제2303조.
3) 46 U.S.C. 제2304조.
4) 46 U.S.C. 제80107조.

했고, ② 부상당하거나 질병에 걸린 선원·여객을 간호할 피구조선의 의무를 구조자가 대신 수행했다면 피구조선과 구조자 간에 구조계약과 유사한 준계약 관계가 성립된 것으로 보아 인명구조자가 구조료를 청구할 수 있도록 한다.[1] 인명구조자는 구조 중 자신의 과실로 인하여 발생한 사망 또는 부상에 대하여 손해배상책임을 지나, 인명구조자에게 요구되는 주의의 정도는 엄격하지 않다. 즉 인명구조자는 ① 구조의 과실로 인해 피해자의 상태가 악화되었거나, ② 구조시 무모하거나 태만한(reckless or wanton) 행위를 한 경우에만 배상책임을 진다.[2]

7. 2000년 로이드해난구조계약 양식(LOF 2000)

2000년 로이드해난구조계약 양식은 ① 구조계약서 ② 해난구조·중재약관 ③ 절차규정으로 구성된다. 구조계약서는 핵심 사항만 규정하고, 자세한 사항은 해난구조·중재약관 및 절차규정에 규정한다.[3] 구조계약서 전반부에는 구조자, 구조의 목적물, 합의된 안전한 장소, 구조료로 지급할 화폐의 종류, 체결일, 체결장소, 구조자를 대리하여 서명하는 자, 선장을 기재한다. 후반부에는 다음이 기재되어 있다.

A. 구조자의 기본의무: 구조자는 구조의 목적물을 구조하여 합의된 안전한 장소까지 운송하기 위하여 최선의 노력을 한다. 안전한 장소에 관하여 합의가 이루어지지 않는 경우, 구조자는 안전항까지 운송해야 한다.

B. 환경보호: 구조작업을 함에 있어서 구조자는 환경피해를 최소화하기 위하여 최선의 노력을 한다.

C. 무성공 무보수 원칙: 원칙적으로 구조자는 무성공 무보수의 원칙에 따라 구조행위를 한다.

D. 이전의 구조: 이 계약은 구조자가 계약체결 이전에 구조의 목적물에 대하여 행한 구조행위에 대하여도 적용된다.

E. 피구조자의 협조의무: ① 피구조자는 구조자가 구조의 목적물을 불필요하게 훼손시키지 아니하는 한도 내에서 구조자가 무료로 피구조선의 기관·색

---

1) Schoenbaum(5th), 873-874쪽.
2) Berg v. Chevron U.S.A., Inc., 759 F.2d 1425(9th Cir. 1985). Schoenbaum(5th), 874쪽.
3) Richard Sayer, Shipping Law Bulletin(Ince & Co.: 2000. 9), 2쪽.

구·장비를 합리적으로 사용할 수 있도록 한다. ② 피구조자는 구조에 필요하며 큰 어려움 없이 제공될 수 있는 범위 내에서 피구조선과 구조의 목적물에 관한 정보를 구조자에게 제공한다. ③ 피구조자는 구조의 목적물이 안전항에 진입할 수 있도록 구조자에게 최대한 협조한다.

F. 해 지 권: 구조가 성공적으로 수행될 가능성이 없는 경우 피구조자나 구조자는 상대방에 대하여 합리적인 서면통지로 구조계약을 해지할 수 있다.

G. 이행간주: 구조의 목적물이 합의된 안전한 장소에 진입하였을 때 구조가 성공한 것으로 간주한다. 구조의 목적물이 다소 훼손되었거나 관리할 필요가 있더라도 ① 항만당국의 규칙상 구조자가 구조의 목적물을 직접 돌보지 않아도 되고, ② 구조의 목적물이 멸실되거나 더 훼손되는 것을 방지하기 위해 구조자의 구조행위를 더 이상 계속할 필요가 없을 때에는 구조의 목적물이 안전한 상태인 것으로 간주한다.

H. 준거법과 중재: 모든 분쟁은 영국법에 따라 런던중재로 해결한다.

I. 권한의 범위: 선장 또는 구조의 목적물을 대리해 이 계약을 체결하는 자는 정당한 권한이 있는 것으로 본다.

제10장

해 양 오 염

제 1 절   총   설

기름의 해상운송과 해저자원개발이 급증하고 산업폐기물과 생활폐수가 바다로 흘러 들어 해양이 오염되고 있다.[1] 유조선에 의한 유류오염에 대하여는 1969년 유류오염손해에 대한 민사책임에 관한 국제조약(International Convention on Civil Liability for Oil Pollution Damage, 1969년 민사책임조약), 1971년 유류오염손해배상을 위한 국제기금설치에 관한 국제조약(International Convention on the Establishment of an International Fund for Compensation for Oil Pollution, 1971년 국제기금조약)이 있다. 1969년 민사책임조약과 1971년 국제기금조약에 대해 1992년 개정의정서가 채택되었고, 1992년 국제기금조약에 대해 2003년 개정의정서가 채택되었다. 우리나라는 1969년 민사책임조약, 1971년 국제기금조약, 1992년 민사책임조약, 1992년 국제기금조약 및 2003년 추가기금의정서에 가입했고 조약들이 발효되었다.

일반선박에 의한 유류오염에 대하여는 2001년 선박 연료유 오염손해에 대한 민사책임에 관한 국제조약(International Convention on Civil Liability for Bunker Oil Pollution Damage, 선박연료유조약)과 1996년 유해·위험 물질 해상운송책임과

---

[1] 최종현, "선박에 의한 오염손해의 전보에 관한 연구," 서울대학교 법학박사학위논문(2001. 2); 서헌제, "유류오염손해 배상보장법안의 해설," 한국해법회지 제14권 제1호(1992), 113쪽.

보상에 관한 국제협약(International Convention on Liability and Compensation for Damage in Connection with the Carriage of Hazardous and Noxious Substances by Sea, HNS협약)이 있다.1) 우리나라는 선박연료유조약에 가입했고 조약이 발효되었다.

우리 유류오염손해배상 보장법(유배법)은 1992년 민사책임조약, 1992년 국제기금조약, 선박연료유조약, 2003년 추가기금의정서를 수용해 국내법화하였다. 헌법에 의하여 체결·공포된 조약은 국내법과 같은 효력을 가지므로(헌법 제6조 제1항), 국제조약과 유배법이 저촉되는 경우에는 신법우선의 원칙에 따라 유배법이 우선한다. 유배법에 규정이 없는 경우에는 1992년 민사책임조약이 보충적으로 적용된다.2)

제 2 절 유조선의 손해배상책임

제1관 유배법의 적용범위

제1 유 조 선

유배법이 적용되는 '유조선'은 산적 유류를 화물로 싣고 운송하기 위하여 건조되거나 개조된 모든 형태의 항해선(부선 포함)을 말한다(유배법 제2조 1호 본문). 다만, 유류 및 다른 화물을 운송할 수 있는 선박(겸용선)은 산적 유류를 화물로 싣고 운송하는 경우 또는 선박에 그 산적 유류의 잔류물이 있는 경우에 한해 유조선으로 본다(동호 단서). 부유식 해상구조물로서 유류를 저장하는 선박인 '유류저장부선'의 선박소유자는 유조선 소유자와 동일한 책임을 진다(동법 제4조).

제2 책임의 주체

유배법상 책임을 부담하는 유조선의 '선박소유자'는 유조선 소유자로 등

---

1) 정완용, "국제해사법의 최근 동향에 관한 법적 고찰," 법조 제532호(2001. 1), 10-11쪽.
2) 최종, 572쪽.

록된 자이고, 등록되어 있지 아니한 경우에는 유조선을 소유한 자이다(동법 제2조 4호 가목 본문). 소유자가 외국 정부인 경우에는 그 국가에서 그 유조선의 운항자로서 등록되어 있는 회사 또는 그 밖의 단체를 선박소유자로 본다. 우리 국민이 외국 국적의 유조선을 선체 용선한 경우에는 선박소유자로 등록된 자와 선체 용선자를 모두 선박소유자로 본다(동목 단서). 유류오염손해가 발생한 경우 선박소유자와 선체 용선자는 연대하여 손해를 배상할 책임이 있다(동법 제5조 제4항).

제3 유   류

'유류'는 선박에 화물로서 운송되거나 선용유로서 사용되는 원유, 중유, 윤활유 등 지속성 탄화수소광물성유로서 대통령령으로 정하는 것이다(동법 제2조 5호).

제4 유류오염손해

유배법이 적용되는 오염손해는 ① 유출 또는 배출된 장소와 관계없이 선박으로부터 유류가 유출 또는 배출되어 발생된 오염에 의하여 선박 외부에서 발생한 손실 또는 손해(동조 7호 가목 1문). 이 경우 환경손상으로 인한 이익상실 외의 환경손상에 대한 손실 또는 손해는 그 회복을 위하여 취하였거나 취하여야 할 적절한 조치에 따르는 비용으로 한정한다(동목 2문). ② 방제조치 비용(동호 나목) ③ 방제조치로 인한 추가적 손실 또는 손해를 말한다(동호 다목). '방제조치'란 사고가 발생한 후에 유류오염손해를 방지하거나 경감하기 위하여 당사자 또는 제3자가 취한 모든 합리적 조치를 말한다(동조 9호).

제5 장소적 적용범위

유배법은 대한민국의 영역(영해를 포함한다) 및 대한민국의 배타적 경제수역에서 발생한 유류오염손해에 대하여 적용한다(동법 제3조 본문). 다만, 대한민국의 영역 및 대한민국의 배타적 경제수역에서의 유류오염손해를 방지하거나 경감하기 위한 방제조치에 대하여는 그 장소에 관계없이 유배법을 적용한다(동조 단서).

제2관 무과실책임과 면책사유

제1 무과실책임

유류오염손해가 발생한 경우 유조선의 선박소유자는 과실유무와 관계 없이 손해배상 책임을 진다(동법 제5조 제1항 본문).

제2 면책사유

유류오염손해가 ① 전쟁·내란·폭동 또는 천재지변 등 불가항력으로 발생한 경우 ② 선박소유자 및 그 사용인이 아닌 제3자의 고의만으로 발생한 경우 ③ 국가 및 공공단체의 항로표지 또는 항행보조시설 관리의 하자만으로 발생한 경우에 선박소유자는 면책된다(동항 단서).

제3 특수한 경우

둘 이상의 유조선이 관련된 사고로 발생한 유류오염손해가 어느 유조선으로부터 유출 또는 배출된 유류에 의한 것인지 분명하지 아니한 경우에는 각 유조선의 선박소유자는 연대하여 손해를 배상할 책임이 있다(동조 제2항 본문). 유류오염손해배상 사고가 일련의 사건으로 이루어진 경우에는 최초의 사건 당시의 선박소유자를 사고 당시의 선박소유자로 본다(동조 제3항).

제4 면책되는 자

다음에 대하여는 유류오염손해배상을 청구하지 못한다. ① 유조선 선박소유자의 대리인, 사용인 또는 선원(동조 제5항 1호) ② 선원이 아닌 자로서 도선사 등 그 선박에 역무를 제공하는 자(동항 2호) ③ 유조선의 용선자(동법 제2조 4호 가목 단서에 따른 선체 용선자는 제외), 관리인 또는 운항자(동항 3호) ④ 유조선

선박소유자의 동의를 받거나 관할 관청의 지시에 따라 구조작업을 수행한 자(동항 4호) ⑤ 방제조치를 한 자(동항 5호) ⑥ 3호부터 5호까지에 해당하는 자의 대리인 또는 사용인(동항 6호).

제 3 절   일반선박의 손해배상책임
제1관 허베이 스피리트 사고

2007년 12월 7일 국내최대의 기름오염사고인 허베이 스피리트호 사고가 발생하여 서산과 태안 일대의 어장과 양식장을 크게 오염시켰으며, 이로 인한 관광객의 방문감소로 인하여 관광업·숙박업·음식업 등의 2차적인 피해도 발생하였다.[1]

12만여 건의 청구채권이 신고된 이 같은 대형사고의 경우 책임제한법원이 사고 발생 초기에 모든 피해 지역과 피해부문에 걸쳐 재판부와 피해자, 선주, P&I 클럽, 국제기금이 참여하는 감정인단을 구성하고, 법원 주도하에 감정의 범위와 손해산정 방법, 증거조사 방법을 협의하는 것이 바람직하다.[2] 책임제한절차법은 조사기일에 이의된 채권에 대해 반드시 사정재판을 하게 하는데(제57조 제1항), 제한채권이 수만 건이어서 증거수집이 어렵고 법원의 직권조사도 힘든 경우 사정재판을 생략하고 곧바로 소송절차를 진행하게 하도록 책임제한절차법을 개정할 필요성이 있다.[3] 책임제한기금과 공탁이자를 반드시 법원에 공탁할 필요 없이 채무자가 미리 개별 채권자의 인정손해액 전액의 배상금으로 지급할 수 있도록 책임제한절차법을 개정하자는 제안이 있다.[4]

허베이 스피리트호 사건에서 해군(대한민국)이 지출한 유류오염사고 방제조치비용에 부가가치세가 포함된 경우 부가가치세는 손해배상의 범위에 포함

---

1) 문광명, "유류오염 손해배상범위 및 태안사고특별법에 대한 고찰," 한국해법학회지 제30권 제2호(2008), 23쪽: 목진용, "우리나라 유류오염손해배상제도 개선에 관한 고찰," 해사법연구, 제20권 제2호(2008. 7), 187쪽.
2) 문광명, "유류오염손해에 관한 보상제도 및 보상절차의 개선방향," 한국해법학회지 제40권 제2호(2018. 11), 183쪽.
3) 대전지방법원, "대규모 해양오염사고 재판 실무" (사법발전재단, 2017. 7), 118쪽.
4) 문광명, 위의 글, 182쪽.

되지 않는다는 판례가 있다. 근거는 ① 국가가 거래업체에 지급한 부가가치세는 국가에 다시 귀속되므로 국가는 부가가치세 상당 손해를 입지 않았다. ② 국가가 부가가치세를 선주에게 배상청구할 수 있다면 국가는 부가가치세 금액을 불법행위자로부터 배상받은 후 다시 과세권자의 지위에서 동액을 거래업체들로부터 납부받아 이중보상받게 된다는 것이다.[1]

기름이 리조트 앞 바다에 유입되어 리조트가 예약 63건 취소로 인해 1,800만 원, 객실 가동률 감소로 인해 1억 원, 부대영업장 매출 감소로 인해 8천만 원의 손해를 입었다고 주장한 다른 사건에서, 서울고법은 예약 취소로 인한 손해에 대하여만 기름 유출과의 인과관계를 인정하고 객실 가동률 감소나 부대영업장 매출 감소로 인한 손해는 인과관계를 인정하지 않았다.[2]

제2관 해양폐기물투기에 의한 오염

제1 개 념

해양투기란 육지에서 발생한 물질을 선박·항공기 또는 플랫폼으로부터 해양으로 투기하는 행위이며, 그 물질을 원래의 상태 그대로 버리기도 하고, 특수한 컨테이너에 넣어 투기하기도 한다. 해양에 투기되는 물질에는 준설폐기물·산업폐기물·하수폐기물·핵폐기물 등이 있다.[3] 폐기물을 해양에 투기하는 이유는 폐기물의 특성상 육지에서의 처리가 곤란하고, 내륙에서 처리시 매립지확보 및 처리시설설치비용이 과다하게 소요되는 폐기물을 지정된 해역에 적정처리방법에 따라 투기함으로써 비용의 절감 및 폐기물의 안전처

---

1) 대전고판 2016. 11. 23. 2015나12282 사정재판 이의(원고/항소인 허베이 스피리트 쉬핑/유류오염손해보상국제기금, 피고/피항소인 대한민국, 원고 승소. 대판 2017. 3. 30. 2016다275365 심리불속행기각). 반면 제1심 판결(대전지판 2015. 5. 29. 2013가합1029-2, 피고 승소)는 피해자가 불법행위로 인해 비용을 지출했고 그 금액에 부가가치세가 포함되었다면 부가가치세를 포함한 지출 상당의 손해를 입었다는 이유로 부가가치세를 배상범위에 포함시켰다. 박성원, "국가가 지출한 유류오염사고 방제조치비용에 부가가치세 상당액이 포함된 경우 그 부가가치세도 손해배상의 범위에 포함되는지 여부," 한국해법학회지 제40권 제1호(2018. 5), 41쪽.

2) 서울고판 2014. 8. 29. 2013나79261, 79278(원고/항소인 한백리조트, 피고/피항소인 여명해운/한국해운조합/화진, 원고 30% 승소), 1심은 서울중앙지판 2013. 11. 21. 2011가합98377, 116794.

3) 김형도, 앞의 책, 폐기물투기에 의한 해양오염방지협약에 관한 연구, 2-4쪽.

리를 도모하는 데 있다. 실제 분뇨 및 음식료품 폐기물을 육상에서 처리할 경우에 비해 해양투기시에는 그 처리비용이 30~60%까지 절감된다. 이러한 해양투기의 결과 수반되는 환경문제는 병원균출현에 의한 인류건강의 위협, 화학물질로 인한 해양생물과 인간의 중독, 어업 및 레저산업과 같은 해양이용의 침해 등을 들 수 있다.[1]

제2　국제조약

각국은 해양투기를 국제적으로 규제함으로써 해양환경을 보존하기 위하여 1972년 폐기물 기타 물질의 투기에 의한 해양오염방지에 관한 국제조약을 제정하였으며, 이 조약은 2015년 6월 5일 현재 87개 국(세계선복량의 61.76%)이 가입되어 있다.[2] 우리나라는 1993년에 가입했고 1996년 개정의정서도 2009년 1월 22일에 승인했다. 단 보크사이트 찌꺼기(bauxite residues)는 2015년 1월 31일까지 투기할 수 있다고 유보했다.

제3　관계법령

이에 대한 법으로는 해양환경관리법 및 폐기물관리법이 있다. 해양환경관리법 제2조 4호에 의하면 '폐기물'은 해양에 배출되었을 경우, 그 상태로는 쓸 수 없는 물질로서 해양환경에 해로운 결과를 미치거나 미칠 우려가 있는 물질(기름·유해액체물질 및 포장유해물질을 제외한다)이다. 이에 대하여 폐기물관리법에서는 제2조 1호에서 폐기물을 쓰레기·연소재·오니·폐유·폐산·폐알칼리·동물의 사체 등으로서 사람의 생활이나 사업활동에 필요하지 아니하게 된 물질이라고 규정한다(폐기물관리법 제2조 1호).

해양환경관리법에 따라 누구든지 일정한 경우를 제외하고는 선박으로부터 폐기물을 배출하는 행위를 하여서는 아니 되고(해 제22조 제1항 1호), 누구든지 육상에서 발생한 폐기물을 해양에 배출할 수 없는 것이 원칙이며, 다만 육상에서 처리가 곤란한 폐기물 중 해양수산부령이 정하는 폐기물에 한하여 해양수산부령이 정하는 해역에서 해양수산부령이 정하는 처리기준 및 방법에 따라서만 배출할 수 있다(해 제23조 제1항). 선박소유자는 선박 안에서 발생하는

---

1) 김형도, 앞의 책, 4-5쪽.

2) www.imo.org.

폐기물을 저장 또는 처리하기 위한 설비를 설치하여야 하고(해 제25조 제1항), 일정규모 이상 선박의 선장은 선박에 폐기물기록부를 비치하고, 폐기물처리량을 기록하여야 한다(해 제30조 제1항 1호). 폐기물기록부는 최종기재를 한 날로부터 3년간 보존하여야 한다(동조 제2항).

최근에 폐선과 선박해철이 새로운 오염원이 되고 있으므로 해양환경관리법은 이에 대한 규정을 두고 있다. 선박을 해체하고자 하는 자는 선박의 해체작업과정에서 오염물질이 배출되지 않도록 총리령이 정하는 바에 따라 작업계획을 수립하여 작업개시 7일 전까지 국민안전처장관에게 신고하여야 하며(해 제111조 제1항), 신고된 작업계획이 미흡하거나 계획을 이행하지 않은 것으로 인정되면 국민안전처장관은 시정명령을 할 수 있다(동조 제2항). 해역관리청은 방치된 선박의 해체 및 처리를 위한 선박처리장을 설치·운영할 수 있다(동조 제3항). 선박해체의 사전신고와 관련하여 판례는 "선박소유자가 취득하기 전에 이미 기관이 제거되어 있었더라도 다른 선박에 의하여 예인되거나 밀려서 항행할 수 있었다면, 이는 선박해철신고대상인 선박에 해당한다"고 판시하였다.1) 즉 최소한의 선박의 형체와 기능만 가지고 있다면, 넓게 해철신고대상이라고 함으로써 해철작업이 함부로 이루어지지 않도록 광범한 오염감독권을 인정하고 있다.

우리의 폐기물처리규제는 폐기물투기조약의 주요 내용과 크게 다르지 않다. 즉 폐기물투기시에는 일정지역을 지정하여 투기하도록 하고, 일정농도 이하로 수치를 낮추어 투기하도록 하는 등 엄격하게 해양투기를 규제하고 있다. 그리고 이러한 엄격한 규제에 추가하여 투기지역과 대상에 대한 환경평가를 사전에 실시하도록 하고, 그 평가세부사항과 지침도 엄격하게 규정하고 있다.

제3관 선박재활용협약

2009년에 국제해사기구가 채택한 '안전하고 친환경적인 선박재활용을 위한 홍콩 국제협약(The Hong Kong International Convention for the Safe and Environmentally Sound Recycling of Ships, 2009, "선박재활용협약")'이 아직 발효되지 않았지만 내용은 다음과 같다. 당사국은 자국 선박과 선박재활용시설이 협약의 요구조건에 따

1) 대판 1999. 9. 3. 99도1476 건물철거(법률신문 제2825호(1999. 10. 4), 10쪽)(피고인 전영태).

르도록 해야 하고, 요구조건에 충족하도록 효과적인 조치를 취해야 한다(협약 제4조). 선박재활용시설 소재국은 자국의 선박재활용시설에 관한 정보를 국제해사기구와 다른 당사국에 신속하게 제공해야 한다(제7조). 당사국은 자국의 항구에 있는 선박을 검사할 수 있다(제8조). 검사 결과 선박이 협약을 위반한 경우 검사 당사국은 선박에 대해 경고하거나 자국의 항구에 억류 또는 추방할 수 있다(제9조 제3항). 선박재활용시설이 협약을 위반했다는 제보가 타국으로부터 접수된 경우 선박재활용시설 소재국은 선박재활용시설을 조사해 조사의뢰국과 국제해사기구에 보고해야 한다(제9조 제4항). 선박이나 선박재활용시설의 협약 위반을 발견한 선적국 또는 선박재활용시설 소재국은 국내법에 따른 법적 절차를 취한 후 제보국과 국제해사기구에 통지해야 한다(제10조 제1항).

협약이 발효하는 경우, 해양환경관리법에 의한 선박검사에 선박 유해물질 검사를 추가할 필요가 있다.[1] 또 환경친화적 선박의 개발 및 보급 촉진에 관한 법률("환경친화법")에 협약을 포섭하는 것이 바람직하다. 환경친화법은 2020년에 시행된 국제해사기구의 대기 오염 방지 규제를 국내법으로 수용하기 위해 제정되었다. 협약 부속서(Annex)의 부록 1(유해물질 관리방법)과 부록 2(유해물질 리스트)에 석면 등 유해물질이 열거되어 있는데, 이 유해물질을 포함하지 않아야만 환경친화법이 규정하는 '환경친화적 선박'이 되도록 해야 한다.[2]

---

1) 이현균, "선박재활용협약에 대한 법적 대응방안 연구," 한국해법학회지 제41권 제2호(2019. 11), 52쪽.

2) 이현균, 앞의 글, 57-58쪽.

제1절 기원과 기능

1. 해상보험계약의 정의

해상보험계약은 해상사업에 관한 사고로 인하여 발생하는 손해의 보상을 목적으로 하는 계약이다(상 제693조).[1] 1906년 영국 해상보험법(Marine Insurance Act, 약칭 MIA) 제1조는 해상보험계약을 "보험자가 피보험자의 해상손해, 즉 해상사업에 관한 사고로 인한 손해를 약정한 방법과 정도에 따라 보상할 것을 인수하는 계약"이라고 정의한다. 보험자와 피보험자가 약정한 해상보험계약

---

1) R. Colinvaux(ed.), Arnould's Law of Marine Insurance and Average, 16th ed.(London: Stevens & Sons, 1981)(British Shipping Laws, 제9권, 제10권); S. Braekhus & A. Rein, Handbook of P. & I. Insurance, 2d ed., 1979; L. Buglass, Marine Insurance and General Average in the United States, 3d ed.(Centreville, Maryland: Cornell Maritime Press, 1999); V. Dover, A Handbook to Marine Insurance, 18th ed.(London: Witherby & Co. Ltd., 1975); R. Lambeth, Templeman on Marine Insurance, 6th ed.(London: Pitman Publishing Ltd., 1986); E. R. H. Ivamy, Marine Insurance, 4th ed.(London: Butterworths, 1985); J. K. Goodacre, Marine Insurance Claims, 2d ed.(London: Witherby & Co. Ltd., 1981); D. O'May & J. Hill, Marine Insurance Law and Policy(London: Sweet & Maxwell, 1993); 김정수, 해상보험론(서울: 박영사, 1996); 이은섭, 해상보험론(서울: 신영사, 1996); 이기태, 해상보험(서울: 법문사, 1988); 윤민현, P & I 보험과 실무(서울: 도서출판 여울, 1988); 심재두, 해상보험법(서울: 길안사, 1995); 도중권, 해상보험론(서울: 학문사, 2012); 오원석, 해상보험론(서울: 삼영사, 2002).

의 내용 중 피보험자와 보험계약자의 성명, 보험의 목적물과 담보된 위험, 항해의 범위와 항해기간, 보험가액, 보험자의 성명 등을 보험증권에 기재한다. 보험자는 피보험자 또는 보험계약자가 보험료를 지급하는 대가로 보험목적물에 발생한 손해를 보상할 것을 약정한다.[1]

2. 해상보험의 기원

(1) 영   국

오늘날 세계의 해상보험을 지배하는 런던보험시장은 17세기 후반에 상인·은행가·선주들이 로이드 씨 소유의 다방에서 모인 것이 시발점이 되었다. 이들은 해상사업의 위험을 분담하기로 합의하였으며, 회원은 서류하단에 서명을 함으로써 신디케이트에 참여할 의사를 밝히고 그 대가로 금전을 수령하였다. 세월이 경과함에 따라 보다 공식적인 절차가 확립되었으며, 의회가 로이드에 대하여 설립면허장을 부여함으로써 로이드는 법인화하였다. 그러나 오늘날에도 실제의 보험업은 법인에 의해서가 아니라 법인의 구성원들, 즉 보험자들에 의해 수행된다.[2] 런던보험시장의 경영은 상당히 독특한데, 보험의 매매는 로이드의 보험인수실 또는 런던의 개별 보험회사 사무실에서 이루어진다. 로이드보험시장은 신디케이트들로 구성되며, 인수대리인(underwriting agent)이 하나 또는 다수의 신디케이트를 운영한다. 인수대리인은 사무직원을 고용하고 로이드시장에 좌석을 확보하여 대표자를 파견하는데, 이 대표자가 신디케이트를 대리하여 중개인이 가져온 보험목적물에 대해 평가·교섭하고, 인수 여부를 결정하는 보험자이다. 인수대리인이 체결한 보험계약에 대하여는 신디케이트가 책임지며, 인수대리인은 스스로 신디케이트의 회원인 것 이외는 어떤 위험도 직접 부담하지 아니한다.[3]

인수대리인 또는 보험자는 좌석에 앉아 중개인이 보험목적물을 가져오기를 기다린다. 중개인은 보험에 부보하려고 하는 해상위험의 세부사항을 기재한 보험청약서(broker's slip)를 보험자에게 제출하며, 보험조건 및 보험률에 관

---

1) Buglass(3d), 8-9쪽.
2) 로이드에 관하여는 조동오, "로이즈의 법인회원제 도입에 관한 고찰," 한국해운학회지 제17호(1993), 363쪽; 이은섭, "로이즈의 발전에 관한 연구," 손해보험 제304호(1994. 2), 44쪽, 제305호(1994. 3), 55쪽, 제306호(1994. 4), 24쪽, 제307호(1994. 5), 38쪽.
3) SchoenbaumP(5th), 343-345쪽.

하여 보험자와 협상한다. 중개인과 협상하고 보험조건을 결정하는 보험자를 간사보험자라고 하고, 간사보험자의 신디케이트를 당해 특정 위험에 대한 시장의 리더라 한다. 간사보험자는 당해 위험의 특정 비율을 자신의 신디케이트를 대리하여 인수하고, 보험청약서에 보험인수비율과 자신의 머릿글자를 기재함으로써 신디케이트의 개별 회원들과 피보험자 간에 보험계약이 체결된 것으로 본다. 간사보험자로부터 보험조건·보험료·인수비율에 관한 합의를 얻어 낸 중개인은 보험청약서를 가지고 다른 신디케이트나 보험회사에 접근한다. 즉 중개인은 후속보험자들이 자신이 간사보험자와 체결한 보험조건에 동의하여 보험청약서에 서명을 하도록 한다. 후속보험자가 보험인수를 거부하기도 하고, 동일한 보험료율에 합의하기도 하며, 좀더 높은 보험료율이나 다른 조건을 요구하기도 한다. 후자의 두 경우에 있어 이미 서명한 보험자는 새로운 보험조건을 통고받게 되며, 많은 경우에 새로운 보험조건을 따르는 것이 보통이다. 자신의 신디케이트가 위험인수에 참여하기로 합의하는 보험자는 보험청약서에 그 신디케이트의 머릿글자와 위험인수비율을 기재하고, 중개인은 다시 다른 보험자를 접촉한다. 이러한 방법으로 중개인은 위험이 100% 인수될 때까지 보험시장, 즉 로이드와 보험회사들을 전전하며, 이 단계에서 중개인은 보험청약자에게 위험이 완전히 인수되었음을 확인한다.[1]

위험을 100% 인수시키는 데 성공한 중개인은 보험청약서를 자신의 사무실에 제출하며, 보험인수에 참가한 보험자들은 자신의 인수분이 기재된 보험청약서사본을 교부받는다. 보험청약서에 기재된 보험조건에 기초하여 중개인의 보험증권발행부서는 인쇄된 양식을 사용하여 보험증권을 발행한다. 완성된 보험증권과 보험청약서는 로이드의 보험증권날인실에 제출되고, 만약 런던보험자협회의 회원들이 보험인수에 관련되어 있다면 보험증권과 보험청약서는 동 협회의 증권부서로 보내진다. 로이드보험증권 날인실과 런던보험자협회 증권부서는 보험증권이 보험청약서의 인수조건과 일치하는지를 확인하기 위해 보험증권을 점검하며, 이들 부서는 위험을 인수한 보험회사의 신디케이트의 목록을 첨부한다. 해상보험증권은 일반적으로 보험청약서에 서명한 후 상당한 시간이 경과한 후에 발행된다. 피보험자는 보험청약서가 완성된 후 보험증권이 발행되기까지의 기간 동안 보험계약에 관한 증거를 확보할 필요

---

1) SchoenbaumP(5th), 345쪽.

가 있으므로 중개인은 보험사실을 증명하는 가계약서(cover note)를 피보험자에게 교부하기도 한다. 중개인들은 가계약서를 자신과 피보험자 사이에 체결된 정식 보험계약으로 간주한다.[1]

(2) 미 국

미국에서의 해상보험의 발전은 상당히 느렸으며, 영국보험자들이 오랫동안 해상보험분야를 지배하였다. 1792년에 설립된 북아메리카 보험회사가 미국에 설립된 최초의 해상보험회사였으며, 1845년 경 75개 이상의 해상보험회사가 설립되었다. 쾌속범선의 등장으로 해상보험업은 1845년과 1860년 사이에 급속히 확장되었으나, 남북전쟁 동안 선박들이 큰 손해를 입었기 때문에 미국의 선박보험업은 어려운 시기에 봉착했다. 제1차 세계대전 초기 당시 미국 해상보험목적물의 65~75%가 해외보험자에 부보되었으며, 제1차 세계대전 후인 1920년에야 비로소 미국 선박보험조합이 설립되었다. 미국 선박보험조합은 장족의 발전을 거듭하여 현재 주요 외국회사를 포함하여 50개 이상의 보험회사를 회원으로 하고 있다. 미국 선박보험조합은 원래는 미국적선박만을 담보하려 하였지만, 오늘날 외국선박도 많이 담보하고 있고 세계적으로 주요한 선박보험시장 중의 하나이다.[2]

(3) 우리나라

우리나라에 현대적인 해상보험제도가 도입된 것은 일본인 자본에 의하여 1922년에 설립된 조선화재해상보험주식회사를 효시로 한다. 해방 이후 10여 개 손해보험회사가 설립되었으나, 해상보험은 취급하지 않았기 때문에 해상보험업무는 수출입상대국의 무역상사에 의뢰하거나 국내외국보험사에 의하여만 이루어졌다. 그런데 1952년부터 외국원조물자도입에 의한 해상보험의 필요성이 증대되자 정부가 손해보험회사들에 대하여 해상보험취급을 권유하게 되었다. 그러나 손해보험회사들은 해상보험에 관한 경험이 일천하고 영업수지의 불안 때문에 당분간 풀체제로 운영하기로 하여 1952년 12월에 대한해상운송보험 공동사무소를 설립하여 해상보험을 인수하기 시작하였다. 그리고

---

1) Edinburgh Assurance Co. v. R. L. Burns Corp., 479 F. Supp. 138(C.D. Cal. 1979), affirmed 669 F.2d 1259(9th Cir. 1982). SchoenbaumP(5th), 345-346쪽.
2) Buglass(3d), 1쪽.

1967년 3월에는 보험판매 및 보험금지급의 능률을 도모하고, 보험업계의 과당경쟁을 방지하기 위하여 한국해상보험공동사무소가 설립되어 해상보험취급창구가 단일화되었다. 그러나 1968년 11월에 무역업계의 요청에 따라 위 공동사무소가 해체되고, 개별 손해보험회사가 독자적으로 해상보험업무를 취급하게 되어 진정한 자유경쟁 해상보험시대가 열렸다.[1]

현재 국내해상보험회사들이 사용하는 영문해상보험약관은 영국의 로이드와 런던보험자협회(Institute of London Underwriters)가 공동으로 작성한 협회적하약관(Institute Cargo Clauses, 1982)과 협회선박약관(Institute Time Clauses-Hulls 1983)이다. 그리고 1991년에 상법 보험편 해상보험부분을 개정함에 있어서는 영국 해상보험법의 일부규정을 받아들였다.

3. 해상보험의 기능

해상보험계약은 손해보상계약이므로 보상액은 피보험자의 금전적 손해의 정도에 의해 측정된다. 따라서 피보험자가 보험의 목적에 대해 피보험이익을 가지고 있지 않다면 보험계약 하에서 보상을 받을 수가 없다. 왜냐하면 피보험자는 어떠한 손해도 입지 않았고, 따라서 보험자는 보상의 의무가 없기 때문이다. 그러나 실제로는 해상보험은 보험조건에 따르는 손해보상의 성격을 가진다. 전형적인 화재보험·자동차보험 기타 비해상보험에서는 보험가액을 미리 합의하지 않으며, 실제로 입은 손해만을 보상하게 된다. 반면에 해상보험에서는 보험자와 피보험자가 보험가액을 미리 합의하며, 손해가 생길 경우 사전에 합의된 금액이 피보험자에게 지급된다. 따라서 보험가액은 보험목적물의 실제가액보다 높을 수도 있고, 낮을 수도 있다.[2]

해상보험의 주된 목적에는 ① 선박, ② 적하, ③ 운임, ④ 수입과 수수료, ⑤ 해산(海産)에 대한 이익, ⑥ 선박소유자 또는 용선자가 부담하는 손해배상책임, ⑦ 운임·체선료·방어비용 등이 있다. 현재 세 개의 중요한 해상보험의 범주가 있는데, ① 일정기간 동안 선박과 의장에 대해 선박소유자가 드는

---

1) 김정수, 앞의 책, 77-78쪽.
2) 해상보험계약은 기평가보험 또는 미평가보험이다. 기평가보험은 보험의 목적에 대해 가액을 합의하여 명백히 하는 계약이며(영국 해상보험법 제27(2)조), 미평가보험은 보험의 목적의 가액을 명시하지 않지만, 보험금액의 한도 내에서 보험가액이 후에 확정되도록 하는 계약이다(동법 제28조). SchoenbaumP(5th), 346-347쪽.

선박보험, ② 적하의 운송에 따르는 위험을 담보하기 위하여 적하이해관계자 (통상 송하인)가 드는 적하보험, ③ 선박보험이 담보하지 않는 선박소유자·용선자 등이 제3자에 대하여 부담하는 손해배상책임을 담보하는 선주책임상호보험(P & I 보험)이 그것이다.[1]

제 2 절   해상보험에 대한 적용법규

1. 미 국 법

미국에서는 해상보험법이 성문화된 적이 없으나, 해상보험에 적용되는 기본적인 실체법은 연방해사법이다. 종래 연방대법원은 영국 해상보험법이 발전되어 있으므로 미국법원도 해상보험에 관하여는 영국법을 적용하여야 한다고 판시하여 왔다. 그러나 1955년의 Wilburn Boat Co. v. Fireman's Fund Ins. Co. 사건[2]에서, 연방대법원은 기존 판례를 번복하여 특정 사건을 해결할 연방해사법원칙이 없는 경우에 법원은 일정상황 하에서 주법을 적용해야 한다고 판시했다. Wilburn Boat 판결은 당시 해사변호사들에게는 획기적인 사건이었다. 동 사건에서는 오클라호마주와 텍사스주 사이의 내륙호수에서의 상업적 여객운송에 사용되는 소형 주택선박(주택으로 사용할 수 있는 선박)에 관한 보험계약이 문제가 되었다. 보험계약상 피보험자인 선박소유자는 자신이 유일한 주주인 회사에 선박 및 보험증권을 양도했고, 그 후 선박에 저당권이 설정되었다. 피고 보험회사가 발행한 보험증권은 보험자의 동의 없이 선박이 처분·이전·양도·저당권이 설정될 수 없으며, 개인적인 취미활동 외에는 사용할 수 없다고 규정하였다.[3]

선박이 화재로 인해 소실된 후 법인인 선박소유자는 보험증권에 기하여 보험금지급청구소송을 제기하였으며, 보험자는 피보험자가 선박의 양도·저당권설정·선박사용에 관한 담보의무를 위반하였다는 이유로 보험금지급을

---

1) Montgomery, "Duties and Liabilities of Marine Insurance Brokers and Agents," 7 Mar. Law. 33쪽(1982); SchoenbaumP(5th), 347-348쪽.
2) 348 U.S. 310(1955), rehearing denied 349 U.S. 907(1955).
3) SchoenbaumP(5th), 373-375쪽.

거부했다. 이에 대하여 선박소유자는 텍사스주법 하에서 저당권설정을 금지
하는 보험증권규정은 무효이며, 설사 선박소유자가 보험계약을 위반하였더라
도 그 계약위반이 손해의 원인이 아닌 한 계약위반은 중요한 것이 아니라고
주장했다. 연방지방법원과 항소법원은 주법 아닌 연방해사법이 적용되어야
하며, 보험증권상의 담보의무조항은 문언 그대로 준수되어야 한다는 이유로
선박소유자의 보험금지급청구권을 부인하였다. 그러나 연방대법원은 해상보
험증권상의 담보의무위반에 관한 연방해사법은 존재하지 않으며, 이에 대하
여는 주법을 적용함으로써 공백을 메워야 한다고 판시하였다. 따라서 해상보
험은 연방해사법과 주법 양자에 의해 규율되고, 해상보험계약을 해석하는 법
원은 어느 법을 적용할지를 판단하여야 한다. 1961년에 연방대법원은 Kossick
v. United Fruit Co. 사건[1])에서 적용가능한 연방해사법이 없는 경우에 주법을
적용하는 것이 타당하다는 것을 재확인했다. 또한 작은 내륙호수를 왕복하는
소형선이 우연히 연방해사관할권 내에 들어 왔다고 하여 동 선박의 보험문제
에 대하여 법원이 연방해사법원칙을 급조함은 부당하다는 것도 Wilburm
Boat 판결을 지지하는 논거가 될 수 있다.[2)]

　　해상보험계약을 해석할 때 성문법·판례법을 불문하고 연방해사법이 있
다면, 연방해사법이 주법에 우선하여 적용된다. 한편 연방해사법이 없는 것은
당해 문제에 대하여 연방정부가 강한 이해관계를 가지고 있지 않기 때문이므
로, 연방해사법을 새로 제정하기보다는 주법을 적용하는 것이 바람직하다. 그
렇다 하더라도 보험에 관한 연방법과 주법에는 큰 차이가 없으므로 Wilburm
Boat 판결에 의하여 연방법체계가 흔들리는 것은 아니다. 또한 법원은 해상보
험에 관한 주법원칙을 확립함에 있어서 주법을 영국법에 부합되게 해석하여
도 무방하다. Wilburn Boat 원칙을 적용하면 상이한 주법간의 충돌을 야기할
수도 있는데, 그러한 경우에는 당해 문제에 대하여 가장 큰 이해관계를 가진
주의 법률을 적용하여야 한다. 또 법원은 법정지의 준거법결정원칙을 고려하
여 준거법을 결정하여야 한다. 미국법과 외국법 중 어느 것이 해상보험계약에
적용되어야 하는가 하는 법의 저촉문제가 발생할 수도 있다. 이 때에는 당해
문제에 대하여 어떤 국가가 보다 큰 이해관계를 가지고 있는가에 의하여 준

---

1) 365 U.S. 731(1961), rehearing denied 366 U.S. 941(1961).
2) SchoenbaumP(5th), 375쪽.

거법을 결정한다. 해상보험계약당사자는 어느 나라의 법이 분쟁을 규율해야 하는가에 대해 합의할 수도 있으며, 해상보험계약상의 준거법규정은 이 같은 규정을 준수하는 것이 불합리하거나 불공평하지 않는 한 유효하다. 해상보험계약에서의 관할합의조항도 마찬가지로 유효하다.[1]

2. 우 리 법

우리나라에서 실무상 사용되는 선박보험증권 및 적하보험증권에는 "이 보험은 영국의 법률 및 판례를 따른다"는 준거법약관이 예외 없이 기재되어 있다. 대법원은 "보험증권상 야기되는 일체의 책임문제는 외국의 법률 및 관습에 의하여야 한다는 외국법준거약관은 동 약관에 의하여 외국법이 적용되는 결과 우리 상법 보험편의 통칙의 규정보다 보험계약자에게 불리하게 된다고 하여 상법 제663조에 따라 곧 무효로 되는 것이 아니다. 즉 동 약관이 보험자의 면책을 기도하여 본래 적용되어야 할 公序法의 적용을 면하는 것을 목적으로 하거나 합리적인 범위를 초과하여 보험계약자에게 불리하게 된다고 판단되는 것에 한하여 무효로 된다. 해상보험증권상 야기되는 일체의 책임문제는 영국의 법률 및 관습에 의하여야 한다는 영국법준거약관은 오랜 기간 동안에 걸쳐 해상보험업계의 중심이 되어 온 영국의 법률과 관습에 따라 당사자간의 거래관계를 명확하게 하려는 것으로서, 우리나라의 공익규정 또는 공서양속에 반하는 것이라거나 보험계약자의 이익을 부당하게 침해하는 것이라고 볼 수 없으므로 유효하다"고 판시함으로써 영국법준거약관의 유효성을 확인하였다.[2]

한편 "보험자의 책임 및 보험금지급청구의 해결에 대하여만 영국의 법률과 관습에 의한다"(This insurance is agreed to be subject to English law and practice only as to liability for and settlement of any claims)는 영국법준거약관이 있더라도 보험계약의 목적물이 무엇인지, 즉 보험계약의 성립 여부에 대하여는 우리법이 적용

---

1) Lien Ho Hsing Steel Enterprise Co. v. Weihtag, 738 F.2d 1455(9th Cir. 1984). SchoenbaumP(5th), 375–378쪽.

2) 대판 1991. 5. 14. 90다카25314(법원공보 제899호, 1620쪽); 대판 1996. 3. 8. 95다28779(판례공보(1996. 5. 1), 1199쪽); 대판 1977. 1. 11. 71다2116; 대판 1989. 9. 12. 87다카3070(법원공보(1989. 11. 1), 1448쪽)도 같은 취지이다. 영국법준거약관의 법적 성질에 관하여는 석광현, "해상적하보험계약에 있어 영국법준거약관과 관련한 법적인 문제점," 손해보험 제302호(1993. 12), 19쪽.

되어야 한다는 판례도 있다.[1] 우리 해상보험의 역사가 100년에 가깝고, 해상
보험에 관한 우리 판례와 이론이 상당히 축적되었으므로 우리도 해상보험의
해석 전반에 걸쳐 우리법을 적용할 때가 되었고, 이 같은 원칙을 천명하는 판
례가 나오기를 기대한다.

제 3 절   해상보험의 유형

1. 선박보험

선박보험은 선체와 기관을 주로 담보하는데, 피보험자가 지출한 비용과
피보험자가 제3자에 대하여 부담하는 책임, 예컨대 공동해손분담금·해난구
조료·선박충돌배상책임을 부보한다. 미국에서는 미국협회선박약관(American
Institute Hull Clauses)이 선박보험에 일반적으로 사용되며, 런던보험시장에서
는 1983년의 협회선박약관이 많이 사용된다. 1906년 영국 해상보험법 First
Schedule에 기재된 보험증권해석원칙 제15조에 의하면 '선박'은 선체, 의장,
선원용 비품과 식량, 특수한 항해용 선박인 경우에는 그 항해에 필요한 통상
적인 비품·기관·석탄 및 기관실을 포함한다. 피보험자가 담보위험을 경감
하거나 예방하기 위하여 지출한 비용을 손해방지비용(sue and labour expenses)이
라고 한다. 보험의 목적인 선박이 제3의 선박과 충돌한 경우 배상하는 선박충
돌배상책임조항은 Running Down Clause(약칭 RDC 약관)라고도 하는데, 협회선
박약관은 피보험자가 부담하는 배상책임의 4분의 3만을 부보하는 반면, 미국
협회선박약관과 네덜란드 선박보험약관은 4분의 4 전부를 부보한다. P & I

---

1) 대판 1998. 7. 14. 96다39707(판례공보(1998. 8. 15), 2115쪽)(원고 반명욱, 피고 쌍용화재).
  적하보험증권에 보험목적물이 '어획물 100톤'이라고 기재되어 있었는데, 피고는 이를 '최초
  로 어획한 어획물 100톤'으로 해석하여야 한다고 주장하였다. 법원은 설사 피고의 주장이
  맞더라도 보험계약체결시 피고의 영업사원이 '최초로 어획한 어획물 100톤'을 보험목적물
  로 한다고 설명하는 대신 이 사건 선박이 북태평양에서 어로작업을 하는 동안 냉동창고에
  보관중인 어획물이 멸실된 경우 '100톤의 한도 내에서' 보상한다고 설명하였으며, 원고도
  그렇게 알고 보험계약을 체결하였다고 보았다. 그렇다면 영업사원이 설명한 내용이 보험계
  약의 내용을 이루므로 선박냉동창고에 보관되어 있다가 침몰로 멸실된 어획물에 대하여 피
  고가 보험금을 지급할 책임이 있다고 판시하였다.

보험이 선박충돌배상책임의 전부를 부보하는 경우에는 선박보험에 선박충돌
배상책임 조항을 넣지 아니한다.[1]

　　피보험자가 보험의 목적을 양도하면 보험계약상의 권리를 양수인에게 양
도한 것으로 추정하는 것이 손해보험의 일반원칙이나(상 제679조), 선박보험에
서는 선박의 소유자가 누구인지에 따라 위험의 정도가 달라진다는 특수성이
있다. 따라서 상법은 보험자의 동의가 없는 한 선박의 양도, 선박의 선급변경,
선박의 관리이전 등의 경우에 보험계약이 종료하도록 하였다(상 제703조의2). 이
는 실무상 사용되는 선박보험약관의 규정을 수용한 것이다.

2. 적하보험

　　적하보험의 표준양식으로는 런던보험자협회의 양식이 가장 보편적으로
사용된다. 보험자는 기본적 보험증권양식에 협회약관을 추가함으로써 피보험
자가 필요로 하는 보험조건을 제공할 수 있다. 적하보험증권은 한 가지 적하
에 관한 것일 수도 있고, 피보험자가 운송하는 모든 적하를 부보하도록 개방
된 것일 수도 있다. 이 같은 개방적하보험증권(open cargo policy) 하에서는 완전
한 형식의 증권이 개개의 운송을 위해 발행되지 않는다 하더라도 사실상 개
별 적하품목에 대하여 별개의 보험계약과 증권이 존재하는 것처럼 모든 적하
가 특정 항해 동안 부보된다. 적하운송에 대해 피보험이익을 가지는 자는 누
구든 적하보험증권을 구입할 수 있다. 적하보험증권은 증권상의 보험기간 동
안 부보된 위험에 의해 적하에 손해가 생기는 경우, 수출업자 또는 수입업자
의 손해를 배상한다. 역사적으로 항해선의 매 항해는 선주와 모든 적하소유자
의 공동의 모험으로 간주되었으며, 적하보험은 상인들로 하여금 해상운송의
위험을 감소시키면서 상거래를 할 수 있도록 하는 상업적 수단으로서 발전하
였다. 그런데 대부분의 경우 해상보험료는 적하의 가액 및 운임과 비교해 볼
때 극히 소액인 것이 보통이다.[2]

　　적하보험인수에 있어 보험자는 개개의 위험을 평가하기 위해 다음 요인
들을 고려해야 한다.

　　1) 부보의 범위: 피보험자는 가장 제한적인 보험증권으로부터 가장 방대한 범

---

1) Ivamy(4th), 9쪽; Brown(2d), 207-208쪽.
2) SchoenbaumP(5th), 388-390쪽.

위에 걸친 부보의 범위를 선택할 수 있는데, 부보범위의 선택은 보험료에 상당한 영향을 미친다.

2) 목적지 또는 출발항: 목적지 또는 출발항의 지리적·물리적 또는 정치적 상황 때문에 위험의 평가가 다르게 된다.

3) 피보험선박: 기본보험료는 공인된 기관에 의한 선급을 유지하고 적절한 톤수와 선령을 가진 강제자가추진선박을 사용하는 것을 전제로 하므로, 그 외의 경우에는 추가보험료를 지급해야 한다.

4) 항 로: 선박이 운항되는 항로에 따라 위험이 상이하다.

5) 항해시점: 예컨대 여름보다 겨울에 북대서양을 항해하는 것이 적하에 더 많은 손해를 가져올 수 있으며, 빗물로 인한 손해는 건기보다 우기에 더 빈번하다.

6) 포 장: 컨테이너나 팰릿 등에 의한 포장의 표준화는 용이하지 않으므로, 포장은 다양한 형태를 가지며 포장의 안전도에 따라 보험료가 달라진다.

7) 운송경험: 대외무역에 경험이 많지 않은 운송인은 숙련된 선원을 보유하고 있지 못하므로, 이 같은 운송인을 사용하는 경우 위험이 증가하게 되어 보험료가 인상된다.

8) 수 하 인: 수하인의 성격과 경영방법은 손해보상의 정도에 크게 영향을 미친다. 수하인이 손상된 화물을 적절히 수리하고 신속히 인수함으로써 손해액을 상당히 감소시킬 수 있는 한편, 손해발생 후 수하인의 무책임한 행동은 손해를 증가시킬 수 있다.

9) 해난구조: 해난구조의 결과 화물의 손해액을 감소시킬 수 있다. 특정 적하를 구조하는 것이 가능한지 여부는 적하의 성격, 조난장소, 그리고 경제적 여건에 따라 달라진다.

10) 보험인수경험: 특정 피보험자에 대하여 보험사가 가지고 있는 과거의 보험인수경험은 당해 피보험자에 대한 보험료율이 적절한지를 결정하는 데 유용한 지침이 된다. 그러나 이것이 유일한 결정요소는 아니며, 손해비율이 마이너스일 때는 당해 피보험자의 위험요소를 재검토할 필요성이 있다는 것을 의미하나 보험자가 반드시 보험료율을 변경하여야 하는 것은 아니다. 보험료율은 보험자가 장래 계속 사용할 목적으로 만들어지며, 보험자는 보험인수를 결정할 때 장래에 어떠한 손해가 반복될 수 있는지를 고려한다.[1]

---

1) American Institute of Marine Underwriters, Guide to Cargo Insurance(3d ed. 1984), 14-15

1982년 협회적하약관은 1779년에 채택된 로이드 S. G. 증권의 어려운 용어와 위험배분에 대하여 비판적인 여론에 힘입어 형성되었다. 개정된 조항은 협회적하약관 (A) · (B) · (C)와 협회전쟁약관(적하) · 협회파업약관(적하) · 불법손해약관 등을 포함한다. 협회적하약관 (A)는 특정된 예외를 제외한 모든 위험을 부보하고, 협회적하약관 (B)는 보다 제한적이고 특정한 위험만을 부보하며, 협회적하약관 (C)는 오직 중요한 재난만을 부보한다.[1)]

한편 국제보험협회(International Underwriting Association)와 로이드보험협회(Lloyd's Market Association)의 회원들로 구성된 합동적하보험위원회(Joint Cargo Committee)는 2009년 1월 1일자로 2009년 협회적하약관을 탄생시켰다. 주요내용은 운송기간의 변경, 선의의 매수인과 양수인의 보호, 면책사유 변경, 계속담보, 선의의 피보험자를 보호하기 위한 항해변경조항, 협회적하약관(B)의 담보내용 등이다.[2)]

적하를 보험에 부보한 경우, 보험기간은 적하의 선적에 착수한 때에 개시한다(상 제699조 제2항 본문). 그런데 상법은 적하보험의 실무상 내륙운송약관에 의하여 보험자가 적하의 출하지 또는 도착지까지의 위험을 부보하는 점을 중시하여 제699조 제2항 단서를 신설하여 "출하지를 정한 경우에는 출하지에서 운송에 착수한 때에 보험기간이 개시한다"고 규정하였다. 즉 원칙적으로 적하보험의 보험기간은 적하의 선적착수시에 개시하나, 육상의 특정 지점에서 출하하여 선적하기로 한 경우에는 그 출하지에서의 운송의 착수시에 보험기간이 개시된다. 또한 적하를 양륙항에서 양륙한 때에 보험기간이 종료하나, 적하를 특정 지점에서 수하인에게 인도하기로 한 때에는 그 도착지에서 적하를 인도한 때에 보험기간이 종료한다(상 제700조). 보험계약체결 당시 적하를 적재할 선박을 지정하지 아니한 경우에 보험계약자나 피보험자가 적하의 선적사실을 안 때에는 지체 없이 보험자에게 선박의 명칭, 국적과 적하의 종류 · 수량 · 가액을 통지하여야 한다(상 제704조 제1항). 이 통지를 게을리한 때에는 보험자는 그 사실을 안 날로부터 1월 내에 계약을 해지할 수 있다(동조 제2항).

쪽; SchoenbaumP(5th), 390-391쪽.

1) Diamond, "The Law of Marine Insurance-Has It a Future?" [1986] 1 LMCLQ 25쪽; SchoenbaumP(5th), 391쪽.

2) 한낙현, "2009 협회적하약관(ICC) 주요 개정내용 및 영향 고찰," 손해보험 제488권(2009. 7), 38쪽.

적하보험약관상 보험종료사유가 발생하기 이전이라도 통상의 운송과정을 벗어나는 경우에는 이로써 보험이 종료하고, 피보험자가 운송을 중단하고 적하를 반송하기로 결정한 경우에는 그러한 의도적인 운송중단에 의하여 통상의 운송과정에서 벗어난 것이어서 보험이 종료한다는 2003년 대법원판례가 있다.[1]

3. 선주책임상호보험(P & I 보험, Protection and Indemnity Insurance)

선박보험자들이 제3자에 대한 선박의 충돌배상책임의 4분의 3까지만 부

---

[1] 대판 2003. 6. 13. 2001다42660(판례공보(2003. 7. 15), 1520쪽)(원고 우강업, 피고 대한화재). 1998. 6. 원고는 인도네시아수입상 부아나에게 청바지원단을 수출하기로 하였고, 부아나의 의뢰를 받은 알루트레이드는 싱가포르 메리타은행에 신용장개설을 의뢰하였다. 신용장은 개설의뢰인이 품질증명서발행을 확인하였음을 통보하는 개설은행의 암호텔렉스사본을 선적서류로 제시할 것을 요구하였다. 피고는 피보험자를 원고로 하는 적하보험계약을 체결하였다. 1998. 6. 25. 운송인 디더블유는 원고와 운송계약을 체결하고 선하증권을 발행하였는데, 수하인은 메리타은행이 지시하는 자이고, 통지처는 부아나였다. 원고는 품질증명서를 받았으나 메리타은행의 암호텔렉스는 받지 못한 상태에서 부아나가 화물을 빨리 운송해달라고 하였으므로 화물을 자카르타항으로 운송하였다. 메리타은행은 원고가 암호텔렉스를 제시하지 않음을 이유로 신용장대금지급을 거절하였고, 부아나는 대금지급을 지연하였으므로 1998. 7. 20. 원고는 이 사건 화물을 우리나라로 반송하기로 결정하고, 디더블유에게 이러한 의사를 전달하였다. 이 사건 화물은 1998. 7. 5. 자카르타항에 도착하여 7. 20. 보세창고에 옮겨졌는데, 부아나는 선하증권 대신 디더블유의 인도네시아 선박대리점이 발행한 화물인도지시서를 보세창고에 제시하고 화물을 무단반출하였다. 서울고판 2001. 6. 12. 2000나45244는 원고가 대금을 지급받기 어렵게 되었다거나 화물의 반송을 결정하였다는 점만으로 보험이 종료되었다고 판단할 정도로 화물이 통상의 운송과정을 벗어났다고 인정할 수 없다고 보았다.
　협회적하보험약관 제8.1조는 다음과 같다.
　　8.1 이 보험은 화물이 운송을 개시하기 위하여 이 보험증권에 기재된 장소의 창고 혹은 보관지점을 떠나는 때에 개시하고, 통상의 운송과정중에 계속되며,
　　　8.1.1 이 보험증권에 기재된 목적지에 있는 수하인의 최종창고 혹은 최종보관지점에 화물이 인도된 때,
　　　8.1.2 피보험자가 다음의 목적을 위하여 사용하고자 선택한 기타의 창고 혹은 보관지점에 화물이 인도될 때,
　　　　8.1.2.1 통상의 운송과정에 포함되는 보관이 아닌 보관을 위하여, 혹은
　　　　8.1.2.2 할당 또는 분배를 위하여,
　　　8.1.3 최종양하항에서 외항선으로부터 부보된 화물의 하역이 완료된 후 60일이 경과한 때 중 어느 것이든 먼저 발생한 때에 종료한다.
　대법원은 약관 제8.1조에서 보험이 통상 운송과정중에 계속된다는 부분의 해석상 제8.1.1조 내지 제8.1.3조에서 정하는 보험종료사유가 발생하기 전이라도 통상 운송과정을 벗어나는 경우에는 보험이 종료한다고 보았다. 즉 피보험자가 운송을 중단하고 화물을 반송키로 결정한 경우에는 그러한 의도적인 운송중단에 의하여 통상 운송과정에서 벗어났으므로 보험이 종료한다고 보아 원심을 파기하였다. 대법원의 약관해석내용이 타당한 것으로 보인다.

보하는 것이 불충분하였으므로, 일종의 상호보험조합인 P & I 클럽이 충돌배
상책임의 나머지 4분의 1을 인수하기 위하여 설립되었다. P & I 클럽은 점차
제3자에 대한 모든 배상책임과 선박보험자가 인수하지 않는 기타 위험을 포
함하도록 그 위험인수범위를 확대했다. P & I 보험은 오늘날 선박보험증권에
의해 보호되지 않는 거의 모든 위험을 인수한다. 선주의 사실상·법률상 책임
이 증대함에 따라 P & I 클럽의 위험인수범위도 광범위하게 된 것이다.[1]
 P & I 보험의 위험인수범위는 다음과 같다.

① 선원의 사망·상해·질병
② 하역근로자의 사망 또는 상해
③ 여객 또는 제3자의 사망·상해·질병
④ 개인휴대품의 멸실
⑤ 오락비용
⑥ 인명구조
⑦ 충돌배상책임(선박보험의 충돌약관이 부보하지 않는 범위의 책임)
⑧ 적하 외 재산의 멸실 또는 훼손
⑨ 오염손해
⑩ 예선계약상의 책임
⑪ 계약 및 구상계약에 의한 책임
⑫ 난파선에 대한 책임
⑬ 적하에 대한 책임
⑭ 적하이해관계인으로부터 지급받을 수 없는 공동해손분담금이나 해난구조료
 중 적하이해관계인의 부담액
⑮ 해난구조인의 특정 비용
⑯ 벌 금
⑰ 법적 비용
⑱ 현재 사용중인 P & I 보험증권의 범위 외에 갑자기 예외적으로 발생할 수
 있는 새로운 위험의 총괄적 보호[2]

---

1) 조동오, 우리나라 선주책임상호보험조합의 설립방안연구(서울: 해운산업연구원, 1989), 4-6
 쪽; SchoenbaumP(5th), 392-393쪽.
2) Coughlin, "Protection & Indemnity Clubs," 1984 LMCLQ 403쪽; SchoenbaumP(5th),
 393-394쪽.

P & I 보험에 적용되는 이른바 총괄적 부보원칙(omnibus rule)에 의하여 P & I 클럽은 스스로 P & I 보험의 부보범위라고 판단하는 보험금청구에 대하여 지급할 수 있는 광범한 재량권을 가진다. P & I 보험의 장점은 부보금액이 대단히 고액이라는 점이다. 세계적으로 약 25개의 P & I 클럽이 존재하는데, 대부분은 영국에 위치하고 있다.[1] P & I 클럽과 마찬가지로 비영리상호공제를 기본으로 하여 운영되는 F.D. & D. 클럽은 운임·체선료·방어비용(freight, demurrage, defense)과 같은 특별한 위험만을 인수한다. 이 중 체선료는 운송물을 선적·양륙하는 데 소요되는 일정기간 또는 상당한 정박기간을 초과하여 선박을 정박시킨 때에 운송계약에 의하여 용선자가 선박소유자에게 지급하는 배상금이고, 방어비용이란 P & I 보험이 인수하지 않는 법적 비용을 의미한다. 전쟁위험 및 선원·하역근로자들의 파업으로 인한 선박소유자의 손해에 대하여는 특별한 종류의 보험이 있다. 또한 P & I 클럽은 제3자에 대한 배상책임은 물론 컨테이너운송에 내재하는 특별위험, 컨테이너 및 크레인과 같은 관련장비에 대한 손해를 담보하기도 한다. 선박소유자와 용선자는 물론 운송주선업자와 터미널운영자도 P & I 보험에 가입할 수 있다. 근해탐사의 경우에는 P & I 보험증권에 원래의 피보험자 외에 특약으로서 '선박을 사용하는 자' 등의 제3자를 피보험자로 추가하는 것이 관례이다. 그러한 경우 추가적 피보험자는 선박의 운항과 관련하여 제3자가 상해를 입은 경우에만 P & I 보험금을 청구할 수 있다. 즉 추가적 피보험자는 선박의 운항과 무관하게 발생한 제3자의 상해에 대하여는 P & I 보험금지급을 청구할 수 없다.[2]

제 4 절 피보험이익(insurable interest)

해상보험계약에서 피보험자는 피보험이익, 즉 항해나 피보험재산에 대한 이해관계를 가져야 한다. 항해에 대한 보험증권을 소지하고 있는 것만으로는 정당한 이해관계를 가진다고 할 수 없다.[3] 상법은 "손해보험계약의 보험자는

---

1) 영국의 P & I 클럽은 세계운송선단의 P & I 보험가입부분 중 65퍼센트를 차지한다. Coughlin, 앞의 글, 404쪽.
2) SchoenbaumP(5th), 394-396쪽.
3) Buglass(3d), 14쪽; Hudson(2d), 27쪽.

보험사고로 인하여 발생된 피보험자의 재산상의 손해를 보상할 책임이 있다"
고 규정함으로써 피보험이익이 보험목적물에 대하여 특정인이 가지는 이해관
계임을 밝히고 있다(상 제665조). 한편 1906년 영국 해상보험법은 해상사업에
대하여 이해관계를 가지는 모든 자는 피보험이익을 가진다고 하고(영국 해상보
험법 제5(1)조), 해상사업이나 피보험재산에 대하여 보통법 또는 형평법상의 이
해관계를 가지는 결과 피보험재산의 안전이나 정확한 도착에 의해 이익을 얻
거나 피보험재산의 멸실·훼손·지연으로 인해 손해를 입거나 피보험재산에
대하여 책임을 지는 자는 해상사업에 대하여 이해관계를 가진다고 규정한다
(동법 제5(2)조).

　　피보험이익이 없다면 당해 보험계약은 사행계약이므로 무효이다. 영국
해상보험법은 사행성을 가진 해상보험계약을 무효라고 규정하고(동법 제4(1)조),
사행계약이란 ① 피보험자가 피보험이익을 가지고 있지 않으며 피보험이익을
취득할 것을 기대하지 않고 보험계약을 체결한 경우, 또는 ② 보험증권 외에
는 다른 이해관계의 증거가 없는 경우를 의미한다고 한다(동법 제4(2)조). 보험
계약체결시에 피보험이익이 없더라도 무방하나, 손해발생시에는 반드시 피보
험이익이 존재하여야 한다(동법 제6조).

　　영국 해상보험법은 다음과 같이 다양한 피보험이익을 규정한다.

1) 취소할 수 있거나 우연한 이익은 피보험이익에 포함된다(동법 제7조).
2) 성격을 불문하고 부분적 이익도 피보험이익에 포함된다(동법 제8조).
3) 보험자는 피보험재산에 대하여 재보험을 부보하는 데 관하여 피보험이익을
   가진다. 그러나 원보험의 피보험자는 재보험에 대하여 피보험이익을 가지
   지 않는다(동법 제9조).
4) 선박저당권자는 대여금채권에 관하여 피보험이익을 가진다(동법 제10조).
5) 선장과 선원은 임금채권에 관하여 피보험이익을 가진다(동법 제11조).
6) 선급운임을 지급한 자는 선박이 멸실되어 운임을 반환받지 못하게 된 경우,
   피보험이익을 가진다(동법 제12조).
7) 피보험자는 보험료에 대하여 피보험이익을 가진다(동법 제13조). 즉 피보험이
   익의 금액은 피보험재산의 시가와 일치하지 않는다.
8) 피보험재산에 저당권이 설정되어 있는 경우 저당권설정자는 피보험재산의
   가액에 대하여 피보험이익을 가지며, 저당권자는 저당채권액에 대하여 피

보험이익을 가진다(동법 제14(1)조).

9) 저당권자, 수하인 기타 피보험재산에 이해관계를 가지고 있는 자는 자신의 이익을 위해서는 물론 다른 이해관계인을 위하여 보험에 가입할 수 있다(동법 제14(2)조).

10) 피보험재산의 소유자는 제3자가 피보험재산의 손실에 대하여 배상할 책임이 있거나 손해를 배상할 것에 합의했더라도 여전히 보험목적물의 가액에 대해 피보험이익을 가진다(동법 제14(3)조).[1]

또 동법 제16조는 보험가액의 평가에 관하여 "보험증권에 명시규정이나 평가액이 있는 경우를 제외하고, 보험목적물의 보험가액은 다음과 같이 정한다: ① 선박에 관한 보험에 있어서의 보험가액은 선박의장, 고급선원 및 보통선원용 식료품과 소모품, 해원의 급료 외 前渡金과 보험증권에 정한 항해나 해상사업에 대하여 선박의 감항능력을 갖추기 위하여 지출한 일체의 船費를 포함한 위험개시시의 선박의 가액에 위 전체에 대한 보험비용을 가산한 금액이다. 기선의 경우에 보험가액은 위 금액 외에 기계·기관 및 석탄을 포함하며, 피보험자의 소유에 속하는 기관용 소모품도 포함된다. 그리고 특수사업용 선박의 경우에는 특수사업에 필요한 통상의 의장을 포함한다. ② 운임에 관한 보험에 있어서는 선급운임이든 아니든 보험가액은 피보험자의 위험에 속하는 운임의 총액에 보험비용을 가산한 금액이다. ③ 화물이나 상품에 관한 보험에 있어서의 보험가액은 피보험재산의 원가에 선적비용 및 선적에 부수하는 비용과 위 전체에 대한 보험비용을 가산한 금액이다. ④ 기타 보험의 목적에 관한 보험에 있어서의 보험가액은 보험계약의 효력개시시 피보험자의 위험에 속하는 금액에 보험비용을 가산한 금액이다"라고 규정한다.

이에 따라 많은 사람이 해상보험계약을 체결하는 데 필요한 이해관계를 가지게 된다. 원칙적으로 해산(海産)에 대해 재산권, 예컨대 소유권 또는 담보권을 가지는 자는 피보험이익을 가진다. 나아가 Hooper v. Robinson 사건[2]에서, 미국법원은 "피보험이익을 가지기 위하여 피보험자가 반드시 보험목적

---

1) Buglass(3d), 14-16쪽.
2) 98 U.S.(8 Otto) 528(1887). 일반대리상인 Hooper는 선박수리비용을 대부해 준 결과 선박에 대하여 우선특권을 가지게 되었는데, 해상보험증권에는 이해관계인 제위를 피보험자로 규정하고 있었다. 법원은 Hooper가 선박에 대하여 피보험이익을 가지므로 보험증권에 의해 보호된다고 판시했다.

물에 대하여 재산권을 가져야 하는 것은 아니다. 보험목적물이 멸실됨으로써 피보험자가 손해를 입거나 보험목적물이 보존됨으로 인하여 피보험자가 이익을 얻는 것으로 충분하다. 해상보험법상 피보험이익은 다양한 형태를 지니며, 대리인·위탁매매인·수치인·운송업자·수탁자·수하인·저당권자 기타 우선특권자는 자신이 피보험재산에 대하여 가지는 이해관계에 대하여 보험에 부보할 수 있다. 그리고 그 외의 자들도 보험증권에 '제반 이해관계당사자는 피보험자가 될 수 있다'(on account of whom it may concern)는 내용의 약관이 기재되어 있고, 보험목적물에 대하여 이해관계를 가진다는 사실을 보험자로부터 사전승인 또는 사후추인받았다면 피보험이익을 가진다. 보험증권에 여러 피보험자가 기재되어 있더라도 이는 피보험이익을 가지는 자의 일부분에 불과하다"고 판시함으로써 피보험이익을 가지는 자의 범위를 넓게 해석하였다.[1]

피보험이익을 넓게 해석하여 피보험이익이 소유자이익뿐 아니라 담보이익, 사용·수익에 관한 이익 및 물권적·채권적 취득기대이익도 포함한다고 본 우리 판례[2]가 있다. 이 사건에서 법원은 소유권의 이전이 피보험이익의 이전과 항상 일치하는 것은 아니며, 위험부담과 피보험이익도 항상 일치하지는 아니한다고 판시하였다. 보험증권에 피보험자를 '선주 A, 관리자 C'라고

---

1) SchoenbaumP(5th), 397-398쪽; Buglass(3d), 16쪽.
2) 서울민지판 1993. 11. 2. 93가합18704(법률신문 제2276호(1993. 12. 27)). 이 사건에서 피고 보험자는 "피보험자는 보험사고발생시 피보험이익을 가지고 있어야 하는데, C & F 조건에 따른 수입화물의 경우 선적 전에는 수입상에게 소유권·소유이익이나 멸실·손상에 따른 위험부담이 이전되지 아니하므로 수입상은 피보험이익이 없다"고 항변하였다. 이에 대하여 법원은 "거래의 한 당사자는 소유권을 가지고 타방은 취득기대이익을 가지는 등 양 당사자가 한 시점에서 모두 피보험이익을 가질 수 있으므로, 소유권·소유이익의 이전이 피보험이익의 이전과 항상 일치하는 것은 아니다. 또 위험부담이란 거래당사자간에서 어느 시점에 발생한 목적물의 멸실 또는 손상에 대한 책임을 누가 부담하느냐의 문제로서 보험자의 책임개시 및 종료시점과 반드시 일치하지는 않는다. 이 사건 보험사고 중 보험목적이 선측 난간을 통과하기 전으로서 위험부담이 수입상에게 이전되지 않은 상태에서 발생한 부분이 있더라도 보험자는 보험금지급의무가 있다"며 피고의 항변을 기각하였다. 사견은 이 판결에 비판적이며, 역시 비판적인 견해로는 양승규, "해상매매조건과 피보험이익의 관계," 손해보험 제302호(1993. 12), 34쪽. 한편 이 사건의 항소심인 서울고판 1995. 3. 21. 93나49149는 "영국해상보험법 제6조 제1항 단서에 의하면, 보험목적물이 lost or not lost 조건으로 부보된 경우에는 손해발생시 피보험자가 피보험이익을 가지고 있지 못하더라도 손해 후에 피보험이익을 취득하면 피보험이익을 손해발생시에 소급하여 취득하게 된다"고 해석하여 제1심 판결을 인용하였다. 이에 대하여 피고는 위 단서규정은 보험계약체결 전에 이미 보험목적물이 멸실되어 보험에 가입할 이익이 없게 된 경우에만 선의의 피보험자를 보호하기 위하여 적용되는 것이라고 주장하였으나 받아들여지지 않았다.

기재했는데, 선체용선자 B가 자신이 피보험자라며 보험금청구권을 주장했다. B가 청구권을 가지려면 ① B를 대리해 보험계약을 체결한다는 취지를 C가 보험자에게 밝혔거나, ② C가 B를 대리한다는 사실을 보험자가 알고 있거나, ③ 보험계약 체결 당시 C가 B로부터 대리권을 수여받아 B를 위해 보험계약을 체결할 의도를 가지고 있어야 한다. B가 선박보험료를 부담한 것만으로는 보험계약이 B의 이익을 위한 것이라고 할 수 없다.[1]

'피보험이익에 대한 입증이 완료되었으며, 모든 이해관계를 담보'(P.P.I., F.I.A., 즉 Policy Proof of Interest, Full Interest Admitted)한다는 보험조건에 의하여 특정 이해관계가 부보된 경우, 보험자는 당해 이해관계에 대하여 피보험이익이 결여되었다는 항변을 할 수 없다. 명예약관으로 알려진 이 같은 약관은 보험실무상 보험자가 특정 이해관계를 부보하는 것이 통상적임에도 불구하고 과연 그 이해관계에 대하여 피보험이익이 존재하는지 판단하기 곤란한 경우에 사용된다.[2] 그 예로서 비용변상에 관한 약관을 들 수 있는데, 이는 선박보험에 의해 부보되지 않는 선체손해를 부보하는 것이다. 때때로 해상보험증권은 누구의 이익이 부보되는지를 명확히 하지 않고 발행되는 일이 있으며, 이 경우 보험증권에는 단지 "관계인의 이익을 위하여"라고만 기재된다. 이 같은 보험증권을 해석함에 있어서는 보험청약자의 의도가 손해보상을 청구하는 자(피보험자)의 이익을 보호하는 것이었다면, 그 피보험자가 피보험이익을 가지는 것으로 간주하여 보험자가 피보험자에게 보험금지급의무를 부담한다고 보아야 한다. 보험자나 보험계약자가 사전에 해상보험계약에 의해 보호되는 피보험자를 알았어야 할 필요는 없다. 보험자가 피보험이익의 결여를 근거로 손해보상을 거절한다면, 피보험자는 피보험이익의 존재를 입증할 책임이 있다. 여러 명의 당사자가 보험계약에 기해 보험자에게 손해보상을 청구한다면, 각 당사자의 피보험이익은 선박에 대한 그들의 이해관계에 비례하여서가 아니라 당해 보험계약에 대한 이해관계에 따라 결정된다. 유효한 손해보상청구를 주장하기 위하여는 피보험자가 손실발생시점에 피보험이익을 가지는 것으로 충분하며, 피보험자가 계약 당시에 피보험이익을 가졌는지 여부는 중요하지

---

[1] 대판 2019. 12. 27. 2017다208232, 208249(판례공보(2020. 2. 15), 347쪽)(원고/상고인 에스앤비코리아, 피고/피상고인 지엠 쉬핑 코퍼레이션, 상고기각).

[2] Gilmore & Black, 앞의 책, 61쪽.

않다.[1]

제 5 절   보험증권의 양도

1. 보험증권의 양도성

해상보험증권의 양도를 금지하는 명시적 규정이 없는 한 사고발생의 전후를 불문하고 해상보험증권은 양도가 가능하다(영국 해상보험법 제50(1)조). 적하보험증권에 대하여는 양도를 금지하는 경우가 드문 반면, 선박보험증권의 양도에 대하여는 일정한 제한이 가해지는 것이 보통이다. 예컨대 협회선박약관 제5조는 "피보험자가 서명하였으며 양도일자가 기재된 통지가 보험증권에 배서되고, 이같이 배서된 보험증권을 보험금지급 이전에 보험자에게 제출하지 아니하는 한 이 보험의 양도는 보험자를 구속하지 아니한다"고 규정하고 있다.

2. 양수인과 보험자의 권리

보험증권을 양도한 경우에 보험증권의 양수인은 자신의 명의로 보험증권에 기한 소송을 제기할 수 있다. 이 때 보험자는 보험계약자나 피보험자가 당해 소송을 제기하였더라면 보험자가 주장할 수 있었을 모든 계약상의 항변을 주장할 수 있다(동법 제50(2)조). 예컨대 피보험자가 중대한 사실을 보험자에게 고지할 의무를 위반하였다면, 설사 보험증권의 양수인이 그러한 위반사실을 몰랐더라도 보험자는 고지의무위반을 이유로 면책된다.[2] 예컨대 Bank of New South Wales v. South British Insurance Co., Ltd. 사건[3]에서는 피고 보험자가 보험계약자 A사의 호주발 독일행 구리화물의 적하보험을 인수하였다. A사로부터 구리를 매수한 피보험자 B사에 대하여 원고은행이 선하증권 및 보험증권을 담보로 하여 수입대금을 대여하였다. 구리를 선적한 선박이 런던에

---

1) SchoenbaumP(5th), 399-400쪽.

2) Ivamy(4th), 317쪽.

3) (1920) 4 Ll.Rep. 266(C.A.).

도착한 즉시 제1차 세계대전이 발발하였으므로, 구리는 적국의 재산으로서 포획되었다. 원고은행은 질권자로서 피고에 대하여 전손보험금지급을 청구하였다. 그러나 영국항소법원은 원고 은행이 B사로부터 보험증권을 양수한 것으로 보고, B사가 적국국민이었으므로 보험계약은 무효이며, 피고는 B사에 대하여 주장할 수 있는 무효의 항변을 원고 은행에 대하여도 주장할 수 있으므로 면책된다고 판시하였다. 한편 피보험자가 고의로 선박을 침몰시킨 후 선박보험증권을 저당권자에게 양도한 경우에 피보험자는 보험금청구권을 상실하므로 양수인인 저당권자도 보험금을 청구할 수 없다는 영국귀족원의 판결도 있다.[1]

3. 양도의 방식

보험증권을 양도하기 위하여는 배서를 하는 방법과 기타 통상적인 방법으로 양도하는 방법이 있다(동법 제50(3)조). 영국법원은 백지식 배서에 의하여 보험증권을 양도하는 것은 유효하다고 보는 한편,[2] 단순히 보험증권을 양수인에게 교부하는 것만으로는 통상적인 방법에 의한 양도라 할 수 없어서 유효하지 않다고 본다.[3] 피보험자가 보험증권을 유효하게 양도하려면, 보험증권을 양수받는 것에 대하여 양수인이 명시적이거나 묵시적으로 동의하였어야 한다(동법 제15조). 보험목적물이 현존하는 경우에 보험증권의 양수인은 보험목적물도 양수하였어야 한다. 설사 보험목적물이 멸실되었더라도 보험증권을 양도하는 것은 가능하며, 이 경우에 보험증권의 양수인은 자신의 이름으로 보험금지급청구권을 행사할 수 있다.[4] 보험증권의 양수인이 배서에 의하여 양도받지 못하였더라도 양도인인 피보험자와 양수인 간에 보험목적물에 관한 피보험이익을 이전한다는 묵시적 합의가 있었다고 봄으로써 보험증권의 양도의 방식에 관하여 폭넓게 해석한 서울지법판례가 있다.[5]

1) Graham Joint Stock Shipping Co., Ltd. v. Merchants' Marine Insurance Co., Ltd.(1923) 17 Ll.Rep. 44(House of Lords). Ivamy(4th), 318쪽.
2) F. Aron & Co. v. Miall, (1928) 31 Ll.Rep. 242(C.A.).
3) Baker v. Adam, (1910) 102 LT 248. Ivamy(4th), 319쪽.
4) Ivamy(4th), 320쪽.
5) 서울지판 1997. 12. 4. 96가합80823. 동조 인도네시아는 동조 러시아에게 신발을 수출하기로 하고, 피고 건영상선에게 자카르타로부터 모스크바까지의 운송을 의뢰하였다. 신발이 세인트페테스부르크로부터 모스크바까지 트럭운송되던 중 괴한에게 강탈당하였으므로 원고

제 6 절   최대선의의 계약(the duty of utmost good faith): 고지의무

영국 해상보험법 제17조는 "해상보험계약은 최대한의 선의에 입각한 계약이다."라고 규정한다. 이같이 해상보험계약은 보험자와 피보험자 쌍방의 최대의 선의를 요구하는 계약(contract uberrimae fidei)이나, 보험자는 계약조건을 확정하기 위해 피보험자가 제공하는 사실이 정확하거나 충분한지를 판단할 수 없는 경우가 많다. 따라서 피보험자는 보험계약 체결시 최대의 선의를 다하여야 하며, 보험자가 질의하지 않더라도 피보험자는 위험에 대하여 중요한 관계가 있으며 자신이 알고 있는 모든 사실을 고지하여야 한다.[1] 영국 2015년 보험법은 피보험자는 자신이 알고 있는 모든 사실 뿐 아니라 자신이 알고 있어야 했던 중요한 사실을 모두 보험계약의 체결 이전에 보험자에게 고지할 의무가 있으며(제3조 제1항, 제4항), 신중한 보험자가 위험을 인수할 것인지의 여부 및 인수하는 경우 어떤 조건으로 인수할지를 판단하는데 영향을 끼칠 수 있다면 중요하다고 규정한다(제7조 제3항). 만약 피보험자가 고지하지 아니한 사실이 있는데 보험자가 이를 미리 알았더라면 당해 보험계약을 체결하지 않았거나 다른 조건 하에서 체결하였을 때, 보험자는 피보험자의 고지의무 위반으로 인한 구제수단을 가진다(제8조 제1항).

1906년 영국 해상보험법하에서 해상보험에서는 피보험자가 중요사실을 보험자에게 고지하지 아니하였거나 불실고지한 것이 고의적이었든 착오·사고·망각·부주의에 기인한 것이든 보험계약을 취소가능했으나, 2015년 보험법의 시행에 따라 고의적이고 무모한 고지의무 위반에 한하여 보험자가 보험료의 환급 없이 보험계약을 취소할 수 있으며, 나머지 위반의 경우에는 비례

해동화재는 동조 러시아에게 적하보험금을 지급하고 피고를 제소하였다. 피고는 "동조 인도네시아가 피보험자인데, 동조 러시아는 배서를 받지 못하였으므로 동조 러시아는 피보험자가 될 수 없다"고 항변하였다. 그러나 법원은 ① 신발이 피고가 발행한 선하증권의 양도에 의하여 처분될 것이 전제되어 있었고, ② 동조 인도네시아와 동조 러시아 간에 동조 러시아가 선하증권을 소지하게 되면 동조 인도네시아로부터 신발에 관한 피보험이익을 이전 받기로 하는 묵시적 합의가 있었다고 보아야 하므로, 동조 러시아는 보험증권상 배서를 받지 못하였더라도 보험금청구권을 가진다고 판시하였다.

1) 심상무, "고지의무위반의 효과: 상법 제651조와 제655조의 해석을 중심으로," 저스티스 제25권 제1호(1992), 67쪽; 김선정, "고지의무에 관한 각국의 입법례," 손해보험(1992. 8), 37쪽; 김재헌, "영국 해상보험법상의 고지의무 위반에 대한 영국판례의 최근 동향," 인권과 정의 제259호(1998. 3).

적 감액 원칙에 따라 지급보험금이 감액될 뿐이다(2015년 보험법 Schedule 1). 고의적이거나 무모하게 고지의무를 위반한 경우란 피보험자가 고지 의무를 위반하는 것임을 알았거나 또는 고지의무의 위반에 해당하는지 여부를 무시하면서 고지의무를 위반한 경우를 말한다(동법 제8조 제5항). 피보험자가 고지의무를 위반하였는지와 고의적이거나 무모하게 위반하였는지에 관한 입증책임은 보험자가 부담한다(동법 제8조 제1항, 제5항).

피보험자가 보험계약과 관련하여 허위 보험금지급청구를 한 경우, 보험자는 보험금을 지급할 의무가 없으며, 그 보험금청구와 관련해 이미 지급된 금액에 있다면 이를 환수할 수 있다(동법 제12조 제1항 a, b호). 피보험자가 허위의 청구를 하였다면, 그 허위청구 이전에 제기된 진정한 보험금지급청구권도 상실한다는 판례가 있다. 1986년 캡틴 파나고스호 사건에서 항해중 좌초가 실제로 발생하였는데, 좌초 후 피보험자는 우연을 가장하여 고의로 화재를 야기시켰다. 영국법원은 피보험자가 보험금지급청구를 할 때 사기행위나 최대선의의무 위반을 하면 계약의 묵시적 조건을 위반한 것이어서 보험자는 면책되며, 이것은 설사 별도의 진정한 보험금지급청구권이 존재하는 경우에도 마찬가지라고 보았다. 즉 두 번째 사고에 대한 최대선의의무 위반으로 인하여 보험자는 계약을 더 이상 이행하지 않아도 된다는 것이다.[1]

2015년 보험법은 보험자가 피보험자에 대한 통지를 통해 보험료를 반환하지 않은 채 사기적 행위가 있은 날로부터 보험계약을 종료시킬 수 있도록 하여(동법 제12조 제1항, 제2항), 피보험자가 사기적 보험금지급청구를 한 이후 보험자가 그에 따라 보험계약을 취소하기 전에 발생한 손해에 대하여도 지급을 거절할 수 있도록 했다. 아울러 이같이 보험계약이 종료된 경우에도 사기적 행위 이전에 발생한 사고 등에 관한 보험계약상의 당사자의 권리와 의무에 영향을 주지 않는다고 명시함으로써(동조 제4항), 사기적 행위의 전후에 발생한 사고에 대해 명확한 기준을 제시하였다.

우리 상법은 보험자가 부담하는 위험이 변경되는 항해의 변경에 대하여 특별한 규정을 두고 있다. 즉 선박이 보험계약에서 정해진 발항항이 아닌 다른 항구에서 출항한 때에는 보험자는 책임을 지지 아니하고(상 제701조 제1항),

1) Continental Illinois National Bank & Trust Co. of Chicago and Xenofon Maritime S.A. v. Alliance Assce. Co. Ltd. (The Captain Panagos D.P.) [1986] Ll.Rep. 470. O'May, 38-39쪽.

선박이 발항항에서 출항하였으나 보험계약상의 도착항이 아닌 다른 항구를 향하여 출항한 때에도 보험자는 면책된다(동조 제2항). 그리고 발항항에서 도착항을 향하여 출항하였으나 항해도중에 도착항을 변경하였다면, 이 같은 변경의 결정이 있는 때로부터 보험자는 책임을 지지 아니한다(동조 제3항). 변경의 결정이 있은 후 얼마간은 당초의 예정항로를 따라 항해한 경우에도 변경의 결정이 있은 때부터 보험자는 면책된다. 이것은 변경의 결정에 따라 항해의 계획이 바뀌고, 그만큼 보험자가 부담하는 위험이 변경되기 때문이다.[1]

고지의무에 관한 대표적 판례 대판 1996. 3. 8. 95다28779[2]는 고지의무위반과 보험사고 간에 인과관계가 없어도 보험계약을 해지할 수 있다고 판시하였다. 이 사건 선박보험계약체결 당시 선박은 공선상태였고, 주 발전기가 고장나 있었으며, 구명뗏목·자이로컴퍼스·마그네틱 컴퍼스·VHF 무선전화기·계류로프·주 기관예비품 및 기관실공구 전부가 도난당한 상태였다. 법원은 이 같은 선박의 부실한 관리상태는 감항능력에 영향을 미칠 수 있을 뿐 아니라 보험자가 보험료를 정하고 위험인수 여부를 판단하는 데 영향을 미칠 사정으로서 영국 해상보험법 제18조 제1항의 중요한 사항이므로, 선박보험계약이 보험자의 고지의무위반으로 인한 취소권행사로 효력을 상실하였다고 판시하였다. 또 보험자는 고지의무위반 사실을 안 날로부터 보험계약취소 여부를 결정하는 데 필요한 상당한 기간 내에 취소권을 행사하여야 하나, 그렇다고 하여 우리 상법 제651조 소정의 제척기간에 상응하여 1개월 내에 행사하여야 할 필요는 없다고 보았다. 대법원은 영국법상 최대선의 의무는 보험계약체결 이후에도 계속되는 공정거래의 원칙으로 계약 전반에서 준수되어야 하지만, 보험계약 이행 단계에서도 최대선의 의무를 일반적 의무로 인정하면 피보험자에게 과도한 부담을 초래한다고 본다. 일단 계약이 성립한 이후에는 계약 상대방의 편의를 증대시키기 위해 적극적으로 행동할 것을 요구하는 정도에는 이르지 않고, 상대방에게 손해를 일으키거나 계약관계를 해치지 않을 의무로 완화된다는 것이다.[3]

약관의규제에관한법률에 의하여 보험자는 보험계약을 체결할 때, 보험계

---

1) 김교창, "상법 중 보험편의 개정내용(Ⅲ)," 인권과 정의 제192호(1992. 8), 112쪽.
2) 판례공보(1996. 5. 1), 1199쪽.
3) 대판 2018. 10. 25. 2017다272103(판례공보(2018. 12. 1), 2236쪽)(원고/피상고인 상상인선박기계, 피고/상고인 롯데손해보험, 상고기각).

약자에게 보험약관에 기재되어 있는 보험상품의 내용, 보험요율, 보험자의 면책사유 등 중요한 사항에 대하여 구체적이고 상세한 명시·설명 의무를 진다. 그러나 보험약관의 중요한 내용에 해당하는 사항이라 하더라도 보험계약자나 그 대리인이 그 내용을 충분히 잘 알고 있는 경우에는 당해 약관이 바로 계약내용이 되어 당사자를 구속하므로 보험자는 보험계약자에게 약관의 내용을 별도로 설명할 필요가 없다. 이 경우 보험계약자나 그 대리인이 약관의 내용을 충분히 잘 알고 있다는 점은 보험자가 입증하여야 한다. 보험계약자가 약관의 내용을 모른 채 반복하여 보험계약을 체결할 수도 있으므로, 보험계약자가 보험자와의 사이에서 수 차례 동일한 보험계약을 체결하였다는 사실만으로는 보험계약자가 당해 보험약관의 내용을 알고 있었다고 추정할 수 없다.[1] 한편 조업허가를 얻기 위한 목적으로 허위매매계약서를 작성하였다는 점만으로는 보험계약상 중대한 위험의 변경이 발생한다고 보기 어려우며, 이를 상법 제703조의2 1호의 보험자동종료사유인 '선박의 양도'에 해당한다고 볼 수 없다는 판례가 있다.[2]

---

1) 대판 2001. 7. 27. 99다55533 채무부존재확인(원고 제일화재, 피고 대영물산); 대판 1999. 3. 9. 98다43342·43359; 대판 1998. 4. 14. 97다39308. 문제는 해상보험의 실무관행상 인쇄된 영문 표준약관을 사용하는 반면, 보험자가 보험계약자에게 보험계약의 내용을 설명하고 있는 경우는 많지 않다는 점이다. 최세련, "해상운송계약에서의 약관규제법의 적용," 한국해법학회지 제31권 제1호(2009), 91쪽.

2) 대판 2004. 11. 11. 2003다30807 채무부존재확인, 파기환송(원고 삼성화재, 피고/상고인 김선희 승소). 피고는 모닝유통을 경영하며 시옥스호의 사실상 선주이다. 피고는 2001. 3. 중순 일본선주로부터 시옥스호를 매입하였으나, 소유명의는 캄보디아회사로 한 후 캄보디아회사와 모닝유통을 시옥스호관리인으로 하는 계약을 체결하였다. 원고는 2001. 3. 22. 협회선박기간보험약관을 내용으로 하는 선박보험계약을 체결하였는데, 동 약관은 피보험선박의 소유권변경을 보험계약의 자동종료사유로 규정하였다. 시옥스호는 2001. 4. 4. 부산을 출발하여 필리핀에 정박하던 중 4. 15. 기관실에 화재사고가 발생하였다. 피고는 2001. 4. 2. 필리핀회사인 그레이트 마리타임과 시옥스호관리권을 이전하는 소유권취득부 선체용선계약과 합작어업계약을 체결하였다. 서울고판 2003. 5. 30. 2002나73397은 ① 피고는 선체용선계약과 합작어업계약을 체결한 날과 같은 날 시옥스호를 그레이트 마리타임에게 1억2천만 원에 매도하였다. ② 피고는 원래 시옥스호를 2억3천만 원에 매수 후 1,400만 원을 들여 수리하였다. ③ 화재가 발생하자 피고는 필리핀회사인 시파인쉬핑을 대리점으로 새로 지정하여 사고처리를 위임하였고, 2001. 4. 16. 매수인인 그레이트 마리타임으로부터 시옥스호 경비지급을 요구받았다. 그렇다면 피고가 실제 시옥스호를 매도했는지 의문스러우나, 일단 외부로 선박소유권을 이전하는 계약이 체결되었다면 내부적으로 피고와 그레이트 마리타임 간에 소유권을 유보하였더라도 이는 '소유권에 어떠한 변경이 있는 경우'에 해당한다고 판시하였다. 또 서울고법은 위 매매계약은 필리핀에서의 어로작업이나 항해편의를 도모하기 위해 형식적으로 체결된 것으로서 실제 매도한 것은 아니므로, 통정허위표시로서 무효라는 피고의 항변을 배척하고 원고에게 보험금지급책임이 없다고 보았다. 반면에 대법

제 7 절　담 보(warranties)

1. 총　　설

해상보험계약에서의 담보는 보험증권에 표시되거나 법률에 의해 묵시적으로 규정되는데, 피보험자가 담보를 위반하면 보험자는 담보위반 후부터 위반이 치유되기 전까지 발생한 손해 또는 발생한 사건에 기인한 손해에 대하여 보험계약상의 책임을 부담하지 않는다(2105년 보험법 제10조 제2항). 담보위반은 두 가지 점에서 중요 사실의 불고지나 부실고지와 다르다. 첫째, 불고지나 부실고지가 성립하기 위하여는 피보험자 등이 중요한 사실을 고지하지 않았거나 부실고지하였어야 하는 반면, 담보위반에 대하여는 중요한 담보인지 여부를 불문한다. 둘째, 피보험자가 상당한 정도로 정확한 사실을 고지한 경우에 고지의무가 충족되었다고 보는 반면, 담보조건은 정확하게 준수되어야 한다. 우리 법원은 원칙적으로 담보에 관한 영국법의 입장을 수용함으로써 피보험자에 대하여 상당히 높은 담보의무를 부과한다.[1]

1906년 영국 해상보험법 제33조는 담보가 정확하게 지켜질 것을 요구하며, 담보를 위반한 경우 담보위반사항의 중요성 또는 손해와의 인과관계를 불문하고 보험자는 담보위반일로부터 보상책임을 면하는 것으로 규정하였다. 반면에 2015년 보험법은 제10조[2]를 통해 1906년 영국 해상보험법 제33조를

원은 피고와 그레이트 마리타임의 의도는 선박대리점계약을 체결하려는 것에 불과하였고, 매매계약은 진정한 의사에 기한 것이 아니라고 보았다. 나아가 조업허가를 얻기 위한 목적으로 허위매매계약서를 작성하였다는 것만으로는 보험계약상 중대한 위험의 변경이 발생한다고 보기 어렵고, 이 같은 경우를 상법 제703조의2 1호의 '선박을 양도할 때'로 볼 수 없다고 판시하였다.

1) 서영화, "해상보험에서의 담보의무," 손해보험(1998. 12), 39~40쪽.
2) 제10조(담보위반) (1) 보험계약의 (명시적 또는 묵시적) 담보의 위반이 동 계약 상의 보험자의 책임을 면제시킨다는 모든 법률을 폐지한다.
　(2) 보험자는 계약의 (명시적 또는 묵시적) 담보가 위반된 이후부터 그 위반이 치유되기 이전에 발생한 손해 또는 발생한 사건에 기인하는 모든 손해에 관하여 보험계약에 따른 책임을 지지 않는다.
　(3) 위 제2항은 다음의 경우에는 적용이 없다.
　(a) 사정의 변경으로 인하여 그 담보가 계약에 적용되지 아니하게 된 경우
　(b) 후속 법률에 의해 담보를 준수하는 것이 위법이 되는 경우
　(c) 보험자가 담보위반에 대한 권리를 포기한 경우.
　(4) 위 제2항은 다음 기간 중에 발생한 손해 또는 발생한 사건에 기인하는 모든 손해에 관

전면적으로 변경했다. 즉, 2015년 보험법의 시행에 따라 보험자는 더 이상 담
보특약의 위반에 의해 위반일로부터 완전히 그리고 영구적으로 면책되지 않
는다. 보험자는 담보위반 후부터 위반이 치유되기 전까지 발생한 손해 또는
발생한 사건에 기인한 손해에 대하여만 책임을 면할 수 있을 뿐이고(동법 제10
조 제2항, 제4항), 사정의 변경에 따라 담보를 보험계약에 적용하는 것이 중지되
거나 법령변경에 의해 담보를 준수하는 것이 부적법하거나 보험자가 담보위
반을 포기한 경우 보험자는 책임을 면할 수 없다(동조 제3항).

2015년 보험법 하에서도 담보 위반과 실제 사고 간의 직접적인 인과관계
를 요구하지는 않으므로 담보위반이 실제 발생한 사고의 원인이 되는지 여부
는 보험자의 면책에 영향을 미치지 않는다. 그러나 동법 제11조에 의해 특정
한 종류, 장소, 시기에서의 손실이 발생할 위험을 줄이기 위하여 고안된 목적
의 담보의 경우에는, 피보험자가 그 담보위반이 실제 발생한 손실의 위험을
증가시키지 못했을 것임을 입증하는 경우에는 보험자의 책임이 배제, 제한 또
는 면제될 수 없다.

2. 명시적 담보

(1) 명시적 담보

명시적 담보는 보험증권에 나타난 계약조건이다. 그러나 반드시 "담보한
다" 또는 '담보'라는 용어를 사용할 필요는 없으며, 담보의 의미를 가지고 있
는 문언이 보험증권에 기재되어 있다면, 이를 담보로 볼 수 있다.[1] 1906년 영

하여 보험자의 책임에 영향을 미치지 아니한다.
(a) 담보위반이 있기 이전 또는
(b) 만약 담보위반이 치유될 수 있는 경우라면 그러한 치유가 있은 이후.
(5) 본 조항의 목적상 담보위반은 다음의 경우에는 치유된 것으로 본다.
(a) 아래 제6항에 해당되는 경우로서, 그 담보와 관련된 위험이 나중에 당사자들에 의해
본래 의도되었던 위험과 본질적으로 동일한 위험이 되는 경우
(b) 그 외의 경우에는, 피보험자가 담보위반을 중단한 경우.
(6) 본 조항에 해당되는 경우란 다음의 경우이다.
(a) 문제의 담보가 특정한 시점까지 어떠한 일이 수행되거나(수행되지 않거나), 또는 어떠한
조건이 충족되거나, 또는 어떠한 경우이거나(그러한 경우가 아니거나)를 요구하는 경우 및
(b) 그러한 요구사항이 준수되지 않은 경우.
(7) 1906년 영국 해상보험법에서
(a) 제33조(담보의 성질) 중 제3항 2문을 삭제한다,
(b) 제34조(담보위반이 허용되는 경우)를 삭제한다.

국 해상보험법 제35조는 다음과 같이 규정한다: "명시적 담보: ① 명시적 담보는 담보할 의사가 추측되는 것이라면, 여하한 용어를 사용하여도 무방하다. ② 명시적 담보는 보험증권에 삽입되든가, 기재되든가, 또는 보험증권의 일부를 구성하는 서류 중에 기재되어야 한다. ③ 명시적 담보는 묵시적 담보와 저촉되지 않는 한 묵시적 담보를 배제하지 않는다." 보험증권이나 당해 보험증권의 일부를 구성하는 기타 문서에 담보의 취지를 추론할 수 있는 용어가 기재되어 있어야 한다.[1] 특정 용어가 명시적 담보에 해당하는지 여부는 당사자의 의사에 의해 결정된다. 보험증권에서 피보험자가 특정 사항을 이행할 것을 요구하는 것은 일반적으로 명시적 담보로 간주되며,[2] 이는 엄격히 이행되어야 한다. 명시적 담보를 위반할 충분한 이유가 있거나, 위반의 동기가 숭고하다거나, 위반할 필요성이 아무리 크더라도 명시적 담보위반을 치유할 수는 없다. 그리고 명시적 담보가 규정되어 있다고 하더라도 명시적 담보와 묵시적 담보의 내용이 상반되지 않는 한 당해 보험계약에 묵시적 담보도 규정할 수 있다.

(2) 선급담보

대법원은 1998. 5. 15. 선고, 96다27773 판결에서,[3] 선박보험계약을 체결하면서 선박이 한국선급협회의 선급을 유지한다는 특약을 하고, 이를 보험증권에 명기하고서도 한국선급협회의 승인 없이 선박의 격벽을 제거한 경우에 영국 해상보험법 제33조 소정의 명시적 담보위반으로서 보험자가 면책된다고 판시하였다. 나아가 대법원은 일단 담보위반이 있는 경우에는 보험사고가 담보위반과 인과관계 없이 발생했더라도 보험자는 자동적으로 담보위반일에 소급하여 보험계약상의 일체의 책임을 면하고, 보험자로서는 담보특약에 관한 사실을 구태여 알 필요가 없다고 판시하였다. 그리고 1996년의 태룡호 사건에서는 선박보험증권에 감항증명서를 발급받을 것을 담보한다는 특약이 있었는

---

1) Gilmore & Black, 앞의 책, 67쪽; Ivamy(4th), 281쪽. Ivamy 교수는 판례에 나타난 수많은 명시적 담보를 ① 항해담보, ② 선박의 위치에 대한 담보, ③ 선원의 수에 대한 담보, ④ 호송선단에 대한 담보, ⑤ 국적에 대한 담보, ⑥ 중립성에 대한 담보, ⑦ 부보되지 않은 부분에 대한 담보, ⑧ 기타 담보로 분류하였다. Ivamy(4th), 282쪽.

1) 영국 해상보험법 제35(2)조. Colinvaux, 앞의 책, 제369절.

2) Gilmore & Black, 앞의 책, 67쪽.

3) 판례공보(1998. 6. 15), 1621쪽; 법률신문 제2703호(1998. 6. 22).

데, 태룡호가 감항증명서를 발급받지 아니한 채 항해하다가 일으킨 보험사고
에 대하여 보험자가 면책되었다.[1]

(3) 예인담보

예인담보에 관하여는 1997년 동방 51호 사건이 대표적이다. 이 사건에서
는 선박보험증권에 '보험개시 이후 첫항차 이전에 한국선급이나 런던선박구
조협회에 의한 예인·피예인·예인방법 및 화물적재에 대한 승인을 획득할
것'이라는 담보조항이 기재되어 있었다. 표류하던 해남호가 모래선적 작업 중
이던 동방 51호를 충격하여 침몰시켰다. 동방 51호가 한국선급의 중간검사를
완료하기는 하였지만, 그 내용은 항해설비·목재적재장치·만재흘수선의 표
시에 이상이 없다는 것일 뿐이므로, 이것만으로는 예인담보를 충족시키지 못
하였다고 판시되었다. 나아가 법원은 ① 보험료가 담보특약위반 이전에 가득
된 경우에는 보험자가 특약위반사실을 알면서 보험료를 수령하였다고 하여

---

1) 대판 1996. 10. 11. 94다60332(판례공보(1996. 11. 15), 3279쪽)(원심판결 서울고판 1994.
10. 26. 94나8510)(원고 한국해운조합/태룡해운, 피고 제일화재해상보험). 원고 태룡해운은
1990. 6. 19. 피고와의 사이에 모래채취선 태룡호에 관하여 보험료는 2,200만 원(단, 1990.
6. 19, 9. 19, 12. 19, 1991. 3. 19. 네 차례에 걸쳐 550만 원씩 지급함), 보험기간은 1990.
6. 19.부터 1년으로 하는 선박보험계약을 체결하였다. 그리고 1991. 6. 19. 보험료를 3,700
만 원으로 인상하고, 보험기간을 1991. 6. 19.부터 1992. 6. 19.까지로 하는 갱신계약을 체결
하였다. 보험증권에는 "로이드대리점의 검정인이나 한국선급협회의 검정인으로부터 감항증
명서를 발급받을 것을 담보한다"는 특약이 기재되어 있었다. 그런데 태룡호는 무선급선박
이어서 한국선급협회의 감항증명서를 발급받을 수 없었고, 로이드의 국내대리점인 협성검
정으로부터만 감항증명서를 발급받을 수 있었다. 협성검정은 별도의 감항증명서를 발행하
지 않는 대신 검정보고서를 발행하고 있었다. 원고는 1991. 2. 23. 협성검정으로부터 검정
보고서를 발급받았는데, 검정보고서는 지적사항으로 "창구덮개(해치커버)를 선창에 설치하
고 좌현과 우현 선저 외판에 움푹 들어간 부분을 수리하라. 이를 이행한다면 태룡호는 양호
한 상태이다"라고 기재하였다. 일반적으로 검정보고서에 지적사항이 있는 경우 협성검정은
선박의 감항성을 인정하지 아니하며, 선주는 지적사항을 보완 후 재검사를 받아 "양호한 상
태"라는 결론이 기재된 협성검정의 추가검정보고서를 발급받아야 하였다. 그리고 선박안전
법에 근거한 해운항만청의 '강선(鋼船) 구조기준에 관한 고시'는 강선의 선창에는 덮개가
있어야 한다고 규정하였다. 태룡호는 감항증명서를 발급받지 아니한 채 항해하다가 1차 보
험기간중인 1990. 9. 17. 첫 번째 충돌사고를 일으키고, 2차 보험기간중인 1991. 7. 10. 두
번째 충돌사고를 일으켰다. 법원은 ① 창구덮개는 선창에 바닷물이 침입함을 막고, 예비부
력을 갖게 하여 선박의 복원성유지에 중요한 역할을 하므로 모래채취선도 반드시 창구덮개
를 설치하여야 한다. 창구덮개는 안전한 항해를 위하여 반드시 갖추어야 할 장비이므로 원
고가 모래채취의 편의 때문에 창구덮개를 설치하지 않았다면 감항성을 갖추었다고 할 수
없고, ② "창구덮개가 비치되고 선저를 수리한다면 양호한 상태이다"라는 검정보고서는 담
보를 충족시키는 감항증명서라 할 수 없으며, ③ 원고가 이같이 담보특약을 위반한 이상 담
보위반이 보험사고발생과 인과관계가 없더라도 피고는 면책된다고 판시하였다.

담보위반에 대한 권리를 포기한 것으로 볼 수 없고, ② 담보위반으로 인한 보험자의 면책권은 피보험자의 청구에 대한 면책적 권리일 뿐이므로 보험자가 담보위반사실을 알면서 피보험자에게 담보충족을 요구하지 않았더라도 보험자의 면책권을 포기하였다고 볼 수 없다고 판시하였다.[1]

(4) 출항예정일

보험증권상 선박의 출항예정일이 '1992. 11. 19. 또는 그 무렵에 출항'(sailing on or about)하도록 기재되어 있었는데 실제로는 1992. 11. 28. 출항한 경우, 9일 정도 늦게 출항하였다고 하여 출항예정일 담보를 위반하였다고 볼 수 없다는 판례가 있다.[2]

(5) 적하보험

적하보험계약의 부가약관으로서 "보험계약자가 본사에 일일어획량을 보고할 것을 담보로 한다"라고 규정되어 있는데, 선장이 남태평양어장에서 참치조업을 하면서 2·3일에 한번씩 보험계약자의 괌 소재 대리점에만 어획량을 보고하였을 뿐 보험계약자회사의 본사에 일일어획량을 보고하지 않았다면, 명시적 담보위반에 해당하므로 보험자가 면책된다.[3]

(6) 검사기간

선박관리자가 2006. 7. 2.까지 선박에 대한 현상검사와 그에 따른 권고사항을 이행할 것을 담보조항으로 규정하였다. 대법원은 이는 현상검사를 이행하여야 하는 기한에 대한 합의에 불과하며, 그 이행사항을 이행하지 아니할 경우 보험자의 보험금지급의무가 면제되는 효과 등에 관하여 보험자와 보험계약자 사이에 개별적 교섭이 이루어졌다고 볼 수 없으므로 명시적 담보위반이 아니라고 보았다.[4]

---

1) 부산지판 1997. 11. 21. 97나3931(원고 광은리스, 피고 삼성화재)(상고하지 않아 확정됨). 보험기간이 1년으로 되어 있고 보험료를 4회 분납하도록 되어 있는 경우, 1년에 대한 위험은 분할할 수 없으며 1994. 7. 13. 보험기간이 개시됨으로써 그 보험기간 동안의 보험료가 보험자에게 모두 가득된다.
2) 대판 2000. 6. 13. 98다35389(판례공보(2000. 8. 1), 1643쪽)(원고 제일화재, 피고 동남아해운).
3) 대판 1996. 3. 8. 95다28779(판례공보(1996. 5. 1), 1199쪽).
4) 대판 2010. 9. 9. 2009다105383(판례공보(2010. 10. 15), 1884쪽)(원고/상고인 한화손해보험, 피고/피상고인 신흥, 상고기각). 평석으로는 이정원, "영국법 준거약관과 보험자의 설명의

3. 묵시적 담보

영국에서는 묵시적 담보(implied warranty)를 법률에 의해 인정하는 반면,[1] 미국에서는 일반해상법의 일부로서 묵시적 담보가 인정된다.

(1) 감항능력

묵시적 담보 중 대표적인 것이 감항능력에 대한 묵시적 담보인데, 이에 의하면 피보험화물을 운송할 선박은 발항 당시 및 위험의 개시시에 감항능력이 있어야 한다는 것이다.

영국 해상보험법 제39조는 다음과 같이 규정한다.

"선박의 감항능력담보:

① 항해보험에서는 항해개시시에 선박이 부보된 특정 해상사업의 수행을 위하여 감항능력을 갖추어야 한다는 묵시적 담보가 있다.

② 선박이 항구 내에 있는 동안에 보험이 개시할 때는 전항에서 정하는 외에 선박이 위험개시시에 항구 내에서의 통상적인 위험에 대항하는 데 합리적으로 적합하여야 한다는 묵시적 담보가 있다.

③ 보험이 몇 단계로 나뉘어져서 수행되는 항해에 관련되는 것으로서 그 항해의 단계에 따라 선박이 다른 종류의 준비 및 의장 또는 가일층의 안전한 준비 및 의장을 요할 경우, 선박은 각 단계의 개시시에 그 준비와 의장에 관하여 그 단계의 항행을 위하여 감항능력을 갖추어야 한다는 묵시적 담보가 있다.

④ 선박이 부보된 해상사업의 통상의 해상위험에 대항함에 있어 모든 점에서 합리적으로 적합할 때에는 그 선박은 감항능력을 가지고 있다고 간주된다.

⑤ 기간보험에서는 선박이 해상사업의 여하한 단계에서도 감항능력을 가지고 있어야 한다는 묵시적 담보는 존재하지 않는다. 그러나 피보험자가 선박이 불감항상태인 것을 알면서도 출항하게 하였을 경우, 보험자는 불감항에 기인하는 일체의 손해에 대하여 책임을 부담하지 않는다."

무." 저스티스 제122호(2011. 2), 212쪽; 서영화, "해상보험에서 담보의무 조항과 보험자의 설명의무," 한국해법학회지 제33권 제1호(2011. 4), 7쪽; 한창희, "선박보험계약에서의 영국법의 적용범위," 법률신문 제4009호(2012. 2. 20), 12쪽.

1) 영국법원은 ① 선박의 감항능력, ② 항해의 적법성에 대한 묵시적 담보를 인정한다. 영국 해상보험법 제39조, 제41조.

기간보험계약에는 묵시적 감항능력담보의무가 부과되지 않는다. 다만, 피보험자가 고의로 불감항상태인 선박을 출항시킨 경우에는 기간보험계약이라 하더라도 보험자는 불감항성에 기인한 손해에 대하여 면책된다. 기간보험계약에 묵시적 감항능력담보의무를 면제하는 이유는 선박의 항해중에 보험기간이 만료될 수 있는데, 새로운 보험기간개시시 선박이 불감항이더라도 선박소유자가 이를 알지도 못하고 아무런 조치를 취할 수 없다는 연혁적 이유 때문이다. 선박이 감항능력담보의무를 충족시키려면 선체·기관·색구가 감항성을 가져야 하고, 충분하고도 유능한 선원을 승선시켜야 하며, 다음 기착항에 도착할 때까지의 충분한 연료를 구비하여야 하고, 화물은 안전하고 적절하게 적부하며, 과적을 하지 않아야 한다. 피보험자가 '선박이 불감항상태인 것을 알면서도 출항하게' 한 경우 보험자가 면책되는데, 피보험자가 불감항상태를 실제로 알 것을 요구하는 것은 아니며, 불감항상태를 초래할 수 있는 과실이나 하자에 대하여 피보험자가 아무런 주의를 기울이지 않은 것을 의미한다.[1]

국제해사기구가 해상안전을 위하여 1993년에 채택한 국제안전관리규약(International Safety Management Code, 약칭 ISM Code)이 500톤 이상의 유조선, 화학품·가스 운반선, 산적화물운반선, 여객선에 대하여 1998년 7월 1일부터 적용되었다. 이 규약에 의하면 주관청이나 주관청이 위임한 단체(우리나라의 경우 사단법인 한국선급)가 일정한 수준의 안전관리체제를 갖춘 선사에 대하여 안전경영적합증서(Document of Compliance)를 발급하고, 안전기준을 충족한 선박에 대하여 안전관리증서(Safety Management Certificate)를 발급한다. 피보험자인 선주가 안전경영적합증서 및 안전관리증서를 구비하지 못하였다면, 일응 영국 해상보험법 제39조 제5항의 "선박의 불감항상태를 알면서도 출항시킨 것"에 해당되어 보험자가 면책될 가능성이 높다.[2]

대법원은 보험자가 감항능력결여를 이유로 하여 면책되려면 피보험자의 악의(privity)를 입증하여야 하는데, 악의는 피보험자가 해당 선박의 감항능력이 없다는 것을 적극적으로 아는 것뿐 아니라 감항능력이 없을 수도 있음을 알면서도 이를 갖추기 위한 조치를 하지 않고 내버려 두는 것도 포함한다고 광

---

1) O'May, 83-84쪽.
2) 총톤수 500톤 이상의 모든 화물선에 대하여는 규약이 2002년 7월 1일부터 강제적용된다. Sahatjian, "The ISM CODE : A Brief Overview," 29 J.Mar.L. & Comm. 405쪽(1998); 김현, "ISM Code와 해상보험," 손해보험 제357호(1998. 7), 31쪽.

범하게 해석한다.1) 2014년 세월호 사건에서 피보험자 청해진해운의 대표이
사, 상무이사, 해무총괄이사가 ① 평소 화물과적과 부실고박이 지속적으로 이
루어짐과, ② 선박 구조변경 이후 선박의 복원성이 악화되고 좌우 불균형으로
출항 당시부터 감항능력이 결여되어 있음을 알고 있었다는 이유로 피보험자
의 악의를 인정했다.2)

(2) 항로이탈금지

두 번째 묵시적 담보로서 항로이탈(deviation) 금지의 원칙을 들 수 있다.
영국 해상보험법의 관련규정은 다음과 같다.

"제46조(항로이탈) ① 선박이 적법한 이유 없이 보험증권에 정하여진 항해에서
　　항로이탈하였을 경우, 보험자는 그 항로이탈시부터 책임이 해제된다. 선박
　　이 손해발생 전에 본래의 항로로 복귀하더라도 마찬가지이다.
　　② 다음의 경우에는 보험증권에 정하여진 항해로부터 항로이탈이 있는 것
　　으로 한다:
　　　　ⓐ 항로가 보험증권에 특별히 지정되었을 경우 그 항로를 떠났을 때, 또는

1) 대판 2002. 6. 28. 2000다21062(판례공보(2002. 8. 15), 1765쪽)(원고 골든지 오션쉬핑, 피고
동양화재). 원고는 골든파이오니아호의 소유자인데, 선박관리자인 한길해운이 원고를 피보
험자로 하여 이 사건 선박을 피고에게 1년간 전손담보선박보험에 가입하였다. 이 사건 선
박은 부산항에서 조사 및 수리를 받은 후 중국 뉴잉코우항에 정박하였다가 화물적재 후
1996. 1. 31. 목적지 일본을 향하여 항해중 해상에서 유빙과 조류에 밀려 좌초하였다. 선박
은 좌초되어 경사되어 있는 상태에서 40시간 동안 예인되며, 파도와 유빙에 부딪히면서 선
체·기관실내부가 손상되었다. 이 사건 선박은 21년 되어 노후하였고, 1995. 11. 25. 한국선
급이 "이 사건 선박은 선령에 비하여 나쁜 상태로 유지되었고, 1996. 5. 2.까지 녹이 슨 기
관의 모터팬덮개 교체 등 23항목의 지적사항이 만족스럽게 이행된다면 항해에 제공될 수
있다"는 취지의 조사보고서를 제출하였는데, 원고는 지적사항을 완전하게 수리하지 아니하
였다. 그리고 이 사건 선박의 이중저 발라스트탱크가 부식으로 인하여 균형을 잃을 위험이
있으므로 즉시 수리되어야 한다는 수리신청이 있는 데도 이를 수리하지 않았고, 선박조
사 당시 선장과 기관장이 선주에게 선박과 해상상태에 비추어 항해가 적당하지 않음을 건
의한 사실이 있었다. 전체적으로 이 사건 선박은 부식이 매우 심하고, 선박의 타축 등에 사
고 이전 균열로 인한 용접흔적이 있었으며, 화물적재중량이 1,601톤인데 사고 당시 1,348톤
이 적재되어 거의 만재에 가까웠다. 이 같은 정황을 종합하여 대법원은 이 사건 선박이 감
항능력을 결여한 것으로 판단하였다. 그럼에도 불구하고 이 사건 사고원인은 선박외판이
유빙과 충돌하여 구멍이 생겨 침수한 것이며, 이 사건 선박의 불감항성과 사고 사이에 인과
관계가 없다는 이유로 피고의 면책주장을 기각하였다. 태룡호 사건과 비교해 본다면 우리
대법원은 명시적 담보위반과 사고발생 간의 인과관계를 요구하지 않는 반면, 묵시적 담보
위반과 사고발생 간에는 인과관계를 요구하는 것으로 보인다.
2) 서울고판 2018. 11. 16. 2017나2071933(원고/항소인 한국산업은행, 피고/피항소인 메리츠화
재/한국해운조합, 항소기각, 제1심 서울중앙지판 2017. 11. 3. 2016가합549207).

    ⓑ 항로가 보험증권에 특별히 지정되어 있지 않을 경우 통상적이고 관
습적인 항로를 떠났을 때

③ 항로이탈의 의사는 중요한 것이 아니며, 보험자가 계약상의 책임을 면하
기 위하여는 실제로 항로이탈이 있어야 한다.

제48조(항해의 지연) 항해보험증권의 경우 보험에 부보된 해상사업은 상당한 진
도로 전항해를 통하여 수행되어야 하며, 적법한 이유 없이 상당한 진도로
수행하지 않으면 보험자는 지연이 부당하였을 때부터 책임이 해제된다.

제49조(항로이탈 또는 지연의 허용) ① 보험증권에 정하여진 항해를 수행함에 있
어 다음 경우에는 항로이탈 또는 지연이 허용된다:

    ⓐ 보험증권상 특약에 의하여 인정된 경우

    ⓑ 선장 및 그의 고용주가 통제할 수 없는 사정으로 인하여 발생한 경우

    ⓒ 명시적 또는 묵시적 담보를 충족하기 위하여 합리적으로 필요한 경우

    ⓓ 선박 또는 보험의 목적의 안전을 위하여 합리적으로 필요한 경우

    ⓔ 인명을 구조하기 위하여 또는 인명이 위험에 빠질 염려가 있는 조난
선을 구조하기 위한 경우

    ⓕ 선상에 있는 자에게 내과 또는 외과적 치료를 시행하기 위하여 합리
적으로 필요한 경우

    ⓖ 선장 또는 해원의 악행이 피보험위험의 하나일 때 그러한 악행에 의
하여 발생한 경우

② 항로이탈 또는 지연을 허용하는 사유가 중지되었을 때는 선박은 상당한
진도로써 본래의 항로로 복귀하여 항해를 수행하여야 한다."

    항해보험증권에서 보험자는 피보험자가 관행적 상업항로에 의하여 항해
하는 데 따르는 위험만을 인수하며, 만약 선박이 이 항로로부터 이탈한다면
보험자가 예상하지 않았던 위험을 부담하게 된다. 따라서 선박이 예정된 항로
를 이탈하거나 항해를 수행함에 있어 불합리한 정도로 지연하였다면, 보험자
는 책임을 면한다.[1] 뿐만 아니라 일단 항로이탈이 발생하면 선박이 적절한
항로로 귀환한다 하더라도 이미 소멸한 보험계약은 원상회복되지 않는다. 원
항로로 돌아왔더라도 일단 항로를 이탈하였다면, 이미 보험자의 위험은 변경
되었기 때문이다. 단, 항로이탈이나 지연이 적법한 사유에 의하여 발생한 경

---

1) Colinvaux, 앞의 책, 제431절.

우에 보험증권은 다시 유효하게 되며, 선박은 상당한 진도로 항해를 재개한다. 선박이 항로이탈을 하였는지 여부는 보험증권의 문언과 당해 항로의 관습을 고려하여 결정된다. 보험자는 "항로이탈이 발생하더라도 그로 인한 새로운 위험에 대하여 피보험자가 추가보험료를 납입하면 보험계약의 효력은 계속된다"는 내용의 이른바 담보계속약관(held covered clause)을 보험증권에 기재함으로써 피보험자의 항로이탈을 사전승인할 수도 있다. 나아가 적하보험증권은 통상 감항능력의 묵시적 담보와 항로이탈의 담보 양자를 명시적으로 면제한다. 즉 적하소유자는 자신의 적하를 운송하는 선박의 감항능력과 선박의 항로에 대하여 아무런 통제를 할 수 없으므로, 적하보험자가 선박의 감항능력과 항로이탈의 담보를 면제해 주는 것이다.[1] 우리 상법은 항로이탈에 관한 규정을 두어 선박이 정당한 사유 없이 예정된 항로를 이탈하면, 보험자가 그 때부터 책임을 지지 아니하도록 한다. 또한 선박이 일단 항로를 이탈하였다가 원래의 항로로 돌아오더라도 보험자의 책임은 부활되지 아니한다(상 제701조의2).

(3) 적 법 성

세 번째 묵시적 담보는 적법성이다. 영국 해상보험법 제41조는 "보험계약에는 보험의 목적인 항해가 적법하다는 묵시적 담보가 존재한다. 피보험자가 항해를 통제할 수 있는 한 항해는 적법하게 이루어져야 한다"고 규정한다. 그런데 선박이 국제안전관리규약 인증을 받지 않았다면 그러한 선박의 항해는 불법한 것이 되고, 따라서 그러한 선박에 선적한 화물의 적하보험에 대하여 보험자가 면책될지가 문제된다. 국제조약을 위반한 보험계약은 무효라고 판시한 영국판례가 여럿 있는 것을 참고한다면,[2] 우리 정부가 고시한 선박안전경영 규정을 정면으로 위반한 선박에 화물을 선적하였다면 이를 위법하다고 볼 수 있고, 따라서 보험자가 면책될 가능성이 높다. 피보험자가 그 위법한 사실을 몰랐더라도 마찬가지일 것이다. 억울한 피보험자를 구제하기 위하여 런던보험시장의 Joint Cargo Committee는 다음과 같은 특별약관을 기존 적하보험증권에 추가할 것을 권고하고 있다.

"피보험자가 보험의 목적인 화물을 선적할 때 ① 그 선박이 국제안전관리규약

---

1) Buglass(3d), 49쪽.
2) Ivamy(4th), 309쪽.

인증을 받지 못하였거나, ② 그 선박의 선주나 관리인이 국제안전관리규약 안전경영적합증서를 발급받지 못한 사실을 알고 있었거나, 통상적으로 알고 있었어야 하는 때에는 국제안전관리규약의 인증을 받지 못한 선박 또는 그 소속선사가 안전경영적합증서를 발급받지 못한 선박에 선적된 보험의 목적물의 멸실·훼손·비용발생에 대하여 보험자는 면책된다. 단, 구속력을 가지는 계약에 의하여 선의로 피보험자로부터 보험의 목적물을 매입하였거나 매입하는 약정을 체결한 제3자에게 이 보험이 양도된 경우에는 그러하지 아니하다."[1]

4. 담보위반에 대한 권리포기(waiver of breach of warranty)

보험자는 명시적으로 또는 그 권리와 모순되는 행동을 함으로써 자신의 권리를 포기할 수 있고, 스스로의 행동에 의하여 보험자의 권리행사가 정당하지 아니하게 되는 경우, 형평법상 금반언의 법리에 의하여 권리를 상실할 수도 있다. 예컨대 피보험선박이 런던을 출항하여 바히아항으로 항해하도록 되어 있었는데, 화물을 과적하여 런던을 출항시 감항능력을 갖추지 못하였다. 따라서 선박은 화물의 일부를 양륙하기 위하여 보험자의 동의를 얻어 인근항구에 기항하였다. 이 경우 피보험자가 감항능력의 묵시적 담보를 위반하였지만, 보험자가 자신의 권리를 포기하였으므로 보험자는 보험사고에 대하여 책임을 진다고 판시한 영국판례가 있다.[2] 또 보험자가 감항능력위반의 항변을 할 수 있으면서도 선박의 불감항성에 대하여 귀책사유 없는 선의의 피보험자에게는 보험금을 지급하는 것이 보험업계의 관행일지라도 보험자는 담보의무를 위반한 피보험자에 대하여 보험금지급을 거절할 수 있다. 이 같은 관행은 보험자가 피보험자의 편의를 도모해 주는 것일 뿐, 피보험자의 법적 권리로서 인정된 것은 아니기 때문이다.[3]

Daneau v. Laurent Gendron Ltée : Union Insurance Society of Canton Ltd. 사건[4]에서는 원고인 선박소유자가 피고에게 선박을 임대하였는데, 임대조건은 피고가 선박을 보험에 부보하여야 한다는 것이었다. 이에 따라 피고는 보험증권을 구입하였는데, 보험증권에는 "선박을 11월 16일부터 다음 해 4월

---

1) 김현, "해상보험계약상 담보는 엄격하게 해석돼야," 인권과 정의 제259호(1998. 3), 37쪽.
2) Weir v. Aberdeen(1819) 2 B & Ald 320. Ivamy(4th), 311쪽.
3) Ivamy(4th), 311쪽.
4) [1964] 1 Ll.Rep. 220, Exchequer Court, Admiralty District.

30일까지 계선(lay-up)하여야 한다"는 담보특약이 기재되어 있었다. 그 후 선박이 전손되었으므로 원고는 피고가 선박을 반환하지 않았다는 이유로 피고를 제소하였다. 피고는 보험자에게 소송고지하여 보험자를 소송에 참가시켰으며, 보험자는 피고가 선박을 계선하지 않음으로써 명시적 담보를 위반하였으므로 자신은 면책된다고 항변하였다. 그런데 선박이 전손되기 전에 선체가 손상되어 선박을 계선하여 수리한 일이 있었는데, 보험자가 이 사실을 알고 자신의 보험대리점에게 원고 및 피고와 긴밀히 협의하여 선박수리문제를 해결하라고 지시한 사실이 판명되었다. 영국법원은 보험자가 선박의 계선사실을 알고 있었으므로 피보험자의 담보위반에 대한 권리를 포기하였다고 판시하였다.

실제로 보험증권에는 피보험자가 추가보험료를 납입하는 한 보험자가 담보위반에 대한 권리를 포기한다는 조항이 삽입되는 일이 많다. 예컨대 협회선박보험약관 제3조는 "피보험자가 화물·항해·항로·예인·해난구조·출항일에 관한 담보를 위반하였다 하더라도 피보험자가 이를 알게 된 후 즉시 보험자에게 통지하고, 새로운 보험조건이나 추가보험료에 관하여 보험자와 합의하면 보험자는 보험금지급의무를 진다"고 규정한다. 다만, 담보위반에 대한 권리포기에도 한계가 있는바, 영국 해상보험법 제41조가 요구하는 "항해는 적법하여야 하고, 피보험자가 항해를 통제할 수 있는 한 적법한 방법으로 항해하여야 한다"는 적법성의 묵시적 담보의무에 대하여는 보험자가 권리포기를 할 수 없다.[1]

대법원은 1996년의 태룡호 사건[2]에서, ① 담보특약위반이 있는 경우 보험자는 보험증권에 명시적 규정이 있는 경우를 제외하고는 자동적으로 위반일에 소급하여 보험계약상의 일체의 책임을 면하고, 보험자가 담보특약위반을 이유로 보험계약을 해지해야만 책임을 면하는 것은 아니며, ② 보험자가 담보특약위반을 안 직후 보험계약을 해지하지 않았더라도 보험자가 담보특약위반에 대한 권리를 포기하였다고 볼 수 없고, ③ 담보특약위반이 있는 경우에는 보험자를 면책시키는 효력만 있고, 보험계약을 소급하여 무효화하는 효력이 없으며, 계약을 종료시키는 효력도 없으므로 보험료가 담보특약위반 이

---

1) Ivamy(4th), 312-314쪽.
2) 대판 1996. 10. 11. 94다60332(판례공보(1996. 11. 15), 3279쪽).

전에 가득된 경우에는 보험자가 담보특약위반사실을 알면서 보험료를 수령하였다고 하여 담보특약위반에 대한 권리를 포기하였다고 볼 수 없으며, ④ 보험기간이 1년으로 되어 있고 연간보험료를 분할납부하는 경우, 1년에 대한 위험은 분할할 수 없으므로 그 해가 시작되자마자 전체보험료가 가득된다고 판시하였다. 즉 1990. 6. 19. 1차 보험기간이 개시되었다면 1991. 6. 19.까지의 보험료는 피고 보험자가 모두 가득한 것이고, 피고가 1990. 9. 17. 발생한 보험사고에서의 담보특약위반사실을 알면서 1차 보험기간의 분납보험료를 계속 수령하였다고 하여 1990. 9. 17. 발생한 보험사고에서의 담보특약위반에 대한 권리를 포기한 것은 아니다. 나아가 1991. 6. 19.부터 1992. 6. 19.까지의 갱신보험계약은 1차 보험계약과 별개의 계약이므로, 1차 보험기간중에 위와 같은 사정이 있었다고 하여 갱신보험기간중인 1991. 7. 10. 발생한 보험사고에서의 담보특약위반에 대한 권리를 포기한 것으로도 볼 수 없다는 것이다.

제 8 절   부 보 위 험

1. 부보위험

(1) 부보위험약관

영국 해상보험법 제3조 제2항은 "해상위험이라 함은 해상운항에 기인 또는 부수하는 위험, 즉 해상고유의 위험, 화재, 전쟁위험, 해적, 표류자, 절도, 포획, 나포, 공권력에 의한 억류, 투하, 선원의 악행 및 위와 유사한 종류의 위험 또는 보험증권에 특정된 기타 일체의 위험을 말한다"라고 규정한다. 표준해상보험증권은 다양한 위험을 부보하나 선박이나 적하에 발생할 수 있는 모든 종류의 위험을 부보하는 것은 아니다. 보험증권상의 부보위험(named perils) 약관은 당해 보험증권이 부보하는 위험을 특정하는데, 많은 경우에 부보위험약관은 특별약관에 의해 보충되거나 제한된다. 해상보험증권이 부보하는 통상의 위험에는 해상위험, 화재, 강도, 투하, 해적행위, 공권력에 의한 압류, 고의의 악행, 전쟁, 해난구조, 공동해손, 선박충돌, 폭발 등이 포함된다. 부보된 위험에 의한 손해가 발생하였음을 입증할 책임은 피보험자에게 있다.

해상보험증권은 기본적인 위험만을 부보하는 기본적 보험증권으로부터 시작하여 피보험자가 보험자에게 추가보험료를 납입하는 조건으로 보험자가 부보하는 위험을 확장한다. 따라서 전위험담보(all risks) 조건도 가능하며, 적하보험 실무에서 널리 활용된다. 전위험담보보험조건에서는 보험증권에 명시적으로 배제된 위험을 제외한 모든 위험이 부보된다.[1]

(2) 해상위험

해상보험증권이 부보하는 위험 중 가장 중요한 것은 해상위험(perils of the seas)인데, 해상위험은 다음의 두 가지 의미를 가진다. 첫째, 해상위험은 단순히 해상에서 발생한 사고라는 것만으로는 부족하며, 당해 사고가 우연히 발생하였어야 한다. 둘째, 손해는 해양과 관련된 예외적 사고에 기인한 것이어야 하므로 바다에서의 일상적이거나 통상적인 사고는 부보되지 않는다. 폭풍우 및 비정상적인 파도와 바람은 해상위험에 해당하며, 좌초나 충돌은 선장이나 선원의 부주의로 발생하였더라도 해상위험에 해당한다. 선박 옆으로 지나가는 다른 선박의 움직임 때문에 큰 파도가 밀려와 발생한 손해는 경우에 따라 해상위험이 될 수 있으나, 통상적인 파도와 바람으로 말미암아 선박이 자연적으로 부식하거나 마모한 것은 해상위험이 아니다. 영국 해상보험법의 보험증권해석규칙 7호도 "해상위험은 해상에서 발생한 우연한 사고를 의미하며, 바람과 파도의 통상적인 움직임은 포함하지 않는다"라고 규정한다. 선박이 뚜렷한 이유 없이 평온한 날씨에 전복되거나 침몰하였다면 그 선박은 감항능력을 결여하였다고 추정할 수 있는 반면, 감항능력 있는 선박이 온화한 기후에서 불가사의하게 침몰하였다면 그 선박은 해상위험에 의해 멸실되었다고 추정할 수 있다.[2]

우리 대법원은 협회선박기간보험약관상의 고유위험은 해상에서만 발생하는 우연한 사고나 재난만을 의미하며, 우연성이 없는 사고는 이에 해당하지 않고, 해상고유의 위험으로 인하여 사고가 발생하였다는 입증책임은 피보험자가 부담한다고 판시하였다.[3] 이 사건에서는 선박이 정체불명의 어선과 충

---

1) SchoenbaumP(5th), 462쪽, 469쪽.
2) O'May, 103쪽; SchoenbaumP(5th), 462-464쪽.
3) 대판 1998. 5. 15. 96다27773(판례공보(1998. 6. 15), 1621쪽), 법률신문 제2703호(1998. 6. 22).

돌하여 선체의 일부가 손상되고, 그 손상부위를 통하여 해수가 침수하였기 때문에 선박이 침몰하였다는 원고의 주장이 기각되었다. 그리고 입증의 정도는 증거의 우월(preponderance of evidence)에 의한 증명으로 충분하다.[1] 피보험자인 선박소유자가 선원의 과실에 대하여 상당한 주의를 다하지 않았다는 이유로 보험자의 선박보험금지급의무를 부정한 부산지법판례(에스케이 7호 사건)가 있다.[2] 2014년 석정호 사건에서 선박이 해상 작업을 하던 중 높은 파도와 강한

---

1) 대판 2001. 5. 15. 99다26221(판례공보(2001. 7. 1), 1364쪽)(원고/피상고인 부산은행, 피고/상고인 국제화재, 상고기각). 부보선박이 산호초 지대에서 표류하면서 선미의 선저 부분이 산호초에 접촉되어 선체 외판에 균열이 발생하였고, 이 상태에서 출항하여 항해하던 중 균열의 틈 사이로 해수가 유입되어 선박이 침몰하였다. 이는 부보위험인 '해상, 강, 호수 또는 항해 가능한 수면에서의 고유 위험'에 해당한다. 그리고 선장이 출항 당시 선저 부분에 대한 조사 및 확인을 제대로 하지 아니한 과실은 '선장, 선원 또는 도선사의 과실'에 해당한다. 따라서 보험자는 보험금지급의무를 부담한다.

2) 부산지판 2003. 3. 26. 2001가합17186, 2002가합10373(원고 삼성화재/한국해운조합, 피고 에스엔케이라인). 이 사건 선박보험계약은 '피보험자, 선박소유자 또는 선박관리자가 상당한 주의를 결여하지 않은 경우에 한하여' 선장, 선원 또는 도선사의 과실로 인한 사고를 담보한다고 규정하였다. 에스케이 7호는 2001. 9. 14. 고철 2,875톤을 싣고 일본 가와사키를 출발하여 인천항을 향하여 항해하던 중 기관실에 해수가 침입하여 일본 시즈오카 남방 23마일에서 침몰하였다. 부산지법은 ① 1기사가 스턴튜브에서 기관실내부로 손가락굵기 절반 정도로 해수가 흘러드는 것을 발견하고 기관실에서 그랜드패킹 교체작업을 하였는데, 스턴튜브 내 원활한 해수흐름을 위하여 그 정도 해수가 기관실내부로 유입됨은 정상적이므로 굳이 그랜드패킹 교체작업을 할 필요가 없었고, ② 만재상태로 12노트 속력으로 항해중일 때는 선체하단의 수압이 강력하여 그랜드패킹교체시 다량의 해수가 밀려들어 올 가능성이 높으므로 반드시 정박상태에서 그랜드패킹교체를 해야 하며, ③ 기관실이 침수될 정도로 스턴튜브에서 새어 나오는 해수가 많더라도 패킹작업의 위험성에 비추어 반드시 미리 선장과 기관장에 보고 후 그들의 지시에 따라 작업하되 만일의 사태에 대비하여 비상배수펌프 가동준비를 철저히 하고, 기관실선원들의 보조를 받아 해수유입량을 관찰하며 그랜드패킹을 죄는 볼트 6개를 조금씩 풀어 가며 교체해야 하는 데도 이전에 그랜드패킹 교체경험도 없으면서 선장과 기관장에게 보고도 않고 비상배수펌프 밸브위치도 파악하지 않은 상태에서 단독으로 볼트 6개를 전부 풀어 놓고 패킹교체를 하다가 강력한 수압에 의하여 패킹이 이탈되면서 다량의 해수가 순식간에 기관실로 밀려들었으며, ④ 비상벨을 누르거나 조타실에 연락하여 주 기관을 정지시키고 비상펌프를 가동하여 유입되는 해수를 배출하는 등 비상대응조치를 취하지 아니하였고, ⑤ 선장은 신속하고 적절한 비상조치를 취하지 않았으며 기관실침수상황, 화물창으로 확산 여부, 복원성, 잔존부력, 구조활동을 고려하여 선원의 안전에 위험이 있다고 판단시에만 퇴선명령을 내려야 하는데, 이 같은 검토를 하지도 않고 침몰 18시간 전에 조기퇴선을 하였으며, ⑥ 기관장은 기관부직원들이 패킹교체 등 특수업무 수행시 책임자에게 보고하고 허가받도록 하였어야 하는데, 이를 하지 않았고 사고사실을 보고받고도 침몰방지조치를 취하지 않았다는 이유로 에스케이 7호가 선장과 선원들의 과실에 의하여 침몰되었다고 보았다. 그리고 피보험자이며 선박소유자인 피고에 관하여는 ① 선장이 이 사건 사고 두 달 전에 이 사건 선박을 좌초시켰는 데도 만연히 견습선장이었다는 이유로 다시 이 사건 선박에 선장으로 승선시켰고, ② 안전관리체제에 따라 선원들을 관리해야 하는 데도 선원들의 자질문제 등을 이유로 이를 하지 않았으며, ③ 신속한 선박구조

바람에 의한 선체의 요동으로 우측 지지대 연결부위가 부러지면서 균형을 상실한 중장비가 선박 갑판으로 넘어졌고 이로 인해 선박의 무게중심이 쏠린 선박 뒷부분이 침수되며 침몰했다. 서울중앙지법은 ① 피보험자 선주가 선박에 300톤 타설장비를 증축해 선박의 무게가 500톤 증가했고, ② 당시 남해안 일대 선박 사고는 이 사고가 유일했고 구조변경을 하지 않은 다른 자매선들은 아무런 피해를 입지 않았으며, ③ 피보험자의 대표이사와 현장소장이 '붕괴 위험 있는 시설물의 안정성 평가 의무 및 공사를 위한 장치가 적합한 강도를 유지하도록 할 의무를 위반'했다는 이유로 유죄판결을 받았고, ④ 피보험자 직원들이 '구조변경 및 지지대 보강 결여로 인해 석정호의 안정성에 문제가 생겼다'고 진술했으며, ⑤ 선박안전기술공단이 '증설된 설비의 무게 및 위치를 감안하면 현저히 무게중심이 상승해 복원력이 감소되었다'고 밝힌 사실을 종합해, 침몰이 해상 고유의 위험으로 인한 것이 아니라고 보았다.[1]

적하보험계약에서 전위험담보의 협회적하약관과 협회전쟁위험담보약관, 드럼이나 캔 포장을 조건으로 하는 감량위험담보(오염손 포함)를 동시에 나열하였다면, 이는 기본적으로 전위험담보의 협회적하약관에 의하되 이 같은 기본약관에 의하여 담보되지 않거나 보험자가 면책되는 위험을 담보하기 위하여 특별히 협회전쟁위험담보약관이나 감량위험담보약정을 추가한 것이다. 따라서 보험목적물이 오염되었더라도 그 오염이 통상의 손해가 아니라 다른 원인이 개입된 이례적 손해라면, 그 손해는 오염손담보약정이 아니라 전위험담보의 협회적하약관으로 담보하여야 한다.[2]

를 하였더라면 이 사건 선박이 구조되었을 가능성이 컸는 데도 피고가 구조업자선정 등 적극적 조치를 신속하게 취하지 않은 것을 종합하면, 피고가 선박안전관리증서 및 안전관리적합증서를 교부받기는 하였으나 실제로는 해상교통안전법상 안전조치가 전혀 시행되지 않았으므로 피고는 상당한 주의를 결하였다고 보았다. 한편 기관장은 업무상 과실선박매몰죄로 금고 10월에 집행유예 2년을 선고받았다. 항소심 부산고판 2003나5016은 2004. 8. 27. 조정으로 종결되었다.

1) 서울중앙지판 2014. 4. 3. 2013가합14274(각급법원(제1,2심) 판결공보(2014. 7. 10), 513쪽) (원고 동부화재, 피고 석정건설, 원고 승소, 항소됨).

2) 대판 2000. 6. 13. 98다35389(판례공보(2000. 8. 1), 1643쪽)(원고 제일화재, 피고 동남아해운). 이 사건 선박은 1992. 11. 8. 울산을 출발하여 방콕으로 항해하는 도중 12. 1.부터 12. 3.까지 갑판에 해수가 넘치는 악천후를 만나 선창에 통풍환기를 할 수 없었다. 그리하여 화물의 일부가 통풍불완전으로 인하여 생긴 결로에 의하여 젖거나 포장이 터지고 녹이 혼입되어 손상되었다. 대법원은 이 같은 손해가 전위험담보의 협회위험약관에 의하여 담보된다고 보았다. 송하인이 화물포장을 내부 비닐포장이 되어 있는 폴리백에 의하여 하였는바, 이

(3) 포획·나포 면책약관

해상보험증권에 통상 기재되는 약관으로는 포획·나포 면책약관(F.C. & S. 약관; Free of Captures and Seizures Clause)을 들 수 있는데, 이는 해적행위, 적군의 행위, 국가 및 공권력에 의한 압류 및 억류로 인한 손해에 대하여 보험자를 면책시키는 내용이다.[1] 또한 포획·나포 면책약관에 의하여 보험자는 전쟁위험으로 인한 손해에 대하여도 면책되므로, 전쟁위험을 부보하고자 하는 선박소유자는 보험자와 전쟁위험부보특약을 체결하고 추가보험료를 지급해야 한다.[2]

협회적하전쟁위험약관은 다음과 같이 규정한다.

"제1조(담보하는 위험)

1. 이 보험은 다음에 의하여 보험목적물에 야기된 멸실 또는 훼손을 담보한다.

1.1 전쟁, 내전, 혁명, 폭동 또는 적대적 행위

1.2 위 1.1조의 결과로 발생한 포획, 나포, 압류 또는 억류

1.3 유기된 수뢰, 어뢰, 폭탄 기타 유기된 전쟁무기"[3]

(4) 악   행

악행(barratry), 즉 선장이나 선원의 극심한 부정행위로 인한 손해는 표준해상보험증권 하에서 부보된다. 선원이 선박에 구멍을 내어 가라앉히는 것에 관하여 선박소유자가 관련되지 않았다면 이는 악행에 해당되어 보험에 의하여 부보되나, 이를 입증할 책임은 선박소유자에게 있다. 선박소유자의 동의를 얻어 고의로 선박을 침몰시키는 것과 같이 보험사고가 선박소유자의 사기에 의하여 발생하였다면, 이는 악행에 해당하지 않으므로 보험자는 면책된다. 나아가 선박에 구멍을 내어 침몰시킨 행위가 선박소유자와의 공모에 의한 것이어서 악행에 해당하지 않는다면, 이 같은 선박의 고의적 침몰은 우연적인 사고가 아니고 해상위험에 해당하지 않으므로 선의의 제3자인 적하소유자도 적하보험금을 지급받을 수 없다. 그러나 '선박소유자의 불법행위 또는 비행'

는 통상적이기는 하였으나 습기에 취약한 이 사건 화물을 완전히 밀폐하지 못하여 화물손상의 원인이 되었다.

1) 포획·나포 면책약관은 평화시의 민간행정당국에 의한 선박이나 적하의 억류에 대하여도 보험자를 면책시킨다.

2) SchoenbaumP(5th), 466-467쪽.

3) Hudson(2d), 223-227쪽.

(wrongful act or misconduct) 유무에 상관없이 부보하는 보험조건에서는 적하소유자가 보험금을 지급받을 수 있다.[1] 선주와 선장·기관장이 공모하여 선박을 침몰시켰다고 보아 보험자를 면책시킨 우리 판례가 있다.[2]

(5) 손해방지약관(sue and labor clause)

일반적으로 해상보험증권은 손해방지약관을 포함하는데, 이는 보험자가 책임을 져야 할 보험목적물에 대한 손해를 회피하거나 감소시키기 위하여 피보험자가 지출한 비용을 보험자로부터 보상받을 수 있다는 내용이다. 손해방

---

1) SchoenbaumP(5th), 467-468쪽; O'May, 149-161쪽.
2) 서울지판 1998. 10. 1. 98가합7587 채무부존재확인(원고 현대해상/제일화재, 피고 대범상운). 원고들은 보험금액을 25억 원으로 하여 피고소유 야요이호의 선박보험을 인수하였다. 야요이호는 솔로몬군도부근의 투라기항을 떠나 인도네시아 수라비야항으로 항해하던 중 라시섬부근 산호초에 좌초되어 침몰하였다. 법원은 다음의 이유로 선장과 기관장이 고의로 야요이호를 침몰시켰다고 보았다. ① 야요이호가 투라기항을 출항한 후 좌초할 때까지 기상상태가 양호하였고, 좌초 1시간 전까지 레이더가 정상적으로 작동하는 등 좌초사고가 일어날 만한 특별한 사정이 존재하지 아니하였다. ② 선장은 별 이유 없이 순조롭게 진행하던 항로를 변경하여 선박이 좌초지점인 라시섬부근을 지나도록 한 후 특별한 이유 없이 당시의 항해당직을 내보낸 다음 혼자 당직을 섰고, 기관장도 혼자 당직을 하여 왔다. ③ 승선중이던 선원들이 좌초로 인하여 큰 진동을 느끼지 못하였다. ④ 선체외판이 약간 벗겨졌을 뿐 파공 등 선체외부에 해수가 유입될 만한 손상이 없었다. ⑤ 기관실내부의 좌·우현 해수흡입구 밸브와 좌현여과기 뚜껑이 열려 있고, 좌현 해수흡입구 여과기 뚜껑을 고정하는 나비형 볼트 너트 6개 중 4개가 나사산이 양호한 상태로 완전히 풀려 있었다. ⑥ 좌·우현의 킹스턴밸브가 열려 있고, 유입된 해수를 배출하기 위해 작동되었어야 할 해수펌프가 잠겨져 있었다. ⑦ 선장과 기관장은 승선경험이 풍부한 데도 해수유입지점을 확인하거나 해수배출조치를 취하지 않은 반면, 선원들의 퇴선준비를 마치게 한 다음 갑판 위에서 술을 마시고 도박을 하게 하는 등 이해할 수 없는 행동을 하였다. ⑧ 이로 미루어 보아 선장과 기관장은 의도적으로 야요이호를 라시섬연안으로 접근시켜 좌초시킨 후 기관실내부의 해수흡입구를 열어 해수가 들어오게 함으로써 침몰시켰다. 나아가 법원은 다음과 같은 근거로 피고 선주가 선장·기관장과 공모하였다고 보았다. ① 선주는 보험금액(25억 원)이 야요이호구입가격 11억 원의 2.5배에 달하도록 보험계약을 체결한 동기를 합리적으로 설명하지 못하였다. 보험금액이 25억 원인 경우 연 보험료가 5,300만 원인 반면, 보험금액을 11억 원으로 하면 보험료는 3,700만 원에 불과하다. ② 선장과 기관장은 피고를 위하여 상당기간 근무하여 왔는데 야요이호를 고의로 침몰시켜 피고를 해할 이유를 찾을 수 없고, 오히려 선장과 기관장은 피고의 사정을 잘 아는 우호적인 사람들이다. ③ 피고는 좌초 후 1시간도 안 되어 선장으로부터 좌초사실을 전화로 보고받으면서 인명피해와 기름유출 여부만 보고받았을 뿐 야요이호 안전 여부에 관하여는 아무런 보고를 받지 못하였다. ④ 피고가 야요이호 구조조치에 대하여 지시하지 않았음에도 선장과 기관장은 임의로 야요이호를 포기하고 퇴선할 때까지 피고와 연락을 시도하지도 않았다. ⑤ 고의좌초·침몰사고발생과정 등 정황에 비추어 보면 선장과 기관장의 행동은 선주와 공모하지 않았으면 있을 수 없는 일이다. 서울고판 1999. 4. 13. 98나56005과 대판 1999. 11. 9. 99다24683(채무부존재), 99다24690(보험금)도 제1심 판결을 그대로 인용하였다.

지약관은 주보험에 보충적인 것이며, 피보험자는 자신의 손해회피·경감노력이 실패하더라도 보험자로부터 손해회피·경감비용을 보상받을 수 있다. 손해방지비용이 보험증권상의 보험금액을 초과하는 경우에는 피보험자는 손해를 회피·경감하기 위하여 소요되는 합리적인 비용만을 보상받는다.[1]

영국 해상보험법은 다음과 같이 규정한다.

> "제78조(손해방지약관) ① 보험증권에 손해방지약관이 있는 경우에는 이 약관에 의한 합의는 보험계약을 보충하는 것으로 간주하여 보험자가 전손에 대하여 보험금을 지급하였거나, 보험의 목적이 전부 또는 일정비율 미만의 단독해손부담보조건으로 부보되어 있었던 경우에도 피보험자는 이 약관에 의해 정당하게 지출한 비용을 보험자로부터 회수할 수 있다.
> ② 본법이 규정한 공동해손손해, 공동해손분담금 및 구조료는 손해방지약관에 의하여 회수할 수 없다.
> ③ 보험증권에 의하여 부보될 수 없는 손해를 방지하거나 경감하기 위하여 지출한 비용은 손해방지약관에 의하여 회수할 수 없다.
> ④ 손해를 방지하거나 경감하기 위하여 합리적인 조치를 강구하는 것은 모든 경우에 있어서 피보험자 및 그 대리인의 의무이다."

손해방지약관의 구성요소는 다음과 같다. 첫째, 보험증권이 담보하는 위험을 회피하거나 경감하기 위하여 피보험자가 합리적인 조치를 취할 의무가 있어야 한다. 둘째, 피보험자가 지출한 손해방지비용의 일정부분을 보험자가 지급하겠다는 약속을 하여야 한다. 셋째, 피보험자나 보험자가 취한 조치가 상대방의 권리를 침해하여서는 아니 된다.[2]

(6) Inchmaree 약관

1887년의 Inchmaree 사건[3]에서 Inchmaree호가 출항준비를 위해 해수를 주 기관에 넣고자 보조기관을 작동하였을 때, 열려 있어야 할 입구밸브가 닫혀 있었기 때문에 해수가 주 기관에 들어가지 않고 보조펌프의 공기실로 들어가 공기압축실이 파열하였다. 그러나 영국법원은 이 같은 기관의 파열 또는 폭발로 인한 손해는 해상보험증권의 부보위험약관(Perils Clause)에 열거되어 있

---

1) SchoenbaumP(5th), 468쪽.
2) O'May, 325쪽.
3) Thames & Mersey Marine Ins. Co. v. Hamilton Fraser & Co., 12 App.Cas. 484(H.L. 1887).

지 않다는 이유로 이 같은 손해에 대한 보험자의 책임을 부정하였다. 따라서 이 같은 새로운 손해를 부보하기 위하여 이른바 Inchmaree 약관이 창안되었는바, 동 약관에 의하면 적하 또는 연료의 취급상의 사고, 폭발, 기관의 파손·파열, 차축의 파손, 선체 또는 기관의 내재적 하자, 항공기·船渠·육상장비와의 접촉, 지진, 벼락으로 인한 손해 등이 부보된다.[1]

(7) 우 리 법

원래 해상보험은 항해에 수반되는 해상위험으로 인한 손해를 부보하는 위험이다. 그러나 오늘날 적하보험에서는 항해를 전후한 내수 또는 육상에서의 위험도 부보하는 것이 보통이며, 영국 해상보험법 제2(1)조도 "해상보험계약은 명시의 특약이나 상관습에 의하여 해상항행에 부수적인 내수 또는 육상위험으로 인한 손해에 대하여 피보험자를 보호하기 위해 그 부보범위를 확장할 수 있다"고 규정하고 있다. 상법은 이른바 내륙운송약관에 의하여 선박의 항해에 부수하는 육상에서의 운송 또는 보관중의 사고에 대하여까지 부보하는 적하보험실무에 부합하기 위하여 제693조를 보험자가 '항해'에 관한 사고 대신 '해상사업'(marine adventure)에 관한 사고로 인한 손해까지 광범위하게 보상하도록 개정하였다.[2]

2. 근인주의(proximate cause)

보험자는 오직 보험의 목적이 보험증권상 부보되는 위험으로 인하여 멸실 또는 손상된 경우에만 책임을 진다. 영국 해상보험법 제55(1)조는 "본조에 별도의 규정이 있을 경우와 보험증권에 반대의 정함이 있을 경우를 제외하고 보험자는 피보험위험에 근인하여 발생한 일체의 손해에 대하여 책임을 지나, 위 두 경우를 제외하고 피보험위험에 근인하여 발생하지 않은 일체의 손해에 대하여는 책임을 지지 아니한다"고 규정한다. 따라서 보험자는 위험이 손해의 근인이 아닌 한 보험증권상의 책임을 지지 아니한다. 그런데 불법행위소송에서 위법행위와 손해 간에 상당인과관계가 존재하는지를 판단하는 것이 힘든 것과 마찬가지로, 위험이 보험사고의 근인이었는지 여부를 판단하는 것도 쉽지 않다.[3]

---

1) SchoenbaumP(5th), 469쪽; O'May, 132-135쪽.
2) 양승규, "개정보험계약법해설(하)," 손해보험(1992. 2), 16쪽.
3) Gilmore & Black, 앞의 책, 76쪽.

근인은 반드시 시간적으로 가장 가까운 것이 아니라 효과적으로 손해발생에 영향을 미친 것으로 충분하며, 그 원인이 배타적으로 손해를 발생시켰을 필요는 없다. 근인을 결정하는 데 있어서 절대적인 원칙은 존재하지 않으며, 개개의 사건에서 손해발생에 대하여 가장 효과적인 영향을 미친 원인을 발견하는 것이 중요하다. 진정한 근인은 지배적이거나 현저하고, 효과적이거나 직접적이고, 현실적이거나 실제적이고, 압도적이거나 상식적인 원인이다.[1]

보험사고에 대하여 두 가지 원인이 존재하는 경우, 법원은 근인과 원인(遠因)(remote cause)을 구별함으로써 불가피하게 당해 손해를 발생시킨 원인을 발견해야 한다. 사고의 원인(遠因)과 사고 사이에 당해 사고발생을 방지할 만한 충분한 시간적 간격이 있었다면, 그 원인은 원인에 불과할 개연성이 높다. 원인(遠因)의 도움이 없었더라면 근인만으로는 보험사고가 발생하지 않았을 경우에도 그 원인은 근인이 될 수 있다.[2] 예컨대 요트 우현에 흘수선으로부터 30센티미터 정도 위쪽에 작은 구멍이 있었는데, 요트정박지를 육상 쪽에 가까운 얕은 바다로 옮긴 결과 요트가 좌초되어 썰물 때마다 우현으로 기울게 되었다. 그 결과 해수가 선체에 침수되어 요트가 정박지에서 침몰하였다. 법원은 요트가 해상위험 때문에 침몰하였으므로 선박보험자가 보험금을 지급하여야 한다고 판시하였다. 요트에 구멍이 난 것만으로는 침몰하지 않았을 것이고 얕은 정박지로 옮긴 것이 원인(遠因)이 되기는 하였지만, 결국은 요트의 구멍이 사고의 근인이었던 것이다.[3] 우리 법원은 간만의 차가 크게 발생하는 서해의 환경과 군산항 여객선 부두의 특수한 여건으로서 선박이 잔교에 결박된 우현의 반대편인 좌현 쪽으로 기울어진 상태에서 좌현 갑판을 통해 해수가 유입되었다는 선주의 주장을 받아들이지 않았다. 오히려 선체 노후로 인한 균열이나 배기관 분리, 기관실 수밀조치를 하지 않은 선주의 관리소홀로 해수가 유입되어 선체가 침수되었다고 보았다.[4]

---

1) SchoenbaumP(5th), 469-470쪽; Buglass(3d), 80-82쪽.
2) SchoenbaumP(5th), 471쪽.
3) Buglass(3d), 82쪽; 박세민, "해상보험법상의 인과관계 이론에 관한 해설," 한국해법학회지 제29권 제2호(2007. 11), 293쪽.
4) 대판 2017. 6. 19. 2016다270407(원고/상고인 한림해운, 피고/피상고인 한국해운조합, 상고기각), 원심 서울고판 2016. 11. 4. 2015나2051591.

제 9 절 해 상 손 해(losses)

1. 해상손해의 유형

해상보험에는 분손·전손·추정전손의 세 가지 해상손해의 형태가 있으며, 손해배상의 범위는 피보험이익의 가액에 따라 달라진다. 해상보험증권은 합의된 보험가액이 보험증권에 기재되어 있는 기평가보험증권과 보험증권발행 당시의 재산 또는 위험의 실제가액을 보험가액으로 하는 미평가보험증권으로 구분되는데, 실무상 거의 모든 해상보험증권은 기평가보험증권이다.[1]

2. 분 손

분손은 전손이 아닌 해상손해이며, 보험목적물 즉 피보험이익의 일부가 멸실 또는 훼손된 것을 의미한다. 영국 해상보험법 제56(1)조는 "해상손해는 전손 또는 분손일 수 있다. 다음에서 정의하는 전손 이외의 모든 손해는 분손이다"라고 규정한다. 분손은 단독해손(particular average)과 공동해손(general average)으로 구분된다. average란 해손을 의미하며, 단독해손은 담보위험으로 인하여 발생한 보험목적물의 분손 중에서 일방의 이해관계자(통상 선박소유자)만이 부담하여야 하는 해상손해, 즉 공동해손손해가 아닌 것을 의미한다. 전통적 해상보험증권에는 메모랜덤이라는 면책약관이 기재되어 있었는데, 이 약관에 의하여 보험자는 특정 품목에 대한 소액배상청구로부터 면책되었다. 그리고 오늘날에도 선박보험에서는 면책률(deductible) 약관, 적하보험에서는 단독해손면책약관(Free of Particular Average, FPA 조건; 단, 좌초나 선박충돌로 인하여 단독해손이 발생한 경우는 부보함)을 포함함으로써 보험자를 소액배상청구로부터 면책시키는 것이 보통이다. 어떤 적하보험증권은 단독해손을 전혀 부보하지 않기보다는 단독해손의 일정비율만을 부보범위에서 제외하기도 한다. 이러한 경우 그 제외된 단독해손의 비율을 보험자가 보험금지급범위에서 공제할 수 있는 것은 아니며, 그 비율을 초과하여 단독해손이 발생하면 보험자는 그 단독해손전부에 대하여 책임을 지는 반면, 그 비율 이하의 단독해손에 대하여는 완전히 면책된다. 단독해손면책약관이 적용되지 않는 경우에도 적하손해에 대한 배상청

---

[1] SchoenbaumP(5th), 471쪽.

구는 통상 단독해손산정방법(particular average basis)에 의하여 조정된다. 즉 분손의 경우 보상액은 목적항에 안전하게 도착하였을 때의 적하가액에 대하여 적하의 손상액이 차지하는 비율에 보험가액을 곱한 금액이다. 따라서 적하가 안전하게 도착하였을 경우의 가액이 10,000달러인 적하의 협정보험가액이 8,000달러이고 적하의 손해액이 2,500달러라면, 보험자가 지급할 보상액은 (2,500달러/10,000달러)×8,000달러=2,000달러이다.[1]

선박의 단독해손에 관하여는 영국 해상보험법 제69조가 다음과 같이 규정한다.

> "제69조(선박의 분손) 선박이 손상되었으나 전손이 아닐 경우, 손해보상의 한도는 보험증권에 명시의 특약이 있는 경우를 제외하고 다음과 같다.
> ① 선박이 수리되었을 경우, 피보험자는 합리적인 수리비에서 관습상의 공제를 한 잔액을 1회의 사고에 대한 보험가입금액을 초과하지 않는 한도 내에서 회수할 권리가 있다.
> ② 선박의 손상의 일부분만이 수리되었을 경우, 피보험자는 그 수리부분에 대해서 전항에 의거하여 계산되는 합리적인 수리비를 회수할 권리가 있으며, 또한 미수리의 손상으로부터 생기는 감가가 있으면 그 합리적인 감가액에 대해서도 보상을 받을 권리가 있다. 단, 이들 합계액은 전항에 의거하여 계산되는 손상 전부의 수리비를 초과할 수 없다.
> ③ 선박이 수리되지 않고 또한 보험기간중에 손상상태로 매각되지 않았을 경우, 피보험자는 미수리의 손상으로부터 생기는 합리적인 감가액에 대하여 보상받을 권리가 있다. 단, 그 금액은 전항에 의거하여 계산되는 손상의 합리적인 수리비를 초과할 수 없다."

동조 제1항에서는 선박손해가 전체적으로 수리되는 경우, 보험자의 책임은 보험가입금액을 한도로 관습상의 공제를 한 합리적인 수리비라고 규정하고 있다. 관습상의 공제에 관해서는 영국 해손정산인실무규칙 D7조에 자세히 규정되어 있지만, 협회선박약관에는 이러한 공제를 하지 아니하고 보상한다는 내용의 약관이 기재되어 있다. 그리고 선체수리비에 대한 단독해손의 정산에 있어 선박의 실제가액과 보험증권에 명기된 보험가액과의 차액은 고려되

---

1) SchoenbaumP(5th), 471-472쪽; Ivamy(4th), 343-344쪽.

지 않으며, 보험가입금액을 한도로 하여 실제로 지출한 합리적인 수리비를 보상할 뿐이다. 예를 들어 선박의 실제가액이 10만 달러인데 8만 달러를 한도로 보험에 가입되었다면, 일부보험임에도 불구하고 보험자는 보험가입금액 8만 달러를 한도로 한 합리적인 수리비전액을 지급한다.

합리적인 선박수리비금액을 결정할 때 합리성의 기준은 보험에 가입하지 않은 신중한 선박소유자가 취하는 합리성이다.[1] 즉 선박소유자가 모든 비용을 부담해야 하는 경우에 취하는 행위가 합리성의 기준이 된다. 그리고 보험자가 보상해야 하는 합리적인 수리비란 선박소유자가 그 선박을 원래의 상태와 일치하는 상태로 회복시키기 위하여 지출한 금액을 뜻하기도 한다.[2] 합리적인 수리비로 처리되는 대표적인 항목은 다음과 같다.

(개) **임시수리비**   임시수리란 영구수리가 실시되는 경우에는 실시될 필요가 없는 작업을 의미한다. 선박이 정박하고 있는 항구에서 영구수리가 불가능하기 때문에 수리가 가능한 항구까지 항해하는 데 필요한 감항성을 가지도록 하기 위해 임시수리가 실시되는 경우, 그 임시수리비는 합리적인 수리비의 일부로서 보상된다.

(내) **회 항 비**   특정 항구에서 선박수리가 불가능하거나 적절한 수리를 할 수 없기 때문에 수리를 목적으로 그 항구로부터 타항구로 회항한다면, 그 회항비는 수리비의 일부로 간주된다. 그런데 선박을 수리항으로 회항시킬 때 새로운 운임을 취득하거나 그 당시에 수행중인 항해의 비용이 절약된 경우, 그러한 취득운임 또는 절약비용 등은 선박의 회항비에서 공제하여야 한다.

(대) **선원의 임금 및 식비**   협회선박약관 제16조 임금 및 부양비약관에 의해 수리중의 선원의 급료와 식비는 공동해손을 제외하고는 보상되지 않는다. 그러나 보험자가 부보하는 손해를 수리할 목적으로 한 항구에서 타항구로의 회항 또는 그러한 수리를 위한 시운전항해중에 선원의 임금 및 부양비가 지급되었을 경우에는 단독해손으로서 보상된다.

(래) **연료 및 저장품**   영국 해손정산인실무규칙 D2조에 의하면 선박이 수리되고 있는 동안 수리작업을 돕기 위해 소비된 연료 및 기관실의 저장품은

---

1) Goodacre, 앞의 책, 247쪽.
2) 김정수, 앞의 책, 423쪽; 곽봉환, "선박미수리손해와 보험자의 보상책임문제," 한국해법회지 제14권 제1호(1992), 209쪽.

수리비의 일부로 보상된다. 산정방법은 연료 및 저장품을 대체한 비용을 기준으로 하고, 소비된 연료 및 저장품의 양을 산정할 필요가 있는 경우에는 해사검정인의 자문을 받아 결정한다.[1]

(마) **건선거비용**　　선박수리시 건선거작업이 필요하다면, 선박을 건선거작업하는 비용과 건선거기간중에 소요되는 비용은 수리비의 일부이다.

(바) **선박소유자의 공무감독비용**　　선박소유자는 선박의 유지 및 수리에 관해 전반적인 책임을 지는 피고용인을 고용하는 것이 보통인데, 이러한 피고용인을 공무감독자라고 한다. 재난이 발생한 경우 이러한 공무감독자는 통상적으로 손상상태를 조사하고, 필요한 수리범위 및 방법을 보험자 및 선급검정인과 합의하기 위해 참석한다. 이러한 공무감독과 관련된 비용이 합리적으로 지출된 경우 단독해손으로 인정된다.[2]

(사) **송금비용**　　외국항구에서 수리가 실시되는 경우, 그 수리비를 지급하기 위해 자금을 해외에 송금하는 비용은 합리적인 한 수리비의 일부로 본다.[3]

상법은 적하의 일부 손해가 발생한 경우에 보험자가 훼손된 상태의 가액과 훼손되지 아니한 상태의 가액의 비율에 따라 보상하도록 규정한다(상 제708조). 선박이 일부 훼손된 경우, 선박의 훼손부분의 전부를 수선하였을 때에는 보험자는 보험금액의 한도 내에서 1회의 사고에 대한 수선비용을 보상하고(상 제707조의2 제1항), 훼손된 선박의 일부만을 수선한 경우는 그 수선비와 미수선부분의 감가액을 보상하며(동조 제2항), 훼손된 부분을 전혀 수선하지 아니한 경우에는 미수선상태의 감가액을 보상한다(동조 제3항). 우리 대법원판례에 의하면 수리비는 훼손된 선박을 원상으로 회복하는 데 소요되는 비용을 말하고, 이에는 선박의 손상부위와 정도를 감정하기 위한 비용, 선박을 수선항으로 예인하기 위한 비용, 선급검사인의 검사료, 예선증명서발급비용, 수선감독자의 감독비용 기타 수선에 부수하는 비용이 포함된다.[4] 반면에 보험자가 보험금

1) Goodacre, 앞의 책, 267쪽.
2) Agenoria Steamship Co., Ltd. v. Merchants' Marine Insurance Co., Ltd.(1903) 8 Com.Cas. 212.
3) Lambeth, 앞의 책, 268쪽.
4) 대판 2001. 2. 23. 98다59309(판례공보(2001. 4. 15), 715쪽)(원고 현대상선, 피고 한국산업은행). 대법원은 이 사건에서 선박침몰로 인한 보험사고의 추정전손 여부를 판단하기 위한 감정인의 수리비산정이 감정절차와 방법에 합리성이 결여되어 있고, 산출근거도 불분명하여 신빙성이 없다고 보았다. 평석으로는 한창희, "선박보험계약상의 추정전손," 저스티스

지급 범위를 확인하기 위해 검정비용이나 손해사정 비용을 지출한 경우, 보험자는 보험계약자나 피보험자를 대위해 가해자에게 그 비용 상당의 손해배상을 구할 수 없다.[1] 상법(제676조 제2항)도 마찬가지로 "손해액의 산정에 관한 비용은 보험자의 부담으로 한다"고 규정한다.

3. 전   손

(1) 현실전손

전손의 경우 보상액표준은 협정보험가액(기평가보험증권인 경우)이거나 보험가액(미평가보험증권인 경우)이다. 적하의 경우 보험가액은 적하의 원가에 선적비용과 보험료를 합한 금액이다(영국 해상보험법 제16(3)조). 그리고 선박의 보험가액은 영국 해상보험법(제16(1)조)이 규정하는 바와 같이 "의장선구, 선원용 식료품과 소모품, 해원의 임금의 전도금(前渡金), 보험증권에 정한 항해나 해상사업에 대하여 선박을 감항성 있게 하기 위하여 지출한 기타 일체의 선비를 포함한 위험개시시의 선박의 가액에 위 전체에 대한 보험료를 가산한 금액"이다. 또 기선의 경우 보험가액은 위 금액 외에 기계 · 기관 및 석탄의 가액을 포함하며, 피보험자의 소유에 속하는 기관용 소모품도 포함된다. 그리고 특수사업용 선박의 경우에는 특수사업에 필요한 통상의 의장품을 포함한다(동법 제16(1)조). 무엇이 전손인지를 판단하는 것은 쉽지 않지만 보험목적이 파괴되거나 보험목적으로서 존재할 수 없을 정도로 심한 손상을 받은 경우, 또는 피보험자가 보험목적을 박탈당하고 회복할 수 없을 경우에는 현실전손이 있다고 본다(동법 제57(1)조). 현실전손의 경우에는 위부의 통지를 할 필요가 없다(동법 제57(2)조). 그리고 해상사업에 종사하는 선박이 행방불명이 되고, 상당한 기간이 경과한 후에도 그 소식을 모르는 경우에는 현실전손으로 추정한다(동법 제58조).

(2) 추정전손(constructive total loss)

(가) 정   의   선박이나 적하가 완전히 멸실되지 않았음에도 불구하고 그 복구비용이 지나치게 거액이어서 복구하는 것이 경제적으로 불합리한 경우를

제61호(2001. 6), 243쪽.

1) 대판 2013. 10. 24. 2011다13838(판례공보(2013. 12. 1), 2108쪽)(원고/피상고인 살코, 피고/상고인 부산항만공사, 파기환송).

위하여 추정전손의 개념이 창안되었다. 예컨대 피보험자가 부보위험으로 인하여 자기의 선박 및 화물의 점유를 박탈당하였는데, 피보험자가 그 선박 및 화물을 회복할 가능성이 없거나 그 선박 및 화물의 회복비용이 회복시의 가액을 초과하리라고 예상될 때 추정전손으로 본다.[1] 그리고 선박이 부보위험으로 인하여 심하게 손상되어 그 수리비용이 수리하였을 때의 선박가액을 초과할 것이라고 예견될 때에도 추정전손으로 본다. 이 때 수리비를 견적함에 있어서는 다른 이해관계인이 부담할 위 수리에 대한 공동해손분담금을 공제하여서는 아니 된다. 그러나 장래의 구조작업에 요하는 비용과 선박이 수리될 경우에 선박이 부담하게 될 장래의 공동해손분담금은 이를 수리비에 가산하여야 한다. 또한 화물의 손상의 경우 그 수리비용과 화물을 그 목적항까지 운송하는 비용을 합산한 것이 도달시에 있어서의 화물의 가액을 초과할 것이라고 예견될 때에도 추정전손으로 본다(영국 해상보험법 제60조). 따라서 영국법 하에서 추정전손이 되기 위해서는 수리비 또는 복구비용이 그 가액을 초과해야 한다. 반면에 미국법 하에서 추정전손이 되기 위해서는 해산의 수리 또는 복구비용이 가액의 절반을 초과함으로써 충분하다.[2] 협회선박약관 제19.2조는 "선박의 회복 및 수선비용을 기초로 한 추정전손의 청구는 그 비용이 보험가액을 초과하지 아니하면 보상되지 아니한다. 이 결정에 있어서는 단일사고로 인한 비용 또는 같은 사고로 인한 일련의 손상에 관련된 비용만을 고려한다"고 규정한다. 그런데 우리 대법원은 선박이 좌초되고 이어 선원이 선박을 떠난 후 원주민이 선박을 약탈한 사안에서, 원주민의 약탈은 선행의 주된 보험사고인 좌초의 기회에 그로 인하여 발생하였으므로 좌초와 약탈은 동일한 사고로부터 생긴 일련의 손해라고 판시하였다.[3]

(나) 위　　부　　추정전손의 경우 피보험자는 보험자에게 재산을 위부할 권리를 가지며, 피보험자가 보험의 목적을 보험자에게 위부할 것을 선택할 경우, 피보험자는 위부의 통지를 하여야 한다. 피보험자가 위부의 통지를 하지 않으면 손해는 분손으로 처리될 수 있는 데 불과하다. 위부의 통지는 서면이

---

1) 박세민, "영국 및 한국 해상보험법상 추정전손과 그 형식적 성립요건으로서의 보험위부에 대한 법적 고찰," 한국해법학회지 제31권 제2호(2009), 255쪽.
2) SchoenbaumP(5th), 473쪽.
3) 대판 1989. 9. 12. 87다카3070(원심 서울고판 1987. 11. 5. 86나3734). 장한각, "추정전손요건으로서의 동일사고로 인한 일련의 손해," 한국해법회지 제14권 제1호(1992), 175쪽.

나 구술로 또는 일부는 서면으로 일부는 구술로 할 수도 있으며, 보험의 목적에 관한 피보험자의 이익을 보험자에게 무조건 위부할 피보험자의 의사를 표시하는 것이면 어떠한 용어로 하여도 무방하다(영국 해상보험법 제62조 제2항). 위부의 통지는 손해에 관한 신뢰할 만한 정보를 수취한 후 상당한 주의로써 이를 하여야 한다. 단, 그 정보가 의심스러운 성질일 경우에는 피보험자는 상당한 기간 이를 조사할 권리를 가진다(동조 제3항). 피보험자가 위부의 통지를 정당하게 하였을 경우, 피보험자의 권리는 보험자가 위부의 승낙을 거절하였다는 사실로 인하여 방해받지 아니한다(동조 제4항). 보험자는 명시적 또는 묵시적으로 위부의 승낙을 할 수 있다. 그러나 위부의 통지 후의 보험자의 단순한 침묵은 승낙이 아니다(동조 제5항). 위부의 통지가 승낙되었을 경우, 위부는 철회할 수 없다. 위부의 통지의 승낙은 손해에 대한 책임 및 그 통지의 완전함을 최종적으로 승인하는 것이기 때문이다(동조 제6항). 피보험자가 손해발생사실을 알았을 때에 위부의 통지를 보험자에게 하더라도 보험자에게 하등의 이익이 될 가능성이 없을 경우에는 위부의 통지를 할 필요가 없으며(동조 제7항), 보험자는 피보험자의 위부통지의무를 면제할 수 있다(동조 제8항). 그리고 보험자가 자기의 책임을 재보험하였을 경우, 보험자는 위부의 통지를 할 필요가 없다(동조 제9항).

　유효한 위부가 있을 경우, 보험자는 보험의 목적에 잔존할 수 있는 피보험자의 일체의 이익과 보험의 목적에 부수하는 일체의 권리를 승계한다(동법 제63조 제1항). 선박의 위부가 있을 경우, 선박보험자는 선박이 가득하고 있는 운임 또는 손해를 야기한 재해 후에 선박이 가득한 운임에서 그 재해 후 운임을 가득하기 위하여 지출한 비용을 공제한 운임을 취득할 권리가 있다. 선박이 선박소유자의 화물을 운송중일 경우, 보험자는 손해를 야기한 재해 후의 그 화물의 운송에 대하여 상당한 보수를 받을 수 있다(동조 제2항). 보험목적물이 추정전손된 것으로 인정되더라도 피보험자가 반드시 위부의 통지를 해야 하는 것은 아니며, 피보험자는 보험목적물을 분손으로 처리하고 보험증권에 의하여 보상을 받을 수도 있다. 추정전손이 인정되면 피보험자는 보험목적물의 보험가액 전액을 청구할 수 있으며, 보험자는 그 보험목적물에 대한 소유권을 양도받는다.[1]

1) SchoenbaumP(5th), 474-475쪽; Ivamy(4th), 392-394쪽.

상법은 영국 해상보험법 제60조를 따라 보험위부의 원인을 세 가지로 들고 있다. 즉 ① 피보험자가 보험사고로 인하여 자기의 선박 또는 적하의 점유를 상실하여 이를 회복할 가능성이 없거나, 회복하기 위한 비용이 회복하였을 때의 가액을 초과하리라고 예상될 경우(상 제710조 본문 1호), ② 선박이 보험사고로 인하여 심하게 훼손되어 이를 수선하기 위한 비용이 수선하였을 때의 가액을 초과하리라고 예상될 경우(동조 2호), ③ 적하가 보험사고로 인하여 심하게 훼손되어 이를 수선하기 위한 비용과 그 적하를 목적지까지 운송하기 위한 비용의 합계액이 도착하는 때의 적하의 가액을 초과하리라고 예상될 경우(동조 3호) 등이다. 선박의 침몰과 선박의 행방불명도 보험위부의 원인이 된다. 선박의 존부가 2개월간 분명하지 아니한 때에는 선박이 행방불명된 것으로 보는데, 이 경우 선박이 전손으로 추정되어(상 제711조 제2항) 보험위부에 해당하는 보험사고가 되는 것이다.

(다) 판   례   대법원은 어떠한 보험사고가 추정전손의 요건을 충족하는지는 피보험자가 이를 입증하여야 하고, 선박수리비는 해당 보험사고로 인하여 발생한 손해에 한정되며, 보험사고로 인하여 발생하지 않은 수리비는 제외되어야 한다고 본다. 따라서 피보험자가 해당 사고가 추정전손에 해당한다는 이유로 위부를 하려면 ① 해당 사고가 발생하지 않았으면 선박의 수리가 필요하지 아니한 상태였음과 보험사고 후 발생한 수리비를 입증하거나, ② 선박의 보험사고 전 무하자를 입증하지 못한다면 해당 사고로 인하여 손상입은 선박부분을 특정하고, 구체적 수리비를 입증하여야 한다고 본다. 선박의 나이·노후 등으로 인하여 증가된 수리비는 공제하지 아니하지만, 선박이 수리 후 가격보다 적은 비용으로 항해할 수 있도록 수리가 가능한 경우에는 선박의 노후상태로 인하여 완전한 수리를 위한 비용이 수리 후 선박가격보다 많다는 이유로 추정전손을 주장하여 위부를 선택할 수 없다.1) 위부의 통지를

---

1) 대판 2002. 6. 28. 2000다21062(판례공보(2002. 8. 15), 1765쪽)(원고 골든지 오션쉬핑, 피고 동양화재). 원고는 추정전손을 주장하면서 수리비를 입증하기 위하여 대련조선소의 견적서와 신일본검정협회의 검정보고서를 제출하였다. 그러나 대법원은 ① 견적서를 감정인이 작성한 것이 아니고 선주의 의사를 반영할 가능성이 많은 조선소가 일방적으로 작성하였고, ② 견적서와 보고서가 사고발생 후 선박을 완전한 상태로 복구함을 전제로 모든 수리비를 산정하였을 뿐 사고로 인하여 훼손된 부분이 어디인지와 사고 이전에 이미 손상부분이 있는지를 고려하지 않았으며, ③ 수리비산정은 중국 현지수리비를 기준으로 감정하여야 하는데, 수리의 상당부분을 일본에서 하거나 일본에서 재료를 가져와 수리함을 기준으로 작성

받은 보험자가 구조작업에 착수했다고 해서 위부의 승인으로 해석되지 않으며, 반대로 피보험자가 구조작업에 착수했다고 해서 위부의 포기로 해석되지 않는다.[1] 즉 구조비와 예상 수리비가 선가를 초과하는 경우 보험자는 선박보험금만 지급하면 그 이상의 난파물 제거비용 채무에서 벗어날 수 있다.

2019년 레노스호 판결에서 영국 대법원은 ① 위부통지 이전에 선주가 지급한 수리비는 위부통지의 시점과 상관없이 추정전손 산정에 포함된다. ② 구조자의 환경오염 방지 비용에 대한 특별보수는 통상의 구조비와 분리 가능하여 추정전손 산정 시 제외된다고 보았다.[2]

4. 비용손해

해상손해가 발생한 경우, 보험자가 부수적으로 보상하는 손해에는 구조료・특별비용(particular charges)・공동해손비용손해의 세 가지가 있다.

(1) 구 조 료

구조료란 위험에 처한 해산을 계약에 의하지 않고 자발적으로 구조작업에 착수하여 그 재산이 구조되는 경우, 구조노무를 제공한 자가 보상받는 비용을 말한다. 구조료는 보험증권에 의해 보상되는 손해를 방지하기 위하여 발생된 경우에만 보상된다. 단, 구조료는 피보험자, 그 대리인 또는 보수를 받고 이들에 의하여 고용된 자가 부보위험을 피하기 위하여 행한 구조의 성질을

하였고, ④ 보험자인 피고는 위 견적서와 현저한 격차가 있는 손해사정인작성의 감정서를 별도로 제출하였으며, ⑤ 수리를 요하는 부분이 많았는데도 이를 수리한 흔적 없이 출항에 나선 정황에 비추어 선박의 추정전손을 인정하지 않았다.

1) 대판 2013. 9. 13. 2011다81190, 81206(판례공보(2013. 10. 15), 1786쪽)(원고/피상고인 동부화재, 피고/상고인 한국선주상호보험조합, 상고기각). 원고는 태영상선의 이 사건 선박에 관해 선박보험계약을 체결했고, 피고는 태영상선과 난파물 제거의무 등 선주의 제3자에 대한 배상책임을 보상하는 선주책임보험계약을 체결했다. 이 사건 선박은 단둥항에서 출항 중 난파선과 부딪혀 침몰했다. 중국 해사국은 태영상선에 이 사건 선박의 강제인양결정을 통보했다. 태영상선은 S선박구조업체와 구조계약을 체결했으나 S는 기상 악화로 구조를 중단했다. 태영상선은 원고에게 위부를 통지하면서 전손보험금 지급을 요구했다. 원고는 태영상선의 위부를 거절하고 대위권 행사와 구조의 의사만을 통지했으며, 태영상선에게 추정전손 보험금을 지급했다. 원고는 구조를 진행할 실익이 없다고 판단하고 이 사건 선박에 대한 대위권 행사를 포기했고, 태영상선은 중국 해사국에 난파물 제거 비용 150만 달러를 지급했다.

2) The Swedish Club v. Connect Shipping (MV Renos) [2019] UKSC 29; 권오정, "선박보험상 추정전손 성립의 산정기준에 관한 고찰," 한국해법학회지 제41권 제2호(2019. 11), 7쪽.

띤 노무의 비용을 포함하지 않는다(영국 해상보험법 제65(2)조). 또한 보험의 목적의 전부 또는 일정비율 미만의 단독해손에 대하여는 보험자를 면책시키는 조건으로 부보되었을 경우에도 보험자는 구조료를 보상하여야 한다(동법 제76(2)조). 상법은 영국 해상보험법을 수용하여 제694조의2에서 ① 보험자는 피보험자가 보험사고로 인하여 발생하는 손해를 방지하기 위하여 지급할 구조료를 보상할 책임이 있다, ② 다만, 보험목적의 구조료분담액이 보험가액을 초과할 때에는 그 초과액에 대한 분담액은 보상하지 아니한다고 규정한다.

(2) 특별비용

특별비용이란 보험목적물의 안전이나 보존을 위하여 피보험자 또는 피보험자의 대리인이 지출한 비용으로서 공동해손분담금과 구조료 이외의 것을 말하며, 특별비용은 단독해손에 포함되지 않는다(영국 해상보험법 제64(2)조). 화물이 부분적으로 손상된 상태로 하역항에 도착하는 경우, 즉 몇 개의 포장만이 정상적인 상태로 양륙되고 그 나머지 부분이 손상을 입은 경우 지출되는 특별비용에는 ① 선박의 선창, 피보험자의 구내 또는 다른 장소에서 손상된 화물을 처리하는 데 지출된 부대비용과 손상품으로부터 정상품을 분리하는 데 지출된 부대비용, ② 부두나 피보험자의 창고 또는 다른 창고에서 손상품을 재정비하기 위하여 지출한 비용, ③ 손상정도에 대해 피보험자와 보험자의 검정인 간에 합의가 이루어지지 않은 경우, 매각비용과 클레임을 증명하는 데 지출된 비용 등이 있다.[1]

보험자가 위 비용들을 보상하여야 하는지 여부를 결정하기 위하여는 다음을 고려하여야 한다.

첫째, 지출된 비용은 전적으로 이례적이어야 하고, 통상적인 비용의 증가여서는 안 된다. 관례상 손해의 결과 증가될 수도 있는 통상적인 비용은 보상되지 않는다. 따라서 손상이 없었더라도 어차피 지출하였을 부대비용(예컨대 부두비용)의 증가는 이례적인 것이 아니므로 보험자로부터 보상받을 수 없다.

둘째, 지출된 비용은 전적으로 피해를 입은 손상부분 때문에 지출되었어야 한다. 따라서 포장을 개봉하여 손상 여부를 검사하는 비용은 부보위험 때문에 필요하였더라도 이례적인 것이 아닌 정상적인 비용으로 판명되는 경우,

---

1) 김정수, 앞의 책, 500쪽.

보험자는 이를 보상하지 않는다.[1]

상법은 영국 해상보험법의 규정을 받아들여 "보험자는 보험의 목적의 안전이나 보존을 위하여 지급할 특별비용을 보험금액의 한도 내에서 보상할 책임이 있다"는 규정을 두고 있다(상 제694조의3). 대법원은 운송인에 대한 손해배상청구와 보험금청구 준비 및 소송수행을 위해 소요된 변호사보수 등 소송비용은 손해방지비용이 아니라고 본다.[2]

(3) 공동해손비용손해

공동해손비용손해란 공동항해에서 위험에 처한 재산을 구조하는 데 필요한 용역이나 설비를 확보하기 위한 금전의 지출을 말한다. 이 같은 위험이 보험증권에 의해 담보되는 경우에 한하여 피보험자(공동해손희생을 입은 자 및 공동해손분담금 지급의무자)는 보험자로부터 공동해손비용손해를 보상받을 수 있다.[3] 공동해손희생의 경우 피보험자가 분담의무를 가진 다른 당사자에 대하여 분담청구권을 행사하지 않고 손해의 전액을 보험자로부터 회수하는 것도 가능하다(영국 해상보험법 제66(4)조). 그리고 선박·운임·적하의 어느 두 가지가 동일피보험자에 의하여 소유되었을 경우, 공동해손손해나 분담액에 관한 보험자의 책임은 이들 보험목적이 별개인에 의하여 소유되는 경우에 준하여 결정된다(동법 제66(7)조).

상법은 피보험자가 지급할 공동해손분담액을 보험자가 보상할 책임이 있음을 명시하고 있다(상 제694조). 한편 "그러나 보험의 목적물의 구조료분담가

---

1) Goodacre, 앞의 책, 189-190쪽.

2) 대판 2003. 11. 28. 2001다75240(판례공보(2004. 1. 1), 39쪽)(원고/상고인 맥클레오즈 파머슈티컬스, 피고/피상고인 동양화재, 상고기각). 보험목적물인 화학약품 중 22개 파이버드럼만이 존재하고 나머지 18개 파이버드럼이 분실되었는데, 보험자가 수하인·피보험자인 원고에게 보험금지급의무가 있는 데도 이를 거절하였다. 원고는 운송인을 상대로 손해배상을 청구하여 손해의 일부를 배상받고, 다시 피고에게 나머지 손해를 청구하면서 운송인을 상대로 한 손해배상청구와 보험금청구준비 및 소송수행을 위해 소요된 법률상담비·변호사선임비 등 소송비용을 협회적하약관 제16조에 규정된 손해방지비용 명목으로 청구하였다. 그러나 대법원은 협회적하약관에 의해 보험자가 보상하는 '손해의 경감 내지 방지를 위하여 피보험자가 지출한 비용'은 보험목적 자체에 대하여 부보위험으로 인해 손해가 발생할 우려가 있는 경우, 피보험자가 손해를 방지하거나 경감하기 위해 필요한 조치를 취하는 데 적절하고 합리적으로 발생한 비용이며, 운송인에 대한 손해배상청구나 보험자에 대한 보험금청구는 보험목적 자체에 대하여 부보위험으로 인해 손해가 발생할 우려가 있는 경우가 아니라고 보아 원고의 청구를 기각하였다.

3) SchoenbaumP(5th), 475쪽; O'May, 184쪽.

액이 보험가액을 초과할 때에는 그 초과액에 대한 분담액은 보상하지 아니한 다"고 규정함으로써 보험자가 보상할 피보험자의 공동해손분담액은 보험가액 을 한도로 함을 분명히 하였다(동조 단서).

제10절 보험자의 권리 등

1. 보험자대위

보험목적의 일부가 멸실한 경우에 보험금액의 전부를 지급한 보험자는 그 목적에 대한 피보험자의 권리를 취득하고, 보험가액의 일부를 보험에 부보 한 경우 보험자는 보험금액의 보험가액에 대한 비율에 따라 피보험자의 일체 의 권리를 대위한다(상 제681조). 나아가 손해가 제3자의 행위로 인하여 생긴 경우, 보험금액을 지급한 보험자는 그 지급액의 한도에서 제3자에 대한 보험 계약자 또는 피보험자의 권리를 취득한다(상 제682조). 미국법에서도 보험자대 위의 법리는 형평법상 확고하게 정립되어 있다. 또 영국 해상보험법 제79조도 이와 거의 동일하게 규정한다. 제3자가 보험사고에 대하여 책임이 있는 경우 에 보험자가 피보험자에게 보험금을 지급하였다면 대위의 법리에 의하여 보 험자는 피보험자가 제3자에 대하여 가지는 권리를 양수하며, 그 권리를 실행 하기 위하여 보험자 또는 피보험자의 이름으로 제3자에 대하여 소송을 제기 할 권리를 가진다. 일반적으로 보험자는 피보험자에게 보험금을 지급할 때까 지는 대위권을 취득하지 못하며, 계약에 의해 직접 또는 간접적으로 보호되는 사람에 대하여는 대위를 주장할 수 없다. 2인 이상의 해상기업자를 하나의 보 험증권에 의하여 부보하는 경우, 추가적 피보험자에 대하여는 대위권을 포기 할 수 있다.[1]

피보험자가 또는 피보험자를 위하여 동일한 보험목적에 관하여 둘 이상 의 보험계약을 체결한 결과 보험금액이 법률상 허용되는 보상액을 초과한다 면, 이는 중복보험에 해당한다. 이 때 피보험자는 보험증권에 별도의 규정이 있는 경우를 제외하고 자기가 적당하다고 생각하는 순서에 따라 각 보험자에 게 보험금지급청구를 할 수 있으나, 법률이 허용하는 보상액을 초과하는 금액 을 수령할 수는 없다. 보험증권이 기평가보험증권일 경우, 피보험자는 보험목

---

1) SchoenbaumP(5th), 477-478쪽; O'May, 463-464쪽; Buglass(3d), 441-442쪽.

적의 실제 가격에 불구하고 타 보험증권에 의하여 수령한 금액을 그 평가액에서 공제하여야 한다. 그리고 보험증권이 미평가보험증권일 경우, 피보험자는 타 보험증권에 의하여 수령한 금액을 총 보험가액에서 공제하여야 한다. 피보험자가 법률이 허용하는 보상액을 초과하는 금액을 수령하였을 경우, 피보험자는 그 초과액을 보험자 상호간의 상환청구권에 따라 각 보험자를 위하여 수탁한 것으로 본다(영국 해상보험법 제32조).[1]

해상보험의 기본원리는 피보험자의 실제 손해에 대하여만 배상하는 것이므로 중복보험은 보험목적물의 가액을 초과하여 부보하는 범위까지 무효이다. 만약 여러 보험자 중 한 보험자가 피보험자의 손해액 전부를 보상한다면, 그 보험자는 다른 보험자들에 대하여 각 보험자가 부담하는 금액의 비율에 따라 비례적으로 보상액을 분담할 것을 청구할 수 있다(동법 제80(1)조).[2]

2. 피해자의 직접청구권

(1) 미 국 법

미국 루이지애나주법 및 푸에르토리코법에 의하면 손해를 입은 제3자가 보험자에 대하여 직접 소송을 제기할 수 있는데, 이 소송은 보험자에 대하여만 제기할 수도 있고 피보험자와 보험자에 대하여 연대책임을 청구할 수도 있다. 피해자의 직접청구권이 인정되기 위하여는 손해가 루이지애나주나 푸에르토리코 내에서 발생했거나, 보험증권이 위 지역 내에서 작성 또는 교부되었어야 한다. 피보험자의 피해를 보상하는 계약으로서의 해상보험의 기본이념과 피해자의 직접청구권의 성격이 어느 정도 상충되는 것은 사실이다. 그럼에도 불구하고 미국의 위 2개 주에서 피해자의 직접청구권을 인정한다고 하여 연방해사법의 통일성에 중대한 영향을 미치는 것은 아니다. 그런데 1986년의 Crown Zellerbach Corp. v. Ingram Industries, Inc. 사건[3]에서, 미국 연방항소법원은 피보험자인 선박소유자가 자신의 책임을 제한할 수 있고, 선박소

---

1) 중복보험의 경우에는 피보험자가 여러 보험증권을 구입하였음에도 불구하고 그 중 하나로부터만 보상받을 수 있다는 점에서 무의미하다. 중복보험에 관한 미국법은 대체로 영국법과 동일하나, 미국 적하보험자들은 피보험자와 보험계약을 먼저 체결한 보험자가 먼저 보험금을 지급하도록 하는 약관을 많이 사용한다. 그러한 약관이 없는 경우에 각 보험자들의 분담액은 부보비율에 따라 결정된다. Buglass(3d), 453~455쪽.

2) Ivamy(4th), 461쪽.

3) 783 F.2d 1296(5th Cir. 1986).

유자의 P & I 보험규칙상 P & I 보험자의 책임금액은 선박소유자의 책임한도액을 초과할 수 없다고 규정되어 있는 경우 피해자인 제3자가 루이지애나주법에 의거하여 P & I 보험자에게 직접청구권을 행사하더라도 P & I 보험자의 책임은 피보험자인 선박소유자의 책임한도액으로 제한된다고 판시했다. 이 경우 보험자는 법률에 의하여 자신의 책임을 제한할 권리는 없으나, 자신이 발행한 보험증권에 의해 사실상 자신의 책임을 제한할 수 있다.[1]

(2) 영 국 법

영국법은 전통적으로 계약당사자원칙(doctrine of privity of contract)에 의해 제3자가 계약당사자가 아닌 계약에 대해 권리를 행사할 수 있다는 것을 부정한다.[2] 따라서 제3자는 피보험자의 보험자에 대한 권리를 행사할 수 없다. 그런데 피보험자가 파산한 경우에 제3자를 보호하기 위해 1930년 제3자권리법(Third Parties (Rights against Insurers) Act 1930)을 제정했다. ① 피보험자가 개인인 경우는 파산했거나 채권자들과의 화의가 이루어진 경우(1930년 제3자권리법 제1조 제1항 a호), ② 법인인 경우는 해산명령이 내려졌거나 임의해산 승인이 이루어졌거나 파산관재인이 임명된 경우에 한해 피보험자의 보험자에 대한 권리가 제3자에게 이전한다(동항 b호). 보험자는 피보험자에게 부담하는 책임과 동일한 책임을 제3자에게 부담한다(동조 제4항 본문). 만약 보험자가 피보험자에게 지급해야 하는 보험금이 피보험자가 제3자에게 부담하는 금액보다 적은 경우 보험자는 차액에 대해 책임이 없다(동항 b호).

제3자의 직접 청구와 관련해 문제가 되는 것은 선지급 조항(pay first clause, pay to be paid clause)이다. 선지급 조항은 피보험자가 제3자에게 먼저 손해배상을 지급해야 보험자에게 보험금 지급의무가 발생한다는 내용이다. 피보험자의 파산 등이 발생한 경우 보험계약상 책임을 회피하거나 당사자의 권리를 변경하는 보험계약은 무효인데(동조 제3항), 선지급조항이 유효한지가 문제된다. 1987년 The Fanti 사건[3]에서 영국법원은 선지급 조항은 제3자권리법 위반으로 무효라고 보았다. 반면 The Padre Island 사건[4]에서는 '피보험자는 손

---

1) SchoenbaumP(5th), 481–482쪽; Buglass(3d), 434–436쪽.

2) M. Clarke, The Law of Insurance Contracts, 131쪽(2d ed. 1994).

3) Firma C-Trade SA v. Newcastle Protection & Indemnity Association (The "Fanti") [1987] 2 Lloyd's Report 209.

4) Socony Mobil Oil Co. Inc. and Others v. West of England Ship Owners Mutual Insurance

해배상 이행을 조건으로 보험자에게 보험금을 청구할 수 있는 조건부 권리를 가지고, 제3자는 피보험자의 권리를 이전받았을 뿐이다. 피보험자가 손해배상을 이행하지 않은 이상 보험자는 보험금을 지급할 책임이 없다'고 판시해 선지급 조항이 유효라고 보았다. 영국 대법원도 선지급 조항이 유효라고 판시했다.[1]

도산한 피보험자를 대신해 제3자가 쉽게 보험자에게 보험금을 청구할 수 있도록 2010년 제3자권리법이 2016년에 시행됐다. ① 제3자는 피보험자의 책임 확정을 위한 소송이나 중재를 거치지 않고 보험자에게 직접청구소송을 제기할 수 있다. 다만 제3자의 권리는 피보험자의 책임이 확정되어야 보험자에 대해 행사할 수 있다(2010년 제3자권리법 제1조 제3항). ② 피보험자 도산의 인정 범위가 확장되었다. ③ 제3자의 정보청구권이 강화되어 제3자는 피보험자의 손해배상책임이 존재하며 피보험자의 보험계약권리가 자신에게 이전되었음을 합리적으로 입증하면 보험자와 피보험자에게 보험정보 제공을 요구할 수 있다(동법 제11조). 동법은 "피보험자로부터 이전받은 제3자의 권리는 피보험자의 제3자에 대한 책임의 이행을 정지조건으로 하지 않는다"(동법 제9조 제5항)고 규정해 보험자의 선지급 항변을 제한했다. 다만 "해상보험의 경우에는 제9조 제5항이 인명사상 책임에만 인정된다"고 하여(동조 제6항) 해상보험에 대한 예외를 인정했다. 즉 해상보험에서 선지급 조항을 인정하되 인명사상에 대하여는 선지급 항변을 못하도록 했다.[2]

(3) 우 리 법

상법은 제3자가 피보험자의 책임 있는 사고로 인하여 손해를 입은 경우, 보험금액의 한도 내에서 보험자에게 직접 보상을 청구할 수 있도록 하였다(상 제724조 제2항). 제3자가 보험자에게 직접청구권을 행사할 때 보험자는 피보험자가 그 사고에 관하여 가지는 항변(예컨대 과실상계의 항변)으로써 제3자에게 대항할 수 있다(동항 단서). 제3자가 행사하는 직접청구권의 내용은 원래 피보험

　Association Ltd. (The "Padre Island") [1987] 2 Lloyd's Report 529.

1) Firma C-Trade SA v. Newcastle Protection & Indemnity Association (The "Fanti") — Socony Mobil Oil Co. Inc. and Others v. West of England Ship Owners Mutual Insurance Association (London) Ltd. (The "Padre Island") (No.2) [1990] 2 Lloyd's Report 191 (HL). 김찬영, "선주책임상호보험에 있어 제3자의 직접청구권에 관한 연구," 한국해법학회지 제37권 제1호(2015. 4), 249쪽.

2) 백지수, "해상책임보험에서의 직접청구권과 제3자 권리법에 관한 연구," 한국해법학회지 제40권 제1호(2018. 5), 164-171쪽.

자가 보험자에 대하여 가지고 있는 보험금청구권과 동일하기 때문이다. 보험자가 제3자로부터 이 같은 직접청구를 받은 때에는 지체 없이 피보험자에게 이를 통지하여야 한다(동조 제3항). 이것은 보험자와 피보험자가 이중으로 피보험자에게 손해배상금을 지급하는 일이 없도록 하려는 취지이다. 그리고 이 같은 직접청구가 있는 경우, 피보험자는 보험자의 요구에 응하여 손해발생의 원인과 보험자의 책임범위를 확정하는 일에 협조하여야 한다. 필요한 서류와 그 밖의 증거를 제출하는 일, 스스로 법정에 출석하여 증언하는 일, 필요한 증인을 찾아 법정 등에 출석하도록 협조하는 일 등이다(동조 제4항). 실제로 제3자가 보험자에게 직접청구권을 행사할 경우에 손해발생의 원인과 그 책임범위를 밝히는 데에는 피보험자의 협조가 절대적으로 필요하다. 그런데 간혹 피보험자가 이 같은 협조를 게을리하거나 심지어는 피해자에게 많은 보험금이 지급되도록 피해자를 돕는 일이 있었으므로 상법이 피보험자의 협조의무를 규정한 것이다. 만일 피보험자가 이 의무의 이행을 게을리하여 보험자가 실제로 책임을 져야 할 손해배상금 이상의 금액을 제3자에게 지급하게 되었다면, 보험자는 위 협조의무위반을 이유로 손해배상을 피보험자에게 청구할 수 있다.[1]

선박충돌의 피해선이 상대선의 선박보험자에게 직접청구권을 행사한 사건에서 준거법이 영국법으로 결정되었다. 서울남부지법은 영국 1930년 제3자권리법에 의하면 피보험자가 파산했거나 해산명령이 내려졌거나 파산관재인이 임명되는 등 도산절차가 개시된 경우에 한해 직접청구권이 인정되므로, 상대선주(피보험자)가 단순히 폐업한 것만으로는 보험자에게 직접청구를 할 수 없다고 판시했다.[2] 그런데 실무상 소송상대방이 정식으로 파산하지 않았더라도 실제로 폐업 상태이면 자력이 없으므로 원고는 승소하더라도 판결금을 지급받기 힘든 것이 현실이다. 따라서 폐업을 파산과 동일한 상태로 보는 것이 합리적일 것이다. 인천항만공사가 침몰선을 인양한 후 인양비용을 침몰선의 P&I 보험자에게 직접청구한 2014년 사건에서도, 대법원은 준거법을 영국법으로 보고 피보험자(침몰선주)가 파산하지 않은 한 인천항만공사가 직접청구권

---

1) 김교창, 앞의 글, 115-116쪽.
2) 서울남부지판 2013. 5. 30. 2012가합7046(원고 내셔널 케미컬 캐리어즈, 피고 진로해운/삼성화재/한국해운조합, 피고 진로해운 50% 승소, 피고 삼성화재/한국해운조합 승소, 항소하지 않아 확정됨).

을 행사할 수 없다고 판시했다.[1] 2017년 대법원 판례도 피보험자가 폐업해 사실상 파산한 것만으로는 직접청구권을 행사할 수 없다고 본다.[2]

2015년 서울고법은 다음의 이유로 피해자가 보험자에게 직접청구권을 행사하는 경우 '보험계약에 따른 준거법'인 영국법이 적용된다고 보았다. 첫째, 피해자가 보험자에게 직접청구를 하는 것은 보험자가 보험계약을 체결한 것에 근거를 둔다. 둘째, 직접청구권이 인정될 경우 그 내용도 보험계약에 따라 정해지게 된다. 셋째, 피보험자의 보험금지급청구권의 인정 여부는 보험계약의 준거법에 의하고, 피해자의 직접청구권은 다른 준거법에 따른다면 한 계약관계에서 파생되는 법률효과에 대해 준거법을 분리시키게 되어 당사자의 의사에 반하고 법해석이 모순될 가능성이 있다. 넷째, 우리 국제사법은 당사자의 의사 합치가 준거법의 가장 중요한 요소로 작용하는 것을 허용하는데, 피해자의 직접청구권에 대해 보험자와 피보험자 사이에 합의된 준거법과 다른 법을 적용하는 것은 국제사법의 취지에 부합하지 않는다.[3]

3. 불이익변경금지원칙의 배제

상법 제663조는 보험편의 규정을 당사자간의 특약에 의하여 보험계약자나 피보험자에게 불리하게 변경하지 못하도록 함으로써 보험계약자를 보호한다. 이를 불이익변경금지원칙이라 하는데, 동조 단서는 해상보험, 재보험 기타 유사한 보험에 대하여는 동 원칙이 적용되지 아니한다는 예외를 두고 있다. 이것은 해상보험이 보험자와 보험계약자가 동등한 위치에서 계약조건을 정하는 기업보험이기 때문이다. 즉 보험계약을 체결할 때 보험계약자의 이익 보호를 위한 후견적 배려가 필요하다기보다는 당사자간의 사적 자치에 맡겨

1) 대판 2014. 9. 25. 2014다37620(원고/상고인 인천항만공사, 피고/피상고인 큐비이 홍콩 앤드 상하이 인슈어런스, 상고기각, 원심 서울고판 2014. 5. 9. 2013나73560, 서울중앙지판 2013. 8. 22. 2012가합52279). 송헌, "해상보험자에 대한 피해자의 직접청구권에 관한 고찰," 한국해법학회지 제39권 제1호(2017. 5), 113쪽.
2) 대판 2017. 10. 26. 2015다42599(판결공보(2017. 12. 1), 2167쪽)(원고/상고인 알와하 페트로케미컬, 피고/피상고인 동부화재, 파기환송).
3) 서울고판 2015. 6. 9. 2012나29269(각급법원(제1,2심) 판결공보(2015. 10. 10), 628쪽)(원고/항소인 알와하 페트로케미칼, 피고/피항소인 동부화재, 피고 승소 항소기각, 상고되어 대판 2017. 10. 26. 2015다42599 파기환송, 서울고판 2018. 8. 11. 2017나28728 화해권고결정). 송해연, "해상보험계약과 선하증권의 준거법약관에 대한 우리 법원의 해석과 이에 대한 고찰," 한국해법학회지 제38권 제1호(2016), 275쪽.

특약으로써 개별적 이익조정을 도모할 필요가 있는 것이다. 또 해상보험은 국제적 통일성이 있고, 실무상 영국법을 준거법으로 하는 영문약관이 이용되고 있어서 불이익변경금지원칙을 일률적으로 적용하는 것이 불합리할 수도 있다.

한편 우리 대법원은 어선공제는 소형 어선을 소유하며 연안어업에 종사하는 영세어민들을 주된 가입대상으로 하므로 계약당사자들의 교섭력이 대등한 기업보험이라고 하기 어렵다고 보았다. 즉 공제계약체결시 공제가입자들의 이익보호를 위한 법적 배려가 필요하므로, 어선공제에는 불이익변경금지원칙을 적용하지 말아야 한다는 것이다. 그리하여 공제가입자가 분납공제료를 제때 납입하지 아니하였음을 이유로 공제업자가 상당한 기간을 정한 최고를 하지 않더라도 곧바로 공제계약이 실효된다는 내용의 공제약관은 무효라고 판시하였다.[1]

4. 재 보 험

재보험은 원수보험자가 제3자로부터 인수한 해상보험계약상의 위험에 관하여 원수보험자가 입은 손해를 재보험자가 보상하여 주기로 하는 계약이다. 재보험은 원수보험 하에서 원수보험자가 담보하는 위험의 전부 또는 일부를 담보한다. 보험증권에 특별한 규정이 없는 한 원수보험의 피보험자는 재보험

---

1) 대판 1996. 12. 20. 96다23818(판례공보(1997. 2. 1), 354쪽). 원고 신병호는 1993. 12. 1. 피고 수산업협동조합중앙회와의 사이에 원고소유 근해 채낚기어선 해성호(89톤)에 관하여 해상고유의 위험을 담보하고, 공제기간은 1년, 계약당일 1회 공제료를 납입하고, 1994. 3. 1.과 6. 1.에 2회 및 3회 공제료를 납입하기로 하는 어선공제계약을 체결하였다. 공제계약은 "2회 이후 분납공제료에 대하여는 납입기일로부터 14일간의 납입유예기간을 두고, 원고가 유예기간 내에 공제료를 납입하지 않으면 공제계약은 실효한다. 공제계약이 실효된 후에도 미납입공제료를 납입한 때에는 공제계약은 유효하게 계속되나, 공제계약실효일부터 미납입공제료수령일까지 발생한 사고는 보상하지 아니한다"고 규정하였다. 원고는 1회 공제료를 납입하였으나 2회 공제료를 유예기간 내에 납입하지 않고 있던 중 1994. 5. 15. 해성호가 침몰하였는데, 피고는 계약규정을 이유로 면책을 주장하였다. 그러나 법원은 원고의 주장을 받아들여 분납공제료가 소정시기에 납입되지 않았음을 이유로 상법 제650조 제2항의 절차(계속 보험료가 약정기에 지급되지 않은 때에는 보험자는 상당한 기간을 정하여 최고하고, 그 기간 내에 지급되지 않은 때에만 해약할 수 있다)를 거치지 않고 바로 공제계약이 실효된다고 규정한 공제계약약관은 무효라고 판시하였다. 원심 서울고판 1996. 4. 23. 95나15591은 문제의 공제약관이 약관의규제에관한법률 제9조 2호(사업자에게 법률이 규정하지 않는 해제권을 부여하거나 법률에 의한 해제권의 행사요건을 완화하여 고객에 대하여 부당하게 불이익을 줄 우려가 있는 조항은 무효)에 위배되어 무효라고 판시하였으나, 대법원은 공제약관이 상법에 위배되어 무효이므로 구태여 약관규제법위반 여부를 판단할 필요가 없다고 보았다.

자에 대하여 직접 보험금지급을 청구할 수 없다. 영국 해상보험법 제9(2)조도
"원수보험의 피보험자는 재보험에 관하여 아무런 권리나 이익을 가지지 않는
다"고 규정한다. 해상보험자들은 재보험계약을 신사협정으로 간주해 온 결과
보험회사와 재보험회사 간의 분쟁은 별로 없었고, 재보험에 관한 판례법도 별
로 형성되지 않았다.[1]

---

1) SchoenbaumP(5th), 483쪽; Buglass(3d), 485-487쪽; Ivamy(4th), 465-467쪽.

제12장

국제해상법

제 1 절 총 설

해상에 관한 법률관계는 본질적으로 보편적이고 국제적이므로, 각국의 해상법이 각기 다른 경우 해사거래를 원활하게 할 수 없다. 따라서 각국의 해상법을 통일하는 것이 이상적이며, 19세기 이후 해상법의 통일운동이 활발하게 전개되어 이미 상당한 성과를 거두었다. 그러나 각국의 법률사상의 차이와 해운정책상 이해의 대립 때문에 해상법통일의 이상은 완전하게 이루어지지 못하고 있을 뿐 아니라, 해상에 관한 국제조약들은 상당한 부분에 대하여 유보조항을 인정하고 있으므로 국제해상에 관하여는 아직 각국의 국제사법규정에 의존하는 바가 크다.[1] 1962년에 제정된 섭외사법을 2021년에 대폭 개정한 국제사법은 제10장 '해상' 중 제89조 내지 제96조에서 해상에 관한 국제적 법률관계의 준거법에 관하여 규정한다.

---

1) 황산덕·김용한, 신국제사법(서울: 박영사, 1979), 351쪽.

제 2 절   선박의 물권관계

선박 자체의 물권관계의 준거법에 관하여 특별규정은 없으나 일반물권에 관한 국제사법 제33조에 의하여 선박의 소재지법을 적용하기에는 부적절하다. 왜냐하면 선박은 이동하는 물체이고 공해상에 있는 경우가 많으므로, 통상의 물건이 일정한 장소에 소재하는 점을 고려하여 규정한 동법 제33조에 의할 수 없기 때문이다. 또한 선박은 그 소속국의 국력 및 경제적으로 중대한 관계를 가지므로, 선박의 물권관계는 소재지법이 아닌 선박소속국법, 즉 선적국법에 의하여야 한다는 것이 통설이다.1)

국제사법 제94조는 선박의 소유권 및 저당권, 선박우선특권, 그 밖의 선박에 관한 물권(동조 1호), 선박에 관한 담보물권의 우선순위(동조 2호) 등이 선적국법에 의한다고 규정하고 있다. 이것은 선박의 특수성에 ,비추어 예시적인 규정이라고 해석된다.2)

제 3 절   해사채권채무관계

1. 법률행위 등으로 발생한 채권관계

계약의 준거법은 당사자가 명시적 또는 묵시적으로 선택한 법에 따른다. 다만, 묵시적인 선택은 계약내용이나 그 밖의 모든 사정으로부터 합리적으로 인정할 수 있는 경우로 한정한다(국제사법 제45조 제1항). 당사자가 준거법을 선택하지 아니한 경우에 계약은 그 계약과 가장 밀접한 관련이 있는 국가의 법에 의한다(동법 제46조 제1항). 국제해상에 관한 계약도 계약에 관한 일반원칙인

---

1) 황산덕·김용한, 앞의 책, 353쪽; 김용한·조명래, 국제사법(서울: 정일출판사, 1992), 405쪽; 서희원, 국제사법강의(서울: 일조각, 1982), 319쪽. 한 선박이 이중선적을 가지는 경우에 어떤 선적국의 법을 적용할 것인지가 문제된다. 이 문제를 자연인의 이중국적에 준하여 섭외사법 제2조 제1항을 유추적용하여 해결하자는 견해가 있다. 황산덕·김용한, 앞의 책, 352쪽. 그러나 선박이 가장 밀접한 관계를 가지고 있는 선적국의 법을 적용하는 것이 타당할 것이다. 이러한 국가로서는 선박이 통상 계양하는 국기의 기국을 들 수 있다. 이호정, 국제사법(서울: 법문사, 1981), 454쪽.
2) 황산덕·김용한, 앞의 책, 353쪽; 김용한·조명래, 앞의 책, 405쪽; 서희원, 앞의 책, 319쪽.

국제사법 제45조와 제46조의 적용을 배제할 이유가 없다. 따라서 선박 자체를 목적으로 하는 법률관계, 예컨대 용선계약·해상보험계약 등은 당사자가 임의로 정한 법률 또는 계약과 가장 밀접한 관련이 있는 국가의 법을 준거법으로 하게 된다. 또 선박소유자와 선장 또는 해원과의 법률행위에서 발생하는 채권채무관계, 물건운송계약, 여객운송계약, 선원의 고용계약 및 선장이 행한 법률행위에 대한 선박소유자의 책임 등도 원칙적으로 계약에 관한 국제사법의 일반원칙에 의하여야 할 것이다.

국제사법상 사무관리는 그 관리가 행하여진 곳의 법에 따르고(동법 제50조 제1항), 부당이득은 그 이득이 발생한 곳의 법에 따른다(동법 제51조). 불법행위는 그 행위를 하거나 그 결과가 발생하는 곳의 법에 따른다(동법 제32조 제1항), 국제사법 제94조는 특히 선장과 해원의 행위에 대한 선박소유자의 책임범위(동조 3호), 선박소유자등이 책임제한을 주장할 수 있는지 여부 및 그 책임제한의 범위(동조 4호) 등은 선적국법에 의하게 함으로써 당사자의 자치를 인정하지 않는다.[1]

A사가 B중국법인으로부터 수입한 화물이 운송 중 훼손되었다고 주장하면서, B와 용선계약을 체결해 화물을 운송한 C러시아법인을 상대로 채무불이행 또는 불법행위책임을 물었다. 울산지법은 1) C사는 전 세계에서 영업활동을 하는 반면 A사는 한국 법인으로서 한국에 주소가 있고, 2) 용선계약 체결장소는 중국이지만 의무이행지가 한국이어서 계약과 가장 밀접한 국가는 한국이고, 3) 화물이 손상된 장소가 한국이고 이로 인해 침해되는 A사 법익 소재지도 한국이라는 이유로 A사와 C사간의 분쟁에 대해 한국법이 준거법이라고 판시했다.[2]

2. 공동해손

공동해손이란 선장이 선박과 적하의 공동위험을 면하기 위한 선장의 선박 또는 적하에 대한 처분으로 인하여 생긴 손해 또는 비용을 말한다(상 제865조). 공동해손의 부담자와 부담의 비율 등의 준거법에 관하여는 ① 도달항지

---

1) 정영석, "선박소유자의 책임제한에 있어서의 준거법의 결정," 한국해법회지 제15권 제1호 (1993. 12), 249쪽.

2) 울산지판 2014. 2. 6. 2012가합3810(각급법원(제1,2심) 판결공보(2014. 5. 10), 323쪽)(원고 후쿠, 피고 캄차카 골드 씨오, 원고 승소, 항소됨).

법주의, ② 양륙항지법주의, ③ 선적국법주의 등이 있고, ④ 공동해손은 선박과 적하의 공동위험을 면하는 처분으로서 부당이득과 유사한 법률관계이므로 부당이득에 준하여 원인사실발생지법에 따라야 한다는 견해도 있다.[1] 제1설과 제2설에 대하여는 선박의 도달항이나 양륙항은 반드시 화물 전부의 도달항 또는 양륙항이라고 할 수 없을 뿐 아니라 선박의 도달항 또는 화물의 양륙항은 우연히 결정되므로, 이를 기준으로 하면 준거법을 결정할 수 없는 경우가 있다는 비판이 있다.[2] 제4설에 의하면 공동해손행위가 영해상에서 행하여졌을 경우에는 행위지법인 영해소속국법에 의하고, 공해상에서 행하여졌을 경우에는 행위지를 관할할 법이 존재하지 않으므로 선적국법에 의하여야 한다고 하므로[3] 준거법을 확정하기가 힘들다. 제3설인 선적국법주의에 찬성하며, 통설적 견해이기도 하다.[4] 국제사법 제94조 5호도 공동해손에 관한 사항은 선적국법에 의한다고 규정한다.

3. 선박충돌

선박충돌로 인한 불법행위는 육상에서의 일반불법행위와는 다르게 취급해야 하며, 준거법을 결정함에 있어서는 선박충돌이 영해상 또는 공해상에서 발생한 경우가 다르다.

(1) 영해상에서의 선박충돌

영해상에서의 선박충돌에 관하여는 충돌선박의 국적 여하를 불문하고, 불법행위에 관한 국제사법상의 일반원칙인 국제사법 제32조에 의하여 원칙적으로 사실발생지법인 영해소속국법이 준거법이 된다.[5] 이를 분명하게 하기 위하여 국제사법 제95조 제1항도 "개항・하천 또는 영해에서의 선박충돌에 관한 책임은 그 충돌지법에 따른다"고 규정함으로써 영해소속국법주의를 취한다.

---

1) 서희원, 앞의 책, 320쪽.
2) 황산덕・김용한, 앞의 책, 355쪽.
3) 서희원, 앞의 책, 320쪽.
4) 황산덕・김용한, 앞의 책, 356쪽; 김용한・조명래, 앞의 책, 407쪽.
5) 선박충돌을 제외한 국제불법행위에 대한 국제사법 제32조(개정 전 섭외사법 제13조)의 적용에 대하여는 석광현, "섭외불법행위의 준거법 결정에 관한 소고," 법조 제456호(1994. 9), 37쪽.

(2) 공해상에서의 선박충돌

선박충돌이 공해상에서 발생한 경우에는 사실발생지법이 존재하지 아니하므로 선적국법에 의할 수밖에 없다. 그런데 충돌선박이 동일국적인 경우 공동선적국법에 의하게 되므로 문제가 없으나, 충돌선박이 선적국을 달리할 경우에는 ① 법정지법주의, ② 선박영토설에 의하여 일방의 선박을 행위지로 보는 불법행위지법주의, ③ 피해선박선적국법주의, ④ 가해선박선적국법주의, ⑤ 피해선박소유자가 선택한 선적국법주의, ⑥ 가해선박선적국법과 피해선박선적국법을 중복적으로 적용하는 주의 등이 있다.

이에 관하여 국제사법 제95조 제2항은 "공해에서의 선박충돌에 관한 책임은 각 선박이 동일한 선적국에 속하는 경우에는 그 선적국법에 따르고, 각 선박이 선적국을 달리하는 경우에는 가해선박의 선적국법에 따른다"고 규정함으로써 공해상에서의 이선적선(異船籍船)간의 충돌에 관하여 가해선박선적국법주의를 채용하였다.[1]

4. 해난구조

해난구조란 넓은 의미로는 당사자간의 구조계약에 의한 경우까지도 포함하나, 좁은 의미로는 아무런 법적 의무 없이 구조를 행한 경우를 말한다(상 제882조).

(1) 영해상에서의 해난구조

해난구조가 한 나라의 영해상에서 행하여졌을 경우, 사실발생지법인 영해소속국법을 준거법으로 삼아야 한다는 것이 널리 인정되고 있다.

(2) 공해상에서의 해난구조

해난구조가 공해상에서 행하여진 경우에 그 해난구조가 동일선적국에 속하는 선박간에 일어난 경우, 공통선적국법을 적용하는 것이 일반적으로 인정되고 있다. 공통선적국법이 없는 경우가 문제인데 국제사법 제96조는 "해난구

---

1) 대판 1985. 5. 28. 84다카966: 공해를 항해중인 선박의 침몰로 인한 불법행위에 있어서는 행위지법이 존재하지 아니하므로 섭외사법 제13조 제1항(현 국제사법 제32조 제1항)의 적용을 배제하고, 제44조 및 제46조(현 국제사법 제61조 제2항)를 적용하여 선박의 선적국법을 준거법으로 한다.

조로 인한 보수청구권은 그 구조행위가 영해에서 있는 때에는 행위지법에 따르고, 공해에서 있는 때에는 구조한 선박의 선적국법에 의한다"고 규정함으로 써 공해상에서의 이선적선(異船籍船)간 해난구조에 관하여 구조선박선적국법주의를 채용하였다.

제 4 절   외국에 대한 국내재판권행사

제 1 관   총   설

국가는 해운과 관련하여 세 가지 역할을 수행한다. 첫째, 국가는 국토해양부 등의 국가기관을 통하여 해운 전반을 지도하고 규제하는데, 종래에는 이 기능이 국가의 주된 역할인 것으로 인식되어 왔다. 둘째, 거의 모든 국가는 기간산업이며 국가안보에 긴요한 해운산업을 육성하고 보조하여 왔다. 막대한 자본이 소요되는 신규조선에 필요한 자금을 마련하지 못하는 해운회사를 위하여 정부가 국책은행을 통하여 계획조선자금을 지원하고, 특정 항로를 운항하는 해운업자에 대하여 운항보조금을 지급하거나 정부화물 등을 국적선에 의하여 수송하도록 하는 웨이버제도 등이 그 예이다. 셋째, 국가 자신이 해상기업자로서 해상운송을 경영하는 일이 적지 않은데, 이 같은 경우에 개인이 원고로서 외국을 피고로 하여 국내법원에 제소할 수 있는지가 문제된다.

제 2 관   주권면책의 개념과 연혁

제1 개   념

일정한 경우에 주권국가가 외국법원의 재판권과 집행권으로부터 면책될 수 있는 것은 국제관습법상의 원칙인데, 이러한 주권국가의 특권을 주권면책(sovereign immunity) 또는 국가면책(state immunity)이라 한다.

제2 연   혁

19세기에 주권국가의 독립·평등 사상과 국제예양(international comity)이 발전되어 국가의 모든 활동은 타국법원의 간섭을 받지 않는다는 절대적 주권면책원칙(absolute immunity)이 확립되었다. 그런데 오늘날 국가가 경제주체로서 활동하는 과정에서 피고로서 제소되는 경우가 빈번하여 국가의 면책특권을 일정한 행위에만 제한적으로 적용하자는 제한적 주권면책원칙(restrictive immunity)이 등장하게 되었다. 즉 후자는 주권국가의 행위라 할지라도 상거래적 성격을 띤 경우에는 외국의 사법권에 복종해야 하나, 주권의 행사와 관련된 행위는 외국의 사법권으로부터 자유롭다는 견해이다. 현재 러시아와 남아연방을 제외하고는 제한적 주권면책원칙이 주권면책이론의 주류를 이루고 있다.[1]

제 3 관   주권면책의 범위

제1 인적 범위

1. 외   국

주권면책의 대상이 되는 외국은 주권국가여야 하나, 국가 또는 정부의 승인을 반드시 요하는 것은 아니다. 즉 국제법상의 승인 여부와 상관없이 사실상 국가로서의 실질을 갖추고 있다면 주권면책의 대상이 된다.[2]

2. 공공단체

연방국가의 주나 지방자치단체·공공조합·영조물법인 등은 주권면책의 대상이 되지 않는 것이 원칙이나, 이러한 공공단체들이 국가의 위임을 받아 공권력을 행사하는 경우에는 이에 대하여 주권면책을 인정하여야 한다. 법률상으로는 독립한 사법인(私法人)이지만 사실상 국가가 주식의 소유, 임원의 임면권 등에 의하여 운영권을 가지는 회사 또는 은행은 국가로부터 독립된 법인격을 가짐으로써 얻는 이익뿐 아니라, 그로 인한 불이익도 감수해야 하므로

---

1) 송상현, "외국에 대한 국내민사재판권의 행사와 그 한계," 민사법의 제문제(온산 방순원선생 고희기념 논문집)(서울: 박영사, 1984), 254–255쪽.
2) 대륙법계의 통설이고 일본판례의 입장이다. 황우여, "재판권의 면제," 섭외사건의 제문제(하), 재판자료 제34집, 법원행정처, 1986, 384–385쪽.

이들에 대하여 재판권이 행사되어야 한다.[1]

전통적으로 절대적 주권면책원칙을 고수해 온 영국과 제한적 주권면책원칙을 취하는 대륙법계국가 간의 차이를 해소하기 위하여 1972년 5월 16일에 성립한 유럽국가면책협약(European Convention on State Immunity)은 연방국가의 주 이하의 지방자치단체는 원칙적으로 주권면책을 향유할 수 없으나, 주권적 권한을 독자적으로 행사하는 경우에는 주권면책의 대상이 된다고 규정하고(제28조) 영국법도 같다.

반면에 미국법은 주권면책을 넓게 허용하여 외국에는 주뿐 아니라 시와 같은 지방자치단체 및 주식이나 지분의 과반수 이상을 국가 또는 정부가 소유하는 단체가 포함된다고 함으로써 외국의 중앙은행 등 공기업에게도 주권면책을 허용한다.[2]

3. 국제기구

최근에는 국제기구를 국가에 준하여 대우하는 경향이다. 대표적인 국제기구인 유엔에 관하여 우리나라는 1951년 9월 2일 "한국 내에서 국제연합이 향유하는 특권과 면책에 관한 협정"을 체결하였다. 그 외에 "전문기구의 특권과 면책에 관한 협약"(1947. 11. 21. 국제연합총회에서 승인, 1977. 5. 13. 우리나라에 대하여 발효, 조약 제598호) 제4절에서는 사무총장의 명시적 포기가 없는 한 재판권으로부터 절대적으로 면책된다고 규정하고, 국제연합헌장(제105조 제1항)·국제노동기구헌장(제40조 제1항)·국제보건기구헌장(제67조a)·유네스코헌장(제12조)·국제기상기구헌장(제27조b) 등은 그 목적달성에 필요한 경우에 한하여 재판권으로부터 면책된다고 규정한다.

제2 물적 범위

1. 원 칙

국가의 어떤 행위를 재판권으로부터 면책시킬 것인지에 관하여는 제한적

---

1) 황우여, 앞의 글, 385쪽; 임동진, "외국에 대한 재판권," 사법연구자료 제5집, 법원행정처, 1978, 235쪽.
2) House Report No. 94-1487, 15-16쪽; 황우여, 앞의 글, 385-386쪽.

주권면책론자 중에서도 견해가 나뉜다. 그 구별기준으로서는 첫째, 기관성격 기준설, 즉 국가기관이 국가라는 공인격(公人格)의 지위 또는 사인격(私人格)의 지위에서 행위하였느냐 하는 이탈리아 고전적 판례의 입장이 있다. 둘째, 기 관능력기준설, 즉 국가만이 할 수 있느냐, 또는 사인도 할 수 있느냐로 구별 하기도 한다. 셋째, 서구에서 통설적 지위를 가지는 행위성질기준설, 즉 특정 국가행위가 주권행사로서의 공적 행위인 권위행위이냐, 혹은 상거래적 행위 인 관리행위이냐로 구분하는 입장이다. 넷째, 미국에서는 통상활동기준설, 즉 통상활동(commercial activity) 또는 비통상활동이냐로 구별한다.

우리나라는 이에 관하여 명확한 입법이나 다자간 조약은 없으며, 2국간의 조약만이 있다.[1] 대법원은 1975. 5. 23. 고지 74마281 결정에서 "국가는 국제 관례상 외국의 재판권에 복종하지 않게 되어 있으므로 특히 조약에 의하여나 스스로 외교상의 특권을 포기하는 경우를 제외하고는 외국국가를 피고로 하 여 우리나라가 재판권을 행사할 수 없다"고 하여 절대적 주권면책원칙에 입 각하고 있었다. 그러나 학자들은 대법원결정이 언급하고 있는 국제관례가 존 재하는지도 불분명하고, 오늘날 외국은 항상 국내재판권에 복종하지 아니한 다고 일률적으로 단정할 수도 없다는 의견이었다. 국가행위의 성질상 그 행위 가 공권력적 작용인지 사법적(私法的) 작용인지를 구분하고, 그 행위가 전자에 해당하는 경우에는 재판권으로부터 면제하고 후자에 해당하면 재판권이 미치 도록 함으로써 선진국의 추세에 발맞춰야 한다는 것이다.[2]

이 같은 의견을 반영하여 대법원은 1998년에 전원합의체판결로써 "우리 영토 내에서 행하여진 외국의 사법적 행위가 주권적 활동에 속하거나 이와 밀접한 관련이 있어서 이에 대한 재판권행사가 외국의 주권적 활동에 대한 부단한 간섭이 될 우려가 있지 않는 한 외국의 사법적 행위에 대하여는 당해 국가를 피고로 하여 우리나라가 재판권을 행사할 수 있다"고 판시함으로써 종전의 판례를 변경하고 제한적 주권면책원칙을 채택하였다.[3] 그 후 서울지

---

1) 대한민국과 미합중국 간의 우호통상 및 항해조약 제18조 제2항. 황우여, 앞의 글, 387-388쪽.
2) 송상현, 앞의 글, 270쪽.
3) 대판 1998. 12. 17. 97다39216 해고무효확인(판례공보(1999. 1. 15), 121쪽)(원고 김양근, 피 고 미합중국). 원고는 미합중국 산하의 육군 및 공군 교역처에 고용되어 미군 2사단에서 근 무하다가 정당한 이유 없이 해고되었다고 주장하면서 해고의 무효확인과 해고된 날로부터 복직시킬 때까지의 임금의 지급을 구하였다. 이에 대하여 서울고판 1997. 7. 25. 96나29801 은 종전 판례를 답습하여 우리나라가 재판권을 가지지 아니한다고 판시하였다. 그러나 대 법원은 ① 국제관습법에 의하면 국가의 주권적 행위는 다른 국가의 재판권으로부터 면제됨

법도 주한미군에 고용된 직원이 부당해고되었다고 주장하는 사안에서 의제자백판결로써 미합중국에 대한 우리나라의 재판권을 인정하였다.[1] 다만, 외국에 대하여 승소판결을 받은 후에도 당해 외국에 대하여 실질적으로 집행할 수단이 없다는 것이 문제이다.[2]

2. 예   외

전통적인 절대적 주권면책원칙에서도 몇 가지 예외가 인정된다. 첫째, 주권면책특권은 포기할 수 있다. 포기의 의사표시는 당사국 또는 그 정당한 대표기관이 법정지국·당해 법원·소송상대방에 대한 의사표시로 가능하며, 조약 또는 사법상 계약에 의한 의사표시로도 가능하다. 포기는 응소·방어행위나 반소 또는 주권면책과 상충되는 소송행위를 함으로써 묵시적으로도 할 수 있다. 그러나 면책을 주장하기 위한 응소나 중재에 관한 합의만으로는 포기라 할 수 없다.[3] 둘째, 법정지국에 소재하는 부동산에 관한 소송에 대하여는 영

이 원칙이나, 국가의 사법적 행위까지 다른 국가의 재판권으로부터 면제된다는 것이 국제법이나 국제관례라고 할 수 없다. ② 법원은 '육군 및 공군 교역처'의 임무 및 활동내용, 원고의 지위 및 담당업무, 미합중국의 주권적 활동과 원고업무의 관련성을 고려하여 우리나라의 재판권행사 여부를 판단하여야 한다고 판시함으로써 원심을 파기하였다. 이 판결에 대하여는 제한적 주권면책원칙을 따른 근거(즉 국제관습법 또는 국제판례 등), 주권적 행위와 사법적 행위의 구별기준과 이른바 특별한 사정을 보다 명확히 제시하지 아니하였고, 고용계약의 특수성에 대하여 판단을 하지 않았다는 비판이 있다. 석광현, "외국국가에 대한 민사재판권의 행사와 주권면제," 법조 제531호(2000. 12), 314–315쪽.

1) 서울지판 1999. 10. 7. 99가합29300 해고무효확인(원고 홍윤선/손은석, 피고 미합중국). 원고 홍윤선은 주한미군의 피용자로서 네이션스뱅크 춘천지점장, 원고 손은석은 AAFES 소속 매점에서 판매원으로 근무하였다. 피고는 원고 홍윤선이 허위예금인출표를 작성하는 방법으로 공금을 유용하였다는 이유로 해고하였고, 상품을 절취하였다는 이유로 손은석을 해고하였다. 원고들은 해고사유가 사실과 다르다고 주장하였는데, 미합중국측이 변론에 참석하지 않았으므로 법원은 원고승소판결을 내렸다.

2) 법률신문(1999. 10. 28), 1쪽, 3쪽. 우리 법원은 대한민국이 패소한 외국을 대신하여 손해배상을 해 줄 의무는 없다고 한다. 예컨대 대판 1997. 4. 25. 96다16940(판례공보(1997. 6. 1), 1565쪽)(원고 차수옹, 피고 대한민국)에서 자이르공화국에 주택을 임대한 후 임대료를 받지 못한 원고가 "자이르공화국 대사관이 체불한 임대료를 국가가 보상하라"는 청구를 하였다. 그러나 법원은 ① 외교관계에대한비엔나협약이 대사관저에 대한 강제집행을 금하더라도 협약 자체가 국민의 재산권을 침해하는 것은 아니고, ② 외국대사관과 어떠한 법률행위를 할지 여부는 국민의 자유의사에 달려 있으므로 협약의 적용에 의하여 손해가 발생하였더라도 우리 국가의 공권력행사로 인한 것이라 할 수 없으며, ③ 국가가 보상입법을 하지 않았다거나 집달관이 협약규정을 이유로 강제집행을 거부하였더라도 불법행위가 되는 것은 아니라고 판시하였다.

3) 임동진, 앞의 글, 249–250쪽; 황우여, 앞의 글, 388–389쪽.

토고권에 의하여 면책을 인정하지 않는다. 다만, 선박에 대하여는 특별히 살펴볼 필요가 있다. 전통적으로 군함은 외국의 영해에 있더라도 치외법권을 가지므로 연안국은 함장의 동의 없이 군함에 승선할 수 없고, 범인이 선상에 있더라도 인도만을 요청할 수 있을 뿐 체포할 수 없다. 군함은 연안국의 항해에 관한 법령 기타 단속법규를 지켜야 하나, 이에 위반한 경우에도 퇴거요청을 받을 뿐 처벌되지 않는다. 공선(公船)은 국가가 관리권을 가지는 선박을 말하는데, 공선이 공해에 있는 경우에는 선적국의 관할에만 속한다. 공선이 타국 영해에 있을 때에는 군함과는 달리 치외법권만을 누리며, 승무원이 상륙하는 경우에는 치외법권도 없다. 통상활동에 종사하는 공선이 타국영해에 있을 때는 연안국의 재판권이 미친다. 1926년 국유선박의 주권면책에 관한 브뤼셀 협약(Brussels Convention for the Unification of Certain Rules Concerning the Immunity of State Owned Ships, 1926)은 주권국가가 소유 또는 운영하는 항해선박, 정부선박에 의하여 수송되는 화물 및 여객, 그리고 그러한 선박을 소유 또는 운영하는 국가는 선박운영이나 화물운송에 관련된 청구에 관하여는 원칙적으로 사선·사유화물 등에 적용되는 것과 동일한 책임과 의무에 복종한다고 한다(제1조). 동 조약 제2조는 법원의 재판권, 소송과 그 절차법 측면에서도 마찬가지라고 규정하고, 다만 제3조에서는 예외적으로 군함·경비정·병원선·군수물자수송선 등 분쟁 당시 정부가 소유 또는 운영하는 선박으로서 전적으로 정부의 비상업적 목적에 제공되는 선박은 소송절차에 의한 압류·나포 또는 대물소송절차에 복종하지 아니한다고 규정한다.

일제강점기에 강제동원되어 위안부 생활을 강요당한 우리 국민이 일본국을 상대로 위자료 지급을 구한 사안에서, 2021년 서울중앙지법 34부가 일본제국이 조직적으로 광범위하게 자행한 반인도적 범죄행위에 대하여는 국가면제를 적용할 수 없다는 획기적 판결을 내린 반면,[1] 서울중앙지법 합의15부는 국가면제를 적용해 원고의 청구를 각하했다.[2]

---

1) 서울중앙지판 2021. 1. 8. 2016가합505092(각급법원(제1,2심) 판결공보(2021. 3. 10), 200쪽)(원고 O, 피고 일본국): 확정.
2) 서울중앙지판 2021. 4. 21. 2016가합580239(원고 이용수, 피고 일본국)(항소됨, 서울고판 2021나2017165).

제 4 관   각국의 입법

제1 미   국

미국법원은 제1차 세계대전까지는 절대적 주권면책원칙을 취하였으나, 1952년 테이트 국무부법률고문이 연방법무부장관에게 보내는 서한[1]에서 국무부도 앞으로는 사법상(私法上)의 행위에 관한 소송에서 절대적 주권면책에 집착하지 않겠다는 것을 분명히 한 것을 계기로 하여 제한적 주권면책원칙으로 선회하게 되었다. 예컨대 1964년 Victory Transport Inc. v. Comisaria General de Abostecimientosy Transporters 사건[2]에서, 항소법원은 국제적 행정행위 등 면책이 인정되는 구체적 범위를 밝힘으로써 행위의 목적 또는 성격에 의하여 구별하는 입장을 채택하지 아니하였다. 그러나 강제집행으로부터의 면책에 관하여는 양자가 모두 절대적 주권면책원칙을 따르기 때문에 외국을 상대로 하여 승소한 자는 국무부가 외교적 압력을 행사해야만 집행할 수 있게 되었다.[3]

1976년에 외국에 대한 소송절차를 완비하기 위하여 외국주권면책법(Foreign Sovereign Immunities Act)[4]이 제정되었다. 동법의 제정이유는 외국의 면책주장에 대한 결정권한을 국무부로부터 법원에 넘김으로써 미국 내에서 외국주권면책에 관한 법적용을 보다 통일적이고 예측가능하게 하자는 것이었다. 동법은 외국에 대한 재판권획득을 위한 수단을 바꾸는 등 판례법의 입장을 변경하여 제한적 주권면책원칙을 채택하였다. 즉 외국에 대한 대인재판권을 행사하기 위하여는 양 당사자 간에 송달에 관한 특별합의에 따라 소장과 소환장을 교부하여야 하는 것으로 규정하여(외국주권면책법 제1608조) 관할권을 발생시키기 위하여 외국재산을 압류하는 것을 금지하였다. 그러나 일정한 경우에는 판결을 집행하기 위하여 미국 내에 있는 외국재산을 압류할 수 있도록 하였다. 동법의 자세한 내용은 다음과 같다.

---

1) Letter of Acting Legal Adviser Tate to U. S. Attorney General of May 19, 1952, 26 Department of State Bulletin, 984(1952).
2) 336 F.2d 354(1964), 381 U.S. 934(1965).
3) 송상현, 앞의 글, 259~262쪽.
4) 28 U.S.C. 제1330조 이하.

1. 면책의 주체

외국정부의 정치적 하부조직과 별개의 법인격을 가지는 기관(agency or instrumentality) 등도 면책특권을 가진다.

2. 재판권으로부터의 면책

동법은 일반적으로 외국에 대하여 면책특권이 인정됨을 선언한 다음 일정한 예외를 규정한다. 그러한 예외는 첫째, 면책특권을 포기하는 경우이다. 면책특권의 포기는 명시적이든, 묵시적이든 상관없다. 중재합의 또는 외국법을 준거법으로 한다는 합의는 묵시적인 포기로 본다.[1] 둘째, 이른바 long arm provision으로서, 불법행위나 거래행위(commercial activities)에서 발생한 청구에 관하여 소송의 기초를 이루는 외국의 불법행위나 거래행위와 미국과의 사이에 충분한 관련이 있을 경우에 미국법원의 재판권이 영토 외에 대하여도 작용한다. 이를 행위성질기준설이라 한다. 동법이 규정하는 거래행위란 정형적·반복적인 거래행위 또는 개별적인 거래행위를 말한다. 정형적 거래행위로서는 광물채굴회사·항공회사·국영무역회사 등이 이익을 추구하여 반복적으로 수행하는 활동 등이 있으며, 이들은 상행위성을 가진 것으로 추정된다.

반면에 개별적 거래행위에는 1회적인 정부청사건축계약, 외국정부의 차관행위 등이 있다. 일반적으로 ① 미국 내에서 외국 또는 그 대리인이 그 직무범위 내에서 직무수행중 작위 또는 부작위로 인하여 일어난 인명사상 또는 재산침해에 대한 금전배상을 청구하는 불법행위소송, ② 국제법에 위반하여 행한 재산수용에 대한 청구, ③ 미국 내에 위치한 부동산에 관한 소송, ④ 외국의 상업적 행위를 원인으로 그 나라 선박·화물을 상대로 선박우선특권을 집행하기 위한 해사소송은 주권면책의 예외로서 재판권의 행사가 허용된다.[2]

3. 집행권으로부터의 면책

외국주권면책법은 일반적으로 원고가 외국을 상대로 하여 법원으로부터

---

1) Ipitrade International S. A. v. Federal Rep. Nigeria, 17 ILM 1400(1978).
2) 외국주권면책법 제1605조 (b)항; 송상현, 앞의 글, 262-264쪽.

판결을 받기 전에는 외국재산을 압류할 수 없다고 규정한다. 그러나 미국 내에서 거래행위에 사용된 외국의 재산은 원고가 동법에 규정된 면책에 대한 예외임을 밝히는 경우에는 재판 전에 압류할 수 있다. 그러한 예외는 첫째 면책특권의 명시적 또는 묵시적 포기, 둘째 청구의 기초인 거래행위를 위해 사용된 재산, 셋째 국제법에 반하여 취득된 재산이나 그러한 재산과 교환된 재산의 집행인 경우, 넷째 증여나 상속에 의해 취득된 미국 내 부동산에 관련된 권리에 관한 재판의 경우, 다섯째 외국이 소유하는 보험증권에 관련된 압류나 집행의 경우이다.[1]

제2 영   국

영국은 1978년에 유럽국가면책협약을 모방하여 국가주권면책법을 제정하기 이전에는 유럽국가 중 가장 늦게 절대적 주권면책원칙을 포기하였다.

1. 면책의 주체

원칙적으로 국가는 재판권으로부터 면제되며, 국가는 정부, 정부의 모든 부처를 포함한다. 그 이외의 별도의 단체의 경우 원고는 피고가 국가와 구별되는 별도의 독립한 존재임을 입증해야 하고, 그 별도의 독립한 존재는 자신이 국가의 대리인으로서 권위행위를 수행중이었음을 입증해야 면책된다(국가주권면책법 제14조 제1항·제2항·제5항).

2. 재판권으로부터의 면책

국가주권면책법은 제1조에서 원칙적으로 면책이 인정됨을 규정하고, 제2조에서 제11조까지 예외적으로 면책되지 않는 경우를 규정한다. 영국 내에서 전부 또는 일부가 이행되는 계약상 의무와 상거래행위는 양 당사자가 모두 국가이거나 서면에 의해 합의된 경우가 아닌 한 그에 대한 면책이 부인된다(동법 제3조). 상거래행위란 첫째 재화나 용역의 공급을 위한 계약, 둘째 대부 또는 금융을 목적으로 하는 거래 및 다른 금융상 의무에 관련된 보증 또는 손해배상, 셋째 주권행위가 아닌 경우로서 국가가 체결하고 관여하는 모든 거래

---

1) 송상현, 앞의 글, 264쪽.

나 행위를 의미한다(동법 제2조 제3항). 또 해상운송과 화물에 관련된 소송에서 국가는 면책되지 아니한다(동법 제10조). 영국에서 체결되었거나 이행될 고용계약에 관련된 재판과 영국 내에서 발생한 인명사상 또는 재산상 손실에 관련된 재판의 경우 면책은 부인된다(동법 제4조, 제5조).

영국법원에의 복종을 내용으로 하는 분쟁발생 전의 서면에 의한 합의가 있는 때에는 면책특권의 포기로 보아 면책이 부인된다(동법 제2조). 그러나 영국법에 따르기로 하는 준거법의 합의는 영국법원에의 복종으로 간주되지 아니하며, 면책주장을 위해 응소하는 것도 영국재판권에의 복종으로 해석하지 않는다.

3. 집행권으로부터의 면책

토지 또는 다른 재산의 회복을 목적으로 하는 명령·留止命令 또는 특정이행명령은 국가에 대하여 발해질 수 없다(동법 제13조 제2항(a)). 따라서 판결 전에 국가의 자산을 관할 밖으로 이전해 버리는 것을 막을 길은 없다. 그리고 국립중앙은행의 자금에 대하여 유지청구는 가능하지만, 집행으로부터는 항상 면책된다. 그러나 국가가 그러한 집행에 대해 서면으로 동의하는 경우에는 면책되지 아니한다. 국가주권면책법은 국유재산은 판결의 집행절차, 중재판정의 집행 또는 압류, 압류나 공매를 위한 대물소송의 목적이 될 수 없다고 규정한다(동항(b)). 이에 대하여는 두 가지 예외가 있는데, 국가가 서면으로 동의한 경우와 국유재산이 상업적 목적에 사용되고 있거나 사용될 것이 예정된 경우를 들 수 있다.

제3 프 랑 스

프랑스에서는 1849년 1월 22일 Gouvernement Espagnol v. Cassous 판결에서 파기원(Cour de Cassation)이 확립한 절대적 주권면책원칙을 제1차 세계대전 이후에야 완화하였으며, 관리행위를 좀처럼 인정하지 아니하고 가능한 한 국가를 면책시키려는 입장이다. 프랑스는 1926년 브뤼셀협약에 서명했으나 비준하지 않았고, 유럽국가면책협약은 서명하지도 않았다.

1. 면책의 주체

최근 판례는 국영은행의 면책 여부와 관련되어 있는데, 국영은행이 국가의 명령에 따라 국가계정을 위하여 행위하는 경우에는 면책된다.[1] 그러나 외국으로부터 자산회복(restitution)을 구하는 사인당사자는 그 청구가 외국의 파생기관의 자산을 상대로 하는 경우에는 성공가능성이 적다. 주권면책에 관한 한 그러한 파생기관도 독립적 지위가 인정되므로 원고가 그 기관 자체에 대하여 청구권이 있는 경우에만 그를 상대로 청구하는 것이 바람직하다.[2]

2. 재판권으로부터의 면책

제한적 주권면책이론은 1915년 Rennés 항소법원에서 처음 형성되었다.[3] 이 사건에서 영국함대가 징발한 Hungerford 선은 국방의 목적을 위한 정치적 이해관계에 따라 이용되었으므로 재판권을 인정할 수 없다고 판시되었다. 그 후의 판례는 재판권으로부터의 면책은 상행위의 경우에는 인정되지 않고, 정치적 행위, 공권력행위, 당국의 행위, 공공서비스를 위한 행위의 경우에만 면책이 인정된다고 한다. 또 파기원은 분쟁을 가져온 외국의 행위가 공권력행위를 구성하거나 공공용역의 이해관계에서 수행된 경우에는 면책된다고 하면서 행위의 성질이 중요할 뿐 그 단체의 지위는 중요하지 않다고 확인하였다. 그리고 당해 외국의 의사는 결정적인 것이 아니므로, 예컨대 계약서에는 그 목적이 공공용역의 수행을 위한 것으로 되어 있더라도 계약 자체가 상업적 활동의 형식을 취하는 경우에 면책은 부인된다.[4] 면책특권은 포기될 수 있으나, 프랑스법원에 불출석하거나 오직 면책을 주장하기 위해 출석하는 것은 면책특권의 포기에 해당하지 않는다.[5]

1) Epoux Martin v. Banque d'Espagne, Clunet(1953) 80; Blagojeuic v. Banque du Japon, AFDI 21(1975)에서는 면책이 허용되었다.
2) 송상현, 앞의 글, 267-268쪽.
3) Capitaine Seabrook v. Société Maritime Auxiliaire de Transports Renn s, 19 March 1919, D. 18; 743.
4) Etat Espa gnol v. Société Anonyme de l'H tel George V, 20 AFDI(1974), 1020.
5) 송상현, 앞의 글, 269쪽.

3. 집행권으로부터의 면책

최근에는 개인의 이익보다 국제우호에 더 치중함에 따라 집행권으로부터의 절대적 면책이 원칙이다. 다만, 압류될 자산이 전혀 공공목적과 무관하다는 것이 입증된 경우에는 그 자산을 압류할 수 있다. 그렇지 아니하면 국가에 대한 집행을 금지하는 국내법의 원칙은 독립주권국가의 평등성원칙 하에서 외국을 이롭게 할 뿐이기 때문이다. 예컨대 1969년에 파리고등법원은 집행은 재판과 다르며, 프랑스 내에 있는 외국소유의 재산은 그 대상인 행위가 관리행위인 경우에도 압류할 수 없다고 판시하였다.[1] 파기원도 같은 입장을 취하면서 집행으로부터의 면책은 국제예양에 기초를 둔 것이고, 국가의 최고성과 독립성은 침해되어서는 안 된다고 판시하였다. 그러나 일부 학자들은 국제거래형태의 변화로 인하여 통상에 사용되는 국유재산에 대한 면책을 부인할 필요성이 절실하다고 주장한다.[2]

제4 독　　일

독일은 분단 이전에는 절대적 주권면책원칙을 엄수하다가 1945년 이래 서독에서 제한적 주권면책원칙에 입각한 하급심판결이 등장하였다. 연방헌법재판소판례로는 1962. 10. 30.자 결정[3]과 1963. 4. 30.자 결정[4]이 유명하다. 특히 후자는 공권력주체로서의 행위에 대하여만 재판권을 면제함이 국제관습법을 이룬다고 보아 행위의 성질에 따라 대외관계행위·군사적 행위·입법·경찰권행사·사법(司法) 작용 등만이 면책의 대상이 되고, 단순한 사경제주체로서의 행위까지 외국을 국내재판권으로부터 면책시켜야 한다는 국제법원칙은 없다고 판시하였다.[5]

---

1) Clerget v. Rep. Comm. de la République démocratique du Vietnam CA Paris, 7 June 1969, Clunet(1969) 894.
2) R. Pinto 교수의 Clerget 사건에 대한 평석.
3) Beschluα von 30. Okt. 1962, in Za RV 24/2(1964), 279ff.
4) Beschluα von 30. Apr. 1963(BVerfGE16, 27).
5) 황우여, 앞의 글, 380-381쪽.

제5 일 본

일본에서는 대심원 1928. 12. 28. 결정이 절대적 주권면책원칙에 입각하여 "국가는 스스로 자제하는 외에는 타국의 권력작용에 복종하지 않으므로 부동산에 관한 소송 등 특별한 이유가 있는 경우를 제외하고는 재판권을 행사할 수 없다"고 판시하였다.[1] 이 사건에서는 중화민국 대리공사가 일본인에게 약속어음을 발행 후 지급거절하였으므로 일본인이 중화민국을 피고로 하여 제소하였는데, 외국에 의한 면책포기의 의사표시는 국가로부터 국가에 대하여 행하여져야만 유효하며, 개인에 대한 표시로는 포기의 효력이 없다고 판시한 점이 특이하다.

1954년 6월 9일 동경지방재판소도[2] 일본에 소재하는 부동산을 목적으로 하는 소송에 관하여는 재판권을 행사할 수 있다고 판시한 바 있으나, 이는 절대적 주권면책원칙을 채택하는 국가에서도 면책의 예외로 인정하는 것이므로, 이로써 일본이 제한적 주권면책원칙을 채택하였다고 볼 수는 없다. 다만, 하급심판결 중 일본 내 미국공군기지의 장교클럽에 근무하던 일본인운전사를 해고한 미군노무담당 사관을 피신청인으로 하여 해고무효를 주장한 가처분신청 사건[3]에서, 근로자가 군인이 아니고 전혀 군무와 무관한 업무에 종사하는 경우, 그 고용계약은 사법상 계약으로서 공법상의 행위와 구별된다 하여 재판권을 행사함으로써 절대적 주권면책원칙을 탈피한 예가 있다. 일본은 외국법원에 제소되는 경우에는 절대적 주권면책원칙을 원용하는 반면, 국제회의나 개별 조약에서는 제한적 주권면책원칙을 채택하고 있다. 예컨대 1953년의 일본우호통상항해조약은 공유 또는 그 지배에 속한 기업이 다른 체약국의 영역 내에서 상업·공업·해운업 기타 사업활동을 행한 경우, 과세·소송 및 집행으로부터 면제받지 못한다고 규정한다.[4]

---

1) 大審院 1928. 12. 28. 決定 松山哲雄 v. 中華民國, 大審院民事判決集 제7권, 1128쪽.

2) 昭和 28년(ヨ), 제9952호, 判例體系 제21권, 236의 6쪽 이하.

3) 福岡高等裁判所 1956. 3. 15. 決定 松本治一郎 등 極東空軍, 米空軍 第8戰鬪爆擧隊 및 國, 下級裁判所民事裁判例集 제7권 제2호, 351쪽; 升本喜兵衛, 學說判例總覽 民事訴訟法(上), 47쪽에 수록.

4) 임동진, 앞의 글, 246-247쪽; 황우여, 앞의 글, 383-384쪽.

제 5 절 외국판결의 승인 및 집행

제1 외국판결의 승인 및 집행

외국판결을 국내에서 집행하기 위하여는 우리 법원의 집행판결을 받아야 하는데, 그러기 위하여는 다음과 같이 민사소송법 제217조의 승인요건을 구비하여야 한다(민집 제26조, 제27조 제2항).

1. 외국판결이 확정판결이어야 한다(민사소송법 제217조 제1항).

2. 우리나라의 법령이나 조약에 따른 국제재판관할의 원칙상 그 외국법원이 국제재판관할권을 가져야 한다(동항 1호).

섭외사건에 관하여 국제재판관할을 인정할 것인지 여부는 조리에 따르지만, 조리에 반한다는 특별한 사정이 없는 한 민사소송법이 기준이 될 수 있다. 그러나 그보다 구체적인 국제재판관할기준이 무엇인지를 찾기가 어려우므로 추상적 기준으로서 법령 또는 조약에서 도출되는 국제재판관할원칙에 따른다는 취지를 명기한 것이다.[1]

3. 패소한 피고가 소장 또는 이에 준하는 서면 및 기일통지서나 명령을 적법한 방식(예컨대 자국영사에 의한 주재국민에 대한 직접송달)에 따라 방어에 필요한 시간여유를 두고 송달받았거나(다만, 공시송달이나 이와 비슷한 송달에 의한 경우를 제외한다), 송달받지 않았더라도 소송에 응한 바 있어야 한다(동항 2호).

이 요건을 충족하는 정상적인 송달방법이란 보충송달이나 우편송달을 제외한 통상송달을 말한다. 송달대상의 문서에 소장 외에 이에 준하는 서면 및 기일통지서나 명령을 추가하였다. 이는 소송을 시작함에 필요한 서면, 즉 소장이나 이에 준하는 청구의 본질적 기초를 기재한 서면을 뜻한다. 그리하여 피고가 이를 송달받으면 자신에게 전개될 법적 절차를 이해하고, 원고의 공격에 대한 방어를 준비할 수 있도록 법적 심문권을 보장하려는 취지이다. 국민이든, 외국인이든 평등하게 피고의 방어권보장을 하고 있다. 불리한 재판을

---

1) 송상현·박익환, 민사소송법(개정 6판), 2011, 59-60쪽.

받은 자가 우리 국민이 아니라고 하여 방어권보장에 하자가 있는 외국판결의 효력을 인정함은 부당하기 때문이다. 관할위반의 항변을 위한 출석은 응소라고 보기 어렵다.[1]

4. 외국판결의 승인이 우리의 공서에 반하지 아니하여야 한다(동항 3호).

이는 국내법질서의 보존이라는 방어적 기능을 가지는 요건이므로 민법 제103조와는 다른 국제적 공서를 뜻한다. 즉 국가의 기본질서나 경제활동의 기초를 규율하는 규범에 위반되거나 우리나라의 선량한 풍속에 어긋나는 경우를 말하고, 판결의 실질적 내용을 재심사한다는 뜻이 아니다. 예컨대 우리 법에 없는 징벌적 손해배상을 부과하는 외국판결은 우리법상 승인 및 집행을 거부당할 가능성이 있다. 공서양속의 위배 여부를 판단할 때는 판결의 내용은 물론 그 판결이 성립된 소송절차가 문명국에 공통되는 민사소송법의 기본원리에 반하는 불공정한 사유가 있는지를 검토해야 한다.[2]

5. 상호보증이 있어야 한다(동항 4호).

상호보증이란 외국이 우리 법원의 확정판결의 효력을 승인하는 요건이 우리나라가 외국법원의 확정판결의 효력을 승인하는 요건과 대등하거나 그보다 관대한 경우를 뜻한다(관대조건설). 국제사회가 축소되는 상황에서 문명국가 상호간에 일반적으로 상호보증이 있는 것으로 인정하거나 상호보증요건을 폐지함이 바람직하다. 특히 신분상의 청구에 대한 판결에 대해서는 상호보증요건을 적용하면 안 된다.[3]

외국판결은 이 요건이 구비되면 별도의 조치 없이 효력이 우리나라에까지 확장되는데, 이것이 외국판결의 승인이다. 반면에 우리나라에서 외국판결을 집행하려면 별도로 우리 법원의 집행판결을 받아야 한다. 민사집행법 제27조 제1항은 "집행판결은 재판의 옳고 그름을 조사하지 아니하고 하여야 한다"고 규정하는데, 이를 실질재심사금지의 원칙이라고 한다.[4]

---

1) 송상현·박익환, 앞의 책, 432-433쪽.
2) 송상현·박익환, 앞의 책, 433쪽.
3) 송상현·박익환, 앞의 책, 434쪽.
4) 석광현, 국제사법과 국제소송(제5권), 박영사, 2012, 441쪽.

제2 판   례

우리 하급심은 중국과의 사이에 민사사법공조조약이 체결되지 않은 상태에서 중국법원의 판결내용을 받아들였다.[1] 원고는 중국변호사를 선임하여 피고를 상대로 중국 산동성 중국인민법원에 신용장대금지급을 구하는 소를 제기하였으나 패소판결이 확정되었다. 2년 뒤 원고는 다시 피고를 상대로 서울지법에 제소하였으나, 법원은 중국판결의 기판력을 인정하여 원고의 청구를 기각하였다. 법원은 '선량한 풍속'은 절차적 공서요건과 실체적 공서요건을 의미한다고 보았다. 절차적 공서요건은 피고의 방어권의 보장, 기망에 의하여 획득된 판결이 아닐 것, 법관의 독립과 중립, 공개원칙, 우리 판결의 기판력에 저촉되지 않을 것 등이다. 설사 중국법관의 사회적 지위가 낮고 법률가가 아닌 사람이 포함되어 있더라도 중국법원이 법률상 독립되어 재판하고 공평한 재판을 이상으로 삼고 있다면, 중국판결은 절차적 공서에 부합한다. 그리고 실체적 공서요건의 조사는 외국판결이 우리 공서에 반하는 사실이나 법률관계에 기초하지 않으면 충분하고, 외국판결의 실질적 재심사를 의미하는 것은 아니다. 또 법원은 외국이 조약이나 국내법으로 우리 판결의 당부를 조사함이 없이 우리 민사소송법 제217조와 유사한 조건으로 우리 판결을 승인하면 상호보증이 있다고 보았다. 즉 중국 민사소송법은 "외국판결이 중국법원의 승인을 요구할 경우, 중국이 가입한 조약이나 호혜주의에 따라 원고가 관할중국법원에 청구하거나 외국법원이 중국법원에 청구할 수 있다"고 규정하므로, 이 요건은 우리법과 유사하다고 보았다.

2016년에 대법원은 중국 최고인민법원과 '양국 대법원은 민사 또는 상사사건에 관한 상대국 법원 판결의 승인 및 집행이 각 국의 법률에 따라 원만하게 이루어질 수 있도록 협력한다'는 내용이 포함된 '대한민국 대법원과 중화인민공화국 최고인민법원 간의 사법 교류 및 협력에 관한 양해각서'를 체결했다. 또 우리 국민이 중국 산동성 칭다오시 중급인민법원에 수원지법 판결의 승인과 집행력 부여를 청구했다. 2019년 3월 25일 중급인민법원은 '과거 한국법원이 중국 산동성 웨이팡시 중급인민법원이 내린 민사판결의 효력을 인정

---

1) 서울지판 1999. 11. 5. 99가합26523 신용장대금(법률신문(1999. 11. 8), 3쪽)(원고 한국수출보험공사, 피고 중국공상은행).

했다. 호혜원칙에 따라 한국 법원이 내린 민사판결도 효력 인정과 집행 조건에 부합되고, 한국 법원이 이 사건의 신청인과 피신청인 사이에 채권채무에 대해 내린 판결 내용도 중국 법률의 기본원칙 또는 국가주권, 안전, 사회공공이익에 위반되지 않는다'는 이유로 수원지법 판결을 승인하고 집행력을 부여했다. 위 두 가지 사실에 입각해 2019년 대구고법은 원피고 사이의 2016년 7월 28일 선고 중국 북경시 조양구 인민법원의 판결을 승인해 원고의 피고에 대한 강제집행을 허가했다.[1] 한편 중국법원도 우리 판결을 적극적으로 승인하기 시작했다.[2]

2004년 대법원판례는 "① 사기적인 방법으로 편취한 판결인지 여부를 심리한다는 명목으로 실질적으로 외국판결의 옳고 그름을 전면적으로 재심사하는 것은 외국판결에 대하여 별도의 집행판결제도를 둔 취지에 반하므로, 위조된 서류를 사용하였다거나 위증 등 사기적 방법으로 외국판결을 얻었다는 것은 승인 및 집행의 거부사유가 될 수 없다. ② 다만, 재심사유에 관한 민사소송법 제451조에 비추어 볼 때 피고가 판결국법정에서 사기적인 사유를 주장할 수 없었고, 처벌받을 사기적 행위에 대하여 유죄판결 같은 고도의 증명이 있는 경우에 한하여 외국판결을 무효화하는 별도의 절차를 판결국에서 거치지 아니하였더라도 바로 우리나라에서 승인 내지 집행을 거부할 수 있다"고 판시함으로써 사기에 의한 외국판결의 승인 및 집행이 어느 경우에 절차적 공서위반이 되는지를 밝혔다. 나아가 "① 우리나라와 외국 사이에 동종판결의 승인요건이 현저히 균형을 상실하지 아니하고, 외국에서 정한 요건이 우리나라의 요건보다 전체로서 과중하지 아니하며, 중요한 점에서 실질적으로 거의 차이가 없는 정도라면 상호보증의 요건을 구비한 것이다. ② 상호보증은 외국의 법령·판례 및 관례 등에 의하여 승인요건을 비교하여 인정되면 충분하고, 반드시 당사국과의 조약이 체결되어 있을 필요는 없다. ③ 당해 외국에서 구체적으로 우리나라의 동종판결을 승인한 사례가 없더라도 실제로 승인할 것이라고 기대할 수 있는 상태면 충분하다. ④ 상호보증이 있다는 사실은 법원의 직권조사사항"이라고 판시하여 상호보증의 요건을 종전보다 대폭 완화하

---

1) 대구고판 2019. 7. 12. 2018나23101 집행판결(원고/피항소인 A, 피고/항소인 B, 항소기각).
2) 2020년 11월 중국 베이징시 제4중급법원은 A사가 중국인 B씨를 상대로 한 손해배상 청구소송 관련 우리 대법원 판결(2019. 1. 17. 선고 2018다276034, 상고기각)을 승인하고 집행력을 부여했다. 법률신문 제4861호(2021. 1. 21), 7쪽.

였다.1)

2009년 대법원판례도 중재판정의 승인 및 집행에 관하여 2004년 판례와 유사한 입장을 취한다. 즉 "① 외국중재판정의 승인 및 집행에 관한 유엔협약("뉴욕협약") 제5조는 승인 및 집행의 거부사유를 제한적으로 열거하면서, 제2항 (나)호에서 중재판정의 승인이나 집행이 그 국가의 공공의 질서에 반하는 경우에는 집행국 법원은 중재판정의 승인이나 집행을 거부할 수 있다고 규정한다. ② 집행국 법원은 집행 거부사유 유무를 판단하기 위하여 필요한 범위 내에서 본안에서 판단한 사항에 관하여도 독자적으로 심리·판단할 수 있고, 집행 거부사유에는 중재판정이 사기적 방법에 의해 편취된 경우도 포함된다. ③ 그러나 집행국 법원이 외국중재판정의 편취 여부를 심리한다는 명목으로 실질적으로 중재인의 사실인정과 법률적용 등 실체적 판단을 전면적으로 재심사하는 것은 허용되지 않는다.2) ④ 다만 외국중재판정의 집행을 신청하는 당사자가 중재절차에서 처벌받을 만한 사기행위를 하였음이 명확한 증명력을 가진 객관적 증거에 의해 명백히 인정되고, 반대당사자가 과실 없이 신청당사자의 사기행위를 알지 못하여 중재절차에서 이에 대하여 공격방어를 할 수 없었으며, 신청당사자의 사기행위가 중재판정의 쟁점과 중요 관련이 있다는 요건이 충족된 경우에 한하여, 외국중재판정을 취소·정지하는 별도 절차를 거치지 않더라도 바로 외국중재판정의 집행을 거부할 수 있다"고 판시하였다.3)

---

1) 대판 2004. 10. 28. 2002다4213. 자세한 평석은 석광현, 앞의 책, 239-274쪽.
2) 대판 2015. 10. 15. 2015다1284(판례공보(2015. 11. 15), 1666쪽)(원고/피상고인 커민스알리슨 코포레이션, 피고/상고인 에스비엠, 상고기각)도 같은 취지다. 즉 선량한 풍속이나 사회질서에 어긋나는지를 심리한다는 명목으로 확정재판을 전면 재심사할 수 없다고 판시했다.
3) 대판 2009. 5. 28. 2006다20290(판례공보(2009. 7. 1), 974쪽)(원고/상고인 마제스틱, 피고/피상고인 동해펄프, 파기환송). 피고는 원고에게 피고의 미국 소재 자회사를 매각하면서 10년간 피고에 대한 우드칩 독점공급권을 원고에게 부여하였다. 그 후 원고는 ① 피고의 구입물량 미달로 인한 손해배상과 ② 피고가 국제 시가보다 저가에 우드칩을 공급받았으므로 공급가액 차액지급을 구하여 국제상업회의소 중재재판소에 중재신청을 하였다. 중재재판소는 피고가 원고에게 손해배상금과 공급가격 차액을 지급하라는 중재판정을 하였다. 피고는 이 사건 중재판정이 원고의 사기행위에 의하여 편취한 것이라고 주장하였다. 그러나 법원은 ① 중재인을 속여 중재판정을 편취할 목적으로 처벌받을 만한 사기행위를 하였음이 명백한 객관적 증거에 의하여 인정되지 않고, ② 피고가 중재절차에서 원고 제출의 주장 및 증거들을 반박할 기회를 부여받아 상세한 주장과 증거를 제출하여 다툰 이상, 피고가 과실 없이 원고의 사기행위를 알지 못하여 중재절차에서 이에 대한 공격방어를 할 수 없었다고 볼 수 없다는 이유로 피고의 주장을 배척하였다.

국가배상법에 관한 2015년 대법원판례도 상호보증에 관대한 입장이다. 국가배상법은 외국인의 국가배상청구권의 발생요건으로 '외국인이 피해자인 경우 해당 국가의 상호보증이 있을 것'을 요구한다. 그런데 해당 국가에서 외국인의 국가배상청구권의 발생요건이 우리나라와 동일하거나 관대할 것을 요구하면, 지나치게 외국인의 국가배상청구권을 제한하게 되고 외국이 우리 국민에 대한 보호를 거부할 수도 있다. 그래서 대법원은 일본인이 대한민국 공무원의 위법한 직무집행에 대해 국가배상청구를 한 사안에서, 일본 국가배상법이 국가배상청구권의 발생요건과 상호보증에 관해 우리 국가배상법과 동일한 내용을 규정한다면 우리나라와 일본 사이에 상호보증이 있다고 보았다.[1]

일제강점기에 국민징용령에 의해 강제징용되어 일본국 회사인 미쓰비시중공업 주식회사('구 미쓰비시')에서 강제노동에 종사한 대한민국 국민 갑이 구 미쓰비시가 해산된 후 새로 설립된 미쓰비시중공업 주식회사('미쓰비시')를 상대로 국제법 위반 및 불법행위를 이유로 한 손해배상과 미지급 임금 지급을 구하였다. 2012년 대법원은 갑이 미쓰비시를 상대로 동일한 청구원인으로 일본국에서 제기한 소송의 패소확정판결을 승인하는 것은 대한민국의 선량한 풍속이나 사회질서에 어긋나 무효라고 판시했다.[2] 중재판정이 성립한 이후에 중재판정의 기초가 된 과세처분이 변경된 것은 민사소송법상 재심사유에 행당되므로, 중재판정 집행판결에서 청구이의 사유로 삼을 수 있고 법원은 중재판정의 집행을 거부할 수 있다는 대법원 판례가 있다.[3]

---

1) 대판 2015. 6. 11. 2013다208388(판례공보(2015. 7. 15), 962쪽)(원고/피상고인 겸 상고인 OO, 피고/상고인 겸 피상고인 대한민국, 상고기각).

2) 대판 2012. 5. 24. 2009다22549(판례공보(2012. 7. 1), 1084쪽)(원고/상고인 O, 피고/피상고인 미쓰비시중공업 주식회사): 일본판결은 일본의 한반도와 한국인에 대한 식민지배가 합법적이라는 것을 전제로, 일제의 국가총동원법과 국민징용령을 한반도와 원고에게 적용하는 것이 유효하다고 평가하였다. 그러나 대한민국 헌법 규정에 비추어 볼 때 일제강점기 일본의 한반도 지배는 불법 강점에 지나지 않고, 일본의 불법 지배로 인한 법률관계 중 대한민국 헌법정신과 양립할 수 없는 것은 효력이 배제된다. 즉 대한민국 헌법의 핵심 가치와 정면 충돌하는 일본판결을 그대로 승인하는 것은 대한민국의 선량한 풍속이나 사회질서에 위반된다. 파기환송된 부산고판 2013. 7. 30. 2012나4497에 대해 피고가 상고하였으나, 대판 2018. 11. 29. 2013다67587(원고/피상고인 O, 피고/피상고인 미쓰비시중공업)은 상고기각해 원심판결을 확정했다. 한편 대법원과 달리 강제징용 피해자의 소송을 각하한 하급심 판례도 있다. 서울중앙지판 2021. 6. 7. 2015가합13718.

3) 대판 2018. 12. 13. 2016다49931(판례공보(2019. 2. 1), 264쪽)(원고/피상고인 겸 상고인 엘에스에프-케이디아이씨 인베스트먼트, 피고/상고인 겸 피상고인 케이알앤씨, 파기환송 피고 승소).

뉴욕협약은 '서면에 의한 중재합의'가 있어야 한다고 요구한다. 한국 법인 A가 미국 캘리포니아주 법인인 B와 체결한 계약과 관련해 분쟁이 발생하자 B사 대표이사 C에게 분쟁을 중재로 처리하는 것에 동의한다는 서면을 보낸 후 미국중재협회에 중재를 신청했다. 서면이 C에게 송달된 후 2년 5개월이 지난 후 A의 중재제안을 수락한다는 C 작성의 서면이 A에 송달되었는데, A가 이의를 제기하지 않고 중재에 임해 중재판정이 내려졌다. 대법원은 ① C가 A와 분쟁에 관한 준거법을 따로 지정하지 않은 이상 중재합의의 존부 및 효력은 중재판정이 내려진 미국 캘리포니아주법에 의해 판단해야 하고, ② A의 서면은 승낙기간을 정하지 않은 중재합의의 청약에 해당하고, C의 서면은 이를 승낙하는 취지이며, ③ C의 승낙이 미국 캘리포니아주 민법이 말하는 합리적 기간 내에 A에 도달하지 않았더라도, A가 승낙의 지연에 대해 이의를 제기하지 않은 채 중재합의가 존재함을 전제로 중재에 임해 중재판정을 받았다면, A는 승낙의 지연에 대해 이의를 제기할 권리를 포기한 것이어서 C의 승낙은 적시에 도달한 것으로 보아야 한다고 판시했다.[1]

국제상공회의소(ICC) 중재에 대한 중재합의가 있는데도 원고가 영국에 본부를 둔 중재기관인 공인중재인협회(Chartered Institute of Arbitration)에 중재를 신청해 중재절차가 개시되었다. 피고가 이의를 제기하지 않고 중재절차에 참여해 중재판정을 받았다면, 피고는 국제상공회의소 중재절차에 대한 권리를 포기한 것이다. 따라서 추후의 중재판정의 승인 및 집행절차에서 그러한 이의를 제기할 수 없다.[2] 원고가 중재판정지국인 미국에서 중재판정의 승인판결을 받았더라도, 집행국인 대한민국에서 다시 중재판정에 대한 집행판결을 구할 수 있다는 대법원 판례도 있다.[3] 미국 하와이주 판결이 3배의 징벌적 손해배상을 적용했더라도 이를 승인할 수 있다.[4]

---

1) 대판 2016. 3. 24. 2012다84004(판례공보(2016. 5. 1), 601쪽)(원고/상고인 동진쎄미켐, 피고/피상고인 OO, 파기환송).
2) 대판 2017. 12. 22. 2017다238837(판례공보(2018. 2. 1), 319쪽)(원고/피상고인 파라곤릴로케이션홀딩스, 피고/상고인 디에스피릴로케이션스코리아, 상고기각).
3) 대판 2018. 7. 26. 2017다225084(판례공보(2018. 10. 1), 1836쪽)(원고/피상고인 크레인월넛쉘링, 피고/상고인 샤니, 상고기각).
4) 대판 2022. 3. 11. 2018다231550(판례공보(2022. 5. 1), 658쪽)(원고/상고인 웨스턴 세일즈 트레이딩, 피고/피상고인 O, 파기환송).

제 6 절 헤이그증거협약

우리나라는 1997년 헤이그국제사법회의에 가입하였는데, 송달협약은 2000년 8월 1일 발효되었다. 우리나라는 2009년 12월 14일 네덜란드 정부에 1970년 민사 또는 상사의 해외증거조사에 관한 협약("증거협약") 가입서를 기탁함으로써 50번째 체약국이 되었고, 이는 2010년 2월 16일 우리나라에서 발효되었다.[1] 증거협약의 주요 내용은 다음과 같다.

1. 체약국은 촉탁서로써 증거조사 내지 기타 사법적 행위의 이행을 요청하고, 이를 수령, 전달할 중앙당국을 지정한다(증거협약 제1조, 제2조).
2. 체약국은 자국법에 따라 촉탁서를 신속하게 집행하며, 국내법과 동일한 정도의 강제력을 사용한다(동 협약 제9조, 제10조).
3. 체약국 외교관, 영사관원은 다른 체약국의 영역 안에서, 직무수행지역 내에서 자신이 대표하는 국가의 국민에 대하여 강제력 없는 증거조사를 수행할 수 있다(동 협약 제15조).
4. 체약국 외교관, 영사관원은 다른 체약국의 영역 안에서, 직무수행지역 내에서 자신이 직무를 수행하는 국가의 국민 또는 제3국 국민에 대하여 강제력 없는 증거조사를 수행할 수 있다(동 협약 제16조).
5. 체약국은 보통법 국가에서 통용되는 기일 전 서류개시절차를 목적으로 작성된 촉탁서의 집행을 유보할 수 있다(동 협약 제23조).
6. 국내법, 관행에 의한 완화된 증거조사방식의 유지 및 양자협정에 의한 증거조사를 허용한다(동 협약 제27조, 제28조).

한편 우리 정부는 증거협약에 가입하면서 다음 조치를 취하였다.

1. 송달협약과 마찬가지로 법원행정처를 중앙당국으로 지정하였다.
2. 원칙적으로 한국어 및 영어 촉탁서를 접수하고, 한국어 번역문이 첨부되어 있지 않은 촉탁서의 집행은 지체될 수 있으며, 기타 언어로 된 촉탁서만을 접수하는 국가에 대하여는 한국어 촉탁서만을 접수함을 선언하였다.
3. 증거협약 제16조를 적용하지 아니한다고 선언함으로써 외교관에 의한 주재국/제3국 국민에 대한 증거조사를 불허하였다.

---

1) 석광현, "헤이그증거협약 가입을 환영하며," 법률신문 제3806호(2010. 1. 4), 15쪽.

4. 기일전 서류개시절차의 목적으로 작성된 촉탁서를 집행하지 않겠다고 선언하였다. 나아가 ① 촉탁서가 소송에 관련된 어떠한 서류가 그의 점유, 보관 또는 권한 하에 있는지 또는 있었는지를 진술하거나, ② 촉탁을 받은 법원이 보기에 그의 점유, 보관 또는 권한 하에 있는 것으로 보이는 촉탁서에서 명시된 특정한 서류 이외의 서류를 제출할 것을 요청하는 촉탁서는 '기일전 서류개시절차의 목적으로 작성된 촉탁서'라고 해석하였다. 따라서 미국 법원이 기일전 서류개시절차를 촉탁하더라도 무조건 집행을 거부할 것이 아니고 그것이 촉탁서에 명시된 특정 서류에 관한 것이라면 집행할 수 있다.[1]

---

1) 석광현, 앞의 글, 15쪽.

제 1 절 상법 항공운송편

제 1 관 기본원칙

법무부는 상법을 개정하여 항공운송에 관한 사법적 규정을 상법의 일부로서 규정하기로 하고, 2008년 1월 항공운송편 개정특별분과위원회(최준선위원장, 최종현·김종복·김갑유·현덕규·김영기·정진용·박재홍 위원)를 구성하여 항공운송편 제정안을 마련하였다. 제정의 기본원칙은 다음과 같다.

첫째, 항공운송인의 책임체계부분은 국제항공운송과의 일관성을 위하여 국제조약의 내용을 대부분 그대로 수용한다. 제정안이 수용한 주요 조약은 몬트리올협약, 실제운송인의 책임한계를 정한 "계약운송인 이외의 자에 의하여 행하여지는 국제항공운송에 관한 일정한 규칙의 통일을 위한 바르샤바협약을 보완하는 협약"(1961년 과다라하라협약), 항공기에 의한 지상 제3자에 대한 손해에 관한 협약(1952년 로마협약) 및 이에 대한 1978년 개정의정서 등이다.

둘째, 그 밖의 사항에 관하여는 상법 내의 육상운송 및 해상운송 규정과의 일관성을 유지한다. 이에 따라 육상운송 및 해상운송의 조문을 많이 인용하거나 참조하여 조문을 제정하였다.

셋째, 국내의 다른 관계법령, 특히 항공법·항공기저당법·항공기등록

령·항공철도사고조사에 관한 법률 및 항공운송사업진흥법 등과 중복되거나 충돌되지 않도록 한다.[1]

제 2 관 주 요 내 용

항공운송편 제정안은 2011년 4월 29일 국회를 통과하였으며 2011년 11월 24일부터 시행되었다. 주요내용은 다음과 같다.[2]

1. 항공기의 의의 및 적용범위(제896조 및 제897조)

    항공기를 '상행위나 그 밖의 영리를 목적으로 운항에 사용하는 항공기'로 정의하고, 영리를 목적으로 하지 않는 항공기라도 국·공유의 항공기가 아니라면 항공운송편의 규정을 적용하도록 하였다. 단 초경량 비행장치는 적용대상이 아니다.

2. 운송인 및 항공기 운항자의 책임감면(제898조)

    운송인 및 항공기 운항자가 손해 발생에 피해자의 과실이 있었음을 증명한 경우에는 과실상계의 원칙에 따라 그 책임을 감경하거나 면제할 수 있다. 특히 여객운송인이 무과실책임을 부담하는 경우에도 과실상계의 원칙이 적용되어 책임을 감면할 수 있다.

3. 비계약적 청구에 대한 적용 등(제899조)

    운송인의 불법행위책임에도 항공운송의 책임에 관한 규정이 적용되며, 운송인의 사용인이나 대리인도 고의 또는 인식있는 무모한 행위가 없는 한 운송인의 항변과 책임제한을 원용할 수 있다.

4. 실제운송인에 대한 청구(제900조)

    실제운송인에 대하여 손해배상청구가 있는 경우에 고의 또는 인식있는 무모한 행위가 없는 한 실제운송인 및 그 사용인 또는 대리인이 책임제한 규정을 원용할 수 있고, 실제운송인의 책임한도액은 계약운송인의 책임한도액을 초과할 수 없다. 실제운송인이 손해배상책임을 부담하는 경우 계약운송인과 연대책임을 진다.

---

1) 최종현, "상법 항공운송편 제정시안에 관한 해설," 법무부 상법 총칙 및 상행위 편 개정안·상법 항공운송편 제정안 공청회 자료집, 법무부, 2008. 6. 25, 93쪽.
2) 상법 일부개정법률안, 의안번호 3382, 제출연월일 2008. 12. 31, 제출자 정부.

5. 순차운송(제901조)

　① 둘 이상이 순차로 운송할 경우에는 각 운송인의 운송구간에 관하여 순차운송인을 운송계약의 당사자로 본다(동조 제1항).

　② 순차운송에서 여객의 사망, 상해, 연착으로 인한 손해배상은 그 사실 발생구간의 운송인에게만 청구할 수 있다. 단 최초 운송인이 명시적으로 전 구간에 대한 책임을 인수하기로 약정한 경우에는 최초 운송인과 발생구간 운송인이 연대책임을 진다(동조 제2항).

　③ 순차운송에서 수하물의 멸실, 훼손, 연착으로 인한 손해배상은 최초 운송인, 최종 운송인 및 발생구간 운송인에게 각각 청구할 수 있다(동조 제3항).

　④ 순차운송에서 운송물의 멸실, 훼손, 연착으로 인한 손해배상은 송하인이 최초 운송인 및 발생구간 운송인에게 각각 청구할 수 있다. 단 수하인이 운송물 인도청구권을 가지는 경우에는 수하인이 최종 운송인 및 발생구간 운송인에게 청구할 수 있다(동조 제4항).

　⑤ 위 제3항과 제4항의 경우 각 운송인은 연대책임을 진다(동조 제5항).

　⑥ 최초 운송인이나 최종 운송인이 손해를 배상한 경우에는 손해가 발생한 구간의 운송인에 대하여 구상권을 가진다(동조 제6항).

6. 운송인의 책임 및 채권의 소멸(제902조 및 제919조)

　운송인의 여객, 송하인 또는 수하인에 대한 책임은 2년의 제척기간이 지나면 소멸한다(제902조). 육상·해상운송과의 균형을 고려하여 운송인의 송하인 또는 수하인에 대한 채권의 소멸시효는 2년이다(제919조).

7. 계약조항의 무효(제903조)

　상법 제6편 항공운송 제2장 운송의 규정에 반하여 운송인의 책임을 면제하거나 책임한도액을 낮게 정하는 특약은 무효이다.

8. 운송인의 여객 손해에 대한 책임 및 책임한도액(제904조·제905조·제907조)

　항공기상 또는 승강과정 중에 발생한 여객의 사망 또는 신체의 상해로 인한 손해에 대하여 여객 1명당 113,100 계산단위(1억 8천만원)까지는 운송인이 무과실책임을 진다(제905조 제1항). 113,100 계산단위를 초과하는 손해는 운송인이 과실책임을 지되 1) 손해가 운송인이나 사용인·대리인의 불법한 작위나 부작위에 의하여 발생하지 않았거나, 2) 손해가 제3자의 과실이나 불법한 작위나 부작위에 의해서만 발생했음을 증명하면 면책될 수 있다(동조 제2항). 여객의 연착으로 인한 손해에 대하여는 운송인이 책임을 진다. 다만 운송인이 자신과 사용인·대리인이 손해를 방지하기 위하여 합리적으로 요구되는 모든 조치를 취했음을 증명한 경우에는 면책된다(제907조 제1항). 운송인의 책임은 여객 1명당 4,694 계산단위(730만원)를 한도로 제한된다(동조 제2항). 단 출발지, 도착지 및 중간 착륙지가 한국인 경우에는 1명당 1,000 계산단위(160만원)를 한도로 한다(동항 단서).

9. 선급금 지급의무(제906조)

여객의 사망 또는 상해가 발생한 경우 피해자의 당장의 경제적 곤란을 해소하기 위하여 운송인은 손해배상청구권자가 청구하면 지체 없이 선급금을 지급하여야 한다(제906조 제1항).

10. 수하물의 멸실, 훼손, 연착에 대한 운송인의 책임(제908조부터 제910조)

여객의 위탁수하물이 운송인의 관리 하에 있는 기간 중 멸실 또는 훼손된 경우 운송인은 무과실책임을 진다. 다만 그 손해가 위탁수하물의 고유한 결함, 특수한 성질 또는 숨은 하자로 인해 발생한 경우에는 면책된다(제908조 제1항). 휴대수하물이 멸실 또는 훼손된 경우와 수하물이 연착한 경우에는 운송인은 자신이나 사용인·대리인의 고의나 과실로 인한 손해에만 책임을 진다(동조 제2항, 제909조). 수하물의 멸실·훼손·연착에 대한 운송인의 책임은 여객 1명당 1,131 계산단위(180만원)로 제한된다. 다만 여객이 위탁운송물 인도시 도착지의 운송물 예정가액을 미리 신고한 경우에는 운송인은 신고 가액을 한도로 책임을 진다(제910조 제1항). 이같은 책임제한은 운송인 또는 그 사용인이나 대리인의 고의로 또는 수하물의 멸실, 훼손, 연착이 생길 염려가 있음을 인식하면서 무모하게 한 작위 또는 부작위에 의해 손해가 발생한 것이 증명된 경우에는 배제된다(동조 제2항).

11. 운송물 손해에 대한 운송인의 책임 및 책임한도액(제913조부터 제915조)

운송인은 운송물의 멸실이나 훼손이 항공운송 중에 발생한 경우에만 책임을 진다. 다만 운송인이 운송물의 멸실·훼손이 1) 운송물의 고유한 결함, 2) 운송물의 부적절한 포장이나 불완전한 기호 표시, 3) 전쟁, 폭동, 내란, 4) 운송물의 출입국, 검역, 통관과 관련된 공공기관의 행위, 5) 불가항력으로 인해 발생했음을 증명하면 면책된다(제913조 제1항). 운송물의 연착으로 인한 손해에 대하여 운송인은 책임을 진다. 다만 운송인이 자신과 사용인·대리인이 손해를 방지하기 위해 합리적으로 요구되는 모든 조치를 하였음을 증명하면 면책된다(제914조).

운송인의 운송물에 대한 손해배상책임은 운송물 1킬로그램당 19 계산단위를 한도로 제한된다. 단 출발지, 도착지 및 중간착륙지가 한국인 경우에는 1킬로그램당 15 계산단위를 한도로 한다(제915조 제1항).

12. 운송증서(제921조부터 제929조)

(1) 여객항공권

운송인은 여객운송을 인수하면 여객에게 ① 여객의 성명 또는 단체의 명칭, ② 출발지와 도착지, ③ 출발일시, ④ 항공편, ⑤ 발행지와 발행연월일, ⑥ 운송인의 성명이나 상호를 기재한 여객항공권을 교부하여야 한다(제921조 제1항).

(2) 수하물표

운송인은 여객에게 위탁수하물마다 수하물표를 교부하여야 한다(제922조).

(3) 항공화물운송장

송하인은 ① 송하인의 성명이나 상호, ② 수하인의 성명이나 상호, ③ 출발지와 도착지, ④ 운송물의 종류, 중량, 포장의 종별·개수와 기호, ⑤ 출발일시, ⑥ 항공편, ⑦ 발행지와 발행연월일, ⑧ 운송인의 성명이나 상호를 기재한 항공화물운송장 3부를 작성하여 운송인에게 교부하여야 한다(제923조 제1항). 제1원본에는 운송인용이라고 적고 송하인이 기명날인이나 서명해야 하고, 제2원본에는 수하인용이라고 적고 송하인과 운송인이 기명날인이나 서명해야 하며, 제3원본에는 송하인용이라고 적고 운송인이 기명날인이나 서명해야 한다(동조 제3항).

(4) 규정 위반의 효과

운송인이나 송하인이 항공운송증서에 관한 제921조부터 제926조를 위반하더라도 운송계약의 효력에는 영향을 미치지 아니한다(제927조).

(5) 기재사항에 대한 책임

송하인은 항공화물운송장에 적었거나 운송인에게 통지한 운송물의 명세가 정확함을 운송인에게 담보한 것으로 본다(제928조 제1항). 송하인은 이 명세가 정확하지 아니하여 운송인이 손해를 입은 경우 운송인에게 배상할 책임이 있다(동조 제2항).

(6) 기재의 효력

항공화물운송장이나 화물수령증이 교부된 경우 그에 적힌 대로 운송계약이 체결된 것으로 추정한다(제929조 제1항). 운송인은 항공화물운송장이나 화물수령증에 적힌 운송물의 중량, 크기, 포장의 종별·개수와 기호 및 외관상태대로 운송물을 수령한 것으로 추정한다(동조 제2항). 운송물의 종류, 외관상태 외의 상태, 포장 내부의 수량 및 부피에 관한 항공화물운송장이나 화물수령증의 기재 내용은 송하인이 참여한 가운데 운송인이 기재 내용을 확인한 경우에만 그 기재 내용대로 운송물을 수령한 것으로 추정한다(동조 제3항).

13. 지상 제3자에 대한 손해배상책임(제930조부터 제935조)[1]

(1) 무과실책임

항공기의 추락 또는 항공기로부터 떨어진 사람이나 물건으로 인하여 지상의 제3자가 신체 또는 재산상 손해를 입은 경우에 항공기 운항자는 무과실책임을 진다(제930조 제1항). 단 위 손해가 ① 전쟁, 폭동, 내란, 무력충돌의 직접 결과로 발생하였거나, ② 항공기 운항자가 공권력에 의해 항공기 사용권을 박탈당한 중에 발생하였거나, ③ 오로지 피해자 또는 피해자의 사용인이나 대리인의 과실, 불법한 작위나 부작위에 의해서만 발생하였거나, ④ 불가항력으로 발생한 경우에는 면책된다(제931조).

(2) 책임제한

하나의 사고에 대한 항공기 운항자의 책임은 항공기 최대이륙중량에 따라 제한된다(총체적 책임제한). 최대중량이 2톤 이하 항공기의 책임제한액은 30만 계산단위(4억 8천만원)이다. 이를 초과하는 경우 2톤 초과 6톤까지는 매 킬로그램당 175 계산단위(28만원), 6톤부터 30톤까지는 매 킬로그램당 62.5 계산단위(10만원), 30톤을 초과하는 부분에는 킬로그램당 65 계산단위(104,000원)를 곱한 금액을 순차로 더한다. 즉 6톤 급은 100만 계산단위(16억원), 30톤 급은 250만 계산단위(40억원), 300톤 급은 2,005만 계산단위(320억원)의 한도 내에서 모든 물적·인적 손해를 배상해야 한다(제932조 제1항). 인적 손해에 대하여는 1명당 12만 5천 계산단위(2억원)의 금액을 한도로 제한된다(개별적 책임제한, 동조 제2항).

(3) 유한책임의 배제

항공기 운항자 또는 그 사용인이나 대리인이 손해를 발생시킬 의도로 사고를 발생시킨 경우에는 유한책임이 배제된다. 항공기 운항자의 사용인이나 대리인의 행위로 인하여 사고가 발생한 경우에는 그가 권한 범위에서 행위

---

1) 이에 대한 반대의견으로는 정진영, "항공기 운항자의 지상 제3자에 대한 무과실책임의 도입 문제," 법률신문 제3851호(2010. 6. 24), 15쪽.

하고 있었다는 사실이 증명되어야 한다(제933조 제1항). 항공기를 사용할 권한을 가진 자의 동의 없이 불법으로 항공기를 탈취하여 사용하는 중 사고를 발생시킨 자도 유한책임이 배제된다(동조 제2항).

(4) 제척기간

이 책임은 사고가 발생한 날로부터 3년 이내에 재판상 청구가 없으면 소멸한다(제934조).

(5) 책임제한의 절차

책임을 제한하려는 자는 채권자로부터 책임한도액을 초과하는 청구금액을 명시한 서면에 의한 청구를 받은 날로부터 1년 이내에 법원에 책임제한절차 개시 신청을 하여야 한다(제935조 제1항). 이에 관한 절차는 '선박소유자 등의 책임제한절차에 관한 법률'의 예를 따른다(동조 제2항).

제 2 절 항공운송인의 책임

제 1 관 일반적 책임

개정 바르샤바협약 제26조에 의하면 운송물연착의 경우 수하인이 운송물을 처분할 수 있는 날로부터 21일 이내에 운송인에게 서면통지하지 않으면 운송인에 대한 소를 제기할 수 없도록 되어 있는데, 수하인이 운송물 인도 후 4개월이 지난 후에야 서면통지하였으므로 항공운송인의 책임이 소멸되었다고 판시한 대법원판례가 있다.[1] 한편 대법원은 항공화물운송장의 이면약관에 항

---

1) 대판 2002. 10. 22. 2002다32523·32530(판례공보(2002. 12. 15), 2792쪽)(원고 아라항역, 피고 마린쥬얼리). 원고(계약운송인)는 피고와의 사이에 운송물을 김포에서 로스앤젤레스로 운송하기로 하는 운송계약을 체결하고, 항공운송장을 발행한 뒤 실제운송인인 아시아나항공과 별도로 항공운송계약을 체결하였다. 대법원은 ① 원고와 피고 간의 이 사건 운송계약에 대하여는 개정된 바르샤바협약이 적용되고, ② 항공운송인은 승객·수하물·운송물의 항공운송에 있어서의 연착으로 인하여 발생하는 손해에 대하여 책임을 지는데, 연착으로 인한 손해는 항공운송중 발생하는 손해뿐 아니라 수하물이나 운송물의 탑재 자체가 늦어져 발생하는 손해도 포함한다고 보았다. 원고와 아시아나항공 간의 운송계약체결이 늦어짐에 따라 원고가 1차 발행한 항공운송장의 운송일정보다 5일, 다시 발행한 항공운송장의 운송일정보다 1일 늦게 이 사건 운송물이 운송되었다. 피고는 이 사건 화물이 수하인에게 인도된 뒤 4개월 정도 지난 후에야 원고에게 손해배상을 요구하는 서면통지를 하였으므로 법원은 피고의 반소를 각하하였다.

공화물운송장 발행일부터 120일 이내에 화물의 미인도나 분실사실을 항공운송인에게 서면통지하도록 규정하더라도 이 같은 약관규정은 운송계약채무불이행을 원인으로 한 청구에만 적용되고, 불법행위를 원인으로 한 청구에도 당연히 적용되는 것은 아니라고 본다.[1]

　갑 주식회사가 파라과이 소재 을 외국법인과 운임 및 보험료 포함 조건으로 수출계약을 체결하고 병 주식회사에 항공운송을 위탁했는데 미국에서 화물이 도난당했다. 갑과 병이 체결한 항공운송계약에는 "병은 화물의 도난으로 인한 갑의 모든 손해를 배상해야 한다. 손해배상액은 갑이 산정해 통보하고, 병은 15일 이내 지급해야 한다"고 규정한다. 병이 화물을 선적하면서 송하인을 갑, 수하인을 을로 해 발행한 항공화물운송장 이면약관에는 "멸실된 경우 인도받을 권리를 가지는 자가 운송인에게 서면 이의해야 한다. 이의가 없는 경우 운송인을 상대로 소를 제기할 수 없다"는 부제소특약이 있었다. 대법원은 "인도받을 권리를 가지는 자는 수하인 을을 의미한다. 다만 이면약관은 운송계약에 배치되는 한도에서 무효이다. 갑이 운송계약에 따라 손해배상 청구서면을 병에 보낸 이상, 병은 이면약관의 부제소특약을 주장할 수 없다"고 판시했다.[2]

　항공기사고로 인한 위자료를 산정할 때 대법원은 일반적 위자료 참작요소 외에 피해자의 극심한 공포와 고통, 결과의 처참성, 사고수습 및 손해배상의 지연, 가해자의 과실정도, 재보험을 통한 위험의 분담 등 항공기사고의 특수한 사정도 참작한다.[3] 여객이 에어프랑스로부터 서울-파리 구간 왕복항공

---

1) 대판 1999. 7. 13. 99다8711(판례공보(1999. 8. 15), 1615쪽)(원고 국민은행, 피고 대한통운 국제물류).

2) 대판 2018. 3. 15. 2017다240496(판례공보(2018. 4. 15), 679쪽)(원고/피상고인 케이비손해보험, 피고/상고인 비앤에스로지스틱, 상고기각).

3) 대판 2009. 12. 24. 2008다3527(판례공보(2010. 2. 1), 202쪽)(원고/상고인 최OO, 피고/피상고인 중국국제항공공사). 다른 항공기사고의 경우 사망자에 대하여 1인당 9억원 정도 위자료가 지급된 전례가 있음을 주장하면서 원고가 사망자에 대한 위자료를 2억 내지 3억원으로, 망자의 유족인 원고에 대한 위자료를 1억원으로 정해야 한다고 주장하였으나, 원심 서울고판 2007. 12. 4. 2006나112603은 사망자의 위자료를 8천만원, 원고의 위자료를 2천만원으로 제한하였다. 한편 대법원은 1) 항공기사고는 승객 대부분이 사망하거나 치명적 손상을 입는 대형참사이므로 추락 충돌과정에서 승객은 극심한 공포와 고통을 느끼고, 사고로 사체가 심각하게 훼손되거나 완전하게 수습되지 않는 처참한 결과가 많이 발생하며, 2) 사고수습/손해파악에 상당한 시간이 소요되어 손해배상이 지연되는 경향이 있어 피해자의 고통이 가중될 수 있고, 3) 항공사는 항공보험에 가입하여 거액의 손해배상책임에 대비하는

권을 449만원에 구입 후 출국했으나 에어프랑스의 항공기 좌석 초과판매로
파리-서울 구간 귀국항공편을 이용하지 못했다. 에어프랑스는 일본 나리타공
항으로 가는 항공편을 이용해 나리타로 가서 다시 서울행 에어프랑스 항공편
으로 갈아타는 방법과 숙박을 제공받은 후 다음 날 오후 서울로 출발하는 에
어프랑스 항공편을 이용할 것을 제안했으나, 여객은 고령 및 일정상 이유로
거절했다. 여객은 2시간 후 출발하는 대한항공 일등석을 요구했으나 에어프
랑스가 거절하자 대한항공 일등석을 836만원에 구입해 귀국했다. 에어프랑스
는 여객에게 미사용 항공권 환불금 222만원과 탑승거절 보상금 90만원을 지
급했다. 여객은 건강 및 일정상 이유로 부득이하게 대한항공 일등석을 이용했
다는 이유로 일등석 요금에서 환불금 및 보상금을 제외한 금액 524만원과 위
자료 200만원을 지급할 것을 요구했으나 서울중앙지법은 청구를 기각했다.[1]

　　휴대전화 사업자 A가 국제운송업자 B에게 중고품이 포함된 휴대전화 액
정 192개를 중국 선전으로 운송할 것을 의뢰했다. B는 통관 대행 및 운송업체
C에 운송을 의뢰했고 C는 중국 청도행 항공편으로 액정을 발송했다. 청도세
관은 액정이 중고품으로 보인다며 사용 용도를 알고자 통관을 보류하고 C에
게 자료를 요구했으나 자료를 제출하지 않자 액정을 폐기했다. A가 B의 책임
을 물었으나 대법원은 운송물의 멸실 또는 훼손이 운송물의 출입국 또는 통
관과 관련된 공공기관의 행위로 발생했음을 증명한 경우 운송인 B는 면책된
다(상법 제913조 제1항 4호)고 판시했다.[2]

제 2 관　지연손해

　　지연손해에 대하여 법원은 다양한 입장을 취한다. 여객이 필리핀에어와
항공운송계약을 체결하고 출발 일정에 맞추어 인천공항에 나갔다가 항공기

데 항공보험은 사고발생지, 피해자의 거주지를 구분하지 않고 동일사고에 대하여 같은 기
준으로 손해배상을 한다는 전제 하에 보험료를 정하고 재보험을 통하여 위험을 분산시키며
보험료는 항공운임에 포함되어 다시 승객들에게 전가되고, 4) 항공사의 중대하고 전적인
과실로 대형참사를 초래한 사고에 대하여는 고액의 위자료를 부과하여 가해자를 제재하고
유사한 사고발생을 예방할 필요가 있다고 하여 파기환송하였다.

1) 서울중앙지판 2012. 12. 5. 2012나24544(각급법원(제1,2심) 판결공보(2013. 2. 10), 120쪽)
　(원고/항소인 O, 피고/피항소인 에어프랑스).
2) 대판 2019. 10. 17. 2019다14998(원고/피상고인 A인, 피고/상고인 B, 파기환송).

출발 지연으로 공항에서 8시간 이상 대기하는 손해를 입었는데, 법원은 여객 50인에게 각 30만원의 위자료를 인정했다. 필리핀에어는 항공기의 이전 일정이 순차 지연되어 인천공항 출발시각이 2시간 이상 지연될 것임과 필리핀 공항의 활주로 사용 통제로 다시 6시간 이상 추가 지연될 것을 충분히 예상할 수 있었다. 그럼에도 예정 출발시각으로부터 1시간 30분 전에야 여객들에게 지연 통지 이메일을 발송했을 뿐 통화나 문자로 지연 통지를 보내지 않았다.[1]

반면 항공기 엔진결함으로 출발지 코타키나발루로 회항해 여객들이 하루 늦게 인천에 도착한 지연손해에 대해 대한항공이 면책된 사례도 있다. 법원은 1) 대한항공이 평소 엔진체크를 잘 했고, 2) 공기흐름 안내장치의 설계 결함으로 인한 사고여서 대한항공이 통제 불능이었으며, 3) 대한항공 코타키나발루 지점이 회항을 알자마자 시내 호텔에 이동 차량을 수배하고 여객 재입국 수속 간소화를 도왔으며 여객들을 5성급 호텔에 투숙케 한 점을 고려했다.[2] 이와 유사하게 대한항공 정비팀이 독일 출발예정시각 30분 전에 항공기 장치의 결함을 발견하고 인천에서 새로운 장치를 긴급 공수하느라 21시간 늦게 출발했는데 승객들의 지연손해에 대해 대한항공이 면책되었다. 이유는 1) 장치의 결함이 대한항공의 실질적 통제를 벗어난 불가항력적 사유였고, 2) 대한항공이 승객들에게 지연 사실을 수차례 알렸고 식음료와 호텔 객실, 교통편을 제공했으며, 3) 사고 후 승객들에게 전자우대할인권과 연결편 비용을 제공했다는 것이다.[3]

앞으로 여객 보호를 위해 지연손해에 대해 항공사에 무거운 주의의무를 지우는 방향으로 갈 것으로 보인다.

1) 서울동부지판 2019. 7. 3. 2018나29933(각급법원(제1,2심) 판결공보(2019. 9. 10), 812쪽)(원고/피항소인 O, 피고/항소인 필리핀에어아시아, 원고 승소, 확정).

2) 대전지판 2009. 6. 26. 2007가합3098(각급법원(제1,2심) 판결공보(2009), 1352쪽)(원고 51인, 피고 대한항공, 피고 승소).

3) 서울중앙지판 2021. 6. 10. 2020가단5189556(각급법원(제1,2심) 판결공보(2021. 10. 10), 597쪽)(원고 O, 피고 대한항공, 피고 승소, 항소).

제 3 절 항공운송과 국제재판관할권

국제재판관할은 당사자 간의 공평, 재판의 적정, 신속 및 경제를 기한다
는 기본이념에 따라 결정된다. 소송당사자들의 공평, 편의, 예측가능성 같은
개인적 이익뿐 아니라 재판의 적정, 신속, 효율 및 판결의 실효성 같은 법원
내지 국가의 이익을 함께 고려하여야 한다. 그리고 다양한 이익 중 어떤 이익
을 보호할지 여부는 법정지와 당사자의 실질적 관련성 및 법정지와 사안과의
실질적 관련성을 기준으로 삼아 합리적으로 판단하여야 한다. 우리 대법원은
김해공항에서 일어난 중국민항기 추락사고와 관련하여, 사망한 중국인 승무
원의 유족이 중국 항공사를 상대로 대한민국 법원에 손해배상을 청구한 소가
대한민국과 실질적 관련성이 있다고 판단하여 국제재판관할권을 폭넓게 인정
하였다.[1] 이 사건에서 피고는 대한민국 내에 영업소를 둔 중국 법인인 반면,
라예는 피고회사와 근로계약을 체결한 자이고 원고들은 라예의 부모이다. 이
사건 항공기는 베이징을 출발하여 김해공항에 착륙하기 위해 접근하다가 활
주로로부터 4km 떨어진 산에 부딪혀 추락하였다. 라예 등 129명이 사망하였
는데, 일부 사상자는 피고를 상대로 다른 대한민국 법원에 제소하여 일부 승
소하였다. 이 사건 1심과 2심은 원고들의 소가 국제재판관할권이 없는 대한민
국 법원에 제기되어 부적법하다고 판단하였으나 대법원은 다음과 같은 이유
로 파기하였다.

첫째, 청구원인이 피고의 불법행위 또는 근로계약상 채무불이행으로 인
한 손해배상청구이므로 불법행위지 및 피고 영업소 소재지가 속한 대한민국
법원에 민사소송법상 토지관할이 존재하는데, 대한민국과의 실질적 관련성을
판단할 때 토지관할 유무는 중요한 요소이다.

둘째, 개인적 이익: 국제재판관할권은 배타적이 아니라 병존할 수 있으므
로 지리상, 언어상, 통신상 중국 법원이 대한민국 법원보다 피고에 더 편리하
다는 것만으로 대한민국 법원의 재판관할권을 쉽게 부정해서는 곤란하고, 원
고가 대한민국 법원에서 재판을 받겠다는 의사를 명백히 표명한 점도 쉽게
외면해서는 아니 된다. 피고의 영업소가 대한민국에 존재하고 피고의 항공기

---

1) 대판 2010. 7. 15. 2010다18355(판례공보(2010. 8. 15), 1578쪽)(원고/상고인 라O, 피고/피상
   고인 중국국제항공공사, 파기환송).

가 대한민국에 취항하는 이상, 대한민국에서 피고의 항공기가 추락하는 경우 피고는 대한민국 법원에 피고를 상대로 한 소송이 제기될 수 있음을 충분히 예측할 수 있었다.

셋째, 법원의 이익: 일반적으로 항공기 사고가 발생한 국가의 법원에서 증거조사를 편리하게 할 수 있다. 국제재판관할권은 준거법에 따라서만 결정될 수 없으며, 이 사건 준거법이 중국법이라는 것만으로 이 사건 소와 대한민국과의 실질적 관련성을 부정할 수는 없다. 또 피고 영업소가 대한민국에 있으므로 대한민국에 피고의 재산이 소재하거나 장차 형성될 가능성이 있고, 원고는 대한민국에서 승소판결을 집행할 수 있으며, 원고는 이를 고려해 대한민국에 제소한 것이다.

넷째, 같은 항공기에 탑승하여 같은 사고를 당한 사람이 국적이 다르다는 이유만으로 국제재판관할권을 달리 한다면 형평성에 문제가 있다.

판례색인

구 문 색 인

사 항 색 인

[공저자약력]

宋 相 現
서울출생
서울대학교 법과대학 졸업
고등고시 행정과(제14회) 및 사법과(제16회) 합격
서울대학교 사법대학원 법학석사
미국 Tulane 대학교 법학석사
영국 Cambridge 대학교 비교법 Diploma
미국 Cornell 대학교 법학박사
미국 Haight, Gardner, Poor & Havens 법률사무소 근무
독일 Hamburg 대학교(1974-1975)와 미국 Harvard 대학교(1978-1979)에서 각 1년간 연구
미국 New York 대학교 석좌교수(Inge Rennert Distinguished Professor) 및 Harvard 대학교
  법대 및 여러 나라 법대 한국법 교수 각 임명
서울대학교 법과대학 교수 및 학장 역임(정년퇴직)
사법시험위원, 변리사시험위원, 입법고시위원 역임
네덜란드 헤이그소재 국제형사재판소(International Criminal Court) 재판관 및 재판소장,
한국유니세프 회장 역임
현 서울대학교 법학전문대학원 명예교수

金　炫
서울출생
서울대학교 법과대학 및 대학원 졸업
행정고시 2차(제24회) 및 사법시험(제25회) 합격
미국 Cornell 대학교 법학석사
미국 Washington 대학교 법학석사 · 박사
미국 뉴욕주 변호사
미국 Bogle & Gates, 법무법인 세종, 법무법인 화우 근무
사법연수원 외래교수, 성균관대 · 인하대 법전원 겸임교수
서울지방변호사회 회장 및 대한변호사협회장 역임
런던국제중재재판소 · ICC · 대한상사중재원 중재인
현 법무법인 세창 대표변호사, 해양수산부 법률고문

제 6 판
해상법원론

초판발행   1993년 11월 10일
신정판발행   1999년 10월 10일
제3판발행   2005년 6월 20일
제4판발행   2008년 9월 10일
제5판발행   2015년 8월 30일
제6판발행   2022년 11월 10일

지은이   송상현·김 현
펴낸이   안종만·안상준

편 집   장유나
기획/마케팅   조성호
표지디자인   이소연
제 작   고철민·조영환

펴낸곳   (주) 박영사
                 서울특별시 금천구 가산디지털2로 53, 210호(가산동, 한라시그마밸리)
                 등록 1959. 3. 11. 제300-1959-1호(倫)
전 화   02)733-6771
f a x   02)736-4818
e-mail   pys@pybook.co.kr
homepage   www.pybook.co.kr
ISBN   979-11-303-4313-6   93360

정 가   55,000원